D1692988

100 Jahre Technisches Museum Wien

Den Vorfahren zur Ehre,
der Jugend zur Lehre.

Wilhelm Exner, 1925

100 Jahre Technisches Museum Wien

Herausgegeben von

Helmut Lackner
Katharina Jesswein
Gabriele Zuna-Kratky

UEBERREUTER

im Auftrag des Technischen Museums Wien

Impressum

Herausgeber

Helmut Lackner
Katharina Jesswein
Gabriele Zuna-Kratky
im Auftrag des Technischen Museums Wien

Autoren

Friedrich Achleitner
Peter Donhauser
Christian Klösch
Helmut Lackner
Martin Schneider

Bernadette Decristoforo
Mechthild Dubbi
Gottfried Fliedl
Beatrix Hain
Mirko Herzog
Rainer Hubert
Robert Kinnl
Oliver Kühschelm
Christine Lixl
Valentina Ljubic
Lisa Noggler-Gürtler
Peter Payer
Wolfgang Pensold
Bettina Sánchez Romero
Wolfgang Stritzinger
Wolfgang Tobisch
Hermann Tragner
Gabriele Zuna-Kratky

Fotografien/Scans
Peter Sedlaczek, Technisches Museum Wien

Layout
Stefan Fuhrer, fuhrer visuelle gestaltung oeg

Lektorat
Wolfgang Astelbauer

ISBN 978-3-8000-7419-8
Alle Rechte vorbehalten
© 2009 by Verlag Carl Ueberreuter
Druck: Holzhausen, Wien

Zugunsten besserer Lesbarkeit wird in der vorliegenden Publikation auf die gleichzeitige Verwendung weiblicher und männlicher Personenbegriffe verzichtet und nur die männliche Form gebraucht.

Umschlagbilder
Detail einer Ziehpresse von 1908, L. Schuler Werkzeugmaschinenfabrik, Göppingen, Foto, 2008
Lastverteilerspiel in der Schausammlung „Energie", Foto, Fotostudio Prader, 2008
Außenansicht Technisches Museum Wien, Foto, 2005

Inhalt

9 **Vorwort**

10 **Einleitung**

12 **Museum | Museion**

20 **Museen und Sammlungen vor der Gründung**

22 **Die frühen Sammlungen**
23 Die Kunst- und Wunderkammer der Habsburger
25 Die Modellsammlung der Jesuitenuniversität
27 Das physikalische Kabinett in der Hofburg
32 Das „k. k. National-Fabriksprodukten-Kabinett"
46 Die Modellsammlung der „k. k. Landwirthschafts-Gesellschaft in Wien"

48 **Wilhelm Exner, Sammler und Multifunktionär**
49 „Exner an allen Enden"
54 Die Wiener Weltausstellung 1873
60 Das „k. k. Technologische Gewerbe-Museum"
66 Die „Geschichte der vier Hofräte"

100 **Gründung und Eröffnung des Vereinsmuseums**

102 **Wilhelm Exner, Initiator und Motor der Museumsgründung**
103 Die Achterjahre 1888, 1898 und 1908
105 Die Gründung des Museumsvereins
109 Grundsteinlegung und Eröffnung

118 **Ludwig Erhard, Gewerbeförderung und Museumsarbeit**
119 Am Nürnberger Gewerbemuseum
120 Im Wiener Gewerbeförderungsdienst
122 Das „Ideal-Schema" eines technischen Museums
127 Die neuzeitige Tektonik

130 **Der Streit um das Kleid. Das Technische Museum, ein Abbild des Zeitgeists?**
 131 Der Wettbewerb
 137 Die Diskussion
 139 Der Architekt Hans Schneider
 142 Der Bau
 144 Von Barock kaum Spuren

150 **Sammlungen und Objekterwerb**
 159 Der Erste Weltkrieg
 167 Das Schaubergwerk
 170 Weitere Sammlungen

194 **Die Schausammlung nach der Eröffnung**
 197 Was sahen die Museumsbesucher?
 205 Im Spiegel der Öffentlichkeit und des Fachpublikums

220 **Das verstaatlichte Museum in der Zwischenkriegszeit**

222 **Der Museumsalltag und die Komplettierung der Schausammlung**
 223 Der Überlebenskampf bis zur Verstaatlichung
 227 Das Museumspersonal nach der Eröffnung
 231 Die Fertigstellung der Schausammlung im zweiten Obergeschoss
 237 Erste Sonderausstellungen und Ausstellungsbeteiligungen
 240 Vorbild für das „Museum of Science and Industry" in Chicago

246 **Die 1930er- und 1940er-Jahre**

248 **Das Österreichische Forschungsinstitut für Geschichte der Technik**
 250 Der Österreichische Verein deutscher Ingenieure
 251 Die Gründung des Forschungsinstituts
 255 Mitarbeiter und Arbeitsschwerpunkte

264 **Ludwig Erhards „Biologie der Technik" und die technokratische Gesellschaft**
 267 Die historische Technikentwicklung
 269 Das Ziel der technischen Entwicklung
 270 Erhards Theorie nach dem „Anschluss"

272 **Das Museum in der NS-Zeit**
 273 Personelle Veränderungen
 274 Im Dienst des Staates oder der NSDAP?
 277 Museumsalltag im Nationalsozialismus
 283 Kriegsende und Neuanfang

286 **Das „Post- und Telegraphenmuseum" als Abteilung des Reichspostmuseums Berlin**

298 **Konsolidierung und Stagnation in der Zweiten Republik**

300 **Das Museum im Wiederaufbau: Die „langen fünfziger Jahre"**
 306 Das Museum österreichischer Kultur
 307 Vorträge, Sonderausstellungen und Ausstellungsbeteiligungen
 311 Der Erfinder-Schwerpunkt

314 **Das Museum am Wendepunkt**

324 **Umbruch und Aufbruch**

326 **Bis zur Schließung 1992**
327 Die „Museumsmilliarde"
328 Die Neuorientierung des Technischen Museums
331 „MUT" – Das erste Museumskonzept
332 Der Architekturwettbewerb für die Museumserweiterung
335 Das „Museumsgrundkonzept"

340 **Die Generalsanierung**
342 Kritik und Widerstand
343 Das Interimsjahr 1993
343 Museumsalltag im Ausweichquartier

346 **Die Wiedereinrichtung und Eröffnung**

358 **Das Museum am Beginn des 21. Jahrhunderts**

360 **Die Ausgliederung**

366 **Die Österreichische Mediathek**
367 Aufnehmen und sammeln – Die Österreichische Phonothek 1960–1996
368 Neuaufstellung – Von der Phonothek zur Mediathek
369 Die digitale Mediathek seit 2001

372 **Abschluss der Wiedereinrichtung**
373 medien.welten
379 Alltag – eine Gebrauchsanweisung
382 LOK.erlebnis

388 **Zur aktuellen Museumsarbeit**

390 **Sammeln**

394 **Bewahren**

398 **Ausstellen**

402 **Vermitteln**

406 **Vermarkten**

412 **Anhang**

434 **Quellen- und Literaturverzeichnis**

442 **Bildnachweis**

Register
443 Orte
444 Personen und Firmen
448 Museen und Sammlungen

Vorwort

Muss der Blick zurück begründet werden? Hindert die offenkundige Zugkraft der Technik in einer zukunftsorientierten Gesellschaft die Rückschau? Aus museologischer Sicht komme ich – wenig überraschend – zu einem anderen Ergebnis. Ich finde nicht. Vielleicht schärft gerade das hohe Entwicklungstempo unserer Zeit den Blick für eine sinnvolle Rekapitulierung des Vergangenen. Vielleicht sind gerade historische Artefakte in einer zunehmend digitalen Kultur von großer Bedeutung. Die Illusion, dass alles „machbar" ist, stößt am historisch Gewordenen an ihre Grenze: Die echte Patina muss abgewartet werden. Die Zukunft können wir gestalten, das Vergangene finden wir vor und können es nur neu beleuchten und interpretieren.

Als das Technische Museum Wien 1909 gegründet wurde, diente es unter anderem als Präsentationsort der technischen Leistungen und innovativen Kräfte eines sehr großen Landes, das sich als Reich und Großmacht verstand. Die heutigen Voraussetzungen und die Rolle des Museums in einer demokratischen Gesellschaft sind völlig anders, die Bedeutung des Technischen Museums Wien hat sich dadurch aber nicht verringert.

Unsere Aufgabe ist es, Technologiekompetenz zu vermitteln, für Technik und technische Berufe zu interessieren und ein lebendiger und vielfältiger außerschulischer Lernort zu sein, in Kooperation mit unterschiedlichsten Partnern. Das Museum dient als Plattform, sowohl um aktuelle Diskurse in ihre historischen Entwicklungen einzubetten als auch um einen Ausblick auf zukünftige Technologien zu geben. Das Technische Museum kombiniert den Zukunftsblick mit der Rückschau auf historische Technik und Naturwissenschaft. Das umfasst auch die Reflexion der eigenen Rolle und den kritischen Blick auf den wechselvollen Weg des Hauses von 1909 bis 2009.

In Vorbereitung auf das Jubiläumsjahr wollten wir uns der eigenen Geschichte stellen und das Ergebnis dieser Auseinandersetzung der Öffentlichkeit vorlegen. Eine sehr spannende Darstellung ist entstanden – für die Öffentlichkeit ein Stück Zeitgeschichte, für das Haus ein wichtiges Korrektiv. In vielen Facetten dargestellt, reich bebildert, 100 Jahre Technisches Museum Wien.

Ich wünsche Ihnen damit viel Freude!

Gabriele Zuna-Kratky

Einleitung

Vor 100 Jahren, am 20. Juni 1909, legte Kaiser Franz Joseph den Grundstein für eines der neben dem Deutschen Museum in München, dem Science Museum in London und dem Conservatoire des arts et métiers in Paris ältesten Technikmuseen: das Technische Museum in Wien.

Der 100. Geburtstag bietet die Gelegenheit, die Geschichte des Hauses erstmals in umfassender Form zu schildern – von den ersten naturwissenschaftlichen und technischen Vorläufersammlungen bis in die Gegenwart.

Im Vorfeld wurden in mehrjährigen Aufarbeitungsprojekten die museumsgeschichtlichen Bestände im Archiv vollständig erfasst. An dieser Stelle möchten wir uns bei den Mitarbeiterinnen des Archivs unter der Leitung von Manuela Fellner und Carla Camilleri für die Unterstützung bei den Recherchen bedanken.

Vier externe Autoren ergänzen die umfassenden Darstellungen der Spezialisten aus dem Museum: Gottfried Fliedl, Leiter der Museumsakademie Joanneum in Graz, führt museumsgeschichtlich an die Institution und den Begriff „Museum" heran, Friedrich Achleitner, Schriftsteller und Architekturkritiker in Wien, stellt den umstrittenen Architektenwettbewerb vor und beschreibt das Museumsgebäude aus architektonischer Perspektive, die Historiker Christian Klösch und Oliver Kühschelm, die im Auftrag der Kommission für Provenienzforschung die Objektbestände des Museums untersuchten, schildern die Entwicklungen und den Museumsalltag im Nationalsozialismus sowie das im Technischen Museum befindliche Postmuseum als Teil des Reichspostmuseums in Berlin. Die geplanten Beiträge zu den internationalen Vorbildern für die Gründung und die Bedeutung des Wiener Museums in der Museumswelt ab 1945 konnten wegen des überraschenden Todes von Michael Mende, Technikhistoriker und Professor an der Hochschule für Bildende Künste in Braunschweig, leider nicht realisiert werden.

Die Geschichte des Technischen Museums Wien beginnt nicht mit der Gründung, sondern mit den ersten naturwissenschaftlichen und technischen Sammlungen und Museen in Österreich, vor allem mit dem Mitte des 18. Jahrhunderts von den Habsburgern in der Hofburg eingerichteten physikalischen Kabinett.

Diese Sammlungen mit bedeutenden Objekten seit den Anfängen der Industrialisierung gehen nach und nach in den Besitz des Technischen Museums über und prägen mehr als in anderen vergleichbaren Institutionen bis heute den Objektbestand. Dies ist im Wesentlichen der Initiative des Multifunktionärs Wilhelm Exner zu verdanken, der 1908 im Windschatten des Jubiläums anlässlich der 60-jährigen Regentschaft Kaiser Franz Josephs und mit finanzieller Unterstützung seitens der Großindustrie, der Stadt Wien und des Staates das Museum gründet.

Im Gegensatz zu anderen Museen besteht in Wien für das Technische Museum die besondere Chance, ein Museumsgebäude auf der grünen Wiese zu errichten und mit einem technikgeschichtlichen Konzept, entwickelt von Exner und dem ersten Direktor Ludwig Erhard, zu verbinden. Für das Museumsgebäude wird ein Wettbewerb ausgeschrieben, an dem sich namhafte Architekten wie Adolf Loos und Otto Wagner beteiligen. Unter dem maßgeblichen Einfluss Exners und Erhards gewinnt allerdings der konservative, an traditionellen Vorbildern orientierte Entwurf von Hans Schneider. 1918, noch während des Ersten Weltkriegs, öffnet das Museum formlos seine Tore für das Publikum und wird neben dem Deutschen Museum in München Vorbild für spätere Technikmuseen wie das Museum of Science and Industry in Chicago.

Die Verstaatlichung 1922 sichert das Weiterbestehen des Museums in der Nachkriegszeit, wenn auch mit einem Sparbudget und einer deutlich reduzierten Belegschaft. Trotz finanzieller Engpässe können die Schausammlungen fertiggestellt und ab 1929 Sonderausstellungen präsentiert werden.

Der Tod Wilhelm Exners 1931 und die Pensionierung Ludwig Erhards 1930 beenden die Ära der Gründergeneration. Auch in der Pension bleibt Erhard aktiv und organisiert die Gründung des „Österreichischen Forschungsinstituts für Geschichte und

Technik", das die bereits durch Exner im 19. Jahrhundert vorbereitete Tradition der Erfindergeschichte fortsetzt und die bis heute erscheinenden „Blätter für Technikgeschichte" herausgibt. Erhards Konzept einer technokratischen Gesellschaft, die technische Entwicklungen mit biologischen Konzepten verbindet, wird in der vorliegenden Publikation erstmals in umfassender Form und im Kontext seiner politischen Positionierung als Befürworter des „Anschlusses" dargestellt.

Erhards Bestrebungen, das Museum in die NS-Organisation Todt einzubringen, scheitern, und das Museum wird von einschneidenden politischen Zugriffen verschont. Weder der „Anschluss" 1938 noch das Kriegsende 1945 bringen deutliche Zäsuren im Museumsalltag. Der nicht politisch motivierte Viktor Schützenhofer bleibt über alle politischen Brüche hinweg von 1930 bis 1949 Direktor. Verschont von Bombentreffern ist das Technische Museum als erstes Wiener Museum bereits ab Oktober 1945 wieder für Besucher geöffnet.

Im Zuge der Recherchen für die Provenienzforschung stellte sich heraus, dass die im Stiegenhaus vor dem Festsaal angebrachte Ehrentafel, die der Museumsgründer gedenkt, nicht der ersten Ausführung entspricht. Die erste Tafel von 1925 trägt alle Namen der Gründer und Spender, auch von Bernhard Wetzlar und S. M. Rothschild, beide jüdischer Herkunft. Ab 1941 protestieren NS-Parteigrößen und fordern die Tilgung der jüdischen Namen. 1942 wird die ursprüngliche Tafel entfernt und eine neue aus Carrara-Marmor angebracht, ohne Spender und Gründer und damit ohne die jüdischen Namen. Zusätzlich ergänzt Schützenhofer den Leitspruch Exners „Den Vorfahren zur Ehre, der Jugend zur Lehre" mit den Worten „Der Wirtschaft zum Nutzen". Seit 2009 klärt eine künstlerische Installation über diese Vorgänge auf.

Unter der Direktion Josef Naglers ab 1950 begreift sich das Museum als verlässlicher Partner der Politik und unterstützt mit zahlreichen Ausstellungen zur Atomenergie und Raumfahrt das Vertrauen in die Technik. Auch viele Besucheraktionen wie der „Tag des Kindes" am 24. Dezember und Blindenführungen gehen auf Naglers Engagement zurück. Mit einer Wanderausstellung in der zweiten Hälfte der 1970er-Jahre setzt sich das Museum erstmals kritisch mit den Grenzen des Fortschritts auseinander, dennoch ist deutlich eine inhaltliche Stagnation spürbar, die zu rückläufigen Besucherzahlen führt. Auch das Museumsgebäude zeigt bereits erste tiefe Risse.

Damit ist das Technische Museum nur ein Beispiel für eine umfassendere Krise der großen Wiener Museen in den 1980er-Jahren, auf welche die Politik schließlich mit der „Museumsmilliarde" reagiert. Aus diesem Investitionsprogramm erhält das Museum erhebliche Mittel für die Sanierung. Der Startschuss dazu fällt im September 1992 mit der Schließung und folgenden Räumung des Hauses. Die Objekte übersiedeln gemeinsam mit der Belegschaft ins Depot Breitensee.

Die Großprojekte der Generalsanierung sind eine neue Eingangshalle, die Hebung der Kuppeln und der Einbau von Galerien, wodurch sich die Gesamtausstellungsfläche von etwa 16.000 auf 22.000 Quadratmeter vergrößert. Nach siebenjähriger Schließung eröffnet das Museum 1999 mit neu eingerichteten Schausammlungen und erhält mit der Ausgliederung im Jahr 2000 auch eine neue rechtliche und wirtschaftliche Basis als eigenständiges Unternehmen. Dank der Attraktivität des neuen Museumskonzepts, zahlreicher Marketingmaßnahmen und museumspädagogischer Aktivitäten verdoppeln sich im Vergleich zu den Jahren vor der Schließung die Besucherzahlen.

2003 wurde die Dauerausstellung „medien.welten" und 2005 „Alltag – eine Gebrauchsanweisung" eröffnet. Im November 2008 endet die Wiedereinrichtung des Technischen Museums zehn Jahre nach der Wiedereröffnung mit „LOK.erlebnis" – der Einbringung der Lokomotiven in die Mittelhalle.

Das erste Jahrhundert Museumsgeschichte bildet die Basis für die abschließenden praxisnahen Fragen aus den Bereichen Sammlung, Restaurierung, Museumspädagogik, Sonderausstellungen und Marketing mit Blick in die Zukunft und auf ein zweites spannendes Jahrhundert.

Abschließend möchten wir uns bei einigen Personen, die uns bei den Recherchen unterstützt und wertvolle Ratschläge gegeben haben, ganz herzlich bedanken:

Wladimir Aichelburg (Wien), Karin Blent (Stockholm), Erhard Busek (Wien), Wilhelm Deuer (Klagenfurt), Wilhelm Füßl (München), Andreas Göller (Darmstadt), Elisabeth Golzar (Wien), Roland Günter (Oberhausen), Rupert Kerschbaum (Wien), Narzissa Lindner (Wien), Josef Pappenreiter (Eisenerz), Christian Rapp (Wien), Cornelia Schörg (Wien), Eva Sinnmayer (Wien), Maria Stagl (Wien), Shanta Thoele (Springfield, IL), Ulrich Troitzsch (Rosengarten), Klaus Walder (Wien), Hubert Weitensfelder (Wien), Lisa Wögenstein (Wien) und Hubert Zenz (Wien).

Für die unkomplizierte Bereitstellung von Bildmaterial bedanken wir uns bei Heike Eipeldauer (Wien), Elisabeth Hintner (Salzburg), Richard H. Kastner (Wien), Andreas Staska und Hermann Nitsch (Hauskirchen/Prinzendorf).

Katharina Jesswein, Helmut Lackner

Gottfried Fliedl

Museum | Museion

„Nebeneinander sehen die beiden Wörter fast gleich aus, durchsichtig scheinbar. Die M und die n, die ihre Struktur rahmen und richten, können zwar nicht verhindern, daß die identischen s in der Mitte die Akzente anders tragen, das eine Mal vor sich her, das andere Mal auf dem Rücken. Dennoch, von ihrem dunklen vokalischen Kern aus klingen beide Wörter. Beide suggerieren sie Aura und Antike, Geheimnis und Pflicht."
John Updike, Museen und Musen[1]

Während der Errichtung des von Karl Friedrich Schinkel entworfenen Königlichen Museums in Berlin entstand 1827, drei Jahre vor der Eröffnung, ein Disput über die Beschriftung des Museums. Die von Aloys Hirt, Mitglied der Preußischen Akademie der Wissenschaften und Archäologe, vorgeschlagene Inschrift war den damaligen Gepflogenheiten folgend in Latein abgefasst und würdigte das Mäzenatentum des preußischen Königs sowie den Zweck des Gebäudes:[2] FRIDERICVS GVILELMVS III STVDIO ANTIQVITATIS OMNIGENAE ET ARTIUM LIBERALIVM MVSEVM CONSTITVIT MDCCCXXVIII. In der Übersetzung des Architekten lautet die Inschrift: „Friedrich Wilhelm III hat dem Studium jeder Art Alterthümer und der freien Künste diesen Ruheort gestiftet 1828."[3]

Die Diskussion über die Inschrift entzündete sich am Wort „Museum". Staatsrat Johann Wilhelm Süvern leitete seinen Einspruch gegen den Text[4] mit dem Einwand ein, mit dem Wort Museum würden „im ganzen Alterthume" nur Orte der Wissenschaft bezeichnet, solche zur „Aufbewahrung von archäologischen oder Kunstgegenständen" niemals. Zwar sei im Sprachgebrauch der Begriff „Museum" der populäre, niemals aber der klassische und daher für eine Inschrift ungeeignet.[5] Ludwig Tieck[6] und Alexander von Humboldt[7] äußerten sich in demselben Sinn. Daher wurde ein Gutachten der historisch-philologischen Klasse der Akademie eingeholt,[8] das, unterzeichnet von Friedrich Schleiermacher, das Eingeständnis enthält, dass man zwar die Hirt'sche Inschrift für völlig kritikwürdig halte, selbst aber keinen wirklich überzeugenden Gegenvorschlag habe.[9]

Die kurze Debatte in Berlin ist weit über den Anlass hinaus als Symptom interessant. In dem geschichtlichen Augenblick, in dem eine neue kulturelle Institution und Praxis entsteht, fällt die umstrittene Entscheidung, diesem Neuen den Namen Museum zu geben.

Auch Douglas Crimp ging in seinem Buch „On the Museum's Ruins" auf diesen Disput ein. Er interpretierte ihn als Indiz für einen bis heute nicht ausgestandenen Konflikt, der aus der Musealisierung und Autonomisierung der Kunst resultiert und die Entwicklung der subversiven, politischen und sozialen Dimension der Kunst immer wieder durch Entschärfung, Verschleierung und Abweisung zu bedrohen scheint. Crimps Kritik mündet in eine radikale Schlussfolgerung: Das Museum ist bereits im Augenblick seiner Entstehung korrumpiert, die Kunst wird in ihrer Funktion und Wirkung, ja in ihrer ganzen Daseinsweise durch ihre Ausstellung und Bewahrung essenziell entstellt. Diese Kritik gab es übrigens bereits bei der Entstehung des Museums der Moderne während der Französischen Revolution. Antoine Chrysostôme Quatremère de Quincys Museumskritik aus Anlass der Einrichtung des Museums im Louvre gehört bis heute zu den schärfsten Analysen.

Auf die fundamentale Widersprüchlichkeit der jungen Institution weist die verblüffende Übersetzung des Wortes Museum in der Berliner Inschrift von Karl Friedrich Schinkel hin: „Ruheort der Kunst." Douglas Crimp[10] sieht in der Transformation einer von ihr in der Wirklichkeit verankerten Notwendigkeit entlasteten und daher autonomen Kunst das Fundament des – idealistischen Grundlagen folgenden – Museums. Die neue Institution Museum ist Schauplatz historischer, insofern „abgeschlossener", von der gegenwärtigen Lebenspraxis abgeschnittener Kunst, die allein theoretischer Reflexion und genießender Betrachtung zugänglich wird, aber nicht der lebendigen Produktion und Rezeption von Kunst.

Tatsächlich ist zu Schinkels und Humboldts Zeit die Idee des Museums wie selbstverständlich der bereits historisch gewordenen Kunst vorbehalten – selbst die Inschrift nennt ja die „Alterthümer" an erster Stelle –, nicht aber der jüngsten und zeitgenössischen (an deren Musealisierung wird sich, z. B. in Deutschland, am Ende des Jahrhunderts erneut ein Konflikt entzünden).

Wie wenig dieses Problem auf das Kunstmuseum beschränkt, sondern eines des Museums generell ist, wird in einer Notiz Wilhelm von Humboldts, des Vorsitzenden der Museumskommission in Berlin, deutlich. Bei einem Besuch des Musée des monuments français in Paris notierte er: „Bei der Beobachtung des Menschen kommt alles auf das anschauliche Bild des Gegenstandes an; das Deuten und Erklären von Handlungen, das Entziffern von Reden und Schriften selbst ist nur wenig ohne den Anblick der Person [...], die Einbildungskraft heftet sich an ihnen fest und findet wenigstens so einige Anleitung, das Bild jener Jahrhunderte zu zeichnen. Es ist nicht, daß man gerade dadurch neue Angaben empfinge, vorher unbekannte Seiten kennen lernte, aber man lernt besser verstehen und vollständiger zusammenfügen, was der tote Buchstabe der Geschichte nur unvollkommen und einzeln zu liefern vermag."[11]

Hier, in einem der ersten Museen der Revolution, zwischen Gräbern, Grabdenkmälern, Reliquien und Spolien ist die Geschichte selbst ein Gräberfeld, gegen dessen Abgeschlossenheit („der tote Buchstabe der Geschichte") anschauliche Begegnung und Erleben möglich gemacht werden müssen – freilich mit fraglichem Effekt („es ist nicht, dass man dadurch neue Angaben empfinge"). Wie gegen eine versiegelnde Musealisierung geschichtliche Erfahrung für die Bedürfnisse der Gegenwart offengehalten werden kann, bleibt in der Schwebe.

Da die Kritiker der Widmungsinschrift des Königlichen Museums in Berlin keinen überzeugenden alternativen Vorschlag anbieten konnten, blieb es bei Hirts Inschrift. Warum aber entschied man sich gegen besseres Wissen dennoch für das Wort „Museum"? Warum wurde die, wie es in der Debatte hieß, „klassische" Bedeutung von Museum – und als solche völlig unpassende, ja, wie Wilhelm von Humboldt sagte, „lächerliche" – nicht verworfen?

Was hatte es denn mit dieser Wortbedeutung auf sich, die man die populärere nannte? Während man den klassischen Wortgebrauch erläuterte, blieb in der Auseinandersetzung unbestimmt, was mit populär denn gemeint war. Um 1820/30 ist „Museum" noch nicht privilegiert und eindeutig mit dem verknüpft, womit man bis heute in erster Linie „Museum" assoziiert. Das Wort hatte schon damals ein sehr viel weiteres Bedeutungsfeld und konkurrierte noch mit vielen anderen Begriffen für Sammlungen, Ausstellungsformen, Sammlungsarchitekturen und Sammlungsinhalte.

Wie wenig eindeutig der Begriff noch um 1830 ist, belegt die Verlegenheit, die bei der Benennung des nahezu zeitgleich zu Berlin geplanten und eröffneten Museums entsteht, das der bayerische König Ludwig I. für seine Antikensammlung in München errichten lässt. In der ersten Beschreibung der Glyptothek von Ludwig Schorn und Leo von Klenze heißt es 1830: „Da die deutsche Sprache ohne eine metaphorische Complication keinen bezeichnenden Namen für ein solches Gebäude gewährte, und auch unter den aus anderen Sprachen angenommenen Wörtern sich keines fand, welches die Sache bezeichnete, so ward nach der Analogie von Bibliothek, Pinakothek usw. das Wort Glyptothek gebildet, und für das Gebäude statt des gewöhnlicheren, aber so ganz unpassenden Museum gewählt."[12]

Ähnlich der Berliner Debatte verwies auch der Architekt der Glyptothek Leo von Klenze in seiner „Sammlung Architektonischer Entwürfe" von 1830 auf die Diskrepanz zur antiken Wortverwendung: „Ein griechisches Wort für ein anderes schien, dieses neugebildete immer viel passender als das zwar allbekannte, aber ganz heterogene Zwecke bezeichnende Musäum: welche Muse des Parnass stand wohl der Bildhauerkunst oder Malerei vor?"[13]

Klenze vermisste im Reigen der Musen nicht nur eine eindeutige Schirmherrscherin der von ihm geübten Kunst – der Architektur –, sondern wendete die Etymologie dieses Begriffs bautypologisch überraschenderweise gegen die Vorbildlichkeit der griechischen klassischen Tempelarchitektur: Schon in der Entwurfserklärung von 1815 wies er darauf hin, dass das Museion in Athen allein Versammlungsort Gelehrter und Künstler war, während in Rom der Tempel des Friedens, die Bäder und Thermen Kunstwerke aufnahmen. Deshalb, so Klenze, sei der Ursprung des Museumsbaues nicht der griechische Tempelbau, sondern die römische Villa oder Therme.[14]

Klenze entdeckte denselben Widerspruch, der auch in Berlin irritierte. Was an moderner Kunstpraxis institutionell entwickelt wurde, deckte sich nicht mit der noch immer normativen der Antike und machte daher die Adaption eines Wortes wie Museum so fraglich wie missverständlich. Die „metaphorische Complication", die in Berlin und München Kopfzerbrechen bereitete, ist ein Indiz für die Unsicherheit einer jungen Institution, ihren in Entfaltung befindlichen Funktionen und neuen Bedeutungen einen angemessenen Namen zu verleihen und sich zugleich in einer adäquaten antiken und klassischen Praxis zu legitimieren.

Mit der Selbstverständlichkeit und oft auch Gedankenlosigkeit, mit der das Wort „Museum" gebraucht wird, ist das Wissen um das Problem abhanden gekommen, das am Beginn des „Zeitalters der Museen" noch Unruhe stiftete. Ich unterstelle, dass damit inzwischen so etwas wie die europäische Tiefendimension des Museums aus dem öffentlichen wie institutionellen Verständnis von Museum vollkommen ausgeklammert ist. Die Alltäglichkeit des Wortgebrauchs macht es schwer, zu ihm auf Distanz zu gehen und zu erkennen, was seine inflationäre Verwendung versiegelt: die Wahrnehmung der memorialen Funktion, also alles dessen, was er an Historischem und Mythologischem noch immer mit sich führt.

Ein erhellendes Indiz dafür ist die offizielle und weit verbreitete Definition des Internationalen Museumsrates ICOM,[15] in der das Museum als ein Ort des Sammelns, Bewahrens, Erforschens und Vermittelns bestimmt wird, nicht aber des Erinnerns und des Gedächtnisses.

Selbst aus der Geschichte des Museumswesens heraus ist die Spur, die hier verfolgt wird, verwischt: Der notorische Hinweis auf die Herkunft der modernen Institution Museum aus dem hellenistisch-alexandrinischen „Museum" ist mehrfach irreführend. Er ist nicht nur irreführend, weil die späthellenistische Institution in Alexandria nichts mit den jetzigen Museen gemein hatte (worauf ich zurückkomme) und generell suggeriert wird, es habe in der Antike bereits Museen im heutigen Sinn gegeben. Er ist vor allem deswegen missverständlich, weil damit der Weg durch diese entstellende Überlieferungs- und Ursprungsgeschichte hindurch zu der Zeit davor versperrt wird.

Mit dem Hinweis auf einen scheinbar eindeutig festlegbaren Ursprung des Museums in einer bestimmten Zeit und an einem bestimmten Ort werden alle Anforderungen an eine zufriedenstellende Antwort auf die Frage nach der Herkunft der Institution trügerisch erfüllt. Es unterbleibt die Frage nach der Wort- und Sachgeschichte, nach seiner mythologischen und historischen Bedeutung und damit nach seiner weit über das alexandrinische Museion hinausreichenden Tiefendimension.

Damit wird die Chance vertan, aus der Differenz von antikem und modernem Begriffsgebrauch eine museologisch und museumspolitisch handhabbare und fruchtbare Idee des Museums zu gewinnen.

Die Spurenlese ursprünglicher Bedeutungsebenen des Wortes „Museion" ist deshalb mehr als nur eine etymologische oder philologische Marotte, sondern eine eminent museumspraktische. Hier wird über das Bild verhandelt, das es von Museen gibt, und es werden gesellschaftliche Ansprüche ans Museum artikuliert.

Mythologische, kultisch-religiöse und mnestische Aspekte werden indes in der Geschichte des Museums bis heute immer wieder aktualisiert, z. B. in der Architektursprache oder in der Ikonografie der Ausstattung von Museen mit Gemälden, Fresken und Statuen oder aber in den Praktiken seiner Nutzung oder in der theoretischen Analyse. Diese Züge liegen aber im Alltag der Institution, meist auch den Beteiligten nicht bewusst, unter der Oberfläche verborgen.

Das Festhalten am Namen „Museum" in Berlin entgegen dem archäologisch-philologischen Wissensstand lässt sich als Erinnerung an eine gleichsam untergründige und unbewusste Tiefenschicht oder deren Virulentwerden lesen. Wenn wir wissen wollen, worin diese halb und halb verschüttete Bedeutung des Begriffs liegt, von dem im Inschriftenstreit gesagt wurde, dass er der populärere war, müssen wir uns seiner Herkunftsgeschichte zuwenden.

„Museum" ist die latinisierte Form des griechischen Wortes „Museion". Das ist einerseits der Ort der Musen, der Musensitz, aber auch der Platz ihrer mythisch-kultischen Handlungen, ihr Tanzplatz. Grotte, Hain, Wald, Wiese, Tenne, Quelle, Fluss usw. – zunächst topografisch nicht oder nur vage und mehrfach fixierte Orte in der freien Natur – können ihr Versammlungsplatz sein. Ekstatisch singend und tanzend holen sie Zukunft und Vergangenheit in die Gegenwart, deuten die Vergangenheit und weissagen die Zukunft, erzählen Götter- und Heldengeschichten. Das Medium der Erinnerung sind die Musen selbst, ihr Gesang, ihr Tanz. Nichts sonst. Die Musen sammeln nicht, sie singen.

Das Wissen der Musen ist der genealogische und systematisierte mythologische Stoff. Sie erzählen von den Taten der Götter und Heroen sowie von der Harmonie des Kosmos: „Gegenstand ihres Gesangs und Tanzes sind Entstehung und Schicksal der Götter (und der Menschen) in Vergangenheit, Gegenwart und Zukunft; der Widerspruch zwischen Geschichte und Ewigkeit scheint aufgehoben."[16] Sie sind daher in allen Generationen gegenwärtig, omnipräsent: „Die Musen erscheinen als Göttinnen, die gleichzeitig die Sphäre der Mythologie und die der Kunst regieren: Mythos, als genealogisch systematisierte Erinnerung, als Verbindung zwischen Vergangenheit, Gegenwart und Zukunft, wird durch sie erzählt. Das in Sprache, Gesten, Instrumenten [und Gesang] Ausdrückbare ist ihr Werk, wird durch sie ,vermittelt'."[17]

Die Vorstellung von den Musen und ihrer Gedächtnisfunktion ist einzigartig, keine andere ältere Hochkultur kennt etwas Vergleichbares: „Die Musen sind ein Spezifikum der Religion und des kulturellen Selbstverständnisses der Griechen. Fern davon, nur Personifikationen der Künste zu sein, sind sie vielmehr Ausdruck der ausschließlich dem Menschen vergönnten Fähigkeit zur Selbstreflexion und Verortung im Geschichtsprozess. Als Göttinnen der *memoria* (der Erinnerung und der Erinnerungsmedien, des gesprochenen und geschriebenen Wortes) sind sie die Bedingung für das Wissen und das Gedächtnis der Menschen und Götter, weil sie bewahren und singen, was war, was ist, und was sein wird."[18]

Das Wort „Museion" bezeichnet weiters die den Musen geweihte Stätte, Kultstätte, wo man sich nun *ihrer* erinnert und sie verehrt – durch Kult, Spiele, Wettkämpfe. Das Museion ist eine der Pflege der Erinnerung und des Eingedenkens an die konfliktreiche Geschichte der Zivilisation gewidmete Stätte. Und es ist ein heiliger Ort, ein Opfer- und Weiheplatz und insofern auch einer, wo Weihe- und Opfergaben aufbewahrt, „gesammelt" werden können.

Ein Museion ist schließlich im weitesten Sinn jede Stätte, an der Musen (ihre Zahl schwankt, die uns geläufige Neunzahl ist spät) verehrt wurden, sei dies eine Bergeshöhe oder ein Hain oder eine Grotte oder ein städtischer Ort, wo das Museion zum Wissensort, zu einer Akademie wird. Was Platon – vermutlich um 387 v. Chr. – gründet, ist ein den Musen bestimmter Kultplatz. Aber hier wird das Wort „Museion" allmählich durch die lokale Bezeichnung des Ortes, eines „Akademeia" genannten Haines, ersetzt und die Funktion auf den philosophisch-wissenschaftlichen Unterricht erweitert und verlagert. Diese Verbindung wird, ausgehend von der Interpretation des späten alexandrinischen Museion, *eine* Tradition in der Entwicklung des „Museums" bilden, die *andere* die Rehabilitierung des älteren Vorstellungskreises des Musensitzes in der mediterranen Renaissance.[19]

Die Entwicklung vom Tanzplatz der Musen bis zum in die Akademie integrierten Kultplatz kann man als Transformation der nichtverdinglichten, affektiv-ekstatischen und durch Tanz und Gesang vermittelten weiblichen Erinnerungs- und Weissagemacht interpretieren. Als Wandel vom Gedächtnis, das die Musen selbst sind, zu einem an Schrift, Text und Bild gebundenes Erinnern und Erzählen, das sie bloß noch inspirieren, von den Naturgeistern zur Akademie, dem von einer männlichen Priestergemeinde betriebenen städtisch-säkularen Wissensort.

Der Prozess der „Verdinglichung" der mythologischen Instanz „Museion" zu einem Ort des in Rede, Schrift und Bild vergegenständlichten und institutionell verfestigten, topografisch definierten, lokalisierten Wissens vollzieht sich vor dem Hintergrund einer epochalen Wende: der von der Rede zur Schrift. Die Entwicklung der Aufzeichnungsmedien Alphabet und Schrift beginnt das lebendige Gedächtnis der mündlichen Überlieferung abzulösen und zu bedrohen. Diese Wende wird in der antiken Philosophie bereits als Gefährdung, wenn nicht als Zerstörung des Gedächtnisses diskutiert.

In derselben Platonischen Akademie, die sich in der Tradition der Musenstätte begriff und legitimierte und welche die Gedächtnisvorstellung und -form des Musenortes allmählich ablöste, wurde die Verschriftlichung als ein drohendes Vergessen diskutiert. Denn – so heißt es bei Platon – die „lernende Seele" wird im „Vertrauen auf die Schrift sich nur von außen vermittelst fremder Zeichen, nicht aber innerlich selbst und unmittelbar erinnern [...]".[20]

Das Alphabet „entbindet die Menschen davon, die Erinnerung zu üben und schafft damit Vergessen in der Seele derjenigen, die es beherrschen, insofern als diese, indem sie auf die Schrift vertrauen, außerhalb und durch ihr eigenes Handeln einen Weg suchen, um sich wieder zu erinnern; insofern hast du nicht für die Erinnerung, sondern für den Vorgang des Wieder-Erinnerns ein Mittel gefunden."[21]

Bei Platon löst sich die Erinnerung von ihrer mythischen Herkunft, wird aber noch nicht Wissenschaft von der Geschichte. In seinem Text „Theaitetos" lässt er Sokrates von der Erinnerung als einem Block aus Wachs[22] sprechen, der es uns erlaube, Eindrücke zu empfangen. Aristoteles trifft die Unterscheidung von „mneme", der Fähigkeit, Vergangenes (in der lebenden Erinnerung) zu bewahren, und „anamnesis", der Fähigkeit zur – willkürlichen – Rück-, Wieder-Erinnerung.[23]

Mit der Ablösung des Textes von der Rede stellt sich die Frage der Verstehbarkeit der Intention des Autors, der Verständlichkeit von etwas nur fragmentarisch Überliefertem, vor allem die Frage nach dem Erinnern, nach dem Gedächtnis allgemein. In Platons „Phaidros" ist die Frage nach dem Erinnern nicht in eine Gedächtnislehre eingebettet, sondern in die Lehre vom Eros. Das denkende Gedächtnis, das Nachsinnen, das liebende Eingedenken ist in dieser Lehre eine Gestalt der schöpferischen Liebe, die von der „schriftbezogenen Vielwisserei" bedroht werde.

Das Entstehen von Schriftlichkeit verändert die Form des kollektiven Gedächtnisses, die Schrift verändert die Gedächtniskultur. Als „interaktionsfreies Notationssystem" ist sie ein Speichermedium, das materielle Dauer – des Wissens, des Gesprochenen, des Erlebten – ermöglicht und insofern für Gruppen wie für Individuen identitätsstützend und stabilisierend wirkt. Andererseits droht sie das lebende Gedächtnis zu unterminieren. Überlieferung, die bis dahin an rituelle Wiederholung, periodische Erneuerung gebunden war – etwa in Festen –, weicht abstrakter Kodifizierung, in der aber auch nicht mehr Gebrauchtes bewahrt wird.[24]

Der für die Aufnahme von Schriftlichkeit bestimmte Träger, das Dokument oder das Denkmal,[25] mit dem die Erinnerung z. B. als Inschrift Gestalt annimmt, kann zur speziellen Erinnerungsform werden. Solche Medien erlauben das Speichern von Information, das Kommunizieren weit über die Gegenwart hinaus, das Hinterlassen von Spuren, um sich Dinge einzuprägen oder sie zu registrieren.[26]

Mit derartigen Überlegungen scheine ich mich weit vom Museum entfernt zu haben. Doch ganz im Gegenteil: Im Museum der Moderne (also ab dem späten 18. Jahrhundert) kehrt die Dialektik von lebendem und technischem Gedächtnis wieder, auch als Konflikt zwischen der Flüchtigkeit letztlich immer sprachlicher Vermittlung einerseits und dem Vertrauen in die Dauer von „Gedächtnisdingen". Hier ist gerade museumspraktisch ständig eine Entscheidung nötig, die grundlegend über die Geltung und Funktion der Institution entscheidet: Versteht sich das Museum als Hort, Depot, Archiv, d. h. als Ort, an dem Dinge ohne Lebensdienlichkeit abgestellt werden? Oder hat es die Kraft, mithilfe der Dinge (ihrer Anordnung, ihrer ihnen zugewiesenen Bedeutungen und deren Kommunikation in einem sozialen Raum) all das immer wieder zu aktualisieren, was in einem gegenwärtigen Gedächtnis Platz haben soll? Hat es die Kraft, immer wieder kritische Erinnerung, Erneuerung der Tradition, Prüfung des Wissens zu leisten, oder ist es Konservierungsort toter Arbeit? Bietet uns dann das Museum bloß ein vermeintlich den Dingen entnehmbares Sachwissen an, oder schafft es Reflexions-, Orientierungs- und Identitätswissen? Ist es Speicher- oder Funktionsgedächtnis?

Ich denke, nun ist weit besser zu verstehen, worin die Bedeutung der Entscheidung für die „populäre" Bedeutung des Wortes „Museum" lag, für das man sich bei der Formulierung der Inschrift für das Königliche Museum in Berlin entschied. Die „falsche" Wahl aktivierte die älteste Bedeutungsschicht des Wortes, die memoriale. Die in Berlin getroffene Entscheidung trug als „bewusst-unbewusstes Missverstehen" zum Durchbruch eines seither privilegierten und selbstverständlich gewordenen Wortgebrauchs bei.

An die Vieldeutigkeit des Wortes „Museum" erinnert man sich heute kaum noch. Zu dieser „Amnesie" des modernen

Museums gegenüber seinen ideengeschichtlichen Herkünften trugen meiner Meinung nach vor allem zwei Umstände bei: einmal die beständige Vermischung und Verwechslung der Geschichte des Wortes „Museum" mit der Geschichte der Institution „Museum" – und umgekehrt. Diese zwei Geschichten laufen lange immer wieder getrennt, dann wieder lose oder gar nicht verbunden oder aneinander vorbei, berühren und überlagern einander gelegentlich. Mit der Schaffung des Museums während der Französischen Revolution im Kontext der Aufklärung und der Entwicklung der bürgerlichen Gesellschaft sowie der nationalstaatlichen Demokratie[27] wird eine vermeintlich bruchlose Einheit beider Entwicklungen konstruiert. Eine Einheit, von der, oft gedankenlos, auf alle Vorgeschichten (des Sammelns, Ausstellens, der Schatzbildung, der Archivierung, der Schaustellung usw.) zurückgeschlossen wird. Die Wurzeln des Museums werden so als eine bruchlose Entwicklungsgeschichte erzählbar, die – je nach Autor und Standpunkt – einmal in der Mitte des 16. Jahrhunderts mit den Sammelpraktiken in Italien, dann wieder mit dem späthellenischen alexandrinischen Museum einsetzen kann oder gar, wie in Julius Schlossers Buch „Die Kunst- und Wunderkammern der Spätrenaissance" (1908), in von spielerischem oder aus Not betriebenem Sammeln am Beginn des menschlichen Daseins.

Wo über Museen grundsätzlich gesprochen wird, zum Beispiel bei der Evaluierung oder Reformen im nationalstaatlichen Maßstab, herrscht eine beachtliche Verlegenheit. Nämlich dann, wenn es darum geht, den gesellschaftlichen Sinn dieser merkwürdigen, paradoxen und hybriden Einrichtung zu bestimmen. Völlig abhanden gekommen ist dabei die Besinnung auf den historischen Wandel und die Herkunft der Institution. Sharon MacDonalds gegen den Essenzialismus des Redens über Museen ingrimmig gerichtetes *„The* Museum doesn't exist!" hat so besehen einen beunruhigenden Neben- und Hintersinn.

Ich möchte nicht missverstanden werden. Ich plädiere nicht für ein Festhalten an einem Konzept des Museums, wie „es einmal war", ich spiele nicht Geschichte gegen Gegenwart in kulturpessimistischer oder museoklastischer Absicht aus. Aber ich denke, man sollte wissen, womit man arbeitet, was man verändert, was man verabschiedet.

Die Geschichte des Wortes „Museum" in der französischen Kulturgeschichte kann uns lehren, wie offen die Entwicklung des Museums seit der frühen Neuzeit ist – und immer noch ist. Diese Geschichte beginnt mit einer höchst paradoxen Berufung auf das „Museion" von Alexandria,[28] das in der einschlägigen Literatur, in Lexika und knappen Darstellungen der Museumsgeschichte sehr häufig als „erstes Museum" bezeichnet wird.

Doch was genau dieses „Museion" war, darüber weiß man sehr wenig. Mit Sicherheit eine von einem Herrscher protegierte kultische und wissenschaftliche Einrichtung mit einer Bibliothek – deren Brand das „Museion" im kollektiven Langzeitgedächtnis verankert hat. Gerade der Mangel an konkretem Wissen ließ das „Museion" zur Projektionsfläche neuartiger kultureller Projekte und Praktiken unter dem Namen „Museum" werden. Gerade weil es so wenige und ausschließlich textliche Spuren gab, konnte der Ort durch Zuschreibungen neu definiert werden und blieb nicht durch seine tatsächlichen Funktionen in Erinnerung, sondern durch das, was die performative Kraft der Überlieferungsgeschichte erzeugte.

Die alexandrinische Institution wurde in Frankreich (in Abgrenzung zur italienischen Praxis) als Platz gelehrter Studien verstanden, und man gebrauchte dafür das Wort „Musaeum", das man auch auf die Architektur übertrug. „Musée" hingegen wurde auf Sammlungen und deren öffentliche Schaustellung bezogen.

Beide Bedeutungen existierten als umkämpfte Optionen nebeneinander. Unter dem Begriff „Musaeum" versuchte man mit Berufung auf antike Praktiken, an einem Ort festzuhalten, der die Einheit der Künste und Wissenschaften sowie der Theorie und Praxis garantieren sollte. Noch kurz vor der Französischen Revolution erhielt die durch die Berufung auf das „Museion" der Antike projektive Legitimation dieser Idee durch die Enzyklopädisten Auftrieb und Prominenz. Tatsächlich lässt sich in den Debatten über die Errichtung eines zentralen französischen Museums oder in Architekturwettbewerben und -fantasien die Idee einer universalen Anstalt, eines „Musaeum", verfolgen.

Noch während der Revolution finden sich Architekturentwürfe, die diesem Ideal folgen, und die Rivalität oder – neutraler gesagt – das Nebeneinander zweier Konzepte wird in den Benennungen einerseits des Louvre mit „Musée Central des Arts", andererseits des – stark forschungsorientierten – „Muséum d'Histoire Naturelle" sichtbar. So argumentiert Paula Young Lee,[29] die allerdings den „Wettstreit" beider Konzepte durch die Französische Revolution entschieden sieht. Worauf es ihrer Meinung nach hinausläuft, ist, dass sich das „Musée" durchsetzt und damit eine weit über Frankreich hinaus folgenreiche Entscheidung gefallen ist. Nämlich *für* das Museum als Ort der Sammlung von Dingen und ihrer Ausstellung und *gegen* das „Musaeum" als Ort der Pflege und Weitergabe eines möglichst universalen Wissens.

Ich bin nicht sicher, ob man den Schlussstrich unter das Konzept des „Musaeum" so scharf ziehen soll, wie Paula Young Lee es tut. Die Idee der einen und universalen Institution ist passé, gewiss. Eine Einheit des Wissens lässt sich nicht mehr repräsentieren. Aber eben die Spielarten von Museen der Französischen Revolution zeigen, dass ihre Funktionen komplex bleiben: Im Louvre etwa finden jahrelang Industrieausstellungen statt, das Musée des Arts et des Métiers etabliert mit dem Typ des technischen Museums ein stark utilitäres Museumsverständnis, und das Muséum d'Histoire Naturelle wird in seinen ersten Jahrzehnten zu einem Wissenschaftsort von europäischem Rang.

Auch für die Entwicklung des 19. Jahrhunderts scheint mir eher das Nebeneinander mehrerer Konzepte und Varianten interessant als die Fokussierung auf das „Sammlungs- und Schaumuseum". Mit den kunstgewerblichen, technologischen und technischen Museen – nicht zu reden von den zahllosen fachlich und praktisch stark differenzierten Museumstypen etwa in der Medizin, den Naturwissenschaften und bestimmten technischen Wissenschaften – bleibt ein anderes Museumsverständnis lebendig: eines, in dem Wissen, Wissenstransfer und Forschung zumindest dem Ausstellen gleichwertig bleiben. Lässt sich nicht im Kontrast dazu der Typ des „kulturhistorischen Museums", wie ihn zum Beispiel die Landesmuseen des Habsburgerreiches, die heutigen österreichischen Landesmuseen repräsentieren, mit seiner Vielfalt an Sammlungen, Ausstellungsweisen und Vermittlungsformen als Festhalten an einer Utopie des „Universalmuseums" verstehen? Jedenfalls scheint er wieder vermehrt diskutiert zu werden.[30]

An dieser Stelle könnte ich meinen mythohistorischen Exkurs über die memoriale Tiefendimension des „Museums" für beendet erklären. Aber neben dem etymologisch-genealogischen Erkenntnisgewinn gibt es noch ein anderes Strukturmerkmal des Museums. Das Kriterium der Unterscheidung von antikem und modernem Wortgebrauch in der Berliner Debatte am Beginn des 19. Jahrhunderts war ja, dass in der Antike das Wort nie für eine Sammlung von Gegenständen gebräuchlich gewesen sei. In der Diskussion über die Inschrift ging man stillschweigend von einer Unterscheidung aus: von einem vergegenständlichten, technischen, an eine wie immer gedachte Sammlung von Gegenständen gebundenen Gedächtnis einerseits und andererseits von einem durch Rede, Gesang oder Tanz vermittelten lebenden Gedächtnis, für das „ursprünglich" die Musen eingestanden sind.

Die Unterscheidung und Bewertung der beiden Gedächtnisformen sind nicht nur Schlüsselfragen der antiken Gedächtnistheorie und -philosophie, sondern kehren im Bezug auf das moderne Museum als Grundfragen seiner gesellschaftlichen Wirkung und Wirkmöglichkeit zurück. Seit es Museen gibt, werden sie befragt, welchen Zweck sie haben, worin denn die „Bildung" besteht, die sie vermeintlich vermitteln oder vermitteln sollten, wie „lebendig" sie sind. Das sind Fragen, die bis in das Kapillarsystem der alltagspraktischen Museumsarbeit Wirkung zeigen, z. B., wenn bei der Ausstellungsplanung über das Verhältnis von Objekt, Text und Sprache entschieden wird.

Das Problem der Verdinglichung, die Vorstellung des Museums als „technisches Gedächtnis", d. h. als Speicher von gesammelten und zur Erinnerungsstiftung aufbewahrten Dingen, ist bis heute ein zentrales und prekäres Strukturmerkmal des Museums. Der Hinweis auf die antike Kritik des Wandels der Gedächtnisform, für den der Wandel der Vorstellung des „Museion" ein Indiz ist, hilft, eine elementare Funktion des Museums und einen seiner wichtigsten Widersprüche zu verstehen.

Museen sind „monumental", insofern sie eine materiell fundierte kulturelle Kontinuierung (Sammlung, Konservierung, Deponierung) leisten sollen. Aber sie sind auf die Möglichkeit wiederkehrender Aktualisierung angewiesen. Solche ritualisierbaren Wiederholungen – von Jubiläen bis hin zu touristischen Besichtigungen – sind auch eine Art kultureller Kontinuierung.[31]

In diesem Sinn ist das Museum nicht nur einfach eine aus Dingen bestehende Ansammlung, die aus der Vergangenheit in unsere Gegenwart überliefert wurde. Es ist eine in der Absicht angelegte Sammlung, die Dinge – und damit uns – der Zeitverfallenheit zu entziehen: „Und in eben diesem Sinne hat das Museum mit dem Tod zu tun."[32] Daher entsteht die Idee des modernen, des bürgerlichen Museums zu Ende des 18. Jahrhunderts mit der auf den Tod gegründeten Idee der Unsterblichkeit, als ein Einschreiben in ein transgenerationelles Gedächtnis, das sowohl monumental (die Sammlung der Dinge) als auch rituell (der wiederholte Gebrauch in der Betrachtung der Dinge) ist und dessen unbestimmte Dauer vor allem durch das Bewahren von Dingen auf unbegrenzte, nicht definierte Zeit garantiert scheint.

1 Updike, John: Museen und Musen. Reinbek 1996, S. 7.
2 Wolzogen, Alfred Freiherr von: Aus Schinkel's Nachlaß. Dritter Band. Berlin 1863, S. 271.
3 Karl Friedrich Schinkel 1781–1841. Berlin 1982, S. 138, Kat. Nr. 219. Aloys Hirts Übersetzung: „Friedrich Wilhelm III. stiftete das Museum für das Studium alterthümlicher Gegenstände jeder Gattung und der freien Künste." Bericht des Hofraths Hirt vom 21. December 1827 an Seine Majestät den König, über die Inschrift auf dem Königlichen Museum in Berlin, in: Wolzogen, siehe Anmerkung 2, S. 277.
4 15.10.1827. Wolzogen, siehe Anmerkung 2, S. 272 f.
5 Süvern kritisierte auch die sinnwidrige Verwendung des Begriffs „artes liberales", mit denen im Altertum niemals Skulptur und Malerei gemeint gewesen seien, sondern etwa Philosophie und Gymnastik. Malerei und Skulptur waren Handwerk gewesen: „artes mechanicae".
6 Wolzogen, siehe Anmerkung 2, S. 274 f.
7 Humboldt spricht in einem Brief vom 20.10.1827 in Bezug auf die Inschrift von einer „von ganz Deutschland erkannten Lächerlichkeit".
8 21.12.1827. Wolzogen, siehe Anmerkung 2, S. 281 ff.
9 Der Vorschlag der Akademie: Fridericus Guilelmus III. Rex signis. tabulisque arte. vetustate. eximis. collocandis thesaurum exstruxit. A. MDCCCXXVIII.
10 Crimp, Douglas: On the Museum's Ruins. Cambridge, Mass., London 1993, S. 294 ff.
11 Humboldt, Wilhelm von: Musée des Petits Augustins, in: ders.: Schriften zur Anthropologie und Geschichte (Werke in fünf Bänden. Band 1). Darmstadt 1980, S. 519–552, zitiert nach Korff, Gottfried: Objekt und Information im Widerstreit, in: Museumskunde 49 (1984), Heft 2, S. 86.
12 Zitiert nach Leinz, Gottlieb: Baugeschichte der Glyptothek 1806–1830, in: Glyptothek München 1830–1980. Ausstellungskatalog. München 1980, S. 96. „Glyptos" – in Stein, Holz, Glas usw. eingegraben – („glypte" = geschnittener Stein, „thek" = Sammlung) sollte auf die Herstellungsweise hinweisen.
13 Zitiert nach ders., S. 96 f.
14 Klenze, Leo von: Ueber Aufstellung von Antiken (1816). Zitiert nach Leinz, siehe Anmerkung 12, S. 97.
15 Ein Museum wird in Art. 2, Abs. 1, der ICOM-Statuten (International Council of Museums) als eine „nicht gewinnorientierte ständige Einrichtung" definiert, „die der Gesellschaft und ihrer Entwicklung dient, der Öffentlichkeit zugänglich ist und materielle Zeugnisse des Menschen und seiner Umwelt für Studien-, Bildungs- und Unterhaltungszwecke sammelt, bewahrt, erforscht, vermittelt und ausstellt".
16 Schlesier, Renate: Die Musen und Zeus. Eine Untersuchung zum Proömium von Hesiods Theogonie, in: Aufmerksamkeit. Klaus Heinrich zum 50. Geburtstag. Berlin 1979, S. 405 und 436 f.
17 Ebd., S. 438.
18 Cancik, Hubert; Schneider, Helmut: Der neue Pauly. Enzyklopädie der Antike. Band 8. Stuttgart, Weimar 2000, S. 511.
19 Der fast untergegangene Vorstellungskreis von Musen und Museion wird in Italien Mitte des 16. Jahrhunderts wiederbelebt: als Rekonstruktion der Idee des Musenortes und als Sammlungs- und Studienort. Für 1539 ist erstmals die Verwendung des Wortes „Museum" in diesem Sinn nachgewiesen. Paolo Giovio spricht von seiner Villa bei Borgo Vico in der Nähe von Como als einem „Musaeum". Der mit den Musen und Apoll dekorierte Saal weist es als „Museion" aus, als inspirierende Anwesenheit der Musen, die private Antikensammlung Giovios als „Museum", in dem Dinge gesammelt, ausgestellt und gezeigt werden.
20 Platon: Phaidros, zitiert nach: Weigel, Sigrid: Lesbarkeit. Zum Bild- und Körpergedächtnis in der Theorie, in: Manuskripte. Zeitschrift für Literatur 32 (1992), Heft 115, S. 13 ff. Weigel argumentiert, dass gerade heute das Thema Gedächtnis und Erinnerung großes Interesse findet, da das Ende der Schriftkultur droht.
21 Vgl. etwa Le Goff, Jacques: Geschichte und Gedächtnis. Frankfurt/Main, New York 1992, S. 97.
22 Zur Wiederaufnahme des Bildes von der Wachstafel als „Wunderblock" vgl. Freud, Sigmund: Notiz über den „Wunderblock", 1925, in: ders.: Gesammelte Werke. Band 14. London, Frankfurt/Main 1948, S. 1–8, sowie Derrida, Jacques: Freud und der Schauplatz der Schrift, in: ders.: Die Schrift und die Differenz. Frankfurt/Main 1972, S. 302–350. Das Eigentümliche der Wachstafel ist, dass das Gelöschte als unleserliche Spur erhalten bleibt. Dies machte sie für Freud als Analogie zum Gedächtnis geeignet, in dem sich Bewusstes und Unbewusstes mischt.
23 Le Goff, siehe Anmerkung 21, S. 99.
24 Assmann, Aleida: Schrift, in: Pehtes, Nicolas; Ruchatz, Jens (Hg.): Gedächtnis und Erinnerung. Ein interdisziplinäres Lexikon. Reinbek 2001, S. 526.
25 Alle diese Gedächtnisformen und -medien, zu denen man auch Grabstelen und Sarkophage zählen kann, haben wohl ihren „anthropologischen Kern" im Totengedenken.
26 Le Goff, siehe Anmerkung 21, S. 92 f.
27 Fliedl, Gottfried: Die Pyramide des Louvre. Die Entstehung des Museums aus der Idee der Demokratie. Bielefeld 2009.
28 Gegründet von Ptolemaios I. (305–283/82 vor Chr.). Teil des „Museion" war die berühmte Bibliothek, die als umfangreichste und wichtigste der Antike galt.
29 Young Lee, Paula: The Musaeum of Alexandria and the formation of the ‚Museum' in eighteenth-century France, in: The Art Bulletin, September 1997, S. 385 ff. Zitiert nach der unpaginierten Internetversion: http://findarticles.com/p/articles/mi_m0422/is_n3_v79/ai_20824243 (März 2007).
30 Nach einer Tagung zum Konzept und zur Zukunft des Universalmuseums am Joanneum in Graz, veranstaltet von der Museumsakademie, regten einige der anwesenden Museenvertreter die Fortführung der Diskussion an. Für Österreich ist ein erstarkendes Selbstbewusstsein der einschlägigen Museen zu beobachten – sowohl im Auftreten gegenüber der Öffentlichkeit als auch beim „Relaunch" der Dauerausstellungen.
31 Hartmut Winkler: Basiswissen Medien. Frankfurt/Main 2008, S. 230, „Monument und Wiederholung". Insofern Wiederholung selbst der Monumentalisierung (Speicherung) bedarf, um als solche erkannt zu werden, und weil Monumente eine „Maschine zur Initiierung von Wiederholung" sind, sind beide aufeinander angewiesen.
32 Vgl. Pircher, Wolfgang: Museum, ein Raum in der Zeit. Das Museum als technisches Gedächtnis, wo die Nation ihren Ruhm und ihre Ehre verschrieben weiß, in: Falter 1989, Nr. 19.

Museen und Sammlungen vor der Gründung

Mehr als andere vergleichbare Institutionen ist das Technische Museum durch die Übernahme bereits vor seiner Gründung bestehender Sammlungen geprägt. Der Bogen spannt sich vom Fabriksprodukten-Kabinett bis zu den Museen der Arbeit, Gewerbehygiene, Post und Eisenbahn. Das Technische Museum erhielt damit einen großen Fundus bedeutender Objekte aus den Anfängen der Industrialisierung. Seine Geschichte beginnt nicht mit der Gründung vor hundert Jahren, sondern reicht bis zu den Kunst- und Wunderkammern der Habsburger zurück.

Die frühen Sammlungen

Instrumente der Astronomie und Physik sowie Modelle zu den Bereichen Landwirtschaft und Produktionstechnik zeigen die Welt vergangener Jahrhunderte.

Helmut Lackner

Als Wilhelm Exner anlässlich des 60-jährigen Regierungsjubiläums Kaiser Franz Josephs I. die Gründung eines technischen Museums konkret zu planen begann, konnte er sich bereits auf eine größere Anzahl bestehender Sammlungen und Museen mit den Schwerpunkten Naturwissenschaft- und Technikgeschichte, Handwerk und Gewerbe, Verkehr und Kommunikation berufen. Dem von der Idee eines zentralen technischen Museums überzeugten Exner gelang es, die Träger und Leiter dieser einschlägigen Vorläufersammlungen von seiner Idee einer Konzentration zu überzeugen und ihre Sammlungen in einem neu zu errichtenden Museumsgebäude zu zentralisieren. Das Technische Museum ist in seinem Bestand deshalb mehr als andere vergleichbare Institutionen von der Quantität und Qualität dieser seit der Mitte des 18. Jahrhunderts entstandenen Sammlungen geprägt. Weder im Conservatoire des arts et métiers in Paris oder im Science Museum in London noch im Deutschen Museum in München war zuvor eine derartige Konzentration historischer Objektbestände unter einem Dach erfolgt. Die vergleichbaren Museumsgründungen in Berlin vor und nach 1900 überdauerten den Zweiten Weltkrieg nicht. Das 1906 gegründete Verkehrs- und Baumuseum fand 1983 im Museum für Verkehr und Technik in Berlin (jetzt Deutsches Technik Museum) und das seit 1882 öffentlich zugängliche Reichspostmuseum 1990 im Deutschen Postmuseum in Frankfurt am Main eine Fortsetzung.

Eine Geschichte des Technischen Museums Wien kann daher nicht mit der Gründung vor hundert Jahren beginnen, sondern muss weiter ausholen und zurückblicken, um es in seiner gegenwärtigen Bedeutung zu verstehen und die Konturen seines spezifischen Profils nachzuzeichnen.

Die Kunst- und Wunderkammer der Habsburger

„Am Anfang muß es einen Willen geben, etwas im Gedächtnis festzuhalten", schreibt der französische Historiker Pierre Nora in seiner Arbeit zur Geschichte des Gedächtnisses. Zu den bedeutendsten Orten, die das Gedächtnis der Gesellschaft festzuhalten versuchen und die kollektive Identität prägen, gehören Bibliotheken, Archive und Museen.[1] Hier wird vor dem Vergessen gerettet, was eine Gesellschaft über Bord wirft, die durch den Wandel der Erneuerung bis in ihre Grundfesten erschüttert ist.[2] Ohne Sammeln gibt es keinen Erkenntnisgewinn, doch das Sammeln allein genügt nicht und ist noch keine hinreichende Bedingung für die wissenschaftliche Auseinandersetzung mit dem Gesammelten. Erst das strukturierte, zielgerichtete Sammeln macht aus dem Kuriositätenkabinett ein Museum. Daran zerbricht schließlich auch Evelyn Grills zentrale Figur in ihrem Roman „Der Sammler": „Er hätte eine Anlage zu einem Wissenschafter gehabt, wenn er nicht beim Sammeln stehengeblieben wäre."[3]

Das Sammeln ist ein jahrtausendealtes Phänomen der Menschheitsgeschichte. Erst im Laufe der letzten Jahrhunderte gesellt sich zum Sammeln die wissenschaftliche Analyse und damit der Erkenntnisgewinn. Weltliche und geistliche Herrscher prägten das Bild des Sammlers, seit dem Mittelalter einerseits die Habsburger als römisch-deutsche Kaiser und andererseits die Päpste. Mit ihren Sammlungen ausgewählter Gegenstände der menschlichen Kunstfertigkeit und der drei Reiche der Natur – Mineralien, Pflanzen und Tiere – versuchten die Fürsten ihren Besitz zu vermehren und gleichzeitig ihr Ansehen und ihre Macht in Dingen zu manifestieren. Noch stand die wissenschaft-

Astronomische Uhr aus der Kunst- und Wunderkammer der Habsburger, Philipp Imsser, um 1560

Detail der astronomischen Uhr

Handspritze aus Messing aus der Kunstkammer Schloss Ambras, 14. Jahrhundert (?)

liche Beschäftigung mit den gesammelten Objekten im Hintergruund. Fürstliche Kollektionen glichen einem Sammelsurium von Raritäten aus der ganzen Welt, die vor allem den Sammler vor anderen auszeichnete, aus der Masse heraushob, seine Überlegenheit demonstrierte.[4] Durch Expeditionen in fremde Länder kamen unbekannte Fauna und Flora, Mineralien, Altertümer und antike Münzen, Gemälde und Kunstgewerbe, Bücher sowie wissenschaftliche Instrumente in die Kunst- und Wunderkammern der Fürstenhöfe. So bestanden die großen Sammlungen, wie etwa jene von Rudolf II. in Prag, aus „naturalia", Gegenständen der drei Reiche der Natur, „mirabilia", Gegenständen im Grenzbereich zwischen Natur und Kunst, „artificialia", Kunstgegenständen, „scientifica", Uhren, Automaten, astronomischen Instrumenten und Globen, sowie der Bibliothek.[5]

Dieses Phänomen ist für das Technische Museum nicht nur aus dem allgemeinen Interesse für die Geschichte des Sammelns wichtig, sondern auch im Hinblick auf ein besonderes Objekt. 1554 beauftragte der Wittelsbacher Ottheinrich, Fürst von Pfalz-Neuburg, den Tübinger Professor für Mathematik und Astronomie Philipp Imsser mit dem Bau einer astronomischen Uhr.[6] Kunstwerke dieser Art veranschaulichen das spätantike astronomische Weltbild des Ptolemäus und die von ihm konzipierten Planetenbewegungen angetrieben durch ein Uhrwerk. Die Arbeit an dem komplizierten Automaten verzögerte sich immer wieder, und noch vor der Fertigstellung starb 1559 der Auftraggeber Ottheinrich. So erwarb zwei Jahre später der Habsburger Ferdinand I. diese Uhr und trat sie an den innerösterreichischen Hof in Graz ab. Dort geriet sie offenbar in Vergessenheit, denn erst 1752 tauchte die bis dahin eingemauerte Uhr wieder auf. Maria Theresia schenkte sie den Grazer Jesuiten,[7] und 1801 holte sie Kaiser Franz II. zurück in die Wiener Hofburg. Es bleibt ein Rätsel, warum dieses Kunstwerk nicht in das Kunsthistorische Museum, sondern 1890 in das von Wilhelm Exner gegründete Museum der Geschichte der österreichischen Arbeit gelangte.[8] Dabei ist sie gerade kein Beispiel für „österreichische Arbeit". Ihren vorläufig letzten Standort fand die Planetenuhr des Philipp Imsser schließlich im Technischen Museum, wo sie bis heute zu den ältesten und bedeutendsten Objekten zählt.

Ebenfalls für das Museum der Geschichte der österreichischen Arbeit erhielt Exner vom Oberstkämmereramt sechs besonders aufwändig ausgeführte, messingene Feuerwehr-Handspritzen aus der Ende des 16. Jahrhunderts von Erzherzog Ferdinand II. eingerichteten Kunstkammer im Schloss Ambras in Tirol.[9]

Museen und Sammlungen vor der Gründung

Die Modellsammlung der Jesuitenuniversität

Der Anspruch an die Kunst- und Wunderkammern, durch das Studium der Natur die Rätsel der Schöpfung aufzulösen, wofür die Imsser-Uhr ein klassisches Beispiel ist, geriet im Lauf des 18. Jahrhunderts gegenüber wirtschaftlichen Zielen in den Hintergrund. Die Natur als Rohstoffquelle wurde wichtiger denn die Natur als Quelle der Erkenntnis. Den Wandel markiert um die Mitte des 18. Jahrhunderts das Werk des schwedischen Naturwissenschafters Carl von Linné.[10] In seiner Arbeit „Oeconomia naturae" resümierte dieser 1749 als „notwendige Konsequenz, daß es alles wegen des Menschen gibt". Damit konnte der Mensch wiederum die gezielte Nutzung der drei Reiche der Natur für seine Zwecke begründen. „Der Zugriff auf das Naturreich" beherrschte in den folgenden zwei Jahrhunderten das ökonomische und technologische Denken.[11] Linné hatte 1735 sein Hauptwerk „Systema naturae" veröffentlicht, mit dem er ein bis heute gültiges Klassifizierungssystem zur Ordnung des Pflanzenreichs schuf, das Vorbild für den Anspruch auf Ordnung insgesamt wurde.[12] Beschreiben heißt Ordnen, und Ordnen der Natur bedeutet, sie in Besitz zu nehmen. Diese „Ordnung der Dinge", festgehalten in Katalogen, Repertorien und Inventaren, verglich der französische Historiker Michel Foucault mit jener Ordnung, „die man unter den Lebewesen errichtet".[13]

Sie wurde im 18. Jahrhundert zu einer der Grundlagen des Strebens nach Wachstum und Fortschritt. Am Horizont zeichnete sich die Industrialisierung mit allen ihren Konsequenzen ab.[14]

In diesem Kontext hatte bis ins 18. Jahrhundert der enzyklopädische Anspruch des Sammelns am Beispiel der Kunst- und Wunderkammern an Bedeutung verloren.[15] Die ursprüngliche Vorstellung der Einheit der Natur begann sich in ihre Bestandteile aufzulösen.[16] Mit Linné sowie mit Denis Diderot und Jean Baptiste le Rond d'Alembert, den Herausgebern der französischen Enzyklopädie, im Hintergrund entwickelte sich auf Grundlage der Werke der beiden deutschen Wissenschafter Jacob Leupold[17] und Johann Beckmann[18] aus der Kunstgeschichte die Technologie und aus der Naturgeschichte die Naturkunde. Zugleich fokussierten Ökonomen wie Johann Heinrich Gottlieb von Justi[19] ihr Interesse auf die inländischen Ressourcen des Staates und formulierten unter dem Primat des größten Nutzens mit dem Kameralismus die für Jahrzehnte vorherrschende wirtschaftspolitische Lehre.

Für den Wiener Hof lässt sich das neue, zukunftsfähige System sehr präzise datieren: Zwischen 1748 und 1751 schuf Franz Stephan von Lothringen, Gemahl der Kaiserin Maria Theresia, das moderne Sammlungsmodell, das die Einheit der Kunst- und Wunderkam-

Feuerspritze mit Handhebel, vielleicht identisch mit einem im Modellinventar der Jesuitenuniversität von 1766 genannten Objekt, kam 1914 über das Physikalische Institut der Tierärztlichen Hochschule ins Museum, 1760 (?)

mer in mehrere Kabinette ausdifferenzierte, und bald darauf veränderten Reformen den Unterricht an den Universitäten.

Parallel zur Neustrukturierung der Sammlungen in der Hofburg begann ab 1752 an der Universität der Unterricht des Faches Technologie als Teil der Naturgeschichte. Im Zuge der ersten zögerlichen Reformen seit der Mitte des Jahrhunderts hatte 1759 der Jesuit Joseph Walcher[20] öffentlich zugängliche Sonntagsvorlesungen über Mechanik und Maschinen („Mechanische Collegien") im philosophischen Saal der Wiener Universität gehalten.[21] Für diesen Unterricht hatte Walcher eine Sammlung von Maschinenmodellen aufgebaut, die wesentlich der Gliederung seiner gedruckten Vorlesung folgte und u. a. einfache Arbeitsmaschinen wie Hebel, Rolle, Schraube und Keil, Modelle von Bewegungselementen, zusammengesetzten Arbeitsmaschinen wie Hammerwerken, Stampf- und Schneidmühlen, Papier- und Kornmühlen und Kraftmaschinen wie Feuermaschinen, Wind- und Wasserrädern enthielt. Aus diesem Bestand lassen sich anhand eines erhaltenen Inventars[22] mit hoher Wahrscheinlichkeit einige Modelle im Museum nachweisen, u. a. eine Luftpumpe,[23] eine Glasurmühle,[24] ein Seidenfilatorium[25] und eine Feuerspritze.[26] Walchers „mechanische Collegien" sollten vor allem Handwerkern die Grundsätze des Baus von Maschinen aus Holz vermitteln.

Jedoch erst die Reform von 1772 unter Staatskanzler Wenzel Anton Graf Kaunitz initiierte einen langfristigen, immer wieder unterbrochenen Wandel, der wesentlich auf dem Bericht des Hofsekretärs Johann Melchior von Birkenstock über seine Dienstreise nach Deutschland beruhte.[27] Zum künftigen Vorbild eines anwendungsorientierten Unterrichts avancierte danach insbesondere die Universität Göttingen, vor allem mit Johann Beckmann, der hier Landwirtschaftslehre, Technologie – ein Fach, das er in Göttingen mit seiner Publikation „Anleitung zur Technologie" 1777 begründete – und Warenkunde vortrug,[28] sowie Johann Christian Polycarp Erxleben,[29] der das Fach Naturgeschichte vertrat. Die Übernahme des dortigen Organisationsmodells und die Lehr- und Lernfreiheit stießen jedoch auf Ablehnung, und Birkenstocks später formulierte Vorstellung eines „katholischen Göttingen" in Wien blieb ein frommer Wunsch.[30]

Die Professoren der Naturgeschichte lehrten nunmehr im Rahmen von Mineralogie, Bergbau und Metallurgie sowie Botanik die Grundzüge der Landwirtschaft und ihre Bedeutung für Manufakturen und Fabriken.[31] Seit dem neuen Studienplan von 1784 mussten die Vertreter der „allgemeinen Naturgeschichte" der Wiener Universität auch das Fach Technologie nach Beckmann anbieten.[32] Deshalb erschienen bei Trattner in Wien 1789 eine erweiterte Ausgabe und 1823 eine siebente „mit gehöriger Rücksicht auf die Österreichischen Staaten veranstaltete Ausgabe" der „Anleitung zur Technologie".

1878, also hundert Jahre nach Erscheinen der „Technologie", widmete Wilhelm Exner, der Gründer des Technischen Museums, Beckmann eine erste Biografie. Exner würdigte Beckmann als „Begründer der technologischen Wissenschaft".[33] Kurz zuvor hatte er sich mit einer Systematik der vergleichenden mechanischen Technologie auseinandergesetzt und auf die „allgemeine Technologie" Beckmanns von 1806 bezogen.[34] Es blieb Exners einziger Ausflug in die Theorie.[35]

Die neuen, aus Göttingen importierten Ideen rezipierte zuerst das aus der Steiermark stammende, damals 26-jährige Multitalent Benedikt Franz Johann Hermann.[36] Seine 1781 publizierte „Einführung des Studiums der Technologie" bezeichnete er als logische Fortsetzung der Schriften der Kameralisten Joseph von Sonnenfels[37] und Johann Heinrich Gottlieb von Justi sowie der Naturgeschichte als Wissenschaft der „rohen Naturprodukte". Die Technologie sollte zeigen, „wie die Naturprodukte genützt, und zu was sie verarbeitet werden", oder an anderer Stelle: „Die Technologie fängt da an, wo die Naturgeschichte stehen bleibt." Die Technologie „macht sie [die „rohen Materialien"] dadurch zum verschiednen Gebrauche, und zu Befriedigung der unendlichen Bedürfnisse des menschlichen Lebens, geschickt."[38] Hermann konnte seine Ideen nicht mehr praktisch umsetzen, da er im selben Jahr nach Russland auswanderte und dort eine beachtliche Karriere im Montanwesen machte. Beckmanns Technologie trug danach erstmals von 1784 bis 1787 der in Göttingen ausgebildete Agrarpionier und Professor für Naturgeschichte an der Wiener Universität Peter Jordan vor.[39]

Nach diesen ersten Ansätzen eines technologischen Unterrichts in Wien lässt sich ein weiterer Pionier an der Universität Innsbruck nachweisen. Seit 1792 unterrichtete dort Joseph Stapf[40] Mathematik und Technologie. Er lehrte die Technologie ebenfalls nach Johann Beckmann sowie nach Georg Friedrich von Lamprecht, Professor in Halle,[41] und legte eine Sammlung roher Materialien und von Maschinenmodellen an, die sich vornehmlich auf die Förderung der Gewerbe in Tirol konzentrierte.[42]

Zur nachhaltigen Etablierung eines Unterrichts der Technologie an den Universitäten fehlte im späten 18. Jahrhundert aber noch die notwendige Konsequenz seitens der Wiener Zentralstellen. Als sich zur selben Zeit Franz Joseph von Gerstner, Professor für Mathematik an der Universität Prag, an den Reformdiskussionen beteiligte und mit seinen an der Pariser École Polytechnique orientierten Ideen ebenfalls an der Studienhofkommission scheiterte, ergriffen die böhmischen Landstände die Initiative und gründeten 1806 in Prag mit dem Polytechnischen Institut die erste technische Lehranstalt der Monarchie.[43] Wien musste darauf noch ein knappes Jahrzehnt warten.

Rechenmaschine, Antonius Braun, 1727–1766

Das physikalische Kabinett in der Hofburg

Nicht nur an der Universität, sondern auch innerhalb der Hofburg begann mit Franz Stephan von Lothringen Mitte des 18. Jahrhunderts ein Reformprozess.[44] Für die Heirat mit der Habsburgerin Maria Theresia verzichtete er 1735 im Tausch gegen das Großherzogtum Toskana auf Lothringen. Franz Stephan brachte damit Teile sowohl der französischen als auch der italienischen Wissenschaftskultur an den Wiener Hof und erwies sich neben seiner dominanten Gattin als Liebhaber und Förderer der Wissenschaften und der Ökonomie, nachdem er mit Holics und Sassin/Sašlinske Straže zwei ungarische Grundherrschaften erfolgreich als vorbildliche Mustergüter mit Manufakturen führte.[45]

Die Fokussierung auf Naturwissenschaften und Ökonomie unter Franz Stephan ging Hand in Hand mit der Differenzierung der höfischen Sammlungen in ihre einzelnen Teile: Naturalienkabinett, Münzkabinett und physikalisches Kabinett. Kunstkammer und Bibliothek blieben davon weitgehend unberührt. Mit der wissenschaftlichen Ordnung und Beschreibung der Sammlung, ihrer inszenierten Aufstellung und beschränkt öffentlichen Zugänglichkeit beginnt auch der lange Prozess der Musealisierung in den Kabinetten.[46] Das Naturalienkabinett markiert seit dieser Zeit die Wurzeln des späteren Naturhistorischen Museums; Münzkabinett und Kunstkammer jene des Kunsthistorischen Museums.

Die frühen Sammlungen

Schreibautomat „Alleschreibende Wundermaschine", Friedrich Knaus, um 1760

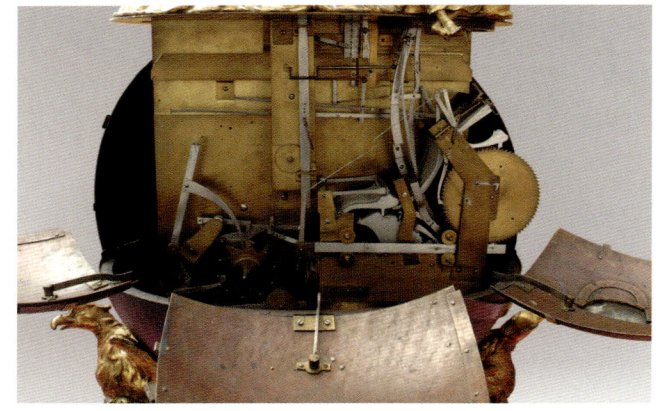

Detail: Mechanismus der Steuerung der Figur mit Stiftwalze, Kurvenscheiben und Gestänge

Detail: Allegorische Figur beim Eintauchen der Feder in das Tintenfass

Etwas komplexer verlief die Entwicklung des physikalischen Kabinetts, der ältesten Vorläufersammlung des Technischen Museums. Im Vergleich zu den beiden anderen Kabinetten führte es entgegen den Prämissen des Kameralismus ein Schattendasein. Weder vermochte sich in der zweiten Hälfte des 18. Jahrhunderts an den Universitäten die Technologie durchzusetzen, noch konnte sich in der Hofburg das physikalische Kabinett zu einer wirklichen Vorbildsammlung entwickeln. Demgegenüber entfaltete das Naturalienkabinett seit dem Ankauf der weltberühmten Sammlung des Jean de Baillou aus Florenz sowie durch ständige Erweiterungen als Ergebnis zahlreicher Expeditionen in exotische Weltregionen seit 1755 eine ungleich größere Attraktivität. Daraus resultierende, mehrbändige, prachtvoll ausgestattete Beschreibungen fehlen für das physikalische Kabinett völlig.[47]

Die Ursprünge des späteren physikalischen Kabinetts der Habsburger in der Hofburg lassen sich bis auf ein „Cabinet des Machines" des Hauses Lothringen zurückführen, das zuletzt Philippe Vayringe leitete. Franz Stephan ließ diese aus rund 100 Objekten bestehende Sammlung in den Palazzo Pitti nach Florenz bringen, von wo sie 1748 nach Wien in das „Kaiserhaus" in der Wallnerstraße kam, das ihm für die Verwaltung der Toskana und – mit einem Laboratorium – für naturwissenschaftliche Experimente diente. Aus dieser Frühzeit der Sammlung, in der Abbé Jean François de Marcy aus den Niederlanden von 1748 bis 1772 dem Kabinett vorstand, stammen einige der bedeutendsten Objekte des Technischen Museums. Es handelt sich um astronomische, mathematische und physikalische Instrumente, Automaten und Modelle.

1751 erwarb der Kaiser einen großen versilberten Brennspiegel für (zum Scheitern verurteilte) Diamantenschmelzversuche unter Anleitung des Jesuitenpaters und Universitätsprofessors Georg Joseph Gottfried Franz.[48] Schon 1727 hatte der Wiener Hofoptiker und -mathematiker Antonius Braun eine mechanische Rechenmaschine nach dem Sprossenradprinzip zu bauen begonnen und Kaiser Karl VI. gewidmet. Nach Brauns Tod 1728 konnte sie allerdings erst vier Jahrzehnte später von seinem Sohn fertiggestellt und dem Wiener Hof übergeben werden.[49] Um 1750 brachten Ludwig und Friedrich Knaus im Auftrag des Landgrafen von Hessen eine aufwändig gestaltete weitere Uhr als Geschenk nach Wien, die sich heute in der Bundespräsidentschaftskanzlei in der Hofburg befindet.[50] Friedrich blieb in Wien, wo er 1760 die „alleschreibende Wundermaschine" baute, einen barocken Automaten, der die menschliche Fähigkeit des Schreibens mechanisch reproduziert. Die auf einer Stiftwalze vorprogrammierten Buchstaben werden durch das Abtasten der Konturen von Kurvenscheiben auf die Führung der Schreibhand einer allegorischen Figur übertragen.⁵¹ Der Knaus'sche Schreibautomat kam nach Gründung des Polytechnischen Instituts in die Maschinenmodellsammlung, von dort um 1890 in das von Wilhelm Exner gegründete Museum der Geschichte der österreichischen Arbeit und mit diesem ins Technische Museum.

Viele dieser Objekte hatten zwar auch einen praktischen Hintergrund – Rechenarbeiten im Zuge von Landvermessungen, Anfertigung von Aktenkopien –, doch in dieser kunstfertigen Ausführung blieben sie repräsentative, bewunderte und im Kabinett ausgestellte Schaustücke. Vor allem der Schreibautomat von Knaus fand immer wieder anerkennende Erwähnung in Stadtbeschreibungen.⁵²

Die Mehrzahl der Objekte verweist jedoch auf das naturwissenschaftliche und ökonomische Interesse der Habsburger, insbesondere auf die Erfordernisse des Bergbaus, vor allem auf die Markscheiderei. Im Kabinett landeten selbstverständlich nur die besonders aufwändigen und kunstvollen Objekte. Trotzdem bestand die Gefahr, dass diese Sammlungen des Kabinetts rasch an Aktualität verlieren würden. Das mag mit ein Faktor für den offensichtlich geringen Stellenwert des physikalischen Kabinetts gegenüber dem Naturalien- und Münzkabinett gewesen sein. Aus der zweiten Hälfte des 18. und vom Beginn des 19. Jahrhunderts haben sich mehrere Spiegelteleskope und Fernrohre,⁵³ allen voran das von Kaiser Franz I. nach 1804 um 210 Pfund angekaufte hölzerne, über drei Meter lange Newton-Teleskop des in England lebenden Astronomen Wilhelm Herschel,⁵⁴ aber auch Himmelsgloben,⁵⁵ Armillarsphären⁵⁶ und Planetengetriebe zur Darstellung der Bewegung von Himmelskörpern,⁵⁷ Kompasse⁵⁸ und Sonnenuhren,⁵⁹ einige Markscheideinstrumente⁶⁰ sowie ein Messtisch für Geodäten und Kartografen⁶¹ erhalten.

Aus der Frühzeit des Kabinetts datieren auch die anlässlich des Maßpatents von Maria Theresia 1756 im Sinne der angestrebten Vereinheitlichung unter Anleitung des Jesuitenpaters Joseph Franz kunstvoll ausgeführten Maße und Gewichte⁶² sowie ein großer Zimentierungstisch mit Hohl- und Längenmaßen aus dem „k. k. Eichinspektorat für Tirol und Vorarlberg".⁶³ Die Gewichte betreffend bestimmte Maria Theresia, „das diese […] alezeit in cabinet verbleibe. Wan das zimentamt selbe sehen will, kann es in das cabinet gehen […]."⁶⁴ Unter anderem wurde damals der Wiener Klafter mit 1,896 Meter als verbindlich definiert. Diese Objekte kamen über das Museum der Geschichte der österreichischen Arbeit, über die Technische Hochschule und 1912 über die „k. k. Normal-Eichungs-Kommission" ins Technische Museum.

Nach dem Tod von Kaiser Franz I. kam es zu ersten großen Veränderungen.⁶⁵ Mit dem Verkauf des „Kaiserhauses" übersiedelten die Sammlungen in den neu erbauten Augustinergang südlich der Hofbibliothek. Auf Marcy folgte bis 1791 Joseph Anton Nagel, seit 1748 Hofmathematiker, als Leiter des physikalischen Kabinetts.⁶⁶ Er setzte sich gegen den seit 1756 am Kabinett beschäftigten Friedrich Knaus durch. Inzwischen platzte das Naturalienkabinett bereits aus allen Nähten und verdrängte schließlich 1791 die astronomischen und physikalischen Objekte aus dem Augustinergang.⁶⁷

Damit begann eine organisatorische und räumliche Odyssee, die hier nur verkürzt wiedergegeben werden kann. Was 1791 nicht an Schulen abgegeben wurde, landete vorläufig in Räumen des westlich anschließenden Schweizerhofs. 1796 ergriff Kaiser Franz II. die Initiative und vereinigte die Naturwissenschaften mit der Natur zum „k. k. Physikalischen Kunst und Naturcabinet", mit eindeutigem Schwerpunkt auf der Fauna. Diese kaiserliche Privatsammlung war seit Ende 1797 im linken Flügel des Hofbibliotheksgebäudes am Josephsplatz unter der Leitung von Abbé Simon von Eberle für das Publikum geöffnet. 1802 fusionierte der Kaiser das ärarische Naturalienkabinett mit den beiden anderen

Himmelsglobus, Peter Anich, vor 1766

Heliozentrische Armillarsphäre, vor 1780

Die frühen Sammlungen 29

Idealisierte Darstellung des Unterrichts der jungen österreichischen Erzherzöge im physikalischen Kabinett der Hofburg; der Lehrer (links) ist höchstwahrscheinlich Joseph Anton Nagel; Gouache, Hieronymus Löschenkohl (Werkstatt), Wien, um 1790

zum „Vereinigten Naturalien-, physikalischen und astronomischen Kabinett" unter der Leitung des Augustinerchorherrn Abbé Andreas Stütz. Die Kustodenstelle für Physik bekleidete der Jesuit Abbé Christoph Stelzhammer, Professor für Physik und Naturgeschichte am Theresianum, bis er nach dem Tod von Stütz 1806 und nach der Trennung vom „Vereinigten k. k. Naturalien-Cabinet" zum Direktor des wieder selbstständigen „k. k. physikalisch-astronomischen Cabinets" befördert wurde.[68]

Die physikalischen, astronomischen und technischen Sammlungen verloren in diesen Jahren durch ständige Neuzugänge von Tierpräparaten weiter an Bedeutung und Raum. 1810 mussten die verbliebenen Säle im ersten Geschoss des südöstlichen Bibliotheksflügels endgültig geräumt und die noch verbliebenen Reste des einstmals bedeutenden physikalischen Kabinetts in Gemächer unterhalb des 1793 errichteten astronomischen Turms übersiedelt werden. Stelzhammer hielt hier noch bis in die 1830er-Jahre in den Wintermonaten gut besuchte Vorlesungen über Physik und Astronomie; seit 1826 als

Spiegelteleskop, Jan Pieters van der Bildt, Holland, 1764

Museen und Sammlungen vor der Gründung

Rektor der Universität".⁶⁹ Nach 1815 bestand die Sammlung allerdings nicht mehr in ihrer ursprünglichen Form, da die Mehrzahl der Objekte dem neu gegründeten Polytechnischen Institut überlassen wurde.⁷⁰ Das betraf insbesondere die aus der zweiten Hälfte des 18. Jahrhunderts und aus dem Kontext der Wirtschaftsförderung stammenden Modelle von Dampfmaschinen sowie Werkstätten und Arbeitsmaschinen vor allem aus dem textil- und metallverarbeitenden Bereich, wie etwa eine Musselin-⁷¹ und Kottonfabrik, eine Flintenlauffabrik, eine Nadlerwerkstätte, eine Papiermühle mit Lumpenstampfen und einem Holländer und eine weitere mit Büttenpresse und Hadernschneider, einen Bandwebstuhl, eine Waldsamen-Reinigungsmaschine sowie eine Wäschemange und -rolle.⁷² Hervorzuheben ist das Modell einer atmosphärischen Newcomen-Dampfmaschine zur Wasserhaltung aus dem Umfeld des oberungarischen Bergbaus.⁷³ Es entspricht bis auf wenige Details einer aquarellierten Zeichnung im „Goldenen Buch von Schemnitz", das 1764 anlässlich der Besichtigung der Gold-, Silber- und Kupferbergbaue durch die Erzherzöge Joseph und Leopold in Begleitung Herzog Alberts von Sachsen-Teschen entstand.⁷⁴

Dem spätbarocken Luxus diente hingegen eine 1803 durch Fürst Nikolaus II. Esterházy von David Watson in London erworbene liegende Dampfmaschine nach Richard Trevithick zur Bewässerung des Schlossparks in Eisenstadt. Von der im folgenden Jahr aufgestellten Maschine baute der in fürstlichen Diensten stehende Mechaniker Johann Dietrich Langenreiter ein Modell für das physikalische Kabinett.⁷⁵

Modell einer Musselinfabrik, aus dem physikalisch-astronomischen Kabinett der Hofburg ins Polytechnische Institut übertragen, Ende 18. Jahrhundert

Modell einer Trevithick-Dampfmaschine, Johann Dietrich Langenreiter, Eisenstadt, 1804

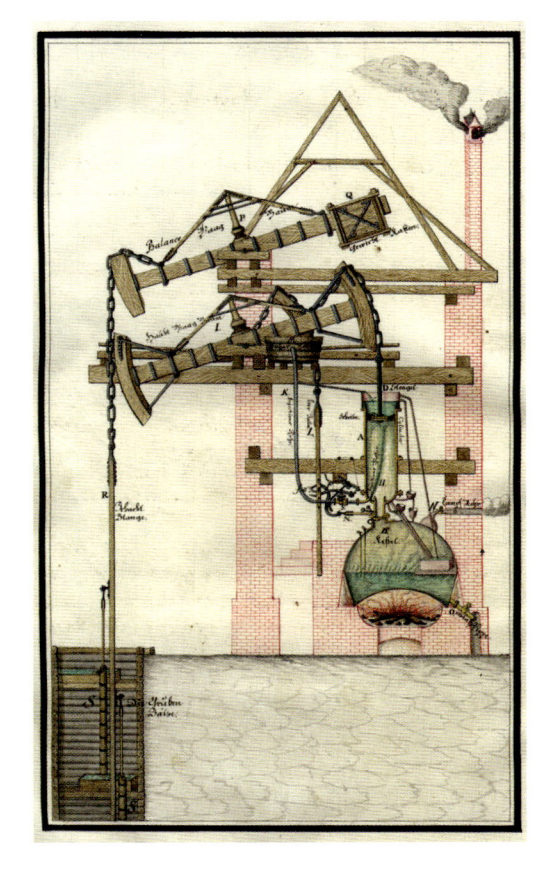

Modell einer atmosphärischen Newcomen-Dampfmaschine („Feuermaschine"), um 1764 (links)

„Wasserhebende Feuermaschine" aus dem „Goldenen Buch von Schemnitz", um 1764

Die frühen Sammlungen 31

Das „k. k. National-Fabriksprodukten-Kabinett"[76]

Mit diesen Maschinen- und Werkstättenmodellen, vor allen jenen vom Anfang des 19. Jahrhunderts, befinden wir uns an der Schnittstelle zwischen dem – jedenfalls was das physikalische Kabinett betrifft – veralteten Konzept der höfischen Sammlung sowie absolutistischen Reglementierung und der von England auf das europäische Festland drängenden Industrialisierung, die neue Konzepte der Bildungs- und Wirtschaftspolitik erforderte. Nahmen die moderne Textil-, Eisen- und Stahlindustrie, die Entwicklung der Eisenbahn und der Dampfmaschine in England ihren Ausgang, so galt seit der Aufklärung Frankreich als Vorbild auf dem Gebiet der Naturwissenschaften und der entsprechenden Bildungseinrichtungen, wie Schulen und Museen. Die 1794 gegründete École Polytechnique und das Conservatoire des arts et métiers galten, auch wenn Österreich gegen Frankreich Krieg führte und die Zensur Kontakte erschwerte, als international vorbildliche Modelle und adäquate Antworten auf die drängenden Probleme der Zeit. Franz Joseph von Gerstner orientierte sich bereits bei der Gründung des ersten Polytechnischen Instituts in Prag 1806 an Frankreich, und von August bis Oktober 1815 hielt sich Johann Joseph Prechtl als bereits bestellter Direktor des Wiener Polytechnischen Instituts in Paris auf.[77]

Als erster Direktor des „Industriecabinetts" erhielt 1809 auch Aloys von Widmannstätten vom Oberstkämmereramt den Auftrag, sich zwei Broschüren über Industrieausstellungen in Paris zu besorgen.[78] Die Gründung dieses „Industriecabinetts" hatte im Februar 1806 der niederösterreichische Regierungsrat Joseph von Kielmannsegge im Auftrag des Kaisers angeregt.[79] Erste Fabriken und die sich damit abzeichnende industrielle Massenproduktion stießen die Türen in eine Welt auf, die von den höfischen Kabinetten in keiner Weise mehr abgebildet werden konnte. Hatten im 18. Jahrhundert wissenschaftliche und ökonomische Reformen nur ausgewählte, privilegierte Personen und das Land nur punktuell betroffen, so erfasste und veränderte die Industrialisierung seit dem frühen 19. Jahrhundert ganze Regionen und schuf mit dem bürgerlichen Unternehmer und Händler sowie den Fabriksarbeitern neue soziale Gruppen. Es war ihr Druck, der zu Reformen und schließlich zur Überwindung des absolutistischen Systems führte.

Mit der entstehenden Maschinentechnik entwickelte sich auch eine Produktkultur, die neue Instrumente der staatlichen Förderung erforderte, sollte die Industrie der Monarchie im dynamischen Konkurrenzkampf der europäischen Länder bestehen. Die Initiative von Kaiser Franz I. erfolgte vor diesem Hintergrund und erhielt durch dessen Krönung zum österreichischen Kaiser 1804 wohl einen zusätzlichen Impuls. Sowohl die neue Sammlung – seit spätestens 1819 „k. k. National-Fabriksprodukten-Kabinett" – als auch das 1815 als „Nationalinstitut" und „Zentral-Bildungsanstalt" in bewusster Abgrenzung gegenüber Prag gegründete Polytechnische Institut waren integraler Bestandteil der Maßnahmen „zur Aufmunterung der Künste und Gewerbe" in der Monarchie.[80]

In der Hofburg hatte der Kaiser 1806 nach dem Tod des Kustos Andreas Stütz die Idee der Fusion der Kabinette wieder aufgegeben und endgültig das bereits auf den höfischen Bedarf reduzierte physikalische Kabinett vom dominanten Naturalienkabinett getrennt. Somit war der Weg frei für neue Ideen. Nach den Vorstellungen Kielmannsegges sollte das „Industriecabinett" „eine genaue Übersicht des Kunstfleißes" der Kronländer bieten, „von den Fortschritten der Gewerbs- und Fabrikskultur" unterrichten „und das Abgehende oder Mangelhafte durch großmüthige Unterstützung hervorbringen oder vervollkommnen [...] lassen". Es sollte nach den drei Reichen der Natur geordnet sein und berücksichtigen, ob die Rohstoffe im Inland vorhanden waren oder aus dem Ausland bezogen werden mussten und ob sich die ebenfalls gesammelten Produkte als Handelsware durch ihre „Güte" auszeichnen, damit zugleich eine Vorbildsammlung entstehen könnte. Dem Tierreich zuzuordnen waren Fabrikate aus Wolle, Seide und Häuten; dem Pflanzenreich jene aus Flachs, Hanf, Baumwolle, Holz und Papier; dem Mineralreich jene aus Erden und Metallen. Nicht berücksichtigt wurden Bekleidung, Apothekerwaren und Nahrungsmittel.[81]

Die Sache eilte offenbar, denn bereits Ende April 1806 lag ein Dreiervorschlag für die Besetzung der Direktorenstelle des Kabinetts vor. Von den drei Nominierten trat im selben Jahr Peter Jordan die Leitung der kaiserlichen Güter in Laxenburg und Vösendorf sowie Franz Joseph Gerstner jene des Polytechnischen Instituts in Prag an. Damit stand allein der 52-jährige, aus einer Grazer Druckerdynastie stammende, finanziell unabhängige Aloys von Widmannstätten zur Verfügung. Er gab seine Anstellung als Leiter der Pottendorfer Baumwollspinnerei auf und trat den neuen Posten am 1. März 1807 an. Als Gründungsdokument der Sammlung kann das kaiserliche Handschreiben vom 11. September 1807 gelten, mit dem Franz I. das Vorhaben den „Länder-Chefs" aller Provinzen, dem Palatin von Ungarn und dem Gouverneur von Siebenbürgen vorstellte. Es enthielt bereits die Order, die Fabriksbesitzer zur Ablieferung von Warenmustern an das Kabinett aufzufordern:[82]

„Ich habe beschloßen, in Wien in einem eigenen Kabinete gesamte inländische Fabriks und Manufacturprodukte aufstellen zu laßen, um dadurch jedermann in den Stand zu setzen, sich eine allgemeine Uibersicht dessen, was in meinen Erbstaaten in diesen Fächern erzeugt wird, zu verschaffen, und somit Absatz und Verkehr zu befördern, und die Industrie mehr und mehr anzueifern, und zu beleben. Sie werden Mir daher eine genaue Beantwortung nachfolgender Fragen übermachen, nämlich:

1tens

Welche Fabriken Manufacturen, und kleineren Fabrikswerkstätten bestehen, in der Ihnen untergeordneten Provinz? Wie viele von jeder Art, und in welchen Ortschaften sind selbe befindlich?

2tens

Welche Artikel werden in jeder dieser Fabriken erzeugt, und wozu werden diese Artikel verwendet?

3tens

Welche sind die Preise der Produkte, und wie groß ist ihr Verschleiß im Aus- und Inland? Diese 2te und 3te Angabe haben Sie von den Fabriksbesitzern selbst und specifisch abzufordern. Zugleich werden Sie dießelben auffordern, daß sie von jedem Artikel ihrer Erzeugniße in einer ihnen beliebigen Zeit ein Muster an die Ihnen unterstehende Landesstelle einsenden, welche Sie sodann an Mich zu befoerdern haben werden, damit sie in der algemeinen Samlung aufgestellt werde.
Franz m:p:"

Solche Anfragen stellten die Bürokratie üblicherweise vor schier unlösbare Aufgaben. Doch diesmal schien man offene Türen einzurennen, denn der Aufruf zur Ablieferung von Warenmustern im Namen des Kaisers, 1819 nochmals wiederholt, führte in den folgenden Jahrzehnten zu einer wahren Flut von Einsendungen und ließ einen gigantischen Warenkorb der Produkte der ersten Hälfte des 19. Jahrhunderts entstehen, der uns tiefe Einblicke in die gehobene Kultur des Biedermeier ermöglicht.

Die Hoffnung Kielmannsegges, die neue Sammlung ebenfalls in der Hofburg unterbringen zu können, erfüllte sich nicht. Widmannstätten musste 1807 eine Wohnung mit immerhin 13 Zimmern im Sprinzenstein'schen Palais in der Wipplingerstraße anmieten.

Diese provisorische Raumlösung belastete von Anfang an die weitere Entfaltung des Kabinetts. Seit 1811 hatte die Hofkammer die Kosten der Sammlung zu tragen. Damit verlor Widmannstättens bisheriger Förderer, Oberstkämmerer Rudolf Graf Wrbna, an Einfluss. Der Präsident der Hofkammer, Josef Graf O'Donell von Tyrconell, verknüpfte nämlich von Beginn an die Existenzberichtigung des Kabinetts mit der Gründung einer Polytechnischen Lehranstalt und versetzte damit Widmannstätten in „große Besorgnis und Unruhe" über die Zukunft des Kabinetts und sein persönliches Schicksal.[83] Seine Sorgen sollten sich alsbald als berechtigt erweisen, denn schon 1810 hatte der 32-jährige Johann Joseph Prechtl,[84] damals Lehrer an der Realakademie St. Anna in Wien, den Auftrag zum Entwurf eines Organisationsplans für eine technische Lehranstalt erhalten. Ende 1814 war das weitere Schicksal des Kabinetts und Widmannstättens besiegelt. Die Hofkammer hatte entschieden, die Sammlung dem neu ge-

Herbarium mit getrockneten und gepressten Blumen, übernommen aus der Wiener Gewerbeausstellung 1845, Paolo Barbieri, Mantua

Die frühen Sammlungen

gründeten Polytechnischen Institut einzugliedern, und Prechtl zum Direktor des Instituts ernannt.⁸⁵ In der direkten Konfrontation mit dem jungen, ehrgeizigen Prechtl stand der inzwischen 60-jährige Widmannstätten auf verlorenem Posten, und dies umso mehr, als er in der heißesten Phase der Überführung in das neue Gebäude am Karlsplatz von August 1815 bis Juli 1816 die beiden Erzherzöge Johann und Ludwig auf ihre Englandreise begleiten musste. Prechtl nutzte rücksichtslos seine Chance, übersiedelte das Kabinett und ließ auch die Dienstwohnung Widmannstättens räumen. Die brutale Vorgangsweise führte sogar zu Protesten des zur Räumung abkommandierten Direktors des Naturalienkabinetts Karl von Schreiber. Prechtl schuf jedoch vollendete Tatsachen, und Graf Wrbna konnte für Widmannstätten nur mehr eine lebenslange Pension erreichen, die dieser noch über drei Jahrzehnte in Graz bezog.

Mustersammlungen dieser Art hatten ein großes Problem: sie verloren rasch an Aktualität und damit ihren beabsichtigten Vorbildcharakter. Stand bei den Kunst- und Wunderkammern und auch noch bei den höfischen Kabinetten der Aspekt des Wissensspeicherns, des Bewahrens und der Erinnerung an Errungenschaften der Vergangenheit im Vordergrund, so basierten die Mustersammlungen auf ihrer Aktualität, „indem sie zur Nachahmung und Weiterentwicklung aufforderten".⁸⁶ Dieser Anspruch erwies sich aber zugleich als problematisch, denn kaum etwas veraltet so rasch wie das Neueste.

Das hatte zwar auch die Studienhofkommission bereits 1813 erkannt, dennoch gab sie dem Druck Prechtls nach und überließ das rund 5000 Nummern umfassende Fabriksprodukten-Kabinett dem Polytechnischen Institut. Nach der „Verfassung" des Instituts von 1817 bestand dieses aus einer technischen und einer kommerziellen Abteilung. Beide Abteilungen waren der Lehre verpflichtet und zum Unterhalt verschiedener Sammlungen, dem „Technischen Museum oder Konservatorium für Künste und Handwerke", angehalten.⁸⁷ In Abhängigkeit von der weiteren Ausdifferenzierung der Lehrfächer kam es auch zu einer Aufteilung der Kabinettsbestände in mehrere Sammlungen. Zur technischen Abteilung gehörten die „Chemische Präparaten- und Fabrikaten-Sammlung", das „Mathematische Kabinet", das „Physikalische Kabinet", die „Modellensammlung" und das „Fabriksprodukten-Kabinet", zur kommerziellen Abteilung die „Sammlung für Warenkunde". Mathematisches und physikalisches Kabinett sowie Modellsammlung hatten ihre Wurzeln in den Kabinetten der Hofburg. Neben Objekten aus dem Fabriksprodukten-Kabinett finden sich heute im Technischen Museum auch solche der Modellsammlung sowie eine nach 1819 von Georg Altmütter, Professor für (empirische) Technologie, aufgebaute Werkzeugsammlung.

Altmütter unterstand auch das Fabriksprodukten-Kabinett, das seit dem Neubau des Polytechnischen Instituts 1818 im westlichen ersten Obergeschoss in vier Sälen untergebracht war. Die Lehrsammlung veranschaulichte und unterstützte den Unter-

Schirmgriff aus Elfenbein (Frauenhand), Paris, 1851

Musterkarte mit Profilleisten aus Holz (Detail), Hamburg, 1870

34 Museen und Sammlungen vor der Gründung

richt in empirischer Technologie bei der beschreibenden historischen Darstellung der Gewerbe und der Erklärung der Produktionstechnik. Sie sollte laufend „ein Bild der Kulturstufe des inländischen Industrie-Zustandes" vermitteln.[88] Den größten Zuwachs erfuhr das Kabinett anlässlich einer 1819 in 9000 Exemplaren verschickten gedruckten „Einladung an die Fabriksbesitzer und Gewerbsvorsteher zur Einsendung von Musterstücken in das National-Fabriksprodukten-Kabinett des k. k. polytechnischen Institutes in Wien".[89] Drei Jahre später bestand die Sammlung bereits aus rund 16.000 Nummern. Das erste gedruckte Inventar von Altmütters Assistenten Karl Karmarsch – ab 1830/31 Leiter der Höheren Gewerbeschule in Hannover – gliedert den Bestand 1823 in elf Gruppen: Metalle; Glas; Tonwaren; Holzwaren; Horn, Bein und Schildpatt; Stroh- und Basthüte; Leinen, Seide, Baum- und Schafwolle; Menschen- und Tierhaar; Papier; Leder; verschiedene Produkte.[90] Seit der Aufstellung im Polytechnischen Institut rückte der Lehrmittelcharakter der Sammlungen in den Vordergrund. Gleichzeitig stand das Kabinett als Vorbild- und Mustersammlung dem Publikum offen. Spätestens seit 1819 erhielten alle eingesandten und in Glaskästen aufgestellten Objekte ein Etikett mit Namen und Adresse des Übergebers sowie dem Jahr der Übernahme. Die im 1862 begonnenen Inventar[91] überlieferten Informationen sind bis heute eine einmalige Quelle für die Beschreibung der Objekte. Die überwiegende Mehrzahl der Objekte stammt aus der Habsburgermonarchie und sollte durch ihre hohe Qualität den Stand der inländischen Produktion vorführen. Jene Produkte, bei denen das Ausland punkto Qualität den Ton angab beziehungs-

Steckkamm aus Schildpatt in einem Etui, „Gewidmet Ihrer Majestät Caroline Kaiserin in Oesterreich", Gemahlin Kaiser Franz' I., Mathias Straffinger, Graz, 1832

Die frühen Sammlungen 35

Mustertafel mit Seidenstoffen, Hornbostel'sche Seidenzeugfabrik, Wien, 1817–1819

Musterkarte mit Glasperlen (Detail), Ferdinand Unger, Liebenau, Böhmen, 1837

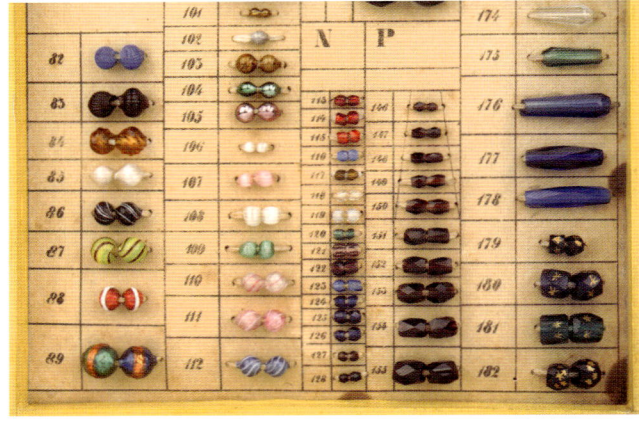

Musterkarte mit Kleiderknöpfen aus Seidenstoff, Gebrüder Maggioni, Mailand, 1850

Fächer (Detail), Febiglioli, Bergamo, Lombardei, 1837

Fruchtschale mit Deckel aus Pressglas, Neuengland, USA, vor 1837

Zwei Krüge aus Beinglas, links mit Stöpsel in Eichelform, aus der Industrieausstellung in New York, 1857

weise „in welchen das Inland noch zurück ist",[92] wie etwa Messer aus Sheffield, Wedgwood-Keramik aus England oder Seide aus Lyon, wurden für das Kabinett angekauft und zur Nachahmung empfohlen. Im September 1819 hatte das Institut dafür die Zollbefreiung erhalten.

Keine Aktion ohne Parallelaktion, keine Sammlung ohne Parallelsammlung, könnte man mit Robert Musil sagen. 1810 begann der niederösterreichische Fabrikeninspektor Stephan von Keeß, nachdem er sich 1807 erfolglos um die Leitung des Industriekabinetts beworben hatte, mit dem Aufbau eines privaten „Technischen Kunstkabinetts".[93] Als sich seine Hoffnungen, Widmannstätten als Leiter des Fabriksprodukten-Kabinetts nachzufolgen, zerschlagen hatten, widmete er seine Sammlung 1818 dem Ungarischen Nationalmuseum in Budapest, wo sie nicht erhalten blieb. Doch die Parallelaktion fand eine Fortsetzung. Ein Jahr nach dem Verzicht auf die private Sammlung beauftragte Erzherzog Ferdinand den Technologen Keeß mit dem Aufbau eines „Technischen Cabinetts". Dieses und seine private Sammlung der „Natur- und Kunstprodukte" dienten Keeß als Grundlage einer mehrbändigen Darstellung des österreichischen Fabriks- und Gewerbswesens.[94] 1823 umfasste das Kabinett in den Appartements des Kronprinzen in der Hofburg rund 1500 Rohstoffe und 25.000 Fabrikate in 23 Schränken; seit 1824 auch eine eigene Modellsammlung.[95] Eine Besonderheit bildeten zahlreiche Produkte in den einzelnen Stadien ihrer Herstellung.[96] Ab 1835 stand diese Sammlung dem Publikum offen.[97] Nach dem Tod Franz' I. folgte im selben Jahr sein Sohn Ferdinand auf den Kaiserthron, und spätestens ab diesem Zeitpunkt bevorzugten die Unternehmer bei der Ablieferung ihrer

Die frühen Sammlungen   37

Ranftbecher mit Darstellung des Polytechnischen Instituts und der Karlskirche, Anton Kothgasser, Wien, 1839

Produkte die kaiserliche Sammlung gegenüber jener am Institut, wie auch die Studienhofkommission 1847 rückblickend feststellte.[98]

Die Parallelaktion endete abrupt mit dem Tod von Keeß 1840. Der Kaiser folgte dem Vorschlag des Oberstkämmerers Johann Rudolf Graf Czernin, sein Kabinett dem Polytechnischen Institut zu übergeben, wo es unter der Leitung von Wencel Carl Wolfgang Blumenbach – seit Anfang der 1820er-Jahre zur Unterstützung von Keeß angestellt – „für sich ein Ganzes bilden" sollte.[99] Das Nebeneinander zweier ähnlicher Sammlungen konnte auf Dauer nicht funktionieren, und 1844 ordnete der Kaiser die Fusion mit dem Fabrikprodukten-Kabinett an, die bis 1854/57 andauerte. Zur Zeit seiner größten Ausdehnung um 1860 beanspruchte das Kabinett zehn Säle und einige weitere Räume. Hauptzweck blieb nach Prechtl die Verwendung für den Unterricht, und daher verblieb die Leitung des nunmehrigen „k. k. vereinigten technologischen Kabinetts" bei Altmütter.

Zusätzlich zu den Einsendungen erfolgten Bestandserweiterungen seit den 1830er-Jahren vor allem durch Geschenke und Ankäufe aus Anlass von Gewerbeausstellungen, vor allem jener in Wien 1835, 1839 und 1845. Ebenso finden sich im Kabinett Objekte der Weltausstellungen, insbesondere jener in Wien 1873, und dem danach vom Generaldirektor der Weltausstellung Wilhelm von Schwarz-Senborn gegründeten, aber bereits 1874/75 aufgelösten Athenäum.[100] Dieses Athenäum empfand Wilhelm Exner im Vorfeld seiner gleichzeitig verfolgten Gründung eines Gewerbemuseums als lästige Konkurrenz.[101]

Mit der im Lauf der Jahrzehnte zunehmenden Konzentration auf die Lehre im Polytechnischen Institut sowie dem unaufhaltsamen Prozess der Historisierung und Musealisierung der Bestände entwickelte sich das Kabinett immer mehr zum Ballast. Die in den 1850er-Jahren erfolgte Fusion der Sammlungen konnte das grundsätzliche Problem der Doppelfunktion von Schule und Museum unter einem Dach nicht lösen. Die Reorganisation des Instituts 1865 und die Erhebung in den Rang einer Technischen Hochschule 1872 definierten die Ausrichtung auf die technisch-naturwissenschaftliche Lehre und Forschung für die Zukunft.

Mit der Gründung des Österreichischen Museums für Kunst und Industrie 1864 begann bereits die Abgabe von Teilen der Sammlung an andere Institutionen. Schon vorher hatte das Polytechnische Institut selbst im Zuge der Zusammenlegung in den 1850er-Jahren Objekte intern verteilt und im Lauf der Neuinventarisierung 1899 unter Friedrich Kick, damals Inhaber der Lehrkanzel für mechanische Technologie, Teile der Bestände ausgeschieden. Ausgewählte Sammlungsteile erhielt im Vorfeld der Inventur Wilhelm Exner für sein Museum der Geschichte der österreichischen Arbeit von Kick.

Trotzdem erreichte nach der Jahrhundertwende der „Verein für die Hebung des Fremdenverkehrs" die Öffnung der Sammlung für das Publikum als „Sehenswürdigkeit".[102] Einen markanten Einschnitt bedeutete 1911/12 die Übergabe bedeutender Teile der Sammlung an das Technische Museum als Leihgaben. In Summe umfasste der Abgang 19.311 Inventarnummern mit 44.341 Objekten. Da Friedrich Kick den Gesamtbestand um 1900, aufgestellt in zwei Gängen und sechs Sälen mit 112 Kästen im ersten westlichen Obergeschoss, erfasst und 48.118 Nummern gezählt hatte, weiß man, dass mehr als die Hälfte der Sammlung am Polytechnischen Institut verblieb.[103] Die dafür notwendigen Räume mussten nach dem Ersten Weltkrieg immer mehr den Unterrichtserfordernissen weichen, und viele Objekte vernichtete schließlich 1931 ein Dachbodenbrand, wonach die Technische Hochschule 1933 dem Museum weitere Objekte zur Verfügung stellte.[104] 1948 übergab die Hochschule nochmals 555 Landwirtschaftsmodelle und zwei Jahre später 56 Objekte, vor allem Baumodelle.

Der ans Technische Museum übergebene und dort erhalten gebliebene Bestand mehrerer zehntausend Objekte vermittelt bis heute ein faszinierendes Bild des ehemaligen National-Fabrikprodukten-Kabinetts bzw. des seit den 1850er-Jahren Vereinigten Technologischen Kabinetts, dessen Wurzeln ins 18. Jahrhundert zurückreichen. Es ist heute nicht mehr möglich, beim Kernbestand der Sammlung aus der ersten Hälfte des 19. Jahrhunderts zwischen Fabriksprodukten-Kabinett und dem ehemaligen kaiserlichen technischen Kabinett zu differenzieren.

Entsprechend den drei Reichen der Natur sind schwerpunktmäßig Objekte aus Glas und Keramik, Textilmuster, Metallbeschläge und Bijouterie- sowie Galanteriewaren auf Hunderten sogenannten Mustertafeln in einheitlichem Format, Tapetenmuster in Dutzenden Büchern, Spielkarten, Kämme, Billardkugeln, Knöpfe und Griffe aus Horn, Elfenbein, Perlmutter und Schildpatt vertreten.

Überblickt man die Masse der Objekte, lassen sich für die Epoche des Biedermeier einige wesentliche Merkmale erkennen. Neue technische Möglichkeiten der frühindustriellen Maschinenproduktion eröffneten breiten bürgerlichen Schichten den Zugang zu einer materiellen Kultur, die bisher dem Adel vorbehalten gewesen war. Allerdings geschah dies oft in Gestalt von Ersatzmaterialien, etwa mit Papiertapeten anstelle von Stofftapeten, Steingut anstelle von Porzellan, künstlichem anstelle von echtem Marmor sowie Wedgwood- und Schmuckimitationen aus Glas. Häufig geht die Reduktion im Material mit einem verblüffenden Verzicht auf die an sich vorherrschende Freude an der Ornamentik und den Farbenrausch einher. „Die Erfindung der Einfachheit" hieß daher 2006/08 eine internationale Biedermeier-Ausstellung mit Leihgaben aus dem Fabriksprodukten-Kabinett.[105]

Eigene Kategorien bilden jene Objekte besonders aufwändiger oder außergewöhnlicher Ausführung, die dem Kaiser oder der Kaiserin gewidmet wurden, vor allem zwischen 1807 und 1815 sowie zwischen 1835 und 1840/42, sowie die gezielt im Ausland erworbenen Objekte.

Mit den Sammlungen in Zusammenhang stand die dem Polytechnischen Institut zugewiesene Aufgabe der Begutachtung von Privilegien-Angelegenheiten, aus der ein im Archiv der Technischen Universität erhaltener Bestand von rund 5800 Privilegien zwischen 1800 und 1852 resultiert[106] und aus dem sich einige Privilegienmodelle und Maschinen erhalten haben. Es drängt sich der Verdacht auf, dass in dieser Gutachtertätigkeit der Institutsprofessoren die Wurzeln für den später entstandenen Mythos des zu wenig geförderten, unterschätzten, armen österreichischen Erfinders zu suchen sind.[107] Abgesehen davon, dass zahlreiche der eingereichten Erfindungen meilenweit von einer umsetzbaren technischen Lösung entfernt waren, fehlten allgemein im gesamten 19. Jahrhundert in der Monar-

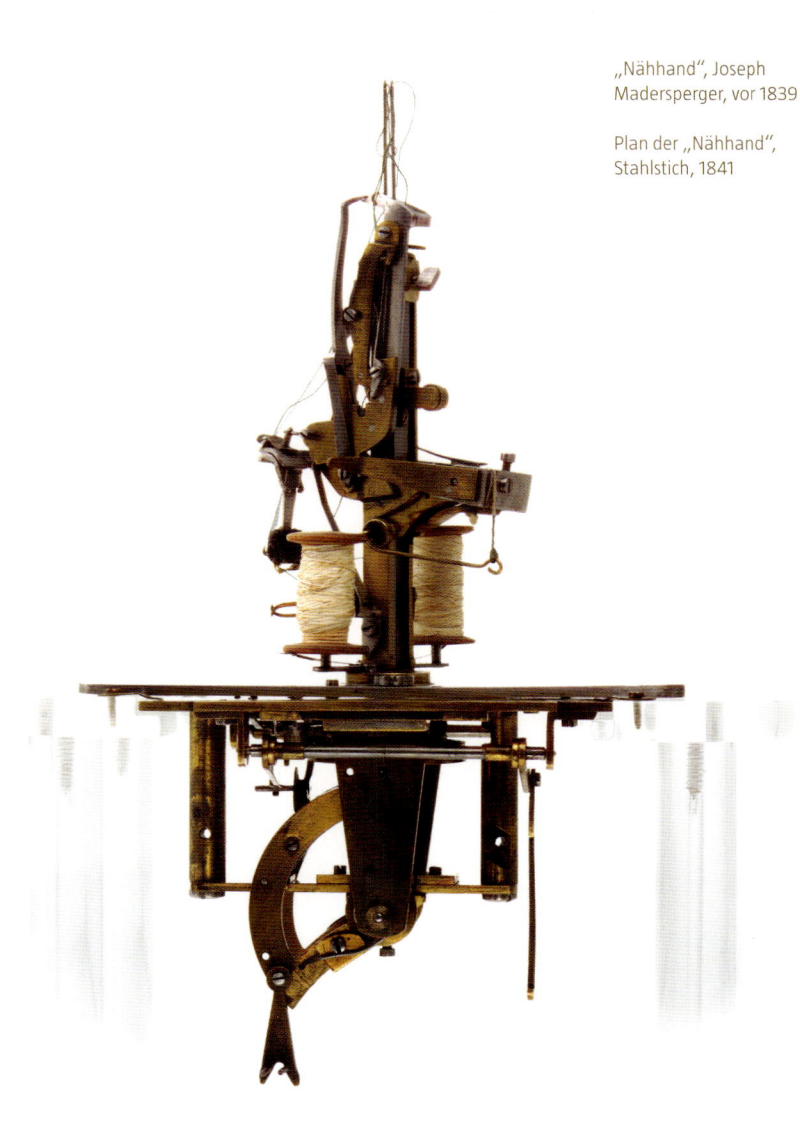

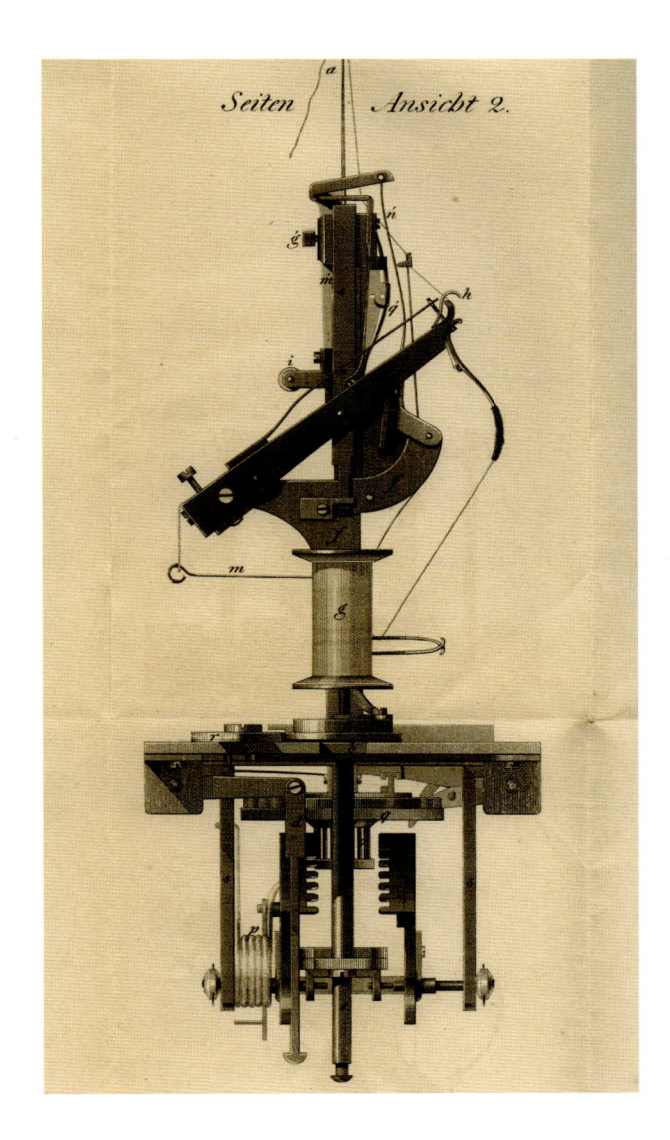

„Nähhand", Joseph Madersperger, vor 1839

Plan der „Nähhand", Stahlstich, 1841

chie Kapital, unternehmerisches Potenzial, rechtliche Rahmenbedingungen und vor allem ein genügend aufnahmefähiger Markt – Voraussetzungen, die in England früher und seit der zweiten Hälfte des 19. Jahrhunderts in den USA in einem Ausmaß vorhanden waren, dass sich hier bis um 1900 Massenproduktion und -konsum zuerst flächendeckend entwickeln konnten. Einschränkend muss noch ergänzt werden, dass für viele dieser Erfindungen Parallelentwicklungen in anderen Ländern mit ähnlichen Mythenbildungen nachzuweisen sind. Das Märchen vom verkannten, da von den beamteten Instanzen nicht oder zu wenig gewürdigten österreichischen Erfinder hat also auch eine wichtige patriotische Komponente.

Zu den für diese österreichische Tradition typischen Erfindergeschichten, die, nachdem die entsprechenden Modelle und Objekte schließlich ins Technische Museum kamen, hier in unzähligen Fassungen fortgeschrieben wurden und Generationen von Museumsbesuchern und österreichischen Schulkindern prägten, zählt der Schneider Joseph Madersperger. In der Hoffnung auf entsprechende Würdigung überließ er im November 1838 ein Exemplar seiner seit 1808 in mehreren Varianten verfolgten Erfindung einer „Nähhand" dem Polytechnischen Institut, wo es in die Maschinenmodellsammlung kam und von der Werkstatt „überarbeitet" wurde. Der vom Niederösterreichischen Gewerbeverein mit einem Gutachten beauftragte Adam Burg, Professor für Maschinenlehre am Polytechnischen Institut, urgierte weitere Verbesserungen, wie zum Beispiel einen fehlenden Schützen für den Kettfaden, der noch mit der Hand durch die von zwei Nadeln gebildeten beiden Maschen geführt werden musste, und bezweifelte daher eine allgemeine Anwendung. Madersperger erhielt vom Gewerbeverein eine Bronzemedaille, starb verarmt, und die Nähmaschine trat, wie die Schreibmaschine, der zweite klassische österreichische Erfindungsmythos, ihren Siegeszug von den USA aus an.[108]

Zwischen 1864 und 1869 baute der Südtiroler Tischler Peter Mitterhofer fünf Prototypen von Schreibmaschinen. Zweimal wanderte Mitterhofer mit seinen Erfindungen nach Wien. 1866 erhielt er für ein heute verschollenes Modell immerhin 200 Gulden; 1869 kam seine vierte Schreibmaschine für 150 Gulden ins Polytechnische Institut. Aufgrund der Einschätzung, dass „eine eigentliche Anwendung [...] nicht wohl zu erwarten stehe",

Schreibmaschine, Peter Mitterhofer, 4. Modell, 1869

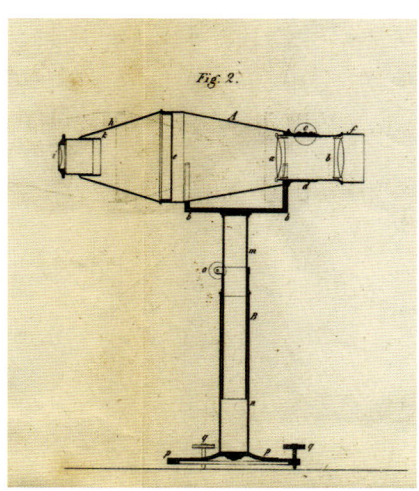

Daguerreotypie-Porträtkamera nach Berechnung von Joseph Maximilian Petzval, Voigländer & Sohn, Wien, nach 1840

Schnitt durch die Kamera, Stahlstich, 1841

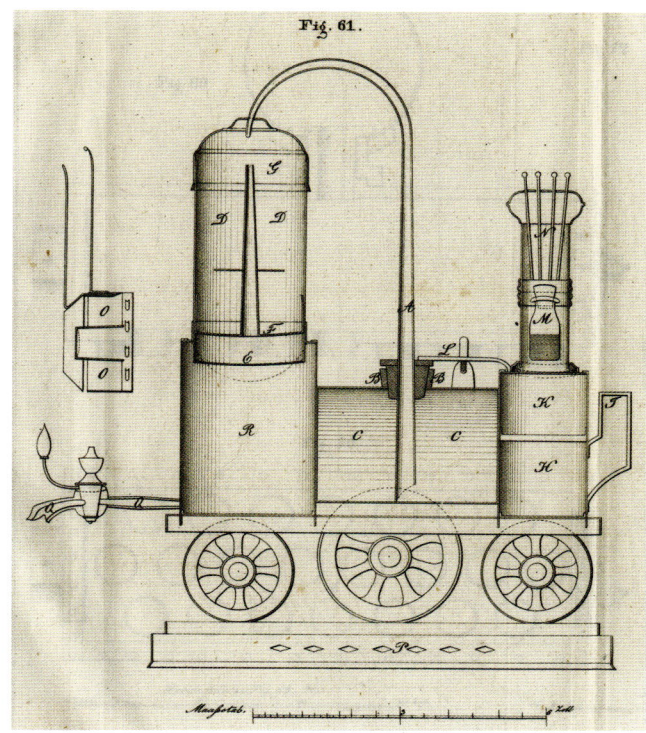

Kaffeemaschine, Wagenmann & Böttger, Wien, 1839

Schnitt durch die Kaffeemaschine, Stahlstich, 1835

geriet sein Versuch in Vergessenheit und ist heute nur mehr von erfindungsgeschichtlicher und musealer Bedeutung.[109]

Gewissermaßen eine Ausnahme aufgrund des unbestrittenen Erfolgs seiner Innovation der Schiffsschraube ist Joseph Ressel.[110] Gerade deshalb avancierte er nach dem Misserfolg der ersten Probefahrt der „Civetta" durch ein geplatztes Dampfrohr im Jahr 1829 zum Prototyp des österreichischen Erfinders, dem der Ertrag des Erfolgs seiner Erfindung versagt blieb. Das ursprünglich für Triest geplante, aber nach den seit 1859 virulenten nationalen Spannungen nach Wien transportierte und 1863 am Karlsplatz vor dem Polytechnischen Institut aufgestellte Ressel-Denkmal steht am Beginn einer Flut von Denkmalenthüllungen, Stiftungsgründungen und Biografien zur Ehrenrettung des österreichischen Erfinders.[111]

Vergleichsweise wenig Beachtung fanden die offensichtlich unspektakuläreren, aber in der Produktion erfolgreich angewendeten privilegierten Entwicklungen. Etwa der von Christian Georg Hornbostel 1815/16 gebaute, mit Wasserkraft betriebene „selbstwebende" Seidenwebstuhl,[112] die 1816/17 entstandene große Furnierschneidmaschine von Alois Munding[113] oder die 1833 privilegierte Buchdruck-Schnellpresse des Vorarlbergers Leo Müller,[114] von der sich im Museum ein Exemplar aus dem Jahre 1836 erhalten hat.[115]

Zu den erfolgreichen Innovationen der ersten Hälfte des 19. Jahrhunderts zählt auch die von dem Wiener Optikerunternehmen Voigtländer & Sohn bereits in einer größeren Serie von 5000 Stück nach Berechnung einer neuen Linsenkombination durch Joseph Petzval, Professor für Mathematik an der Wiener Universität, verbesserte Daguerre-Kamera für Porträtaufnahmen.[116] Mehr ein Spiel mit den Formen zeigt die an eine Dampflokomotive erinnernde, 1840 von Wagenmann und Böttger in Wien privilegierte Kaffeemaschine. Nach der Privilegienbeschreibung besaß sie ein „gefälliges Äußeres" und lieferte Kaffee von „feinste[m] Aroma [...] und ausgezeichneter Güte".[117]

Selbstständige Kollektionen mit überwiegendem Lehrmittelcharakter, dokumentiert in eigenen Inventaren im Umfeld des Fabriksprodukten-Kabinetts, blieben bis zur Übergabe an das Technische Museum die von Georg Altmütter angelegte Werkzeug-Sammlung sowie die Maschinenmodellsammlung. Von der Sammlung für Warenkunde der kommerziellen Abteilung des Polytechnischen Instituts sind am Institut für Verfahrenstechnik, Umwelttechnik und Technische Biowissenschaften der Technischen Universität Wien einige hundert Gläser mit Rohstoffproben erhalten.

Die Werkzeugsammlung von Georg Altmütter[118]

Georg Altmütter, Professor für Technologie am Polytechnischen Institut, verantwortlich für die Lehre der mechanischen Gewerbe und für das Fabriksprodukten-Kabinett, ergänzte diese Produktsammlung seit 1819 durch den Aufbau einer Werkzeugsammlung als „kleinere[n] Abtheilung des Kabinettes".[119] Altmütter vertrat das traditionelle, von Beckmann begründete Fach der allgemeinen empirischen Technologie beziehungsweise der historischen beschreibenden Darstellung der verschiedenen mechanischen Gewerbe, „die keiner wissenschaftlichen Begründung an sich fähig sind", auch wenn er sich um eine Analyse der einzelnen Arbeitsschritte und um einen „wissenschaftlichen Charakter" seines Vortrags bemühte.[120] Diesem Ansatz entsprach der Aufbau der für die manuelle Arbeit von Handwerkern typischen Werkzeugsammlung, während die in die Zukunft weisende Maschinenmodellsammlung dem Professor für Maschinenlehre unterstand. Altmütter schloss 1825 in seiner Beschreibung der Sammlung die maschinelle Massenproduktion dezidiert aus: „[…] denn jene große Vervollkommnung fast aller Gewerbszweige durch die Engländer gehört nicht hieher, indem sie sich fast ausschließlich auf die Schnelligkeit der Hervorbringung, und auf den Betrieb derselben im Großen bezieht."[121] Der Schwerpunkt seiner Kollektion lag auf der Qualität der Handarbeit. Eine Ausnahme ist die von ihm selbst konstruierte Guillochiermaschine zur Erzeugung regelmäßiger geometrischer Muster auf Metalldosen. Was Altmütter in Wien begonnen hatte, setzte sein Schüler Karl Karmarsch in Hannover mit einer neuen Werkzeugsammlung fort, die 1844 bereits über 5000 Objekte umfasste.[122]

Den Grundstock für den Aufbau der Sammlung Altmütters bildeten knapp 4000 Gulden als Erlös aus dem Verkauf von Doubletten des Kabinetts und 1500 Gulden als Spende des Wiener Großhändlers Joseph Patera.[123] 1825 veröffentlichte Altmütter einen beschreibenden Katalog der Sammlung mit 3378 Nummern, gegliedert in 52 Gruppen, u. a. Schmiede- und Schlosserarbeiten, Drahtzieher, Uhrmacher, Tischler, Fassbinder, Gerber, Sattler, Schuster, Kammmacher, Buchbinder und Glasmacher.[124] Als Hersteller von Holzbearbeitungswerkzeugen erwähnt Altmütter nur den Wiener Tischler Ernst Seiffert.[125]

Unzweifelhaft erlangte die Altmütter-Werkzeugsammlung für die Qualität des österreichischen Handwerks und die Werkzeugindustrie große Bedeutung. Davon profitierten zum Beispiel Johann Baptist Weiss, der 1820 eine Werkzeugfabrik gründete,[126] und Franz von Wertheim, der 1841 in Krems an der Donau mit der Werkzeugproduktion begann.[127] Beide beteiligten sich an Gewerbe- und Weltausstellungen und publizierten Kataloge ihrer Werkzeuge, die auch in die Sammlung gelangten. Zum Vergleich sammelte Altmütter auch in großer Anzahl Werkzeuge aus dem Ausland, vor allem aus Frankreich und England; vereinzelt finden sich auch historische Werkzeuge.[128] Nach zwei Jahrzehnten umfasste die Sammlung über 7000 Werkzeuge.[129] Altmütter sammelte bis zu seinem Tod 1858 weiter. Von diesem weltweit einmaligen Bestand an vorbildlichen Musterwerkzeugen für den Unterricht blieben im Technischen Museum mehrere hundert Objekte erhalten.

Guillochiermaschine nach Georg Altmütter, 1835 auf der Wiener Gewerbeausstellung gezeigt, Samuel Bollinger

Werkzeuge für Holzarbeiter zum Zerteilen und Formen, Franz von Wertheim, 1869

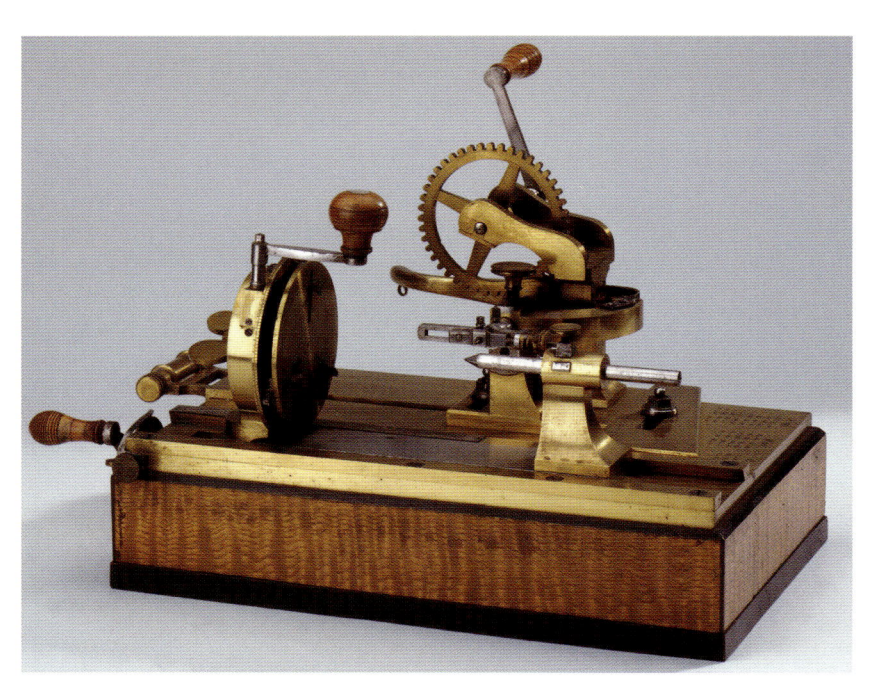

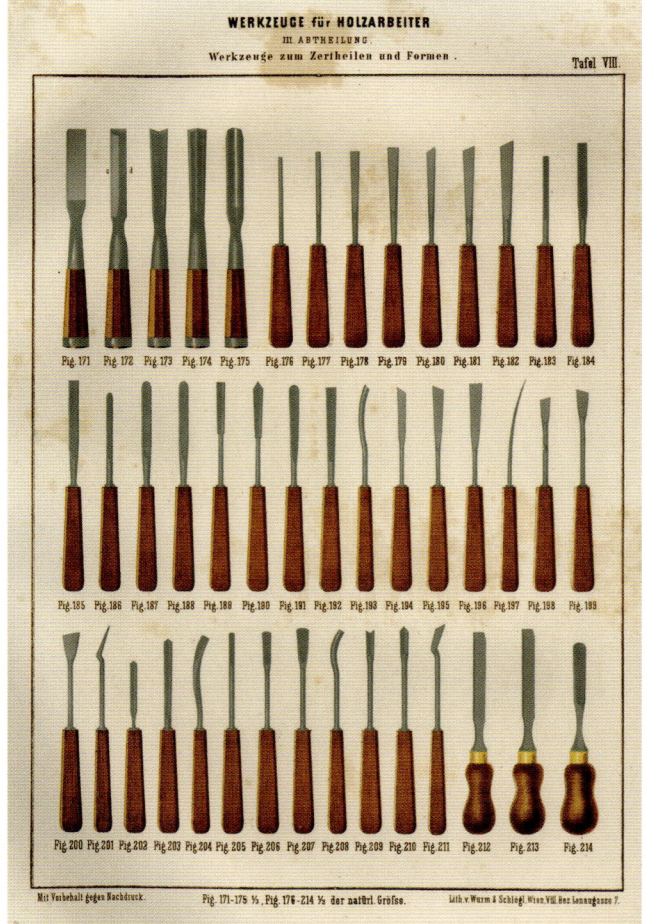

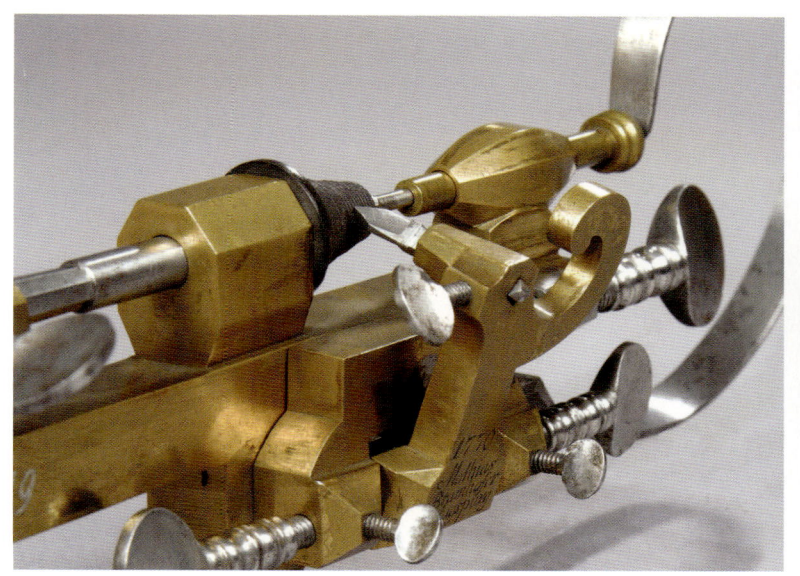

Deutsches Schneckenschneidzeug für Uhrmacher, Matthias Bramhofer, Augsburg, 1770

Flintenschrotsiebe Nr. 00 – Nr. 13, um 1840

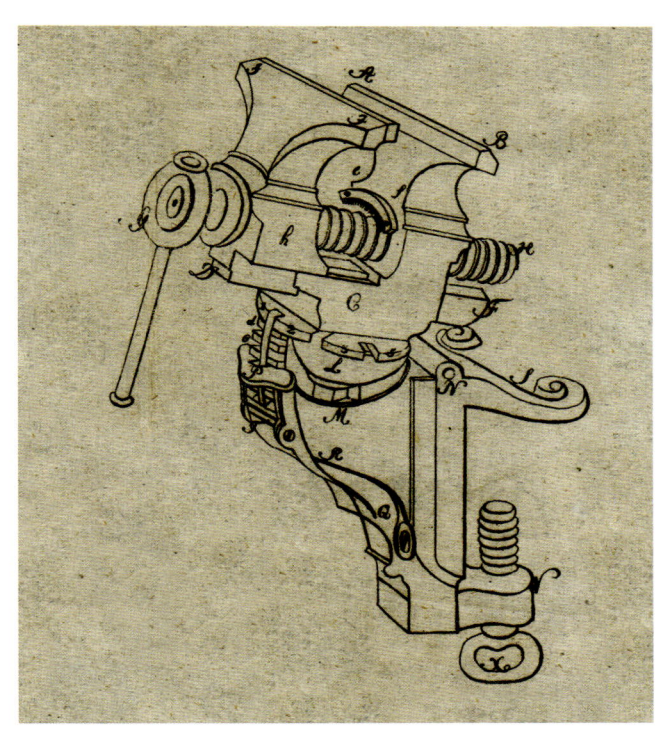

Zeichnung des Hulot'schen Schraubstocks, Kupferstich, 1793

Zinnsoldaten (roher Guss) mit Zinngießerform, um 1820

Dreh- und schwenkbarer Schraubstock nach Hulot (vor 1793), Dominik Bauer, 1816

Die frühen Sammlungen 43

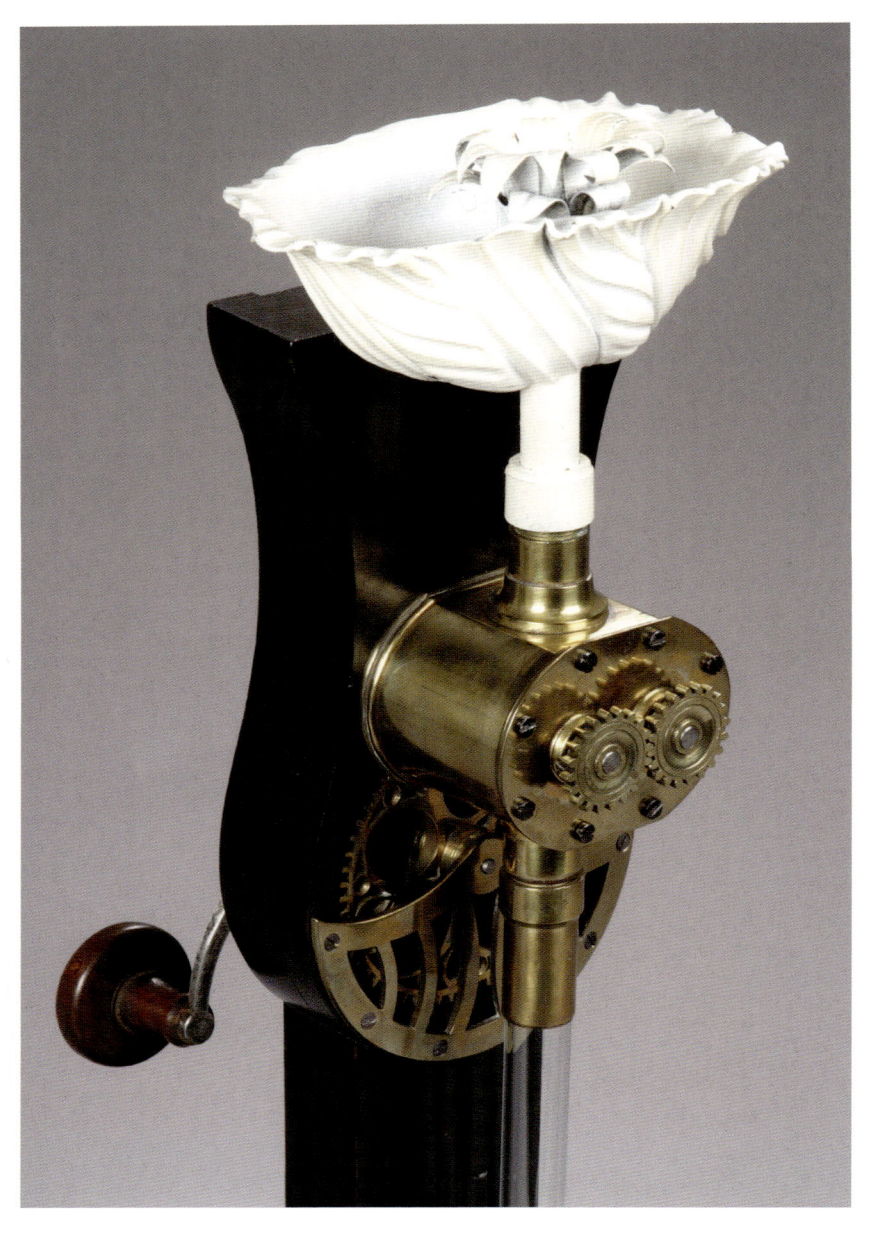

Modell eines Tischbrunnens mit Zahnradpumpe, Carl Friedrich von Wiebeking, 1818 für die Modellsammlung des Polytechnischen Institutes angekauft

Die Maschinenmodellsammlung[130]

Dreidimensionale maßstab- und materialgetreue Modelle gehören seit Jahrhunderten zur Arbeit von Architekten und Ingenieuren im Rahmen ihrer Planung und plastischen Vermittlung von Projekten gegenüber dem Auftraggeber sowie zum unverzichtbaren Werkzeug eines anschaulichen Technikunterrichts. Maßstabgetreue Modelle veranschaulichen nicht nur Konstruktion und Funktion der Maschinen, sondern dienen auch als Vorlage für die Ausführung im Großen. Ihre Dreidimensionalität hatte gegenüber der zeichnerischen Darstellung lange – bei komplexen Anlagen der Verfahrenstechnik bis ins 20. Jahrhundert – große Vorteile für das Erfassen komplizierter räumlicher Strukturen.

Das bis in die 1850er-Jahre geführte „Grund-Inventarium" der Modellsammlung des Polytechnischen Instituts verzeichnet 629 Nummern.[131] Den Grundstock bildeten 71 aus dem physikalischen Kabinett in der Hofburg übernommene und 150 von Carl Friedrich von Wiebeking[132] um 3000 Gulden angekaufte Modelle. Mit ihm verhandelte Prechtl 1818 in München über den Ankauf von Modellen sowie mit dem bayerischen Salinenrat Georg Friedrich von Reichenbach über Teilungsmaschinen und Werkzeuge für die mathematische Werkstätte.[133] Von den Architektur- und Maschinenmodellen blieben nur wenige erhalten, etwa ein Tischbrunnen mit Zahnradpumpe und ein Kran mit Tretradantrieb,[134] von den an die Lehrkanzel für Land- und Wasserbaukunst abgetretenen Brücken- und Wasserbaumodellen kamen 45 Brückenmodelle über das Museum der Geschichte der österreichischen Arbeit in das Technische Museum. Die Mehrzahl der seit den 1820er-Jahren verzeichneten Modelle, knapp 200, entstanden in der institutseigenen Werkstätte, die übrigen wurden von Wiener Mechanikern oder Fabrikanten angekauft bzw. geschenkt. Mit 25 Modellen ist etwa der Wiener Maschinenfabrikant Samuel Bollinger, mit zehn Heinrich Daniel Schmid, vormals Rollé & Schwilgué, vertreten.

Im Unterschied zu der nach der Mitte des 18. Jahrhunderts an der Jesuitenuniversität von Joseph Walcher angelegten Sammlung bestand jene am Polytechnischen Institut vornehmlich aus Kraft- und Arbeitsmaschinen der Produktionstechnik. Daran lässt sich die in der ersten Hälfte des 19. Jahrhunderts steigende Bedeutung der von England ausgehenden Industrialisierung ablesen. Nicht mehr Beckmann in Göttingen, aber auch nicht mehr Frankreich galten nun als richtungsweisende Vorbilder, sondern England. Typisch für die Neuorientierung sind mehrere Aufenthalte Adam von Burgs in England seit 1839, u. a. anlässlich der Weltausstellung 1851.[135] Kurz vor ihm hatte Peter Tunner als designierter Direktor der Berg- und Hüttenschule in Vordernberg (heute Montanuniversität Leoben) 1835/37 Westeuropa und England bereist. Burg folgte nach dem Tod von Johann Arzberger diesem 1837 als Professor für Maschinenlehre und Kustos der Modellsammlung nach. Noch bei Arzberger hatte Ferdinand Redtenbacher gelernt. Er avancierte später zum Direktor des Polytechnikums in Karlsruhe, wo er nach dem Vorbild der Wiener Modellsammlung einen Bestand von 100 Bewegungsmodellen aufbaute.[136]

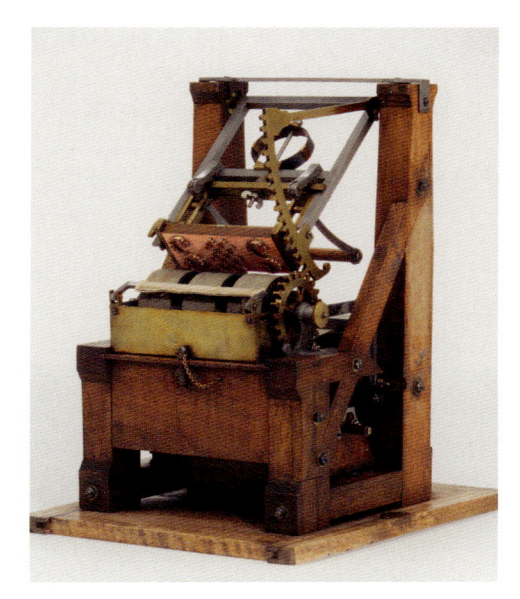

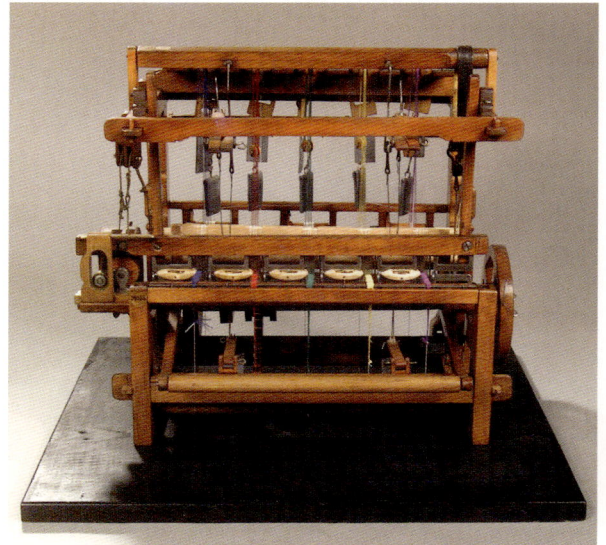

Modell einer Perrotine (Textildruckmaschine), 1812 vom Polytechnischen Institut angekauft

Modell eines Seidenbandwebstuhls, 1837

Modell einer fahrbaren Feuerleiter, vom Institute de France 1799 mit einem Preis ausgezeichnet, 1857 vom Polytechnischen Institut angekauft

Modell eines Frischfeuers zur Schmiedeeisenerzeugung, 1817

Modell eines dampfbetriebenen Eimerkettenbaggerschiffes, Original nach Plänen der Engländer Pirswei und Ruston für Räumungsarbeiten in den Seehäfen Triest und Venedig gebaut, Samuel Bollinger, Wien, 1839

Modell von zwei Wassersäulenmaschinen nach Bergrat von Schitko (links) und Georg Friedrich von Reichenbach (rechts), Samuel Bollinger, Wien, 1837

Modell eines „Fuhrwerkes sich selbst zu kutschieren", Johann Melchior Fink, Bregenz, 1826

Die frühen Sammlungen

Die Modellsammlung der „k. k. Landwirthschafts-Gesellschaft in Wien"[137]

Die Gesellschaft der Monarchie des 18. und auch noch des 19. Jahrhunderts war im Wesentlichen eine agrarische Gesellschaft. Der wahrnehmbare Wandel zur Industriegesellschaft konzentrierte sich bis in die Mitte des 19. Jahrhunderts auf wenige Regionen und Städte. Kameralismus und Aufklärung richteten ihre Aufmerksamkeit deshalb auch auf die Entwicklung der Getreide-, Vieh- und Forstwirtschaft, die immer noch das Fundament der Gesamtwirtschaft bildeten. Den ersten unter Maria Theresia gegründeten gemeinnützigen Landwirtschaftsgesellschaften blieben die Erfolge noch versagt. Erst ein Neubeginn nach der Krönung von Franz I. zum Kaiser 1804 im Umfeld der Gründung des Polytechnischen Instituts hatte nachhaltigen Erfolg. 1807 erfolgte unter dem Protektorat Erzherzog Johanns die Gründung der „k. k. Landwirthschafts-Gesellschaft in Wien", doch die folgenden Kriegsereignisse verzögerten die Aufnahme einer aktiven Vereinsarbeit bis 1811. Die Statuten nennen als Aufgabe der Gesellschaft auch die Einrichtung eines „ökonomisch-technischen Museums" mit Gegenständen aus den drei Reichen der Natur, einer Modellsammlung sowie Bibliothek und Archiv. Die Modellsammlung übergab die Gesellschaft 1916 dem Technischen Museum.

Vergleichbar mit der Maschinenmodellsammlung des Polytechnischen Instituts sollten die ebenfalls maßstab- und materialgetreuen Modelle die neuesten Ackerwerkzeuge und landwirtschaftlichen Maschinen aus dem In- und Ausland bekannt machen. Das Ziel war eine Mechanisierung und Steigerung der landwirtschaftlichen Produktion bei gleichzeitiger „Ersparung von Kraft und Arbeit".[138] Wie die Werkzeugsammlung die Werkzeugfabriken beflügelte jene der Landwirtschaftsmodelle die junge Industrie für landwirtschaftliche Geräte und Maschinen. Einer ihrer Pioniere seit 1798, der Tischler Anton Burg, legte selbst eine Modellsammlung an. 1835 präsentierte er 83 Modelle auf der Wiener Gewerbeausstellung und einen Katalog seiner Produktionspalette mit 296 Geräten und Maschinen.[139] Seit diesem Jahr durfte er sich „k. k. Hof-Ackerwerkzeug- und Maschinen-Fabrikant" nennen. Nach dem Tod des Vaters publizierte Anton Burg jun. 1857 eine Neuauflage mit 424 Modellen, diesmal mit Abbildungen aller Objekte auf 34 Tafeln.[140]

Da auf keine historischen Bestände zurückgegriffen werden konnte, engagierte die Gesellschaft mit Abbé Aloys Harder einen eigenen „Modellisten". Da Harder bis 1817 auch als Aushilfspriester in Vösendorf beschäftigt war, ist anzunehmen, dass Peter Jordan als Verwalter der kaiserlichen Güter Vösendorf und Laxenburg und einflussreiches Gründungsmitglied der Gesellschaft seine Anstellung empfohlen hatte. Harders Programm, an dem er bis 1854 arbeitete, bestand aus fünf Gruppen: Feldbau mit Pflügen, Eggen, Sä- und Erntemaschinen; Wiesenbau mit Grabenpflügen, Heuerntegeräten und Bewässerungsanlagen; Hauswirtschaft mit Geräten für die Getreidereinigung, Futterbereitung, Herstellung von Butter und Käse, Bearbeitung von Flachs und Wäsche,[141] zur Weinherstellung sowie Fuhrwerke; „Landwirtschaftliche Technologie", umfassend die Bierbrauerei, Branntweinbrennerei, Kalk- und Ziegelbrennerei, Getreide- und Ölmühlen sowie Sägewerke; landwirtschaftliche Baukunst.

Um 1820 bestand die Sammlung aus 200 Objekten, bis zur Pensionierung Harders aus rund 1200, davon 100 in natürlicher Größe.[142] Trotzdem fand Harder offenbar noch Zeit, auch für das Polytechnische Institut Modelle anzufertigen, zum Beispiel das eines steirischen Holzkohlenhochofens.[143] Die letzte Eintragung

Modell einer Anlage zum Töten von Seidenspinnerpuppen durch Einblasen heißer Luft in die Kokons, um 1830

Modell einer Bleiberger Stampfdreschmaschine (Detail) aus dem Polytechnischen Institut, vor 1820

in das Inventar erfolgte 1866 mit der Nummer 1243. Die Gesellschaft präsentierte ihre Kollektion im Vereinslokal den interessierten Mitgliedern und zeigte seit 1825 anlässlich der alljährlichen Viehausstellung im Schloss Augarten einer breiteren Öffentlichkeit jeweils 40 bis 60 Modelle.[144] Danach bekam die Sammlung unter Ausschluss der Öffentlichkeit immer mehr den Charakter eines Museums. Erhalten blieben im Technischen Museum rund 400 Modelle der Landwirtschafts-Gesellschaft, 70 Modelle von Anton Burg & Sohn,[145] die 1915 über die Fa. Vogelsinger & Pastrée, Fabrik landwirtschaftlicher Maschinen und Modelle, ins Museum kamen,[146] und rund 570 Modelle der Studiensammlung der Lehrkanzel für Landwirtschaft der Technischen Hochschule Wien.

Vergleichbare Modellsammlungen entstanden an der 1797 gegründeten landwirtschaftlichen Lehranstalt Georgikon in Keszthely in Ungarn, an der 1818 gegründeten landwirtschaftlichen Unterrichts-, Versuchs- und Musteranstalt in Hohenheim bei Stuttgart, die in den 1840er-Jahren aus rund 800 Objekten bestand,[147] sowie in Amsterdam und Paris.

Modell eines Butterfasses mit Kurbel, Gestänge und Zahnstangenantrieb, um 1820

Modell einer Häckselmaschine nach Franz Schumann, Lemberg, aus dem Polytechnischen Institut, Anton Hirt, Vösendorf, 1817

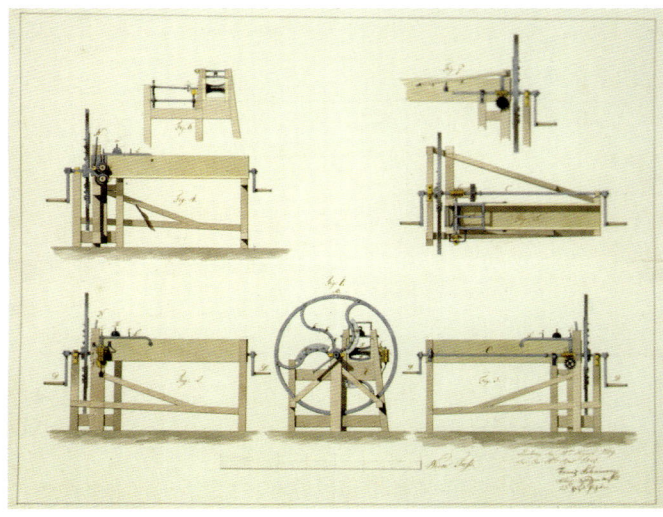

Modell einer Getreidemähmaschine nach Patrik Bell, Abbé Aloys Harder, Wien, 1830/31

Zeichnung zum Privileg der Häckselmaschine, Privileg-Reg.-Nr. 679, 1821

Modell einer Waschmaschine nach Jacob Christian Schäfer (1766), Abbé Aloys Harder, Wien, um 1820

Modell einer Käsepresse, Schottland, um 1820

Die frühen Sammlungen

Wilhelm Exner, Sammler und Multifunktionär

Technische Errungenschaften wie Maschinen, Automobile und Lokomotiven werden erstmals gesammelt und ausgestellt.

Helmut Lackner

„Exner an allen Enden"[1]

An den erwähnten Institutionen waren durch die Initiative engagierter Personen bis zur Mitte des 19. Jahrhunderts umfangreiche Objektbestände als Lehr- und Mustersammlungen entstanden, die grundsätzlich auch der interessierten Öffentlichkeit zugänglich waren. Sie waren der von Johann Beckmann in Göttingen Ende des 18. Jahrhunderts begründeten Trias der Lehre von Landwirtschaft, Warenkunde und Technologie verpflichtet. Mit den Landwirtschaftsmodellen, den Rohstoffsammlungen, den Maschinenmodellen und den einzigartigen Beständen des Fabriksprodukten-Kabinetts wird Wilhelm Exner bei der Gründung des Technischen Museums für die Zeit der Vor- und Frühindustrialisierung auf den Gebieten der Naturwissenschaften sowie der agrarischen, handwerklichen und maschinellen Produktion auf dieses Kapital zurückgreifen. Noch umfassten diese Sammlungen vorrangig Modelle, Rohstoffmuster der drei Reiche der Natur, eine Auswahl der erzeugten Produktpalette, auch in ihren verschiedenen Stadien der Herstellung, und weniger originale Maschinen der Industrie.

Die erste Wiener Gewerbeausstellung 1835 und die Gründung des Niederösterreichischen Gewerbevereins 1840[2] setzten neue, nachhaltige Impulse, die der ökonomischen Entwicklung allgemein und der industriellen im Besonderen eine zusätzliche Dynamik verliehen. Blieb der Gewerbeverein bis ins 20. Jahrhundert eine treibende Kraft und die entscheidende Plattform für Exners Aktivitäten, so wurden die frühen Gewerbeausstellungen[3] – in Wien folgten auf jene von 1835 in den Jahren 1839 und 1845 noch zwei weitere – 1851 von den Weltausstellungen beziehungsweise gegen Ende des Jahrhunderts von Fachausstellungen abgelöst.

Exner hatte ein großes Vorbild: Adam von Burg. Er fungierte über die das 19. Jahrhundert als Zäsur in ein Davor und Danach trennende Revolution von 1848 hinweg als Brückenbauer zwischen Früh- und Hochindustrialisierung, zwischen „Alt- und Neu-Oesterreich".[4] Als Sohn des Ackerwerkzeug- und Maschinenfabrikanten Anton Burg begann er 1815 mit dem Studium am neu gegründeten Polytechnischen Institut, das seit 1820 auch zu seiner beruflichen Wirkungsstätte werden sollte. 1837 folgte er Johann Arzberger als Professor auf den Lehrstuhl für Mechanik und Maschinenlehre nach, eine Position, die er bis 1865 bekleidete. Burg engagierte sich über seine akademische Lehrtätigkeit hinaus im Organisationskomitee der Gewerbeausstellungen ab 1835 und ab 1839 als Gründungsmitglied des Niederösterreichischen Gewerbevereins, der ihn von 1856 bis 1870 zu seinem Präsidenten und anschließend zum Ehrenpräsidenten wählte. Seit 1841 stellte er sich als Prüfer für Berufsanwärter zur Verfügung, die mit Kesselanlagen und Dampfmaschinen hantierten, und im Jahr darauf begann er mit unentgeltlichen Sonntagsvorlesungen über Mechanik und Maschinenlehre für Handwerker und Schüler, wie sie bereits Joseph Walcher an der Jesuitenuniversität abgehalten hatte. In Anerkennung seiner bisherigen Arbeit erhielt Burg 1844 den Titel Regierungsrat und wurde zum Administrator der „Donau Dampfschiffahrts-Gesellschaft" berufen. Höhepunkte seiner wissenschaftlichen Karriere waren die Wahl zum wirklichen Mitglied der Akademie der Wissenschaften 1848 sowie die Ernennung zum Direktor des Polytechnischen Instituts und als Krönung seiner öffentlichen Anerkennung die Erhebung in den Ritterstand 1849.

Zwischen 1851 und 1873 besuchte Burg alle Weltausstellungen in offizieller Mission und wurde 1863 zum Hofrat ernannt, 1868 in den Freiherrnstand erhoben sowie 1869 als Herrenhausmitglied berufen. 1870 wählte ihn der Verein zur Verbreitung naturwissenschaftlicher Kenntnisse, 1872 die Dampfkessel-Untersuchungs- und Versicherungsgesellschaft zu ihrem Gründungspräsidenten.

Bis ins hohe Alter – er starb 1882 im Alter von 85 Jahren – wirkte Burg weit in die zweite Hälfte des 19. Jahrhunderts hinein. Als Lehrer, u. a. Wilhelm Exners, wurde Burg mit seinen weitgefächerten Aktivitäten und seinem öffentlichen Engagement Vorbild. Im Rahmen einer Festsitzung des Gewerbevereins aus Anlass des 80. Geburtstags Adam von Burgs sprach Exner als ehemaliger Schüler, der seine Vorlesungen mit Auszeichnung absolviert hatte, die Danksagung an den Lehrer aus.[5]

Wurde Burg in eine erfolgreiche frühindustrielle Unternehmerfamilie hineingeboren und verschaffte ihm die Stellung als Maschinenbauprofessor am Polytechnikum ausreichend Anerkennung und Wertschätzung für sein öffentliches Engagement, wie insgesamt seine Ausbildung und Karriere ohne Extreme und ohne bekannten Anfeindungen und Konkurrenz verliefen, so entwickelte der aus bescheideneren Verhältnissen stammende Exner einen Ehrgeiz, der ihn von einer Herausforderung zur nächsten trieb und dabei immer wieder der Kritik von Konkurrenten und Neidern aussetzte.

Von England ausgehend und über Westeuropa sich auf dem Kontinent ausbreitend, hatte die Industrialisierung in den 1850er-Jahren endgültig auch die Habsburgermonarchie erreicht. In dieser Phase des Um- und Aufbruchs erlebte Wilhelm Exner, der spätere Initiator des Technischen Museums, seine schulische Ausbildung und die ersten Berufsjahre. Exner wurde am 9. April 1840 in Gänserndorf in Niederösterreich geboren, wo sein Vater als Expeditor der Kaiser-Ferdinands-Nordbahn ar-

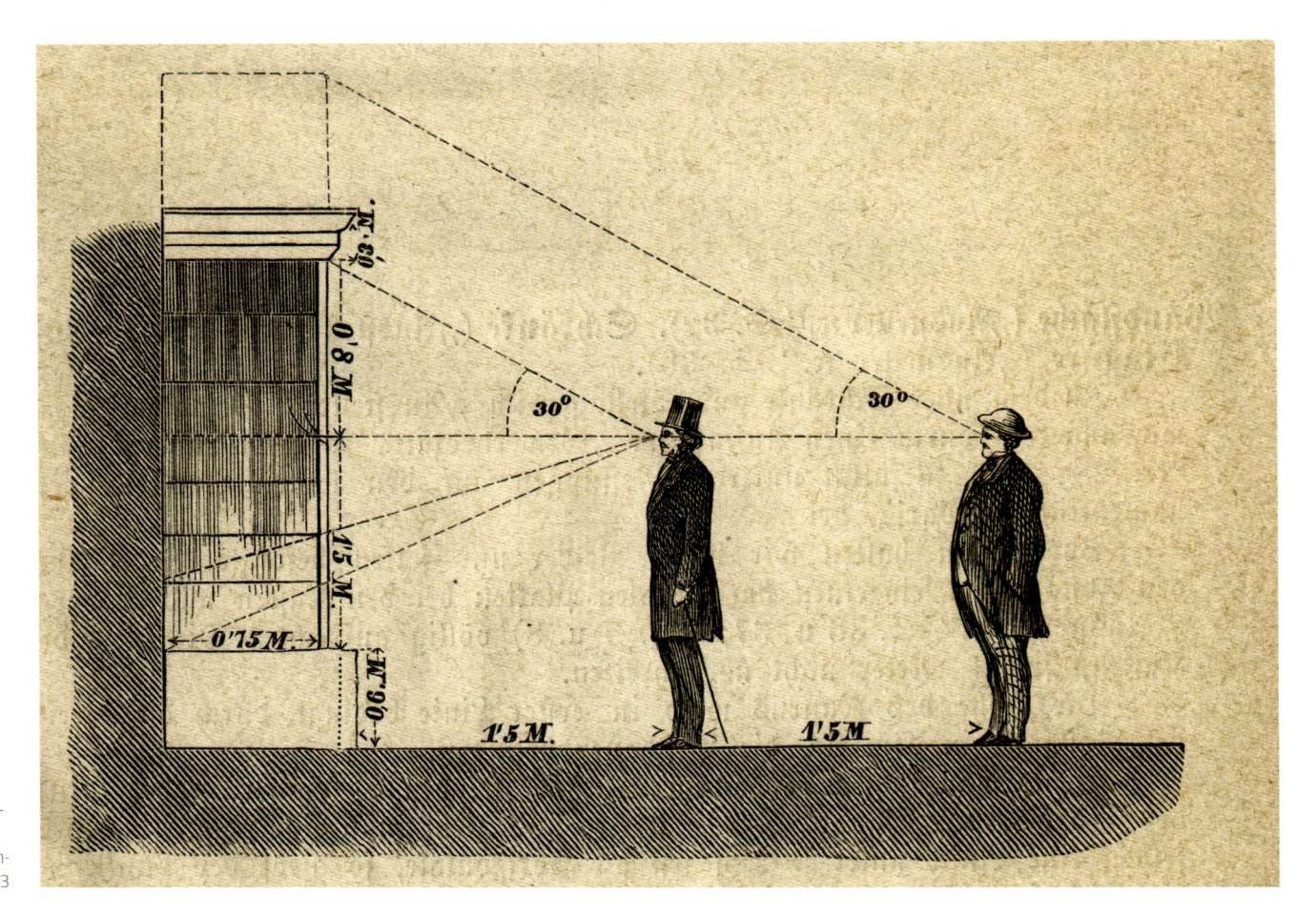

Präsentation von Objektvitrinen in Augenhöhe in Abhängigkeit von der Gangbreite (Exner befasste sich über Jahrzehnte mit praktischen Problemen der Museumseinrichtung), Stahlstich, 1873

beitete.⁶ Nach einer Zwischenstation in Stockerau erhielt dieser den Posten eines Leiters des Kohlenmagazins der Nordbahn in Wien. Hier besuchte Wilhelm von 1851 bis 1857 die sechsklassige Realschule und anschließend das Polytechnische Institut. 1859 trat der Student – zwei Tage nach der großen Schiller-Feier in Wien – als Gründungsmitglied der akademischen Burschenschaft „Olympia" bei. 1861 veröffentlichte er als 21-jähriger Absolvent dieser Anstalt eine Geschichte des Polytechnischen Instituts, trat dem Niederösterreichischen Gewerbeverein bei und erhielt von diesem als Stipendiat die Möglichkeit, 1862 die Weltausstellung in London zu besuchen. Auf der Reise dorthin lernte er in Paris das Conservatoire des arts et métiers kennen, das in vieler Hinsicht zum Vorbild für seine weiteren musealen und schulischen Aktivitäten wurde. Der Besuch der Londoner Weltausstellung sowie die Vorbereitungen der Reise zur Weltausstellung in Paris 1867 gaben den Anstoß zur Veröffentlichung eines praktischen Ratgebers für Aussteller und Ausstellungsbesucher, mit dem der 26-Jährige Neuland betrat.⁷ Zwar hatte zuvor u. a. der Nationalökonom Wilhelm Roscher 1856 eine detaillierte Geschichte der Industrieausstellungen und Franz Migerka 1857 über die Bedeutung derselben geschrieben,⁸ doch bislang niemand ein praktisches Handbuch herausgebracht. Ein umfangreicher Anhang versammelt wichtige Aktenstücke und den Ausstellungsplan der Pariser Weltausstellung 1867. Dieses Buch stand auch am Beginn einer langen Zusammenarbeit mit dem Weimarer Verlag Bernhard Friedrich Voigt. Der Erfolg gab Exner recht und ermutigte ihn im Vorfeld der Weltausstellung in Wien 1873 zu einer doppelt umfangreichen, rund 370 Seiten starken Neuauflage.⁹

In der Folge konnte Exner alle europäischen Weltausstellungen in offizieller Mission besuchen. 1900 in Paris erreichte er auf diesem Gebiet mit der Beauftragung als österreichischer Generalkommissär sein Ziel der Chefposition,¹⁰ musste sich aber gefallen lassen, in der Presse als „politischer Streber" bezeichnet und von Großindustriellen wie Arthur Krupp und Karl Wittgenstein abgelehnt zu werden.¹¹ „Exner an allen Enden" schrieb dazu im Vorfeld der Ernennung das „Neue Wiener Tagblatt" Anfang 1897.[12]

Anlässlich der Weltausstellung in Paris 1900 regte Exner in seiner Funktion als Generalkommissär – nach 1873 und 1888 – einen weiteren Rückblick auf das vergangene Jahrhundert an, der unter dem Titel „Beiträge Österreichs zu den Fortschritten im XIX. Jahrhundert" in vier Bänden erschien.[13] Zu jeder Branche werden zuerst die technikgeschichtlich relevanten „Fortschritte", dann die wirtschaftlichen Verhältnisse der Gegenwart und endlich die Liste der jeweiligen Aussteller und ausgestellten Objekte der sogenannten „retrospectiven Ausstellung" referiert, sodass die Bände gleichzeitig als Ausstellungskatalog, illustriert mit Plänen und hervorragenden Heliogravüre-Porträts ausgewählter österreichischer Erfinder und Techniker von Josef Maria Eder,[14] fungierten. Am Ende des Jahrhunderts zeigte Österreich in Paris eine Auswahl seiner bedeutendsten historischen Technikobjekte, eine Auswahl, die wesentlich von den von Exner bis dahin bereits gesammelten Beständen geprägt war. Die Besucher der Weltausstellung sahen u. a. eine Petzval-Porträtkamera von 1840, wissenschaftliche Instrumente von Voigtländer, eine Münzplättchen-Sortiermaschine von Franz Xaver Wurm aus dem Jahr 1835, eine Festigkeitsprüfmaschine von Heinrich Gollner von 1877, das „Kraftrad" von Johann Kravogl, einen Bain'schen Nadeltelegrafen, den damals mit 1875 datierten Marcus-Wagen,[15] Thonetmöbel sowie einen Kohlensäure-Verflüssigungsapparat von Johann Natterer aus dem Jahr 1847, alles Objekte, die sich heute im Technischen Museum befinden.

Verwehrt blieb Exner zeitlebens der Weg über den Atlantik: Die Weltausstellungen in Philadelphia 1876, Chicago 1893 und St. Louis 1904 fanden ohne ihn statt.[16]

Während seines vierjährigen Studiums legte Exner auch die Lehramtsprüfung für die Oberrealschule ab. 1862 trat er seinen ersten Lehrerposten in Elbogen/Loket an, wechselte aber nach Problemen mit der katholischen Schulaufsicht an die Landesoberrealschule nach Krems an der Donau. Während der Elbogener Jahre heiratete Exner seine erste Frau Emma Lauda, die nach zwei Jahren starb. Auch das erste Kind, Wilhelm Rudolf, starb nach 11 Monaten. 1868 heiratete Exner Maria Klara Elisabeth Csánk. Von den zwei Kindern der zweiten Ehe starb der Knabe Friedrich Wilhelm Ferdinand mit sechs Jahren, die Tochter Maria Anna Wilhelmine Klara heiratete 1907 einen Bankbeamten.[17]

Bereits in diesen frühen Jahren zeigten sich Exners Strebsamkeit und Ehrgeiz. Noch als Realschullehrer nominierte ihn das Handelsministerium als einen von 95 Berichterstattern der Pariser Weltausstellung 1867, zuständig für die Papier- und Tapetenindustrie.[18] Exner nahm diesen Auftrag zum Anlass, ein ausführliches Handbuch dieser Branche „für Fabrikanten und Gewerbetreibende, sowie für technische Institute" zu schreiben, das zum Standardwerk avancierte,[19] und die Einleitung dazu 1868 als Dissertation an der Universität Rostock einzureichen, die ihn „in absentia" zum Dr. phil. promovierte.[20] In der ehrenvolleren Rolle als „Referenten" weilten sein „Widersacher" Rudolf von Eitelberger, sein Lehrer Adam von Burg und der ebenfalls ältere, spätere Konkurrent in Museumsangelegenheiten, Franz Migerka, in Paris.[21] Zwei Jahre später gelang Exner der erste wichtige Karrieresprung: Er wechselte als Professor für Mechanik, forstliche Maschinen- und Gerätekunde und forstliche Baukunde an die 1808 gegründete Forstlehranstalt, die sich seit 1813 in Mariabrunn bei Wien befand und 1866 zur „k. k. Forstakademie" aufgewertet worden war.

Mariabrunn blieb jedoch ein kurzes Intermezzo. In Wien hatte 1872 die Hochschule für Bodenkultur ihren Lehrbetrieb aufgenommen,[22] allerdings anfangs auf die „landwirtschaftliche Sektion" beschränkt. Die Aufnahme einer forstwirtschaftlichen Studienrichtung im Studienjahr 1875/76 hatte die Auflassung der Forstakademie in Mariabrunn zur Folge. Exner übernahm an der Bodenkultur die Professur für mechanische Technologie des Holzes und forstliches Ingenieurwesen und ab 1887 zusätzlich für Bau- und Maschineningenieurwesen und pu-

Porträt Wilhelm Exners in den 1880er-Jahren, Fotogravüre, R. Paulussen nach einem Foto von Fritz Luckhardt, um 1885

blizierte in dieser Funktion mehrere Fachbücher, darunter das dreibändige Hauptwerk „Werkzeuge und Maschinen zur Holz-Bearbeitung", die in der Rezeption jedoch weit hinter seinen anderen Aktivitäten zurückblieben.[23]

Im Zusammenhang mit der Lehrtätigkeit zum Thema Holz beschäftigte sich Exner biografisch mit Johann Beckmann und dessen spezieller und allgemeiner Technologie. In seinen Arbeiten zur Holztechnologie sowie zur Tapeten- und Buntpapierindustrie in den 1860er- und 1870er-Jahren finden sich auch deskriptive Abschnitte zur Geschichte der Branche. Karl Karmarsch, in Wien ausgebildeter Direktor des Polytechnischen Instituts in Hannover und hervorgetreten als Technologe und Historiker der Technologie, galt Exner dabei als Vorbild. Sein Handbuch zur Tapeten- und Buntpapierindustrie widmete er Karmarsch, und dieser lieferte ein Vorwort, nachdem Exner ihn 1865 besucht hatte.

Ein Vierteljahrhundert blieb Exner der Hochschule für Bodenkultur verbunden. Das Lehramt legte er im Vorfeld seines Engagements bei der Pariser Weltausstellung 1900 bereits 1897 zurück. Dreimal – 1881/82, 1893/94 und 1896/97 – wählten ihn seine Kollegen zum Rektor. In seiner dritten Amtszeit konnte er 1896 den Neubau der Hochschule eröffnen.

Überblickt man Exners Leben seit den 1870er-Jahren, so scheinen ihn die Hochschulprofessur und die drei Rektoratsperioden nicht wirklich ausgelastet zu haben. Im Vergleich zur Universität, zur Technischen Hochschule oder auch zur montanistischen Hochschule in Leoben verschaffte ihm die Professur an der neu gegründeten Hochschule für Bodenkultur zudem offensichtlich nicht die erhoffte und erwartete öffentliche Anerkennung. Seine Karriere über die Forstwissenschaft und seine Beschäftigung mit dem Werkstoff Holz bedeuteten in den 1870er- und 1880er-Jahren wohl auch ein Imagedefizit gegenüber Kollegen, die sich mit Eisen und Stahl oder mit den modernen Technologien der Chemie und Elektrotechnik befassten.

Demgegenüber nahm Oskar von Miller, der jüngere der beiden später befreundeten Museumsgründer, als Direktor der AEG und Organisator von zwei wichtigen Elektrizitätsausstellungen 1883 in München und 1891 in Frankfurt am Main eine bedeutendere gesellschaftliche Position ein, zu der ihm sein Vater als Leiter der königlichen Erzgießerei seit 1844 und politisch aktiver angesehener Münchner Bürger andere Voraussetzungen geboten hatte, als es Exners Vater, abgesehen von der frühen Erlernung von Fremdsprachen (Englisch und Französisch), vermochte.[24] Jedenfalls suchte der damals als „Holz-Exner" stigmatisierte Organisator permanent zusätzliche Herausforderungen. Öffentliche Reputation verschaffte ihm 1882 die Wahl zum Reichsratsabgeordneten, und sein „im buchstäblichen Sinne des Wortes angeborene[s] Interesse am Eisenbahnwesen" führte ihn in den Verwaltungsrat der Kaiser-Ferdinands-Nordbahn, bei der sein Vater als kleiner Beamter begonnen hatte, sowie in den Staatseisenbahnrat.[25]

Exner hatte sich in seinem ersten Lebensabschnitt nach Absolvierung des Polytechnischen Instituts und der Lehramtsprüfung ein berufliches Fundament als Oberrealschullehrer, Professor an der Forstakademie Mariabrunn und schließlich seit 1875 an der Hochschule für Bodenkultur geschaffen. Lehrtätigkeit und Spezialisierung als Holztechnologe traten aber gegenüber anderen Aktivitäten bald in den Hintergrund.

Spätestens mit der Weltausstellung 1873 lässt sich ein zweiter Lebensabschnitt erkennen, dominiert von dem 1879 gegründeten Technologischen Gewerbemuseum, begleitet vom Engagement für die Gewerbeförderung und das technische Versuchswesen und gekrönt von der Ernennung zum österreichischen Generalkommissär für die Weltausstellung in Paris 1900.

Überblickt man Exners langes Leben, können die 1870er-Jahre als entscheidende Lebensphase bezeichnet werden. Im Alter zwischen dreißig und vierzig Jahren erfolgten damals die wichtigsten Weichenstellungen. Von Elbogen/Loket in Nordwestböhmen über Krems hatte es Exner 1869 bereits bis Mariabrunn knapp vor Wien geschafft. Seit 1875 wohnte und arbeitete er in Wien. 1867 nahm er erstmals in offizieller Funktion an einer Weltausstellung teil und organisierte 1873 in Wien eine historische Ausstellung. Nach Gründung des Österreichischen Museums für Kunst und Industrie sowie nach mehreren, teilweise konkurrierenden Projekten im Anschluss an die Wiener Weltausstellung setzte sich Exner 1879 mit seiner Idee eines Technologischen Gewerbemuseums endgültig durch.

Im Vorfeld der Wiener Weltausstellung hatte er sich als Redakteur an einer von Wilhelm Sommerfeld herausgegebenen technischen Wochenzeitschrift beteiligt, die sich – angeblich im Gegensatz zur Zeitschrift des „Österreichischen Ingenieur- und Architekten-Vereins" und ohne Erwähnung der gleichzeitig vom Sekretär des Gewerbevereins Joseph Carl Ackermann gegründeten „Illustrierten Gewerbe-Zeitung" – als unabhängiges Journal auf dem Markt positionierte. Ende 1872 schied Exner „in Folge gehäufter Berufsgeschäfte" wieder aus der Redaktion aus.[26]

In unserem Zusammenhang interessiert vor allem Exners Engagement für die öffentlichkeitswirksamen Medien Ausstellung und Museum sowie für die Geschichte der Technik, das ihn bis an sein Lebensende begleitete und nach seiner aktiven Berufskarriere in den Vordergrund trat – ein Phänomen, das sich bei vielen Technikern bis heute beobachten lässt.[27] Diese dritte Lebensphase begann ebenfalls bereits 1873 mit seiner Arbeit für die Wiener Weltausstellung und der zweibändigen Publikation zur Geschichte der Gewerbe und Erfindungen Österreichs. Im Zentrum standen seit der Einrichtung des „Museums der Geschichte der österreichischen Arbeit" Gründung und Aufbau eines technischen Museums.

Die Abschnitte sind nicht scharf voneinander zu trennen, überlappen sich, greifen ineinander und bauen teilweise aufeinander auf. Die museale und historische Komponente zieht sich jedoch vom ersten Besuch einer Weltausstellung in London 1862 und seiner Publikation zum Ausstellungswesen über seinen „additionellen" Beitrag zur Wiener Weltausstellung bis zur Gründung des „Museums der Geschichte der österreichischen Arbeit" 1891 und schließlich des Technischen Museums 1907/09 und darüber hinaus wie ein roter Faden durch Exners Leben. Der Kaiser bedankte sich bei dem älteren Herrn mit der Aufnahme ins Herrenhaus und dem Geheimratstitel. Zum Zeitpunkt der Eröffnung des Museums im Mai 1918 war Exner achtundsiebzig. Die operative Leitung des Museums überließ er mit Ludwig Erhard einem Jüngeren. Mit der Ersten Republik identifizierte er sich rasch und stellte sich als Präsident des Normenausschusses zur Verfügung. Ende der 1920er-Jahre griff der Neunzigjährige noch einmal aus Interesse für die Geschichte der Technik mit dem ganzen Gewicht seiner Persönlichkeit ein, brachte 1930 die Hauptversammlung des Vereins deutscher Ingenieure nach Wien und stellte die Weichen für die Gründung des „Österreichischen Forschungsinstituts für Geschichte der Technik" 1931.

Den drei Phasen in Exners Leben lassen sich Schlüsselpublikationen aus seinem großen Œuvre zuordnen. Die von ihm verfasste Denkschrift zum ersten Vierteljahrhundert des Technologischen Gewerbemuseums von 1904 ist als Bilanz des zentralen, zweiten Lebensabschnitts anzusehen.[28] Knapp ein Drittel der großzügig ausgestatteten 300-seitigen Publikation ist den Biografien und Porträts von Exners Weggefährten gewidmet. Je nach Intention und Zweck der Argumentation wechselt er zwischen der Ich-Form als Autor und der dritten Person als zentraler handelnder Person. Von ausreichend vorhandenem Selbstbewusstsein zeugt die Abbildung seiner 1889 in einer Art offenem Tabernakel im Gewerbemuseum aufgestellten Bronzebüste von Viktor Tilgner in der Denkschrift. Nicht als Rückblick, sondern als Programmschrift einer neuen Idee ist die Monografie zum Technischen Museum von 1908 konzipiert.[29] 1928 war Exner Herausgeber einer offiziellen Bilanz über zehn Jahre „Wiederaufbau" in der Ersten Republik[30]; 1929 fügte er die Bausteine seines langen Lebens in den „Erlebnissen" zu einem Puzzle zusammen und verwendete dafür tatsächlich einige Textbausteine aus früheren Schriften.[31]

Politisch fand der aus kleinen Verhältnissen stammende Exner seine Heimat im linken Flügel des Deutschliberalismus, der seinen Höhepunkt bereits überschritten hatte, als er sich von 1882 bis 1897 als Abgeordneter in den Reichsrat wählen ließ. Herkunft und Karriere prägten ihn als Bildungs- und Wirtschaftsliberalen, der sich als selbstständiger, freier, vernunftbegabter und leistungsorientierter Bürger fühlte, in Opposition zu Kirche und übertrieben staatlichem Einfluss, jedoch Monarchie und Kaiser als höchste Instanz akzeptierend.[32] Privat, beruflich und politisch bedeutete das ein Leben geprägt von Ordnung, Fleiß und Disziplin. Technische Rationalität war ihm persönlich zeitlebens oberste Maxime, technokratische Gesellschaftsmodelle lehnte er jedoch ab.

Büste Wilhelm Exners aus dem Technologischen Gewerbe-Museum, Viktor Tilgner, 1889

Die Wiener Weltausstellung 1873[33]

Das Athenäum[34]

Nach den Weltausstellungen in London und in Paris bedeutete die vom Niederösterreichischen Gewerbeverein initiierte fünfte Weltausstellung in Wien eine besondere Herausforderung als erste derartige Veranstaltung im deutschsprachigen Raum. Der Börsenkrach und eine Choleraepidemie vereitelten den ganz großen Erfolg. Wilhelm von Schwarz-Senborn entwickelte als Generaldirektor in diesem Umfeld außerordentliche Ambitionen. Sein autoritärer Führungsstil stieß bei vielen auf Ablehnung. Gelang Schwarz-Senborn mit der Öffnung zum Orient und der Gründung des Orientalischen Museums ein nachhaltiger Erfolg, so scheiterte er mit seiner weniger professionell vorbereiteten Idee eines Gewerbemuseums im Anschluss an die Weltausstellung. Zwar konnte er mit Josef von Schwegel für das Orientalische Museum einen ausgewiesenen Fachmann anstellen, doch fehlte ihm für sein „Athenäum" genanntes „Gewerbemuseum und Fortbildungs-Institut" – eine „Bildungsstätte für die Kleingewerbetreibenden und den Arbeiterstand",[35] gedacht als Ergänzung zum Museum für Kunst und Industrie[36] – eine entsprechende Persönlichkeit mit den notwendigen Erfahrungen. Diesen Vorwurf erhob auch Wilhelm Exner, der sich selbst für den Geeignetsten hielt und das Projekt als Konkurrenz seiner eigenen Pläne empfand. In diesem Fall konnte sich Exner schließlich durchsetzen.

Schwarz-Senborn propagierte seine Idee eines „Athenäums" seit 1871. Seinem Einfluss gelang es, mit Unterstützung verschiedener Persönlichkeiten das Stiftungskapital rasch aufzubringen, Objekte zu requirieren[37] und sogar ein Gebäude zu erwerben. Nach den Statuten sollte das „Athenäum" aus Objektsammlungen,[38] einem Musterlager, einem chemisch-technischen Laboratorium, technisch-mechanischen Versuchswerkstätten sowie einer Bibliothek mit Patenten bestehen. Die unerfüllten Besuchererwartungen und ein großes Defizit provozierten nach dem Ende der Weltausstellungen massive Kritik an Schwarz-Senborn. Er wurde aus dem Schussfeld genommen und 1874 als Gesandter nach Washington versetzt, nachdem er bis 1871 als Generalkonsul in Paris gewesen war. Das Scheitern des „Athenäums" gab den Weg für die gleichzeitig gesetzten Initiativen Wilhelm Exners im Niederösterreichischen Gewerbeverein frei. Ende Februar 1874 nahm dort ein „Museal-Comité" seine Arbeit auf.

Die „Additionelle Ausstellung"[39]

Als Berichterstatter hatte Exner auf der Weltausstellung in Paris 1867 durch die Abteilung „Histoire du travail" erstmals die Idee eines historischen Rückblicks im Rahmen einer Weltausstellung kennengelernt. „Der Blick zurück" gehörte seitdem zum Repertoire jeder Weltausstellung, da der Vergleich zwischen Einst und Jetzt eindrucksvoll den Stand des Erreichten dokumentieren konnte. Erst der Vergleich mit der Vergangenheit ließ das Erreichte als Fortschritt erscheinen.[40] Nach Rudolf von Eitelberger, dem Direktor des Museums für Kunst und Industrie, der über die „Histoire du travail" Bericht erstattete, sollte der Besucher „wie durch das Thor der Geschichte in die moderne Zeit eintreten". Die Ausstellung erfüllte allerdings nicht Exners Erwartungen, denn gezeigt wurde eine Geschichte des Kunstgewerbes und keine „Geschichte der Arbeit".[41]

Anlässlich der Wiener Weltausstellung erhielt der Professor der Mariabrunner Forstakademie den Auftrag zur Organisation einer „additionellen Ausstellung" zum Thema „Beiträge zur Geschichte der Gewerbe und Erfindungen" mit dem Fokus auf Österreich. Andere „additionelle" Themen betrafen die Abfallverwertung, den Welthandel, Musikinstrumente aus Cremona (Italien) und eine „Geschichte der Preise".[42] Exner erhielt damit die Chance, ein Pilotprojekt zur Weltausstellung zu realisieren, und nutzte sie erfolgreich.[43]

Von der temporären „additionellen" Ausstellung von 1873 ist wenig bekannt und blieb, da die gesammelten Objekte wieder an die Spender retourgingen, wenig erhalten. Sie gliederte sich in 17 Gruppen und hatte 200 Quadratmeter zur Verfügung. Eine Fotografie des Ausstellungsgebäudes zeigt ganz links den davor aufgestellten Personenwagen „Hannibal" der Pferdeeisenbahn von Linz nach Budweis/České Budějovice, der später über das Eisenbahnmuseum ins Technische Museum kam.

Pavillon der „Additionellen Ausstellung" auf der Wiener Weltausstellung, links vor dem Gebäude der Personenwagen „Hannibal" (?) der Pferdeeisenbahn, György Klösz, 1873

Die Nachhaltigkeit des Projekts manifestiert sich in der von der Generaldirektion herausgegebenen und von Exner redigierten zweibändigen Publikation, die exakt nach den Gruppen der Ausstellung gegliedert ist und deren Entwicklung in den vergangenen hundert Jahren darstellt.[44] Auf über 800 Seiten sind 76 Beiträge von ebenso vielen Autoren enthalten, die vom Bergbau bis zu den grafischen Künsten, wissenschaftlichen und musikalischen Instrumenten alle Branchen und darüber hinaus das Unterrichtswesen beschreiben. Vertreten sind u. a. Alexander Bauer mit einem Beitrag über chemische Industrie, Anton Harpke über Seidenindustrie, Anton Martin über Fotografie, Jacob Falke über Mode und Geschmack, Samuel Jenny über Färberei und Druckerei, Julius Wiesner über Mikroskope,[45] Leopold Schrötter von Kristelli über Laryngoskopie (Kehlkopfspiegelung) und Rhinoskopie (Nasenspiegelung). Exner selbst hat einen Aufsatz zur Holzindustrie beigesteuert.

Im Jahr darauf, bereits mit dem Projekt eines Gewerbemuseums befasst, nutzte er zwei Vorträge am Museum für Kunst und Industrie über sein erstes öffentlichkeitswirksames Ausstellungs- und Publikationsvorhaben zur Propagierung der „hohen Leistungsfähigkeit des deutsch-österreichischen Volkes".[46] Abgesehen von der Untermauerung dieser These durch Beispiele[47] zeigte sich Exner grundsätzlich vom großen Beitrag des technischen Fortschritts für die Entwicklung der Menschheit in den Jahrzehnten seit 1750 überzeugt: „Der Mensch war ein Bettler und Schwächling, während er jetzt nach seinen Hilfsquellen ein Krösus, nach seinem Können ein Riese ist."[48] In der gedruckten Vortragsfassung begründet er mit der Hervorhebung der bekannten Techniker und Erfinder wie Joseph Ressel, Simon Stampfer, Peter Wilhelm Friedrich Voigtländer, Peter Rittinger, Carl von Ghega, Alois Negrelli oder Peter Tunner eine lange Tradition der an Biografien orientierten Technikgeschichte. In der „additionellen Ausstellung" hatte es eine „Galerie berühmter Männer" mit 100 gerahmten Porträts österreichischer Erfinder gegeben,[49] die sich später in den Hör-, Zeichen- und Konferenzsälen des Technologischen Gewerbemuseums finden.[50]

Einen Sonderauftrag in Wien hatte mit der Ausstellung über „Die Verwendung weiblicher Arbeitskräfte" im Frauen-Pavillon auch Franz Migerka, damals Ministerialrat im Handelsministerium, übernommen.[51] Wenn nicht in Konkurrenz zu Exner, so doch als Ergänzung zu den technikgeschichtlich orientierten „Beiträgen zur Geschichte der Gewerbe und Erfindungen" ist die von Migerka zusammen mit Hugo Franz Brachelli, einem bedeutenden Statistiker und Professor an der Technischen Hochschule Wien, ebenfalls im Jahr der Weltausstellung herausgegebene, ökonomisch motivierte Publikation über Österreichs kommerzielle und industrielle Entwicklung zu sehen.[52]

Das Orientalische bzw. Handels-Museum und die warenkundliche Sammlung[53]

Der Versuch, das einmalige Ereignis der Weltausstellung in eine permanente Institution zu transformieren, gelang nur im Fall des Orientalischen bzw. Handelsmuseums. Von Anfang an war die Wiener Weltausstellung als offenes Tor Richtung Osten gedacht. Die Österreichisch-Ungarische Monarchie hatte im Vergleich zu anderen westeuropäischen Ländern den Anschluss versäumt, schien andererseits aber geopolitisch prädestiniert für eine Vorreiterrolle, die nun mit der Weltausstellung wenigstens teilweise zurückerobert werden sollte. Der Begriff Orient inkludierte damals nicht nur Südosteuropa, die Türkei und den Nahen Osten, sondern auch China und Japan. Bereits im Vorfeld der Ausstellung beauftragte der Generaldirektor der Weltausstellung Wilhelm von Schwarz-Senborn den Generalkonsul in Konstantinopel und Orientexperten Josef von Schwegel, Absolvent der 1754 gegründeten Orientalischen Akademie, mit der Organisation der orientalischen Abteilung in Wien.

Die Absicht, die in einer bisher noch nicht gesehenen Vielfalt und Fülle versammelten Gegenstände aus dem Orient in eine dauerhafte Einrichtung zu überführen, wurde mit der Berufung Schwegels ins Außenministerium realistisch. Da viele Länder ihre auf der Weltausstellung präsentierten Sammlungen als Geschenk in Wien beließen, konnte der bisher als Sekretär des Komitees für den Orient und Ostasien tätige knapp 30-jährige Arthur von Scala 1874/75 mit dem Aufbau des Orientalischen Museums beginnen. Das neue Institut hatte gewichtige Fürsprecher: Neben Außen- und Handelsministerium, das den Ministerialrat Franz Migerka in den Direktionsrat der Gesellschaft delegierte, unterstützten potente Großhändler, Industrielle und Bankiers das Museum im Windischgrätz'schen Palais in der Renngasse, ab 1879 im Gebäude der Börse. Das Orientalische Museum hatte den Auftrag, die Handelsbeziehungen mit den Ländern des Orients und Ostasiens zu fördern, und war erst in zweiter Linie ein klassisches Museum mit Mustersammlungen und Bibliothek. Diese bestanden einerseits aus den aktuellen Handelsartikeln und Rohstoffen europäischen Ursprungs für den Export,[54] andererseits aus einer Sammlung bisher weitgehend unbekannter Rohstoffe sowie aus kunstgewerblichen Objekten, wie Teppichen, Fayencen, Lederarbeiten und Paramenten aus dem Orient, die zweimal in der Woche unentgeltlich öffentlich zugänglich waren.[55]

Das Orientalische Museum betrat mit seinem weltumspannenden Anspruch weitgehend Neuland. Eines der raren Vorbilder, zu dem gute Beziehungen bestanden, war das India Museum in London. Dessen Direktor J. Forbes Watson unter-

Kolonialwaren: Kokaobohnen aus dem Kongo, Rohkaffee aus Nicaragua und „Café do Brasil garantido puro", Lambert & Co., Rio de Janeiro, um 1950

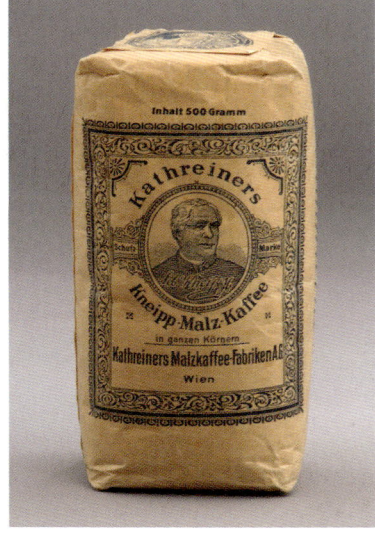

Ersatzkaffee: Kneipp-Malzkaffee in ganzen Körnern, Kathreiners Malzkaffee-Fabriken AG, Wien, um 1920, und Zichorienkaffee, Heinrich Franck Söhne, Linz, Ludwigsburg, u. a., um 1920

stützte das Museum als korrespondierendes Mitglied. Von seiner dreizehnbändigen Publikation mit über 1000 Stoffmustern der indischen Textilfabriken, erschienen in einer Auflage von 50 Ausgaben, widmete der englische Staatssekretär für Indien 1876 ein Exemplar dem Wiener Museum. Die wertvolle Publikation hat sich in der warenkundlichen Sammlung im Technischen Museum erhalten.[56]

Die neue Institution hatte seit ihrer Gründung zwei große Probleme. Die Hauptfunktion als Exportförderungsinstitut kollidierte im Lauf der Zeit mit dem musealen Aspekt – ein typisches Problem für Schulen und Vereine mit Sammlungen, wie z. B. das Polytechnische Institut. Die europaweit bedeutende und wertvolle kunstgewerbliche Sammlung kam nach 1897 mit dem Wechsel Scalas in die Direktion des Österreichischen Museums für Kunst und Industrie bis 1906/07 dorthin. Das zweite Problem betraf die Einschränkung auf den Orient. Darauf reagierten Förderer und Leitung unter Verweis auf ausländische Vorbilder, besonders das Handelsmuseum in Brüssel und eine Ausstellung 1885 in Antwerpen, 1887 mit der Umwandlung in ein allgemeines Handelsmuseum. Scala konnte vor seinem Weggang noch 1896 in der Berggasse 16 ein durch großzügige Spenden finanziertes neues Gebäude des „k. k. Österreichischen Handels-Museums" eröffnen.

Der neue Direktor Mauriz von Rössler setzte in den folgenden Jahren die Konzentration auf die kommerziellen und handelspolitischen Aufgaben hin zu einem National-Exportförderungsinstitut durch. Dazu gehörte auch die Gründung einer Exportakademie 1898, die sich unter der Direktion Friedrich Karminskis ab 1907 vom Handelsmuseum emanzipierte und aus der sich 1919 die Hochschule für Welthandel – seit 1975 Wirtschaftsuniversität – entwickelte[57] sowie der 1910 gegründete Exportförderungsdienst und das 1911 eingerichtete wirtschaftspolitische Archiv nach dem Vorbild des Hamburgischen Welt-Wirtschafts-Archivs von 1908 hervorgingen.[58] An der Exportakademie wurde seit Beginn das am Polytechnischen Institut begründete und damals an der chemischen Abteilung als Institut für Technische Warenkunde vertretene Fach Warenkunde gelehrt und 1910 ein Institut für Warenkunde, seit 1924 „Technologisches Institut", eingerichtet.[59] Mit den dem Institut gespendeten Rohstoffmustern[60] und der 1909 weitgehend übernommenen „commerziellen Sammlung" des Handelsmuseums bestand die warenkundliche Sammlung zum Zeitpunkt der Übersiedlung der Exportakademie in einen Neubau (Franz-Klein-Gasse 1, 1190 Wien) 1916/17 aus 2700 Inventarnummern mit 14.100 Objekten.

Die Institution Handelsmuseum konnte nach dem Ersten Weltkrieg in der Ersten Republik ihre ursprüngliche Bedeutung

Maggi-Rindsuppenwürfel und Maggi-Flasche, Julius Maggi GmbH, Bregenz, 1930er-Jahre (?)

„RIF-Einheitsseife" aus synthetischer Fettsäure aus Braunkohle und mit Kaolin gestreckt, Reichsstelle industrieller Fette (gegründet 1936), Zweiter Weltkrieg

Thea-Milchmargarine, Kunerolwerke AG, Wien, nach 1923

Schellack aus Indien, um 1920

Musterkoffer mit einer Kollektion zur Deckenfabrikation, „Erste böhmische Kotzen-, Halina- und Pferdedecken-Fabrik S. Heller & Sohn, Neu-Oetting, Böhmen und Wien", k. u. k. Konsular-Akademie, um 1900

Schaukasten mit Seidenkokons („Cocons doubles Woosie") aus Shanghai, 1889

Fez „Zuave II", Fez-Fabrik Thomas Novotny & Co., Batelau, Mähren, um 1900

Baumwollstoff mit blauem Indanthren-Farbstoff gefärbt, 14. August 1942

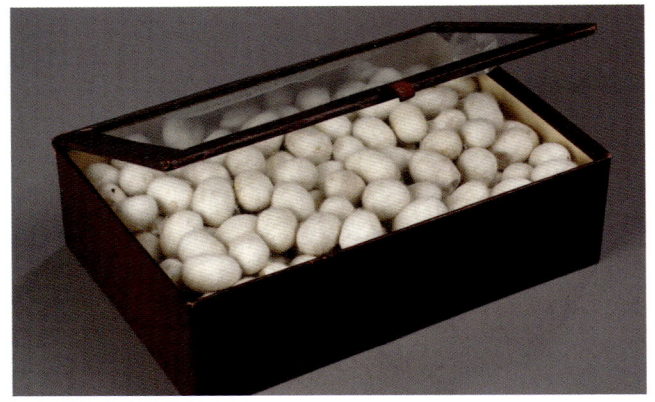

Drahtgeflechte und -siebe, Hutter & Schrantz AG, Siebwaren- und Filztuchfabriken, Wien, um 1920

Gablonzer Glasschmuck, Gablonz, Böhmen, um 1920

Titelseite und Beispiel aus der Beschreibung indischer Baumwollstoffe von Forbes J. Watson, 1873/74

Mustertafel mit Strickzwirnen aus Viskoseseide, Glanzstoff Austria AG, St. Pölten, um 1920

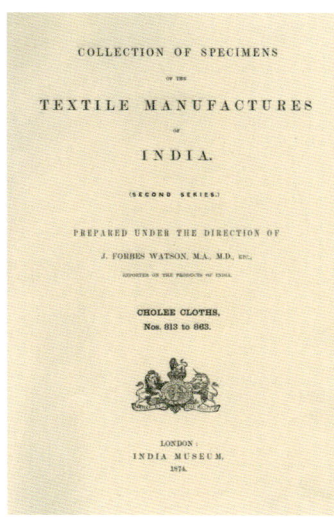

58   Museen und Sammlungen vor der Gründung

nicht mehr wiedererlangen. 1923 kam es unter Direktor Karl Siméons und wohl mit Unterstützung Wilhelm Exners als Kuratoriumsmitglied des Handelsmuseums[61] zu einer Übergabe von 176 nicht mehr aktuellen Objekten an das Technische Museum.[62] Die Aufgaben des Museums zusammen mit dem Großteil der ursprünglichen Sammlungen übernahmen die Hochschule für Welthandel sowie der Exportförderungsdienst. Mit Wirtschaftskrise und Ständestaat kam 1934 das endgültige Aus für das 1875 gegründete Museum. An der Hochschule für Welthandel zwang Anfang der 1970er-Jahre akute Raumnot zur Absiedlung des Großteils der inzwischen auf rund 30.000 Objekte angewachsenen Sammlung in das Schloss Aspang am Wechsel.[63]

Der Zuwachs resultierte auch aus der Übernahme des „Waren-Museums" der 1898 aus der Orientalischen Akademie entstandenen und 1938/39 geschlossenen Konsularakademie. Mit der Gründung von Exportakademie und Konsularakademie hatte die Monarchie auf die zunehmenden Herausforderungen des Welthandels reagiert und die staatswirtschaftlichen Fächer auch in der Diplomatenausbildung verstärkt: „Es wurde als Aufgabe der [Konsular-]Akademie erkannt, ihren Hörern vollen Einblick in das Getriebe und die bewegenden Kräfte der modernen Weltwirtschaft, sowie insbesondere die Kenntnis der wirtschaftlichen Bedürfnisse der Leistungs- und Konkurrenzfähigkeit der Monarchie auf dem Gebiete der Produktion und des Absatzes zu vermitteln."[64] In der warenkundlichen Sammlung des Technischen Museums lassen sich einige Objekte mit der Herkunft „Konsular-Akademie" nachweisen, u. a. Erzeugnisse der Flachsspinnerei in Oberaltstadt/Hořejší Staré von Igo Etrich sen., dessen Sohn nach 1900 als Flugzeugkonstrukteur Bekanntheit erlangte.[65]

Von Aspang kam die warenkundliche Sammlung über Vermittlung von Josef Hölzl 1985 in das Technische Museum. Sie hatte sich an der Exportakademie und Hochschule für Welthandel von der ursprünglichen Mustersammlung zu einer Lehrmittelsammlung gewandelt, als solche wohl schon länger ihren praktischen Nutzen für den Unterricht verloren und war nur mehr von historischem Wert. Zum Zeitpunkt der Übernahme zeigte der Großteil der warenkundlichen Sammlung jenen Zustand, den sie Ende der 1920er-Jahre als öffentlich zugängliche Schausammlung an der Hochschule erhalten hatte, mit Beschriftungsetiketten „Technolog. Institut der Hochschule f. Welthandel", Inventarnummern und einheitlichen weinroten Schachteln.[66]

Unter den Objektgruppen dominieren mit Abstand Proben von Teerfarben der großen deutschen Chemiekonzerne,[67] kolonialen Nahrungs- und Genussmitteln und der Textilindustrie, die allein rund die Hälfte der mehr als 10.000 Objekte umfasst. Der faszinierende Bestand repräsentiert einen gigantischen Warenkorb der Welt um 1900, sowohl der importierten Kolonialwaren als auch der exportierten Rohstoffe und Produkte der Monarchie und Europas. Zeitlich reicht das Spektrum von den 1870er- bis in die 1950er-Jahre. Die Mehrzahl der Objekte befindet sich in einheitlichen Gläsern und Schachteln, aber auch in der Originalverpackung der abliefernden Unternehmen, die damit auch eine Geschichte der Werbung zeigen. Die Sammlung gliedert sich in 72 Gruppen und enthält Holz und Papierrohstoffe, alle Arten von tierischen und pflanzlichen Textilfasern, Garne und Stoffe, Leder, Kautschuk, Kunstharze, Fette und Öle, Linoleum, Kunstbutter, Seifen und Kerzen, Getreide und Mehl, Kaffee, Kakao und Tee, Gewürze, Eisen und Stahl, Nichteisenmetalle, Steine und Erden, Glas, Asbest, Eternit sowie natürliche und synthetische Farben.

Die gesammelten Kolonialwaren verweisen auf den ursprünglichen Anspruch des Museums, den Orienthandel zu fördern und koloniale Rohstoffe für die Verwendung zu erschließen. Am Institut für Warenkunde trat schließlich, wie auch bereits ab 1866/68 am Polytechnischen Institut, der technologische Aspekt der Sammlung gegenüber dem kommerziellen in den Vordergrund. Dort hatte Julius Wiesner unter Anwendung des Mikroskops das alte Fach der enzyklopädischen Warenkunde zur modernen technischen Rohstofflehre weiterentwickelt.[68] Dafür stehen Muster der Teerfarben-, Kunstfaser-, Kunstharz- und Zellwolleindustrie, Proben der Produktionsabfolge des Zelluloseaufschlusses, der Aluminiumindustrie, der Maschinenbauindustrie, aber auch das gesamte Spektrum der pflanzlichen Rohstoffe aus den Tropen. Erhalten blieb auch eine rund 1000 Dias umfassende Bildersammlung.

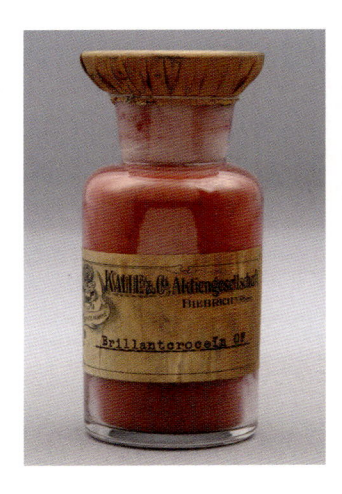

Synthetische Farbstoffe: „Brillantcrocein OF", „Schwefelgelb S", „Fettponceau R" und „Wollscharlach B", Kalle & Co. AG, Biebrich am Rhein, Deutschland, um 1920

Das „k. k. Technologische Gewerbe-Museum"[69]

Im Rahmen des Besuchs der Weltausstellung 1862 in London lernte Exner das South Kensington Museum und im Zuge der Anreise in Paris das Conservatoire des arts und métiers kennen, das er 1867 anlässlich der Pariser Weltausstellung nochmals besuchte – beides Institutionen, die wissenschaftlichen Anspruch, museale Sammlung und schulische Ausbildung unter einem Dach vereinten, was ihm in Bezug auf die technische Bildung im Vakuum zwischen der höheren Ausbildung für die „Großindustrie und dem Ingenieurwesen"[70] am Polytechnischen Institut sowie der Grundausbildung an Gewerbeschulen, Fortbildungsschulen und durch die Meisterlehre vorschwebte. Exner sah hier einen Bedarf, den er mithilfe des Niederösterreichischen Gewerbevereins zu decken hoffte.

Das im Jahr 1857 im Gefolge der ersten Weltausstellung in London als Kunstgewerbemuseum mit Kunstabteilungen und einer Bildungsanstalt für Kunsthandwerker, mit Sammlungen von Rohstoffen, Konstruktionsmaterialien, Modellen und patentierten Erfindungen gegründete South Kensington Museum[71] fungierte als unmittelbares Vorbild für das „k. k. Österreichische Museum für Kunst und Industrie" 1864 in Wien. War das South Kensington Museum aus einer Schule hervorgegangen, so folgte in Wien dem Museum eine solche Kunstgewerbeschule zur Ausbildung von Künstlern und Lehrern – und nicht der Arbeiter – im Jahr 1868. Exner strebte für die technische Bildung an, was das Museum für Kunst und Industrie mit der Schule für das Kunstgewerbe leistete. In Abgrenzung zum „Kunst- und Kunstindustrie-Museum" bezeichnete er sein schließlich 1879 realisiertes Projekt als „technisches Museum".[72] Vor dieser Entwicklung verbanden Exner und Rudolf von Eitelberger, Gründungsdirektor des Museums, freundschaftliche Bande, und Exner verwendete in jungen Jahren gerne seine Funktion als ehrenamtlicher Korrespondent des Museums, bis die Frage über die technische Ausbildung die beiden Männer entzweite.[73]

Zeitgleich zur Eröffnung des Museums für Kunst und Industrie legte das Polytechnische Institut mit einer Reform seine bisherige Rolle als „Museum" nach außen hin ab. Der in die Begutachtung einbezogene Niederösterreichische Gewerbeverein stimmte dem unter der Bedingung zu, dass in Wien ein Gewerbemuseum nach dem Vorbild des Conservatoire des arts et métiers in Paris gegründet würde. Vier Jahre später hielt der junge Exner zu diesem Thema seinen ersten Vortrag im Verein und verwies auf die Badische Landesgewerbehalle in Karlsruhe (1865) und das im Aufbau begriffene Bayerische Gewerbemuseum in Nürnberg (1869) als naheliegende Vorbilder.[74]

Nürnberg sollte in Exners Leben eine besondere Rolle spielen: 1871 erreichte ihn von dort das Angebot, sich als Direktor zu bewerben,[75] das er gegen die Zusicherung einer Professur an der Hochschule für Bodenkultur im Falle der sich abzeichnenden Überführung der Forstwissenschaften aus Mariabrunn dorthin und einer Gehaltsaufbesserung ablehnte. Aus Nürnberg holte Exner 1898 Ludwig Erhard, den späteren ersten Direktor des Technischen Museums, nach Wien.[76]

Nach der Weltausstellung konstituierte sich im Gewerbeverein am 26. Februar 1874 ein „Museal-Comité" mit Exner als Vorsitzendem und Joseph Carl Ackermann, Sekretär des Gewerbevereins und von 1872 bis 1887 Herausgeber der „Illustrierten Gewerbe-Zeitung", als Schriftführer. Eine in der Monatsversammlung am 17. März beschlossene Petition an den Handelsminister Anton von Banhans umriss das Programm des zu gründenden Instituts:[77]

„Die Errichtung eines ‚Österreichischen Gewerbemuseums' ist es, welche sich der ergebenst unterzeichnete Verein in Anregung zu bringen erlaubt; eines Institutes, dem in bezug auf die t e c h n i s c h e Entwicklung der Gewerbe jene Mission zufiele, wie sie das Museum für Kunst und Industrie mit so ausgezeichnetem Erfolge in bezug auf die k ü n s t l e r i s c h e Veredlung verfolgt, eines Instituts von streng präzisiertem Wirkungskreise, aus dem sowohl die Pflege des Kunstgewerbes als auch der Großindustrie ausgeschlossen bleiben würde."

Der erfolgversprechende Anlauf schlug fehl. Zwar hatte Banhans ein vorbereitendes Komitee mit den Hochschulprofessoren Ernst Hartig aus Dresden, Alexander Bauer und Leopold von Hauffe aus Wien sowie mit Exner als Referenten, damals noch in Mariabrunn, einberufen und die Zeitung „Metallarbeiter" einen Artikel geschaltet,[78] aber das ausgearbeitete und mit 100.000 Gulden vom Handelsministerium budgetierte Programm für ein Institut mit acht Sektionen scheiterte Ende 1875 im Finanzausschuss.

Doch Exner gab nicht auf. Anfang 1879 gelang es dem Vizepräsidenten des Vereins, seine Kollegen davon zu überzeugen, mit der Sektion für Holzindustrie wenigstens einen Anfang zu setzen. Wie so oft erwies sich Exner als Organisationstalent, der alle Beteiligten mit Funktionen und Aufgaben in einer „Spezi-

Hauptgebäude des ehemaligen Technologischen Gewerbemuseums in der Währinger Straße, Foto, 2008

Schnelllaufender Dampfumlaufmotor, System Dolgoruki, und Gleichstromdynamomaschine mit Trommelanker nach Friedrich Franz Heinrich Philipp von Hefner-Alteneck, Siemens & Halske, Wien, 1883

alkommission", einem Organisationskomitee, einem Finanz- und einem Fachkomitee in das Projekt einband. Er selbst fungierte als Obmann des Fachkomitees, als sein Stellvertreter engagierte sich Joseph Thonet von der bekannten Wiener Bugholzmöbelfabrik. Über sechs Jahre lang förderte u. a. die Werkzeugfabrik Weiss & Sohn den Betrieb mit je 100 Gulden. Ebenso schaffte es Exner immer wieder, einflussreiche und für die Unterstützung entscheidende Persönlichkeiten der Gesellschaft zu versammeln, um seine Anliegen öffentlich zu machen. Am 2. April 1879 saßen neben anderen Erzherzog Karl Ludwig, der Protektor des Vereins, sowie Erzherzog Rainer und Handelsminister Johann von Chlumetzky im Publikum, als Exner die Aufgaben des Technologischen Gewerbemuseums erläuterte. Als Korrespondenten und „Wahlverwandte" im Ausland nannte er u. a. den Arzt und Naturforscher Hermann von Helmholtz und den Chemiker August Wilhelm von Hofmann. Im Conservatoire in Paris fühlte er sich besonders mit Aimé Laussedat, Direktor von 1881 bis 1900, sowie mit Henri Édouard Tresca, Professor für angewandte Mechanik von 1874 bis 1885, verbunden.[79]

Nach 1900 werden neben vielen anderen der Eisenhütteningenieur Hermann Wedding und der Maschinenbauingenieur und Technikhistoriker Theodor Beck als Korrespondenten genannt.[80] Besonderen Wert hatte für Exner seine Bekanntschaft mit dem Chemiker und Philosophen Wilhelm Ostwald, den er später jährlich zur Kur in Karlsbad/Karlovy Vary traf und zu dessen Festschrift zum 60. Geburtstag er einen Beitrag lieferte.[81]

Tatsächlich eröffnete das Gewerbemuseum mit der Sektion Holzindustrie im Herbst 1879 seinen Betrieb mit Lehrkursen im Gebäude des Gewerbevereins. Einen speziellen Schwerpunkt dieser Sektion bildete die Korbflechterei. Der Eröffnung des ehrgeizigen Projekts, dem Exner als ehrenamtlicher Direktor vorstand, wohnte Ministerpräsident Edmund Graf Taaffe bei, und bis 1901 sollte der Kaiser achtmal die Exner'sche Gründung besuchen.[82]

Immer nach Höherem strebend, beschreibt Exner rückblickend aus seiner Sicht die damalige noch entwicklungsfähige Stellung: „Mit der Eröffnung des Institutes trat es in der ganzen Schwächlichkeit seines Aufbaues, in der Unzulänglichkeit seiner Fundierung und ich selbst mit ihm in meiner fachlichen Einsei-

Wilhelm Exner, Sammler und Multifunktionär

Automatenpuppe „Schlafwandlerin", Blechspielzeug, um 1900

Zusammenlegbares Bidet (?), Firma Thiers, Paris, um 1910

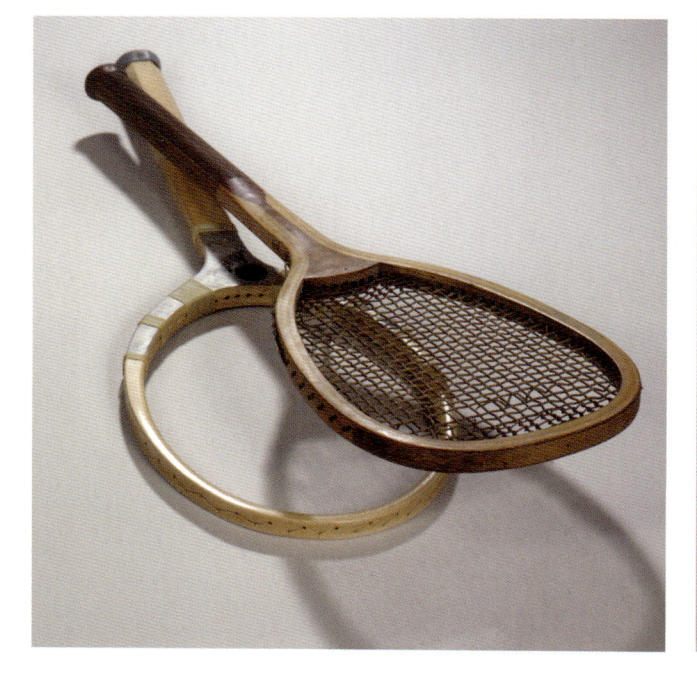

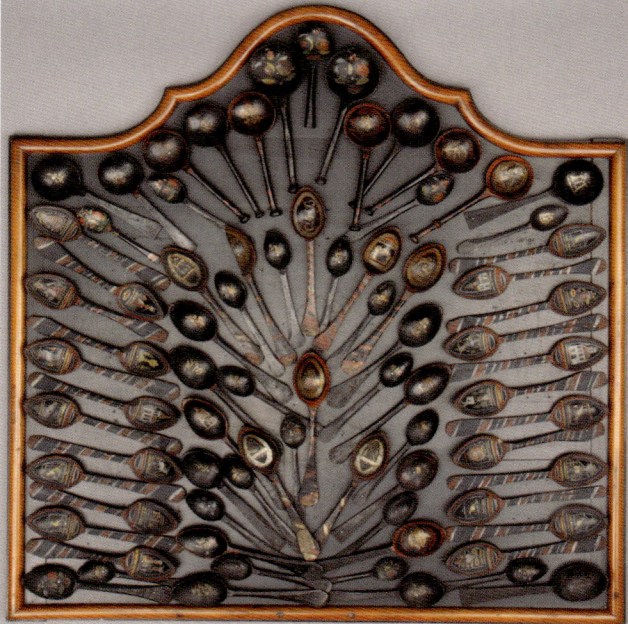

Tennisschläger, Gebrüder Thonet, Wien, um 1900

Tableau mit 78 geschnitzten Holzlöffeln, Fachschule Neunkirchen, Niederösterreich, um 1885

tigkeit und noch nach Anerkennung ringend, also der Autorität entbehrend, vor die weit ausgebreitete Öffentlichkeit der gewerblich produzierenden Bevölkerung des In- und Auslandes."[83]

Die zweite Sektion für Chemie (Färberei, Bleicherei, Druckerei, Appretur) eröffnete 1881, die dritte für Metallindustrie und Elektrotechnik 1884 ihren Betrieb. Nach der raschen Entwicklung der Elektrotechnik erfolgte 1891 deren Verselbstständigung als vierte Sektion. Seit 1887 bestand bereits eine Versuchsanstalt für Elektrotechnik.

Das Programm des Technologischen Gewerbemuseums umfasste im Vollausbau am Gelände der 1873 stillgelegten Sigl'schen Lokomotivfabrik in der Währinger Straße 59, 1090 Wien, seit 1888/91 die technisch-wissenschaftliche Ausbildung, die praktische Unterweisung in Laboratorien und Schulwerkstätten, den musealen Anschauungsunterricht sowie das technische Versuchswesen. Auf letzterem Gebiet erreichte Exner 1910 als 70-jähriges Herrenhausmitglied einen späten Erfolg mit dem Gesetz „betreffend das technische Untersuchungs-, Erprobungs- und Materialprüfungswesen", der „Lex Exner", das Hochschulen, Lehranstalten (wie dem Technologischen Gewerbemuseum), Museen und Vereinen (wie der von Exner mitbegründeten Dampfkessel Untersuchungs- und Versicherungsgesellschaft) unter bestimmten Voraussetzungen erlaubte, über ihre Untersuchungen „öffentliche Urkunden" auszustellen.[84] Er selbst wurde Präsident des 1912 eingerichteten Technischen Versuchsamtes, Julius Wiesner einer seiner Vizepräsidenten. Abgesehen vom didaktischen und wissenschaftlichen Ertrag leistete das technische Versuchswesen nach Exner wesentliche Beiträge zur Unfallverhütung.[85]

Seit 1892 betreute das Gewerbemuseum die vom Handelsministerium eingeleitete Aktion zur Förderung des Kleingewerbes,[86] vor allem die Verbreitung der Kenntnisse über die Anwendung von Kraft- und Arbeitsmaschinen. Aus den Aufgaben als Auskunftsstelle, der Organisation von Ausstellungen und als Veranstaltungsort von Fachkursen entstand der „Technische Dienst zur Förderung des Kleingewerbes", der sich 1900 in einem eigenen Gebäude als „Gewerbeförderungsdienst" verselbstständigte und 1908 als „k. k. Gewerbeförderungs-Amt" offiziell etablierte.[87]

Zwar stand Exner als liberaler Abgeordneter in Opposition zur konservativen Regierung Taaffe und kritisierte die „dem Prinzipe der Einschränkung"[88] folgende Gewerbeordnungsnovelle von 1883, die 1892 initiierte Förderaktion entsprach jedoch den von ihm vertretenen Grundsätzen der Hilfe zur Selbsthilfe. Das neue Gebäude beherbergte eine über 800 Quadratmeter große Maschinenhalle als permanente Ausstellung. In allen Kronländern fanden Dutzende Kleingewerbe-Ausstellungen statt.[89] Für dieses Aufgabengebiet engagierte Exner 1898 Ludwig Erhard

Kassette mit Holzwerkzeugen aus den USA und Deutschland, Aug. Denk, Wien, um 1900

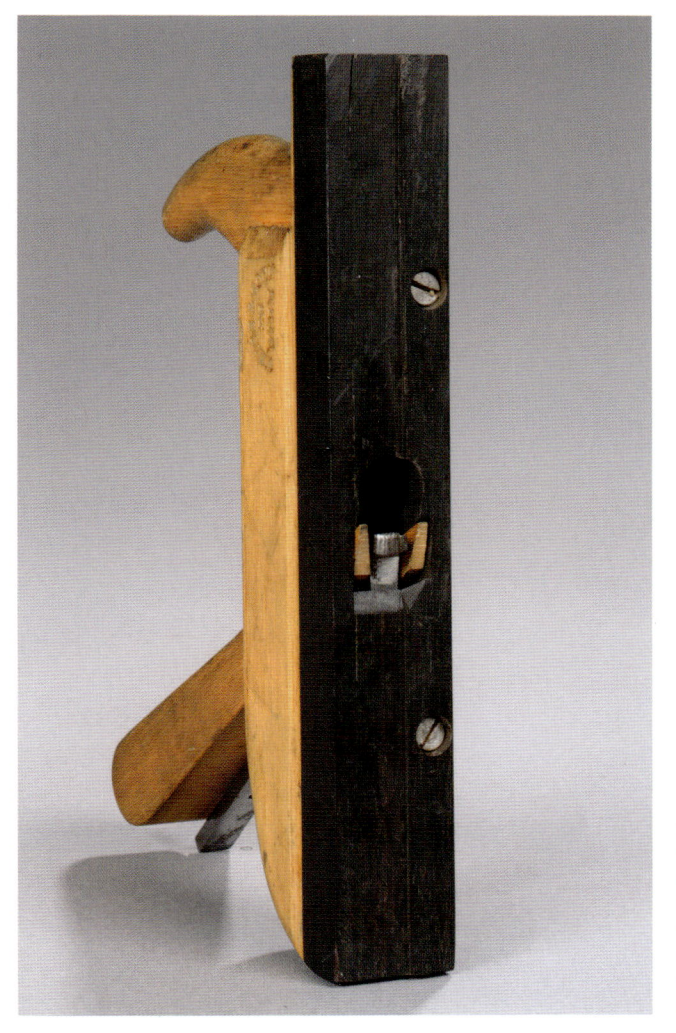

Zünddrahthobel der 1820 gegründeten Werkzeugfabrik Weiss & Sohn, die das Technologische Gewerbemuseum finanziell unterstützte, Wien, um 1840

Wilhelm Exner, Sammler und Multifunktionär 63

aus Nürnberg, den er wahrscheinlich seit einem Besuch des Bayerischen Gewerbemuseums im Jahre 1892 kannte.[90]

Wenige Jahre danach – 1905 – erfolgte die Verstaatlichung seines nunmehr „erwachsenen Kindes" durch das Unterrichtsministerium. Er selbst hatte sich längst neue Aufgaben gesucht und wechselte am Gewerbemuseum als Präsident ins Kuratorium.[91] Der Gewerbeverein hatte ihn 1903 zum Ehrenpräsidenten gewählt.

Die Statuten vom April 1879[92] und die Geschäftsordnung[93] definierten als Aufgabe des Technologischen Gewerbemuseums u. a. den Aufbau von technischen Sammlungen mit „1. Roh- und Hilfsstoffen der einzelnen Gewerbe, 2. Werkzeugen, Werkzeug-Maschinen, chemischen und physikalischen Apparaten, Modellen und Zeichnungen, 3. Halbfabricaten und Producten". Die Anfänge der Sammlungen gingen einerseits auf ein vom Niederösterreichischen Gewerbeverein seit 1863 geführtes „Musterlager" zurück, das 1876 aus der Weltausstellung in Philadelphia Ergänzungen erfuhr und 1882 dem Gewerbemuseum eingegliedert wurde.[94] Andererseits erhielt das Gewerbemuseum eine durch Ankäufe auf der Wiener Weltausstellung von Exner begründete Sammlung von Holzwerkzeugen an der Mariabrunner Forstakademie.[95]

Die Struktur der Sammlung entsprach weitgehend der historischen Sektionsgliederung: Holzindustrie, gemischte Gewerbe, Metallindustrie und Elektrotechnik. Vorhanden waren Rohstoffe, Halbfabrikate, Fertigprodukte, Werkzeuge und Maschinen. Besonders umfangreiche Gruppen bildeten innerhalb der Holzindustrie die Erzeugnisse der Hausindustrie und Heimarbeit (nach Kronländern und Staaten geordnet) und innerhalb der Metallindustrie die Schlösser und Schlüssel. Die Elektroindustrie als erstmals gesammelter Bereich enthielt Apparate, Batterien und Akkumulatoren, Maschinen, Leitungsmaterialien, Lampen, Telegrafie und Telefonie sowie Messinstrumente, wovon leider nur wenige erhalten blieben. Auffallend sind auch die zahlreich vorhandenen Holz- und Blechspielzeuge. Alles in allem überwiegt im Gesamtbestand, die Elektrotechnik ausgenommen, das vorindustrielle Handwerk und Gewerbe mit dem Schwerpunkt auf Holz. Als Spender werden potente in- und ausländische Unternehmen, wie die Brüder Thonet, die Glühlampenfabrik Johann Kremenezky, Siemens & Halske, Privatpersonen, u. a. Wilhelm von Schwarz-Senborn und Exner, Ministerien, die Hochschule für Bodenkultur, das Museum für Kunst und Industrie sowie zahlreiche Fach- und Staatsgewerbeschulen aus der gesamten österreichischen Reichshälfte genannt, zu denen Exner als Fachschulinspektor gute Beziehungen hatte. Ankäufe erfolgten auch anlässlich der Weltausstellung in Paris 1889.

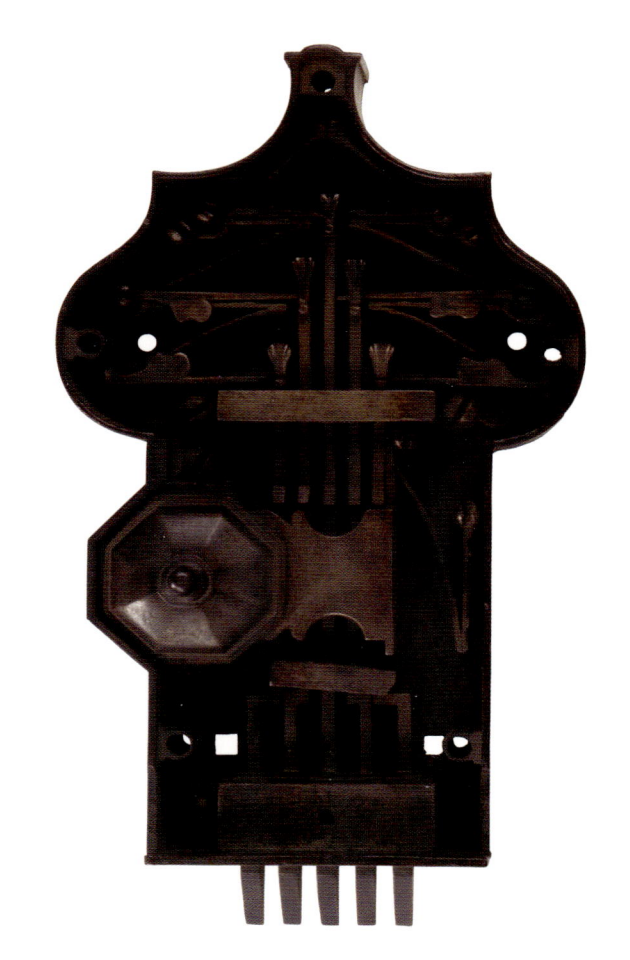

Plakat mit der Ankündigung der Präsentation der „Sammlung von Schlüsseln und Schlössern" von Andreas Dillinger in einer Wiener Bürgerschule, 1880er-Jahre

Deutsches Kastenschloss, um 1620

64 Museen und Sammlungen vor der Gründung

Römischer Schlüssel mit Griff in Form eines Panthers, Fundort Pompeji

Schlüssel, Fundort Salzburg, 12. Jahrhundert

Barocker Schlüssel, Fundort unbekannt, 1680

Vergoldeter Kammerherrenschlüssel aus Messing mit herzförmigem Griff, in der Mitte Schild mit Erzherzogshut und Greifen als Schildhalter, „M" für Maria Theresia und „F" für Franz von Lothringen, vor 1745

Schlüssel des Erzbischofs von Salzburg Hieronymus Graf von Colloredo-Waldsee mit vergoldetem Griff aus Bronze, Salzburger Landeswappen und Wappen des Erzbischofs, 1772

Freimaurerschlüssel aus Messing mit eingraviertem „quis aperientem claudit" (der den Öffnenden aussperrt) und „quis aperit claudentem" (der dem Abschließenden öffnet), ohne Fundort und Jahr

Die Schlüssel- und Schlössersammlung von Andreas Dillinger[96]

Einen eigenen Komplex bildete innerhalb der Sektion „Metallindustrie" die aus Privatbesitz angekaufte Schlüssel- und Schlössersammlung. Seit Ende der 1860er-Jahre hatte der Salzburger Hotelier Andreas Dillinger als Amateur über Vermittlung eines Antiquitätenhändlers eine bedeutende, bis in die Römerzeit zurückreichende und internationale Sammlung von Schlüsseln und Schlössern angelegt. Seine umfangreiche Kollektion konnte er vor allem durch zahlreiche berufliche Reisen ins Ausland zusammentragen. Seit den 1880er-Jahren zeigte er diese im Auftrag des Unterrichtsministeriums an zahlreichen Staatsgewerbeschulen, Fachlehranstalten und Gewerbemuseen in Österreich und Deutschland. Nach einer Präsentation dieser Schlüssel- und Schlössersammlung im Technologischen Gewerbemuseum erreichte Exner 1889 ihren Ankauf zum Preis von 10.000 Gulden, zahlbar in mehreren Jahresraten zu siebzig Prozent vom Unterrichtsministerium und zu dreißig Prozent vom Gewerbemuseum.[97] Die Beteiligung des Ministeriums stützte sich auf den zu erwartenden Nutzen für die Fachschule für Schlosserei.

Anlässlich einer Präsentation der Schlüssel und Schlösser im Museum für Kunst und Industrie hatte Dillinger 1885 einen ersten Katalog mit der Beschreibung seiner 657 Schlüssel und 187 Schlösser publiziert. Da eine genaue Datierung in den seltensten Fällen möglich war, ordnete er seine Objekte nach chronologischen Gesichtspunkten: Römerzeit und ab dem Mittelalter nach Jahrhunderten.

Das Geld aus dem Verkauf der Sammlung investierte Dillinger bereits im folgenden Jahr in eine Zeitung für Reise- und Fremdenverkehrsangelegenheiten.[98]

Die Präsentation der Schlüssel- und Schlössersammlung von Dillinger im Technischen Museum, Wien, 1934

Die „Geschichte der vier Hofräte"[99]

Neben vielen anderen führte Exner auch den Titel eines Hofrats des Handelsministeriums. Als er um 1890 das Museum der Geschichte der österreichischen Arbeit gründete, jedoch eigentlich eine weit umfassendere Museumskonzentration anstrebte und diese Idee 1892 publizierte, provozierte er die Kritik der betroffenen Konkurrenten. Eine zentrale Rolle in seinen Überlegungen spielten die neu gegründeten Museen der Gewerbehygiene, der Eisenbahn und der Post. Exner scheiterte damals mit seinen noch utopisch klingenden Plänen am Widerstand der betroffenen Hofratskollegen. Franz Migerka, der erste Zentral-Gewerbeinspektor, hatte 1890 das „k. k. Gewerbe-hygienische Museum" gegründet, Victor von Röll verfolgte seit 1884 das Projekt eines Eisenbahnmuseums, das 1893 für die Öffentlichkeit zugänglich wurde, und Josef von An der Lan stand hinter dem 1891 in der Rotunde am Prater eingerichteten Postmuseum. Der mit spitzer Klinge geführte Machtkampf, in dem Exner unterlag, machte damals als „Geschichte der vier Hofräte" in Wien die Runde.

Das „k. k. Museum der Geschichte der österreichischen Arbeit"[100]

1889, im Jahr vor dem Ankauf der Sammlung von Schlüsseln und Schlössern, engagierte das Gewerbemuseum mit Moritz Volke erstmals einen Kustos für den wachsenden Sammlungsbereich. Unbefriedigt gelöst blieb weiterhin die Frage der adäquaten Unterbringung der Objekte. „Da trat ein für die Sammlungen und deren heutigen Bestand entscheidendes Ereignis ein."[101] Ohne weitere Erklärungen leitet Exner in der Denkschrift von 1904 mit diesem Satz die 1889 dem Verwaltungsrat des Niederösterreichischen Gewerbevereins unterbreitete Gründung eines „Museums der Geschichte der österreichischen Arbeit" ein. Einzig der Verweis auf eine vom Conservatoire des arts et métiers organisierte „Exposition rétrospective du travail […]" bei der Pariser Weltausstellung 1889 gibt einen Hinweis auf unmittelbare Anregungen. Diesmal präsentierten die Organisatoren mit originalgetreuen Handwerksensembles mit Puppen vom alten Ägypten bis in die Gegenwart tatsächlich eine Geschichte der Arbeit.[102] Die dort gezeigte Alchemistenstube und ein Labor von Antoine Laurent Lavoisier dienten später als Vorbilder für ähnliche Ensembles im Deutschen Museum München und im Technischen Museum Wien.

Wilhelm Exner im Kreise des Verwaltungsrats des Niederösterreichischen Gewerbevereins (sitzend Zweiter von rechts) zur Zeit der Gründung des Museums der Geschichte der österreichischen Arbeit, Foto, um 1889/90

Nach einem Jahrzehnt hatte sich das Technologische Gewerbemuseum mit seinen Fachschulen und Prüfanstalten offensichtlich so weit stabilisiert, dass Exner nunmehr den Schwerpunkt seines Engagements auf die vorhandenen, teilweise bereits historischen Sammlungen und deren Integration in ein umfassenderes Museum verlegte. Ein Museum, „das den Entwicklungsgang der Technik in Gewerbe und Industrie zur Darstellung bringt und zeigt, welchen Anteil Österreich an der Entwicklung der verschiedenen industriellen und gewerblichen Arbeitsprozesse für sich mit Recht in Anspruch nehmen darf", so der ehemalige Handelsminister Anton von Banhans im Sinne Exners Anfang 1890.[103] Das in diesem Jahr gefeierte 50-jährige Gründungsjubiläum des Gewerbevereins verlieh dem neuen Unternehmen wohl zusätzliche Dynamik.

Der offensichtlich von den Zeitgenossen wahrgenommene Höhepunkt der industriellen Entwicklung zeigt sich deutlich im ausdifferenzierten Kraft- und Werkzeugmaschinenbau, im Eisenbahnbau, in der neueren chemischen und elektrotechnischen Industrie sowie in teilweise bereits absehbaren Entwicklungen im Straßenverkehr, in der Luftfahrt sowie in der Informations- und Kommunikationstechnik.[104] Nach einem Jahrhundert des technischen Fortschritts und dem daraus ableitbaren Platz im Wettkampf der Nationen erlangte der Vergleich mit der Vergangenheit wachsende Bedeutung für die Positionierung in der Gegenwart. In einem 1890 verfassten „Promemoria" zur Gründung interpretierte Exner die Museen – wie die Schulen und Versuchsanstalten – als Rüstzeug der Industrie im Wettkampf der Kulturstaaten. Auf dem Gebiet der technischen Museen sah er nunmehr den größten Nachholbedarf.

Das neue Museum bestand ursprünglich aus zwölf, 1903 aus vierzehn Sammlungsgruppen:[105]

I. Chemische, Nahrungs- und Genussmittel-Industrie
II. Textil- und Bekleidungs-Industrie
III. Leder-, Rauhwaren- und Kautschuk-Industrie
IV. Holz-, Bein-, Elfenbein-, Horn-, Perlmutter- und Schildpatt-Industrie
V. Stein-, keramische und Glas-Industrie
VI. Metall-Industrie
VII. Gold- und Silberwaren-Industrie, Juwelierwaren, Münz- und Punzierungswesen
VIII. Maschinenbau- und Ingenieurwesen
IX. Wissenschaftliche, chirurgische und medizinische Instrumente und Apparate
X. Elektrotechnik
XI. Musikalische Instrumente
XII. Papier-Industrie
XIII. Graphische Künste
XIV. Kurzwaren

Porträt Johann Friedrich Heinrich Rollés, Direktor der Maschinenfabrik Rollé & Schwilgué in Wien-Simmering, Alexander Michalek, um 1831

Rückblickend erkennen wir in dieser Gliederung die Wurzeln der späteren Strukturierung der Sammlungen des Technischen Museums, allerdings noch ohne Naturwissenschaften, Berg- und Hüttenwesen und Verkehr. Was mit der Ordnung der Natur in den Kabinetten des 18. Jahrhunderts begann und in den Mustersammlungen des Polytechnischen Instituts fortgesetzt und perfektioniert wurde, wandelte sich mit den Industrie- und Weltausstellungen zu einer „Ordnung der Wirtschaft".[106] Der Bogen spannte sich in der Regel von Urproduktion und Bergbau zu den naturwissenschaftlichen und Musikinstrumenten. Die Ausdifferenzierung der Klassifizierungssysteme ist immer auch ein Ausdruck der Inszenierung des Fortschritts: Die moderne Welt wird immer komplexer.

Ebenso bewährte sich später die von Exner bereits bei der Gründung des Gewerbemuseums und nunmehr anlässlich des Aufbaus des Museums der Geschichte der österreichischen Arbeit erprobte Strategie der Einbindung möglichst vieler Vertrauenspersonen. Kritiker und Zweifler sollten ebenso wie Freunde und Förderer durch aktive Mitarbeit und Aufgaben in das Projekt involviert und mitverantwortlich gemacht werden. Exner gelang es, in die Arbeit der insgesamt 58 Fachkomitees rund 300 „patriotische Männer" einzubinden. Fachkomitees leiteten u. a. Otto von Schlumberger (Wein), Alfred Pollak von Ru-

Balancier-Dampfmaschine, Johann Fichtner, Blansko, 1825

Atmosphärischer Gasmotor, Langen & Wolf, Wien, 1875

Elektrisches Kraftrad, Johann Kravogl, 1867

din (Zündwaren), Karl Sarg (Farben und Lacke), Friedrich von Leitenberger (Baumwolle), Gustav von Schoeller (Schafwolle), Karl August von Frey (Hüttenwesen) und Johann Gasser (Feuerwaffen). Der Verein unterstützte das Vorhaben mit 10.000 Gulden, die Gemeinde Wien mit 5000, ebenso Anton Dreher, Besitzer der Schwechater Brauerei.

Der historische Charakter des neuen Museums manifestierte sich auch in der Sammlungspolitik. Unter den zahlreichen Schenkungen befanden sich erstmals wertvolle technikgeschichtliche Bücher[107] und Unternehmerporträts.[108] Abgesehen davon, dass sich im Bestand des Museums der Geschichte der österreichischen Arbeit nochmals das gesamte Spektrum des Handwerks und Gewerbes findet,[109] lässt sich grundsätzlich doch eine erste Verschiebung in Richtung maschineller und industrieller Produktion feststellen. Einen weiteren Schwerpunkt der Sammlungspolitik bildeten klassische Schlüsselobjekte aus der Technikgeschichte, möglichst anhand von Beispielen aus der Monarchie, die bis heute zum Kernbestand des Technischen Museums gehören. Dazu zählen zum Beispiel eine originale Spinning Jenny aus dem späten 18. Jahrhundert und ein Seidenwebstuhl des Georg Hennig von 1815/16 aus der Leobersdorfer Fabrik von Hornbostel & Comp.[110] Von den Kraftmaschinen gehören eine Balancier-Dampfmaschine nach dem System Watt, gebaut 1825 nach einem Entwurf von Johann Fichtner in Blansko/Blanz,[111] ein Gasmotor nach dem System von Étienne Lenoir in Paris nach 1860 sowie ein weiterer Gasmotor von Lan-

Museen und Sammlungen vor der Gründung

Elektroautomobil System Egger-Lohner, Jacob Lohner & Co., Wien, vor 1910

gen & Wolf in Wien aus dem Jahr 1875[112] in diese Kategorie. Ein Schlüsselobjekt auf dem Gebiet der elektrischen Kraftmaschinen ist bis heute das sogenannte „Kraftrad" von Johann Kravogl aus Lana, das bereits auf der Weltausstellung 1867 in Paris,[113] 1873 in Wien und 1900 in Paris gezeigt wurde und das Adalbert von Waltenhofen, erster Professor für Elektrotechnik an der Technischen Hochschule Wien, vor 1890 dem Museum widmete.[114]

Auffallend ist die Dominanz historischer Maschinen im Bereich Maschinenbau. Ausgestellt seit den 1890er-Jahren waren eine Furnierschneidmaschine von Alois Munding (1816/17), eine Buchdruck-Schnellpresse von Leo Müller (1837) und eine Buchdruck-Handpresse aus dem Jahr 1763, die bei dem von Hans Makart in Wien gestalteten Festzug anlässlich der silbernen Hochzeit des Kaiserpaares 1879 mitgeführt wurde.[115] Mehr Gegenwartsbezug hatten eine vom Technologischen Gewerbemuseum übernommene Gesteinsbohrmaschine, die 1880 bis 1884 beim Bau des rund zehn Kilometer langen Arlbergtunnels verwendet wurde,[116] und eine Schreibmaschine („Schreibkugel") des dänischen Erfinders Hans Rasmus Malling Johan Hansen, 1875 nach einem Privileg Albert von Szábels weiterentwickelt.[117]

Mit einem Hammerklavier vermutlich von Conrad Graf aus den 1830er-Jahren sowie einem Hammerflügel Nanette Streichers von 1819 sind, abgesehen von den zahlreichen Blasinstrumenten, Geigen und Ziehharmonikas des Fabriksproduktenkabinetts, die Anfänge der späteren Musiksammlung des Technischen Museums festzumachen.[118] Ähnliches gilt auch für den Verkehrsbereich, zumindest für die zweite Hälfte des 19. Jahrhunderts. 1914 schenkte der „Grazer Bicycle Club" dem Museum ein Laufrad.[119] Über die Technische Hochschule kamen ein Chassis des Elektro-Automobils System „Egger-Lohner", ein Gemeinschaftswerk von Bela Egger und der Hof-Wagen- und Automobil-Fabrik Jacob Lohner & Co. in Wien, datiert 1895, und von der Akkumulatoren Fabriks AG. in Wien ein weiteres Elektro-Automobil derselben Bauart aus dem Jahr 1899 ins Museum.[120] Für die Dokumentation der Binnenschifffahrt überließ die „Erste k. k. priv. Donau Dampfschifffahrts-Gesellschaft" dem Museum drei Modelle von in den Jahren 1870 bis 1872 in der Werft in Alt-Ofen/Óbuda gebauten Seitenraddampfern und einem Seilzugschiff.[121]

Revolver der österreichischen Armee nach einem Patent von Leopold Gasser, Wien-Ottakring, nach 1869

Wilhelm Exner, Sammler und Multifunktionär

Das Museum der Geschichte der österreichischen Arbeit in einem zweigeschossigen Saal mit Galerien im Mautner'schen Gebäude in der Eisengasse im 9. Wiener Gemeindebezirk, im Vordergrund die astronomische Uhr von Philipp Imsser (rechts) und der Schreibautomat von Friedrich Knaus (links), Viktor Angerer, um 1895

Die guten Kontakte Exners führten auch zu größeren Schenkungen von Privatpersonen und Institutionen. So widmete der Wiener Waffenfabrikant Leopold Gasser dem Museum insgesamt 17 Pistolen und Revolver aus seiner Produktion, der Medailleur und Graveur Johann Schwerdtner 27 Medaillen, Gravierungen, Siegelabdrucke und Stanzen (1893) – das Museum erwarb bis zur Eröffnung weitere Teile seiner Sammlung[122] –, der Fabrikant Carl Grasser 43 Säbel und Bajonette für Beamte und Offiziere sowie die Handelskammer Salzburg 79 Objekte aus Terrakotta.

Die Unterbringung der Objekte erfolgte vorerst in einem von dem Unternehmer Isidor Mautner angemieteten adaptierten Gebäude mit einem zweigeschossigen Saal mit Galerien in der Eisengasse, 1090 Wien. Ende der 1890er-Jahre gelangen Exner wieder mit privater Hilfe eine dauerhaftere Lösung der Raumfrage und schließlich die Aufstellung der Sammlungen im zweiten und dritten Obergeschoss des in der Severingasse – in unmittelbarer Nachbarschaft zum Gewerbemuseum – 1901 fertiggestellten Neubaus.[123] Das dicht mit Vitrinen und Objekten gefüllte Museum besuchten zwischen 1905 und 1910 jährlich etwa vier- bis fünftausend Menschen.[124] Exner bezeichnete die immer noch provisorische Aufstellung der 85.000 Objekte als „Depot".[125] Kein großer Erfolg war in den 1890er-Jahren auch eine ambitiöse technik- und wirtschaftgeschichtliche Schriftenreihe mit Arbeiten von Museumsmitarbeitern, die im Hölder-Verlag erschien.[126]

Exner hatte mit der Gründung des Museum für Geschichte der österreichischen Arbeit größere Ziele verfolgt, als seine Privatinitiative mit Unterstützung des Gewerbevereins erreichen konnte. Er musste zur Kenntnis nehmen, dass die Sektion für das Post- und Telegrafenwesen des Handelsministeriums unter Leitung von Josef von An der Lan in 13 Räumen der Arkaden der Rotunde im Prater gleichzeitig das „k. k. Post-Museum" einrichtete und dass die seit 1885/86 durch den Oberinspektor der

Generaldirektion der k. k. Österreichischen Staatsbahnen Victor von Röll gesammelten historischen Eisenbahnobjekte, die u. a. den Personenwagen „Hannibal" der Pferdeeisenbahn umfassten, seit 1888 in 18 Räumen im Administrationsgebäude des Unternehmens – heute Westbahnhof – ausgestellt wurden.

Damit war Exner mit seinem Plan eines zentralen technischen Museums vorerst gescheitert. Daran änderte auch seine dem Frust über den Misserfolg zuzuschreibende abfällige Charakteristik beider Institutionen als „Miniaturmuseum" nichts. Die Gründung des k. k. Postmuseums ärgerte ihn besonders. Es war aus seiner Sicht „kleinlich gestaltet", „nett installiert" und vermittelte einen „pygmäenhaften Eindruck".[127] Damit nicht genug: 1890 eröffnete der erste Zentral-Gewerbeinspektor Franz Migerka sein eigenes „Gewerbe-hygienisches Museum". In der Denkschrift von 1904 kritisiert Exner diese ihm widerstrebende Entwicklung scharf, musste er sich doch eingestehen, in der kolportierten „Geschichte der vier Hofräte"[128] – An der Lan, Röll, Migerka und Exner – nicht den Anführer gespielt zu haben. Die angedachte „großartige vaterländische Schöpfung" einer Vereinigung dieser vier Museen ging erst zwei Jahrzehnte später in Erfüllung. Das war umso bitterer für Exner, als er, abgesehen vom Verweis auf die älteren Institutionen des Conservatoire in Paris und eines 1885 in London aus dem älteren Patentmuseum entwickelten „Museums der Geschichte der englischen Arbeit", anlässlich des Eingeständnisses der eigenen Niederlage bereits auf die erfolgreiche Gründung des Deutschen Museums in München durch Oskar von Miller verweisen konnte. Einen kleinen Trost bedeutete die Widmung ganzer Objektserien aus dem ehemaligen Fabriksprodukten-Kabinett über Vermittlung von Friedrich Kick, ohne dass die gesamte Sammlung zum geplanten „Grundstock des Museums" wurde. Das gelang erst 1911/12.

In einer Artikelserie mit dem Titel „Wiener Museal-Fragen" in der „Deutschen Zeitung" hatte Exner 1892 seine Museumsutopien – das „Phantasiebild" – einer breiteren Öffentlichkeit vorgestellt.[129] Weltweit noch unerreichtes Fernziel konnte aus der Sicht des planenden Ingenieurs und Organisators mit dem Ziel des größten Nutzens mit geringstem Aufwand nur die systematische Organisation des „gesammten Musealwesens" mit „specieller fachlicher Führung" in den „einzelnen Zweigen" sein. Außerhalb seiner Überlegungen blieben damals die bereits etablierten Hofmuseen (Natur- und Kunsthistorisches Museum), das Heeres[geschichtliche]-Museum, das Österreichische Museum für Kunst und Industrie und das Technologische Gewerbemuseum. Hingegen schlug er für die neuen oder in Gründung befindlichen und noch ohne definitive räumliche Unterbringung vorhandenen Einrichtungen, wie das Handelsmuseum, das Postmuseum, das Eisenbahnmuseum, das Gewerbe-hygienische Museum, aber auch für das im neuen Rathaus untergebrachte, 1888 gegründete Historische Museum der Stadt Wien und die Wiener Stadtbibliothek nördlich an das Museum für Kunst und Industrie anschließend auf der Fläche der zum Abriss freigegebenen Franz-Josefs-Kaserne[130] ein mit diesen Museen gebildetes Museumsforum „mit Monumenten geziert" vor. Exner berief sich auf den Architekten Camillo Sitte, der 1889 in seinem Buch zum Städtebau derartige Platzanlagen in Anlehnung an antike Vorbilder u. a. am Beispiel der Hofburg und der beiden Hofmuseen als „Kaiserforum" und des „Reichsforums" vor dem Parlament beschrieb.[131]

Exner dachte an ein großes Handels- und Verkehrsmuseum sowie ein „monumentales Gebäude" für das Wien-Museum und das Museum der Geschichte der österreichischen Arbeit in räumlichem Zusammenhang mit dem damals vom Reichsrat geforderten Neubau des Patentamts. Gewerbe-hygienisches Museum, Museum der Geschichte der österreichischen Arbeit und eine von Exners Abgeordnetenkollegen Josef Neuwirth vorgeschlagene amtliche „Arbeiterstatistik […] in graphischer Form", wie sie in den 1920er-Jahren Otto Neurath auf Vereinsbasis mit dem Gesellschafts- und Wirtschaftsmuseum schuf, stellte er sich langfristig alternativ auch als Basis für „ein volkswirthschaftliches Museum" vor, in das ebenso ein damals angedachtes „Land- und forstwirthschaftliches Museum" integriert sein sollte.

Das Scheitern der angestrebten Zentralisierung führte Exner rückblickend in der Denkschrift von 1904 u. a. auf das Fehlen einflussreicher Sponsoren wie in den USA und in England, auf die österreichische Mentalität, sich in allem auf den Staat zu verlassen – „in Oesterreich macht man Bücklinge für ein paar Tausend Gulden" –, sowie auf das gegenseitige Misstrauen und die Konkurrenz zurück. Damals konnte er noch nicht wissen, dass er nur vier Jahre später mit einer weiteren Schlüsselpublikation den Startschuss für ein technisches Museum geben würde.

Museum der Geschichte der österreichischen Arbeit, Saal zur Metallbearbeitung, um 1905

Museum der Geschichte der österreichischen Arbeit, Saal mit Glas- und Keramikobjekten des Fabriksprodukten-Kabinetts, um 1905

Neuaufstellung des Museums der Geschichte der österreichischen Arbeit im 2. und 3. Obergeschoss im 1901 fertiggestellten Neubau in der Severingasse, Wien IX, Galeriesaal mit Holzbearbeitung, Atelier Michael Frankenstein, um 1905

Das „k. k. Gewerbe-hygienische Museum"[132]

Der gegenüber Exner zwölf Jahre ältere Migerka begann seine berufliche Laufbahn 1861 als Sekretär in der Handels- und Gewerbekammer Brünn/Brno, wechselte Ende der 1860er-Jahre als Ministerialrat in das Handelsministerium und bekleidete von 1883 bis 1897 die Position des Zentral-Gewerbeinspektors. Migerka bewegte sich mit seiner frühen Publikation über die Bedeutung von Industrieausstellungen, der Teilnahme an mehreren Weltausstellungen, seiner Funktion im „Athenäum" und vor allem mit der Gründung des Gewerbe-hygienischen Museums teilweise auf ähnlichen Feldern wie Exner, ohne zu diesem in direkte Konkurrenz zu geraten. Relativ spät übernahm Migerka Vereinsfunktionen, als ihn 1880 der neu gegründete Wiener kaufmännische Verein zu seinem ersten Obmann wählte.[133] Sein internationales Engagement im Auftrag des Ministeriums krönte die Teilnahme an der Weltausstellung in Philadelphia 1876. Als Kommissär referierte er über das Unterrichtswesen in den Vereinigten Staaten sowie über die Geschichte dieses Landes und den Export dahin und fungierte als Chefredakteur der österreichischen Ausstellungsberichte.[134] Migerka und Exner begegneten einander wahrscheinlich erstmals 1862 in London, definitiv 1867 in Paris.

Im Laufe seiner beruflichen Karriere hatte sich Migerka schon vor seiner Ernennung zum ersten Zentralgewerbeinspektor schwerpunktmäßig mit nationalökonomischen und sozialpolitischen Fragen beschäftigt, z. B. in einem Beitrag zur Frauenarbeit auf der Wiener Weltausstellung 1873 oder in einer Publikation über Österreichs kommerzielle und industrielle Entwicklung zusammen mit Hugo Franz Brachelli.[135]

Auf die teilweise prekäre Lage der Arbeiter im Berg- und Hüttenwesen hatten seit Jahrhunderten einzelne engagierte Wissenschafter hingewiesen. Während der Industrialisierung seit dem späten 18. Jahrhundert blieb politisch die „soziale Frage" ebenso ein Thema wie praktisch die Arbeits- und Lebensbedingungen der Beschäftigten. Im Lauf der zweiten Hälfte des 19. Jahrhunderts kristallisierte sich in diesem Kontext die Gesundheitspflege beziehungsweise die Hygiene mit der Städte- und der Gewerbehygiene als neuer Leitwissenschaft mit zahlreichen mehrbändigen Handbüchern heraus.[136] Angesichts der vielen Probleme kann hier nur auf wenige in Wien erschienene Schlüsselpublikationen im Umfeld Migerkas und Forschungsschwerpunkte hingewiesen werden. Die Verarbeitung des Schwermetalls Blei gehörte aufgrund der Vorkommen in Kärnten jedenfalls dazu. 1873 hatte der Wiener Arzt E. Lewy dazu eine Monografie vorgelegt,[137] und zwischen 1905 und 1915 reagierte das Arbeitsstatistische Amt des Handelsministeriums – basierend auf den Erhebungen der Gewerbeinspektoren und der Bergbehörden – ganz offiziell mit einer Bestandsaufnahme in neun Bänden auf die untragbare Situation.[138] Ein anderes seit den 1840er-Jahren diskutiertes Thema betraf die durch die Verwendung giftigen weißen Phosphors in der Zündholzindustrie verursachte Krankheit der Phosphornekrose, zu der Ludwig Teleky, damals Arzt in Wien, arbeitete.[139] Zur klassischen Frage der Luftverunreinigung publizierte 1904 der Klagenfurter Hygieniker Josef Rambousek,[140] gegen Unfallgefährdung engagierte sich u. a. Franz Kafka als Mitarbeiter der Arbeiter-Unfall-Versicherungs-Anstalt in Prag 1909 mit einem Bericht über die Gefährdung durch Holzhobelmaschinen.[141] Alle diese Themen zählten zum Aufgabenbereich der Gewerbeinspektoren und des Gewerbe-hygienischen Museums. Unmittelbar nach Öffnung des Museums erschien ein 627 Seiten starkes Handbuch zur Fabrikshygiene des Professors für mechanische Technologie an der Deutschen Technischen Hochschule Brünn/Brno Max Kraft, das für Migerka wohl ein Leitfaden seiner Arbeit wurde.[142]

Parallel zum politischen Diskurs und zur Gründung von Arbeiterparteien sah sich der Staat in der zweiten Hälfte des 19. Jahrhunderts zu gesetzlichen Regelungen der Fabriksarbeit herausgefordert. In Österreich hatten die Liberalen, denen Exner als Abgeordneter angehörte, nach dem Börsenkrach und folgender Wirtschaftskrise die Mehrheit an die Konservativen verloren. In diesem kapitalismus- und industriekritischen Klima der 1880er-Jahre konnte die Regierung Taaffe ihre christlich-konservative Sozialpolitik umsetzen und zahlreiche fundamentale Gesetze verabschieden. Von den vielfältigen Intentionen der Taaffe'schen Sozialpolitik – Befriedung der organisierten Arbeiterbewegung, Erhaltung des gesellschaftlichen Status quo, Herstellung des sozialen Friedens u. a. durch Verbesserung der sozialen Lage und die Erhaltung der Arbeitskraft der ArbeiterInnen – fühlte sich Migerka besonders von den Möglichkeiten zur Verbesserung der Arbeitsbedingungen angesprochen.[143] Als Zentral-Gewerbeinspektor fand er 1883 im Alter von 55 Jahren seine endgültige Bestimmung.

Von allen sozialpolitischen Reformen der Regierung Taaffe stieß das Gewerbeinspektorengesetz des Jahres 1883 auf die größte gesamtgesellschaftliche Zustimmung.[144] Der neuen Behörde oblagen die Überwachung und Durchführung der Vorkehrungen und Einrichtungen zum Schutz des Lebens und der Gesundheit der Arbeiter, die Kontrolle von Arbeitszeit und Arbeitsunterbrechungen, die Führung von Arbeitsverzeichnissen, Dienstordnungen und Arbeitsausweisen, Lohnzahlungen sowie die gewerbliche Ausbildung der jugendlichen Hilfsarbeiter. Als Zentral-Gewerbeinspektor hatte Migerka mit Unterstützung der Inspektoren in den anfangs neun Aufsichtsbezirken das Gesetz in der Praxis anzuwenden, das in der Folge die Lage der Arbeiter spürbar verbesserte. Zu den öffentlichkeitswirksamen Maßnahmen des Gewerbeinspektorats gehörten von Beginn an ein gedruckter Jahresbericht über die untersuchten Missstände[145] und der von Migerka in Angriff genommene Aufbau einer Sammlung didaktischer Objekte zur Information und Aufklärung von Arbeitgebern und Arbeitnehmern.

Auf dem Feld der gewerbehygienischen Museen leistete Migerka im deutschsprachigen Raum Pionierarbeit. Die „Ständige Ausstellung für Arbeiterwohlfahrt" in Berlin erhielt zwar Objekte aus dem dortigen Hygiene-Museum von 1886 und einer Ausstellung im Jahr 1889, wurde selbst aber erst 1903 eröffnet. Die 1927 in „Deutsche Arbeitsschutzausstellung" umbenannte Institution in Berlin schloss im Zweiten Weltkrieg ihre Tore und konnte erst 1993 in einem Neubau in Dortmund wieder neu beginnen.[146] Noch jünger ist das 1930 eröffnete „Deutsche Hygiene-Museum" in Dresden. Es existiert als einzige derartige Einrichtung jedoch bis heute.[147] Eine zeitgenössische Publikation nennt insgesamt 22 einschlägige Sammlungen und Museen in Europa.[148]

Noch im Stadium des Sammelns beteiligte sich Migerka mit Objekten an Ausstellungen, zum Beispiel an der Jubiläums-Gewerbe-Ausstellung in Wien 1888[149] und im folgenden Jahr in Brünn/Brno[150] sowie an der Deutschen Allgemeinen Ausstellung für Unfallverhütung in Berlin 1889.[151] Die dort von österreichischen Unternehmern gezeigten Modelle bildeten, zusätzlich zum bereits Vorhandenen, den Grundstock des Museums.

Im selben Jahr, 1889, erfolgte Ende Oktober die Gründung des „Vereins zur Pflege des gewerbe-hygienischen Museums in

Mikroskopische Staubpräparate, F. Schüler, Fabrikinspektor, Mollis, Schweiz, um 1895

Drehbank mit Staubabsaugung (Exhauster wird bei Betätigen der Fußwippe über Schnurzug mit angetrieben), Spitzen- und Bobbinetfabrik L. Damböck & Co., Wien, um 1895

Modell der Ventilation des Arbeitssaals der Hutfabrik Brüder Böhm, Wien, um 1895

Staubsammler für Mühlen, Patent Nemelka, Mühlenbau-Anstalt und Maschinen-Fabrik L. Nemelka, Wien, um 1900

Wien", der im Jahr darauf das Museum in acht angemieteten Räumen im ersten Obergeschoss eines der Arkadenhäuser beim Rathaus, Ebendorferstraße 6, 1010 Wien, eröffnete.[152] Die erste Generalversammlung des Vereins am 31. Jänner 1890 wählte erwartungsgemäß Migerka zum Gründungsobmann, der Berndorfer Unternehmer Arthur Krupp[153] stellte sich als Stellvertreter zur Verfügung. Das Vorstandsmitglied Michael Kulka, Gewerbeinspektor in Wien und daher enger Mitarbeiter Migerkas, übernahm die Funktion eines Kustos.[154] Die Zahl der Mitglieder erhöhte sich im ersten Jahrzehnt von 250 auf rund 800. Exner blieb dem Verein fern. Enge Verbindungen bestanden zu den auf Basis des Unfallversicherungsgesetzes von 1887 eingerichteten Arbeiter-Unfallversicherungsanstalten, die das Museum mit namhaften Beträgen förderten. Migerkas Anliegen war jedoch die Prophylaxe, und auf diesem Gebiet hinkte die gesetzliche Regelung lange hinter der Realität nach. Erst 1905 – nach zwanzig aufrüttelnden Berichten der Gewerbeinspektoren und fünfzehn Jahren Wirkungsgeschichte des Gewerbe-hygienischen Museums – definierte die „Allgemeine Arbeiterschutz-Verordnung" Rahmenbedingungen für die Ausstattung von Arbeitsstätten und die Verwendung von Schutzausrüstungen. 1928 erfolgte die versicherungsrechtliche Gleichstellung von vorerst 14 entschädigungspflichtigen Berufskrankheiten mit Arbeitsunfällen.[155] Die gefährliche Staublunge (Silikose) gilt erst seit 1935 als Berufskrankheit.

Paragraf 2 der Statuten definierte den Vereinszweck mit der „Herbeiführung thunlichster Sicherheit gegen Gefahren des Lebens und der Gesundheit im Gewerbsbetriebe […], hierauf gerichtete Bestrebungen zu unterstützen, und in Bezug auf Einführung, Verbreitung und Gestaltung von Arbeiter-Wohlfahrtseinrichtungen anregend und rathend zu dienen".[156] Im Detail bestand das Museum aus folgenden Hauptgruppen:[157]

Schutzbrillen,
O. Neuperts Nachfolger, Wien, um 1900

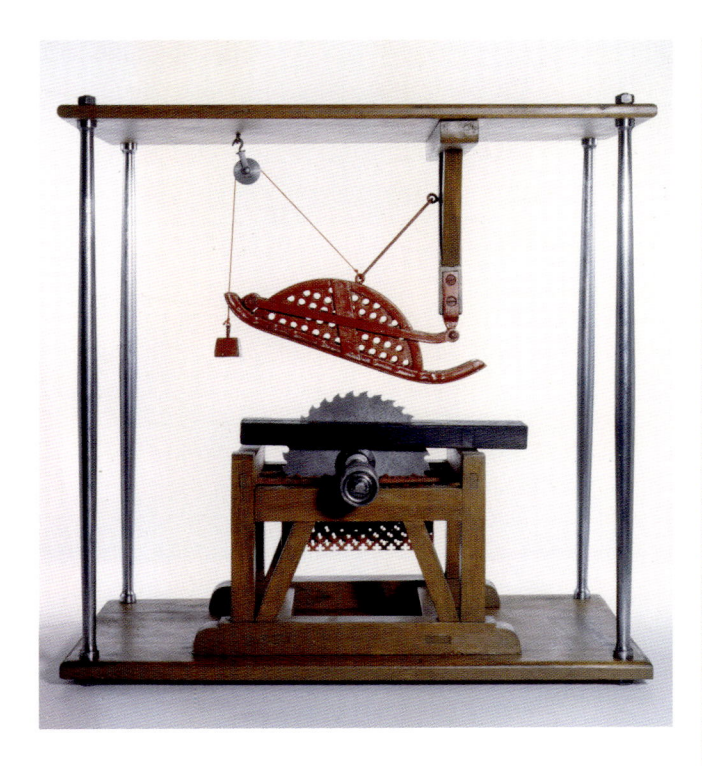

Schutzvorrichtung für Kreissäge (Schutzkorb hebt und senkt sich während des Durchgangs des Werkstücks und deckt dabei das Sägeblatt ab), Spende des Gewerbeinspektors Feyerfeil, Budweis, um 1895

1. Sicherheitsvorkehrungen an Dampfkesseln und Motoren (Wasserstandsanzeiger)
2. Schutzvorrichtungen an Transmissionen und deren zugehörigen Teilen (z. B. Riemenaufleger, Riemenspanner, Kupplungen)
3. Schutzvorrichtungen in der Metall- und Maschinenindustrie (z. B. an Werkzeugmaschinen, Walzenstraßen, Schleifscheiben)
4. Schutzvorrichtungen in der Holzindustrie (z. B. an Kreissägen)
5. Schutzvorrichtungen in der Textilindustrie (z. B. Schützenfänger)
6. Schutzvorrichtungen für Hochbauten (z. B. für Gerüste, Leitern, Materialaufzüge)
7. Schutzvorrichtungen an Aufzügen und Hebezeugen (Sicherheitswinden)
8. Sicherheitsvorrichtungen verschiedener Art (Schutzbrillen, Sicherheitslampen, Explosionsschutzvorrichtungen)
9. Schutzvorrichtungen gegen gesundheitsschädliche Einflüsse (= Gewerbehygiene, z. B. Staubabsaugung, Respiratoren, Ventilations- und Luftbefeuchtungseinrichtungen, Waschvorrichtungen, Spucknäpfe, Verband- und Rettungskästen)

Zur Zeit der Gründung des Technischen Museums enthielt das Gewerbe-hygienische Museum über 600 Modelle, 680 Fotografien praktisch verwendeter Schutzvorrichtungen, kopierte Un-

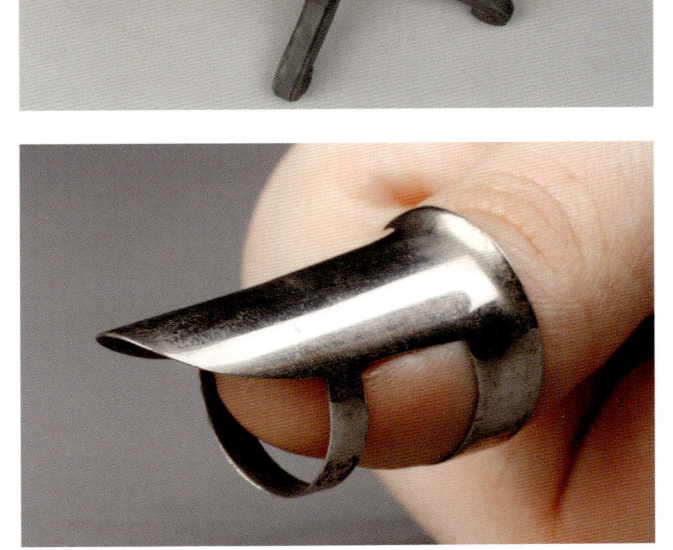

Rührwerk zur Zuckerhutherstellung, schützt vor Verbrennungen der Hände, Brüder A. & H. May, Hatscheiner Zuckerfabrik, Böhmen, um 1895

Daumennagelschützer für Arbeiterinnen beim Stoffbiegen in der Kragen- und Manschettenerzeugung, F. Peters Nachfolger, Wien

Schaukasten mit von Phosphornekrose befallenen Kieferteilen von Zündholzarbeitern, E. Lewy, Technische Hochschule Wien, um 1895

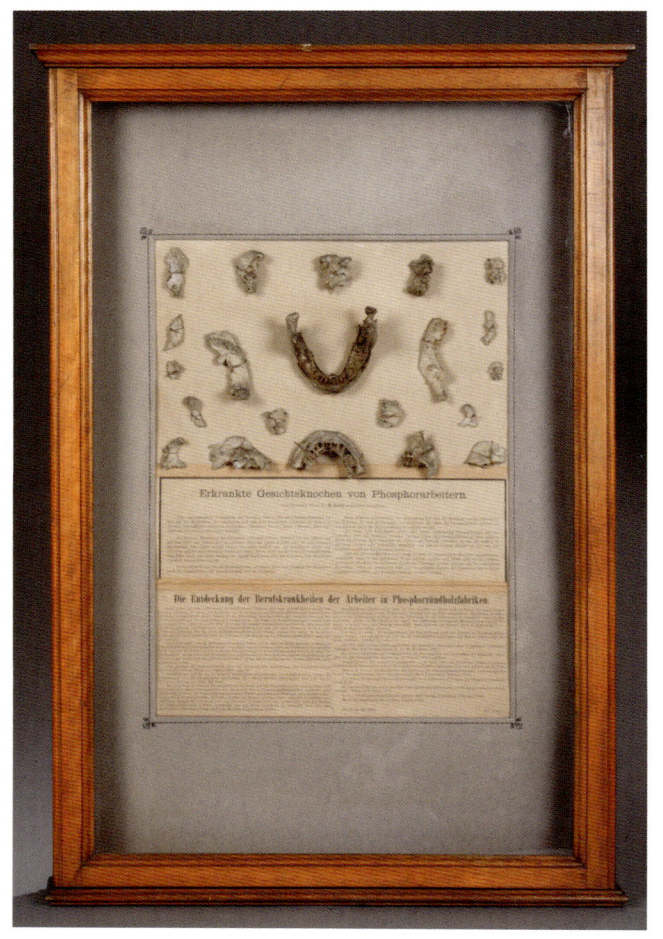

Wascheinrichtung für Fabrikarbeiter mit sechs gusseisernen aufklappbaren Wasserbecken, Aktiengesellschaft der Holler'schen Carlshütte, Rendsburg, Deutschland, um 1895

Zeichnung der Wascheinrichtung für Fabrikarbeiter aus dem Katalog des Gewerbe-hygienischen Museums, 1898

terlagen des deutschen Reichsversicherungsamtes und über 300 Zeichnungen von Wohlfahrtseinrichtungen, wie Arbeiterwohnbauten, Kindergärten, Schulen, Krankenhäusern, Badeanstalten und Fabriksküchen.[158] Damit deckte das Museum das gesamte Spektrum der Hygiene einschließlich Unfallverhütung, Gewerbehygiene sowie Arbeiterwohlfahrt ab. Durchschnittlich besuchten 4000 Personen jährlich die privat geführte Institution,[159] etwa ebenso viele wie gleichzeitig das Museum der Geschichte der österreichischen Arbeit. Im Gegensatz zu diesem beanspruchte Migerkas Museum direkten Einfluss auf die aktuelle Situation mit dem Ziel einer Verbesserung der Arbeitsbedingungen der Menschen. Dieser politische und volksbildnerische Anspruch verband es prinzipiell mit den Kunstgewerbemuseen. Aber was bereits für das Fabriksprodukten-Kabinett zu Beginn des 19. Jahrhunderts als Sammlung vorbildlicher Muster gegolten hatte, betraf auch das Gewerbe-hygienische Museum: Kaum etwas veraltet so rasch wie das Neueste.[160] Entstand aus den unaktuell gewordenen kunstgewerblichen Objekten in diesem Prozess wertvoller Kulturbesitz, so verloren die gewerbehygienischen Objekte im Museum ihren aktuellen didaktischen Wert und wurden erst nach Jahrzehnten wieder als Museumsobjekte aus den Depots geholt.

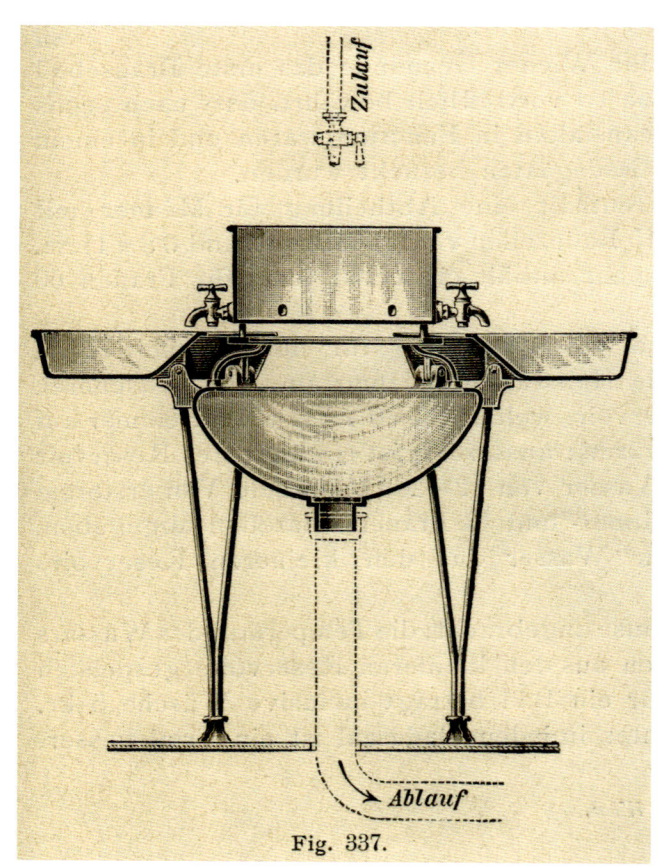

Vor allem die Modelle zum Unfallschutz im Museum zeigen bis heute die Zeichen der ursprünglichen hohen didaktischen Ansprüche. Alle Schutzvorrichtungen sind mit roter Farbe hervorgehoben, und an den Objekten befinden sich weiße Emailtafeln mit ausführlichen Beschreibungen und Zeichnungen, die teilweise dem gedruckten Katalog von 1898 entsprechen. Im Lauf der Jahre unterstützten zahlreiche Unternehmen der Monarchie sowie die Gewerbeinspektoren das Museum durch die Abgabe von Modellen vorbildlicher gewerbehygienischer Einrichtungen.[161]

Zur Öffentlichkeitsarbeit gehörte seit 1890 die Herausgabe von Flugschriften, der „Mittheilungen des gewerbe-hygienischen Museums", erschienen zu konkreten Themen des Aufgabenbereichs, 334 Nummern bis 1909, und eines umfassenden Katalogs mit der Beschreibung von 460 Objekten im Jahr 1898.[162] Auch nach der Eröffnung des Museums beteiligte sich Migerka mit Objekten weiterhin an thematisch einschlägigen Fachausstellungen und organisierte sogenannte Wanderausstellungen, um eine größere Öffentlichkeit mit den Inhalten der Gewerbehygiene zu konfrontieren.[163] „Als ein anderes Mittel der Entfaltung praktischer Wirksamkeit" wertete er einen vom Verein herausgegebenen „Staubatlas" mit 44 mikroskopischen Aufnahmen von Staubproben. Der Atlas zeigt krankheitserregende Staubarten bei Metall-, Stein- und Holzarbeiten sowie bei der Verarbeitung pflanzlicher und tierischer Fasern und Haare.[164] An der Herstellung der aufwändigen Aufnahmen beteiligten sich Josef Maria Eder, Direktor der Lehr- und Versuchsanstalt für Fotografie, und der Hoffotograf Josef Löwy. Im Jahr 1895 nahm Migerka die Tradition der Sonntagsschulen auf und bot mit großem Erfolg für Schüler der oberen Klassen der gewerblichen und fachlichen Fortbildungsschulen Vorträge an.

Die Idee verbreitete sich auch in die Provinz. Von Migerkas Aktivitäten in Wien angeregt hatte bereits 1885 der Kärntner Gewerbeinspektor Josef von Rosthorn in Klagenfurt eine kleine Ausstellung von Unfallschutzvorrichtungen eingerichtet. Nach seinem Tod im Jahr darauf holte Migerka die Objekte nach Wien.[165] In Graz schuf das Gewerbeförderungsinstitut, eine von Exner ins Leben gerufene Organisation, 1905 eine „Ständige Ausstellung für Arbeiterwohlfahrt" mit 400 Modellen und 120 Zeichnungen.[166]

Migerka ging 1897 als Zentral-Gewerbeinspektor in Pension und legte 1909 im Alter von 81 Jahren auch seine Funktion als Obmann des Fördervereins zurück. Nach vergeblichen Versuchen von Krupp, eine namhafte staatliche Subvention zu erwirken, sowie nach erfolgter Gründung des Technischen Museums für Industrie und Gewerbe stellte er in der Generalversammlung des Vereins zur Pflege des Gewerbe-hygienischen Museums den Antrag, „sein" Museum der neuen „monumentalen" Institution nach 19 Jahren als „Ergänzung" und als ein „Weihegeschenk" und „Opfer" zur Verfügung zu stellen. Als Ergänzung insofern, als damit im großen, dem technischen Fortschritt gewidmeten Museum auch die Unfall- und Gesundheitsgefährdung der Beschäftigten vertreten sein sollte.[167] Exner hatte in Bezug auf das Gewerbe-hygienische Museum bereits 1892 vom „letzten Capitel" für sein damals geplantes Museum gesprochen.[168] Auf Kritik stießen allerdings die rasche Auslagerung der Sammlung in unbeheizte Räume der Rotunde im Prater und die Nutzung der ehemaligen Museumsräumlichkeiten als „Geschäftsstelle" des im Aufbau begriffenen Technischen Museums.[169]

Robert Kinnl

Das „k. k. historische Museum der österreichischen Eisenbahnen"

Im Wesentlichen ging das Eisenbahnmuseum aus Objektbeständen der ehemaligen Staatsbahnen und einzelner Privatbahnen hervor. Die ersten Überlegungen zur Gründung gehen bis in die 1870er-Jahre zurück. In dieser Zeit begann die Kaiser-Ferdinands-Nordbahn auf Initiative des Verwaltungsratspräsidenten Joseph von Stummer in einem Magazin am Wiener Nordbahnhof mit dem Sammeln und Bewahren historisch bedeutender Objekte. Wenige Jahre später umfasste diese Studiensammlung rund 150 Objekte aus den Bereichen Fahrbetriebsmittel, Werkstätten, Oberbau und Telegrafie sowie bildliche Darstellungen, die nur wenige Stunden pro Woche zu besichtigen waren. Das historisch wertvollste Objekt war bereits damals die 1841 von Jones, Turner und Evans aus Newton in England angelieferte und 1872 ausgemusterte Personenzuglokomotive „Ajax".[170] Als weiteres Highlight galt die von Stummer 1855 veröffentlichte Geschichte der Kaiser-Ferdinands-Nordbahn.[171] Für die Mappe mit Zeichnungen, Statistiken und Texten hatte er auf den Weltausstellungen in Paris 1855 und London 1862 jeweils einen ersten Preis erhalten.[172]

Zeitgleich mit Joseph von Stummer begann auch der administrative Direktor und spätere Generaldirektor der Kaiserin-Elisabeth-Bahn Alois von Czedik mit der Sicherstellung von historischen Eisenbahn-Objekten. So versuchte er Teile der 1825 bis 1832 erbauten und 1872 eingestellten Pferdeeisenbahn Linz–Budweis/České Budějovice zu bewahren. Eine Auswahl dieses Objektbestandes präsentierte 1873 die Wiener Weltausstellung im Rahmen der von Wilhelm Exner organisierten „Additionellen Ausstellung", u. a. den Personenwagen „Hannibal" aus dem Jahr 1841.[173]

Weltausstellungen boten den verschiedenen Eisenbahnverwaltungen der Habsburgermonarchie eine Möglichkeit, sich mit Exponaten einer breiten Öffentlichkeit vorzustellen. Nach Kritik an dieser Art von Großveranstaltungen propagierte der „Club österreichischer Eisenbahn-Beamter" als Alternative die Idee einer internationalen Ausstellung zum Thema Eisenbahnwesen in Wien. Sie sollte dem Fachmann wie dem Laien den „historischen Bildungsgang, die Anlagen und Hilfsmittel, die Organisationen sowie den literarischen Standpunkt", alle technischen Veränderungen und Neuerungen veranschaulichen, „um aus Vergangenheit und Gegenwart förderliche Consequenzen für die Zukunft" ziehen zu können.[174] Zur Vorbereitung der Ausstellung konstituierte sich ein Komitee hochrangiger Vertreter der Nordbahn, der Staatseisenbahn-Gesellschaft, der Kronprinz-Rudolf-Bahn, der Erzherzog-Albrecht-Bahn, der Kaiserin-Elisabeth-Bahn und der Nordwestbahn.[175] Die Ausstellung kam jedoch nicht über das Projektstadium hinaus und scheiterte an finanziellen Problemen und inhaltlichen Differenzen. So fanden die Entscheidungsträger keinen Konsens über die nationale oder doch internationale Ausrichtung. Gleichzeitig erörterte in Berlin der Verein für Eisenbahnkunde ebenfalls das Thema einer internationalen Eisenbahnausstellung.[176]

1881 diskutierte der „Club österreichischer Eisenbahn-Beamter" neuerlich die Idee einer Eisenbahnausstellung in Wien. Die vorgeschlagene Gründung eines „vaterländischen Museums für Eisenbahnkunde" stieß auf große Zustimmung, da bereits einige bedeutende Objekte aus der Frühzeit der Eisenbahn verloren gegangen waren. Die geplante Aufstellung folgte einem chronologischen Konzept und sollte kein Raritätenkabinett sein, sondern die aktuellen Entwicklungen zeigen. Ein Gliederungsentwurf umfasste Eisenbahnbau, Materialien, Betrieb, Weichen, Signale, Telegrafie, die Entwicklung von Lokomotiven und Wagen, den Einfluss der Naturwissenschaften auf das Eisenbahnwesen, wirtschaftliche Zusammenhänge sowie bedeutende Personen des Eisenbahnwesens. Ebenfalls bestanden bereits Ideen für eine öffentlich zugängliche Bibliothek, ein Archiv, die Sammlungsverwaltung und -erweiterung sowie ein Ausstellungsgebäude.[177]

Es sollten jedoch noch drei Jahre vergehen, bis es zu einer weiteren Initiative zur Gründung eines Museums der Staatsbahnen kam. 1884 schlug Ignaz Konta, ein Beamter der Generaldirektion der Staatsbahnen, dem Generaldirektor Alois von Czedik vor, die von der Kaiserin-Elisabeth-Bahn dem Handelsministerium für die Wiener Weltausstellung 1873 geliehenen Objekte der Pferdeeisenbahn, u. a. ein hölzernes Weichenmodell und Eisenschienen, für eine spezielle Präsentation zu verwenden.[178] Diese Objekte sollten nicht in das Technologische Gewerbemuseum Wilhelm Exners kommen. Kontas Idee war es, alle historischen Objekte der in das staatliche Betriebsnetz einverleibten Bahnen in ein eigenes Eisenbahnmuseum einzubringen.[179] Sein Vorschlag blieb jedoch unrealisiert.

Im Jahr darauf wandte sich Victor von Röll, Oberinspektor der Generaldirektion der Staatsbahnen, an Präsident Czedik und schlug abermals die Gründung einer eisenbahnhistorischen Sammlung der inzwischen verstaatlichten Eisenbahnen vor. Diesmal hatte Röll Erfolg: Er wurde mit der Sammlung historischer Eisenbahnobjekte in den unterschiedlichen Bahnverwaltungen betraut. Ziel war es, in einem Museum der Staatsbahnen die Eisenbahngeschichte für die Nachwelt zu erhalten. 1886 waren bereits über 400 Objekte vorhanden, provisorisch untergebracht in zwei Räumen im Erdgeschoss des Kopfgebäudes des Wiener Westbahnhofes.[180] Darunter befanden sich Gegenstände der 1872 eingestellten Pferdeeisenbahn und der 1884 vollendeten Arlbergbahn.

Sowohl die durch eine Porträtsammlung, Konzessionsurkunden, eine Fotosammlung sowie eine Achslager- und Schienenprofilsammlung rasch wachsenden Bestände als auch der Eigenbedarf an den zwei Museumsräumen seitens der Staatsbahnverwaltung erforderten eine Übersiedlung des Museums. 1888 wurden in der ehemaligen Bahnhofsrestauration im Administrationsgebäude der Generaldirektion in der Mariahilfer Straße Räume frei.[181]

Für Lokomotiven und andere Großobjekte war aber weiterhin kein Platz im Museum. Museumsleiter Victor von Röll nutzte die 1888 vom Niederösterreichischen Gewerbeverein zum 40-jährigen Regierungsjubiläum von Kaiser Franz Joseph abgehaltene Jubiläumsgewerbeausstellung, um gemeinsam mit anderen Bahnverwaltungen historische Großobjekte wie den „Hannibal" und die „Ajax" zu präsentieren. In der Folge gelang es, von ausstellenden Unternehmen Objekte für das Museum zu erwerben,[182] was in Folge wieder die Platzprobleme verschärfte.

Um 1890 schien kurzfristig das von Wilhelm Exner gegründete Museum der Geschichte der österreichischen Arbeit ein gefährlicher Konkurrent zu werden. Am 1. April 1890 richtete das Handelsministerium ein Ersuchen an die Eisenbahnverwaltungen, diesem Museum Objekte zur Verfügung zu stellen. Eine Eisenbahndirektoren-Konferenz am 10. April lehnte das Ansinnen jedoch ab,[183] und bereits zuvor gemachte Zusagen für Objekte aus den Beständen der Nordbahn wurden rückgängig gemacht. Exners Pläne, sein Museum der Geschichte der österreichischen Arbeit unter Einbeziehung der bestehenden Museen der Post, der Eisenbahn und der Gewerbehygiene zu eröffnen, waren damit endgültig gescheitert, und die Museumslandschaft in Wien blieb zersplittert.[184]

1890 übernahm Generaldirektionsrat Alfred von Buschmann das Museum und leitete dessen Erweiterung auf schließlich 18 Räume ein.[185] Er trieb das Projekt unermüdlich voran und erwirkte über die Generaldirektion der Staatsbahnen einen Erlass im Februar 1891, dass es alle Dienststellen der Staatsbahnverwaltung durch Dokumente, Bilder, Erinnerungsgegenstände, Zeichnungen, Modelle, Betriebsgegenstände und Signalmittel unterstützen sollten.[186] In den folgenden zwei Jahren arbeiteten u. a. die Baufachleute Hugo Köstler und Georg Rank, Hermann Littrow und Karl Gölsdorf für Maschinen- und Werkstättenbelange, Franz Fillipek für die Achslagersammlung sowie Richard Bauer für das Fernmeldewesen an der Katalogisierung und Neuaufstellung.[187] Knapp ein Jahrzehnt verbrachte damals auch der Maler, Musiker und Dichter Franz Hölzlhuber im Eisenbahnmuseum. 1855 für fünf Jahre in die USA gegangen, stellte er sein Talent als Ausstellungsgestalter bei den Weltausstellungen in London 1862, Wien 1873, Paris 1878 und bei der Wiener Gewerbeausstellung 1888 zur Verfügung.[188] Seine Karriere bei der Eisenbahn begann 1867 bei der Kronprinz-Rudolf-Bahn, deren Strecke von St. Valentin bis Laibach/Ljubljana er 1868 bis 1872 in einer dreibändigen Reisebeschreibung mit Aquarellen und Bleistiftzeichnungen dokumentierte.[189] 1887 nach Wien versetzt, erhielt Hölzlhuber 1890 den Posten eines Bibliothekars des Eisenbahnmuseums, den er bis zu seinem Tod 1898 bekleidete.[190]

1893 öffnete das Museum erstmals seine Tore für Besucher. „Ein neues Museum in Wien!", schrieb das „Wiener Tagblatt" am 2. April 1893: „In aller Stille ist Wien um ein ganz eigenartiges Museum bereichert worden, das in Fülle Interessantes nicht allein für den Fachmann bietet und mit Recht eine Sehenswürdigkeit genannt werden kann. In den ebenerdigen Saallokalitäten des Administrationsgebäudes der Staatsbahnen gegenüber dem Westbahnhof ist das historische Museum der k. k. österreichischen Staatsbahnen von nun an jeden Montag und Donnerstag zwischen 2 und 5 Uhr nachmittags zur Besichtigung geöffnet."[191]

Nachdem es in den zeitgenössischen Quellen für die Eröffnung unterschiedliche Angaben vom 1. April 1893[192] bis Anfang Mai 1893 gibt, scheint der Start des Publikumsbetriebs ohne größeren Festakt erfolgt zu sein. Zur Eröffnung erschien ein gedruckter Museumsführer mit 960 detailliert beschriebenen Objekten aus dem Bereich der Staatsbahnen in drei Sälen.[193] Das Museum war sechs Stunden pro Woche zu besichtigen, Führungen wurden keine angeboten.

Die neue Präsentation gliederte sich in fünf Gruppen:
– Allgemeines: Konzessionsurkunden, Zeichnungen, Aquarelle, Lichtdrucke, Reliefs, Landkarten, Pläne, Uniformen, Diplome, Büsten, Bildnisse und Fotos.
– Bau und Bahnanlage: Unterlagen zur Pferdeeisenbahn, Längenprofile, Oberbau-, Hochbau- und Situationspläne, Projektstudien, Fotos, Sammlung von Oberbauelementen und Schienenstößen, Architektur- und Schrankenmodelle sowie Werkzeug.
– Verkehr, Telegrafen- und Signalwesen sowie elektrische Einrichtungen: Fahrpläne, Fahrkarten, Fahrkartenentwertung, Werbeplakate, Signallaternen und Fahnen, Glocken, Sicherungstechnik für die Abwicklung des Zugverkehrs, Morse- und Telegrafenapparate, Telefone, Uhren, Kabel, Unfallverhütung.
– Fahrbetriebsmittel sowie Zugförderungs- und Werkstättendienst: Haupt- und Detailzeichnungen, der originale Personenwagen II. Klasse „Hannibal", die Schmalspur-Dampflokomotive „Gmunden",[194] die Feuerbox eines explodierten Kessels,[195] Lokomotivteile, Fotografien, Modelle, Bodenseeschifffahrt, Achsen, Räder, Achslager, Kupplungen.
– Objekte fremder Bahnlinien: grafische Darstellungen, Skizzen, Ausstellungsberichte, Plakate, Fotos.

Saal III des Eisenbahnmuseums mit einem Gipsmodell des projektierten Umbaus des Franz-Joseph-Bahnhofs in Prag, dahinter die Dampflokomotive „Gmunden" der Schmalspurbahn Linz–Gmunden und der „Hannibal", Foto, nach 1893

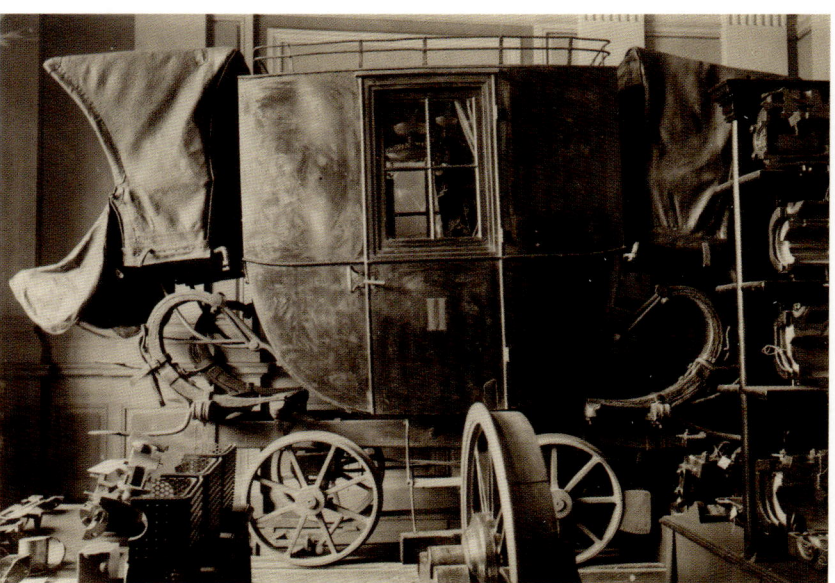

Der Personenwagen „Hannibal" der Pferdeeisenbahn im Saal III des 1893 eröffneten Eisenbahnmuseums, Foto, nach 1893

Wilhelm Exner, Sammler und Multifunktionär 79

In der Folge erhielt das Museum einen bedeutenden Zeichnungs- und Planbestand der Generalinspektion der Staatsbahnen. Diese seit den 1840er-Jahren angelegte Sammlung bildet heute einen wichtigen Bestand des Eisenbahnarchivs im Technischen Museum.[196] Auf Initiative von Friedrich von Bischoff, einem ehemaligen Mitarbeiter beim Bau der Semmeringbahn, gelangten auch die 1879 aus Anlass des 25-jährigen Jubiläums der Semmeringbahn gesammelten Objekte von der Lehrkanzel für Eisenbahn- und Tunnelbau der Technischen Hochschule Wien in das Eisenbahnmuseum.[197]

Eines der bedeutendsten Objekte war und ist der Personenwagen „Hannibal". Die Geschichte des Wagens seit seiner Außerdienststellung verlief wechselvoll. Er war ein Glanzstück der Verkehrsgeschichte auf der Wiener Weltausstellung 1873, geriet danach aber in einem Schuppen am Ausstellungsgelände im Prater in Vergessenheit. 1878 wollte das Germanische Nationalmuseum in Nürnberg den Wagen übernehmen, was die Generaldirektion der Kaiserin-Elisabeth-Bahn aber ablehnte.[198] Stattdessen landete er nach der Wiener Gewerbeausstellung von 1888 in zerlegtem Zustand auf dem Dachboden der Wiener Werkstätte der Kaiserin-Elisabeth-Bahn, wo „einige Teile, wie eine Schlafwageneinrichtung", verloren gingen.[199] Von dort kam er schließlich nach fünf Jahren ins Eisenbahnmuseum.

Die Gründung eines gemeinsamen Museums aller österreichischen Eisenbahnen[200] löste einen unerwartet großen Zustrom von Objekten einzelner Bahnverwaltungen und Eisenbahnlieferanten aus, der die Museumsverwaltung bald überforderte. Schon drei Jahre nach der Eröffnung wurde es deshalb 1895 für eine Sichtung, Katalogisierung und Neukonzeption geschlossen.[201]

Während dieser Zeit kamen weitere Objektbestände an das Museum: 1897 eine Sammlung historischer Fahrbetriebsmittel aus den frühen Epochen des Bestehens der Kaiser-Ferdinands-Nordbahn, darunter die „Ajax", 1897/98 Fotos, Pläne und Drucke vom Redaktionsteam des Kaiserjubiläumswerks „Geschichte der Eisenbahnen der österreichisch ungarischen Monarchie", 1898 eine einzigartige Sammlung von etwa 1000 Stück Eisenbahngeld, Eisenbahnmedaillen und Eisenbahnmarken von August von Loehr[202] und 1900 schließlich eine Plan- und Urkundensammlung der in Oberitalien gebauten Eisenbahnen aus der Verlassenschaft von Alois Negrelli.[203]

Viele Objekte landeten auch nach Ausstellungen im Eisenbahnmuseum, z. B. nach der Tiroler Landesausstellung 1893, der internationalen Ausstellung für Volksernährung, Armeeverpflegung, Rettungswesen und Verkehrsmittel in Wien 1894, der Lemberger Landesausstellung 1894 und der österreichischen retrospektiven Eisenbahnausstellung bei der Weltausstellung in Paris 1900.[204]

Bis zur Jahrhundertwende wuchs der Museumsbestand um das 2,5-Fache auf 3475 Objekte an. Mit der Errichtung eines Eisenbahnministeriums 1896[205] wurde das Museum am 1. Dezember 1897 diesem eingegliedert und Ignaz Konta, pensionierter Generaldirektionsrat, zum Leiter ernannt. Er trieb vor allem die Bestandskatalogisierung weiter und plante die neue

Blick in den Saal mit Objekten zur Sicherungs- und Signaltechnik, im Hintergrund aufgeschnittene Wagenachslager, Foto, nach 1893

Saal III des Eisenbahnmuseums, im Vordergrund ein Schlaf- und Salonwagen-Räderpaar mit Radscheiben aus Teakholz für erhöhte Laufruhe, dahinter Waggonmodelle der Staatsbahnen und der Schornstein der „Gmunden", Foto, nach 1893

Aufstellung.[206] Besonders aufwändig gestaltete sich seine Erforschung der biografischen Daten zu den in der Porträtsammlung vertretenen Personen.[207]

Sieben Jahre nach der Schließung verfügte das Museum, nunmehr „k. k. historisches Museum der österreichischen Eisenbahnen", bereits über 3966 Objekte. Die Wiedereröffnung am 1. Juli 1902 nahm der Eisenbahnminister persönlich vor. Im ersten Monat kamen rund 1000 Besucher. Abgesehen von einer Sommersperre war das Museum, das nun sechs Säle umfasste, samstagnachmittags vier Stunden und jeden ersten Sonntag vormittags drei Stunden geöffnet.[208] Die Besichtigung der Studiensammlung war separat zu vereinbaren, Entlehnung und Berührung der Objekte prinzipiell untersagt und in der Besucherordnung geregelt. Die Präsentation der Eisenbahngeschichte folgte im Saal I und II der Chronologie in Zeitabschnitten von 1824 bis in die 1880er-Jahre, geordnet nach Bahnstrecken. Zu sehen waren hauptsächlich Flachware, originale Konzessionsurkunden und Büsten. Der Saal III war den Spezialsammlungen Sicherungstechnik, Fernmelde- und Nachrichtenwesen sowie Großobjekten vorbehalten. Saal IV enthielt die Schienenprofil-, Oberbau- und Achslagersammlung nebst Befestigungsmitteln und Großobjekten. Dominant im Raum standen der Personenwagen „Hannibal", die Lokomotive „Gmunden" sowie zentral aufgestellt ein Zug der Wiener Stadtbahn von 1898 im Maßstab 1 : 5 mit einer Verbund-Tender-Lokomotive und einem II.- und III.-Klasse-Waggon und das 1 : 20-Modell des Wiener Stadtbahnviadukts bei Heiligenstadt.[209] Die Säle V und VI dokumentierten in Fortsetzung der beiden ersten die Zeit von den 1880er-Jahren bis nach der Jahrhundertwende sowie die Sammlung von Eisenbahngeld, -medaillen und -marken von Loehr sowie das internationale Eisenbahnwesen.[210] Eisenbahnreklame befand sich zwar in der Sammlung, aber nicht in der Ausstellung.

Bis 1910 unterzog Ignaz Konta das Museum einer Neugliederung mit veränderter Schwerpunktsetzung in nunmehr 18 Räumen (sechs Sälen und zwölf Kabinetten), wobei er bestehende Säle durch Zwischenwände mit Durchgängen unterteilte und diese dann als Kabinette nutzte. Im Obergeschoss des Administrationsgebäudes erhielt das Museum zusätzliche Räumlichkeiten im Ausmaß von etwa einem Viertel der bisherigen Ausstellungsfläche, aber mit dem Nachteil einer geringeren Deckenbelastung.

Der Platz genügte trotzdem nicht für eine optimale Neuaufstellung. Das Ergebnis war eine Verdichtung mit „überaus eng zusammengereiht[en]"[211] Objekten und vielen Lokomotiven und Draisinen auf „verschiedene Heizhäuser und Wagenschuppen" verteilt.[212] Aus Platzmangel musste die Museumsleitung attraktive Großobjekte am Nordbahnhof, am Westbahnhof, in Simbach, im Administrationsgebäude Wien und im Museumsmagazin zwischenlagern bzw. sogar „eliminieren".[213] Die Lokomotive „Steinbrück" stand seit 1878 in der Station Voitsberg der Graz-Köflacher-Eisenbahn.[214] Drei Jahrzehnte später, 1908, riefen Eisenbahntechniker dazu auf, „diese historisch wertvolle Lok, mit innen liegendem Rahmen und Stephenson'scher-Culissensteuerung ausgestattet, für das geplante Technische Museum in Wien zu erlangen und sie aus dem Dornröschenschlaf zu befreien".[215] Das sollte dann noch bis 1914 dauern.

Zu einem neuerlichen Zuwachs an Museumsobjekten kam es 1904 im Zusammenhang mit der „Ghega-Ausstellung" des Ingenieur- und Architektenvereins anlässlich der 50-Jahr-Feier der Semmeringbahn.[216] Ebenso erhielt das Museum die auf der Weltausstellung in St. Louis 1904 gezeigten Dioramen der Bahnstrecken über den Semmering, durch das Gasteinertal, über den Brenner und Arlberg.[217] Saal II erhielt danach einen Semmeringschwerpunkt, Saal III wurde flächenmäßig reduziert, aber um betriebsfähige Telegrafen- und Telefoneinrichtungen sowie elektrische Alarmsignale erweitert. Im Kabinett VI befanden sich Werkzeugmaschinen. Der Saal VII (bisher IV) zeigte die betriebsfähigen Modelle der Lokalbahn Mödling–Hinterbrühl, der ältesten elektrisch betriebenen Lokalbahn Österreichs von 1883, und der Linie Linz–Eferding–Weizenkirchen von 1912, damals die modernste normalspurige Bahn mit Universalstromabnehmern, sowie aufwändige Modelle von Bahnhöfen und das Leergerüst der Salcanobrücke.[218] Die Kabinette VIII bis XII präsentierten Schrankenanlagen, Wegsicherungen, den Oberbau, Sicherheitskupplungen und Pläne von Fahrbetriebsmitteln, das Kabinett XIII Tunnelbaumethoden, wie sie beim Bau der Alpenbahnen zum Einsatz gelangten, und XIV verschiedenste Werkstättenobjekte. Die Säle XVII und XVIII mit der Entwicklung des Eisenbahnwesens ab 1880, Hochbaumodellen von der Baufachausstellung in Leipzig 1913,[219] Aktien, Kursbüchern ab 1870, einer Sammlung von Unfallaufnahmen sowie ausländischem Eisenbahnwesen mit dem Schwerpunkt Bauwerke und Fahrbetriebsmittel aus Indien befanden sich im Hochparterre. Hier war auch die einzigartige Loehr'sche Sammlung an Eisenbahngeld, -marken und -medaillen zu sehen.[220]

Als Resultat der Sammlungsaktivitäten wuchs der Bestand des Museums von 960 Objekten 1893 auf 3366 im Jahr 1906[221] und 4442 bis 1910.[222] Auch nach der Eröffnung kamen weiterhin Objekte aus Fachausstellungen ins Museum, u. a. aus der Internationalen Ausstellung in Mailand 1906, der Jubiläumsausstellung in Prag 1908, der Eisenbahn-Spezialausstellung in Salzburg 1909 und der oberösterreichischen Landesausstellung in Linz 1909.[223] Andere Zahlen nennt eine Erfassung aus den 1960er-Jahren.[224] Dort wird für 1892 ein Bestand von 2574 und für 1910 von 15.551 Objekten – 2792 Originalen, 105 Modellen, 12.654 Abbildungen – angegeben. Im Unterschied zu den gedruckten Katalogen von 1902 bis 1910 erfasste diese Statistik sämtliche Objekte einzeln.

Im Jahr 1911 informierte der Museumsleiter Leopold Stockert das Eisenbahnministerium, dass sich der Objektstand jährlich um fünf Prozent vermehren werde und dass „nach Überzeugung der Museumsleitung der für das historische Museum der österreichischen Eisenbahnen im neuen Technischen Museum reservierte Raum schon gegenwärtig nicht genügt und dessen sukzessive Erweiterung ausschließt".[225] Nach der Eröffnung des Technischen Museums umfasste das Eisenbahnmuseum 18.211 Objekte.

Aussagen über Besucher des Eisenbahnmuseums erlaubt ein für den Zeitraum nach der Eröffnung im April 1893 bis Mai 1894 erhaltenes Besucherbuch. Viele Besucher haben zusätzlich zum Namen auch Herkunft und Beruf eingetragen: Professoren, Industrielle, Adelige, Militärs, kleine Beamte, Künstler, Handwerker, in- und ausländische Eisenbahnbedienstete, Polizisten, Techniker, Postbedienstete, Ingenieure, Studenten und Schüler.[226] In den Jahren bis zur Schließung und Übersiedlung in das Technische Museum kamen auch internationale Experten, etwa eine chinesische Studienkommission im September 1910. In den folgenden Jahren haben sich u. a. der Österreichische Ingenieur- und Architektenverein, der Eisenbahnminister und Sektionschefs, die Präsidenten des Klubs österreichischer Eisenbahnbeamten, der Präsident des Zentralvereins für Fluss- und Kanalschifffahrt in Österreich mit einer Gruppe leitender Beamter sowie hohe Eisenbahnbeamte aus dem In- und Ausland ins Gedenkbuch eingetragen.[227]

Genaue Besucherzahlen gibt es allerdings erst für die Zeit nach der Wiedereröffnung 1902. Bis 31. Dezember 1905 kamen 11.229 Personen ins Museum, was einem Schnitt von rund 3200 Personen pro Jahr entspricht. Besuche von Vertretern des Kaiserhauses oder der Regierung kündigte die Museumsleitung publicityträchtig in Tageszeitungen an. Solche Ereignisse ließen die Besucherzahlen ansteigen. So besuchte am 25. Mai 1893 Erzherzog Karl Ludwig das Eisenbahnmuseum, ließ sich vom Präsidenten der Generaldirektion die Sammlung erläutern und „hat während der mehrstündigen Besichtigung das lebhafteste Interesse bekundet".[228] Am 9. April 1904 kam erstmals Kaiser Franz Joseph I. ins Museum. Ihn begrüßte der Eisenbahnminister Heinrich von Wittek persönlich. Der Kaiser verewigte sich im aufgelegten Gedenkbuch[229] „und sprach in äußerst schmeichelhafter Weise die vollste Befriedigung über die Reichhaltigkeit der [...] Sammlungen und übersichtliche Zusammenstellung des Museums aus".[230]

Die Besucherzahlen stiegen in den Folgejahren weiter an: 1909 kamen 3554 Personen und nach der Erweiterung der Fläche in den ersten vier Monaten des Jahres 1910 an 26 Tagen 4729, was rund 180 Besuchern pro Öffnungstag entspricht. Bis Jahresende waren 11.463 Personen ins Eisenbahnmuseum gekommen.[231] Der positive Trend veranlasste die Museumleitung, die Öffnungszeiten zu verlängern: Zusätzlich zu jedem Samstag, auf den kein Feiertag fiel, und jedem ersten Sonntagvormittag im Monat öffnete das Museum nun ganzjährig auch jeden dritten Sonntagvormittag im Monat für drei Stunden.

Parallel zur Gründung des Technischen Museums legten die beteiligten Personen in politischem Auftrag in zwei interministeriellen Besprechungen 1909 und 1911 die Bedingungen für die Integration des Eisenbahnmuseums in den im Bau befindlichen Neubau fest. Kurz vor dem Ersten Weltkrieg begann die Überführung der Objekte aus dem Administrationsgebäude neben dem Westbahnhof sowie den Depots. Kostenvoranschläge für Übersiedlung, Packmaterial, Zerlegungsarbeiten und erste Ausgestaltung ergaben 1913 eine Summe von 80.000 Kronen.[232] 16.000 Kronen sollte ein – nicht realisierter – Tunnel im Museum kosten, die Mieteinnahmen aus frei werdenden Räumen schätzten die Buchhalter auf 23.000 Kronen.

Besonderen Aufwand erforderte der Transport von historischen Großobjekten wie Lokomotiven, Waggons, Dioramen oder des Modells des Nordbahnhofs.[233] Mitte Juli 1914 wurden die „Ajax" und die „Steinbrück", die sich aus Platzmangel in einem Schuppen der Nordbahn befanden, über die Wiener Verbindungsbahn in den Frachtenbahnhof Penzing gezogen. Dorthin kam aus dem Administrationsgebäude am Westbahnhof auch die „Gmunden"[234] und schließlich alle drei mittels Schwertransport in die Westhalle des Technischen Museums.

Bis Ende August 1915 gelangten die Dioramen der Alpenbahnen, Reliefdarstellungen, Rauchverzehrer, Lokomotiven, Modelle, die originalen Personenwagen der Nordbahn, Schienen, Schwellen, Signaleinrichtungen, Schranken, Uhren, Sicherungstechnik und dergleichen mehr ins Technische Museum, worüber eine detailreiche Zusammenstellung Auskunft gibt.[235] Auch der 1873 gebaute Hofsalonwagen der Kaiserin Elisabeth, der 1909 in den Bestand des Eisenbahnmuseums kam, aber aus Platzmangel im Hofzugdepot am Westbahnhof hinterstellt blieb,[236] konnte jetzt ausgestellt werden.

Bis Ende Februar 1916 war die Übersiedlung und Überstellung der Museumsobjekte des Eisenbahnmuseums weitgehend abgeschlossen.[237] Die Eröffnung erfolgte gleichzeitig mit jener des Technischen Museums am 6. Mai 1918.[238]

Mirko Herzog

Das „k. k. Postmuseum"

In seiner streitbaren Denkschrift „Wiener Museal-Fragen" schilderte Wilhelm Exner 1892 die aus seiner Sicht wenig zukunftsreiche Lage der diversen Schausammlungen für Handel, Technik und Verkehr in der Reichshauptstadt. In staatlichen und privaten Museen von zum Teil provisorischem Charakter über ganz Wien verstreut anstatt an einem repräsentativen Ort zentral organisiert, würden diese Musealbestände kaum jene Bedeutung für die „Zukunft der Volksbildung in Wien und Oesterreich" erlangen, wie sie etwa „den großen Kunst- und Naturhistorischen Hofmuseen" zukomme.[239] Als „drastisches" Beispiel für die „Zersplitterung der Kräfte" in der Wiener Museumspolitik durch staatliche und private Eigeninteressen nannte Exner das neue Postmuseum, das erst im Jahr zuvor, im Mai 1891, eröffnet worden war. Exner hatte gehofft, in ein künftiges „Museum der Geschichte der österreichischen Arbeit" auch ein Museum für Post, Telegrafie und Verkehr einzugliedern, musste diesen Plan aber spätestens im Juni 1889 aufgeben, als Handelsminister Olivier Marquis de Bacquehem die Errichtung eines Postmuseums in Staatsregie bekannt gab. Das etwas plötzliche Interesse der Post- und Telegrafenverwaltung an einem eigenen Museum hatte einen bestimmten, offiziell nicht genannten Anlass, nämlich den vierten Weltpostkongress, der vom 20. Mai bis 4. Juli 1891 in Wien tagen sollte: Pünktlich zur Kongresseröffnung wollte man den internationalen Gästen ein würdiges „vaterländisches Postmuseum" – nach dem Berliner Reichspostmuseum das zweite seiner Art in Europa – präsentieren. Dabei ging es vor allem darum, unter historischen Rekursen die österreichische Postverwaltung der Gegenwart als moderne, der Zukunft zugewandte Institution vorzustellen. Eine Schwerpunktsetzung auf die vier Jahrzehnte vor 1890 sollte beweisen, dass, wie es eine Zeitung anlässlich der Museumseröffnung ausdrückte, „unser schönes Vaterland, daß O e s t e r r e i c h [Sperrung im Original] gerüstet dasteht, um den Concurrenzkampf mit den anderen Culturländern in Europa in Ehren zu bestehen".[240] Für Exner war derlei Fixierung auf staatliche Institutionengeschichte letztlich dafür verantwortlich, dass sein integrativer Museumsplan scheiterte. Den „plebejischen Rahmen" eines privat initiierten Museums zu akzeptieren, das Fortschritt, Wohlstand und Wohlfahrt auch anhand privaten Unternehmertums und Erfindergeiste aus dem Volke historisch exemplifiziere, sei für die zuständigen Ministerialbeamten der Post offenbar unmöglich: „Ja, würde nicht die amtliche Reputation leiden […]"?[241] Für das ohne sein Zutun entstandene Postmuseum, das seinen Platz im Prater gefunden hatte, abseits der rege bevölkerten Innenstadt, und aus 13 kleinen Ausstellungsräumen bestand, fand Exner in seiner Denkschrift nur Worte der Geringschätzung – isoliert liege es da, „pygmäenhaft" klein – und stellte missbilligend die Frage: „Hat es an dieser Stelle, mit dieser Leitung Aussicht, zur Bildung des Volkes im grossen Style beizutragen?"[242]

Ob das kleine Postmuseum damals als kulturelle Einrichtung für eine breite Öffentlichkeit konzipiert war, ist fraglich. Es hat den Anschein, dass ursprünglich – vom eigentlichen Gründungsanlass abgesehen – gedacht war, eine in erster Linie betriebsinterne Institution zu schaffen, die von Mitarbeitern und Gästen der Post für Studienzwecke besucht werden konnte. Möglicherweise spielten auch die von Anfang an beengten Raumverhältnisse eine gewisse Rolle, da erst einige Zeit nach der Eröffnung in Zusammenhang mit Vergrößerungsplänen entschieden wurde, den Zutritt auch für „weitere Kreise des Publikums" zu erleichtern,[243] wenn nicht überhaupt erst zu gestatten; anlässlich der Besichtigung des neuen Museums hieß es in der Wiener „Presse": „Es ist noch ungewiß, ob das große Publicum an einigen Tagen der Woche Zutritt haben wird; wünschenswerth wäre dies allerdings",[244] und noch 1896 wird das Postmuseum in einem Wiener Fremdenführer als „im allgemeinen nicht zugänglich" bezeichnet.[245]

Die Erdgeschossräume im linksseitigen (westlichen) Arkadentrakt der Rotunde galten ohnehin nur als Provisorium. Erhofft wurde die Übersiedlung des Museums in ein großes Gebäude im Stadtzentrum: Von den zum Teil dunklen Räumen, die meisten kaum größer als 25 Quadratmeter,[246] hieß es bereits 1888, es würden „diese Localitäten nur solange in Anspruch genommen, bis sich in einem postaerarischen Gebäude in der Stadt der zur Unterbringung des Postmuseums erforderliche Raum ergebe […]".[247] Doch was als vorübergehende Lösung gedacht war, sollte für das Postmuseum zur ständigen Bleibe werden, bis es 1914 ins Technische Museum überstellt wurde.

In all diesen Jahren hatte das Museum fast ständig mit Platzproblemen zu kämpfen. Obwohl man noch während der Einrichtungsphase zu den ursprünglich acht Räumen fünf dazugemietet hatte, waren die 13 Räume 1891 „derart mit Objekten angefüllt", dass der Zutritt aus Sicherheitserwägungen vorläufig nur einer begrenzten Besucherzahl gestattet wurde, beschränkt auf zwei Wochentage im Sommer. Bis zum Ausbau mussten Besuche bei der Gebäudeverwaltung der Rotunde angemeldet werden.[248] Viele Objekte und Archivalien, die nach einem Aufruf des Handelsministers ab August 1889 aus den Bezirken der Post- und Telegrafendirektionen nach Wien geschickt wurden, konnten nicht ausgestellt werden,[249] zumal der stete Zufluss an Spenden beachtliche Ausmaße erreichte.

Die im „Post- und Verordnungsblatt" des Handelsministeriums fallweise abgedruckten Schenkungslisten nahmen von Mal zu Mal an Umfang zu. Bis zur Eröffnung des Museums stellten etwas über 300 Personen (überwiegend Postbedienstete aus den verschiedensten Diensträngen), staatliche Institutionen, diverse Geschäftsunternehmen sowie das Berliner Reichspostmuseum[250] Fotos, Bilder, Karten, Bücher und sonstige Druckwerke, ausrangierte Objekte aus dem Postbetrieb sowie diverse Holz- und Gipsmodelle kostenlos zur Verfügung. Die Spendenfreudigkeit dauerte die ganzen 1890er-Jahre und darüber hinaus an; viele Spendernamen tauchten mehrmals auf. Die letzte Sammelliste wurde im Februar 1905 abgedruckt, bis dahin erhielt das Museum 1000 Schenkungen, von denen viele aus mehreren Stücken bestanden.[251]

Bereits zu Beginn der staatlicherseits konzertierten Sammlung zeichnete sich für die künftigen historischen Schaubereiche eine Konzentration auf die Zeit zwischen 1750 und 1850 ab. Zu Recht befürchtete die Fachzeitschrift „Die Post": „Es ist wohl spät und vieles von dem, was vor einem Decennium noch zu erreichen gewesen wäre, wird verloren oder achtlos der Rumpelkammer überantwortet worden sein."[252] Anders als bei der deutschen Reichspost unter dem zielstrebigen Generalpostmeister Heinrich von Stephan, der jedes Jahr einen Beamten nach Österreich und in andere Staaten schickte, um Stücke für das Berliner Postmuseum zu erwerben,[253] gab es seitens der österreichischen Postverwaltung vor 1890 keine Sammlungsstrategie für Musealobjekte aus den Kronländern. In vielen Poststellen waren Objekte oder Archivalien aus der Zeit vor dem frühen 19. Jahrhundert zum Teil infolge der von den Städten ausgehenden Modernisierung des Postbetriebs (Ausweitung der Telegrafen- und telefonischen Dienste) und des Reiseverkehrs (Ausbau der Lokalbahnnetze zulasten des regionalen Postkutschenverkehrs) längst ausgeschieden bzw. vernichtet, zu Trödlern und Antiquitätenhändler gewandert oder an Landesarchive abgegeben worden. Deren Beteiligung an den Einsendungen ans Museum sollte in den Folgejahren entsprechend an Bedeutung wachsen. Früh engagiert zeigte sich das Tiroler Statthalterarchiv, das 1890 dem Museum vier Stundenpässe aus den Jahren um 1500 übergab. Oswald Redlich, damals Archivar in Innsbruck, stellte sie in einem Aufsatz 1891 unter Bezug auf das neue Postmuseum vor.[254]

Von den zuständigen Departements im Handelsministerium und von ausländischen Postanstalten erhielt das Postmuseum auch zahlreiche betriebstechnisch obsolete sowie aktuelle Telegrafen- und Telefoneinrichtungen aus den Kronländern. Mehr Ausstellungsfläche war also ein so dringendes Gebot, dass das Postmuseum binnen weniger Jahre zweimal vergrößert wurde. Die räumlich bedeutendste Erweiterung, beschlossen wenige Monate nach der Eröffnung 1891,[255] erfolgte 1893: Mit 12 zusätzlichen Räumen im ersten Obergeschoss des Arkadentraktes konnte die Ausstellungsfläche von rund 300 auf über 600 Quadratmeter verdoppelt werden.[256] Aber bereits im Jänner 1899 wurde über die Platznot Klage geführt: „Diese Räumlichkeiten waren schon von jeher für die vorhandenen Ausstellungsobjekte unzureichend, so daß schon seit dem Bestand dieses Museums viele historisch bedeutende Gegenstände gar nicht zur Ausstellung gelangen konnten u. in Kisten und Kasten verpackt der Besichtigung entzogen bleiben mußten." Viele neu übernommene Objekte seien sogar „ungeschützt in diversen Schränken und Winkeln der Bureaux-Räume des Dep. 14 des hohen Handelsministeriums eingelagert […], weil für sie im Museum kein Platz zur Verfügung steht. Die neuerdings an das Museum zur Abgabe bestimmten Telegraphen- u. Telephon Apparate müssen in den ohnedies schmalen, für die Besucher des Museums bestimmten Gängen untergebracht werden."[257] Die beengte Raumsituation konnte mit einer zweiten Erweiterung des Museums einigermaßen entschärft werden. Man mietete sechs Räume im ersten Obergeschoss dazu, und das Postmuseum konnte sich an der Schwelle zum neuen Jahrhundert mit nunmehr 30 Ausstellungsräumen – ein Raum wurde als Büro eingerichtet – auf 850 Quadratmetern präsentieren. Rechnet man das kleine „Bureau" sowie die Vorräume in den jeweiligen Eingangsbereichen, in denen ebenfalls Objekte ausgestellt wurden, hinzu, belief sich die Gesamtfläche des Museums um 1900 auf rund 950 Quadratmeter.

Zur Eröffnung 1891 erschien ebenso ein Ausstellungsführer wie anlässlich der Neueinrichtung 1894; 1907 folgte eine dritte, bebilderte Auflage.[258] Vergleiche der drei „Führer durch das K. K. Postmuseum" zeigen, dass, während die Menge an Exponaten anwuchs und die Aufstellungssystematik entsprechend geändert wurde, das inhaltliche und gestalterische Ausstellungskonzept gleich blieb. Für das Konzept war Ministerialrat Jo-

Die Abteilung Postgebäude, Raum 1 des k. k. Postmuseums, Foto, 1907

sef von An der Lan zu Hochbrunn, Sektionschef eines der fünf Postdepartements im Handelsministerium, verantwortlich, der mit der Ersteinrichtung des Museums 1889/91 betraut worden war und bis 1911 als Leiter des Postmuseums fungierte.[259] Die eingangs erwähnte Schwerpunktsetzung auf den modernen Postbetrieb und die Geschichte der Post seit dem 18. Jahrhundert wurde nach der Wiedereröffnung 1894 vertieft, auf Betreiben von Sektionschef An der Lan mit „besonderer Berücksichtigung vor Austriacis".[260] Um 1907, und wahrscheinlich darüber hinaus auch die nächsten Jahre bis zur Übersiedlung ins Technische Museum, bot ein Rundgang durch die 30 Räume des Postmuseums Folgendes:

Das Erdgeschoss stand im Zeichen des modernen Post- und Telegrafenbetriebs, und zwar anhand von Beispielen aus den Staatsnetzen der Post, Telegrafie und Telefonie. Unmissverständlich wurde klargemacht, dass jedweder Fortschritt im modernen Nachrichtenverkehr dem Staat zu verdanken sei: Die ersten vier Räume zierten figuraler Fassadenschmuck neuer Postbauten sowie Aquarelle und Fotografien repräsentativer Postzentralen und diverser Posthäuser sowie – stellvertretend für ähnlich genormte Postbauten in den Kronländern – ein großes Holzmodell des 1889 im Renaissancestil erbauten Post- und Telegrafengebäudes in Czernowitz/Tscherniwzi, der Hauptstadt des Kronlandes Bukowina. An den Wänden aller folgenden Räume verteilt waren Amtsschilder von Post- und Telegrafenstellen. Die Räume 5 und 6 widmeten sich mittels Holzmodellen, Bildern und Schnittzeichnungen den „Postschiffen" und „Bahnposten". Raum 7 zeigte Rohrpostapparate, Zubehör und das Modell einer Wiener Rohrpoststation der 1880er-Jahre, das mit Glasröhren ausgestattet war und zumindest in den Anfangsjahren des Museums Vorführzwecken diente.[261] Die anschließenden Räume 8 bis 13 galten dem Telegrafen- und Telefonwesen. Deutliche Stückzahlerweiterungen hatte seit Eröffnung des Museums vor allem die Schausammlung zum Telefonwesen erfahren, das um 1907 – nunmehr in seiner Gänze verstaatlicht, mit ausgedehnten überregionalen Netzen und steigenden Teilnehmerzahlen – einen deutlich höheren alltagspraktischen Stellenwert in Österreich einnahm als fünfzehn Jahre zuvor. In zwei bis drei Räumen waren Dutzende Objekte älterer und neuer Bauart verteilt – Zubehörteile, Apparate, kleine Vermittlungsschränke –, darunter auch Serienmodelle der Deutschen Reichspost. Die meiste Ausstellungsfläche nahm immer noch das Telegrafenwesen ein, wobei mehr historische als in Verwendung stehende Apparate und Bauteile gezeigt wurden. Im letzten Raum (Nr. 13) konnte man in Vitrinen und auf Schautafeln rund 300 Kabelstücke unterseeischer Telegrafenleitungen aus der Adria bewundern, die infolge äußerer Einwirkungen spektakulär deformiert oder mit Unterwasserfauna bewachsen waren.

Dass über den Vitrinen mit Adriakorallen und einem alten Lichttelegrafen aus Dalmatien ein Telegrafenamtsschild aus dem küstenfernen Czernowitz/Tscherniwzi zu sehen war, legt den Umstand nahe, dass die raumweise organisierte Themensystematik trotz des gewonnenen Platzes wegen der Fülle von Exponaten nicht immer eingehalten werden konnte; ähnliche Anordnungen von räumlich oder zeitlich nicht zueinander gehörigen Exponaten waren auch in anderen Räumen anzutreffen.[262] Andererseits zeigen die im Museumsführer von 1907 abgedruckten sechs Fotos keineswegs überfüllt oder beengt wirkende Ausstellungsräume. Vielmehr gewinnt man den Eindruck, dass im Arrangement der Exponate auf eine dekorative Ensemblewirkung abgezielt wurde, die nach bestimmten ästhetischen Prinzipien der Symmetrie und Harmonie organisiert war; eine exakte Strukturierung der Objektvielfalt durch Raum- und Zeitgrenzen scheint weniger wichtig gewesen zu sein. Die Objekte waren, wie die Fotos zeigen, nicht durch Objekttafeln ausgewiesen und allenfalls in bestimmten Vitrinen nummeriert; Erklärungen bot allein der Ausstellungsführer, der mitunter sehr detailliert war.

Im Obergeschoss gelangte man zur Linken in die zuletzt dazugemieteten Räume, von denen fünf für Philatelie und Postbetrieb reserviert waren. Die Postmarkensammlung, die sowohl internationale Serien als auch solche aus Österreich, Ungarn und Bosnien-Herzegowina umfasste, war seit den Anfangsjahren des Museums beachtlich gewachsen und wurde von Josef

Die historische Abteilung, Raum 20 des k. k. Postmuseums, Foto, 1907

Die historische Abteilung, Raum 13 des k. k. Postmuseums, Foto, 1907

von Posch betreut, seines Zeichens Postdirektor in Czernowitz/Tscherniwzi, der später die Leitung des Museums übernehmen sollte.²⁶³ Ausgestellt war nur ein Teil des Gesamtbestandes. Nicht verzichtet wurde darauf, die „vom Oberbaurat Friedrich Strnischtie mit 6033 Worten beschriebene Korrespondenzkarte" zu zeigen, eine seit der Ersteinrichtung ausgestellte, von einem Wiener Postbeamten verfertigte Kuriosität.²⁶⁴ Die nächsten zwei Räume widmeten sich in kleinteiligen Objektzusammenstellungen und Bildern vor allem dem Postbetrieb: Kanzleiutensilien, Briefkästen und Uniformen, wobei sich hier die Modelle österreichischer Poststraßenfuhrwerke wiederfanden, die 1889 zur Eröffnung des Museums angefertigt worden waren.²⁶⁵ Überland-Pferdekutschen waren um 1907, als in Südtirol und Oberösterreich die ersten motorisierten Autobusse über die Landstraßen ratterten, wohl nicht mehr ganz so zeitgemäß, um wie vordem neben Lloyd-Postdampfern und Bahnpostwaggons eingereiht zu werden.

Zur Fortsetzung des Rundgangs querte man den Vorraum, um in die zwölf Ausstellungsräume der „Historischen Abteilung" und „Auslandsabteilung" zu gelangen. Die „Historische Abteilung", ursprünglich im Erdgeschoss angesiedelt, wegen der besseren Lichtverhältnisse aber ins Obergeschoss verlegt, nahm acht Räume ein und präsentierte in Vitrinen, Pultkästen und an den Wänden Hunderte von Objekten, Bildern und Archivalien in bunter Mischung: Postzeitungen, Reisekarten und „Postbüchel", Postverordnungen, rund 90 Briefe überwiegend aus der Zeit zwischen dem 16. und dem 18. Jahrhundert – fast ausnahmslos Verwaltungs- und Gerichtskorrespondenz – und die vier Stundenpässe von 1500 aus Innsbruck. Aus dem 18. und frühen 19. Jahrhundert stammten Münzwaagen, Kassatruhen und Reitsättel, Postschlitten und eine „Extra-Postkalesche", 1903 vom Technologischen Gewerbemuseum übernommen,²⁶⁶ weiters Posthörner, Briefkästen und Herbergsschilder, Postsiegel und Dienstabzeichen, auch Trinkgläser und Uhren mit allegorischen Postmotiven sowie – mit welchem Erkenntniswert auch immer – ein „Kupfernes Waschbecken mit Aufsatz. Ehemals beim Post- und Telegraphenamte in Trient (Tirol)".²⁶⁷ Eines der wenigen Originale aus der Zeit vor 1700 war das Teilstück einer „Rotula", einer mittelalterlichen Schreibrolle von Klosterboten aus dem Benediktinerstift Admont. Die ausgestellten Kopien von Ölgemälden, Kupferstiche, Aquarelle und Fotos präsentierten überwiegend Personen und Dinge, selten szenische Darstellungen des Postbetriebs. Relativ überraschend inmitten der posthistorischen Austriaca fand sich eine Rückschau auf das römische und keltische („prähistorische") Verkehrswesen im Donauraum, zu dessen Darstellung man sich mit Karten, Aquarellen, Gipsabgüssen und Bronzenachbildungen behalf. Zugunsten dieser reichhaltigen, mit dekorativ-kuriosen Relikten untermischten Aufbereitung österreichischer Postgeschichte wurde der vor 1900 vorhandene Themenraum zur Postsparkasse geopfert; die wenigen dort vorhandenen Bildstatistiken zum Thema Spar- und Scheckverkehr waren seinerzeit die einzigen Versuche, die gemeinwirtschaftlichen Leistungen der Post- und Telegrafenverwaltung für die Allgemeinheit zu veranschaulichen.²⁶⁸

Die Konzentration des Museums auf „vaterländische" Postgeschichte als institutionelle Betriebsgeschichte, die unter den Auspizien des Staates in die Bahnen des Fortschritts gelenkt wird, war keine Besonderheit des Postmuseums. Sie entsprach der Sichtweise, unter der im 19. Jahrhundert Postgeschichte mehr oder minder wissenschaftlich von einem überschaubaren Kreis aus historisch interessierten Beamten betrieben wurde. Auch die „Berliner Schwesteranstalt",²⁶⁹ das Reichspostmuseum in Berlin, das weitaus größer und nicht zuletzt deshalb thematisch umfassender war, folgte im Prinzip dem gleichen Denkmuster wie das Wiener Museum: hier wie dort die stolze Präsentation des staatlichen Bauprogramms von Post- und Telegrafengebäuden, von Betriebsgerätschaften, von Holzmodellen und Aquarellen moderner Postfahrzeuge, von Fernmeldetechnik und von Postwertzeichen.²⁷⁰ Die technischen und betriebsorganisatorischen Errungenschaften dienten als Folie für vergangene, bestenfalls kuriose, und gegenwärtige, bestenfalls exotische, auf jeden Fall aber unvollkommene und mühsame Arten, miteinander zu kommunizieren. Ummantelt war diese eher isolierte Darstellung von Postgeschichte mit steten Rekursen auf ihre Bedeutung als Zeiten und Räume überspan-

Museen und Sammlungen vor der Gründung

nende Kultureinrichtung, die ihren modernen Ausdruck im 1874 gegründeten Weltpostverein fand.

Die letzten vier Räume zeigten die „Auslandsabteilung". Diese bestand überwiegend aus Abbildungen zum Weltpostkongress in Wien 1891 und zum Post- und Telegrafenwesen in acht europäischen Mitgliedsstaaten, wobei dem Deutschen Reich und Großbritannien mit jeweils rund 40 Bildern und Exponaten, darunter Schuhwerk englischer Telegrafenboten, der meiste Platz eingeräumt wurde. Vertreten war auch das Mitgliedsland Ägypten in Form zweier Fotografien, betitelt mit „Ankunft des egyptischen Landbriefträgers" und „Aushebung eines Briefkastens durch den egyptischen Landbriefträger".[271] Es handelte sich um die gleichen Bilder wie im Berliner Reichspostmuseum, wo sie 1889 erstmals zu sehen gewesen waren und als „sinnige Darstellung des im Verkehrsleben des Pharaonenlandes angebrochenen Umschwunges" verstanden sein wollten. Mit dem „Umschwung" war die Infrastruktur europäischen Zuschnitts gemeint, die im Gefolge der britischen Besetzung Ägyptens 1882 geschaffen wurde, so auch die Landpost: In den sorgfältig gestellten Aufnahmen übernimmt der „bis auf die Manschetten an den Händen" europäisch ausstaffierte Postbote Briefe von Landbewohnern in Kaftan und Turban und macht sich an einem Briefkasten zu schaffen, umringt von Einheimischen, die sich „der culturellen Mission des Postboten wohl bewusst" scheinen, wie ein Berliner Rezensent versichert.[272]

Der Weg durch die Schausammlung endete in Raum 30, und zwar so, wie er begonnen hatte: im Zeichen des Staates. Flankiert von den Büsten Maximilians I. und Maria Theresias, den Begründern staatlicher Postanstalten im 15. und 18. Jahrhundert, sah Kaiser Franz Joseph als Großmeister des Goldenen Vlieses in Ganzfigur auf die Besucher hernieder: „[...] an der vortheilhaftesten Stelle thront auch das Porträt Seiner k. u. k. Apost. Majestät Kaiser Franz Josef I. im Toisonornate [...] und beherrscht die ganze lange Flucht der reichhaltigen Säle".[273]

Die Geschichte der „reichhaltigen Säle" des Wiener Postmuseums zwischen 1900 und 1914, als es ins Technische Museum übersiedelte, ist – nach der vorläufigen Quellenlage zu urteilen – nur in Bruchstücken nachzuvollziehen. Aussagen zum Betriebsalltag, zur Rezeption oder dazu, was den Ausschlag gab, das staatliche Postmuseum dem privaten Technischen Museum einzugliedern, lassen sich auch in Kombination mit unterschiedlichen Quellen anhand der wenigen Akten nicht immer mit Bestimmtheit treffen.

So klärt sich die Frage nach den Öffnungszeiten zwischen 1895 und 1914 nur mithilfe der zeitgenössischen Presse und Wiener Fremdenführern – allerdings nicht widerspruchsfrei: Vom Gründungsjahr 1891 an beibehalten wurden als Öffnungstage Mittwoch und Samstag, jeweils zwischen 10 und 17 (selten 18) Uhr. An diesen Tagen stand das Museum bis 1899 gewöhnlich zwischen Mai und September unentgeltlich offen, von 1902 bis 1907 das gesamte Jahr über. Besuche im Herbst und Winter müssen übrigens ein frostiges Erlebnis gewesen sein, da das Postmuseum noch Ende 1913 als nicht beheizt beschrieben wird.[274] Für alle anderen Jahre bis 1914 sind in der Rubrik „Theater und Sehenswürdigkeiten" der „Wiener Zeitung" keine, in anderen Wiener Blättern nur vereinzelte Einträge enthalten, die das Postmuseum als geöffnet annoncieren.[275] In einigen wenigen Wiener Fremdenführern dieser Zeit steht, dass das Museum zwischen April und Oktober geöffnet sei.[276]

Auch Artikel über das Museum erschienen sehr selten – zuweilen in Fachzeitschriften der Post oder im lokalen bzw. Feuilletonteil der Wiener Tagespresse; die mediale Berichterstattung im Lauf von über 20 Jahren war äußerst spärlich, das Besucherinteresse sehr gering: Die jährliche Gesamtbesucherzahl dürfte 1000 Personen nicht überschritten haben; 1911 werden 707 Besucher genannt.[277] Das Postmuseum fern vom Stadtzentrum konnte weder von der Größe noch von seiner Schausammlung her mit anderen, spektakulären Museen wie dem neuen Eisenbahnmuseum am Wiener Westbahnhof (1910: 11.463 Besucher)[278] und dem riesigen Reichspostmuseum in Berlin (1912: geschätzte 100.000 Besucher)[279] konkurrieren.

Drei noch erhaltene Jahresberichte (1911, 1912, 1913) vermitteln ein Bild des Museumsalltags kurz vor der Übersiedlung ins Technische Museum. Mit Jahresbeginn 1912 wurden aus den Mitgliedern der Verwaltungskommission, allesamt höherrangigen Beamten der Postdepartements, drei Fachgruppen zur Betreuung der Schausammlungen gebildet: die „historische Fachgruppe" (drei bis vier Beamte), die „Telegraphen-, Telephon- und Rohrpostgruppe" (zwei Beamte) und die „Postwertzeichengruppe" (drei Beamte, darunter Josef von Posch). Betreuung und Ausbau der Sammlungen waren quasi ehrenamtlich übernommene Aufgaben; im Fall der „historischen Fachgruppe" versah die meiste Arbeit tatsächlich nur ein Beamter, dessen karge Freizeit eine systematische Aufarbeitung der Archivalien und Bücher inklusive „der schon so dringenden Neuanlegung der Inventare" kaum zuließ.[280] 1911 wurde offenbar nicht das erste Mal darum gebeten, „endlich eine ordentliche Kanzlei für das Postmuseum einzurichten, dessen Inventare neu anzulegen, die Ordnung der Bücher-, Karten- und Archivaliensammlung zu beenden und der Fertigstellung der Regesten alle Sorgfalt zu widmen [...]".[281]

Auffällig ist die intensive Sammlungstätigkeit, was Postwertzeichen bzw. Briefmarken betraf. Die philatelistische Schwerpunktsetzung verdankte sich vielleicht Museumsleiter Posch, der 1912 die Nachfolge von An der Lan antrat²⁸² und davor für den Ausbau der Markensammlung im Postmuseum zuständig gewesen war. Umfang und Wert der Markensammlung dürften von nicht unerheblicher Größe gewesen sein. Im Zuge der Besprechungen wegen der Übersiedlung des Postmuseums ins Technische Museum forderte Posch besondere Sicherheitsmaßnahmen zur Unterbringung der wertvollen Briefmarken.²⁸³ 1912 bestand die Kollektion aus „circa 1000 Kartons mit circa 30.000 verschiedenen Marken". Finanziert wurde der Ausbau der Philatelie im Postmuseum seit 1910 zum Teil durch die „Postwertzeichen-Verwertungsstelle", die gebrauchte österreichische Marken „verarbeitete" oder verkaufte.²⁸⁴ Ob es sich dabei um die 1908 eingerichtete Verschleißstelle im Wiener Hauptpostamt handelte,²⁸⁵ ist unklar. 1912 und 1913 brachten die Hunderttausenden abgelieferten Marken einen Erlös von an die 16.000 bis 17.000 Kronen. Die Jahresmiete für die 30 Museumsräume betrug rund 2800 Kronen. Zusammen mit einem „Jahreskredit" von 8400 Kronen, den die Postdirektion stellte, verfügte das Museum 1912/13 dank der zusätzlichen Einnahmen durch die Verwertungsstelle über ein Budget von rund 24.000 bis 25.000 Kronen; damit wurden die Reinigungs- und Instandhaltungsmaßnahmen, Honorare und Renumerationen sowie der Ankauf von Briefmarken und die Neuanfertigung von Wagenmodellen finanziert.²⁸⁶

Der Zufluss von postbetrieblichen Originalobjekten in die „Historische Abteilung" vollzog sich inzwischen „sehr langsam und fast ausschliesslich nur überhaupt über hierortige Initiative"; man bemühe sich aber weiter, heißt es 1912, um ergänzende Materialien aus älteren Zeiten, „in erster Linie der vaterländischen Postanstalt und ihrer Vorläufer". Als Neuheit war geplant, künftig auch Fotografien mit „szenischen Darstellungen aus dem Betriebsdienste" für Ausstellungszwecke zu erwerben. Hervorgehoben wird der Erwerb der von Eduard Effenberger angelegten Sammlung von Quellenauszügen zum österreichischen Postwesen, der ersten (und bis heute einzigen) ihrer Art, die „zur Förderung der Zwecke des Postmuseums gewiss sehr viel beitragen" wird.²⁸⁷ Damit gemeint war die seit der Eröffnung immer wieder betonte wissenschaftliche Rolle des Museums als Forschungsstätte für Posthistoriker.²⁸⁸ In diesem Zusammenhang wurde 1912 im Fachorgan „Zeitschrift für Post und Telegraphie" vorgeschlagen, „das bei dem „k. k. Postmuseum bereits bestehende Postarchiv" zum zentralen Sammelpunkt aller in den österreichischen Staats-, Landes- und Privatarchiven verwahrten Posturkunden zu entwickeln und zur Verwaltung Archivbeamte anzustellen. Ziel sollte die Herausgabe einer österreichischen Postgeschichte sein.²⁸⁹

Wo sich im Postmuseum ein Archiv befand und wo historische Recherchen stattfanden, lässt sich nicht belegen. Hinter der bei der Ersteinrichtung 1891 gewählten Bezeichnung „Archiv" für den 13. Raum verbarg sich seinerzeit ein Ausstellungsraum mit alten Briefen und einem Bücherschrank mit posthistorischer Literatur, der Sitz- und Schreibgelegenheiten aufwies und offenbar bei Bedarf als Lektürezimmer genutzt werden konnte.²⁹⁰ Nach den Erweiterungen 1894 und 1899 wird kein Archiv mehr erwähnt; in einer Fußnote des Museumsführers von 1894 ist allerdings vermerkt, die nicht ausgestellten Pläne, Bücher und Karten seien „theils im Archive, theils in der Kartensammlung des k. k. Postmuseums in Verwahrung".²⁹¹ 1907 gab es zwei Kästen mit Kartenwerken und einen mit einer „Bücher- und Dokumentensammlung".²⁹²

Im Gegensatz zu den Musealien aus der Zeit vor 1800 gab es an Apparaten und Bauteilen aus dem Telegrafie-, Telefon- und Rohrpostbereich keinen Mangel – im Gegenteil. Spätestens seit 1912 hatte man in den Erdgeschossräumen akute Platzprobleme. Die Fernmeldeabteilung sei „in ihrer weiteren Ausgestaltung schon durch mehrere Jahre wegen des für die Aufstellung weiterer grösserer Objekte gänzlich mangelnden Raumes beschränkt". Mit den größeren Objekten waren die älteren Einrichtungen aus Telefonzentralen in Wien, Prag, Brünn/Brno und Lemberg/Lwiw gemeint, die infolge der beginnenden Umrüstung auf die automatisierte Vermittlungstechnik abgegeben wurden.²⁹³ In diesem Zusammenhang erschien es aus der Sicht des Postmuseums „[…] äusserst wünschenswert, wenn die Entscheidung, ob überhaupt das k. k. Postmuseum in das für die Zwecke des neuen technischen Museums für Industrie und Gewerbe in Wien errichteten Gebäude verlegt werden wird, ehestens erwirkt werden könnte."²⁹⁴

Die Modalitäten zur Unterbringung des Postmuseums im neuen Museumsbau an der Mariahilfer Straße wurden Ende Mai 1912 und im April 1913 zwischen Handelsministerium und Technischem Museum festgelegt. Explizit forderte das Postmuseum u. a. einen „entsprechenden Platz für Bureau und Depotzweck[e]".²⁹⁵ Im Westflügel des zweiten Obergeschosses des Technischen Museums erhielt es rund 1600 Quadratmeter und damit rund 650 Quadratmeter mehr als in der Rotunde.²⁹⁶ Die Übersiedlung begann im November 1913 und verlief etappenweise; im Jahresschlussbericht hieß es im zuversichtlichen Ton, dass „in diesem Jahr die in dem neuen Gebäude des technischen Museums für Industrie und Gewerbe für das Postmuseum zugewiesenen Räumlichkeiten zum Teile bereits in Benützung genommen sind, wodurch für das Postmuseum nach mehr als 22 jährigem Bestande endlich die Möglichkeit geschaffen wird, sich würdig zu präsentieren und gedeihlich weiter zu entwickeln". Ende Dezember waren im Postmuseum alle Bilder abgehängt und verpackt, die meisten Möbel „zur Renovierung" sowie viele Exponate in zwei Depoträumen im Dachgeschoss der neuen Unterkunft untergebracht.[297]

Für die Adaptierung der Belegfläche waren rund 7000 Kronen veranschlagt. Um die großen Hallen in Räume zu unterteilen, ließ die Post Trennwände aufstellen und den Eingang in ihr Museum mit der Aufschrift „K. K. Postmuseum" kennzeichnen. Das Büro der Museumsleitung fand in den nächsten Jahren im Dachgeschoss Platz.[298] Auf der Nordseite begann die Aufstellung eines großen Telefonumschalters mit „11,44 m Länge und 9,35 m Breite", die am 1. April 1914 abgeschlossen sein sollte;[299] die Einrichtung des „Umschalterraumes" übernahm die Wiener Telefon- und Telegrafenfirma Czeija, Nissl & Co.

Während des Ersten Weltkriegs geriet der Ausstellungsaufbau ins Stocken. Zwar wurde der historische Bereich im Südflügel weitgehend fertig und im Februar 1917 von einem Mitglied des Kaiserhauses anlässlich eines Rundgangs durchs Technische Museum besichtigt,[300] der Abschnitt mit der Fernmeldetechnik auf der West- und Nordseite jedoch war noch über die Eröffnung des Technischen Museums auf Jahre hinaus nicht komplett.[301] Auf der Nordseite geplant war ein großer Raum für die Philatelie: Da es freilich keine geeigneten Vorkehrungen gab, die wertvollen, aber nicht lichtechten Marken vor dem Ausbleichen zu schützen, entschied das Ministerium für Handel und Verkehr, nur mehr einen kleinen Teil der Markensammlung im Museum auszustellen; die für die Philatelie vorgesehene Fläche trat die Post Anfang der 1920er-Jahre an die Abteilung für Musik- und Theatertechnik ab.[302]

Die frühen Sammlungen

1. Sieder, Reinhard: Gesellschaft und Person: Geschichte und Biographie, in: ders. (Hg.): Brüchiges Leben. Biographien in sozialen Systemen (Kultur als Praxis 1). Wien 1999, S. 237.
2. Nora, Geschichte (1990), S. 19 und 32.
3. Grill, Evelyn: Der Sammler. St. Pölten, Salzburg 2006, S. 181.
4. Pomian, Ursprung (1998), S. 36 und 61.
5. MacGregor, Arthur: Die besonderen Eigenschaften der Kunstkammer, in: Grote, Macrosmos (1994), S. 73, und Mauriès, Kuriositätenkabinett (2002).
6. Chandler, Bruce; Vincent, Clare: Die Finanzierung einer Uhr. Ein Beispiel des Mäzenatentums im 16. Jahrhundert, in: Maurice/Mayr, Welt (1980), S. 105–115.
7. Dort stand sie in dem von Nicolaus Poda von Neuhaus gegründeten physikalischen Kabinett der Universität Graz: „In diesem Museum auch ein Maschinen-Saal, wohin Maria Theresia 1753 die Planeten-Uhr schenkte, die Imser zu Straßburg 1555 verfertigte." Vgl. Hirsching, Nachrichten (1789), Bd. 3, S. 243, und Höflechner, Walter: Geschichte der Karl-Franzens-Universität Graz. Von den Anfängen bis in das Jahr 2005. Graz 2006, S. 10.
8. Von Kaisers Gnaden. 500 Jahre Pfalz-Neuburg. Hg. von Susanne Bäumler u. a. Katalog zur Bayerischen Landesausstellung 2005 (Veröffentlichungen zur Bayerischen Geschichte und Kultur 50). Augsburg 2005, S. 258 f. und 268–271.
9. Inv.-Nr. 12036/1-6.
10. Carl von Linné (1757–1778), zuerst Arzt in Stockholm, ab 1742 Professor der Botanik an der Universität Uppsala.
11. Bayerl, Günter: Der Zugriff auf das Naturreich: Vorindustrielles Gewerbe und Umwelt, in: Johann Beckmann-Journal. Mitteilungen der Johann Beckmann-Gesellschaft e. V. 5 (1991), Heft 1, S. 11–33, und ders.: Der Zugriff auf das Naturreich: Technologie im 18. Jahrhundert, in: Müller, Hans-Peter; Troitzsch, Ulrich (Hg.): Technologie zwischen Fortschritt und Tradition. Beiträge zum internationalen Johann Beckmann-Symposium Göttingen 1991. Frankfurt/Main u. a. 1992, S. 81–94. Vgl. allg. Meyer, Torsten: Natur, Technik und Wirtschaftswachstum im 18. Jahrhundert. Risikoperzeption und Sicherheitsversprechen (Cottbuser Studien zu Technik, Arbeit und Umwelt 12). Münster u. a. 1999.
12. Wunderkammer (1995), S. 46.
13. Vgl. Foucault, Michel: Die Ordnung der Dinge. Frankfurt/Main 1974, Zitat S. 173.
14. Meyer, siehe Anmerkung 11.
15. Eine ausführliche Beschreibung der „Kayserlichen Schatz- und Kunst-Kammer", u. a. mit Uhren und Automaten, sowie des „Münzen- und Medaillen-Cabinetts" bei Küchelbecker, Johann Basilius: Allerneueste Nachricht vom Römisch-Kayserlichen Hof […]. Hannover 1730, S. 827–884. Vgl. Scheicher, Kunst- und Wunderkammern (1979) und Vocelka/Heller, Lebenswelt (1997), S. 91–102.
16. Bredekamp, Antikensehnsucht (2002), S. 77, und Pomian, Ursprung (1998), S. 115.
17. Jacob Leupold (1674–1727), Mechaniker, betrieb seit 1699 in Leipzig eine Werkstätte mit 30 Beschäftigten. Bekannt wurde er mit der Herausgabe des „Theatrum Machinarum", einem acht Bände umfassenden Kompendium der menschlichen Wissenschaften und praktischen Künste, die bereits im Museum der Geschichte der österreichischen Arbeit vorhanden waren.
18. Johann Beckmann (1739–1811), nach dem Studium an der Universität Göttingen 1765 in Schweden bei Linné, anschließend Professor für Ökonomie an der Universität Göttingen. Begründer einer allgemeinen Technologie, der Agrarwissenschaft, Warenkunde und Technikgeschichtsschreibung. Vgl. Bayerl, Günter; Beckmann, Jürgen (Hg.): Johann Beckmann (1739–1811). Beiträge zu Leben, Werk und Wirkung des Begründers der Allgemeinen Technologie (Cottbuser Studien zur Geschichte von Technik, Arbeit und Umwelt 9). Münster u. a. 1999.
19. Johann Heinrich Gottlieb von Justi (1720–1771), nach dem Studium der Rechts- und Kameralwissenschaften 1750–1753 Professor für Kameralistik am Theresianum in Wien und kaiserlicher Finanz- und Bergrat. Nach Stationen in Göttingen, Kopenhagen, Altona, in Berlin ab 1765 Leiter der staatlichen preußischen Bergwerke. Bedeutender Reformer der Ökonomie in Theorie und Praxis, der sich in seinen Schriften mit Maßnahmen zur Ankurbelung der Wirtschaft in den Territorien des Heiligen Römischen Reichs in Konkurrenz zu England und Frankreich befasste.
20. Joseph Walcher (1718–1803) unterrichtete 1753–1755 am Linzer Jesuitengymnasium, wo er mit dem Aufbau einer physikalischen Sammlung, des späteren „Museum physicum", begann. Danach lehrte er in Wien als Professor für Mathematik und Mechanik an der Universität und am Theresianum. 1774 war er k. k. Navigationsdirektor an der Donau. Vgl. National-Encyklopädie (1837), Bd. 6, S. 12 f., und Hantschel, Oskar: Das Linzer „Museum physicum", in: Neunundfünfzigster Jahresbericht des k. k. Staats-Gymnasiums zu Linz über das Jahr 1910, S. 1–3.
21. Walcher, Joseph: Kurzer Inhalt der Mechanischen Collegien, Welche auf der Universität zu Wien in dem Philosophischen Saal öffentlich gehalten werden. Wien 1759. Die 2. Auflage 1774 enthält sieben Tafeln mit Abbildungen. Walcher berief sich in seiner Mechanik auf die Maschinen- und Mühlenliteratur von Jacob Leupold, Johann Matthias Beyer, Leonhard Christoph Sturm und Bernard Forest de Bélidor. Auf der Basis seiner Collegien erschien später eine gekürzte und vereinfachte Ausgabe für Normal-Hauptschulen. Vgl. Anleitung zur Mechanik oder Bewegungskunst. Zum Gebrauche der deutschen Schulen in den k. k. Staaten. Wien 1815 (2. Auflage 1836).
22. ÖStA, AVAFHKA, Kommerz, rote Nr. 305, Verzeichnis der Instrumente & Maschinen welche zum Gebrauche der mechanischen Collegien im Jahre 1766 wirklich zugegen gewesen […]. Ein mathematisch-physikalisches Kabinett der Jesuiten bestand seit 1715.
23. Nr. 141, Inv.-Nr. 15067. Sie gelangte 1936 als Geschenk des Wiener Jesuitenkollegiums in das Museum.
24. Nr. 274, Inv.-Nr. 697 (1761).
25. Nr. 334 oder 335, Inv.-Nr. 32063 (1775).
26. Nr. 463, Inv.-Nr. 12176 (1760).
27. Egglmaier, Naturgeschichte (1988), S. 25 f., und Kernbauer, Beckmann (2002), S. II–IV.
28. Troitzsch, Ulrich: Landwirtschaftslehre, Technologie, Warenkunde und Technikgeschichte als neue Wissenschaften im späten 18. Jahrhundert: Neuere Forschungen zu Johann Beckmann (1739–1811), in: Beckmann, Uwe; Irsigler, Franz; Schneider, Jürgen (Hg.), Hochfinanz, Wirtschaftskrise, Innovationen. Festschrift für Wolfgang von Stromer. Trier 1987, Bd. 3, S. 1149–1176.
29. Johann Christian Polycarp Erxleben (1744–1777), nach seinem Studium in Göttingen dort seit 1775 Professor für Physik und Tierheilkunde; seine „Anfangsgründer der Naturlehre" erschienen zuerst 1768.
30. Weitensfelder, Hubert: Studium und Staat. Heinrich von Rottenhan und Johann Melchior von Birkenstock als Repräsentanten der österreichischen Bildungspolitik um 1800 (Schriftenreihe des Universitätsarchivs, Universität Wien 9). Wien 1996, S. 48.
31. Egglmaier, Naturgeschichte (1988).
32. Kernbauer, Unterricht (1993).
33. Exner, Beckmann (1878).
34. Exner, System (1874/75). Vgl. Beckmann, Johann: Entwurf der algemeinen [!] Technologie, in: Vorrath kleiner Anmerkungen über mancherley gelehrte Gegenstände. Göttingen 1806, 3. Teil, S. 463–533.
35. Troitzsch, Exner (1990), S. 11 f. In einem seiner kurzen technikgeschichtlichen Arbeiten Ende der 1920er-Jahre erwähnt er nochmals Beckmann. Vgl. Exner, Geschichte (1928), S. 761 f.
36. Hermann (1755–1815), seit 1777 im Dienste der Fürsten Schwarzenberg, Reiseschriftsteller, Topograf, Technologe und Montanist. Er hatte in Wien u. a. Kontakt mit Walcher, mit Andreas Stütz vom Naturalienkabinett in der Hofburg und mit dem Botaniker Nikolaus Joseph Frh. von Jacquin. Vgl. National-Encyklopädie (1835), Bd. 2, S. 565–568; Wurzbach, Lexikon (1862), Bd. 8, S. 380–383; zuletzt Flügel, Helmut W.: Das abenteuerliche Leben des Benedikt Hermann (1755-1815). Vom steirischen Bauernsohn zum Chevalier und Intendanten der russischen Bergwerke. Wien, Köln, Graz 2006, S. 56–58.
37. Joseph von Sonnenfels (1732/33–1817), nach dem Studium ab 1763 Professor für „Polizey- und Kameralwissenschaft" an der Universität Wien, Vertreter der Aufklärung und Verwaltungsreformer.
38. Hermann, Benedict Franz Johann von: Ueber die Einführung des Studiums der Technologie. Oder: Ueber die Lehre von Handwerken, Künstlern, Manufakturen und Fabriken. Wien 1781, S. 9 und 19.
39. Egglmaier, Naturgeschichte (1988), S. 129, und Kernbauer, Beckmann (2002), S. VII.

40 Joseph Stapf (1762–1809), 1800 Rektor und 1802 Dekan der philosophischen Fakultät, seit 1792 auch Hofbauamtskontrollor. Vgl. Wurzbach, Lexikon (1878), Bd. 37, S. 143 f., und Pfaundler-Spat, Gertrud: Tirol-Lexikon. Ein Nachschlagewerk über Menschen und Orte des Bundeslandes Tirol. Innsbruck, Wien, Bozen 2005, S. 585.
41 Lamprecht, Georg Friedrich von: Lehrbuch der Technologie, oder Anleitung zur Kenntniß der Handwerke, Fabriken und Manufacturen. Halle 1787. Auf Initiative und auf Kosten von Stapf erschien 1808 in Innsbruck eine weitere Auflage: „Zum Gebrauche [...] des Technologischen Unterrichts an der königl. Bayerschen Leopoldinischen Universität zu Innsbruck."
42 Stapf, Joseph Nachricht von dem öffentlichen Unterrichte, und Uebersicht der Lehrgegenstände der praktischen Mathematik und Technologie an der k.k. Universität zu Innsbruck. Innsbruck 1798, S. 42 f. und S. 63.
43 Efmertová, Marcela: Czech technical education. The educational reforms of Franz Joseph von Gerstner and his relationship with the Paris Ecole Polytechnique, in: Icon. Journal of the International Committee for the History of Technology 3 (1997), S. 202–223.
44 Kurzel-Runtscheiner, Ambraser Sammlung (1933); Mikoletzky, Kaiser Franz I. (1961), und Zedinger, Hochzeit (1994).
45 Beide Orte befinden sich heute in der Slowakei.
46 DaCosta Kaufmann, Treasury (1994).
47 Riedl-Dorn, Haus der Wunder (1998), S. 15–98, und Zedinger, Lothringens Erbe (2000), S. 111–139.
48 Inv.-Nr. 10697. Aus der Stückgießerei von Chatal.
49 Inv.-Nr. 16212. Seit 1949 als Leihgabe des Kunsthistorischen Museums im Technischen Museum. Eine weitere Rechenmaschine von Braun nach dem Prinzip der Staffelwalze, die der von Jacob Leupold 1727 publizierten Maschine entspricht, vollendete 1736 der Lothringer Philippe Vayringe. Vgl. Habacher, Instrumentenmacher (1960), S. 53–64; Janetschek, Hellmut: Die Mechaniker- und Uhrmacherfamilie Braun und die Braunschen Rechenmaschinen. Ergänzungen und Richtigstellungen zur bisherigen Forschung, in: Blätter für Technikgeschichte 50 (1988), S. 165–179, und Lackner, Helmut: Die Mechanisierung des Rechnens. Die Rechenmaschine des Antonius Braun von 1727/66, in: Heppner, Harald u. a. (Hg.): In der Vergangenheit viel Neues. Spuren aus dem 18. Jahrhundert ins heute. Wien 2004, S. 123–129.
50 Maria Theresia (1980), S. 339.
51 Inv.-Nr. 14069. Vgl. Stafford, Barbara Maria; Terpak, Frances: Devices of Wonder. From the World in a Box to Images on a Screen. Los Angeles, CA 2001, S. 274-281; Reisinger, Nikolaus: Digitale Textspeicherung in der Mitte des 19. Jahrhunderts. Friedrich von Knaus' „allesschreibende Wundermaschine" von 1769, in: Heppner, Harald u. a. (Hg.): In der Vergangenheit viel Neues. Spuren aus dem 18. Jahrhundert ins heute. Wien 2004, S. 135–141, und Herzog, Mirko u. a.: „... er aus diesem schon allein unsterblich zu seyn verdienet hat ...". Friedrich von Knaus und seine „allesschreibende Wundermaschine", in: Spiel mit der Technik. Katalog zur Ausstellung im Deutschen Technikmuseum Berlin. Hg. von Poser, Stefan u. a. Leipzig 2006, S. 56–61. 1780 erschien von einem anonymen Verfasser – es handelt sich um den Augustinermönch Pater Marianus – eine überzogene Würdigung von Knaus und seiner Maschine: Friedrichs von Knauß, kaiserl. Königl. Direktors der physikalischen und mathematischen Kabinete an der Hofburg [...] Selbstschreibende Wundermaschinen [...]. Wien 1780. Knaus war nie Direktor des Kabinetts. Ein weiterer Schreibautomat von Knaus aus dem Jahre 1764 befindet sich im Istituto e Museo di Storia della Scienza in Florenz.
52 Nützliches Adreß- und Reisebuch oder Archiv der nöthigsten Kenntnisse von Wien für reisende Fremde und Inländer. Wien 1792, S. 242 f.; Luca, Ignatz de: Wiens gegenwärtiger Zustand unter Josephs Regierung. Wien 1787, S. 250 f.; Bernoulli, Johann: Sammlung kurzer Reisebeschreibungen und anderer zur Erweiterung der Länder- und Menschenkenntnisse dienender Nachrichten. Berlin 1784, Bd. 13, S. 35 f.; Realzeitung der Wissenschaften, Künste und der Commerzien. Wien 1773, S. 120.
53 Inv.-Nr. 10706, Paris 1752, Inv.-Nr. 10711, Jan Pieters van der Bildt, Holland, 1754, Inv.-Nr. 11043 Frankreich 1764, Inv.-Nr. 10790 und 10791, zwei Perspektive, Jesse Ramsden, London, um 1780.
54 Inv.-Nr. 10698. Vgl. Gärtner, Heinz: Er durchbrach die Schranken des Himmels. Das Leben des Friedrich Wilhelm Herschel. Leipzig 1996. Mit einem ähnlichen, sieben Fuß langen Teleskop entdeckte Herschel 1781 den Planeten Uranus.
55 Inv.-Nr. 17798, Peter Anich, vor 1766.
56 Inv.-Nr. 28136, vor 1780, Bewegung der Planeten um die Sonne, und Inv.-Nr. 31869.
57 Inv.-Nr. 11958, Henry Pyefinch, vor 1790.
58 Inv.-Nr. 10891, G. Adams, London, und Inv.-Nr. 18460, G. F. Brander & Höschel, Augsburg, vor 1783. Vgl. G. F. Brander 1713–1783. Wissenschaftliche Instrumente aus seiner Werkstatt. Deutsches Museum München. München 1983.
59 Inv.-Nr. 16333.
60 Inv.-Nr. 9696, Setzwaage, Antonius Schega, Prag, um 1750, Inv.-Nr. 18815, Bussole, 1740, Inv.-Nr. 9670, Zollmann'sche Scheibe, Moser, Prag, 1779, Inv.-Nr. 16324, Astrolabium, Johann Christoph Voigtländer, Wien, 1780.
61 Inv.-Nr. 17684, dreibeiniges Stativ mit horizontaler Platte zur Aufnahme der Kartierung und Kippregal bzw. Diopterlineal zur Markierung der Richtung, Johann Jacob Marinoni, seit 1703 Hofmathematiker in Wien, nach Johannes Prätorius, um 1590.
62 Ulbrich, Karl: Das Klafter- und Ellenmaß in Österreich, in: Blätter für Technikgeschichte 32/33 (1970/71), S. 1–34; ders.: Die historische Entwicklung der Maßsysteme in Österreich, in: Blätter für Technikgeschichte 36/37 (1974/75), S. 7–24, und Von der Elle zum Atommaß. Messen: gestern, heute, morgen. Wien 1980 (Ausstellung im Technischen Museum 1975).
63 Inv.-Nr. 19899. Zimentieren ist die historische Bezeichnung für Eichen.
64 Schönburg-Hartenstein, Nagel (1987), S. 93.
65 Allg. dazu noch immer Fitzinger, Geschichte (1856 und 1868).
66 Wurzbach, Lexikon (1869), Bd. 20, S. 31–34, und Schönburg-Hartenstein, Nagel (1987).
67 Stütz, Andreas: Neue Einrichtung der k. k. Naturalien-Sammlung zu Wien. Wien 1793, S. IV.
68 National-Encyclopädie (1836), Bd. 5, S. 146–148, und Wurzbach, Lexikon (1878), Bd. 37, S. 193–197.
69 National-Encyclopädie (1836), Bd. 4, S. 213.
70 Böckh, Franz Heinrich (Hg.): Merkwürdigkeiten der Haupt- und Residenz-Stadt Wien und ihrer nächsten Umgebungen. Ein Handbuch für Einheimische und Fremde. Wien 1823, 2 Teile, S. 213. Wurzbach erwähnt speziell die Überlassung der „erbländischen Producte und Alles dahin Gehörige" an das Polytechnische Institut. Vgl. Wurzbach, Lexikon (1878), Bd. 37, S. 195.
71 Musselin, benannt nach der Stadt Mossul am Tigris, ist eine feinfädige und glatte Stoffart aus Baum- oder Schafwolle und dient als Grundbezug für Polstermöbel.
72 In der Reihenfolge der Nennung: Inv.-Nr. 12541, 12542, 20249 (von Conrad Pracht), 23706, 27194, 27195, 12556, 22070 und 12539.
73 Inv.-Nr. 690. Vgl. Janetschek/Maresch, Technik (1981), S. 457–468. Beide brachten das Modell noch mit den von Joseph Emanuel Fischer von Erlach in den 1730er-Jahren gebauten „Feuermaschinen" in Zusammenhang.
74 ÖStA, HKA, Handschrift Nr. 375. Vgl. Zedinger, Lothringens Erbe (2000).
75 Inv.-Nr. 20745. Trevithick hatte 1802 seine erste Hochdruckdampfmaschine mit liegendem, zylinderförmigem Dampfkessel gebaut. Watson verwendete einen stehenden Kessel, der Zylinder war aber ebenfalls in diesen eingebaut. Ein Kreuzkopf ermöglicht die Umwandlung der geraden in eine drehende Bewegung. Vgl. Janetschek, Hellmut: The first Trevithick Engine in the Austro-Hungarian Empire, in: The Journal of the Trevithick Society 13 (1989), S. 60–68.
76 Werner/Lackner, National-Fabriksprodukten-Kabinett (1995). Vgl. Habacher, Fabriksproduktenkabinett (1971) und Habacher, Fabriksprodukten-Kabinett (1994).
77 Prechtl, Geschichte (1819), S. 43.
78 ÖStA, HHStA, Oberstkämmereramt, Franz I. an Oberstkämmereramt, 15.4.1809.
79 Ebd., 930/1806, Kielmannsegge an den Kaiser, 27.2.1806.
80 Darstellung Verfassung Polytechnisches Institut (1819), S. 33.
81 ÖStA, HHStA, Oberstkämmereramt, 930/1806, Kielmannsegge an den Kaiser, 27.2.1806. Als zum Beispiel 1808 41 Flaschen Likör aus Triest eintrafen, gab Widmannstätten diese an das Obersthofmeisteramt „für den Gebrauch des höchsten Hofes" ab. Vgl. Habacher, Fabriksprodukten-Kabinett (1994), S. 120.
82 ÖStA, HHStA, Oberstkämmereramt, 1571/1807.
83 Habacher, Fabriksprodukten-Kabinett (1994), S. 135.
84 Johann Joseph Prechtl (1778–1854) studierte in Würzburg Philosophie, Theologie und Rechtswissenschaften, seit 1803 Hofmeister und Erzieher des Grafen

Taaffee und seit 1809 Lehrer an der Realakademie St. Anna in Wien. Gründer und von Ende 1814 bis 1849 Direktor des Polytechnischen Instituts in Wien. Vgl. Hantschk, Prechtl (1988).
85 Zur Geschichte des Polytechnischen Instituts vgl. Mikoletzky, Entwicklung (1997), mit der älteren Literatur.
86 Scharfe, Menschenwerk (2002), S. 217.
87 Darstellung Verfassung Polytechnisches Institut (1819), S. 25–33.
88 Ebd., S. 30.
89 ÖStA, AVAFHKA, Studienhofkommission, 6 G3a, ad 11 ex Martio 1819.
90 Karmarsch, Beschreibung (1823).
91 Archiv TU Wien, „Inventar für Fabrikate an der k. k. technischen Hochschule in Wien vom Jahre 1818 bis 1862". Weitergeführt bis 1941 bis zur Inv.-Nr. 36015. Eine Kopie befindet sich in der Inventarverwaltung des Technischen Museums Wien.
92 Prechtl, Geschichte (1820), S. XIII f.
93 Erneuerte vaterländische Blätter für den österreichischen Kaiserstaat, 8.3.1817, Nr. 20, S. 77–80.
94 Keeß, Stephan Edler von: Darstellung des Fabriks- und Gewerbswesens im österreichischen Kaiserstaate. Vorzüglich in technischer Beziehung. Wien 1819–1823, 2 Theile in 3 Bänden. Eine mit Wencel Carl Wolfgang Blumenbach veranstaltete zweite Auflage erschien 1829/30.
95 Blumenbach, Wencel Carl Wolfgang: Wiener Kunst- und Gewerbsfreund, oder der neueste Wiener Geschmack [...]. Wien 1825, Heft 6, S. 34–38.
96 Böckh, Franz Heinrich (Hg.): Merkwürdigkeiten der Haupt- und Residenz-Stadt Wien und ihrer nächsten Umgebungen. Ein Handbuch für Einheimische und Fremde. Wien 1823, 2 Teile, S. 198 f.
97 Schimmer, Carl August: Neuestes Gemälde von Wien in topographischer, statistischer, commercieller, industriöser und artificieller Beziehung. Wien 1837, S. 120 f.
98 ÖStA, AVAFHKA, Studienhofkommission, 6 G3a, Vortrag der Studienhofkommission 23.2.1847.
99 Zitiert nach Werner/Lackner, National-Fabriksprodukten-Kabinett (1995), S. 32.
100 Athenäum (1873). Im Inventar des Museums lassen sich 30 Objekte mit der Herkunft „Athenäum" (Medaillen, Gussstücke und eine geschliffene Glastafel) nachweisen, die 1910 als Leihgaben der Technischen Hochschule gemeinsam mit den Objekten des Fabriksprodukten-Kabinetts übergeben wurden.
101 Exner, Erlebnisse (1929), S. 69 f.
102 Kick, Kabinett (1904).
103 Kick, Führer (1900).
104 TMW-Archiv, BPA-009657, Verhandlungsschrift der 12. Sitzung des Kuratoriums des Technischen Museums [...], 23.5.1933, S. 6.
105 Ottomeyer, Hans; Schröder, Klaus Albrecht; Winters, Laurie (Hg.): Biedermeier. Die Erfindung der Einfachheit. Ostfildern 2006.
106 Jiresch, Erich; Mikoletzky, Juliane: „Zur Aufmunterung der Erfindungen im Fache der Industrie". Die Sammlung der Erfindungsprivilegien im Archiv der Technischen Universität Wien (Veröffentlichungen des Universitätsarchivs der Technischen Universität Wien 7). Wien 2001.
107 Eine erste kritische Position aus der Perspektive des Museums zu dieser Tradition bezog 2001 Hubert Weitensfelder mit einer Sonderausstellung. Vgl. Weitensfelder, Erfinder-Geschichten (2001) und Weitensfelder, Titanen (2003).
108 Inv.-Nr. 12926. Das Gestell, das den Stoff spannte und die Nähhand von Stich zu Stich führte, blieb unvollständig erhalten. Burg, Adam: Bericht der Abtheilung für Mechanik über die Madersperger'sche Nähmaschine, die Mahlmühle der Herren Gebrüder Hardtmuth und das Kreiselrad, in: Verhandlungen des niederösterreichischen Gewerb-Vereins Heft 2 (1840), S. 94–97, und Beschreibung der von Herrn Joseph Madersperger in Wien erfundenen Nähmaschine, in: ebd. 4 (1841), S. 296–210, Tafel II und III. Vgl. Janetschek, Hellmut: Neuere Forschungsergebnisse über Maderspergers Nähmaschinen, in: Blätter für Technikgeschichte 41/42/43 (1979/80/81), S. 53–66.
109 schreiben wie gedruckt. Peter Mitterhofers Schreibmaschinen 1864–1869. Eine Ausstellung in den medien.welten des Technischen Museums Wien. Wien 2005. Das erste Modell von 1864 und das vierte von 1869 befinden sich im Technischen Museum Wien, Inv.-Nr. 14070 und 14056, das zweite von 1865 in den Technischen Sammlungen der Stadt Dresden, das fünfte von 1869 im Stadtmuseum Meran.
110 Archiv TU Wien, Privileg Reg. Nr. 746, 11.2.1827.
111 Bruckmüller, Ernst: Technische Innovationen und österreichische Identität, in: Plitzner, Klaus (Hg.): Technik – Politik – Identität. Funktionalisierung von Technik für die Ausbildung regionaler, sozialer und nationaler Selbstbilder in Österreich. Stuttgart 1995, S. 201–213, hier bes. S. 201–205.
112 Inv.-Nr. 12510. Archiv TU Wien, Privileg Reg. Nr. 1196, 29.3.1816. Der Webstuhl wurde bereits vor 1890 für das in Gründung befindliche Museum der Geschichte der österreichischen Arbeit aus der Leobersdorfer Fabrik von C. G. Hornbostel & Comp., Seidenzeug-Fabrikanten, abgeliefert.
113 Inv.-Nr. 8777.
114 Archiv TU Wien, Privileg Reg. Nr. 1355, 20.2.1833.
115 Inv.-Nr. 13924. Müller betrieb seit 1836 zusammen mit Fritz Helbig in Wien eine Maschinenfabrik. Vgl. Gabel, Angela: Der Vorarlberger Leo Müller und die Anfänge des österreichischen Druckmaschinenbaus, in: Alemannia Studens. Mitteilungen des Vereins für Vorarlberger Bildungs- und Studenten-Geschichte 4 (1994), S. 55–72.
116 Inv.-Nr. 2107. Vgl. Voigtländer, Friedrich: Beschreibung des Voigtländer'schen Apparates zur Darstellung photographischer Porträte, nach der Berechnung des Herrn Professor Dr. Petzval, in: Verhandlungen des niederösterreichischen Gewerb-Vereins Heft 5 (1841), S. 72–77, Tafel V.
117 Inv.-Nr. 11526. Vgl. Beschreibung der Erfindungen und Verbesserungen, für welche in den kaiserlich-königlichen österreichischen Staaten Patente ertheilt wurden, und deren Privilegiums-Dauer erloschen ist. Wien 1845, Bd. 3, S. 134–136, Tab. X.
118 Maresch/Janetschek, Werkzeuge (1980) und Maresch, Werkzeuge (1979/80/81).
119 Darstellung Verfassung Polytechnisches Institut (1819), S. 31.
120 Ebd., S. 11 und 5.
121 Altmütter, Beschreibung (1825), S. 9.
122 Karmarsch, Karl: Systematisch geordnetes Verzeichnis der bei der höheren Gewerbschule zu Hannover befindlichen Werkzeugsammlung nebst einleitenden Bemerkungen über technologische Kabinette im Allgemeinen, in: Polytechnische Mitteilungen 1 (1844), S. 7–124, und ders.: Katalog der Werkzeug-Sammlung an der Königlich-Polytechnischen Schule zu Hannover. Hannover 1870.
123 Prechtl, Geschichte (1820), S. XII f., und (1822), S. IX.
124 Altmütter, Beschreibung (1825). Die Zeichnungen für die acht Kupfertafeln lieferte Karl Karmarsch.
125 Ebd., S. 191 f.
126 Weiss, Johann Baptist: Atlas österreichischer Werkzeuge für Holzarbeiter [...]. Wien 1861.
127 Wertheim, Franz von: Werkzeugkunde zum Gebrauch für technische Lehranstalten, Eisenbahnen, Schiffbau u. Industrie Gewerbe [...]. Wien 1869.
128 Zum Beispiel ein deutsches Schneckenschneidzeug mit sechs verschiedenen Leitspindeln aus dem Jahre 1770 von Mathias Bramhofer aus Augsburg, Inv.-Nr. 25331.
129 Prechtl, Geschichte (1839), S. XIV.
130 Janetschek, Hellmut: Die Werkzeug- und Modellensammlung, in: Werner/Lackner, National-Fabriksprodukten-Kabinett (1995), S. 181–199.
131 TMW-Archiv, Grund-Inventarium für die Maschinen-Modellen Sammlung am k. k. polytechnischen Institute, 1840.
132 Carl Friedrich von Wiebeking (1762–1842) war von 1802 bis 1805 in Wien als Oberdirektor des Wasserbaus und Direktor der Ungarischen Kanal- und Schiffahrtsgesellschaft, danach bis zu seiner frühen Pensionierung 1817 als Generaldirektor des gesamten bayerischen Wasser-, Brücken- und Straßenbauwesens tätig. Vgl. Fedorov, Sergej G.: Carl Friedrich von Wiebeking und das Bauwesen in Russland. Zur Geschichte deutsch-russischer Architekturbeziehungen 1800–1840. München, Berlin 2005, S. 19–43.
133 Aus dem Polytechnischen Institut lassen sich im Museum nur zwei Repetitionstheodoliten von Reichenbach nachweisen: Inv.-Nr. 18443 und 18447.
134 Inv.-Nr. 22171 und 22173. Des Weiteren blieben das Modell einer Häckselmaschine, Inv.-Nr. 22013, und das Modell eines Tiroler Bauernhauses, Inv.-Nr. 60029, erhalten.
135 Prasch, Friedrich: Die technisch-wissenschaftlichen Reisen Adam Burgs 1840/41. Wien 1991, geisteswiss. Diss. und ders.: „,... der gehorsamst Unterzeichnete ...". Der Techniker und Lehrer Adam Burg (1797–1882) und eine wenig bekannte Seite seiner Zeit, in: Österreich in Geschichte und Literatur 44 (2000), Heft 1, S. 6–20. Zu Burg vgl. Nahlik, Johann von: Adam Freiherr von

Burg. Biographische Skizze, in: Schriften des Vereines zur Verbreitung naturwissenschaftlicher Kenntnisse in Wien 1877, Sonderdruck.

136 Redtenbacher, Ferdinand: Die Bewegungs-Mechanismen. Darstellung und Erklaerung eines Theiles der Maschinen-Modell-Sammlung der polytechnischen Schule in Carlsruhe. Mannheim 1857/61, 3 Bände. Redtenbachers Schüler Franz Reuleaux entwickelte seinen Ansatz in Berlin mit der „Theoretischen Kinematik" 1875 weiter.
137 Bockhorn, Gründung (1985) und Maresch, Anfänge (1986).
138 Bockhorn, Gründung (1985), S. 153.
139 Maschinen-Verzeichnis der k. k. Hof-Ackerwerkzeug- und Maschinen-Fabrik von Anton Burg & Sohn, in Wien. Wien 1835.
140 Illustriertes Maschinen-Verzeichnis von A. Burg & Sohn, Ackerbau Maschinen-Fabrikanten des k. k. Hofes. Wien 1857.
141 Darunter befindet sich das Modell einer bereits 1766 von Johann Christian Schäfer vorgestellten Waschmaschine, Inv.-Nr. 21712. Eine Schäfer'sche Waschmaschine enthält bereits das Inventar der Modellensammlung von Joseph Walcher an der Jesuitenuniversität, Nr. 333 (1774). Vgl. Bayerl, Günter: „Und zweitens können auch Mannspersonen, wenn sie nichts anders zu thun haben, diesen Theil des Waschgeschäfts besorgen." Waschen in der Frühen Neuzeit und die Innovation der Waschmaschine, in: Bestmann, Uwe; Irsigler, Franz; Schneider, Jürgen (Hg.): Hochfinanz, Wirtschaftsräume, Innovationen. Festschrift für Wolfgang von Stromer. Trier 1987, Bd. 3, S. 1063–1097.
142 Über den Zugang an Objekten berichten immer wieder die Verhandlungen der kaiserlich-königlichen Landwirthschafts-Gesellschaft in Wien 3 (1824), 2. Heft, S. 222–232; 4 (1826), 1. Heft, S. 130–139; 6 (1829), 1. Heft, S. 121–130. 1826 verzeichnen die Verhandlungen eine „Englische erhabene Eisenbahn (Iron Rail Road)" mit Flachschienen und einem „englischen Steinkohlenwagen mit gußeisernen Rädern".
143 Inv.-Nr. 3100.
144 Oekonomische und technische Gegenstände, aufgestellt im Saale des k. k. Augartens, bey Gelegenheit der öffentlichen Viehausstellung der k. k. Landwirthschafts-Gesellschaft in Wien am 8. und 9. May 1833; [...] 5. und 6. May 1835 und [...] 5. und 6. May 1836.
145 Anton Burg jun. trat in die Firma ein und führte diese nach dem Tod des Vaters 1849 weiter. Der erstgeborene Adam Burg wurde 1837 Professor für Maschinenlehre am Polytechnischen Institut.
146 TMW-Archiv, Frühakten, Bodenkultur, Mappe 33 und 39.
147 Göriz, Karl: Beschreibung der Modellsammlung des Königlich Württembergischen land- und forstwirthschaftlichen Instituts Hohenheim. Stuttgart 1845. Das Institut bot Werkzeuge und Modelle auch zum Verkauf an: Preis-Verzeichniss der Werkzeuge und Modelle aus der Ackergeräthe-Fabrik des K. Württ. land- und forstwirthschaftlichen Instituts Hohenheim. Stuttgart 1847. Vgl. Klein, Ernst unter Mitarbeit von Krepela, Wilhelm: Die historischen Pflüge der Hohenheimer Sammlung landwirtschaftlicher Geräte und Maschinen (Quellen und Forschungen zur Agrargeschichte XVI). Stuttgart 1967. Die Sammlung existiert bis heute als Deutsches Landwirtschaftsmuseum.

Wilhelm Exner, Sammler und Multifunktionär

1 Neues Wiener Tagblatt, 6.1.1897.
2 Fünfzig Jahre Gewerbeverein (1890).
3 Beckmann, Uwe: Gewerbeausstellungen in Westeuropa vor 1851. Ausstellungswesen in Frankreich, Belgien und Deutschland. Gemeinsamkeiten und Rezeption der Veranstaltungen (Studien zur Technik-, Wirtschafts- und Sozialgeschichte 3). Frankfurt/Main u. a. 1991.
4 Brachelli/Migerka, Entwicklung (1873), S. 3.
5 Nahlik, Johann von: Adam Freiherr von Burg. Biographische Skizze, in: Schriften des Vereines zur Verbreitung naturwissenschaftlicher Kenntnisse in Wien 1877, Sonderdruck, S. XXXI f.
6 Zur Biografie Exners vgl. Killian, Exner (1999); Renisch, Exner (1999), eine ausschließlich kompilatorische Sammlung, und Andruchowitz, Fortschritt (1999), eine Auftragsarbeit des Österreichischen Gewerbevereins mit grundsätzlich wissenschaftlichem Anspruch. Eine alle Facetten seines langen Lebens umfassende Biographie bleibt allerdings Desiderat.
7 Exner, Aussteller (1866). Zur Geschichte des Ausstellungswesens, S. 10–17.
8 Roscher, Industrieausstellungen (1856); Migerka, Bedeutung (1857). Zur Geschichte des Ausstellungswesens im 19. und 20. Jahrhundert vgl. zusammenfassend Geppert, Welttheater (2002).
9 Exner, Aussteller (1873). Die Ergänzungen betrafen „Fortschritte im Ausstellungswesen bis 1868", „Permanente Ausstellungen" (Kunstgewerbe- und Gewerbemuseen), Aktenstücke über die für 1868 projektierten Ausstellungen, die Statuten der „Association Internationale pour le Développement des Expositions" 1867, die weitere Entwicklung des Ausstellungswesens bis 1873 und offizielle Aktenstücke der Weltausstellung Wien 1873.
10 Ullreich, Exner (1989), S. 77–107.
11 Renisch, Exner (1999), S. 152.
12 Neues Wiener Tagblatt, 6.1.1897.
13 Weltausstellung Paris 1900. Katalog der österreichischen Abtheilung. Hg. von dem k. k. oesterreichischen General-Commissariate. Wien 1902, 11 Hefte in 4 Bänden.
14 Unter anderen Joseph Petzval, Simon Plößl, Franz Joseph von Gerstner, Carl von Ghega, Peter Tunner, Michael Thonet, Paul Traugott Meißner, Carl Auer von Welsbach, Karl Karmarsch, Johann Natterer und Anton Schrötter von Kristelli.
15 Czischek, Ludwig: Das Benzin-Automobil, System S. Marcus in Wien, in: Weltausstellung Paris 1900. Katalog der österreichischen Abtheilung. Hg. von dem k. k. oesterreichischen General-Commissariate. Heft 4 a. Gruppe VI: Ingenieur- und Eisenbahnwesen. Wien 1900, S. 32–36. Ein weiterer Beitrag befasst sich mit Joseph Ressel. Vgl. Jülg, Bernhard: Josef Ressel und die Erfindung der Schiffsschraube, in: ebd., Heft 4 a, Gruppe VI: Handelsschiffahrt. Wien 1900, S. 1–18. Allg. Fischer von Rösslerstamm, Hugo: Die Automobile, in: Berichte über die Weltausstellung in Paris 1900. Hg. von dem k. k. österreichischen General-Commissariate. Bd. 8: Wasserbau, Schiffahrt, Ingenieurwesen, Automobile. Wien 1901, S. 111–118. Über den ersten Marcus-Wagen von 1870 berichtete zuerst Czischek, Ludwig: Automobile, in: Zeitschrift des Oesterr. Ingenieur- und Architekten-Vereines 50 (1898), Nr. 17, S. 265–270 und Nr. 18, S. 281–286, hier S. 282. Der zweite Marcus-Wagen wurde in diesem Jahr erstmals öffentlich präsentiert. Vgl. Jubiläums-Ausstellung Wien 1898. Officieller Katalog. Hg. von der Ausstellungs-Commission. Wien 1898, Nr. 969.
16 Auch an der Gruppenreise des Niederösterreichischen Gewerbevereins von August bis Oktober 1904 nahm Exner nicht teil. Vgl. Die Amerikareise des Niederösterreichischen Gewerbevereines, in: Wochenschrift des Niederösterreichischen Gewerbe-Vereins LXV (1904), Nr. 34, S. 371; Nr. 35, S. 377; Nr. 36, S. 383; Nr. 38, S. 395 f.; Nr. 39, S. 401 f.
17 Exner klammerte das Privatleben in seinen Schriften weitgehend aus. Als er am Abend seines 25-jährigen Hochzeitsjubiläums pflichtgemäß an der Plenarversammlung des Niederösterreichischen Gewerbe-Vereins teilnahm, verblüfften ihn die Teilnehmer mit einer stürmischen Gratulation. Vgl. Wochenschrift des Niederösterreichischen Gewerbe-Vereines LIV (1893), Nr. 18, S. 205.
18 Exner, Wilhelm: Tapeten- und Buntpapier-Industrie, in: Bericht über die Welt-Ausstellung zu Paris im Jahre 1867. Hg. durch das k. k. Österreichische Central-Comité. Bd. IV. Wien 1869, S. 313–337.
19 Exner, Wilhelm: Die Tapeten- und Buntpapier-Industrie. Mit einem Vorworte von Direktor Dr. Karl Karmarsch. Weimar 1869 und Atlas zur [...] (Neuer Schau-

19 platz der Künste und Handwerke 25). Weimar 1869, mit XV Tafeln (Maschinenzeichnungen sowie Buntpapier- und Tapetenmustern).
20 Gedruckt als: Vergangenheit, Gegenwart und Zukunft der Tapeten- und Buntpapier-Industrie (Einleitung zu einem, unter gleichem Titel erschienenen größeren Werke). Weimar 1870. Vgl. Renisch, Exner (1999), S. 337.
21 Bericht über die Welt-Ausstellung zu Paris im Jahre 1867. Herausgegeben durch das k. k. Österreichische Central-Comité. Erster Band. Wien 1869, S. VII–X. Vgl. Ullreich, Exner (1989), S. 26–41.
22 100 Jahre Hochschule für Bodenkultur in Wien 1872–1972. Band 1: 100-Jahr-Bericht. Wien 1972.
23 Exner, Wilhelm: Die mechanischen Eigenschaften des Holzes. Eine Abhandlung vorgelegt der Akademie der Wissenschaften in Paris von E. Chevandier und G. Wertheim. Revidirt und übersetzt von Prof. Dr. Wilhelm Franz Exner (Die mechanische Technologie des Holzes 1). Wien 1871; Exner, Wilhelm: Das Biegen des Holzes, ein für Möbel-, Wagen- und Schiffbauer wichtiges Verfahren. Mit besonderer Rücksichtnahme auf die Thonet'sche Industrie. Weimar 1876; Exner, Wilhelm: Das moderne Transportwesen im Dienste der Land- und Forstwirthschaft. Für Agricultur- und Forst-Ingenieure etc. Weimar 1877, mit Atlas (2., unveränderte Auflage 1880), und Exner, Wilhelm: Die Werkzeuge und Maschinen zur Holz-Bearbeitung, deren Construction, Behandlung und Leistungsfähigkeit. Ein Hand- und Lehrbuch für Holz-Industrielle, Maschinen-Ingenieure und Forstleute. Weimar 1878–1883, 3 Bände mit Atlasbänden. Band 3 zusammen mit Carl Pfaff.
24 Füßl, Miller (2005), S. 16–21.
25 Exner, Wilhelm: Studien über die Verwaltung des Eisenbahnwesens mitteleuropäischer Staaten. Wien 1906. Zitat S. 3. Im Zusammenhang mit einer geplanten Reform des Eisenbahnwesens legte Exner mit dieser Studie eine umfangreiche vergleichende Arbeit über die Eisenbahnverwaltungen in Preußen, der Schweiz, in Italien, Belgien und Frankreich vor.
26 Der Techniker. Revue der Fortschritte in Gewerbe und Industrie. Beiblatt zum „Oesterreichischen Oekonomist". Unter diesem Titel von Nr. 1, 6.1.1872, bis Nr. 23, 6.6.1874.
27 Lackner, Helmut: Bergbau im Wandel – Lassing und die Folgen für den Bergbau, die Bergbauwissenschaften und die Montangeschichte. In: res montanarum. Zeitschrift des Montanhistorischen Vereins für Österreich, 29 (2002), S. 44–50.
28 Exner, Gewerbe-Museum (1904).
29 Exner, Technisches Museum (1908).
30 Exner, Wiederaufbau (1928).
31 Zur Gründung des Technologischen Gewerbe-Museums siehe S. 87 f. in: Exner, Gewerbe-Museum (1904), entspricht S. 23 f. in: Exner, Erlebnisse (1929), und zum Museum der Geschichte der österreichischen Arbeit siehe S. 119–123, in: ebd., entspricht stellenweise S. 196–209 in: Exner, Erlebnisse (1929).
32 Hanisch, Ernst; Urbanitsch, Peter: Die Prägung der politischen Öffentlichkeit durch die politischen Strömungen, in: Politische Öffentlichkeit und Zivilgesellschaft. 1. Teilband: Vereine, Parteien und Interessenverbände als Träger der politischen Partizipation (Die Habsburgermonarchie 1848–1918 VIII/1). Wien 2006, S. 15–111, hier S. 34–62.
33 Ullreich, Exner (1989).
34 Athenäum (1873). Griech. Athenaion, ursprünglich Heiligtum der Göttin Athene, allgemein Akademie zur Pflege der Dichtkunst, später Bezeichnung für höhere Unterrichtsanstalten (Gymnasien).
35 Ullreich, Exner (1989), S. 12.
36 Richter, Th.: Darstellung der Wirksamkeit der Museen für Kunstgewerbe, in: Officieller Ausstellungs-Bericht herausgegeben durch die General-Direction der Weltausstellung 1873. Wien 1874, Bd. 11, Gruppe XXII, S. 17–29, hier S. 21.
37 Viele Spenden sind in der Publikation Athenäum (1873), S. 25–42, aufgelistet, u. a. Karl Karmarschs „Geschichte der Technologie". Exner selbst spendete ebenfalls 64 Bände für die Bibliothek. Schwarz-Senborn brachte seine Ausstellungsbibliothek mit 1245 Bänden ein.
38 Bestehend aus einer technologischen Sammlung aller Stoffe der drei Reiche der Natur, der im Bauwesen verwendeten Materialien, einer Sammlung von Nahrungsmitteln sowie von Werkzeugen, Maschinen und Modellen.
39 Pemsel, Jutta: Die Wiener Weltausstellung von 1873. Das gründerzeitliche Wien am Wendepunkt. Wien, Köln 1989; Ullreich, Exner (1989), S. 42–66, und Felber/Krasny, Museumsfrage (2004).
40 Wörner, Martin: Die Welt an einem Ort. Illustrierte Geschichte der Weltausstellungen. Berlin 2000, S. 192–219.
41 Eitelberger, Rudolf von: Histoire du travail, in: Bericht über die Welt-Ausstellung zu Paris im Jahre 1867. Herausgegeben durch das k. k. Österreichische Central-Comité. Erster Band. Wien 1869, S. 120–172.
42 Allgemeine Illustrirte Weltausstellungs-Zeitung 1 (1872), Nr. 2.
43 Zusätzlich berichtete Exner, wie bereits 1867 aus Paris, über Tapeten und Buntpapier sowie Holzbearbeitungsmaschinen. Vgl. Exner, Wilhelm: Holzbearbeitungs-Maschinen, in: Officieller Ausstellungs-Bericht. Hg. durch die General-Direction der Weltausstellung 1873. Gruppe VIII. Wien 1874, S. 1–53, und ders., Tapeten und Buntpapier, in: Officieller Ausstellungs-Bericht. Hg. durch die General-Direction der Weltausstellung 1873. Gruppe XI. Wien 1874, S. 3–17.
44 Exner, Beiträge (1873). Zusätzlich erschien als Katalog: Beiträge zur Geschichte der Entwicklung der Baumwollindustrie in Vorarlberg. Weltausstellung Wien, 1873. Additionelle Ausstellung Nr. 1 und 2 (Darstellung der Geschichte der Gewerbe und Erfindungen). Herausgegeben von der Ausstellungskommission in Feldkirch. Feldkirch 1873.
45 Wiesner lehrte an der Technischen Hochschule das Fach „Technische Warenkunde" und verwaltete die dortige warenkundliche Sammlung.
46 Exner, Antheil (1874), Vorwort.
47 Exner nennt die Fortschritte in der Leistungsfähigkeit der „Motoren", bei der Bearbeitung der Metalle, im Heiz- und Beleuchtungswesen, in der Textilindustrie, der Nahrungs- und Genussmittelindustrie sowie der chemischen Industrie.
48 Exner, Antheil (1874), S. 15.
49 Allgemeine Illustrirte Weltausstellungs-Zeitung 1 (1872), Nr. 25, S. 263 f.
50 Exner, Gewerbe-Museum (1904), S. 284–286. 1911 übergab das Technologische Gewerbemuseum 92 Objekte dem Technischen Museum.
51 Holdhaus, Carl; Migerka, Franz: Die Verwendung weiblicher Arbeitskräfte in der Fabriks-Industrie und in einzelnen Zweigen des Verkehrswesens Österreichs. Wien 1873.
52 Brachelli/Migerka, Entwicklung (1873). Mit einem umfangreichen statistischen Anhang zum Import und Export der wichtigsten Waren.
53 Handels-Museum (1900) und Handelsmuseum (1919). Vgl. Griesmayr, Handelsmuseum (1968) und Luxbacher, Warenkunde (1993).
54 Eine umfangreiche Zusammenstellung dieser Waren mit Preisangaben findet sich in: Katalog der commerciellen Sammlungen des Orientalischen Museums in Wien. Wien 1882.
55 Migerka, Franz: Unser Verkehr mit dem Oriente. Das Orientalische Museum in Wien. Seine Aufgabe, seine Einrichtung und seine bisherigen Erfolge, in: Jahrbuch des Wiener kaufmännischen Vereines 2 (1882), S. 93–107, hier S. 103.
56 Handels-Museum (1900), S. 65 f. Watson, Forbes J.: Collections of Specimens of the Textile Manufactures of India (Second Series). London 1873/74. Erhalten blieben 12 Bände mit den Nummern 401 bis 1082.
57 Engelbrecht, Helmut: Geschichte des österreichischen Bildungswesens. Erziehung und Unterricht auf dem Boden Österreichs. Band 4: Von 1848 bis zum Ende der Monarchie. Wien 1986, S. 270–272.
58 Heesen, Anke te: Der Zeitungsausschnitt. Ein Papierprojekt der Moderne. Frankfurt/Main 2006, S. 224–266. Als Ergänzung zu den Exportförderungsaktivitäten regte der Niederösterreichische Gewerbeverein 1905 erfolglos die Schaffung von Importmuseen an. Vgl.: Barolin, Johannes C.: Importmuseen. Wien 1907.
59 Seit 1950 „Institut für Technologie und Warenkunde", seit 1959 „Institut für Technologie und Warenwirtschaftslehre", jetzt „Institut für Technologie und nachhaltiges Produktmanagement".
60 Die Liste der Spenderfirmen wurde jährlich im „Jahrbuch der Export-Akademie des k. k. österreichischen Handelsministeriums", Wien 1899 ff., veröffentlicht.
61 Handelsmuseum (1919), S. 63.
62 Eindeutig dieser Übergabe zuzuordnen sind ein japanisches Blumenbouquet, Inv.-Nr. 58374, eine Mustertafel mit Rosshaargeweben, Inv.-Nr. 72929, und eine Schalenspießlaute, Inv.-Nr. 22625.
63 Hölzl, Geschichte (1982), S. 23–32. Am Institut für Technologie und nachhaltiges Produktmanagement der Wirtschaftsuniversität Wien blieben zusätzlich einige hundert Objekte der Sammlung erhalten.
64 Die k. und k. Konsular-Akademie (Consular-Academie) von 1754 bis 1904. Festschrift zur Feier des 150jährigen Bestandes der Akademie und der Eröffnung

des neuen Gebäudes. Wien 1904, S. 41. Vgl. Pfusterschmid-Hardtenstein, Heinrich: Die Orientalische- und spätere Konsularakademie 1848–1918. Eine frühe Fachhochschule im Zeitalter der Industrialisierung, in: Rathkolb, Oliver (Hg.): 250 Jahre. Von der Orientalischen zur Diplomatischen Akademie in Wien. Innsbruck u. a. 2004, S. 77–103, und Neudeck, Werner: Der Unterricht der Wirtschaftswissenschaften an der Akademie, in: ebd., S. 339–353. Die Sammlung war nach 1906 im Kontext des Lehrfaches „Warenkunde" im 1904 bezogenen Neubau der Akademie (Boltzmanngasse 16, 1090 Wien) entstanden, wo um 1900 Siegmund Feitler, Professor an der Exportakademie, unterrichtete. Warenkundliche Sammlungen unterschiedlicher Quantität und Qualität bestanden auch an vielen kaufmännischen Lehranstalten. Die bedeutendste Sammlung befindet sich wahrscheinlich seit der Gründung 1858 an der Wiener Handelsakademie, heute Akademiestraße 12, 1010 Wien. Vgl. Leuthner, Martina: Die pädagogische Bedeutung der warenkundlichen Sammlungen an Österreichs mittleren und höheren kaufmännischen Lehranstalten im Hinblick auf den Wandel in Richtung neuer Medien. Wien 2002, Dipl. Arb. WU.

65 Flachsbänder, nv.-Nr. 78039, weiters ein Musterkoffer der Kollektion der „Ersten böhmischen Kotzen-, Hallina- & Pferdedecken-Fabrik S. Heller & Sohn, Neu-Oetting, Böhmen, Wien", Inv.-Nr. 78017, und eine Schachtel mit ätherischen Ölen, Inv.-Nr. 52147.
66 Erhalten blieb auch ein Inventar der Sammlung des Technologischen Instituts ab 1934.
67 Etwa die Badische Anilin- und Sodafabrik, die Farbwerke Hoechst oder Bayer.
68 Luxbacher, Mobilisierung (2001). Wiesners Hauptwerk, Die Rohstoffe des Pflanzenreiches. Versuch einer technischen Rohstofflehre des Pflanzenreiches. Wien 1873, erschien bis 1962/66 in fünf Auflagen. Exner und der zwei Jahre ältere Wiesner kannten einander seit der Pariser Weltausstellung 1867. An der Forstakademie Mariabrunn waren sie von 1870 bis 1873 Kollegen.
69 Exner, Gewerbe-Museum (1904). Vgl. zuletzt Ullrich, Gewerbemuseum (1980), und Salzinger, Exner (1991).
70 Exner, Errichtung (1879), S. 4.
71 Pirsig-Marshall, Tanja: London – Wien. Einfluß und Wirkung der englischen Idee. Das Vorbild South Kensington Museum, in: Noever, Peter (Hg.): Kunst und Industrie. Die Anfänge des Museums für angewandte Kunst in Wien. Wien, Ostfildern-Ruit 2000, S. 30–40, und Pokorny-Nagel, Kathrin: Zur Gründungsgeschichte des k. k. Österreichischen Museums für Kunst und Industrie, in: ebd., S. 52–89.
72 Exner, Errichtung (1879), S. 6.
73 Exner, Wilhelm: Fünfzig Jahre k. k. Österreichisches Museum für Kunst und Industrie in Wien, in: Österreichische Rundschau, XXXIX (1914), Heft 1, Sonderdruck.
74 Fünfzig Jahre Gewerbeverein (1899), S. 228 f.
75 Killian, Exner (1999), S. 142. Das Rennen machte schließlich Karl Stegmann, der dieses Amt in Nürnberg von 1872 bis 1887 bekleidete. Vgl. Bornfleth, Elisabeth: Das Gewerbemuseum – Idee und Lebenslauf einer nürnbergisch-bayerischen Institution, in: Das Gewerbemuseum der LGA im Germanischen Nationalmuseum. Nürnberg 1989, S. 24–37. Exner selbst sprach von einem Angebot als „technischer Direktor". Vgl. Exner, Erlebnisse (1929), S. 70.
76 Vgl. das Kapitel „Ludwig Erhard, Gewerbeförderung und Museumsarbeit".
77 Exner, Gewerbe-Museum (1904), S. 19.
78 Versuchsanstalt (1875).
79 Exner, Gewerbe-Museum (1904), S. 17, 158–181 und 271. Vgl. Fontanon, Claudine; Grelon, André: Les Professeurs du Conservatoire National des Arts et Métiers. Dictionnaire biographique 1794–1955. Paris 1994, Tome 2, S. 61–74 und 624–632.
80 XXVI. und XXVII. Jahresbericht des k. k. Technologischen Gewerbe-Museums in Wien. Wien 1906, S. 24 f.
81 Exner, Wilhelm: Wilhelm Ostwald als Organisator, in: Wilhelm Ostwald. Festschrift aus Anlaß seines 60. Geburtstages, 2. September 1913. Wien, Leipzig 1913, S. 50–56.
82 Exner, Gewerbe-Museum (1904), S. 105–108.
83 Ebd., S. 58 f.
84 Gesetz vom 9. September 1910, RGBl Nr. 185.
85 Exner, Wilhelm: Das technische Versuchswesen, dessen Bedeutung für die industrielle Praxis, die Wissenschaft und die Staatsverwaltung. Inaugurations-Rede gehalten am 10. Oktober 1893. Wien 1893; ders.: Über die gegenwärtige Stellung des technischen Versuchswesens, in: Rundschau für Technik und Wirtschaft I (1908), Nr. 1, S. 4–8, und Nr. 2, S. 30 f.; und ders.: Das technische Versuchswesen im Dienste der Unfallverhütung. Wien 1913. Exner referierte darüber auf dem II. Internationalen Kongreß für Rettungswesen und Unfallverhütung in Wien. Vgl. Bericht über den II. Internationalen Kongreß für Rettungswesen und Unfallverhütung. Wien, 9. bis 13. September 1913. Wien 1914, S. 250–274. Er erwähnt u. a. den Einsturz der Münchensteiner Eisenbahnbrücke bei Basel 1891, den Einsturz der Quebecbrücke in Kanada, er verweist auf das Buch von Ludwig von Stockert über Eisenbahnunfälle (1913!), den Einfluss des technischen Versuchswesens auf die Entwicklung von Automobilen, Lenkballons und Flugapparaten seit seinen Anfängen sowie die „zusammenfassenden" Studien von Stefan Jellinek zu den Gefahren des elektrischen Stroms.
86 Rundschreiben des k. k. Technologischen Gewerbemuseums in Wien, betreffend die Action des k. k. Handelsministeriums zur Förderung des Kleingewerbes. Wien 1898.
87 Katalog der Ausstellung gewerblicher Betriebsgenossenschaften. Wien 1909, S. 7–9.
88 Seltsam, Ferd.; Posselt, Edm.: Die Oesterreichische Gewerbe-Ordnung. Mit Rücksicht auf das praktische Bedürfnis. Wien 1884, S. V.
89 Unter anderem Aussig/Ústí nad Labem 1893, Troppau/Opava 1893, Teplitz/Teplice 1895 und Hohenelbe/Vrchlabí 1896. Vgl. Lackner, Helmut: Der Elektromotor als Retter des Handwerks, in: Plitzner, Klaus (Hg.): Elektrizität in der Geistesgeschichte. Bassum 1998, S. 155–168. Der Niederösterreichische Gewerbeverein hatte bereits 1884 in Wien die Ausstellung „Motoren und Werkzeugmaschinen für das Kleingewerbe" veranstaltet. Exner war Mitglied der Ausstellungskommission.
90 Renisch, Exner (1999), S. 149. In der Denkschrift von 1904 wird Erhard von Exner noch relativ selten erwähnt und im Namensregister des Bandes überhaupt „vergessen".
91 XXVI. und XXVII. Jahresbericht des k. k. Technologischen Gewerbe-Museums in Wien. Wien 1906, S. 5–16. Nach Übersiedlung in einen Neubau in der Wexstraße 19, 1200 Wien, zog der 1978 gegründete „Verein zur Schaffung offener Kultur- und Werkstättenhäuser" (WUK) in die Gebäude des Gewerbemuseums ein. In gewisser Weise setzt das WUK nach 100 Jahren die von Exner begründete Tradition der selbstorganisierten Kultur- und Sozialarbeit an diesem Standort fort.
92 Mittheilungen des Technologischen Gewerbe-Museums 1 (1880), Nr. 10.
93 Exner, Errichtung (1879), Anhang und Exner, Gewerbe-Museum (1904), S. 36 f.
94 Fünfzig Jahre Gewerbeverein (1890), S. 397 f.
95 Killian, Exner (1999), S. 142.
96 Katalog Dillinger (1885). Der Nachlass Dillinger mit Zeitungsausschnitten, Plakaten und Eintrittskarten seiner Sammlungspräsentationen bis 1889 befindet sich im TMW-Archiv.
97 Wochenschrift des Niederösterreichischen Gewerbe-Vereines L (1889), Nr. 50, S. 414, und Exner, Gewerbe-Museum (1904), S. 195.
98 Dillinger's Reisezeitung. Blätter für Reise- und Fremdenverkehrs-Wesen 1 (1890) bis 23 (1912).
99 Exner, Erlebnisse (1929), S. 122.
100 Vorbereitungen (1891) und Exner, Gewerbe-Museum (1904), S. 196–215.
101 Exner, Gewerbe-Museum (1904), S. 196.
102 Plato, Alice von: Die „Majestät der Geschichte" vor einem Millionenpublikum. Geschichtsdarstellungen auf den Pariser Weltausstellungen des 19. Jahrhunderts, in: WerkstattGeschichte 23 (1999), S. 39–60, bes. S. 49–51, und dies.: Zwischen Hochkultur und Folklore: Geschichte und Ethnologie auf den französischen Weltausstellungen im 19. Jahrhundert, in: Grewe, Cordula (Hg.): Die Schau des Fremden. Ausstellungskonzepte zwischen Kunst, Kommerz und Wissenschaft (Transatlantische Historische Studien 26). Stuttgart 2006, S. 42–68, bes. S. 54–61.
103 Exner, Gewerbe-Museum (1904), S. 198.
104 Berghoff, Hartmut: „Dem Ziele der Menschheit entgegen". Die Verheißungen der Technik an der Wende zum 20. Jahrhundert, in: Frevert, Ute (Hg.): Das Neue Jahrhundert. Europäische Zeitdiagnosen und Zukunftsentwürfe um 1900 (Geschichte und Gesellschaft. Sonderheft 18). Göttingen 2000, S. 47–78; Radkau, Joachim: Technik im Temporausch der Jahrhundertwende, in: Moderne Zeiten. Technik und Zeitgeist im 19. und 20. Jahrhundert. Hg. von Michael Salewski und Heinz Stölken-Fitschen (Historische Mitteilungen. Beiheft 8). Stutt-

gart 1994, S. 61–76 und Salewski, Technik als Vision der Zukunft um die Jahrhundertwende, in: ebd., S. 77–91.
105 Führer durch die Sammlungen des k. k. Technologischen Gewerbemuseums und des Museums für die Geschichte der österreichischen Arbeit, in: Mitteilungen des kaiserl. königl. Technologischen Gewerbe-Museums in Wien NF XIII (1903), S. 3–11. Neu gebildet wurde die Gruppe VII, die Gruppen XII und XIII waren ursprünglich zusammen.
106 Großbölting, Ordnung (2004).
107 Darunter u. a. die acht Bände „Theatrum Machinarum" von Jacob Leupold, 1724–1739, Sign. 5353; die „Architectura Hydraulica" von Bernard Forest de Bélidor, 1737–1768, Sign. 154; das zwölfbändige Handbuch der Erfindungen von Gabriel Christian Benjamin Busch, 1802–1822, Sign. 71; die „Selbstschreibende Wundermaschine" von Friedrich von Knaus, 1780, Sign. 143; und „Practival treatise on rail-roads …" von Nicholas Wood, 1825, Sign. 170.
108 Als Geschenk von Hugo Zipperling, Direktor der Maschinenfabrik in Wien-Simmering, kamen folgende Porträts ins Museum: Johann Baptist Schwilgué und Johann Friedrich Heinrich Rollé, Direktoren der Maschinenfabrik Rollé & Schwilgué in Wien-Simmering 1831–1842, sowie Heinrich Daniel Schmid, Besitzer dieser Fabrik 1842–1869, alle Öl/Leinwand, Alexander Michalek, Inv.-Nr. B-001559, B-001558 und B-001557. Diese drei Gemälde sind auf der Aufnahme des Saals zur Metallbearbeitung im Museum der Geschichte der österreichischen Arbeit links im Hintergrund an der Wand zu sehen.
109 Unter anderem kam über die Innung der Wiener Gold- und Silberschmiede das Ensemble einer Goldschmiedewerkstätte ins Museum, Inv.-Nr. 10260.
110 Inv.-Nr. 12456 und 12510.
111 Inv.-Nr. 641. 1822 hatte Fichtner „auf mehrere Verbesserungen an Dampfmaschinen" ein Privileg erhalten. Vgl. Beschreibung der Erfindungen und Verbesserungen für welche in den kaiserlich-königlichen österreichischen Staaten Patente erteilt wurden, und deren Dauer nun erloschen ist. Wien 1841, Bd. 1, S. 542 f. und Tafel VIII.
112 Inv.-Nr. 733 (Lenoir), Geschenk des k. u. k. Reichs-Kriegsministeriums, ursprünglich aus dem k. k. Offizierstöchter-Institut in Wien-Hernals; Inv.-Nr. 732 (Langen & Wolf), Geschenk des k. k. Handelsministeriums.
113 „Unter den vorhandenen Elektromotoren verdient der für Österreich patentirte Apparat des Universitätsmechanikers J. Kravogl in Innsbruck wegen der Neuheit seiner Construction […] besonders hervorgehoben zu werden." Vgl. Bericht über die Welt-Ausstellung zu Paris im Jahre 1867. Hg. durch das k. k. österreichische Central-Comité. Wien 1869, Bd. 2, Heft V: Verkehrsmittel, Classe LXIV: Materiale für Telegraphie, S. 247–249.
114 Inv.-Nr. 4996.
115 Inv.-Nr. 14029.
116 Inv.-Nr. 24183.
117 Inv.-Nr. 14057. Im Inventar des Museums für Geschichte der österreichischen Arbeit lassen sich weitere fünf Schreibmaschinen nachweisen: Inv.-Nr. 14059, 14060, 14067, 18144 und 29435.
118 Inv.-Nr. 15270 und Inv.-Nr. 15276.
119 Inv.-Nr. 1416.
120 Inv.-Nr. 1565 und Inv.-Nr. 1437.
121 Inv.-Nr. 1640, 1641 und 1643.
122 Schwerdtner eröffnete 1864 in Wien ein eigenes Atelier und war Gründungsmitglied der Genossenschaft der Graveure Wiens. Er verkaufte zwischen 1909 und 1912 seine Sammlung zur Gravierung, Ziselierung, Emaillierung und Guillochierung um 2000 Kronen dem Technischen Museum, mit der Ing. Heinrich Kathrein bis 1917 im Erdgeschoss die Abteilung „Prägetechnik" gestaltete. Vgl. TMW-Archiv, BPA-012991.
123 XXI. Jahresbericht des k. k. Technologischen Gewerbe-Museums in Wien. Wien 1901, S. 3.
124 XXVI. und XXVII. Jahresbericht des k. k. Technologischen Gewerbe-Museums in Wien. Wien 1906, S. 82 f.; XXVIII. Jahresbericht […]. Wien 1907, S. 69; XXXII. Jahresbericht […]. Wien 1911, S. 50.
125 Exner, Gewerbe-Museum (1904), S. 209.
126 Bauer, Alexander: Die ersten Versuche zur Einführung der Gasbeleuchtung in Österreich. Wien 1891; Priwoznik, E.: Über das Vorkommen von Tellur und dessen Gewinnung aus seinen Erzen nach verschiedenen Methoden. Wien 1893; Bauer, Alexander: Die Adelsdiplome österreichischer Alchimisten und die Abbildungen einiger Medaillen alchimistischen Ursprungs. Wien 1893; Bujatti, Franz: Die Geschichte der Seidenindustrie Österreichs, deren Ursprung und Entwicklung bis auf die neueste Zeit. Wien 1893; Peterson, Heinrich: Zur Geschichte der Glasfarbenerzeugung in Joachimsthal. Wien 1894; Möller, Wilhelm: Geschichte und Entwicklung der k. k. Schwefelsäurefabrik in Unterheiligenstadt. Wien 1895; Priwoznik, E.: Über die Kupferwerke im Pinzgau. Wien 1895; ders.: Das Berg- und Hüttenwerk Agordo. Wien 1896; Kerchnawe, Herbert: Die Bleiweißfabrikation in Österreich. Wien 1898.
127 Exner, Museal-Fragen (1892), S. 12.
128 Exner, Erlebnisse (1929), S. 122.
129 Exner, Museal-Fragen (1892). Abgedruckt auch in: Wochenschrift des Niederösterreichischen Gewerbe-Vereines LIII (1892), Nr. 42, S. 411 f., und Nr. 43, S. 424–427.
130 Die Kaserne wurde 1900/01 abgebrochen.
131 Sitte, Camillo: Der Städte-Bau nach seinen künstlerischen Grundsätzen. Wien 1901³ (1. Auflage 1889), S. 173 f.
132 Poser, Das Gewerbe-hygienische Museum (1994); Poser, Das Gewerbe-hygienische Museum (1996); Poser, Museum (1998), bes. S. 45–94; und allg. Pointner, Unfallverhütung (1989), zum gewerbehygienischen Museum bes. S. 89–93.
133 Migerka, Franz: Die Ziele des Wiener kaufmännischen Vereines. Begrüssungs-Rede, in: Jahrbuch des Wiener kaufmännischen Vereines 1 (1880), S. 13.
134 Migerka, Franz: Das Unterrichtswesen in den Vereinigten Staaten (Bericht über die Weltausstellung in Philadelphia 1876. Heft XI). Wien 1877; ders.: Beiträge zur Geschichte der Entwicklung der Vereinigten Staaten und zur Frage unseres Exportes und Administrativer Bericht der Commission über die Teilnahme Österreichs an der Weltausstellung in Philadelphia 1876 (Bericht über die Weltausstellung in Philadelphia 1878. Schlussheft). Wien 1878. Migerkas mitgereiste Frau Catharina, Sozialarbeiterin und Schriftstellerin, berichtete in Briefen – wie gleichzeitig der Professor für Maschinenbau an der Technischen Hochschule Berlin-Charlottenburg Franz Reuleaux – begeistert aus Philadelphia: „Amerika ist ein gottgesegnetes Land, über das die Natur die ganze Fülle ihrer Gaben verschwenderisch ausgebreitet hat." Vgl. Migerka, Catharina: Briefe aus Philadelphia (1876) an eine Freundin. Wien 1877, S. 39, und Reuleaux, Franz: Briefe aus Philadelphia. Braunschweig 1877, mit der eine Diskussion auslösenden kritischen Bewertung der deutschen Industrie als „billig und schlecht", S. 5. Anlässlich der internationalen Ausstellung in London 1871 hatte Migerka über die Schafwollindustrie berichtet. Vgl. Migerka, Franz; Löw, Carl: Die Wollen, Wollwaaren und die Arbeits-Maschinen der Wollwaaren-Industrie auf der internationalen Ausstellung in London 1871. Wien 1871.
135 Dazu gehört auch der gedruckte Vortrag: Die Auswanderung. Brünn 1864. Migerka befasste sich mit den Push- und Pullfaktoren der Auswanderung aus Deutschland und Österreich sowie mit den „weniger besprochenen" Auswanderungsländern Kanada und Australien.
136 Lackner, Helmut: Soziale und gesundheitliche Folgen der technischen Entwicklung, in: „made in styria". Begleitband zur Steirischen Landesausstellung. Graz 1987, S. 312–319.
137 Lewy, E.: Die Berufskrankheiten der Bleiarbeiter. Wien 1873. Lewy unterrichtete auch an der Forstakademie Mariabrunn und war daher mit Exner bekannt.
138 Bleivergiftungen in hüttenmännischen und gewerblichen Betrieben. Ursachen und Bekämpfung. Wien 1905–1915, 9 Teile. Vgl. Ehrenfeld, Richard: Die Aktion der österreichischen Regierung zur Bekämpfung der Bleivergiftungen in hüttenmännischen und gewerblichen Betrieben (Schriften der Österr. Gesellschaft für Arbeiterschutz XIV). Wien 1910.
139 Teleky, Ludwig: Die Phosphornekrose, ihre Verbreitung in Österreich und deren Ursachen. Bericht erstattet der internationalen Vereinigung für gesetzlichen Arbeiterschutz (Schriften der Österr. Gesellschaft für Arbeiterschutz XII). Wien 1907. Allg. dazu Pfundner, Robert M.: Phosphornekrose – Die Berufskrankheit der Beschäftigten in der Zündholzindustrie, in: Blätter für Technikgeschichte 55 (1993), S. 65–88. Zu Teleky vgl. Wulf, Andreas: Der Sozialmediziner Ludwig Teleky (1872–1957) und die Entwicklung der Gewerbehygiene zur Arbeitsmedizin. Frankfurt/Main 2001. Teleky ging 1921 nach Deutschland und profilierte sich im preußischen Gesundheitsdienst als Sozialmediziner, kehrte 1933 zurück und musste 1938 (in die USA) emigrieren.
140 Rambousek, Josef: Luftverunreinigung und Ventilation mit besonderer Rücksicht auf Industrie und Gewerbe. Wien, Leipzig 1904.
141 Bericht der Arbeiter-Unfall-Versicherungs-Anstalt für das Königreich Böhmen in

142 Kraft, Max (Hg.): Fabrikshygiene. Darstellung der neuesten Vorrichtungen und Einrichtungen für Arbeiterschutz und Wohlfahrt. Wien 1891. Hier Beschreibungen und Zeichnungen von Schutzvorrichtungen, wie sie Migerka 1898 im gedruckten Katalog des Gewerbe-hygienischen Museums verwenden wird.
143 Allg. Tálos, Emmerich: Staatliche Sozialpolitik in Österreich. Rekonstruktion und Analyse. Wien 1981, S. 41–93.
144 RGBl Nr. 117 vom 17. Juni 1883.
145 Bericht der k .k. Gewerbe-Inspectoren über ihre Amtsthätigkeit im Jahre 1884. Wien 1885 ff. Von Beginn an werden hier in der Praxis angewandte Schutzvorrichtungen erwähnt und wird regelmäßig auf die Entwicklung des Gewerbe-hygienischen Museums verwiesen.
146 Mensch – Arbeit – Technik. Katalog zur Deutschen Arbeitsschutzausstellung. Köln 1993. Während der Schließung des Technischen Museums Wien zeigte das Dortmunder Haus ab 1995 einige Jahre lang Modelle des ehemaligen Wiener Gewerbe-hygienischen Museums. Vgl. 100 Jahre Arbeitsschutz. Modelle aus der Gewerbe-hygienischen Sammlung des Technischen Museums Wien. Dortmund, Wien 1995.
147 Poser, Museum (1998).
148 Hartmann, Museen (1914). Zu den ältesten zählte die 1867 gegründete „Gesellschaft zur Verhütung von Fabrikunfällen" im französischen Mülhausen. Vgl. Sammlung von Vorrichtungen und Apparaten zur Verhütung von Unfällen an Maschinen. Hg. von der Gesellschaft zur Verhütung von Fabrikunfällen Mülhausen (Elsass). Mülhausen 1889.
149 Katalog der Jubiläums-Gewerbe-Ausstellung Wien 1888. Wien 1888, S. 293–300.
150 Katalog der Ausstellung für Unfallverhütung und Gewerbehygiene in Brünn. Brünn 1889.
151 Bericht über die Deutsche Allgemeine Ausstellung für Unfallverhütung Berlin 1889. Berlin 1891, 2 Bände.
152 1900 konnten direkt anschließend in der Grillparzerstraße drei weitere Räume mit 100 Quadratmetern angemietet werden. Vgl. Mitteilungen des gewerbehygienischen Museums Nr. CLXXV (1900), S. 1 f., und Nr. CXCI (1901), S. 3–5.
153 Krupp beteiligte sich mit 30 Bildern von hygienischen Einrichtungen und der Musterschulklassen in Berndorf an der Internationalen Hygiene-Ausstellung in Dresden 1911. Vgl. Sonderkatalog des Österreichischen Pavillons der Internationalen Hygiene-Ausstellung Dresden 1911. Wien 1911, S. 10.
154 Zusammen mit einem Kollegen verfasste Kulka einen Unterrichtsleitfaden. Vgl. Kulka, Michael; Ludwig, Jehle: Leitfaden für den Unterricht in den Grundzügen der Gewerbehygiene und Unfall-Verhütung. Wien 1901. Kulka starb 1907, ihm folgte Jehle als Kustos nach.
155 Teißl, Ludwig: Unfallverhütung und Unfallversicherung. Wien o. J. [1931/32], S. 17–34 und S. 80.
156 Statuten des Vereines zur Pflege des gewerbe-hygienischen Museums in Wien. Genehmigt von der Niederösterreichischen Statthalerei am 31. Oktober 1889. Bibliothek des TMW
157 Sammlungen gewerbe-hygienisches Museum (1898).
158 Über Wohlfahrtseinrichtungen bei der Eisenbahn sowie in Gewerbe und Handel legte das Arbeitsstatistische Amt des Handelsministeriums eine Erhebung vor: Die Wohlfahrtseinrichtungen der Arbeitgeber zu Gunsten ihrer Angestellten und Arbeiter in Oesterreich. Wien 1902–1904, 2 Teile in 3 Bänden. Vgl. Weitensfelder, Hubert: Philanthropie gegen soziale Katastrophen? „Wohlfahrts-Einrichtungen" in Fabriken und gewerblichen Betrieben Cisleithaniens um 1900, in: Kriege – Seuchen – Katastrophen. Hg. von Willibald Rosner und Reinelde Motz-Linhart (Studien und Forschungen aus dem Niederösterreichischen Institut für Landeskunde 46). St. Pölten 2007, S. 115–137.
159 Internationale Ausstellung für Unfallverhütung, Gewerbehygiene und Arbeiterwohlfahrt in Budapest 1907. Die Objekte des gewerbehygienischen Museums in Wien. Wien 1907, S 3–7.
160 Scharfe, Menschenwerk (2002), S. 217.
161 Unter anderem die Österreichisch-Alpine Montangesellschaft, die Bleiberger Bergwerks Union, die Aufzugsfabrik Freissler, Ganz & Co., F. M. Hämmerle, die Kaiser-Ferdinands-Nordbahn, Jakob & Josef Kohn Fabrik für Möbel aus gebogenem Holz, Maschinen- und Waggonfabrik AG vorm. H. D. Schmid, die Maschinenfabrik Ringhoffer, die französische Schutzbrillen- und Staubmaskenfabrik Schimmelbauer, Siemens & Halske, die Staatseisenbahn-Gesellschaft, die Südbahn-Gesellschaft sowie der Erzeuger von Sicherheitsapparaten Carl Wendschuch in Dresden. Letzterer lieferte Schutzbrillen und Atemschutzgeräte. Vgl. Beschreibung und Detail-Preisliste über Arbeiter-Schutzgeräthe und Sicherheits-Schutzvorrichtungen […]. Dresden 1897.
162 Sammlungen gewerbe-hygienisches Museum (1898).
163 Allgemeine hygienische Ausstellung in Wien 1906. Die Objekte des gewerbehygienischen Museums in Wien. Wien 1906; Internationale Ausstellung für Unfallverhütung, Gewerbehygiene und Arbeiterwohlfahrt in Budapest 1907. Die Objekte des gewerbe-hygienischen Museums in Wien. Wien 1907; Katalog der in Budapest (Industriehalle im Stadtpark) eröffneten internationalen Ausstellung für Unfallverhütung, Gewerbehygiene und Arbeiterwohlfahrt. Budapest 1907, S. 62–89; Österreichische Adria-Ausstellung. Offizieller Katalog. Mit einem Plan. Wien 1913 (Exner war einer der vielen Ehrenpräsidenten, und Erhard war Mitglied des Ehrenkomitees).
164 In den gewerblichen Betrieben vorkommende Staubarten in Wort und Bild. Wien 1892 (2. Auflage 1895).
165 Jakopitsch, Gerhard: Der k. k. Gewerbeinspektor Josef Edler von Rosthorn und die erste österreichische Arbeitssicherheitsausstellung 1885/86 in Klagenfurt, in: 110 Jahre Arbeitssicherheit in Kärnten. Sonderausstellung im Landwirtschaftsmuseum Schloß Ehrental, Klagenfurt. Klagenfurt 1986, S. 3–6. Das Inventar des Gewerbe-hygienischen Museums von 1898 weist acht Objekte, vor allem Schutzvorrichtungen bei Kreissägen, mit der Herkunft Rosthorn auf.
166 Bericht der k. k. Gewerbe-Inspectoren über ihre Amtsthätigkeit im Jahre 1905. Wien 1906, S. 120. Über einen Verbleib der Objekte ist nichts bekannt.
167 Mitteilungen des gewerbe-hygienischen Museums Nr. 327 (1909), S. 2–5.
168 Exner, Museal-Fragen (1892), S. 19.
169 Teleky, Schicksal (1913). Unmittelbar vor der Schließung hatte sich das Museum noch mit 64 Objekten an der Kaiser-Jubiläums-Ausstellung 1908 in Prag beteiligt. Vgl. Jubiläums-Ausstellung des Bezirkes der Handels- und Gewerbekammer in Prag 1908. Amtlicher Gruppenkatalog Nr. 2: Transportwesen. Ingenieurwesen und Bauindustrie. Sozialpolitische Abteilung. Prag 1908, S. 165–176.
170 Inv.-Nr. 40561. Mit der „Ajax" befindet sich heute die älteste original erhaltene Dampflokomotive außerhalb Englands im Technischen Museum. Buschmann, Alfred: Ein österreichisches Eisenbahnmuseum in Wien, in: Zeitschrift für Eisenbahnen und Dampfschiffahrt 4 (1891), Heft 11, S. 22 f.
171 Stummer, Joseph: Bildliche Darstellung der Geschichte der Kaiser Ferdinands Nordbahn, von dem Zeitpunkt der Eröffnung im Jahre 1838 bis zu Ende des Jahres 1853. Wien 1855.
172 Katalog, Eisenbahnen (1902), S. 313.
173 Inv.-Nr. 40077. Einziger original erhalten gebliebener Personenwagen der Pferdeeisenbahn.
174 Eisenbahn-Ausstellung in Wien, in: Österreichische Eisenbahn-Zeitung III (1880), Nr. 31, S. 478.
175 Ebd., Nr. 39, S. 519.
176 Ebd., Nr. 40, S. 523 f.
177 Deutsch, Eduard: Ein österreichisches Eisenbahnmuseum, in: Österreichische Eisenbahn-Zeitung IV (1881), Nr. 4, S. 45 f.
178 ÖStA, AVAFHKA, Verkehr, Sachgruppenschema D, IV H 11, I B h 1, 2 v, 30.1.1886.
179 Weinberg, Emil: Das k. k. historische Museum der österreichischen Eisenbahnen, in: Österreichische Eisenbahn-Zeitung XXVI (1903), Nr. 1, S. 5 f.
180 ÖStA, AVAFHKA, Verkehr, Sachgruppenschema D, IV H 11, I B h 1, undatierte Planbeilage, 19 v.
181 Katalog Eisenbahnen (1902), S. X.
182 Ausstellung der österreichischen Eisenbahnen unter Rücksichtnahme auf die Entwicklung derselben in den Jahren 1848 bis 1888. II. Anhang zum Katalog der Jubiläums-Gewerbe-Ausstellung in Wien 1888. Wien 1888, S. 27 ff.
183 ÖStA, AVAFHKA, Verkehr, Sachgruppenschema D, IV H 11, I B h 1, 28 v, 17.3.1891.
184 Exner, Museal-Fragen (1892), S. 13.
185 Stockert, Museum (1915), S. 183 f.
186 Katalog, Staatsbahnen (1893)., S. 4 f.
187 Weinberg, Museum, 1903, S. 5 f.
188 Das historische Museum der k. k. österreichischen Staatsbahnen, in: Oesterreichische Eisenbahn-Zeitung XVI (1893), Nr. 22, S. 177 f.

189 Inv.-Nr. EA-001959. Die Handschrift konnte 2007 vom Technischen Museum Wien im Kunsthandel erworben werden.
190 Gröger, Hilde: Amerikas Pionierzeit – Bilder des oberösterreichischen Malers Franz Hölzlhuber, in: Alte und moderne Kunst. Österreichische Zeitschrift für Kunst, Kunsthandwerk und Wohnkultur Nr. 73 (1964), S. 31–34, und Grassner, Helmut: Franz Hölzlhuber – eine Universalbegabung des 19. Jhts. Erinnerung anläßlich seines 80. Todestages, in: Oberösterreichische Heimatblätter 32 (1978), S. 87–92.
191 Ein neues Museum in Wien, in: Neues Wiener Tagblatt, 2.4.1893, S. 7.
192 Das historische Museum der K. K. Oesterreichischen Staatsbahnen, in: Zeitung des Vereins Deutscher Eisenbahnverwaltungen, 12.4.1893, S. 260.
193 Katalog, Staatsbahnen (1893).
194 Inv.-Nr. 40395. Erbaut 1854 von Wenzel Günter in Wiener Neustadt und 1886 außer Dienst gestellt.
195 Inv.-Nr. 40563. Die aufgerissene Feuerbox ist das Relikt eines am 16.9.1892 auf der Kronprinz-Rudolf-Bahn bei Kalwang–Wald (Steiermark) explodierten Lokomotivkessels des „römischen" Schnellzugs nach Wassermangel. Lokomotivführer und Heizer starben damals. Vgl. Stockert, Ludwig von: Eisenbahn-Unfälle. Ein Beitrag zur Eisenbahnbetriebslehre. Band 1. Leipzig 1913, S. 256.
196 Zuvor gab es bereits seit 1871 das Planarchiv der Generalinspektion, dessen größter Teil sich heute im Österreichischen Staatsarchiv befindet.
197 ÖStA, AVAFHKA, Verkehr, Sachgruppenschema D, IV H 11, I B h 2, 13 r + v, 28. April 1894. Vgl. auch Fürst, Ignatz: Festschrift zur Fünfundzwanzigjährigen Gedenkfeier der ersten gemeinsamen Fahrt Ihrer Majestäten des Kaisers und der Kaiserin auf der Semmering-Bahn. Wien 1879.
198 ÖStA, AVAFHKA, Verkehr, Sachgruppenschema D, IV H 11, I B h 1, 24 r + v, 12. September 1878.
199 Ein neues Museum in Wien, in: Neues Wiener Tagblatt, 5.4.1893.
200 ÖStA, AVAFHKA, Präsidium Handelsministerium, PZ 1930 vom 18. Juli 1893, Antrag der Generaldirektion der Staatsbahnen zur Vereinigung des Eisenbahnmuseums der pr. Kaiser Ferdinands-Nordbahn mit jenem der k. k. Staatsbahnen.
201 Stockert, Museum (1915), S. 187.
202 Katalog, Eisenbahnen (1902), S. XIV.
203 Stockert, Museum (1915), S. 188.
204 Katalog, Eisenbahnen (1902), S. XIV.
205 Bis zur Gründung eines eigenen Eisenbahnministeriums 1896 wechselten die Agenden für die Eisenbahn zwischen sieben verschiedenen Hofstellen und Ministerien. Siehe dazu Mechtler, Paul: Inventare Österreichischer Archive IX. Inventar des Verkehrsarchivs Wien (Publikationen des Österreichischen Staatsarchivs, II. Serie: Inventare österreichischer Archive). Wien 1959, S. 12 ff.
206 Weinberg, siehe Anmerkung 179, S. 7.
207 Kinnl, Robert: Das „ÖSTA-who is who" zum Südbahnbau aus dem Portraitbestand des Österreichischen Staatsarchivs, in: Artl, Gerhard; Gürtlich, Gerhard H.; Zenz, Hubert (Hg.): Mit Volldampf in den Süden. 150 Jahre Südbahn Wien–Triest. Wien 2007, S. 471–492.
208 Weinberg, siehe Anmerkung 179, S. 7.
209 Katalog, Eisenbahnen (1902), S. 245.
210 Ebd., S. 585 ff.
211 II. Nachtrag zum beschreibenden Kataloge des k. k. historischen Museums der österreichischen Eisenbahnen, in: Österreichische Eisenbahn-Zeitung XXXIV (1911), Nr. 1, S. 7.
212 Stockert, Museum (1915), S. 183.
213 Katalog, Eisenbahnen (1910), S. XV.
214 Ein hundertjähriger Lokomotiv-Veteran im Historischen Museum der Österreichischen Eisenbahnen, in: Die Modelleisenbahn (1948), S. 107 f.
215 Für das Eisenbahn-Museum I – III, in: Die Lokomotive. Illustrierte Monats-Fachzeitschrift für Eisenbahntechniker 1908, S. 60, S. 76 f. und S. 97 f.
216 Die Ghega-Feier des österreichischen Ingenieur- und Architekten-Vereines aus Anlass des fünfzigjährigen Jubiläums der Eröffnung der Semmeringbahn. Wien 1904. S. 19 f.
217 Stockert, Museum (1915), S. 185.
218 Ebd., S. 184 und S. 186. Vgl. auch Desbalmes, Führer (1978), S. 46 f.
219 Scholz, F. W.: Geschichte des Historischen Museums der österreichischen Eisenbahnen, in: Die Modelleisenbahn 1948, Folge 9, S. 125.
220 Stockert, Museum (1915), S. 186 f.
221 Katalog, Eisenbahnen (1906), S. 1 f.
222 Ebd. (1910), S. VII.
223 Seidelmann, Eisenbahnmuseum (1967), S. 387.
224 Seidelmann, Eisenbahnmuseum (1969), S. 262.
225 TMW-Eisenbahnarchiv, Museumsbericht Nr. 75 ex 1911, Stockert an das Departement 6a im Eisenbahnministerium.
226 Ebd., Besuchsbuch des Eisenbahnmuseums vom 6.4.1893 bis zum 13.5.1915.
227 TMW-Eisenbahnarchiv, Gedenkbuch des Eisenbahnmuseums, mit Eintragungen vom 25. Mai 1893 bis zum 29. Juni 1982.
228 Katalog, Eisenbahnen (1902), S. XII.
229 TMW-Eisenbahnarchiv, Gedenkbuch des Eisenbahnmuseums, mit Eintragungen von 25. Mai 1893 bis 29. Juni 1982.
230 Ausstellungsbesuche Sr. Majestät des Kaisers, in: Wiener Abendpost. Beilage zur Wiener Zeitung, 1904, Nr. 81. Vgl. auch K. k. historisches Museum der österr. Eisenbahnen, in: Österreichische Eisenbahn-Zeitung XXIIV (1904), Nr. 13, S. 159 f.
231 K. k. historisches Museum der österreichischen Eisenbahnen, in: Österreichische Eisenbahn-Zeitung XXXIV (1911), Nr. 3, S. 30.
232 TMW-Eisenbahnarchiv, zum Museumsbericht Nr. 14 ex 9.7.1913, Beilage A und B.
233 Ebd., Konzept für Museumsbericht Nr. 14 ex 9.7.1913 an das Departement 6a im Eisenbahnministerium.
234 Die Lokomotiven im Technischen Museum zu Wien, in: Die Lokomotive. Illustrierte Monats-Fachzeitschrift für Eisenbahntechniker 1914, S. 187.
235 TMW-Archiv, BPA-014662/2, Verzeichnis der bis Ende August 1915 überstellten Objekte des k. k. historischen Museums der österreichischen Eisenbahnen [...].
236 Knauer, Karl Heinz: Der Hofsalonwagen der Kaiserin Elisabeth von Österreich, in: Der Hofsalonwagen der Kaiserin Elisabeth. Wien 2002, S. 27.
237 TMW-Eisenbahnarchiv, Gerstner an das Eisenbahnministerium, 29.2.1916.
238 Ebd., Notiz für die Zeitung des Vereins Deutscher Eisenbahnverwaltungen. Handschriftliches Manuskript.
239 Exner, Museal-Fragen (1892), S. 4 f. und 13.
240 Das Postmuseum in der Rotunde, in: Illustrirtes Wiener Extrablatt, 20.5.1891, Nr. 137, S. 4 f., und 22.5.1891, Nr. 139, S. 1; K. k. Postmuseum, in: Wiener Zeitung, 20.5.1891, Nr. 113, S. 9. Vgl. Das k. k. Postmuseum in Wien, in: Oesterreichische Verkehrs-Zeitung, 11.7.1894, Nr. 28, S. 218.
241 Exner, Museal-Fragen (1892), S. 12.
242 Ebd., S. 12 f.
243 ÖStA, AVAFHKA, Handelsministerium, Bestand Postmuseum, P. Z. 31093, präs. 7.7.1891; K. k. Postmuseum, in: Wiener Zeitung, 20.5.1891, Nr. 13, S. 9; Schranka, Eduard M.: Das k. k. Postmuseum, in: Wiener Almanach. Jahrbuch für Literatur, Kunst und öffentliches Leben (1896), S. 375–382, hier S. 378 und 382; Postalische Alterthumskunde und das Postmuseum, in: Die Post. Fachorgan für das österreichisch-ungarische Post- und Telegraphenwesen [...], 23.8.1890, Nr. 34, S. 1.
244 Die Presse, 20.5.1891, Nr. 137, S. 9.
245 Kramer, Ferdinand: Försters Wiener Fremdenführer, 26. erg. Aufl. Wien 1896 und ebd., 25. verb. Aufl. Wien 1894, S. 126.
246 ÖStA, AVAFHKA, Handelsministerium, Bestand Postmuseum, P. Z. 9380, präs. 25. 2.1892.
247 Ebd., P. Z. 46142, präs. 16.11.1888, und P. Z. 22.907, präs. 28.5.1889.
248 ÖStA, AVAFHKA, Handelsministerium, Bestand Postmuseum, P. Z. 31093, präs. 7.7.1891. Vgl. Theater und Sehenswürdigkeiten, in: Wiener Zeitung, 1.6.–17.9.1892.
249 Ebd., P. Z. 4124, präs. 27.1.1891; Führer Post-Museum (1891), S. V.
250 ÖStA, AVAFHKA, Handelsministerium, Bestand Postmuseum, P. Z. 20877, präs. 14.5.1890.
251 Post- und Telegraphen-Verordnungsblatt, 1889, Nr. 71, S. 313; 1890, Nr. 8, S. 34 f.; Nr. 26, S. 106 ff.; Nr. 51, S. 206 f.; Nr. 90, S. 408 ff.; 1891, Nr. 4, S. 14 ff.; Nr. 46, S. 186 f.; Nr. 82, S. 341 f.; 1892, Nr. 7, S. 25 ff.; Nr. 42, S. 216 ff.; Nr. 78, S. 605 f.; Nr. 140, S. 863 f.; 1893, Nr. 33, S. 148 f.; Nr. 113, S. 482 ff.; 1894, Nr. 10, S. 52 f.; Nr. 33, S. 180 f.; Nr. 99, S. 459 ff.; 1895, Nr. 36, S. 186 f.; 1896, Nr. 15, S. 86 f.; 1897, Nr. 108, S. 516 f.; 1898, Nr. 93, S. 496 f.; 1899, Nr. 25, S. 121 f.; 1900, Nr. 89, S. 520 ff.; 1903, Nr. 25, S. 95 ff.; 1905, Nr. 18, S. 127 f.
252 Ein österreichisches Postmuseum, in: Die Post. Fachorgan für das österreichisch-ungarische Post- und Telegraphenwesen [...], 24.8.1889, Nr. 34, S. 1.
253 Beyrer, Klaus (Hg.): Kommunikation im Kaiserreich. Der Generalpostmeister Heinrich von Stephan (Museumsstiftung Post und Telekommunikation 2). Hei-

254 Redlich, Oswald. Vier Post-Stundenpässe aus den Jahren 1496 bis 1500, in: Mitteilungen des Instituts für oesterreichische Geschichtsforschung XII (1891), S. 494–504, hier S. 495.
255 ÖStA, AVAFHKA, Handelsministerium, Bestand Postmuseum, P. Z. 48076, präs. 16.10.1891.
256 Ebd., P. Z. 9380, präs. 25.3.1892.
257 Ebd., P. Z. 1058, präs. 6.1.1899.
258 Führer Post-Museum (1891–1907). Vgl. Das österreichische Postmuseum, in: Zeitschrift für Post und Telegraphie, 1.2.1908, Nr. 4, S. 25 f.
259 ÖStA, AVAFHKA, Handelsministerium, Bestand Postmuseum, P. Z. 49938, Schlussbericht für das Jahr 1911, Wien, 30.11.1911, S. 1.
260 Schranka, Postmuseum, 1896, S. 377, 378 f.
261 Führer Post-Museum (1907), S. 20 f.; Führer Post-Museum (1894), S. 34; K. k. Postmuseum, in: Wiener Zeitung, 20.5.1891, Nr. 113, S. 9.
262 Führer Post-Museum (1907), S. 77, Abb. „Raum XIII" nach S. 68, S. 10 und S. 68.
263 Schranka, Postmuseum, 1896, S. 382; Post- und Telegraphen-Verordnungsblatt, 20.11.1895, Nr. 114, S. 525.
264 Führer Post-Museum (1907), S. 91, und Post- und Telegraphen-Verordnungsblatt, Jänner 1891, Nr. 4, S. 15.
265 ÖStA, AVAFHKA, Handelsministerium, Bestand Postmuseum, P. Z. 35242, präs. 18.8.1889.
266 Führer Post-Museum (1907), S. 91; Post- und Telegraphen-Verordnungsblatt, 6.3.1903, Nr. 25, S. 96.
267 Führer Post-Museum (1907), S. 164.
268 Ebd. (1891), S. 32–34, und (1894), S. 206–208.
269 Schranka, Postmuseum, 1896, S. 378.
270 Katalog des Reichspostmuseums. Berlin 1897; vgl. Ein Besuch im deutschen Reichspostmuseum, in: Zeitschrift für Post und Telegraphie, 20.3.1906, Nr. 9, S. 70 f.
271 Führer Post-Museum (1907), S. 257, und ebd. (1894), S. 230.
272 Archiv für Post und Telegraphie. Beiheft zum Amtsblatt des Reichs-Postamts, 1889, Nr. 18, S. 564 f. Vgl. Katalog des Reichspostmuseums. Berlin 1897, S. 335, Nr. 23.
273 Schranka, S. 382. Vgl. Führer Post-Museum (1907), Abb. nach S. 256.
274 ÖStA, AVAFHKA, Handelsministerium, Bestand Postmuseum, P. Z. 59411, P. 2972, präs. 16.12.1913, S. 3.
275 Die Presse, 25.1.1896, S. 8.
276 Schimmer, Karl Eduard: Wien in Wort und Bild. Wien 1900, S. 25; Guglia, Eugen: Wien. Führer durch Stadt und Umgebung. Wien 1908, S. 201; Umlauft, Friedrich: Kleiner Führer durch Wien. 3., verb. u. verm. Aufl. 1910, S. 52, und 4., verb. Aufl. Wien 1913, S. 54; Neuester Bezirks-Taschen-Plan, und Führer von Wien in Buchform. Wien 1910, S. 99; Kleiner Wegweiser zu den Sehenswürdigkeiten von Wien. 8., verb. und verm. Auflage, o. J. (nach 1907), S. 18. Ich danke Mag. Elisabeth Golzar für ihre Hinweise. Vgl. auch: Wiener Almanach. Hg. von Bohrmann, Heinrich; Jäger, Jacques. Wien 1893–1914, Rubrik „Sehenswürdigkeiten".
277 ÖStA, AVAFHKA, Handelsministerium, Bestand Postmuseum, P. Z. 49938, Schlussbericht für das Jahr 1911, Wien, 30.11.1911, S. 4.
278 Vgl. das Kapitel „Die „Geschichte der vier Hofräte"/ Das „k. k. historische Museum der österreichischen Eisenbahnen".
279 Das Reichs-Postmuseum, in: Archiv für Post und Telegraphie, Berlin 1914, S. 15–18, hier S. 16.
280 ÖStA, AVAFHKA, Handelsministerium, Bestand Postmuseum, P. Z. 56240, P. 2672, präs. 12.12.1912, S. 1 f.
281 ÖStA, AVAFHKA, Handelsministerium, Bestand Postmuseum, P. Z. 49938, Schlussbericht für das Jahr 1911, Wien, 30.11.1911, S. 3.
282 Ebd.
283 Ebd., P. Z. 12279, 17.3.1911, S. 8, in: ÖStA, AdR, Sign. 589, Karton 3401, 1931.
284 Ebd., P. Z 19245, P. 1622, präs. 27.4.1914.
285 Post- und Telegraphen-Verordnungsblatt, 27.2.1908, Nr. 26, S. 117, und ebd., 2.4.1909, Nr. 27, S. 179.
286 ÖStA, AVAFHKA, Handelsministerium, Bestand Postmuseum, P. Z. 56240, P 2672, präs. 12.12.1912. S. 3, und P. Z. 54059, P. 3106, präs. 18.11.1913, S. 3; ebd., P. Z. 59411, P. 2972, präs. 16.12.1913, S. 6 f.
287 Ebd., P. Z. 56240, P. 2672, präs. 12.12.1912, S. 4 f.
288 K. k. Postmuseum, in: Wiener Zeitung, 20.5.1891, Nr. 113, S. 9; Führer Post-Museum (1894), S. V; Schranka, Postmuseum, 1896, S. 379.
289 Dragoun, W.: Zum Studium der österreichischen Postgeschichte, in: Zeitschrift für Post und Telegraphie, 20.3.1912, Nr. 9, S. 67 f., hier S. 68; vgl. auch Kučera, Otto: Über die Popularisierung der Postgeschichte, in: Zeitschrift für Post und Telegraphie, 1.9.1912, Nr. 25, S. 195.
290 Führer Post-Museum (1891), S. 67–77.
291 Ebd. (1894), S. 211, Fußnote; S. 183 und 202.
292 Ebd. (1907), S. 166 und 191.
293 ÖStA, AVAFHKA, Handelsministerium, Bestand Postmuseum, P. Z. 56240, P. 2672, präs. 12.12.1912, S. 3 f.
294 Ebd., S. 4.
295 ÖStA, AVAFHKA, Handelsministerium, Bestand Postmuseum, P. Z. 54059, P. 3106, präs. 18.11.1913, S. 1; Abschrift des Übereinkommens H. M. Zl. 5924/Pä1913, 18.4.1913. Ich danke Mag. Eva Sinnmayer (Post AG) für den Hinweis.
296 TMW-Archiv, BPA-014333, handschriftliche Flächenberechnung 1913.
297 ÖStA, AVAFHKA, Handelsministerium, Bestand Postmuseum, P. Z. 59411, P. 2972, präs. 16.12.1913, S. 1; ebd., P. Z. 56751, P. 3254, präs. 2.12.1913, S. 1.
298 TMW-Archiv, Technisches Museum an Bundesministerium für Verkehrswesen (Postsektion), P. Z. 402, Wien, 12.3.1923, S. 3 (Entwurf).
299 Ebd., Brief an Vereinigte Telephon- und Telegraphen-Fabriks-A.G. Czeija, Nissl & Co, Wien, 3.12.1913, Entwurf.
300 TMW-Archiv, BPA-014333, Scheiben des Handelsministeriums ans Technische Museum, Z. 4673, Wien, 9.2.1917.
301 ÖStA, AVAFHKA, Handelsministerium, Bestand Postmuseum, P. Z. 36925, P. 1948, eingelangt 25.11.1915, S. 1 f.
302 TMW-Archiv, Technisches Museum an Bundesministerium für Verkehrswesen (Postsektion), P. Z. 402, Wien, 12.3.1923 (Entwurf); ebd., Schreiben des Bundesministeriums für Handel und Verkehr (Postwesen), Z. 13952/ P-1923, Wien, 21.6.1923; ÖStA, AdR, Sign. 589, Karton 3116-1923, P. Z. 402, 12.3.1923.

Gründung und Eröffnung des Vereinsmuseums

Im Windschatten des Jubiläums anlässlich der 60-jährigen Regierungszeit Kaiser Franz Josephs im Jahr 1908 gelang Wilhelm Exner die Gründung des Museums. Entscheidend war die Unterstützung der Großindustrie, der Stadt Wien und des Staates. Exner und der erste Direktor Ludwig Erhard entwickelten ein neuartiges Ausstellungskonzept. Das Museumsgebäude nach den Plänen des Architekten Hans Schneider orientierte sich jedoch an traditionellen Vorbildern. Für das im Mai 1918 eröffnete Museum hatte man bereits in ganz Europa Tausende Objekte gesammelt.

Wilhelm Exner, Initiator und Motor der Museumsgründung[1]

Die Eröffnung des Deutschen Museums in München und das Regierungsjubiläum des Kaisers ebnen den Weg für das Technische Museum Wien.

Helmut Lackner

Die Achterjahre 1888, 1898 und 1908

Nach seinem dreijährigen Intermezzo als österreichischer Generalkommissär der Pariser Weltausstellung kehrte Exner 1901 wieder auf die Wiener Bühne zurück. Sein Hauptinteresse galt vorerst der nachhaltigen Stabilisierung des Technologischen Gewerbemuseums. Als er 1904 die Denkschrift zum 25-jährigen Bestandsjubiläum herausbrachte,[2] mit der er dieses wichtige Kapitel seines Lebens innerlich abschloss, war die im Jahr darauf erfolgte Verstaatlichung der Institution bereits absehbar.

Exner hatte von der Gründung des Deutschen Museums in München erfahren und in der Denkschrift darauf verwiesen. Die Aktivitäten Oskar von Millers in München motivierten ihn, die Ideen von 1892 zur Gründung eines technischen Museums wieder aufzunehmen.

Sein Einfluss und seine Stellung in der Wiener Gesellschaft gewannen mit der Berufung ins Herrenhaus 1905 und mit der Anrede „Exzellenz" sowie mit der Auszeichnung zum „Geheimen Rat" durch den Kaiser am 28. Oktober 1909 erheblich an Gewicht. Im Herrenhaus, wo Exner sich der „Linken" beziehungsweise der „Verfassungspartei" zugehörig fühlte, traf er u. a. auf den Großindustriellen Arthur Krupp, Herrenhausmitglied seit 1897,[3] der damals mit Karl Wittgenstein noch gegen seine Bestellung als Generalkommissär der Pariser Weltausstellung aufgetreten war, sich in der Folge jedoch dem Projekt Technisches Museum als Präsident des Kuratoriums zur Verfügung stellte. Krupp hatte sich seit der Jahrhundertwende mit seinem Konzept einer Arbeiter-Musterstadt in Berndorf – im Gegensatz zu dem Großaktionär Wittgenstein – als sozial engagierter Unternehmer betätigt. Seine gesellschaftliche Verantwortung als Großindustrieller nahm er seit 1907 auch als wichtigster Mäzen von Exners Museumsprojekt wahr.

Als ein möglicher Bezugspunkt für die Museumsgründung drängte sich das nahende 60-jährige Regierungsjubiläum von Kaiser Franz Joseph im Jahr 1908 auf. Seit seiner Thronbesteigung im Jahre 1848 und der langen Regentschaft hatten die „Achterjahre" in der österreichischen Geschichte eine besondere Bedeutung erhalten.[4]

Exner hatte sich bereits 1888 und 1898 an einschlägigen Jubiläumsaktivitäten beteiligt. Zum 40-jährigen Jahrestag organisierte der Niederösterreichische Gewerbeverein 1888 in der Rotunde im Prater eine Jubiläums-Gewerbeausstellung.[5] Exner engagierte sich damals in der Ausstellungskommission und leistete mit einer Publikation zur Industrie- und Gewerbeentwicklung seit 1848 einen Beitrag zu der aus seiner Sicht auch ökonomisch erfolgreichen Monarchie.[6]

Das Spektrum der Beiträge reicht vom Bergbau über die Elektrotechnik bis zum Unterrichtswesen und zum Arbeitsschutz, den

Wilhelm Exner bei der Verleihung des Titels „Geheimer Rat" durch Kaiser Franz Joseph am 28. Oktober 1909 im Audienzzimmer der Wiener Hofburg, Karl M. Schuster, 1909

Franz Migerka bearbeitete. Für die Beiträge über die Stein- und Keramikindustrie, die Industrie für Wohnungseinrichtungen und Dekoration sowie die industrielle Malerei und Vergoldung gewann der Gewerbeverein den Architekten und Direktor der Staatsgewerbeschule Camillo Sitte. Exner selbst ist mit dem Thema Holzindustrie vertreten. Die Publikation knüpfte einerseits an die ältere Tradition der von ihm herausgegebenen „Beiträge zur Geschichte der Gewerbe und Erfindungen Oesterreichs" von 1873 an. Andererseits stand sie am Beginn einer Reihe großformatiger und mehrbändiger Publikationen, die aus Anlass weiterer Regierungsjubiläen des Kaisers den Beitrag der Wirtschaft und Technik zu Österreichs erfolgreicher Entwicklung, im Originalton: „den Sieg deutscher Arbeit, deutschen Fleisses, deutscher Solidität",[7] dokumentieren sollten.

1898 erreichten die patriotischen Aktivitäten anlässlich des 50-jährigen Kaiserjubiläums einen ersten Höhepunkt. An der Jubiläumsausstellung dieses Jahres beteiligte sich das Technologische Gewerbemuseum unter Exners Leitung mit vier Musterwerkstätten für Schuster, Bautischler, Bauschlosser und Männerkleidermacher.[8]

Im Umfeld der Kaiserjubiläen ist auf einige mehrbändige Publikationsprojekte zu verweisen, die mit großem Aufwand auf wichtige Themen der „materiellen Kultur" verwiesen. Solche „Orte des Gedächtnisses", die jeweils eine langlebige Tradition der Historiografie begründeten, liegen von der Land- und Forstwirtschaft,[9] den Eisenbahnen[10] sowie der Großindustrie[11] vor. Mit der „Groß-Industrie", die im Wesentlichen Selbstdarstellungen von Unternehmen enthält, präsentierte sich Österreichs Industrie auch auf der Weltausstellung in Paris 1900, und die Eisenbahnverwaltung zeigte in St. Louis 1904 österreichische Alpenbahnen in vier großen Dioramen.[12]

Über einen längeren Zeitraum zwischen 1885 und 1902 erstreckte sich das Erscheinen einer Länderkunde der Monarchie in 24 Bänden, des „Kronprinzenwerkes", an dessen erstem Band über Wien Exner mitarbeitete.[13] Inkludierten das „Kronprinzenwerk" und die Geschichte der Eisenbahnen auch Ungarn, beschränkten sich die beiden anderen Projekte auf die österreichische Reichshälfte. Projekte dieser Art bereiteten das Feld für Exners Pläne zur Gründung eines technischen Museums zusätzlich auf. Für die in diesen Prachtbänden als Fundament des Staates vorgestellte großindustrielle Unternehmerschaft drängte sich der Bau eines Museums als bleibendes Denkmal beim nächsten Anlass förmlich auf, nachdem das Kunstgewerbe seit 1864 sowie die bildende Kunst und die Naturgeschichte seit den 1880er-Jahren über repräsentative Häuser am Ring verfügten.

Zum 60-jährigen Jahrestag der Kaiserkrönung sollte von Mai bis Oktober 1908 auf Anregung des Niederösterreichischen Gewerbevereins erneut eine „Kaiser-Jubiläums-Ausstellung" mit einer „Allgemeinen Österreichischen Ausstellung" zu den Themen Bauwesen, Industrie, Gewerbe, Kunstgewerbe, Kunst, Wissenschaft, Erziehung und Unterricht, Volkswirtschaft und Sozialökonomie, Land- und Forstwirtschaft sowie einer „Internationalen Ausstellung für Armee und Marine" in der Rotunde im Prater stattfinden.[14] Aus nationaler Rücksichtnahme auf ein paralleles Ausstellungsprojekt in Prag und aufgrund sich abzeich-

Jubiläumsausstellung 1908 in Prag, Präsentation des Gewerbe-hygienischen Museums, Foto, Unie Vilim, 1908

nender mangelnder Unterstützung durch die Großindustrie sprachen sich Kaiser und Regierung noch 1907 gegen die Ausstellung und für ein nachhaltiges Projekt aus. In dieser Phase der Industrialisierung um 1900 hatte die Großindustrie das Gewerbe und damit den Gewerbeverein als einflussreichen Machtfaktor längst von der ersten Stelle verdrängt; das seit 1835 erfolgreiche Instrument der Gewerbeausstellung galt in diesen Kreisen als nicht mehr zeitgemäß. Damit waren die Weichen für die Museumsgründung gestellt.

Stattgefunden haben 1908 u. a. eine „Österr. Jubiläums-Kunstausstellung" der Genossenschaft der bildenden Künstler im Wiener Künstlerhaus[15] und, als sichtbarstes Zeichen der kollektiven Huldigung in der bereits von nationalen Spannungen gezeichneten Monarchie, ein Kaiserhuldigungsfestzug am 12. Juni, dem aber die Tschechen und Ungarn fernblieben, sowie eine Illumination der Stadt am Abend des 1. Dezember.[16]

Die tschechischsprachige Volksgruppe distanzierte sich nicht nur vom Festzug in Wien, sondern begann gleichzeitig mit einer eigenständigen Parallelaktion in Prag. So beschloss die dortige Handels- und Gewerbekammer, die zehn Jahre zuvor nach dem Wiener Vorbild ein Technologisches Gewerbemuseum eröffnet hatte, Anfang Oktober 1906 die Ausrichtung einer Jubiläumsausstellung aus Anlass des 60-jährigen Regierungsjubiläums des Kaisers, um damit „die wirtschaftliche Entwicklung des Kammerbezirkes am besten [zu] veranschaulichen". Die Kammer hoffte, „aus dieser Begrenzung Ruhm zu gewinnen", überzeugt, dass das von ihr betreute Gebiet „in der ganzen Monarchie kaum seinesgleichen findet".[17] Die Prager Handelskammer war sich der ökonomischen Bedeutung Böhmens innerhalb der österreichischen Reichshälfte seit Langem bewusst und spielte diesen Trumpf in Konkurrenz zu Wien aus. Bereits während der Ausstellungsvorbereitung wurden Stimmen laut, die exponierten Objekte in eine Dauerausstellung zu überführen. Unter Beteiligung von Professoren der Tschechischen Technischen Hochschule in Prag und der böhmischen Großindustrie fand am 5. Juni 1908 die Gründungsversammlung des Vereins zur Errichtung eines technischen Museums in Prag statt. Zwei Jahre später erhielt die als Landesmuseum für das Königreich Böhmen konzipierte Neugründung ihre erste provisorische Unterkunft im Schwarzenberg-Palast am Hradschin. Ein Neubau entstand erst zwischen 1938 bis 1941 und wurde seit Anfang der 1950er-Jahre eingerichtet.[18] Insofern blieb Prag also doch hinter Wien zurück, wo im Mai 1918 der Neubau eröffnet wurde.

Für die ungarische Reichshälfte hatten die Achterjahre seit dem Ausgleich 1867 keine Bedeutung mehr. Ohne Verbindung zum Kaiserjubiläum fand hier von Dezember 1908 bis März 1909 eine Ausstellung von Motoren, Werkzeugmaschinen und Haushaltsgeräten, vor allem Nähmaschinen, statt.[19]

Die Gründung des Museumsvereins

In den Jahren um 1900, als Exner die Gründung eines technischen Museums in Angriff nahm, ist in Wien eine allgemeine Projekteuphorie in Sachen Museumsneubauten zu beobachten. Am Beginn stand der Baubeschluss des Gemeinderates für das 1887 gegründete und bereits Anfang der 1890er-Jahre von Exner in seine damaligen Pläne inkludierte Historische Museum der Stadt Wien. Es blieb jedoch beim Architektenwettbewerb für das sogenannte „Kaiser Franz Joseph-Museum" am Karlsplatz, an dem sich 1901/02 u. a. Otto Wagner, Max Hegele, Adolf von Inffeld und Max Fabiani beteiligten.[20]

Angesichts dieses Vorhabens und weiterer anstehender Bauprojekte – der Erweiterung des Österreichischen Museums für Kunst und Industrie, der Projekte eines Technischen Museums und eines Volkskundemuseums sowie des seit 1905 im Niederösterreichischen Gewerbeverein von Johannes C. Barolin diskutierten Plans zur Gründung eines „Importmuseums"[21] – präsentierte Julius Leisching im Frühjahr 1907 im Österreichischen Ingenieur- und Architekten-Verein die Idee eines „Wiener Volksmuseums".[22] Im Hinblick auf die zahlreichen anstehenden Bauprojekte sollte ein idealtypischer Museumsbau am Stadtrand entstehen, wo anhand von Sonderausstellungen für alle bekannten Mängel bisheriger Bauten Lösungen gesucht und erprobt werden könnten. Im Anschluss an seinen Vortrag am 16. März 1907, dem Wilhelm Exner, Paul von Schoeller vom Zentralverband der Industriellen Österreichs sowie der Architekt Emil von Förster beiwohnten, stellte Baurat Julius Koch den Antrag, „daß unser Verwaltungsrat sich mit dem Studium dieser Frage beschäftigen und uns geeignete Vorschläge erstatten möge".[23] Leischings gut gemeinte, aber hochtrabende Ideen blieben in der Folge jedoch unrealisiert.

Im selben Kontext veröffentlichte 1911 – das Technische Museum war bereits im Bau – der Berndorfer Privatgelehrte Rudolf Krulla das Projekt eines „Erkenntnismuseums" als Alternative zu den angeblich vielen Spezialsammlungen. Zuvor hatte er Reisen in mehrere europäische Länder, in die USA und nach Asien unternommen. Das Museum sollte in ebenerdigen, sternförmig angeordneten Hallen auf einer großen freien Fläche am Stadtrand eine Synthese von Grundwissenschaften wie Chemie und Physik, „Weltallgeschichte" (Astronomie) und Erdgeschichte mit

Porträt Wilhelm Exners, Druck nach einem Gemälde von 1911

Geologie und Mineralogie sowie die Menschheitsgeschichte, die eine Darstellung der „Fortschritte auf dem Gebiete des Maschinenwesens" inkludierte, zeigen. Das „Erkenntnismuseum" wäre jedoch nur Bildungsbürgern zugänglich gewesen, „Ausflüge von Volksschülern oder Analphabeten werden ferngehalten".[24] Das utopische und elitäre Projekt versank rasch in der Versenkung.

In diesem Umfeld der Jubiläumsausstellungen, der Buch- und Museumsprojekte sowie seit 1903 mit dem Rückenwind der erfolgreichen Museumsgründung in München begann Wilhelm Exner mit der Propaganda für ein Technisches Museum in Wien. Zwar konnte er sich auf das inzwischen verstaatlichte Technologische Gewerbemuseum und den Niederösterreichischen Gewerbeverein als Plattform seiner Aktivitäten stützen, doch agierte er im Wesentlichen als Einzelkämpfer. Zudem hatten ihm seine bisherigen zahlreichen Initiativen nicht nur Freunde geschaffen. Im Vergleich zu dem 15 Jahre jüngeren Oskar von Miller mangelte es ihm an jener Integrationskraft, die diesen auszeichnete. Miller war es in seiner Funktion als Vorsitzender des Bayerischen Bezirksvereins deutscher Ingenieure im Mai und Juni 1903 gelungen, alle maßgebenden Kräfte aus Politik, Wissenschaft und Industrie von der Gründung eines „Museums von Meisterwerken der Naturwissenschaft und Technik" zu überzeugen.[25]

Wilhelm Exners erste Mitgliedskarte des Museums von Meisterwerken der Naturwissenschaft und Technik in München, 1904

Die Verbindungen zu Oskar von Miller und dem Deutschen Museum

Exner unterhielt zu Miller und dem Deutschen Museum von Beginn an ausgezeichnete Kontakte. Seit 1904 Mitglied des Museumsausschusses, nahm er am 3. Oktober 1905 erstmals an einer Sitzung in München teil, war am 13. November 1906 Gast bei der Grundsteinlegung des Deutschen Museums und rückte 1908 in den elitären Kreis des Vorstandsrats auf.[26] Mit dem Lokomotivkonstrukteur Karl Gölsdorf gehörte Exner außerdem seit 1905 zu den wenigen ausländischen Beratern bei der Objektauswahl für das Deutsche Museum.[27] Anlässlich der sechsten Ausschusssitzung am 29. September 1909 in München bedankte er sich in einer Rede für die Teilnahme Millers an der Grundsteinlegung in Wien im vorangegangenen Juni.[28] Im Jahr darauf hielt er auf der siebenten Jahresversammlung des Deutschen Museums den Festvortrag zur „Internationalen Gemeinschaftsarbeit auf technischen Gebieten".[29]

Vom 22. bis 24. Mai 1912 begleiteten Exner und der erste Museumsdirektor Ludwig Erhard eine Delegation von siebzig Fachreferenten des Technischen Museums ins Deutsche Museum, wo sie Oskar von Miller begrüßte.[30] Einen vorläufigen Höhepunkt der Beziehung zwischen München und Wien und der Freundschaft zwischen Miller und Exner bedeutete die Sitzung von Vorstand und Vorstandsrat des Deutschen Museums vom 20. bis 23. Oktober 1917 in Wien:[31] „In einer gemeinsamen Sitzung des Wiener und des Deutschen Museums wurden zur Bekräftigung des dauernden Zusammenarbeitens wertvolle Geschenke ausgetauscht."[32] München erhielt Längen- und Hohlmaße aus der Zeit Maria Theresias, das Wiener Museum ein Fernrohr von Simon Plößl.[33] Im Anschluss daran hielt Exner einen Vortrag zur „Denkmals-Politik".[34] Die beiden Museen rückten seit 1917 durch die gegenseitige Berufung von Personen in die führenden Gremien enger zusammen: Das Technische Museum entsandte Exner als lebenslanges Mitglied in den Vorstandsrat und Erhard in den Ausschuss, das Deutsche Museum Miller sowie Gustav Krupp von Bohlen und Halbach in das Kuratorium. Auf der Rückfahrt nach München besichtigten die deutschen

106 Gründung und Eröffnung des Vereinsmuseums

Dialytisches Fernrohr von Simon Plössl, 1917 vom Vorstandsrat des Deutschen Museums anlässlich des Besuches in Wien an das TMW überreicht, Wien, um 1830

„Dem Schöpfer des Deutschen Museums in München Oskar von Miller zu seinem Ehrentage am 7. Mai 1925. Das Technische Museum Wien", kolorierte Radierung, Luigi Kasimir, 1925

Gäste auf Einladung des Montanindustriellen und Kuratoriumsmitglieds des Museums Georg Günther die neu erbauten Steyr-Automobilwerke in Oberösterreich.[35] Miller kam bereits am 2. Dezember desselben Jahres nochmals nach Wien und hielt anlässlich einer außerordentlichen Generalversammlung des Museumsvereins die Festansprache.[36]

Exner[37] und Günther vertraten das Technische Museum, die „jüngere und kleinere Schwester des Deutschen Museums", wie dieser es in seiner Rede nannte,[38] auch bei der Eröffnung des neuen Museumsgebäudes in München am 7. Mai 1925. Am selben Tag feierte Miller seinen siebzigsten Geburtstag. Als Zeichen der Verbundenheit zwischen Wien und München überreichte Georg Günther Miller eine Radierung Luigi Kasimirs mit einer Ansicht der Mittelhalle des Technischen Museums mit hineinmontierten repräsentativen Objekten, zum Beispiel einem Sensenhammer mit Esse von 1758. Als seit der Gründung bestehendes Symbol der „Bande der Freundschaft und der gegenseitigen Hilfsbereitschaft" bezeichnete er das Original des zwischen beiden Museen „gleich dem Mantel des Sankt Martin"[39] geteilten Alban-Wasserrohrkessels, von dem das Deutsche Museum 1916 dem Wiener Museum eine Hälfte zur Verfügung gestellt hatte.[40]

Alban-Wasserrohrkessel von 1859, von dem das Deutsche Museum 1916 eine Hälfte dem Technischen Museum als Zeichen der Verbundenheit schenkte, Foto, um 1920

Wilhelm Exner, Initiator und Motor der Museumsgründung

Seit der ersten Sitzungsteilnahme in München nutzte Exner seinen Informationsvorsprung und hielt am 15. Dezember 1905 einen Vortrag in der Generalversammlung des Niederösterreichischen Gewerbevereins über die sich „für Österreich ergebenden Folgen" der Münchner Museumsgründung. Miller hatte ihm dafür Diamaterial zur Verfügung gestellt.[41] Die Veröffentlichung dieses Referats im Jänner 1906 markiert den konkreten Beginn der Vorgeschichte der Gründung des Technischen Museums. Wie schon 1892 beklagte Exner das aus seiner Sicht in Österreich vergleichsweise schwierigere Umfeld: „Dort war man groß, hier kleinlich." Und wie damals griff er – jetzt mit dem Rückenwind aus München – wieder die Idee der Konzentration der bestehenden Museen auf.[42] Weitere Vorträge folgten am 7. März 1907 auf Einladung des Österreichischen Verbandes des Vereins deutscher Ingenieure und anlässlich der Plenarversammlung des Gewerbevereins am 7. März 1908.[43]

Exners Vorstoß rief allerdings andere einflussreiche Gruppen auf den Plan. Nur eine Nebenrolle spielte anscheinend der traditionsreiche Österreichische Ingenieur- und Architekten-Verein mit knapp 3000 Mitgliedern, der nie die Bedeutung des Vereins deutscher Ingenieure erlangte. Im November 1908 beklagte sich der Verein, dass er nur eine Einladung für die Teilnahme im großen Ausschuss und nicht im Arbeitsausschuss erhalten hatte. Eine Entsendung in den Finanzausschuss lehnte er daraufhin ab.[44] In der Vollversammlung im April 1908 lud der Verein den Münchner Architekten Heinrich Neu zu einem Vortrag über den Neubau des Deutschen Museums ein.[45] Fragen der Architektur gehörten zum Kerngeschäft des Vereins, und deshalb meldete er sich im Vorfeld der Planung des Technischen Museums nochmals zu Wort. Am 16. Jänner 1909 plädierte der Verein auf Antrag des Architekten Karl Holey aus „Besorgnis" und unter Hinweis auf die Subventionen von Staat und Gemeinde für einen „öffentlichen" Architektenwettbewerb.[46] Der Wunsch ging nach dem Tod des ersten Planers Emil von Förster am 14. Februar in Erfüllung.

Größeren Einfluss auf das Projekt in Konkurrenz zu Exner nahm der 1883 gegründete Elektrotechnische Verein. Im Jubiläumsjahr 1908 stand die Feier des 25-jährigen Bestandes an. In einer Versammlung am 13. März 1907 fasste der Verein nach einem umfangreichen Bericht seines Obmanns Ludwig Gebhard über das Deutsche Museum den Beschluss zur Errichtung eines „Österreichischen Museums für Technik und Industrie". Als Interessenvertretung eines modernen Leitsektors der Industrie, „nachdem momentan die ganze Industrie mehr oder minder unter dem Zeichen der Elektrotechnik steht", nahm der Verein „für sich in Anspruch", die Museumsgründung in Wien angeregt zu haben. Er beschloss, zu einem „Vorbereitungs-Komitee" einzuladen und einen Spendenaufruf zu starten.[47] Zu den Exponenten des Vereins, die diesen dann in den Gremien des Museums vertraten, zählten neben Ludwig Gebhard auch Georg Günther[48] und der Elektrotechniker Carl Heinrich Schlenk, der u. a. 1889 bis 1899 am Technologischen Gewerbemuseum tätig gewesen war. Eine Delegation präsentierte den Plan am darauffolgenden Tag im Handelsministerium dem Leiter der Industriesektion, Siegmund Brosche, der in der Museumsidee einen Ausweg aus dem Dilemma der ungeliebten Jubiläums-Ausstellung erkannte und in weiterer Folge die Initiative übernahm.[49] Anlässlich eines Berichts über die Museumsgründung betonte der Vorsitzende Carl Heinrich Schlenk 1908 nochmals den Prioritätsanspruch, „weil er [der Elektrotechnische Verein] es war, der die Initiative in dieser Frage ergriffen hatte: diese seine Idee ist aber durch eine zufällige Konstellation von Umständen von anderer Seite aufgegriffen und in die Tat umgesetzt worden".[50] Das kann wohl als Seitenhieb auf Exner interpretiert werden.

Eine der einflussreichsten und potentesten Gruppen um 1900 waren die Vertreter der Industrie. Die Spitzen der Großindustrie hatten sich 1875 im „Industriellen Club" organisiert. Diesem „Honoratiorenverband" gehörten u. a. Karl Wittgenstein und Arthur Krupp, seit 1905 dessen Präsident, an. Auf breiterer Basis stand der 1892 als Reaktion auf die Handels- und Sozialpolitik der konservativen Regierung gegründete „Centralverband der Industriellen Österreichs". Und schließlich schufen sich klein- und mittelständische Unternehmer 1897 mit dem „Bund Österreichischer Industrieller" ein Sprachrohr als Antwort auf die entstehende Gewerkschaftsbewegung. Seit 1903 versuchte ein „Ständiger Ausschuss" die oft divergierenden Interessen der drei

Arthur Krupp, Inhaber der Berndorfer Metallwarenfabrik, Präsident des Kuratoriums und wichtigster Förderer des TMW, Foto, vor 1935

Verbände zu koordinieren.⁵¹ Um sich ein eigenes Bild zu machen, lud der „Industrielle Club" am 20. Juni 1907 den deutschen Technikhistoriker Conrad Matschoß zu einem Vortrag über das Deutsche Museum ein.⁵² Exner kommentierte das in seinen Lebenserinnerungen als Missachtung seiner Kompetenz: „Es berührte mich natürlich sehr eigentümlich, daß man sich einem Fachmann von auswärts verschrieb, der bei aller meiner Wertschätzung für ihn doch nicht zur Lösung dieser Aufgabe berufener war als ich, der ich nur meine eigene Idee neuerdings zu vertreten gehabt hätte."⁵³ Als Sprecher des „Ständigen Ausschusses" und damit der Industrie fiel Arthur Krupp, Inhaber der Berndorfer Metallwarenfabrik, eine entscheidende Rolle bei der Ablehnung der Jubiläums-Ausstellung und der folgenden Gründung des Technischen Museums zu.⁵⁴

Grundsteinlegung und Eröffnung

Viele Köche verderben den Brei. Das erkannte auch Siegmund Brosche und regte nach Vorverhandlungen mit der Kommission der Jubiläums-Ausstellung am 21. Juni 1907 im „Industriellen Club" als neutraler Vermittler die Gründung eines vorbereitenden Komitees an, das im Laufe eines Monats mit Hochdruck die Arbeit aufnahm und sechs Sitzungen abhielt.⁵⁵ An der konstituierenden Sitzung am 25. Juni nahmen neben Brosche und seinem Mitarbeiter Hans Loewenfeld für die Industrieverbände Arthur Krupp, Paul von Schoeller (vertreten von Max von Gutmann) und Heinrich Vetter, für den Gewerbeverein dessen Präsident August Denk und Wilhelm Exner sowie für den Elektrotechnischen Verein Georg Günther und Carl Heinrich Schlenk teil. Noch ging es primär um protokollarische und organisatorische Fragen. Brosche wurde überredet, als Regierungsvertreter auch in Zukunft teilzunehmen, Krupp wurde zum Obmann gewählt. Eine Entscheidung über den Namen der zu gründenden Institution – z. B. „Museum für Technik, Industrie und Gewerbe" oder „Kaiser Franz Josef-Museum" – vertagte die Versammlung. Ein Dreierkomitee mit Exner, Günther und Krupp (entschuldigt) plus Brosche und Loewenfeld einigte sich am 2. Juli auf „Oesterreichisches Museum für Industrie und Gewerbe". Seit der 4. Sitzung am 13. Juli verwendete das Komitee jedoch den für Jahrzehnte gültigen Namen „Technisches Museum für Industrie und Gewerbe", ohne dass man die Gründe dafür erfährt. Das Dreierkomitee definierte mit dem Ehrenausschuss, dem großen Ausschuss sowie fünf Komitees – für Finanzen, Bau, Organisation, Rechtsangelegenheiten und Presse – auch die Struktur der künftigen Organisation. Mit Hugo von Noot, der das Finanzkomitee übernahm, ergänzte ein weiterer Industrieller das Führungsgremium. Brosche übernahm das Rechts-, Günther das Bau-, Schlenk das Presse- und Exner das Organisationskomitee, das in der Folge die Fachreferenten zur Einrichtung des Museums nominierte.⁵⁶

Von Anfang an diskutierten diese Männer auch das Problem der aus der Liquidierung der Jubiläums-Ausstellung noch offenen rund 150.000 Kronen, die das Gründungsprojekt belasteten. Seit Juli 1907 lag die grundsätzliche Zusage der Regierung über einen Zuschuss in der Höhe von 1,5 Millionen Kronen unter der Bedingung vor, die aus der abgesagten Ausstellung aufgelaufenen Kosten abzutragen. Der folgende Konflikt resultierte aus der mündlichen Subventionszusage des Wiener Bürger-

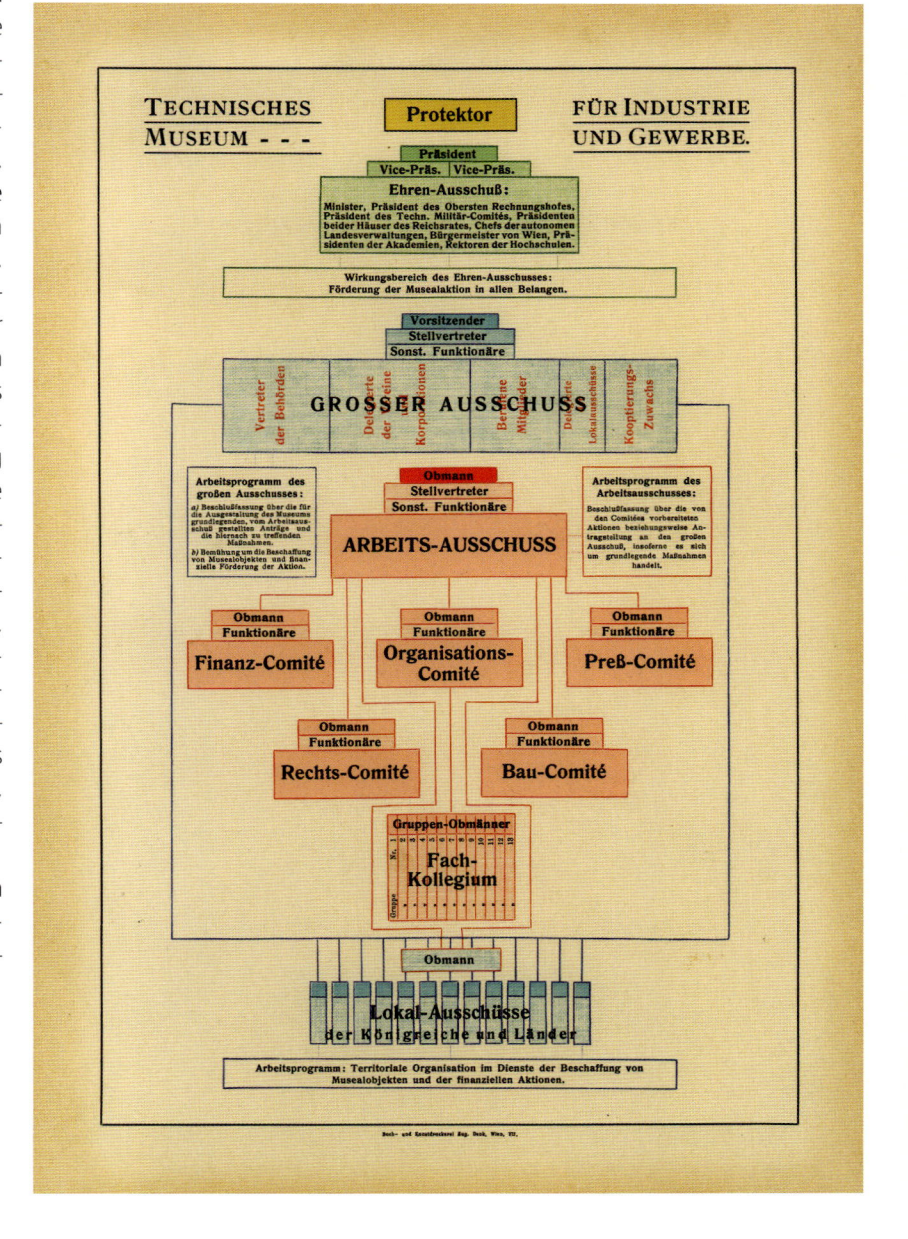

Übersicht der komplexen Organisation der Museumsgründung auf Vereinsbasis, um 1908

meisters Karl Lueger über den Baugrund, die „Spitzackergründe" in Penzing, und einer Million Kronen, mit den Auflagen, das Museum „nach dem Muster des Deutschen Museums einzurichten", keine Versuchsanstalten zu integrieren und das Geld nicht zur Deckung der Ausstellungsschulden zu verwenden.[57]

Das stand jedoch im Widerspruch zur Subventionszusage der Regierung. Um das Projekt nicht zu gefährden, bildeten die Großindustriellen im Komitee ein „Sanierungs-Syndikat" zur Abtragung der Altlasten, das schließlich 1912 über den erfolgreichen Abschluss der Schuldentilgung berichtete.[58] Der Gemeinderat hatte mit der Widmungsurkunde vom 25. Oktober 1907 die Zusage des Bürgermeisters bestätigt und diese nachträglich in die Jubiläumsaktion für 1908 aufgenommen. Die Gemeinde übergab den Baugrund, einen 11.800 Quadratmeter großen Acker, den ihr der Grundbesitzer Karl Uehlein zur Verfügung gestellt hatte, am 18. Mai 1910 dem Arbeitsausschuss, damit die Bauarbeiten beginnen konnten. Die offizielle Schenkungsurkunde an den Verein datiert allerdings erst mit 27. April 1914.[59]

Mit der Auslagerung der Altlast war der Weg für die Museumsgründung frei, und Ende 1907 entstand aus dem vorbereitenden Komitee der Arbeitsausschuss. Im Jubiläumsjahr 1908 sollte deshalb mit einer Werbeschrift der konkrete Auftakt für die Realisierung erfolgen. Dem Auftrag des Arbeitsausschusses an Karl Hochenegg, Professor für Elektrotechnik an der Technischen Hochschule, diese zu verfassen, kam Wilhelm Exner in Eigeninitiative zuvor. „Man ging also wieder absichtlich an mir vorüber", schrieb er beleidigt in seiner Selbstbiografie.[60] Im August 1908, noch vor den entscheidenden Weichenstellungen in den Gremien, präsentierte er eine detaillierte, reich illustrierte Programmschrift von 172 Seiten.[61] Die Publikation erhielt mit einem knappen Geleitwort von Arthur Krupp doch noch den Segen des Arbeitsausschusses.

Nur er, so seine Überzeugung, sei in der Lage, eine „unverdächtige Darstellung" der Vorgeschichte des unmittelbar vor der Realisierung stehenden Museums als „Stützpunkt für das Studium", „Energiezentrum für zivilisatorische und kulturelle Bestrebungen" und „Stätte der Erhebung und des ethischen Genusses" zu schreiben. Etwas konkreter sollte das Museum „lehren und beweisen, dass die österreichische Monarchie und seit 1867 die österreichische Reichshälfte einen erheblichen Anteil an der Weiterentwicklung der Technik und Industrie hat". In Erfüllung des patriotischen Auftrags sollte es „den Weltanteil, den die Arbeit des österreichischen Ingenieurs an der Entwicklung der modernen Technik genommen hat, zu erweisen in der Lage sein". Um das zu leisten, müsse gleichzeitig die „Entwicklung der gesamten Technik" berücksichtigt werden. Exner verweist u. a. auf den Nationalökonomen Werner Sombart[62] und den Historiker Karl Lamprecht,[63] also auf zwei durchaus umstrittene Außenseiter ihrer Community, die in der Wirtschafts- und Kulturgeschichte neue Wege beschritten.

Breiten Raum nehmen praktische Fragen der Einrichtung, wie die Lichtgestaltung, die Bedeutung von Vorführobjekten zur Erklärung der Funktion, die Vermittlung mit Experimenten, Führungen und Vorträgen zum „Lebendigmachen", die entwicklungsgeschichtliche Konzeption unter Verweis auf Pierre Guilleaume Fréderic Le Plays elliptische Anordnung auf der Pariser Weltausstellung 1867 und die Sammlungspolitik ein. Exner plädiert für eine permanente Aktualisierung und eine Vervollständigung der historischen Bestände. Zur Ausführung kamen spä-

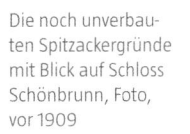

Die noch unverbauten Spitzackergründe mit Blick auf Schloss Schönbrunn, Foto, vor 1909

ter die vorgeschlagene Bibliothek sowie der „Mappensaal" (heute Archiv), nicht jedoch die Materialprüfanstalten nach dem Muster des Technologischen Gewerbemuseums.

Mit der Konzentration auf „Industrie und Gewerbe" sollten die Land- und Forstwirtschaft, die „abstrakte" Naturwissenschaft und die „hohe" Kunst ausgeklammert bleiben.[64] Analog zu München galt es, die „Fortschritte und Verdienste Westeuropas" zu zeigen, in Abgrenzung zum großen Vorbild jedoch „das Manufaktur- und Fabrikswesen mit seinen im Gewerbe wurzelnden Anfängen" stärker hervorzuheben. Zwar gab es auch in München „Interieurs", in Wien sollten diesen Ensembles aber „moderne, maschinell betriebene Werkstätten" im Sinn der Gewerbeförderung gegenübergestellt werden. In der Mechanisierung und Motorisierung sah Exner einen Weg, das Handwerk vor dem „drohenden Untergang" durch den „neuzeitliche[n] Industrialismus" zu retten.

Als Abgrenzung zu München ist auch Exners Hinweis im Schlusswort zu werten, dass nicht der „Gelehrsamkeitsdrang" befriedigt und eine Summe technischer Artefakte angehäuft werden sollte, sondern in Anlehnung an den Historiker Karl Lamprecht zu zeigen sei, „wie es eigentlich geworden ist". Hier konnte in der Folge Ludwig Erhard mit dem Konzept der Entwicklungsreihen anknüpfen. Auch der später von Exner geprägte Wahlspruch „Den Vorfahren zur Ehre, der Jugend zur Lehre!" entsprach diesem Ansatz.[65]

Dass die von Exner 1908 formulierten Ideen tatsächlich prägenden Einfluss hatten, vermittelt die Wiedergabe des ersten Eindrucks eines Rundgangs im Museum durch Gustav Krupp von Bohlen und Halbach anlässlich der im Oktober 1917 in Wien abgehaltenen Sitzung des Deutschen Museums. Im Vergleich zu München sei hier dem Gewerbe „ein weit größerer Raum" gewidmet. Das gesamte Museum vermittle ein „feines, künstlerisches Gepräge", die historischen Werkstätten seien „wahre Perlen", ebenso die „anmutige geschichtliche Abteilung des Postmuseums". Hervorgehoben werden auch die für die Weltausstellung in St. Louis 1904 angefertigten Dioramen der Bergbahnen, die allerdings weniger den Techniker als den Naturliebhaber begeistern würden. Insgesamt erlag Krupp offensichtlich auch im Technischen Museum dem Wiener Charme.[66]

Mit der Programmschrift von 1908 hatte Exner seinen Führungsanspruch wiederhergestellt und den Rahmen für die weiteren Planungen definiert. Auf dieser Basis erfolgte am 13. April 1909 die Genehmigung der auf seine Initiative vom Arbeitsausschuss ausgearbeiteten „Statuten des Museumsvereines":[67] „§ 1. Das ‚Technische Museum für Industrie und Gewerbe' hat die t e c h n i s c h e E n t w i c k l u n g von Industrie und Gewerbe anschaulich darzustellen. Dieser Zweck wird durch die Sammlung und Schaustellung von Objekten, Zeichnungen, Illustrationen und Beschreibungen sowie durch die Erwerbung von technisch-historischen Publikationen erreicht. In dem Museum sollen einerseits die H a u p t e p o c h e n i n d e r E n t w i c k l u n g v o n I n d u s t r i e u n d G e w e r b e i m 19 . J a h r h u n d e r t in einer auch für Laien verständlichen Weise dargestellt werden, andererseits sollen daselbst die n e u e s t e n u n d b e w ä h r t e n E r r u n g e n s c h a f t e n auf den darzustellenden Gebieten Aufnahme finden und anschaulich vorgeführt werden."

Als Organe des Vereins definierten die Statuten die Generalversammlung, die Mitglieder (nach ihrem Beitrag gestaffelt in Stifter, Gründer, Förderer und Ehrenmitglieder), das Kuratorium, zugleich Vorstand des Vereins, sowie das Direktorium als Exekutivorgan mit Exner an der Spitze, das auch die Fachkonsulenten bestellte. Mit der operativen Leitung des Museumsaufbaus war seit 1910 Ludwig Erhard befasst. Allerdings blieb er im Sold des Gewerbeförderungsamtes. In der Direktoriumssitzung am 12. Dezember 1912 erhielt er den Titel „Direktor"[68] und wurde im Gefolge der Verstaatlichung am 9. Jänner 1922 offiziell vom Ministerium als solcher bestätigt.[69] Ihm zur Seite stand in den ersten Jahren Anton Klima als „General-Sekretär" (Verwaltungsleiter). Bis zur Gründung des Vereins führte ein erweiterter Arbeitsausschuss als Proponentenkomitee die Geschäfte. Unmittelbar vor der Genehmigung hatte der Verein erreicht, dass der Präsident des Kuratoriums vom Kaiser und der Vorsitzende des Direktoriums vom Handelsminister ernannt wurden.[70]

Die gedruckt vorliegenden Exner'schen Studien, das von der Gemeinde Wien zur Verfügung gestellte Grundstück, die Subventionszusagen von Gemeinde und Regierung sowie der bis Sommer 1909 von über 700 Spendern aufgebrachte Betrag von rund zwei Millionen Kronen,[71] insgesamt 4,5 Millionen Kronen, bildeten die Basis für die von dem Architekten Emil von Förster erstellte Projektstudie für das Gebäude.[72] Seit 1895 Vorstand des Departements für Hochbau, war Förster vom Ministerium für öffentliche Arbeiten, dem er im Frühjahr 1908 erste Entwürfe vorlegte, in den Bauausschuss delegiert worden. Sein Plan sah eine beinahe vollständige Bebauung des dreieckigen und leicht nach Süden abfallenden Geländes vor. Noch vor Försters überraschendem Tod im Februar 1909 war klar, dass vom Gesamtentwurf mit einem im Osten der Stadt zugewandten Verwaltungsgebäude, weiteren Ausstellungsbauten im Westen sowie dem zentralen Museumsgebäude in einer ersten Phase nur Letzteres zur Ausführung gelangen konnte.

Nach dem Ableben Försters kaufte der Museumsverein von den Erben alle Unterlagen an und beschloss auf Grundlage eines

Grundsteinlegung unter Anwesenheit von Kaiser Franz Joseph, Arthur Krupp (links) und Wilhelm Exner (3. von rechts), Foto, 20. Juni 1909

Gemeinderatsentscheids in Abstimmung mit dem Österreichischen Ingenieur- und Architekten-Verein sowie der 1907 gegründeten Zentralvereinigung der Architekten die Ausschreibung einer „Ideen-Konkurrenz unter Zugrundelegung des Försterschen Vorprojekts" mit Beschränkung auf Wiener Architekten.[73] Anfang Juni 1909 lagen Entwürfe von 24 Architekten vor, darunter Otto Wagner, Adolf und Viktor Loos, Leopold Bauer, Max Hegele, Max Fabiani, Alfred Keller, Rudolf Tropsch, Robert Oerley und Max von Ferstel, die oft weit vom Förster'schen Vorentwurf abwichen. Dass schließlich der k. k. Baurat Hans Schneider den ersten Preis erhielt, hatte viele Gründe: Sein Plan entsprach weitestgehend den Vorgaben des Förster'schen Entwurfs und somit den konzeptionellen Vorstellungen von Exner und Erhard. Er fand sowohl die Zustimmung der Jury als auch der Gemeinde Wien.[74]

Die Würfel waren gefallen, als am 20. Juni 1909 die bereits länger vorbereitete Grundsteinlegung in Anwesenheit des Kaisers, Erzherzog Rainers, des Ministerpräsidenten Richard Graf Bienert-Schmerlings, von fünf Ministern und des Wiener Bürgermeisters Karl Lueger stattfand. Das gedruckte Einladungsblatt zur Grundsteinlegung zeigt bereits die Fassade von Schneiders Einreichungsprojekt.[75] Der 79-jährige Monarch verschaffte der Zeremonie „bei herrlichem Sommerwetter" durch seinen Besuch die höchstmögliche Publizität. Lueger sowie Krupp als Obmann des Arbeitsausschusses hielten Ansprachen, der Kaiser dankte huldvoll, Weihbischof Godfried Marschall erteilte den kirchlichen Segen, und der Wiener Männergesang-Verein umrahmte das Fest mit seinen Liedern.[76] Alles in allem ein symbolisch aufgeladenes Ereignis, das dem Projekt die beabsichtigte Weihe verlieh.

Nach Vorschlag des Baukomitees nahm der Arbeitsausschuss am 23. November 1909 das umgearbeitete Projekt Hans Schneiders mit geplanten Errichtungskosten von 3,75 Millionen Kronen an. Damit verblieb vorläufig für die Inneneinrichtung des Museums ein Betrag von 750.000 Kronen, ein Fünftel des Baubudgets, laut Exner bei sparsamer Vorgangsweise eine durchaus ausreichende Summe.⁷⁷ Schneider hatte auf Wunsch der Jury sowie des Organisations- und Baukomitees⁷⁸ nachträglich alle drei Gebäudekomplexe in einer Linie parallel zur Linzerstraße und damit zum Schloss Schönbrunn angeordnet, um eine monumentale, 300 Meter lange Fassade zu erreichen. Im auszuführenden zentralen Museumskomplex mit 9600 Quadratmetern Grundfläche wurden freierer Disponibilität halber die zuerst in den beiden ebenerdigen Seitenhallen vorgesehenen Säulen eliminiert und durch technisch anspruchsvolle, von der „R. Ph. Waagner-L. & J. Biró & A. Kunz AG." ausgeführte Stahl-Glas-Kuppeln ersetzt und damit im Erdgeschoss das „Hallensystem" realisiert.⁷⁹

Seit der Jahreswende 1909/10 lief die Baumaschinerie auf Hochtouren. Von der „Allgemeinen Österreichischen Baugesellschaft" und der „A. Porr Betonbau-Unternehmung GmbH", die aus der Ausschreibung der Baumeister- und Betonarbeiten im März 1910 als Sieger hervorgegangen waren, verlangten die Auftraggeber eine Fertigstellung bis Ende 1911. Schwierigkeiten in der Bauausführung, Lieferprobleme beim Steinmaterial, ungünstige Witterungsverhältnisse im Winter 1910/11 und Arbeitskräftemangel verzögerten die Arbeiten jedoch bis zum Sommer 1913.⁸⁰ Mit drei Jahren Bauzeit ein auch aus heutiger Sicht immer noch bemerkenswertes Ergebnis.

Der Museumsneubau beschäftigte viele Unternehmen: Drei Millionen Ziegel für die Außenmauern lieferte die Wienerberger Ziegelfabriks- und Baugesellschaft, 11,5 Kilometer Gas-, Wasser- und Heizungsrohre die Firmen Kurz, Rietschel & Henneberg sowie C. Korte & Co., 46 Kilometer elektrische Leitungen die AEG-Union Elektrizitätsgesellschaft. Dabei fiel die elektrische Beleuchtung unter Berücksichtigung der guten natürlichen Belichtung durch die drei Glaskuppeln und 480 Fenster mit 1020 Glühbirnen bescheiden aus. Ein Museumsbetrieb nach Sonnenuntergang war damit allerdings kaum möglich. Mehr Aufwand verursachte die flächendeckende Versorgung der Ausstellungsräume mit „Licht- und Kraftstrom" für den Betrieb von Vorführobjekten mit 765 Anschlussstellen im Fußboden. Anton Freissler installierte einen Personen- und einen Lastenaufzug und die Maschinenfabrik J. von Petravič & Co einen Kran in der Mittelhalle mit 10 Tonnen Tragkraft, der bis heute als Transporthilfe genutzt wird. Die Gitterträger des Mittelhallendaches und der Mansardendächer lieferte und montierte die Eisenkonstruktionswerkstätte Ig[naz] Gridl in Wien. Abgesehen von gegossenen Zementplatten im Erdgeschoss und Steinplatten in der Eingangshalle als Fußboden erhielten die Obergeschosse einen Linoleumbelag der Ersten Österreichischen Linoleumfabrik in Triest. Im Untergeschoss des teilweise unterkellerten Gebäudes fanden die Kesselanlage der Niederdruck-Dampfheizung, die Werkstätten und das Schaubergwerk Platz. Die Steinplastiken gestaltete der Bildhauer Wilhelm Hejda, die Terrakottareliefs an der Fassade über dem Haupteingang Joseph Breitner.

Eingerüsteter Rohbau des Museums, Foto, um 1910

Blick in eine der Seitenhallen des Museums vor der Installation der Glaskuppel, Foto, Berthold Ring, Wien, um 1912

Kaiser Franz Joseph bei der Grundsteinlegung am 20. Juni 1909, Foto

Die Eingangshalle des Museums im Rohbau mit der unverkleideten Betonkonstruktion und nach der Fertigstellung, Fotos, um 1911 und 1996

Angesichts der sich abzeichnenden Fertigstellung des Gebäudes lud der Arbeitsausschuss für den 1. Dezember 1912, dem Vortag des Jubiläums des Regierungsantritts des Kaisers, zur konstituierenden Generalversammlung in den Gemeinderatssitzungssaal des Wiener Rathauses. Am Vorabend hatte die Stadt Wien die Teilnehmer zu einem Festbankett in den Sitzungssaal des Stadtrats gebeten. Nach Ansprachen des Bürgermeisters Josef Neumayer und Paul von Schoellers in Vertretung von Arthur Krupp beendete Georg Günther seinen Toast mit „dem stürmisch aufgenommenen Rufe: ‚Das Technische Museum blühe, wachse und gedeihe!' Hiermit war die Reihe der Toasts erschöpft", und die versammelten Teilnehmer widmeten sich dem Festmahl.[81] Der Einladung lag eine Liste von 48 honorigen Persönlichkeiten für die Wahl in das Kuratorium bei.[82] Darüber hinaus nominierten die Staatsverwaltung 22 Kuratoren, die Gemeinde Wien zwölf sowie die Industriellenverbände, der Gewerbeverein, der Elektrotechnische Verein, die Niederösterreichische Handels- und Gewerbekammer und der Österreichische Ingenieur- und Architekten-Verein je zwei. Auf Anregung von Krupp, den der Kaiser zum Präsidenten des Kuratoriums ernannte, erweiterte der Verein die Mitarbeit im Kuratorium auf die Universitäten, um die Wissenschaften stärker einzubinden. Der gewichtige Anteil der Ministerialbürokratie, der Behörden- und Vereinsvertreter sowie der Wirtschaft ist ein weiterer Beleg der unterschiedlichen Gründungsgeschichte in Wien und München, wo Wissenschafter einen erheblich größeren Anteil hatten.

Mit rund vierzig Prozent dominierten Vertreter von Ministerien und Behörden, dreißig Prozent kamen aus Industrie und Gewerbe, zehn Prozent aus Wissenschaft und universitärem Bereich, zwanzig Prozent sind keiner Gruppe zuzuordnen. Beinahe alle Anwesenden gaben die kaiserliche Reichs- und Residenzstadt Wien als Wohnort an. Trotz der Parallelaktion in Prag nahmen auch führende Vertreter der böhmischen Großindustrie[83] und selbstverständlich der Deutschen Technischen Hochschulen in Prag und Brünn/Brno teil. Als Kuratoriumspräsident konnte Arthur Krupp vier Minister und den Bürgermeister der Stadt Wien begrüßen.[84] Die Gründungsversammlung im Rathaus mit 329 Männern markiert nach der Grundsteinlegung einen weiteren feierlich inszenierten Meilenstein der Gründungsgeschichte. Im Jahr darauf zählte der Verein, der am 15. Juni 1913 die Generalversammlung im neuen Gebäude abhielt, bereits über 1200 Mitglieder.

Mit der Konstituierung des Vereins begann auch das nunmehr vom Direktorium aus den bisherigen Fachreferenten be-

Gründung und Eröffnung des Vereinsmuseums

stellte Fachkonsulentenkollegium mit der konkreten Einrichtungsplanung auf der Basis der seit Jänner 1913 in 17 Gruppen und 60 Sektionen gegliederten Sammlung:[85]

I. Bodenkultur
II. Bergbau und Hüttenwesen
III. Eisen- und Metallindustrie
IV. Maschinenbau
V. Elektrotechnik
VI. Verkehrswesen
VII. Grundwissenschaften der Technik
VIII. Chemische Industrie
IX. Nahrungs- und Genussmittelindustrie
X. Graphische Industrie
XI. Industrie der Faserstoffe
XII. Bekleidungsindustrie
XIII. Industrie der Steine und Erden
XIV. Bauwesen
XV. Gesundheitstechnik
XVI. Gewerbehygiene und Unfallverhütung
XVII. Feuerwehr und Rettungswesen

Unter Anleitung des Direktors Ludwig Erhard und unter dem Einfluss Wilhelm Exners aus dem Hintergrund organisierten die etwa 875 Fachkonsulenten die aufwändige Detailarbeit der Konzepterstellung auf der Grundlage der von beiden ausgearbeiteten „Richtlinien", die sich unter „Zweck und Aufgaben" teilweise auch in den Vereinsstatuten finden. Praktische Unterstützung fanden sie im technischen Vereinsangestellten Bruno Leinweber, den das Baukomitee 1910 nach Beginn der Bauarbeiten für die „Beaufsichtigung und Durchführung der Installationsarbeiten" anstellte,[86] und dem 1912 engagierten Inspektor des Gewerbeförderungsamtes und engen Mitarbeiter Erhards, dem Architekten Heinrich Kathrein.[87] Leinweber schied bald aus, Kathrein kehrte 1916 in die Gewerbeförderung zurück. Seine Rolle als „Hausarchitekt" übernahm für viele Jahrzehnte Eduard Stürzer. Die Gestaltung der im Mai 1918 eröffneten Schausammlungen trug – teilweise bis zur Generalsanierung in den 1990er-Jahren – ganz wesentlich seine Handschrift.[88] Bei der Schriftgestaltung stützte sich das Museum auf die Beratung durch den Wiener Grafiker Rudolph von Larisch, Professor an der Kunstgewerbeschule und an der Akademie der bildenden Künste.[89]

Bruno Leinweber war von der „Actien-Gesellschaft für Naphta Industrie" in Borysław (Galizien) gekommen, hatte sich in Konkurrenz zu Erhard mit Petroleum beschäftigt und 1912 eine kritische Publikation zum Konzept des entstehenden Technischen Museums und den Ideen des Werkbunds verfasst. Leinweber traf in einem Punkt eine Achillesferse des Museums: Die vorgesehenen Entwicklungsreihen der Technik bestanden seiner Mei-

Konstituierende Generalversammlung des Vereins „Technisches Museum für Industrie und Gewerbe" am 1. Dezember 1912 im Gemeinderatssitzungssaal des Wiener Rathauses, in der ersten Reihe Arthur Krupp (3. von links), Wilhelm Exner (4. von rechts) und links neben ihm Ludwig Erhard, Foto, R. Lechner, Wien, 1912

nung nach oft aus Objekten, die weniger die technische Entwicklung als Raritäten und Sonderformen repräsentierten und daher „in eine Liebhabersammlung, nicht aber in ein technisches Museum" gehörten.[90] Damit zielte er wahrscheinlich auf die Sammlungen von Dillinger, Schwerdtner und Petermandl. Wenige Jahre später äußerte sich Gustav Krupp von Bohlen und Halbach nach einem Rundgang ähnlich, und 1984 legte Alois Brandstetter in seinem Roman „Die Mühle" dem Müllermeister anlässlich eines Besuchs im Technischen Museum Worte dieses Inhalts in den Mund.[91]

Keine Querverbindungen, die Einfluss auf die Museumseinrichtung gehabt hätten, lassen sich zur Wiener Urania feststellen. Sie war auf Initiative jüngerer, im 1895 gegründeten „Reformklub" versammelter Mitglieder des Niederösterreichischen Gewerbevereins 1897 als Volksbildungsinstitution nach dem Berliner Vorbild entstanden.[92] Im Gegensatz zu diesem, das nachweisbaren Einfluss auf die Ersteinrichtung des Deutschen Museums, vor allem auf die didaktische Aufbereitung naturwissenschaftlicher Inhalte, hatte, ist ein solcher Einfluss in Wien nicht dokumentierbar.[93] Mit ihrem – insgesamt breiteren – Vortrags-, Kurs- und Filmprogramm auf dem Gebiet der Naturwissenschaft und Technik deckte die Wiener Urania, die wenige Jahre vor dem Museum 1910 ihr von Max Fabiani entworfenes Gebäude am Donaukanal bezog, auch das vom Museum beanspruchte Feld ab, sodass durchaus von einer Konkurrenz gesprochen werden kann.[94] In einer Kooperation im Frühjahr 1915 ging es dann auch nicht ums Museum, sondern in einer Vortragsreihe zum Thema „Krieg und Technik" um die Unterstützung von Exners Verein „Die Technik für die Kriegsinvaliden". Erst ab Ende 1919 kooperierten Museum und Urania im Rahmen der „Freien Vereinigung für technische Volksbildung".

Nach der Fertigstellung des Museumsgebäudes und dem Vorliegen der Endabrechnung musste das Direktorium die Baukosten 1914 auf 4,5 Millionen Kronen und die Einrichtungskosten auf knapp 800.000 Kronen korrigieren, sodass ein Kredit über rund 900.000 Kronen notwendig wurde. Die größten Posten der Einrichtung betrafen mit je rund 100.000 Kronen die Transportkosten für Objekte, die Objektaufstellung sowie die Ausstattung mit Tischen und Vitrinen. In einer vorausschauenden Einnahmen-Ausgaben-Rechnung bis 1916 vergrößerte sich die Finanzierungslücke ohne weitere Staatssubventionen und Großspenden auf 1,7 Millionen Kronen. Einen Anteil daran hatten auch die nur knapp zu einem Drittel durch Einnahmen gedeckten laufenden jährlichen Fixkosten von rund 300.000 Kronen, davon beinahe zwei Drittel Personalkosten.[95] Angesichts dieser Perspektiven sicherte sich der Verein bei der Credit-Anstalt einen Kreditrahmen von 1,6 Millionen Kronen.[96] Vor diesem düsteren finanziellen Hintergrund und wohl auch wegen des Kriegs konnte der von Richard Pribram erstmals 1912 eingebrachte und im Herbst 1914 in den Gremien begeistert diskutierte Vorschlag zur Einrichtung eines „musealtechnischen Laboratoriums", worunter eine wissenschaftliche Konservierungs- und Restaurierungswerkstätte verstanden wurde, nur in Ansätzen realisiert werden.[97]

Nach Aufnahme des Kredits 1916 besserte sich die Lage langsam, auch weil weitere großzügige Spenden eingingen, z. B. von der Berndorfer Metallwarenfabrik Arthur Krupp 300.000 Kronen, der Gebr. Böhler & Co. AG. 150.000 Kronen sowie der Österreichischen Waffenfabriks-Gesellschaft und der Mitterberger Kupfer AG. je 100.000 Kronen. Ein anonymer Spender überwies 200.000 Kronen.[98] Vermutlich handelte es sich dabei um den Präsidenten der Anglo-österreichischen Bank, das Herrenhausmitglied Bernhard Wetzler.

Die Eröffnung des Museums musste während des Ersten Weltkriegs mehrmals verschoben werden. Am 11. Mai 1912 berichtete Georg Günther dem Arbeitsausschuss über die baldige Fertigstellung des Museumsrohbaus und eine mögliche Eröffnung Anfang 1914. Zwar wurde das Gebäude im Wesentlichen bis 1913 fertiggestellt, eine Eröffnung so kurz danach war jedoch unrealistisch. Seit Ende Juli 1914 warf der Krieg alle gewohnten Planungen über den Haufen, aber Exner drängte angesichts der ungewissen Zukunft nach Kriegsende immer wieder auf eine rasche Eröffnung. Am 3. August 1916 stellte er anlässlich der Plenarsitzung des Vereins „Die Technik für die Kriegsinvaliden" die Eröffnung des Technischen Museums für den 2. Dezember des Jahres in Aussicht.[99] Angesichts der prekären finanziellen Situation forderte auch die Belegschaft, vertreten durch den Kustos Ernst Stelzer und Betriebsleiter Otto André, eine Eröffnung zu diesem Termin.[100] Aber im November desselben Jahres stellte das Kuratorium einstimmig klar, „mit Rücksicht auf den Ernst der Zeit die Eröffnung des Museums bis auf Weiteres zu verschieben".[101]

In einer „Beamtensitzung" am 17. November 1917 fiel schließlich eine Vorentscheidung: „Als Tag der Eröffnung des Technischen Museums wird der erste Sonntag im Mai 1918 festgelegt."[102] Tatsächlich war es dann am Montag, dem 6. Mai 1918 so weit: Das noch nicht fertig eingerichtete Museum öffnete „ohne besondere Feierlichkeit"[103] seine Tore für die Besucher. Erhard hatte zuvor am 1. Mai zu einer Pressekonferenz geladen. Vorerst hatte das Museum täglich von 10 bis 17 Uhr geöffnet. Das zweite Obergeschoss wurde für Besucher erst später zugänglich. In der auf die Eröffnung folgenden Generalversammlung des Museumsvereins am 23. Juni 1918 kündigte Arthur Krupp zwar noch eine spätere feierliche Eröffnung an, die folgenden Monate und Jahre boten dazu jedoch keinen Anlass.

Geladene Gruppe vor der Fassade des neuen Technischen Museums mit Ludwig Erhard (mit Brille, 2. Reihe Mitte), J. Schramm, k. k. Hoffotograf, Wien, 1916

Ludwig Erhard, Gewerbeförderung und Museumsarbeit

Erhard wechselt aus Nürnberg in die Österreichische Gewerbeförderung und befasst sich mit Exners Museumskonzept.

Martin Schneider

In Anbetracht der Verwirklichung der Museumsziele entstanden bereits in der Planungsphase Ideen zur Einrichtung der Schausammlung. Exner war auch an ihrer Grundkonzeption maßgeblich beteiligt, für die er in seinen „Erlebnissen" einen Prioritätsanspruch geltend machte.[1] Dagegen sei die praktische Einrichtung der Schausammlung „im großen und ganzen" das Werk des durch seine Fürsprache ernannten ersten Museumsdirektors Ludwig Erhard, der zunächst in der bayerischen, dann in der Wiener Gewerbeförderung tätig war. Gegen Ende seines Lebens fasste Erhard die in diesen Bereichen gewonnenen Eindrücke und Erfahrungen in einer sich biologistischer Vergleiche bedienenden Theorie der Technikentwicklung zusammen. Ihr Ziel war die praktische Vorbereitung einer technokratischen Gesellschaft.

Die Umsetzung des musealen Vorhabens war von mehreren Konfliktlinien durchwoben. Bereits die nationalen Spannungen zu Beginn des Jahrhunderts und der Erste Weltkrieg lassen Probleme erahnen. Zudem gaben die Statuten des Museums einer Gewichtung zwischen Technikgeschichte, Gewerbeförderung und nationalen Interpretationen durchaus Spielraum, der während des Krieges auch genutzt wurde. Ein weiteres Spannungsfeld kann in der Beurteilung von Großindustrie und mittelständischem Gewerbe in den Bereichen der Gewerbeförderung, der musealen Technikgeschichte sowie Erhards technokratischer Techniktheorie ausgemacht werden. Auch das Verhältnis zwischen Erhard und dem eine ganze Generation älteren Exner scheint stets durch die hierarchische Beziehung zwischen Vorgesetztem und Angestelltem charakterisiert. Zwar zollten sie einander Respekt und Wertschätzung. Doch die Hierarchie sowie Exners Autorität verschafften Letzterem einen Machtvorteil, den er zu nutzen wusste. Wer aber war Ludwig Erhard, der heute fast vergessene erste Direktor des Technischen Museums?[2]

Am Nürnberger Gewerbemuseum

Erhard wurde am 25. August 1863 in Aicha vorm Walde bei Passau geboren, wo sein Vater Alexander Erhard als Arzt tätig war.[3] Später praktizierte dieser in Passau, wo sein Sohn zunächst das Gymnasium besuchte.[4] Das Absolutorium der Königlich Bayerischen Industrieschule München erhielt Ludwig Erhard 1882. Es folgte ein Studium an der dortigen Technischen Hochschule, das er 1886 mit dem Absolutorium der Mechanisch-Technischen Abteilung im Fachbereich Maschinenbau beendete.[5] Karl Holey zufolge soll er auch medizinische und kunstgeschichtliche Vorlesungen besucht haben.[6]

Ein technisches Praktikum führte Erhard 1886 in die Lokomotivfabrik Maffei in Hirschau bei München. Am 1. Jänner 1887 wurde er Ingenieur des in der bayerischen Gewerbeförderung tätigen Polytechnischen Zentralvereins in Würzburg, bevor er am 1. Jänner 1888 als Ingenieur in die Dienste des Bayerischen Gewerbemuseums in Nürnberg trat.[7] Seine Anstellung fällt zeitlich mit einer Neubesetzung des dortigen Direktorenpostens zusammen, da im Jahr zuvor der seit 1872 amtierende Karl Stegmann sein Amt zur Verfügung gestellt hatte. Mögliche Gründe dafür könnten die den Sammlungsaufbau beschränkenden finanziellen Probleme sowie die vom Verwaltungsratsvorsitzenden Johann Georg Kugler angestrebte verstärkte technische Ausrichtung des Museums gewesen sein, die sich mit Stegmanns Konzept eines Kunstgewerbemuseums nicht vereinbaren ließ.[8] Dieser orientierte sich an der tektonischen Theorie des Architekten Gottfried Semper, der Form und Funktion eines Produktes sinnvoll miteinander vereinen wollte und dazu auf Urformen (Muster) zurückgriff, die zu neuen Stilen weiterentwickelt werden sollten. Sein Nachfolger wurde Theodor von Kramer, in dessen Direktionszeit Erhards Tätigkeit somit fiel.[9]

Auch Wilhelm Exner kannte das Nürnberger Museum. In seiner Autobiografie merkte er nicht unironisch an, dass man ihm selbst 1871 den Direktorenposten dieser Institution angeboten habe, in welcher später Ludwig Erhard zehn Jahre lang arbeitete.[10] Wahrscheinlich hatte er Erhard über seine Kontakte im bayerischen Raum und in Nürnberg kennengelernt, das er 1892 nachweislich besuchte,[11] denn auch dieser erarbeitete sich schnell ein ausgedehntes öffentliches Betätigungsfeld.

Zu Erhards Nürnberger Aufgaben zählten die Leitung der mechanisch-technischen Abteilung, die Organisation von Ausstellungen sowie die Neueinrichtung der dortigen Maschinenhalle. Am 1. Jänner 1893 stieg er in den Rang eines Oberingenieurs auf.[12] Ebenso war er in der Gewerbeförderung tätig, schuf gewerbliche Musterbetriebe und Ausbildungsstätten für Lehrlinge.[13] Friedrich Barth hebt vor allem den gewerblichen Rechtsschutz sowie die technische Materialprüfung als Arbeitsschwerpunkte der von Erhard geleiteten Abteilung hervor.[14] 1891 wirkte Erhard als Juror für das Maschinenwesen an der Elektrotechnischen Ausstellung in Frankfurt am Main mit. 1893 war er Bayerischer Kommissär und Juror auf der Weltausstellung in Chicago, an der auch die Bayerische Landesgewerbeanstalt beteiligt war.[15] Während seines Aufenthaltes in Amerika lernte Erhard Franziska Lenk kennen, die er im selben Jahr in Toledo/Ohio heiratete.[16] Die Ehe blieb kinderlos.

Für die 1896 in Nürnberg stattfindende II. Bayerische Landesausstellung betreute Erhard die 9000 Quadratmeter große Maschinenhalle.[17] Sie war zugleich ein wichtiger zentraler Bereich der Infrastruktur, da hier der elektrische Strom für das gesamte Ausstellungsgelände erzeugt wurde. Die Beschreibungen der in ihr präsentierten Motoren, Pumpen, Armaturen und Maschinen finden sich in mehreren von Erhard für die „Offizielle Ausstellungs-Zeitung" verfassten Beiträgen.[18] Ferner war er 1898 für die Münchner Kraft- und Arbeitsmaschinenausstellung tätig.[19]

Laut Holey waren Erhards Erfolge auch der Grund dafür, weshalb Exner ihn nach Wien holte.[20] Als Direktionssekretär fand er dort in dem von Exner geleiteten Gewerbeförderungsdienst, der dem Technologischen Gewerbemuseum angegliedert war, ein neues Betätigungsfeld.[21]

Von Ludwig Erhard betreute Maschinenhalle der II. Bayerischen Landesausstellung, Foto, 1896

Im Wiener Gewerbeförderungsdienst

Erhard trat seine Anstellung im Gewerbeförderungsdienst am 1. Mai 1898 im Rang eines Oberingenieurs an.[22] Im Dezember 1899 erfolgte seine Vereidigung zum Baurat.[23] Erhard fungierte als stellvertretender Leiter des Gewerbeförderungsdienstes und somit als Stellvertreter Exners,[24] was das große Vertrauen belegt, das Exner offensichtlich in ihn setzte. Die für den Zeitraum 1905 bis 1907 herausgegebenen Jahresberichte weisen Erhard als Vertreter des Gewerbeförderungsdienstes im musealen „Fachkomitee zur Hebung der technischen Seite des Automobilwesens" aus.[25] Ebenso wie zahlreiche technische Gutachten zu Fahrzeugprüfungen und frühen Automobilunfällen belegt die Mitgliedschaft im Fachkomitee das große Interesse, das er der Automobiltechnik entgegenbrachte.[26] Das Technologische Gewerbemuseum bot in diesen Jahren „Speziallehrkurse für Automobil-Wagenlenker" an.[27]

Auch auf dem Gebiet großer Gewerbeausstellungen war Erhard weiterhin vertreten. So war er gemeinsam mit Regierungsrat Georg Lauboeck – der zuvor Exners Assistent an der Hochschule für Bodenkultur gewesen war[28] – im Jahr 1900 an der praktischen Durchführung der Präsentationen des Gewerbemuseums auf der Pariser Weltausstellung beteiligt. Exner – damals österreichischer General-Kommissär – sah sich 1904 rückblickend gegenüber beiden als „autoritativer Ratgeber".[29]

Zu Erhards Interessenschwerpunkten zählte auch die Spiritusverwertung.[30] Unter der Präsidentschaft Exners fungierte Erhard 1904 daher als Direktor der in Wien stattfindenden Internationalen Ausstellung für Spiritusverwertung und Gärungsgewerbe. Damit gehörte er dem Präsidium an.[31] Als der Direktion zugeteilter Chefingenieur der Ausstellung fungierte Bruno Leinweber.[32] Bei der Gesamtkonzeption trat nun – ähnlich wie bei den Weltausstellungen – das Problem auf, sowohl die technologische Entwicklung als auch die nationale Gliederung berücksichtigen zu müssen. Die von Erhard, Leinweber und dem Ingenieur Rudolf Wildfeuer gefundene Lösung sah einen Kompromiss vor:[33] Die Bereiche Spiritusgewerbe und technische Spiritusverwertung wurden nach nationalen, Gärungsgewerbe und Automobilausstellung nach technologischen Gruppen gegliedert; innerhalb der Letzteren fanden sich jedoch erneut nationale Unterteilungen. An den technischen Laien gerichtet publizierte Leinweber „Allgemeinverständliche Erläuterungen aus dem Gebiete der Ausstellung".[34] Sie waren als Ergänzung zum offiziellen Ausstellungskatalog gedacht und erschienen wie dieser im Verlag der Ausstellungsdirektion.

Am 29. Juli 1905 wurde Erhard zum Oberbaurat befördert.[35] 1906 war er als Beirat der Deutsch-Böhmischen Ausstellung in Reichenberg/Liberec tätig; diesmal hatte Leinweber die Funktion des Direktors inne.[36] Als der österreichische Handelsminister František Fiedler dem ihm nach der Verstaatlichung unterstellten Gewerbeförderungsamt im November 1907 einen Besuch abstattete, gehörte neben Sektionschef Exner auch der 44-jährige Ludwig Erhard als Direktionsmitglied zum Empfangskomitee.[37]

Die österreichische Gewerbeförderung widmete sich zu Beginn des Jahrhunderts vor allem dem handwerklichen Mittelstand, der seine Stellung durch die industrielle Produktion bedroht sah.[38] Die Industrie stellte für ihn nicht nur eine massive wirtschaftliche Konkurrenz, sondern auch eine soziale Bedrohung dar. Vor allem viele kleine Gewerbetreibende führten ein äußerst entbehrungsreiches Leben in Armut unter zum Teil katastrophalen Wohn- und Arbeitsbedingungen. Die Situation führte ab den 1880er-Jahren zu politischen und gesellschaftlichen Gegenbewegungen.

Zu den vom Gewerbeförderungsamt durchgeführten Hauptmaßnahmen zählten neben einer der Belehrung und versuchstechnischen Zwecken dienenden gewerblichen Ausstellungstätigkeit die Abhaltung von Handwerkerkursen, die Errichtung von Musteranstalten und Erprobungsbetrieben sowie die Organisation der staatlichen Überlassung von Maschinen an Werk- und Maschinengenossenschaften.[39] Exner zufolge gingen Letztere auf eine Idee Erhards zurück und hätten sich „als ein vorzügliches Requisit der Gewerbeförderung" erwiesen.[40]

Erhard nannte rückblickend die Zahl von etwa 4000 Handwerkern, die bis zum Jahr 1908 an den sechs- bis achtwöchigen Handwerkerkursen teilgenommen hätten.[41] Da die Teilnehmer während der Ausbildung nicht in ihrem Betrieb arbeiten konnten, erhielten sie Stipendien. Die vom Gewerbeförderungsamt ausgebildeten Fachlehrer sollten dann ihrerseits Meisterkurse abhalten. Ebenfalls sehr erfolgreich schildert Erhard die Überlassung von Maschinen an Genossenschaften. Diese Einrichtung sollte in seiner späteren „Biologie der Technik" entsprechend einer biologischen Symbiose eine bedeutende Rolle einnehmen.

Ein 1906 erstelltes Verzeichnis „Über die aus dem Gewerbeförderungskredite angekauften und an gewerbliche Vereinigungen abgegebenen Arbeitsbehelfe" weist über 150 Einträge auf.[42] Genannt werden u. a. die Namen der Genossenschaften, die überlassenen Arbeitsmittel sowie Art und Dauer der Überlassung. Für das Jahr 1913 nannte Erhard rückblickend sogar 380 dem Amt unterstellte Vereinigungen,[43] womit sich die Zahl der geförderten Betriebe mehr als verdoppelt hatte.

Es erscheint zwar verständlich, wenn Erhard die Gewerbeförderung, in der er selbst tätig gewesen ist, gegen Ende seines Lebens sehr positiv beurteilt. Doch sollten auch die Probleme erwähnt werden, vor denen sie Anfang des 20. Jahrhunderts mitunter stand. Dazu kann eine maschinenschriftliche, unsignierte Ausarbeitung aus dem Zeitraum zwischen 1904 und 1906 dienen, in der es u. a. heißt: „Es ist wohl sicher, dass sich manche Unternehmung besser entwickelt hätte, wenn es möglich gewesen wäre, sie eine zeitlang zu überwachen oder wenigstens öfter zu besuchen."[44] Kritisiert wurden der Zeitmangel bei der Vorbereitung von Unterrichtsveranstaltungen sowie Behinderungen durch Raum- und Kompetenzfragen.[45] Ebenso würden die Ratenzahlungen für die überlassenen Maschinen nicht immer eingehalten, und die Gewerbetreibenden hätten manchmal „überhaupt nicht ernstlich daran gedacht, Rückzahlungen zu leisten".[46]

Die Tätigkeit im Gewerbeförderungsamt stellte jedoch nur eine Zwischenstufe in Erhards Karriere dar, der bereits seit 1907 in die Planungen des Museums involviert war. Mit Erlass des Handelsministers vom 20. Juni 1910[47] wurde er dem Gründungsausschuss des Museums ab 1. Juli des Jahres zur Verfügung gestellt und bekleidete die Position eines technischen Beirats.[48] 1912 erfolgte seine Ernennung zum Museumsdirektor.[49] Den neuerlichen Aufstieg hatte Erhard wiederum seinem Förderer Wilhelm Exner zu verdanken. Unter Andeutung innerer Streitigkeiten berichtete dieser in seinen „Erlebnissen", dass er Erhards Ernennung zum technischen Direktor im Arbeitsausschuss mit der knappen Mehrheit von nur einer Stimme erzwungen habe.[50] Dabei waren Erhards Erfolge in der Gewerbeförderung sowie der enge Kontakt zu Exner von Nutzen: „Ich konnte die Kandidatur Erhards aus voller Überzeugung aufstellen, da er ja bereits in Nürnberg Verdienstliches geleistet hatte und seit seiner Berufung in den Gewerbeförderungsdienst Österreichs mein hervorragendster Mitarbeiter gewesen ist. [...] Bei den Verhandlungen mit dem für die Projektierung des Neubaues des Technischen Museums in Aussicht genommenen Architekten, Ministerialrat Emil von Förster, konnte sich Erhard bereits bewähren und ging auf meine Idee der Grundrisseinteilung des Gebäudes verständnisvoll ein."[51]

Letztere Bemerkung zeigt deutlich, dass Exner auf die konzeptionelle Einteilung des Gebäudegrundrisses einen Prioritätsanspruch erhob. Doch auch Erhard war schon früh mit der Planung befasst[52], und es blieb ihm vorbehalten, 1911 erste Vorarbeiten einer auch theoretischen Ausarbeitung dieses Konzeptes zu liefern, die später sowohl theoretisch als auch praktisch ausgebaut werden sollten.

Vermutlich Ludwig Erhard während seiner Zeit im Wiener Gewerbeförderungsdienst, Foto, k. k. Hof-Atelier F. Mayer, Graz, um 1900

Das „Ideal-Schema" eines technischen Museums

Die konkrete Schausammlungseinrichtung fiel in den Aufgabenbereich der Museumsdirektion, die von Ludwig Erhard geführt wurde. Seine an Exner orientierten Pläne und Entwürfe stammen bereits aus dem Jahr 1907. Das belegen verschiedene Grundrissskizzen sowie ein achtseitiger maschinengeschriebener und ausgebesserter Konzeptentwurf mit dem Titel „Ideal-Schema eines Technischen Museums in Wien", der sehr wahrscheinlich Erhard zugeordnet werden kann.[53]

Zwei mit Erhards Initialen unterzeichnete Skizzen, die einen vorläufigen Gebäudegrundriss sowie die Unterteilung des Ausstellungsbereiches in ein Koordinatensystem zeigen, tragen den Titel „Schema eines Technischen Museums". Sie können auf den 27. und 28. Juni 1907 datiert werden und präsentieren die Grundrisseinteilung des Erdgeschosses sowie des ersten Stockwerks.[54] Im Zentrum liegt der „Saal der Kräfte", der sich in chronologischer Abfolge den Antriebsenergien wie Muskel- und Wasserkraft (A) sowie Wärme (B) und Elektrizität (C) widmet. Parallel zu diesem ordnet Erhard im linken und rechten Gebäudeflügel die einzelnen Sammlungsgruppen in ihrer geschichtlichen Entwicklung an. Er unterteilt sie entsprechend den verwendeten Antriebsenergien in drei Epochen A bis C.

Dagegen erscheint diese Anordnung im ersten Obergeschoss aus baulichen Gründen um 90 Grad versetzt, sodass hier die Entwicklungsreihen des linken Gebäudeflügels auf den „Saal der Kräfte" zu laufen und die Buchstaben ihrer Planquadrate nicht mehr mit den in der Mittelhalle präsentierten energetischen Entwicklungsphasen übereinstimmen. Auch ist die Anzahl der vorgesehenen Phasen auf zwei reduziert und weicht somit von der dreiteiligen Chronologie der Mittelhalle ab. Für den rechten Gebäudeflügel sah Erhard dagegen Verwaltungsräume, Hörsäle und eine Bibliothek vor.

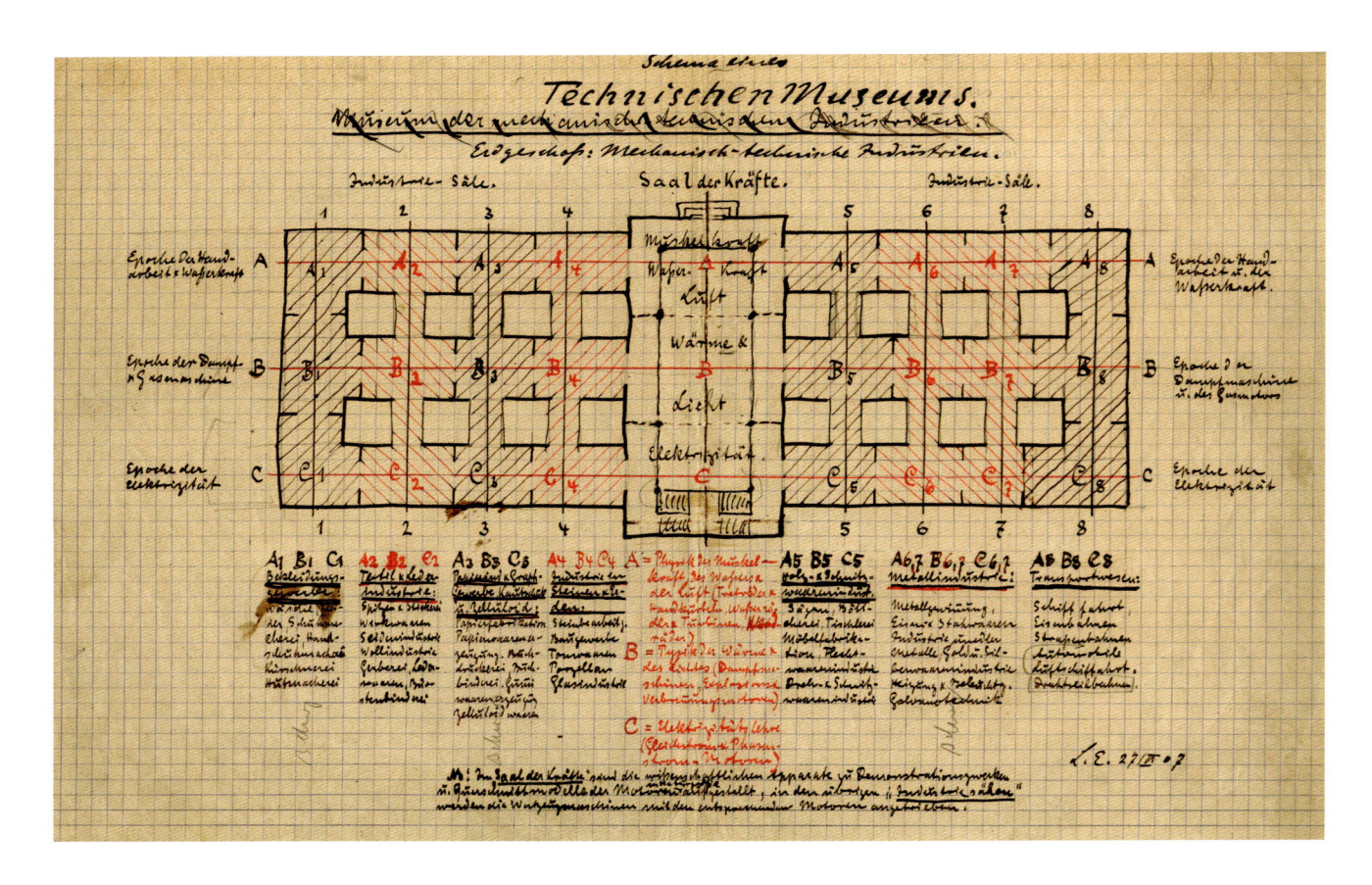

Sofern auch im Obergeschoss Entwicklungsabschnitte dargestellt werden sollten, widerspricht ihre Reduzierung auf zwei Phasen jedoch nicht grundsätzlich der im Erdgeschoss angewandten dreiteiligen Konzeption. So hatte auch schon Wilhelm Exner 1866 in seiner Arbeit „Der Aussteller und die Ausstellungen" zur Thematisierung des technischen Fortschritts eine plakative Zweiteilung verwendet, indem er Anfangs- und Endpunkt einer technischen Entwicklung gegenüberstellte: „Aber nicht bloß der gegenwärtige Zustand der einzelnen Völker spiegelt sich in einer solchen Ausstellung, man kann dort ein großes Stück Geschichte der Menschheit studieren, ja durchleben. [...] Das selbstgemachte Gewebe des Wilden neben dem mikroskopischen Produkte der Spitzenmaschine, der Pfeil und Bogen des Naturmenschen neben der gezogenen Kanone, das aus Baumrinde zusammengestapelte Fahrzeug neben dem Panzerschiff, das zerriebene Produkt des gefälligen Bodens neben dem Produkt der Dampfmühle, die rohen in Baumrinde oder Palmblätter eingeritzten Zeichen halbbekannter, neben den Telegraphen-Apparaten und den Rechenmaschinen civilisirter Völker, und neben den paradoxen Gebilden ungezügelter Fantasie die Meisterwerke der Kunst als Blüthen des Wohlstandes und der Gesittung unserer Zeit."⁵⁵ Auch aus dem Hintergrund dieses Konzeptes ließen sich natürlich die zur Produktion angewandten Energien herauslesen, und es stellt gewissermaßen eine Zuspitzung der Entwicklungsreihen dar, die Erhard in seiner Skizze für das Obergeschoss beeinflusst haben könnte.

Nur kurze Zeit nach der Anfertigung erster Grundrissskizzen durch Erhard im Juni 1907 präsentierte Wilhelm Exner am 1. August die Grundzüge des Systems in einem Artikel für die „Österreichische Rundschau". Auffällig ist jedoch, dass er dem Untergeschoss sieben sowie dem Obergeschoss sechs Sammlungsgruppen zuordnete und die Entwicklung der chemischen Technologie nach Kriterien vornahm, die in Erhards Skizzen zunächst nicht erwähnt werden. So begrenzte Exner die chemische „Vorzeit" mit Einführung der Waage durch Antoine Laurent Lavoisier, das chemische „Mittelalter" mit der anorganischen Chemie bis in die Zeit Justus von Liebigs und Friedrich Wöhlers sowie die Neuzeit durch die organische sowie die Elektrochemie.⁵⁶

Und am 29. November 1907 fand unter Exners Leitung die erste Sitzung des Organisationskomitees statt, auf welcher er „der Versammlung die Skizze eines Entwurfs für die beabsichtigte Anordnung des Musealbaus" vorlegte.⁵⁷ Auch Ludwig Erhard und der Architekt Emil von Förster waren anwesend. Zum Protokollanhang gehörte ferner eine zweiseitige knappe Präsentation des „Ideal-Schema[s] eines nach dem sogenannten Fischgrätesystem angeordneten Musealbaues".⁵⁸

Ein ausführlicher ausgearbeiteter, jedoch nicht datierter Entwurf dieses „Ideal-Schemas" findet sich dagegen in derselben Archivmappe, die auch schon die frühen Grundrissskizzen Erhards vom Juni 1907 enthält. Er bezieht sich bereits im ersten Abschnitt auf die 1866 erschienene Schrift „Der Aussteller und die Ausstellungen" von Wilhelm Exner, der als „unermüdlich wirkende[r] Vorkämpfer für die Idee der Errichtung eines Technischen Museums in Wien" bezeichnet wird.⁵⁹ Anschließend widmet sich der Text den vergangenen Weltausstellungen, deren Konzeptionen die Anordnung der Ausstellungsobjekte sowohl nach technologischen Gruppen als auch nach nationalen Gesichtspunkten berücksichtigen mussten.

Als gelungenes System wird die elliptische Anordnung der Pariser Weltausstellung von 1867 angeführt. Deren Umsetzung sei jedoch durch das ständige Anwachsen der Ausstellungen bei späteren Projekten unmöglich geworden. Stattdessen habe man Sonderbauten für die einzelnen technologischen Gruppen errichtet. Dies müsse jedoch höhere Bau- und Betriebskosten als bei einem einheitlichen Hallenbau zur Folge haben. Auch die Akzentuierung zentraler Energien wie der Dampfkraft oder der Elektrizität seien nicht möglich, da sie in jedem Sonderbau wiederholt werden müssten.

Das Pariser Konzept hatte aus konzentrisch ineinandergefügten Ellipsen bestanden. Ihre Anzahl entsprach der Zahl der damaligen Ausstellungsgruppen. Diese wurden von mehreren Sektoren in Segmente unterteilt, die jeweils einer Nation zugeordnet waren. Bewegte man sich innerhalb eines Sektors zwischen Mitte und Peripherie der Ausstellungsfläche, konnten die einzelnen Gruppen bzw. Industriezweige eines bestimmten Staates begutachtet werden. Entlang der Ellipsenbahnen kam man an allen nationalen Leistungen einer bestimmten Ausstellungsgruppe vorbei.

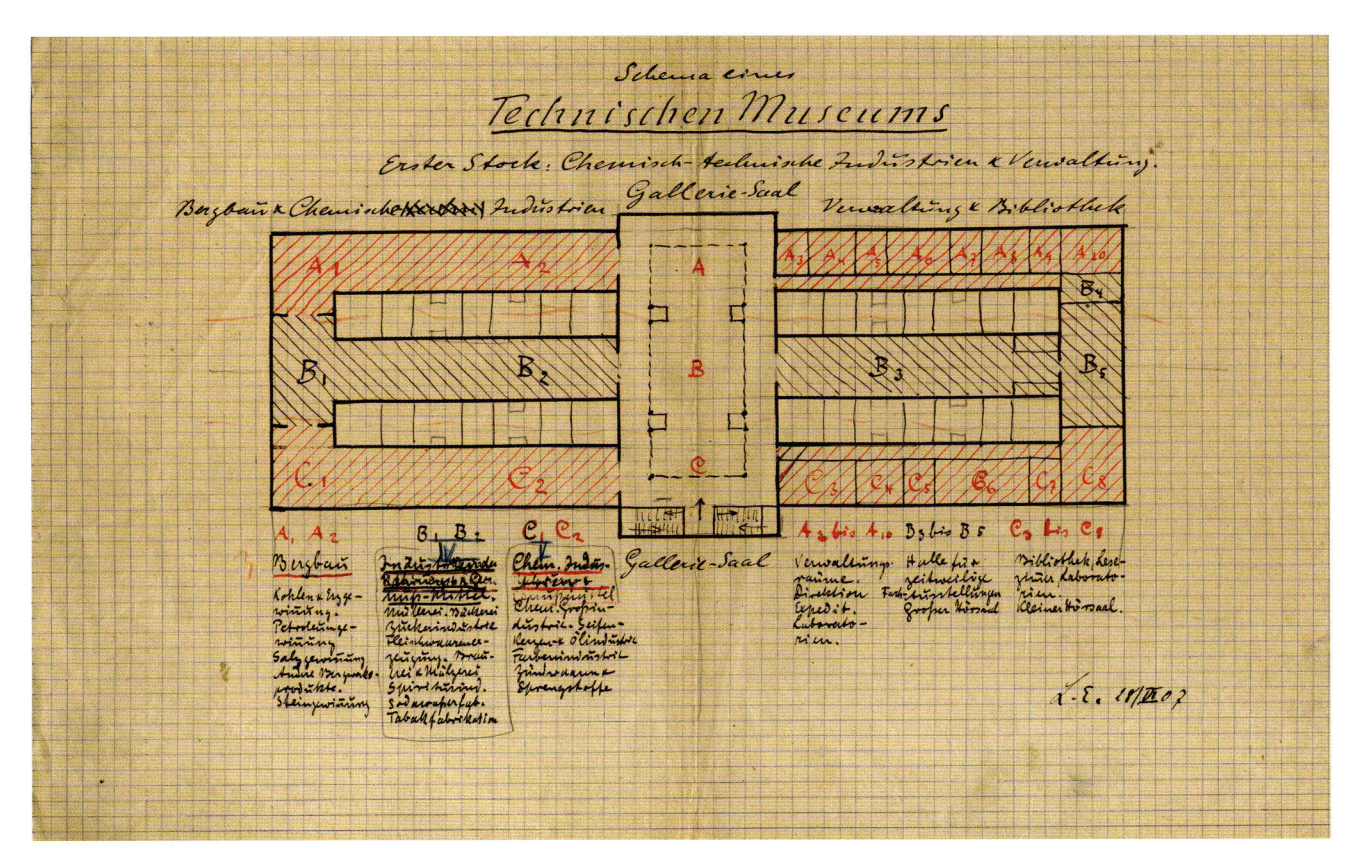

Die ersten Pläne Erhards zum Konzept der energetischen Entwicklungsreihen, 27./28. Juni 1907

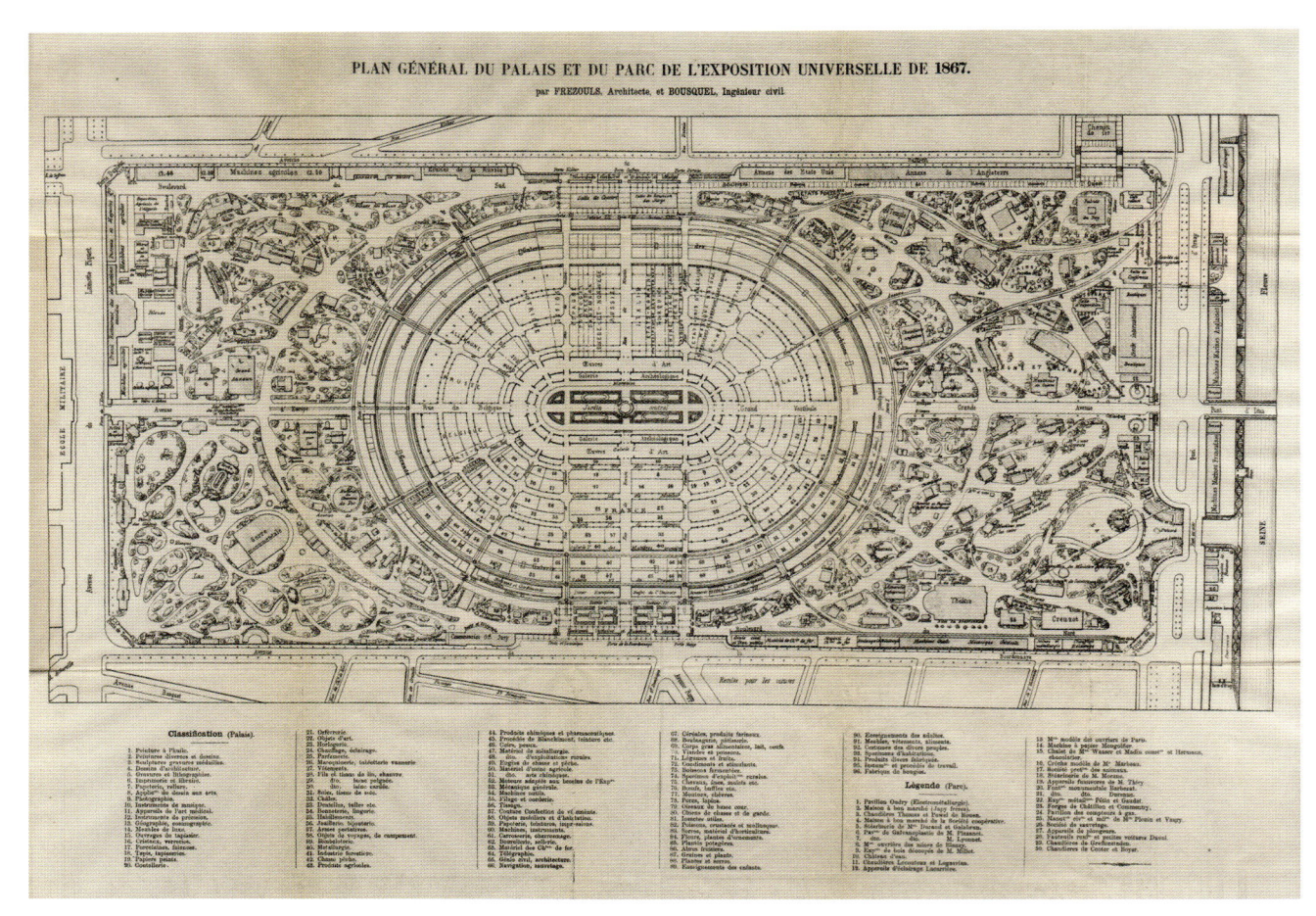

Grundriss der ovalen Ausstellungshalle der Pariser Weltausstellung 1867, Vorbild für Exner und Erhard bei der Ersteinrichtung des Museums, Druck, 1867

Das „Ideal-Schema" wandelte diesen Grundriss in ein rechteckiges Koordinatensystem um, das auch spätere Erweiterungsmöglichkeiten durch Anbauten berücksichtigen sollte. Somit basierte das geplante Wiener Ausstellungssystem auf dem Pariser Konzept von 1867. Im „Ideal-Schema" findet sich ferner ein Unter-, Erd- und Obergeschoss. Die beiden Letzteren werden von der den Antriebsenergien gewidmeten Mittelhalle, dem „Saal der Kräfte", durchbrochen. Parallel zu dieser Halle sind die Sammlungsgruppen jeweils chronologisch angeordnet und weisen – in Anlehnung an die Konzeption von Paris – Besucherwege entlang der Koordinatenachsen auf: Sie führen nun allerdings durch die zeitliche Entwicklung einzelner Gewerbe- und Industriezweige bzw. entlang einer bestimmten Entwicklungsepoche.[60]

Weitere, in der gleichen Archivmappe befindliche Grundrisszeichnungen zeigen die mögliche Umsetzung dieses Systems. Sie stellen von Erhard offensichtlich händisch angefertigte, nicht datierte Kopien des Gebäudegrundrisses dar, die mit seinem Namen sowie mit dem Vermerk „m.p." („manu propria", eigenhändig) signiert wurden. Zwar war weiterhin die Untergliederung der Ausstellungsgruppen nach dem Kriterium der Antriebsenergie, für die chemisch-technischen Industrien nun allerdings in Anknüpfung an Exner eine eher „disziplinäre" Phaseneinteilung in Alchemie, anorganische und organische Chemie vorgesehen. Die im Plan für das Erdgeschoss eingezeichneten Führungslinien für den Museumsbesucher bieten zwei mögliche Hauptwege durch die künftige Schausammlung: in roter Farbe entlang der einzelnen historischen Epochen, womit ein Querschnitt durch alle Sammlungsbereiche vermittelt würde;

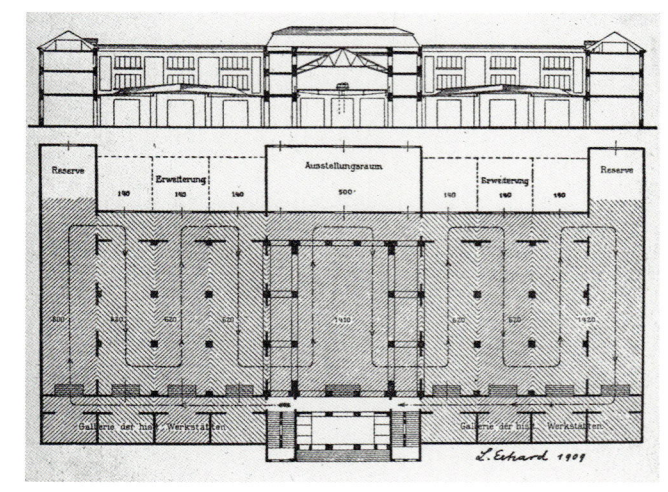

Grundriss des Erdgeschosses mit Wegführung durch die Sammlungsgruppen sowie möglichen Erweiterungen im Norden, Ludwig Erhard, Druck, 1909

124 Gründung und Eröffnung des Vereinsmuseums

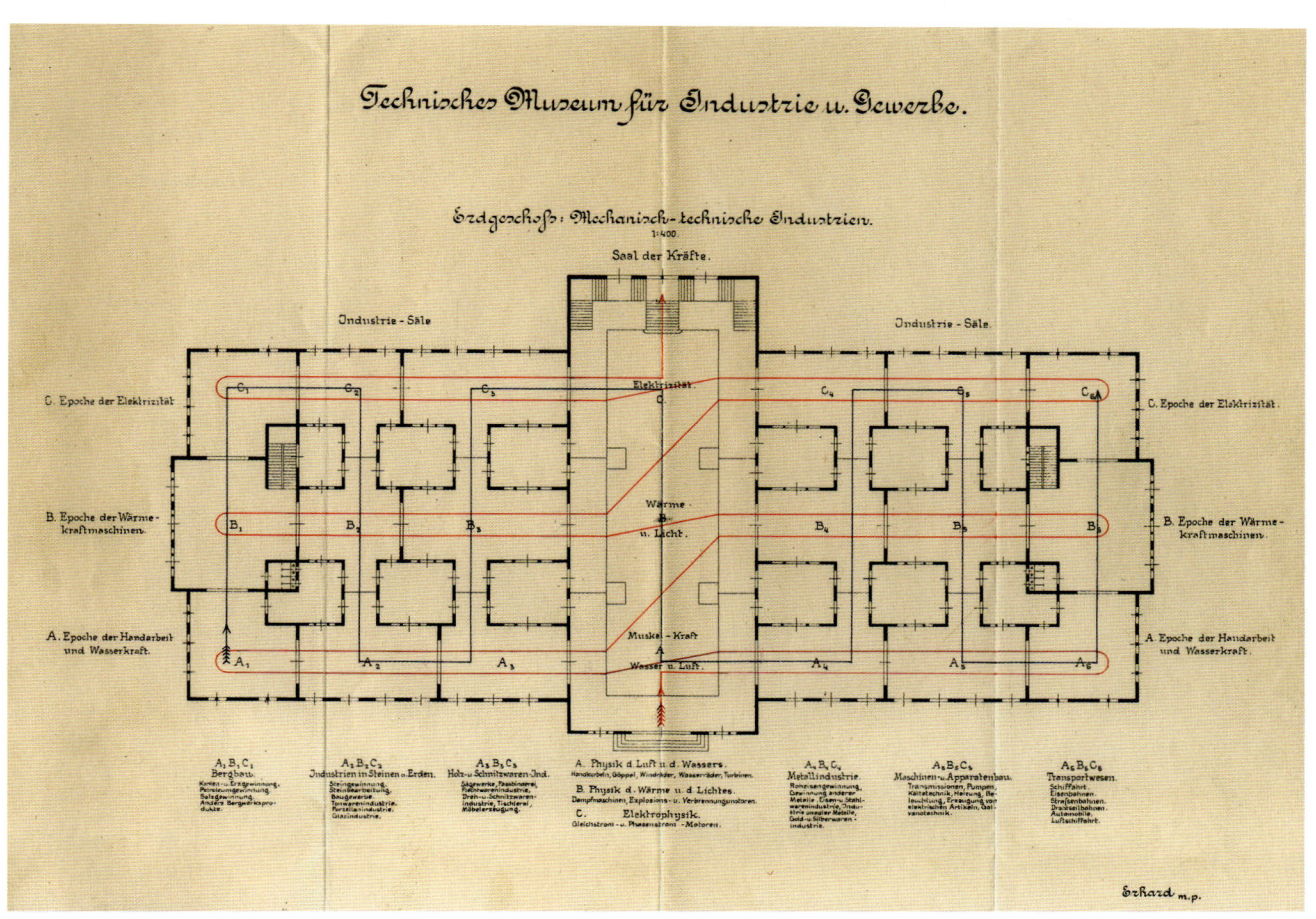

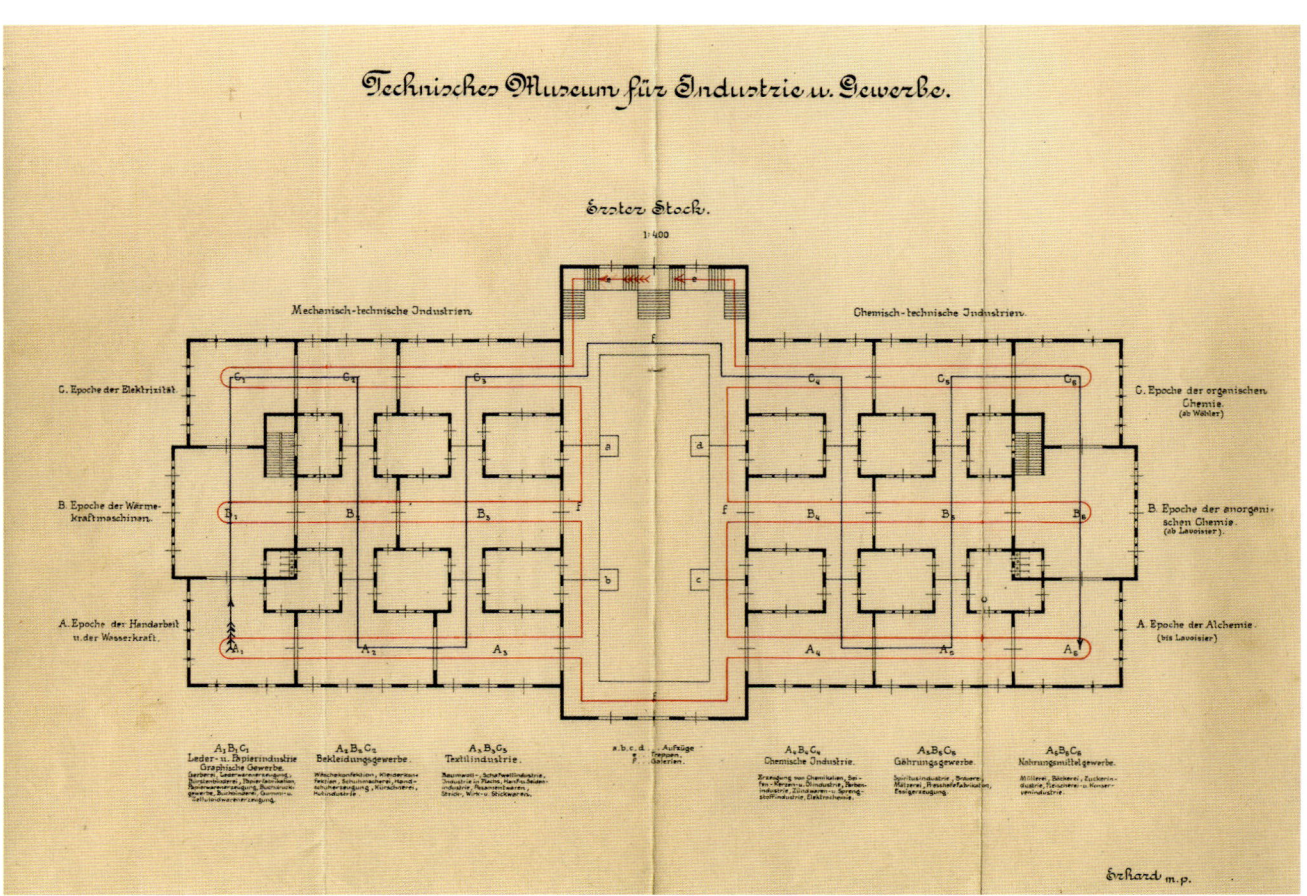

Undatierte frühe Grundrisspläne des Erd- und 1. Obergeschosses von Erhard, die eine mögliche Umsetzung des „Idealschemas" mit Besucherwegen entlang den Entwicklungsreihen (blau) und Entwicklungsepochen (rot) zeigen, Ende 1907 (?)

Ludwig Erhard, Gewerbeförderung und Museumsarbeit

sowie in blauer Farbe entlang eines bestimmten Sammlungsbereiches, wodurch der Besucher einen Überblick über dessen technischen Fortschritt in allen drei Entwicklungsphasen erhalten konnte.

Doch auch Zahl und Anordnung der Ausstellungsgruppen hatten sich gegenüber Erhards Skizzen vom Juni 1907 inzwischen verändert. Verwaltungsräume waren nun für das zweite Obergeschoss vorgesehen.

Geschoss	Sammlungsgruppe (Skizzen vom Juni 1907)	Sammlungsgruppe (undatierte, von Erhard angefertigte Zeichnung)
Erdgeschoss	Bekleidungsgewerbe	Bergbau
	Textil- und Lederindustrie	Industrien der Steine und Erden
	Papier- und Graphische Gewerbe und Zelluloid	Holz- und Schnitzwarenindustrie
	Industrie der Steine und Erden	
	[Mittelhalle] Antriebsenergien	[Mittelhalle] Antriebsenergien
	Holz- und Schnitzwarenindustrie	Metallindustrie
	Metallindustrie	Maschinen- und Apparatebau
	Transportwesen	Transportwesen
1. Obergeschoss	Bergbau	Leder- und Papierindustrie
	Industrien der Nahrungs- und Genussmittel	Bekleidungsgewerbe
	Chemische Industrien	Textilindustrie
		Chemische Industrien
		Gärungsgewerbe
		Nahrungsmittelgewerbe

In der 1908 erschienenen Denkschrift „Das Technische Museum für Industrie und Gewerbe in Wien" widmete sich Wilhelm Exner nochmals diesem Thema. Darin verglich er die Einrichtungen alter sowie neuer Museumsgebäude[61] und ging auf die Halle der Pariser Weltausstellung ein; von dieser Halle hatte er sich während seines Besuchs der Weltausstellung als Berichterstatter für die Papier- und Tapetenindustrie selbst ein Bild machen können.

Die energetischen Entwicklungsphasen bezeichnete Exner u. a. als die Epochen des Altertums, des Mittelalters und der Neuzeit, die er jedoch klar von der herkömmlichen Bedeutung abgrenzte: Im „Altertum" habe der Mensch vor allem menschliche oder tierische sowie Wasser- und Windkraft genutzt. Im „Mittelalter" seien es Wärmemotoren oder die Dampfmaschine gewesen, während die „Neuzeit" den elektrischen Antrieb gebracht habe.[62]

Angesichts der Tatsachen, dass Exner an der Pariser Weltausstellung teilgenommen hatte – Erhard war zu diesem Zeitpunkt gerade vier Jahre alt –, das „Ideal-Schema" nicht ohne grundsätzlichen Verweis auf Exner auskam, die in ihm beschriebene Einteilung der Sammlungsgruppen große Ähnlichkeit zu jener in Exners Aufsatz vom August 1907 aufweist und dass die von Erhards ursprünglicher Skizze abweichende Untergliederung der chemischen Technologie in den späteren Grundrissplan übernommen wurde, ist offensichtlich, dass die Urheberschaft der Wiener Ausstellungskonzeption Exner zuzuschreiben ist. In seinen „Erlebnissen" machte er sie für sich geltend und verwies Erhard, der sich in den Verhandlungen mit

Zeichnung zur Einrichtung der Abteilung „Energielehre" mit Darstellung der Entwicklung von mechanischer Energie über Wärmeenergie bis zur Elektrizität, 1913/15

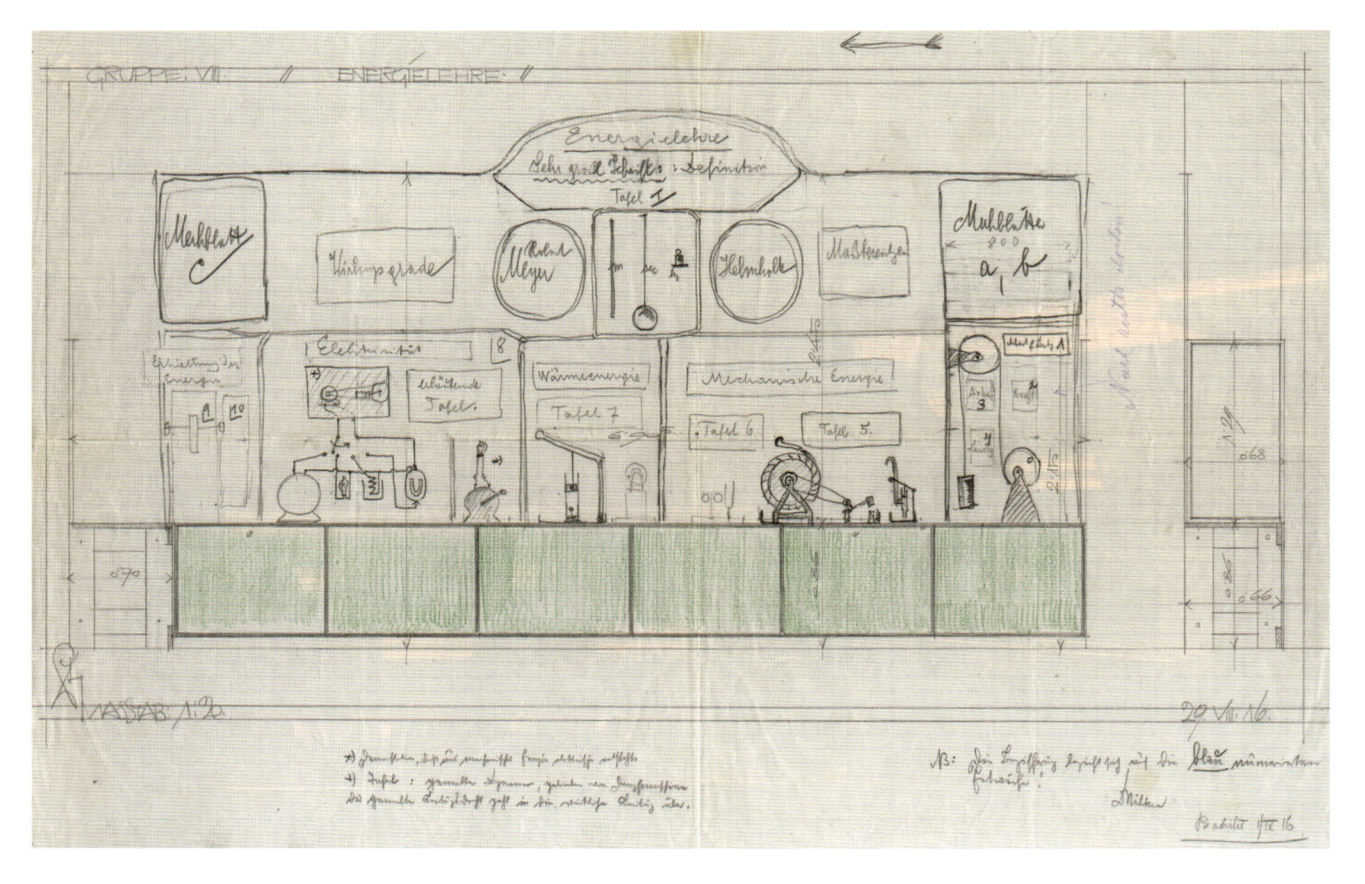

Förster bewährt habe und auf seine „Idee der Grundrisseinteilung des Gebäudes verständnisvoll" eingegangen sei,[63] in eine nachgeordnete Position. Die Übernahme des in Erhards ursprünglicher Skizze nicht angeführten Untergliederungskonzeptes der chemischen Technologie deutet im System der Entwicklungsreihen seinen Einfluss zumindest an. Und schon in „Der Aussteller und die Ausstellungen" hatte er die technischfortschrittliche Entwicklung mittels zweier Phasen dargestellt – eine pointierte Präsentationsweise, deren Parallele in Erhards Einteilung der Sammlungsgruppen des Obergeschosses vom 28. Juni 1907 zu finden sein könnte.

Doch spätestens seit Jean-Baptiste de Lamarck, Charles Darwin und dem Siegeszug der Evolutionstheorien im 19. Jahrhundert war die Entwicklungs- und Fortschrittsidee nicht neu. Sie war keineswegs eine Erfindung Exners oder Erhards, sondern entsprach vielmehr dem Zeitgeist. Hinzu kamen seit dem Ende des 18. Jahrhunderts Ordnungs- und Klassifizierungsbemühungen, um Verwandtschaftsbeziehungen zwischen technischen Objekten herauszuarbeiten.[64] Auch das 1903 eingerichtete Deutsche Museum in München kannte „Entwicklungsreihen". Wilhelm Füßl weist darauf hin, dass Oskar von Miller, zu dem Exner ja einen guten Kontakt hatte, an eine fortlaufende Technikentwicklung geglaubt habe. Sie wurde im Ausstellungskonzept berücksichtigt, indem jedes Objekt als Bestandteil eines Entwicklungsprozesses angeordnet wurde.[65] Dass man den geologischen Ausstellungsbereich, der die Erdentwicklung zeigte, an den Beginn des Museumsbesuches stellte, unterstreicht die starke Anlehnung an den Gedanken einer natürlichen Entwicklung. Dieser findet wiederum eine gewisse Entsprechung in Erhards späterer „Biologie der Technik".

Eine weitere deutliche Parallele bieten die Arbeiten des Maschinenbauers Otto Kammerer, der seit 1896 an der Technischen Hochschule in Berlin-Charlottenburg lehrte. 1907 publizierte er „Die Technik der Lastenförderung einst und jetzt", in der er sich der Entwicklung der Hebemaschinen widmete. Bereits ein Blick in das Inhaltsverzeichnis lässt den dreiteiligen Kategorisierungsversuch einzelner Entwicklungsstufen anhand der benutzten Antriebsenergien erkennen.[66]

Lastenförderung im Bergbau:
1500–1820: Antrieb durch Göpel und Wasserrad
1820–1900: Antrieb durch Dampfkraft
von 1900 an: Antrieb durch elektrischen Strom

Massentransport in Hafenanlagen:
1500–1850: Antrieb durch Tretrad und Kurbel
1850–1890: Antrieb durch Dampf und Druckwasser
von 1890 an: Elektrischer Antrieb

Kammerer war auch in Wien nicht unbekannt, wie sein Vortrag „Entwicklungslinien der Technik" zeigt, den er zwei Jahre später, am 1. Oktober 1909, im „Österreichischen Verband von Mitgliedern des Vereins deutscher Ingenieure" hielt. Den Verbandsvorsitz hatte seit diesem Jahr Ludwig Erhard inne.[67]

In der Einleitung seiner „Technik der Lastenförderung" verglich Kammerer den Ingenieur mit dem „Steuermann eines Schiffes […], der inmitten des rastlos pulsierenden Getriebes der modernen Welt steht, seine Augen unablässig auf das gerichtet halten" müsse, was vor ihm liege.[68] Er beschäftige sich jedoch nicht mit der Geschichte seines eigenen Berufs, weshalb diese bislang nicht ausreichend berücksichtigt worden sei. Das neu gegründete Deutsche Museum in München präsentiere dagegen einen Wandel. Zwar erwähnt Kammerer nicht das Technische Museum in Wien, dessen Planungsphase ja eben erst begonnen hatte. Doch die Wiener Ausstellungskonzeption mit ihrer Zentrierung auf den vom Techniker und Ingenieur maßgeblich vorangetriebenen technischen Fortschritt sowie auf die von ihm genutzten Antriebsenergien zeigt deutlich, dass auch die Idee der technischen Entwicklungsreihen eindeutig in die Sparte ingenieurwissenschaftlicher Technikgeschichtsschreibung einzuordnen ist.

Die neuzeitige Tektonik

Für diese Konzeption schuf Erhard in den folgenden Jahren einen theoretischen Überbau. In seinem 1911 erschienenen Aufsatz „Die neuzeitige Tektonik" fallen erste Vergleiche zwischen biologischer und technischer Entwicklung auf – wenn auch noch nicht so detailliert ausgearbeitet wie in späteren Jahren. Was etwa Leben und Leib eines Organismus seien, das stellten Energetik und Tektonik auf dem Gebiet der Technik dar. Die Energetik (= Leben) umfasse, so Erhard, alle Prozesse der Energieumwandlung sowie der Zustandsveränderungen. Diesen Energetik-Begriff sollte er in seinen späteren theoretischen Arbeiten weiter ausbauen. Bei der praktischen Planung des Technischen Museums in Wien spielte er allerdings von Beginn an für die historische Unterteilung der Ausstellungsgruppen eine bedeutende Rolle.

Der Schrift vorausgegangen war ein am 8. Mai 1909 in der „Rundschau für Technik und Wirtschaft" erschienener Beitrag

Erhards mit dem Titel „Tektonik, Werkkunst und Wirtschaft". Dieser widmete sich dem Deutschen Werkbund, einer „Vereinigung von Künstlern, Handwerkern, Industriellen, Kaufleuten und Kunstfreunden", deren Zweck die „Veredelung der gewerblichen Arbeit im Zusammenwirken von Kunst, Industrie und Handwerk" sei.[69] Den Begriff der Tektonik definierte Erhard – im Anschluss an Semper – als die „Anpassung der Bauformen an das Material, die Herstellungsart und den Verwendungszweck". Er verwies jedoch darauf, dass ein tektonisch „richtiges" Bauwerk – etwa eine technisch korrekt konstruierte eiserne Brücke – in ästhetischer Hinsicht langweilig, plump und die Landschaft verunstaltend wirken könne und auf Gewerbeerzeugnisse, die aufgrund ihrer Verzierungen zwar künstlerisch wertvoll, aber tektonisch „falsch", nämlich instabil und in der Praxis unbrauchbar erscheinen können.[70] Einen Ausweg aus diesem Dilemma sah Erhard in der Zusammenführung beider Seiten – Kunst und Konstruktion – unter gewerblichen Gesichtspunkten.

Diesen Gedanken entwickelte er in seiner „Neuzeitige[n] Tektonik" von 1911 weiter. Die Tektonik (= der „biologische Leib") beschreibe „das innere Gefüge und die äußere Gestalt der stofflichen Gebilde".[71] Ihre Definition leitete er nun aus dem kunsthistorischen Kontext her: Ähnlich der Ästhetik, die sich mit Kunstformen befasse, beschäftige sich die Tektonik mit Werkformen eines Werkzeugs oder Bauwerks.[72] Ihre Grundlagen seien Materialkenntnis, zu der die Belastbarkeit gehöre, aber auch mathematische Hilfsverfahren wie Statik und Dynamik.

Erhards Ausführungen waren zunächst rein theoretischer Natur und mündeten in ein Diagramm, welches das Lehrgebäude der Tektonik übersichtlich darstellte. Dieses Gebäude wurde von zwei Säulen getragen: der vergleichenden sowie der genetischen Tektonik. Während sich Erstere mit den Grundgestalten technischer Gebilde befasse und sich auf das Hilfsmittel des technischen Versuchswesens stütze, konzentriere sich Letztere auf die Entwicklungsgeschichte der Werkformen. Als Hilfsmittel ordnete Erhard ihr die technischen Museen zu, welche die gestaltlichen Entwicklungsgänge darzustellen hätten:[73]

Tektonik	
Lehre von der Gestaltung der Werkformen	
Vergleichende Tektonik Grundgestalten der technischen Gebilde und Werkformen	Genetische Tektonik Entwicklungsgeschichte der Werkformen
Hilfsmittel der Tektonik	
Technisches Versuchswesen Prüfung der Werkstoffe, Verfahren und Erzeugnisse	Technische Museen Darstellung gestaltlicher Entwicklungsgänge

In diesem Zusammenhang nannte er das Technische Museum dann auch in einem Atemzug mit dem Conservatoire des arts et métiers in Paris, der „Machinery-Hall" des South-Kensington-Museums in London und dem Deutschen Museum in München. Denn auch in ihnen lägen „zahllose Werkstücke bereit, die der genetischen Untersuchung ihrer Formentwicklung harren."[74]

Im Abschnitt „Wege und Ziele der Tektonik" lieferte Erhard praktische Beispiele. So beschrieb er die Wichtigkeit des Versuchswesens und der Materialforschung für Kriterien der Festigkeit, Elastizität, Härte oder Haltbarkeit. Entsprechende Versuche waren auch in Nürnberg und am Technologischen Gewerbemuseum durchgeführt worden. Als Beispiel einer genetischen tektonischen Entwicklung diente ihm die Geschichte der Maschinengestelle:[75] Hätten sie ursprünglich aus Holz bestanden, so seien sie nun aus Gusseisen verfertigt. Es habe jedoch Übergangsformen gegeben, in denen man die ehemaligen Holzkonstruktionen noch im Gusseisen nachgebildet habe. Dann sei man zu architektonischen Steinformen übergegangen, „[…] bis man endlich in modernem Kastenguß jene Formtype fand, die dem Gusseisen gemäß ist und heute im Maschinenbau vorherrscht". Entwicklungsreihen konnten somit nicht nur – wie bereits für die künftige Schausammlung vorgesehen – über das Kriterium der Energie definiert werden, sondern auch über die Kriterien der Form und des Materials.

Die Zusammenführung von Kunst und Technik, die beide dem menschlichen Geist entsprangen, bildeten das auch vom Werkbund vertretene Postulat nach „Durchgeistigung der gewerblichen Arbeit".[76] Diese sah Erhard jedoch durch die industrielle Massenproduktion qualitativ minderwertiger Waren gefährdet, die hochwertige Produktionen verdrängen würden. Doch es sei bereits eine gegenläufige Entwicklung auszumachen, denn: „Der wirtschaftliche Aufschwung der Industriestaaten, ferner die zahlreichen Welt- und Fachausstellungen und nicht zuletzt unsere trefflichen technischen und kunstgewerblichen Zeitschriften ließen allmählich ein erhöhtes Begehren nach gediegenen, preiswerten und geschmackvollen Gebilden heranreifen, und es sind auch schon deutlich die Anzeichen einer Kulturbewegung zu spüren, die neuerdings wieder auf das einmütige Zusammenwirken von Kunst und Technik hinzielt."

Die Wurzeln dieser Betrachtung liegen somit in der Tradition des Werkbundes sowie in der Gewerbeförderung. Sie sind mit Ausführungen Adolf Vetters in den „Annalen des Gewerbeförderungsdienstes" aus dem Jahr 1907 über die Tätigkeit des Handwerkers vergleichbar: „Seine Bedachtsamkeit beim Schaffen, seine Vorliebe für guten Rohstoff, das Persönliche, das er seinem Erzeugnis gibt, all das hat er mit dem Künstler gemein. Wir aber brauchen heute möglichst billige Waren und ungeheuer viel mehr davon als früher, und, da sie ein gutes Aussehen haben sollen, womöglich ein solches Aussehen, als wären sie für den nächst höheren Stand bestimmt, so blüht die Verwendung der Surrogate."[77]

Zur Qualitätssteigerung forderte Vetter Aufrichtigkeit und Ehrlichkeit des „Künstlers gegenüber sich selbst, dem Kunden sowie die Echtheit des verwendeten Stoffs".[78]

Für Erhard sollte die tektonische Forschung nicht nur Theorie bleiben, sondern in die Praxis umgesetzt werden. Ein Spendenaufruf zugunsten des Technischen Museums findet sich 1911 als Anhang seines Beitrags zur neuzeitigen Tektonik. Er richtete sich an „alle technische Schulen, Materialprüfungsanstalten, industrielle und gewerbliche Firmen sowie auch an alle Technologen, Ingenieure, Architekten und Werkkünstler".[79] Besonders erwünscht waren Zusendungen von Objekten aus der Materialprüfung, ebenso Abbildungen, Modelle oder Originale tektonisch „richtiger" und tektonisch „falscher" Produkte. Dies zeigt, dass es Erhard um die Erforschung der Konstruktion bereits bestehender Objekte ging. Tektonische Forschung sah er als historische Disziplin.

Erhards Ansichten zur „neuzeitigen Tektonik" blieben jedoch nicht unwidersprochen. Einwände kamen von Bruno Leinweber, mit dem er bereits 1904 (Internationale Ausstellung für Spiritusverwertung und Gärungsgewerbe) und 1906 (Deutsch-Böhmische Ausstellung) zusammengearbeitet hatte. Das Verhältnis zwischen den beiden scheint nicht spannungsfrei gewesen zu sein, was auch Leinwebers 1912 publizierte „Werkbundgedanken eines Ingenieurs" bezeugen. Darin unterzieht er Erhards „Neuzeitige Tektonik" einem Verriss, den er neben dem Österreichischen Werkbund süffisant auch dem „entstehenden Technischen Museum für Industrie und Gewerbe in Wien", dessen technischer Direktor Erhard ja war, als „Wiegengabe" widmete.[80] Im Gegensatz zu Erhard sah Leinweber in der Tektonik nichts anderes als die technische Konstruktionslehre und fragte: „Wenn aber eine so große, zahlreiche Berufsklasse wie die der Techniker die Sache schon längst als ‚Konstruktionslehre' kennt und schöpferisch übt, sollte man da nicht lieber bei der alten, bereits gebräuchlichen Bezeichnung bleiben?"[81]

Doch Erhard wusste zu kontern und verwies Leinweber auf diverse Missverständnisse, die dessen Schrift offensichtlich zugrunde liegen würden. So sei die Tektonik eine historische vergleichende Wissenschaft, die überhaupt nicht den Anspruch vertrete, neue Objekte gestalten zu wollen. Dies sei die Aufgabe der ingenieurwissenschaftlichen Konstruktionslehre. „Trotzdem also beide Fächer zwei verschiedenen Kategorien angehören und überdies auch verschiedene Ziele verfolgen, verwechselt Herr Leinweber doch die Konstruktionslehre mit der Tektonik und weil nun seine aus der Konstruktionslehre gezogenen Schlussfolgerungen natürlich nicht mit den Aufgaben und Zielen der ganz anders gearteten Tektonik übereinstimmen, so schießt er mit den Worten: ‚Das Gebäude der Tektonik stürzt wie ein Bau ohne Fundament in sich zusammen' gegen die Tektonik einen Pfeil ab, der aber rückwirkend nur den Schützen selbst und seine Kritik trifft."[82]

Offensichtlich konnte Erhard seinen Kontrahenten überzeugen. Darauf weist zumindest eine vierseitige Einlage hin, die Leinwebers Schrift beigelegt wurde. Auf dieser finden sich sowohl die Widerlegung Erhards als auch eine kurze Anmerkung Leinwebers, in der er das Missverständnis eingesteht und aus der hervorgeht, dass er die Beilage offenbar selbst in Auftrag gegeben hat.

Der Streit um das Kleid. Das Technische Museum, ein Abbild des Zeitgeists? Trotz Wettbewerbsteilnehmern wie Loos und Wagner gewinnt der konservative Entwurf von Schneider.

Friedrich Achleitner

Um 1910 war in der Architektur der Historismus bereits historisch geworden. Die „strengen" Stile (Renate Wagner-Rieger), also Neoklassizismus, Neorenaissance und Neogotik, die sich noch an deklarierte Haltungen und Programme hielten, hatten rund ein halbes Jahrhundert hinter sich. Inzwischen hatte in Wien (etwas verspätet) die Industrialisierung stattgefunden, waren die großen kommunalen Projekte wie Donau- und Wienflussregulierung sowie Gas- und Wasserversorgung realisiert, Spital- und Versorgungsbauten, die Bahnhöfe und die Stadtbahn errichtet worden. An die Architektur wurden Fragen gestellt, welche die Grenzen der „geschützten Bereiche" von Staat, Kirche und Kultur (also die Skala der Monumentalbauten wie Parlament, Kirchen, Museen, Theater, Konzerthäuser etc.) weit überschritten. Für die Verkehrs- und Industriebauten wurden starke Einflüsse aus England und Frankreich wirksam, und das mobile Großbürgertum brachte für seine Privatbauten Anregungen aus allen möglichen Ländern nach Hause.

Die Bildung der europäischen Nationalstaaten warf nicht nur die Frage „In welchem Style sollen wir bauen?" auf (Heinrich Hübsch, 1828), sondern Königreiche wie Bayern waren schon Mitte des 19. Jahrhunderts auf der Suche nach einem „Nationalstil"; später folgten die nationalromantischen Bewegungen in Finnland oder Katalonien und schließlich die habsburgischen Kronländer in einer kulturellen Selbstfindung mit mehr oder weniger geglückten Konzepten zu Nationalstilen. Wenn man davon absieht, dass mit der Gründung von Secessionen und einiger „Architekturschulen" (Chicago, Glasgow, Brüssel, Paris, München, Wien etc.) sich auch eine international geprägte Moderne zu artikulieren begann, die englische Gartenstadt- und die zentraleuropäische Heimatschutzbewegung (einschließlich Biedermeierrezeption) an Substanz gewannen und Gründungen wie die der Werkbünde die Entwicklung ebenso beeinflussten, wurde schließlich der schon beliebig gewordene Formenverschleiß des Späthistorismus (was immer das sei) einer starken ästhetischen Kontaminierung ausgesetzt. Seine flächendeckende Analyse blieb bis heute aus – oder kann vielleicht überhaupt nur in kleinen Beobachtungsfeldern geleistet werden.

Außerdem hat die allgemeine Entwicklung der Bautechnologie über den Eisen- und Stahlbau bis zum Eisenbeton Stilfragen immer problematischer gemacht, sodass selbst „neobarocke" Bauten sich strukturell weit von ihren historischen Vorbildern entfernten und „Stilerinnerungen" immer flacher, vermischter, beiläufiger wurden und eher „Weichzeichnerphänomenen" glichen.

Hier soll skizzenhaft der Versuch unternommen werden, den Bau des Technischen Museums nach seinem 100-jährigen Bestand nicht vordergründig als eine individuelle Architekturleistung, sondern eher als charakteristisches Produkt seiner Zeit zu betrachten. Das Haus ist Hülle der ersten Musealisierung von Wissenschaft und Technik, ohne dass dieses Thema direkt zum architektonischen Programm gemacht wurde, sondern sich eher über praktische Notwendigkeiten des Konzepts und der Darstellung einer Sammlung entwickelte. Die Seele des Unternehmens, Wilhelm Exner, der hartnäckig sowohl die Gründung als auch den Bau des Museums betrieb, holte sich Anregungen beim Münchner Deutschen Museum (Gabriel von Seidl, 1906), das jedoch architektonisch für sein Konzept kein Vorbild sein konnte.[1]

Wilhelm Exner hatte in seinem Freund Emil von Förster[2] einen Architekten seines Vertrauens gefunden, der als Ministerialrat und Vorstand des Departements für Hochbau im Innenministerium und als Mitglied des Museumsbauausschusses nicht nur den gleichen gesellschaftlichen Rang hatte, sondern auch mit brauchbaren Kenntnissen und wohl auch Befugnissen ausgestattet war, das Projekt auf mehreren Ebenen zu unterstützen. Förster hatte in Berlin studiert und war als Vertreter einer „Renaissance" wohl auch mit rationalistischen Ordnungsstrukturen vertraut.

Der Wettbewerb[3]

Der „Ideen-Konkurrenz", ausgeschrieben als anonymer Wettbewerb, waren Projekte von Emil von Förster vorausgegangen, die dieser in engem Kontakt mit Wilhelm Exner und dem Arbeitsausschuss des Museums in einer längeren Vorbereitungszeit und in mehreren Varianten erarbeitet hatte. Exners Wunsch war es, seinen Architekten direkt mit dem Bau zu betrauen, was naturgemäß die Architektenschaft empörte, die selbstverständlich einen öffentlichen Wettbewerb forderte. Dieser wurde nach einem Gemeinderatsbeschluss vom 10. April 1908 endlich am 31. März 1909 ausgeschrieben. Da Förster im Februar 1909 inzwischen überraschend verstorben war, wurden der Ausschreibung sein Vorprojekt (mit Grundrissen) und eine mit Abbildungen versehene „Druckschrift" vom Mitglied des Arbeitsausschusses Wilhelm Exner beigelegt. In den „Bedingnissen" war ausdrücklich zu lesen: „Als Beispiel der vielen hier möglichen baulichen Lösungen liegt ein Vorprojekt des † Ministerialrates v. Förster vor. Es steht jedoch den Projektanten vollkommen frei, sowohl für die Gruppierung der Bauten, als auch

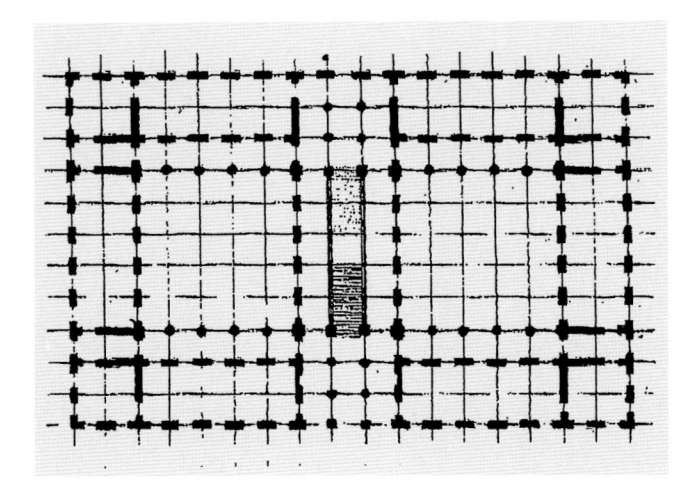

Jean-Nicolas-Louis Durand, Idealgrundriss für ein öffentliches Gebäude (Museum), Druck, 1805

Emil von Förster, Ansicht von Süden (Entwurf IV), 1908

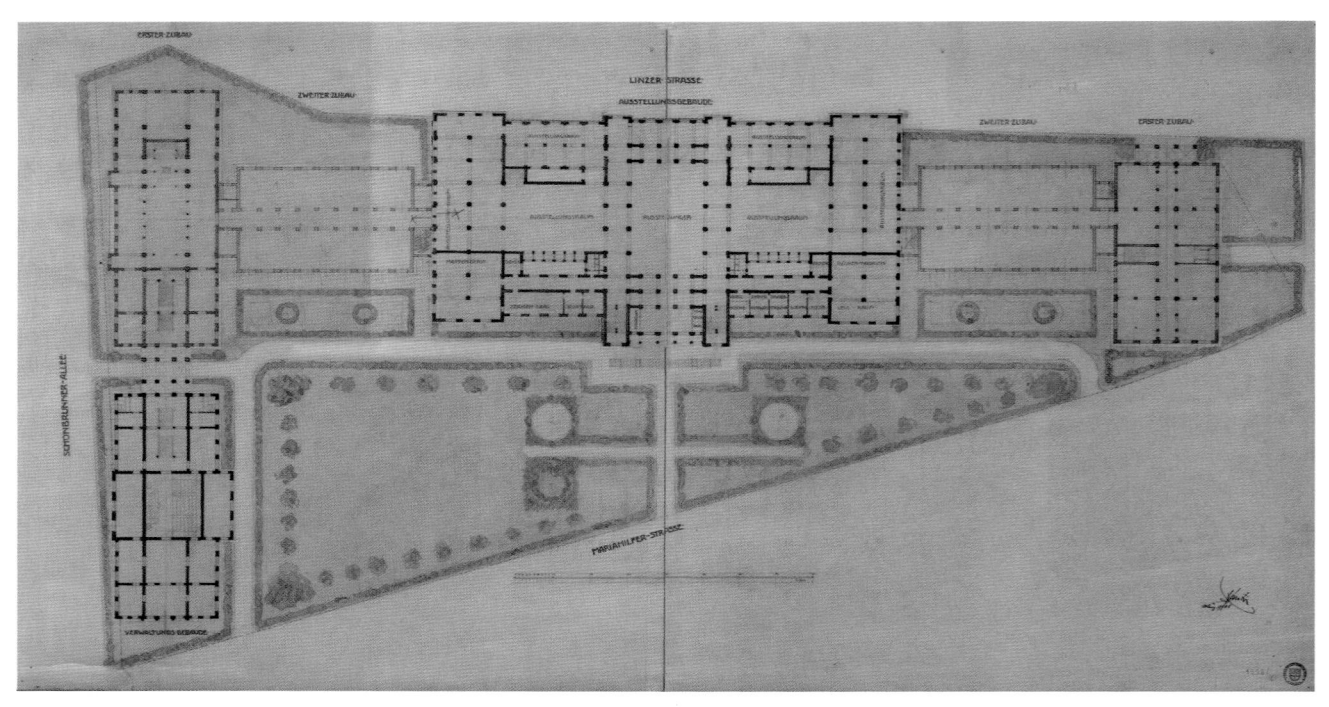

Emil von Förster, Lageplan (Vorstudie), März 1908

für deren Durchbildung neue Vorschläge auszuarbeiten." Und weiters, als Vorspann der „Bedingnisse" für die „Gebäude, Plätze und Wege: Die Art der künstlerischen Ausgestaltung der Musealbauten bleibt den Projektanten überlassen, doch wird vorausgesetzt, daß die Anwendung von Eisen, Beton, Glas und anderer Materialien in den Musealbauten charakteristisch zum Ausdrucke gelangt und daß auf diese Weise ein kennzeichnendes Denkmal unserer Zeit geschaffen wird."

Wie ernst zu nehmen diese Aussagen oder Forderungen waren, sei dahingestellt. Jedenfalls gab es Signale für die Konzeption eines modernen Museums. Und, muss man heute hinzufügen, das Vorprojekt wies in der inneren Struktur und funktionalen Konzeption nicht unbedingt auf einen konservativen Bau hin. Förster hatte sich offensichtlich an den typologischen

Otto Wagner, Situationsplan und Fassade zur Mariahilfer Straße, 1909

Modellen des Jean-Nicolas-Louis Durand[4] orientiert, welche die Bauentwicklung des 19. Jahrhunderts auf neue, rationalistische Fundamente stellten. Durand koppelte einerseits Gebäudetypologien von der Geschichte ab und machte sie für neue Aufgaben adaptionsfähig, andererseits entwickelte er für viele neue Gebäudekategorien typologische Erfindungen. So gesehen begann die „Moderne" schon am Beginn des 19. Jahrhunderts. Durands typologische Forschungen und Vorschläge bestanden zunächst aus zweidimensionalen Strukturmodellen mit verschiedenen (auch stapelbaren) „Zellengrößen", in die man unterschiedliche Funktionskonzepte integrieren konnte, sodass (in einem postrevolutionären Denken) alte Raumhierarchien wenn schon nicht zwingend abgeschafft, so doch radikal aufgebrochen und beliebig addiert werden konnten. Förster hat sich im funktionalen Grundkonzept des Vorprojekts für das Technische Museum an diesem „neuen Denken" Durands orientiert und wohl auch eine von Exner akzeptierte Analogie für sein Museumskonzept geschaffen.

Auch die Architektur (besser, ihr Erscheinungsbild) eines der Förster'schen Entwürfe mit dem mächtigen Mittelrisalit in Verbindung mit einem großen (die dahinterliegende Halle ablesbar machenden) Thermenfenster erinnerte eher an Bahnhöfe als an Barockschlösser. Und der Grundriss mit Mittelhalle und zwei im Erdgeschoss glasgedeckten Höfen konnte schon auf eine eigene Tradition im modernen Museumsbau des 19. Jahrhunderts verweisen. Wenn dieses Vorprojekt auch in geringer Abänderung durch Hans Schneider schließlich als „konservatives Projekt" verwirklicht wurde, muss man die weiteren Entwurfsschritte vom Vorprojekt trennen. Allerdings zeigt das Förster'sche Vorprojekt städtebaulich, was die Erweiterung des Kernbaus betrifft, zumindest in der Addition der Zubauten eine eher konservative (historische) Haltung, die dem Strukturalismus der Innenräume weniger entsprach.

Die Architekten in der Jury, Ludwig Baumann und Leopold Simony, waren keine Vertreter der Moderne: Baumann, Erbauer des Kriegsministeriums (1909–1913) und des Wiener Konzerthauses und Akademietheaters (1910–1913), war elastischer Historist, zuletzt aber Vertreter eines „imperialen Neobarocks". Simony, Professor für Utilitätsbau an der Technischen Hochschule Wien, war ein Pionier des sozialen Wohnbaus, also in gesellschaftlichen Fragen am Puls der Zeit, architektonisch (ästhetisch) hat er sich aber nicht exponiert. Die übrigen Juroren waren entweder Baubeamte oder Industrielle und standen der Vorarbeit Exners als Mitglieder des Bauausschusses mit Sicherheit wohlwollend gegenüber.

Preisträger waren schließlich Max Hegele, Rudolf Krausz und Hans Schneider, Nachrücker (würde man heute sagen) Max von Ferstel und Alexander Wielemans von Monteforte – alles eher konservative Architekten, falls man sich heute noch eine so verkürzte Charakterisierung erlauben darf. Max von Ferstel hielt sich in der ausufernden Baumassengliederung an das im Bau befindliche Münchner Nationalmuseum. Man darf aber auch an französische oder angelsächsische Schlossanlagen denken. Eine genaue stilistische Analyse der Wettbewerbspro-

Otto Wagner, Fassade zur Schönbrunner Allee, 1909

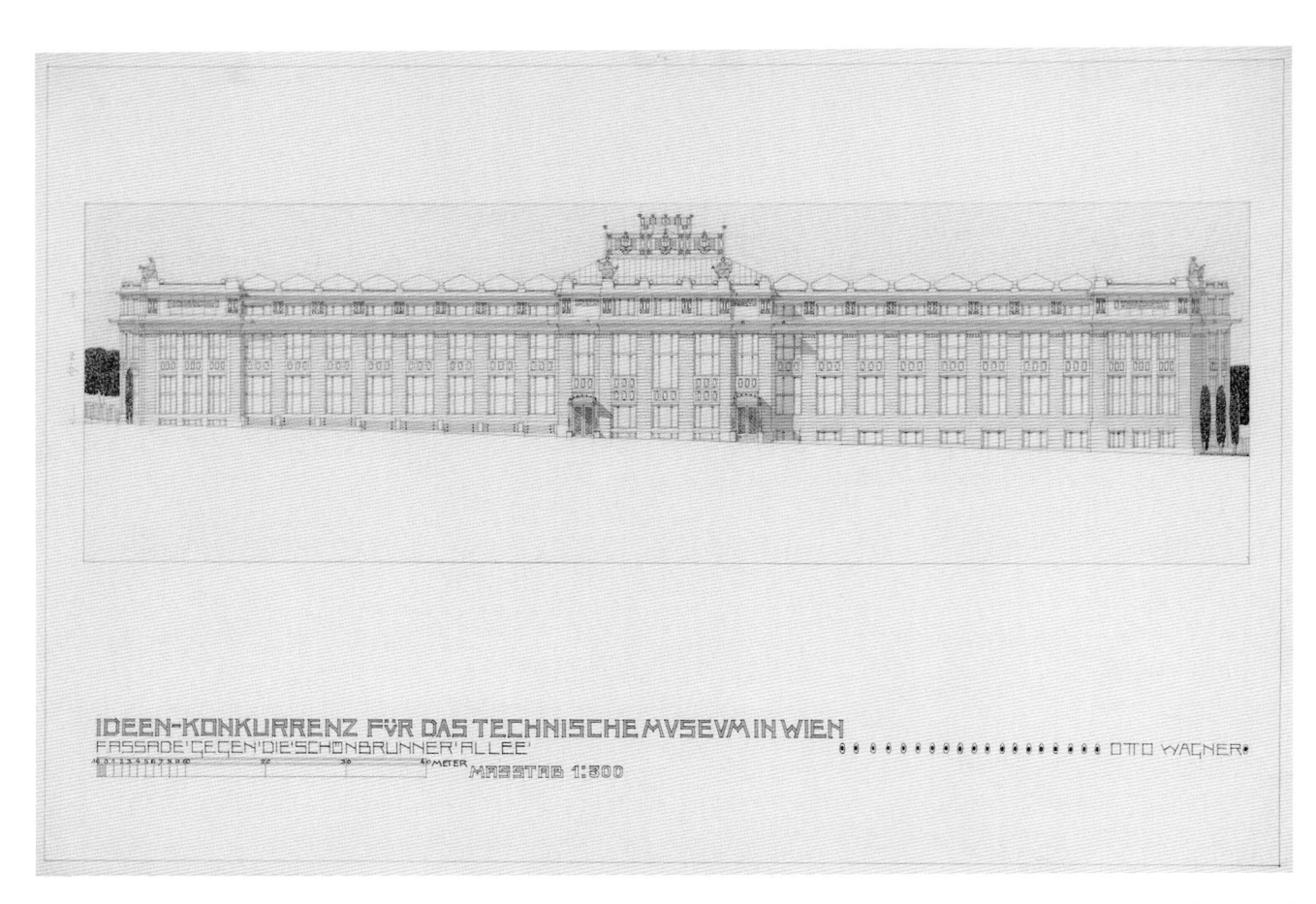

Otto Wagner, Ansicht des Museumsgebäudes und Einblick in den Museumshof, 1909

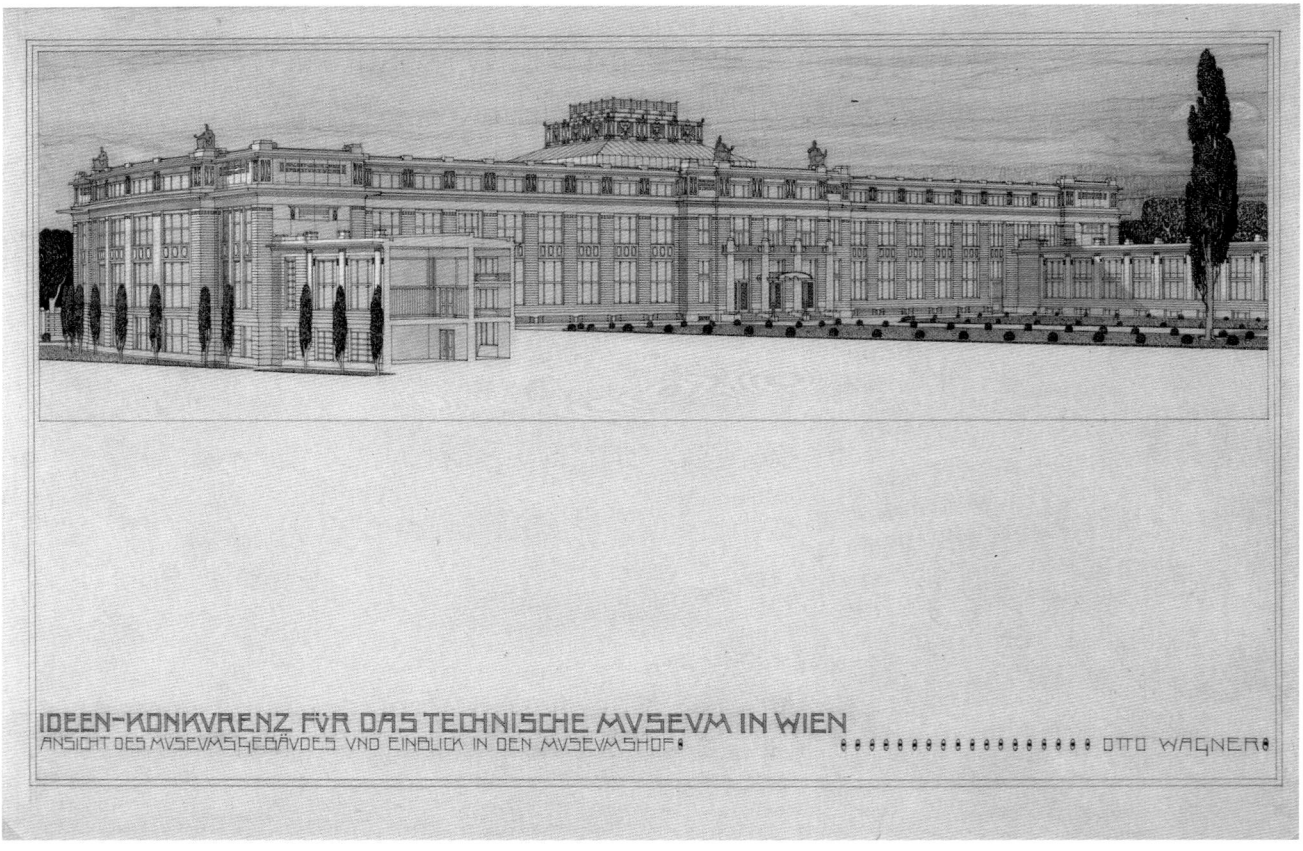

Rudolf Tropsch, Gesamtplan, 1909

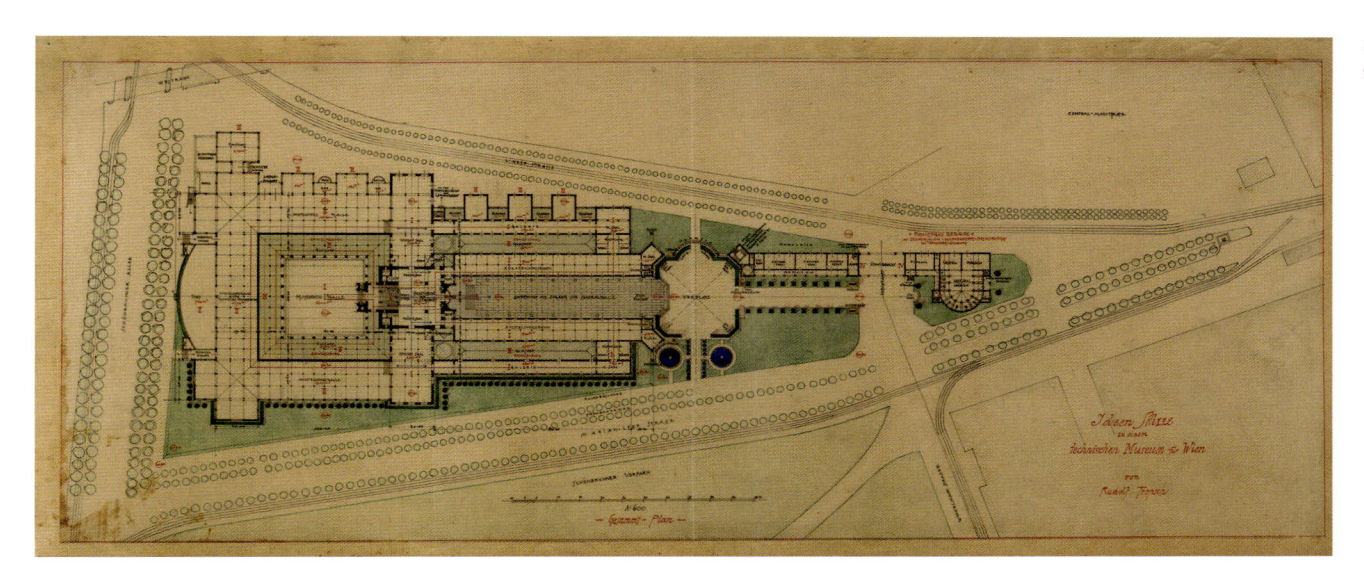

jekte würde den Rahmen dieses Beitrags bei Weitem sprengen. Wer immer sie vornimmt, lässt sich vermutlich auf ein riskantes Abenteuer ein.

Trotzdem: Neben dem Projekt von Adolf und Viktor Loos, das man als Struktur unterschiedlicher Raumeinheiten (mit dem Angebot von variablen Raumsequenzen) in moderatem Maßstab bezeichnen könnte, muss man vor allem auf die Projekte von Otto Wagner und Rudolf Tropsch hinweisen. Wagner stellt nicht einen monumentalen Körper auf das Grundstück (dessen Wirkung später durch Erweiterungsbauten auf jeden Fall beeinträchtigt worden wäre), sondern schafft mit einer Blockrandbebauung einen geschlossenen Museumsbezirk, der aus Kopfbau (Direktion, Verwaltung, Ort repräsentativer Veranstaltungen), Werkstätten und einem „Speicher" (Ausstellungshalle) besteht, den man, abgesehen von den funktionalen Argumenten, auch als urbanes Element der Stadterweiterung sehen kann. Die Semantik der Architektur vereint vor dem stilistischen Hintergrund der Zeit Versachlichung mit kühler Repräsentation durch Struktur und Rhythmik der Baumassen, von Wagner auch als Verneigung vor dem Schloss Schönbrunn gesehen. Die Qualität des Wagner'schen Entwurfs lag sicher im städtebaulichen Konzept, in der Geschlossenheit der Anlage, die etwas „Endgültiges" inszenierte und sich nicht auf weitere Bauphasen und Erweiterungen einließ. Gerade deshalb hatte das Projekt für die Bauherren einen gravierenden Mangel, es musste praktisch in einem Zug verwirklicht und konnte schwer in zwei oder drei Bauetappen aufgeteilt werden, wie es den finanziellen Möglichkeiten entsprochen hätte. Insofern war das Konzept sogar „konservativ", ja es zeigte, gegliedert in „Kopfbau", dienende Werkstätten und „Speicher", eine funktionale Fixierung und Hierarchie der Teile, die seiner Doktrin eigentlich widersprachen. Wagner versuchte zwar diesen Einwand mit genauen Berechnungen zu entkräften und nachzuweisen, dass seine vollständige Anlage mit dem gleichen Aufwand wie ein „Kernhaus" errichtet werden könne, was jedoch (ich vermute zu Recht) von der Jury angezweifelt wurde. Außerdem kam der Vorschlag, das eigentliche Museum nur als großen Speicher (als Halle mit Galerien) zu konzipieren (was natürlich eine große Flexibilität der Ausstattung ermöglichte), der Art der Sammlung und dem Konzept Exners nicht sehr entgegen. Hier hatte sich die Selbstdarstellung der Moderne als am praktischen Leben orientierte Architektur zu weit von diesem Leben entfernt. Wagners plakative „Variabilität" war letzten Endes doch auch wieder eine funktionale Festlegung, die nicht allen Ansprüchen entsprechen konnte.

Da die Empörung der Künstlervereinigungen über die Ausscheidung des Wagner'schen Projekts die Diskussion des Wettbewerbs publizistisch dominierte (was paradoxerweise die inhaltliche Diskussion eher behinderte), wurde der Beitrag von Rudolf Tropsch weniger beachtet. Er hatte das inhaltliche Konzept eines „Technischen Museums" zukunftsweisender und vor allem semantisch riskanter behandelt. In Tropsch wurde manchmal ein Otto-Wagner-Schüler vermutet, was jedoch nach verschiedenen Quellen[5] nicht stimmt. Im Gegenteil, er war Assistent bei Friedrich Ohmann, dem Antipoden Wagners. Tropsch hat tatsächlich ein Konzept in der Sprache des modernen Industriebaus zu entwickeln versucht, was gemessen an einem Peter Behrens (AEG-Turbinenhalle), Hans Poelzig oder Walter Gropius wirklich der Zeit entsprochen hätte. Schließlich hatte sich der Industriebau nach einer langen Entwicklung als Stahl- und zuletzt als

Der Streit um das Kleid. Das Technische Museum, ein Abbild des Zeitgeists? 135

Eisenbetonbau architektonisch emanzipiert und war zur eigenständigen, bewusst formulierten Architektur geworden, die ihre eigene Monumentalität und Botschaft besaß. Sicher hätte die Architektur mit diesem Schritt ihre funktionale Jungfräulichkeit eingebüßt und wäre in die „stilistische Falle" einer symbolischen Einkleidung getappt. Aber das widerfuhr später ohnehin allen architektonischen Tendenzen des 20. Jahrhunderts, den strengen Funktionalismus eingeschlossen.

Rudolf Tropsch entwarf eine imposante, reich gegliederte, axial erschlossene Fabriksanlage, deren Elemente nicht mehr nach produktionstechnischen Erfordernissen entwickelt waren, sondern, gewissermaßen sich selbst ausstellend, der Zurschaustellung technischer Geräte dienen mussten. Die Form war also nicht mehr das „selbstverständliche" Produkt eines an Prozessen orientierten Entwurfs, sondern ein Abbild anderer Inhalte, die praktisch kaum etwas mit denen eines Museums (höchstens als bildhafter, formaler Verweis) zu tun hatten. Denn der Doktrin der Moderne zufolge wäre das Thema die Ausstellung von Objekten gewesen – nicht die stilistische Annäherung an ihre Arbeitswelt. Man könnte auch sagen, das Projekt von Tropsch produzierte eigentlich einen gigantischen Widerspruch mit sich selbst, baute aber auf ein sehr inspirierendes, produktives Missverständnis auf, was ja in der Geschichte der Kunst, wie man weiß, nicht selten zu guten oder interessanten Ergebnissen geführt hat. Eine aus der Technik entwickelte Ästhetik zur Einkleidung von technischen Objekten zu verwenden ist sicher nicht so widersprüchlich, wie Lokomotiven in ein erinnertes Barockschloss zu stellen.

Rudolf Tropsch, Axonometrie (Schaubild), 1909

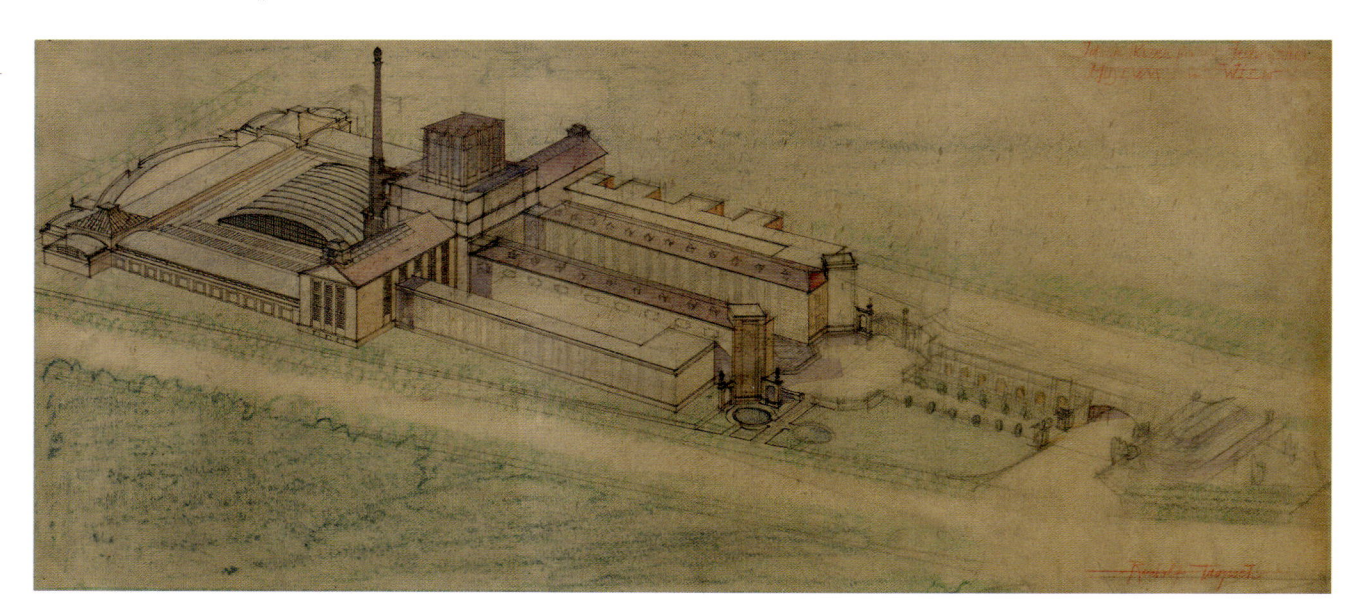

Rudolf Tropsch, Stirnfront (Osten), 1909

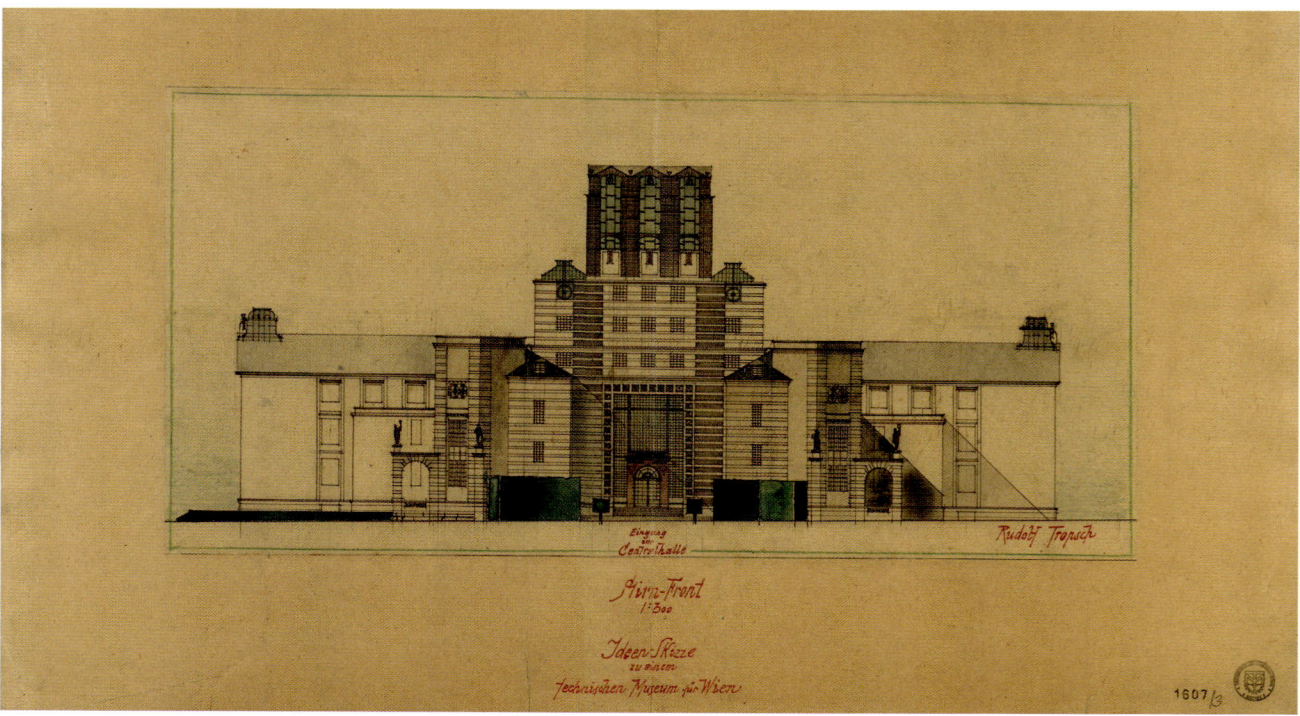

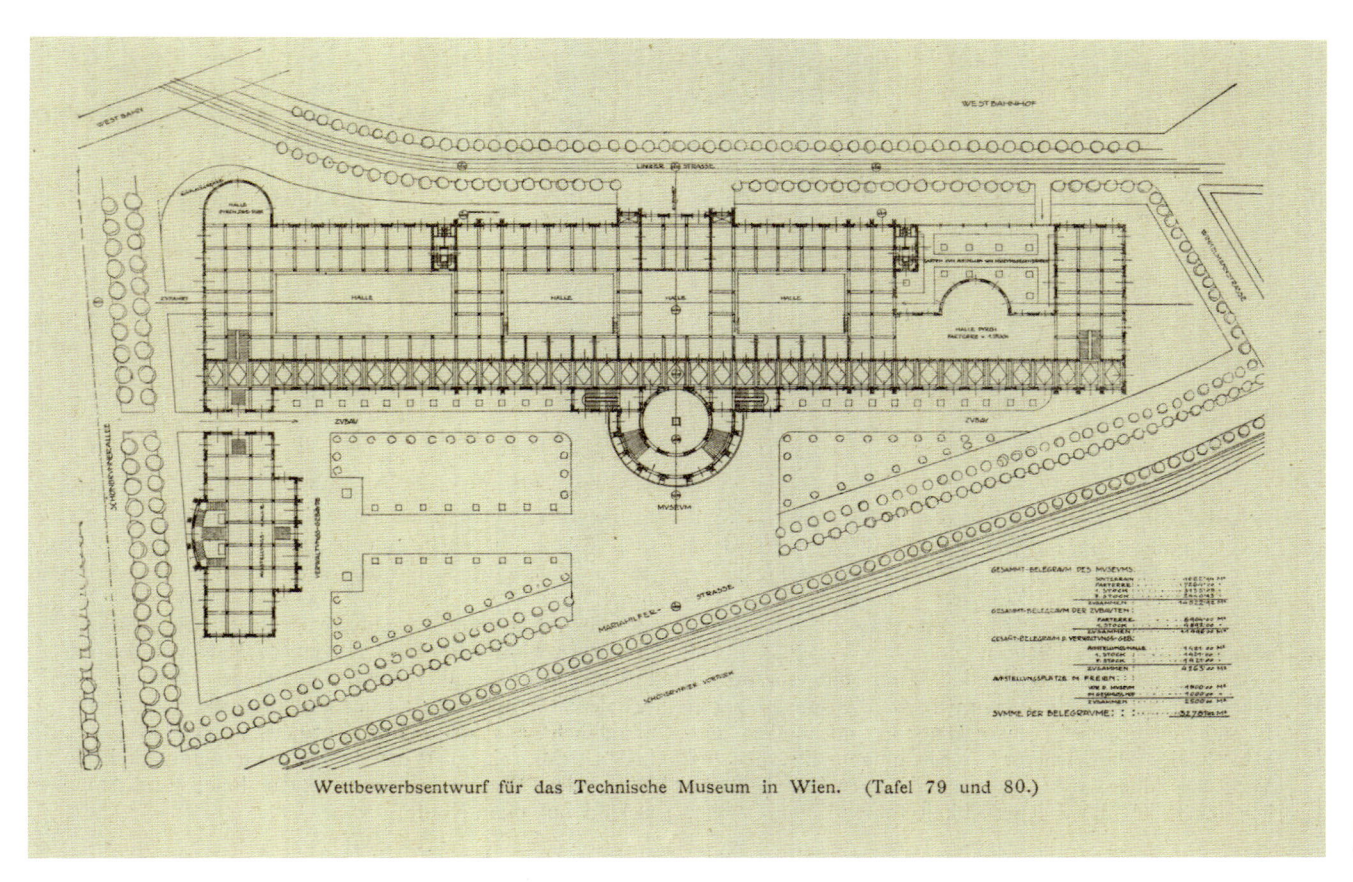

Wettbewerbsentwurf für das Technische Museum in Wien. (Tafel 79 und 80.)

Leopold Bauer, Situationsplan, 1909

Die Diskussion

Die zumindest verständliche Skandalisierung des Wettbewerbs als Scheinverfahren hatte eine gründliche Auseinandersetzung mit dem eigentlichen Thema verhindert. Die empörten, zum Teil selbsternannten Vertreter einer wie immer verstandenen „Moderne" und ihre Parteigänger, wie der an sich verdienstvolle Kulturjournalist, Schriftsteller und erste Otto-Wagner-Biograf Joseph August Lux oder Berta Zuckerkandl, ebenfalls engagierte Kulturjournalistin und Schriftstellerin, sahen ihre Aufgabe nur in der Verteidigung des Wagner'schen Projekts. Lux wiederholte noch 1914 in seiner Otto-Wagner-Monografie fast wörtlich die Argumente des Meisters und schloss das betreffende Kapitel wie folgt:

„Und nun folgt das Satyrspiel, die unleidliche Begleiterscheinung aller fruchtbaren umwälzenden Entdeckungen. Es geht darin Wagner nicht besser wie den Großen der Menschheit.

Kurz und gut: die Jury ist entschlossen, Wagners Projekt nicht aufkommen zu lassen. Noch manch andere gute Arbeit ist eingelaufen, aber sie findet ebensowenig Gnade vor den Augen der Preisrichter. Die vier schlechtesten Entwürfe werden auserkoren, darunter jenes einer Parteigröße, die den Bauauftrag erhält.

Eine protzige Architektur entsteht, die sich mit den Lumpen und Flicken vergangener Kunstgröße drapiert. Nicht ein Hauch des lebendigen, selbstbewußten Genius unserer Zeit, dem doch dieses Museum als Monument dienen sollte, ist an diesem verlogenen Bauwerk zu spüren.

Nicht der Sinn für Kunst oder für die Eigenart unserer Zeit hat in dem Bauwerk gesiegt, sondern der Sinn für materielle Interessen, die eine Menschheitssache dem Parteizweck opfert. In diesem Geist hat die Jury gehandelt, die dem Willen der Gemeinde als Bauherrin entsprach.

Am Tage nach dem nichtswürdigen Preisrichterspruch hing ein Lorbeerkranz unter dem so schmählich verkannten Konkurrenzentwurf Otto Wagners. Eine anonyme Ehrung, mit der die Intelligenz Wiens einen Protest gegen die Vergewaltigung der Kunst erheben wollte. [...] Das ist die traurige Komödie, die dem ernsten Kunstringen in Wien zur Zeit beschieden ist."

Berta Zuckerkandl verweist zumindest auf Rudolf Tropsch: „Am radikalsten aber gibt Tropsch dem Zweckgedanken baulichen Ausdruck. Er stellt das Museum als Fabriksanlage dar. Mit einzelnen niederen Werkhallen, inneren Höfen, Werkstätten mit offenen Rauchschloten, kurz, mit dem ganzen nüchternen und doch ernster Arbeitsstimmung nicht entbehrenden Apparat eines der Maschine geweihtem Milieu."

Einen Ansatz zu einer tiefer gehenden Diskussion lieferte Ferdinand Fellner von Feldegg in einer genaueren Besprechung des Projekts von Leopold Bauer in der „Wiener Bauindustrie Zeitung" vom 14. Juli 1911, die heute noch diskussionswürdig ist. Nach einer Philippika gegen die Torheiten und Oberflächlichkeiten der Zeit zur Haltung von Bauer schreibt Fellner:[6]

„Leopold Bauer war einer der Besonnenen jener Tage. Was er damals in sich aufnahm, war das gesunde Prinzip. Mehr nicht. Das Prinzip nämlich, das da mit dem alten Vorurteil brach: Architektur müßte sich zwar ihren neuzeitlichen Aufgaben stellen, aber mit altzeitlichen Mitteln lösen. Diese Mittel nicht zu finden, sondern zu erfinden, war die naheliegende, jedoch falsche unmittelbare Folgerung aus jenem gesunden Prinzipe. Der an sich berechtigte heuristische Drang geriet also auf falsche Fährte. Es war, als ob ein Dichter mit originellen, noch niemals dagewesenen Gedanken den Versuch wagen würde, diese Gedanken auch in einer noch nie dagewesenen Sprache auszudrücken. Man verwechselte einfach Form und Inhalt. Man suchte im Äußeren, was nur im Inneren zu finden war. Man zerschlug voreilig die Schale, legte den Kern bloß und stand mit einem Male vor der unlösbaren Aufgabe, diesen Kern mit einer neuerfundenen Schale zu umkleiden, anstatt daß man die Schale hätte allmählich aus dem Kern organisch emporwachsen lassen. Mit einem Worte: Man ging den verkehrten Weg, den Weg von Außen nach Innen und stand alsbald auf dem Kopfe.

Leopold Bauer erkannte diesen Irrtum als einer der Ersten. Ohne Rücksicht auf das Losungswort der Oberflächlichen – Originalität um jeden Preis, selbst dem von Vernunft und Geschmack – gestaltete er seine Aufgaben immanent, d. h. mit den ihrem jedesmaligen Wesen angemessenen Mitteln. Völlig unbekümmert darum, ob er sich dabei einer der verpönten historischen Formen gelegentlich bediente oder nicht. Aber der Originalität ging er dessenungeachtet nicht verlustig. Denn sie lag für Bauer jedesmal im Inhalt, lag für ihn darin, daß er den Inhalt stets mit den Augen des Künstlers erfaßte. Denn alle wahre Originalität ist im letzten Grunde nur die Gabe, die Welt und ihre Dinge mit objektivem Auge ‚zum erstenmal' zu sehen. Eben das aber heißt künstlerisch sehen. Und so begreifen wir denn nur zu gut Bauers theoretischen Satz: ‚Wir können ruhig für unsere Bauten alle bekannten Stilarten, alles was die Vorfahren an unermeßlichen Kunstschätzen zurückgelassen haben, verwerten, um auf dieser breitesten Grundlage das stolze Gebäude eines modernen Stils zu errichten. Ich gehe so weit, zu behaupten, daß jegliches Zeitalter für uns Brauchbares erfunden hat und daß es quasi nur des Mediums der Zeit d. h. eines Künstlers bedarf, um die verzauberten Tore der Vergangenheit zu öffnen und unser ganzes Leben mit einem Reichtum an Formen und Ideen zu überschütten, die ihre Wurzeln zwar vielfach in früheren Zeiten haben, aber durch die Kraft der Persönlichkeit eines Künstlers für unser Zeitalter wieder zurückerobert werden.'"

Diese Gedanken haben später in Wien einen Josef Frank beschäftigt, sie ließen einen Hermann Czech nicht in Ruhe, und sie werden immer wieder aufgeworfen werden, weil sie grundlegende Fragen der Architektur stellen.

Leopold Bauers Entwurf war auch insofern interessant, als er das strukturelle Konzept des Vorprojekts leicht variiert mit einer monumentalen Front auf die gesamte Länge des Grundstücks ausdehnte (mit einer Mittelhalle und vier Höfen), sodass der dreiteilige „Kernbau" in einen geschlossenen Trakt eingebunden wurde und damit auch das Bauwerk in jeder Phase seiner Errichtung (falls es solche geben sollte) als in sich geschlossen hätte erscheinen können. Er stellte den Bau parallel zur Linzer Straße, sodass ein dreieckiger Vorplatz entstand, den ein kleiner freistehender Quertrakt zur Mariahilfer Straße hin zur Andeutung eines Ehrenhofes oder zumindest eines repräsentativen Vorplatzes machte. Vielleicht auch eine kleine Verneigung vor dem nicht weit entfernten Schloss Schönbrunn.

Der Architekt Hans Schneider[7]

Der von Bauherrn- und Gründerseite als „Multifunktionär" bezeichnete Wilhelm Exner[8] fand vermutlich in dem Architekten Hans Schneider einen Geistes- oder besser Charakterverwandten. Schneider war kein akademisch ausgebildeter Architekt (was künstlerisch kein Hindernis sein müsste; siehe Le Corbusier oder Peter Behrens), er lernte auf nicht unbedeutenden Baustellen von Heinrich von Ferstel (Votivkirche, Universität) oder Emil von Förster (Hofburg, Burgtheater, Belvedere) sein Handwerk, machte aber gleichzeitig eine politische Karriere als christlichsozialer Gemeinderat und als Stadtrat (Referent für Bauangelegenheiten). Noch dazu saß er in verschiedensten Kommissionen, und schließlich hatte er als Protegé des Thronfolgers Franz Ferdinand im Wiener Baugeschehen keinen geringen Einfluss. Schneider war deklarierter Konservativer, spielte als Gegner Adolf Loos' beim Bau des Hauses am Michaelerplatz eine unerfreuliche Rolle, und man kann sich auch seine Stellung gegenüber Otto Wagner und anderen Vertretern der Moderne gut vorstellen. Dass ausgerechnet Hans Schneiders Projekt, das mehr oder weniger eine fragwürdige Adaptierung des Förster'schen Vorprojekts war, von der Jury zur Ausführung vorgeschlagen wurde, war für die ganze Architektenschaft und auch die Künstlervereinigungen (bis zum konservativen Künstlerhaus) eine kulturelle Ohrfeige und schien zugleich die Vermutung zu bestätigen, dass der Bewerb ein abgekartetes Spiel, eine Pseudoveranstaltung war.

Hans Schneider,
Foto, L. Grillich,
Wien, 1890er-Jahre

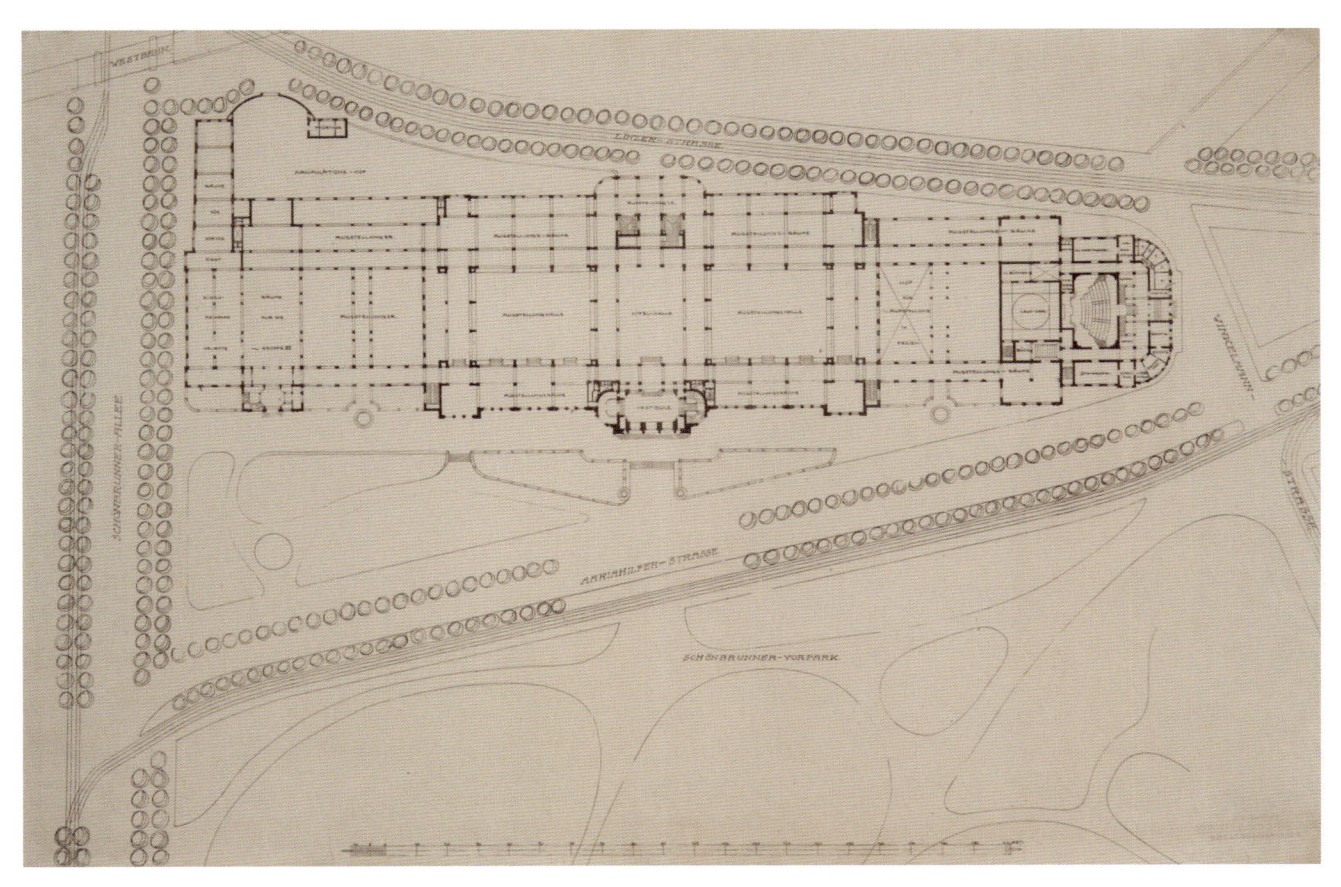

Hans Schneider,
Lageplan, 1909

Der Streit um das Kleid. Das Technische Museum, ein Abbild des Zeitgeists?

Es gibt natürlich auch eine andere Seite, und diese ist bis heute aktuell geblieben. Ein solcher Fall tritt dann ein, wenn ein Bauherr, aus welchen Gründen immer, von vornherein einen Architekten favorisiert (oder gar mit ihm schon ein Projekt ausgearbeitet hat) und dann durch äußere formale Zwänge zu einem Wettbewerb genötigt wird. Dies war hier der Fall. Exner hatte seine ganze Arbeit, seine lange gesammelten Kenntnisse und Erfahrungen in das Vorprojekt investiert und diese mit seinem Freund Förster in eine anschaubare Form gebracht. Nachdem Förster ausfiel, suchte Exner einen ähnlichen Kampfgefährten und einen einflussreichen Verbündeten für die Ausführung seiner Idee und fand diesen in der Person Hans Schneiders, der einerseits gewillt war, ihn zu unterstützen, und andererseits nicht im Verdacht stand, künstlerisch (durch besondere Eigenwilligkeit oder gar Modernität) neue Fronten zu eröffnen, was zweifellos bei jedem kämpferischen „Neutöner" der Fall gewesen wäre. Exner war sicher an der Architektur weniger interessiert als an der Verwirklichung seines „Lebensprojekts". Das Wiener Prinzip „Nur keine Wellen" hatte sich in sein Gegenteil verkehrt. Das ist keine Entschuldigung, aber vielleicht ein Argument für seine Haltung.

Hans Schneider, Fassade zur Mariahilfer Straße, Einreichplan vom 4. Juni 1910

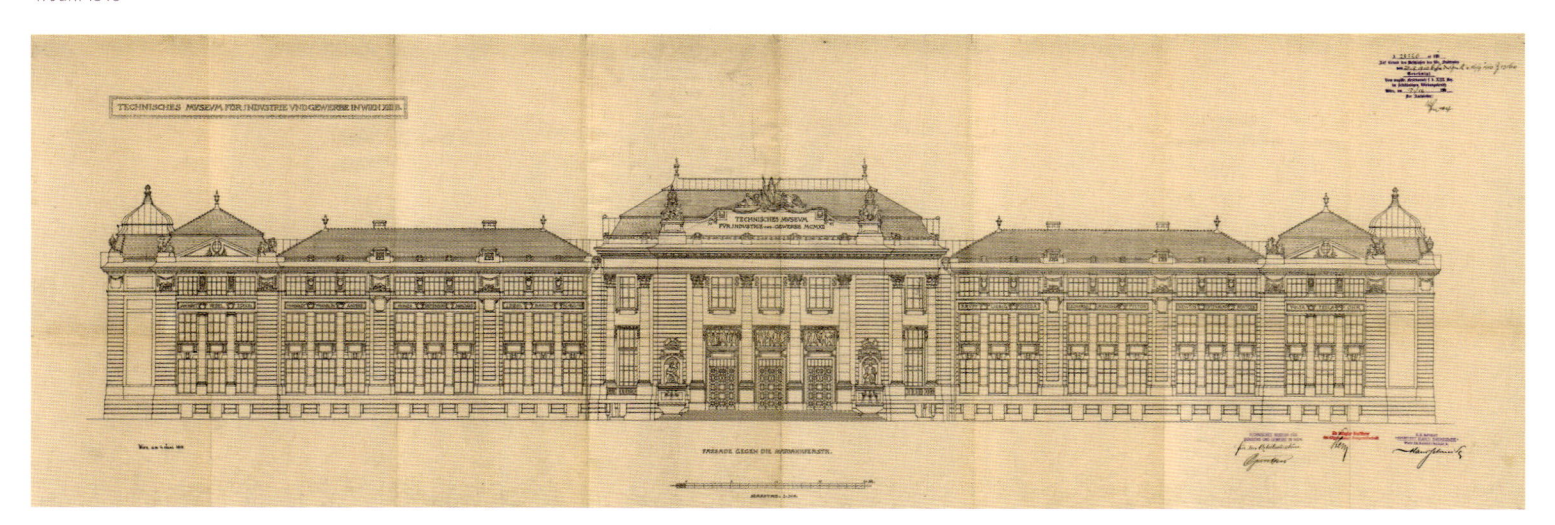

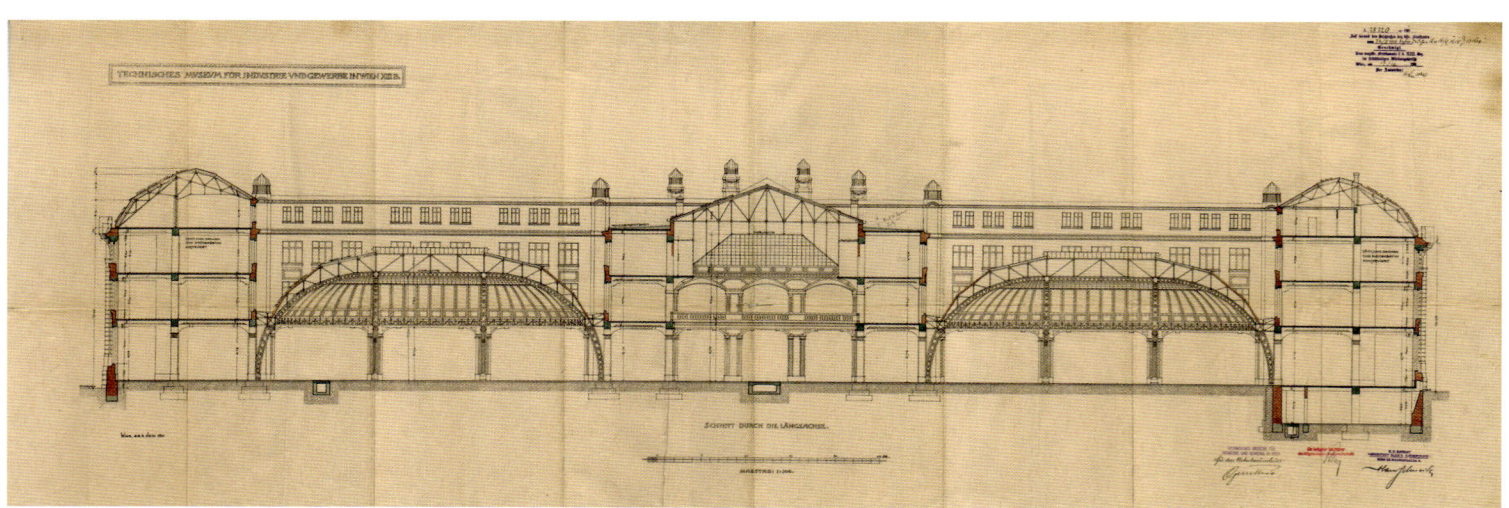

Hans Schneider, Schnitt durch die Längsachse, Einreichplan vom 4. Juni 1910

Hans Schneider, Grundriss Erdgeschoss, Einreichplan vom 4. Juni 1910

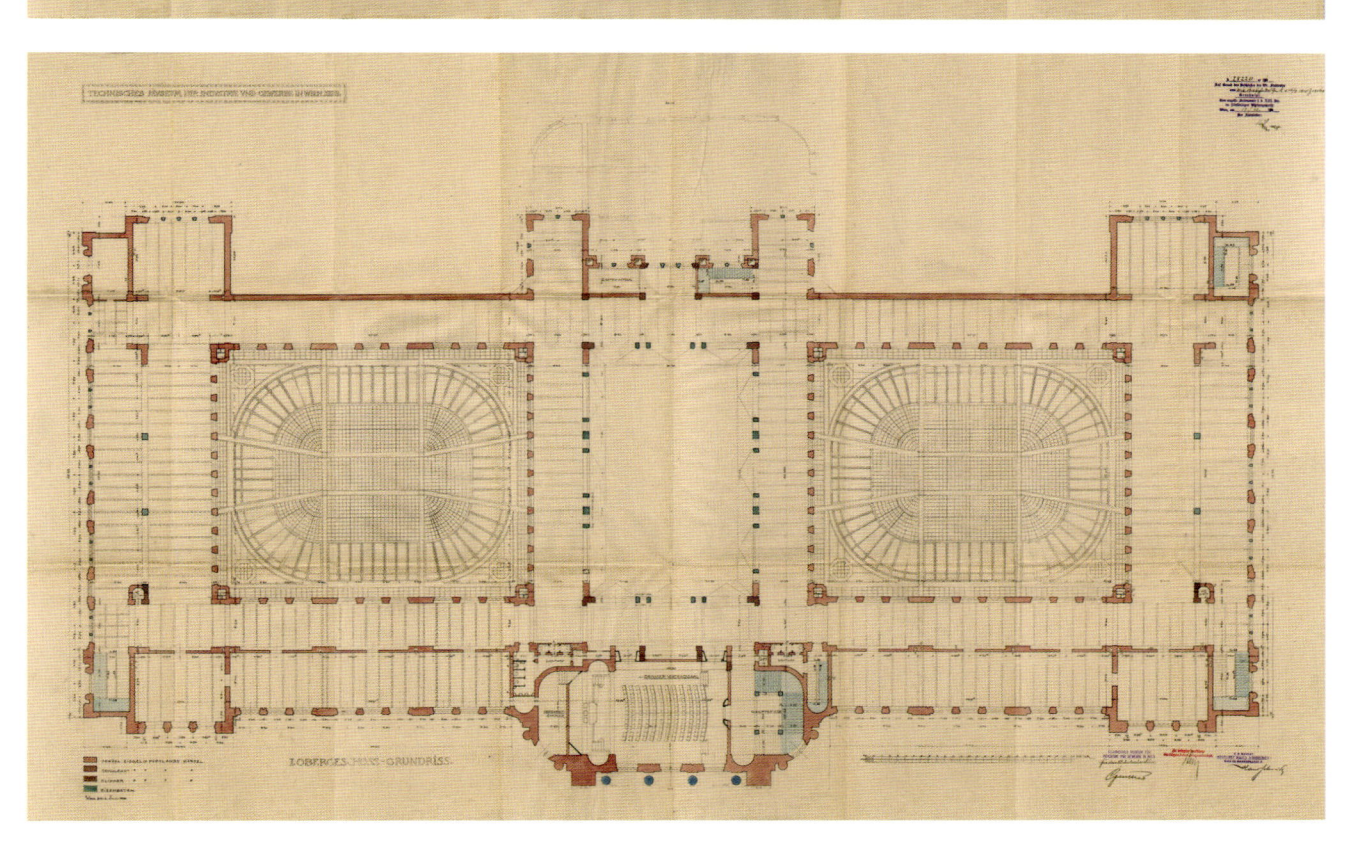

Hans Schneider, Grundriss 1. Obergeschoss, Einreichplan vom 4. Juni 1910

Der Bau

Man kann, zumindest hypothetisch, den Bau als ein Abbild der Wiener kulturellen Situation kurz vor Ausbruch des Ersten Weltkriegs bezeichnen. Man war stolz auf die technischen und wissenschaftlichen Leistungen der Vergangenheit, allerdings auch skeptisch gegenüber jenen der Zukunft. Die fortschrittlichen Kräfte in Kultur und Kunst hatten den technischen Fortschritt (im Zuge der in Österreich etwas verspätet einsetzenden Industrialisierung) allgemein positiver wahrgenommen als umgekehrt die Wissenschafter und Techniker den kulturellen. Die Ingenieure, Physiker und Mathematiker saßen also lieber in der „Fledermaus" als in einem Schönberg-Konzert. Vielleicht ist es auch ein psychologisches Faktum, dass der forschende Mensch mehrheitlich jeweils nur in einer „Sparte" einer Avantgarde angehören kann. Wenn man schon Hans Schneider den Vorwurf macht, dass er das Förster'sche Vorprojekt nur etwas adaptiert hätte und damit den Zuschlag bekam, so muss man heute genau fragen, worin diese Adaptierung eigentlich bestand. Tatsache ist, dass das Vorprojekt eigentlich eine relativ schematische und offene Strukturvorgabe machte, die, wie schon erwähnt, an das Werk des Jean-Nicolas-Louis Durand erinnerte.

Durand hatte am Beginn des 19. Jahrhunderts aus dem Studium der Gotik einen „Strukturalismus" entwickelt, der programmatisch neue, den Aufgaben des 19. Jahrhunderts entsprechende Gebäudetypologien wie Ausstellungshallen, Museen, Bahnhöfe, Industrieanlagen etc. ermöglichte. War der „Strukturvorschlag" Försters also ein „moderner", so wiesen seine Projektvarianten (obwohl man auch noch an Bahnhöfe denken durfte) eher in eine umgekehrte Richtung. Die archi-

Linke Figurengruppe am Giebel: eine Frau mit Fackel und Siegespalme vor einem Mann mit Donnerkeil und Blitzen; im Vordergrund eine Allegorie der Industrie mit Zahnrad, links zwei Adler als Zeichen der Stärke, eine Girlande haltend, Foto, 2008

Rechte Figurengruppe am Giebel: eine Frau mit Schlange und ein Mann mit Hammer halten einen Lorbeerkranz als Siegessymbol, im Vordergrund eine rastende Athletenfigur, Foto, 2008

Industriesymbole an den Eckrisaliten, Fotos, 2008: Zirkel, Lineal und Hammer für das Bauwesen; Dampfmaschine mit Schwungrad, Öler und Fliehkraftregler für die Industrie; Destilliergeräte für die (Al)Chemie sowie Schaufelrad und Anker für die Schifffahrt

tektonische „Einkleidung" seiner Struktur mit dem Vorbild „Schloss" (die Schneider dann noch betonte) schuf nicht zuletzt auch ein schwer zu lösendes städtebauliches Problem. Durch die „historistische" Überformung des ersten Bauabschnitts zum geschlossenen, in sich ruhenden Baukörper (mit Mittelrisalit und Seitenrisaliten) wurde dessen Erweiterungsmöglichkeit zum städtebaulichen Problem, da jeder Anbau das Bestehende entwerten musste. Leopold Bauer hatte in der linearen Entwicklung der Förster'schen Struktur (mit einer geschlossenen, fein rhythmisierten, aber in den Massen ungegliederten Fassade) eine Lösung gezeigt. Schneider behauptete in der Ausführung die in sich geschlossene Form des freistehenden Blocks, dessen logische Erweiterung (wie bis heute geschehen) nur eine Aufstockung innerhalb der Seitenhöfe sein konnte.

Wagner und Bauer, auch Tropsch, waren diesem Problem konzeptuell ausgewichen. Es bestand also schon im Vorprojekt der Konflikt zwischen einer modernen Baustruktur mit flexiblem Raumgefüge und einer historisierenden Einkleidung. Hans Schneider schien jedes Sensorium für Materialien und ihre Leistungen – ein Thema, das bei Otto Wagner und Adolf Loos (durch den Einfluss Gottfried Sempers) zum Credo der Moderne wurde – zu fehlen. Allerdings führte der spätere und engere Begriff der „Materialgerechtigkeit" zu falschen Schlüssen, für die man beide nicht verantwortlich machen darf.

Terrakottareliefs über den Haupteingängen, Fotos, 2008
Links: ein Schmied mit Hammer, Zange und Amboss, links ein Schnitter mit Sichel und Ähren (Landwirtschaft) sowie ein Bergmann mit Häckel und Ölgeleucht, rechts eine Frau mit Elektromotor (Energie) und ein Mann mit Horn und Zylinder (Post bzw. Kommunikation)
Mitte: Kaiser Franz Joseph mit der österreichischen Kaiserkrone Rudolfs II. und Zepter, zu seinen Füßen zwei Kinder mit Blumen- und Fruchtgehängen, links ein Mann mit mathematischer Tafel (Satz des Pythagoras) und eine Frau mit Nivelliergerät, rechts ein Mann mit Mineralien und Destilliergefäß (Alembik) und ein Mann mit rauchender Schale, beides Symbole für die Alchemie und Apothekerkunst
Rechts: Mann mit Kirchenmodell (Architektur), links ein Mann mit erlegtem Hasen (Jagd) und eine Frau mit Fotokamera, rechts eine Frau mit Spinnwirtel (Textilindustrie) und ein nackter Mann mit Schlange vor einem Wasserfall (?)

Von Barock kaum Spuren

Wenn man den Barock, abgesehen von der Hierarchie der Volumen und Räume, als eine Architektur des Mauerwerks und der Verfeinerung dessen (durch Pfeiler, Säulen, Pilaster etc.) und (sehr verkürzt) des Reliefs der Oberflächen bis zu deren plastischer „Auflösung" bezeichnet, so hat der Bau des Technischen Museums, das im Kern eine Gerüststruktur aus Eisenbeton und Eisen besitzt, mit einem barocken Raumkonzept nichts zu tun. Allerdings hat sich Hans Schneider fast vergeblich bemüht, diesen Charakter zu überformen oder gar zu vertuschen, in Richtung „barocker Einkleidung" zu verfremden. Und gerade diese Schale (das Kleid) stand in der öffentlichen Diskussion im Vordergrund, was auch auf eine Gesellschaft schließen lässt, die den Schein, die Erscheinung eines Bauwerks, in jedem Fall inhaltlichen Qualitäten vorzog. Schließlich war man vor dem Ersten Weltkrieg auch dabei, den „Maria-Theresianischen Stil" (vor allem durch Thronfolger Franz Ferdinand) zu einem „imperialen Nationalstil" zu entwickeln, der dem untergehenden Habsburgerreich noch einen letzten Glanz verleihen sollte.

Wenn man die weiteren Maßnahmen Schneiders in der Veränderung des Förster'schen Vorprojekts betrachtet, erweist er sich weniger als „echter Konservativer", sondern eher als ein in fast allen ästhetischen Fragen unentschiedener Architekt.

Glasdach des westlichen Seitenflügels mit den Citterträgern, Foto, 2008

Beleuchtungskörper an den Gitterträgern des Glasdaches, Foto, 2008

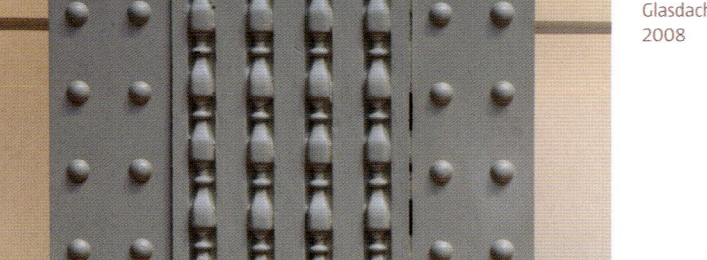

Nieten und Perlstäbe an einem Träger des Glasdaches, Foto, 2008

Beispiel 1

Gleich nach dem Wettbewerb hatte der Bauausschuss von Schneider die Entfernung der Stützen und eine Glasdecke in den Seitensälen zugunsten einer freien Halle verlangt, was zweifellos den Bau einen Schritt an die Gegenwart heranführte. Wenn man jedoch diese Konstruktion etwa mit jener der Halle der Postsparkasse vergleicht, war Schneider nicht bemüht, diese an sich eindrucksvollen Räume aus ihrem konstruktiven Konzept und ihrer Materialität wirken zu lassen. Die einander kreuzenden filigranen Gitterträger lassen im Unklaren, ob es sich um visuelle Raummarkierungen oder um konstruktive Elemente der Raumfigur handelt. Die Nietungen der Träger werden von einem dekorativen Schmuck überwuchert, sodass zumindest ihre eigentliche Leistung verunklärt wird.

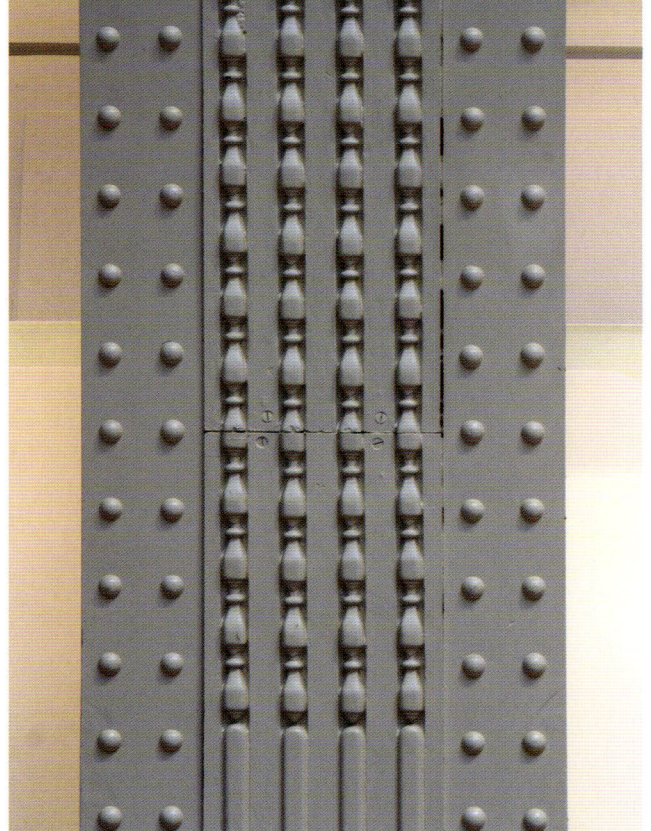

Der Mittelbau mit Giebel und Kolossalordnung, Foto, 2008

Beispiel 2

Die äußere Erscheinung des Baus zeigt eine Art „Barockisierung", eine „hierarchische" Gliederung der Baumasse, die Betonung des Mittelbaus (dreiteiliges Portal mit Giebel und Kolossalordnung) durch ein monumentales Mansarddach und Seitenrisalite sowie die Besetzung der Fassaden mit Figurengruppen und Reliefs als allegorisches Programm. Die Aufgabe des hierarchischen „Palastschemas" (etwa durch das Fehlen einer Beletage), die prägnanten Pfeilerstrukturen und die Verteilung gleichgroßer Fenster auf zwei Ebenen verweisen wieder auf den „modernen Kern", der mit einem Barockkonzept nichts zu tun hat.

Beispiel 3

Schneider bedient sich im Erdgeschoss bei allen Stützen und Pfeilern, soweit es nur geht, traditioneller Bautechniken (also der Ausführung mit Ziegel oder Klinker); er verwendet nur dort Eisenbeton, wo es sozusagen nicht mehr zu verhindern war. Er lässt aber dann die Pfeiler nicht nur verputzen, sondern auch mit einer Quaderung versehen; schließlich „vergewaltigt" er die dem Eisenbeton adäquaten Vouten zu kapitälartigen Gebilden. Im Mittelsaal wird bei den Galerien ein verfremdetes „Palladio-Motiv" mit flachen Bögen verwendet; gleichzeitig werden aber Beleuchtungskörper, Balkonbrüstungen und Verglasungen „secessionistisch" gestaltet. Das heißt, Schneider ist auch innen bemüht (wenn man von einer erweiterten stilistischen Palette absieht, die den ganzen „Späthistorismus" bemüht), alle Spuren, die in Richtung „Moderne" weisen, zu verwischen. Dass dieses Gemenge von Historismen zur Erbauungszeit als „Barock" wahrgenommen wurde, ist zumindest merkwürdig, wenn man bedenkt, dass es sich um eine Gesellschaft handelt, die gerade durch Bildung glänzen wollte.

Palladio-Motiv in der Mittelhalle, Foto, 2008

Beleuchtungskörper in der Mittelhalle, Foto, 2008

Balkon im 2. Obergeschoss der Mittelhalle, Foto, 2008

Geländer (Detail) im Umgang des 1. Obergeschosses der Mittelhalle, Foto, 2008

Während Otto Wagners Projekt die höchste ästhetische Ebene einer vielleicht schon sich selbst feiernden Wiener Moderne erreichte und Rudolf Tropsch die Sprache der Industriearchitektur als stilistisches Phänomen bewertete und damit die Wiener Diskussion im 20. Jahrhundert eröffnete, geriet der Bau des Technischen Museums, kurz vor dem Zusammenbruch der Donaumonarchie, zu einem kulturellen Abbild einer spätbürgerlichen Gesellschaft, die einerseits ihren technologischen Fortschritt zelebrierte, ja diesen museal aufarbeitete und stolz ausstellte, andererseits aber kulturell, vor allem aber in der künstlerischen Akzeptanz dieses Fortschritts, in einer ambivalenten Situation verharrte, die offenbar der „Wirklichkeit" nicht in die Augen schauen wollte.

So gesehen war der Bau des Technischen Museums ein sensibles Abbild dieser kulturellen Realität. Es spielte keinen aktiven oder impulsgebenden Part, sondern eher die defensive Rolle eines Produkts, das weniger aus den Absichten der Akteure als aus den Umständen ihrer Gesellschaft zu erklären ist. Die wache Künstlerschaft witterte darin einen Verrat an den Möglichkeiten der Zeit und ein Resignieren vor ihren Bedingungen, vor allem den kulturpolitischen Sachzwängen. Dies aber, könnte man heute ohne Ironie behaupten, ist eine andere und vielleicht ebenso essenzielle historische Botschaft, die mehr über die Zeit aussagt als ihre ausformulierten und verkündeten Botschaften.

Zwischen 2. und 3. Obergeschoss in den Fensterachsen in einem Lorbeerkranz das mit Mosaiksteinen gebildete Signet „TM", Foto 2008

Der Streit um das Kleid. Das Technische Museum, ein Abbild des Zeitgeists? 149

Sammlungen und Objekterwerb

Sowohl private als auch staatliche Sammlungen werden übernommen. Darüber hinaus bemühen sich über 800 Konsulenten um Objekte aus ganz Europa.

Helmut Lackner

Nachdem zwischen 1907 und 1909 die entscheidenden Weichenstellungen für die Gründung eines technischen Museums erfolgt waren, bestand die Hauptaufgabe des Direktoriums mit Exner als Vorsitzendem und Erhard als Direktor in der Übernahme der zahlreichen bestehenden Sammlungen und Museen sowie parallel dazu in der Erwerbung noch fehlender historischer und aktueller Objekte.

Von den bereits beschriebenen historischen Sammlungen konnte das Technische Museum in den Jahren 1911/12 einen großen Teil des Fabriksprodukten-Kabinetts in über 170 Kisten mit der Werkzeugsammlung Georg Altmütters und der Maschinenmodellsammlung sowie in den folgenden Jahren die Modellsammlung der „Landwirthschafts-Gesellschaft", die Schlüssel- und Schlössersammlung von Andreas Dillinger, das Gewerbehygienische Museum und das von Exner gegründete Museum der Geschichte der österreichischen Arbeit übernehmen.

Größeren Verhandlungsaufwand erforderte die Übernahme der vielen staatlichen Sammlungen und Museen, allen voran des Eisenbahn- und des Postmuseums. Das Handelsministerium ersuchte im Auftrag des Ministerpräsidenten die anderen Ministerien, die Gründung des Technischen Museums durch die Übergabe der in den unterstehenden Ämtern, Universitäten, Akademien und Schulen befindlichen Objekte zu unterstützen.[1] Unter Vorsitz von Siegmund Brosche, der sich in dieser Sache wieder als Vermittler zur Verfügung stellte, fand im Februar 1909 eine erste Sitzung mit Vertretern aus fünf Ministerien statt. Das Finanzministerium übermittelte am Tag zuvor eine schriftliche Stellungnahme und schickte keinen Vertreter. In einem mehrseitigen Schreiben argumentierte man umständlich, warum aus der Hof- und Staatsdruckerei sowie dem Hauptmünzamt keine Bestände abgegeben werden könnten und warum man eine Übergabe des beanspruchten „Privilegien-Archivs" im Hofkammerarchiv „vom archivarischen Standpunkte" ablehnte. Die „erloschenen" Privilegien hatte das Ministerium bereits dem Polytechnischen Institut übergeben.[2]

Zwei Jahre später fand im März 1911 eine weitere „interministerielle Besprechung, betreffend die Einverleibung staatlicher Sammlungen" in das Technische Museum statt.[3] In Bezug auf das Eisenbahnmuseum lag das grundsätzliche Einverständnis des Sektionschefs Victor von Röll vom Eisenbahnministerium zur Übergabe seit 1909 unter dem Vorbehalt des Eigentumsrechts vor. Es sollte „ein untrennbares Ganzes" bleiben und als „Historisches Museum der österreichischen Eisenbahnen" ausgeschildert sein. Seit das westliche Erdgeschoss dafür als Fläche feststand, begann 1914 die Überstellung von Großobjekten, u. a. der beiden ältesten Dampflokomotiven „Ajax" und „Steinbrück" sowie des Personenwagens „Hannibal" der Pferdeeisenbahn Linz–Budweis/České Budějovice, und im Jahr darauf der anderen Sammlungen des Eisenbahnmuseums.[4] Der im Auftrag aller Eisenbahnverwaltungen 1873 von der Prager Waggonbaufirma F. Ringhoffer gebaute Hofsalonwagen von Kaiserin Elisabeth, den der Hof nach der Ermordung der Kaiserin im Jahr 1898 nicht mehr benutzte, gehörte seit 1909 zum Bestand des Eisenbahnmuseums und kam direkt vom Hofzugdepot am Westbahnhof ins Museum.[5]

Das Postmuseum unterstand dem Handelsministerium, das in der Regierung auch für die Gründung des Technischen Museums zuständig war. Trotzdem galt auch in diesem Fall die weitere Selbstständigkeit innerhalb des Technischen Museums als Bedingung der Postsektion. Angesichts des hohen Werts der „Postwertzeichensammlung" sollte das Museum „besondere Vorkehrungen gegen Diebstahl" treffen. Die Übergabe der wertvollen Briefmarken unterblieb jedoch. Im Vorfeld der späteren Verstaatlichung hielt das nun zuständige Verkehrsministerium in einem Schreiben an das Handelsministerium 1921 erneut die für Eisenbahn- und Postmuseum weiterhin geltenden Vereinbarungen fest. Bis heute unrealisiert blieb ein damals geäußerter Vorschlag zur Gründung eines „Verkehrsmuseums", nachdem seit 1919 zusätzlich zur Eisenbahn auch die Agenden der Schiff- und Luftfahrt im Verkehrsministerium angesiedelt waren.[6]

Sieht man vom unkooperativen Verhalten des Sektionschefs Globočnik im Finanzministerium ab, signalisierten die Verhandlungen insgesamt – etwa im Vergleich zum Parallelprojekt in Prag – eine bereitwillige Unterstützung des Wiener Museums. Großzügig agierte das Finanzministerium nur beim Thema Salz und ermöglichte, dass die Salinenverwaltungen Bad Aussee, Bad Ischl, Ebensee, Hall in Tirol, Hallein und Hallstatt 1914 rund 300 Objekte – Werkzeuge und Modelle aus dem Salzbergbau und Salinenwesen sowie dem Berg- und Hüttenwesen, der Eisen- und Metallbearbeitung, der Markscheiderei und dem Zimentierungswesen – zur Verfügung stellten.[7] Gegen die Ablieferung der Objekte aus Hall in Tirol hatte zuvor das Landeskonservatoriat Innsbruck des Staatsdenkmalamts vergeblich protestiert.[8]

Das Ministerium für öffentliche Arbeiten wies das „k. k. Montanverkaufsamt" an, seine äußerst wertvolle und umfangreiche Sammlung von Bergwerksmünzen und -medaillen dem Museum zu überlassen. Der im Jänner 1918 übergebene Bestand umfasst heute 1237 Objekte des 15. bis 20. Jahrhunderts aus der Habsburgermonarchie, Europa, Russland und den USA.[9]

Eine weitere Möglichkeit, Lücken im eigenen Bestand zu schließen, waren Leihgaben anderer Museen. 1916 kamen zum Beispiel rund 300 Objekte als Leihgabe aus dem „k. k. Natur-

Medaille zum 100-Jahr-Jubiläum der Innerberger Hauptgewerkschaft, Silber, 1725

Medaille zur ersten bergmännischen Ausstellung in Spanien, Zinn, 1863

Medaille der Bergakademie St. Petersburg, Kupfer, 1873

Medaille zu Durchschlag und Eröffnung des Arlbergtunnels, Kupfer, 1883

historischen Hofmuseum" zur Komplettierung der vorindustriellen Ausstellungsabteilungen: Werkzeuge, landwirtschaftliche Geräte, Textilien, Alltagsgegenstände und Musikinstrumente.

Die große Zahl von übernommenen Sammlungen und Museen sowie weitere, während und unmittelbar nach dem Ersten Weltkrieg integrierte Bestände bildeten das Fundament des Objektbestandes. Zur Einlösung des Anspruchs eines „lückenlosen Bild[es] der gesamten industriellen und gewerblichen Tätigkeit sowie des Verkehrswesens" und einer Darstellung „der technischen Leistungen der neuesten Zeit" fehlten dennoch „viele wichtige Glieder in der Kette der Entwicklung". Ein 1909 an Naturwissenschafter, Techniker, Gewerbetreibende und Industrielle der Monarchie und Deutschlands verteilter repräsentativer gedruckter „Aufruf" zur Unterstützung des Projekts durch Objektspenden samt „Mitteilungen" der Geschäftsstelle mit konkreten Hinweisen auf gewünschte Sachspenden und mit der Gruppeneinteilung des Museums bildete den Startschuss für eine große, in den „Frühakten" des Museumsarchivs dokumentierte Sammelaktion.[10] Das auf wenige Jahre vor und während des Ersten Weltkriegs konzentrierte, von über 800 Fachkonsulenten getragene Projekt führte dem Museum Tausende Objekte aus der Zeit der Hochindustrialisierung um 1900 zu, schwerpunktmäßig aus der gesamten österreichisch-ungarischen Monarchie, die bis heute – neben den Vorläufersammlungen – einen Kernbestand der Sammlungen bilden. Die Bahngesellschaften transportierten die Objekte zum halben Preis, der Staat erließ die Zollgebühr für die Einfuhr aus dem Ausland und stellte für die vorläufige Unterbringung der angelieferten Objekte umfangreiche Teile der Galerien der Rotunde im Prater zur Verfügung.[11] Das Verzeichnis der Spender enthielt im Juli 1913 bereits 791 Namen: Die Berliner Allgemeine Elektrizitätsgesellschaft zählte ebenso dazu wie das Deutsche Museum München, das Triester Eichinspektorat, die Friedrich Krupp AG in Essen, der Münchner Lehmanns Verlag, die Österreichisch-Alpine Montangesellschaft, das Physikalische Institut der Universität Wien, das Reichskommissariat der Weltausstellung in Brüssel, die Pilsener Škoda-Werke und die Wiener Technische Hochschule. Fast die Hälfte der Spender stammte aus Wien bzw. hatte ihren Firmensitz in Wien.[12]

In Zusammenhang mit dem Objekterwerb hatte das Deutsche Museum lange Zeit Vorbildfunktion. Der zwischen München und Wien geteilte Alban-Hochdruckkessel gilt seit 1916 als Symbol für die Verbundenheit zwischen beiden Museen. Die „kleine Schwester" in Wien orientierte sich jedoch bei den zentralen Leitobjekten der allgemeinen Technikgeschichte weit darüber hinaus am großen Vorbild. Beide Museen hatten anfänglich ähnliche Objekte gesammelt und ausgestellt: eine hölzerne Löffelmühle mit horizontalem Wasserrad,[13] eine stehende Dampfmaschine mit großem Schwungrad,[14] eine Dynamomaschine der französischen Société Alliance,[15] einen seit den 1890er-Jahren hochaktuellen Dieselmotor,[16] eine aufgeschnittene Bessemerbirne,[17] ein von der Friedrich Krupp AG in Essen gespendetes Modell des Dampfhammers „Fritz",[18] eine Steindruckpresse von Alois Senefelder,[19] das Modell eines Torpedobootes[20] der Werft Schichau in Danzig und eine in Bewegung vorführbare Schnittlokomotive.[21]

Zahlreiche Gemeinsamkeiten gab es auch bei der Gestaltung historischer Ensembles, die teilweise auf Vorbildern der Pariser Weltausstellungen beruhten. München und Wien errichteten eine Alchemistenstube und ein Justus von Liebig nachempfundenes Chemielabor – beides war bereits 1889 in Paris zu sehen –, eine nachgebaute barocke Apotheke – in Wien mit der von Arthur Krupp gespendeten Sammlung von Apothekengefäßen eingerichtet[22] –, eine Sensenschmiede[23] mit gemauerter Esse und eine historische Webstube.[24]

Es gibt auch ein Beispiel dafür, dass München ein Objekt aus dem Wiener Bestand kopierte: Mit dem „Hannibal" verfügt das Eisenbahnmuseum über den einzigen erhalten gebliebenen Wagen der Pferdeeisenbahn. 1920 suchte das Deutsche Museum bei Erhard um Genehmigung eines Nachbaus an, der das Ansuchen an das Eisenbahnmuseum weiterleitete. Dieses entsprach der Bitte und vermittelte den Bau einer 1:3-Kopie durch die Maschinen- und Waggonbau AG in Wien-Simmering.[25]

Erster österreichischer Dieselmotor, Langen & Wolf, Wien, 1898/99 von der Berndorfer Metallwerke A. Krupp AG übergeben, Foto, 1919

Bessemerbirne aus Turrach, unter dem Tragring zur Hälfte aufgeschnitten, 1863, Foto, 1999

Aufruf an Naturwissenschaftler, Techniker, Gewerbetreibende und Industrielle der Monarchie und Deutschlands, das Technische Musem mit Objekten zu unterstützen, Gestaltung Rudolf von Larisch, Druck, 1909

Sammlungen und Objekterwerb   153

Geografische Streuung der Objektneuannahmen
in der Gründungsphase von 1909 bis 1913

St. Petersburg

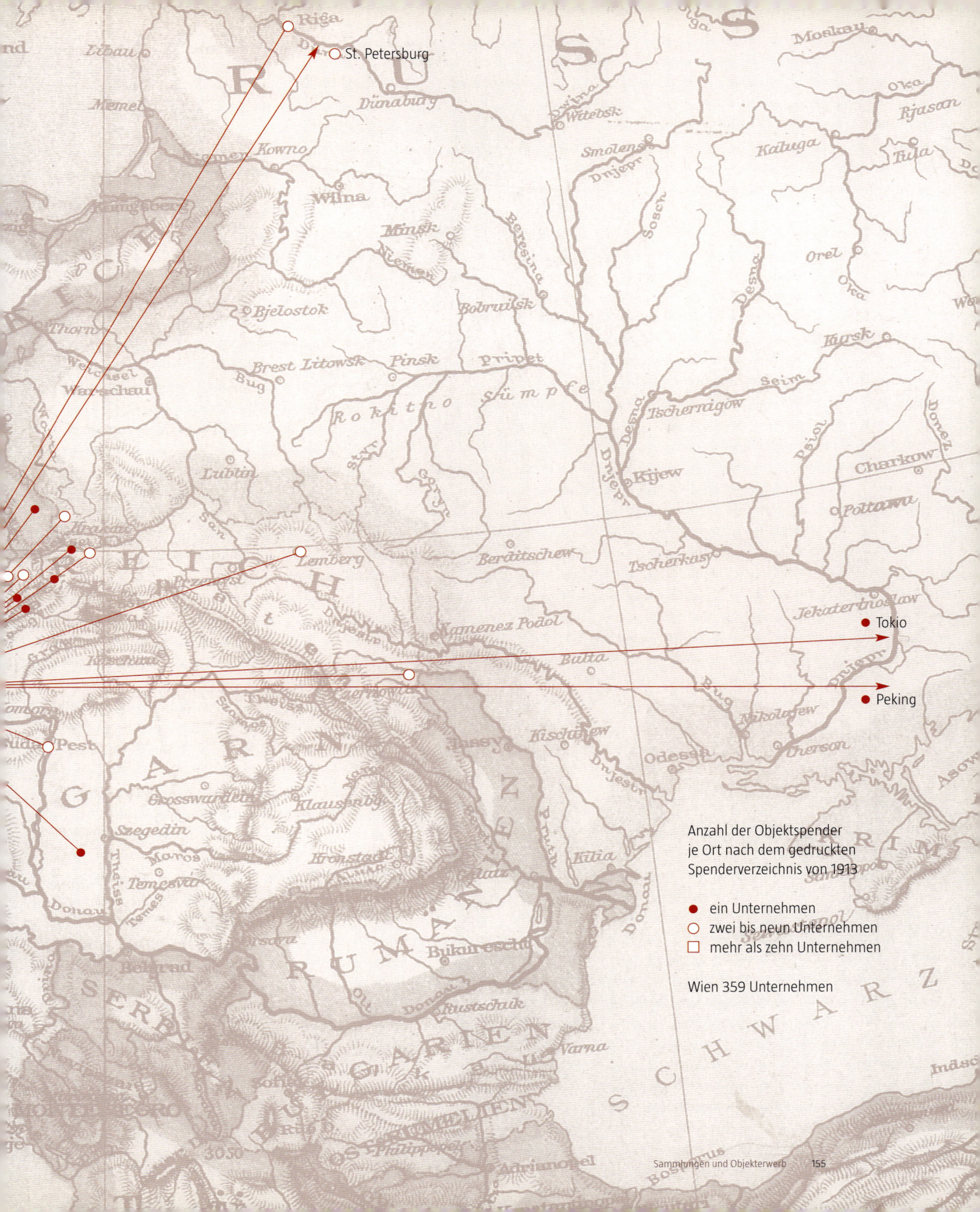

Tokio

Peking

Anzahl der Objektspender
je Ort nach dem gedruckten
Spenderverzeichnis von 1913

● ein Unternehmen
○ zwei bis neun Unternehmen
□ mehr als zehn Unternehmen

Wien 359 Unternehmen

Sammlungen und Objekterwerb 155

Zweizylinder-Verbunddampfmaschine von Ringhoffer, Prag, und Dynamomaschine von Siemens & Halske, Wien, 1897, Foto, 2008

Aus der Masse der Tausenden als Geschenk oder Leihgabe ins Museum gelangten Objekte kann hier nur eine kleine Auswahl jener erwähnt werden, die aufgrund ihres Stellenwerts für die technische Entwicklung, ihrer aufwändigen Herstellung als Modell oder Ensemble bzw. ihrer auffallenden Größe im Lauf der Jahrzehnte die Schausammlungen besonders prägten.

Um 1900 waren das vor allem Objekte des Berg- und Hüttenwesens, des Maschinenbaus und der Elektrotechnik. Neben der Prick'schen Dampfmaschine dominieren von der Eröffnung bis heute drei große Maschinensätze mit unterschiedlichen Antriebsmaschinen und Generatoren zur Stromerzeugung den nördlichen Bereich der Mittelhalle. Sie blieben auch während der Generalsanierung in den 1990er-Jahren im Museum: eine Dampfturbine mit darunter einsehbarer Kondensationsanlage und Generator,[26] eine mit einem Gleichstrom-Innenpoldynamo gekoppelte Zweizylinder-Verbunddampfmaschine[27] und ein Dieselmotor mit Gleichstromgenerator.[28] Eine technikhistorische Besonderheit übergab 1915 der Brauereiunternehmer Anton Dreher jun. dem Museum: die in der Brauerei in Klein-Schwechat 1876 aufgestellte Kältemaschine von Carl von Linde.[29] Im Bereich Elektrotechnik überragte der von Ábrahám Ganz in Budapest nach einem Patent von Károly Zipernowsky für das Kraftwerk Mühlau in Innsbruck gelieferte und von diesem 1910 dem Museum übergebene Wechselstromgenerator aus der Mitte der 1890er-Jahre alle anderen Objekte.[30]

Originalobjekte aus dem Hüttenwesen haben in Museen Seltenheitswert. Neben der Bessemerbirne fallen vor allem zwei Gebläsemaschinen für Holzkohlenhochöfen auf. 1913 überließ die Krainische Industriegesellschaft dem Museum ein hölzernes Kastengebläse[31] ihrer Hütte in Aßling/Jesenice aus der Zeit um 1820, die Österreichisch-Alpine Montangesellschaft

Kältemaschine, Bauart Linde, 1876 in der Dreher'schen Brauerei in Klein-Schwechat, aufgestellt, Foto, 1942

das 1848 aufgestellte gusseiserne Zylinder-Balanciergebläse[32] des Kaiser-Franz-Hochofens in Eisenerz. Originalobjekte befanden sich auch im Frischfeuer-Ensemble. Die Firma Gebr. Böhler & Co. AG in Kapfenberg stellte im Frühjahr 1918 dem Museum die Einrichtung des stillgelegten Höllhammers bei Bruck an der Mur zur Verfügung. Mit vielen anderen Standorten war dieser Hammer 1894 in den Besitz der Firma Böhler übergegangen. Er hatte bis zur Stilllegung hochwertigen Tiegelgussstahl aus Vordernberger Holzkohlenroheisen geliefert.[33]

Ein wichtiges Kriterium für die Sammlungstätigkeit war die Suche nach dem jeweils ersten Exemplar einer neuen technischen Entwicklung. Dazu drei Beispiele: 1914 übergab Franz Czerweny von Arland, Besitzer der Zündholzfabrik Fl. Pojatzi & Comp. in Deutschlandsberg, ein Exemplar der von ihm und seinen beiden Söhnen Viktor und Robert entwickelten ersten „Zündholz-Automatmaschine" aus dem Jahr 1898.[34] Im Vorfeld des Jubiläums anlässlich ihres 50-jährigen Bestehens widmete die Österreichisch-Alpine Montangesellschaft dem Museum 1930 ein großes Modell der erst drei Jahre zuvor am Karlschacht in Köflach in Betrieb gegangenen Kohlentrocknungsanlage nach dem von Hans Fleissner entwickelten und für den österreichischen Braunkohlenbergbau wichtigen Verfahren.[35] Größere Bedeutung für das Museum und die Industrie erlangte der von Viktor Kaplan entwickelte Turbinentyp. Erhard stand seit Frühjahr 1913 mit Kaplan, seit diesem Jahr Professor an der Deutschen Technischen Hochschule in Brünn/Brno, wegen der Aufstellung einer Versuchsturbinenanlage in der Mittelhalle des Museums, die Bruno Leinweber betreute, in Kontakt. In diesem Fall war das Museum hochaktuell, denn Kaplan hatte die Arbeiten an der Konstruktion einer Turbine mit beweglichen Laufradschaufeln erst 1912 im Versuchslabor der Hochschule aufgenommen. Allerdings sagte Ignaz Storek, der Besitzer jener Stahlhütte und Gießerei in Brünn/Brno, die mit Kaplan kooperierte, im Oktober 1914 wegen der Einberufung seines Sohnes und zahlreicher Arbeiter zum Militär seine Mitarbeit ab. Im Jänner 1918 bedankte sich Kaplan für die Ernennung zum Fachkonsulenten.[36] Das erste Versuchslaufrad schenkte Kaplan dem Museum 1926, die ersten Kaplanturbinen überließen 1929 die Maschinenfabriken J. M. Voith in St. Pölten und im Jahr darauf Ignaz Storek.[37]

Die Zeit der Museumsgründung gilt auch als Höhepunkt des technischen Modellbaus. Viele große Unternehmen bauten in ihren eigenen (Lehr-)Werkstätten aufwändige Modelle für das Museum oder bezahlten die Herstellung durch Modellbaufirmen. Zahlreiche Beispiele finden sich in der Nahrungs- und Genussmittelindustrie. Die 1880 gegründete Wiener Molkerei. Reg. Genoss. m. b. H. stellte 1913 dem Museum ein über fünf

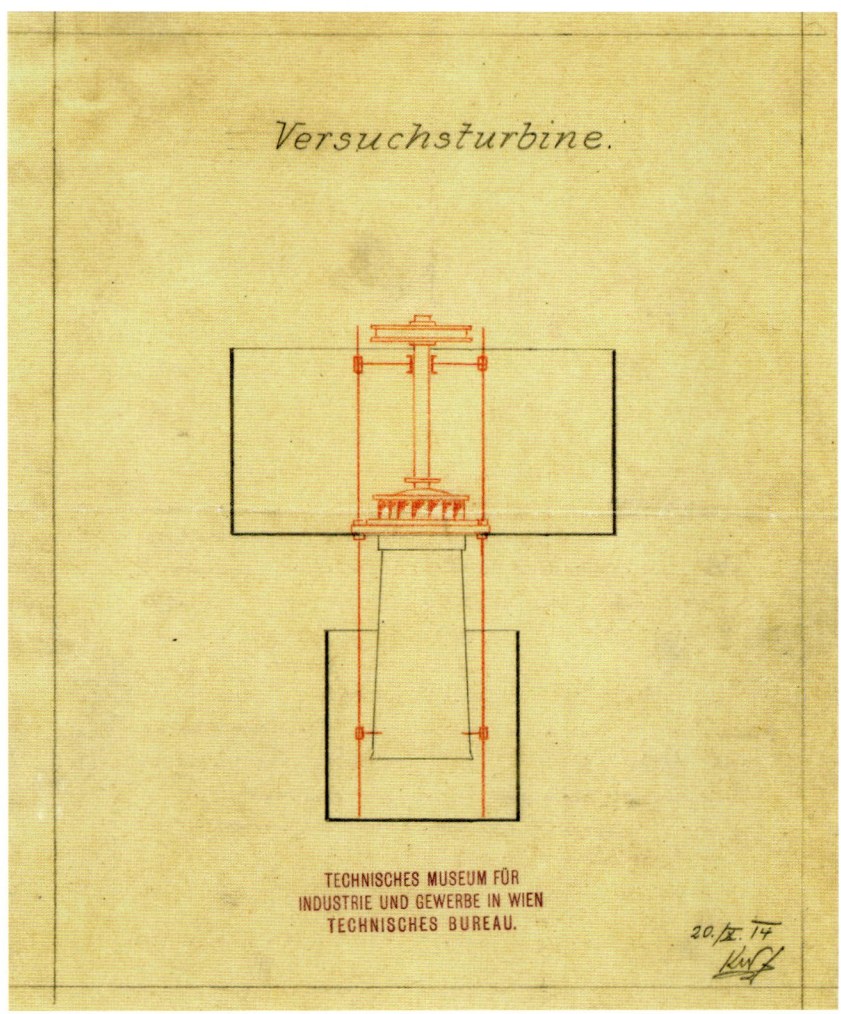

Zündholz-Automat von Franz Czerweny von Arland (1898), Foto, um 1920

Zeichnung einer „Versuchsturbine" zur Aufstellung im Museum nach Angaben Viktor Kaplans, die geplante Herstellung durch die Stahlhütte und Gießerei Ignaz Storek in Brünn unterblieb, 20. Oktober 1914

Die Kannenfüllung im Modell der Wiener Molkerei, 1913 von der Wiener Molkereigesellschaft dem TMW übergeben, Foto, 2008

Meter langes Modell ihres von 1898 bis 1902 errichteten Fabriksneubaus in der Prager Straße in Wien-Floridsdorf zur Verfügung.[38] Die durch eine Glasscheibe dargestellte Außenwand des Gebäudes gestattet den Blick in die Fabrikationsräume. Die außerordentlich detaillierte, bewegliche Ausführung und die Ausstattung mit maßstabsgetreuen Figuren verleihen dem Modell einen besonderen Wert. Von vergleichbarer Qualität sind die dem Museum von der Generaldirektion der Tabakregie zur Verfügung gestellten Dioramen der Zigaretten- und Zigarrenerzeugung mit holzgeschnitzten Figuren.[39] Ausschließlich den technischen Prozessverlauf der Zuckerherstellung aus Zuckerrüben zeigte das mit 15 Metern Länge größte Modell des Museums. Das technisch anspruchsvolle Objekt baute die Maschinen-Actiengesellschaft, vormals Breitfeld, Daněk & Co., in Prag-Karolinenthal. Die Kosten sprengten beinahe das Museumsbudget: 1920 hatte das Museum erst die Hälfte der insgesamt fälligen 270.000 Kronen für das Modell überwiesen, dessen Pläne bereits 1914 fertig waren.[40] Vor allem die technische Funktion zeigt auch das bewegliche Modell eines elektrischen Blockwalzwerks, das die Witkowitzer Bergbau und Eisenhütten Gewerkschaft 1915 dem Museum übergab.[41]

Die überlieferten „Frühakten" zur Übernahme der Getreidemühle vom Benediktinerstift Admont, der sogenannten Admonter Stiftsmühle, im Jahr 1911 ermöglichen uns einen konkreten Einblick in die Absichten der Museumsverantwortlichen. Als das Stift auf den bereits praktisch ruinösen Erhaltungszustand der Mühle verwies, „weil die Holzteile derselben sehr stark wurmstichig bzw. von Mäusen zernagt und daher sehr morsch sind", hielt ein Mitarbeiter des Museums in seiner Stellungnahme an das die Demontage leitende Büro Julius Gruder in

Kannenfüllung in der Wiener Molkerei, Innenansicht, Foto, 1906

158 Gründung und Eröffnung des Vereinsmuseums

Innsbruck gerade dies für einen Vorteil: „Die Betriebsleitung des Elektrizitätswerkes der ehrwürdigen Benediktinerabtei Admont hat dieser Tage bei uns angefragt, ob die Mühle abmontiert werden sollte, obwohl sie ein verfallenes und vermorschtes Aussehen aufweist. Wir antworteten, dass uns eben dieser Anblick das Schaustück besonders wertvoll macht, da wir nicht blos technische, sondern auch geschichtliche Erwägungen zu wahren haben."[42] Im Gegensatz zur Mühle, die wenigstens über ein zwar „wurmstichiges", aber originales oberschlächtiges Wasserrad verfügte, verzichtete das Museum beim Sensenwerk-Ensemble gänzlich auf das für den Betrieb der Hämmer notwendige Wasserrad, und die Besucher sahen durch ein verrußtes Fenster nur die Attrappe eines Radsegments. Nicht nur die Architektur der Räume zwang die Verantwortlichen immer wieder zu ähnlichen Kompromissen bei der Inszenierung der historischen Werkstätten: Im Vordergrund stand der beim Besucher beabsichtigte Effekt der Vermittlung eines vermeintlich ursprünglichen Zustands.

In dieser Zeit der Sammlungserweiterung kam es auch vor, dass die Museumsleitung eine bereits im Haus befindliche Sammlung abgeben musste. Am 12. März 1916 war die Dichterin Marie von Ebner-Eschenbach gestorben und hatte eine 270 Objekte umfassende wertvolle Uhrensammlung hinterlassen, die im noch nicht eröffneten Technischen Museum in der Abteilung „Messwesen" in Vitrinen zur Aufstellung kam. Ebner-Eschenbach hatte jedoch testamentarisch bestimmt, dass mit der Sammlung ein Erlös von 300.000 Kronen für den Bau eines Kinderheims in ihrem mährischen Geburtsort Zdislawitz/Zdislavice bei Kremsier/Kroměříž zu erzielen sei. Zur selben Zeit hatte die Stadt Wien nach der Übernahme der Sammlung Kaftan ein Uhrenmuseum begründet. In diesem Umfeld und nach Bemühungen des Wiener Bürgermeisters erklärten sich schließlich die Industriellen Karl von Škoda und Bernhard Wetzler, Generalrat der Anglo-österreichischen Bank, bereit, gemeinsam den Betrag aufzubringen, woraufhin der Nachlassverwalter Viktor Graf Dubsky die Sammlung dem neuen Uhrenmuseum widmete und Erhard im September 1917 dem Abtransport zustimmen musste.[43] Bemühungen zur Übernahme des städtischen Uhrenmuseums verliefen 1930 im Sand.[44] 1934 konnte Erhard allerdings dem Kuratorium als späten Erfolg die Widmung der 284 Uhren umfassenden Sammlung Atzwanger durch Leopold Joas, Sektionschef im Finanzministerium, berichten.[45]

Martin Schneider

Der Erste Weltkrieg

Auch wenn sich der Objekterwerb – von der Rückgabe der Uhrensammlung einmal abgesehen – wie eine Erfolgsgeschichte zu präsentieren scheint, dürfen die massiven Probleme nicht vergessen werden, die durch den im August 1914 ausgebrochenen Ersten Weltkrieg mit seinen weitreichenden gesellschaftlichen, politischen und wirtschaftlichen Konsequenzen entstanden. Die Einrichtung eines Museums musste geradezu als Überrest einer vergangenen Friedenszeit wirken.

Im Mai 1915 zog Erhard in seinem Bericht „Kriegsacker im Museumsgelände" eine Zwischenbilanz der Einrichtungsarbeiten. Bereits damals zeichnete sich ab, dass zahlreiche Behörden und Industriebetriebe wegen des Krieges „ihre Anmeldungen für das Technische Museum zurückstellten oder ganz zurückzogen".[46] Keine der Sammlungsgruppen war vollständig eingerichtet. Dennoch gingen die Einrichtungsbestrebungen zunächst unvermindert weiter. Als Beispiel für viele weitere soll an dieser Stelle ein Briefwechsel mit der zur Friedrich Krupp AG gehörenden Germania-Werft in Kiel wiedergegeben werden.[47]

Noch vor dem Krieg – am 30. Juli 1913 – hatte das Museum angefragt, ob die Werft bereit sei, ihm „Modelle über Unterseeboote und Schiffsdieselmotoren zu widmen", da ähnliche Maschinen bzw. Fahrzeuge in Österreich nicht produziert würden.[48] In der Antwort vom 13. August sagte Krupp acht beschriftete Fotografien der Germania-Tauchboote „Ub3" und „Ub4" zu,[49] die von 1907 bis 1909 für die k. u. k. Kriegsmarine produziert worden waren. In einem Schreiben vom 7. September fragte Erhard an, ob man dem Museum nicht auch das bereits in der Adria-Ausstellung gezeigte Modell eines Germania-Tauchbootes widmen wolle.[50] Am 11. Oktober erhielt man eine Absage.[51] Am 2. August 1915, ein Jahr nach Kriegsbeginn, richtete Erhard eine neuerliche Bitte um Bereitstellung eines entsprechenden Modells für die Abteilung „Kriegsschiffe" an die Germania-Werft,[52] die negativ beantwortet wurde – diesmal allerdings mit dem ausdrücklichen Verweis auf die kriegsbedingten Umstände: „Den infolge des Krieges an die Germaniawerft seitens der Deutschen Marine gestellten Anforderungen kann nur dadurch entsprochen werden, dass eine grosse

Zahl ihrer Angestellten und Arbeiter von der Heeresfolge befreit wurden. Mit Rücksicht hierauf würden wir es nicht verantworten können, unseren Konstruktionssälen und Werkstätten in absehbarer Zeit irgendwelche mit den Rüstungsaufträgen nicht zusammenhängende Arbeiten aufzugeben und sehen uns daher zu unserem Bedauern ausser Stande, ihrem Wunsche zu entsprechen."[53]

Solche Antworten häuften sich nun und zeigen die großen Schwierigkeiten, vor denen der Sammlungsaufbau seit Kriegsausbruch stand: Entweder konnte das Personal der Lieferfirmen nicht mehr für zivile Belange eingesetzt werden, oder es war – im Falle nicht kriegswichtiger Betriebe – zu einem großen Teil zum Militär eingezogen worden, oder es fehlte schlicht das benötigte Material.

Bereits am 4. September 1914 hatte die Galizische Karpathen-Petroleum-Actien-Gesellschaft dem Technischen Museum mitteilen müssen, dass die ursprünglich für den Sammlungsbereich „Bohrwesen" zugesagten Modelle nicht geliefert werden könnten, „da die in Betracht kommenden Arbeiter einberufen wurden".[54] Zudem lagen ihre Produktionsstätten im Kriegsgebiet.[55] Doch seitens des Museums versuchte man weiterhin, an die Objekte zu gelangen.[56] Dies scheint bei den Verantwortlichen der Gesellschaft sogar einen Rechtfertigungsdruck erzeugt zu haben, denn bereits am 2. März 1915 hieß es: „Leider sind unsere gesamten galizischen Anlagen von jeglichem Verkehr mit uns abgeschnitten und von unserem Personal verlassen, sodass es beim besten Willen ganz ausgeschlossen ist, dass wir jetzt arbeiten könnten. Wir bitten Sie überzeugt zu sein, dass wir mit dem grössten Vergnügen die Arbeiten beschleunigen werden, sobald unsere Anlagen von den feindlichen Streitkräften geräumt sein werden."[57] Vor Problemen stand auch die bezüglich der zugesagten Objekte mit der Gesellschaft kooperierende Wiener Firma Trauzl & Co, Commandit-Gesellschaft für Tiefbohrtechnik und Motorenbau. Zum einen waren die für die Herstellung der Objekte vorgesehenen Beschäftigten bereits Anfang August 1914 zum Militär eingezogen worden, zum anderen war es offensichtlich nicht mehr möglich, an Rohmaterial zu gelangen.[58]

Von der Firma Gebr. Eickhoff Maschinenfabrik und Eisengießerei GmbH in Bochum, kam am 25. März 1915 die Meldung, dass das zugesagte Rutschenmodell nicht geliefert werden könne, da die üblicherweise damit beauftragten Fabriken „ihre Werkstätten geschlossen" hätten.[59]

Die in Remscheid-Hasten ansässige Elektrostahl Gesellschaft, von der man sich einen Stahlschmelzofen, System „Héroult", erbeten hatte, sah sich 1915 ebenfalls mit massiven Problemen konfrontiert und bat das Museum, „sich mit der Angelegenheit bis nach Beendigung des Krieges zu gedulden, da die Herren, welche die Sache bearbeiten, sämtlich im Felde stehen".[60] Noch deutlicher hieß es in einem Schreiben vom 30. November 1916: „Die Beanspruchung unserer Werkstätten ist während des Krieges derart bis auf das Aeusserste gespannt, und dabei ist die Arbeiterzahl eine solche beschränkte, dass wir nicht im entferntesten alle die Anforderungen befriedigen können, die im Interesse der Kriegs- und Friedensarbeit an uns gestellt werden."[61]

Zu Lieferungsverzögerungen kam es auch bei der Vereinigten Styria-Fahrrad- und Dürkopp-Werke Aktiengesellschaft in Graz. Am 13. November 1914 wurde dem Museum mitgeteilt, dass die in Aussicht gestellten Objekte nicht geliefert werden könnten, „da wir augenblicklich mit der Herstellung von Kriegsmaterial derart stark beschäftigt sind, sodass wir der Sache nicht die erforderliche Zeit zu widmen vermögen".[62]

Die Firma L. Schuler, eine Werkzeugmaschinenfabrik und Eisengießerei im württembergischen Göppingen, die eine Zweigniederlassung in Wien unterhielt, konnte am 2. Oktober 1916 der gewünschten Anforderung einer Ziehpresse „wegen ausserordentlichen Arbeitsandranges" nicht nachkommen und vermerkte, dass dies „leider erst nach Wiedereintritt ruhigerer Verhältnisse geschehen" könne.[63]

Die Bayerische Stickstoffwerke Aktiengesellschaft teilte am 4. September 1916 mit, dass die für die Abteilung „Kalkstickstoff" gedachten Ausstellungsobjekte wegen Personalmangels der Lieferfirmen nicht zur Ausführung gelangen könnten, und schlug ebenfalls vor, die Angelegenheit bis Kriegsende ruhen zu lassen.[64]

Und die Fabrik Pozsony (Bratislava) der Aktiengesellschaft Dynamit Nobel meldete Erhard im Februar 1917, es sei ihr „bei der immensen Inanspruchnahme unserer Beamten beim besten Willen nicht möglich, euer Hochwohlgeboren auch nur mit der kleinsten Arbeit dienlich zu sein".[65]

Der Objekterwerb, aber auch die Zulieferung gerieten ins Stocken, die Schausammlungseinrichtung lief Gefahr, zum Stillstand zu kommen. Hatte Exner noch im Juni 1914 davon gesprochen, dass das Museum am 2. Dezember des Jahres eröffnet werden könne, so musste dieser Zeitplan nun geradezu utopisch erscheinen.[66]

„... unter dem Losungsworte ‚Krieg und Technik' ..."

Die Museumsleitung musste reagieren, und Erhard ging in seinem bereits zitierten Bericht „Kriegsacker im Museumsgelände" vom Mai 1915 auf die veränderten Umstände ein. Zunächst widmete er sich den vielfältigen kriegsbedingten Behinderungen der Einrichtungsarbeit. Neben den beschriebenen Lieferproblemen der Unternehmen beklagte er die Sperrung des Bahnverkehrs und die fast vollständige Einstellung der musealen Tätigkeit staatlicher Ämter. Er nannte ferner die Ausfuhrverbote des Deutschen Reiches, die Beschlagnahme von Metallvorräten sowie die Einberufung von Fachkonsulenten und Museumsangestellten zum Militär. In realistischer Einschätzung der Situation befürchtete Erhard, dass „ein großer Teil des schon zugesagten Sammlungsbestandes erst nach der Beendigung des Krieges oder überhaupt nicht mehr erhältlich sein" werde.[67]

Um die Einrichtungsarbeiten jedoch weiterführen zu können, trat er für eine verstärkte Werbetätigkeit ein und schlug vor, die Sammlung „unter dem Losungsworte ‚Krieg und Technik'" stärker kriegstechnisch auszurichten. Erzeugung und Wirkungsweise von Kriegsgeräten sollten dem Museumsziel der Volksbildung entsprechend allgemein verständlich dargestellt werden.[68] Als mögliche Themengebiete nannte er Sprengstoffe und Treibmittel, Geschütze und Geschosse, Kriegsbeute, Flugzeuge und Luftschiffe, Feldverpflegung sowie Verwundeten- und Invalidenfürsorge.

Zum einen hatte die Wirtschaft ohnehin auf Kriegsproduktion umgestellt. Zum anderen appellierte Erhard an den nationalen Patriotismus, wenn er argumentierte, dass das Technische Museum berufen sei, „die kriegstechnischen Großtaten der österreichischen Industrie der Mitwelt eindrücklich vor Augen zu führen und den kommenden Geschlechtern als Vorbild dauernd zu erhalten".[69]

Doch die Sammlungspolitik des entstehenden Museums kann damit nur bedingt in die Reihe der vielfältigen zeitgenössischen Kriegssammlungen und -ausstellungen eingeordnet werden. Diese deckten ein breites Spektrum ab, das neben Waffen auch Flugblätter, Plakate, Fotos oder Soldatenbriefe umfasste. Tod und Verwundung wurden häufig nicht berücksichtigt.[70] Zwar argumentierte Erhard mit der nationalen Aufwertung der österreichischen Kriegsproduktion, doch der patriotische Gehalt dieses Arguments bleibt zweifelhaft. Wie seine Bemühungen zeigen, ging es ihm vor allem um den Erwerb technischer Objekte. Deren Produktion und Lieferung waren bedroht, für den Aufbau des Museums und die Bestückung der Entwicklungsreihen wurden sie jedoch dringend benötigt.

Erhard bat das Kriegsministerium, seinerseits die Heeresverwaltung, die Marine, das Heeresmuseum und das Kriegsarchiv zu ermächtigen, dem Technischen Museum entbehrliche Gegenstände zu überlassen.[71] Um die Industriebetriebe zu erreichen, versandte man Aufrufe zu kriegstechnischen Spenden an verschiedene Zeitungsredaktionen mit der Bitte um Veröffentlichung.[72] Ein entsprechender Spendenaufruf an die Industrie findet sich etwa in der „Neuen Freien Presse" vom 9. November 1915. Der Artikel schließt mit der Hoffnung, „daß die Industrie, der Zeitgeschichte Rechnung tragend, die dargebotene Gelegenheit benützen werde, ihre kriegstechnischen Großtaten im Technischen Museum zu verewigen".[73]

Damit versuchte man zwar, den Objekterwerb auf einen alternativen Schwerpunkt zu verlagern, doch die Hauptprobleme, die kriegswirtschaftlich veränderten Produktions- und Lieferbedingungen, bestanden weiterhin. Bereits am 8. Jänner 1916 musste Erhard gegenüber dem Industriellen Hugo von Noot einräumen, „daß diese Aktion während des Krieges keine Aussichten auf einen besonderen Erfolg haben dürfte und dass die Oesterr. Drahtwerke die absolute Unmöglichkeit erklärten, sich gegenwärtig mit der in Aussicht genommenen gemeinsamen Darstellung zu befassen".[74] Am 10. Februar schrieb Erhard an den Kaiserlichen Rat Ernst Krause, dass zwanzig Antworten auf die Aufrufe eingegangen seien, „aus denen hervorgeht, dass die Industrie erst nach dem Kriege in der Lage sein wird, die vom Technischen Museum geplanten kriegstechnischen Darstellungen zu beschicken".[75] Die Bemühungen, kriegstechnische Darstellungen in das Museum zu integrieren, scheiterten.

Die allgemein verständliche und historische Aufbereitung des Technikeinsatzes im Weltkrieg muss auch im Kontext der ingenieurwissenschaftlichen und politischen Bestrebungen der Zeit gesehen werden. So beabsichtigte das Kriegsministerium nach einer am 8. Mai 1915 erfolgten Anregung des Österreichischen Ingenieur- und Architekten-Vereins, dessen Mitglied Erhard war,[76] die Erstellung eines entsprechenden Geschichtswerkes.[77] In einer 1917 ausgearbeiteten Programmschrift hieß es dazu: „Durch die Schaffung eines technisch-kriegsgeschichtlichen Werkes soll ein vollkommener Überblick über die gesamten Leistungen der Technik bei den Geschehnissen des Krieges und ihrer Wirkungen gewonnen und damit eine allein zuverlässige Grundlage für organisatorische Vorkehrungen zur vollen Ausnützung technischer Leistungsmöglichkeiten für die mannigfachen Zwecke des Krieges erlangt werden. [...] Das allgemeine Interesse, welches sich in diesem großen Ringen der Völker miteinander den militärischen Ereignissen zugewendet hat, macht es erforderlich, auch dieses Werk, obgleich sachlich und wissenschaftlich, jedoch einem allgemeinen Verständnisse zugänglich zu machen und, demselben Rechnung tragend, zu bearbeiten."[78]

In Wien fanden zu dieser Zeit auch andere kriegsbedingte Ausstellungen statt bzw. wurden vorbereitet: die „Patriotische Kriegsmetallsammlung" im Festsaal des Militärkasinos am Schwarzenbergplatz sowie die „Österreichisch-Ungarische Kriegsausstellung" im Kaisergarten des Praters. Da sie zeitlich befristet waren, boten sie dem Technischen Museum die Möglichkeit späteren Objekterwerbs. Teile der Kriegsmetallsammlung konnten jedoch erst 1924 endgültig übernommen werden. Erwähnt werden muss, dass sich die Metallsuche nicht nur auf private Spenden erstreckte, sondern dass ab dem 11. November 1916 per Verordnung auch Kupfermaterialien auf Gebäuden eingezogen werden konnten. In diesem Zusammenhang geriet auch das Museumsgebäude ins Blickfeld, für dessen Dach und Dachrinnen Kupfer verwendet worden war. Am 29. März 1917 erhob das Direktorium gegen dessen Einziehung erfolglos Einspruch.[79]

Im Fall der „Österreichisch-Ungarischen Kriegsausstellung" im Prater sah sich das Technische Museum nun sogar der Anforderung von Objekten aus seinem eigenen Bestand ausgesetzt. Denn sowohl der Arbeitsausschuss der Kriegsausstellung als auch das Kriegsministerium erwarteten eine personelle und sachliche Beteiligung des Museums[80] – ein deutlicher Hinweis auf die Prioritätensetzung des Ministeriums.

Die zweimalige Einladung, dem Arbeitsausschuss der Kriegsausstellung als Mitglied beizutreten, lehnte Erhard im April 1916 mit der verständlichen Begründung ab, er sei zu stark in die Vorbereitungsarbeiten des Museums eingebunden.[81] Auch die vorhandenen Schaustücke könnten derzeit nicht entbehrt werden. Bereits am 18. April erklärte man sich jedoch bereit, der Kriegsausstellung zumindest einige Schiffsmodelle zur Verfügung zu stellen, die vorläufig nicht für die eigene Schausammlung benötigt würden.[82] Den Wunsch des Kriegsministeriums, Objekte der Soda-, Salpetersäure- und Schwefelindustrie wie Modelle chemischer Fabriken bereitzustellen,[83] lehnte Erhard mit Hinweis auf den eigenen Bedarf ab.[84]

Doch das Inventar des Technischen Museums weist natürlich auch für die Kriegsjahre Objektzugänge aus. Der Spitzenwert mit knapp 1500 neuen Inventarnummern im Jahr 1914 ist auf die Tätigkeit des neu eingerichteten Fachkonsulentenkollegiums sowie auf die zumindest bis August während Friedenszeit zurückzuführen. Dagegen fällt ab 1915 ein drastischer Rückgang in der Vergabe neuer Inventarnummern auf – ein Trend, der sich in den Folgejahren fortsetzte.[85]

Allerdings gingen auch in diesen Jahren finanzielle Zuwendungen großer Industrieunternehmen ein. Im Juli 1916 etwa spendete die Berndorfer Metallwarenfabrik Arthur Krupp 300.000 Kronen, im Dezember folgten 150.000 Kronen der Firma Gebr. Böhler & Co. AG.[86] Und auf der 11. Sitzung des Exekutiv-Komitees des Kuratoriums am 3. November konnte Erhard von einer „namhafte[n] Stiftung der Lederindustriellen" berichten. Diese Beispiele zeigen, dass das Museum trotz aller Schwierigkeiten während des Krieges aus Industriellenkreisen Unterstützung erhielt.[87]

Helmut Lackner

Die patriotische Kriegsmetallsammlung

Die während des Ersten Weltkriegs vom Kriegsministerium ins Leben gerufene Metallsammlung hatte zwei Ziele: „Erstens sollte der Kriegsverwaltung die für die Herstellung von Kriegsgeräten erforderlichen Metalle zugeführt und der Plan unserer Feinde, uns hinsichtlich dieses unumgänglichen Bedarfs durch Abschneidung der Zufuhren aus dem überseeischen Auslande in Verlegenheit zu setzen, zunichte gemacht werden. Zweitens aber sollten für die Kriegsfürsorge, insbesondere für den Bau von Invalidenheimen große Summen [der entsprechende Gegenwert] flüssig gemacht werden." Beide Vorhaben erwiesen sich im Laufe des Krieges als Illusion. Immerhin wurden von der „Kunstabteilung" der „patriotischen Kriegsmetallsammlung" unter der Leitung von Alfred Walcher von Molthein seit Mai 1915 Objekte mit künstlerischem, kunstgewerblichem, historischem oder kulturellem Wert aussortiert und „als schönes Zeugnis des Opfersinnes des gegenwärtigen Geschlechtes der Nachwelt erhalten". Bis Juli wählte die Kunstabteilung aus über 30.000 Objekten etwa 3000 aus und zeigte sie anschließend im Festsaal des Militärkasinos am Wiener Schwarzenbergplatz der Bevölkerung in einer Ausstellung, zu der ein bebilderter Katalog erschien.[88]

Schon damals meldete Ludwig Erhard das Interesse des Technischen Museums an diesen Objekten an.[89] Er musste sich aber gedulden, bis das Militärliquidierungsamt des Finanzministeriums 1924 rund 1000 Objekte der ehemaligen patriotischen Kriegsmetallsammlung dem Museum überließ, darunter Mörser, Kerzenleuchter, Zinnkrüge und -teller, Beschläge, Haushaltsgeräte und liturgische Geräte, Münzen und Medaillen sowie Plastiken aus Buntmetall. Für die Auswahl der Münzen und Medaillen war August von Loehr, Kustosadjunkt der Münzen- und Medaillensammlung im Kunsthistorischen Museum, verantwortlich, der nach 1945 in der österreichischen Museumswelt durch die Gründung des „Museums österreichischer Kultur" eine bedeutende Rolle spielen sollte. Aus dem bekannten Rahmen fällt ein Velozipede, System Michaux (Fahrrad mit Tretkurbel am Vorderrad), aus den 1860er-Jahren.[90]

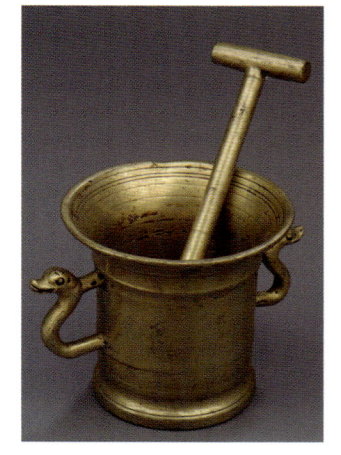

Gotischer Mörser mit zwei Delphinhenkeln und Stößel, Messing, 15. Jahrhundert

Mörser mit Wappen des Stiftes Kremsmünster, Leopold Gammel, Linz, 1804

Velozipede, um 1860

Kuchenform mt Jägerdarstellung aus Kupfer, 19. Jahrhundert

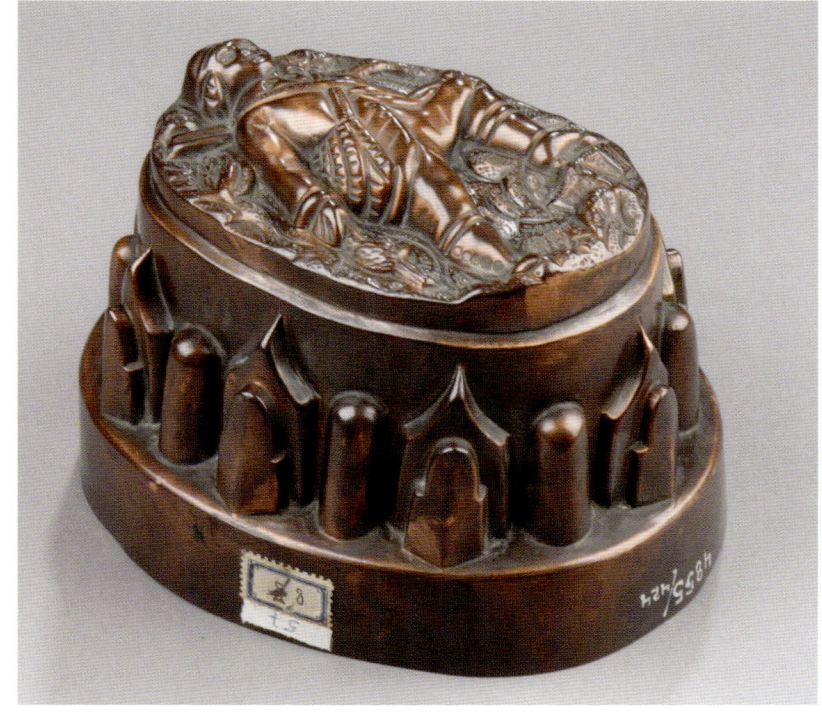

Kaffeemühle, 19. Jahrhundert

Sammlungen und Objekterwerb

Beidseitig Armamputierte beim Unterricht im Reservespital Nr. 11, Karl Seebald, Wien, um 1916

Beidseitig armamputierter Kriegsversehrter beim Essen mit eingesetztem Löffel im Reservespital Nr. 11, um 1916

Helmut Lackner

Die Prothesensammlung[91]

Ebenfalls während des Ersten Weltkriegs entdeckte der Techniker Exner für sich ein neues Betätigungsfeld. Seit dem für die Monarchie verlustreichen Herbstfeldzug 1914 an der Ostfront sahen sich viele Stadtbewohner unvermittelt mit einer großen Zahl von Kriegsversehrten konfrontiert. Blieb die Behandlung der zahlreichen Nervenleiden und Opfer von Stromunfällen, meist Frontsoldaten, mit denen sich der Arzt Stefan Jellinek (später Begründer des „Elektropathologischen Museums") beschäftigte, weitgehend im Experimentierstadium, so sahen sich Chirurgen und Techniker angesichts der enormen Anzahl amputierter „Kriegskrüppel" als Folge des maschinisierten Frontkriegs praktisch herausgefordert.

Exner lehnte „,diesen entsetzlichen Zusammenstoß der Kulturvölker", „den man unverständlicherweise ‚große Zeit' nennt", auch deswegen ab, weil vor allem durch die „Verstümmelung" der Mensch „in seiner Befähigung zur Mitwirkung an den Aufgaben des Staates eingeschränkt" werde.[92] Er fühlte sich als Techniker angesprochen und motiviert, etwas zu unternehmen. Mit dem im Februar 1915 gegründeten Verein „Die Technik für die Kriegsinvaliden" organisierte er die Konstruktion und Prüfung von Arm- und Beinprothesen mit dem Ziel der möglichst raschen beruflichen Wiedereingliederung von Kriegsversehrten als Beitrag zum Kampf gegen die absehbaren großen Arbeitslosenheere.[93] Die Vorstellung, ein gesellschaftliches Problem durch technischen Fortschritt lösen zu können, blieb allerdings Illusion.[94] Es gelang ihm, ein Mitglied des Kaiserhauses, Erzherzog Karl Stephan, als Protektor und über 300 Mitglieder, darunter viele Ärzte, Ingenieure und Gewerbetreibende, für diese Aufgabe zu gewinnen.[95]

Die erste Werkstätte ging bereits im März 1915 in der Mollardgasse 87 im sechsten Wiener Gemeindebezirk in Betrieb. Nach dem von Architekt Ferdinand Fellner geplanten Umbau eines von Bernhard Wetzler, Generalrat der Anglo-österreichischen Bank, in der Borschkegasse 10, Wien IX, zur Verfügung ge-

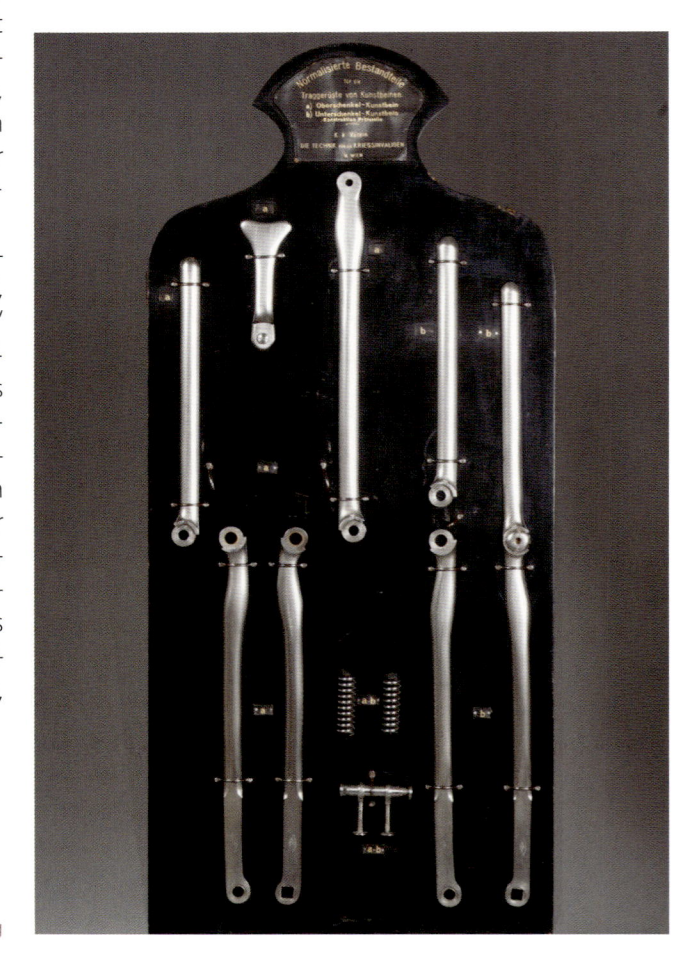

Mustertafel mit genormten Teilen aus Edelstahl für Prothesen-Traggerüste, k. k. Kriegsinvaliden Versuchswerkstätte, Wien, Erster Weltkrieg

Gründung und Eröffnung des Vereinsmuseums

Modell einer Prothesenprüfeinrichtung, Erster Weltkrieg

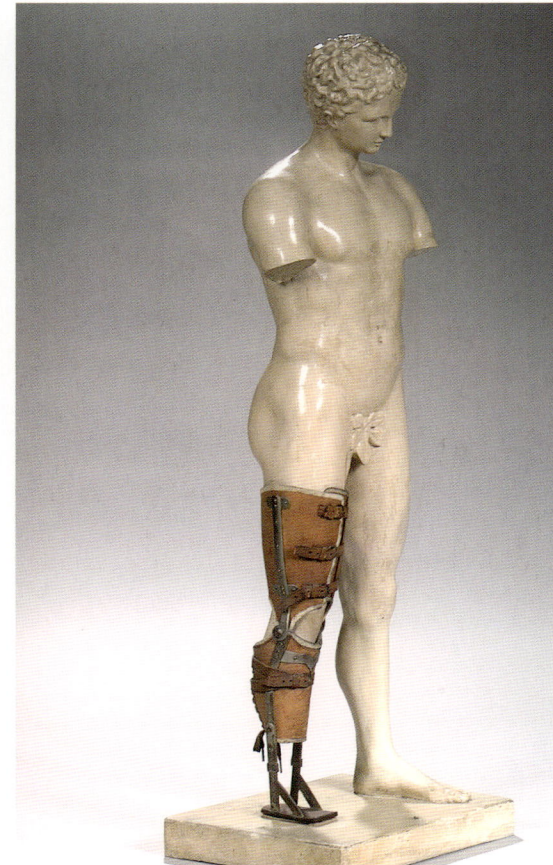

Antikisierende Gipspuppe mit Unterschenkel-Lederimmediatprothese zur Veranschaulichung der verschiedenen Typen von „Erstprothesen", Reservespital Nr. 11, Wien, Erster Weltkrieg

„Sonntagshand", Unterarmprothese mit beweglichem Daumen, Erster Weltkrieg

Sammlungen und Objekterwerb   165

„Sonderausstellung von Ersatzgliedern und Arbeitshilfen ...", Berlin 1916, Österreich-Abteilung mit Beteiligung des Eisenbahner-Genesungsheims, Exners Verein „Die Technik für die Kriegsinvaliden" und des Reservespitals Nr. 11 mit den Gipspuppen rechts im Vordergrund, Foto, Karl Seebald, Wien, 1916

stellten Gebäudes in ein Ambulatorium und eine Prüfstelle für Prothesen und Apparate übersiedelte die Werkstätte im Februar 1916 an die neue Adresse.[96] Gleichzeitig vereinbarte Exner eine medizinische Kooperation mit dem Orthopädischen Spital im k. u. k. Reservespital Nr. 11 in der Gassergasse, Wien V, unter der Leitung von Hans Spitzy und mit den Invalidenschulen mit 35 Handwerksbetrieben in einer Barackenstadt in Wien-Favoriten.[97] Exner konzentrierte sich mit seinen Mitarbeitern auf die „maschinentechnische" Problemlösung und eine in der Borschkegasse eingerichtete Versuchs- und Lehrwerkstätte für die Herstellung von Prothesen und Bandagen mit Schmiede, Dreherei, Mechaniker- und Bandagistenwerkstätte. Hier konnte er seine Kenntnisse aus dem Technologischen Gewerbemuseum sowie dem technischen Versuchswesen einbringen und erste Erfahrungen mit der Normierung sammeln, noch bevor er 1920 Gründungspräsident des Österreichischen Normenausschusses wurde. Die Aufgabenstellung für den Techniker bestand in der optimalen Gestaltung der Kinematik und Beweglichkeit der Gelenke, deren technischer Konstruktion so-

wie in der Auswahl der richtigen Materialien. Zur Anwendung kamen Keramik, Textilien, Leder, Kunststoff und Edelstahl von Böhler in Kapfenberg und von der Poldihütte in Kladno.

Der Verein kooperierte in Berlin mit der Prüfstelle für Ersatzglieder des preußischen Kriegsministeriums, die Exner Ende 1916 besuchte und die ihn in den Vorstand wählte,[98] sowie mit Georg Schlesinger, der sich wie Exner mit der Integration von Amputierten in den Arbeitsprozess beschäftigte,[99] und rezipierte die am Menschen angestellten Bewegungsstudien des Amerikaners Frank B. Gilbreth.[100] Ebenfalls aus den USA kam eine seit 1909 von William T. Carnes in Serie gebaute Prothese, deren komplizierten Mechanismus die Techniker in Wien nachbauten.[101] Hingegen fand die „Sauerbruch-Prothese" mit der möglichen Übertragung der Muskelbewegung des Stumpfes auf die künstliche Hand in der Arbeit des Vereins keine Erwähnung. Das primär technische Interesse an der Prothesenkonstruktion und -prüfung stieß bei Medizinern, z. B. bei dem Chirurgen Julius von Hochenegg, auf Kritik: „Es werden [...] vorläufig gerade nur soviel Amputierte durch die Werkstätten des Instituts Prothesen erhalten, als zur Erprobung der Prothesentypen erwünscht ist."[102] Aus den guten Kontakten nach Berlin resultierte die Mitarbeit von Hans Spitzy, Artur Ehrenfest-Egger, E. Feldscharek und Wilhelm Exner an dem über 1000 Seiten umfassenden Standardwerk „Ersatzglieder und Arbeitshilfen", das unmittelbar nach dem Krieg erschien.[103]

Der ingenieurwissenschaftliche Zugang mit der technisch optimalen Konstruktion der Prothese als einer „individuelle[n] Maschine" dokumentiert sich bis heute in einer 1917 dem Museum nach einer Sonderausstellung anlässlich der Jahresversammlung des Vereins unter Anwesenheit von Kaiserin Zita übergebenen Prothesensammlung.[104] Von den insgesamt 69 Objekten stammen 31 aus dem Reservespital Nr. 11, darunter rund ein Dutzend Modellfiguren mit Arm- und Beinprothesen, und neun aus der Versuchs- und Lehrwerkstätte. Weitere Objektkategorien sind Traggerüste für „Kunstbeine", bewegliche Einzelteile für Hüft-, Knie- und Handgelenke, Werkzeuge für Armprothesen als „Arbeitshände", wie Essbestecke, eine Zahnbürste, ein Kamm, Klammern und Arbeitshaken, „Sonntagshände" sowie zwei nach Belastungsversuchen geknickte Prothesen.

Prothesen und Fotos der Arbeiten in den Werkstätten und im Reservespital hatte der Verein bereits zuvor auf Ausstellungen gezeigt. Für eine nach deutschem Vorbild[105] 1916 ausgerichtete große Wiener Kriegsausstellung als „Belehrung der Bevölkerung, die einen Einblick in die Art der Kriegführung erhalten und sie überzeugen soll, wofür die grossen Mittel, die aufgewendet werden müssen, um den Krieg glücklich zu bestehen", kam weder das Museumsgebäude noch das Spital in Frage. Die Kriegsausstellung, die 950.000 Besucher anlockte, fand im Prater statt. An der Gruppe 11, „Sanität", beteiligte sich das Reservespital Nr. 11.[106] Exners Verein, das Reservespital und ein im Februar 1915 eröffnetes Genesungsheim für kriegsverletzte Eisenbahner in Wien-Grinzing[107] organisierten 1916 auch gemeinsame Präsentationen bei einschlägigen Ausstellungen in Berlin[108] und Köln[109] sowie 1917 in Konstantinopel.[110]

Das Ende des Weltkriegs bedeutete nicht das Ende der Vereinsarbeit. Hans Spitzy vertrat den Verein und damit Österreich bei einem vom Völkerbund und dem Internationalen Arbeitsamt 1921 nach Genf einberufenen Treffen der führenden Kriegsbeschädigten-Organisationen mehrerer Länder. Drei Jahre später fasste der Direktor des Technisch-wissenschaftlichen Protheseninstituts in Brüssel, das 1921 in Paris nach dem Wiener Vorbild gegründet worden war, die Ergebnisse der Beratungen in einem Buch mit dem Titel „Verstümmelungen und Ersatzglieder" zusammen.[111] Die Agenden des Vereins in Wien übernahm schließlich 1923 über Vermittlung des Stadtrats Julius Tandler die Gemeinde Wien und führte sie als „Institut für Krüppelfürsorge der Stadt Wien" weiter, wobei die Versorgung von „Invaliden der Arbeit" immer breiteren Raum einnahm.[112]

Das Schaubergwerk

Den größten Bekanntheitsgrad und Stellenwert eines Publikumsmagneten erlangten sowohl im Deutschen Museum in München als auch im Technischen Museum Wien die Schaubergwerke. Oskar von Miller und Wilhelm Exner hatten in Paris ein während der Weltausstellung 1900 eingerichtetes Besucherbergwerk unter dem Palais du Trocadéro kennengelernt und beide griffen diese Idee auf.[113] Die Pariser Inszenierung hatte eine breite Palette der Rohstoffgewinnung vorgeführt. Weder das 1889 bei der Allgemeinen Ausstellung für Unfallverhütung in Berlin inszenierte Steinkohlenbergwerk „nach oberschlesischer Art"[114] noch das nach einer Ausstellung ab 1897 im Stockholmer Freilichtmuseum Skansen gezeigte Schaubergwerk kannten beide Museumsgründer vorher.[115]

In München entstand bis 1925 im Museumsneubau ein Erz-, Salz- und Kohlebergwerk: eine didaktisch aufbereitete museale Rekonstruktion eines Untertagebergbaus mit Originalobjekten; in Abgrenzung zu den zahlreichen Besucher- und Erlebnisbergwerken in stillgelegten Bergbaubetrieben wird es als „Anschauungsbergwerk" bezeichnet.[116] Da einem die Untertagewelt des Bergbaus in der Regel verschlossen bleibt, haben derartige für den Besucherbetrieb maßgeschneiderte Inszenierungen eine besondere Bedeutung und Attraktivität.

Nachdem Miller bereits in das 1906 eröffnete Provisorium in München ein Untertage-Schaubergwerk hatte einbauen lassen,[117] erachteten es Exner und Erhard als unumgänglich, in Wien ebenfalls ein Untertagebergwerk im Keller einzuplanen. Das Wiener Museum konzentrierte sich auf den Steinkohlenbergbau. Die Organisation übernahm das Kuratoriumsmitglied Georg Günther. Als Verwaltungsrat der 1906 gegründeten Österreichischen Berg- und Hüttenwerksgesellschaft vermittelte er die Planung, die notwendigen Einrichtungsgegenstände und das für den Bau erforderliche Fachpersonal von der Gabrielen-Zeche in Karwin/Karviná. Der oberschlesische Steinkohlenbetrieb bestand aus fünf Schachtanlagen – die älteste wurde 1852 abgeteuft – mit einer Förderung von 717.000 Tonnen im Jahr 1917.[118] Damit hatte man einen Bergbau als Vorbild gewählt, der mit

Erste Ausbaustufe 1913/14, Stollenvortrieb mit einer hydraulischen Bohrmaschine System Brandt, Gebr. Sulzer, Winterthur, Foto, 2008

Erste Ausbaustufe 1913/14, links Bremsberg mit einem Hunt, der in die obere Etage führt, rechts Streckenvortrieb mit hölzener Türstockzimmerung, Foto, 2008

Erste Ausbaustufe 1913/14, Endloskettenförderung für Hunte mit illusionistischer Kulissenmalerei, Foto, 2008

Plakatentwurf „Besuchet das Technische Museum" mit Blick in das Schaubergwerk, Gouache, um 1955

mehreren flach geneigten Flözen in bis zu 500 Meter Teufe zu den gefährlichen Anlagen im Revier gehörte.[119] Im Museum fungierte Bruno Leinweber als Ansprechpartner für die Planung.

In geführten Gruppen erreichen Besucher heute über eine Stiege das auf zwei Ebenen angeordnete Bergwerk im unterkellerten, rund 300 Quadratmeter großen Bereich des östlichen Gebäudetraktes. Nach zwei Erweiterungen bietet es einen Überblick über die technische Entwicklung des Kohlenbergbaus in drei wesentlichen Etappen.

In der ersten Ausbaustufe von 1913/14 führt der rund 100 Meter lange Rundweg an mehreren Stationen vorbei, die den Steinkohlenbergbau der Monarchie am Höhepunkt seiner Entwicklung mit Holzausbau, Druckluftbetrieb und beginnender Elektrifizierung zeigen. Zu sehen sind u. a. der Füllort eines Förderschachts, eine Stoßbohrmaschine, eine elektrische Drehbohrmaschine, ein Drucklufthammer, eine Schrämmaschine, ein Bremsberg mit Seilförderung, eine Kettenförderung, eine Grubenlokomotive sowie eine Rettungs- und eine Gezähekammer. Viele Maschinen werden in Funktion gezeigt, und in den

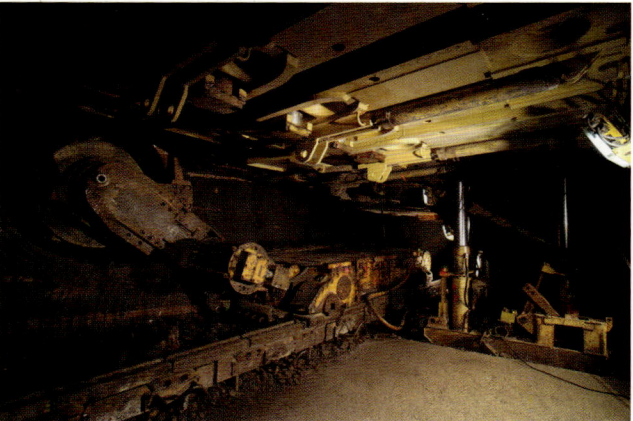

Zweite Ausbaustufe 1955, ringförmiger Stahlstreckenausbau der Österreichisch-Alpine Montangesellschaft, Zeltweg, Foto, 2008

Dritte Ausbaustufe 1996/97, Strebbau mit Doppelwalzenlader EDW 150-L der Fa. Eickhoff, Bochum, Foto, 2008

Dritte Ausbaustufe 1996/97, Streckenvortrieb mit dem Alpine-Miner F 6-A der VOEST-Alpine, Zeltweg, Foto, 2008

Abbaubereichen tragen lebensgroße Puppen in Arbeitskleidung zum realitätsnahen Bild bei.

Die erste Erweiterung erfolgte im Zusammenhang mit der Mechanisierung des Bergbaus während des Wiederaufbaus Mitte der 1950er-Jahre. Im hinteren Teil der unteren Ebene ergänzt seit damals ein Strebbruchbau mit Kopf- und Fußstrecke den Rundgang.[120] Den Stahlausbau mit Bremsbandstempeln und Kappen im Streb sowie den ringförmigen Streckenausbau lieferte die Österreichisch-Alpine Montangesellschaft in Zeltweg, die Bohrmaschinen und -hämmer stellten die Gebr. Böhler & Co. in Kapfenberg und die Österreichische Siemens-Schuckertwerke AG in Wien zur Verfügung.

Die zweite Erweiterung im Zuge der Generalsanierung in den Jahren 1996/97 bildet nunmehr mit der seit den 1960/70er-Jahren forcierten Maschinisierung des Streckenvortriebs und des Abbaus den Abschluss, denn mit Beginn des neuen Jahrtausends endete die Braunkohlenförderung in Österreich. Nach der Stilllegung der oberösterreichischen Untertagebergbaue der Wolfsegg Traunthaler Kohlenwerks AG sowie der Salzach Kohlenwerks AG konnte das Museum eine Streckenvortriebsmaschine F 6-A der Österreichisch-Alpine Montangesellschaft in Zeltweg und für den Abbau im Streb einen Doppelwalzenlader EDW 150-L der Firma Gebr. Eickhoff Maschinenfabrik und Eisengießerei GmbH in Bochum einbringen.[121]

Nach dem Vorbild von München und Wien errichteten später das 1933 eröffnete Museum of Science and Industry in Chicago und 1952/53 das Technische Museum in Prag ebenfalls Schaubergwerke. Nicht direkt damit vergleichbar und eine Klasse für sich ist das seit 1937 in 15 bis 20 Meter Teufe unter dem Deutschen Bergbau-Museum Bochum angelegte und ständig erweiterte größte museale Anschauungsbergwerk mit einer Streckenlänge von 2,5 km.[122] In den letzten Jahrzehnten entstanden weltweit zahlreiche erlebnisorientierte Untertage-Inszenierungen, die zusätzlich mit Geräuschen, Gerüchen und Bewegung die Realität annäherungsweise zu imitieren versuchen. Ein aktuelles Beispiel ist die im Verkehrshaus Luzern 1997 eröffnete „Gotthard-Schau" zum Bau des 1882 eröffneten Eisenbahntunnels.

Sammlungen und Objekterwerb   169

Weitere Sammlungen

Das Österreichische Museum für Feuerwehr- und Rettungswesen

Feuerwehren zählen zu jenen Gruppen, die sich die Traditionspflege auf ihre Fahnen geheftet haben. So unterhielt die Wiener Städtische Feuerwehr in ihrer Zentrale Am Hof seit dem späten 19. Jahrhundert ein Museum.[123] 1902 beriet der Österreichische Feuerwehr-Reichsverband erstmals den Plan eines zentralen Museums. Aber erst nach dem Bau des Technischen Museums nahm die ursprünglich vage Idee konkrete Formen an.[124] Anlässlich des 9. Feuerwehrtages am 21. Oktober 1911 beschloss der Verband die Gründung eines „Österreichischen Museums für Feuerwehr- und Rettungswesen" in Absprache mit dem Technischen Museum, das eine neue Sammlungsgruppe „Feuerwehr und Rettungswesen" einrichtete und im zweiten Obergeschoss rund 600 Quadratmeter zur Verfügung stellte. Der Verband unterwarf sich im Gegenzug der Geschäftsordnung des Technischen Museums und des Fachreferenten-Kollegiums.[125] Aufseiten des Reichsverbandes engagierten sich u. a. dessen Ehrenpräsident Reginald Czermack sowie die Fabrikanten Alois Kernreuter und Ludwig Lohner. Das neue Museum und die Sammlung sollten aus fünf „Sektionen" bestehen:[126]

I. Retrospektive Abteilung
II. Moderne Feuerlöschtechnik
III. Feuerwehrtechnische Hilfsmittel und Feuerverhütung
IV. Rettungswesen außerhalb des Brandfalles
V. Organisation und Statistik

Eine ebenfalls vorgesehene internationale Fachbibliothek wurde nicht realisiert. Unmittelbar nach dem Oktober 1911 startete der Verband einen Aufruf an alle Mitglieder um Geld- und Sachspenden, dessen Ergebnisse in den folgenden Jahren den Aufbau der Sammlung ermöglichten. Die Wiener Städtische Feuerwehr widmete im Jänner 1915 rund 50 Objekte ihres Museums als Leihgabe, mit einer Ausnahme jedoch keine repräsentativen fahrbaren historischen Feuerspritzen.[127] Solche Spritzenwagen aus dem 18. und frühen 19. Jahrhundert übergaben die Freiwilligen Feuerwehren Schottwien und Fichtenbach, Hans Graf Wilczek, Kulturmäzen und Präsident der „Wiener Freiwilligen Rettungsgesellschaft", sowie Fürst Johann von Liechtenstein dem Museum.[128] Zur Ersteinrichtung der Abteilung zählte auch eine Nachbildung der Türmerstube im Wiener Stephansdom in Originalgröße, eines der zahlreichen historischen Ensembles. Die vorläufige Fertigstellung erfolgte erst mit der Eröffnung der Gruppe „Feuerschutz" im Oktober 1936.[129]

Briefkopf eines Spendenaufrufs des Österreichischen Feuerwehr-Reichsverbandes, 1911

Vierrädrige, einzylindrige, fahrbare Feuerspritze mit Heiligendarstellungen an den Seitenwänden, Graf Hans Wilczek, Schloss Moosham, Salzburg, bez. „1742"

Die Dauerausstellung „Feuerwehrwesen" im 2. Obergeschoss, rechts im Vordergrund die Feuerspritze des Grafen Wilczek aus dem Jahr 1742, Foto, um 1930

Die Ausstellung „Heimatschutz und Bauberatung"

Bei Wilhelm Exner und wohl auch zum Teil bei Ludwig Erhard dominierten im Vorfeld der Planungen für das Technische Museum eine Vergangenheitsorientierung und Sympathie für vorindustrielle Strukturen, für Handwerk und Gewerbe. Daraus resultierte eine Distanz zur Großindustrie, die etwa 1897 zur Ablehnung von Exner als Generalkommissär der Weltausstellung durch Karl Wittgenstein und Arthur Krupp geführt hatte.

Das Museum blieb per Definition als Bewahrungsanstalt noch Jahrzehnte in diesem Konflikt zwischen dem Blick zurück und der Auseinandersetzung mit Gegenwart und Zukunft gefangen. Auch wenn Exner und Erhard im Technischen Museum die aktuellste Technik berücksichtigten, stand im Zentrum ihrer Ideen das Konzept der Entwicklungsreihen, der organischen Herleitung moderner Technik aus der angeblich „guten alten Zeit".

Im Verständnis der beiden hatte die Technik an erster Stelle dem Nationalstaat bzw. den Staatsbürgern zu dienen. Das war der damals aktuelle patriotische Aspekt des Projekts. Ein beachtenswertes Feld in diesem Kontext, das mit dem technischen Fortschritt und der industriellen Entwicklung immer wichtiger wurde, war der Schutz der Natur. Die sich im späten 19. Jahrhundert formierende Heimatschutzbewegung fand in diesem Konflikt zwischen Natur und technischem Fortschritt ihre Aufgabe.[130] Hier bestand dann auch eine Anschlussmöglichkeit zum entstehenden Technischen Museum. Die im weitesten Sinn politische Bewegung hatte ein ideologisches Fundament, das im Schutz der „deutschen Kultur" und der „Heimat" gegen „Überfremdung" bestand und bis zum „Schutz" der deutschsprachigen Bewohner in den Grenzregionen, etwa in der Steiermark und Kärnten, durch den 1889 gegründeten Verein „Südmark" reichte.[131] Die Südmark-Arbeit umfasste u. a. die „Abwehr der Slawisierung Österreichs" und die „Abwehr des jüdischen Einflusses auf unser Volk".[132] Erhard hatte im Gegensatz zu Exner mit dieser politischen Schlagseite des Heimatschutzes keine Probleme.

Die Diskussion eröffnete in Deutschland im Jahr 1880 Ernst Rudorff mit dem Aufsatz „Ueber das Verhältnis des modernen Lebens zur Natur".[133] Um 1900 formierten sich die ersten Heimatschutzvereine auf regionaler Ebene. In Österreich profilierte sich der Historiker Karl Giannoni als Führer der Bewegung,[134] deren Ziele er 1911 in einem Referat[135] auf der gemeinsamen Tagung von Denkmalpflege und Heimatschutz in Salzburg formulierte und die er im Jahr darauf in einem bun-

Ausstellungstafel, „Bilder aus dem alten Wien", 1916

Modell eines Bauernhauses in Hörbrunn bei Brixen, Südtirol, 1838, Modellbau Rudolf Kornik, Innsbruck, um 1910

Modell einer Gartenstadtsiedlung in Wien-Simmering, Modellbau C. Amon, Wien, um 1914

Sammlungen und Objekterwerb   171

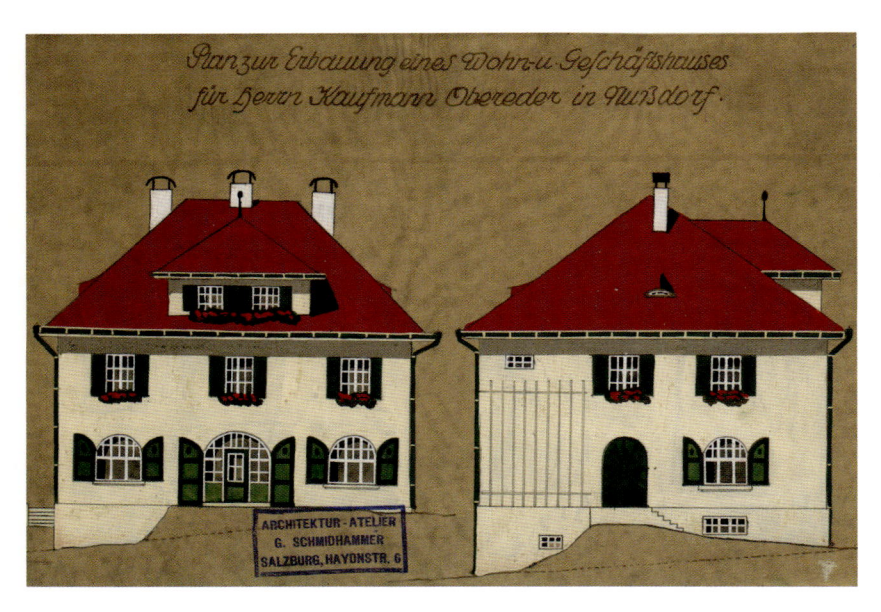

Entwurf für ein Einfamilienwohn- und Geschäftshaus nach den Vorstellungen des Heimatschutzes, aquarellierter Plan, um 1910, Architekt G. Schmidhammer, Salzburg, um 1910

desweiten Verband einte.[136] Seit 1902 arbeitete Giannoni auch ehrenamtlich im Auftrag der „k. k. Zentralkommission für Erforschung und Erhaltung der Kunst- und historischen Denkmale", seit 1913 als staatlicher Konsulent für Heimatschutz. Die Kooperation zwischen Heimatschutz und Denkmalpflege basierte auf dem gemeinsamen Ziel der Erhaltung des „bodenständigen" baulichen Erbes.

Als staatlicher Heimatschützer schien Giannoni auch für die Mitarbeit im Technischen Museum prädestiniert, und 1914 nahm er das Angebot gerne an,[137] als Fachkonsulent der Gruppe „Bauwesen" innerhalb der Sektion „Städtebau und Siedlungswesen" eine Ausstellung zu „Heimatschutz und Bauberatung" zu organisieren.

Den Blickfang der bis 1916 aufgebauten, rund 25 Quadratmeter großen Ausstellungseinheit bildete eine aus 18 hinterleuchteten Glaspositiven bestehende Stellwand mit Abbildungen vor allem typischer bäuerlicher Architektur der österreichischen Reichshälfte. Der zentrale Bereich zeigte in bewährter, von dem deutschen Architekten und Rassentheoretiker Paul Schultze-Naumburg in seinen „Kulturarbeiten"[138] entwickelter Heimatschutzmanier Fotos von positiven und negativen Beispielen der Baukultur zu den Themen Ortsbild, Platzgestaltung, Straßenbild, Hausansichten und Hofgestaltungen sowie Bauwerk in der Landschaft. Eine wenig stringente Auswahl von Modellen eines Pfahlbaus am Attersee,[139] einer Holzknechtstube in Bad Aussee,[140] von sieben Bauernhäusern in Süd- und Nordtirol[141] sowie einer Gartenstadtsiedlung in Wien-Simmering[142] und einzelner bürgerlicher Villen[143] vermittelte ebenfalls die Vorstellung von vorbildlicher alter und neuer Architektur. Der Heimatschutz nahm für sich in seinen Publikationen und mit dieser Ausstellung eine fragwürdige Richterfunktion in Anspruch. Seine „Experten" befanden über gut oder schlecht, über „bodenständig" oder „artfremd".[144]

Rückblickend fällt auf, dass der innerhalb der Bewegung unter Ingenieuren heftig geführte Diskurs über die Auswirkungen der Industrialisierung, vor allem am Beispiel des Kraftwerks- und Talsperrenbaus sowie der Starkstromleitungen,[145] sowie die Wirkung der Reklame im öffentlichen Raum[146] im Museum nicht reflektiert wurde. Die Ausstellung thematisierte vor allem das traditionelle, konservative, die städtische und ländliche Baukultur betreffende Engagement der Heimatschützer. Da die Arbeit des Verbands wesentlich durch Freiwillige, vor allem Lehrer,[147] erfolgte, fügte sich diese Präsentation gut in den volksbildnerischen Auftrag des Museums.

Die auch im internationalen Vergleich sehr früh konzipierte Heimatschutz-Ausstellung überdauerte alle politischen Zäsuren und museumsinternen Umgestaltungen. Sie konnte deshalb nach dem Abbau 1992/93 im Zuge der Räumung des Gebäudes für die Generalsanierung des Technischen Museums vom Österreichischen Museum für Volkskunde im Rahmen der Sonderausstellung „Schönes Österreich" 1995 rekonstruiert werden.[148]

Das Elektropathologische Museum von Stefan Jellinek[149]

Knapp vor und während des Ersten Weltkriegs erlebte in Wien mit der Elektropathologie eine neue medizinische Spezialdisziplin eine erste Blüte. Die Aktivitäten und das Engagement ihres Begründers Stefan Jellinek umfassten auch den Aufbau einer einschlägigen Sammlung, die seit den 1930er-Jahren museal präsentiert wurde.

Jellinek studierte in Wien Medizin und arbeitete von 1912 bis 1929 als Assistent und anschließend bis 1938 als Professor am Institut für gerichtliche Medizin der Universität. Von Beginn an erlaubte ihm Institutsvorstand Alexander Kolisko die öffentliche Präsentation seiner gesammelten Objekte zu elektrischen Unfällen am Institut.[150] Die rasch wachsende Sammlung wurde 1936 als „Elektropathologisches Museum" Teil der Medizinischen Fakultät im Allgemeinen Krankenhaus.[151] Nachdem sein langjähriger Mitarbeiter Franz Maresch, illegales NSDAP-Mitglied, vergeblich für seinen Verbleib interveniert hatte, musste Jellinek nach dem „Anschluss" Ende Juni 1938 die zwangsweise Pensionierung aus „rassischen" Gründen zur Kenntnis nehmen.[152] Die Finanzprokuratur bestätigte zwar das von ihm beanspruchte Eigentumsrecht an der Sammlung, trotzdem beschlagnahmte das Deutsche Reich das in zwölf Räumen untergebrachte Museum und unterstellte es dem Institut für gerichtliche Medizin und Kriminalistik.[153] Seit Februar 1939 wusste Jellinek von einer Berufung an das Queen's College der Universität Oxford und nach Bezahlung der vorgeschriebenen „Reichsfluchtsteuer" emigrierte er am 18. August 1939 nach England.[154]

Nach dem Zweiten Weltkrieg nahm Jellinek bereits 1946 Kontakt mit Wien auf. Ohne Rückstellungsantrag und Verfahren erkannte die Republik Österreich überraschenderweise mit Bescheid des Rektorats der Universität Wien vom 8. Juli 1946 seinen Eigentumsanspruch an.[155] Jellinek, der nicht übersiedelte, jedoch öfters zu Gastvorträgen nach Wien kam, starb 1968 in Oxford. Als Universalerbe übereignete sein Sohn Ernst Heinrich das Museum im Juli 1980 der Allgemeinen Unfallversicherungsanstalt (AUVA) und dem Österreichischen Verband für Elektrotechnik (ÖVE). Nachdem Letzterer sich im Lauf der 1990er-Jahre aus seiner Verantwortung zurückzog, ging dessen Anteil vereinbarungsgemäß an die AUVA über, welche die gesamte Sammlung im Mai 2005 im Zusammenhang mit der Einrichtung der Dauerausstellung „Alltag – Eine Gebrauchsanweisung" dem Technischen Museum Wien als Schenkung überließ.[156]

Stefan Jellinek begann bereits um 1898 als junger Arzt mit dem Sammeln von Berichten über Blitzeinschläge und Elektrounfälle sowie von diesbezüglichen Objekten. Dabei konnte er auf einer seit den 1860er-Jahren in Wien bestehenden Tradition der Elektrotherapie aufbauen.[157] Die seit den 1880er-Jahren vermehrt in Gewerbe und Industrie, im öffentlichen Raum, im Verkehr und im Haushalt angewandte Elektrizität beeindruckte die Zeitgenossen einerseits als „saubere", unbeschränkt an jedem beliebigen Ort zur Verfügung stehende Energie, führte andererseits jedoch zu schweren und tödlichen Unfällen im Umgang mit dem noch wenig bekannten unsichtbaren und geruchlosen, aber gefährlichen elektrischen Strom. Hier sah Jellinek eine neue Herausforderung für die Medizin in der Weiterentwicklung von der Elektrotherapie zur Elektropathologie, die er mit mehreren Publikationen als wissenschaftliches Fach etablierte.[158] Seine wichtigste Überzeugungsstrategie gründete auf der Beweiskraft von Bildern.

1906, damals Assistent am Krankenhaus auf der Wieden im vierten Wiener Gemeindebezirk, beteiligte sich Jellinek mit seiner elektropathologischen Sammlung an der „Allgemeinen Hygienischen Ausstellung" in der Rotunde im Prater. Seine Präsentation bestand aus den Gruppen „Pathologie" (mit Moulagen), „Materialschäden" und „Modellen".[159] 1911 war die Sammlung des nunmehrigen Privatdozenten des Universitätsinstituts für Gerichtsmedizin auf der Internationalen Hygiene-Ausstellung in Dresden vertreten. Seine Präsentation umfasste rund 250 Objekte zu den beiden Themen „Schäden durch elektrischen Starkstrom" und durch „Blitzschlag". Gemeinsam mit dem Gewerbeförderungsamt veranstaltete er in Dresden „kine-

Erstaufstellung des „Elektropathologischen Museums" im Allgemeinen Krankenhaus in Wien, Foto, 1937

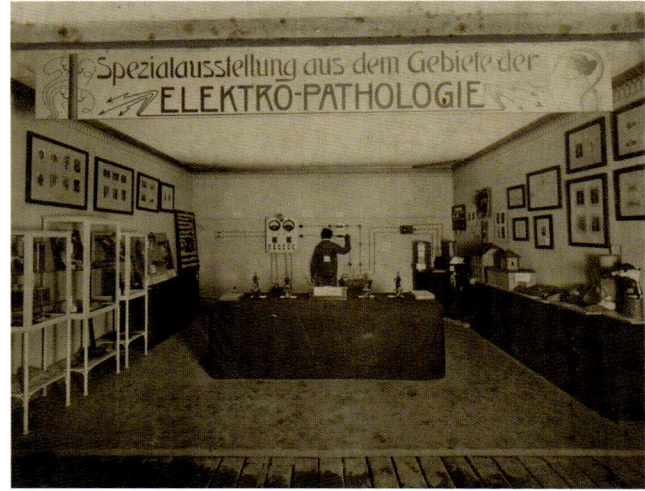

Präsentation der elektropathologischen Sammlung Jellineks anlässlich der „Allgemeinen Hygienischen Ausstellung" 1906 in der Rotunde im Prater Wien

Stefan Jellinek als Stabsarzt während des Ersten Weltkriegs, Foto, um 1916/18

matographische Vorführungen zur Elektrohygiene".[160] Spätestens seit dieser Ausstellung kannte Exner den Arzt Stefan Jellinek, dessen Arbeiten ihn auch im Zusammenhang mit dem technischen Versuchswesen interessierten.[161] Über diesen Kontakt gelangten im Jänner 1919 die ersten Objekte, drei Fotografien der Auswirkungen von Stromunfällen bei Menschen, ins Museum und bildeten in der Gruppe XVI, „Arbeiterschutz", eine Ergänzung der Bestände des übernommenen Gewerbehygienischen Museums.[162]

Das neue Fach erlebte während des Ersten Weltkriegs einen Aufschwung. Die noch junge Elektrotherapie kam vermehrt bei Soldaten zum Einsatz, bei denen eine Beanspruchung der Nerven, das „Kriegszittern", allgemein als Neurasthenie bezeichnet, diagnostiziert wurde. Jellinek behandelte seit 1914 mehrere tausend Patienten im Garnisonsspital Nr. 2 in Wien.[163] Ging es bei Exners Prothesenkonstruktionen um eine grundsätzliche Ertüchtigung für die Arbeit, sollte die Elektrotherapie die Soldaten rasch wieder fronttauglich machen. Die Militärs hatten zudem

Erste-Hilfe-Übung von Soldaten nach einem Stromunfall, Foto, Erster Weltkrieg

Soldat in einem elektrischen Drahtverhau, K. Simcic, Öl auf Karton, 1918

174   Gründung und Eröffnung des Vereinsmuseums

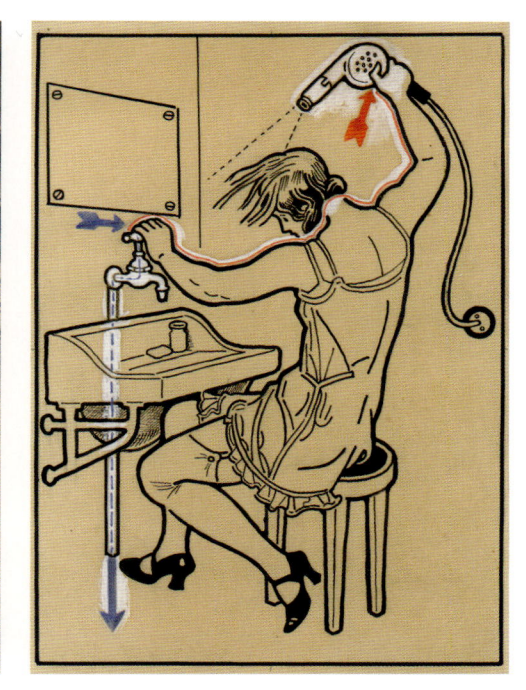

die Gefährlichkeit des Stroms als einer möglichen Waffe (z. B. in Form elektrisch geladener Drahtverhaue als „Elektrosperren") erkannt und – in Zusammenarbeit mit Carl Hochenegg vom Elektrotechnischen Institut der Technischen Hochschule – 1916 eine „Elektrotechnische Versuchsanstalt" am Rosenhügel bei Wien gegründet, die Jellinek als Stabsarzt die Möglichkeit zum Aufbau einer „Elektropathologischen Kriegssammlung" bot.[164]

Auch im „Roten Wien" fand die Elektropathologie Jellineks wegen ihres praktischen Nutzens in der Unfallverhütung Anerkennung und Förderung. Eine Spende des Arbeiterbetriebsrats der Wiener Elektrizitätswerke ermöglichte u. a. 1929 die Errichtung der Lehrkanzel für Elektropathologie an der Universität Wien. Die Stadt Wien engagierte sich nochmals knapp ein halbes Jahrhundert später, als sie nach Jellineks Tod eine aufgelassene Schule in der Selzergasse 15, 1150 Wien, für das Museum zur Verfügung stellte, das dort ab 1971 erstmals für eine breitere Öffentlichkeit zugänglich war. Nach neun Jahren übersiedelte das Museum in einen Gemeindebau der Zwischenkriegszeit, den Sandleitenhof in der Gomperzgasse 1–3, 1160 Wien. Im Auftrag der AUVA und unter der Leitung von Gerhard Rabitsch hatte sich das ehemalige Wissenschaftsmuseum zu einer didaktisch aufbereiteten Einrichtung zu den Themen Elektrizität, Elektroschutz, Blitzschutz sowie Erste Hilfe bei Stromunfällen gewandelt, die vor allem Schulklassen besuchten. Der wissenschaftshistorische Stellenwert des Museums hatte seit Jahren im Ausland mehr Anerkennung gefunden als in Österreich.

Bei der Übergabe im Jahr 2005 bestand die Sammlung aus rund 1400 Objekten (30 Moulagen[165], 300 Feuchtpräparaten, defekten Werkzeugen und Elektrogeräten, Gegenständen aus den Bereichen Blitzschutz und Erste Hilfe), mehreren hundert Aquarellen, Grafiken und Zeichnungen (Vorlagen für Jellineks Publikationen sowie Unfallschutzplakaten aus europäischen Ländern, Australien, den USA und Kanada),[166] Fotos, Glasplatten-Negativen, Röntgenbildern, einem Bestand von Sonderdrucken und Akten sowie Büchern.

Dokumentation eines Stromunfalls des Monteurs E. P. am 19. Juli 1906, Wachsmoulage

Stromunfall durch Berühren einer Leitung mit einer Eisenstange, Grafik, Franz Josef Danilowatz, 1930

Stromunfall im Haushalt, Grafik, Franz Wacik, 1930

Unfallschutzplakat der deutschen Reichsarbeitsverwaltung, Berlin, um 1935

Sammlungen und Objekterwerb   175

Die Messersammlung von Anton Petermandl[167]

Diese Privatsammlung, die viele Ähnlichkeiten mit der Sammlung von Schlüsseln und Schlössern von Andreas Dillinger aufweist, entstand in einer Zeit der Krise der traditionellen Kleineisenindustrie und in einer Region, die davon besonders betroffen war. Als staatliche Hilfsmaßnahme wurde 1874 in Steyr, dem Hauptort der oberösterreichischen Eisenwurzen, eine Sonntagsfortbildungsschule gegründet und 1883 zur „k. k. vereinigten Fach-Schule und Versuchs-Anstalt für Eisen- und Stahl-Industrie" aufgewertet. Als Einstandsgeschenk für den in diesem Jahr eröffneten Neubau übergab der pensionierte Beamte Anton Petermandl der Schule seine rund 1250 Objekte umfassende Messersammlung. Er erhielt dafür die Stelle eines Kustos aller Lehrmittelsammlungen der Schule[168] und wurde zum Korrespondenten der „k. k. Zentralkommission für Erforschung und Erhaltung der Kunst- und historischen Denkmale" ernannt.[169]

Anton Petermandl, 1820 in Linz geboren, war bereits als Kind mit seinen Eltern nach Salzburg übersiedelt, wo er als Buchhalter und Rechnungsbeamter zuerst im Stadt- und Landesdienst und nach 1869 in kirchlichen Institutionen arbeitete. Seine Freizeit und das mit dem Brotberuf verdiente Geld investierte er seit 1841 in seine Sammlerleidenschaft. In Petermandls Todesjahr 1900 umfasste der Bestand seiner Sammlung über 3200 Objekte, vor allem Messer, Bestecke und in geringerer Anzahl Hieb- und Stichwaffen sowie nationale und regionale Sonderformen wie oberösterreichische Taschenfeitel und spanische Navajas. Vorhanden sind auch einige Stücke des in Steyr ansässigen Stahlschneiders und Medailleurs Michael Blümelhuber.[170] Die ältesten Stücke der Sammlung sind prähistorisch, keltisch und römisch. Geographisch berücksichtigt sie die gesamte bekannte Welt des 19. Jahrhunderts mit Ausnahme Australiens.

Objekte aus dem Ausland kamen vor allem über die österreichischen Konsulate in die Sammlung. 1887 erreichte zum Beispiel eine größere Sendung des Konsulats in Bombay die Stadt Steyr.[171] Von dem Arzt und Sammler Albrecht von Roretz in Yokohama erhielt die Schule japanische Schwerter, Dolche und Messer. Vier Jahre nach seinem Tod trafen die wertvollsten Stücke in Steyr ein: Klingen von Yukimitsu, Muramasa und Masamune, berühmten Schwertfegern und Klingenschmieden des 13./14. bzw. 16. Jahrhunderts.[172]

1917/18 veranlasste das Ministerium für öffentliche Arbeiten die Eingliederung der Messersammlung mit damals knapp 4300 Objekten in das Technische Museum. 1956 musste dieses im Auftrag des Bundesministeriums für Handel und Wiederaufbau 1646 Objekte dem neu gegründeten Heimatmuseum Steyr zur Verfügung stellen,[173] sodass die Sammlung seit damals auf zwei Standorte aufgeteilt ist.

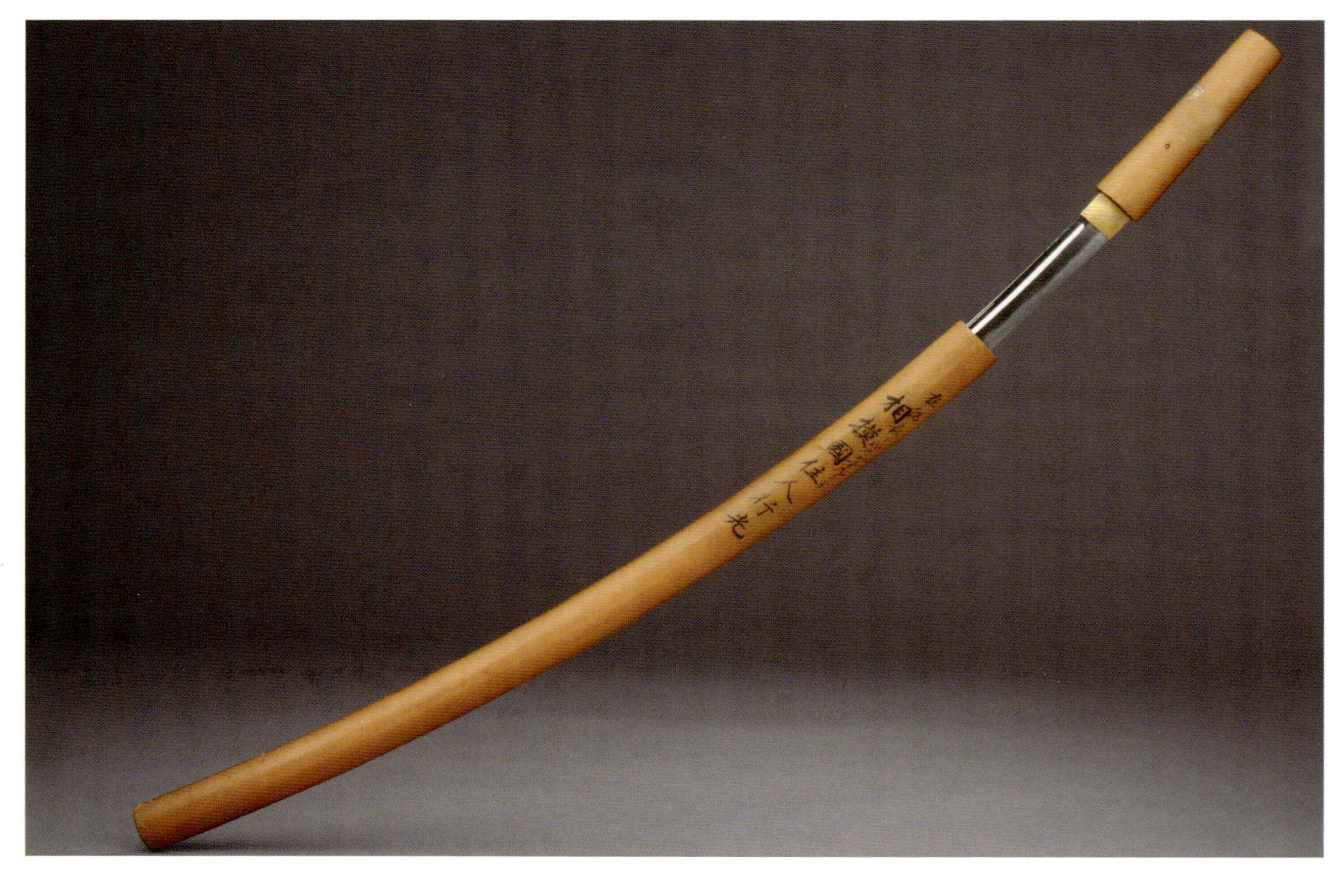

Samuraischwert, Schwertschmied Yukimitsu, Japan, 13./14. Jahrhundert

Messer, Sevilla, Spanien, Griffschalen aus schwarzem Bein mit Einlagen aus Pakfong, Geschenk des Malers Alfred Strohl, 1877

Doppeltes Rasiermesser aus Puebla, Mexiko; die weiße Beinschale zeigt angeblich einen General; 19. Jahrhundert

Dolch mit Pistole, Damaszener-Lauf, Dolch geflammt mit silbermontiertem Hirschhorngriff, bez. „Vamossy Istv.", Marke „J. B." mit Krone, Ungarn, um 1850

Messer mit Gabel für Einhändige, bez. „Franz Anton Danninger", Österreich, 19. Jahrhundert

Aderlassmesser mit Mechanismus, der eine Klinge, die das Blutgefäß öffnet, hervorschnellen lässt, Österreich, 18./19. Jahrhundert

Sammlungen und Objekterwerb 177

Mechthild Dubbi

„… eine besondere Zierde des Technischen Museums …"[174]: Die Apothekengefäße-Sammlung

Eine Spurensuche

Ein scheinbar unlösbarer Fall, die Geschichte dieser Gründungssammlung des Technischen Museums: Bei deren erst kürzlich erfolgter wissenschaftlicher Aufarbeitung stellte sich eine Reihe von Fragen. Die zum Teil kryptischen Hinweise in den Frühakten des Museums und andere Ungereimtheiten machten neugierig und regten dazu an, sich näher mit der Provenienz der Apothekengefäße-Sammlung zu beschäftigen. Denn seit rund neunzig Jahren wird intern hartnäckig tradiert, Arthur Krupp – Herrenhausmitglied, Großindustrieller in Berndorf und Vorsitzender des Museumskuratoriums – habe „seine" umfangreiche Kollektion alter Apothekengefäße dem in Gründung befindlichen Technischen Museum für Industrie und Gewerbe in Wien im Jahre 1917 zum Geschenk gemacht; seit damals spricht man von der „Sammlung Krupp".[175]

Am Beginn der Spurensuche, die letztendlich eine (Teil-)Rekonstruktion der Sammlungsgeschichte erlaubte, stand eine Anzahl widersprüchlicher Angaben: Die Inventarnummern in den im Museum vorhandenen Verzeichnissen entsprechen nicht jenen an den Objekten, und die Nummern auf den Objekten lassen sich in keiner dieser ursprünglichen Aufstellungen finden.

Zudem sind die verschiedenen Listen nicht kongruent, und die Stückzahlen der unterschiedlichen Aufzeichnungen stimmen nicht überein. Außerdem wurde die Sammlung geteilt und unter zwei getrennten Nummernkreisen inventarisiert. Warum? Doch der Reihe nach.

Die Sammlung

Eine erste Erwähnung der Apothekengefäße-Sammlung datiert vom 20. Jänner 1916. Damals schrieb Ludwig Erhard, der Direktor des neuen Technischen Museums, an Arthur Krupp in Berndorf mit Bezug „auf den seinerzeitigen liebenswürdigen Hinweis auf eine allfällige Bereicherung des Sammlungsbestandes für die alte Apotheke im T. M.".[176] Einige Wochen später folgte ein weiteres Schreiben, diesmal bereits mit konkreteren Anhaltspunkten. Mit Freude und Genugtuung habe man das großzügige Geschenk zur Kenntnis genommen, das eine besondere Zierde des Museums zu werden verspreche, und man versicherte, „dass Ihrem gesch[ätzten] Wunsche gemäß die Angelegenheit bis zur endgiltigen Aufstellung im T. M. geheim gehalten wird".[177] Wozu die Geheimhaltung?

Die Sammlung alter Apothekengefäße, um die es in dieser Korrespondenz ging, befand sich in dem etwa 50 Kilometer südlich von Salzburg – zwischen Hagengebirge und Hochkönigmassiv – gelegenen Schloss Blühnbach. Die Idee, eine alte Apotheke im neuen Museum aufzustellen, nahm immer deutlichere Formen an. Um die Ausstattung des Museumsraums

Historisches Ensemble „Alte Apotheke", Foto, 1983

Albarello mit Deckel, De Roche à Paris, 1812–1820

Albarello, vermutlich Spanien, 1675–1725

dem „Charakter der Schaustücke" anzupassen,¹⁷⁸ wurden am 27. Mai 1916 in Blühnbach seitens des Technischen Museums die Objekte besichtigt und vermessen. Trotz der herrschenden Kriegsumstände waren bis zum Sommer 1917 alle notwendigen Arbeiten durchgeführt und sämtliche Vorbereitungen getroffen, um die Sammlung nach Wien zu holen. Man nahm von einem Transport per Möbelwagen Abstand¹⁷⁹ und entschied sich für die Bahn. Für die „Mitte Juli l. J. von der Station Tänneck in Salzburg nach Wien-Westbahnhof abrollende Waggonsendung mit altertüml. Glas- u. Porzellangefäßen" schloss man eine Transportversicherung ab. Es befremdet ein wenig, dass die Fracht gegen „Eisenbahnunfälle, Einflüsse durch höhere Gewalt, Feuer u. Diebstahl, exkl. Bruch" versichert war. Jedenfalls ersparte man sich auf diesem Wege eine höhere Prämie: Statt 1500 fielen nur 125 Kronen an.¹⁸⁰

Es ist erstaunlich, welche Arbeitskräfte sich mitten im Ersten Weltkrieg mobilisieren ließen. Da wurde eigens ein Packer der renommierten Glasfirma Lobmeyr aus Wien angefordert, der gemeinsam mit einem Mitarbeiter des Technischen Museums das Verpacken der fragilen Fracht übernahm. Die Männer waren angehalten – da Kriegsgebiet –, sich mit Reisepässen auszuweisen.¹⁸¹ Zwischen dem 15. und 22. Juli 1917 wurde die Sammlung verpackt, in ein Verzeichnis aufgenommen und am nächsten Tag per Bahn auf den Weg gebracht: 29 Kisten mit insgesamt 1334 Stücken. Arthur Krupp zahlte alle anfallenden Kosten „wie Frachtgebühren, Zufuhren, Verpflegung der Packer etz."¹⁸²

Noch bevor der Transport in Wien eintraf, suchte das Museum bei der Krupp'schen Gutsverwaltung in Blühnbach an, aus dem vorhandenen Inventar eine Abschrift machen zu lassen, woraus allenfalls vorhandene Angaben über die Herkunft, Verwendungsart und Datierung der einzelnen Stücke zu entnehmen wären.¹⁸³ Der dortige Forstmeister und Verwalter Karl Nölscher erteilte am 30. Juli 1917 die Auskunft, „dass in den hiesigen Inventarverzeichnissen durchwegs die nach dort gesandten Apothekengefässe […] mit der Adresse des Antiquitätenhändlers, wo die betreffenden Gegenstände gekauft, und dem Preise, um welchen sie erstanden wurden, versehen sind". Und er fragte an, „ob Sie auf diese dürftigen und den gestellten Wün-

Apothekenflasche, vermutlich Holland oder Belgien, 18. Jahrhundert

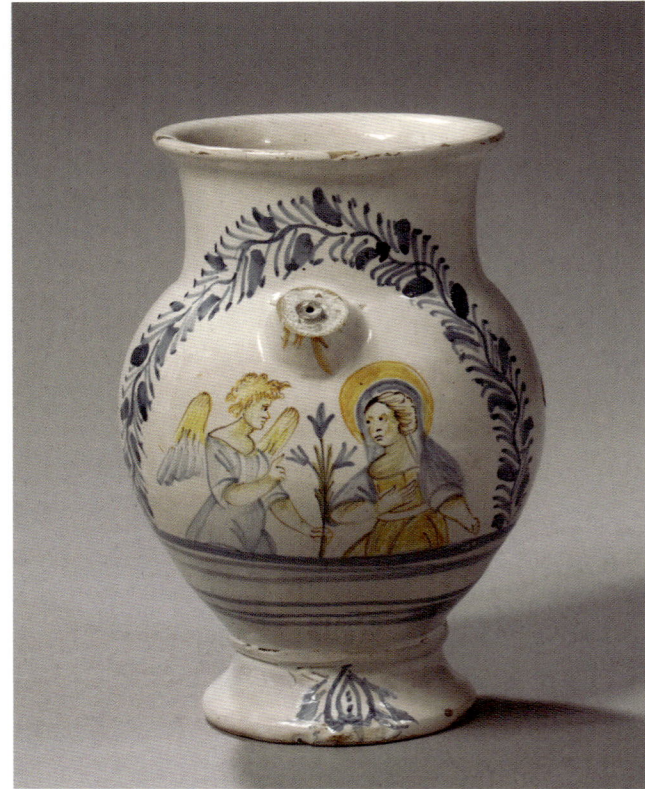

Apothekenkanne Castelli, Italien, um 1700

schen kaum entsprechenden Daten reflektieren".[184] Zunächst reflektierte das Museum nicht darauf,[185] aber 14 Tage später wurde doch um einen Auszug aus dem Inventarverzeichnis ersucht.[186]

Daraufhin unterzog sich der Verwalter Nölscher der Mühe, aus den Altinventaren die Ankaufsorte der Gefäße herauszuschreiben. Rund sechs Wochen später übermittelte er dem Museum den gewünschten „Ausweis" mit den bemerkenswerten Sätzen:

„Ich konnte nur von einem Teil der Gefässe den Ankaufsort – der Herkunftsort ist nicht bekannt – angeben, weil von jenen Gefässen, welche aus dem Inventar nach weiland Sr. k. u. k. Hoheit, dem Durchl. Herrn Erzherzog Franz Ferdinand stammen, gar keine Daten zur Verfügung stehen. Die im Ausweise angeführten Nummern sind auf den Gefässen in roter Farbe angebracht."[187]

Nun, auf den Gefäßen befinden sich keine „roten Nummern", dafür trägt rund die Hälfte der Objekte Papieraufkleber mit gedruckten schwarzen Zahlen und dem handschriftlichen Vermerk „B.B.", ganz offensichtlich ein Hinweis auf *Blühnbach*. Diese „schwarzen Nummern" lassen sich in keinem der im Technischen Museum vorhandenen Verzeichnisse finden. Handelt es sich um zwei verschiedene Sammlungen, die aus Blühnbach gekommen waren? Und demnach auch um zwei unterschiedliche Inventare? Welche Rolle spielte Arthur Krupp und welche Erzherzog Franz Ferdinand?

Der Mäzen: Arthur Krupp

Die weiteren Recherchen brachten Erstaunliches zutage. Arthur Krupp hatte Anfang 1916 offenbar allen Grund gehabt, die in Aussicht gestellte großzügige Schenkung zu diesem Zeitpunkt nicht publik zu machen: Sie gehörte ihm vermutlich – noch – nicht.

Das „Allerhöchste Familienfondsgut Blühnbach" war 1908 auf Betreiben Franz Ferdinands vom kaiserlichen Privat- und Familienfonds erworben und dem Erzherzog zur alleinigen Nutzung übertragen worden.[188] Nach der Ermordung des Thronfolgers 1914 stand es zur Disposition. Der Familienfonds unternahm Anstrengungen, sich des ungeliebten „Voluptuarguts" zu entledigen,[189] das, anstatt Erträge abzuwerfen, Unsummen verschlungen hatte. Zu Beginn des Jahres 1916 gab es für die Blühnbach-Immobilie drei Kaufinteressenten. Neben „zwei anderen Reflektanten, dem Fürsten Karl Auersperg und dem königlich-preußischen geheimen Kommercienrathe von Fried-

180 Gründung und Eröffnung des Vereinsmuseums

länder-Fuld" galt Arthur Krupp als ernsthaftester Bewerber.[190] Mit dem Pachtvertrag für das umfangreiche Jagdgebiet einschließlich des Schlosses und aller Einrichtungen für einen jährlichen Zins von 170.000 Kronen erwarb er im April 1916 auch eine Kaufoption.[191] Zum Zeitpunkt der angekündigten Schenkung der Apothekengefäße-Sammlung, die sich im Schloss Blühnbach befand, hatte Krupp lediglich das Nutzungsrecht, von einem Besitz konnte noch nicht die Rede sein.

Am 14. November 1916 kam der „Verkauf- und Kaufvertrag" zustande, der den Blühnbach-Besitz einschließlich der gesamten mobiliaren Einrichtung des Schlosses umfasste. 6.025.000 Kronen, die bei Vertragsabschluss bereits bar bezahlt waren, ließ sich Arthur Krupp den Erwerb kosten.[192] Diese Kaufsumme deckte die mehr als 5,8 Millionen Kronen an Aufwendungen, die der kaiserliche Familienfonds seit 1908 in das Gut investiert hatte.[193] So groß war die Erleichterung, sich der Immobilie ohne Verluste entledigt zu haben, dass der bereits erwähnte Oberförster Karl Nölscher, inzwischen Gutsleiter der Krupp'schen Gutsverwaltung Blühnbach, im März 1917 von Kaiser Karl „in Anerkennung seiner vorzüglichen Dienstleistungen" hinsichtlich der Verwirklichung des Verkaufs mit dem Goldenen Verdienstkreuz ausgezeichnet wurde.[194]

Dem Großindustriellen Arthur Krupp lassen sich gewiss viele Verdienste zuschreiben, als (Kunst-)Sammler ist er jedoch nicht in Erscheinung getreten. So steht zu vermuten, dass er die Apothekengefäße im Schloss Blühnbach bereits vorfand. Nachdem er das gesamte Areal rechtmäßig erworben hatte, gehörte die Sammlung, die er dem Technischen Museum zum Geschenk machte, tatsächlich ihm.[195]

Der Sammler: Franz Ferdinand

Erzherzog Franz Ferdinand war ein nahezu manischer Sammler, der im Lauf seines Lebens umfangreiche und beeindruckende Bestände zusammengetragen hat.[196] In dem uns hier interessierenden Zusammenhang schreibt ein Zeit- und Augenzeuge, der in Sarajewo stationierte k. u. k. Offizier Ferdinand Fauland, die aufschlussreichen Sätze: „Am Nachmittag war das hohe Paar inkognito, wie man so sagt, und doch aller Welt bekannt, in der Stadt gewesen, um in der Czarsija, dem orientalischen Basar, Einkäufe zu besorgen. Einige schöne Kindertrachten für die beiden Buben und das Mäderl, die im fernen Konopischt auf die Rückkehr der Eltern warteten, etliche fein ziselierte Waffen, Gefäße und schöne Kupfertreibarbeiten für sich selber als Erinnerung an die Reise."[197]

Bemerkenswert ist diese Aussage deshalb, weil sich diese Begebenheit am 27. Juni 1914 in Sarajewo zutrug. Am Vortag des Attentats, in einem bereits äußerst angespannten politischen Klima, hatte es sich Franz Ferdinand nicht versagen können, seiner Sammlerleidenschaft nachzugehen, und unter anderem auch „Gefäße" erworben, die sich möglicherweise in der hier zur Diskussion stehenden Sammlung befinden. Fauland überliefert uns diese Geschichte aus erster Hand, denn er war einer der Offiziere, die den Erzherzog im Basar „schützend zu umgeben hatten".[198]

Das Inventar von Schloss Blühnbach[199]

Die Ermordung Franz Ferdinands zwang zu einer Bestandsaufnahme seiner zahlreichen Liegenschaften. Der beeindruckende Bestand an Verlassenschaftsakten im Haus-, Hof- und Staatsarchiv zeugt von dem Unterfangen, den umfangreichen Nachlass zu ordnen.[200] Neben den Erhebungen für die Schlösser Eckartsau, Artstetten, Lölling, Belvedere, Chlumetz und Konopischt wurde auch für das Jagdschloss Blühnbach ein Inventar angefertigt, in dem akribisch jeder Gegenstand verzeichnet ist. Zwar befand sich das Schloss in den Händen des kaiserlichen Familienfonds, doch die Einrichtungsgegenstände gehörten in den Besitz des Erzherzogs. Neben anderen Verzeichnissen – über Teppiche, Münzen, Gemälde usw. – wurde unter dem Titel „Inventur und Schätzung Blühnbach" das „III. Teil-Inventar über die

Vierkant-Glasflasche, Deutschland, 1747–1750

in die Verlassenschaft gehörigen Mobilien in Blühnbach" verfasst, aufgenommen vom Obersthofmarschallamt in der Zeit vom 8. bis 17. November 1914.[201] Das 227 Seiten umfassende Inventarverzeichnis, das am 19. Jänner 1915 in maschinschriftlicher Form vorlag, enthält 4171 Inventarnummern, unter denen sich jedoch zum Teil größere – im Anhang des Verzeichnisses näher erläuterte – Konvolute befinden, sodass die Gesamtzahl der Objekte wesentlich höher liegt. Der von dem Kunstschätzer August Bittner veranschlagte Schätzwert für die Gesamteinrichtung belief sich auf 336.431 Kronen und 70 Heller.[202]

Die für unsere Spurensuche relevanten Einträge sind unter den folgenden Inventarnummern zu finden:
„Post-No. 3150, 300 Stück keramische Apothekengefässe
Post-No. 3151, 211 Stück Apothekengefässe aus Glas, 3 Apothekengefässe aus Zinn
Post-No. 3152, 44 Apothekengefässe aus Holz
Post-No. 3153, 23 Reibti[e]gel aus Stein
Siehe Anhang
Schätzwert 8000,– Kronen".[203]

Die Gefäße waren im dritten Stock des Schlosses im Gang aufgestellt. Der Anhang des Verzeichnisses gibt noch einmal detailliert Auskunft über diese Objekte:

„Grosse Sammlung von Apothekengefässen des 16.–19. Jahrhunderts, österreichischen, deutschen, italienischen, französischen, belgischen und spanischen Ursprungs. Vertreten sind alle Stilgattungen, besonders schöne Empireformen; die verschiedensten Gefässformen, wie typische Albarelli, Töpfe[,] Krüge, Kannen, Vasen, Näpfe, Dosen[,] Schalen, teils mit und ohne Deckel, Henkel, Ausguss, mit Malerei, besonder[s] in blau, rosa und braun, Ranken- und Blattornamenten, Schriftbändern und pharmazeutischen Jnschriften, Signaturen, Wappenschildern z. B. dem Rautenschild und datiert Dresden 1716, oder Potsdam F. R., dem Altwiener blauen Bi[n]denschild, italienischen Werkstättemarken, alle Arten von Keramik, wie: Majoliken, Fayencen, Porzellan, Steingut, Ton, ferner Glas, Zinn, Holz und Stein."[204]

Der Kunstschätzer August Bittner hob in seiner „Rekapitulation" – neben der Erwähnung anderer Sammlungen – noch einmal „die in Oesterreich einzig vorhandene, nur mehr im Germanischen Museum vorfindliche Sammlung von Apothekengefässen" hervor.[205]

Im „Blühnbach-Inventar" sind 581 Stück verzeichnet. Konzediert man, dass hier und da noch weitere Einzelstücke aufgelistet sind, die sich möglicherweise auf den ersten Blick nicht als Apothekengefäße zu erkennen geben,[206] so dürfte die Gesamtzahl jedoch 650 Gefäße nicht überschreiten. Woher stammen die restlichen rund 700 Gefäße, die auf die 1334 Stück fehlen, welche im Juli 1917 nach Wien transportiert wurden? Hatten sie sich möglicherweise früher in einer anderen erzherzoglichen Residenz befunden? Doch warum hätte man sie mitten im Krieg zunächst nach Blühnbach bringen sollen? Alle weiteren Inventare ergaben dazu keinen Befund.[207]

Arthur Krupp – doch ein Sammler, der zufällig die gleichen Sammlungsinteressen wie Franz Ferdinand hatte? Ein eher abwegiger Gedanke.

Des Rätsels Lösung: der Hofburgbau

Erst ein weiterer Blick in das Ende 1914 in Blühnbach aufgenommene Inventarverzeichnis brachte die Lösung des Rätsels. Denn dem oben genannten maschinschriftlichen „Blühnbach-Inventar", das dem Schätzmeister für die Erhebung der Gesamtsumme zur Verfügung stand, ist ein zweites Inventar angeschlossen: eine – ebenfalls maschinschriftliche – Durchschrift, die auf den ersten Blick wie eine Rohfassung aussieht und sich auf den zweiten Blick auch als eine solche erweist. Nur: Diese Fassung enthält ein Verzeichnis *aller* in Blühnbach aufgefundener Gegenstände, wohingegen das „Blühnbach-Inventar-und-Schätz-Verzeichnis" eine bereinigte Version darstellt, die nur die Gegenstände aus der Verlassenschaft, d. h. aus dem Privatbesitz des Erzherzogs, beinhaltet. Klingt kompliziert und ist es auch.

Das „Gesamtverzeichnis Blühnbach" trägt in roter Tinte den entscheidenden Hinweis: „Die roten Nummern sind Eigentum des Stadterweiterungsfonds (Hofburgbau)."[208] Die komplette Apothekengefäße-Sammlung, die im dritten Stock des Schlosses aufgefunden wurde, umfasste 1554 Stücke, von denen 581 dem Privatbesitz des Erzherzogs und 869 dem Hofburgbau zugeschrieben wurden. Die restlichen 104 Gefäße stammten aus der Hofapotheke Wien.[209] Wenn Oberförster Nölscher vom Inventar des Erzherzogs sprach (zu dem gar keine Daten zur Verfügung standen), meinte er das „Schätzverzeichnis Blühnbach" mit der Auflistung des Privatbesitzes, wogegen das Inventar, aus dem er die „roten Nummern" und Ankaufsorte herausgeschrieben hatte, offenbar das „Hofburgbau-Inventar" war.

Die Suche nach diesem „Hofburgbau-Inventar" blieb leider ergebnislos. Dagegen brachten die Recherchen ein weiteres Verzeichnis und gleichzeitig einen bemerkenswerten Fund zu Tage: ein Inventar aller aus den Sammlungen des Hofburgbaus nach Blühnbach entsandten Antiquitäten.[210] Die dort verzeichneten Inventarnummern stimmen genau mit den „schwarzen Nummern" auf den Papieraufklebern überein. Demnach hatte man jeden nach Blühnbach gesandten Gegenstand handschriftlich mit „B.B." gekennzeichnet. Damit ist die Vermutung, bei diesen Papieretiketten handle es sich um die sogenannten Krupp-Nummern, eindeutig widerlegt.

Franz Ferdinand hatte – seit die Antiquitätensammlungen des Hofburgbaus im März 1906 ins Leben gerufen worden waren – immer wieder umfangreiche Bestände für seine Schlösser entnommen, ohne die Kosten abzugelten.[211] Die Rechnung wurde nach seinem Ableben dem kaiserlichen Privat- und Familienfonds präsentiert. Dieser musste nicht nur 360.500 Kronen für „die in die Verlassenschaft gehörigen Mobilien in Blühnbach" an die Erben zahlen,[212] sondern auch 179.600 Kronen für die aus den Sammlungen des Stadterweiterungsfonds entnommenen Antiquitäten ablösen.[213] Durch diese Ablösezahlungen gingen auch die Sammlungen der Apothekengefäße aus dem Nachlass Franz Ferdinands und aus dem Besitz des Stadterweiterungsfonds in das Eigentum des kaiserlichen Familienfonds über und waren daher Bestandteil des Kaufvertrags von Arthur Krupp. Mit dem Erwerb des Schlosses Blühnbach erwarb Krupp somit auch die Apothekengefäße-Sammlung.

Einige Fragen bleiben offen: Warum kaufte Franz Ferdinand etwa die Hälfte der Gefäße auf eigene Kosten und die andere Hälfte aus dem Stadterweiterungs- bzw. Hofburgbaufonds? Die Gefäße der Sammlung(en) zeigen keine ersichtlichen Unterschiede. Warum wurden nicht die offiziellen Inventarnummern der Papieraufkleber beim Verpacken der Gefäße in ein Verzeichnis aufgenommen? Was hat es mit den von Karl Nölscher erwähnten „roten Nummern" auf sich? Wurden diese von den Gefäßen entfernt, um jede Verbindung zum Thronfolger auszuschließen? Was war dem Technischen Museum über die Entstehungsgeschichte der Sammlung bekannt? Vermutlich hatte man andere Sorgen, als sich auf Spurensuche zu begeben: Es war Krieg, das Personal war knapp, und das Museum stand kurz vor der Eröffnung, die am 6. Mai 1918 stattfinden sollte. Die Sammlung wurde geteilt und mit zwei getrennten Nummernkreisen inventarisiert.[214] Der aus der Hofburg stammende Teil wurde zur „Sammlung Krupp"[215], der aus der Verlassenschaft Franz Ferdinands stammende Teil zur „Sammlung diverser Apothekengefäße"[216]. Das ist der Status quo – bis heute.[217]

Ein letzter Hinweis auf den Erzherzog wurde in einem Schreiben des Museums an die Arthur Krupp'sche Gutsverwaltung Blühnbach vom 9. Oktober 1917 getilgt. Das Briefkonzept zeigt dies eindeutig, da der entsprechende Passus gestrichen wurde.

„Die unterzeichnete Di[rekti]on beehrt sich für die freundl. Bekanntgabe des Ankaufsortes für die verschiedenen übersandte Apothekergefässen aus dem Nachlass weiland Sr. K. u. k. Hoheit dem Durchlauchtigsten Herrn Erzherzog Franz Ferdinand verbindl. zu danken. M.[it] v.[orzüglicher] H.[ochachtung] ... L[udwig] E[rhard] 9.X.17".[218]

Das Verdienst Arthur Krupps soll nicht geschmälert werden. Neben anderen Objekten, die er dem neuen Technischen Museum für Industrie und Gewerbe in Wien spendete,[219] war auch die Apothekengefäße-Sammlung ein generöses Geschenk, immerhin im Wert von 15.000 bis 20.000 Kronen.[220] Darüber hinaus finanzierte Krupp mit dem Nachbau einer barocken Apotheke auch den entsprechend würdigen Rahmen, in dem diese beeindruckende Sammlung präsentiert werden konnte.[221] Die Hoffnungen der Museumsgründer erfüllten sich. Das Ensemble „Alte Apotheke" wurde für viele Jahrzehnte eine besondere Zierde des Technischen Museums.

Neuaufstellung der Apothekengefäße als Studiensammlung im Depot Breitensee, Foto, 2006

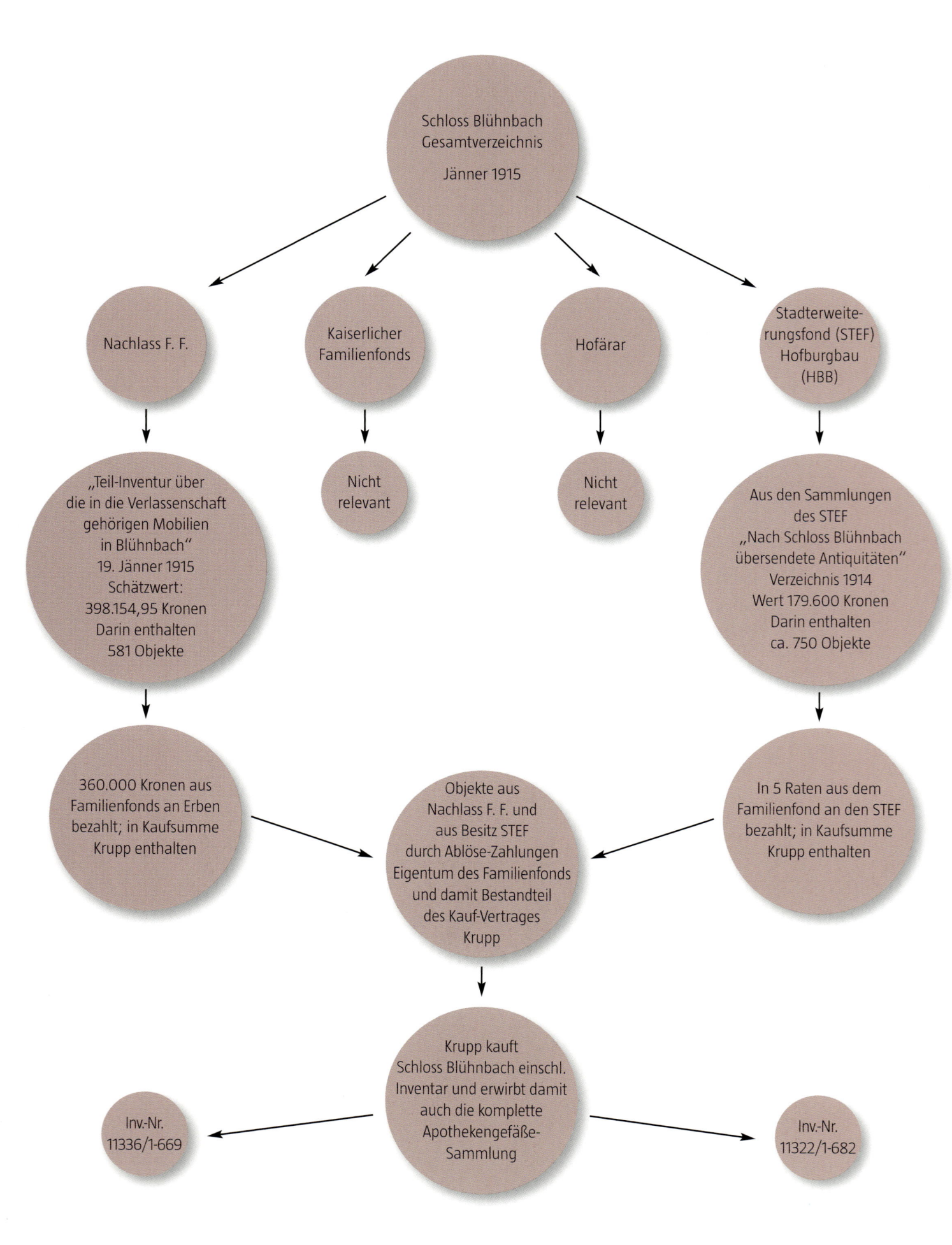

```
                    ┌─────────────────────────┐
                    │   Schloss Blühnbach     │
                    │   Gesamtverzeichnis     │
                    │      Jänner 1915        │
                    └─────────────────────────┘
```

- Nachlass F. F.
- Kaiserlicher Familienfonds
- Hofärar
- Stadterweiterungsfond (STEF) Hofburgbau (HBB)

Nachlass F. F. →
„Teil-Inventur über die in die Verlassenschaft gehörigen Mobilien in Blühnbach"
19. Jänner 1915
Schätzwert: 398.154,95 Kronen
Darin enthalten 581 Objekte

Kaiserlicher Familienfonds → Nicht relevant

Hofärar → Nicht relevant

Stadterweiterungsfond (STEF) Hofburgbau (HBB) →
Aus den Sammlungen des STEF
„Nach Schloss Blühnbach übersendete Antiquitäten"
Verzeichnis 1914
Wert 179.600 Kronen
Darin enthalten ca. 750 Objekte

→ 360.000 Kronen aus Familienfonds an Erben bezahlt; in Kaufsumme Krupp enthalten

→ In 5 Raten aus dem Familienfond an den STEF bezahlt; in Kaufsumme Krupp enthalten

→ Objekte aus Nachlass F. F. und aus Besitz STEF durch Ablöse-Zahlungen Eigentum des Familienfonds und damit Bestandteil des Kauf-Vertrages Krupp

→ Krupp kauft Schloss Blühnbach einschl. Inventar und erwirbt damit auch die komplette Apothekengefäße-Sammlung

- Inv.-Nr. 11336/1-669
- Inv.-Nr. 11322/1-682

Wolfgang Stritzinger

Das Erzbergmodell der Österreichisch-Alpine Montangesellschaft

Der Stellenwert, den die Österreichisch-Alpine Montangesellschaft (ÖAMG) als bedeutender Vertreter der Großindustrie ihrer Repräsentation im neuen Technischen Museum in Wien beimaß, ist an der regen Zusammenarbeit mit diesem in der Zeit der Ersteinrichtung ablesbar. Wie aus den Frühakten hervorgeht, gab es seit 1911 Beratungen über den Bau eines Erzberg-Modells. Nachdem anfänglich ein Modell im Maßstab 1:250 vorgesehen war, dessen Kosten entsprechend dem Anbot von Friedrich König 24.200 Kronen betragen hätten, entschied man sich schließlich im Juli 1914[222] für das wesentlich günstigere Modell der Peter Koch Modellwerke GmbH in Köln-Nippes im Maßstab 1:1000. Die Auslagen für die „munifizente Spende" übernahm zur Gänze die ÖAMG.[223] Im April 1915 – einen Monat vor der Auslieferung – realisierte das Museum, dass die Einbringung des ursprünglich aus einem Stück gefertigten Modells mit den Maßen 330 x 310 x 100 cm in den vorgesehenen Ausstellungsraum durch eine „2 Meter breite Einfuhröffnung"[224] allenfalls hochgestellt erfolgen könnte. Die Verantwortlichen entschieden sich für eine Teilung des schweren Objekts. Am 23. Juni 1915 war es dann so weit: Das kurz zuvor fertiggestellte 792 kg schwere Modell trat gemeinsam mit einem sich dagegen winzig ausnehmenden 25 kg schweren Etagen-Modell im Maßstab 1:100 die Bahnreise nach Wien an, wo es am 2. Mai 1915 im Museum eintraf.[225]

Die Nachbildung des Erzbergs im Überformungs- und Bebauungszustand von 1913 war nur eines von zahlreichen Objekten, welche die ÖAMG dem Museum übergab. Ein Jahr zuvor war bereits das gusseiserne Zylindergebläse des Kaiser-Franz-Hochofens aus dem Eisenerzer Krumpental, das bis 1901 in Betrieb stand, in Wien angekommen. Dem Bergbau selbst war ein eigener Raum an der südlichen Fensterfront des Ostflügels gewidmet, in dem der Erzberg als Fundament der heimischen Eisenindustrie ausführlich präsentiert wurde.[226]

Mittelalter und frühe Neuzeit am Erzberg

Der steirische Erzberg ist die bedeutendste Erzlagerstätte der Alpen und gilt als größtes Sideritvorkommen der Erde. Das Hauptlager mit einem geschätzten Gesamtvolumen von 350 Millionen Tonnen Erz[227] weist eine Mächtigkeit zwischen 160 und 200 Metern auf und liegt, wie zahlreiche andere, kleinere Vorkommen, in der zwischen Niederösterreich und Tirol verlaufenden Grauwackenzone. Im Gegensatz zu den meisten importierten oxydischen Erzen verfügt das steirische Erz über einen relativ geringen Eisengehalt von rd. 33 Prozent.

Nahezu alle Chroniken berufen sich auf Aufzeichnungen der Pfarrkirche von St. Oswald aus dem 15. Jahrhundert, denen zufolge der Bergbau erstmals 712 n. Chr. schriftlich erwähnt wird. Zahlreiche Orts-, Berg- und Flurnamen aus der Zeit der slawischen Besiedlung, die u. a. auch leicht zugängliche Erzabbau-

Erzbergmodell, Peter Koch Modellwerke GmbH, Köln-Nippes, 1915

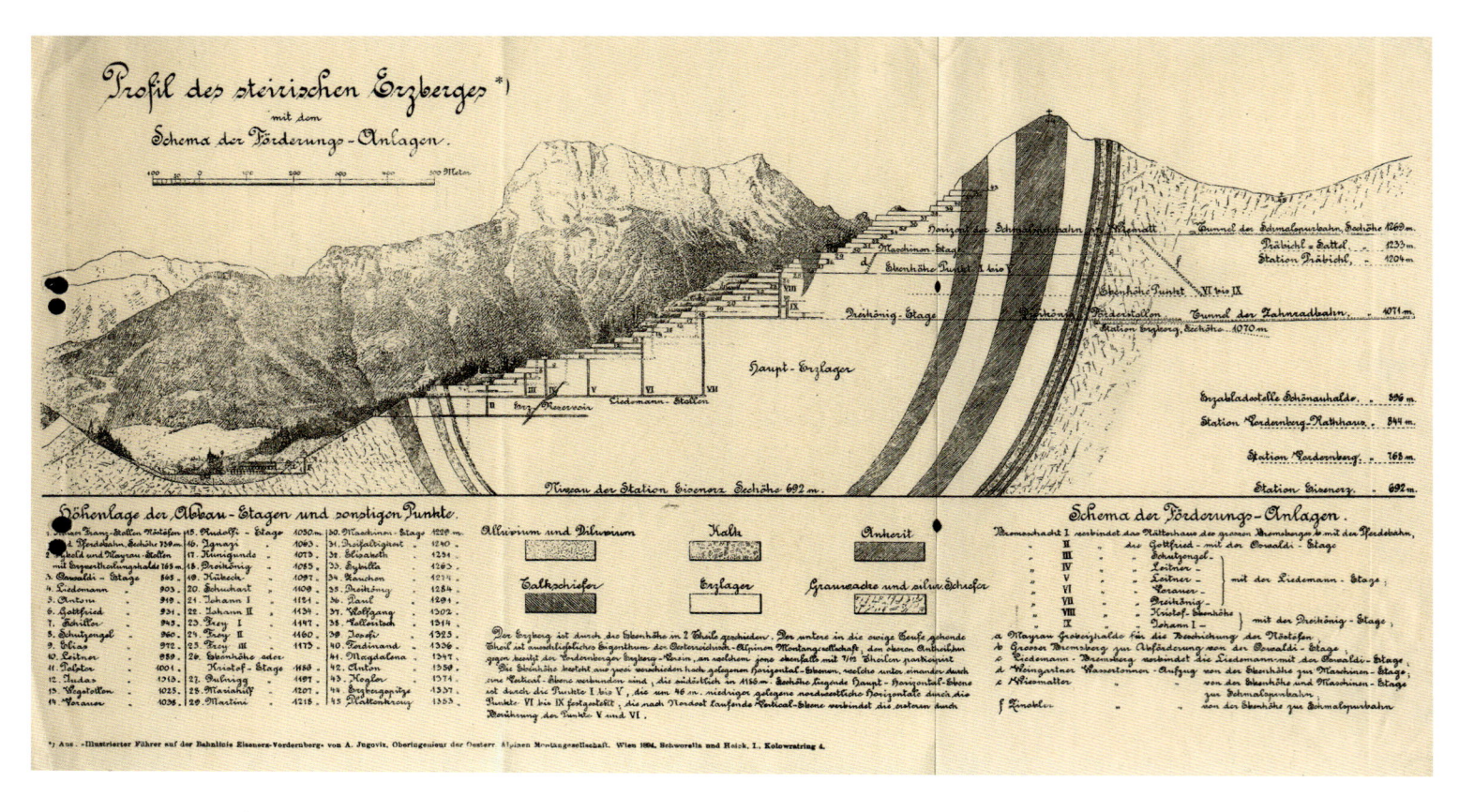

Profil des Erzbergs, Druck, 1894

stellen bezeichnen, lassen diese Angabe plausibel erscheinen. Wie Fundstellen belegen, siedelten die frühen „Eisenbauern" auf den Anhöhen des Erzbergs. Dort schürften sie im Tagbau bereits verwitterte Braunerze, aus denen im Rennfeuer Schmiedeeisen und Stahl entstanden. Den schwer schmelzbaren Spateisenstein („Pflinz") verwerteten sie nicht.[228]

Die Entwicklung des steirischen Eisenwesens ist unmittelbar mit der Ausbildung der landesfürstlichen Herrschaft im Spätmittelalter verbunden. Der Wirtschaftsraum des steirischen Erzbergs wurde vor allem durch Privilegien des 13. und 14. Jahrhunderts, nicht zuletzt durch den Neuberger Teilungsvertrag von 1379, in das Gebiet nördlich und südlich des Präbichls aufgeteilt: So erhielt die Stadt Steyr 1287 und 1384 schrittweise das Recht, Halbzeug und Finalprodukte zu übernehmen und zu verkaufen. Als Friedrich II. 1314 den südlich gelegenen Orten Vordernberg und Trofaiach untersagte, Eisen über den Präbichl nach Rottenmann zu transportieren, wurde Leoben erstmals als Umschlagplatz im Murtal genannt. Es erhielt allerdings nur das Privileg, „Rauheisen" der Vordernberger Radwerke zu verlegen.[229] Für den Abbau am Berg bestand von alters her eine Trennlinie, die knapp unterhalb des Präbichls fast waagrecht verlief. Diese mehrmals vermessene und immer wieder nach unten verschobene „Ebenhöhe" trennte bis Ende des 19. Jahrhunderts den oberen „Vordernberger" vom unteren „Innerberger" Teil des Erzbergs.

Da weder die Wasserkraft noch die lokale Versorgung mit Holzkohle für die schweren Schmiedehämmer neben den Radwerken ausreichten, mussten die Hammermeister an entferntere Standorte ausweichen.[230] Die ursprünglich am Berg angelegten Siedlungen wanderten mit der Errichtung der Radwerke ins Tal an die Bäche, bis schließlich 1453 Friedrich III. den Ort „vor dem Berg" vom nördlichen seit 1294 bestehenden Markt „inner dem Berg" trennte und ersterem auch das Marktrecht verlieh.[231] Seit damals nahmen die beiden Bergwerksorte Eisenerz und Vordernberg bis zur Gründung der ÖAMG 1881 eine unterschiedliche Entwicklung.

Auf technischem Gebiet stellte man im Laufe des Mittelalters von Renn- auf Stucköfen um und errichtete Radwerke an den Wasserläufen. Die Gebläseluftversorgung erfolgte nun nicht mehr durch Muskelkraft, sondern durch wasserradgetriebene Spitzblasbälge. Mit der Leistungssteigerung der Gebläse vergrößerten sich auch die Öfen, wodurch die Ausbringung vom Ende des 12. Jahrhunderts bis Mitte des 15. Jahrhunderts um das 2,5-Fache anstieg.

Sowohl in Renn- als auch in Stucköfen fand kein kontinuierlicher Schmelzprozess statt. Das Ergebnis eines 12- bis 16-stündigen Schmelzvorgangs war das bis zu einer Tonne schwere „Stuck" (auch „Maß") schmiedbaren Metalls. Das typische Produkt dieser direkten Stahlerzeugung bestand im Inneren aus niedrig gekohltem schmiedbarem Eisen (mit bis zu 0,6 Prozent Kohlenstoff) sowie höher gekohltem Stahl (mit bis zu rd. zwei Prozent Kohlenstoff), aus dem in den Hämmern der einfach gegärbte hochwertige Scharsachstahl entstand.[232] Die äußeren zähflüssigen Schichten der Schmelze, das „Graglach" (slawisch für Gusseisen), waren vorerst ein unerwünschtes, kaum verwertbares, nicht schmiedbares Nebenprodukt. Es ist zwar anzunehmen, dass ab dem Ende des 15. Jahrhunderts am Erzberg die indirekte Stahlerzeugung durch Frischen („Zerrennen") von Roheisen zum Einsatz kam, nachweislich etabliert war sie in Innerberg aber erst seit 1758 mit der Umstellung auf den Floßofenbetrieb.[233]

Die dezentrale kleinbetriebliche Organisation der Innerberger Radwerke und der „Rauheisen" weiterverarbeitenden Hammerwerke erforderte für die kontinuierliche Betriebsführung ständige finanzielle Vorschüsse von den Eisenhändlern der Stadt Steyr.[234] Insgesamt waren die drei Glieder des Innerberger Eisenwesens – die Radwerke, die Hammerwerke und die Verleger – durch streng regulierte Beziehungen voneinander abhängig. Die Krise des ausgehenden 16. und beginnenden 17. Jahrhunderts, die 1625 zum Zusammenschluss der Betriebe des gesamten Reviers zur Innerberger Hauptgewerkschaft führte, begann mit einer Veränderung des relativen Preisgefüges.[235] Auslöser dafür waren Missernten und verheerende Hochwässer ab 1567. Stark gestiegene Lebensmittelpreise und Versorgungsengpässe gingen vor allem zu Lasten der arbeitenden Bevölkerung. Die Folge waren Arbeitsniederlegungen, Unruhen und Abwanderungen. Im Sommer 1625 standen von den 19 Innerberger Radwerken nur mehr fünf in Betrieb, die jährliche Roheisenproduktion sank auf einen historischen Tiefstand von 1500 bis 2600 Tonnen. In Eisenerz verblieben von 95 Radwerksarbeitern gerade einmal 30.[236]

Überregionale Ereignisse wie der Niedergang des Handelszentrums Antwerpens, die Gegenreformation und schließlich der Dreißigjährige Krieg verschärften das Krisenszenario. Die zur Stabilisierung des Verlagswesens ab 1585 tätige Steyrer Eisenhandelskompanie, für deren Kredite die Stadt bürgte, geriet 1621 bis 1623 in derartige finanzielle Schwierigkeiten, dass ein regulärer Vertrieb von Eisen- und Stahlprodukten nicht mehr möglich war. Der anschließende Vergleich zwischen dem Magistrat Steyr und den Hammer- und Radmeistern leitete 1625 die Gründung der Innerberger Hauptgewerkschaft ein.[237]

Von der Innerberger Hauptgewerkschaft bis zur Gründung der ÖAMG

Im Juli 1625 begann eine landesfürstliche Kommission mit den Verhandlungen, die am 20. Oktober 1625 mit der Zustimmung Kaiser Ferdinands II. und der Bekanntmachung der Satzungen einen erfolgreichen Abschluss fanden.[238] Die Hauptgewerkschaft übernahm den gemeinschaftlichen Betrieb am Innerberger Teil des Erzbergs, die 19 Eisenerzer Radwerke, 42 große und zahlreiche kleine Hammerwerke, den Vertrieb, die landesfürstlichen Holzrechen und den Erhalt der Eisenstraßen.

Die wirtschaftspolitischen Rahmenbedingungen beeinflussten die technische Entwicklung in der Region nachhaltig. Die 1762/63 vollzogene Umstellung von Stuck- auf Floßöfen erfolgte hier im internationalen Vergleich mit einer Verzögerung von zwei Jahrhunderten.[239] Der kontinuierliche Floßofenbetrieb lieferte flüssiges Roheisen mit einem Kohlenstoffanteil von mehr als zwei Prozent, das in einem weiteren Prozess erst zu Stahl gefrischt werden musste (indirektes Verfahren).

Unter Josef II. begann eine Lockerung des Systems mit größerer Eigenständigkeit unter maßgeblicher Beteiligung Steyrs. 1798 verkaufte die Stadt ihren hauptgewerkschaftlichen Anteil an die „k. k. priv. Kanal- und Bergbaugesellschaft". Nach einer kurzen Phase der Selbstständigkeit kamen die Beteiligungen des kaiserlichen Familienfonds 1807 an das k. k. Ärar, das bis 1868 Mehrheitseigentümer der Gewerkschaft blieb. In dieser Phase der staatlichen Verwaltung wurden zahlreiche Investitionen getätigt wie etwa die alten Floß- zu Hochöfen vergrößert und ein leistungsfähiges Erztransportsystem im Innerberger Revier gebaut. Hinter der 1868 erfolgten Umwandlung in eine Aktiengesellschaft stand die Österreichische Creditanstalt.

In der auf den Börsenkrach von 1873 folgenden Wirtschaftskrise reduzierte sich die Produktion der gewerkschaftlichen Hochöfen in Eisenerz sowie der neuen Kokshochöfen in Hieflau und Schwechat bis 1877 von knapp 60.000 Tonnen auf weniger als die Hälfte. Dabei traf die Depression die Gesellschaft nicht existenzbedrohend, da sie sich nicht mit der Schienenwalzung befasst hatte. In Summe durchliefen bis Ende der 1870er-Jahre alle Unternehmen der Montanindustrie eine Krise, sodass eine Konzentrationsbewegung unausweichlich erschien. Vor allem musste auf die geografische Zersplitterung der Werke reagiert werden. Neben dem Bau von Eisenbahnstrecken – etwa der Erzbergbahn – zur Erschließung wichtiger Industriegebiete kam der Rationalisierung eine zentrale Rolle zu. Dazu zählten u. a. die Schließung aller kleineren Eisenerzbergbaue und eine Konzentration auf jene in Radmer, am Hüttenberger und am steirischen Erzberg, die Einführung von Erzröstverfahren, der Flussstahlerzeugung (Bessemer und Siemens-Martin) sowie der Ersatz von

Holzkohle- durch Kokshochöfen. Damit war das Schicksal von vielen kleinen und veralteten Betrieben besiegelt. Im Sommer 1881 gelang schließlich unter Leitung des Generaldirektors der Südbahngesellschaft Eugène Bontoux gemeinsam mit der Österreichischen Länderbank die Fusion der sechs bedeutendsten eisen- und stahlerzeugenden Gesellschaften zur ÖAMG.[240]

Der Vordernberger Erzberg

Über Jahrhunderte erfolgte die Gewinnung der Erze im offenen Pingenbau. Mit der von Kaiser Maximilian I. Anfang des 16. Jahrhunderts erlassenen Eisenordnung begann die Anlage von Schächten und Stollen mit dem Ziel einer höheren Erzausbeute.[241] Die organisatorischen Probleme bestanden jedoch nach Einführung des Grubenbetriebs weiter, vor allem aufgrund der zersplitterten Besitzverhältnisse am Berg, die sich auch unter Tage fortsetzten. Das resultierte u. a. aus der losen Organisation der bereits 1510 erwähnten Vordernberger „Radmeister Communität", die Bergbau, Erzlieferung und Hüttenbetrieb dem einzelnen Radmeister überließ. Nur die Beschäftigung von Arbeitskräften, die Holzkohlenversorgung und Lohnangelegenheiten unterlagen gemeinsamen Regeln.[242] Erst auf Druck Erzherzog Johanns regelte der Vertrag der „Radmeister-Communität" vom 29. Juni 1829 eine gemeinsame Nutzung des Vordernberger Reviers. Jedes der 14 Radwerke erhielt einen gleich großen Erzbezug zugewiesen, der jährlich gemeinsam festzusetzen war. Unabhängig vom Besitz verfügte jeder Radmeister über eine Stimme, was nach der Übernahme einiger Radwerke durch die ÖAMG in den 1880er-Jahren für die zumindest vorläufige Weiterführung der selbstständigen Betriebe entscheidend war.[243] Der Eigentümer des Radwerks VII, Franz von Friedau d. Ä., entschied sich für die eigene Erzgewinnung und -förderung, da er rund 2/7 der Grubenfelder am Erzberg besaß und sein Hüttenwerk zu den fortschrittlichsten in den Alpenländern zählte: 1855 etwa produzierte das Friedauwerk die dreifache Roheisenmenge eines kommunitätlichen Radwerks.

Auf Vorschlag von Erzherzog Johann berief die Kommunität 1831 den Kärntner Oberhutmann Johann Dulnig als Bergverwalter nach Vordernberg und beauftragte ihn mit der Leitung des gemeinschaftlichen Bergbaus. Dulnig fasste die vielen zerstreuten und teilweise einsturzgefährdeten Gruben in vier große Abbaufelder zusammen: Leiten, Weingart, Kogel und Wismath. Seine wesentlichste Leistung war aber die Schaffung eines effizienten Erzfördersystems. Anders als im Innerberger Revier waren aufgrund der topografischen Situation von alters her Pferdefuhrwerke im Einsatz.[244] Mit bis zu 250 Tieren transportierten ein- und zweispännige Wagen jeweils maximal 700 kg Erz von den Gruben am Berg zu den 14 Radwerken ins Tal. Während der Schneeschmelze im Frühjahr blieben die Wege oft für Monate unbefahrbar.[245]

Dulnig ersetzte diesen aufwändigen Transport zwischen 1831 und 1836 durch ein schienengebundenes System, indem er das Weingart- mit dem Wismathrevier über zwei Horizontalbahnen verband. Den Höhenunterschied zwischen beiden Niveaus[246] überwand ein Wassertonnenaufzug. Von der Westseite des Berges gelangte man durch den 420 Meter langen Plattentunnel an den Osthang, wo eine weitere Horizontalbahn mit geringem Gefälle den Präbichl erreichte. Ingesamt bestand das Fördersystem aus fünf Pferdebahnen und drei Wassertonnenaufzügen. Die im oberen Teil des Erzbergs gewonnenen Erze wurden über ein System von Stollen und Sturzschächten zum Hauptförderhorizont gebracht.[247] Die Einsparungen von rund 40 Prozent bei der Erzaufbringung

Förderanlagen am Innerberger und Vordernberger Erzberg, Druck, V. Völkl, 1930

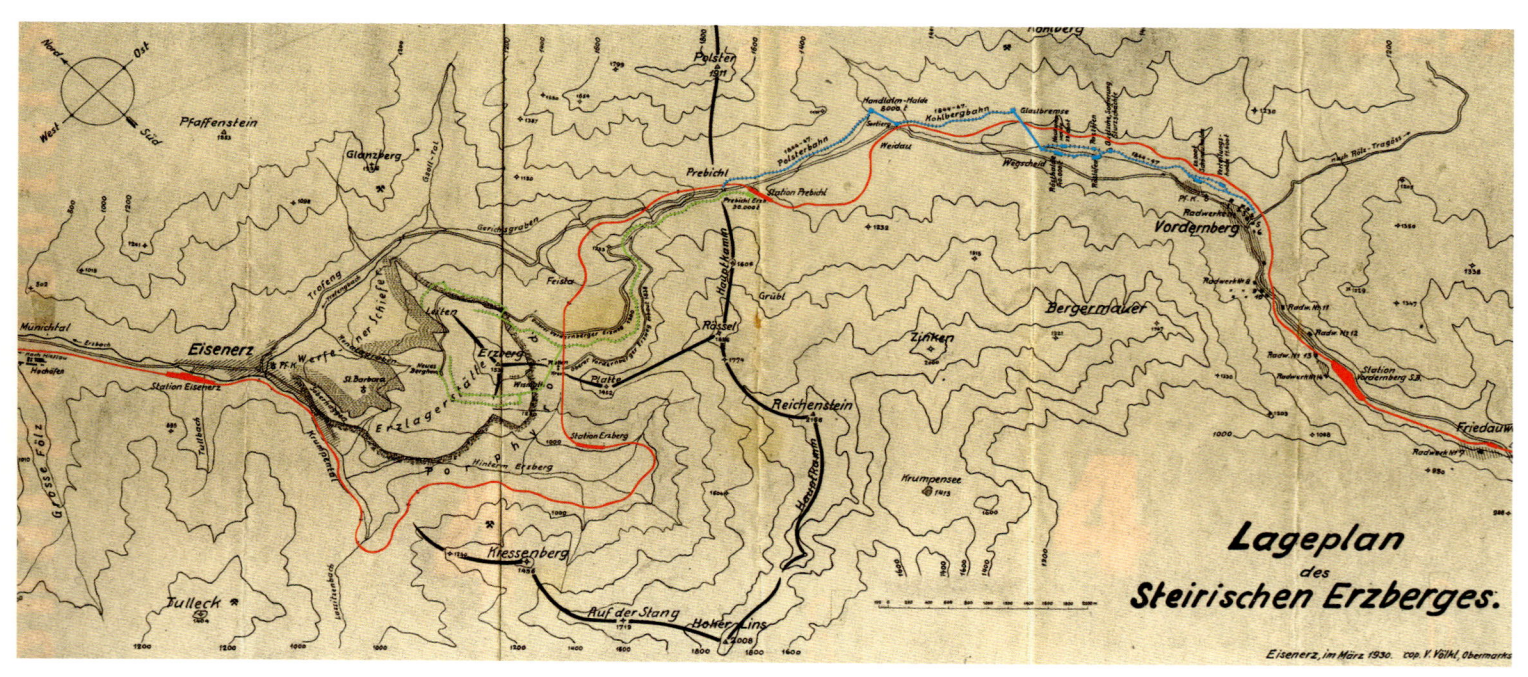

■ Erzförderbahn v. J. Dulnig (Teil 1), erb. 1831–1836: Erzbergreviere – Präbichl
■ Erzförderbahn v. J. Dulnig (Teil 2), ab. 1844–1847: Präbichl – Vordernberg Markt
■ Erzberg-Zahnradbahn (Normalspur); ab 1888–1891: Verbindung Bahnhof Eisenerz mit Vordernberg Südbahnhof

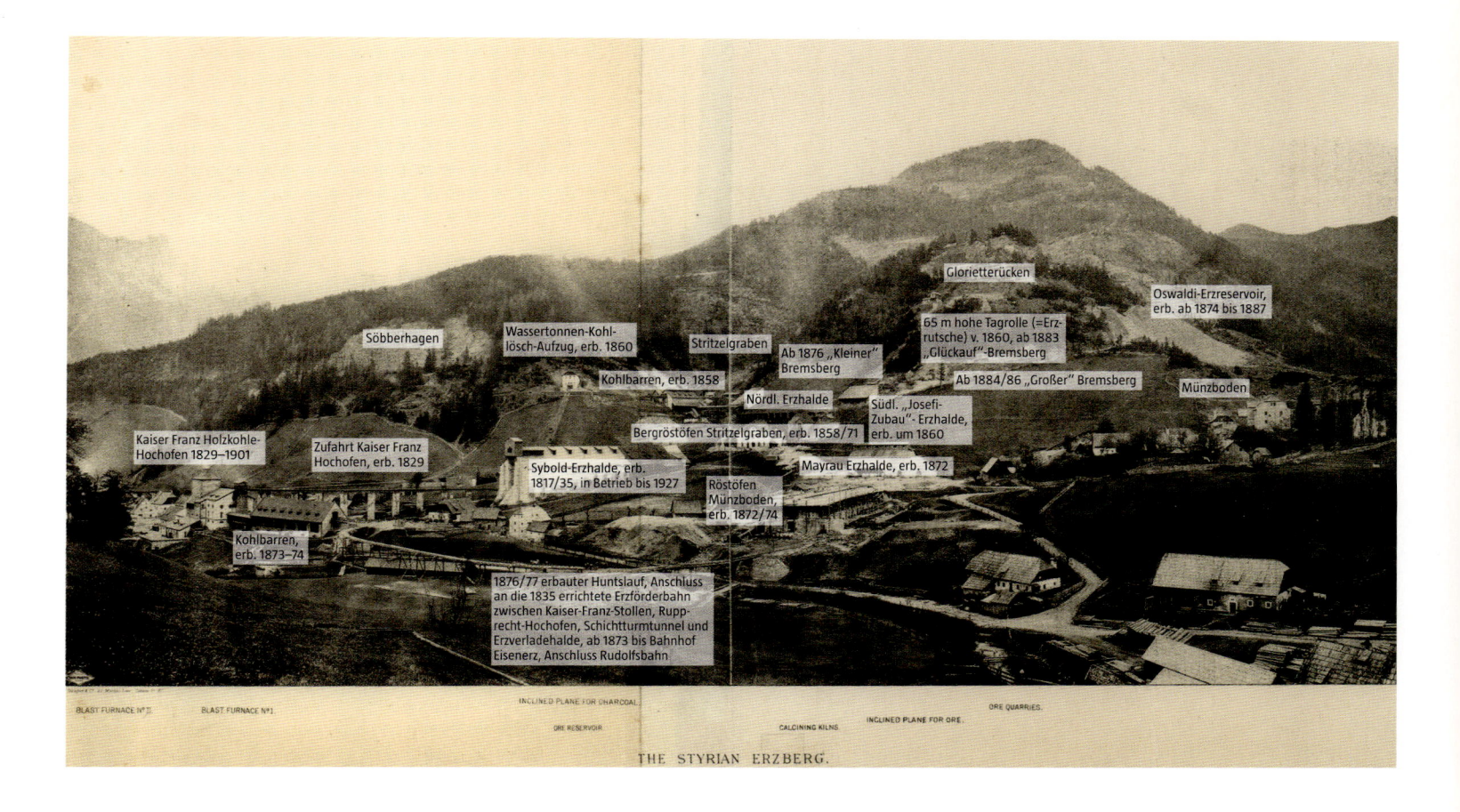

Blick von Westen auf das Krumpental/Münzboden, Foto, um 1873

durch den gemeinsamen Abbau und das neue Fördersystem bewogen die Radmeister-Kommunität in den 1840er-Jahren, Dulnig mit dem Bau einer Förderanlage vom Präbichl bis Vordernberg zu beauftragen. Das 1847 vollendete Teilstück bestand aus drei Horizontalbahnen und zwei Bremsbergen, über die das Erz zur neuen Laurenzi-Röstanlage und in weiterer Folge zur Verteilerhalde transportiert wurde. Von dort wurden die im Markt Vordernberg gelegenen Radwerke I bis IV mit einer kleinen Flügelbahn direkt beliefert. Alle südlicher gelegenen Betriebe – mit Ausnahme von Friedauwerk, das vom gemeinschaftlichen Transportsystem ausgeschlossen war – bezogen das Erz mit Pferdefuhrwerken.[248]

Schließlich kam es 1871 zwischen Franz von Friedau d. J. und der Radmeister-Kommunität zum Abschluss des „Erzbergvertrags", der Abbau und Erzförderung der Beteiligten zusammenfasste, wobei Friedau 2/7 der Anteile erhielt. Gleichzeitig wurde der Ausbau der Förderbahn und somit der Anschluss des 4 km südlich von Vordernberg gelegenen Radwerks VII geplant.

Zur schwierigen Situation nach dem Börsenkrach von 1873 kam die übermächtige Konkurrenz durch das Koksroheisen. Die Versuche des „Erzbergvereins", darauf zu reagieren, kamen zu spät: Ein von der Kommunität mit großem Aufwand 1876 fertiggestellter Kokshochofen in Niklasdorf ging ebenso nie in Betrieb wie ein neuer Hochofen von Friedau. Sein Werk hatte den ursprünglichen technischen Vorsprung in den 1870er-Jahren eingebüßt und musste 1879 Konkurs anmelden. Die durch die Innovation des Thomasverfahrens mögliche Verwendung phosphorhältiger Erze im Ausland verschlechterte die internationale Position der alpenländischen Roheisenerzeuger zusätzlich. Als die ÖAMG in den Jahren 1881/82 fünf der Vordernberger Radwerke und Friedauwerk übernahm, stand die Konzentration der Roheisenerzeugung auf wenige Kokshochöfen in Donawitz bereits fest. Den Höhepunkt erreichte die Rationalisierungswelle unter Karl Wittgenstein, der ab 1897 die Aktienmehrheit an der ÖAMG hielt. Zwar gewährte die Alpine nach Übernahme der gemeinsamen Betriebsführung am Erzberg 1889 den sieben verbliebenen Radwerken eine Versorgungsgarantie, in den folgenden Jahren erwarb der Konzern jedoch nahezu den gesamten Vordernberger Erzberg, sodass sich 1911 nur mehr ein 5/84-Anteil im Besitz der Gebr. Böhler und Co. AG. befand.

Die 1835 errichteten Steinpfeiler der Erzförderbahn zählen zu den ältesten erhaltenen Überresten der Betriebsanlagen im Krumpental, Foto, Wolfgang Stritzinger, 2008

Hunt zur Erzabförderung, ab 1810 verwendet, Foto, J. Farkas, 1920er-Jahre

Blick von Westen auf die Betriebsanlagen Krumpental mit Sybold-Halle, Stritzelgraben, Röstofen Münzboden, dahinterliegender Mayrau-Erzhalde und dem „Großen" Bremsberg, Foto, um 1920

Detail des Erzbergmodells, Blick von Südwesten auf die Betriebsanlagen Krumpental, Peter Koch Modellwerke GmbH, Köln-Nippes, 1915

1922 wurde mit dem Radwerk XIV der letzte Holzkohlehochofen ausgeblasen. Das bis dahin erzeugte Holzkoheroheisen hatte die Basis für den von Böhler in Kapfenberg erzeugten hochwertigen Gussstahl gebildet.[249]

Der Innerberger Erzberg[250]

Abgesehen vom Erztransport mit Pferdefuhrwerken war im Innerberger Bereich seit dem 16. Jahrhundert der Sackzug bekannt. Der spätere Direktor der Innerberger Hauptgewerkschaft Joseph Fortunat Sybold begann 1810 mit der Anlage eines neuen Fördersystems aus Sturzschächten und Stollen mit Schienenbahnen. Zwischen 1817 und 1835 entstand die Sybold-Erzhalde. Sie ersetzte die am Endpunkt zweier alter Hauptförderstrecken gelegene Sackzughalde am Fuße des Gloriette-Rückens, von der das Erz auf Fuhrwerke umgeladen werden musste. Da der Kaiser-Franz-Hochofen 1829 direkt mit der Halde verbunden worden war, bestand seit 1835 zu den beiden anderen Holzkohlehochöfen eine fast durchgängige Pferdebahnverbindung. Sie führte aus der Sybold-Halde durch den Kaiser-Franz-Stollen über den Osthang des Krumpentals durch den Dachstuhl des Rupprecht-Ofens, um anschließend das Tal über eine auf Steinsäulen ruhende Brücke zu queren.[251] Danach verlief die Trasse am Westhang bis zum Schichtturmtunnel und endete bei einer Erzsturzhalde. Von hier erhielt der Wrbna-Hochofen das Erz bis 1871 per Fuhrwerk.

Durch die Umstellung von Stuck- auf Floßöfen zwischen 1753 und 1762 und der damit verbundenen Verdoppelung der Produktionskapazität je Schmelzofen auf durchschnittlich 3,7 Tonnen pro Tag reduzierte sich die Zahl der Öfen von zehn auf sechs.[252] Anfang des 19. Jahrhunderts investierte die Gewerkschaft schließlich in drei neue Holzkohlehochöfen anstelle der bisherigen Floßöfen:

Rupprecht-Ofen, Krumpentaler Straße
  In Betrieb von 1802 bis 1885, 1898 von der ÖAMG in ein Elektrizitätswerk umgebaut, das neben der Werkstätte Krumpental vor allem die Erzförderbahn mit Gleichstrom versorgte. 1914 Adaptierung als Umformerstation, die später als Zentralmagazin genutzt wurde.[253]

Wrbna-Ofen, Hieflauer Straße 17
  In Betrieb von 1806 bis 1878, 1896 und 1907 weitestgehend abgetragen bzw. zu einem Magazin und einem öffentlichen Wannenbad („Wirmabod") umgestaltet. 1921 Errichtung des Werksgasthofs und Gewerkschaftshauses, heute „Eisenerzer Hof".

Kaiser-Franz-Ofen, Krumpentaler Straße
  In Betrieb von 1829 bis 1901, 1908 abgetragen.

Durch den Einsatz von Winderhitzern, stärkeren Gebläsen und die vermehrte Verwendung von gerösteten Erzen seit 1865 erhöhte sich die Erzeugungskapazität der drei Holzkohlehoch-

Das zwischen 1909 und 1911 erbaute Erzreservoir mit den darunterliegenden Röstöfen Münzboden, Foto, 1920er-Jahre

öfen von fünf Tonnen auf etwa 22 Tonnen Roheisen am Tag in den 1880er-Jahren. Gleichzeitig sank der Holzkohleverbrauch um rund zwanzig Prozent. Die Konkurrenz durch die Kokshochöfen, die nicht zuletzt durch den Bahnausbau immer drückender wurde, sowie die ansteigenden Holzkohlepreise bedeuteten schließlich um 1900 das Ende der Eisenerzer Holzkohleroheisen-Erzeugung. Parallel zur Stilllegung des Kaiser-Franz-Ofens ging 1901 der damals größte Kokshochofen des europäischen Kontinents im Eisenerzer Ortsteil Münichtal in Betrieb.[254]

Für die Erzröstung wurden 1858 die ersten Schachtöfen im Stritzelgraben errichtet. 1871 erweitert, standen sie bis 1905 in Betrieb. Neben diesen Bergröstöfen befanden sich Halden, wobei die nördliche das Erz vom Söbberhaggen bezog. Die am südlichen Ende gelegene spätere Josefi-Zubauhalde erhielt das Erz vom Gloriette-Rücken über eine Erzrutsche. Das geröstete Erz gelangte über einen Stollen in die Sybold-Halle. Von 1872 bis 1874 baute die Gewerkschaft schließlich die ersten vier Röstofenbatterien am Münzboden; diese bildeten den Grundstock für jene zentrale Anlage, die in stark veränderter Form bis in die 1970er-Jahre in Betrieb blieb.[255] Von der Josefi-Zubauhalde gelangten nun die Erze durch einen Stollen zur parallel zum Hang liegenden Mayrau-Halde, von der aus die Röstöfen beschickt wurden.

So wurde das Krumpental im Bereich des Münzbodens zum Zentrum des Aufbereitungsprozesses mit Erzhalden, Sortieranlagen und Röstöfen, Transportanlagen und Kohlenbarren. Mit diesen Investitionen Anfang der 1870er-Jahre sowie dem Anschluss an die Kronprinz-Rudolf-Bahn im Jänner 1873 bestand die Hoffnung auf Umsatzsteigerungen. Einige Monate später

Detail des Erzbergmodells, Barbara-Barackenkolonie, bis in die 1930er-Jahre bewohnt, Peter Koch Modellwerke GmbH, Köln-Nippes, 1915

Sammlungen und Objekterwerb 191

machte der Börsenkrach diese optimistischen Aussichten zunichte.

Zu den wenigen realisierten Vorhaben der folgenden Jahre zählte 1876 der Bau des „kleinen" Bremsbergs am Nordende der Bergröst und 1877 der Schienenanschluss der Münzboden-Röstöfen an den Huntslauf am Westhang des Krumpentals. Die vielen, durch den bis 1913 erfolgten Ofenbatterienausbau notwendigen Schienenverzweigungen prägten lange das Erscheinungsbild der Erzbach-Überbrückung.

Die Erweiterungen der Betriebsanlagen durch die ÖAMG 1881 bis 1913

Parallel zur Produktionssteigerung versuchte die Alpine den Anteil an Feinerzen, die im Hochofen Probleme bereiteten, zu vermindern und ersetzte 1883/84 die von der Oswaldi-Etage zur Josefi-Zubauhalde führende Erzrutsche[256] durch den Glückauf-Bremsberg. Ein weiterer, zur Mayrau-Halde führender „großer" Bremsberg ging 1886 in Betrieb.

Das wichtigste Ereignis vor der Jahrhundertwende war der Bau der Erzbergbahn. Sie sollte den zentralen Standort Donawitz mit billigen Tagbauerzen versorgen. Die anfänglich vorgesehene Verlängerung der 1872 eröffneten Staatsbahn von Leoben bis Vordernberg-Südbahnhof weiter bis Vordernberg-Markt mit Verbindung zum Dulnig'schen Erzfördersystem wurde bald verworfen, da die Kapazitäten dieser alten Anlage für den Bedarf des neuen Hüttenwerks nicht ausreichen. Seit 1887 stand die neue Trasse über den Präbichl bis Eisenerz fest, und im Juli 1888 begann der Bau des 1392 Meter langen Plattentunnels auf Höhe der Etage Dreikönig zwischen den Stationen Erzberg und Feistawiese. Für den Bau und den Betrieb der 5,4 Millionen Gulden teuren Strecke gründete die ÖAMG die Aktiengesellschaft „Lokalbahn Eisenerz-Vordernberg". Zur Bewältigung der Steigungen bis zu 71 Promille auf den 1206 Meter hohen Präbichl erhielt die Bahn auf 14,6 km Länge eine Lamellenzahnstange „System Abt". Mit der Eröffnung der Erzbergbahn am 15. September 1891 endete der Betrieb auf der alten Förderanlage von Johann Dulnig.[257]

Seit den 1890er-Jahren begann auch auf der Vordernberger Seite des Erzbergs die konsequente Anlage von Etagen. Als im Jahr 1900 neu angelegte Sturzschächte die Ebenhöhe mit den obersten Innerberger Etagen verbanden und damit Erze auch über die Station Erzberg zur Erzbergbahn gelangten, war das Ende der seit Jahrhunderten bestehenden Trennung der beiden Reviere besiegelt.

Bis 1910 entstanden am Erzberg 58 Etagen mit einer durchschnittlichen Höhe von 12 Metern.[258] Für den in Angriff genommenen Abbau am unteren Teil des Gloriette-Rückens und eine Optimierung der Förderung entstand 1909 bis 1911 das neue Erzreservoir südöstlich der Münzbodenröstöfen mit einer 30 Meter hohen Sturzbrücke. Die Verwendung von Pressluftbohrern und Dampfbaggern ab 1910 bedeutete die Mechanisierung der Erzgewinnung mit dem Resultat eines Ansteigens des Gesamtverhaus.[259]

Mit dem Ausbau der Industrieanlagen wurde die Unterbringung der Arbeiter vor Ort ein immer wichtigeres Thema. Die Innerberger Hauptgewerkschaft hatte um 1870 am Münzboden und die Radmeister-Kommunität in der Trofeng erste Zimmer-Küche-Kabinett-Wohnungen mit 60 Quadratmetern errichtet. Die ÖAMG beschäftigte um die Jahrhundertwende vornehmlich böhmische Wanderarbeiter, die in einfachsten Unterkünften direkt am Berg wohnten.[260] Arbeiterliteraten wie Max Winter und der Bergarbeitergewerkschafter Otto Hue prangerten die sozialen Missstände schonungslos an. Das „Volk der Arbeit", so Hue 1922, das tagsüber den Reichtum für „die Millionäre der Alpine Montangesellschaft" erzeugt, musste „des nachts wie die Säue zusammenkriechen".[261] Die zwei größten Barackensiedlungen entstanden auf den Etagen Barbara und Wismath; letztere blieb bis nach dem Zweiten Weltkrieg bewohnt.

Gegenwärtig beträgt die Erzförderung am Erzberg zwei Millionen Tonnen pro Jahr. Täglich transportiert die Bahn 6000 Tonnen Erz nach Linz und Donawitz. Gegenüber mehr als 4000 Bergleuten in den 1960er-Jahren sind für Erzgewinnung, Aufbereitung und Versand nur mehr 140 Personen beschäftigt.[262] Die auf aktuellen Wirtschaftlichkeitsberechnungen beruhenden vorläufigen Abnahmeverträge mit der VOEST enden im Jahr 2020. Über diesen Zeitpunkt hinaus prognostizieren neuere Expertisen unter der Annahme moderner Abbau- und Aufbereitungstechniken eine konkurrenzfähige Erzproduktion. Abgesehen von technischen und wirtschaftlichen Überlegungen ist es auch nahezu unvorstellbar, dass der einstmalige „steirische Brotlaib" nur mehr als industrie- und sozialgeschichtliches Denkmal im kollektiven Bewusstsein verankert sein soll.[263]

Der Erzberg mit dem 1580/81 erbauten Schichtturm und der Zentralwerkstätte Voglbichl, Foto, Wolfgang Stritzinger, 2007

Sammlungen und Objekterwerb

Die Schausammlung nach der Eröffnung

Die Besucher betreten ein Museum mit zahlreichen Maschinen, Modellen, historischen Werkstätten und Vorführobjekten.

Helmut Lackner

Im Umfeld der Gründung des Technischen Museums informierten sich viele Wiener Vereine auch über das Deutsche Museum in München. Am 26. Februar 1912 lud u. a. der Wissenschaftliche Klub zu einem Vortrag des Münchners Friedrich König, der „unter spezieller Berücksichtigung der musealtechnischen Eigenheiten desselben" über das Deutsche Museum referierte.[1] Seit der Mitte des 19. Jahrhunderts hatte sich für Gewerbe- und vor allem für Weltausstellungen ein Kanon von Präsentationsmitteln herauskristallisiert. Zum Zeitpunkt der Museumsgründungen in München und Wien stand bereits eine breite Palette bewährter Möglichkeiten zur Auswahl. König stellte in seinem Vortrag diese Vielfalt in der Gestaltung vor.

Zu den klassischen Formen zählte die Präsentation von Originalen in hohen Vitrinen auf Tischen, von Archivalien in flachen Pultvitrinen mit Sockeln und in Glasschränken, oft kombiniert mit erklärendem Material wie Fotos und Zeichnungen sowie Wandtafeln mit Text und Bild. Seit dem späten 19. Jahrhundert hatten große von Künstlern gestaltete Wandbilder, Fensterbilder (Diapositive) und dreidimensional inszenierte Statistiken Verbreitung gefunden. Anspruchsvollere und aufwändigere Darstellungen waren Kopien von englischen Originalobjekten (z. B. der Lokomotive „Puffing Billy"), Schnittmodelle und geschnittene Originalobjekte sowie oft „krippenhafte" Dioramen. Einen besonders hohen Stellenwert für technische Museen hatten didaktisch aufbereitete Originale und Nachbildungen in Funktion, Druckknopfexperimente, Vorführobjekte in Bewegung (z. B. eine Schnittlokomotive) und Schaubergwerke.

1914 fasste Ludwig Erhard in den „Richtlinien" für die Fachkonsulenten am Beginn der Einrichtungsarbeiten des Technischen Museums die vorgesehenen Präsentationsmöglichkeiten in den Ausstellungen zusammen:[2]

1. Museale Darstellungsarten
- Wissenschaftliche Apparate: Die historischen Apparate sollten in einen „altertümlichen" Kontext (Alchemistenküche, physikalisches Kabinett) gestellt werden, die neueren jedoch vor allem die Möglichkeit zum Experimentieren bieten.
- Historische Werkstätten: „Nichtssagende Theaterkonstruktionen" sollten vermieden, hingegen die „getreue Nachbildung von Arbeit" unter Verwendung „echter alter Einrichtungen" angestrebt werden.
- Naturgroße Objekte: Die „Führung konstruktiver Schnitte", „das Wegnehmen von Gehäuseteilen" und „die Zerlegung in einzelne Bestandteile" sollten „Einblicke in das Innenleben" der Objekte ermöglichen.
- Modelle und Nachbildungen: Es wurde zwischen Schnitt-, Lehr- und Fabrikmodellen unterschieden.
- Kombinierte Darstellungen: Sie bestanden aus Zeichnungen, Fotografien, Materialproben, Originalmaschinen und Modellen. Besonderer Wert sei auf die Gegenüberstellung von „Einst und Jetzt" zu legen.
- Büsten und Bildnisse.

2. Mittel zur Verlebendigung
- Betätigung der Apparate: Die Beobachtung der Bewegungsvorgänge konnte durch Handbetrieb, durch elektrischen Strom, Leuchtgas oder Druckluft erfolgen.
- Zeichnungen und Legenden: Es sollten genormte Formate und eine „klare Schrift im Blockcharakter" verwendet werden. Als einheitlichen Hintergrund verwendete man im Museum grauen Tafeleternit, eingerahmt von schwarz polierten Erlenholzleisten mit „halbelliptischem" Querschnitt. Die Tafeln erhielten im Erdgeschoss einen grauen Ölanstrich, in den Obergeschossen einen grünen Anstrich. Die einzelnen Ausstellungseinheiten markierten von der Decke abgehängte, ovale Eternittafeln mit schwarzer Schrift auf weißem Grund.[3]
- Vortragssaal und Ausstellungshalle.

Aus der großen Palette seien zwei Kategorien hervorgehoben: die Modelle und die Bildnisse bzw. Gemälde. Für Modellbaufirmen und Kunstmaler erschloss sich damals ein neuer Markt, den einige zur Spezialisierung auf den Bedarf der kulturhistorischen Museen nutzten. Die Peter Koch Modellwerke GmbH in Köln-Nippes[4] und das Wiener Unternehmen Gebr. Reinhold und Otto Völkel[5] erhielten über viele Jahre entweder direkt vom Museum oder von Unternehmen, die es unterstützten, lukrative Aufträge. Großformatige Aquarelle und Ölgemälde gehörten in der Gründungszeit bereits zum Standardrepertoire von Ausstellungen und Museen:[6] als Anschauungsmaterial für historische Arbeitssituationen, wie im Fall der Bekleidungsindustrie von Alfred Wesemann,[7] als panoramatische Industrielandschaftsdarstellungen, wie zwei Bilder der galizischen Erdölfelder von Reinhold Völkel[8] und das große Gemälde des Hafens in Triest von Alexander Kircher,[9] als Versinnbildlichung vorgeschichtlicher Epochen, wie das Gemälde eines Karbonurwaldes, der zur Bildung von Kohle führte,[10] oder als Hintergrund dreidimensionaler Dioramen, wie jene aus Anlass der Weltausstellung in St. Louis 1904 für das Eisenbahnmuseum gebauten.[11] Neben Wesemann und Völkel hinterließen die Grafiker Luigi Kasimir sowie Erich und Hans Veit, welche eine Serie von Radierungen mit dem Titel „Stätten der Arbeit" anfertigten, enschlägige Bilder. Letzteren stand bis zur Kündigung durch die Direktion im Jahr 1926 im Zusammenhang mit internen Auseinandersetzungen rund um den Direktorstellvertreter Ernst Stelzer ein Atelier im Museum zur Verfügung.[12]

Mit diesen Möglichkeiten, die alle in den 1918 eröffneten Schausammlungen zur Anwendung kamen, wandelte sich das Museum von einem Ort der reinen Zurschaustellung von Objekten zu einer Vermittlungsinstitution. Man wollte in anschaulicher, lebendiger Weise demonstrieren, wie sich Technik entwickelt hatte und wie sie funktionierte. Das Museum konnte sozusagen als große Maschine verstanden werden, die den Besuchern täglich den Fortschritt durch Technik vorführte. Erst durch den großen Aufwand mit historischen Werkstätten, Vorführobjekten und etwa dem Schaubergwerk entstand jene Faszination in der Wahrnehmung, die von den Gründern intendiert war. König und mit ihm Miller sowie Exner und Erhard interpretierten das Museum als eine „Lehranstalt, die in ganz anderer Weise ihre Mission erfüllt als die Schule".[13] Diese „ganz andere Weise" bestand in der Inszenierung eines Gesamtkunstwerks, das ein lineares Geschichtsbild vermittelte: von einer primitiven Vergangenheit in eine technisch beherrschte Gegenwart und Zukunft.

Trotz aller Gemeinsamkeiten zwischen München und Wien gab es entscheidende Unterschiede. Miller setzte darauf, die historische Entwicklung der Naturwissenschaft und Technik wie in einem Lehrbuch abzubilden, deren Fachsystematik zu übernehmen und sich – in Konkurrenz zu den Kunstmuseen – auf herausragende Objekte, „Meisterwerke", zu konzentrieren. Der vom Rektor der Technischen Hochschule Berlin-Charlottenburg Alois Riedler 1905 eingebrachte Vorschlag, die Darstellung der naturwissenschaftlichen und technischen Entwicklung durch jene der kulturhistorischen und ökonomischen Rahmenbedingungen zu ergänzen, kam zu spät und blieb unberücksichtigt.[14] In Wien verlieh Exner mit der Betonung von Handwerk und Gewerbe, sichtbar vor allem am Beispiel der vielen Ensembles, dem Museum von Beginn an zwar eine stärkere historische Note, ohne damit aber Riedlers Anregungen für München aufzugreifen.

Was erwartete nun die vielen Besucher, die seit Mai 1918 ins neue Museum gegenüber von Schloss Schönbrunn strömten? Die zwar eröffnete, aber noch nicht fertig eingerichtete Ausstellung präsentierte sich als Ergebnis einer zehnjährigen Planungsphase, deren zweite Hälfte im Schatten des Ersten Weltkriegs stand. Trotz der schwierigen Rahmenbedingungen entstand das Museum in einer einmaligen Konstellation von Möglichkeiten, die in dieser Kombination weder davor noch danach bei anderen vergleichbaren Projekten zu finden sind.

Die Basis bildete die Organisation mit dem Gründungsverein, der alle am Museum Interessierten einband; die Entscheidungsgewalt lag im Wesentlichen bei Exner und Erhard. Die Finanzierung des Projekts, eine Kombination aus öffentlichen und privaten Mitteln, war zum Zeitpunkt der Grundsteinlegung gesichert. Der Verzicht auf die vorgesehenen Verwaltungs- und Ausstellungstrakte zwang zwar zu einer Konzentration, gefährdete das Projekt aber nicht grundsätzlich.

Was unterschied nun das Technische Museum Wien von den Museen in Paris und London, die lange als Vorbilder gedient hatten, sowie von dem zwar früher gegründeten, aber erst später in einem Neubau eröffneten Museum in München? In der Geschichte der technischen Museen ist das Wiener Museum das erste, das einen Neubau auf der grünen Wiese erhielt. Die beiden „Museumsmacher" Exner und Erhard legten der Architektur schriftlich formulierte und in Skizzen festgehaltene konzeptionelle Vorgaben für die Einrichtung der Schausammlungen zugrunde. Exner verwies auf den ovalen Grundriss des Hauptgebäudes der Pariser Weltausstellung 1867, den Pierre Guilleaume Fréderic Le Play zur Strukturierung der Ausstellung nach Ländern und Branchen genutzt hatte, und adaptierte dieses Konzept für Wien: Der rechteckige Grundriss des Museumsgebäudes sollte entlang der Längsrichtung in drei parallelen Strängen die Geschichte der Technik – in Anlehnung an die unter humanistischen Einflüssen sich seit dem 17./18. Jahrhundert abzeichnende universal gedachte Dreiteilung[15] – in einer Abfolge von Altertum, Mittelalter und Neuzeit zeigen. Im rechten Winkel dazu sollten die auszustellenden Branchen angeordnet werden. Der Besucher erhielt damit die Möglichkeit, entweder die Geschichte der Technik chronologisch nach Epochen oder nach Branchen zu durchwandern.

Diese theoretischen Überlegungen zur Museumseinrichtung sind auch ein Teil der Erklärung für die Beauftragung des beamteten Architekten Emil von Förster mit einer Vorstudie. Die Vorstellungen der „Museumsmacher" vom künftigen Gebäude waren mit diesem Vorprojekt bereits so konkret, dass schon bei der Ausschreibung des nach dem Tode Försters auf Druck der Öffentlichkeit zustande gekommenen Wettbewerbs Hans Schneider, der wie Förster als Mitglied des Baukomitees über das notwendige Insiderwissen verfügte, eigentlich als Sieger feststand. Allen öffentlichen Protesten zum Trotz erhielt Schneider nach den ihm abverlangten Änderungen im Herbst 1909 den Auftrag. Exner und Erhard hatten sich durchgesetzt.

Doch das Exner'sche Konzept und das von Erhard ausgearbeitete „Ideal-Schema" konnten aus vielen Gründen – nicht nur wegen der Kriegsauswirkungen – nur teilweise in die Realität umgesetzt werden. Nachdem im Erdgeschoss der Westflügel dem Eisenbahnmuseum zur Verfügung gestellt wurde und die Mittelhalle als „Maschinenhalle" eine spezielle Widmung erhielt, blieb nur mehr der Ostflügel für die ansatzweise Umsetzung des theoretischen Konzepts. Die in den beiden Obergeschossen rundum angeordneten Gänge erforderten ein Abgehen vom Ideal und eine Aneinanderreihung von Branchen bzw. Sammlungen, von Erhard „Korridorsystem" genannt,[16] das im Wesentlichen auch der Ersteinrichtung des Deutschen Museums 1925 zugrunde lag.

Dennoch überließ Erhard entsprechend den Richtlinien von 1914 nichts dem Zufall, und auch Exner nahm nach der Eröffnung weiterhin kontrollierend Einfluss auf die einheitliche Gestaltung der Schausammlungen, wie Eduard Stürzer in seinen Erinnerungen berichtet: „Jeden vierten Samstag, bevor er diese [Direktoriums-]Sitzungen eröffnete, besuchte Exner die einzelnen Büros und überzeugte sich genau, was inzwischen geschehen war. Auch in mein Büro kam Exner gemeinsam mit Direktor Erhard und erkundigte sich, welche Abteilung oder welches Objekt ich im Augenblick entwerfe und mit welchen Arbeiten die Tischler- und Schlosserwerkstätten gerade beschäftigt seien."[17]

Was sahen die Museumsbesucher?

Als sich am Montag, dem 6. Mai 1918, die Tore des Museums öffneten, betraten die Besucher über die neobarocke Freitreppe ein sakral inszeniertes Gesamtkunstwerk, das an die Wirkmächtigkeit von Kirchen erinnerte.[18] Die Vorhalle gab bereits den Blick in das hohe „Mittelschiff" frei. Hier standen die Büsten der beiden „Säulenheiligen" Joseph Ressel und Carl von Ghega als Vertreter der „Erfindungsgabe" und der „Tatkraft". Vor der zentralen Maschinenhalle vermittelten gezeichnete Entwicklungsreihen der Technik wie eine Bilderbibel die zentrale Idee des Fortschritts durch Technik. Links schloss die Abteilung Handels- und rechts jene der Kriegsschifffahrt an, an deren Stelle 1962 nach der Übergabe der 107 präsentierten Objekte an das Heeresgeschichtliche Museum[19] eine Neuaufstellung des Fabriksprodukten-Kabinetts erfolgte, das sich zuvor im zweiten Obergeschoss befunden hatte.

Einige Treppen hinabsteigend, öffnete sich die über alle drei Geschosse reichende, von umlaufenden Emporen einsehbare und mit einem bunten Glasdach versehene Maschinenhalle. Kraftmaschinen, beginnend mit Wind- und Wassermühlen, Dampfmaschinen als Leitobjekte der industriellen Revolution, Wasser- und Dampfturbinen bis hin zu Verbrennungsmotoren, führten hier die energetische Basis der Produktion vor Augen. In der Achse der Halle zog und zieht bis heute die von Vinzenz Prick 1856 für die Brauerei Anton Drehers in Klein-Schwechat gebaute stehende Dampfmaschine mit dem großen Schwungrad – wie der Altar in der Kirche – die Blicke auf sich.[20] Ein ergänzender Teil zeigte die materialtechnischen, mechanischen und kinematischen Grundlagen in Modellen und Zeichnungen sowie Dampfkessel, Kältemaschinen, Pumpen, Ventilatoren und Kompressoren. Über den Maschinen schwebten unter dem Glasdach

Blick vom Foyer in die Mittelhalle, auf der rechten Seite Büste von Joseph Ressel, in der Mitte der Museumseingang mit den Führungsankündigungen, Foto, Graphische Lehr- und Versuchsanstalt, Wien, 15. Juli 1919

Besucher in der Maschinenhalle des neueröffneten Technischen Museums für Industrie und Gewerbe in Wien, Foto, 1918

Beispiel der Präsentation der energetischen Entwicklungsreihen im rechten Eingangsbereich, Foto, um 1919/20

Die Abteilung „Schiffahrt" links vom Eingang, in der Mitte das Modell des Segelschiffes „Austria Trieste", Foto, um 1920

Unter dem Glasdach der Mittelhalle der Lilienthal-Gleiter und die Etrich-Taube, Foto, 14. Juli 1919

– wie die Engel eines Deckengemäldes – ein original Lilienthal-Gleiter[21] und ein frühes Exemplar der motorisierten „Etrich-Taube"[22] als Teil der Luftfahrt-Abteilung,[23] die beide der Flugpionier Igo Etrich 1913/15 zur Verfügung gestellt hatte.[24] In den 1920er-Jahren hängte man noch den Flugapparat von Alfred von Pischof aus dem Jahr 1910 und das Segelflugzeug „Wien" auf, das 1923 den Hauptpreis bei der ersten Wiener Segelflugwoche errungen hatte.[25]

Linker Hand schloss im „Seitenschiff" die Ausstellung der Straßenfahrzeuge mit Fahrrädern, Motorrädern und Automobilen an. Hier gab es mit dem auf der Pariser Weltausstellung 1900 gezeigten und damals auf 1875 datierten „zweiten" Marcus-Wagen[26] und dem ebenfalls in Paris präsentierten und prämierten Lohner-Porsche mit Innenpol-Elektromotoren in den Vorderrädern[27] zwei bedeutende österreichische Objekte der Automobilgeschichte zu sehen. Die Fahrradsammlung erhielt während des Ersten Weltkriegs erste, aus Privatbesitz stammende Exemplare[28] der Jahrhundertwende, ebenso die Sammlung von Motorrädern.[29]

Auf die Straßenfahrzeuge folgte im linken Museumsflügel das Eisenbahnmuseum.

Zwischen Mittelhalle und rechtem „Seitenschiff" befand sich die Abteilung Gastechnik und Beleuchtungswesen mit den Erfindungen Auer von Welsbachs. Die hintereinander jeweils in Süd-Nord-Richtung angeordneten Branchen waren in die drei Epochen Altertum, Mittelalter und Neuzeit gegliedert. Im zentralen Teil der rechten Halle folgte auf die Elektrotechnik mit Generatoren und Elektromotoren und 1930 aufgestellten Ensembles zu den Themen „Elektrizität im Haushalt" und „Elektrizität in der Küche" das technikgeschichtliche Mittelalter der Metallbearbeitung mit der 1931 eingebrachten dampfhydraulischen Schmiedepresse John Haswells,[30] das Berg- und Hüttenwesen inklusive Erdöl- und Erdgasgewinnung sowie das Salinenwesen mit Kasten- und Balancier-Zylindergebläsen, Frischfeuer-Ensemble, Bessemerbirne und dem Funktionsmodell eines elektrischen Blockwalzwerks. Daran schlossen die Bodenkultur (Landwirtschaft) und Holzbearbeitung an; in diesem Bereich standen die Modelle der Landwirtschaftsgesellschaft, eine fahrbare, geschnittene Dreschmaschine von Hofherr & Schrantz, Clayton & Shuttleworth in Wien,[31] ein Tischlerei-Ensemble, das Modell eines Dampfsägewerks,[32] eine Darstellung der Bugholzmöbelerzeugung und die große Furnierschneidmaschine von Alois Munding.

Entsprechend dem Konzept blieb der etwas erhöhte Südgang zur Mariahilfer Straße hin dem technikgeschichtlichen „Altertum" gewidmet. Hier reihte sich – wie „Seitenkapellen" in einem „Seitenschiff" – ein historisches Ensemble an das andere:

198 Gründung und Eröffnung des Vereinsmuseums

eine Sensenschmiede mit zwei Hämmern und einer Esse sowie eine Reihe von Werkstätten für Goldschmiede, Graveure, Ziseleure und Münzschläger, Präsentationen der Dillinger'schen Schlüssel- und Schlössersammlung, der Petermandl'schen Messersammlung und der Medaillensammlung von Johann Schwerdtner. Es folgten eine Steinbierbrauerei,[33] eine Ölmühle mit Keilpresse und Kollergang,[34] eine Schnapsbrennerei sowie eine Getreidemühle mit Wasserrad („Admonter Stiftsmühle"). Als Symbol und Erzbasis des österreichischen Hüttenwesens stand hier auch das große Modell des steirischen Erzbergs.[35] Am Ende des Südgangs erreichten die Besucher über eine Treppe das im Keller eingebaute Schaubergwerk.

Eine Abweichung vom Konzept gab es: Aus Platzgründen situierte man ein komplettes steirisches Frischfeuer mit Schmiedehammer, Esse und Zylindergebläse an der nördlichen, eigentlich der „Neuzeit" gewidmeten Seite der Halle. Die „Neuzeit" (Gegenwart) des Hüttenwesens vermittelte u. a. eine Präsentation der Edelstähle von der Gebr. Böhler & Co. AG in Kapfenberg und des von Max Mauermann 1912/13 bei Bleckmann in Mürzzuschlag entwickelten rostfreien Stahls. Eine erste Aktualisierung erfolgte in den 1920er-Jahren mit den Sintermetallen der Plansee-Werke in Tirol.

Aus der Eingangshalle führt die repräsentative Haupttreppe in das erste Obergeschoss vor den Festsaal, damals der Nutzung entsprechend als „Hörsaal" bezeichnet. Hier fanden seit der Eröffnung samstags und sonntags gut besuchte Vorträge zu naturwissenschaftlich-technischen Themen statt, seit 1919 auch mit Stumm- und seit 1931/32 mit Tonfilmvorführungen.

Vor dem Festsaal fällt linker Hand die große „Ehrentafel" auf. Bis vor Kurzem galt als sicher, dass die Tafel seit der Eröffnung die Außenwand des Festsaals zierte. Erst Archivrecherchen im Zusammenhang mit der Provenienzforschung und im Vorfeld des 100-Jahr-Jubiläums förderten einzelne Bausteine zu Tage, die sich nun zu einem Puzzle fügen.[36] Der Förderverein diskutierte erstmals 1922 die Aufstellung einer „Votivtafel im Museumsgebäude für die Gründer und Stifter". Angesichts der von Erhard genannten voraussichtlichen Kosten von 700.000 Kronen für eine Marmortafel verschob der Verein dieses Projekt „auf eine spätere Zeit".[37] Erst Anfang 1925 konnte Erhard gegenüber dem Vorstandsrat berichten, dass die vom Förderverein gestiftete „Erinnerungstafel" in Ausführung begriffen sei. Die Kosten hatten sich bis Ende des Vorjahres durch die galoppierende Inflation auf 38,5 Millionen Kronen erhöht.[38]

Zusätzlich zu den Namen der Mitglieder des Präsidiums, des Kuratoriums, des Direktoriums und des Direktors enthielt die erste Tafel die Namen der Stifter und Gründer, also von jenen Personen und Unternehmen, die zwischen 1909 und 1917 zumin-

Die Abteilung „Elektrotechnik" in der Osthalle, hier die Anfänge mit der Dynamomaschine der „Société Alliance" (1870) und in der Bildmitte das „Kraftrad" von Johann Kravogl (1867), Foto, um 1930

Die vom Zentralverband der Sensengewerke während des Ersten Weltkriegs eingerichtete Sensenschmiede aus dem 18. Jahrhundert, Foto, um 1920

Ensemble „Admonter Stiftsmühle" mit oberschlächtigem Wasserrad, Foto, um 1920

Blick in die Abteilung „Grundwissenschaften der Technik", links an der Wand die kombinierte Darstellung zum Thema „Energielehre" mit Porträts von Hermann Ludwig Ferdinand von Helmholtz und Robert Mayer, Foto, Österreichische Lichtbildstelle, um 1920

Die Schausammlung nach der Eröffnung

Ensemble „Alchimistenstube" mit Originalobjekten, während des Ersten Weltkriegs über Vermittlung von Hans Graf Wilczek im Museum eingerichtet, Foto, 1953

Teilansicht des Ensembles „Liebig-Labor", Foto, um 1920

dest 50.000 Kronen gespendet hatten, sowie Exners stark an den historischen Werkstätten orientierten Sinnspruch „Den Vorfahren zur Ehre, der Jugend zur Lehre".[39] Die heute zu sehende Tafel entstand im Frühjahr 1942. Zuvor gab es massive Proteste von NS-Stellen gegen die Nennung Bernhard Wetzlers und des Bankhauses S. M. v. Rothschild als zweier bedeutender Förderer.[40]

Direkt vor dem Festsaal befand sich die Abteilung Messwesen mit Zimelien aus der Zeit Maria Theresias (Waagen und Gewichten, Uhren und Uhrmacherwerkzeug) und mit der astronomischen Uhr von Philipp Imsser aus dem Jahr 1556. Ein Rundgang durch das erste Obergeschoss begann rechter Hand im Südgang mit den Grundwissenschaften der Technik: der Astronomie, Physik und Chemie. Hier standen einerseits – die Anfänge demonstrierend – eine Reihe historischer Ensembles mit einem alchimistischen Labor, Rekonstruktionen der Laboratorien von Justus von Liebig, Antoine Laurent de Lavoisier, Carl Auer von Welsbach und ein modernes Chemielabor sowie der Nachbau einer barocken Apotheke mit den originalen Gefäßen[41] und viele Originalobjekte (z. B. der Brennspiegel aus dem Jahr 1751, ein Teleskop von Wilhelm Herschel und das 1917 vom Deutschen Museum übergebene Fernrohr von Simon Plößl) sowie zahlreiche Vorführobjekte zur Energielehre, Mechanik, Optik und Wärmelehre, zu Magnetismus und Elektrizität sowie zur Chemie, einschließlich eines Dunkelkammerraums zur Demonstration des Tesla-Transformators.

Im breiteren, der Stadt zugewandten Ostgang folgte die chemische Industrie mit Modellen der Salpetersäure-, Schwefelsäure-, Soda-, Ammoniak-, Chlor-, Kunstdünger- und Sprengstofferzeugung, der elektrochemischen Industrie, der Produktion von Kunstseide, Kautschuk, Zündhölzern, Farben und Lacken sowie Seifensiederei- und Kerzentunkerei-Dioramen.[42] Die Lebensmittelchemie mit Modellen der Margarine- und Palmölerzeugung[43] leitete zur Nahrungs- und Genussmittelindustrie im Nordgang über. Den historischen Rückblick vermittelte hier seit 1934 das Ensemble „Alte Ölpresserei" mit einer Ölstampfe (1662) und einer hydraulischen Ölpresse nach Joseph Bramah (1800).[44] Blickfang der Abteilung war das große Modell der Rübenzuckererzeugung, das 1939 in den nordöstlichen Eckraum umgestellt wurde.[45] Für den besonderen Charme des Ganges waren mehrere, in Ausstellungswände integrierte Dioramen zur Tee-, Schokolade-, Kaffee-,[46] Bier- sowie Tabakerzeugung und -verarbeitung verantwortlich. Seit der Eröffnung stand hier ein „Tageslichtkino" der Wiener Firma Pathékok zur „lebendigen Wiedergabe von Prozessen", für die in der Ausstellung kein Platz war.[47] Auf die Nahrungs- und Genussmittel folgte in dem der Linzer Straße zugeordneten Nordgang die Papierindustrie mit der

Präsentation einer wertvollen Sammlung handgeschöpfter Papiere und Marken sowie dem 5,5 Meter langen Vorführmodell einer Langsiebpapiermaschine.[48] Von hier führte der Besucherweg weiter zur grafischen Industrie. Einen besonderen Abschnitt bildete in einem Seitenraum die Geschichte der Schreibmaschine mit den zwei Originalen von Peter Mitterhofer.[49] Hier stand auch die „Allesschreibende Wundermaschine" des Friedrich Knaus aus dem Jahr 1760. Den Gang entlang ging es mit dem Buchdruck und den teilweise auch in Österreich entwickelten Hoch-, Tief- und Flachdrucktechniken sowie den Büromaschinen weiter. Den Abschluss bildeten im nordwestlichen Eckraum die Fotografie und Kinematografie mit Objektiven und Kameras Joseph Petzvals.[50] Eine Neugestaltung erfuhr diese Abteilung nach der 1931 erfolgten Übernahme von über 1000 historischen Objekten der Graphischen Lehr- und Versuchsanstalt in Wien.[51]

Im Vergleich zu ihrer Bedeutung für die industrielle Entwicklung als dem neben der Eisen- und Stahlerzeugung bedeutendsten Leitsektor behandelten die „Museumsmacher" die Textilindustrie im breiteren Westgang des ersten Obergeschosses relativ stiefmütterlich. Die ursprüngliche Bezeichnung als „Industrie der Faserstoffe" nahm noch direkt auf den zu verarbeitenden Rohstoff im Sinne der Warenkunde Bezug. Im Zentrum standen die wichtigsten Spinn- und Webmaschinen, von der Spinning Jenny bis zum Selfactor und vom Handwebstuhl bis zum mechanischen Webstuhl. Die Abteilung zeigte mit einem Seidenwebstuhl aus der Leobersdorfer Fabrik von Hornbostel & Comp. (1815/16)[52] und einem Velour-Teppichwebstuhl mit Jacquard-Einrichtung von Ignaz Ginzkey in Maffersdorf/Vratislavice nad Nisou (1830)[53] herausragende historische Originalobjekte. Den Rückblick in die Zeit des Handwerks vermittelte das Ensemble einer schlesischen Leinenweberstube. Weitere Präsentationen beleuchteten die Technik des Flechtens, der Linoleumerzeugung und der Lederverarbeitung, die bereits zur Bekleidungsindustrie überleitete. Dieser Teil bestand vor allem aus historischen Werkstätten, die einen Einblick in die handwerkliche Phase der Bekleidungsherstellung boten. Dazu gehörten die Ensembles einer Schuster- und Schneiderwerkstatt mit der „Nähhand" Joseph Maderspergers aus dem Jahr 1838 sowie ein von dem Wiener Hutmacher Peter Habig vermittelter Nachbau einer biedermeierlichen Hutmacherwerkstätte mit Verkaufsladen. Im südwestlichen, durch die Hutmacherei erreichbaren Eckraum präsentierte sich die Bekleidungsindustrie, deren Genossenschaften einen Bilderfries über den Werkstätten finanziert hatten, den Alfred Wesemann ausführte. Jeweils ein schwarz gerahmter Fries zeigt in fünf durch Perlstäbe getrennten Bildern die handwerkliche und industrielle Bekleidungs-

Schnittmodell einer „Hausseifefabrik" im klassischen Wandverbau mit schwarz gerahmten Asbestzementtafeln, von der Österreichischen Georg Schicht AG übergeben, Foto, um 1920

Blick in die Abteilung „Papierindustrie" im Nordgang des ersten Obergeschosses gegen Osten, Foto, um 1920

Petzval-Vitrine innerhalb der Abteilung „Graphische Industrie", kombinierte Darstellung mit Zeichnungen, Fotografien, Materialproben, Originalobjekten und Modellen, Foto, um 1920

Die Schausammlung nach der Eröffnung   201

Ensemble „Alte Webstube" mit einem Handwebstuhl und Spinnrädern, 1916 von der Fa. Regenhart & Raymann in Freiwaldau, Österreichisch-Schlesien, dem Museum übergeben, Foto, um 1920

Detail des Ensembles „Schneiderwerkstätte" mit der Nähhand von Joseph Madersperger von 1838 und seinem Porträt, Foto, um 1950

Ensemble einer biedermeierlichen „Hutmacherwerkstätte" nach dem Vorbild der bürgerlichen Werkstatt von Leopold Hasenreiter, nachgebaute Fassade des Hauses mit Einfahrt, Foto, um 1920

Maschinelle Schuherzeugung, Aquarell aus der Serie der Bilder der Genossenschaften des Bekleidungsgewerbes, Alfred Wesemann, um 1914

herstellung nach Motiven in Wiener Genossenschaftsbetrieben.[54]

Im Südgang folgte das Bauwesen, vor allem mit Architekturmodellen, u. a. einem Schnittmodell der Schwimmhalle des 1913/16 erbauten Dianabads, einem Modell des Wiener Bankvereingebäudes[55] und einem 1933 von den Architekten Siegfried Theiss und Hans Jaksch übergebenen Modell des ersten Wiener Hochhauses in der Herrengasse, sowie mit der Abteilung „Heimatschutz und Bauberatung". Die anfänglich ebenfalls hier gezeigten Objekte zum Wasserbau übersiedelten in den 1920er-Jahren in das zweite Obergeschoss. Besondere Aufmerksamkeit wurde dem Werk des Eisenbahnpioniers Alois Negrelli und seinem Beitrag zum Bau des Suezkanals zuteil. Linker Hand schloss im Gang nach Norden die Abteilung „Industrie der Steine und Erden" an, bestehend aus der Ziegel-, Zement- und Keramikerzeugung, der Glasindustrie und Steinbearbeitung. Entlang des Ganges gab es mit einer Töpferei, einer Kuglerwerkstätte von J. & J. Lobmeyr in Wien und einer Kugelmühle mehrere historische Werkstättenensembles sowie das große Modell einer modernen Zementfabrik[56] und das eines Ringziegelofens.[57]

Das zweite Obergeschoss konnte aufgrund der vorgezogenen Eröffnung vor Kriegsende nicht mehr fertiggestellt werden und blieb vorerst für die Besucher geschlossen.

Gründung und Eröffnung des Vereinsmuseums

Robert Kinnl

Das Eisenbahnmuseum

Den Abteilungen Handelsschifffahrt und Straßenfahrzeuge folgte im linken Museumsflügel das Eisenbahnmuseum. Den Besucher empfing eine lichtdurchflutete Halle mit einer einheitlich gestalteten Ausstellungsarchitektur. Das Eisenbahnmuseum belegte mit einer Gesamtfläche von 3615 Quadratmetern, davon 765 im Keller, knapp ein Viertel der gesamten Ausstellungsfläche. Weitere 600 Quadratmeter waren für Fahrzeuge im nördlichen Museumshof reserviert.[58]

Bei der Eröffnung wies das Eisenbahnmuseum neun Gruppen auf:[59]

1. Die historische Abteilung mit drei Untergliederungen: von der Gründung der ersten europäischen öffentlichen Festlandbahn 1824 bis zum Verkauf der ersten Staatsbahnen Mitte der 1850er-Jahre; vom Beginn der Privatbahnzeit um 1850 bis zur Wiedererrichtung eines größeren Staatsbahnnetzes um 1880; von 1880 bis zur Eröffnung des Eisenbahnmuseums im Technischen Museum
2. Hochbau und Wohlfahrtseinrichtungen
3. Oberbau und Tunnelbau (im Kellergeschoss)
4. Dioramen verschiedener Bergbahnen (im Kellergeschoss)
5. Lokomotiv- und Wagenbau
6. Betriebseinrichtungen
7. Elektrische Zugförderung
8. Signal- und Sicherungswesen, Schrankenanlagen
9. Eisenbahngeld, Eisenbahnmarken und Medaillen

Im ersten Raum wurden mit Abbildungen und Modellen die ältesten Schienenbahnen in England und am europäischen Festland präsentiert. Den Schwerpunkt bildeten die erste öffentliche Bahn Österreichs, die Pferdeeisenbahn Linz–Budweis/České Budějovice, mit der Konzessionsurkunde von 1824 und den Büsten ihrer Erbauer Franz Anton von Gerstner und Matthias Schönerer sowie Objekte zu den ersten Dampfeisenbahnen in Österreich, der Kaiser-Ferdinands-Nordbahn[60] und der Südbahn. Die Erbauer der Tauern-, Brenner- und Arlbergbahn waren ebenfalls mit Büsten vertreten; die Strecken wurden in Landschaftsmodellen dargestellt.

Viele Modelle zeigten Eisenbahnbrücken, u. a. die 1838 über die Donau bei Wien errichtete Holzbrücke und das Stadtbahnviadukt über die Heiligenstädter Straße[61], aber auch Werkstätten, Zugförderungsanlagen und Bedienstetenwohnhäuser.

Im November 1915 gelangte ein Aquarell mit dem Titel „Bedienstetenwohnhäuser der k. k. Staatsbahnen in Floridsdorf" als Geschenk der Allgemeinen Österreichischen Baugesellschaft in den Besitz des Eisenbahnmuseums und blieb bis Februar 1934 unbeachtet ausgestellt.[62] Ein Besucher informierte damals die Museumsleitung, dass es sich um ein von Adolf Hitler gemaltes Bild aus dem Jahr 1912 handelte.[63] Der für das Eisenbahnmuseum zuständige Minister Fritz Stockinger ließ es sofort entfernen und im Ministerium verwahren. Unmittelbar nach dem „Anschluss" gelangte das Bild nach Berlin, wo Hitler es als sein Werk identifizierte. Der damalige Leiter des Eisenbahnmuseums Karl Feiler ließ von Museumshandwerkern für das Aquarell an prominenter Stelle eine Art „Schrein" errichten, in dem es seit Juni 1938 präsentiert wurde.[64] Seit Kriegsende gilt es als verschollen.

Über die Treppe in der Südwestecke gelangte man zu den Bereichen Oberbau, Tunnelbau und Dioramen mit der Präsentation von Schienen und Weichen, Gleisbau, Schienenbetten, Schwellenkonstruktionen, Stoßverbindungen und Oberbauwerkzeugen sowie von Vermessungsinstrumenten, Modellen zu Tunnelbaumethoden und von Tunnelbohrmaschinen.[65] Beleuchtete Dioramen zeigten die bedeutendsten Eisenbahnstrecken.[66]

An der Westseite des Erdgeschosses waren die Entwicklung der elektrischen Bahnen und deren Stromversorgung dargestellt. Detailgetreue und betriebsfähige Modelle gab es von der Lokalbahn Mödling–Hinterbühl, der ältesten elektrisch betriebenen Lokalbahn Österreichs (1883), und der damals modernsten normalspurigen Bahn mit Universalstromabnehmern, die ab 1912 auf der Strecke Linz–Eferding–Waizenkirchen im Einsatz war. Die Technik von Seilschwebebahn und Standseilbahn zeigten Modelle der Kohlernbahn in Bozen und der Hungerburgbahn in Innsbruck.[67]

Im Nordgang waren die Fernmelde- und Sicherungstechnik: Morse- und Telegrafeneinrichtungen, Telefone, Schrankenanlagen, Weichenriegel, Signalfahnen, Korb- und Flügelsignale. Eine Siemens-Stationsblockeinrichtung, verbunden mit einer im Museumshof befindlichen Weichenanlage, zeigte die aktuelle Technik eines gefahrlosen Zugbetriebs. Einen weiteren Teil der Schausammlung bildete eine Auswahl von Eisenbahngeld, -marken und -medaillen, die der Numismatiker August von Loehr dem Eisenbahnmuseum bereits 1898 überlassen hatte.[68]

Der weitaus umfangreichste Bereich in der Kuppelhalle war für den Lokomotiv- und Wagenbau sowie die Betriebseinrichtungen reserviert. Im Zentrum stand auf einem Sockel eine allegorische Darstellung des Dampfes mit fast lebensgroßen Figuren: die Vermählung des Feuergottes mit einer Wassernymphe – aus Feuer und Wasser entsteht Dampf.[69] Im Umfeld dieser dominanten Figurengruppe befanden sich Modelle von Lokomotiven, Tendern sowie Personen- und Güterwagen. Zu den

Blick in das Eisenbahnmuseum mit einer allegorischen Figurengruppe zur Dampferzeugung, links der Hofsalonwagen Kaiserin Elisabeths und die Dampflok „Steinbrück", rechts die Dampflok „Ajax", Foto, 1918

qualitätsvollsten Modellen zählten jenes der 1895 von Karl Gölsdorf für die Wiener Stadtbahn konstruierten Verbund-Tenderlok k. k. StB 30 mit drei gekuppelten Achsen und zwei Personenwagen 2. und 3. Klasse,[70] das Modell der Nassdampf-Vierzylinder-Verbund-Schnellzugslok k. k. StB 110.01 mit Tender[71] sowie jenes der 1837 in England gebauten „Vindobona".[72] Aus Platzgründen wurde diese Präsentation bereits nach kurzer Zeit verändert. Statt der Allegorie kam der Personenwagen „Hannibal" der Pferdeeisenbahn zur Aufstellung. Modelle wie die der Südbahn-Lokomotiven „Kapellen" und „Rauhenstein"[73] waren nicht maßstäblich, unvollständig und mit klobigen Holzteilen versehen[74] und boten immer wieder Anlass zu Kritik.[75]

Zu den bedeutendsten originalen Großobjekten gehörten die nach Plänen von John Haswell gebaute Personenzuglokomotive „Ajax" von 1841 samt Tender sowie der Gepäckwagen Nr. 52 von 1847 der Kaiser-Ferdinands-Nordbahn.[76] Daran anschließend standen die schmalspurige Personenzug-Tenderlokomotive „Gmunden" von 1854 sowie der dazugehörige Aussichtswagen 2. Klasse.[77] Auf der anderen Hallenseite befanden sich die Südbahnlokomotive „Steinbrück" von 1848 sowie der 1873 gebaute Hofsalonwagen von Kaiserin Elisabeth. Im Anschluss daran zu sehen waren Draisinen im Original, die 1892 explodierte Feuerbox, Kesselmodelle und Kesselbleche, drei Lokomotivumsteuerungen,[78] ein beschädigter Kolben mit Kolbenstange,[79] verbogene Treibstangen, eine reichhaltige Sammlung von Achslagern, Modelle von Puffern, diverse Zughaken von Haupt- und Nebenbahnwagen, Wasserstandsgläser, Kesselspeiseeinrichtungen[80], Rauchverzehrer[81] sowie ein Modell der Zahnstange samt Zahnrädern nach dem System Abt der Erzbergbahn über den Präbichl im Maßstab 1 : 5.

Die Aufstellung der Objekte unter der Kuppelhalle erfuhr bis in die 1930er-Jahre mehrere Umgestaltungen. So kam 1926 nach dem Vorbild des Deutschen Museums eine ausgemusterte, der Länge nach geschnittene Schnellzuglokomotive BBÖ 1.20 als Lehrobjekt in die Ausstellung, deren Triebwerk mittels eines Elektromotors langsam bewegt werden konnte.[82] Zur selben Zeit bekam das Museum eine originale Triebwagenlokomotive der Österreichischen Nordwestbahn, Bauart Elbel, einen Güterwagen der Lambach-Gmundner Eisenbahn, einen Kohlenwagen der von Wolfsegg nach Breitenschützing führenden Pferdebahn sowie einen Waagständer der Waggon-Brückenwaage der Pferdeeisenbahn.[83] Aus Platzgründen wurden Museumsobjekte aus der Schausammlung und vom Hof des Museums ausgeschieden.[84]

Weitere Neuzugänge waren die 1930 angekaufte Lokomotive 1 aus dem Jahr 1886 und ein dazugehöriger Personenwagen der eingestellten Zahnradbahn auf den Gaisberg[85] sowie der 1927 erworbene Inspektionswagen der Pferdeeisenbahn.[86] Die Triebwagenlok Elbel wurde 1930 verschrottet; die Abteilung Betriebseinrichtungen (Heizung und Beleuchtung) organisierte man neu, und aus der Abteilung Werkstättenwesen gab man Objekte an das Technische Museum ab.[87]

Die größte Veränderung der Objektpräsentation in der Kuppelhalle bedeutete die Aufstellung der unter Denkmalschutz gestellten, 1900 erbauten Lokomotive BBÖ 180.01.[88] Das Interesse der Leute auf der Straße an der Lok beim Transport ins Museum im Dezember 1934 war derart groß, dass für die Besichtigung „Eintrittsscheine" ausgegeben und ein eigener Straßenbahnzubringerdienst eingerichtet wurden.[89] Die BBÖ 180.01 galt als technisch vorbildliche Güterzugdampflok; sie hatte seitlich verschiebbare Achsen und war die erste brauchbare fünffach gekuppelte Lokomotive der Welt. Ihr Konstrukteur Karl Gölsdorf, der 1916 verstorben war, wurde 1931 für seine bedeutenden Lokomotivkonstruktionen vom Österreichischen Ingenieur- und Architektenverein mit der Aufstellung eines Denkmals im Eisenbahnmuseum geehrt.[90]

Martin Schneider

Im Spiegel der Öffentlichkeit und des Fachpublikums

Bereits vor der offiziellen Eröffnung bemühte sich die Museumsleitung, den Bekanntheitsgrad des Museums zu steigern – etwa durch Führungen spezieller Personengruppen durch die noch nicht fertig eingerichtete Schausammlung. Über sie wurde anschließend in der Presse berichtet. Angesichts der inhaltlichen Ausrichtung, aber auch der Abhängigkeit von musealen und finanziellen Spenden aus der Industrie verwundern die Führungsangebote für Industrievertreter nicht. Vor dem Hintergrund des verheerenden Weltkriegs könnten diese Aktivitäten allerdings nicht nur auf ein Vermarktungs-, sondern auch auf ein Rechtfertigungsbedürfnis hindeuten, ersuchte man doch Unternehmer immer wieder um Spenden von Objekten und Dienstleistungen für das Museum.

Das Wiener „Fremdenblatt" berichtete am 27. Februar 1918 etwa von einer Besichtigung, an der über 300 Industrielle nach einer Versammlung des Reichsverbandes der österreichischen Industrie teilgenommen hatten.[91] Am 26. März fand eine Vorabbesichtigung durch eine Studienkommission bulgarischer Industrieller und Kaufleute statt.[92] Hinweise auf die bevorstehende Museumseröffnung am 6. Mai finden sich vor allem ab April in den Zeitungen. Und unmittelbar vor der Eröffnung fand am 1. Mai eine spezielle Presseführung statt.[93]

Zu den ersten Kommentatoren der Schausammlung nach der Museumseröffnung gehörte Major Karl Josef Zitterhofer, dessen bebilderter Bericht am 1. Juni 1918 in der Zeitschrift „Volk und Heer" erschien.[94] Er erwähnte ausdrücklich die Entwicklungsreihen in der Mittelhalle, in der Wasser-, Dampf- und Gasmotoren gezeigt würden,[95] beschrieb seinen Rundgang durch die einzelnen Abteilungen und nannte eine Reihe herausragender Objekte: etwa die Büsten der Erfinder Joseph Ressel und Carl von Ghega, den aus dem Eisenbahnmuseum stammenden

„Eine österreichische Kulturstätte", erste ausführliche Besprechung des neu eröffneten Museums von Karl Zitterhoffer, 1918

Personenwagen „Hannibal" der Linz-Budweiser Pferdeeisenbahn sowie den Hofsalonwagen von Kaiserin Elisabeth, das große Schnittmodell des Kriegsschiffes „Viribus Unitis" in der Abteilung Kriegsschifffahrt,[96] eine römische Wasserleitung aus Wien[97] und die „Etrich-Taube". Auch die Aufstellung versuchsbereiter Apparate zum eigenen Experimentieren wurde positiv hervorgehoben.[98]

Zitterhofer vergisst vor dem Hintergrund des noch andauernden Krieges jedoch nicht, auch nationale Töne anzustimmen, wenn er das Museum als „eine Art Ruhmeshalle der industriellen und gewerblichen Arbeit, die in Österreich geleistet worden ist", bezeichnet. Auch die Idee der kriegstechnischen Darstellungen greift er auf. Sie würden den Museumsgruppen noch angefügt werden und „die bewundernswerten Leistungen der vaterländischen Industrie und Technik während des Völkerringens zur Ehre Oesterreichs für alle Zeiten festhalten".[99] Bezeichnend in diesem Zusammenhang erscheint der Aufruf, Kriegsanleihen zu zeichnen; diese Annonce war nach dem Artikel Zitterhofers platziert.

Der Museumsfachmann Julius Leisching veröffentlichte seine Beschreibung des Technischen Museums 1922. Auch er geht auf die technikhistorischen Entwicklungsreihen ein, die bereits im Idealschema der Schausammlungseinrichtung vorgesehen waren, und erwähnt die Schautafeln im Eingangsbereich, die diese Reihen abbildeten. Neben einer tektonischen beschreibt Leisching auch eine energetische Reihe. Beide stellten jeweils einen dreistufigen Entwicklungsprozess dar.[100] Die Energetik wurde als die Entwicklung von einer Phase, in der organische Energien genutzt wurden, über eine organisch-anorganische Phase hin zu einer Phase, in der anorganische Energien Verwendung fanden, präsentiert, der damit verbundene Fortschritt durch die vermerkte Leistungssteigerung veranschaulicht. Auch Erhards tektonische Entwicklung der Werkstoffe hatte in ähnlicher Phasenabfolge Eingang in die Ausstellung gefunden.

Leisching unternimmt in seinem Artikel ebenfalls einen Streifzug durch die einzelnen Gruppen der Schausammlung und hebt hervor, dass die Technik in ihrem kulturellen Kontext präsentiert werde. Zudem sei die „ermüdende Aufstapelung unverständlicher Geheimnisse […] nicht nur durch Erläuterungen, Führungen und die selbsttätige Inbetriebsetzung, sondern auch durch ganze kultur- und kunstgeschichtlich wertvolle Einbauten lebendig gemacht".[101] Die Umsetzung der auf Exner und Erhard zurückgehenden „Richtlinien für die Tätigkeit der Fachkonsulenten" schien also trotz Kriegswirren ebenso gelungen wie die des Idealschemas. Wie Zitterhofer schlägt auch Leisching in seiner positiven Darstellung österreichischer Leistungen in der Technikentwicklung vor dem Hintergrund des inzwischen verlorenen Weltkriegs und des Zusammenbruchs der Monarchie nationale Töne an.[102]

1925 besuchte eine Delegation der American Association of Museums mehrere technische Museen in Europa und veröffentlichte die erste einschlägige Publikation zu diesem Thema. Auch ein Film über die Museumsbesuche wurde gedreht. Im Abschnitt über das Technische Museum[103] lobt Charles R. Richards, der Präsident der Vereinigung, die didaktische Anschaulichkeit der Ausstellungseinrichtung und Objekterklärungen. Er stellt das Wiener Museum auf die gleiche Stufe wie das Deutsche Museum in München. Richards meint, dass die Verlebendigung der Schausammlungseinrichtung anscheinend ein dominierendes Ziel gewesen sei.[104] Auch er fand die Umsetzung der Richtlinien zur Schausammlungseinrichtung sowie die natürliche Ausleuchtung als geglückt,[105] meinte aber, dass das vorhandene künstliche Licht nicht für den Abendbetrieb ausreiche.

Die Beurteilungen durch das Fachpublikum fielen also durchwegs positiv aus, und die Publikumszahlen waren beachtlich: Zum Eintrittspreis von 1 Krone (samstags 50 Heller) hatten bis zum 3. Juni 1918 bereits 14.453 Besucher das Museum aufgesucht, Anfang Dezember waren es bereits 75.000.[106] Für das erste Öffnungsjahr nannte Leisching 120.000 Besucher,[107] im Dezember 1925 überschritt die Besucherzahl sogar die Millionengrenze.[108] Die „VDI-Nachrichten" erkannten treffend, dass das neue Museum offensichtlich ein Bedürfnis der Bevölkerung ansprach. Darin könnte das Identifikationsbedürfnis einer im Weltkrieg besiegten Nation gesehen werden, deren Reich sowie Staats- und Regierungsform zerbrochen waren und die nun nach bleibenden Werten zu suchen schien. Dieses Identifikationsbedürfnis hatten nicht zuletzt die Ingenieure, deren Leistungen im Weltkrieg zur Steigerung ihres öffentlichen Ansehens beigetragen hatten. Doch der politische, militärische und wirtschaftliche Untergang des Kaiserreiches stellte diese Berufsgruppe erneut vor wirtschaftliche und gesellschaftliche Probleme.[109] Zum Prozess der Identitätsstiftung gehörte etwa die Herausbildung einer Ahnenreihe, zu denen auch Techniker wie Carl von Ghega und Joseph Ressel zählten. Auch die identitätsstiftende Wirkung der präsentierten technischen Großobjekte darf nicht übersehen werden.[110]

Dieses gesellschaftliche Bedürfnis war bis in die Wiener Stadtteile Rudolfsheim und Fünfhaus spürbar. Die in einer 1922 erschienenen Wiener Bezirksgeschichte zu findende Darstellung des Technischen Museums enthält die unmissverständliche Aufforderung: „Es sollte keinen Fünfhauser, keinen Rudolfsheimer geben, der nicht das Museum, diese Stätte heimischer Kultur, besucht hat, zumal der Eintrittspreis sehr mäßig ist. Ja noch mehr. Es sollte jeder, der für das Wirken des Museums Interesse hat, Mitglied des Vereines ‚Technisches Museum' werden."¹¹¹

Auch eine 1932, also bereits zur Direktionszeit Schützenhofers erschienene Bezirksgeschichte Hietzings widmet sich dem Technischen Museum und bietet dem Leser einen ausführlichen Rundgang durch die Schausammlung. Vor allem die didaktische Aufbereitung wird hervorgehoben: „Die Stellung und Anordnung der Lehrmodelle und Schaustücke ist so eingerichtet, daß die Einzelheiten gut wahrnehmbar sind, ja bei den Maschinen sogar die Bewegungen aufs genaueste verfolgt werden können."¹¹² Die „Reichhaltigkeit […] an Skizzen, Gemälden und Modellen" in den Bereichen Bergbau und Erdölgewinnung¹¹³ wird ebenso betont wie die „sorgfältig gearbeitete[n] Schnittmodelle", welche die Metallverarbeitung verdeutlichen.¹¹⁴ Hingewiesen wird auch auf Entwicklungsreihen und die Gegenüberstellung altertümlicher und moderner Gerätschaften bzw. Einrichtungen: etwa jene eines modernen Chemielaboratoriums und einer Alchemistenstube,¹¹⁵ die historischen Entwicklungsstufen der Handwerkzeuge¹¹⁶ und den Werdegang eines Glühkörpers.¹¹⁷ Die erwähnte Materialienkunde wiederum erinnert an Erhards Arbeiten zur Tektonik: „Auch darüber will das Museum den Besucher nicht im Unklaren lassen und setzt ihn von den wichtigsten Arten des Verfahrens, Materialien zu erkennen und sie auf ihren Gebrauchswert zu prüfen, in Kenntnis, indem es Proben über Zug-, Druck- und Bruchfestigkeit, sowie Ätzfiguren und Anlauffarben auf den Oberflächen der verschiedenen Metalle bringt. Auch eine Maschine zur Vornahme der Proben ist ausgestellt."¹¹⁸

Das zu Beginn des Jahrhunderts konzipierte Idealschema einer technischen Schausammlung hatte Erhard somit trotz mancher Schwierigkeiten und Änderungen anschaulich und offenbar sehr erfolgreich in die Praxis umgesetzt.¹¹⁹ Die im „Ideal-Schema" vorgesehene strikte Dreiteilung der historischen Entwicklung konnte aus pragmatischen Gründen nicht immer streng durchgehalten werden. Ob die ersten Besucher ausschließlich Bildungsinteressen verfolgten, muss angesichts der zeitgenössischen Ereignisse offenbleiben. Nicht zuletzt konnte der Museumsbesuch auch als Flucht vor einem trostlosen Alltag dienen.

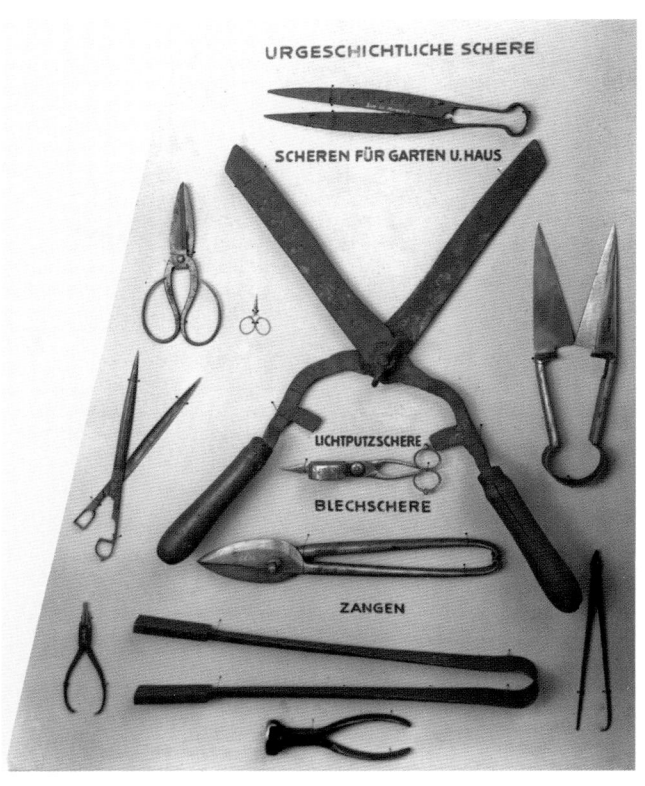

Präsentation der Entwicklung von Scheren und Zangen mit Sonderformen, Foto, 1930

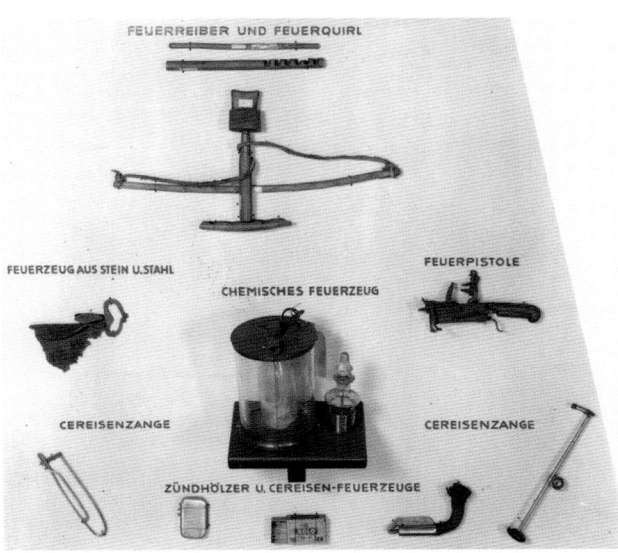

Präsentation der Entwicklung von Feuerreibern und Feuerwerkzeugen, Foto, 1930

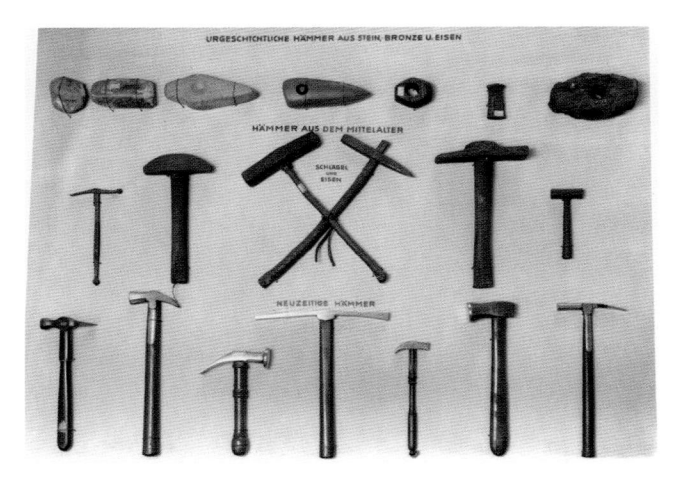

Präsentation der Hämmer nach der idealtypischen Entwicklungsreihe der drei Phasen Urgeschichte, Mittelalter, Neuzeit, Foto, 1930

Die Schausammlung nach der Eröffnung 207

Wilhelm Exner, Initiator und Motor der Museumsgründung

1 Allgemein dazu Erhard, Aufbau (1941); Schützenhofer, Fabriks-Produktenkabinett (1947); Habacher, Technisches Museum (1968); Burger, Maschinenzeit (1991), S. 19–34.
2 Exner, Gewerbe-Museum (1904).
3 Kolmer, Gustav: Das Herrenhaus des österreichischen Reichsrats. Nach dem Bestande Ende des Jahres 1906. Wien 1907, S. 120–122 und 213.
4 Die Achter-Jahre in der österreichischen Geschichte des 20. Jahrhunderts. Hg. von Karl Gutkas (Schriften des Instituts für Österreichkunde 58). Wien 1994.
5 Katalog der Jubiläums-Gewerbe-Ausstellung Wien 1888. Hg. von der Ausstellungs-Commission. Wien 1888.
6 Entwicklung Gewerbe und Industrie (1888).
7 Ebd., S. VI.
8 K. k. Technologisches Gewerbe-Museum in Wien. Technischer Dienst der Gewerbeförderungsaction des k. k. Handels-Ministeriums. Special-Katalog für die Jubiläums-Ausstellung Wien 1898. Im Prater war damals auch der Marcus-Wagen erstmals öffentlich ausgestellt. Vgl. Jubiläums-Ausstellung Wien 1898. Officieller Katalog. Wien 1898², S. 215.
9 Geschichte der österreichischen Land- und Forstwirtschaft und ihrer Industrien 1848–1898. Wien 1899–1901, 4 Bände und ein Supplementband.
10 Geschichte der Eisenbahnen der oesterreichisch-ungarischen Monarchie. Wien, Teschen, Leipzig 1898, 4 Bände und 1906/08, 3 Bände. Vgl. Staudacher, Peter: Die „Geschichte der Eisenbahnen der oesterreichisch-ungarischen Monarchie". Realität, Verzerrung und Fiktion am Beispiel eines Gedächtnisortes österreichischer Transportgeschichte, in: Österreich in Geschichte und Literatur 40 (1996), Heft 1, S. 25–36.
11 Die Groß-Industrie Oesterreichs. Festgabe zum glorreichen 50-jährigen Regierungsjubiläum seiner Majestät Kaiser Franz Josef I., dargebracht von den Industriellen Österreichs. Wien 1898, 6 Bände und Wien 1908, 4 Bände. Vgl. Resch, Andreas: „... sich selbst und dem Landesfürsten Rechenschaft geben über das bisher Geleistete ...". Die Selbstdarstellung der österreichischen Fabrikunternehmer in den Prachtbänden »Die Groß-Industrie Oesterreichs« aus dem Jahre 1898, in: Plitzner, Klaus (Hg.): Technik, Politik, Identität. Funktionalisierung von Technik für die Ausbildung regionaler, sozialer und nationaler Selbstbilder in Österreich. Stuttgart 1995, S. 83–93.
12 Semmering-, Arlberg-, Brenner- und Tauernbahn.
13 Die österreichisch-ungarische Monarchie in Wort und Bild. Wien und Niederösterreich. 1. Abtheilung: Wien. Wien 1886. Exner steuerte für das Kapitel „Volkswirthschaftliches Leben in Wien" den Abschnitt „Das städtische Gewerbe" bei, S. 296–309.
14 Kaiser-Jubiläums-Ausstellung Wien 1908. Allgemeine Österreichische Ausstellung und Internationale Ausstellung für Armee und Marine. Ausstellungs-Regulativ und Gruppeneinteilung. Wien 1907.
15 Katalog der Österr. Jubiläums-Kunstausstellung in Wien. Wien 1908.
16 Großegger, Elisabeth: Der Kaiserhuldigungsfestzug 1908, in: Csáky, Moritz; Stachel, Peter (Hg.): Speicher des Gedächtnisses. Bibliotheken, Museen, Archive. Teil 2: Die Erfindung des Ursprungs. Die Systematisierung der Zeit. Wien 2001, S. 155–175, und Plaschka, Richard G.: 1908 – Jahr zwischen Tradition und Aufbegehren, in: Die Achter-Jahre in der österreichischen Geschichte des 20. Jahrhunderts. Hg. von Karl Gutkas (Schriften des Instituts für Österreichkunde 58). Wien 1994, S. 5–27.
17 Jubiläums Ausstellung des Bezirkes der Prager Handels- und Gewerbekammer 1908 in Prag. Führer. Prag 1908, S. VI f., und Jubiläums-Ausstellung des Bezirkes der Handels- und Gewerbekammer in Prag 1908. Amtlicher Gruppenkatalog Nr. 1: Die Handels- und Gewerbekammer in Prag. Geld-, Kredit- und Versicherungs-Anstalten. Textil- und Bekleidungsindustrie. Instrumente und Apparate. Keramische und Glasindustrie. Amtlicher Gruppenkatalog Nr. 2: Transportwesen. Ingenieurwesen und Bauindustrie. Sozialpolitische Abteilung. Prag 1908.
18 Gruber, Museum (1908). Vgl. Hozák, Jan: Das Technische Nationalmuseum. Blick in die Geschichte, in: Technisches Nationalmuseum in Prag. Geschichte, Gegenwart, Sammlungen. Praha 1997, S. 15–22.
19 Kisipari gép-és szerszámkiállítás catalógusa. A magyar királyi technológiai iparmúzeum ban rendezett. Budapest 1908.
20 Sitte, Camillo: Die Ergebnisse der Vorconcurrenz zu dem Baue des Kaiser Franz Joseph-Museums der Stadt Wien. Wien 1902.
21 Barolin, Karl [!]: Importmuseen, in: Wochenschrift des Niederösterreichischen Gewerbe-Vereins LXVI (1905), Nr. 4, S. 48, und Barolin, Johannes C.: Importmuseen. Wien 1907.
22 Leisching, Volksmuseum (1907). Leisching, Architekt und von 1894 bis 1921 Direktor des Mährischen Gewerbemuseums in Brünn/Brno, hatte darüber bereits 1893 im Historischen Museum der Stadt Wien referiert.
23 Zeitschrift des Oesterreichischen Ingenieur- und Architekten-Vereines LIX (1907), Nr. 19, S. 224.
24 Krulla, Erkenntnismuseum (1911), S. 13.
25 Allg. Füßl, Wilhelm: Gründung und Aufbau, in: Füßl, Wilhelm; Trischler, Helmuth (Hg.): Geschichte des Deutschen Museums. Akteure, Artefakte, Ausstellungen. München u. a. 2003, S. 59–101.
26 Deutsches Museum München. Mitglieder-Verzeichnis [...] 1. Januar 1905; [...] 1. August 1906; [...] 1. März 1909 und [...] nach dem Stande vom Mai 1930.
27 Museum von Meisterwerken der Naturwissenschaft und Technik. Verzeichnis der für die Ausgestaltung des provisorischen Museums zunächst in Aussicht genommenen Sammlungsgegenstände. München [1905], S. 7.
28 Verwaltungs-Bericht über das sechste Geschäftsjahr und Bericht über die sechste Ausschusssitzung des [...] Deutschen Museums. München 1906, S. 29 f.
29 Exner, Gemeinschaftsarbeit (1910).
30 Österreichische Wochenschrift für den öffentlichen Baudienst XVIII (1912), Heft 30, S. 554 f.
31 Teilnehmer waren u. a. Oskar von Miller, Conrad Matschoß, Walther von Dyck, Carl von Linde, Carl Duisberg und Gustav Krupp von Bohlen und Halbach.
32 Chronik des Deutschen Museums von Meisterwerken der Naturwissenschaft und Technik. Gründung, Grundsteinlegung und Eröffnung 1903–1925. München 1927, S. 50.
33 Inv.-Nr. 19714.
34 Exner, Denkmals-Politik (1921). Der gedruckte Vortrag gibt einen historischen Überblick über die wichtigsten Denkmäler der großen Männer der Naturwissenschaften und der Technik und hebt besonders den „Ehrensaal" des Deutschen Museums hervor.
35 Verwaltungs-Bericht über das vierzehnte Geschäftsjahr 1916–1917 des [...] Deutschen Museums und Bericht über die Sitzung des Vorstands und der Vorsitzenden und Schriftführer des Vorstandsrates in Wien vom 20.–23. Oktober 1917. München 1917 und Chronik, siehe Anmerkung 32, S. 50–52. Zu Steyr vgl.: Der Neubau der Waffenfabrik in Steyr, in: Illustrierter Geschäfts- und Unterhaltungs-Kalender mit vollständigem Adreßbuch von Steyr für Stadt- und Landleute auf das Jahr 1914, S. 215–227.
36 TMW-Archiv, BPA-009648/3, Verhandlungsschrift der I. außerordentlichen (VI.) Generalversammlung des Vereines „Technisches Museum für Industrie und Gewerbe in Wien" abgehalten am Sonntag den 2. Dezember 1917.
37 Exner, Wilhelm: Ein Fest des deutschen Volkes. Rückblick auf die Eröffnung des Deutschen Museums in München, in: Neue Freie Presse, 7.6.1925, S. 6.
38 Chronik, siehe Anmerkung 32, S. 61.
39 Erhard, Aufbau (1941), S. 155.
40 Inv.-Nr. 829, aus dem Jahre 1859. Vgl. Chronik, siehe Anmerkung 32, S. 60 f. Zum Alban-Kessel vgl. Matthes, Michael: Technik zwischen bürgerlichem Idealismus und beginnender Industrialisierung in Deutschland. Ernst Alban und die Entwicklung seiner Hochdruckdampfmaschine (Technikgeschichte in Einzeldarstellungen 43). Düsseldorf 1986.
41 DM München, Archiv, VA 0087/Allgemeine Korrespondenz E/1905–1906, Miller an Exner, 27.11.1905.
42 Exner, Museum (1906). Ein erster Bericht erschien am Tag nach dem Referat in der Presse: „Die Errungenschaften der Technik", in: Neues Wiener Tagblatt 15.12.1905, S. 9 f. Am 22. November 1905 hatte auf Initiative Exners das Kuratorium des Technologischen Gewerbemuseums in Sachen Museumsgründung eine Petition an die Regierung gerichtet. Vgl. Exner, Technisches Museum (1908), S. 39 f.
43 Wochenschrift des Niederösterreichischen Gewerbe-Vereins LXIX (1908), Nr. 14, S. 164 f.
44 Zeitschrift des Österreichischen Ingenieur- und Architekten-Vereines LX (1908), Nr. 46, S. 755.
45 Neu, Heinrich: Der Neubau des Deutschen Museums in München nach den Skizzen von Prof. Gabriel v. Seidl, in: Zeitschrift des Österreichischen Ingenieur- und Architekten-Vereines LX (1908), Nr. 46, S. 757–762. Im selben Jahrgang

46 Zeitschrift des Österreichischen Ingenieur- und Architekten-Vereines LXI (1909), Nr. 4, S. 70, und Wiener Bauindustrie-Zeitung und Wiener Bauten-Album 26 (1908/09), Bd. 1, S. 154.
47 Elektrotechnik und Maschinenbau XXV (1907), Heft 12, S. 248–252. Die Einladungsliste umfasst u. a. Wilhelm Exner sowie die drei Industrieverbände und namentlich Arthur Krupp und Karl Wittgenstein.
48 Günther, Georg: Lebenserinnerungen. Wien 1936, S. 143 f. Günther beschreibt die Museumsgründung auf zwei Seiten, ohne Exner zu nennen.
49 Brosche, Gründungsgeschichte (1932).
50 Elektrotechnik und Maschinenbau XXVI (1908), Heft 45, S. 1014.
51 Sturmayr, Gerald: Industrielle Interessenpolitik in der Donaumonarchie (Sozial- und wirtschaftshistorische Studien 22). Wien, München 1996.
52 Matschoß, Conrad: Das Deutsche Museum in München (Industrieller Klub Nr. 99). Wien 1907. Matschoß profilierte sich im folgenden Jahr mit seiner Geschichte der Dampfmaschine: Die Entwicklung der Dampfmaschine. Eine Geschichte der ortsfesten Dampfmaschine und der Lokomobile, der Schiffsmaschine und der Lokomotive. Berlin 1908, 2 Bde. 1913 wurde er stellvertretender Direktor, 1916 Direktor des Vereins deutscher Ingenieure. Vgl. Lackner, Helmut: Von der Geschichte der Technik zur Technikgeschichte. Die erste Hälfte des 20. Jahrhunderts, in: König, Wolfgang; Schneider, Helmuth (Hg.): Die technikhistorische Forschung in Deutschland von 1800 bis zur Gegenwart. Kassel 2007, S. 35–61.
53 Exner, Erlebnisse (1929), S. 127.
54 60 Jahre Industrieller Klub 1875–1935. Wien 1935, S. 30 f. Zu Krupp vgl. Lautscham, Krupp (2005), S. 257–262. Vgl. dazu das Kapitel „'… eine besondere Zierde des Technischen Museums …': Die Apothekengefäße-Sammlung", S. 178–184.
55 Brosche, Gründungsgeschichte (1932). Alle Protokolle der Sitzungen des vorbereitenden Komitees im TMW-Archiv, BPA-007108.
56 Exner, Technisches Museum (1907).
57 Die Widmungen und Veranstaltungen der Gemeinde Wien zum 60jährigen Regierungsjubiläum Seiner Majestät des Kaisers Franz Josef I. im Jahre 1908. Wien 1908, S. 65 f.
58 TMW-Archiv, BPA-007110, Resumé über die Sitzung des Arbeitsausschusses […] am 11. Mai 1912.
59 ÖStA, AdR, 05, Karton 3098, Abschrift der Widmungsurkunde und 04, Schenkungsvertrag, 27.4.1914.
60 Exner, Erlebnisse (1909), S. 127.
61 Exner, Technisches Museum (1908) und Technisches Museum (1907).
62 Sombart, Werner: Die deutsche Volkswirtschaft im 19. Jahrhundert. Berlin 1903.
63 Lamprecht, Karl: Deutsche Geschichte. Zweiter Ergänzungsband. Erste Hälfte: Zur jüngsten Deutschen Vergangenheit. Wirtschaftsleben – Soziale Entwicklung. Freiburg im Breisgau 1904.
64 Als Primärsektor der Wirtschaft fand die Agrikultur entgegen Exners Auffassung Aufnahme im Museum.
65 Exner, Erlebnisse (1929), S. 130.
66 Verwaltungs-Bericht über das vierzehnte Geschäftsjahr 1916–1917 des […] Deutschen Museums und Bericht über die Sitzung des Vorstands und der Vorsitzenden und Schriftführer des Vorstandsrats in Wien vom 20.–23. Oktober 1917. München 1917, S. 25.
67 TMW-Archiv, Technisches Museum für Industrie und Gewerbe. Statuten des Museumsvereines, 13.9.1909. Die Beschreibung von Zweck und Aufgaben in den Statuten entspricht den zuvor vom Organisationskomitee unter Exner im Druck herausgegebenen „Leitsätze[n] für die Einrichtung des Technischen Museums für Industrie und Gewerbe".
68 TMW-Archiv, BPA-014276, Verhandlungsschrift der 1. Versammlung des Direktoriums am 12.12.1912.
69 ÖStA, AdR, 04, Präsidium des D. Ö. Staatsamtes für Handel und Gewerbe, Industrie und Bauten, Standesausweis Erhard Ludwig Ing. und TMW-Archiv, BPA-009878, Alfred Grünberger, Bundesminister für Handel und Gewerbe, Industrie und Bauten, an Ludwig Erhard, 9.1.1922.
70 ÖStA, AdR, Handels-Ministerium, Allerunterthänigster Vortrag des Handelsministers Richard Weiskirchner an den Kaiser, PZ 10165/755, 14.4.1909. Die Ernennung des Vorsitzenden des Direktoriums – also Exners – durch den Kaiser hatte der Ministerrat abgelehnt. Exner wurde am 27.11.1912 vom Handelsministerium ernannt. Vgl. TMW-Archiv, HSS-000969.
71 Je 50.000 Kronen spendeten der Brauereiunternehmer Anton Dreher, Arthur Krupp, der Eisenindustrielle Hugo von Noot, die Österreichisch Alpine-Montangesellschaft, die Prager Eisenindustrie-Gesellschaft, das Bankhaus S. M. von Rothschild, Schoeller & Co., der Stabilimento Tecnico Triestino und die Witkowitzer Bergbau und Eisenhütten Gewerkschaft.
72 Vgl. dazu allg. Zesch, Baugeschichte (1968/1970) und das Kapitel „Der Streit um das Kleid. Das Technische Museum, ein Abbild des Zeitgeists?"
73 TMW-Archiv, BPA-007110, Resumé über die 23. Sitzung des Arbeitsausschusses […] am 3.3.1909.
74 TMW-Archiv, BPA-001609, Jurymitglieder: Ludwig Baumann (Zentralvereinigung der Architekten), Franz Berger (Ministerium für öffentliche Arbeiten), Siegmund Brosche (Handelsministerium), Wilhelm Exner (Obmann des Organisationskomitees), Georg Günther (Obmann des Baukomitees), Karl Hochenegg (Österreichischer Ingenieur- und Architekten-Verein), Julius Koch (Österreichischer Ingenieur- und Architekten-Verein), Arthur Krupp (Obmann des Arbeitsausschusses), Hugo von Noot (Obmann des Finanzkomitees), Eugen Schweigl (Gemeinderat), Leopold Simony (Technische Hochschule Wien).
75 TMW-Archiv, BPA-007387.
76 Technisches Museum (1909). Vgl. Berichte in der Oesterreichischen Volks-Zeitung, 21.6.1909; Die Neue Zeitung. Illustriertes unabhängiges Tagblatt, 21.6.1909; Reichspost. Mittagsblatt, 21.6.1909; Wiener Sonn- und Montags-Zeitung, 21.6.1909; Wiener Bilder. Illustriertes Familienblatt, 23.6.1909.
77 TMW-Archiv, BPA-007110, Resumé über die Sitzung des Arbeitsausschusses […] am 23.11.1909.
78 Ebd., BPA, 007131, Verzeichnis der von Organisationskomitee und Baukomitee als notwendig erkannten Abänderungen des Bauprojektes für das Technische Museum in Wien, 31.7.1909.
79 Erhard, Aufbau (1941), S. 150.
80 Matis, Herbert; Stiefel, Dieter: „Mit der vereinigten Kraft des Capitals, des Credits und der Technik …". Die Geschichte des österreichischen Bauwesens am Beispiel der Allgemeinen Baugesellschaft – A. Porr Aktiengesellschaft. Wien, Köln, Weimar 1994, Bd. 1, S. 189–191.
81 Der Bautechniker. Zentralorgan für das österreichische Bauwesen XXXII (1912), Nr. 50, S. 1242–1244, und Nr. 51, S. 1259–1262, Zitat S. 1244.
82 TMW-Archiv, Einladung. Unter anderen Arthur von Boschan (Kaiser-Ferdinands-Nordbahn), Rudolf Doerfel (Deutsche Technische Hochschule Prag), Josef Maria Eder (Graphische Lehr- und Versuchsanstalt), Wilhelm Exner, Max Feilchenfeld (Niederösterreichische Escompte-Gesellschaft), Eugen Friedländer (Gebr. Böhler & Co. AG), Georg Günther, Hermann Hallwich (Brüxer Kohlen-Bergbau-Gesellschaft), Anton von Kerpely (Österreichisch Alpine-Montangesellschaft), Wilhelm Kestranek (Prager Eisenindustrie-Gesellschaft), Ludwig Lohner, Franz Migerka, Ferdinand Neureiter (Österreichische Siemens-Schuckert-Werke), Hugo von Noot, Louis von Rothschild, Friedrich Schuster (Witkowitz), Karl von Škoda, Alexander Spitzmüller (Creditanstalt), Jakob Thonet.
83 Vertreten waren u. a. der Westböhmische Bergbau Aktien-Verein, die Österreichische Berg- und Hüttenwerksgesellschaft, die Prager Eisenindustrie-Gesellschaft, die Prag-Rudnitzer Korbwarenfabrik und die Maschinen-Actiengesellschaft, vormals Breitfeld, Daněk & Co. in Prag-Karolinenthal.
84 TMW-Archiv, BPA-009641/10, Protokoll der Gründungsversammlung mit den Wahlen ins Kuratorium.
85 TMW-Archiv, BPA-014275. Vgl. Geschäftsordnung des Fachkonsulenten-Kollegiums (genehmigt in der Sitzung des Direktoriums vom 22.2.1913) und Berichte des Fachkonsulentenkollegiums erstattet in der Generalversammlung vom 14.6.1914.
86 TMW-Archiv, BPA-007110, Referat des Herrn Generaldirektors Günther, 1910.
87 Ebd., Resumé über die Sitzung des Arbeitsausschusses […] am 11. Mai 1912.
88 Stürzer, Erinnerungen (1968).
89 Larisch, Rudolph von: Beispiele künstlerischer Schrift. Wien 1900 ff., Bd. 1–5.
90 Leinweber, Schönheit (1912), Zitat S. 53.
91 Brandstetter, Alois: Die Mühle. Roman. Salzburg, Wien 1981 (ungekürzte Ausgabe München 1984), S. 182–186. Vgl. das Kapitel „Das Museum im Wiederaufbau: Die ‚langen Fünfziger Jahre'".
92 Richter, Robert: Die Gründung der Urania durch den Niederösterreichischen Gewerbeverein, in: 50 Jahre Wiener Urania 1897–1947. Wien 1947, S. 21–23.

93 Die Zeitschrift der Wiener Urania berichtet 1908 zwar ausführlich über das Deutsche Museum in München, erwähnt aber die beabsichtigte Gründung eines Museums in Wien nur kurz. Vgl. Obermayer, A. von: Das Deutsche Museum von Meisterwerken der Naturwissenschaft und Technik in München, in: Wiener Urania. Offizielles Organ der Volksbildungs-Institution „Wiener Urania" 1 (1908), S. 119–122.

94 Petrasch, Wilhelm: Die Wiener Urania. Von den Wurzeln der Erwachsenenbildung zum lebenslangen Lernen. Wien, Köln, Weimar 2007, S. 21–157. Dass weder Wilhelm Exner im Personen- noch das Technische Museum im Sachregister dieser detailreichen Publikation genannt werden, ist ein zusätzliches Indiz für die nicht vorhandene Kooperation zwischen den beiden Institutionen.

95 TMW-Archiv, BPA-014279, Definitive Vorlage des Direktoriums (angenommen in der Sitzung vom 9.5.1914).

96 Ebd., BPA-014280, Protokoll der Generalversammlung vom 14.6.1914.

97 Ebd., BPA-014281.

98 Ebd., BPA-014283/1, Verhandlungsschrift der XXXV. Sitzung des Direktoriums abgehalten am 28. April 1917 und BPA-009648/3, Verhandlungsschrift der I. außerordentlichen (VI.) Generalversammlung des Vereines „Technisches Museum für Industrie und Gewerbe in Wien" abgehalten am Sonntag den 2.12.1917.

99 Mitteilungen des k. k. Vereines Die Technik für die Kriegsinvaliden 5 (1916), S. 157. Vgl. auch Wiener Urania. Offizielles Organ der Volksbildungs-Institution „Wiener Urania" 9 (1916), Nr. 34, S. 443.

100 TMW-Archiv, BPA-014288, Angestellten-Ausschuss an die Direktion, 20.1.1916.

101 Ebd., BPA-009621, Verhandlungsschrift über die XI. Sitzung des Exekutiv-Komitees des Kuratoriums, abgehalten am 3.11.1916.

102 Ebd., BPA-013933/2, Protokoll der Verhandlung der Beamtensitzung, 17.11.1917.

103 Neuigkeits-Welt-Blatt, 3.5.1918, S. 4. Vgl. Wiener Bilder. Illustriertes Familienblatt, 12.5.1918; Frankfurter Zeitung, 18.5.1918; Arbeiter Zeitung, 19.5.1918; Neues Wiener Journal, 21.5.1918.

Ludwig Erhard, Gewerbeförderung und Museumsarbeit

1 Exner, Erlebnisse (1929), S. 128.

2 Zum Status Ludwig Erhards als einer „Randfigur" in der musealen Geschichtsschreibung vgl. Stein, Erhard (2006), S. 182–185. Auch Wilhelm Füßl weist darauf hin, dass die biografische Erforschung von Museumsgründern und Ausstellungsorganisatoren noch aussteht. Vgl. Füßl, Miller (2005), S. 253.

3 Schützenhofer, Viktor: Erhard, Ludwig, in: Neue Deutsche Biographie 4 (1959), S. 578.

4 Holey, Erhard (1963), S. 5. Zur Familie Erhards siehe auch: TMW-Archiv, BPA-009863.

5 TMW-Archiv, BPA-009872 und BPA-009863. Das Studienfach geht ebenso wie die Abschlussnote 1,9 aus Erhards Beitrittsanmeldung zum Nationalsozialistischen Bund Deutscher Technik (NSBDT) vom 19. August 1938 hervor.

6 Holey, Erhard (1963), S. 6.

7 TMW-Archiv, BPA-009863, Fragebogen für Degeners dt. biograph.-bibliograph. Zeitgenossenlexikon „Wer ist's?", ausgefüllt am 13.10.1933. TMW-Archiv, BPA-009872, Diensttabellen Ludwig Erhard (1901): Überführungsblatt, 3.9.1921. Vgl. auch: Holey, Erhard (1963), S. 6.

8 Bornfleth verweist in diesem Zusammenhang darauf, dass Stegmanns Tagebücher, die über die genauen Gründe Aufschluss geben könnten, vernichtet wurden. Bornfleth, Elisabeth: Das Gewerbemuseum – Idee und Lebenslauf einer nürnbergisch-bayerischen Institution, in: Das Gewerbemuseum der LGA im Germanischen Nationalmuseum. Nürnberg 1989, S. 24–37, hier S. 27-29. Zu Kugler siehe auch: [Theodor von Kramer]: Die Bayrische Landesgewerbeanstalt. Bayer. Gewerbemuseum – Nürnberg 1869–1919. [Nürnberg 1919], S. 76–79.

9 Erhard blieb auch nach seiner Übersiedlung nach Wien mit Kramer in Kontakt. Vgl. TMW-Archiv, BPA-009884/10.

10 Vgl. dazu das Kapitel „Exner an allen Enden", S. 49–53 sowie Exner, Erlebnisse (1929), S. 70 und 112.

11 Ebd., S. 113 und Renisch (Exner) 1999, S. 149.

12 TMW-Archiv, BPA-009872. Vgl. auch: Holey, Erhard (1963), S. 7.

13 Schützenhofer, Viktor: Erhard, Ludwig, in: Neue Deutsche Biographie 4 (1959), S. 578; Holey, Erhard (1963), S. 7.

14 Barth, Friedrich: Die mechanisch-technische Abteilung, in: [Kramer], Die Bayrische Landesgewerbeanstalt, [1919], S. 37–40, hier S. 37.

15 Vgl. dazu auch: Erhard, Ludwig: Sammelausstellung der Nürnberg-Fürther Industrie, in: Amtlicher Bericht über die Weltausstellung in Chicago 1893 erstattet vom Reichskommissar. Berlin 1894, Band 2, S. 880–888.

16 Stein, Erhard (2006), S. 185.

17 TMW-Archiv, BPA-009872. Vgl. auch [Kramer], Die Bayrische Landesgewerbeanstalt, [1919].

18 Erhard, Ludwig: Die Maschinenabtheilung der II. Bayrischen Landes-Ausstellung, in: Offizielle Ausstellungs-Zeitung. Organ der Bayerischen Landesausstellung Nürnberg 1896. Hg. von Johannes Rée. Nürnberg 1896.

19 TMW-Archiv, BPA-009863, Curriculum Vitae.

20 Holey, Erhard (1963), S. 8. Vgl. auch Exner, Erlebnisse (1929), S. 127.

21 Schützenhofer, Viktor: Erhard, Ludwig, in: Neue Deutsche Biographie 4 (1959), S. 578.

22 TMW-Archiv, BPA-009872.

23 Ebd., BPA-009871.

24 XXI. Jahresbericht des k. k. Technologischen Gewerbe-Museums in Wien 1900. Wien 1901, S. 30.

25 XXVI. und XXVII. Jahresbericht (1906), S. 27; XXVIII. Jahresbericht (1906/07), S. 21.

26 Eine Vielzahl dieser Gutachten ist unter BPA-009885 und BPA-009886 im Archiv des TMW gesammelt.

27 Zu den detaillierten Teilnahmebedingungen sowie zum umfangreichen Inhalt dieser halbjährigen Kurse siehe TMW-Archiv, BPA-009886/6.

28 Exner, Erlebnisse (1929), S. 71.

29 Exner, Gewerbe-Museum (1904), S. 278.

30 Vgl. Erhard, Ludwig: Die technische Verwertung des Spiritus in Deutschland, in: Mittheilungen des k. k. Technologischen Gewerbe-Museums in Wien 1902, S. 3–5; Erhard, Ludwig: Spiritus-Glühlichtlampen, in: ebd. 1903, S. 12–20; Erhard, Ludwig: Spiritusmotoren, in: ebd. 1903, S. 194–206.

31 Internationale Ausstellung für Spiritusverwertung und Gärungsgewerbe. Offizieller Katalog. 1. Abteilung: Spiritusverwertung. Wien 1904, S. 5.

32 Ebd.

33 Internationale Ausstellung für Spiritusverwertung und Gärungsgewerbe. Offizieller Führer. Wien 1904, S. 16.

34 Leinweber, Bruno: Die Herstellung der wichtigsten Gärungsprodukte und ihre wirtschaftliche Bedeutung. Allgemeinverständliche Erläuterung aus dem technologischen Gebiete der Ausstellung. Wien 1904.

35 TMW-Archiv, BPA-009865, Urkunde vom 22.6.1905; ebd., BPA-009872, Überführungsblatt, 3.9.1921. Vgl. auch ebd., BPA-009871.

36 TMW-Archiv, BPA-009863, Curriculum Vitae. Vgl. Führer durch die Deutsch-Böhmische Ausstellung. Reichenberg 1906, S. 8 und 15.

37 Vgl. TMW-Archiv, BPA-009925/5. Vgl. Tagblatt 26.11.1907 und Reichspost 26.11.1907.

38 Vgl. Vetter, Adolf: Gewerbeförderung (Zur Einführung), in: Annalen des Gewerbeförderungsdienstes des k. k. Handelsministeriums 1 (1907), S. 3–14. Vgl. Hanisch, Ernst: Der lange Schatten des Staates. Österreichische Gesellschaftsgeschichte im 20. Jahrhundert. Wien 1994, S. 103 f.

39 Erhard, Gewerbeförderung (1939). Siehe auch: Erhard, Gewerbeförderungsdienst (1907).

40 Exner, Erlebnisse (1929), S. 112.

41 Erhard, Gewerbeförderung (1939), S. 112. Vetter nennt für die Zeit bis Mitte 1906 insgesamt 2977 Meister und Gehilfen. Vetter, Adolf: Gewerbeförderung (Zur Einführung), in: Annalen des Gewerbeförderungsdienstes des k. k. Handelsministeriums 1 (1907), S. 3–14, hier S. 11.

42 TMW-Archiv, BPA-009925/2, Über die aus dem Gewerbeförderungskredite angekauften und an gewerbliche Vereinigungen abgegebenen Arbeitsbehelfe nach dem Stande vom 31. Dezember 1906. Vetter nennt bis Mitte 1906 insgesamt 240 Erwerbs- und Wirtschaftsgenossenschaften und sonstige gewerbliche Vereinigungen. Vetter, Adolf: Gewerbeförderung (Zur Einführung), in: Annalen des Gewerbeförderungsdienstes des k. k. Handelsministeriums 1 (1907), S. 10.

43 Erhard, Gewerbeförderung (1939), S. 114.

44 TMW-Archiv, BPA-009925/2, [Notiz], S. 1.
45 Ebd., S. 6 f.
46 Ebd., S. 4.
47 Ebd., BPA-009874, Handelsminister an den Arbeitsausschuss des Technischen Museums für Industrie und Gewerbe, z. H. Arthur Krupp, 20.6.1910.
48 Schützenhofer, Viktor: Erhard, Ludwig, in: Neue Deutsche Biographie 4 (1959), S. 578; Habacher, Technisches Museum (1968), S. 39.
49 TMW-Archiv, BPA-009863, Lebensläufe und BPA-014276.
50 Exner, Erlebnisse (1929), S. 127 f.
51 Ebd., S. 128 f.
52 Vgl. dazu auch: Erhard, Aufbau (1939), S. 150.
53 Vgl. TMW-Archiv, BPA-014266, „Ideal-Schema eines Technischen Museums in Wien".
54 Ebd., Skizzen zum Ausstellungsschema.
55 Exner, Ausstellungen (1866), S. 4.
56 Exner, Technisches Museum (1907), S. 160.
57 TMW-Archiv, BPA-007133/1, Protokoll-Resumé über die 1. Sitzung des Organisationskomitees für die Errichtung des technischen Museums vom 29.11.1907.
58 Ebd., Technisches Museum für Industrie und Gewerbe. Ideal-Schema.
59 TMW-Archiv, BPA-014266, Ideal-Schema eines Technischen Museums in Wien, S. 1.
60 Ebd., S. 4–6.
61 Exner, Technische Museum (1908), S. 71–79.
62 Ebd., S. 77 f.
63 Exner, Erlebnisse (1929), S. 128 f.
64 Vgl. dazu Brandstetter, Thomas: Elemente einer Philosophie der Technik nach Horwitz, in: Ders./Ulrich Troitzsch: Hugo Theodor Horwitz: Das Relais-Prinzip. Schriften zur Technikgeschichte, Wien 2008, S. 53-74, hier: S. 55–59.
65 Füßl, Miller (2005), S. 262.
66 Kammerer, Otto: Die Technik der Lastenförderung einst und jetzt. Eine Studie über die Entwicklung der Hebemaschinen und ihren Einfluß auf Wirtschaftsleben und Kulturgeschichte. München, Berlin 1907. An anderen Stellen hielt Kammerer die Dreiteilung allerdings nicht streng durch.
67 TMW-Archiv, BPA-009931/1.
68 Kammerer, Technik, 1907, S. III.
69 Erhard, Tektonik (1909), S. 174 f.
70 Ebd., S. 176.
71 Erhard, Tektonik (1911), S. 770.
72 Ebd., S. 769 f.
73 Ebd., S. 771.
74 Ebd., S. 772.
75 Ebd., S. 773.
76 Ebd., S. 769.
77 Vetter Adolf: Gewerbeförderung (Zur Einführung), in: Annalen des Gewerbeförderungsdienstes des k. k. Handelsministeriums 1 (1907), S. 3–14, hier S. 5.
78 Ebd., S. 12.
79 Erhard, Tektonik (1911), S. 775.
80 Leinweber, Schönheit (1912).
81 Ebd., S. 6.
82 Ebd., Beilageblatt.

Der Streit um das Kleid. Das Technische Museum, ein Abbild des Zeitgeists?

1 Vgl. dazu Kapitel „Die Verbindungen zu Oskar von Miller und dem Deutschen Museum", S. 106–109.
2 Emil von Förster (1838–1909), Sohn des Architekten Ludwig Christian Friedrich Förster, der ab 1836 die bekannte „Allgemeine Bauzeitung" herausgab, führte das Atelier seines Vaters weiter, bevor er 1895 ins Ministerium wechselte. Förster entwarf in Wien u. a. das 1881 abgebrannte Ringtheater, die Bodencreditanstalt sowie zahlreiche Wohnbauten, Amtsgebäude und Hotels. Vgl. http://www.azw.at/www.architektenlexikon.at/de/144.htm (28.7.2008).
3 Ich beziehe mich bei verschiedenen Fakten auf die „Ausschreibung einer Ideen-Konkurrenz für das Technische Museum für Industrie und Gewerbe in Wien" des Arbeitsausschusses des Technischen Museums vom 31. März 1909, die Pläne von Emil von Förster sowie auf das umfassende Material aus dem Archiv des Technischen Museums Wien, vor allem die noch vorhandenen Wettbewerbsprojekte und die Aufsätze von Zesch, Baugeschichte (1968/1970), Kristan, Ideenkonkurrenz (1994) sowie das Kapitel „Wilhelm Exner, Initiator und Motor der Museumsgründung".
4 Jean-Nicolas-Louis Durand (1760–1834), französischer Architekt, Lehrer an der Ecole polytechnique und Autor des Handbuchs Précis des leçons d'architecture données à l'Ecole Royale polytechnique. Paris 1802/05, 2 Bände. Band 2 mit Abbildungen u. a. von Idealgrundrissen von Akademien, Bibliotheken, Museen, Theatern und Krankenhäusern. Vgl. Hernandez, Antonio: J. N. L. Durand's Architectural Theory. A Study in the History of Rational Building Design, in: Perspecta. The Yale Architectural Journal 12 (1969), S. 153–160.
5 Pozzetto, Marco (Hg.): Die Schule Otto Wagners 1894–1912. Wien 1980, und Prokopp, Ursula, in: www.azw.at/www.architektenlexikon.at/de/653.htm (24.07.2008).
6 Ferdinand v. Feldegg: Leopold Bauer, in: Wiener Bauindustrie Zeitung XXVII (1911), Nr. 41, S. 319–322.
7 Hans Schneider (1860–1921), seit ca. 1878 Mitarbeiter des renommierten Ringstraßenarchitekten Heinrich von Ferstel und damit einer der zahlreichen Hofarchitekten des Kaiserhauses vor dem Ersten Weltkrieg. Von Erzherzog Franz Ferdinand zum Protektor der Zentralkommission für Erforschung und Erhaltung der Kunst- und historischen Denkmale ernannt, war er mit der Renovierung und dem Umbau vieler öffentlicher Bauten, wie des Unteren Belvedere, des Burgtheaters, der Hofburg und von Schloss Ambras, betraut und am Bau der Votivkirche beteiligt. Nach seinen Plänen entstanden einige Kirchen- und Wohnbauten in Wien. Sein Hauptwerk blieb das Technische Museum. Ab 1903 war er christlich-sozialer Gemeinderat, ab 1905 Stadtrat (Referent für Bauangelegenheiten). Vgl. www.azw.at/www.architektenlexikon.at/de/561.htm (24.07.2008) und Weihsmann, Helmut: In Wien erbaut. Lexikon der Wiener Architekten/Architektinnen des 20. Jahrhunderts. Wien 2005, S. 354 (mit abweichenden Zeitangaben bezüglich Schneiders Funktionen).
8 Vgl. das Kapitel „Wilhelm Exner, Sammler und Multifunktionär".

Sammlungen und Objekterwerb

1 TMW-Archiv, BPA-007111/2, Resumee über die am 4. Februar 1909 im Handelsministerium abgehaltene interministerielle Besprechung betreffend die Einverleibung staatlicher Sammlungen an das neu zu gründende technische Museum für Industrie und Gewerbe in Wien.
2 TMW-Archiv, BPA-007111/2, k. k. Finanzministerium an k. k. Handelsministerium, 3.2.1909. 5800 Privilegien aus der Zeit von 1800 bis 1852 blieben im Archiv der Technischen Universität Wien erhalten.
3 TMW-Archiv, BPA-014662/1, Resumee über die am 17. März 1911 im Handelsministerium abgehaltene interministerielle Besprechung [...]. Ein Beispiel des Verhandlungsergebnisses: TMW-Archiv, BPA-013569, Erlaß des Ministeriums für Kultur und Unterricht vom 26. Jänner 1912 [...] an sämtliche Landeschefs, betreffend die Überlassung von Objekten an das Technische Museum für Industrie und Gewerbe in Wien seitens staatlicher Unterrichtsanstalten.
4 TMW-Archiv, BPA-014334, Eisenbahnministerium an Technisches Museum, 29.1.1914, und BPA-013662/2, Verzeichnis der bis Ende August 1915 überstellten Objekte des k. k. historischen Museums der österreichischen Eisenbahnen, 27.8.1915.
5 Inv.-Nr. 40331. Vgl. Der Hofsalonwagen der Kaiserin Elisabeth. Wien 2002.
6 ÖStA, AdR, 05, Sign. 589, Karton 3042, Bundesministerium für Verkehrswesen an Bundesministerium für Handel und Gewerbe, Industrie und Bauten, 27.6.1921.
7 TMW-Archiv, BPA-012859, Verzeichnis der dem Technischen Museum für Industrie und Gewerbe in Wien zu überlassenden Modelle, 1914.
8 Innsbrucker Nachrichten, 31.10.1913.
9 Inv.-Nr. 9701/1–775 und 57555/1–462.
10 TMW-Archiv, BPA-9614/6, Technisches Museum für Industrie und Gewerbe. Aufruf und Mitteilungen über die Zuwendungen von Sachspenden.
11 Ebd., BPA-013939/2, Richtlinien für die Einsendung von Objekten an das Technische Museum für Industrie und Gewerbe in Wien.
12 Ebd., BPA-9655, Technisches Museum für Industrie und Gewerbe in Wien. Verzeichnis der Spender, die Musealobjekte angemeldet oder überwiesen haben. Stand vom 1.7.1913.
13 Inv.-Nr. 708. Die Löffelmühle in Wien stammt aus der Türkei, jene in München kam aus Rumänien.
14 Inv.-Nr. 688. Hergestellt 1856 von Vinzenz Prick für die Dreher'sche Brauerei in Klein-Schwechat, jene in München bauten 1864 die Gebr. Sulzer in Winterthur für die Spinnerei Jakobsthal in Bülach, Schweiz.
15 Inv.-Nr. 4982. Die Maschine in Wien erwarb 1870 die Heeresverwaltung, jene in München entstand 1859.
16 Inv.-Nr. 682. Hergestellt 1898/99 von Langen & Wolf in Wien, jener in München 1897 von der Maschinenfabrik Augsburg-Nürnberg AG.
17 Inv.-Nr. 9808. Es handelt sich um die erste 1863 in Österreich aufgestellte Bessemerbirne aus Turrach (Steiermark), jene in München ist mit 1866 datiert und kam von Krupp in Essen.
18 Inv.-Nr. 9974. Der von Alfred Krupp nach seinem Vater Friedrich benannte Dampfhammer „Fritz" war von 1861 bis 1911 in Essen in Betrieb.
19 Inv.-Nr. 13667. Die Presse in Wien ist ein Nachbau, das Original befindet sich in München.
20 Inv.-Nr. 1741. Das von der Marinesektion des Kriegsministeriums 1913 übergebene Modell wurde 1956 dem Heeresgeschichtlichen Museum überlassen. Ferdinand Schichau, der Begründer des Maschinenbau- und Werftkonzerns, war auch in der Ehrenhalle des Deutschen Museums vertreten.
21 Inv.-Nr. 40524. Hergestellt 1883 von der Lokomotivfabrik Wien-Floridsdorf, 1926 außer Dienst gestellt und danach in der Werkstätte Linz geschnitten. Die Schnittlok in München lieferte 1874 die Lokomotivfabrik Maffei.
22 Vgl. dazu das Kapitel „'... eine besondere Zierde des Technischen Museums ...': Die Apothekengefäße-Sammlung", S. 178–184.
23 Das Ensemble mit zwei Wasserhämmern, gemauerter Esse, Blasbälgen und Werkzeugen aus der Mitte des 18. Jahrhunderts widmete der Zentralverband der Sensengewerken.
24 Nachgebaute Stube mit Handwebstuhl und zwei Spinnrädern, übergeben 1916 von Regenhart & Reymann in Freiwaldau/Gozdnica in Österreichisch-Schlesien.
25 TMW-Archiv, BPA 014662/5, Österreichisches Eisenbahnmuseum an Deutsches Museum, 17.5.1920.
26 Inv.-Nr. 773. Dampfturbine, System Melms-Pfenninger, hergestellt 1910 von der Maschinen-Actiengesellschaft, vormals Breitfeld, Daněk & Co. in Prag-Karolinenthal (MAG); Kondensationsanlage, ebenfalls 1910, von den Škoda-Werken; Generator von der Elektro Act. Ges., vorm. Kolben & Co., Prag. 1914 von der MAG dem Museum übergeben.
27 Inv.-Nr. 678/1–2. Dampfmaschine, hergestellt 1897 von Ringhoffer in Prag-Smíchov; Dynamo hergestellt von Siemens & Halske. Beide Objekte übergab Siemens & Halske 1912 dem Museum.
28 Inv.-Nr. 679–681. Der sogenannte Grazer Motor, 1916 von der Grazer Waggon- und Maschinenfabrik AG, vorm. J. Weitzer, und der Generator 1920 von der Gesellschaft für elektrische Energie, Wien. Vgl. Der Grazer Motor, System Diesel. Einzige Erzeugungsstätte: Grazer Waggon- und Maschinen-Fabriks-Aktiengesellschaft, vormals Joh. Weitzer. Wien o. J. [1911].
29 Inv.-Nr. 764.
30 Inv.-Nr. 11472.
31 Inv.-Nr. 9764.
32 Inv.-Nr. 9972. Gegossen 1847 in der ärarischen Eisengießerei in Gusswerk bei Mariazell.
33 Döttinger, R.: Geschichte der Werksgruppe Kapfenberg, in: 1870–1970. 100 Jahre Böhler Edelstahl. Wien 1970, S. 121–151, hier S. 123–128.
34 Inv.-Nr. 14880. Den Automaten produzierte ab 1908 die Maschinenfabrik Voith in St. Pölten in großer Stückzahl. Czerweny stand 1903 auch ganz wesentlich hinter der Fusion der sechs führenden österreichischen Zündholzfabriken zur „Solo".
35 Inv.-Nr. 9758. Vgl. Weiss, Alfred: Hans Fleissner als Erfinder eines Schlagwetteranzeigers und eines Kohlentrocknungsverfahrens, in: Ferrum. Nachrichten aus der Eisenbibliothek, Stiftung der Georg Fischer AG 55 (1984), S. 14–17. Fleissner entwickelte zusammen mit dem Generaldirektor der Alpine in den 1920er-Jahren auch ein neues Erzröstverfahren. Vgl. Köstler, Hans Jörg: Das Apold-Fleißner-Erzröstverfahren, in: res montanarum. Zeitschrift des Montanhistorischen Vereins für Österreich 25 (2000), S. 3–23.
36 TMW-Archiv, BPA-013091.
37 Inv.-Nr. 973, 761, 757. Vgl. Entstehung und Werdegang der Kaplanturbine bei der Firma Storek, in: Blätter für Technikgeschichte 15 (1953), S. 89–102. Aktuell: Gschwandtner, Martin: AURUM EX AQUIS. Viktor Kaplan und die Entwicklung zur schnellen Wasserturbine. Salzburg 2006, phil. Diss., und ders.: Viktor Kaplans Patente und Patentstreitigkeiten, in: Blätter für Technikgeschichte 68 (2006), S. 137–179.
38 Inv.-Nr. 9297. Vgl. Winkler, Willibald: Das neue Etablissement der Wiener Molkerei, in: Beilage zur Wiener Zeitung. Festnummer, 8. August 1903, S. 21–25, und Österreichische Molkerei-Zeitung VIII (1901), Nr. 15, S. 173–175, Nr. 16, S. 192 f., und Nr. 17, S. 201–204. Die gesamte technische Molkereieinrichtung lieferte Alfa Separator, Wien, die Kesselanlage Josef Pauker & Sohn und die Maschinenanlage die Škoda-Werke, Prag. Vgl. Fuchs, Petra: Großmodellanlage – Wiener Molkerei um 1900. Methodische Bestandsaufnahme sowie Erstellung eines Konservierungs- und Restaurierungskonzeptes. Wien 2002, Dipl.-Arb., Universität für angewandte Kunst.
39 Inv.-Nr. 11586.
40 TMW-Archiv, BPA-000606, Pläne, und BPA-014284, Verhandlungsschrift der 64. Sitzung des Direktoriums am 20. Dezember 1920. Zu den Fachkonsulenten der Zuckerindustrie gehörte u. a. der Zuckerfabrikant und Herrschaftsbesitzer Ferdinand Bloch, der 1899 Adele Bauer heiratete, die sich 1907 und 1912 von Gustav Klimt malen ließ.
41 Inv.-Nr. 9765. Modell im Maßstab 1:10 des ersten elektrisch angetriebenen Walzwerks in Witkowitz/Vítkovice mit Leonard-Antrieb, bestehend aus Drehstrommotor, der einen Steuergenerator treibt. Dieser liefert die Spannung für den Gleichstrom-Antriebsmotor. Carl Ilgner koppelte den Generator mit einem Schwungrad, um die Spannungsschwankungen zu reduzieren.
42 TMW-Archiv, BPA-013886, Elektrizitätswerk des Benediktinerstiftes Admont an Technisches Museum, 28.10.1911, und Technisches Museum an Ing. Julius Gruder, Innsbruck, 4.11.1911. Vgl. Lackner, Geschichte (1995).
43 Ebd., Übergabeprotokoll in der Inventarverwaltung. Besonderer Dank an Herrn Rupert Kerschbaum für die entsprechenden Unterlagen aus dem Uhrenmuseum.
44 Ebd., BPA-009657, Verhandlungsschrift der 8. Sitzung des Kuratoriums des Technischen Museums [...], 30.11.1930, S. 5.

45 Inv.-Nr. 7239/1–284.
46 TMW-Archiv, BPA-013931/2. Vgl. auch Habacher, Technisches Museum (1968), S. 56.
47 Ebd., BPA-013622.
48 Ebd., Briefentwurf an Friedrich Krupp, 30.7.1913. Damit handelte es sich um einen in den Statuten des Museums vorgesehenen Sonderfall: Das Objekt war zwar ausländischer Provenienz, aber technikhistorisch wichtig.
49 Ebd., Friedrich Krupp an Technisches Museum, 13.8.1913.
50 Ebd., Entwurf eines Briefes Erhards an Krupp, 7.9.1913.
51 Ebd., Friedrich Krupp an Technisches Museum, 11.10.1913.
52 Ebd., Entwurf eines Briefes Erhards an Germania-Werft, 2.8.1915.
53 Ebd., Krupp an Technisches Museum, 31.8.1915.
54 TMW-Archiv, BPA-012890, Galizische Karpathen-Petroleum-Actien-Gesellschaft an Technisches Museum, 4.9.1914.
55 Ebd., 13.11.1914.
56 Ebd., Ludwig Erhard an die Galizische Karpathen-Petroleum-Actien-Gesellschaft, 27.9.1914 und 27.2.1915.
57 Ebd., Galizische Karpathen-Petroleum-Actien-Gesellschaft an Technisches Museum, 2.3.1915.
58 Ebd., Trauzl & Co. an Technisches Museum, 3.10.1914.
59 Ebd., BPA-012896, Gebr. Eickhoff an Technisches Museum, 25.3.1915.
60 Ebd., BPA-012918, Elektrostahl Gesellsch. m. beschr. Haftung an Technisches Museum, 9.3.1915.
61 Ebd., 30.11.1916.
62 Ebd., BPA-013644, Vereinigte Styria-Fahrrad und Dürkopp-Werke an Technisches Museum, 2.10.1916.
63 Ebd., BPA-013020, L. Schuler an Technisches Museum, 4.9.1916.
64 Ebd., BPA-013903, Bayerische Stickstoffwerke an Technisches Museum, 9.2.1917.
65 Ebd., BPA-013802, AG Dynamit Nobel an Technisches Museum, 9.2.1917
66 Vgl. Stürzer, Erinnerungen (1968), S. 92.
67 TMW-Archiv, BPA-014269, Erhard, Ludwig: „Kriegsacker im Museumsgelände". Bericht über die Einrichtungsarbeiten im Technischen Museum für Industrie und Gewerbe in Wien nach dem Stande vom Mai 1915, S. 1 f. Zur Kriegswirtschaft siehe auch: Hanisch, Ernst: Österreichische Geschichte. 1890–1990: Der lange Schatten des Staates. Österreichische Gesellschaftsgeschichte im 20. Jahrhundert. Wien 1994, S. 199–208.
68 Ebd., Erhard, Kriegsacker, S. 6.
69 Ebd., S. 6 f.
70 Zu diesen Ausstellungen vgl. Brandt, Susanne: Kriegssammlungen im Ersten Weltkrieg: Denkmäler oder Laboratoires d'histoire?, in: Keiner fühlt sich hier mehr als Mensch ... Erlebnis und Wirkung des Ersten Weltkrieges. Hg. von Hirschfeld, Gerhard; Krumreich, Gerd (Schriften der Bibliothek für Zeitgeschichte – Neue Folge 1). Essen 1993, S. 241–255.
71 Vgl. TMW-Archiv, BPA-014314/1, Briefentwurf Erhards an das Kriegsministerium, 2.11.1915.
72 Ebd., Briefentwurf Erhards, 9.11.1915. Wie aus handschriftlichen Vermerken hervorgeht, gehörten zu den Adressaten „Der Metallarbeiter" (Wien), die „Rundschau für Technik und Wirtschaft" (Prag), die „Zeitschrift des Österreichischen Ingenieur- und Architekten-Vereines" (Wien), die „Allgemeine Österreichische Chemiker- und Technikerzeitung" (Wien), die „Wiener Bauindustrie Zeitung", die Zeitschrift „Elektrotechnik und Maschinenbau" (Wien), die „Wochenschrift des Niederösterreichischen Gewerbevereins" (Wien), die „Allgemeine Österreichische Bauzeitung" (Wien), die „Bohemia" (Prag), die „Linzer Tagespost" sowie die „Grazer Tagespost" (Graz).
73 Neue Freie Presse, 9.11.1915. Neben anderen hatten Böhler, Rast & Gasser, Rudolf Schmidt, die Poldihütte sowie Hutter & Schrantz bereits Objekte (Stahlhelm, Feldkanone, Revolver, Granate) zugesagt. TMW-Archiv, BPA-014308/17.
74 TMW-Archiv, BPA-014314/2, Erhard an von Noot, 8.1.1916.
75 Ebd., Erhard an Krause, 10.2.1916.
76 Ebd., BPA-009863, Curriculum Vitae.
77 Vgl. k. u. k. Kriegsministerium. Die Technik im Weltkriege in Österreich-Ungarn. Inhaltsprogramm. Wien 1917, Vorbemerkung.
78 Ebd.
79 Vgl. TMW-Archiv, BPA-014308/21, Direktorium an das k. k. Ministerium für öffentliche Arbeiten, 29.3.1917. Das Deutsche Museum München hatte ähnliche kriegsbedingte Probleme. Vgl. Füßl, Miller (2005), S. 271.
80 TMW-Archiv, BPA-014314/2, siehe Briefe des Arbeitsausschusses der Kriegsausstellung an Technisches Museum, 19.2.1916, und des Kriegsministeriums an Technisches Museum, 31.3.1916.
81 Ebd., Erhard an Kriegsausstellung, 13./15.4.1916.
82 Ebd., Erhard an Leinweber, 18.4.1916. Zu diesen 1913 vom Stabilimento Tecnico in Triest erhaltenen Halbmodellen gehörten die SMS Novara, Inv.-Nr. 1693, die SMS Fasana, Inv.-Nr. 1692, die SMS Habsburg, Inv.-Nr. 1694, die SMS Zara, Inv.-Nr. 1695, und die SMS Maria Theresia, Inv.-Nr. 1704 (1956 an das Heeresgeschichtliche Museum abgegeben), sowie das Kanonenboot Kerka, Inv.-Nr. 1696 (1974 ausgeschieden), und ein explodierter Torpedo.
83 Ebd., Kriegsministerium an Technisches Museum, 31.3.1916.
84 Ebd., Erhard an Kriegsministerium, 19.4.1916.
85 Vgl. die Grafik der Objektannahmen im Anhang.
86 Habacher, Technisches Museum (1968), S. 56.
87 TMW-Archiv, BPA-009621, Verhandlungsschrift der XI. Sitzung des Exekutiv-Komitees des Kuratoriums abgehalten am 3.11.1916, S. 1.
88 Ausstellung Kriegsmetallsammlung (1915/16). Zitate S. V f. Im Zweiten Weltkrieg war den Organen der Denkmalpflege eine Mitwirkung bei den Metallablieferungen nicht gestattet. Vgl. Frodl-Kraft, Erbe (1997), S. 301–305.
89 TMW-Archiv, BPA-014314/2, Briefentwurf Erhards an das Kriegsministerium, 1.2.1916.
90 Inv.-Nr. 1513. Im Übergabeverzeichnis des Militärliquidierungsamts von 1924 ist das Objekt mit der (letzten) Nr. 7206 als „Zweirad mit Eisengestell (Fahrrad)" verzeichnet.
91 Exner, Erlebnisse (1929), S. 143–151.
92 Exner, Wilhelm: Über die technische Invalidenfürsorge, in: Wiener Medizinische Wochenschrift 65 (1915), Nr. 24, S. 914–918.
93 Kleinschmidt, Christian: „Unproduktive Lasten": Kriegsinvaliden und Schwerbeschädigte in der Schwerindustrie nach dem Ersten Weltkrieg, in: Jahrbuch für Wirtschaftsgeschichte 1994/4, S. 155–165.
94 Kugler, Liselotte: „Arbeitshand" oder „Sonntagshand"? Zur Frage der technischen Wiederherstellung durch künstliche Glieder, in: „Als der Krieg über uns gekommen war ..." Die Saarregion und der Erste Weltkrieg. Katalog zur Ausstellung des Regionalgeschichtlichen Museums im Saarbrücker Schloß. Saarbrücken 1993, S. 239–247, und Cohen, Deborah: Kriegsopfer, in: Der Tod als Maschinist. Der industrialisierte Krieg 1914–1918. Hg. von Rolf Spiker und Bernd Ulrich. Bramsche 1996, S. 217–227.
95 Dazu zählten u. a. der Chirurg Univ.-Prof. Dr. Julius von Hochenegg, der Orthopäde Univ.-Prof. Dr. Hans Spitzy, der Professor an der Technischen Hochschule Wien und Flugpionier Richard Knoller, der Vorstand der Vereinigung der Bandagisten Wiens Wilhelm Scheichenberger und der Sozialdemokrat und Arzt Univ.-Prof. Dr. Julius Tandler. Vgl. Mitteilungen des Vereines Die Technik für die Kriegsinvaliden 1 (1915), S. 5 f.
96 Fellner, Ferdinand: Adaptierung und Bestimmung der Realität in der Borschkegasse, in: Mitteilungen des Vereines Die Technik für die Kriegsinvaliden 3 (1916), S. 94–102.
97 Spitzy, Hans: Unsere Kriegsinvaliden. Einrichtungen zur Heilung und Fürsorge. Wien 1915 und ders.: Arbeitstherapie und Invalidenschulen, in: Frostell, Gunnar: Kriegsmechanotherapie. Berlin, Wien 1917, S. 157–170. Das Spital hatte mit 12 Filialen eine Kapazität von 3500 Betten.
98 Exner, Wilhelm: Bericht über die Berliner Prüfstelle, in: Mitteilungen des Vereines Die Technik für die Kriegsinvaliden 7 (1917), S. 254–269. Vgl. Bryk, Otto J.: Die technische Erprobung der Prothesen, in: Mitteilungen des k. k. Technischen Versuchsamtes 6 (1917), Heft 2, S. 31–40.
99 1904 erster Professor für Werkzeugmaschinen und Fabrikbetrieb an der Technischen Hochschule Berlin-Charlottenburg, Vorstandsmitglied des Deutschen Normenausschusses und des Technischen Versuchsamtes in Wien. Vgl. Schlesinger, Georg: Psychotechnik und Betriebswissenschaft. Leipzig 1920, S. 104-148.
100 Mitteilungen des Vereines Die Technik für die Kriegsinvaliden 3 (1916), S. 118–120.
101 Ehrenfest-Egger, Artur: Die Carnes-Armprothese, in: Mitteilungen des Vereines Die Technik für die Kriegsinvaliden 2 (1915), S. 45–67. Vgl. Florent, Martin (Hg.): Verstümmelungen und Ersatzglieder (Internationales Arbeitsamt. Studien und Berichte. Reihe E [Beschädigte], Nr. 5). Genf 1924, S. 296–316.
102 Hochenegg, Julius von: Zur Lösung der Prothesenfrage, in: Wiener Medizinische Wochenschrift 65 (1915), Nr. 18, Sp. 717–732, hier Sp. 728.

103 Exner, Wilhelm: Der k. k. Verein „Die Technik für die Kriegsinvaliden", in: Ersatzglieder und Arbeitshilfen für Kriegsbeschädigte und Unfallverletzte. Hg. von der Ständigen Ausstellung für Arbeiterwohlfahrt (Reichs-Anstalt) in Berlin-Charlottenburg und der Prüfstelle für Ersatzglieder [...] Berlin 1919, S. 58–68.
104 Weitensfelder, Prothesen (2001).
105 1916/17 fanden derartige Propagandaausstellungen in rund 30 deutschen Städten statt. Vgl. Beil, Christine: Der ausgestellte Krieg. Präsentationen des Ersten Weltkriegs 1914–1939. Tübingen 2004, S. 160–207, und dies.: Kriegsausstellungen. Präsentationsformen des Weltkriegs für die „Heimatfront", in: Die vergessene Front. Der Osten 1914/15. Ereignis, Wirkung, Nachwirkung. Hg. von Gerhard P. Groß. Paderborn u. a. 2006, S. 317–333.
106 Offizieller Katalog der Kriegsausstellung Wien 1916. Wien 1916, S. 5 und S. 105–111. Aufgrund des „glänzenden Verlaufs" wurde die Ausstellung 1917 wiederholt. Vgl. Healy, Exhibiting (2000), S. 57–85.
107 Amtsblatt der k. k. Eisenbahnministeriums für den Dienstbereich der Staatseisenbahnverwaltung 23. Jänner 1915, VIII. Stück, und 12. März 1917, XIX. Stück. Vgl. Fritsch, V.: Das Rudolfinerhaus als Vereins-Reserve-Spital No 3 1914–1918. Wien 1918, S. 8 f. Das Genesungsheim war dem Rudolfinerhaus angegliedert. Die Herstellung der Prothesen erfolgte in der Floridsdorfer Lokomotivfabrik.
108 Führer der Sonderausstellung von Ersatzgliedern und Arbeitshilfen für Kriegsbeschädigte, Unfallverletzte und Krüppel. Ständige Ausstellung für Arbeiterwohlfahrt, Reichsanstalt Charlottenburg. Berlin 1916.
109 Amtlicher Katalog der Ausstellung für Kriegsfürsorge Cöln 1916. Cöln 1916, S. 38 f. Vgl. Mitteilungen des k. k. Vereines Die Technik für die Kriegsinvaliden 5 (1916), S. 170–176.
110 Grossmann-Hermann, Erich: Die Reise zur Roten-Halbmond-Ausstellung Konstantinopel. O. O. 1917.
111 Florent, siehe Anmerkung 101.
112 Tandler, Julius: Die Fürsorgeaufgaben der Gemeinde, in: Das Neue Wien. Städtewerk. Hg. unter offizieller Mitwirkung der Gemeinde Wien. Wien 1927, Band II, S. 457–645, hier S. 527 f.
113 Vaupel, Trocadéro (2003). Bereits 1870 hatte der Montanist Peter Tunner über ein Besucherbergwerk im Keller der Bergakademie in St. Petersburg berichtet, ohne dass in Museumskreisen darüber diskutiert wurde. Vgl. Tunner, Peter: Russlands Montan-Industrie insbesondere dessen Eisenwesen. Beleuchtet nach der Industrie-Ausstellung zu St. Petersburg und einer Bereisung der vorzüglichsten Hüttenwerke des Urals im Jahre 1870. Leipzig 1871, S. 11–20.
114 Deutsche Allgemeine Ausstellung für Unfallverhütung. Berlin 1889, S. 326.
115 Schriftliche Auskunft von Karin Blent, Curator Stiftelsen Skansen, 8.5.2008. Der Pavillon mit dem Schaubergwerk wurde 1977 durch einen Brand vernichtet.
116 Vgl. Freymann, Bergbau (2003). Bei der Eröffnung 1925 hatte das Münchner Anschauungsbergwerk auf drei Ebenen eine Grundfläche von 3600 Quadratmetern und war damit zehnmal größer als das in Wien.
117 Deutsches Museum von Meisterwerken der Naturwissenschaft und Technik. Führer durch die Sammlungen. Leipzig 1907, S. 16 f.
118 Der Kohlenbergbau des Ostrau-Karviner Steinkohlenreviers. Mährisch-Ostrau 1929, Bd. IV, S. 14–18. Zur Österreichischen Berg- und Hüttenwerksgesellschaft vgl. Halkowich, Alfons: Die Eisenwerke Österreich-Ungarns, in: Mitteilungen über Gegenstände des Artillerie- und Geniewesens 1911, S. 38–40, und Behagel, Georg: Kohle und Eisen in der Tschechoslowakei (Schriften des Osteuropa-Institutes zu Breslau, Neue Reihe 11). Breslau 1939, S. 170–172.
119 Höfer, Hans: Der Schachtbrand der Gabrielen-Zeche in Karwin, in: Montanistische Rundschau 3 (1911), Nr. 8, S. 329–338; Explosionskatastrophe im Gabrielenschacht in Karwin, in: ebd. 16 (1924), Nr. 10, S. 248–252; Die Schlagwetterexplosion auf der Gabrielenzeche in Karwin und die Gewältigung der Grube, in: ebd. 20 (1928), Nr. 5, S. 121–129, Nr. 6, S. 157–166.
120 Petrasch, Bergwerk (1959). Eine Beschreibung des Rundgangs nach der Erweiterung findet sich in: Technisches Museum Wien (1959), S. 134–150.
121 Lackner, Helmut: „Der Höchstförderung entgegen". Produktivitätskampagnen im österreichischen Kohlenbergbau nach 1945, in: Festschrift Othmar Pickl zum 60. Geburtstag. Graz, Wien 1987, S. 379–407.
122 Müller, Siegfried: Bergbautechnik – Integraler Service nach innen und außen, in: Slotta, Rainer (Hg.): 75 Jahre Deutsches Bergbau-Museum Bochum (1930 bis 2005). Vom Wachsen und Werden eines Museums. Bochum 2005, Bd. 1, S. 241–262, bes. S. 247–252.

123 Verzeichnis der im Feuerwehr-Museum ausgestellten Gegenstände und Bilder. Wien 1907.
124 Ein „Österreichisches Museum für Feuerwehr- und Rettungswesen in Wien", in: Österreichische Verbands-Feuerwehr-Zeitung XXXV (1911), Nr. 17, S. 258 f.
125 TMW-Archiv, BPA-014677, Anträge an den Ausschuß des Österreichischen Feuerwehr-Reichsverbandes zum 21. Oktober 1911.
126 TMW-Archiv, BPA-014305.
127 Aus dem Depot im Hof-Feuermagazin im Schloss Laxenburg erhielt das Museum eine vierzylindrige Feuerspritze, bezeichnet „1786", Inv.-Nr. 12052.
128 Inv.-Nr. 17793 (bez. „1788"), 58842, 12051 (1742), 12054 (1821).
129 Der Brandschutz. Der Gasschutz 56/5 (1936), Nr. 11.
130 Frodl-Kraft, Erbe (1997), S. 78–82.
131 Giannoni, Karl: Schutzarbeit und Kulturarbeit, in: Deutscher Volkskalender 1926, S. 67–73. Vgl. Drobesch, Werner: Der Deutsche Schulverein 1880–1914, in: Geschichte und Gegenwart 12 (1993), Nr. 4, S. 195–212.
132 Ziele der Südmark-Arbeit, in: Südmark-Jahrbuch 1925, S. 133.
133 Rudorff, Ernst: Ueber das Verhältnis des modernen Lebens zur Natur, in: Preußische Jahrbücher 45 (1880), S. 261–276.
134 Brückler/Niemeth, Personenlexikon (2001), S. 82, und Karl Giannoni zum 80. Geburtstag, in: Österreichische Zeitschrift für Denkmalpflege 1 (1947), S. 191.
135 Giannoni, Karl: Entwicklung und Ziele des Heimatschutzes in Österreich, in: Gemeinsame Tagung für Denkmalpflege und Heimatschutz. Salzburg 14. und 15. September 1911. Stenographischer Bericht. Berlin 1912, S. 83–97. Giannoni kritisierte u. a. die Verwendung der im Museum verwendeten Eternitplatten wegen ihres „kalten, grauen, durch keine Patinierung veränderten Fischschuppenglanzes". Vgl. ders.: Heimatschutz (Flugschriften des Vereines zum Schutze und zur Erhaltung der Kunstdenkmäler Wiens und Niederösterreichs). Wien, Leipzig 1911. Diese Publikation widmete er Ernst Rudorff und Paul Schultze-Naumburg.
136 Giannoni, Karl: Die Heimatschutz-Organisation in Österreich, in: Die Südmark 1922, Heft 1, S. 29–32. Vgl. Brückler, Theodor: Zur Geschichte der österreichischen Heimatschutzbewegung, in: Österreichische Zeitschrift für Kunst- und Denkmalpflege XLIII (1989), Heft 3/4, S. 145–156.
137 Johler/Nikitsch/Tschofen, „Schönes Österreich" (1994); Tschofen, „Heimatschutz und Bauberatung" (1995) und Tschofen, „Heimatschutz und Bauberatung" (1996).
138 Schultze-Naumburg, Paul: Kulturarbeiten. München 1904–1917, 9 Bände: Hausbau, Gartenkunst, Kleinbürgerhäuser, das Schloss, Wege und Straßen, Pflanzenwelt, geologischer Aufbau, Landschaft, Wasserwirtschaft, Industrie, Siedlungen.
139 Inv.-Nr. 13171, Heimatverein Attersee, Ökonomierat Schelle, 1916.
140 Inv.-Nr. 13172, k. k. Forst- und Domänenverwaltung Bad Aussee, 1918.
141 111362/1–5, 13186 und 13187, Verband österreichischer Heimatschutz-Vereine, 1916.
142 Inv.-Nr. 13174–13176, Modellbau C. Amon, Wien, Gemeinnützige Ein- und Mehrfamilienhaus-Baugenossenschaft, 1917.
143 Inv.-Nr. 13177 und 35954, Modellbau Eduard Ratzer, Wien, um 1914.
144 Riehl, Hans: Die Grundlagen baulicher Gestaltung und das steirische Bauen, in: Papesch, Josef u. a. (Hg.): Heimatliches Bauen im Ostalpenraum. Ein Handbuch (Das Joanneum. Sonderband). Graz 1941, S. 13.
145 Der Wasserbauingenieur Hermann Grengg und der Architekt Fritz Haas erzielten in den 1920er-Jahren in der Steiermark einige überzeugende Kompromisse. Vgl. Lackner, Helmut: Wasserbauingenieur Hermann Grengg, in: Berichte des Museumsvereines Judenburg 14 (1981), S. 20–31, und Wille, Valentin E.: Die architektonische Inszenierung von Wasserkraftwerken. Vor 40 Jahren starb der steirische Architekt und Krafwerksplaner Fritz Haas, in: Blätter für Technikgeschichte 69/70 (2007/2008), S. 93-104.
146 Haberlandt, Michael: Die Reklame, in: Cultur im Alltag. Gesammelte Aufsätze. Wien 1900, S. 52–60.
147 Einwirken der Lehrerschaft auf den Schutz und die Erhaltung der kunsthistorisch oder historisch wertvollen Objekte (Altertümer), in: Mitteilungen der k. k. Zentral-Kommission für Erforschung und Erhaltung der Kunst- und historischen Denkmale VI (1907), Nr. 5, S. 119 f., und Mitwirkung der Lehrerschaft auf dem Gebiet der Denkmalpflege, in: ebd., Nr. 10, S. 143 f.
148 Schönes Österreich. Heimatschutz zwischen Ästhetik und Ideologie (Kataloge des Österreichischen Museums für Volkskunde 65). Wien 1995.

149 Hofer, Hans-Georg: Dem Strom auf der Spur: Stefan Jellinek und die Elektropathologie, in: Blätter für Technikgeschichte 66/67 (2004/05), S. 165–198.
150 Étienne-Martin, Maurice: Le Musée d'électropathologie du Professor Jellinek, à Vienne, in: La Médicine du Travail, März 1933, S. 79–94.
151 Archiv Universität Wien, 1781/1937/38, Anton Werkgartner an das Dekanat der Medizinischen Fakultät, 15.7.1938. Zur Eröffnung vgl. Wiener Medizinische Wochenschrift, 19.12.1936, S. 1426, und Wiener klinische Wochenschrift 49 (1936), S. 1527–1529. Der von August von Loehr 1935 erstellte Museumsführer erwähnt bereits das Museum. Vgl. Museen Österreichs (1935), S. 194. Die folgende Besitzgeschichte folgt im Wesentlichen der Dokumentation über Stefan Jellinek von Christian Klösch, die im Rahmen der Provenienzforschung am Technischen Museum Wien entstand.
152 Ebd., 1013/1937/38. Der als Samuel Jellinek geborene Jude hatte sich vor dem Ersten Weltkrieg in Stefan Jellinek umbenennen lassen.
153 Ebd., 217/1941, Institutsvorstand Schneider an den Kurator der wissenschaftlichen Hochschulen in Wien, 20.1.1941.
154 ÖStA, AdR, 06, Vermögensanmeldung, VA 34521, Stefan Jellinek. Auskunft der MA 8 – Wiener Stadt- und Landesarchiv, Meldeanfrage Jellinek. Vgl. Hofer, Hans-Georg: Mit einer „neuen Wissenschaft" in die Emigration: Stefan Jellinek und die Elektropathologie in Wien und Oxford, in: Emigrantenschicksale. Einfluss der jüdischen Emigranten auf Sozialpolitik und Wissenschaft in den Aufnahmeländern. Hg. von Scholz, Albrecht; Heidel, Caris-Petra. Frankfurt/Main 2004, S. 301–311.
155 Bezirksgericht Wien Innere Stadt, Verlassenschaftsakt Prof. Stefan Jellinek, Testament 8.9.1947.
156 Die Übernahme dieser bedeutenden Sammlung gelang auf Initiative der Projektleiterin der Ausstellung Lisa Noggler-Gürtler.
157 Hofer, Georg: „Nervöse Zitterer". Psychiatrie und Krieg, in: Krieg, Medizin und Politik. Der Erste Weltkrieg und die österreichische Moderne (Studien zur Moderne 11). Hg. von Konrad, Helmut. Wien 2000, S. 15–154, bes. S. 70. Vgl. ders.: Nerven-Korrekturen. Ärzte, Soldaten und die „Kriegsneurosen" im Ersten Weltkrieg, in: zeitgeschichte 27 (2000), Heft 4, S. 249–268, und ders.: Effizienzsteigerung und Affektdisziplin. Zum Verhältnis von Kriegspsychiatrie, Medizin und Moderne, in: Aggression und Katharsis. Der Erste Weltkrieg im Diskurs der Moderne (Studien zur Moderne 20). Hg. von Ernst, Petra u. a. Wien 2004, S. 219–242.
158 Jellinek, Stefan: Elektropathologie. Die Erkrankungen durch Blitzschlag und elektrischen Starkstrom in klinischer und forensischer Darstellung. Stuttgart 1903; ders.: Die erste Hilfe bei elektrischen Unglücksfällen. Wien 1905; ders.: Elektrische Unfallpraxis. Atlas der Elektropathologie. Berlin, Wien 1909; ders.: Der elektrische Unfall. Leipzig, Wien 1927; ders.: Elektroschutz in 132 Bildern. Wien, Leipzig 1931 und ders.: Gefahren der Elektrizität. Salzburg 1932.
159 Offizieller Katalog der unter dem höchsten Protektorate Sr. k. u. k. Hoheit des Durchlauchtigsten Erzherzogs Leopold Salvator stehenden Allgemeinen Hygienischen Ausstellung Wien – Rotunde 1906. Wien 1906², S. 83 f.
160 Sonderkatalog des Österreichischen Pavillons der Internationalen Hygiene-Ausstellung Dresden 1911. Wien 1911, S. 17 f. und 21–23, und Offizieller Katalog der Internationalen Hygiene-Ausstellung Dresden Mai bis Oktober 1911. Mit einem Plan der Ausstellung. Berlin 1911, S. 423–433.
161 Exner referierte darüber auf dem II. Internationalen Kongress für Rettungswesen und Unfallverhütung in Wien. Vgl. Bericht über den II. Internationalen Kongress für Rettungswesen und Unfallverhütung. Wien, 9. bis 13. September 1913. Wien 1914, S. 250–274. Er erwähnt u. a. die „zusammenfassenden" Studien von Stefan Jellinek zu den Gefahren des elektrischen Stroms. Jellinek referierte 1913 „Über elektrische Unfälle, erste Hilfe und Unfallverhütung", S. 549–551.
162 Inv.-Nr. 539.
163 Hofer, siehe Anmerkung 157, S. 15–154, bes. S. 44 f., und ders.: Nervenschwäche und Krieg. Modernisierungskritik und Krisenbewältigung in der österreichischen Psychiatrie (1880–1920). Wien, Köln, Weimar 2004, S. 283–338.
164 Luxbacher, Günther: Elektrohygiene – Elektrokrieg. Stefan Jellinek und das Elektropathologische Museum in Wien, in: Stadler, Gerhard A.; Kuisle, Anita (Hg.): Technik zwischen Akzeptanz und Widerstand. Gesprächskreis Technikgeschichte 1982–1996 (Cottbuser Studien zur Geschichte von Technik, Arbeit und Umwelt 8). Münster u. a. 1999, S. 252–259, mit weiterführender Literatur zu Jellinek und zum Museum.
165 Moulagen sind vom Unfallopfer genommene Gipsabdrucke, die mit einem Wachs- oder Wachs-Harz-Gemisch ausgefüllt und bemalt werden. Weitere bedeutende Bestände befinden sich am Institut für Geschichte der Medizin (Josephinum) der Medizinischen Universität Wien (Josephinische Wachspräparate), im Pathologisch-Anatomischen Bundesmuseum in Wien (Narrenturm) sowie im Deutschen Hygiene-Museum in Dresden, im Moulagenmuseum des Universitätsspitals der Universität Zürich und an der Universitätshautklinik der Universität Kiel. Vgl. Die Moulagensammlung des Pathologisch-anatomischen Bundesmuseums in Wien (Mitteilungen des Pathologisch-anatomischen Bundesmuseums in Wien NF 1). Wien 1977 und Hahn, Susanne; Ambatielos, Dimitrios (Hg.): „Wachs – Moulagen und Modelle". Internationales Kolloqium 26. und 27. Februar 1993 (Wissenschaft im Deutschen Hygiene-Museum 1). Dresden 1994.
166 Unter anderem von den Künstlern Josef Heu, Josef Semm, Franz Wacik, Eduard Stella, Josef Danilowatz, Franz Roubal und Emil Brötzl.
167 Katalog Petermandl (1882–1898). Der Nachlass Petermandls mit allen handschriftlichen und gedruckten Katalogen sowie historischen Fotografien der Objekte befindet sich im TMW-Archiv, Inv.-Nr. 5370/1–9.
168 Entwicklungsgeschichte der Anstalt, in: Erster Jahres-Bericht der kaiserl. königl. Vereinigten Fach-Schule und Versuchs-Anstalt für Eisen- und Stahl-Industrie in Stadt Steyr. Steyr 1884, S. 3–16. Von den ersten 800 Objekten fertigte Petermandl Tuschezeichnungen auf Karteikarten an, die sich heute im Eigentum des Technischen Museums Wien befinden.
169 Brückler/Nimeth, Personenlexikon (2001), S. 201.
170 Blümelhuber, Michael: Aus der Werkstatt, in: Annalen des Gewerbeförderungsdienstes des k. k. Handelsministeriums II (1908), Heft 2/3, S. 97–110.
171 Einige der in die Sammlung gelangten indischen Messer sind abgebildet in: Egerton, Wilbraham: An Illustrated Handbook of Indian Arms, Being a Classified and Descriptive Catalogue of the Arms Exhibited at the India Museum, With an Introductory Sketch of the Military History of India. London 1880.
172 Inv.-Nr. 63681, 63315. V. Jahresbericht der k. k. vereinigten Fachschule und Versuchs-Anstalt für Eisen- und Stahl-Industrie in Stadt Steyr. Schuljahr 1887/88, S. 7 f. Katalog Petermandl (1882–1898) [...] mit Ende des Jahres 1882 bis inclusive 1889, S. 22–25. Roretz verstarb 1884 im 37. Lebensjahr in Wien.
173 TMW, Inventar- und Depotverwaltung, Verzeichnis über jene Gegenstände aus der Petermandl'schen Messersammlung, die [...] an das Eisenmuseum in Steyr [...] abgegeben wurden. Vgl. Katalog zur Anton Petermandl'schen Messersammlung im Heimathaus Steyr. Steyr o. J. [1980].
174 TMW-Archiv, BPA-013846, Technisches Museum an Arthur Krupp: „[...] dass dem T. M. durch die Munifizenz von E. H. ein Geschenk gemacht wurde, welches eine besondere Zierde des T. M. zu werden verspricht", 3.4.1916.
175 Zu den Beziehungen Arthur Krupps (1856–1938) zum Technischen Museum Wien vgl. Lautscham, Krupp (2005), S. 257–262.
176 TMW-Archiv, BPA-013846, Technisches Museum an Arthur Krupp, 20.1.1916.
177 Ebd., Technisches Museum an Arthur Krupp, 3.4.1916.
178 Ebd., 15.4.1916 und 9.6.1916.
179 Ebd., Technisches Museum an die Firmen Th. Bindtner Nachf. in Wien, Caro & Jellinek in Wien und E. Rosin & G. Knauer in Wien, 7.7.1917.
180 Ebd., Schriftverkehr mit der Niederrheinischen Güter-Assekuranz-Gesellschaft in Wesel, General-Repräsentanz für Österreich, 22. und 23.6.1917 (Unterstreichung im Original).
181 Ebd., Schriftwechsel zwischen dem Technischen Museum und der Krupp'schen Gutsverwaltung in Blühnbach, 3., 7., 9. und 14.7.1917, und Technisches Museum an Firma Lobmeyr in Wien, 11.7.1917.
182 Ebd., Forstmeister Nölscher von der Arthur Krupp'schen Gutsverwaltung Blühnbach in Werfen an Technisches Museum, 22.7.1917.
183 Ebd., Technisches Museum an Forstmeister Nölscher von der Krupp'schen Gutsverwaltung Blühnbach, 23.7.1917.
184 Ebd., Forstmeister Nölscher von der Krupp'schen Gutsverwaltung Blühnbach an Technisches Museum, 30.7.1917.
185 Ebd., Technisches Museum an Forstmeister Nölscher von der Krupp'schen Gutsverwaltung Blühnbach, 9.8.1917.
186 Ebd., 22.8.1917.
187 Ebd., Forstmeister Nölscher von der Krupp'schen Gutsverwaltung Blühnbach an Technisches Museum, 4.10.1917.

188 Zur Geschichte des Schlosses Blühnbach vgl. Aichelburg, Wladimir: Der Thronfolger und die Architektur. Erzherzog Franz Ferdinand von Österreich-Este als Bauherr. Wien, Graz 2003, S. 115–152.

189 ÖStA, HHStA, Generaldirektion der Privat- und Familienfonde, Sonderreihe, Karton 112, D.Z. 622/7, ex 1916: Antrag der Generaldirektion an den Kaiser bezüglich der Veräußerung Blühnbach, 23.3.1916.

190 Ebd. Und zwar zusammen mit „seinem Neffen, dem kaiserlich-deutschen Gesandten Dr. Gustav Krupp von Bohlen und Halbach in Essen, welcher jedoch aus mehrfachen Gründen vorläufig nicht in den Vordergrund zu treten wünschte, als stillem Genossenschafter".

191 Ebd.: Offerte und Bestandvertrag mit Arthur Krupp, Fabriksbesitzer in Berndorf betreffend Blühnbach, 4.4.1916.

192 Ebd., Sonderreihe, Karton 111 f., Nr. 2975 praes. 14.11.1916: Verkauf- und Kaufvertrag zwischen der Generaldirektion der Privat- und Familien-Fonde Seiner k. und k. Apostolischen Majestät als Verkäuferin einerseits und Herrn Arthur Krupp, Mitglied des österreichischen Herrenhauses, Verwaltungsrats-Präsident, in Berndorf, N. Oe. als Käufer andererseits.

193 Ebd., Sonderreihe, Karton 112, D.Z. 622/7, ex 1916: Antrag der Generaldirektion an den Kaiser bezüglich der Veräußerung Blühnbach, 23.3.1916.

194 Ebd., Sonderreihe, Karton 111 f., Nr. 915 praes. 19.3.1917: „Es darf ohne weiters anerkannt werden, dass [...] er an Ort und Stelle durch sein dienstgefälliges, bereitwilliges und geschicktes Verhalten gegenüber dem Kaufwerber die Vorzüge des Verkaufsobjektes in das richtige Licht gestellt und die Kauflust wesentlich gefördert hat."

195 Das Eigentumsrecht an Blühnbach wurde Ende 1917 von Arthur Krupp, der lediglich als Vermittler aufgetreten war, je zur Hälfte an das Ehepaar Gustav und Bertha Krupp von Bohlen und Halbach übertragen. Vgl. Aichelburg, siehe Anmerkung 188, S. 142 f.

196 Zur Sammelleidenschaft Franz Ferdinands vgl. z. B. Hoffmann, Robert: Erzherzog Franz Ferdinand als Kunstfreund und Denkmalpfleger, in: Stagl, Justin (Hg.): Ein Erzherzog reist. Beiträge zu Franz Ferdinands Weltreise. Salzburg 2001, S. 25–49, bes. 27–29, und Aichelburg, Wladimir: Erzherzog Franz Ferdinand und Artstetten. Wien 1983, S. 51–54.

197 Fauland, Ferdinand: Vorwiegend heiter. Von einem, der auszog, General zu werden. Graz, Wien, Köln 1980, S. 166.

198 Ebd.

199 Mein besonderer Dank gilt dem ausgewiesenen Franz-Ferdinand-Kenner Professor Dr. Wladimir Aichelburg, der mir neben wertvollen Hinweisen zum Auffinden der Inventare freundlicherweise auch private Aufzeichnungen über das heute in Privatbesitz befindliche und nicht öffentlich zugängliche Jagdschloss Blühnbach zur Verfügung stellte.

200 ÖStA, HHStA, Obersthofmarschallamt, Franz Ferdinand, Karton 491–506.

201 Ebd., Karton 497, III/B Nr. 220, Blühnbach 1915. Das Inventar umfasst die Seiten 1–191, der Anhang die Seiten 192–227.

202 Ebd., S. 191. Der Gesamtschätzwert für die Einrichtung plus Teppiche und einem 15-prozentigen Zuschlag ergab 398.154 Kronen und 95 Heller. Ebd., S. 227.

203 Ebd., S. 144.

204 Ebd., S. 209.

205 Ebd., S. 226. Gemeint ist offenbar das Germanische Nationalmuseum in Nürnberg. Vgl. Glaser, Silvia: Majolika. Die italienischen Fayencen im Germanischen Nationalmuseum Nürnberg. Bestandskatalog. Nürnberg 2000. Weitere bedeutende Sammlungen von Apothekengefäßen befinden sich etwa im Apothekenmuseum Heidelberg und in Basel. Vgl. Huwer, Elisabeth: Das Deutsche Apotheken-Museum. Schätze aus zwei Jahrtausenden Kultur- und Pharmaziegeschichte. Regensburg 2006 und Mez-Mangold, Lydia: Apotheken-Keramik-Sammlung „Roche". Katalog. Basel 1990.

206 ÖStA, HHStA, Obersthofmarschallamt, Karton 497, III/B Nr. 220, Blühnbach 1915, S. 162. Ein kleines Konvolut, das sich im „Magazin am Dachboden" fand, nämlich: „Post-No. 3537, 33 Stück Fayence-Ton und Porzellan-Dekorations-Gegenstände, Vasen usw., Schätzwert 120,– Kronen".

207 Ebd., Kt. 494, III/B Nr. 220, 1915: Hauptinventar Summarium; Karton 498: Teilinventar Schloss Eckartsau; Karton 499: Inventur Artstetten; Karton 500: Inventur Schloss Lölling; Karton 501: Inventur Oberes Belvedere; Karton 502: Inventur Domäne Chlumetz; Karton 504: Inventur Mobilien Konopischt.

208 Ebd., Karton 497, III/B Nr. 220, Blühnbach 1915: Inventar-Aufnahme Schloss, S. 1. Der Wiener Stadterweiterungsfonds (STEF) wurde 1858 im Zuge der Schleifung der Stadtmauern und der Verbauung des vorgelagerten Glacis gegründet und untersteht bis heute dem Innenministerium. Der Wiener Hofburgbau und die 1906 für diesen ins Leben gerufene Antiquitätensammlung fielen in seinen Zuständigkeitsbereich.

209 Ebd., Inventar-Aufnahme Schloss III. Stock Gang, S. 148. Hier auch der Hinweis: „laut Verz. H.B.B.". Die hier verzeichneten Stückzahlen stimmen nicht mit den nach Wien geschickten 1334 Gefäßen überein.

210 ÖStA, AVAFHKA, Ministerium des Inneren, I/10, II. STEF-Allg., Karton 322, zu Zahl 68, Zahl 596/B.K ex 1914: „K.k. Bauinspektion und Baukontrolle für den Bau Seiner Majestät Hofburg. Nach Schloß Blühnbach übersendete Antiquitäten".

211 Ebd., I/10, II. STEF-Allg., Karton 319, Zahl 482 ex 1910.

212 ÖStA, HHStA, Generaldirektion der Privat- und Familienfonde, Sonderreihe, Karton 112, D.Z. 622/7, ex 1916: Antrag der Generaldirektion an den Kaiser bzgl. der Veräußerung Blühnbachs, 23.3.1916.

213 Vgl. ÖStA, AVAFHKA, Ministerium des Inneren, I/10, II. STEF-Allg., Karton 322, Zahl 4, Januar 1916, und Zahl 68, Februar 1916. Demnach war die Ablösesumme in fünf Jahresraten zu bezahlen. Bei der Veräußerung der Sammlungen des Stadterweiterungsfonds in den Jahren 1920 und 1921 scheinen auch vereinzelte Apothekengefäße auf, die möglicherweise nachträglich ans Technische Museum gelangten, was die unterschiedlichen Stückzahlen erklären würde. Vgl. etwa ebd., I/10, II. STEF-Allg., Karton 322, Zahl 409 ex 1920.

214 Bereits bei dieser Teilung der Sammlung sind nicht nachvollziehbare Fehler unterlaufen. Die beiden Nummernkreise des Museums sind nicht zur Gänze mit den ursprünglichen Teilsammlungen kongruent.

215 Inventarisiert mit dem Nummernkreis 11322.

216 Inventarisiert mit dem Nummernkreis 11336.

217 Eine der Teilsammlungen, die sogenannte Sammlung Krupp, wurde 2003 wissenschaftlich aufgearbeitet. Im Zuge des Projektes und der aufgeworfenen Fragen wurde anschließend die komplette Sammlung neu geordnet, digitalisiert und im Jahr 2006 als Studiensammlung neu aufgestellt.

218 TMW-Archiv, BPA-013846, Technisches Museum an die Krupp'sche Gutsverwaltung Blühnbach; Durchstreichung im Original, 9.10.1917.

219 18. Juni 1913: die von Krupp auf der Wiener Weltausstellung 1873 erworbene Dynamomaschine von Zénobe Theophile Gramme, die bis 1895 in der Berndorfer Metallwarenfabrik zur galvanischen Versilberung im Einsatz war. 30. November 1914: der erste 1898/99 in Österreich von Langen & Wolf in Wien gebaute Dieselmotor. Beide Objekte sind in den Schausammlungen des Technischen Museums Wien heute noch zu sehen.

220 Die im „Blühnbach-Inventar" verzeichneten Apothekengefäße wurden auf 8000 Kronen geschätzt. Stuft man den zweiten, größeren Teil der Sammlung entsprechend ein, ergibt sich eine Summe von 15.000 bis 20.000 Kronen. Vgl. ÖSTA, HHStA, Obersthofmarschallamt, Karton 497, III/B Nr. 220, Blühnbach 1915, S. 144 und 209.

221 TMW-Archiv, BPA-013846, Technisches Museum an Arthur Krupp: „Der Raum wird in einem entsprechend historischen Stil ausgearbeitet werden und wir beehren uns schon heute für die liebenswürdige Uebernahme der für die Ausstattung auflaufenden Kosten den verbindl. Dank zum Ausdruck zu bringen", 3.4.1916.

222 TMW-Archiv, BPA-012872, Anmeldeschein vom Juli 1914.

223 Ebd., Technisches Museum an Peter Koch, 19.7.1915. Im selben Schreiben wird auch der Erhalt des zweiteiligen Modells bestätigt.

224 TMW-Archiv, BPA-012824, TMW an Peter Koch, 8.4.1915.

225 Ebd., Versand-Anzeige der Peter Koch Modellbauwerk GmbH, 23.6.1915. Die Gipsmodellmasse des zweiteiligen Modells wog 592 kg, der Eichensockel 200 kg. Inv.-Nr. 9706.

226 Vgl. dazu: The Styrian Erzberg, in: Engineering, 5.1.1883, S. 17 und Supplement; Kupelwieser, Franz: Ueber die Entwicklung und Bedeutung des steiermärkischen Erzberges, in: Zeitschrift des Oesterr. Ingenieur- und Architektenvereines XLV (1893), Nr. 22, S. 313–321; Der „eiserne Berg", in: Der Stein der Weisen 42 (1908), S. 165 f.; Der steirische Erzberg, in: Stahl und Eisen 1912, Nr. 8, Sonderdruck; Vom steirischen Erzberg, in: Prometheus XXIII (1912), Nr. 1180, S. 561–563; Mayr, Hermann; Kunz, Otto: Der Erzberg, in: Bergland XI (1929), Nr. 8, S. 11–19, und Debus, W.: Besuch auf dem Erzberg, in: Das Werk 18 (1938), Heft 8/9, S. 331–342.

227 Graf, Walter; Haditsch, Johann Georg: Steirische Eisenerzvorkommen, in: Erz und Eisen in der Grünen Mark. Beiträge zum steirischen Eisenwesen. Hg. von Roth, Paul W. Graz 1984, S. 23–43.

228 Schumacher, Clemens: Entwicklung von Berg und Hütte am Steirischen Erzberg, in: 25 Jahre Deutsche Bergwerkszeitung. Jubiläumsausgabe Nr. 5, Dezember 1924, S. 43–46.

229 Colshorn, Carl-Hermann: Technik, Wirtschaft und Politik im steirischen Eisenwesen zwischen etwa 1250 und 1800, in: Blätter für Technikgeschichte 36/37 (1974/75), S. 47–60.

230 Lackner, Helmut: Die Brennstoffversorgung des steirischen Eisenwesens, in: Erz und Eisen in der Grünen Mark. Beiträge zum steirischen Eisenwesen. Hg. von Roth, Paul W. Graz 1984, S. 189–205.

231 Tremel, Ferdinand: Eisenerz – Abriss einer Geschichte der Stadt und des Erzberges (Leobener Grüne Hefte 70). Wien 1963.

232 Sandgruber, Roman: Die Innerberger Eisenproduktion in der frühen Neuzeit, in: Österreichisches Montanwesen. Hg. von Mitterauer, Michael. Wien 1974, S. 72–105, hier S. 74.

233 Köstler, Hans Jörg: Das steirische Eisenhüttenwesen von den Anfängen des Floßofenbetriebes im 16. Jahrhundert bis zur Gegenwart, in: Erz und Eisen in der Grünen Mark. Beiträge zum steirischen Eisenwesen. Hg. Roth, Paul W. Graz 1984, S. 109–155.

234 Landsteiner Erich: Die Krise der Innerberger Eisenproduktion an der Wende vom 16. zum 17. Jahrhundert: Versuch einer Neuinterpretation im Anschluß an Roman Sandgruber, in: Erfahrung der Moderne. Festschrift für Roman Sandgruber zum 60. Geburtstag. Stuttgart 2007, S. 79–110, hier S. 88.

235 Ebd., S. 109.

236 ÖStA, AVAFHKA, Innerösterreichische Miszellen, Fasz. 7, Bericht Johann von Wendensteins über die Inspektion der Innerberger Radwerke, 22.7.1625, fol. 616 f.

237 Landsteiner, siehe Anmerkung 234, S. 79–110, hier S. 107.

238 Mejzlik, Heinrich: Probleme der alpenländischen Eisenindustrie – vor und nach der im Jahre 1881 stattgefundenen Fusionierung in die Österreichisch-Alpine Montangesellschaft (Dissertationen der Universität Wien 61). Wien 1971, S. 39–58, und Pirchegger, Hans: Das steirische Eisenwesen von 1564 bis 1625 (Steirisches Eisen. Beiträge zur Geschichte des ostmärkischen Eisenwesens III). Graz 1939, S. 60–68.

239 Sperl, Gerhard: Die Entwicklung des steirischen Eisenhüttenwesens vor der Einführung des Hochofens, in: Erz und Eisen in der Grünen Mark. Beiträge zum steirischen Eisenwesen. Hg. von Roth, Paul W. Graz 1984, S. 83–94, und Colshorn, siehe Anmerkung 229, S. 56.

240 Fusioniert wurden die k. k. priv. Aktiengesellschaft der Innerberger Hauptgewerkschaft, die k. k. priv. Neuberg-Mariazeller Gewerkschaft, die Steirische Eisenindustriegesellschaft, die Vordernberg-Köflacher Montanindustriegesellschaft, die St. Egydy- und Kindberger Eisen- und Stahl-Industrie Gesellschaft und die Hüttenberger Eisenwerksgesellschaft. In weiterer Folge kamen noch die Eibiswalder Eisen- und Stahlgewerkschaft, die Grazer Eisenwarenfabrik, die Maschinenfabrik Andritz und schließlich die ehemaligen Besitzungen des Franz von Friedau hinzu

241 Weiss, Alfred: Eisenerzbergbau in der Steiermark, in: Erz und Eisen in der Grünen Mark. Beiträge zum steirischen Eisenwesen. Hg. von Roth, Paul W. Graz 1984, S. 45–81, hier S. 55.

242 Köstler, Hans Jörg; Slesak, Josef: Führer durch Vordernberg und seine montanhistorischen Stätten. Vordernberg 1984, S. 13.

243 Ausgenommen von dieser Bestimmung war neben den Gewerken Friedau auch die Stadt Leoben, in deren Besitz sich seit 1631 die Radwerke VIII und X befanden. Vgl. Walzel, Richard G.: Die Radmeister Communität in Vordernberg, in: Vita pro Ferro. Festschrift für Robert Durrer. Schaffhausen 1964, S. 259–272.

244 Die den Erzberg teilende „Ebenhöhe" verlief etwas unter dem Präbichl-Niveau (1240 m), sodass das Erz aus einigen Vordernberger Gruben zuerst auf den Pass hinauf und von da in den rund 5 km entfernten und etwa 400 Höhenmeter tiefer gelegenen Ort transportiert werden musste.

245 Hörtner, Heinz: Auf den Spuren der Erzbringung nach Vordernberg. Geschichtliches über die Erzförderung nach Vordernberg. Vordernberg 2001.

246 Die Niveaus entsprechen den im Modell abgebildeten Etagen Maschini und Zauchen von 1913. Der 1836 erbaute und im Modell abgebildete Wismath-Aufzug blieb bis 1935 in Betrieb. Er überwand eine Höhe von 58,5 m, indem ein mit 2800 l gefülltes Wassergefäß ein Gefäß mit 2,25 t Erz über konische Seiltrommeln hinaufzog. Vgl. Weiß, Alfred: Der Wismath-Aufzug. Ein Wassertonnenaufzug am Steirischen Erzberg (res montanarum. Zeitschrift des montanhistorischen Vereins Österreich 24). Leoben 2000.

247 Gegenüber einem einspännigen Fuhrwerk mit kaum mehr als 400 kg Zuladung konnten nun von einem einzigen Pferd acht Hunte mit insgesamt 24 t Erz gezogen werden. Die Spurweite betrug 920 mm. Vgl. Schuster, Wilhelm: Die Erzbergbaue und Hütten. Der Steirische Erzberg, in: Die Österreichisch-Alpine Montangesellschaft 1881–1931. Wien 1931, S. 79–183, hier S. 90.

248 Schuster, Wilhelm: Die Erzbringung zu den alten Radwerken in Vordernberg, in: Werkszeitung der Oesterreichisch-Alpinen Montangesellschaft 1 (1926), Heft 2, S. 17–21; Heft 3, S. 34–38.

249 Mengenmäßig hatte allerdings auch in Kapfenberg der im Elektrostahlofen erzeugte Edelstahl längst den Gussstahl überholt.

250 Zu den erhaltenen und im Modell dargestellten technischen Denkmälern vgl. Wehdorn, Manfred: Die Baudenkmäler des Eisenhüttenwesens in Österreich: Trocken-, Röst- und Schmelzanlagen. Ein Beitrag zur industriearchäologischen Forschung (Technikgeschichte in Einzeldarstellungen 27). Düsseldorf 1982.

251 Das klassizistische Portal des Kaiser-Franz-Stollens ist das bis heute älteste gänzlich erhaltene Bauwerk der Betriebsanlagen im Krumpental. Auch von der Brücke der Erzförderbahn stehen noch einige Pfeiler.

252 Stadtmuseum Eisenerz, Geschichtliche Angaben der ÖAMG, Standort Eisenerz (wahrscheinlich aus Anlass des 50-Jahre-Jubiläums 1931), 14 Seiten.

253 Ebd., Klapf, Karl: Die Hauptwerkstätte der ÖAMG-Bergdirektion Eisenerz im Wandel der Zeit, Autobiografie, unveröffentlicht, um 1960.

254 Gegenüber der vom Kaiser-Franz-Ofen zuletzt produzierten 25 Tagestonnen war der Münichtaler Hochofen für eine Leistung von 350 Tagestonnen ausgelegt, die zwischen 1907 und 1912 sogar um 22 Tonnen übertroffen wurde. Vgl. Schuster, siehe Anmerkung 247, S. 205–227, hier S. 217, und Köstler, Hans Jörg: Zur Geschichte der Roheisenerzeugung in Eisenerz, in: Der Leobener Strauß 7 (1979), S. 159–176.

255 Die Ruinen der Ofenreihen I–III sind bis heute teilweise erhalten. Vgl. Falser, Michael S.: Industrie – Landschaft – Kunst. Der Steirische Erzberg (INDUSTRIE-Archäologie V). Chemnitz 2006, S. 60 und 72. Die alten Mischbegichtungsöfen waren bis 1934 in Betrieb, wurden zuerst von Apold-Fleißner-Anlagen und schließlich bis 1974 von neuen Mischbegichtungs-Röstöfen abgelöst. Vgl. Köstler, Hans Jörg: Das Apold-Fleißner-Erzröstverfahren, in: res montanarum. Zeitschrift des Montanhistorischen Vereins Österreich 25 (2000), S. 3–23, hier S. 13, Tab. 4.

256 Auf der 65 Meter hohen Rutsche wurden die Erze zu sehr zerkleinert. Zu feinkörnige Erze (Korngröße circa 0,5 bis 5 mm) erschweren im Hochofen die Gaszirkulation. Daher errichtete die ÖAMG 1884/85 beim Bahnhof Eisenerz Feinerz-Röstöfen und 1917 am Münzboden eine Sinteranlage.

257 Von 1891 bis 1978 – also nahezu während der gesamten Zeit des Erztransports über den Präbichl – kamen Zahnrad-Dampflokomotiven der Reihen 69 (spätere Reihe 97 der ÖBB) und 269 (spätere Reihe 197 der ÖBB) zum Einsatz. Seit 1986 erfolgen die Erzlieferungen nach Donawitz über Selzthal und St. Michael.

258 Weiss, siehe Anmerkung 241, S. 45–81, hier S. 58.

259 Der Verhau stieg von rd. 3,25 Millionen Tonnen 1910 auf rd. 5,25 Millionen Tonnen 1916 an. Vgl. Schuster, siehe Anmerkung 247, S. 183.

260 Lackner, Helmut: Die Arbeit am Erzberg, in: Bergmann oder Werkssoldat. Eisenerz als Fallbeispiel industrieller Politik. Graz 1984, S. 157–204, hier S. 168 f.

261 Hue, Otto: Wanderung durch die österreichischen Alpenländer, in: Der Bergmann, 1922, Nr. 18, S. 4 und Nr. 19, S. 6.

262 Bei einer Erzausbringung von rd. 33 Prozent bedeutet das einen Gesamtverhau von rund sechs Millionen Tonnen. Betriebskennzahlen 2008 der VA Erzberg GmbH, Techn. Leiter DI Josef Pappenreiter.

263 Roth, Paul Werner: Der Erzberg. Eherner Brotlaib der Steiermark, in: Beiträge zur Wirtschafts-, Sozial- und Kulturgeschichte Siebenbürgens, Schwedens und der Steiermark 12 (2001), S. 113–123, und Lackner, Helmut: Im Schatten des Erzberges. Von der steirischen zur österreichischen Eisenstraße, in: StadtBauwelt 85 (1994), Nr. 36, S. 1950–1953.

Die Schausammlung nach der Eröffnung

1 König, Deutsches Museum (1913). Vgl. Monatsblatt des wissenschaftlichen Clubs in Wien XXXIII (1912), Nr. 3/4, S. 24.
2 TMW-Archiv, BPA-007384.
3 Stürzer, Erinnerungen (1968), S. 95.
4 Von der Peter Koch Modellwerke GmbH stammten u. a. das betriebsfähige Modell einer Bleichert'schen Seilbahnanlage, Inv.-Nr. 40723, ein Holzkohle-Hochofen, ein Frischfeuerherd, ein Siemens-Martin-Ofen, eine Salpetersäure- und eine Indigofabrik sowie das große Erzbergmodell, Inv.-Nr. 9706.
5 Von den Gebr. Reinhold und Otto Völkel kamen u. a. die Modelle einer Salpetersäurefabrik nach Pauling, einer Ammoniakfabrik, einer Pottaschefabrik, einer Linde-Sauerstoffanlage, einer Seifensiederei, Inv.-Nr. 33510, und Kerzentunkerei, Inv.-Nr. 17567, einer Kugelmühle, die Dioramen der Tee- und Kakaoverarbeitung, Inv.-Nr. 11519 und 11522, ein Elektrostahlofen nach Kjellin, Inv.-Nr. 9872, die Schnittmodelle des Dianabades, Inv.-Nr. 12380, und des Wiener Bankvereingebäudes, Inv.-Nr. 13181, des Kraftwerks Partenstein, Inv.-Nr. 5109, sowie von Straßenquerschnitten (Römerstraße, Schotterstraße, Holzstöckelpflaster).
6 Vgl. Mayring, Eva A.: Bilder der Technik, Wissenschaft und Industrie. Ein Bestandskatalog des Deutschen Museums München. München 2008.
7 TMW-Archiv, BPA-014249.
8 Ebd., BPA-008817 und 008818, Reinhold Völkel, Wien, um 1910. Von Otto Völkel hat sich eine Bleistiftzeichnung der Gasanstalt Wien-Gaudenzdorf nach dem Stand von 1856 erhalten. Vgl. TMW-Archiv, BPA-000869/10.
9 Inv.-Nr. 17915, signiert 1918, 690 x 301 cm. Das Gemälde ist seit 2008 wieder in der Schifffahrtsabteilung zu sehen.
10 TMW-Archiv, BPA-007810, Kautsky und Rottanara, 1916.
11 Semmeringbahn, Inv.-Nr. 41541; Arlbergbahn, Inv.-Nr. 41659; Brennerbahn, Inv.-Nr. 41657, und Tauernbahn, Inv.-Nr. 41658. Die Hintergrundbilder malten G. Jammy, K. Petrides & Rothang. Die Dioramen entstanden nach Plänen des Eisenbahningenieurs und Bauleiters des Arlbergtunnels sowie der Tauern-, Karawanken- und Pyhrnbahn Karl Wurmb.
12 TMW-Archiv, BPA-014884/3, Direktion an Erich und Hans Veit, 16.10.1926. Das Museum konnte 1991 aus dem Nachlass rund 100 Radierungen erwerben. Die gesamte Serie umfasst – wenn man der Nummerierung glauben darf – etwa 400 Blätter und umspannt zeitlich die Jahrzehnte vom Ersten Weltkrieg bis in die 1960er-Jahre und geografisch Österreich, Deutschland und die USA.
13 König, Deutsches Museum (1913), S. 18.
14 Osietzki, Maria: Die Gründungsgeschichte des Deutschen Museums von Meisterwerken der Naturwissenschaften und Technik in München 1903–1906, in: Technikgeschichte 52 (1985), Nr. 1, S. 49–75, hier S. 62–64.
15 Vogler, Günter: Probleme einer Periodisierung der Geschichte, in: Goertz, Hans-Jürgen: Geschichte. Ein Grundkurs. Reinbek bei Hamburg 1998, S. 203–213, hier S. 206.
16 Erhard, Aufbau (1941), S. 150.
17 Stürzer, Erinnerungen (1968), S. 94.
18 Die Beschreibung der Schausammlung folgt im Wesentlichen Horwitz, Technisches Museum (1921/22); Stelzer, Technisches Museum (1925); Lang, Heimatmuseen (1929), S. 142 f.; Hietzing (1932), S. 169–200; Rundgang (1933); Museen Österreichs (1935), S. 185–188, und Stürzer, Erinnerungen (1968). Die mit 1919 datierten Aufnahmen der Ensembles fertigte über Vermittlung von Josef Maria Eder die Lehranstalt für Fotografie und Reproduktionsverfahren an, deren Gründer und Leiter er war. Eder bekleidete auch die Funktion des Vorsitzenden des Fachkonsulenten-Kollegiums der „Graphischen Industrie" und stellte dem Museum zahlreiche frühe Daguerreotypien und wissenschaftliche Fotografien zur Verfügung. Horwitz hatte seinen Aufsatz zuerst dem VDI-Jahrbuch angeboten, aber offensichtlich die von Matschoß bei Erhard eingeholten Kürzungen nicht akzeptiert und ihn danach in den Geschichtsblättern von Franz M. Feldhaus und Carl von Klinckowstroem publiziert.
19 Bibliothek des Technischen Museums Wien, S.A. 4130, Verzeichnis der in der Abteilung Kriegsmarine aufgestellten Schaustücke, 1953.
20 Inv.-Nr. 688, Geschenk des Brauereiunternehmers Anton Dreher in Klein-Schwechat.
21 Inv.-Nr. 1932, datiert 1894 und als „Sturmflügelmodell" bezeichnet.
22 Inv.-Nr. 1933, datiert 1909/10. Der Motor ist eine Attrappe aus Holz.
23 Dobrowolny, Stelzer, Flug (1929), S. 26–44.
24 Etrich besuchte 1956 als 77-Jähriger nochmals das Technische Museum. Vgl. TMW-Archiv, BPA-011006/3.
25 Inv.-Nr. 2018, Geschenk der Autoplan-Werke Wien 1914, und Inv.-Nr. 2009, Geschenk des Wiener Automobil-Clubs 1925.
26 Inv.-Nr. 1404. Den Wagen übergab am 8. Jänner 1915 der Österreichische Automobil-Club dem Museum als Leihgabe. Vgl. dazu das Kapitel „Siegfried Marcus war kein Deutscher", S. 280–283.
27 Inv.-Nr. 1428. Den Wagen konstruierte 1899/1900 wesentlich der damals in der Hof-Wagen- und Automobil-Fabrik Jacob Lohner & Co. beschäftigte Ferdinand Porsche. Das in Paris gezeigte Automobil übergab 1915 die Österreichische Daimler Motoren AG in Wiener Neustadt dem Museum.
28 Zum Beispiel das Fahrrad „Graziosa" mit Kardanantrieb, ca. 1899, Graz, Inv.-Nr. 1515.
29 Ein Herr A. Hinteregger schenkte dem Museum das erste Puch-Motorrad mit Beiwagen, 1907/08, Graz, Inv.-Nr. 7558, und das erste in der Monarchie in Serie gebaute Motorrad Laurin & Klement, Jungbunzlau/Mladá Boleslav (Böhmen), Inv.-Nr. 7532.
30 Pläne der 1861 von John Haswell konstruierten Presse zeigte die Maschinenfabrik der österreichischen Staats-Eisenbahngesellschaft im Jahr darauf auf der Londoner Weltausstellung. Vgl. Österreichischer Bericht über die Internationale Ausstellung in London 1862 [...]. Wien 1863, S. 245 f. und Tafel IV–VI.
31 Inv.-Nr. 9295, Geschenk der Firma 1916.
32 Inv.-Nr. 8746, Geschenk des IV. Armeekommandos 1913.
33 Inv.-Nr. 9600, aus Waidmannsdorf (heute Klagenfurt/Kärnten) stammend, 1912 vom Schutzverband der alpenländischen Brauereien gewidmet.
34 Inv.-Nr. 9599, das Objekt kam erst 1926 als Spende der Pressenfabrik Fritz Müller in Esslingen (Deutschland) ins Museum.
35 Vgl. dazu das Kapitel „Das Erzbergmodell der Österreichisch-Alpine Montangesellschaft", S. 185–193.
36 Für die Archivrecherchen ist den Kolleginnen Manuela Fellner und Barbara Pilz zu danken.
37 TMW-Archiv, BPA-009645/2, Verhandlungsschrift über die am 26. April 1922 [...] abgehaltene 4. Sitzung.
38 TMW-Archiv, BPA-009656, Verhandlungsschrift der 7. Sitzung des Vorstandsrates des Technischen Museums am Mittwoch, dem 21. Januar 1925.
39 Stürzer, Erinnerungen (1968), S. 98. Erfunden hatte den Sinnspruch Exner nicht. Vgl. „Den Alten zur Ehr, uns allen zur Lehr!" bei Eidmann, Heinrich: Heimatmuseum, Schule und Volksbildung (Die Volkskultur 11). Leipzig 1909, S. 31.
40 Vgl. dazu das Kapitel „Austilgung der Vergangenheit: Die Affäre um die Gründungstafel", S. 277.
41 Vgl. dazu das Kapitel „'...eine besondere Zierde des Technischen Museums ....': Die Apothekengefäße-Sammlung", S. 178–184.
42 Die beiden Dioramen, Inv.-Nr. 33510 und 17567, vom Wiener Modellbauatelier Gebr. Völkel. 1939 erhielt das Museum von der Donau Chemie AG. ein vier Meter langes Modell der Schwefelsäuregewinnung nach dem Kontaktverfahren, Inv.-Nr. 59781.
43 Gewidmet 1935 von der Fa. Georg Schicht AG, hergestellt von der Fa. Wicke.
44 Zur Verfügung gestellt von der Wiener Firma J. B. Marsano's Sohn.
45 Technikgeschichte 29 (1940), S. 173.
46 Diese Dioramen, hergestellt vom Wiener Modellbauatelier Otto Völkel, widmete 1926 die Firma Julius Meinl AG dem Museum.
47 TMW-Archiv, BPA-013895, Angebot der Pathékok-Kinoapparate Verkaufsges. m. b. H., Wien, 1914, und Horwitz, Technisches Museum (1922), S. 4.
48 Inv.-Nr. 14703. Zur Verfügung gestellt 1914 von der J. M. Voith AG in St. Pölten.
49 Von den vier erhaltenen Modellen befinden sich zwei im Technischen Museum Wien. Das vierte Modell aus dem Jahre 1869, damals vom Polytechnischen Institut angekauft, kam von dort 1910 ins Museum; das erste Modell aus dem Jahre 1864 vermittelte auf Ersuchen Erhards 1913 Baron Alfred von Stutterheim aus dem Stadtmuseum Meran. Vgl. schreiben wie gedruckt. Peter Mitterhofers Schreibmaschinen 1864–1869. Ausstellungskatalog. Wien 2005.
50 Ein Komitee ließ für den Mathematiker und Physiker Joseph Petzval 1905 im Zentralfriedhof ein Denkmal errichten. Eine 1911 geplante Ausstellung fand zwar nicht statt, markiert aber den Beginn der Objektsammlung zu seiner Person, die letztlich zum Ankauf des Nachlasses von L. A. Mayer in Wien um 3000 Kronen durch das Museum führte; der Nachlass bildete den Grundstock für eine sogenannte Petzval-Vitrine. Vgl. TMW-Archiv, BPA-006936.
51 TMW-Archiv, BPA-009656, Vorstandsratssitzung des Technischen Museums für Industrie und Gewerbe am 10. April 1932.

52 Inv.-Nr. 12510, kam vor 1890 in das Museum der Geschichte der österreichischen Arbeit.
53 Inv.-Nr. 12509, geschenkt 1911 von Ignaz Ginzkey.
54 TMW-Archiv, BPA-014249. Bilder der Hut-, Schuh-, Schirm- und Kleidermacher, Pfeidler und Sticker, Handschuhmacher, Kürschner und Kunstblumenerzeuger. Wesemann erhielt im Mai 1915 seine Einberufung.
55 Beide Modelle, Inv.-Nr. 12380 und 13181, vom Wiener Modellatelier Gebr. Völkel.
56 Inv.-Nr. 2452, geschenkt 1914 von der Königshofer Zementfabriks AG.
57 Inv.-Nr. 4869, geschenkt 1914 von der Wienerberger Ziegelfabriks- und Baugesellschaft.
58 ÖStA, AVAFHKA, alte Registratur Verkehrsarchiv Zl. 104/1926.
59 Das Österreichische Eisenbahnmuseum, in: Die Lokomotive. Illustrierte Monats-Fachzeitschrift für Eisenbahntechniker 1922, S. 153 f.
60 Zum Beispiel das Modell des 2. Wiener Nordbahnhofs, angefertigt im Maßstab 1 : 100 für die Weltausstellung in Paris 1900, Inv.-Nr. 40009.
61 Inv.-Nr. 23842, hergestellt im Maßstab 1 : 20, von der Eisenkonstruktionswerkstätte Ignaz Gridl in Wien für die Jubiläums-Gewerbeausstellung 1898.
62 Im Eisenbahnmuseum erhielt es die Inv.-Nr. 2111.
63 Es ist in der (umstrittenen) Publikation Price, Billy F. (Hg.): Adolf Hitler als Maler und Zeichner. Ein Werkkatalog der Ölgemälde, Aquarelle, Zeichnungen und Architekturskizzen. München 1983, S. 142, abgebildet.
64 ÖStA, AVAFHKA, alte Registratur Verkehrsarchiv Zl. 415/1939.
65 Horwitz, Technisches Museum (1921), S. 4.
66 Semmering-, Arlberg-, Brenner- und Tauern-, Mariazeller- und Südbahn, Triest. TMW-Archiv, BPA-014662/2, Verzeichnis der bis Ende 1915 überstellten Objekte des k. k. historischen Museums der österreichischen Eisenbahnen [...].
67 Horwitz, Technisches Museum (1921), S. 6.
68 Feiler, Karl: Das historische Museum der Österreichischen Eisenbahnen, in: Exner, Wiederaufbau (1928), S. 493.
69 Vgl. Hans Makart. Malerfürst. Historisches Museum der Stadt Wien. Wien 2001, S. 299. Entworfen von Rudolf Weyr für den von Hans Makart veranstalteten Huldigungsfestzug 1879 aus Anlass der Silberhochzeit des Kaiserpaares. Die Gruppe wurde 1931 den Sammlungen der Stadt Wien (heute Wien Museum) übergeben. Vgl. ÖStA, AVAFHKA, alte Registratur Verkehrsarchiv Zl. 1/1933, S. 16.
70 Inv.-Nr. 40357, ausgeführt im Maßstab 1 : 5 von der Lokomotivfabrik-Aktiengesellschaft in Floridsdorf für die Jubiläumsausstellung in Wien 1898; kam als Geschenk der Ausstellungskommission für Verkehrsanlagen ins Eisenbahnmuseum.
71 Inv.-Nr. 40378, Maßstab 1 : 20.
72 Inv.-Nr. 40005, Maßstab 1 : 8.
73 Inv.-Nr. 40370 bzw. Inv.-Nr. 40013.
74 Hilscher, H.: Etwas über unser Eisenbahn-Museum, in: Die Lokomotive. Illustrierte Monats-Fachzeitschrift für Eisenbahntechniker 1927, S. 86 f.
75 Erst 1933 überarbeitete der renommierte Modellbauer Josef Stögermayer junior das Modell der von Wilhelm von Engerth konstruierten Semmeringbahn-Lokomotive „Kapellen". Vgl. ÖStA, AVAFHKA, alte Registratur Verkehrsarchiv Zl. 825/1933. Das „Rauhenstein"-Modell musste durch ein neues ersetzt werden, das der Feinmechaniker Friedrich Lorenzi bis 1947 anfertigte. Vgl. ÖStA, AVAFHKA, alte Registratur Verkehrsarchiv Zl. 25005/1947.
76 Inv.-Nr. 40334.
77 1854 von Wenzel Günther in Wiener Neustadt erbaut und seit 1886 außer Dienst gestellt. Vgl. Das Technische Museum für Industrie und Gewerbe in Wien: in: Die Lokomotive. Illustrierte Monats-Fachzeitschrift für Eisenbahntechniker 1918, S. 103 f.
78 Mit Dampfservozylinder; nach Löbel; nach Stummer von Traunfels.
79 Von der 1912 bei einem Zusammenstoß beschädigten Lokomotive k. k. StB 73.419.
80 Ein saugender Restarting-Injektor von Friedmann und ein Injektor von Haswell.
81 Bauart Schleyder und Marek.
82 Inv.-Nr. 40524, von der Kronprinz-Rudolf-Bahn Serie I von 1883, System Kamper. Vgl. Vom österreichischen Eisenbahn-Museum. In: Die Lokomotive 1927, S. 32.
83 ÖStA, AVAFHKA, alte Registratur Verkehrsarchiv Zl. 32/1927. Die Lok ÖNWB IXa 401 von 1879 stand vorher im Heizhaus Absdorf-Hippersdorf (Niederösterreich), der gedeckte Güterwagen in Simbach (Bayern).
84 Ausgeschieden wurden u. a. eine Dampfdraisine der Graz-Köflacher Eisenbahn sowie drei Wagen der Pferdeeisenbahn Linz–Budweis. Vgl. ÖStA, AVAFHKA, alte Registratur Verkehrsarchiv Zl. 89/1926.
85 TMW-Eisenbahnarchiv, Mappe Bestände 5001 bis 7500.
86 Jahresbericht des Verkehrswissenschaftlichen Fachdienstes im Bundesministerium für Handel und Verkehr für 1930–1932. Vgl. ÖStA, AVAFHKA, alte Registratur Verkehrsarchiv Zl. 1/1933.
87 Eine Räderdrehbank, eine Schraubenschneidmaschine und zwei Bohrmaschinen. Vgl. TMW-Eisenbahnarchiv. Schreiben des TMW, P. Z. 1616/1930.
88 ÖStA, AVAFHKA, alte Registratur Verkehrsarchiv Zl. 137/1933. Der Plan, zusätzlich die Lok BBÖ 310.05 in die Halle zu stellen, wurde fallen gelassen. Vgl. ÖStA, AVAFHKA, alte Registratur Verkehrsarchiv Zl. 832/1934.
89 Der Lokomotivtransport endlich abgeschlossen. In: Neuigkeits-Welt-Blatt. 5. Jänner 1935, S. 3. Die Lokomotive 180.01 wurde in den Medien kurzerhand „Liesl" getauft. Vgl. ÖStA, AVAFHKA, alte Registratur Verkehrsarchiv Zl. 814/1934. Über den Lokomotivtransport entstand ein Beitrag für die Wochenschau „Österreich in Bild und Ton" mit dem Titel „Letzte Fahrt einer Lokomotive", 28.12.1934. Die Platznot im Eisenbahnmuseum war damit akut, sodass eine Auslagerung der Großobjekte in eine leer stehende Halle am Nordwestbahnhof überlegt wurde. Vgl. ÖStA, AVAFHKA, alte Registratur Verkehrsarchiv Zl. 411/1935. Auch die Errichtung eines 2000 Quadratmeter großen Zubaus war bis in die 1940er-Jahre im Gespräch. Vgl. ÖStA, AVAFHKA, alte Registratur Verkehrsarchiv Zl. 647/1938 und Zl. 578/1940.
90 Karl Gölsdorf zum Gedenken. Zur Enthüllung des Gölsdorf-Denkmals am 22. Juni 1931. Wien 1931.
91 Fremdenblatt, 27.2.1918.
92 Wiener Abendpost, 26.3.1918.
93 Vgl. etwa Wiener Zeitung, 2.5.1918.
94 Offensichtlich ist eine frühere Version des Textes noch einmal überarbeitet worden. Während es im ersten Abschnitt hieß, das Museum *habe* seine Pforten bereits der Öffentlichkeit erschlossen, schrieb Zitterhofer kurz darauf, dass es trotz kriegsbedingter Umstände demnächst seine Pforten öffnen und seiner Bestimmung übergeben *werde*. Vgl. Zitterhofer, Kulturstätte (1918), S. 6 f.
95 Ebd., S. 7.
96 Inv.-Nr. 1724. 1956 an das Heeresgeschichtliche Museum abgegeben.
97 Inv.-Nr. 492.
98 Ebd., S. 13.
99 Ebd., S. 13. Artikel, die auf die Kriegstechnik Bezug nehmen, finden sich bis Juli 1918 vor allem in auswärtigen Zeitungen: Bulgarische Handelszeitung, Sofia, 26.6.1918, Cetinjer Zeitung, Cetinje, 23.6.1918, Neue mährisch-schlesische Presse, Olmütz, 28.6.1918, Krakauer Zeitung, Krakau, 29.6.1918, und Klagenfurter Zeitung, Klagenfurt, 17.7.1918.
100 Leisching, Technisches Museum (1922), S. 19.
101 Ebd., S. 21.
102 Ebd., S. 24 und 26.
103 Richards, Museum (1925), S. 32–45 und 110–117.
104 Ebd., S. 37 f.
105 Ebd., S. 34.
106 Illustriertes Wiener Extrablatt, 8.6.1918, und Fremdenblatt, 4.12.1918. Vgl. auch Burger, Maschinenzeit (1991), S. 32.
107 Leisching, Technisches Museum (1922), S. 26.
108 Isermann, F.: Das Technische Museum in Wien, in: VDI-Nachrichten 28 (1926).
109 Mikoletzky, Juliane: Der österreichische Techniker. Standespolitik und nationale Identität österreichischer Ingenieure, 1850–1950, in: Plitzner, Klaus (Hg.): Technik, Politik, Identität. Funktionalisierung von Technik für die Ausbildung regionaler, sozialer und nationaler Selbstbilder in Österreich. Stuttgart 1995, S. 111–123, hier S. 121.
110 Lackner, Helmut: Identität durch Technik. Der Beitrag der technischen Denkmäler, in: Plitzner, Klaus (Hg.): Technik, Politik, Identität. Funktionalisierung von Technik für die Ausbildung regionaler, sozialer und nationaler Selbstbilder in Österreich. Stuttgart 1995, S. 171–188, hier S. 176 f.
111 Feichtinger, Alfred; Winkler, Alois: Industrie und Technik bei uns, in: Weyrich, Edgar: Rudolfsheim und Fünfhaus. Wien 1922, S. 43.
112 Hietzing (1932), S. 169 f.
113 Ebd., S. 175.
114 Ebd., S. 176.
115 Ebd., S. 172.
116 Ebd., S. 179 f.
117 Ebd., S. 186.
118 Ebd., S. 181 f.
119 Vgl. das Kapitel „Die Schausammlung nach der Eröffnung", S. 194–207.

Das verstaatlichte Museum in der Zwischenkriegszeit

Die Verstaatlichung im Jahr 1922 garantierte mit einem reduzierten Personalstand und einem Sparbudget den Weiterbestand des Technischen Museums. Im ersten Jahrzehnt band die Fertigstellung der Einrichtung, vor allem im zweiten Obergeschoss mit dem Postmuseum, alle Ressourcen. Seit 1929 zeigte das Museum eigene Sonderausstellungen und beteiligte sich an vielen Ausstellungen. Die neuen technischen Museen in Wien und München wurden zum Vorbild für spätere Projekte wie das „Museum of Science and Industry" in Chicago.

Der Museumsalltag und die Komplettierung der Schausammlung

In der Nachkriegskrise sichert die Verstaatlichung das Bestehen des Technischen Museums.

Der Überlebenskampf bis zur Verstaatlichung

Noch mit über achtzig Jahren nahm Exner in gesicherter Position und öffentlich anerkannt aktiv am Leben der Ersten Republik teil. Sein „Kind", das noch am Ende der bereits auseinanderdriftenden Monarchie gegründete Technische Museum, hatte nach der Eröffnung während des Kriegs in der Ersten Republik einen schwierigen Start.

Trotz des Kriegs hatten in den ersten sechs Wochen 21.000 Besucher das Museum gestürmt,[1] bis Jahresende waren es 79.000 und am 9. März des folgenden Jahres begrüßte das Museum den hunderttausendsten Besucher.[2] 1919 statteten dem Museum 128.000 Menschen einen Besuch ab. Zwei Jahre später waren es bereits knapp 170.000. Nach Mitte der 1920er-Jahre sanken die Besucherzahlen für längere Zeit auf unter 100.000 pro Jahr.

Der rasche Erfolg bestätigte im Nachhinein Exners Entscheidung, hatte jedoch auch eine Kehrseite. Das Museumspersonal wurde von den Folgen des Besucherandrangs geradezu überrumpelt und musste täglich leidvolle Erfahrungen mit jungen Besuchern sammeln, für die das Technische Museum mit seinen vielen Objekten, die angefasst oder in Betrieb genommen werden durften, auch eine neue Erfahrung war. Die Zeitungen waren Anfang 1919 voll mit Meldungen über „Vandalismus im Technischen Museum".[3] Das Museum reagierte mit Verboten und Einschränkungen: „Kinder unter 10 Jahren haben keinen Zutritt, Schüler bis zu 14 Jahren nur in Begleitung Erwachsener."[4] Drei Jahre später berichtete das Heimatbuch des Bezirks Rudolfsheim-Fünfhaus lapidar: „Doch das Museum lässt sich nicht abschrecken. Am nächsten Besuchstage ist wieder alles in Ordnung."[5]

Erhard hatte sich immer gegen eine voreilige Eröffnung ausgesprochen und beklagte später die „bitteren Folgen der überstürzten Museumseröffnung", die bald zur Verstaatlichung führen sollten: „[…] denn die wenigen im Museumsdienst verbliebenen Ingenieure und Werkleute mussten unter gleichzeitiger Fortsetzung der noch unvollendeten Einrichtungsarbeiten für den Museumsbetrieb, also zum Vortrags-, Führungs-, Aufsichts- und Kinodienst eingesetzt werden, und außerdem erforderten die Beheizung, Beleuchtung und Reinigung der ausgedehnten Sammlungsräume sowie der Maschinenbetrieb während der Besuchsstunden einen kostspieligen Aufwand."[6]

Zu den ohnehin äußerst schwierigen Startbedingungen gesellten sich die Folgen des verlorenen Weltkriegs. Aus dem Reich und damit dem bisherigen Wirtschaftsraum bildeten sich einzelne Nationalstaaten. Die Wirtschaft war aufgrund der Kriegsproduktion ausgezehrt, die Versorgungslage katastrophal. Wien lag im Brennpunkt der Lebensmittel- und Energiekrise, Hunger und Tuberkulose grassierten. Der Bahnverkehr wurde auf die dringend notwendigen Nahrungsmittelimporte beschränkt, da es an Kohlen mangelte.[7] Rückblickend hatten aus Erhards Sicht die Münchner Kollegen nach Kriegsende die erfolgreichere Strategie der konsequenten Fertigstellung und anschließenden Eröffnung gewählt.[8]

Am 19. September 1918 berichtete die „Neue Freie Presse", dass das Technische Museum wegen der „immer fühlbarer werdende[n] Kohlennot" ab 1. Oktober bis auf Weiteres nur mehr am Sonntag geöffnet haben werde.[9] Intern wurde Erhard in einem Schreiben an das im zweiten Obergeschoss anfänglich nur eingeschränkt zugängliche Postmuseum deutlicher und nannte als Grund für die Sparmaßnahmen „eine behördliche Verweigerung der Kokseinlagerung für die Beheizung".[10] Im Überlebenskampf nach der Eröffnung legte die Museumsleitung die neue Dampfheizung still und ließ in den Büros und Wohnungen[11] gusseiserne Kohleöfen aufstellen.[12]

Bereits die schwierige Gründungsgeschichte während des Ersten Weltkriegs hatte am Gebäude und im Umfeld ihre Spuren hinterlassen. Im Zuge der Kriegsmetallsammlung, von der das Museum 1924 durch die Übernahme eines großen Teils der Bestände profitierte, musste das Kupferblech der Dachtürme 1917

Erstes Plakat des Technischen Museums für Industrie und Gewerbe, Entwurf: A. Plessinger, Druck, Christoph Reisser's Söhne, Wien, 1918

abgeliefert und durch verzinktes Eisenblech ersetzt werden.¹³ Rund um das Museum hatten sich während des Kriegs Schrebergärtner mit „Gartenhütten in den verschiedensten Ausführungen und Ausstattungsarten und teilweise auch eine[r] Kleintierzucht" angesiedelt. Die Gemeinde Wien kündigte nach dem Krieg die Kleingärtner und gestaltete einen neuen, 24.000 Quadratmeter großen Garten.¹⁴

Die permanente Subventionierung des Museumsvereins durch das Handelsministerium, vor allem die Bezahlung der Gehälter, provozierte die Kritik des Finanzministeriums, das im Sommer 1919 den Rechnungshof mit einer Kontrolle der wirtschaftlichen Situation des Museums beauftragte.¹⁵ In seiner „Einsichtsbemerkung" vom 26. September 1919 forderte dieser in bewährter Diktion „die Verminderung der Ausgaben und die Erhöhung der Einnahmen", nachdem die bisherigen Anregungen „nicht die entsprechende Würdigung gefunden" hätten. Exner reagierte im Jahr darauf mit einer Reihe von Argumenten und einer Aufzählung bereits gesetzter Aktivitäten: Neben einer restriktiven Personalpolitik und der Reduzierung der Öffnungszeiten seit Sommer 1919 auf Samstagnachmittag und Sonntagvormittag konnte er mit einer Verdoppelung der Mitgliedszahlen des Fördervereins auf über 2000 sowie forcierten Werbemaßnahmen „durch Straßenplakate, Ankündigungen in Zeitungen und in der Straßenbahn" auf eine erfolgreiche Gegenstrategie verweisen. Einen aus heutiger Sicht unverständlichen Einsparungsvorschlag sprach Erhard in einem Schreiben ans Handelsministerium im Jänner 1921 an: „Schließlich wird zur Kenntnis gebracht, dass die Tochter Margarethe des Pförtners Karl Seidl am 6. d. M. gestorben ist, und um Weisung ersucht, ob mit Aenderung des Familienstandes von 4 auf 3 Köpfe auch eine Verringerung seines Jahresbezuges von K 32.534,40 einzutreten hat."¹⁶ Eine Antwort ist nicht bekannt.

Auf eine weitere Ermahnung des Rechnungshofs und der wiederholten Forderung nach Reduktion der Betriebskosten am 27. November 1921 reagierte Erhard mit einem Verweis auf die erfolgte Stilllegung der Dampfheizung und verzweifelt anmutenden Einsparungen bei der an und für sich bescheidenen elektrischen Beleuchtung. Die Dienstzeit des Personals, die der Pförtner mittels „Glockenzeichen" anzeige,¹⁷ wurde „in die Tageszeit verlegt, in der normal die natürliche Beleuchtung durch Tageslicht genügt" (7 bis 16 Uhr), und die 50- und 32-kerzigen Lampen durch 25- und 16-kerzige ersetzt.¹⁸

In der 64. Sitzung des Direktoriums berichtete Erhard, „dass im Jahre 1920 infolge der ungünstigen Anstellungsverhältnisse im Technischen Museum drei Kustoden, vier Kanzleibeamte, ein Werkmeister und ein Aufseher, das ist ein Viertel des Gesamtpersonals, ausgetreten sind. Der fortwährende Personalwechsel vermindert die Leistungsfähigkeit im Museumsdienste im hohen Grade."¹⁹ Im Zuge der Verstaatlichung hatte das Finanzministerium eine Halbierung der Belegschaft zum Zeitpunkt vor der Eröffnung mit 78 Personen auf rund 40 gefordert, die der Staat in Zukunft zu „verköstigen" gedachte.²⁰ Tatsächlich verminderte sich der vom Staat bezahlte Personalstand von 101 Personen nach der Eröffnung im Juni 1918 – davon 33 wissenschaftliche und administrative Beamte, 6 Diener und Pförtner, 25 Arbeiter, 16 Aufseher, 13 Hilfsarbeiter und 8 Frauen für Garderobe und Reinigung – auf 39 Ende 1921 (14 Beamte und 25 Arbeiter).²¹

Die neuen politischen Rahmenbedingungen nach Kriegsende mit einer erstarkten Arbeiterbewegung und der Sozialdemokratie in der Regierung sowie als führende Kraft im Gemeinderat der Stadt Wien verschafften dem Angestelltenausschuss des Museums mit Ernst Stelzer und Otto André an der Spitze Aufwind. In der Umbruchsituation des Frühjahrs 1919 trat der Ausschuss mit einem von allen Beschäftigten sowie Vertretern des Bezirkssekretariats des Metallarbeiter-Verbands und des Bundes der Industrieangestellten unterzeichneten umfangreichen Forderungskatalog an die Direktion heran. In basisdemokratischer Tradition beanspruchte die Belegschaft angesichts ihrer „Aufopferung" während des Kriegs, die nur durch Inanspruchnahme des „Privatvermögens" möglich gewesen war, einen „geistigen und materiellen Anteil" am Museum. Das sollte einerseits durch eine Drittelbeteiligung der Angestellten im Direktorium und andererseits durch eine verpflichtende Kranken- und Unfallversicherung, zwei- bis vierwöchigen Urlaubsanspruch, Dienstbekleidung sowie durch die Einführung von Überstundenzuschlägen, der 40-Stunden-Woche und von Biennalsprüngen gewährleistet werden.²² Die materiellen Forderungen wurden 1920 für alle Arbeitnehmer per Gesetz Realität,²³ von anderen Errungenschaften profitierten nur die 1924 pragmatisierten Bediensteten.²⁴

Seit der konstituierenden Generalversammlung des Fördervereins am 7. Jänner 1922, an der zwei Delegierte vom Verband der Chemiearbeiter und jenem der Handels- und Verkehrsarbeiter teilnahmen,²⁵ unterstützten Gewerkschaftsvertreter immer wieder die Anliegen der Belegschaft gegenüber Direktion und Ministerium.

In den schwierigen Nachkriegsjahren hatte die Direktion die Einrichtung eines „Beamtenfonds" (auch „Notstandsfonds der Angestellten" genannt) bewilligt, zu dessen Obmann die Belegschaft Ernst Stelzer wählte. Das Museum öffnete freiwillig an sechs Feiertagen seine Pforten und mit den dadurch gewonnenen Einnahmen konnte in individuellen Härtefällen geholfen werden. Bis 1923 hatte sich der Lebensstandard in Wien so weit verbessert, dass der Fonds überlegte, im Zuge der österreichischen „Deutschland-Hilfe" den Kollegen im Deutschen Museum eine „Lebensmittelgabe auf den Weihnachtstisch" zu legen, und sich deshalb an Oskar von Miller wandte. Der Erlös eines am 23. November 1923 veranstalteten „Bunten Abends" der Wiener Belegschaft ermöglichte die Übersendung von 97 Paketen mit Mehl, Zucker, Kakao, Kaffee, Kondensmilch und Reis im Gesamtgewicht von 485 kg. Als Dank schickten die Münchner ein Aquarell mit den Paketen unter einem Weihnachtsbaum, das jedoch nicht erhalten blieb.[26]

Als ein wesentlicher Rettungsanker nach Kriegsende erwies sich die sozialdemokratisch regierte Gemeinde Wien, die sich vor allem die Wohn-, Sozial-, Bildungs- und Kulturpolitik auf ihre Fahnen geheftet hatte. Zu ihrer kulturpolitischen Strategie gehörte u. a. die möglichst großzügige Öffnung der früheren Hofmuseen und öffentlichen Sammlungen für breite Bevölkerungskreise, vor allem für die Arbeiterschaft. Das sollte sowohl durch attraktivere Öffnungszeiten als auch durch volksbildnerische Aktivitäten gefördert werden: Die bisher hofärarischen Kunstsammlungen und wissenschaftlichen Schätze sollten auf diese Weise „nicht bloß Staatsgut, sondern Volksgut"[27] und das Technische Museum eine „Volksbildungsstätte" werden,[28] die sich die Arbeiterschaft „erobern" würde.[29] Dem theoretischen Konzept der Arbeiterkultur entsprach das 1925 von Otto Neurath gegründete Gesellschafts- und Wirtschaftsmuseum in Wien, das 1934 aus politischen Gründen schließen musste,[30] viel mehr als das vom Bildungsbürger Exner vor dem Ersten Weltkrieg konzipierte Technische Museum. Auf dem weiten Feld der Volksbildung hatte außerdem die Urania die größere Tradition und mehr Kompetenz, sodass durchaus Konkurrenz bestand.

In der Regierung hatte im Juni 1919 der sozialdemokratische Unterstaatssekretär im Staatsamt für Inneres und Unterricht Otto Glöckel mit der Gründung des „Deutschösterreichischen Volksbildungsamtes" die Initiative ergriffen. Auf dieser Grundlage und nach einer Eingabe der Urania zur stärkeren Berücksichtigung der Naturwissenschaften und Technik innerhalb der Volksbildung[31] entstand im November 1919 mit der „Freien Vereinigung für technische Volksbildung" ein neuer einschlägiger Dachverband.[32] Auf der konstituierenden Versammlung sprachen Exner und Erhard. Gemeinsam mit dem stellvertretenden Direktor Ernst Stelzer engagierten sie sich im Vereinsvorstand; Exner als Präsident – eine andere Position kam für ihn wohl nicht in Frage. Dem sogenannten Technikerrat des Vereins gehörte u. a. Emil Jung an, der sich in den folgenden Jahrzehnten, wie Franz Maria Feldhaus in Deutschland, als beinahe pathologischer Sammler technikhistorischer Daten auf Karteikarten betätigte und dessen Nachlass das Technische Museum nach dem Zweiten Weltkrieg erwarb.

Der für Vorträge und Filmvorführungen genutzte „Hörsaal", heute Festsaal, Foto, 2000

Einladungskarte zu den volksbildnerischen Sonntagsvorträgen in den Monaten November und Dezember 1921 zu den Schwerpunkten Arbeitspflege und Betriebsorganisation

Titelseite der Zeitschrift „Technik und Kultur", Werbeblatt „Was wir wollen" mit dem Signet „Zahnrad und Fackel", Druck, 1921/22

Seiner neuen Rolle als Volksbildungsstätte wurde das Technische Museum am ehesten durch Kustodenführungen sowie – seit Februar 1919 – durch populäre Lichtbilder- und Filmvorträge gerecht. Im Festsaal referierten jedes Wochenende Kustoden, Professoren der Technischen Hochschule und freiberufliche Ingenieure über naturwissenschaftliche, technische und wirtschaftliche Themen. Die der Rationalisierung verpflichtete, 1920 gegründete „Taylor-Zeitschrift", benannt nach dem US-Amerikaner Frederick Winslow Taylor (1856–1915), dem Begründer der seinen Namen tragenden Rationalisierungsbewegung „Taylorismus", berichtete u. a. laufend über einschlägige Vorträge.[33]

Mitten in der schwierigen Nachkriegszeit starteten das Museum und die „Freie Vereinigung für technische Volksbildung" 1921 die Herausgabe der großformatigen, relativ aufwändigen illustrierten Monatsschrift „Technik und Kultur". Der Titel nahm auf eine breite internationale Diskussion unter Ingenieuren, Nationalökonomen und Historikern seit dem späten 19. Jahrhundert Bezug.[34] Beteiligt hatten sich u. a. Werner Sombart und Karl Lamprecht, auf die sich Exner schon in seiner Programmschrift von 1908 berufen hatte.[35] Neben einer technischen Rundschau,[36] Mitteilungen des Museums, Buchbesprechungen und einem ausführlichen Annoncenteil enthielt die Zeitschrift vor allem eine Auswahl der Referate des Vereins im Museum, in der Technischen Hochschule und in der Urania, oft illustriert mit Fotos aus den Schausammlungen. Angesichts der ökonomischen Probleme stellte das Ministerium unmittelbar nach der Verstaatlichung 1922 bereits nach dem ersten Heft des zweiten Jahrgangs die Zeitschrift ein. Die letzte Ausgabe hatte noch eine neue Serie „Erfolgreiche Männer der Technik" begonnen sowie eine Rubrik „Technik und Kunst" angekündigt.

Die Frage des zukünftigen Status des Museums wurde aktuell, als die Gemeinde Wien 1920 eine einmalige Jahressubvention von 350.000 Kronen für Heizung und Beleuchtung mit der Auflage der Übernahme durch den Staat verknüpfte. Mit den Zusagen der „Basisfinanzierung" für den Bau durch die Stadt und den Staat hatte das Projekt ja von Beginn an einen halb öffentlichen Charakter, aus dem sich beide Förderer nicht mehr leicht zurückziehen konnten. Die Einrichtung des Museums während des Kriegs und der Betrieb nach der Eröffnung im Mai 1918 hatten immer wieder Subventionen erfordert. Am 15. März 1920 informierte das Handelsministerium das Finanzministerium über die dadurch eingetretene „Zwangslage" für die Regierung, aus der sie nur die Verstaatlichung des Museums befreien könnte. Der Verweis auf 128.000 Besucher 1919 bestätigte Exners Entschluss zur Öffnung noch während des Kriegs und galt als wesentliches Argument für den Erfolg der neuen Institution.[37]

Die finanziellen Probleme seit der Eröffnung des Technischen Museums nahm eine Abordnung des Kuratoriums zum Anlass, beim Staatssekretär für Finanzen Richard Reisch vorzusprechen; danach stellte der für das Museum zuständige Staatssekretär für Handel und Gewerbe, Industrie und Bauten Johann Zerdik am 18. Juni 1920 im Kabinettsrat den Antrag auf Verstaatlichung des Technischen Museums, der angenommen wurde.[38] Bis zur definitiven Verstaatlichung am 1. Jänner 1922 subventionierte das Ministerium für Handel und Gewerbe, Industrie und Bauten den laufenden Museumsbetrieb.

Dass die Verstaatlichung und damit die Übernahme der Personal- und Betriebskosten durch das Ministerium in der schwierigen Nachkriegszeit relativ rasch erfolgten, resultierte auch aus der damit vollzogenen Übernahme des Museumsgebäudes und des Baugrundes im Wert von 7 Millionen Kronen sowie der Sammlungen mit einem Schätzwert von 2.080.000 Kronen durch den Bund.[39] Den zu erwartenden Aufwendungen stand also ein nicht unbeträchtlicher Wertzuwachs für den Staat gegenüber.

Grundsätzlich verblieb das Museum bis 1938 in der Zuständigkeit des Handelsministeriums, das 1923 im Gefolge einer Umbildung der ersten Regierung Seipel auch die Verkehrsagenden übernommen hatte und daher auch das Eisenbahn- und das Postmuseum verwaltete.

Die nach dieser Vorgeschichte am 13. Dezember 1921 einberufene Generalversammlung des Museumsvereins hatte nach dem Bericht des Vorsitzenden Arthur Krupp nur einen Tagesordnungspunkt: die Auflösung des Vereins als Träger des Museums.[40] Zu diesem Zeitpunkt hatte der 1912 konstituierte Museumsverein knapp 2100 Mitglieder. Nach der Verstaatlichung begann ein neues, bis heute andauerndes Kapitel in der Geschichte des Vereins. Bereits am 7. Jänner 1922 versammelten sich 63 Mitglieder zur konstituierenden Generalversammlung des neuen „Vereines zur Förderung des Technischen Museums für Industrie und Gewerbe in Wien", abermals unter dem Vorsitz von Arthur Krupp.[41]

Der neu gegründete Förderverein „hat die Aufgabe, an der Verwaltung des Technischen Museums teilzunehmen, die Anstalt in fachlicher und finanzieller Hinsicht zu fördern und das Museum in der Erreichung seiner Ziele zu unterstützen. […] Der Verein überweist seine laufenden Jahreseinnahmen bis zum Betrag von K 100.000,– an die Staatsverwaltung als Zuschuss zu den Betriebskosten des Museums und verwendet die darüber hinausgehenden Vereinseinnahmen zu Gunsten dieser Anstalt. Sammlungsstücke und Einrichtungsgegenstände, die der Verein erwirbt, werden dem Museum als Leihgabe zur Verfügung gestellt." In der an die Generalversammlung anschließenden ersten Sitzung wählten die 15 neuen Mitglieder der Vereinsleitung Wilhelm Exner zum Präsidenten sowie Georg Günther und Heinrich Goldemund zu Vizepräsidenten. Arthur Krupp zog sich als Mitglied der Vereinsleitung aus der aktiven Rolle zurück und wurde am 8. März 1922 vom Bundespräsidenten zum Vorsitzenden des Kuratoriums ernannt.[42] Das neue Kuratorium konstituierte sich am 16. Mai und der Vorstandsrat am 23. Mai 1922.

Die neue Satzung definierte das Museum als „bundesstaatliche Anstalt" und seinen Zweck mit folgenden Worten:[43]

„§ 1. Das Technische Museum für Industrie und Gewerbe in Wien soll die Entwicklung von Industrie und Gewerbe anschaulich darstellen, den technischen Fortschritt fördern und eine Bildungsstätte für das ganze Volk sein.
Diesem Zweck dienen folgende Einrichtungen:
− die Schausammlungen des Museums,
− eine Fachbücherei nebst Archiv sowie eine Lichtbilder- und Filmsammlung,
− Führungen und Vorträge,
− wissenschaftliche Arbeiten und Veröffentlichungen techn. Art,
− technische Fachausstellungen,
− sonstige Veranstaltungen und Einrichtungen, die dem Zweck des Museums zu dienen geeignet sind."

Seit der Verstaatlichung hatte das Museum an Wochentagen von 10 bis 17 Uhr geöffnet. Am Dienstag sperrte es für Schulklassen bereits ab 9 Uhr auf; am Samstag war es bis 19 Uhr und am Sonntag von 9 bis 13 Uhr offen.

Die Verstaatlichung des Museums fiel mit dem Höhepunkt der Nachkriegsinflation zusammen. 1922 akzeptierte die Regierung eine an Auflagen gebundene Auslandsanleihe zur Sanierung des Budgets, was eine Stabilisierungskrise zur Folge hatte. Das Handelsministerium nahm die Sanierung der Wirtschaft nach 1922 zum Anlass, auch die Finanzen des Museums neu zu regeln. Die jährlichen Ausgaben vor der Eröffnung hatten zwischen 250.000 und 300.000 Kronen betragen; sie mussten nun durch einschneidende Sparmaßnahmen auf rund ein Drittel gekürzt werden. Die Verstaatlichung sicherte zwar längerfristig den Betrieb, jedoch nur bei äußerst sparsamer Betriebsführung. 1924 deckten die Bundesmittel weniger als zwei Drittel der unbedingt notwendigen Kosten. So kam der Staat für die Gehälter von nur mehr 25 Angestellten auf.

Am 10. Februar 1925 verfügte das Ministerium daher rückwirkend mit 1. Jänner 1924 die Einrichtung eines „Betriebsfonds", aus dem die den Bundesbeitrag überschreitenden Betriebsaufwendungen bezahlt werden sollten: Finanziert durch Spenden der Industrie, Eintrittsgelder, Erträge aus Vermietungen, Pachtzinsen und Erlöse aus dem Verkauf von Drucksorten sollte die Direktion im Wesentlichen die Betriebsausgaben (Heizung, Beleuchtung, Kanzleierfordernisse, Reinigung, Aufsicht) und die Hälfte der Personalkosten von maximal acht Professionisten aus den Fondsmitteln bestreiten. Mitte der 1920er-Jahre setzte sich das Budget des Museums zu etwa zwei Drittel aus Bundesmitteln sowie zu einem Drittel aus dem Betriebsfonds zusammen.[44] Mit der in den späten 1980er-Jahren eingeführten Teilrechtsfähigkeit der Museen schuf der Staat wieder ein vergleichbares Finanzierungsmodell.

Erst nach Einführung der Schillingwährung am 1. Jänner 1925 setzte ein Aufschwung ein, der bis zum Beginn der internationalen Wirtschaftskrise 1929 anhielt.

Das Museumspersonal nach der Eröffnung

Die Personalreduktion nach der Eröffnung wirkte sich vor allem auf die vielen während des Aufbaus und der Einrichtung beschäftigten Techniker und Handwerker aus. Angestellt blieben vom technischen und wissenschaftlichen Personal im Wesentlichen nur Ernst Stelzer, Eduard Stürzer und zwei technische Zeichner. Damit reagierte das Ministerium auf die nach der Eröffnung und dem Abschluss der Aufbauarbeiten geänderten Erfordernisse des Besucherbetriebs. Das wissenschaftliche Personal, die Kustoden, war von den Sparmaßnahmen weniger betroffen. Allerdings ist zwischen 1918 und 1921 ein auffallender Personalwechsel feststellbar.

Bis in die 1980er-Jahre rekrutierten sich die ausschließlich männlichen Kustoden des Museums aus dem Feld der Naturwissenschaften und der Technik.[45] Die erste Frau in gehobener Position begann in den 1930er-Jahren im Forschungsinstitut als Assistentin zu arbeiten. Bei der Besetzung der Archiv- und Bibliotheksleitung spielte das Geschlecht seit den 1950er-Jahren keine strategische Rolle mehr, auch weil diese Positionen mit Geisteswissenschafterinnen besetzt wurden und werden.

Schausammlungen, Sonderausstellungen, Publikationen, Vorträge und die daraus ableitbaren wissenschaftlichen Schwerpunktsetzungen blieben jedoch bis heute, von wenigen Ausnahmen abgesehen, von einer männlichen Interpretation der technischen Entwicklung geprägt. Mit diesen Aktivitäten tradierten die Kustoden die im 19. Jahrhundert entstandene grundsätzliche Fortschrittsgläubigkeit durch die technische Entwicklung, die Fixierung auf einzelne Erfinderpersönlichkeiten sowie die patriotische Vereinnahmung der eigenen Nation, zuerst der

Habsburgermonarchie, dann des kleinen (Deutsch-)Österreich und schließlich mehr und mehr allgemein der deutschen Kultur.

Zu den die Zwischenkriegszeit museumsintern bestimmenden Mitarbeitern gehörte Ernst Stelzer. Die zwiespältige Beurteilung seiner Person resultiert wesentlich aus seiner Doppelfunktion als Leiter des musealtechnischen Dienstes und als Vizedirektor seit 1914 einerseits sowie als Belegschaftsvertreter seit 1916 andererseits. In dieser Doppelfunktion ging Stelzer oft in Opposition zur Direktion. Die reich überlieferten Akten zeichnen das Bild eines notorischen Störenfrieds, der den Museumsbetrieb aus Sicht der Direktion massiv behinderte. Erhard wusste sich 1928 nicht mehr anders zu helfen, als zu versuchen, ihn wenigstens vorübergehend im Ausland zu beschäftigen. Er bat das Mitglied des Vorstandsrats Georg Günther um Intervention bei Oskar von Miller, Stelzer – „für den eine andere Verwendung in Oesterreich kaum in Betracht kommt"[46] – im Austausch gegen einen Kollegen für ein Jahr im Deutschen Museum in München unterzubringen. Der geplante Wechsel kam nicht zustande, und auch sonst gab es keine vorzeitige Lösung. Gleichzeitig waren diese Jahre von besonderer Aktivität Stelzers gekennzeichnet: Er verfasste 1927 für den Katalog der Ausstellung „Wien und die Wiener" im Messepalast (heute Museumsquartier) den Beitrag „Das technische Wien" und gestaltete für die Ausstellung das Thema „Österreichische Pioniere der Technik",[47] publizierte Führer für die Luftfahrtabteilung sowie zum Thema Kohle im Technischen Museum,[48] kuratierte 1929 die erste Sonderausstellung des Museums „Die Wasserkraftwirtschaft Österreichs"[49] und lieferte 1932 die Unterlagen für eine ausführliche Beschreibung des Museums im Hietzinger Heimatbuch.[50] Erst 1934 schied er nach einem Disziplinarverfahren aus dem Museum aus[51] und trat Ende September 1938 nach insgesamt 32 Dienstjahren in den dauernden Ruhestand.[52]

Ohne derartige Skandale verliefen über die politischen Brüche hinweg die Karrieren des Betriebsleiters und seit 1930 ersten Vizedirektors Oskar André, des Verwaltungsleiters Anton Klima, der ein Buch über technische Karikaturen veröffentlichte,[53] und des Kustos für Physik und gleichzeitig ersten Leiters der Bibliothek Otto Bryk. Als Redakteur der Zeitschrift „Der Techniker des XX. Jahrhunderts", die sich zum Ziel setzte, eine Mittelstellung zwischen technischem Fachblatt und wissenschaftlichem Journal einzunehmen sowie fachübergreifend und international zu informieren, hatte Letzterer bereits 1900/01 einschlägige Erfahrungen gesammelt. Ein Feuilletonteil der Zeitschrift enthielt auch Erfinderbiografien und technikgeschichtliche Notizen.[54] Mit einer 1909 erschienenen Geschichte der Naturwissenschaften im 19. Jahrhundert und einem Buch über Kepler brachte er für eine Anstellung ideale Voraussetzungen mit.[55] Während des Kriegs arbeitete er auch für Exners Verein „Die Technik für die Kriegsinvaliden".[56] Seit 1913 am Museum, konzipierte Bryk die Ausstellungsabteilung zu den Grundwissenschaften der Technik mit Chemie, Physik und Elektrizität.

1921 kam Franz Sedlacek nach seinem Chemiestudium an der Technischen Hochschule Wien als Kustos für Chemie und Ernährungswesen ans Museum.[57] Seit den 1920er-Jahren erreichte Sedlacek als Maler größere Bekanntheit und Bedeutung als in seinem Brotberuf im Museum und führte eine Art Doppelleben. Während der beinahe zwei Jahrzehnte im Museum konzipierte und gestaltete er den Schausammlungsbereich Chemische Industrie und Teile der Nahrungs- und Genussmittelindustrie, entwarf Modelle, publizierte einschlägig[58] und hielt im Festsaal des Museums sowie im Rundfunk Vorträge.[59] Als Vizedirektor André 1932 einen längeren Urlaub antrat und im Zuge der Nachfolgeregelung der Vorstandsrat Stelzer als „ungeeignet" einschätzte, rückte der „ausgezeichnet qualifizierte" Sedlacek zum Vizedirektor auf.[60]

Politisch arrangierte sich der Chemiker und Künstler als Mitglied der Vaterländischen Front mit dem Ständestaat, der ihm 1937 den Österreichischen Staatspreis verlieh,[61] aber auch mit dem Dritten Reich. Seit Dezember 1937 war er illegales Mitglied der „Nationalsozialistischen-Betriebsorganisation". Am 16.

Franz Sedlacek in der Uniform der deutschen Wehrmacht, Foto, 27. Mai 1942

Entwurf für die Ausstellung „Berge, Menschen und Wirtschaft der Ostmark" in Berlin, Franz Sedlacek, Mai 1939

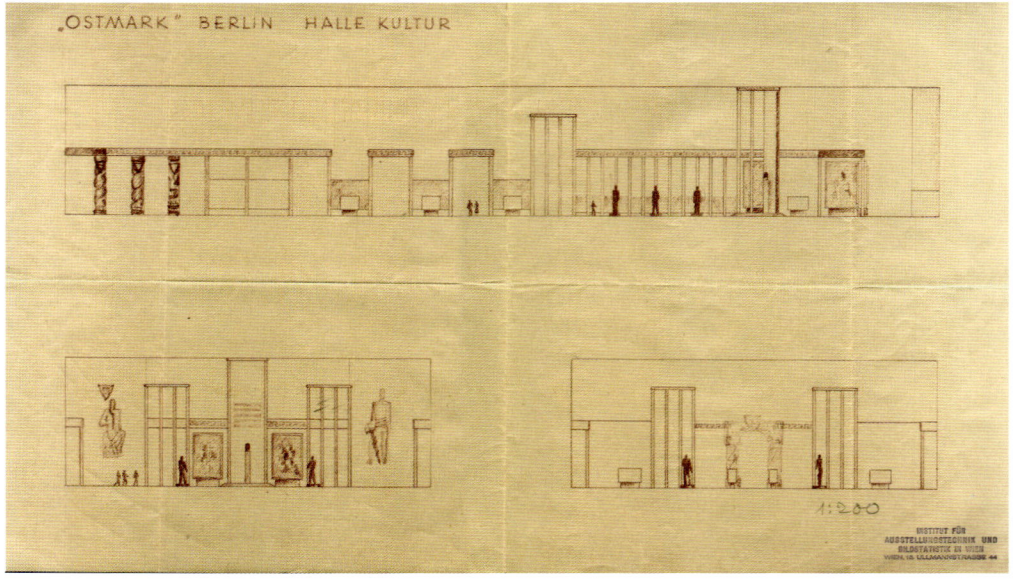

Der Chemiker, Franz Sedlacek, 85 x 65 cm, Öl auf Sperrholz, 1932

Die Katastrophe, Franz Sedlacek, 68,1 x 100,4 cm, Öl auf Hartfaserplatte, 1932

März 1938 leistete Sedlacek den Diensteid auf den „Führer des Deutschen Reiches und Volkes" und ließ sich als Verwalter des arisierten „Vereins der Museumsfreunde" instrumentalisieren.[62] Mit drei „Gebirgslandschaften" war er im Frühjahr 1939 auch bei der Ausstellung „Berge und Menschen der Ostmark" im Wiener Künstlerhaus vertreten,[63] die anschließend in Berlin gezeigt wurde und an deren Eröffnung er teilnahm.[64] Als Ausbildner 1939 einberufen, seit 1942 an die Front abkommandiert und zuletzt im Dienstgrad eines Majors, galt Sedlacek seit Kriegsende als vermisst und wurde 1972 für tot erklärt. Abgesehen von einer frühen Ausstellung in Linz 1952 begann die Wiederentdeckung des Malers Sedlacek 1991 mit einer Präsentation seiner Bilder im Technischen Museum.[65] Heute zählt er zu den bedeutenden Vertretern der Neuen Sachlichkeit. Mehrere Werke beschäftigen sich mit Motiven aus Technik und Industrie,[66] am eindrucksvollsten wahrscheinlich das Gemälde „Die Katastrophe" (1931) mit einem in die Tiefe stürzenden Zug. Auf seine Arbeit im Museum nimmt vielleicht das Bild „Der Chemiker" (1932) Bezug.

Mit Erich Kurzel-Runtscheiner trat 1928 ein Techniker ins Museum ein, der für die nächsten Generationen das typische Profil des männlichen, technisch ausgebildeten Kustoden prägen sollte. Eine technisch oder naturwissenschaftliche Ausbildung blieb auch für die Direktoren bis in die 1990er-Jahre Voraussetzung der Ernennung. Kurzel-Runtscheiner studierte in Wien und Prag Maschinenbau, danach unternahm er 1900 eine halbjährige Auslandsreise, die ihn u. a. in die USA führte, und wechselte nach verschiedenen Beschäftigungen in der Industrie ins Technische Museum. Bereits in den frühen 1920er-Jahren publizierte er zu aktuellen Fragen und zur Geschichte der Energiewirtschaft.[67] Damit profilierte er sich offensichtlich als Leiter der Kanzlei des österreichischen Ausstellungskomitees bei der „Internationalen Ausstellung für Binnenschiffahrt und Wasserkraftnutzung" 1926 in Basel.[68] Ab 1928 engagierte sich Kurzel-Runtscheiner als Mitglied des „Zeitungsausschusses" des Österreichischen Ingenieur- und Architekten-Vereines; u. a. redigierte er die angesehene Zeitschrift und veröffentlichte auch mehrere Aufsätze zu technischen Pionierleistungen, immer mit dem Schwerpunkt Österreich, z. B. den ersten wissenschaftlich recherchierten Beitrag über Siegfried Marcus.[69]

Seit seiner Mitarbeit an der Ausstellung „Österreichs Technik in Dokumenten der Zeit" anlässlich der Hauptversammlung des Vereins deutscher Ingenieure 1930 in Wien zählte er mit Publikationen in den „Blättern für Technikgeschichte" zu den wenigen produktiven Technikhistorikern im Österreich der Zwischenkriegszeit. Als engster Mitarbeiter von Direktor Viktor Schützenhofer gestaltete er mit diesem im Ständestaat für die Ausstellung „Östara" im Wiener Künstlerhaus die „Ehrenhalle österreichischer Erfinder und Entdecker"[70] und bearbeitete im selben Jahr für die „Kaiser Franz Joseph Ausstellung" im Schloss Schönbrunn den Bereich Industrielle Entwicklung.[71] Kurzel-Runtscheiner wurde Ende Mai 1939 mit 56 Jahren aus politischen Gründen vom Museum zwangspensioniert, fand jedoch im Mai 1940 als Leiter des Archivs der Maschinenfabrik Augsburg-Nürnberg AG in Augsburg eine adäquate Arbeit; er publizierte weiter über österreichische Erfinder[72] und kehrte nach dem Krieg

Internationaler Kongress für Kurzwellen im TMW, Viktor Schützenhofer, Henry Hallberg (Inhaber der Firma Synchrotron in New York) und Josef Nagler, v. l. n. r., Foto, 1937

nach Wien zurück, wo er bis zu seiner endgültigen Pensionierung 1949 wieder im Technischen Museum arbeitete.

Nachdem er Mathematik und Physik an der Universität Wien studiert hatte und kurz in der Privatindustrie tätig gewesen war, folgte Josef Nagler 1927 Otto Bryk als Physiker und Bibliothekar nach.[73] Er verwirklichte sich anfänglich mehr als Erfinder, der einige Patente anmeldete, denn als Ausstellungskurator und Technikhistoriker. Der Physiker war z. B. mit der technischen Leitung der „RAVAG-Jubiläums-Ausstellung 1934" im Wiener Messepalast betraut.[74] Im Museum begann Nagler mit der Objektforschung; er untersuchte und rekonstruierte 1929 die astronomische Uhr von Philipp Imsser und den Schreibautomaten von Friedrich Knaus. Im Dritten Reich wurde er mehrmals als Experte für Raketen- und Sprengstofftechnik nach Hamburg beordert. Er überlebte den Krieg allerdings unbehelligt und wurde 1950 der Nachfolger von Direktor Schützenhofer.

Die Pensionierung von Erhard und der Tod von Exner bedeuteten 1930/31 eine erste Zäsur in der Geschichte des Museums seit der Gründung. Erhard ging 1930 als 67-Jähriger wegen eines Augenleidens in Pension. Im Jahr darauf verstarb der greise Wilhelm Exner. Beide hatten das Museum ganz wesentlich erdacht, aufgebaut und mit der einheitlich gestalteten, bis 1931 vorläufig abgeschlossenen Schausammlungseinrichtung für Jahrzehnte ihre Handschrift hinterlassen. Erst danach konnte so etwas wie Routine und Alltag in den Museumsbetrieb einkehren. Über alle wirtschaftlich schwierigen Zeiten und politischen Brüche hinweg erweckte das Museum den Eindruck einer Konstante im Wandel. Die Direktionszeit Viktor Schützenhofers von 1930 bis 1949 ist in diesem Kontext von symbolischer Bedeutung. Weder zur politisch motivierten Abberufung Kurzel-Runtscheiners noch zur Einberufung Sedlaceks und zur Entlassung der jüdischen Mitglieder des Fördervereins gibt es von Schützenhofer Stellungnahmen.

Aus den Reihen der Belegschaft bewarb sich 1930 auch Ernst Stelzer um den Direktorsposten. Aufgrund seines in den Jahren zuvor an den Tag gelegten, aktenkundigen destruktiven Verhaltens kam er nicht in die engere Wahl. Josef Nagler und Erich Kurzel-Runtscheiner waren noch zu kurz im Haus. Der Wunschkandidat des Ministeriums Bruno Enderes, ehemaliger Unterstaatssekretär, Präsident der Österreichischen Bundesbahnen und des Österreichischen Ingenieur- und Architekten-Vereines sowie durch Publikationen ausgewiesener Wissenschafter, lehnte ab.

Schließlich bestellte das Ministerium den 1924 von der Eisenbahnverwaltung aus Einsparungsgründen frühpensionierten Viktor Schützenhofer zum Direktor des Technischen Museums. Schützenhofer hatte in Wien Maschinenbau studiert und seine berufliche Karriere 1902 bei den k. k. österreichischen Staatsbahnen begonnen. Das Eisenbahnministerium sandte ihn u. a. 1904 als Berichterstatter zur Weltausstellung nach St. Louis, 1910 als Kommissär der Verkehrsweltausstellung nach Buenos Aires und 1923 zu einem dreimonatigen Studienaufenthalt in die USA. 1933 trat er der Vaterländischen Front bei und war ab 1938 Mitglied mehrerer NS-Organisationen, z. B. des „Nationalsozialistischen Bundes Deutscher Technik", blieb aber politisch so weit unauffällig und unbelastet, dass er alle Brüche zwischen 1934, 1938 und 1945 als Direktor überlebte und 1949 als 71-Jähriger in Pension ging.

Eine der ersten Maßnahmen Schützenhofers betraf die Einführung eines neuen Inventarisierungssystems. Zwar hatte das Museum alle übernommenen Objekte seit der Gründung in einem „Erst-Inventar"-Buch erfasst, Sammlungen jedoch nur summarisch. Im Zuge der Neuinventarisierung wurden die Depot- und Schausammlungsobjekte in ein „Hauptinventarbuch" sowie in eine Leihgaben- und eine Gruppenkartothek aufgenommen. Als Depot stand seit der Eröffnung nur der Dachboden des Museums zur Verfügung. Da er nicht beheizt werden konnte, mussten die Angestellten die Inventarisierungsarbeiten in den heißen Sommermonaten durchführen.[75] Das 1930/31 begonnene Karteisystem blieb bis in die 1960er-Jahre in Verwendung.

Die Fertigstellung der Schausammlung im zweiten Obergeschoss[76]

Nach der Eröffnung im Mai 1918 war das zweite Obergeschoss noch mehrere Jahre für die Besucher nur beschränkt zugänglich, und auch nach der Fertigstellung der Schausammlungen blieb das oberste Geschoss gegenüber dem Erd- und ersten Obergeschoss immer im Schatten der Wahrnehmung der Besucher. Das lag nicht nur am Treppensteigen, sondern ebenso an der teilweisen Heranziehung der Flächen für Verwaltung und Bibliothek sowie an den hier für die Besucher nicht so attraktiven angesiedelten Themen. So konnte zum Beispiel das Postmuseum – was die Publikumsgunst anlangte – nie mit dem Eisenbahnmuseum im Erdgeschoss konkurrieren.

Kurz vor und während des Ersten Weltkriegs wurden aus der Rotunde im Prater die Objekte des Postmuseums und des Gewerbe-hygienischen Museums angeliefert und aufgestellt. Nach der Eröffnung konnten Besucher vorerst nur das eigenständige Postmuseum und die ebenfalls im zweiten Obergeschoss untergebrachte Bibliothek gegen Voranmeldung aufsuchen. Die eingeschränkte Zugänglichkeit hatte auch technische Gründe: Die Haupttreppe führte im zweiten Obergeschoss unmittelbar am Filmvorführraum des Festsaals vorbei, und die Behörde untersagte wegen der leicht entzündlichen Zelluloidfilme den Zugang; erst 1925 erfolgte ein Umbau.[77]

Im zweiten Obergeschoss erwartete die Besucher vor dem Festsaal zuerst die Abteilung Straßen- und Brückenbau mit zahlreichen Modellen aus der Geschichte des Straßen- und Eisenbahnbaus; Letztere – vielfach von militärischen Dienststellen übergeben – übersiedelten später in das Eisenbahnmuseum. 45 Modelle hatten sich zuvor im Bestand des Museums der Geschichte der österreichischen Arbeit befunden. Speziell der Brückenbau bot sich für eine entwicklungsgeschichtliche Reihe von den Stein- und Holzbrücken der Römerzeit und des Mittelalters bis zu den neuesten Stahlbeton- und Stahlkonstruktionen der 1920er-Jahre an. Modelle moderner Brücken übergaben der Brückenbauingenieur Josef Melan sowie die Unternehmen Felten & Guilleaume AG und Rella und Neffe.[78] Viele Modelle lieferten einschlägige Behörden[79] und Museen[80], so das k. k. Naturhistorische Hofmuseum zur Darstellung des außereuropäischen Brückenbaus das Modell einer Bambusrohrbrücke auf Java.[81]

Von der Treppe nach rechts folgten im Südgang die Ausstellungen zur Wasserversorgung, zum Bäderwesen und zur Kanalisation. Zu den in den Führern erwähnten Attraktionen dieser Abteilung zählten ein Originalfundstück der römischen Wasserleitung in Wien[82] und das aufwändige Vorführmodell einer Grundwasser- und Quellwasserversorgung mit Hochbehälter.[83] Breiten Raum nahm selbstverständlich die Darstellung der I. und II. Wiener Hochquellen-Wasserleitung ein. 1933 erhielt das Museum für diese Abteilung vom Stift Göttweig mit dem Modell der

Interaktives Modell einer Quell- und Grundwasserversorgung mit Hochbehälter in der Abteilung Wasserversorgung, Foto, 1926

Die Abteilung „Arbeiterschutz" unmittelbar nach dem Ersten Weltkrieg, Foto, 1919

Die Österreichische Zentralstelle für Unfallverhütung[88]

Nicht nur die Objekte des ehemaligen Gewerbe-hygienischen Museums vermittelten insgesamt in den 1920er-Jahren einen veralteten Eindruck; ebenso war es bis dahin nicht gelungen, eine wirksame prophylaktische Unfallverhütung im Gesetz zu verankern. Schließlich gründeten unter der Führung der Arbeiter-Unfallversicherungsanstalt und des Hauptverbands der Industrie zahlreiche Arbeitgeber- und Arbeitnehmerorganisationen auf freiwilliger Basis 1926 die „Österreichische Zentralstelle für Unfallverhütung". Sie sollte in Zukunft durch Aufklärungsarbeit Unfälle vermeiden helfen. Pate standen einerseits die 1867 gegründete „Gesellschaft zur Verhütung von Fabriksunfällen" im französischen Mülhausen/Mulhouse und andererseits die um 1910 in den USA begründete „Safety first"-Bewegung.[89] Wilhelm Exner hatte als Präsident des Technischen Versuchsamtes seit 1912 ein Naheverhältnis zum Unfallschutz entwickelt. Mangels Alternativen stellte das Technische Museum der neuen Zentralstelle, anschließend an die Ausstellung „Arbeiterschutz", im Dachgeschoss 96 Quadratmeter für Büroräume zur Verfügung, die der Geschäftsführer Viktor Hendrych, zuvor sieben Jahre Assistent an der Technischen Hochschule, mit seinem kleinen Team bezog.

Pumpanlage der von Fischer von Erlach 1724 geplanten Wasserversorgung eine weitere Attraktion.[84] Mit dem Bäderwesen hatte das Museum aus technischer Sicht die Grenzen der damals erwarteten Inhalte ausgelotet, wie Hugo Theodor Horwitz in seiner Beschreibung meinte.[85] Aus der Hochbau-Abteilung kam hier das Modell des Dianabads in Wien zur Aufstellung. Entlang der Außenmauer befanden sich im Südgang die Büros der Direktion.

Der gesamte breite Ostgang stand für die Neuaufstellung des bereits 1910 übernommenen, 1889 von Franz Migerka gegründeten Gewerbe-hygienischen Museums zur Verfügung, dessen Büste alles überragte. Der Bestand deckte die Themen Unfallverhütung, Gewerbehygiene im engeren Sinn sowie Arbeiterwohlfahrt, vor allem mit Modellen, ab. Vorerst ergänzten diese bereits historische Sammlung nur die seit 1917 im Museum befindlichen Prothesen aus der Zeit von Wilhelm Exners Tätigkeit für den Verein „Die Technik für die Kriegsinvaliden". Nachdem sich in Wien seit der Jahrhundertwende der Arzt Stefan Jellinek als Elektropathologe profiliert und mit dem Aufbau einer Sammlung begonnen hatte, schlugen 1914 die Fachkonsulenten der Gruppe „Arbeiterschutz" vor, Modelle von Schutzvorrichtungen für Arbeiten mit elektrischem Strom anzuschaffen;[86] ins Technische Museum kamen nach dem Ersten Weltkrieg vorerst aber nur einzelne Fotografien. Jellinek gründete sein eigenes Museum, das nach mehreren Besitzer- und Standortwechseln 2005 ins Technische Museum kam.[87]

Zu den ersten Aktivitäten gehörte die „Bilder-Merkzettel-Aktion" – kleine Unfallverhütungsbilder unter dem Motto „Gib

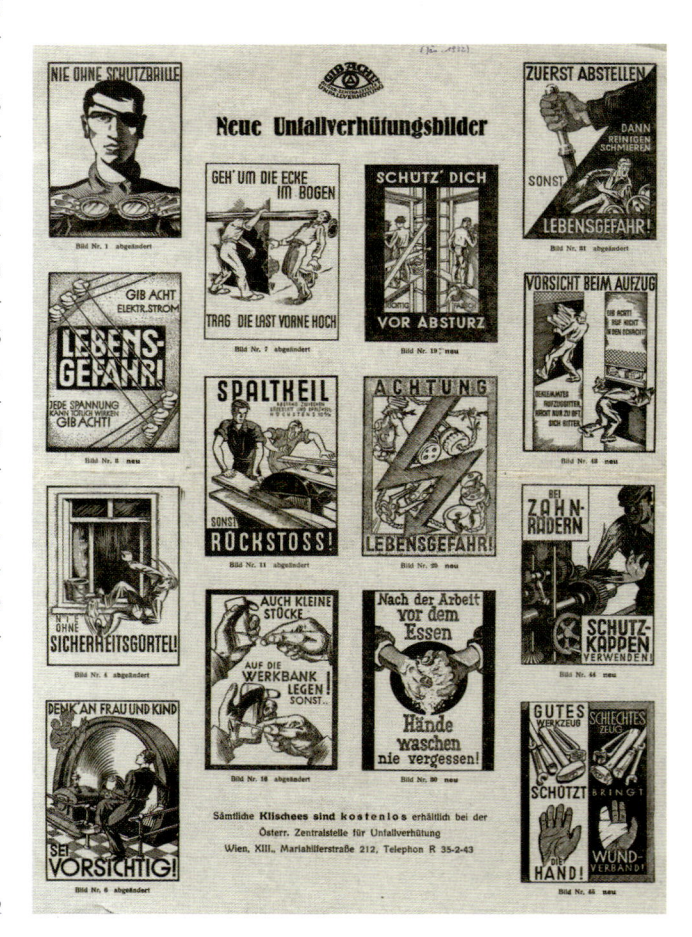

Neue Unfallverhütungsbilder aus der Serie „Gib acht", 1932

acht!", die den Lohntüten beilagen –, der Entwurf von Unfallverhütungsplakaten sowie die Produktion des 1928 fertiggestellten Lehrfilms „Die lauernde Gefahr". Ab 1930 erschienen neun Jahrgänge der „Mitteilungen der Österreichischen Zentralstelle für Unfallverhütung".[90] Ein zentrales Medium der Unfallverhütungsaufklärung blieb die ständige Ausstellung im Technischen Museum.

In den 1920er-Jahren ergänzte das Museum die Gruppe „Arbeiterschutz" durch eine Ausstellung zur Organisation technischer Betriebe, jetzt „Arbeitstechnik" genannt. Die rund 700 Quadratmeter große Ausstellung bestand, entsprechend einer 1927 verfassten „Denkschrift", seit den frühen 1930er-Jahren aus den Abteilungen Gewerbehygiene, Psychotechnik und Eignungsprüfung sowie Betriebstechnik. Damit hatte das Museum auch in seinen Schausammlungen auf den aktuellen, u. a. von der „Taylor-Zeitschrift" und der Zeitschrift „Sparwirtschaft" vorgetragenen Diskurs zur Rationalisierung reagiert. Die mit dem Namen Henry Ford verknüpfte Fließbandarbeit sollte unter dem Gesichtspunkt der Unfallgefahr einbezogen werden.

Im Schlusswort der „Denkschrift" wurden nochmals die zentralen Ideen der Aktualisierung der Ausstellung auf den Punkt gebracht: „Der Mensch und seine Leistung stehen hier im Mittelpunkt der musealen Darstellung und es soll dargetan werden, wie die Eignungsprüfung den rechten Mann an den rechten Platz zu stellen vermag, wie wohldurchdachte Werkanlagen und der Arbeiterschutz vor Erkrankung und Körperverletzung bewahren und wie nach dem heutigen Stande der Arbeitstechnik schädigende Nebenwirkungen des Industriebetriebes bei gleichzeitiger Leistungssteigerung bekämpft werden können."[91]

Im Zuge der Weltwirtschaftskrise erweiterte sich 1931 der Aufgabenkreis der Zentralstelle durch den Eintritt der Gesellschaft für Sozialtechnik, der Arbeitsgemeinschaft für das Kraftfahrwesen in Österreich und des Vereins für technische Arbeitsschulung. Dieser österreichische Zweigverein des Deutschen Instituts für technische Arbeitsschulung der Vereinigten Stahlwerke im Ruhrgebiet befasste sich mit der Lehrlingsausbildung in der Schwerindustrie im Sinne der „Menschenökonomie".[92] Im selben Jahr begann Franz Maresch, Assistent des Elektropathologen Stefan Jellinek, in der Zentralstelle mitzuarbeiten.[93] 1933/34 zeigte diese im Museum die Ausstellung „Unfallverhütung und Verkehrsschutz" mit einer „Lehrkreuzung" für die Jugend.[94] Im Ständestaat kam es nochmals zu einer Ausweitung der Arbeit, als 1934 mit Unterstützung der Bundesfürsorgerätin Ilse Arlt 1934 die Ausstellung „Unfallverhütung im Haushalt" zur Ausführung kam.[95]

Eine gesetzliche Neuregelung der Gewerblichen Sozialversicherung fasste 1935 zuerst die vielen Bestimmungen zusammen, und eine Novelle integrierte endlich auch die Unfallverhütung in den Aufgabenbereich der gesetzlichen Versicherung. Mit der damit verbundenen Übersiedlung der Zentralstelle in das Gebäude der Arbeiter-Versicherungsanstalt in der Webergasse, 1200 Wien, endete 1937 das Intermezzo der freiwilligen Vereinsarbeit im Technischen Museum. Die Ausstellung blieb noch bis nach dem Krieg bestehen und kam danach ins Depot.

An die Unfallverhütung schloss im Norden die Sammlungsgruppe „Feuerwehr und Rettungswesen" mit dem 1911 gegründeten „Österreichischen Museum für Feuerwehr- und Rettungswesen" und der Nachbildung der Türmerstube im Wiener Stephansdom in Originalgröße an.

Die von Eduard Stürzer eingerichtete Geigenmacherwerkstätte in der Musikabteilung, Foto, 1931

Phonoliszt-Violina, Ludwig Hupfeld AG, Leipzig, 1909, Foto, 1999

Der Museumsalltag und die Komplettierung der Schausammlung 233

Im mittleren Bereich des Nordgangs erhielt die Theater- und Musiktechnik vorerst eine relativ bescheidene Fläche. Die 1931 eröffnete, von Eduard Stürzer eingerichtete Abteilung blieb bis zur Aufstockung des nördlichen zentralen Anbaus in den 1950er-Jahren, wonach großzügige 500 Quadratmeter zur Verfügung standen, ein Provisorium. Die Musiksammlung konzentrierte sich auf den Wiener Musikinstrumentenbau mit einem Schwerpunkt auf den Geigen-, Klavier- und Orgelbau mit historischen Werkstätten. Die Anfänge der Sammlung gehen auf die im Fabrikprodukten-Kabinett vorhandenen Musikinstrumente[96] sowie auf ein Hammerklavier und einen Hammerflügel aus dem frühen 19. Jahrhundert im Museum der Geschichte der österreichischen Arbeit zurück. Seit der Museumsgründung ergänzte der Wiener Klavierbauer Carl Dörr den Bestand mit wertvollen historischen Instrumenten.[97] Das Wiener Stadtbauamt übergab 1918 dem Museum das Orgelpositiv der St.-Anna-Kapelle in Wien-Dornbach aus der ersten Hälfte des 18. Jahrhunderts. Ein anderer Schwerpunkt entstand im Lauf des 20. Jahrhunderts mit der Sammlung mechanischer und elektrischer Musikinstrumente. Ein frühes Beispiel – abgesehen von Spieldosen und Drehorgeln („Wiener Werkel") – war die Phonoliszt-Violina, ein Violinenautomat aus dem Jahr 1909, den das Museum 1933 von der Wiener Vertretung der Ludwig Hupfeld AG in Leipzig, dem größten Hersteller mechanischer Musikinstrumente in Deutschland, erwarb.[98] Mit der Eröffnung der Musikabteilung 1931 fand die Ersteinrichtung des Museums ihren vorläufigen Abschluss.

Im Westgang entlang der Mittelhalle stand den Besuchern seit 1925 ein „Lesezimmer" zur Verfügung.[99] Die jährlichen Zuwächse und die Aufwertung der Bibliothek (und des Archivs) sprengten nach dem Zweiten Weltkrieg die beengten Verhältnisse. Daher übersiedelte die Einrichtung in den an die Musik anschließenden Nordgang. Seither konnte das Post- und Telegraphenmuseum nur mehr an der Südseite, beginnend mit der historischen Post, betreten werden. Die hier seit den 1920er-Jahren vorgelagerte Abteilung „Geländeaufnahme" (Geodäsie und Kartografie) wurde nach dem Zweiten Weltkrieg aufgelöst. Für diese Ausstellung hatten 1928 die Erben von Theodor Scheimpflug ein Original seiner Luftbildkamera zur Verfügung gestellt.[100]

Mirko Herzog

Das Post- und Telegraphenmuseum

Am 3. März 1923 – zehn Jahre nach seiner Übersiedlung ins Technische Museum und fünf Jahre nach dessen Eröffnung 1918 – wurde das ehemalige k. k. Postmuseum ohne besondere Zeremonie wieder eröffnet. Als „Österreichisches Postmuseum" stand es zu den für das Technische Museum festgesetzten Besuchszeiten offen – anfangs nur an Samstagen und Sonntagen – und erfreute sich regen Interesses.[101] Fertiggestellt waren zu diesem Zeitpunkt nur der historische und der Postbetriebsteil im Südflügel; nicht öffentlich zugänglich waren die – erheblich verkleinerte – Briefmarkensammlung und die „technische Abteilung", in der die Geschichte des österreichischen Telegrafen- und Telefonwesens sowie der Wiener Rohrpost zur Darstellung gelangen sollte. Die Beschreibung des Museums durch Hugo Theodor Horwitz 1922 verschwieg den unfertigen Zustand, in dem sich die Philatelie- und Technikabteilung seit den Kriegsjahren befanden.[102] Nach dem Beschluss des zuständigen Ministeriums, einen Großteil der Postwertzeichen aus konservatorischen Gründen nicht mehr auszustellen, sollte der im Nordtrakt geplante Philateliesaal an die benachbarte Abteilung „Musik- und Theatertechnik" abgetreten werden. Die Verhandlungen darüber zogen sich 1923 monatelang hin.[103] Die Postwertzeichensammlung wurde indessen als „Unterabteilung" dem Postmuseum im Südflügel angegliedert, zeigte nur Entwürfe österreichischer Marken und wurde, obwohl erst zum Teil fertiggestellt, für das Publikum im Mai 1923 geöffnet.[104] Die anschließende Technikabteilung im West- und Nordtrakt blieb vorläufig geschlossen. Einerseits sollte der verbliebene Platz im Nordtrakt die neue Funk- und Radiotechnik zeigen, die im Krieg einen bedeutenden Innovationsschub erfahren hatte. Ihr war ursprünglich – vor 1914/18 – weitaus weniger Ausstellungsfläche zugedacht worden.[105] Andererseits sollten seit dem Krieg entstandene Lücken im Sammlungsbestand des Bereichs Telegrafie und Telefonie geschlossen werden. Darin folgte das Postmuseum den Wünschen sowohl des Technischen Museums als auch der für Fernmeldetechnik zuständigen Sektion VII im Bundesministerium für Verkehrswesen. Letztere wollte eine rasche Fertigstellung der technischen Abteilung im Westtrakt, da diese „vom Volksbildungsstandpunkte wohl sehr notwendig" sei[106] und Besucher des Postmuseums ungehindert die neue Radioabteilung erreichen sollten: „Es wäre ohne großen Aufwand möglich, durch Barrieren, etc. [sic!] die zu beiden Seiten des Durchgangs im Telegraphenmuseum aufgestellten Apparate, auch wenn sie noch nicht museumssicher gemacht worden sind, zu schützen."[107] Dem neuen Schaubereich „Radiowesen" galt besonderes Augenmerk. Soeben hatte die Radio-Verkehrs-AG (RAVAG) auf der rechtlichen Grundlage einer Postkonzession den offiziellen Sendebetrieb in Wien aufgenommen, und man empfand es im Ministerium als „sehr zweckdienlich", auch im Museum einen Rundfunkempfänger aufstellen zu lassen, mit dem die Besucher „Zeitsignale, Probekonzerte, etc." hören konnten. Bereits damals, im Herbst 1924, wurde dem Postmuseum die Erweiterung seiner Bezeichnung nahegelegt, um die gestiegene Bedeutung der Fernmeldetechnik für den Nachrichtenverkehr zu berücksichtigen. Dazu kam es aber erst einige Jahre später.[108] Entsprechend der technischen und gesellschaftlichen Bedeutung des Rundfunks beschloss der Förderverein des Museums in seiner Generalversammlung am 30. Dezember 1924 die Gründung einer „Radio-Gruppe". Knapp 300 Mitglieder trafen sich in den folgenden Jahren im Museum in Abendkursen zum Selbstbau eines Detektorempfängers, zum Austausch radiotechnischer Informationen sowie zur Unterstützung des Museums beim Aufbau einer Radiosammlung. Die Gruppe unter Anleitung des technischen Direktors der RAVAG Gustav Schwaiger und des Leiters der „Radio-Volkshochschule" Leopold Richtera betrieb auch ein Lesezimmer mit einer kleinen Bibliothek.[109]

Ab 1925 brachte die RAVAG jeweils montags sowie donnerstags oder freitags zwischen 18.30 und 19 Uhr eine wissenschaftliche Vortragsreihe, an der sich u. a. Wilhelm Exner[110] und in den folgenden Jahren die Kustoden des Museums beteiligten.

Wegen zahlreicher Besucheranfragen und auf Drängen Erhards wurde die neue Abteilung „Radiotechnik" Ende Juni 1927 offiziell eröffnet.[111] Erst zu diesem Zeitpunkt war die Postwertzeichenabteilung „völlig fertiggestellt",[112] aber noch immer nicht der Bereich für Telegrafie und Telefonwesen,[113] von dem es noch Anfang 1930 hieß, er gehe der Fertigstellung entgegen.[114] So finden sich im Bildband „Österreichs Post einst und jetzt", herausgegeben vom damaligen Leiter des Postmuseums Emanuel Czezik-Müller, nur Fotos der Bereiche „Postbetrieb" und „Radiotechnik".[115] Ab Februar 1930 hieß das bisherige Postmuseum auf ministerielle Weisung hin „Post- und Telegraphenmuseum"[116] – mit der Begründung, dass viele Besucher die posteigene Fernmeldesammlung für eine Abteilung des Technischen Museums halten würden. Der unmittelbare Anlass war allerdings ein RAVAG-Vortrag über das Fernmeldewesen in Österreich, der die staatlichen Leistungen beim Ausbau des Fernkabelnetzes bewerben sollte, aber auch ausdrücklich als „Propagandavortrag" für das Technische und das Postmuseum gedacht war.[117]

Das Post- und Telegraphenmuseum dürfte spätestens 1932/33 in seiner Gänze fertiggestellt gewesen sein. Der Haupteingang im Südflügel war vom vorgelagerten Schaubereich „Geländeaufnahme" durch eine Zwischenwand getrennt, über der Eingangstür stand „Postmuseum". Rechter Hand befand sich das Büro des Postmuseumsleiters, das in den Kriegsjahren vom Dachgeschoss hierher verlegt worden war. Der gesamte Südflügel gliederte sich in zehn bis elf „Abteilungen" oder „Säle", deren thematische Reihung wie einst in der Rotunde mit den „Postbauten" begann und den Bildern pompöser Postzentralen der Monarchie nun pflichtschuldigst „das jüngste Postgebäude auf österreichischem Boden [...], das schmucke Postgebäude in Wiener=Neustadt",[118] hinzufügte. Anders als in der Rotunde folgte in den nächsten fünf Abteilungen nicht der moderne Postbetrieb, sondern ein historischer Überblick, der

Historischer Bereich des Österreichischen Postmuseums mit Postkutschen, Foto, 1919

Posthausschilder wurden an den Mauern des Hauses befestigt und vereinzelt von der Decke abgehängte Thementafeln („Geschichtliche Abteilung", „Postbeförderung") dienten zur Orientierung des Besuchers. Anstelle eines Ausstellungsführers enthielten nun schlicht gerahmte Objekttafeln, deren Ausführung stilistisch den Auflagen des Technischen Museums folgte, die Erklärungen zu den Exponaten. Der letzte Raum im Postbereich war der Philatelie gewidmet und zeigte im Wesentlichen die Herstellung österreichischer Briefmarken vom Entwurf über den Probedruck bis zur fertigen Marke.

Am Ende des ersten Schaubereichs markierten Trennwände den Übergang zur technischen Schausammlung im Westtrakt. Der größte Teil der vielen hundert Objekte, vor allem die Morsegeräte und Zubehörteile, wurde vermutlich in Vitrinen präsentiert, die sich in langen Reihen den ganzen Westtrakt bis zu dem Raum entlangzogen, in dem die 1914 aufgestellten Vermittlungstische aus Telefonzentralen über ein begehbares Podest besichtigt werden konnten. Wandte sich der Besucher nun wieder nach rechts, stand er vor einer verglasten Zwischenwand mit der Aufschrift „Radiotechnik". In der jüngsten Abteilung informierte zuerst eine zweiflügelige Wandtafel über Grundlagen und Geschichte der Funktechnik. Dann reihten sich chronologisch links diverse Sende-, rechts Empfangsanlagen. Von Radiofirmen gespendete, geöffnete und mit Glaseinsätzen versehene Rundfunkempfänger ließen einen Blick ins Innere zu. Herausgestellt wurde der Anteil österreichischer Pioniere der Radiotechnik.[119] Das letzte Drittel der Abteilung zeigte in großen Vitrinen Elektronenröhren, Apparate zur Bildtelegrafie und Lautsprecher. Der Besucher verließ das Post- und Telegraphenmuseum schließlich durch eine Tür zum Bereich „Musiktechnik".

Was die Besucherfrequenz der radiotechnischen Abteilung betraf, kam dem Museum die Popularität des Rundfunks sicher entgegen. Zudem konnte man an Sonntagen das Vormittagsprogramm der RAVAG über einen Lautsprecher mitverfolgen,[120] und es gab Führungen und Vorträge. Was die beiden anderen Abteilungen angeht, finden sich für die 1920er- und 1930er-Jahre kaum Spuren medialer Präsenz und keine Anhaltspunkte, dass sie in der Publikumsgunst einen nennenswerten Stellenwert einnahmen. Das trifft vor allem auf die Postsammlungen zu. Der Appell eines „Ing. R. M." im „Neuen Wiener Tagblatt" anlässlich seines Besuchs des Postmuseums 1937 – „Das Postmuseum verdient das Interesse der Allgemeinheit, vor allem aber den Besuch der Jugend"[121] – lässt vermuten, dass die Anziehungskraft der ausgestellten historischen Objekte eher gering war.

In Konkurrenz zu aktuellen Röhrenradios und Bildtelegrafen dürfte der Postbereich hoffnungslos veraltet, bestenfalls „malerisch" gewirkt haben.[122] Es war einfach nicht genügend Platz

Die Abteilung „Radiotechnik" des Österreichischen Postmuseums, Foto, um 1928

Der Eingangsbereich der Abteilung „Radiotechnik" des Österreichischen Postmuseums, Foto, um 1928

vom römischen Verkehrswesen bis ins frühe 19. Jahrhundert reichte. Erst die letzten vier Abteilungen zeigten den Postbetrieb bis in die Zeit um 1900 am Beispiel von Postkutschen, Modellen und Kanzleiutensilien und zuletzt die Auslandspost. Die zehn Abteilungen trennten rund zweieinhalb Meter hohe Querwände aus Holz, die vermutlich hellgrau gestrichen und oben mit weißen Abschlussleisten, gegebenenfalls mit kannelierten Stützsäulen versehen waren, die bis an die Decke reichten. Die Querwände dienten als Schauflächen für Bilder und Kleinobjekte. Davor und dazwischen waren Vitrinen oder Großobjekte wie Kutschen, Schlitten oder Geldtruhen aufgestellt. Schwere

vorhanden, um die Entwicklung des modernen Postwesens seit 1914 mit dem Schwerpunkt auf automatisierte bzw. motorisierte Betriebsabläufe durch Exponate zu dokumentieren, die größer als Briefstempelmaschinen waren. Auch vertiefte das Gestaltungskonzept den Eindruck des nicht mehr ganz zeitgemäßen. In der Rotunde war man seinerzeit anhand der Postbauten von den Nervenzentren des modernen Nachrichtenverkehrs ausgegangen und hatte den Rundgang durch die Bereiche Bahn, Dampfschiff, Rohrpost, Telegrafie und Telefonie geführt; zuletzt war man wieder zu den Postgebäuden gekommen. Das Netzwerk aus Verkehr, Fernmeldetechnik und Briefpost war so besser vermittelt worden. Das Postwesen bis 1850 hatte einen eigenen, getrennt zu betretenden Ausstellungsbereich gebildet. Im Technischen Museum hingegen erfolgte eine Trennung der Schausammlungen „Post" und „Fernmeldetechnik". Der Rundgang begann zwar bei den „Postbauten", setzte aber unvermittelt bei den „alten Römern" fort. Die Betonung der Historizität durch eine strikte Chronologie in allen weiteren Abteilungen wies dem Postwesen eine Aura des Antiquierten zu, zumal die meisten Exponate aus der Zeit vor und um 1900 stammten. Die in der Rotunde gehegten Ambitionen des Postmuseums, ein Ort wissenschaftlicher Aufarbeitung von Postgeschichte zu werden, wurden nicht umgesetzt; von den gespendeten und angekauften Archivalien und Büchern – die meisten in verschlossenen Pultschränken innerhalb des Ausstellungsbereichs verwahrt – gab es offenbar kein Verzeichnis, das historisch interessierten Besuchern zugänglich gewesen wäre. Betriebsinterne Aktivitäten sind nur spärlich überliefert. Ehrenamtlich tätig waren in den frühen 1930er-Jahren insgesamt acht Beamte und Beamtinnen der Post- und Telegraphenverwaltung, unter ihnen Emma Will, die zwischen 1918 bis 1936 „ganz allein" als Kustodin im Postmuseum fungierte.[123] Besucher, denen die Möglichkeit zur Lektüre eingeräumt wurde, hielten sich zu diesem Zweck vermutlich im Büro von Museumsleiter Czezik-Müller auf („welcher aber nur Samstag und Sonntag im Postmuseum erschien"). Einen eigenen Leseraum gab es im Postmuseum nicht.

Erste Sonderausstellungen und Ausstellungsbeteiligungen

Auf der Grundlage der Neuinventarisierung und nach dem sich abzeichnenden vorläufigen Abschluss der Museumseinrichtung begannen Schützenhofer und seine Mitarbeiter, sich auch offensiv an externen Ausstellungen mit Leihgaben zu beteiligen und eigene Sonderausstellungen zu präsentieren. Sonderausstellungen boten und bieten auch heute noch die Chance zur Fokussierung auf aktuelle Themen. Im Nachhinein ermöglichen Analysen von temporären Ausstellungen die Identifizierung von Trends. Sonderausstellungen können das in den Schausammlungen gelegte Fundament der positivistischen, langfristig wirkenden Technikinterpretation bewusst verstärken, ergänzen oder – wie anfangs üblich – kontrastieren.

Begonnen hat das Museum 1929 noch unter Erhard mit zwei für die Wirtschaft der Ersten Republik ganz aktuellen Themen der Energiepolitik.[124] Mit dem Wegfall der großen Steinkohlenlagerstätten gerieten die heimischen Wasserkräfte ins Zentrum der Diskussion. 1928 kamen bereits siebzig Prozent der inländischen Energieerzeugung aus Wasserkraft-, der Rest aus Kohlekraftwerken. Vor allem die Eisenbahn hatte ein ambitioniertes Elektrifizierungsprogramm in Angriff genommen.[125] Das Ausstellungsthema „Die Wasserkraftwirtschaft Österreichs" ließ sich auch gut mit der Erfindung des Österreichers Viktor Kaplan verknüpfen, eignete sich seine Turbine doch vor allem für größere Flusskraftwerke.[126] Als Ergänzung zeigte das Museum im selben Jahr eine Sonderschau zum Thema „Die österreichische Kohle", die auf die Bedeutung der österreichischen Braun- und Glanzkohle, der sogenannten Inlandskohle,[127] verwies und im Jahr darauf in eine Aktualisierung der Dauerausstellung einfloss, zu der Ernst Stelzer eine Begleitbroschüre verfasste.[128] Fünf Jahre später bildete das Thema Bergbau nochmals einen Schwerpunkt, und zwar im Rahmen der Wanderausstellung „Österreichs Wirtschaft im Aufbau".[129] Die zwei Ausstellungen zur Wasserkraft und zur Kohle blieben ohne Nachfolge, und das Energiethema wurde erst wieder in den 1950er-Jahren mit der Atomkraft aufgegriffen.

Die 1930 in der Albertina gezeigte Schau „Österreichs Technik in Dokumenten der Zeit" war Teil der Gründungsgeschichte des Österreichischen Forschungsinstituts für Geschichte der Technik. Generell entwickelten sich während der 1930er-Jahre

Sonderausstellung „Österreichische Kohle", in der Mitte das Modell einer Kohlenschachtanlage, Foto, 1934

Cover für den Roman „Utopolis" von Werner Illing, Lili Réthi, Berlin, 1930

dernen Verkehrs. Spielzeugautos aus farbigem Karton des von Lothar Fröhlich vertriebenen „Werkmann"-Kastens zeigten den großstädtischen Verkehr rund um ein „amerikanisches Hochhaus" oder die Kreuzung einer verkehrsreichen Überlandstraße mit einer Eisenbahnstrecke und einem Stau vor einem geschlossenen Schranken. „Das Automobil auch in der Kinderstube" titelte die „Shell-Zeitschrift" ihren Bericht, der beiläufig auf eine Shell-Tankstelle in der Ausstellung verweist.[130] Das alles hatte mit der Realität auf Österreichs Straßen noch wenig zu tun, förderte jedoch wahrscheinlich unterschwellig die Akzeptanz der sich abzeichnenden Automobilisierung.

Mit der ersten Kunstausstellung im Jahr 1934 beschritt das Museum einen neuen Weg, und mit der Präsentation der Arbeiten einer der Avantgarde zuzurechnenden Künstlerin bewies es noch dazu Mut. Es handelte sich um die Übernahme einer zuerst anlässlich der Weltkraftkonferenz in Stockholm und anschließend vom Verein deutscher Ingenieure in Berlin gezeigten Schau.[131] Die in Wien geborene Lili Réthi hatte als Grafikerin bereits internationale Anerkennung gefunden, z. B. mit Illustrationen für die deutschsprachigen Ausgaben von Oscar Wildes „Der junge König" (1910), Émile Zolas sozialkritischen Roman „Germinal" (1926), Upton Sinclairs „Briefe an einen Arbeiter" (1932) oder für den Science-Fiction-Roman „Utopolis" von Werner Illing (1930), dessen Buchcover von Réthi an den Fritz-Lang-Film „Metropolis" erinnert. Ihre sozialkritischen Arbeiten für die Sinclair-Ausgabe sind mit jenen von Käthe Kollwitz, Otto Dix, Otto Rudolf Schatz und Gerd Arntz vergleichbar. Die Ausstellung „Statik und Dynamik" zeigte rund 100 Zeichnungen aus fünf Ländern der damals 40-jährigen Künstlerin, eigenartigerweise in erhöhter Anordnung kontrastiert mit einer Auswahl aus der „Galerie berühmter Männer" der von Exner organisierten „Additionellen Ausstellung" von 1873. Réthi emigrierte 1939 in die USA, illustrierte dort bis zu ihrem Tod 1969 über fünfzig Bücher und arbeitete für die „Times".

Museum und Forschungsinstitut weniger miteinander, sondern eher nebeneinander, wenn auch unter einem gemeinsamen Dach. Während der Direktionszeit von Viktor Schützenhofer zog sich das Museum auffällig aus der Tagespolitik zurück und widmete sich entweder harmlosen, unpolitischen Themen bzw. einzelnen Künstlern oder Erfindern. Die folgenden Sonderausstellungen bis zum „Anschluss" geben davon ein beredtes Zeugnis.

Die erste Ausstellung widmete sich im Winter 1932/33 dem technischen Spielzeug am Beispiel des Automobils und mo-

Eine weitere Kunstausstellung zwei Jahre später mit 133 Zeichnungen und Radierungen des 77-jährigen Ludwig Michalek entsprach dagegen völlig dem konservativen, heimatverwurzelten ständestaatlichen Kulturverständnis. Als Sohn eines

Sonderausstellung der Grafikerin Lili Réthi, rechts Bauten der Binnenschifffahrt (Schleusenanlagen) und darüber die gerahmten Fotos der „Additionellen Ausstellung" 1873, Foto, 1934

Eisenbahnbrücke über den Isonzo, Italien, Radierung, Ludwig Michalek, 1905

Das verstaatlichte Museum in der Zwischenkriegszeit

Eisenbahningenieurs hatte sich Michalek früh mit technischen Motiven auseinandergesetzt, wobei die Eisenbahn einen eindeutigen Schwerpunkt bildete. Michaleks Grafiken überhöhen die Arbeit des Ingenieurs, zeigen den Arbeiter als Bezwinger der Maschine und vermitteln eine Einheit zwischen Technik und Natur. In einer vom Museum erbetenen Stellungnahme zur Ausstellung hielt der Künstler fest: „Auch in der modernen Maschinenarbeit ist Schönheit."[132] Und um die Darstellung dieser „Schönheit" ging es Michalek in seinen Grafiken.

Die „Dr. Carl Auer-Welsbach Gedächtnisausstellung" im Jahr 1935 stand in engem Zusammenhang mit den bereits 1930 begonnenen Aktivitäten einer Stiftungsgründung zur Verankerung dieses erfolgreichen österreichischen Erfinders und Unternehmers in der kollektiven Erinnerung durch das Forschungsinstitut für Technikgeschichte. Die letzte Sonderausstellung vor dem „Anschluss" wandte sich primär an ein Fachpublikum. Während des einwöchigen internationalen Kongresses für Kurzwellen in Physik, Biologie und Medizin im Juli 1937, der über 100 Experten aus der ganzen Welt im Museum zusammenführte, präsentierte Josef Nagler eine Geschichte der Kurzwellentechnik und des Rundfunks. Der Wiener Unternehmer Ludwig Assinger organisierte parallel dazu eine „Industrieausstellung".[133] Anlässlich der Tagung kam es auch zur ersten Vorführung des 1934 von Nagler entdeckten Nahfeld-Kurzwelleneffekts, ab 1939 als „Naglereffekt" bezeichnet.

Vor den ersten eigenen Sonderausstellungen hatte Ernst Stelzer bereits 1927 an der Ausstellung „Wien und die Wiener" mitgearbeitet.[134] Nachdem in den großen, politisch motivierten Ständestaat-Ausstellungen zur Förderung eines Österreich-Bewusstseins neben der Geschichte und Natur auch Wirtschaft und Technik an Bedeutung für die patriotische Argumentation gewannen, erhielt das Museum immer wieder Einladungen, sich zu beteiligen. Erich Kurzel-Runtscheiner vertrat das Museum 1935 bei der großen Franz-Joseph-Ausstellung im Schloss Schönbrunn[135] sowie im selben Jahr zusammen mit Viktor Schützenhofer bei der Ausstellung „Östara" über die österreichische Arbeit im Ausland.[136] Für viele dieser Ausstellungen stellte das Museum auch Leihgaben aus seinem großen Fundus zur Verfügung. 1935 schickte es z. B. zur Ausstellung „Österreichs Wirtschaft im Aufbau", die in Salzburg stattfand, eine Kaplan-Turbine.[137]

Ein für die Selbstfindung sowie die internationale Positionierung und Außenwahrnehmung des Ständestaats wichtiges Ereignis war die Teilnahme Österreichs an der Weltausstellung in Paris 1937 unter dem Motto „Kunst und Technik im modernen Leben".[138] Der österreichischen Beteiligung lag der folgende Leitgedanke zugrunde: „Aus den Gegebenheiten der Landschaft erstehen des Volkes Wesen und Taten."[139] Während einander die Großmächte Deutschland und die Sowjetunion provokant gegenüberstanden, konzentrierte sich Österreich auf seine Stärken wie Landschaft, Kultur, Kunstgewerbe sowie die touristische Er-

Der Raum „Industrie und Technik" auf der Pariser Weltausstellung 1937, Foto

schließung der Natur durch die Technik. Den von Oswald Haerdtl entworfenen Ausstellungspavillon mit einer Glasfassade dominierte im mehrgeschossigen Repräsentationsraum ein großes fotografisches Panorama der Pack-, Großglockner- und Gesäusestraße. Das Museum stellte ausgewählte Objekte der österreichischen Industrie, u. a. eine Kaplan-Turbine, einen Voith-Schneider-Propeller, drei Modelle von Elektrolokomotiven, ein Steyr-50-Automobil („Steyr-Baby") und Werkzeugstahl der Gebr. Böhler & Co. AG, zur Verfügung.[140] In einem eigenen „Ehrenraum" stand die „Allesschreibende Wundermaschine" von Friedrich Knaus. Zu der von der Organisation „Neues Leben" der Vaterländischen Front ausgerichteten Ausstellung gehörten in der Erfindertradition eine Abteilung „Helden der Technik in Oesterreich" und als Verweis auf die besondere Rolle der „Menschenökonomie" als Teil der Rationalisierung ein Abschnitt zur „Psychotechnik als ‚Neues Leben' in der Technik".[141]

Vorbild für das „Museum of Science and Industry" in Chicago

Während der 1920er-Jahre blickte ganz Europa mit großem Interesse auf die technischen und ökonomischen Entwicklungen in den USA. Viele bereisten das Land und schrieben ihre Eindrücke und Erlebnisse in Reiseberichten nieder.[142] Auch im Technischen Museum beschäftigte man sich mit der von den USA ausgehenden Faszination, so gab es u. a. Vorträge über Taylorismus und Fordismus.

In einigen Bereichen war jedoch Europa Vorbild, und US-Amerikaner reisten über den Atlantik, um zum Beispiel mehr über den in Europa entstandenen Typus eines technischen Museums zu erfahren.

Im Gegensatz zu Europa, vor allem zu England, hatten die Industrialisierungsprozesse in den USA erst in der zweiten Hälfte des 19. Jahrhunderts eingesetzt. Das Interesse an der musealen Darstellung der Geschichte der Industrialisierung des Landes entwickelte sich in den frühen 1920er-Jahren. Die frühesten Aktivitäten startete die 1906 gegründete American Association of Museums in New York. Mit ihrem Präsidenten Charles R. Richards an der Spitze gab sie 1925 die erste einschlägige Publikation über europäische Industrie- und Technikmuseen heraus, die auch ausführlich über das Technische Museum in Wien berichtete.[143] Mit diesem Buch fand der Typus des europäischen Technikmuseums in den USA große Verbreitung und angesichts fehlender Traditionen auch Akzeptanz, denn „[…] the United States had nothing that corresponded with the Deutsches Museum or the Technisches Museum".[144]

Größere Bedeutung für das Technische Museum in Wien hatte der Kontakt mit Julius Rosenwald in Chicago, das sich seit einem Stadtbrand im Jahre 1871 zur bedeutendsten Industriemetropole und zum wichtigsten Eisenbahnknotenpunkt der USA entwickelt hatte. Der Sohn eines aus Deutschland eingewanderten jüdischen Textilfabrikanten trat als Teilhaber und seit 1896 als Vizepräsident in das 1886 gegründete größte Handels- und Versandhaus der Stadt Sears Roebuck & Co. ein. 1908 folgte er Richard Sears als Präsident (CEO) und wechselte aufgrund gesundheitlicher Probleme 1924 als Vorsitzender in den Aufsichtsrat. In typisch amerikanischer Tradition spendete Rosenwald viele Millionen Dollar für wohltätige Zwecke, vor allem für „African Americans", für amerikanische Juden sowie für zahlreiche Schulen und Universitäten.[145]

Ein Teil seines philanthropischen Engagements galt der Gründung eines Industriemuseums nach europäischem Vorbild, nachdem er anlässlich einer Europareise 1911 das Deutsche Museum München kennengelernt hatte.[146] 1925/26 besuchten sowohl Charles Richards als auch Calvin W. Rice vom geplanten, aber nicht realisierten „National Museum of Engineering and Industry" in New York sowie Julius Rosenwald erstmals das Technische Museum Wien. Rosenwald zeigte sich auch hier großzügig und spendete 5000 Dollar.[147] 1927 stattete auf seine Empfehlung hin eine Abordnung der „Jackson Park" bzw. „South Park Commission" aus Chicago dem Wiener Museum einen Besuch ab und spendete 300 Dollar.[148] Im Jahr darauf schickte Rosenwald Waldemar Kaempffert[149], den neu ernannten Direktor seines geplanten Museums, auf den Spuren von Richards zum Studium der großen europäischen Vorbilder in das Science Museum in London, das Musée des arts et métiers in Paris, das Deutsche Museum in München und das Technische Museum in Wien.[150] Auch wenn sich Kaempffert vor allem an München orientierte, sparte er nicht mit Lob über Wien: „Under the direction of Hofrat Ludwig Erhard it has become a model institution of its type, admirable in its plan, comprehensive in its scope, and eminently popular in its educational appeal. Only the impoverished condition of Austria has made it impossible to develop the museums's possibilities to the full."[151] Er begeisterte sich auch für Erhards technikphilosophische Schriften und lobte die ihm übersandte Broschüre „Der Weg des Geistes in der Technik" von 1929 in einem Brief: „Eigentlich ist ihr Bericht wirklich ein Entwurf für ein ideales, technisches Museum […]. Besonders wertvoll sind ihre Entwicklungstafeln."[152]

Aufgrund der guten Kontakte zu Wien überzeugte Kaempffert seinen Mentor Julius Rosenwald, dem Technischen Museum über drei Jahre eine Spende von je 5000 Dollar in Aussicht zu stellen, wenn der österreichische Staat seine jährliche Dotation an das Museum um diesen Betrag erhöhen würde. Darüber informierte Rosenwald im Mai 1929 über den amerikanischen Gesandten in Wien die österreichische Regierung.[153] Noch im selben Jahr erhielt der große Gönner vom österreichischen Konsul in Chicago das Goldene Ehrenzeichen der Republik.[154] Tatsächlich erreichte das Technische Museum für 1930 von der Regierung unter Bundeskanzler Ernst Streeruwitz eine Erhöhung des Budgets im Wert von rund 4000 Dollar. Für die Differenz offerierte das Museum Rosenwald die von der Ersten k. k. priv. Donau-Dampfschiffahrts-Gesellschaft gespendete und auf 50.000 Schilling geschätzte Zweifach-Expansionsdampfmaschine des Donaudampfers „Orsova" an.[155] Rosenwald begnügte sich mit der Budgeterhöhung und übersandte im Oktober 1930 den ersten Scheck über 5000 Dollar.[156] In den Jahren darauf gab es offensichtlich weniger Probleme, denn bereits im März 1931 kam der nächste Scheck vom „Julius Rosenwald Fund",[157] und auch nach Rosenwalds Tod am 6. Jänner 1932 hielt sich die Familie an die ursprüngliche Zusage und schickte im Juni den dritten Scheck.[158] Mit der Rosenwald-Spende finanzierte das Museum zum Beispiel 1931/32 den ersten Tonfilmapparat für den Festsaal.[159]

Das ursprünglich „Rosenwald Industrial Museum" genannte Projekt wurde schließlich 1933 als „Museum of Science and Industry" eröffnet. Es bezog den restaurierten ehemaligen „Palace of Fine Arts", das einzige erhaltene Gebäude der Weltausstellung von 1893 im Jackson Park im Süden von Chicago. 1933 fand in Chicago übrigens nochmals eine Weltausstellung statt, was die damalige Bedeutung der Stadt unterstreicht.

Auch nachdem Kaempffert das Museum 1931 noch vor dessen Eröffnung verlassen hatte, blieb die Ausrichtung an europäischen Museen erhalten und ist bis heute nachvollziehbar. Die Vorbildwirkung des Deutschen Museums, aber auch des Technischen Museums in Wien zeigt sich unter anderem in der klassischen Einteilung der Ausstellungsbereiche nach Schifffahrt, Straßen- und Schienenverkehr, Chemie, Energie, Geologie und Bergbau, Elektrizität, Metallurgie, Metallbearbeitung, Hochbau, Landwirtschaft und Textilindustrie sowie ganz besonders in der Übernahme der Idee eines Schaubergwerks, hier nach dem Vorbild einer Kohlenzeche im Süden von Illinois.[160]

Das Museum of Science and Industry in Chicago nach der Eröffnung 1933, Foto, vor 1937

Der Museumsalltag und die Komplettierung der Schausammlung

1. Elektrotechnik und Maschinenbau XXXVI (1918), Heft 27, S. 311.
2. Reichspost, 8.3.1919.
3. Neuigkeitsweltblatt, 17.1.1919; Deutsches Volksblatt, 17.1.1919; Wiener Zeitung, 16.1.1919; Illustriertes Wiener Extrablatt, 16.1.1919.
4. Neue Freie Presse, 15.1.1919.
5. Weyrich, Edgar: Rudolfsheim und Fünfhaus. Ein Heimatbuch. Wien 1922, S. 43.
6. Erhard, Aufbau (1941), S. 154.
7. Sandgruber, Roman: Ökonomie und Politik. Österreichische Wirtschaftsgeschichte vom Mittelalter bis zur Gegenwart. Wien 1995, S. 345–347.
8. Ehrhard, Ludwig: Amerikanische Museumsgründer in Wien, in: Neues Wiener Tagblatt, 3.5.1927, S. 18.
9. Neue Freie Presse, 19.9.1918.
10. TMW-Archiv, BPA-014662/4, Technisches Museum an die Verwaltung des k. k. Postmuseums, 20.9.1918.
11. 1922 verfügte der Direktor über eine Dienstwohnung im zweiten Obergeschoss. Für den Werkmeister, den Pförtner und den Magazineur gab es je eine Wohnung im weniger komfortablen Dachgeschoss.
12. ÖStA, AdR, 05, Sign. 589, Karton 3097, Verhandlungsschrift aufgenommen am 10. April über die mit Erlass des Bundesministeriums für Handel und Gewerbe, Industrie und Bauten vom 13.2.1922 angeordnete Übernahme des Gebäudes in die Bundesgebäudeverwaltung.
13. TMW-Archiv, BPA-014308/21. In einem Schreiben an das k. k. Ministerium für öffentliche Arbeiten hatte das Museum am 29.3.1917 mit dem Argument der „ästhetischen Wirkung des dem kaiserlichen Schlosse Schönbrunn gegenüberliegenden Museumsgebäudes" vergeblich gegen die Demontage protestiert.
14. Das Neue Wien. Städtewerk. Herausgegeben unter offizieller Mitwirkung der Gemeinde Wien. Wien 1927, Band III, S. 30.
15. ÖStA, AdR, 05, Sign. 589, Karton 3097, Einlagebogen zum Geschäftsstück des Bundesministeriums für Handel und Gewerbe, Industrie und Bauten […], Zl. 50887 ex 1921, und Bericht des Technischen Museums auf die Einsichtsbemerkung des Staatsrechnungshofes, Zl. 1123/IV ex 1920.
16. ÖStA, AdR, 05, Sign. 589, Karton 3042, Erhard an das Ministerium für Handel und Gewerbe, Industrie und Bauten, 22.1.1921.
17. Ebd., Zl. 59020-16 ex 1921, Dienstordnung, § 6.
18. Richards, Museum (1925), S. 34, vermerkte: „artificial lighting […] is not planned for evening display".
19. TMW-Archiv, BPA-014284, Verhandlungsschrift der 64. Sitzung des Direktoriums am 30. Dezember 1920.
20. ÖStA, AdR, 05, Sign. 589, Karton 3042, Betriebsrat des Technischen Museums an das Ministerium für Handel und Gewerbe, Industrie und Bauten, Zl. 60.686/21.
21. TMW-Archiv, BPA-009632, Aufstellung der Angestellten des Technischen Museums für Industrie und Gewerbe mit dem Stande vom 30. Juni 1918 und 31. Dezember 1921.
22. TMW-Archiv, BPA-014288, Belegschaft an die Direktion, 15.4.1919.
23. Tálos, Emmerich: Staatliche Sozialpolitik in Österreich. Rekonstruktion und Analyse (Österreichische Texte zur Gesellschaftskritik 5). Wien 1981, S. 185–218.
24. ÖStA, AdR, 05, Sign. 589, Karton 3042, Beschlussprotokoll über die 348. Sitzung des Ministerrates vom 31. Oktober 1924.
25. TMW-Archiv, BPA-009645/2, Verhandlungsschrift der konstituierenden Generalversammlung, abgehalten am Samstag, dem 7. Jänner 1922.
26. DM München, VA 0095/Allgemeine Korrespondenz E, 1922–1928, Ernst Stelzer an Oskar von Miller, 14.11.1923 und 6.12.1923. Vgl. Stürzer, Erinnerungen (1968), S. 99.
27. Wiener Zeitung, 10.4.1919.
28. Erhard, Volksbildungsstätte (1921). Wenige Jahre später schrieb Oskar von Miller einen Beitrag über technische Museen als Stätten der Volksbelehrung (Deutsches Museum. Abhandlungen und Berichte 1/5). Berlin 1929.
29. Arbeiter Zeitung, 19.5.1918.
30. Stadler, Friedrich (Hg.): Arbeiterbildung in der Zwischenkriegszeit. Otto Neurath – Gerd Arntz. Wien, München 1982.
31. Petrasch, Wilhelm: Die Wiener Urania. Von den Wurzeln der Erwachsenenbildung zum lebenslangen Lernen. Wien, Köln, Weimar 2007, S. 97–100.
32. TMW-Archiv, BPA-014325.
33. Justus Bormann, Praktischer Taylorismus (1920, Heft 6, S. 93–95); Ernst Stelzer, Technische Reklame (1920, Heft 7, S. 107); Bernhard Schiller, Normalisierung und Typisierung (1920, Heft 7, S. 116); W. Hollitscher, Die Ermittlung der Berufseignung in der Industrie (1920, Heft 11/12, S. 103); Alfred Hersly (Chicago), Die wissenschaftliche Betriebsführung (1922, Heft 1/2, S. 11); Arnold Durig, Wissenschaftliche Betriebsführung und Arbeitergesundheit (1922, Heft 10, S. 73 f.).
34. Lackner, Helmut: Von der Geschichte der Technik zur Technikgeschichte. Die erste Hälfte des 20. Jahrhunderts, in: König, Wolfgang; Schneider, Helmuth (Hg.): Die technikhistorische Forschung in Deutschland von 1800 bis zur Gegenwart. Kassel 2007, S. 35–61.
35. Sombart, Werner: Technik und Kultur, in: Archiv für Sozialwissenschaften und Sozialpolitik 33 (1911), S. 305–347, und Lamprecht, Karl: Die Technik und die Kultur der Gegenwart, in: Zeitschrift des Vereins deutscher Ingenieure, 57 (1913), Nr. 57, S. 1523–1526. Die 1910 begründete und von Carl Weihe herausgegebene „Zeitschrift des Verbandes Deutscher Diplom-Ingenieure" führte seit 1922 ebenfalls den Titel „Technik und Kultur".
36. Ein grober Lapsus passierte der Redaktion, als sie die von Carl Pfaff gestaltete „Rundschau" von Nr. 8, S. IX–XIV, in Nr. 10 nochmals abdruckte.
37. ÖStA, AdR, 04, Zl. 1260/1920, Memorandum des Staatssekretariats für Handel und Gewerbe, Industrie und Bauten an das Staatssekretariat für Finanzen, 15.3.1920.
38. ÖStA, AdR, Kabinettsratsprotokoll vom 18. Juni 1920, Nr. 193, fol. 9–13 (Text im Anhang). Der Antrag auf Verstaatlichung des Museums erfolgte während der Regierung Renner III, die bis 11.6.1920 im Amt, aber bis 7.7.1920 mit der Fortführung der Geschäfte betraut war. Zerdik blieb bis 24.6.1920 Minister.
39. ÖStA, AdR, 05, Sign. 589, Karton 3097, Verhandlungsschrift aufgenommen am 10. April über die mit Erlass des Bundesministeriums für Handel und Gewerbe, Industrie und Bauten vom 13. Februar 1922 angeordnete Übernahme des Gebäudes in die Bundesgebäudeverwaltung.
40. ÖStA, AdR, 05, Sign. 589, Karton 3042, Protokoll der Generalversammlung vom 13. Dezember 1921, und TMW-Archiv, BPA-009645/1, Verhandlungsschrift der Generalversammlung […] am 13. Dezember 1921.
41. TMW-Archiv, BPA-009645/2, Verhandlungsschrift der konstituierenden Generalversammlung, abgehalten am Samstag, dem 7. Jänner 1922.
42. ÖStA, AdR, 04, Zl. 1141/1922.
43. ÖStA, AdR, 05, Sign. 589, Karton 3097, Zl. 8368/16/1922, und Karton 3042, Zl. 58119/1921, „Entwurf der Satzungen des Technischen Museums für Industrie und Gewerbe in Wien", und TMW-Archiv, BPA-009931, Satzungen des […], 7. Juni 1926.
44. TMW-Archiv, BPA-009632, Grundsätze über die Gebarung mit dem Betriebsfonds des Technischen Museums für Industrie und Gewerbe in Wien, o. J. [1925].
45. Hanisch, Erich: Männlichkeiten. Eine andere Geschichte des 20. Jahrhunderts. Wien, Köln, Weimar 2005, S. 509: „Das Berufsbild des Technikers war eindeutig männlich codiert."
46. TMW-Archiv, BPA-009878, Ludwig Erhard an Georg Günther, 10.6.1928.
47. Stelzer, Ernst: Das technische Wien, in: Offizieller Katalog der Ausstellung „Wien und die Wiener". Messepalast Wien 1927, S. 124–132 und 206 f. Vgl. Knieschek, Ausstellungen (1998), S. 100–118. Exner war einer der Vorsitzenden und Erhard Mitglied des Ehrenausschusses.
48. Vgl. Dobrowolny, Stelzer, Flug (1929), und Stelzer, Kohle (1930).
49. Die Wasserkraftwirtschaft Österreichs. Sonderschau 1929. Wien 1929. Vorwort von Ernst Stelzer.
50. Hietzing (1932), S. 169–200. Danksagung des Autors Alfred Feichtinger an Ernst Stelzer, S. 169.
51. TMW-Archiv, BPA-009646/7, Geschäftsstelle des Museumsvereins an den Vereinspräsidenten Heinrich Goldemund.
52. TMW-Archiv, BPA-011385, Verwaltungsstelle der Wiener Hochschulen an Ernst Stelzer, 29.11.1938.
53. Klima, Anton: Die Technik im Lichte der Karikatur. Eine analytische Studie. Wien 1913.
54. Unser Programm, in: Der Techniker des XX. Jahrhunderts. Internationale Revue des technischen Fortschritts, 1900, Heft 1, S. 1 f. Die vierzehntägig erscheinende Zeitschrift stellte nach dem Heft 24 im März 1901 ihr Erscheinen ein.

55 Bryk, Otto: Entwicklungsgeschichte der reinen und angewandten Naturwissenschaften im XIX. Jahrhundert. Leipzig 1909, und ders. (Hg.): Johann Kepler. Die Zusammenklänge der Welten. Neue Sternkunde/Auseinandersetzungen mit dem Sternenherold, Schöpfungsgeheimnis in Weltentiefen. Jena 1918.
56 Ders.: Die technische Erprobung der Prothesen, in: Mitteilungen des k. k. Technischen Versuchsamtes 6 (1917), Heft 2, S. 31–40.
57 TMW-Archiv, Nachlass Sedlacek. Zur Anstellung vgl. ÖSTA, AdR, 05, Sign. 589, Karton 3042. Sein Vater, der Maschineningenieur Julius Sedlacek, betrieb seit 1897 in Linz ein technisches Büro für Maschinenbau. Vgl. Kohlensäure-Kälteerzeugungs-Maschinen („System und Patent Sedlacek"), in: Oberösterreichische Bauzeitung 3 (1898), Nr. 12, S. 89–91. Zu Sedlacek als Maler vgl. Hintner, Elisabeth: Franz Sedlacek. Werk und Leben 1891–1945. Wien 1998², und Spindler, Gabriele: Franz Sedlacek (1891–1945). Biografische und künstlerische Bezüge zu Linz, in: Franz Sedlacek (1891–1945) (Kataloge des Oberösterreichischen Landesmuseums. NF 171). Linz 2001, S. 9–28.
58 Mehrere Aufsätze in den Blättern für Technikgeschichte 1 (1932) bis 5 (1938), vor allem zu Auer von Welsbach.
59 Zum Beispiel Johann Wolfgang Döbereiner, in: Radio Wien 7 (1930), Nr. 11, S. 12.
60 TMW-Archiv, BPA-009656, Vorstandsratssitzung des Technischen Museums für Industrie und Gewerbe am 10. April 1932.
61 Aus diesem Anlass erschien Hayek, Max: Der Maler Franz Sedlacek. Innsbruck 1937, und in: Bergland. Illustrierte alpenländische Monatsschrift 19 (1937), Heft 2, S. 24–29.
62 Knieschek, Ausstellungen (1998), S. 57.
63 Berge und Menschen der Ostmark. Künstlerhaus Wien. 4. März bis 30. April 1939. Wien 1939, S. 40.
64 TMW-Archiv, BPA-011374. Das Technische Museum schickte u. a. eine Zeichnung von Joseph Madersperger und Flugzeugmodelle von Wilhelm Kress nach Berlin.
65 Franz Sedlacek 1891–1945. Vorläufer des Phantastischen Realismus. Eine inszenierte Ausstellung im Technischen Museum Wien. Wien 1991.
66 Zuletzt Schröder, Klaus: Neue Sachlichkeit. Österreich 1918–1938. Kunstforum Bank Austria. Wien 1995, und Die Ordnung der Dinge. Neue Sachlichkeit in Oberösterreich. (Kataloge der Oberösterreichischen Landesmuseen N.S. 34). Linz 2005.
67 Österreichs Energiewirtschaft und die Ausnützung seiner Wasserkräfte. Wien 1923, und Die Niederösterreichische Elektrizitätswirtschafts-Aktiengesellschaft NEWAG. Ihr Werden, ihre Kraftwerke, ihr Leitungsnetz und ihre Zukunftspläne. Wien 1923.
68 Internationale Ausstellung für Binnenschiffahrt und Wasserkraftnutzung. Basel 1926, S. 188–192; Katalog [...], S. 190–203. Im TMW-Archiv, BPA-001078, haben sich daher 68 Fotografien dieser Ausstellung erhalten.
69 Kurzel-Runtscheiner, Erich: Siegfried Marcus. Zur dreißigsten Wiederkehr seines Todestages, in: Zeitschrift des Österreichischen Ingenieur- und Architekten-Vereines 80 (1928), Heft 29/30, S. 262–264, und Heft 31/32, S. 285–287. Kurzel-Runtscheiner stand damals in Kontakt mit Franz Maria Feldhaus, der ihm Material zur Verfügung stellte. Vgl. weiter: ders.: Die ersten Versuche einer Dampfschifffahrt auf der Donau von Maria Theresiens Zeiten bis zur Gründung der Ersten Donau-Dampfschiffahrts-Gesellschaft 1779–1829, in: Beiträge zur Geschichte der Technik und Industrie 18 (1928), S. 69–72; ders.: Die Fischer von Erlach'schen Feuermaschinen, in: ebd. 19 (1929), S. 71–91; ders.: Joseph Ruston und John J. Ruston, in: ebd. 21 (1931/32), S. 97–102, und ders.: Oesterreich. Industrie, Technik und Ingenieurkunst, in: Zeitschrift des Vereines deutscher Ingenieure 74 (1930), Nr. 38, S. 1286–1294.
70 „Östara". Ausstellung österreichischer Arbeit im Auslande. Veranstaltet vom Österreichischen Auslandsbund. Wien 1935, S. 10.
71 Verein der Museumsfreunde Wien. Kaiser Franz Joseph Ausstellung. Schönbrunn 1935. Wien 1935, S. 88–91. Vgl. Knieschek, Ausstellungen (1998), S. 124–141.
72 Kurzel-Runtscheiner, Erich: Jakob Degen, ein Pionier der Flugtechnik und des Banknotendrucks, in: Technikgeschichte 30 (1941), S. 172–179. Vgl. das Kapitel „Personelle Veränderungen", S. 273–274.
73 Habacher, Nagler (1968).
74 Führer durch die RAVAG-Jubiläums-Ausstellung 1934. Wien 1934², S. 5.
75 TMW-Archiv, Direktion, PZ 1379/1930. Direktion an das Bundesministerium für Handel und Verkehr, 18.6.1930.
76 Die Beschreibung folgt im Wesentlichen Hietzing (1932), S. 170–200; Rundgang (1933); Museen Österreichs (1935), S. 185–188; Technisches Museum (1959) und Stürzer, Erinnerungen (1968).
77 Stürzer, Erinnerungen (1968), S. 105.
78 Nach der Reihenfolge der Nennung: Schwimmschulbrücke in Steyr, 1897, Inv.-Nr. 12256; Kaiser-Franz-Josephs-Brücke in Prag, 1898 wurde die ältere Kettenbrücke über die Moldau von Felten & Guilleaume umgebaut, Inv.-Nr. 12268; Brücke über die Noce in Südtirol, Inv.-Nr. 12244.
79 Das Wiener Stadtbauamt stellte das Modell der Luegerbrücke, Inv.-Nr. 12331, zur Verfügung, die k. k. Statthalterei Innsbruck das Modell der Gustinabrücke in Tirol, Inv.-Nr. 12267.
80 So übergab u. a. das Tiroler Landesmuseum Ferdinandeum Brückenmodelle, Inv.-Nr. 12265 und 12260.
81 Inv.-Nr. 12261.
82 Inv.-Nr. 629. Aus dem 2. Jahrhundert n. Chr.
83 TMW-Archiv, BPA-010963.
84 Inv.-Nr. 5525.
85 Horwitz, Technisches Museum (1922), S. 9: „[...] diesem nur teilweise mit der Technik zusammenhängenden Gebiete [...]."
86 TMW-Archiv, Berichte des Fachkonsulentenkollegiums erstattet in der Generalversammlung vom 14. Juni 1914.
87 Vgl. das Kapitel „Das Elektropathologische Museum von Stefan Jellinek", S. 172–175.
88 Pointner, Josef: Unfallverhütung und Sicherheit in Österreich. Durchbruch und Erfüllung einer humanen Forderung. Wien 1989, S. 119–155, und Lackner, Ausstellungen (1996).
89 1928 trat die Zentralstelle dem „National Safety Council" in Chicago bei.
90 1939 bis 1943 erschien die Zeitschrift unter dem Titel „Sichere Arbeit. Blätter für Arbeitsschutz in der Ostmark der Arbeitsgemeinschaft für Unfallverhütung" und ab 1947 als „Gib acht. Nachrichtenblatt für Unfallverhütung".
91 TMW-Archiv, BPA-009898, Denkschrift zur Umänderung und Ausgestaltung der Gruppe „Arbeiterschutz" im Technischen Museum zu Wien, 1927.
92 Lackner, Helmut: Die Werkszeitungen des Deutschen Instituts für technische Arbeitsschulung (Dinta) – Ein Instrument im „Kampf um die Seele des Arbeiters", in: Ferrum. Nachrichten aus der Eisenbibliothek Stiftung der Georg Fischer AG 78 (2006), S. 53–64.
93 Mitteilungen der Österreichischen Zentralstelle für Unfallverhütung 2 (1931), Mai. Maresch leitete 1942 bis 1944 die Abteilung Arbeitsschutz im Zentralbüro der DAF in Berlin und ab 1944 eine gleichnamige Abteilung im Rüstungsministerium. Vgl. Archiv Universität Wien, 79/1963/1964, Beruflicher Lebenslauf, August 1963.
94 Mitteilungen [...] 4 (1933), Februar, S. 3–5.
95 Ebd. 8 (1937), März, S. 8 f.
96 Oboen, Klarinetten, Flöten, Fagotte, Trompeten, Violinen, Geigen und Ziehharmonikas.
97 Prozessionsorgel, spätes 16. Jahrhundert, Inv.-Nr. 15296; Physharmonika, Anton Haeckl, Wien, um 1825, Inv.-Nr. 19480, und ein Klavier mit „Giraffenflügel", Joannes van Raay & Zonen, Amsterdam, um 1835, Inv.-Nr. 13733.
98 Inv.-Nr. 7457.
99 TMW-Archiv, BPA-009657, Verhandlungsschrift der 5. Sitzung des Kuratoriums des Technischen Museums [...], 2.7.1926, S. 3.
100 Inv.-Nr. 17039.
101 TMW-Archiv, Postmuseum an Technisches Museum, Z. 52332/P-1923, 25.2.1923; Postverordnungsblatt 1923. Hg. von der Postsektion des Bundesministeriums für Verkehrswesen, Nr. 12, 6.3.1923, S. 71; TMW-Archiv, Entwurf eines Schreibens von Ernst Stelzer an das Bundesministerium für Verkehrswesen, Postsektion, 14.3.1923, S. 1; Technisches Museum an Bundesministerium für Verkehrswesen, Postsektion, Wien, 12.3.1923, P. Z. 402 (Abschrift).
102 Horwitz, Technisches Museum (1922), S. 10–12.
103 TMW-Archiv, Technisches Museum an Postmuseum, P. Z. 1570/1923, 31.8.1923.
104 TMW-Archiv, Technisches Museum an das Bundesministerium für Verkehrswesen, Postsektion, Wien, 12.3.1923, P. Z. 402 (Abschrift); Hoheisl, Konrad: Die Radioausstellung im österreichischen Postmuseum, in: Radiowelt IV (1927), Heft 26, S. 12.
105 TMW-Postarchiv, Planzeichnung des Schausammlungsbereichs „Telegraphie", undatiert.

106 TMW-Postarchiv, „Anregung zur Fertigstellung des Postmuseums", Telegraphenverwaltung an Generaldirektion für das Post-, Telegraphen- und Fernsprechwesen, B. M. Z. 42805/1924, 25.9.1924.

107 TMW-Postarchiv, Hans Pfeuffer, Bericht über den Stand der Einrichtung des Postmuseums (Radiowesen), 17.10.1924, S. 2.

108 TMW-Archiv, „Aufstellung von Radioeinrichtungen im Postmuseum", Verfügung der Sektion VII, Bundesministerium für Verkehrswesen, B. M. Z. 4327/T-1923, 17.3.1923, mit Beilage 14.11.1924; Bericht über den Stand der Einrichtung des Postmuseums (Radiowesen), 17.10.1924, S. 1.

109 TMW-Archiv, BPA-011367, Geschäftsordnung der Radio Gruppe, beschlossen in der Generalversammlung des „Vereins zur Förderung [...]" am 30. Dezember 1924.

110 Technisch-wissenschaftliche Institutionen zur Förderung der Industrie und der Gewerbe, Donnerstag, 26.3.1925. Im Rahmen der „Radio-Volkshochschule" sprach Exner in einem Zyklus über Österreichs große Männer der Naturwissenschaft und Technik, am Freitag, 4.12.1925, über Karl Karmarsch, am Dienstag, 9.11.1926, über Wilhelm von Engerth und am Dienstag, 18.5.1926, über Ferdinand Redtenbacher. Das Wochenprogramm ist abgedruckt in: Radio-Wien. Hg. von der österr. Radio-Verkehrs-A.-G., Nr. 1, 1.–8. November 1924 ff.; vgl. auch Radio-Welt III (1926), Heft 24, S 5 f.

111 TMW-Postarchiv, Erhard an Postmuseum, P. Z. 1418, 15.6.1927.

112 TMW-Postarchiv, Erhard an Generalpostdirektor [sic] Kurt Hoheisl, P. Z. 1353, 3.6.1927, S. 1.

113 TMW-Postarchiv, Planzeichnung des Schausammlungsbereichs Telegrafie, Juli 1926; TMW-Archiv, undatiertes Typoskript „Das österreichische Postmuseum" (Entwurf), nach 26.6.1927, S. 2.

114 TMW-Postarchiv, „Erweiterung der Bezeichnung des Postmuseums". Amtsverfügung der Generaldirektion für die Post- und Telegraphenverwaltung, B. M. Z. 3326/1930, 22.1.1930, S. 1.

115 Czezik-Müller, Emanuel: Österreichs Post einst und jetzt. Wien, München o. J. (nach 1929, vor Juli 1930).

116 Post- und Telegraphen Verordnungsblatt 1930, Nr. 13, S. 71.

117 TMW-Postarchiv, siehe Anmerkung 114, S. 1–3.

118 Die Eröffnung des Oesterreichischen Postmuseums, in: Neue Freie Presse 1923, Abendblatt, Nr. 21005, Wien, S. 4.

119 Pfeuffer, Hans: Österreichisches Radiomuseum. Die neue Abteilung: Radiotechnik des Postmuseums, in: Radiowelt IV (1927), Heft 27, S. 7 f.

120 Hietzing (1932), S. 185.

121 Das Postmuseum, in: Neues Wiener Tagblatt, Nr. 109, 20.4.1937, S. 6.

122 Hietzing (1932), S. 184.

123 TMW-Postarchiv, Schreiben von Amtsdirektor Julius Herbst an Postmuseumsleiter August Nitsche, Wien, 15.12.1954.

124 Vgl. z. B. Hofbauer, Richard: Österreichs zukünftige Energiewirtschaft (ÖKW-Veröffentlichung 2). Wien 1930, und Vas, Oskar: Grundlagen und Entwicklung der Energiewirtschaft Österreichs. Offizieller Bericht des österreichischen Nationalkomitees der Weltkraftkonferenz. Wien 1930.

125 Vgl. Staudacher, Peter: Die österreichischen Eisenbahnen 1918–1938. Probleme eines Transportsystems, in: Georg, Schmid; Lindenbaum, Hans; Staudacher, Peter: Bewegung und Beharrung. Transport und Transportsysteme in Österreich 1918–1938: Eisenbahn, Automobil, Tramway. Wien, Köln, Weimar 1994, S. 15–105.

126 Die Wasserkraftwirtschaft Österreichs. Sonderschau 1929. Wien 1929.

127 Im Österreichischen Kuratorium für Wirtschaftlichkeit gab es einen Arbeitsausschuss „Inlandskohle". Vgl. Die österreichische Kohle. Gesamtbericht des ÖKW-Arbeitsausschusses „Inlandskohle". Wien 1934.

128 Stelzer, Kohle (1930). Die Broschüre mit dem Titel „Die österreichische Kohle" enthält einen weiteren Beitrag Stelzers, und zwar „Aus der Geschichte der österreichischen Kohle", S. VII–XII, sowie die 24-seitige Darstellung „Der Bergbau Österreichs" vom Verein der Bergwerksbesitzer Österreichs.

129 Österreichs Bergbau auf der Ausstellung Wirtschaft im Aufbau Österreich über alles, wenn es nur will. Wien 1935.

130 Shell-Zeitschrift, Jänner/Februar 1933, S. 12.

131 TMW-Archiv, BPA-013953/1, Pressetext des Museums.

132 TMW-Archiv, BPA-013956/3.

133 Internationaler Kongreß für Kurzwellen in Physik, Biologie und Medizin. Referate und Mitteilungen. Wien 1937, und Katalog der Ausstellung des Internationalen Kongresses für Kurzwellen [...]. Wien, 12.–17. Juli 1937. Unter dem Ehrenschutz des Bundespräsidenten bildeten A. D'Armand (Paris), Guglielmo Marconi (Rom) und Jonathan Zenneck (München) das Ehrenpräsidium. Organisiert hatte den Kongress der Wiener Physiker Hans Thirring.

134 Stelzer, Ernst: Das technische Wien, in: Offizieller Katalog der Ausstellung „Wien und die Wiener". Messepalast Wien 1927, S. 124–132.

135 Verein der Museumsfreunde Wien. Kaiser Franz Joseph Ausstellung. Schönbrunn 1935. Wien 1935.

136 „Östara". Ausstellung österreichischer Arbeit im Auslande. Veranstaltet vom Österreichischen Auslandsbund. Wien 1935, S. 10.

137 Österreichs Wirtschaft im Aufbau verbunden mit der Ausstellung Die österreichische Erfindung in der Praxis der letzten Jahre. Salzburg 1935, S. 27. Vergleichbare Ausstellungen fanden auch in Wien und Linz statt.

138 Felber, Ulrike: Alpenländische Moderne und austriakischer Traditionalismus. Österreich auf den Weltausstellungen Paris 1937 und Brüssel 1958, in: Traditionen und Modernen. Historische und ästhetische Analysen der österreichischen Kultur. Hg. von Anne-Marie Corbin und Friedbert Aspetsberger (Schriftenreihe Literatur des Instituts für Österreichkunde 19). Innsbruck 2008, S. 117–131.

139 TMW-Archiv, BPA-013957/2, Ideenentwurf zur Schaustellung Oesterreichs auf der Internationalen Ausstellung Kunst und Technik im modernen Leben Paris 1937, S. 2.

140 L'Autriche à L'exposition Internationale de Paris 1937. Wien 1937, S. 38–41. Vgl. Ulrike, Felber; Krasny, Elke; Rapp, Christian: smart exports. Österreich auf den Weltausstellungen 1851–2000. Wien 2000, S. 131–141.

141 Weltausstellung/Exposition Internationale/World's Exposition. Paris 1937. Neues Leben in Kunst und Technik in Österreich. Wien 1937, S. 41–45.

142 Lackner, Helmut: Travel Accounts from the United States and their Influence on Taylorism, Fordism and Productivity in Austria, in: Bischof, Günter; Pelinka, Anton (ed.): The Americanization/Westernization of Austria (Contemporary Austrian Studies 12). New Brunswick, London 2004, S. 38–60.

143 Richards, Museum (1925), S. 32–45 und 110–117. Erhard hatte den nach einem Besuch von Richards verfassten Text korrigiert und auch Abbildungen nach New York gesandt. Vgl. TMW-Archiv, Direktionsakten, P. Z. 590, Ludwig Erhard an Charles Richards, 6.3.1925.

144 Kaempffert, Waldemar: The Museum of Science and Industry founded by Julius Rosenwald. An institution to reveal the technical ascent of man. Reprinted from the Scientific Monthly of June 1929, S. 6. Ein Foto der Fassade des Technischen Museums findet sich auf S. 5.

145 Ascoli, Peter M.: Julius Rosenwald. The Man Who Built Sears, Roebuck and Advanced the Cause of Black Education in the American South. Bloomington, Indiana, 2006. Vgl. www.searsarchives.com/people/julius.rosenwald.htm (20.3.2008).

146 Ebd., S. 264–273; ders.: Julius Rosenwald and the Founding of the Museum of Science and Industry, in: Journal of Illinois History. Quarterly of the Illinois State Historical Library 2 (1999), Nr. 3, S. 163–182, und Marks, Tracy: Hort der Musen. Das Museum of Science and Industry in Chicago, in: Kultur & Technik 27 (2002), Heft 2, S. 45–49.

147 TMW-Archiv, BPA-009657, Verhandlungsschrift der 5. Sitzung des Kuratoriums des Technischen Museums für Industrie und Gewerbe, 2.7.1926.

148 TMW-Archiv, Direktionsakten, P.Z. 838, Ludwig Erhard an Julius Rosenwald, 4.4.1927. Vgl. Erhard, Ludwig: Amerikanische Museumsgründer in Wien, in: Neues Wiener Tagblatt, 3.5.1927, S. 18.

149 Waldemar Kaempffert (1877–1956), geboren in New York, Absolvent des City College of New York, Wissenschaftsjournalist bei den Zeitschriften „Scientific American", „Popular Science Monthly" und seit 1922 bei der „New York Times". 1928 zum Gründungsdirektor des Museums in Chicago ernannt, legte er noch vor der Eröffnung nach internen Konflikten diese Position zurück und arbeitete wieder für die „New York Times". Vgl. http://en.wikipedia.org/wiki/Waldemar_Kaempffert (15.9.2008).

150 First Annual Report of the Museum of Science and Industry founded by Julius Rosenwald, July 1, 1928–December 31, 1929, S. 12. Vgl. Ascoli, siehe Anmerkung 145, S. 328.

151 „Unter der Leitung von Hofrat Ludwig Erhard ist es [das Technische Museum] zu einer Modelleinrichtung seiner Art geworden, bewundernswert in seiner Anlage, umfassend in seinen Themen und ungemein beliebt in seiner erziehe-

rischen Wirkung. Nur die Verarmung Österreichs hat es verhindert, die Möglichkeiten des Museums voll zu entwickeln." Kaempffert, Waldemar: The Museum of Science and Industry founded by Julius Rosenwald. An institution to reveal the technical ascent of man. Reprinted from the Scientific Monthly of June 1929, S. 6.

152 TMW-Archiv, BPA-014329, Kaempffert an Erhard, 25.7.1929.
153 TMW-Archiv, BPA-009657, Verhandlungsschrift der 6. Sitzung des Kuratoriums des Technischen Museums für Industrie und Gewerbe, 28.1.1930.
154 TMW-Archiv, BPA-014329, Kaempffert an Erhard, 16.8.1929. Vgl. Wiener Bilder, 1929, Nr. 35, S. 5.
155 TMW-Archiv, BPA-009657, Verhandlungsschrift der 7. Sitzung des Kuratoriums [...] des Technischen Museums, 16.6.1930. Inv.-Nr. 676.
156 TMW-Archiv, BPA-014329, Kaempffert an Schützenhofer, 15.10.1930.
157 Ebd., Julius Rosenwald Fund an Schützenhofer, 14.3.1931.
158 TMW-Archiv, BPA-014329, Rosenwald Family Association an Schützenhofer, 7.6.1932.
159 TMW-Archiv, BPA-009657, Verhandlungsschrift der 11. Sitzung des Kuratoriums des Technischen Museums für Industrie und Gewerbe, 22.4.1932.
160 Pridmore, Jay: Museum of Science and Industry, Chicago. Chicago, Illinois, 1996.

Die 1930er- und 1940er-Jahre

Mit der Pensionierung des Direktors Ludwig Erhard 1930 und dem Tod von Wilhelm Exner im Jahr darauf endet die Epoche der Gründergeneration. Erhard blieb als Leiter des neuen Forschungsinstituts aktiv und exponierte sich als Anhänger eines technokratischen Gesellschaftsmodells. Der Großdeutsche begrüßte auch den „Anschluss". Trotz politischer Zäsuren blieb Viktor Schützenhofer bis 1949 Direktor. 1942 musste die erste Gründungstafel mit den Namen zweier jüdischer Förderer im Museum einer neuen weichen. Das Gebäude blieb von Bombentreffern verschont.

Das Österreichische Forschungsinstitut für Geschichte der Technik[1]

Mit deutscher Unterstützung gegründet, widmet sich das Institut Erfindern und Industriedenkmälern.

Helmut Lackner

Wilhelm Exner zog sich nach dem Ersten Weltkrieg aus der unmittelbaren Leitung des Museums zurück, widmete sich aber weiterhin den ihm verbliebenen Funktionen. In den 1920er-Jahren trat er vor allem als Präsident des Technischen Versuchsamtes in der Öffentlichkeit auf. Ein neues, während des Ersten Weltkriegs aufbereitetes Gebiet erkannte Exner im Normenwesen. Die weitgehende Normierung aller technischen Erzeugnisse sowie in weiterer Folge die Rationalisierung von Arbeitsprozessen, Unternehmensorganisationen, privaten Haushalten und in letzter Konsequenz der Staatsverwaltung entsprachen seinem Weltbild der gesellschaftlichen Rolle des Technikers als Diener des Staates.

Mit Bezug auf den 1917 gegründeten Deutschen Normenausschuss lud der Hauptverband der Industrie Deutschösterreichs im September 1920 zur konstituierenden Versammlung des Österreichischen Normenausschusses ein, die Wilhelm Exner zum Präsidenten wählte. Die Grüße der deutschen Schwesterorganisation überbrachte der junge Otto Kienzle von der Technischen Universität Berlin.[2] Die hier angelegten Bestrebungen zur Vereinheitlichung sowie die mit der ebenfalls 1920 gegründeten Gesellschaft für Wärmewirtschaft intendierten Energiesparmaßnahmen mündeten zusammen mit dem 1924 seine Arbeit aufnehmenden Ausschuss für wirtschaftliche Betriebsführung in einer Zusammenfassung der Aktivitäten und der Herausgabe gemeinsamer Mitteilungen mit dem sprechenden Titel „Sparwirtschaft".[3]

Während der Weltwirtschaftskrise rückte die Rationalisierung aller gesellschaftlichen Prozesse als „vernünftige Lösung" und technokratische Vision in das Zentrum des politischen Diskurses, den die im 1928 gegründeten Österreichischen Kuratorium für Wirtschaftlichkeit versammelten sozialpartnerschaftlichen Institutionen und Personen, u. a. Ludwig Erhard, wesentlich vorantrieben und steuerten.[4]

Über das technische Versuchs- und Normenwesen lässt sich unter dem großen Dach der Rationalisierung eine Brücke von Exner zu den Aktivitäten von Erhard im Österreichischen Verein deutscher Ingenieure schlagen. Die Exner stellvertretend als Zeichen der über die Grenzen hinweg intensivierten Kooperation 1927 verliehene Ehrenmitgliedschaft des Vereins deutscher Ingenieure nahm er als große Auszeichnung entgegen, ohne dass er deshalb alle mit dieser Annäherung verfolgten Absichten Erhards unterstützte. Der gemeinsame Nenner beschränkte sich auf die Gründung eines Forschungsinstituts für die Geschichte der Technik als Ergänzung des Museums. Politisch ließ sich der alte Mann offensichtlich nicht instrumentalisieren. Exner blieb überzeugter Österreicher, nahm Ehrungen vom Gewerbeverein und der Stadt Wien entgegen und leistete seinen Beitrag zum „Wiederaufbau" der Republik als Herausgeber einer offiziösen Festschrift.

1921, anlässlich des 60-Jahr-Jubiläums seiner Mitgliedschaft im Niederösterreichischen Gewerbeverein, stiftete dieser die Wilhelm-Exner-Medaille für Verdienste um die Volkswirtschaft allgemein und den Gewerbeverein im Besonderen. Dass der Namensgeber selbst die erste Medaille erhielt, wirkt aus heutiger Sicht befremdend. Zu den ersten Ausgezeichneten zählten u. a. auch Carl Auer von Welsbach, Oskar von Miller, Carl von Linde, Josef Maria Eder, Wilhelm Ostwald, Hugo Junkers, Fritz Haber, Carl Bosch und Guglielmo Marconi.[5] Zwei Jahre später benannte die Gemeinde Wien die Eisengasse im Alsergrund, im 9. Bezirk, in unmittelbarer Nähe zum Technologischen Gewerbemuseum in Wilhelm-Exner-Gasse um.

Exners Aktivitäten richteten sich nunmehr vorrangig danach, dem „verkleinerte[n] Vaterland" auf dem Gebiet der Wissenschaften, des Ingenieurwesens und der Produktion seine frühere „Großmachtstellung" zurückzugeben. Mit der 1923 gedruckten Zusammenstellung der „Arbeitsstätten der Wissenschaft und Technik" wollte er auf die „unveräußerlichen" Werte und Traditionen hinweisen.[6]

Ein Resümee über das erste Jahrzehnt der staatlichen, kulturellen und wirtschaftlichen Entwicklung der Republik legte das offizielle Österreich 1928 mit einem stattlichen Band, herausgegeben vom 88-jährigen Wilhelm Exner, vor. Trotz „der vielfältigen Ungunst der Verhältnisse" „im neuen staatlichen

Wilhelm Exner, Foto, Lichtbildwerkstätte „Alpenland", vormals Österreichische Lichtbildstelle, um 1930

Rahmen" konnte „durch zielbewußte Arbeit" und „zehnjährige Anstrengungen" bereits eine beachtliche Bilanz präsentiert werden, zu der Exner mit dem Technischen Versuchsamt und dem Normenausschuss, denen er als Präsident vorstand, sowie dem Technischen Museum wichtige Bausteine beitrug.[7] Der Band bildete den Abschluss einer Reihe von Rückblicken zur Vergewisserung der erreichten Fortschritte seit 1873.[8]

1929 publizierte Exner seine Selbstbiografie und zu seinem 90. Geburtstag 1930 verteilte er ein vierseitiges Gedenkblatt mit einem Jugend- und Altersfoto sowie den Eckdaten seines beruflichen Lebens.[9] In beiden Selbstzeugnissen tritt das Technische Museum gegenüber seinen vielen anderen Aktivitäten in den Hintergrund. Offensichtlich hatte er gegenüber seinen Ideen in den frühen 1890er-Jahren viele Abstriche machen müssen und zahlreiche Mitstreiter hatten gleichzeitig seinen Alleinvertretungsanspruch relativiert. Seine Verbundenheit mit Oskar von Miller und dem Deutschen Museum währte jedoch bis zu seinem Tod. Für die zweite Auflage einer Denkschrift des Münchner Museums steuerte Exner 1930 eine Beschreibung des Ehrensaals bei.[10]

Der Österreichische Verein deutscher Ingenieure[11]

Parallel zur Gründungsgeschichte des Technischen Museums lassen sich die Spuren eines anderen, weniger spektakulären, aber subtileren und kulturpolitisch exponierten Projekts verfolgen, bei dem nicht Exner, sondern Ludwig Erhard die Hauptrolle spielte. Widmete sich Exner seit der Gründung des Deutschen Museums in München 1903 mit seiner ganzen Energie dem Aufbau eines technischen Museums in Wien, so engagierte sich Ludwig Erhard zeitgleich als Gründungsmitglied eines Vereins, der deutschsprachigen und der deutschen Kultur verpflichteten Ingenieuren und Technikern der Monarchie durch eine engere Anbindung an den Verein deutscher Ingenieure (VDI) ein neues Forum für ihre Interessen schaffen sollte.

Der 1904 gegründete „Österreichische Verband von Mitgliedern des Vereines deutscher Ingenieure" bot den rund 1000 Mitgliedern dieses weltweit größten Ingenieurverbandes in der österreichischen Reichshälfte eine zusätzliche Plattform abseits des bereits 1848 gegründeten Österreichischen Ingenieur- und Architektenvereins. Damit begann von Teilen der österreichischen technischen Elite eine Annäherung an den mächtigen Verein deutscher Ingenieure, der 1930 seine Hauptversammlung in Wien abhielt, die den entscheidenden Impuls zur Gründung des Österreichischen Forschungsinstituts für Geschichte der Technik (ÖFIT) lieferte.

Seit 1909 leitete Ludwig Erhard, inzwischen mit seinem Förderer Exner für das Technische Museum verantwortlich, als Vorsitzender die Vereinsgeschäfte. In den Jahren vor dem Ersten Weltkrieg konzentrierten sich die Aktivitäten des Vereins auf die fachliche Weiterbildung seiner Mitglieder, die sich vor allem aus der industriellen Praxis, vornehmlich der Maschinenindustrie, rekrutierten. Die Vorträge fanden im Hotel de France am Schottenring 3 statt.[12] 1912 referierte der Verwaltungsleiter des Museums Anton Klima über „Die Technik im Lichte der Karikatur". Der Vortrag erschien im Jahr darauf als Buch.[13] Seit 1911 fungierte die 1908 von Alfred Birk, Professor an der Deutschen Technischen Hochschule Prag, begründete Zeitschrift „Rundschau für Technik und Wirtschaft" als Verbandsorgan des Vereins.

Erhards erste Periode als Vorsitzender währte bis 1921. Damals gelang die Anerkennung als „Bezirksverein" durch den VDI und es erfolgte die Umbenennung in „Österreichischer Verein deutscher Ingenieure" (ÖVDI); Vorsitzender der großdeutsch ausgerichteten Gesinnungsgemeinschaft wurde Paul Bretschneider, Generaldirektor der „Österreichischen Fiat-Werke". Gerade aufgrund dieser politischen Ausrichtung gestaltete sich das Verhältnis zum Österreichischen Ingenieur- und Architektenverein als schwierig.[14] Neben der fachlichen Arbeit in sieben Ausschüssen erhielt Ende der 1920er-Jahre „die brennende Frage des Anschlusses von Österreich an Deutschland" für die über 700 Mitglieder immer größere Bedeutung. Erhard, 1929 im Vorfeld der vom Verein deutscher Ingenieure im folgenden Jahr geplanten Hauptversammlung in Wien wieder zum Vorsitzenden gewählt, gab in seiner Rede zum 25-Jahr-Jubiläum des Vereins der Hoffnung Ausdruck, dass dessen Arbeit „doch schließlich in irgend einer Form zur Verwirklichung des in unserem Herzen lebenden Wunschbildes führen [müsste], zur Verwirklichung des grossen deutschen Vaterlandes".[15] In den 1934 novellierten Statuten musste dieses Ansinnen sehr allgemein mit dem „Zusammenwirken der geistigen Kräfte der deutschen und österreichischen Technik

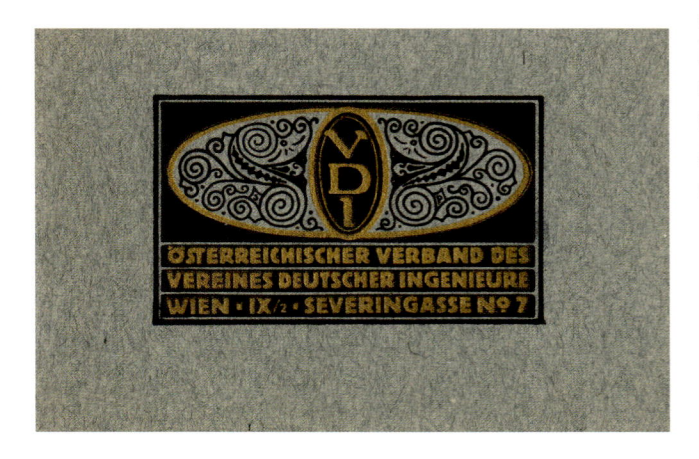

Titelseite des Programmheftes zur Vortragsreihe „Technisches Versuchswesen", Druck, 1912

in Verbindung mit dem Verein Deutscher Ingenieure zu Berlin" umschrieben werden.[16]

Die politischen Diskussionen führten einen Teil der Mitglieder in den sogenannten Richtlinien-Ausschuss des „Deutschen Schutzbunds. Grenz- und Auslandsdeutschtum", dem u. a. Engelbert Dollfuß, seit 1927 Direktor der niederösterreichischen Landwirtschaftskammer, von 1931 bis 1933 Landwirtschaftsminister und von 1932 bis 1934 Bundeskanzler, Karl Giannoni, der Führer der österreichischen Heimatschutzbewegung, sowie Ludwig Erhard angehörten.[17] Die deutsche Kultur blieb immer die einigende Klammer, und der Einsatz für ein eigenständiges Österreich oder das größere Deutschland war immer eine schmale Gratwanderung. Viele Beispiele von Doppelmitgliedschaften bei der Vaterländischen Front und in illegalen NS-Organisationen bzw. ab 1933 in der Partei – man denke etwa an Franz Sedlacek – legen Zeugnis davon ab.

In dieses Umfeld gehörte auch eine 1931 von der „Deutschen Studentenschaft der Technischen Hochschule Wien" in „schwerer Notzeit unseres Volkes" veranstaltete Vortragsserie gleichgesinnter österreichischer und deutscher Wissenschafter, die damit einen Beitrag zum erhofften „Wiederaufstieg Deutschlands" leisten wollten. Zu den einschlägig ausgewiesenen Referenten, die extrem autoritäre und reaktionäre Positionen vertraten und die zum Teil in Deutschland früh mit dem Nationalsozialismus und in Österreich mit dem „Anschluss" sympathisierten, zählten u. a. der Grazer Volkskundler Viktor Geramb, der deutsche Architekt Richard Riemerschmid, Ingenieur Karl Hackl, der in Wien seit 1926 ein „Institut für Psychotechnik" betrieb, der Industrielle Otto Böhler und Karl Arnhold, der Leiter des 1925 von den Vereinigten Stahlwerken in Düsseldorf gegründeten „Deutschen Instituts für technische Arbeitsschulung". Arnhold referierte auf Einladung des Österreichischen Kuratoriums für Wirtschaftlichkeit zum Thema „Arbeitsdienst" im Februar 1933 nochmals in Wien.[18]

Diesem Umfeld fühlte sich offensichtlich auch Ludwig Erhard zugehörig. Er sprach vor der deutschen Studentenschaft über den „Weg des Geistes in der Technik". Sein Text war bereits 1929 im Druck erschienen, sechs weitere Vorträge publizierten die Veranstalter 1932.[19] Ein weiteres Indiz für Erhards ideologische Ausrichtung ist seine Zusammenarbeit mit der vom „Deutschen Schulverein für Österreich" herausgegebenen, deutschnationalen Zeitschrift „Der getreue Eckart", benannt nach einer Gestalt der deutschen Heldensage. 1929 veröffentlichte er dort einen Beitrag zum Konzept der Entwicklungsreihen.[20] Sein 1935 der Schriftleitung vorgeschlagenes Manuskript „Die Maschinenstürmer" blieb aus unbekannten Gründen ungedruckt.[21] Hier nahm er zum brisanten Thema der Wirtschaftskrise und den Ursachen und Auswirkungen technischer Arbeitslosigkeit als Folge der Rationalisierung Stellung, die kontrovers diskutiert wurden. Erhard plädierte im Sinne der Technokratie und sich auf den Philosophen Oswald Spengler berufend für eine starke „Führerarbeit".[22] Das stand konträr zu den z. B. von dem sozialdemokratischen Theoretiker Otto Bauer vorgelegten kapitalismuskritischen Analysen zur „Fehlrationalisierung".[23]

Nach der Gründung des Forschungsinstituts übernahm bis 1936 nochmals Paul Bretschneider den Vorsitz. Sein Nachfolger Franz List, Professor an der Technischen Hochschule Wien, hoffte nach dem „Anschluss" noch auf ein eigenständiges Weiterbestehen des Vereins. Kurz danach musste er die für den 16. Mai 1938 angekündigte Hauptversammlung absagen und die Auflösung des Vereins im Sommer 1938 akzeptieren. Das hatte aber angesichts der inzwischen eingetretenen Ereignisse keine Bedeutung mehr: Erhards Wunsch hatte sich erfüllt und das große Ziel war erreicht. „Zur wahren Herzensfreude gereicht es mir, daß ich im Alter von bald 75 Jahren noch die Wiedervereinigung der Ostmark mit dem Altreich erleben konnte", schrieb er im Juli 1938 an den Direktor des Vereins deutscher Ingenieure Hans Kölzow.[24] Ein eigener „österreichischer" Verein war nun überflüssig.

Die Gründung des Forschungsinstituts

Die Idee einer das Museum ergänzenden Forschungseinrichtung bestand seit Beginn. Zwei Anläufe scheiterten vorerst. In der Generalversammlung des Museumsvereins am 23. Juni 1918 hatte Exner über eine kaiserliche Entschließung zur geplanten Gründung einer von der Akademie der Wissenschaften angeregten „Akademie für technische Forschung" informiert. Mit Kriegsende und Republikgründung war diese Initiative obsolet. Die Sache geriet aber nicht völlig in Vergessenheit. Im Juli 1923 wandte sich Bundespräsident Michael Hainisch in der Angelegenheit einer „Akademie für die Technischen Wissenschaften" an Exner.[25] Damals verhinderten jedoch Inflation und Stabilisierungskrise konkrete Gründungsaktivitäten.

Nachdem in den ersten Jahren die Fertigstellung der Schausammlungen im Vordergrund stand, kamen die entscheidenden

Anregungen zur Ergänzung des Museums durch eine technikgeschichtliche Forschungseinrichtung letztlich aus Deutschland. Am Deutschen Museum hatten Oskar von Miller, Conrad Matschoß und der Vorsitzende des Vorstandsrats Paul Reusch 1926 zur Finanzierung einer deutschsprachigen Neuausgabe von Georgius Agricolas Hauptwerk „De re metallica libri XII" die Georg-Agricola-Gesellschaft gegründet, die auch nach dem Erscheinen des Buches 1928 bestehen blieb. Sie hatte zwar auf die zur selben Zeit in Wien beginnenden Überlegungen zur Gründung eines Forschungsinstituts keinen direkten Einfluss, galt allerdings als Referenz für das insgesamt steigende Interesse an technikhistorischer Forschung. Jahrzehnte später zählte die Agricola-Gesellschaft zu den Initiatoren des 1963 gegründeten und bis heute sehr erfolgreichen Forschungsinstituts am Deutschen Museum.[26] Ein entscheidendes Signal war der 1928 erfolgte Spatenstich für den großen „Studienbau" des Deutschen Museums zur Unterbringung der Bibliothek und eines Kongresssaals. Das Ereignis erinnerte schmerzlich an die ursprünglich geplanten, aber nicht realisierten Erweiterungsbauten in Wien.

Exner und Erhard einte seit 1928 zwar das gemeinsame Ziel einer Institutsgründung, doch die damit verfolgten Absichten deckten sich nicht. Schwebte Exner in Anknüpfung an Conrad Matschoß und Oskar von Miller eine technikgeschichtliche Forschungsstätte als Ergänzung des Museums vor, dachte Erhard angesichts seiner wegen Gesundheitsgründen absehbaren Pensionierung als Museumsdirektor auch an eine wissenschaftlich legitimierte Plattform für sich – neben der politischen Bühne im Österreichischen Verein deutscher Ingenieure.

In den späten 1920er-Jahren meldete sich der 88-jährige Exner mit drei Radiovorträgen zur aktuellen Diskussion um die sich formierende Technikgeschichte zu Wort.[27] Der von seiner Sache überzeugte Exner gab damit die grundlegende wissenschaftliche Zielrichtung für die künftige Institutsarbeit vor und nutzte noch einmal den Niederösterreichischen Gewerbeverein für die Veröffentlichung seiner Vorstellungen. Dabei verwies er mit Johann Beckmann und Stephan von Keeß auf die Anfänge einer Geschichtsforschung der Technik, auf die in München gegründete Agricola-Gesellschaft, die sich abzeichnenden Museumsgründungen in den USA, vor allem in Chicago, die Aktivitäten von Franz Maria Feldhaus und die von ihm herausgegebene Zeitschrift sowie auf die prägenden Vorbildinstitutionen in Paris, London und München.[28] Begleitet von einer Vortragsserie mit Erich Kurzel-Runtscheiner, Ludwig Erhard u. a. lancierte Exner geschickt die Idee der Gründung einer „mit der Pflege der Techno-Historik" betrauten Institution.[29]

Nachdem sich im Februar 1928 der Gewerbeverein für eine einschlägige Lehrkanzel an der Technischen Hochschule aussprach, kam die Sache in Schwung. Das Professorenkollegium der Technischen Hochschule lehnte jedoch eine universitäre Verankerung ab und schlug seinerseits im Mai 1928 den Bundesministerien für Unterricht sowie für Handel und Verkehr die Gründung eines „Forschungsinstitutes für Geschichte der Technik" vor.[30] Eine weitere Zustimmung erwirkte Erhard Ende des Jahres mit einer Unterstützungserklärung anlässlich des II. Verbandstags der Österreichischen Ingenieur- und Architektenvereinigungen.[31] Noch war die Frage des rechtlichen Status und der organisatorischen Anbindung ungeklärt. Schließlich erklärte sich das Handelsministerium als zuständig und beauftragte das ihm nachgeordnete Technische Museum zur Vorlage eines Finanz- und Organisationsplans. Erhard reagierte rasch und legte nach wenigen Wochen am 4. März 1929 eine gedruckte „Denkschrift" mit einem umfangreichen Arbeitsplan vor.[32]

Im Wesentlichen sollte das Institut Grundlagenarbeit durch Sammeln leisten: Quellennachweise zur Geschichte der Technik, eine technisch-historische Bibliografie, Belege für Erfindungen und „Großtaten der Technik" aus staatlichen und privaten Archiven, technische Objekte in österreichischen Museen, technische Kulturdenkmäler, Lebensbilder von „Pionieren der Technik und Industrie", Nachlässe von Technikern sowie „Gipfelleistungen" der zeitgenössischen Technik. Das Institut sollte im Technischen Museum angesiedelt sein, einen „Vorstand", einen wissenschaftlichen Assistenten und eine Sekretärin erhalten, die gesammelten Informationen in einer zentralen „Kartothek" speichern, eine Bücherei sowie eine Bild- und Plansammlung anlegen und schließlich ein „Jahrbuch" herausgeben.

In bewährter Manier bediente sich Exner als Mentor der Institutsgründung des Gewerbevereins, der seinerseits den 90. Geburtstag des Ehrenpräsidenten zum Anlass nahm, das Projekt zu fördern. Eine Enquete im März 1930 setzte ein Komitee ein und wählte zur Unterstützung der Sammeltätigkeit eine Gruppenstruktur mit Leitern, die an die Organisation der Fachkonsulenten bei der Museumsgründung erinnert. 3000 gedruckte Fragebögen mit der Bitte, „mitzuhelfen bei der Sicherung alles dessen, was zur Erforschung der Geschichte der Technik und Industrie in Österreich dienlich sein kann", gingen an Behörden, Hochschulen, Handels- und Arbeiterkammern, Unternehmen und Einzelpersonen.[33] Dieser für Exner typische Netzwerkplan wurde nach seinem Tod 1931, nicht zuletzt infolge der Wirtschaftskrise, nicht weiterverfolgt.

Schließlich nahm sich der Förderverein bzw. das Kuratorium des Museums der konkreten Umsetzung an. Im Juni 1930 genehmigte es einen „Arbeitsausschuss", dem u. a. Bruno Enderes vom Österreichischen Ingenieur- und Architektenverein, Leopold Joas vom Finanzministerium, Robert Oerley von der Technischen Hochschule, Heinrich von Srbik von der Akademie der Wissenschaften und Unterrichtsminister, August von Loehr vom Bundesdenkmalamt sowie Exner, Erhard und Schützenhofer angehörten. Den Vorsitz übernahm der Architekt und Professor an der Technischen Hochschule Karl Holey, mit seinem Einsatz für die Erhaltung technischer Kulturdenkmale neben Erhard die wichtigste Person für das Institut.[34] Auf Exners Anregung betrauten Kuratorium und Ausschuss Erhard mit der ehrenamtlichen Leitung des Forschungsinstituts,[35] das im Jahr darauf seine Arbeit aufnahm.

Die 69. Hauptversammlung des Vereins deutscher Ingenieure in Wien

Der ausschlaggebende Anstoß für die Gründung des Forschungsinstituts erfolgte im Herbst 1930 mit Unterstützung aus Deutschland. Erhard hatte mit dem Österreichischen Verein deutscher Ingenieure eine Annäherung an den großen deutschen Ingenieurverein von langer Hand vorbereitet und mit Unterstützung seines „lieben Freundes" Wilhelm Exner als Aushängeschild die 69. Hauptversammlung des Vereins deutscher Ingenieure (dessen Ehrenmitglied Exner seit 1927 war) nach Wien geholt. Es war die erste Jahresversammlung des Vereins außerhalb Deutschlands und deshalb ein besonders starkes Zeichen, einerseits für das Selbstverständnis und die gesellschaftliche Stellung der Ingenieure und Techniker sowie andererseits für jene Kräfte, die in den Beziehungen der beiden Staaten das Gemeinsame vor das Trennende stellten.

Ein Leitartikel in den „VDI-Nachrichten" begründete 1930 die Entscheidung für Wien: Es sei eine „urdeutsche Stadt", zwar „außerhalb der jetzigen Reichsgrenzen, so doch auf deutschem Boden". Daher erhielten die an sich „unpolitischen wissenschaftlichen Verhandlungen" eine „besondere nationale Note". Denn auch wenn sich der Verein „von parteipolitischer Tätigkeit fernhalte", so wollte er gerade in Wien zu den „bewegenden Fragen" der Gegenwart politisch Position beziehen und mit seiner Arbeit einen Beitrag dazu leisten, „dem Deutschtum das wohnliche Haus [zu] vollenden".[36] Diese Argumentation entsprach genau der Ideologie der Technokratiebewegung: nach eigener Definition unpolitisch und nur der technischen Rationalität sowie wissenschaftlich-technischen Sachzwängen verpflichtet, damit aber Wegbereiter autoritärer Parteien.[37]

Enthüllung der Gedenktafel für Joseph Emanuel Fischer von Erlach im Wiener Palais Schwarzenberg aus Anlass der 69. Hauptversammlung des Vereins deutscher Ingenieure, in der Mitte Ludwig Erhard, der wegen einer Augenkrankheit eine Sonnenbrille trägt, Foto, 1930

Das Österreichische Forschungsinstitut für Geschichte der Technik

In einem längeren Beitrag in der Zeitschrift des Vereins deutscher Ingenieure über österreichische Industrie, Technik und Ingenieurkunst verwendete Erich Kurzel-Runtscheiner als Kurator der anlässlich der Hauptversammlung in der Albertina eröffneten großen Ausstellung aus österreichischer Sicht ebenfalls deutliche, wohl von Erhard beeinflusste Worte. Angesichts des ersten Energieverbunds zwischen Tirol und dem Ruhrgebiet, der das „große Deutschland" und das „kleine Österreich" zusammenführte,[38] gebot quasi der von dem Chemiker Wilhelm Ostwald geprägte „energetische Imperativ" ein weiteres Zusammenwachsen zur Mobilisierung „aller Kräfte des deutschen Volkes": „So wird auch die von Politikern gezogene Grenze zwischen diesem [dem Deutschen Reich] und Österreich dann zu bestehen aufgehört haben, wenn Technik und Ingenieurkunst sie nicht mehr zur Kenntnis nimmt [...], damit der Bau einer schöneren Zukunft bald erstehe, der die Heimstätte werden soll für ein arbeitsfrohes und einiges deutsches Volk."[39]

Die Tagung versammelte über 1000 deutsche und österreichische Mitglieder vom 19. bis 21. September 1930 in Wien. Selbstverständlich waren Oskar von Miller und Conrad Matschoß gekommen, aber auch der Vorsitzende des Vereins Carl Köttgen und der Chemiker und Industrielle Carl Bosch, der in Wien die Grashof-Gedenkmünze erhielt.[40]

Am Beginn der Tagung fand unter Anwesenheit von Bundespräsident Wilhelm Miklas und Bürgermeister Karl Seitz eine Festsitzung im großen Saal des Wiener Rathauses statt. Das dichte dreitägige Programm[41] umfasste die wissenschaftlichen Fachsitzungen,[42] die Versammlung des Vorstandsrats und die Hauptversammlung am Sonntag im Musikvereinsgebäude mit einem wissenschaftlichen Festvortrag von Staatssekretär a. D. Bruno Enderes zum Thema „Straße" (in dem er u. a. für einen durch die Kraftwagensteuer finanzierten Straßenbau plädierte, nachdem er eine Geschichte des Straßenwesens seit der Römerzeit referiert hatte) sowie hochkarätige Begleitveranstaltungen wie Betriebsbesichtigungen, einen Besuch der Staatsoper („Rosenkavalier"), einen geselligen Abend am Cobenzl und eine Exkursion nach Budapest. „Um dem denkwürdigen Ereignis einen bleibenden Ausdruck zu verleihen", enthüllten beide Vereine im Wiener Schwarzenberg-Palais eine Gedenktafel zur Erinnerung an die erste hier aufgestellte „Feuermaschine" (Dampfmaschine) von Joseph Emanuel Fischer von Erlach.[43]

Die Ausstellung „Österreichs Technik in Dokumenten der Zeit"[44]

Im Rahmen der Jahresversammlung des Vereins deutscher Ingenieure in Wien fand erstmals eine Fachsitzung zur „Geschichte der Technik" statt, die sowohl den Beginn der von Conrad Matschoß geleiteten „Fachgruppe für Geschichte der

Raum zur Geschichte der Eisenbahnen in der Albertina mit dem Modell der Schnellzuglokomotive k.k. StB 110.01 des Eisenbahnmuseums, Foto, 1930

254 Die 1930er- und 1940er-Jahre

Technik" als auch des Wiener Forschungsinstituts markierte und unmittelbar vor der Eröffnung der Ausstellung „Österreichs Technik in Dokumenten der Zeit" anberaumt war.[45] Unter Anwesenheit von Heinrich von Srbik, seit 16. Oktober 1929 Unterrichtsminister und als Historiker Hauptvertreter einer gesamtdeutschen Geschichtsinterpretation, der die Ausstellung mit einer Rede zur „Kulturverbundenheit der Technik" eröffnete,[46] und Handelsminister Friedrich Schuster sollte sie Exners großer Auftritt mit einem Referat über das Forschungsinstitut werden. Der Neunzigjährige musste aber krankheitshalber absagen. An seiner Stelle übernahm Karl Holey den Vorsitz. Bruno Enderes verlas Exners Referat über das Forschungsinstitut, Matschoß sprach über die Gründung der Fachgruppe, Holey über den Schutz technischer Denkmäler und Erhard über die Ausstellung.

Im Anschluss an die Sitzung erfolgte dann die feierliche Eröffnung der vom Österreichischen Verein deutscher Ingenieure organisierten Ausstellung. Exner und Erhard wollten damit ihren Kollegen aus Deutschland einen einmaligen Querschnitt des hohen Standes der Geschichte und Gegenwart der „deutschösterreichischen" Technik vorführen. Die Einbeziehung der ehemaligen Habsburgermonarchie und der ihr im „Osten vorgelagerten Räume" zeigte ihrer Ansicht nach, „daß es in erster Linie die deutschösterreichische Technik ist, der der Aufschwung industrieller und gewerblicher Arbeit in allen diesen Gebieten zu verdanken ist".[47]

Die Ausstellung fand wohl aus Platzgründen in der Albertina und nicht im Technischen Museum statt, aber auch weil hier ein repräsentativerer Rahmen für die beabsichtigte Außenwirkung zur Verfügung stand. Unterrichtsminister Srbik genehmigte die Nutzung der 13 Räume.[48] Kuratiert von Kurzel-Runtscheiner und von Otto Brechler von der Österreichischen Nationalbibliothek präsentierte die Ausstellung eine Auswahl erlesener Handschriften, Zeichnungen, Gemälde, Bücher, Privilegien und Patente sowie Objekte seit den Anfängen menschlicher Aktivität, vor allem seit dem Mittelalter. Einen Schwerpunkt bildete die Darstellung des hohen Standes des alpenländischen Berg- und Hüttenwesens in der frühen Neuzeit.

Zu sehen waren u. a. aus der Österreichischen Nationalbibliothek die „Tabula Peutingeriana", die Kopie einer römischen Straßenkarte aus dem 12. Jahrhundert, die Weltchronik des Rudolf von Ems aus dem 13. Jahrhundert und die Zeugbücher Kaiser Maximilians I., das Schwazer Bergbuch, der Atlas Blaeu und das Kuttenberger Kanzionale, aus dem Kunsthistorischen Museum Gemälde von Lukas van Valckenborch, einem flämischen Maler des 16. Jahrhunderts, sowie Zeichnungen und Kupferstiche von Albrecht Dürer aus der Albertina.

Nicht fehlen durfte ein Raum zum Thema „Männer der Technik", in den sich Exner selbst hineinreklamiert hatte.[49] Das 19. Jahrhundert repräsentierten stellvertretend Eisenbahn und Donauschifffahrt – die „Erste k. k. priv. Donau-Dampfschiffahrts-Gesellschaft" als „Kulturbringer für den Osten Europas" feierte gerade ihr 100-Jahr-Jubiläum.[50] Ein abschließender – trotz Meinungsverschiedenheiten – vom Österreichischen Ingenieur- und Architektenverein gestalteter Teil zeigte „Spitzenleistungen der Technik": darunter die Großglockner Hochalpenstraße, Kaplan-Turbinen, Wiener Gemeindewohnbauten, die Maier'sche Schiffsform, Erdölbohrtechnik von Trauzl & Co., rostfreie Stähle von Schoeller & Bleckmann, Schweißtechnik von Böhler, die Radiotechnik am Beispiel der Radio-Verkehrs-AG (RAVAG) und den Fließbandbetrieb der Steyr-Werke AG.[51]

Die Ausstellung hatte zwar ein grobes chronologisches Konzept, lebte jedoch wesentlich von den wertvollen Originalen, oft relativ willkürlich nebeneinander präsentiert. Sie sollte unter dem Eindruck der Weltwirtschaftskrise durch den Fokus auf eine ruhmreiche Vergangenheit vor allem Stolz und Selbstbewusstsein vermitteln. Soziale, politische und kulturelle Auswirkungen blieben ausgeblendet. Was als Gesamteindruck blieb, war ein Fortschrittsoptimismus auf der Basis des Geleisteten, der das Leben „erst erträglich macht".[52] Die Politiker, allen voran Bundespräsident Miklas, ließen sich jedenfalls beeindrucken und versprachen noch während der Hauptversammlung einen finanziellen Beitrag zur Gründung des Forschungsinstituts. Das Projekt hatte seinen Zweck erfüllt.

Mitarbeiter und Arbeitsschwerpunkte

Die Weichen für die Gründung des Forschungsinstituts waren 1930 grundsätzlich gestellt. Aus Sicht der beteiligten Personen hatte sich Erhard mit Unterstützung von Exner gegen den neuen Direktor Schützenhofer durchgesetzt und für sich eine institutionelle Plattform für die technikgeschichtliche Arbeit, aber auch für die politische Agitation geschaffen. Nachdem das Handelsministerium großzügig Förderungen von über 40.000 Schilling für 1931 und 1932 zugesagt hatte, wofür sich besonders Sektionschef Leopold Joas im Finanzministerium verwendet hatte, beschloss die Leitung des Fördervereins des Museums am 9. Juni 1931, das Forschungsinstitut mit 10.000 Schilling und in den folgenden drei Jahren mit je 3000 Schilling zu unterstützen.

Wilhelm Exner erlebte den Beginn der Aktivitäten des Forschungsinstituts nicht mehr. Er starb am 25. Mai 1931 im 91. Lebensjahr. Das „Rote Wien" widmete ihm ein Ehrengrab am Zentralfriedhof.[53]

Tatsächlich zahlte das Ministerium in den nächsten Jahren nur 9000 Schilling aus.[54] Erhard nutzte die anfangs noch gute finanzielle Grundausstattung des Instituts 1932 für die Anstellung des Historikers Adolf Bihl und zu dessen und vor allem seiner eigenen Unterstützung des „Fräulein" Therese Stampfl. Stampfl war bis in den Zweiten Weltkrieg die einzige Personalkonstante und stand auch nach 1938 mit vielen aus politischen oder militärischen Gründen ausgeschiedenen Wissenschaftern wie Erich Kurzel-Runtscheiner und Franz Sedlacek in Briefkontakt.

Bihl, der vorrangig an einer technikhistorischen Bibliografie[55] arbeitete sowie an den ersten Jahrgängen der „Blätter für Geschichte der Technik" und an der Auer-von-Welsbach-Stiftung mitwirkte, wechselte 1936 nach Berlin in die von Conrad Matschoß geleitete „Fachgruppe für Geschichte der Technik" des Vereins deutscher Ingenieure, die ihm mehr Perspektiven als das Wiener Institut bieten konnte und wo er mit Friedrich Haßler, Otto Mahr und Irene Witte zusammenarbeitete.[56] Mit dem Band über den Werftbetrieb Schichau bearbeitete er eine der zahlreichen historischen Firmenmonografien, die unter Conrad Matschoß' Leitung in der Zwischenkriegszeit erschienen.[57] Seit 1939 hoffte Erhard, der 1940 starb, ihn zu einer Rückkehr nach Wien überreden zu können. Ein eher zurückhaltendes Schreiben Viktor Schützenhofers wegen einer möglichen Rückkehr beantwortete Bihl am 24. Juli 1941 mit einer ausführlichen Begründung, dass er sich an den Verein deutscher Ingenieure gebunden fühle und dass das Ansehen Matschoß' der Technikgeschichte bedeutende Projekte sichere und daher eine Rückkehr nach Wien für ihn „eine Verschlechterung bedeuten würde".[58]

Auch nach dem Tod von Matschoß am 21. März 1942, dem er einen Nachruf widmete,[59] blieb Bihl in Berlin beim Verein deutscher Ingenieure. Herausgegeben und finanziert von der „Fördergruppe für Technikgeschichte" bzw. der „Conrad-Matschoß-Stiftung für Technikgeschichte" bearbeitete er zwischen März 1942 und Juli 1944 zusammen mit Oskar Gromodka und Josef Stummvoll, von 1949 bis 1967 Generaldirektor der Österreichischen Nationalbibliothek, elf hektografierte Ausgaben der Bibliografie „Schrifttum zur Technikgeschichte".[60]

Schützenhofer empfand die Gründung des Instituts, dessen Unterbringung im Museum und dessen Leitung durch seinen Vorgänger Erhard von Anfang an als Konkurrenz. „Um der guten Sache willen" verzichtete Erhard auf die ehrenamtliche Geschäftsführung des Fördervereins zugunsten von Schützenhofer.[61] Das Verhältnis blieb aber bis zum Tod Erhards nicht friktionsfrei. Im Oktober 1934 teilte Schützenhofer dem Institut mit, dass wegen der „ungünstigen Entwicklung der Museumseinnahmen" ab sofort anteilig für Aufzug und Licht monatlich fünf Schilling und die laufenden Ausgaben wie Telefongebühren verrechnet würden.[62] Im selben Jahr strich das Handelsministerium nach der anfänglichen bescheidenen Subvention infolge der Weltwirtschaftskrise jegliche weitere Unterstützung, sodass der Weiterbestand 1934 ernsthaft gefährdet schien.[63] Spenden im Zusammenhang mit der Auer-von-Welsbach- und der Kaplan-Stiftung sicherten das Überleben. Noch 1940 erkundigte sich Kurzel-Runtscheiner aus Augsburg bei Therese Stampfl über das offensichtlich gespannte „Verhältnis T.[echnisches] M.[useum] – Institut".[64]

Das ambitionierte, 1929 von Erhard entworfene und zehn Jahre später mit ersten Erfolgen ergänzte Arbeitsprogramm[65] konnte mit den zur Verfügung stehenden personellen und finanziellen Ressourcen nur zum Teil umgesetzt werden.

Erfolgreich startete die Übernahme von Nachlässen einzelner Techniker, z. B. von Ferdinand Redtenbacher, Johann Radinger, Alois Riedler, Alfred Collmann und Alois Negrelli. Hingegen scheiterte aus vielen Gründen der Einsatz zur Erhaltung von „Betriebsarchiven". Das 1932 in Absprache mit dem Archivamt ausgearbeitete „Merkblatt zur Anlage von Betriebsarchiven" blieb in den Jahren der Wirtschaftskrise ebenso folgenlos wie ein weiterer Anlauf nach dem „Anschluss".[66] Nach dem Zweiten Weltkrieg konstituierte sich zwar 1947 eine Proponentengruppe zur Schaffung einer „Zentralstelle österreichischer Betriebsarchive",[67] aber im Gegensatz zu Deutschland ist in Österreich bis heute keine befriedigende Lösung des Problems der Bewahrung der archivalischen Überlieferung privater Unternehmen gelungen. Von Anfang an unterschätzten die Beteiligten den Aufwand zur Schaffung rechtlicher, organisatorischer und institutioneller Rahmenbedingungen bei der Gründung von Wirtschaftsarchiven.

Im Zentrum der Arbeit des Instituts standen die Erfassung und Sammlung von Daten über Erfinder und Ingenieure (Biografien), technikgeschichtliche Literatur (Bibliografien), Erfindungen und technische Denkmäler sowie technische Gedenktage. Von der dafür begonnenen Zeitungsausschnittsammlung und Kartothek haben sich zumindest die Personenkartei mit über 2000 Karteikarten sowie biografisches Material in rund 300 „Personenmappen" im Museumsarchiv erhalten.

Die Verzettelung von Daten und Fakten zur Technikgeschichte unter verschiedenen Gesichtspunkten mit dem Anspruch eines allumfassenden und ständig aktuellen Wissensspeichers zählte in der Zwischenkriegszeit zu einem zentralen Projekt der Science Community. Jeder praktische Versuch, den Anspruch einzulösen, war jedoch zum Scheitern verurteilt, und rückblickend erscheinen die Protagonisten oft als tragische Figuren.

Das unerreichte Vorbild der zahlreichen Datensammler der Zwischenkriegszeit Franz Maria Feldhaus[68] begann als Autodidakt um 1900 mit der Anlage umfangreicher Karteien, den „Quellenforschungen zur Geschichte der Technik und Industrie" (1909), die er seit 1919 im Rahmen einer Gesellschaft mit beschränkter Haftung und seit 1927 im Verein „Geschichte der Technik" im Spannungsfeld zwischen kommerziellem Betrieb und wissenschaftlichem Anspruch führte. Auf dieser Faktenbasis entwickelte Feldhaus den Ehrgeiz eines Vielschreibers. Kurzel-Runtscheiner kannte Feldhaus spätestens seit 1928, und Erhard stand 1933/34 mit ihm in Briefkontakt, als dieser sich im Zusammenhang mit der Geschichte des Berg- und Hüttenwesens im 16. Jahrhundert für die Gemälde von Lukas van Valckenborch im Kunsthistorischen Museum interessierte. Immer wieder bot Feldhaus seine Publikationen den „Blättern für Technikgeschichte" zur Besprechung an.[69] Sie wurden zwar nicht rezensiert, bereicherten jedoch die Museumsbibliothek.[70]

Eine der schillerndsten Figuren der Technikgeschichte und -philosophie im Wien der Zwischenkriegszeit war Emil Jung.[71] Erstmals gerät der junge Ingenieur als Mitglied des „Technikerrats" der „Freien Vereinigung für technische Volksbildung" im November 1919 ins Blickfeld.[72] Seit damals kannten sich Jung, Exner und Erhard. 1921 referierte er am deutschen Technikertag in Reichenberg/Liberec über die „Stellung des Technikers in Staat und Wirtschaft"[73] – ein früher Hinweis auf Jungs Hinwendung zur Technokratiebewegung.[74] 1926 verwendete er als einer der Ersten den Terminus „Technokratie",[75] wahrscheinlich in Kenntnis der amerikanischen „technocracy movement", denn im selben Jahr gehörte er zu den Gründungsmitgliedern des „Amerika-Ausschusses" des Gewerbevereins.[76] Unter Bezugnahme auf ältere Vorläufer exponierte sich Jung 1932 am Höhepunkt der Amerika-Rezeption in Europa als Verfechter deutscher Ursprünge der Technokratiebewegung unter Verweis auf vermeintlich ältere Vorläufer.[77] Danach engagierte er sich im Anfang 1934 konstituierten Arbeitsausschuss „Techno-Ökonomie" des Österreichischen Kuratoriums für Wirtschaftlichkeit. Den Vorsitz übernahm der ehemalige Bundeskanzler Ernst von Streeruwitz, Jung seine Vertretung; Erhard wird als Mitglied genannt. Aufgabengebiete und Zielsetzungen der Ausschussarbeit beschrieb Jung im Jahr darauf: Analyse des Wesens der Technik in drei Epochen (statische, dynamische und biodynamische Technik), Erfassen des Wesens der „technischen Idee", des Verhältnisses Mensch – Maschine sowie als Ziel die Forderung nach dem „Großraum", nach „neuen, weiten Siedlungsgebieten" und nach dem „echten Wirtschaftsführer".[78]

Wer derartig grundsätzliche, in die Zukunft weisende politische Ziele anstrebt und seine Ideen wissenschaftlich belegen will, beginnt mit dem Aufbau einer weltumfassenden Materialsammlung. Emil Jung verbrachte damit sein gesamtes Leben. Sein „Pantechnisches Archiv", 1965 vom Förderverein für das Museum aus dem Nachlass erworben, besteht aus rund 125.000 Karteikarten, gegliedert in zahlreiche Teilarchive, und 800 Bänden mit sonstigem Material (Zeitungsausschnitten u. a.). Es sollte sich „über das Gesamtgebiet der Technik samt allen wirtschaftlichen, sozialen und geisteswissenschaftlichen Zusammenhängen und Auswirkungen erstrecken".[79] Jung nannte das „Technosophie".

Sein utopischer Anspruch brachte ihn auch in Opposition zu Erhard und dem Forschungsinstitut, das nur aus einem „Schreibmaschinenfräulein" (Therese Stampfl) bestand, wie er 1961, bereits vom Versagen gezeichnet, gehässig schrieb.[80] Wie viele vor ihm scheiterte er an seinem eigenen Ehrgeiz. Das über Jahrzehnte gesammelte Material ließ sich mit den vorhandenen analogen Methoden nicht mehr sinnvoll ordnen und auswerten und verführte ihn im Alter vermehrt zu unstrukturierten esoterischen Spekulationen. Von Jung sind keine mit Feldhaus vergleichbaren Publikationen bekannt. Die von ihm herausgegebene reich bebilderte Zeitschrift „Der Werker. Österreichische Blätter für technische Volksbildung" im Stil einer Werkszeitung, mit der er vor allem „alle Werktätigen" ansprechen wollte, erschien nur 1936 und 1937; Jungs offensichtliches Vorbild, das Dritte Reich, nahm in der Berichterstattung großen Raum ein.[81]

Porträt Emil Jungs, Gründer des „Pantechnischen Archivs", Öl auf Leinwand, um 1930

Titelseite der ersten Ausgabe der Zeitschrift „Der Werker", herausgegeben von Emil Jung, Jännerheft, 1936

Eine Ausnahmeerscheinung anderer Art war der studierte Maschinenbauingenieur Hugo Theodor Horwitz.[82] Er setzte sich – sich auf Franz Reuleaux in Berlin berufend – gegen eine „registrierende und referierende" Technikgeschichte und für die Suche nach Entwicklungsgesetzen der Technik ein und plädierte für eine Übernahme der von dem Historiker Karl Lamprecht vertretenen genetischen Geschichtsauffassung: „Es wirkt vollkommen unwissenschaftlich und fast dilettantisch, wenn manche Techniker meinen, daß die bloße chronologische Aufzählung einiger Entwicklungstypen und ihre Beschreibung allein schon das bilden, was man unter ‚Geschichte der Technik' zu verstehen hat."[83] Damit zielte Horwitz gegen Feldhaus, kritisierte aber auch das Erhard'sche Konzept der Entwicklungsreihen.

Ein Beispiel für die Entdeckung gesetzmäßiger Entwicklungen war für ihn die von Franz Reuleaux und Karl Lamprecht erwähnte Geschichte der Drehbewegung.[84] Trotz seiner anfänglichen Opposition zu der von Franz Maria Feldhaus zur Perfektion entwickelten Methode des Sammelns veröffentlichte Horwitz auch in dessen „Geschichtsblättern", zum Beispiel 1921/22 die erste ausführliche, bebilderte Besprechung des neuen Technischen Museums,[85] und begann selbst mit dem Aufbau einer umfangreichen Kartothek technikhistorischer Daten.[86]

Horwitz blieb als Ingenieur, der sich vorrangig mit theoretischen und methodologischen Fragen sowie mit außereuropäischer Technikgeschichte auseinandersetzte, für die etablierte universitäre Wissenschaft zeitlebens ein Außenseiter. Mit der Machtübernahme der Nationalsozialisten fand er aufgrund seiner jüdischen Herkunft seit 1933 kaum noch Publikationsmöglichkeiten. Er wurde am 28. November 1941 von Wien-Aspang nach Minsk deportiert, ermordet und geriet als Wissenschafter in Vergessenheit.[87] Mit rund 100 Aufsätzen zählt er, nicht nur in Österreich, zu den produktivsten und interessantesten Pionieren der Technikgeschichte. Doch das Technische Museum sowie das Forschungsinstitut und Horwitz hatten offensichtlich nicht zusammengefunden.[88]

Österreichische Erfinderbiografien

Die Fixierung auf die handelnden Personen hat in der politischen Geschichtsschreibung eine lange Tradition. Auch die ingenieurwissenschaftlich orientierte Geschichte der Technik und Industrie befasste sich seit dem 19. Jahrhundert vorrangig mit einzelnen Erfindern und Unternehmern sowie ihren Leistungen. Die „großen Männer" der Technik und ihre Taten sind ein immer wiederkehrender Topos der Historiografie.[89] Dieser taucht bereits 1901 im Titel des ersten Dampfmaschinen-Buches von Conrad Matschoß auf,[90] zieht sich durch zahlreiche biografische Arbeiten und kulminiert in zwei, lange für eine auf Personen fokussierte Geschichtsschreibung einflussreichen Sammelbänden über „Männer der Technik"[91] und „Große Ingenieure".[92]

Wilhelm Exner begründete mit der „Galerie berühmter Männer" in der „Additionellen Ausstellung" im Rahmen der Wiener Weltausstellung 1873 eine in Österreich langlebige Tradition, die im Technischen Museum eine Heimstätte fand. Nach mehr als einem halben Jahrhundert gab der nun 87-jährige Exner 1927 mit einer Publikation über die „führenden österreichischen Polytechniker" Karl Karmarsch, Johann Joseph Prechtl, Georg Altmütter, Jakob Reuter, Adam von Burg, Wilhelm von Engerth und Ferdinand Redtenbacher der Biografieforschung nochmals einen Anstoß.[93]

Mitstreiter hatten bereits zuvor einschlägige Veröffentlichungen vorgelegt. Noch vor der Eröffnung gab das Technische Museum die von dem 81-jährigen emeritierten Chemieprofessor der Technischen Hochschule Wien Alexander Bauer verfasste Biografie des Chemikers Anton Schrötter von Kristelli heraus.⁹⁴

In den 1920er-Jahren legte der Industrielle und Jurist mit Tirol-Bezug Rudolf Granichstaedten-Czerva die ersten Erfinderbiografien verkannter österreichischer Genies in einer „dem Andenken schöpferischer Techniker" gewidmeten und vom „Verein deutschösterreichischer Ingenieure" [!] herausgegebenen Reihe vor. Mit den Arbeiten über Peter Mitterhofer, den Erfinder der Schreibmaschine, Joseph Madersperger, den Erfinder der Nähmaschine, und Johann Kravogl, den Erfinder des Elektromotors, lieferte er für Jahrzehnte jene Geschichten, die den typischen österreichischen Erfindermythos des verkannten Genies prägten und in Heimat- und Schulbücher Eingang fanden.⁹⁵ Zur Erinnerung an Madersperger wurde 1933 am Wiener Karlsplatz eine von Carl Philipp gestaltete Büste enthüllt.⁹⁶

Wahrscheinlich noch nachhaltiger wirkte die im Ständestaat weitverbreitete Broschüre „Österreichs Erfinder" der Reihe „Buecher der Heimat" von Karl Tanzer. Auch wenn die wenigsten Erfinder „vom Glück begünstigt" waren, sollte sich „eine aufstrebende Jugend […] die Leistungen dieser Männer zum Ansporn nehmen und sich bemühen, die Schwächen […] zu vermeiden".⁹⁷ Als Mitglied des Österreichischen Vereins deutscher Ingenieure hatte Tanzer die Unterstützung von Ludwig Erhard, Viktor Schützenhofer und Erich Kurzel-Runtscheiner und damit den „Segen" des Forschungsinstituts und des Technischen Museums erhalten. Ebenfalls von Kurzel-Runtscheiner unterstützt, publizierte Josef Zatloukal in der Reihe „Österreichische Bücherei" einen Band über die „Schöpfungen österreichischer Ingenieure", in dem sich neben den bereits bekannten Personen auch Ludwig Hatschek, der Erfinder des Asbestzements „Eternit", findet.⁹⁸ „Helden der Ostmark" heißt ein 1937 veröffentlichtes, vom „Österreichischen Jungvolk" der Vaterländischen Front herausgegebenes Werk mit offiziellem Charakter; Kurzel-Runtscheiner lieferte für das Kapitel „Österreichs Helden der Technik" die Biografien der klassischen Erfinder des 19. Jahrhunderts.⁹⁹

Seit dem „Anschluss" ging es um die Interpretation der Leistungen der österreichischen Erfinder als Teil der deutschen Kultur und ihre Integration in die „schöpferische Arbeit der gesamtdeutschen Technik". Dieser Aufgabe widmete sich 1944 der Historiker Franz Eduard Mayer. Die zu würdigenden Per-

Enthüllung des Joseph-Madersperger-Denkmals am Wiener Karlsplatz durch Bundesrat Theodor Körner, Foto, 1933

Das Auer-von-Welsbach-Denkmal des Bildhauers Wilhelm Frass vor dem Chemischen Institut in Wien, aufgestellt im November 1935, Foto, nach 1935

Teilansicht des Ensembles „Auer-von-Welsbach-Labor" im Museum, Foto, um 1935

Aufruf für ein geplantes Siegfried-Marcus-Denkmal am Karlsplatz mit einem Entwurf von Franz Seifert, Druck, um 1928

sonen blieben im Wesentlichen dieselben; nicht zufällig taucht hier erstmals Ferdinand Porsche auf.[100]

Um die beiden erfolgreichen österreichischen Erfinder Carl Auer von Welsbach und Viktor Kaplan weiter zu vermarkten, mobilisierte das Forschungsinstitut beispielhaft sein gesamtes Netzwerk.[101] Der 1929 verstorbene Auer von Welsbach hatte sich mit dem Gasglühlicht, der Metallfaden-Glühlampe, dem Cereisen-Feuerzeug sowie mit der Entdeckung zweier Elemente auch als Unternehmer erfolgreich am Markt durchgesetzt. Kaplans Instrumentalisierung begann unmittelbar nach seinem Tod 1934. Der von ihm entwickelte Turbinentyp mit verstellbaren Leitschaufeln setzte sich nach Patentstreitigkeiten seit Mitte der 1920er-Jahre weltweit durch.

Noch vor der offiziellen Gründung des Forschungsinstituts beschloss das Museum unter Erhard im April 1930 zusammen mit der „Lichttechnischen Gesellschaft" die Gründung einer „Dr.-Carl-Auer-Welsbach-Gedächtnisstiftung" und die Aufstellung eines Denkmals im Museum.[102] Der offizielle Auftakt der Initiative erfolgte im Rahmen einer Sitzung am 17. Juli an der Technischen Hochschule. Folgende Aktivitäten zur Verankerung Auer von Welsbachs als eines erfolgreichen österreichischen Erfinders in der kollektiven Erinnerung wurden ins Auge gefasst: die Benennung einer Straße oder eines Platzes, die Herausgabe einer Biografie, die Aufstellung eines Denkmals in Wien, die Präsentationen seiner Erfindungen im Museum sowie die Errichtung einer Stiftung, die Stipendien an Studenten vergeben sollte. Die Umsetzung des ambitionierten Programms startete 1932 mit einem gedruckten „Aufruf".[103] Noch im selben Jahr genehmigte die Stadt Wien die Umbenennung der großen Grünfläche zwischen dem Technischen Museum und Schloss Schönbrunn in „Auer-Welsbach-Park". Zwei Jahre später erschien in den „Blättern für Geschichte der Technik" und als Sonderdruck eine 85-seitige Biografie aus der Feder des Chemiekustos Franz Sedlacek.[104] Schließlich wurde im selben Jahr ein Denkmal im öffentlichen Raum aufgestellt:[105] Die Enthüllung des von dem Maler und Bildhauer Wilhelm Frass entworfenen Denkmals[106] am 8. November 1935 vor dem Chemischen Institut Währinger Straße/Ecke Boltzmanngasse im 9. Wiener Gemeindebezirk folgte der bereits bewährten Tradition der Inszenierung: Bundespräsident, Minister sowie Bürgermeister hielten Reden, und der Wiener Schubertbund trug einen „Festgesang" Richard Wagners von 1844 und die Bundeshymne vor. Bundespräsident Miklas vereinnahmte Auer von Welsbach geschickt für das Land: „Oesterreich – ein Lichtbringer und Lichtträger für die Welt – Wahrhaftig, es ist ein Stück österreichischer Weltsendung, die sich hierin erfüllt."[107]

1935 veranstaltete der Gewerbeförderungsdienst eine Erfinder-Ausstellung in Salzburg, in der Auer von Welsbach ein Raum gewidmet war. Mit den dort gezeigten Objekten entstand anschließend die von Eduard Stürzer gestaltete Auer-Gedächtnisausstellung im Technischen Museum,[108] unter dem Motto „Plus Lucis" (mehr Licht) wie ein Altar inszeniert: in der Mitte über einer flachen Vitrine mit Dokumenten in einem Rahmen das Modell des Kopfes vom Auer-Denkmal Frass', links eine Vitrine mit Jugendarbeiten Auer von Welsbachs, rechts eine Vitrine mit dessen späteren Erfindungen. Damals entstand für das Museum übrigens in Treibach auch die Nachbildung des Versuchslabors von Auer von Welsbach.

Der Einsatz der in einem Ehren- und einem Arbeitsausschuss organisierten Lobbyisten hatte sich gelohnt. Bis 1938 tagten die Ausschüsse 15-mal, produzierten die Beteiligten 1500 Schriftstücke und sammelten Spenden in der Höhe von knapp 52.000 Schilling. Der nach der Abrechnung verbleibende Überschuss von über 18.000 Schilling ging zum Großteil an das Forschungsinstitut, das auf dieser Basis am 2. Februar 1938 einen Forschungs- und Ehrungsfonds einrichtete.[109] Weitere kleine Summen erhielten das Museum für die Auer-Welsbach-Ausstellung und die Technische Hochschule zur Vergabe von Stipendien.

Ein weiterer Sonderausschuss des Forschungsinstituts sammelte nach dem Tod Viktor Kaplans Geld für die Ehrung dieses berühmten Sohnes Mürzzuschlags.[110] 1936 erfolgte die feierliche Enthüllung einer von Karl Holey entworfenen Gedenktafel und eines von dem Bildhauer Anton Endstorfer gestalteten Bronzebildnisses an Kaplans Geburtshaus. Im selben Jahr erschien eine Kaplan-Biografie in den „Blättern für Geschichte der Technik",[111] und 1937 kamen erstmals Kaplan-Stipendien zur Auszahlung.

Bescheidener blieb die 1936 initiierte Ehrung des Erfinders der Zeitlupe August Musger. Das Forschungsinstitut konnte den in Graz entdeckten Nachlass sichern, Gedenktafeln am Ort seines Wirkens in der steirischen Landeshauptstadt sowie an seinem Geburtshaus in Eisenerz anbringen und eine Biografie veröffentlichen.[112]

Mit einer Briefmarkenserie beteiligte sich 1936 auch die österreichische Post an dieser Erinnerungsarbeit. Der Maler Wilhelm Dachauer entwarf die Porträts von Joseph Ressel, Carl von Ghega, Josef Werndl, Carl Auer von Welsbach und Viktor Kaplan. Ein schon 1928 geplantes und von Franz Seifert entworfenes Denkmal für Siegfried Marcus am Karlsplatz[113] wurde 1932 aufgestellt. Es kam nach dem „Anschluss" 1938 ins Depot und konnte erst 1948 wiedererrichtet werden.

Die Erhaltung technischer Kulturdenkmäler

Ein zweiter Schwerpunkt des Forschungsinstituts betraf die Erhaltung von Baudenkmälern der Technik und Industrie vor Ort als Ergänzung der musealen Bewahrung von Werkzeugen und Maschinen. Aus dem Prozess der Industrialisierung, der von den Zeitgenossen als rasanter Wandel wahrgenommen wurde, folgerten als Ergänzung zur klassischen Institution des Museums seit dem späten 19. Jahrhundert die Errichtung von Freilichtmuseen[114] und seit dem frühen 20. Jahrhundert das Bemühen um die Erhaltung von Baudenkmälern als sichtbare Zeichen der Kulturleistung der Technik in der Landschaft.

Zumeist verwischen sich die zwei wesentlichen Begründungen für die Erhaltungsmaßnahmen: der Blick zurück als Vergewisserung des erreichten Fortschritts sowie als sicherer Bezugspunkt in einer unsicher gewordenen Gegenwart.[115] Deshalb kam es am Beginn dieser Aktivitäten zu unterschiedlichen Koalitionen zwischen Ingenieuren und Technikern einerseits sowie Heimatschützern und Denkmalpflegern andererseits.[116]

In Deutschland hatten nach der Eröffnung des Deutschen Museums Gespräche zwischen diesem und dem Verein deutscher Ingenieure über die Erhaltung technischer Kulturdenkmale begonnen. Unter Einbindung des Deutschen Bundes Heimatschutz fanden Werner Lindner vom Heimatschutz, Conrad Matschoß und Oskar von Miller 1928 in einer Arbeitsgemeinschaft zusammen. Neben der praktischen Erhaltungsarbeit legte diese 1932, finanziert von der Agricola-Gesellschaft, die Publikation „Technische Kulturdenkmale" vor, die sich noch stark auf die vorindustrielle handwerkliche Technik konzentrierte.[117]

In Österreich und im Forschungsinstitut machte vor allem Architekt Karl Holey die technischen Denkmale zu seiner Sache.[118] Holey hatte sich schon früh mit Heimatschutz und Bauberatung beschäftigt.[119] Nach den ersten Meldungen aus Deutschland schaltete er 1928 in der Zeitschrift des Österreichischen Ingenieur- und Architektenvereins den Aufruf „Für die Erhaltung technischer Kulturdenkmäler in Österreich".[120]

Seit der Erlassung des Denkmalschutzgesetzes 1923 wurden „unbewegliche und bewegliche Gegenstände von geschichtlicher, künstlerischer oder kultureller Bedeutung (Denkmale)" für schützenswert erachtet,[121] was die Ausweitung des Denkmalschutzes auch auf technische Denkmäler ermöglichte. In einer Besprechung im Bundesdenkmalamt im Jahre 1930 einigten sich die Vertreter des Amtes, der Technischen Hochschule, des Technischen Museums und des Ingenieurvereins, den technischen Denkmalschutz organisatorisch beim Denkmalamt anzusiedeln.[122] Dieser Behörde stand seit 1911 mit den Korrespondenten ein Netz von Ehrenamtlichen zur Verfügung, und 1925 hatte das Unterrichtsministerium, auf Anregung des Wirtschaftshistorikers Alphons Dopsch,[123] das von August von Loehr betreute numismatische Referat zu einem wirtschaftsgeschichtlichen erweitert.[124]

Loehr, Holey, Erhard und Wilhelm Schuster von der Österreichisch-Alpine Montangesellschaft[125] formierten in den folgenden Jahren eine schlagkräftige Lobby für die Erhaltung technischer Denkmäler. Im Zusammenhang mit den Vorarbeiten zu ihrem 50-Jahr-Jubiläum, zu dem 1931 eine umfangreiche Festschrift erschien,[126] unterstützte die Alpine 1928 die Unterschutzstellung des aus dem Jahr 1846 stammenden Radwerks IV in Vordernberg als erstes technisches Denkmal und eröffnete 1932 in Eisenerz ein Werksmuseum: „Die Bedeutung dieser alten Betriebsstätten als Zeugen einer jahrhundertealten, erfolgreichen deutschen Arbeit und einer arteigenen, bodenständigen Kultur ist lange unterschätzt worden", so Schuster 1939.[127] Im selben Jahr erhielt das Technische Museum einige Düsenstücke von der Ausgrabung eines Rennofens aus dem 12. Jahrhundert auf der Feistawiese am Erzberg.[128] Einflussreiche Berg- und Hütteningenieure ermöglichten 1939/40 auch eine erste Renovierung des vollständig erhaltenen und daher für die Gruppenidentität bedeutenden, aber vom Verfall bedrohten Hüttengebäudes. Mit der Gründung des „Vereins Freunde des Radwerks IV" im Jahr 1956[129] und der Eröffnung als Museum 1959 erhielt dieses Gebäude die Rolle eines Schlüsselobjekts der technischen Traditionspflege.[130]

Aus den vielen damals gesetzten Maßnahmen seien noch die Unterschutzstellung des Fuchsflußofens im Mosinzgraben, der Floßöfen im Urtlgraben, in Lölling und in Hirt, des sogenannten Gosauzwangs, der Soleleitung über die Gosauschlucht bei Gmunden aus der Mitte des 18. Jahrhunderts, der Windmühlen in Retz und Podersdorf und der von Karl Gölsdorf konstruierten und 1900 von der Floridsdorfer Lokomotivfabrik gebauten Dampflokomotive 180.01 hervorgehoben. Loehr förderte vor allem die Errichtung regionaler Schwerpunktmuseen zu einzelnen Branchen, zum Beispiel eines Weinbaumuseums in Krems (1928) und eines Salzmuseums in Bad Aussee (1931).

Auf einer Initiative des Forschungsinstituts beruhten 1933 die Freilegung und Erhaltung des aus dem Jahr 1537 stammenden Wandgemäldes am „Riesenhaus" in Leithen bei Seefeld in Tirol mit der Darstellung einer nordischen Sage, die als Begründung für die bergmännische Gewinnung eines Steinöls, des sogenannten Thyrsenbluts, Dirschenöls oder Ichthyols, diente.[131]

Die „Blätter für Technikgeschichte"

Für die Etablierung einer sich neu formierenden Wissenschaftsdisziplin, wie es die Technikgeschichte in der Zwischenkriegszeit war, hatte eine eigene Zeitschrift große Bedeutung. Matschoß erkannte die Relevanz eines Periodikums sehr früh und gab seit 1909 die „Beiträge zur Geschichte der Technik und Industrie" als Jahrbuch des Vereins deutscher Ingenieure heraus.[132] Sie standen Pate bei der Gründung der „Blätter für Geschichte der Technik" als Publikationsorgan des Forschungsinstituts zur Verbreitung der gesammelten „Bausteine zur Technik-Geschichte" – Bausteine auch im Sinn eines österreichischen Beitrags zur deutschen Kultur.

Unter der Schriftleitung von Erhard und der redaktionellen Bearbeitung von Therese Stampfl erschien 1932 im renommierten Technik-Verlag Julius Springer[133] das erste Heft im Umfang von 214 Seiten mit einer Reihe grundsätzlicher Beiträge: Srbiks Rede zur Eröffnung der Albertina-Ausstellung über die „Kulturverbundenheit der Technik", Erhards illustrierte „Entwicklungsgeschichte der Technik", Holeys Text über den „Schutz technischer Denkmale" sowie – unter der Klammer „Österreich als Ingenieurland" – sieben Überblicks- und weitere 14 allgemeine technikgeschichtliche Aufsätze. Bemerkenswert ist das Fehlen eines Nachrufs auf den im Jahr zuvor verstorbenen Exner – vielleicht ein Zeichen für die erreichte Unabhängigkeit Erhards von seinem dominanten Mentor.

Die Zeitschrift sollte in „zwangloser" Folge erscheinen. Das angespannte Budget des Instituts erlaubte vorerst einen zweijährlichen Rhythmus, mit vier Heften bis 1938. Heft 2 stand im Zeichen der von Sedlacek verfassten Auer-von-Welsbach-Biografie, Heft 3 enthielt die Kaplan-Biografie von Alfred Lechner. Auch in der vierten Ausgabe veröffentlichte man vor allem biografische Aufsätze, u. a. jenen des Historikers Franz Schnabel über den aus Österreich stammenden Direktor des Polytechnikums in Karlsruhe Ferdinand Redtenbacher.[134] Das erstaunt, da Schnabel, dessen dritter Band „Erfahrungswissenschaft und Technik" der „Deutsche[n] Geschichte im 19. Jahrhundert" auch in Kreisen der Technikhistoriker zu Diskussionen Anlass gab,[135] zum Zeitpunkt der Drucklegung als Professor an der Technischen Hochschule Karlsruhe bereits seit 1936 aus politischen Gründen emeritiert war. Der bereits seit längerer Zeit geplante Band erschien jedoch erst nach dem „Anschluss", ergänzt durch die Einleitung „Deutsche Technik im nationalsozialistischen Staate" von Ludwig Erhard.

Dank dieses Bekenntnisses konnte sich das Forschungsinstitut in den nächsten Jahren über weitere Förderungen freuen. Noch 1938 erschien ein weiteres Heft der „Blätter" zum 75. Geburtstag von Erhard mit einer Widmung Heinrich von Srbiks. Conrad Matschoß schrieb über „Technische Kulturdenkmale", Karl Holey lieferte einen aktualisierten Überblick über „technische Denkmäler in Österreich und ihre Verbundenheit mit Volk und Boden". Ohne Begründung erfolgte 1939 ab dem sechsten Heft die Namensänderung auf „Blätter für Technikgeschichte". Den neuen, anderen Subdisziplinen der Geschichtswissenschaften angepassten Titel hatte die deutsche „Technikgeschichte" bereits 1933 vollzogen. Die letzte von Erhard verantwortete Ausgabe enthielt die 150-seitige Arbeit über das Markscheidewesen von Franz Kirnbauer[136] – nach Ansicht der Schriftleitung ein geglücktes Beispiel „technikgeschichtlicher Entwicklungsreihen" mit gezeichneten „Stammtafeln".

Nach dem Tod von Erhard übernahm Holey die Schriftleitung. Allerdings stellte das Forschungsinstitut nach dem Erscheinen des achten Hefts (1942), das einen Nachruf auf Erhard aus Holeys Feder enthielt,[137] nach einem Jahrzehnt vorläufig seine Aktivitäten ein.

Die Außenwahrnehmung des Forschungsinstituts prägten vor allem der Einsatz für die Erhaltung technischer Kulturdenkmale und langfristig die an einzelnen Erfindern und Technikern festzumachenden Aktivitäten. Mit beiden Arbeitsschwerpunkten fokussierten Holey und Erhard nicht nur die wissenschaftliche Forschung, sondern besetzten durch die Aufstellung von Denkmälern und Gedenktafeln, durch Straßenbenennungen und die Unterschutzstellung von Baudenkmälern der Technik den öffentlichen Raum. Mit dem Museum als „Basisstation" begann damit ein Feldzug für die breite Verankerung der Technikgeschichte und Industriedenkmalpflege sowie in weiterer Folge die Akzeptanz der Technik in der Gesellschaft als Teil der menschlichen Kultur, der zumindest einzelne Erfinder und ihre Arbeiten als Orte der Erinnerung in das kollektive Gedächtnis einbrachte.

Nach dem Tod Ludwig Erhards am 28. Oktober 1940 integrierte Schützenhofer das Forschungsinstitut in das Museum und beendete damit dessen Selbstständigkeit. Das konnten weder Holey noch Conrad Matschoß verhindern, der im selben Jahr nochmals auf die Pionierleistungen des Wiener Instituts verwies und für sein Seminar an der Technischen Hochschule Berlin und die Wiener Einrichtung einen weiteren Ausbau einforderte.[138]

Ludwig Erhards „Biologie der Technik" und die technokratische Gesellschaft

Die Theorie konstruiert Parallelen zwischen technischen und biologischen Entwicklungen.

Martin Schneider

Die Leistung, die Erhard gegen Ende seines Lebens vollbrachte, war die einheitliche Zusammenfassung seiner Ideen und praktischen Erfahrungen zu einer „Biologie der Technik". Sie sollte die historische Beschreibung technischer Entwicklungen ermöglichen und schloss auch seine Tätigkeit im Gewerbeförderungsdienst ein. Verschiedene Elemente dieser Theorie waren bereits in der Entstehungs- und Einrichtungsphase des Technischen Museums von Bedeutung, und erste biologisch-technische Parallelen gibt es bereits in der „Neuzeitigen Tektonik". Wenn jedoch Karl Holey Erhards Theorie als einen „Lieblingsgedanke[n] seiner späteren Zeit"[1] beurteilt, der „eine Folge der Münchener Studien"[2] und des Besuchs medizinischer Vorlesungen gewesen sei, muss das allzu spekulativ erscheinen.

Erhard beurteilte die technischen Entwicklungen der Menschheitsgeschichte – vor allem der Neuzeit – grundsätzlich positiv: Es handle sich um ein „unermessliche[s] Befreiungs- und Erlösungswerk".[3] In verallgemeinernder und sehr polemischer Form verglich er sie in seinem Aufsatz „Der Weg des Geistes in der Technik" mit den Epochen der Antike und des Mittelalters. Entsprechend seiner Charakterisierung des Altertums als einer Zeit der Gottkönige und der Sklaverei brachte er die historischen Lebensverhältnisse auf die Formel „Alle für einen". Das Mittelalter hingegen habe durch die zentrale Stellung des Erlösungsglaubens und der Person Christi dieses Motto in „Einer für alle" umgekehrt. Erst in der Neuzeit habe der Dienstgedanke der Technik Fuß gefasst, der zu dem Gebot „Jeder für jeden" führe: „So hat die Technik in stetem Wirken die arbeitende Menschheit aus dem härtesten und niedrigsten Frondienste erlöst, ihre drückendste Mühsal den eisernen Schultern der Maschine aufgebürdet und schließlich den Einzelnen ins Wirtschaftsganze eingegliedert."[4]

Die Problematik des technischen „Befreiungswerkes" war Erhard jedoch durchaus bewusst. Schon 1896 hatte er von der durch Massenproduktion und -konsum erzeugten sozialen bzw. Arbeiterfrage geschrieben[5] – allerdings ohne näher darauf einzugehen. Doch hier deutete sich bereits die Stoßrichtung an. Im Zentrum der damaligen Gewerbeförderung stand die mittelständische Produktion. Nur hier wurden die technischen Errungenschaften in einer Weise eingesetzt, die es offensichtlich erlaubte, von einem förderungswürdigen Befreiungswerk zu sprechen. Doch das mittelständische Gewerbe sah sich der massiven Konkurrenz der industriellen Massenproduktion ausgesetzt, die ihrerseits auch eine neue Versklavung des Arbeiters in ein geisttötendes „Einerlei ewig gleicher Handgriffe" mit sich bringe.[6]

Um dieses Befreiungswerk voranzutreiben, sei eine breite Volksaufklärung notwendig. Die Gewerbeförderung mit ihren Meister- und Handwerkerkursen wirkte daran mit, und auch der Technikgeschichte wies Erhard eine entsprechende Funktion zu: „Erst wenn an Stelle des gedankenlosen Bestaunens der aufsehenerregenden Errungenschaften der Technik eine genauere Erkenntnis über den oft mühevollen, langwierigen und gefährlichen Weg des Geistes in der Technik tritt, erst dann kann die technische Arbeit einen bestimmenden Einfluß auf die geistige Verfassung und die Denkart weitester Kreise gewinnen. Auf diesen verschlungenen Pfaden des technischen Aufstieges soll aber die Geschichte der Technik als kundige Führerin vorangehen."[7] Die Statuten des Museums hatten den Bildungsauftrag bereits 1909 festgeschrieben.

Um den befreienden „Weg des Geistes in der Technik" zu verstehen, ist ein Blick auf die Wurzeln von Erhards Technikphilosophie notwendig: Zu Beginn stünde der „uralte Kampf zwischen Mensch und Natur"[8]. Im Vergleich zum Tier besitze der Mensch nur verkümmerte Sinnesorgane – ein Mangel, der ihn benachteilige. Erst durch Schaffung und Gebrauch von Werkzeugen werde dieser Mangel ausgeglichen[9] – durch deren bewusste, zielstrebige Weiterentwicklung sogar in einen Vorteil umgewandelt.[10] Erst der Werkzeuggebrauch erhebe den Menschen über das Tier und mache ihn wirklich zum Menschen – wobei sich Erhard auf Autoritäten wie den Naturforscher, Philosophen und Politiker Benjamin Franklin sowie den Wiener Zoologen Berthold Hatschek berief.

Erhard widersprach jedoch ausdrücklich der von dem Technikphilosophen Ernst Kapp in seinen „Grundlinien der Philo-

Porträt Ludwig Erhards mit 73 Jahren, Foto, Setzer, Wien, 1936

sophie der Technik" geäußerten Vorstellung, dass die Werkzeuge des Menschen nur eine Nachahmung der in seinem Körper bereits angelegten Mechanismen seien.[11] Vielmehr komme es auf ihren *bewussten* Einsatz und ihre *bewusste* Weiterentwicklung an. In der Technik sah Erhard nicht bloß „angewandte Naturkunde", sie sei „vielmehr eine gestaltende Wissenschaft, die ihren eigenen Entwicklungsgang verfolgt, der sich von der natürlichen Entwicklung zwar nicht der Art, aber dem Grade nach wesentlich unterscheidet. Die Natur bringt nämlich nur in ungeheuren Zeiträumen Veränderungen und Verbesserungen an ihren Geschöpfen außerhalb der Bewusstseinssphäre selbsttätig hervor, während die technischen Errungenschaften vom Menschengeist zielbewusst und zielstrebig in immer rascherer Reihenfolge in die Welt gesetzt werden, und so erscheint die technische Entwicklung als eine bewusste Fortsetzung der unbewussten biologischen Entwicklung."[12]

Das Reich der Technik unterteilte Erhard in die Gebiete der bereits 1911 beschriebenen Tektonik, die Form und Gestalt von Maschinen und Bauwerken beschreibe, sowie in das der Energetik, die sich Kräften, Bewegungen und Arbeitsvorgängen widme.[13] Bei einem Vergleich mit der biologischen Welt – der bereits in der „Neuzeitigen Tektonik" anklang – waren jedoch wichtige Unterschiede zu beachten: Die Grundlagen der organischen Welt sah Erhard in der Evolutionstheorie sowie in den biologischen Vererbungsgesetzen. Beide ließen der Entwicklung Spielräume, weshalb diese „schwankend und unbestimmt" verlaufe.[14] Dagegen seien die Grundlagen der Technik die Naturgesetze von der Erhaltung des Stoffes sowie von der Erhaltung der Kraft. Da beide niemals verloren gingen, sondern nur umgewandelt werden könnten, sei es möglich, physikalische und chemische Vorgänge mathematisch zu erfassen.

Trotz des schwankenden und unbestimmten Charakters der biologischen Entwicklung glaubte Erhard, Ähnlichkeiten zwischen biologischen Elementen und technikhistorischen Beobachtungen ausmachen zu können: Der biologischen Vererbung entspreche die technische Überlieferung, der technischen Neugestaltung die biologische Anpassung, in der er auch eine Parallele zu Karl Ernst Hartigs Gesetz des Gebrauchswechsels sah. Ferner hätten beide Bereiche Atavismen und Mutationen aufzuweisen. Hier bezog er sich etwa auf die Mutationstheorie des Biologen Hugo de Vries.[15] Im Fall der durch (industrielle) Überproduktion von Gebrauchsgütern her-

Energetische Entwicklungsreihen zur Wasserförderung und Metallbearbeitung, Druck, 1928

vorgerufenen Absatzprobleme argumentierte er – sicher auch vor dem Hintergrund der Weltwirtschaftskrise 1929 – mit dem „Kampf ums Dasein". Lösungsmöglichkeiten sah er in einem symbiotischen Wirtschaftsverhältnis:

„So entwickelt sich aus der Absatzfrage der Privatwirtschaft ein schwerwiegendes Problem der Weltwirtschaft, das am Ende noch zum erbitterten Kampf um das wirtschaftliche Dasein ausarten kann. Hier läge der Angelpunkt, wo die Weltpolitik und die Völkermoral einzusetzen hätten, um Handel und Wettbewerb aus der Niederung der gegenseitigen Ausnützung in jene Sphäre des förderlichen Zusammenlebens und der wechselseitigen Hilfe emporzuheben, für welche die Biologie in der Symbiose ein Vorbild darbietet."[16]

Die Symbiose hatte er – auf biologischer Ebene – zuvor schon als das genossenschaftliche „Zusammenleben verschiedenartiger Organismen" ins Spiel gebracht, „die sich, statt einander zu bekämpfen, wechselseitig fördern und unterstützen".[17] Und wirtschaftliche Genossenschaften wiederum, welche diese Kriterien erfüllten, waren durch die Gewerbeförderungstätigkeit vor dem Ersten Weltkrieg unterstützt worden.[18]

Doch nicht nur Erhard vertrat eine biologische Interpretation der Technikentwicklung. Auch der 1941 in Minsk ermordete Wiener Technikhistoriker Hugo Theodor Horwitz[19] etwa suchte nach Analogien zwischen der biologischen und der technischen Welt und argumentierte mit der Urzeugung, der Auslese, dem Kampf ums Dasein oder mit Atavismen.[20] Auch er kannte technische Entwicklungsreihen, die er der biologischen Generation gegenüberstellte. In Abkehr von der Zentrierung auf den einzelnen Erfinder sollten sie den Entwicklungsgang einer bestimmten technischen Errungenschaft herausstellen.[21]

Die historische Technikentwicklung

Erhard wies der Technikgeschichte eine didaktische Funktion zu: Sie sollte als „kundige Führerin" dienen, um den „Weg des Geistes in der Technik" herauszuarbeiten, und letztlich dazu beitragen, die technisch-wirtschaftliche Volksbildung zu heben. Auch hier erfolgten zunächst Rückgriffe auf die biologische Entwicklungslehre, denen er Parallelen in der Technikentwicklung zuordnete: Der biologischen Phylogenese, welche die allgemeine Stammesgeschichte der Organismen beschreibt, entsprächen technische Entwicklungsreihen, welche „die Stammesgeschichte großer Gesamtgebiete gleicher Bedarfsdeckung umfassen" und das „eigentliche Rückgrat der Technik-Geschichte" bilden würden. Als Beispiel nannte er die Entwicklung vom Einbaum zum Ozeandampfer. Der biologischen Ontogenese, also dem Werdegang des Einzelwesens, entspräche die technologische Reihe, die den Werdegang eines Objektes vom Ausgangsstoff zum Endprodukt beschreibe.[22]

Zur Gliederung technikhistorischer Entwicklungsreihen bediente sich Erhard seit den Planungen der Ausstellungseinrichtung einer Dreiteilung, die aber nicht zwangsläufig an die historischen Epochen der Antike, des Mittelalters und der Neuzeit gebunden sein musste. Die herkömmliche Einteilung der Weltgeschichte lehnte er zur Beschreibung der Technikgeschichte ohnehin ab.[23] Bezüglich der Tektonik ging er zunächst von einer Phase der Nutzung rein organischer Werkstoffe aus, an die sich eine organisch-anorganische Übergangsphase anschloss. Den Endzustand der Entwicklung sah er in der Nutzung rein anorganischer Werkstoffe. Auf dem Gebiet der Energetik entspreche die organische Phase der Nutzung von Muskelenergie und organischen Bewegungen, die ebenfalls über eine organisch-anorganische Zwischenphase in die Nutzung von Naturenergien und anorganischen Bewegungen münde.[24] Erwähnungen dieser technischen Reihen finden sich bei Erhard und Exner bereits in den Jahren 1907 und 1908. Einen Vorgriff hatte Exner schon 1866 in „Der Aussteller und die Ausstellungen" geliefert, als er Produkte der niedrigsten denen der aktuellen Entwicklungsstufe gegenüberstellte: etwa Pfeil und Bogen einer gezogenen Kanone, eine Baumrinde mit eingeritzten Schriftzeichen einem Telegrafenapparat und Textilien „der Wilden" modernen Erzeugnissen einer Spitzenmaschine.[25]

Für diese Reihen lieferte Erhard in seinem Aufsatz „Wege der technischen Entwicklung" von 1929 folgende Beispiele,[26] die durch beigefügte Abbildungen sehr anschaulich und einprägsam sind:

Organische Phase	Organisch-anorganische Phase	Anorganische Phase
Tretscheibe mit Fußantrieb (Leistung: 0,3 PS)	Löffelrad mit Wasserantrieb (Leistung: 3 PS)	Kaplan-Turbine (Leistung: 30.000 PS)
Hölzerner Pfahlbau (1 Stockwerk)	Fachwerkbau aus Holz und Stein (6 Stockwerke)	Hochhaus aus Eisen und Beton (bis zu 60 Stockwerke)
Von Sklaven getragene Sänfte (4 Stundenkilometer)	Postwagen aus Holz und Eisen (10 Stundenkilometer)	Benzin-Kraftwagen (60 Stundenkilometer)
Buchschreiber mit Kielfeder (stündlich 1 Bogen)	Handpresse mit Preßbengel (stündlich 100 Bogen)	Motorisch betriebene Rotationspresse (stündlich 120.000 Bogen)
Hölzernes Katapult mit Spannsehnen (Tragweite: 15 Meter)	Feldschlange mit Bronzerohr und Holzlafette (Tragweite: 600 Meter)	30,5-cm-Mörser aus Gussstahl (Tragweite 10.000 Meter)
Hornbläser auf einer Burg (Wirkungsbereich: der Burgfrieden)	Vorschlag einer Rundspruchanlage mit Schallröhren (1650) (Wirkungsbereich: ein Stadtgebiet)	Rundfunk bei Seenot (Wirkungsbereich: Meere und Länder)

Die grafischen Darstellungen solcher Entwicklungsreihen empfingen den Besucher im Eingangsbereich des Technischen Museums und wiesen auf die zentrale Bedeutung der Chronologie für die Technikgeschichte hin. In der Schausammlung des Technischen Museums hatte man versucht, sie zu verwirklichen, indem man einem bestimmten Objekt – ähnlich einem Tier im Stammbaum des natürlichen Evolutionsprozesses – seinen Platz zuwies.

Aber so anschaulich und einleuchtend diese didaktisch simplifizierten Entwicklungsgänge auch wirken mögen, so sehr müssen sie hinterfragt werden: So stehen im Zentrum der energetischen Reihen Leistungssteigerung und Arbeitserleichterung. Doch welche Aussage ist damit wirklich verbunden? Die Bilder suggerieren dem Betrachter stetigen technischen Fortschritt. Dazu war man offensichtlich bestrebt, charakteristische Abbildungen einzelner Entwicklungsstufen zu finden. Doch wer wählte diese Charakteristiken nach welchen Kriterien und zu welchem Zweck aus? Krisen, Brüche und Schattenseiten finden sich in den Darstellungen nicht. In Publikationen werden sie zumindest angedeutet. Präsentiert wird der Sieg über die Natur, der den Menschen zu immer neuen Höchstleistungen führt. Vermittelt wird ein grundsätzlich positives Bild des technischen Fortschritts. Erhard zufolge verursacht weder die Technik noch der Ingenieur Probleme und Krisen, sondern der falsche Einsatz der Technik durch den Anwender. Hier zeigt sich der ingenieurwissenschaftliche Schwerpunkt seiner Technikgeschichte, der von Fortschrittsgläubigkeit und -faszination getragen wird. Eine Technik, die aus sich heraus Probleme schaffen würde, hätte dem Renommee des Ingenieurs natürlich abträglich sein müssen, ebenso eine möglicherweise vorhandene Verantwortungslosigkeit seinerseits.

Wenn Erhard jedoch den „Weg des Geistes in der Technikentwicklung" beschreibt, meint er damit den ingenieurwissenschaftlichen Geist, den herauszuarbeiten Aufgabe der Technikgeschichte sei. Deren Ziel sah er nun in der Erstellung eines umfassenden Koordinatensystems, in dem alle maßgeblichen Daten technischer Entwicklungen zu verzeichnen seien: „Zur entwicklungsgeschichtlichen Darstellung der grundlegenden Erfindungen und Schöpfungen der Technik kann nun zweckmäßig ein umfassendes Koordinatensystem herangezogen werden, das etwa dem Gradnetz einer Mercatorkarte gleicht. In diesem technografischen System wären die technischen Reihen zwischen den Längengraden und ihre Entwicklungsstufen dagegen zwischen den Breitengraden zu verzeichnen. Die ausgewählten technischen Objekte sollten dann samt den entsprechenden Leistungsvermerken und den Personal-, Zeit- und Ortsangaben in die ihnen zukommenden Felder des Gradnetzes eingetragen werden, wobei Art und Zahl der technischen Reihen folgerichtig den im Patentwesen üblichen Erfindungsklassen anzugleichen wären. Ein aus derartigen Tafeln zusammengestellter ‚Technographischer Atlas' würde einen sinnfälligen Nachweis der Kulturverbundenheit der Technik erbringen und für das Geschichtsstudium der Technik einen ebenso wichtigen Behelf darbieten, wie etwa ein geographischer Atlas für das Studium der Erdkunde. [...] Derartige Übersichtstafeln zeigen den Weg des menschlichen Geistes in der Technik auf."[27]

Deutlich wird die Parallele zur Idee der Schausammlungseinrichtung, die sich ebenfalls an einem Koordinatensystem orientierte. Im Vergleich zur herkömmlichen Art der Geschichtsschreibung muss dieses kartografische System natürlich befremden. Es erinnert eher an ein technisches Datenblatt

Entwicklungsreihe „Hochbau" und „Schiffahrt" nach Ludwig Erhard, Aquarelle, Josef Schönecker und Felix Kutschera, um 1918

als ingenieurwissenschaftlicher Arbeitsbehelf, das in diesem Fall jedoch von einem (Ingenieur-)Historiker genutzt werden sollte.

Dessen Aufgaben konnten nun klar definiert werden: Er habe die wichtigsten technischen Ereignisse zu inventarisieren, diese Datensammlung im tektonischen und energetischen Sinn zu unterteilen und ein quantitatives Maß zur Beurteilung des technischen Fortschritts zu ermitteln. Für die anschauliche pädagogische Aufbereitung sah Erhard die Erstellung bebilderter technografischer Entwicklungsreihen vor.[28]

Das Ziel der technischen Entwicklung

Doch wohin sollte das technische Befreiungswerk, dem die Technikgeschichte als „kundige Führerin" vorangehen sollte, den Menschen eigentlich führen? Erhard schrieb optimistisch, die Technik werde „die rein mechanischen Verrichtungen in steigendem Maße den Maschinen aufbürden und so den Industriearbeiter aus dem geisttötenden Einerlei ewig gleicher Handgriffe erlösen".[29] Dabei fällt einmal mehr seine durchaus industriekritische Haltung auf: Technik konnte auch falsch und somit zum Schaden des Menschen eingesetzt werden. Richtig angewandt sei das Ziel technischer Entwicklung allerdings eine technokratische Gesellschaftsform.

Unter erneuter Verwendung biologischer Vergleiche beschrieb Erhard sie 1929 als das „[…] Eindringen des ordnenden, schöpferisch-gestaltenden Geistes der Technik und ihrer rationalen, auf die Steigerung des Wirkungsgrades abzielenden Denkweise in das Wirtschafts- und Kulturleben der Völker, um die hadernden Parteien durch die Macht und die Dienstbereitschaft der Technik zum Arbeitsfrieden zusammenzuschweißen und um schließlich einen weltumfassenden Wirtschaftskörper zu zeitigen, dessen Grundzellen die einzelnen miteinander verflochtenen Erzeuger und Verbraucher bilden, dessen Muskelarbeit die eisernen Gliedmaßen der Maschinen vollbringen, dessen Blutbahnen die Adern des Land-, Wasser- und Luftverkehrs darstellen und dessen Nervenstränge die elektrischen Stromleitungen und drahtlosen Wellenzüge versinnlichen. Dieser erst im Entstehen begriffene, aber für das geistige Auge deutlich erkennbare, völkerverbindende Organismus ist das Zukunftsreich der Technokratie, welche die Träume von einem künftigen Zusammenwirken der Nationen auf der festen Grundlage einer hochentwickelten Technik der Verwirklichung näher bringt."[30]

Vor den Problemen und negativen Erfahrungen der Zeit – Kriegsfolgen, Hungersnot, Inflation, Weltwirtschaftskrise, Massenarbeitslosigkeit und Bankenkrach – schienen Erhards Gedanken zur Technikgeschichte eine Lösung der aktuellen Schwierigkeiten bzw. die Befreiung aus ihnen zu bieten. Mit seinen Ansichten stand Erhard nicht allein da. Auch in Deutschland gab es in den 1920er-Jahren eine starke technokratische Bewegung, die letztlich politische Machtziele verfolgte.[31] Der Berliner Publizist Kurt Busse beispielsweise interpretierte „Technik" in ähnlicher Wortwahl wie Erhard als die geistige Durchdringung des Stoffes.[32] Sie werde die künftigen Führer der Menschheit hervorbringen. Schon Otto Kammerer, dessen Periodisierung der Technikentwicklung – wie oben gezeigt – Parallelen zu Erhards Entwicklungsreihen aufwies, hatte den Ingenieur 1907 als „Steuermann eines Schiffes" bezeichnet.[33] Und Karl Holey hatte dem Techniker 1933 in einer Rede anlässlich von Erhards 70. Geburtstag „die Aufgabe des Führers" zugewiesen, „eine Aufgabe, die ihm in einem wahren Zeitalter der Technik gebührt, ja die er verpflichtet ist, zu übernehmen".[34] Technikskeptische Tendenzen, wie es sie zu Beginn der 1930er-Jahre in Österreich gab, drohten dem natürlich entgegenzuwirken.[35] Die Vortragsreihe „Biologie und Technik", deren Ankündigung Erhard im November 1932 an den Österreichischen Verein deutscher Ingenieure sandte, kann als Gegenreaktion gesehen werden. Sie fand vom 15. bis 19. Dezember 1932 im Festsaal des Industriehauses in Wien statt, und auch Erhard beteiligte sich mit dem Referat „Entwicklungsgeschichte der Technik". Im Ankündigungsschreiben bezeichnete er es als Ziel der Veranstaltung, „den Ingenieuren eine Waffe in die Hand zu geben, mit der sie ihren Stand und ihr Werk gegen Verunglimpfungen wirksam zu schützen vermögen", da die biologische Deutung der Technik „diese mit der Entwicklung der Menschheit selbst in greifbaren Zusammenhang" bringe und die Technikentwicklung „zwanglos in das allgemeine Kulturgeschehen" einfüge.[36]

Technokratische Ideen gewannen während der Weltwirtschaftskrise auch im Österreichischen Kuratorium für Wirtschaftlichkeit (ÖKW) die Oberhand. Explizit stehen dafür die Arbeitsausschüsse „Verlustquellen", „Förderung des Absatzes inländischer Kohle", „Holzgas" oder „Innenkolonisation".[37] Ein weiterer einschlägiger Arbeitsausschuss mit dem Namen „Techno-Ökonomie" hielt am 8. Februar 1934 unter Vorsitz des ehemaligen Bundeskanzlers Ernst von Streeruwitz und mit Erhard als Mitglied seine konstituierende Sitzung ab. In dieser Sitzung wurde u. a. als volksaufklärerische Maßnahme eine Publikation über den richtigen Einsatz der Maschinentechnik angeregt.³⁸ Und schon im April 1934 hielt Erhard in diesem Kreis das Referat „Entwicklung des Kampfes ‚Mensch und Maschine'", in dem er für den nicht egoistischen Einsatz der Produktionstechnik plädierte: „Die Maschine zeigt ihr wahres Antlitz nur dann, wenn man sie nicht zu selbstsüchtigen Zwecken missbraucht, sondern zum Besten der Gesamtheit anwendet, und sie wirkt sofort antisozial, wenn auch nur eine der erwähnten drei Gruppen [Unternehmer, Arbeiter und Angestellte, Verbraucher] infolge des Maschinenbetriebes Schaden leidet."³⁹

Auch Streeruwitz hatte ein Zurücktreten der Sonder- und Einzelinteressen „gegenüber dem Interesse der Gesamtheit" gefordert, „damit der Fortschritt nicht aufgehalten werde".⁴⁰ Wenn innerhalb der neuen österreichischen Gesellschaftsordnung des „Ständestaates" versucht wurde, die Maschine durch menschliche Handarbeit zu ersetzen,⁴¹ so beurteilte Erhard dies als Rückschritt in eine veraltete Wirtschaftsordnung.⁴²

Technische Entwicklung war somit doch keine ausschließliche Fortschritts- und Siegesgeschichte, sondern wies durchaus Problemfelder und Brüche auf. Zu ihren Vorteilen konnten jedoch verbilligte Preise, Arbeitszeitverkürzungen, der Ausbau des Absatzmarktes oder Lohnerhöhungen zählen. Erhard wurde letztlich politisch, wenn er Liberalismus und Kommunismus dieses Befreiungswerk nicht zutraute.⁴³ Dem stellte er eine „soziale Ingenieurkunst" gegenüber, die letztlich zur technokratischen Gesellschaftsform führe. Doch auch diese Kritik mitsamt ihrem Lösungsvorschlag war in technokratisch gesinnten Kreisen nicht neu: In Deutschland etwa wandte sich die Technokratische Union gegen das politische und wirtschaftliche System der Weimarer Republik, gegen „Imperialismus, Kapitalismus und Klassenherrschaft".⁴⁴

Maßnahmen technischer Volksbildung, unter denen Erhard Vorträge, Publikationen, aber auch „die groß angelegten technischen Lehrmuseen" verstand, sollten die Entwicklung vorbereiten.⁴⁵ Dies zeigt nicht zuletzt Erhards Vortrag „Der Weg des Geistes in der Technik", den er am 18. November 1930 im Vortragskreis „Kultur und Technik" der Deutschen Studentenschaft der Technischen Hochschule Wien hielt. Die Vortragsankündigung enthält nicht nur Verweise auf biologische und technische Entwicklungsparallelen sowie auf die bereits bekannten Bilderreihen zur pädagogischen Präsentation der Technikgeschichte, sondern auch den „Ausblick auf die kommende Technokratie".⁴⁶

In diesem Sinn kann die Einrichtung des Technischen Museums Wien als „Mittel zum Zweck" verstanden werden, deren didaktische Stoßrichtung in eine technokratische Zukunft deuten sollte. Auch das 1930 auf Erhards Initiative hin gegründete „Österreichische Forschungsinstitut für Geschichte der Technik" diente diesem Zweck. Dessen ab 1932 erscheinendes Publikationsorgan „Blätter für Geschichte der Technik" war nicht zuletzt für technosophische Arbeiten vorgesehen.⁴⁷ Es ist bezeichnend, dass Erhard bereits in der ersten Ausgabe nicht nur die Herausarbeitung des österreichischen Anteils der Technikentwicklung zu den Aufgaben des Instituts zählte, sondern auch die Erforschung der technischen Geistesgeschichte, „um der völkerverbindenden Technokratie die Tore des Lebens zu öffnen".⁴⁸

Erhards Theorie nach dem „Anschluss"

Eine äußerst problematische Wendung erhielt Erhards Theorie nach dem 1938 erfolgten „Anschluss" Österreichs an das nationalsozialistische Deutschland.⁴⁹ Am 12. März waren deutsche Truppen einmarschiert und von großen Bevölkerungsteilen jubelnd begrüßt worden. Staatsrechtlich wurde Österreich bereits am 13. März per Gesetz Teil des Deutschen Reiches.

Die folgende Gleichschaltung auf allen Gebieten des öffentlichen, privaten, politischen und kulturellen Lebens machte auch vor den „Blättern für Geschichte der Technik" nicht halt. In Erhards einleitendem Text „Deutsche Technik im nationalsozialistischen Staate" für den vierten Band fällt zunächst eine erneut verstärkte Betonung nationaler – diesmal allerdings ausdrücklich deutschnationaler – Zielsetzungen auf. Zwar gesteht Erhard der Technik, deren stufenweise Entwicklung von der Beherrschung organischer bis zur Beherrschung anorganischer Energien er nochmals herausstellt, eine Weltverbreitung zu. Doch er verwahrt sich nun gegen den Begriff einer „internationalen Technik". Denn übertriebener Internationalismus könne „das Nationalbewußtsein der Volksgenossen" schwächen.⁵⁰ Damit schränkte er den zuvor beschriebenen völker verbindenden Charakter der Technik deutlich ein.

Euphorisch wertete er den „Anschluss" als „Zauberschlag vom 13. März 1938".⁵¹ Durch ihn sei aus der österreichischen nun eine deutsche Technik geworden, die ebenfalls unter den Vierjahresplan falle:⁵² „Wie die Gliedmaßen und Sinnesorgane die natürlichen Werkzeuge des menschlichen Körpers darstellen, so bildet nunmehr auch die deutsche Technik das mit dem gesamtdeutschen Volkskörper fest verwachsene Werkzeug des nationalsozialistischen Staates."⁵³

Unter Verweis auf eine Arbeit des Historikers Heinrich von Srbik sowie eigene Beiträge versäumte Erhard auch nicht, auf angeblich vorhandene Kontinuitäten zu nationalsozialistischem Gedankengut hinzuweisen, für die offensichtlich eine Hierarchisierung des Gemeinwohls über den Eigennutz ausreiche. Sein Artikel endete mit einem begeisterten Bekenntnis zu den neuen Verhältnissen:

„Die von hundertjähriger erfolgreicher Ingenieurarbeit kündende Technikgeschichte Österreichs bietet die Gewähr dafür, dass die aufgeschlossene Technikerschaft der Ostmark dem nationalsozialistischen Gedankengut des Führers, Adolf Hitler, ein reifes Verstehen entgegenbringt und ihm zum Dank dafür, dass er die deutsche Technik zum edelsten und wirksamsten Werkzeug seines Aufbauwillens erkoren hat, freudig Gefolgschaft leisten wird. […] Das Österreichische Forschungsinstitut für Geschichte der Technik erfüllt hierbei nur seine satzungsmäßigen Aufgaben, wenn es, wie bisher, so auch in Hinkunft, die Technikgeschichte des Landes Österreich nach den lebenskundlichen Anschauungen des deutschen Nationalsozialismus betreut."[54]

Schon 1929 hatte Erhard in einem Referat anlässlich des 25-jährigen Bestandes des Österreichischen Vereins deutscher Ingenieure von dem Wunsch der „Verwirklichung des großen deutschen Vaterlandes" gesprochen.[55] Der nach dem Ersten Weltkrieg versuchte Anschluss Deutschösterreichs an Deutschland war durch die Friedensverträge von St.-Germain und Versailles unterbunden worden. Allerdings dürfte diese Idee in der Zwischenkriegszeit aus standespolitischen Gründen in Ingenieurkreisen auf Zustimmung gestoßen sein.[56] Nach dem 1938 freilich unter völlig anderen Rahmenbedingungen verlaufenen „Anschluss" schien sie nun verwirklicht – und es bereitete Erhard offensichtlich keine Mühe, seine „Biologie der Technik" mit nationalsozialistischen Biologismen und Vorstellungen zu verbinden.

Das Museum in der NS-Zeit

Der Zweite Weltkrieg verhindert – mit Ausnahme der „Entjudung" – den Zugriff der NSDAP auf das Museum und bringt den Betrieb zum Erliegen.

Christian Klösch

Die Museumslandschaft Wiens war in der Zeit von 1938 bis 1945 einem tief greifenden Wandel unterzogen. Kustoden und Museumsdirektoren erhofften sich vom Dritten Reich goldene Zeiten für ihre Profession. Teilweise erfüllten sich ihre Hoffnungen auch: Die Eroberungszüge der deutschen Wehrmacht brachten den Museen Raubgut aus ganz Europa ein – vor allem aus dem Besitz der vertriebenen und ermordeten Juden. Anderseits verloren die Museen an Bedeutung, da Wien nicht länger Hauptstadt war, sondern mit Städten wie Hamburg, München, Köln und auch Linz um Zuteilung von Personal und Ressourcen aus der Reichshauptstadt Berlin wetteifern musste. Das Technische Museum war nach dem „Anschluss" mit der Konkurrenz durch das Deutsche Museum konfrontiert, das besser mit der Großindustrie vernetzt war und über ein größeres Budget verfügte. Im Frühjahr 1938 überwogen aber die „Anschlussfreude" und die Hoffnung, dass die bisherige chronische Unterdotierung zusammen mit dem „Systemstaat" der Vergangenheit angehören würde.

Dieser Optimismus prägte die Generalversammlung, die der Förderverein des Museums am 24. April 1938 abhielt. Präsident Heinrich Goldemund, seit 1933 illegales Mitglied der NSDAP,[1] eröffnete die Versammlung mit überschwänglichen Worten: „Bevor wir in den geschäftlichen Teil unserer Tagesordnung eintreten, wollen wir des freudigen Ereignisses gedenken, daß unser Österreich heimgekehrt ist in das große Reich der Deutschen. Eine alte Sehnsucht ist damit von unserem Führer Adolf Hitler erfüllt worden. Ich spreche in ihrem Sinne, wenn ich sage. ‚Unser Führer, wir danken dir!' Die Kundgebungen beantwortete die Versammlung mit ‚Heil'-Rufen auf den Führer."[2]

Die allgemeine Jubelstimmung nach dem „Anschluss" erfasste auch die Belegschaft. Bereits am 16. März 1938 wurden die 22 Beamten des Museums auf „den Führer des Deutschen Reiches und Volkes, Adolf Hitler", vereidigt. In Hinkunft mussten alle Mitarbeiter vor allem gegenüber Vorgesetzten „den deutschen Gruß" leisten.[3] Von den insgesamt 34 Beschäftigten traten elf der „Deutschen Arbeitsfront" bei, die restlichen wurden Mitglied des „Reichsbunds der Deutschen Beamten". Direktor Viktor Schützenhofer konnte seinen Posten behalten, obwohl er 1935 kurz der antinationalsozialistisch eingestellten Paneuropa-Bewegung angehört hatte. Die Gleichschaltung schien auf den ersten Blick tadellos zu funktionieren.[4]

Personelle Veränderungen

Erst 1939 und 1940 kam es aufgrund der „Verordnung zur Neuordnung des österreichischen Berufsbeamtentums" zu personellen Veränderungen. Zwei langjährige Beamte wurden aus politischen bzw. rassischen Gründen zwangspensioniert: Zunächst traf es den Kustos Erich Kurzel-Runtscheiner, auch Vorstandsmitglied des „Österreichischen Automobil Clubs", der sich in den 1920er-Jahren wissenschaftlich und publizistisch intensiv mit dem „Marcus-Wagen" beschäftigt hatte. Ende Mai 1939 wurde er unter Beibehaltung voller Bezüge zwangspensioniert. Die Ursachen waren seine Mitgliedschaft bei der Heimwehr und seine offen gezeigte Anhängerschaft für das Regime Dollfuß-Schuschnigg sowie offenbar auch die Tatsache, dass er mit der jüdischen Bankierstochter Elisabeth Thorsch verheiratet war. Kurzel-Runtscheiner fand – auch mit Unterstützung von Ludwig Erhard – einen Posten als Leiter des Firmenarchivs der Maschinenfabrik Augsburg-Nürnberg in Augsburg. Diese Stelle bekleidete er bis Herbst 1944 und kehrte dann nach Wien zurück. Auch in diesen Jahren war er mit dem Museum und seinen Mitarbeitern, vor allem mit Therese Stampfl, in brieflichem und persönlichem Kontakt. Im Juni 1945 wurde Kurzel-Runtscheiner wieder eingestellt und 1946 zum stellvertretenden Direktor ernannt.[5]

Franz Kaminek hatte seit November 1915 als Mechaniker und Kinooperateur im Museum gearbeitet: Da seine Mutter Jüdin war, galt er nach den Nürnberger Rassengesetzen als „Mischling 1. Grades". Mit 30. Juni 1940 wurde er „mit vollem Ruhegenuss in den Ruhestand versetzt". Da halfen weder Interventionen seitens der Direktion noch seine Gnadengesuche an den „Stellvertretenden Führer Rudolf Hess", in denen er auf seine Fronteinsätze im Ersten Weltkrieg Bezug nahm. Kaminek war als Kinooperateur im „Ostmark"-Kino und später im „Waldmüller Kino" tätig, bevor er von 1942 bis 1945 von der Reichsfilmkammer „dienstverpflichtet" wurde. Im November 1945 wurde er wieder am Museum eingestellt, wo er bis zu seiner Pensionierung 1952 verblieb.[6]

Karteikarte des Fördervereinmitglieds Ministerialrat Dr. Ludwig Bettelheim-Gabillon, 1938 als „Jude" ausgeschlossen und 1944 im KZ Theresienstadt ermordet

Auch anhand der Mitgliederzahlen des Fördervereins des Museums lassen sich die antijüdischen Maßnahmen nachzeichnen, die unmittelbar nach dem „Anschluss" einsetzten: Im Lauf des Jahres 1938 sank die Zahl der Einzelmitglieder von 301 auf 276, jene der Firmenmitgliedschaften von 112 auf 107.[7] Der Rückgang ist zum überwiegenden Teil auf Austritte von Juden bzw. auf Arisierungen von Firmen zurückzuführen. So findet sich auf 41 Karteikarten ausgeschiedener Mitglieder der Vermerk „Jude".

Auch der Vorstand des Fördervereins war betroffen: Leopold Fialla, Prokurist der „Perlmoser Cementfabrik" und Rechnungsprüfer im Verein, teilte dem Präsidium Anfang 1939 mit: „In Anbetracht des Umstandes, dass ich Nichtarier bin, sehe ich mich zu meinem Bedauern genötigt, den Austritt aus ihrem gesch. Verein hiermit anzumelden und meine Stelle als Mitglied ihres Überprüfungsausschusses niederzulegen."[8] In einem kurz gehaltenen Schreiben dankte Ludwig Erhard ihm für seine „bisherige Mühewaltung".[9]

Im Dienst des Staates oder der NSDAP?

Obwohl sich von außen gesehen die Gleichschaltung des Museums mit dem nationalsozialistischen Regime ohne Probleme vollzog, entbrannte hinter den Kulissen ein „heftiger Konflikt" um die künftige Ausrichtung unter den geänderten politischen Gegebenheiten.

Das Museum wurde seit der Verstaatlichung 1922 vom Handelsministerium verwaltet. Dass es mit 1. August 1938 in den Wirkungskreis des Ministeriums für innere und kulturelle Angelegenheiten überführt wurde, störte noch niemanden. Führende Persönlichkeiten des Museums, wie Ludwig Erhard in seiner Funktion als Leiter des Forschungsinstituts für Technikgeschichte, Heinrich Goldemund als Präsident des Fördervereins sowie Georg Günther als Vertreter des Vorstandsrats des Museum, verfolgten jedoch weiterreichende Pläne zur Umstrukturierung. Bereits im April/Mai 1938 initiierte Erhard Gespräche mit dem „Nationalsozialistischen Bund Deutscher Technik" (NSBDT) in München mit dem Ziel, einerseits das Forschungsinstitut für Technikgeschichte und in weiterer Folge auch das Technische Museum organisatorisch mit dem NS-„Hauptamt der Deutschen Technik" zusammenzuführen und unter die Leitung des NSBDT-Führers Fritz Todt zu stellen.[10]

Dieses Angebot seitens maßgeblicher Persönlichkeiten des Museums kam Todts Intentionen durchaus entgegen, da im Frühjahr 1938 der NSBDT erste Schritte zur Gründung eines „Hauses der Deutschen Technik" in München setzte. Diese Institution sollte nicht nur die Zentrale des NSBDT werden und Schulungs- und Ausstellungsräume umfassen, sondern auch mit dem Deutschen Museum in München vereinigt werden. Eine Erweiterung dieses neu entstehenden Komplexes um das Technische Museum Wien hätte somit der NSDAP die Möglichkeit eröffnet, die museale Darstellung von Naturwissenschaft und Technik im „Großdeutschen Reich" direkt und zentral im nationalsozialistischen Sinn zu beeinflussen. Während die Direktion des Deutschen Museums die Pläne Fritz Todts abzuwehren versuchte, um zumindest institutionell die Unabhängigkeit zu bewahren,[11] sah die Gruppe um Ludwig Erhard, Heinrich Goldemund und Georg Günther in einer Anlehnung an die NSDAP die einzige Chance, die ursprünglichen Ausbaupläne des Museums doch noch zu verwirklichen.

Erhard trat zwar nicht der NSDAP, wohl aber dem NSBDT bei; er besuchte den Reichsparteitag 1938 in Nürnberg und nahm im Frühjahr 1939 an der „NS-Nordlandfahrt der Deutschen Technik" mit dem „Kraft durch Freude"-Dampfer Robert Ley teil, um unter NS-Funktionären Stimmung für seine Pläne zu machen.[12]

Bereits im Juli 1938 skizzierte er in einer „Denkschrift" seine „Vorschläge über die Reorganisation und den Gesamtausbau des Technischen Museums in Wien". Neben einer besseren finanziellen und personellen Ausstattung definierte er drei Ziele:[13]
– Konstituierung eines Vorstandsrats unter Führung Fritz Todts,
– Bildung eines Gesamtinstituts, bestehend aus dem Technischen Museum, dem Forschungsinstitut für Technikgeschichte und dem Verein zur Förderung des Technischen Museums,
– Ausbau der Museumsanlage gemäß dem ursprünglichen Bauplan: Zubau eines Ostflügels (Verwaltungstrakt), eines Westflügels (Ausstellungsgebäude) und Ausbau der Nordseite (Erweiterung der Schausammlung).

Die Initiative zu diesem Vorhaben ging eindeutig von Wien aus und gipfelte in mehreren Satzungsentwürfen, die mit Todts Mitarbeitern Karl-Otto Saur[14] und Otto Link akkordiert wurden.[15] Ende Oktober/Anfang November 1938 kam es zu mehreren Gesprächsrunden zwischen allen beteiligten Seiten in Wien.[16] Als zukünftiger Präsident des Kuratoriums des Technischen Museums sollte Todt das Vorschlagsrecht erhalten, nicht nur den Direktor, sondern auch alle Beamten des Museums zu bestellen.[17] Vom „Reichsministerium für Wissenschaft, Erziehung und Volksbildung" sollten nur mehr die finanziellen Mittel für das Museum zur Verfügung gestellt werden. Auf diese Weise, so Erhard in einem Brief an den NSDBT in München, „könnte sodann der Ausbau sämtlicher Museumsorganisationen nach dem Wunsch und Willen des Herrn Dr. Todt erfolgen".[18]

Gegen Erhards Pläne regte sich aber Widerstand seitens der staatlichen Museumsverwaltung, und auch Direktor Schützenhofer stand dem Vorhaben ablehnend gegenüber. In einer vermutlich von ihm verfassten Stellungnahme wurde die Vorgehensweise scharf kritisiert, da Erhard als Leiter des „privaten" Forschungsinstituts weder formal noch moralisch ein Recht habe, Fritz Todt die Präsidentschaft des Kuratoriums anzutragen.[19] Zwischen Erhard und Schützenhofer, seinem Nachfolger als Museumsdirektor, herrschte offenbar – und wohl schon vor 1938 – „kalter Krieg". Als Indiz dafür kann auch der Austritt Schützenhofers aus der „Hochburg der Privatisierer", dem Förderverein des Technischen Museums, per 7. Februar 1939 angesehen werden.[20]

Nach dem Tod Erhards Ende 1940 beschrieb Schützenhofer im Mai 1942 das Verhältnis zu seinem Vorgänger, woraus sich einige Rückschlüsse auf das Betriebsklima im Technischen Museum der Jahre 1938/39 ziehen lassen: „Selbst die Tatsache, dass Dr. E. [Erhard] nach dem Umbruch eine Art Privatisierung des Technischen Museums und des Forschungsinstituts betrieb und ich den amtlichen Auftrag hatte, diesen Machenschaften entgegenzutreten, hat zu keiner Differenz zwischen uns geführt, da beide Teile jede Diskussion dieser Fragen sorgfältig vermieden […]."[21]

Den „amtlichen Auftrag" bekam Schützenhofer offenbar von Friedrich Plattner, dem Staatskommissar im Ministerium für innere und kulturelle Angelegenheiten.[22]

Plattner, SS-Standartenführer und bis zu seiner Flucht nach Deutschland illegaler Gauleiter von Tirol, lehnte die Pläne von Erhard, Goldemund und Günther aus nicht bekannten Gründen ab. Wie aus einem Aktenvermerk des „Generalreferats für Kunstförderung, Staatstheater, Museen und Volksbildung" des Reichsstatthalters vom November 1941 hervorgeht, versuchte er 1939, einerseits die Übernahme des Technischen Museums durch die Partei zu erschweren und anderseits Schützenhofers Position als Direktor zu retten, indem er es der Oberleitung durch Hans Kummerlöwe anvertraute.

Kummerlöwe[23], Direktor der staatlichen Museen für Tierkunde und Völkerkunde in Dresden und als Nationalsozialist der ersten Stunde Träger des „Goldenen Parteiabzeichens", wollte seit Herbst 1938 seinen Wirkungskreis von Dresden nach Wien ausdehnen. Gemäß seinen Plänen und einem Wunsch des Ministeriums entsprechend sollte er die Oberleitung des Naturhistorischen Museums und des Völkerkundemuseums übernehmen. Als sich im Februar 1939 die Pläne zur Übernahme des Technischen Museums durch Fritz Todt konkretisierten, bot Plattner Kummerlöwe als Alternative kurzerhand auch die Oberleitung des Technischen Museums an, offenbar verknüpft mit der Bedingung, dass Schützenhofer das Museum als Fachmann weiterführen sollte.[24]

Plattners Schachzug ging auf. Kummerlöwe wurde mit Erlass des „Reichsministeriums für Wissenschaft, Erziehung und Volksbildung" vom 1. Juni 1939 die Oberleitung über alle sogenannten „wissenschaftlichen Staatsmuseen in Wien" übertragen.[25] Nun versuchte auch er die Pläne Erhards – aus Gründen der eigenen Machterhaltung – zu durchkreuzen. In einer Stellungnahme wetterte Kummerlöwe „gegen ein zweiseitiges gestaltendes Befehlsverhältnis für das Technische Museum Wien" und warnte „vor einer Zersplitterung […] der Wiener bzw. ostmärkischen Museumskultur". Er beharrte darauf, dass das Technische Museum weiterhin in der Verwaltung des „Reichsministers für Wissenschaft, Erziehung und Volksbildung" bleiben sollte und Todt nur den „Ehrenschutz" für das Technische Museum übernehmen dürfe, wobei er betonte, dass diese Unterstellung „nach außen als Symbol" aufzufassen sei und die tatsächliche Leitung des Museums nicht angetastet werden sollte.[26] Da er selbst von technischen Belangen keine Ahnung hatte, stellte er sich so vor Schützenhofer, den er als Fachmann für die Leitung des Museums brauchte.[27]

Der Kriegsausbruch im September 1939 beendete nicht nur den Machtkampf um Leitung und Status des Technischen Museums in Wien, sondern auch jenen um das Deutsche Museum in München. Für Fritz Todt rückten nun kriegswirtschaftliche Belange und seine „Organisation Todt" in den Vordergrund. Alle Beteiligten kamen überein, den Status des Deutschen Museums in München und des Technischen Museums in Wien erst nach Kriegsende zu klären. Auch die Errichtung des „Hauses der Deutschen Technik" in München sollte erst nach dem „Endsieg" erfolgen.[28]

Hans Kummerlöwe (1903–1995), Direktor der staatlichen Museen für Tierkunde und Völkerkunde in Dresden, übernahm von 1939 bis 1945 die „Oberleitung" des Technischen, Naturhistorischen und Völkerkundemuseums in Wien, Foto, 1939

Museumspersonal im neuen, nach den Richtlinien des Amtes „Schönheit der Arbeit" umgestalteten Gefolgschaftsraum, Foto, 1939

Für das Technische Museum bedeutete dies für die Jahre bis 1945 die Aufrechterhaltung des bisherigen Zustands und für Schützenhofer die Rettung seines Direktionspostens. Er überstand auch eine Anzeige, die einige Mitarbeiter des Museums im Dezember 1938 bei der Gestapo gegen ihn einbrachten. Der Gestapo wurde bald klar, dass die Urheber der Anzeige – darunter der ehemalige Vizedirektor Ernst Stelzer – sich aufgrund vermeintlicher oder tatsächlicher beruflicher Zurücksetzungen in der Vergangenheit an Schützenhofer rächen wollten. Nach der Einstellung des Verfahrens wehrte er sich gegen seine Widersacher mit Disziplinaranzeigen, die zu Entlassungen und Versetzungen führten. So wurde Franz Fiedler, immerhin Betriebsobmann der DAF im Technischen Museum, strafweise ins Kunsthistorische Museum versetzt.[29]

In dieser Situation konnte sich Schützenhofer auch auf die Fürsprache des Werkstättenleiters Josef Hofbauer verlassen, der bereits seit November 1922 Mitglied der NS-Bewegung war und seit Februar 1933 eine NS-Betriebszelle im Technischen Museum leitete. In der Verbotszeit verteilte Hofbauer, der aufgrund seiner langjährigen Mitgliedschaft mit dem begehrten „Goldenen Parteiabzeichen" ausgezeichnet wurde, im Technischen Museum illegale NS-Schriften. Schützenhofer verhinderte 1933 seine Entlassung aus politischen Gründen und schlug ihn bis 1938 und darüber hinaus wiederholt für Beförderungen vor, was dieser ihm wohl mit Loyalität in den Jahren 1938 bis 1945 dankte.[30]

Der Machtkampf um Führung und Ausrichtung des Technischen Museums im Zeitraum vom „Anschluss" 1938 bis Kriegsausbruch 1939 ist ein Beispiel für die immer wieder auftretende Konkurrenz zwischen Institutionen der NSDAP und des Staates um die Macht im Dritten Reich, aber auch dafür, wie Akteure die geänderten politischen Rahmenbedingungen nach dem „Anschluss" nutzen wollten, um Posten und Einfluss zu gewinnen. Der Kriegsausbruch setzte all diesen Rangkämpfen ein vorläufiges Ende.

Für das Museum brachen „ruhigere" Zeiten an: Im Frühjahr 1940 wurde es dem beim Reichsstatthalter in Wien angesiedelten „Generalreferat für staatliche Kunstverwaltung und Volksbildung" unterstellt.[31] In die Belange des Museums mischte sich das Generalreferat aber kaum ein; sein Schwerpunkt lag auf den Bereichen Film, Theater und Kunst. 1941 unternahm das Generalreferat einen Versuch, das Museum wieder aus der gemeinsamen Oberleitung von Naturhistorischem Museum und Völkerkundemuseum zu lösen, da ja die Gründe, die zur Betrauung Kummerlöwes führten, wie es formuliert wurde, „inzwischen in Fortfall gekommen sind"[32]. Doch Kummerlöwe, der mittlerweile zur Wehrmacht eingezogen worden war, wehrte sich erfolgreich gegen die Beschneidung seines Einflusses in Wien. Somit blieb die organisatorische Zusammenfassung der drei „wissenschaftlichen Museen" formal bis Kriegsende bestehen. Nach dem Tod von Ludwig Erhard im Oktober 1940 wurde auch das Forschungsinstitut für Technikgeschichte[33] verstaatlicht und dem Museum unter der Leitung Schützenhofers angegliedert. Die Arbeit des Forschungsinstituts kam mit der Herausgabe des achten Bandes der Blätter für Technikgeschichte 1942 bis nach Kriegsende zum Erliegen.

Von den ehrgeizigen Um- und Ausbauplänen, die Erhard im Sommer 1938 propagiert hatte, wurde nichts verwirklicht. Einzig die „Gefolgschaftsräume" im Technischen Museum wurden nach den Richtlinien des „Amtes für Schönheit der Arbeit" der „Deutschen Arbeitsfront" umgebaut: Es entstanden Umkleideräume mit Duschen sowie ein Speiseraum, an dessen Wänden der Spruch Adolf Hitlers „Ich kenne keine Arbeitgeber und Arbeitnehmer, sondern nur Arbeitsbeauftragte des deutschen Volkes" prangte.[34] In der Eingangshalle ließ die Direktion 1941 zum stattlichen Preis von 2000 RM eine von Heinrich Zita geschaffene Hitler-Büste aus Bronze in doppelter Lebensgröße aufstellen.[35]

Museumsalltag im Nationalsozialismus

Die durch Jahrhunderte intensiven politischen und kulturellen Kontakte Österreichs zu den Ländern des Balkans sollten nach dem „Anschluss" auch dem Dritten Reich zugute kommen. Innerhalb des Deutschen Reichs wurde der Ostmark und vor allem Wien die Rolle zugeteilt, sich diesem geografischen Raum zu widmen. Die „Südostausrichtung" avancierte zu einem viel strapazierten Schlagwort. Eine entsprechende Aufforderung Kummerlöwes, in Hinkunft den Anteil der „Südoststaaten an der Entwicklung der Einzelgebiete der Technik" verstärkt aufzuzeigen und einen Fokus auf jene „technischen Gegenwartsleistungen [zu legen], deren die Südoststaaten bedürfen und für deren Vermittlung das Reich von Bedeutung ist", traf im Museum auf wenig Gegenliebe. Schützenhofer antwortete: „Der Anteil der Südoststaaten an der Entwicklung der Technik ist begreiflicherweise verhältnismäßig gering, wird aber dort immer hervorgehoben, wo er in Erscheinung tritt (Tesla und Pupin). [...] Die Aufzeigung bloß der für die Südoststaaten allein in Frage kommenden Gegenwartsleistungen würde nicht nur das Niveau des Museums drücken, sondern auch die Erfüllung der Verpflichtung, der Förderung, der Wirtschaft der Heimat und der Belehrung der Heimat zu dienen, beeinträchtigen."[36]

Schützenhofer maß dem Museum vielmehr eine Vermittler- und Botschafterfunktion im Hinblick auf „deutsche Kultur und Wissenschaft" zu. In einem Artikel für das „Haus der Deutschen Technik" schrieb er im Frühjahr 1939: „Wenn, wie wir hoffen, bald wieder recht viele Besucher aus den Süd-Ost-Staaten ins Museum kommen werden, so sollen sie hier techno-politisch das Werden und die Kultur der deutschen Technik im großen deutschen Lebensraum veranschaulicht finden."[37]

Um der Schwerpunktsetzung in Richtung Südosteuropa doch irgendwie Rechnung zu tragen, bemühte sich das Museum, den technischen Schriftleiter der Zeitschrift „Süd-Ost Echo", Emil Descovich, ans Haus zu bekommen. Descovich, der den zur Wehrmacht eingezogenen Kurator Karl Krämer ersetzte, wurde nach nur viermonatiger Tätigkeit im Herbst 1940 selbst zur Wehrmacht eingezogen.[38] Damit war wohl dieses Thema für das Museum endgültig ad acta gelegt. Einzig aus dem Jahr 1943 ist ein Austausch mit dem „Slowakischen Museum" in Pressburg/Bratislava zu erwähnen: Das Technische Museum Wien sollte beim Aufbau einer technischen Abteilung beratend tätig werden und Dubletten aus der Bibliothek und Schausammlung zur Verfügung stellen.[39]

Tilgung der Vergangenheit: Die Affäre um die Gründungstafel

Obwohl sich Staat und NSDAP nach Kriegsausbruch kaum mehr um die Belange des Technischen Museums kümmerten, rückte das Haus doch einige Male in den Fokus der Partei. So fiel im Dezember 1941 einem NSDAP-Funktionär auf, dass die seit Mitte der 1920er-Jahre im Stiegenhaus des Museums angebrachte „Gründungstafel" auch den jüdischen Industriellen Bernhard Wetzler[40] und das Bankhaus Rothschild[41] unter den zwanzig Institutionen und Persönlichkeiten anführte, die sich um das Museum verdient gemacht hatten. Das NS-„Kreisamt für Technik, Wien VII" wandte sich daraufhin brieflich an die Museumsdirektion und verlangte die Entfernung der Namen. Schützenhofer verwies darauf, dass man diese Frage bereits 1938 mit Karl-Otto Saur vom NSBDT und Staatskommissär Friedrich Plattner diskutiert habe und zum Beschluss gekommen sei, die Namen nicht zu tilgen, da es sich um eine historische Tafel handle.[42] Der Einwand wurde nicht akzeptiert.

In einer ersten Reaktion verwarf der „Reichsstatthalter" das „Herausmeißeln" der beiden Namen, das „nur auffallend wirken" würde. Es müsse die gesamte Tafel entfernt und durch eine neue ersetzt werden.[43] Bis zu ihrer Fertigstellung im April 1942 wurden auf der alten Tafel die beiden beanstandeten Namen „in geeigneter Weise gelöscht".[44] Weisungsgemäß legte Schützenhofer im Jänner 1942 den Kostenvoranschlag des Wiener Steinmetzmeisters Oreste Bastreri für eine neue Platte aus Carrara-Marmor über 1500 RM vor, die zukünftig weder Gründer noch Spender enthalten sollte.[45] Das „Generalreferat für Kunstförderung, Staatstheater, Museen und Volksbildung" genehmigte diesen Vorschlag Anfang Februar. Die Kosten sollten unter Gebäudeerhaltung verbucht werden.[46] Im April 1942 meldete das Museum den Abschluss der Arbeiten, die schließlich einen Aufwand von 1077 RM erforderten.[47] Die neue Tafel erhielt zusätzlich auch das von Viktor Schützenhofer stammende Motto „Der Wirtschaft zum Nutzen".[48]

Das Museum während des Zweiten Weltkriegs

Dramatisch entwickelten sich 1938 die Besucherzahlen: In den ersten Monaten nach dem „Anschluss" gingen sie im Vergleich zu den entsprechenden Monaten des Jahres 1937 um beinahe die Hälfte zurück.[49] Erst ab 1940 konnten die Zahlen von 1937 übertroffen werden.

Dieser Rückgang war vor allem auf den anfänglichen Ausfall von Schulklassen (minus 50 Prozent) zurückzuführen, aber auch „Juden" in der Definition der Nürnberger Rassengesetze war der Besuch verboten. Sogenannten „Mischlingen" wurde er jedoch einzeln erlaubt. Als jedoch die Privat-Handelsschule Neumann aus Wien im April 1943 anfragte, ob einer ihrer „Mischlingskurse" das Museum als Gruppe besuchen dürfe, wurde dies vom Reichsstatthalter untersagt – da nützte es auch nichts, dass einige dieser „Mischlinge" sogar der HJ angehörten.[50]

Die im Vergleich hohen Zahlen der Jahre 1940 bis 1943 erklären sich aus den vielen Museumsaufenthalten von urlaubenden oder verwundeten Wehrmachtssoldaten. Durch die Kriegsereignisse 1944 ging der Museumsbesuch rapide zurück. Besichtigten im Zeitraum von Juni bis Dezember 1943 noch zwischen 4000 und 7000 Personen pro Monat das Museum, waren es im Vergleichszeitraum 1944 nur mehr 1500 bis 2500.

Nach den ersten schweren Luftangriffen auf Wien Mitte September 1944 kam es aufgrund des von Joseph Goebbels verordneten „totalen Kriegseinsatzes" zur zeitweiligen Sperre der Wiener Museen: Das Technische Museum durfte nur mehr Samstagnachmittag und Sonntagvormittag geöffnet haben und war sonst nur mehr für Führungen wochentags um 10 Uhr und 14 Uhr zugänglich.[51] Es kann davon ausgegangen werden, dass das Museum Anfang 1945 für die Öffentlichkeit geschlossen wurde.

Im Museum waren in den 1930er-Jahren fünf wissenschaftliche Mitarbeiter angestellt. Durch die Einberufungen zur Wehrmacht musste der Museumsbetrieb jedoch im Lauf des Krieges immer mehr eingeschränkt werden. Zwar versuchte Schützenhofer durch Anträge auf „Unabkömmlichkeit" („UK") Ausnahmeregelungen zu erwirken, doch gegen Kriegsende wurden diese immer seltener gewährt. Eingerückt war neben dem stellvertretenden Direktor Franz Sedlacek auch der Kustos Karl Krämer. Infolge der Zwangspensionierung von Kurzel-Runtscheiner waren von den ursprünglich fünf wissenschaftlichen Mitarbeitern nur mehr Schützenhofer und Nagler am Haus. Nagler musste aber immer wieder zur Waffenprüfstelle des Oberkommandos des Heeres nach Hamburg reisen, wo er bei Forschungsaufgaben im Bereich der Raketen- und Sprengstofftechnik sowie bei der Firma ELAC in Kiel und am Institut für Stabilität und Schwingungsforschung in Hamburg eingesetzt wurde und daher dem Museum nur mehr sporadisch zur Verfügung stand.[52]

Als Ersatz für das einberufene Personal wurden dem Museum ältere Männer und Frauen zugeteilt. So wurde Krämer im Juni 1940 durch den Korvettenkapitän a. D. Emil Descovich ersetzt, und als dieser selbst einrücken musste, kam im Dezember 1940 der ehemalige Direktor der Laboratorien in der Antikenverwaltung des Bagdad-Museums Wilhelm König ans Haus.[53] Als „Ersatzkraft" für den zur Wehrdienstleistung eingezogenen und nach 1945 als vermisst gemeldeten Franz Sedlacek war nach Überprüfung durch die NSDAP-Gauleitung Wien im Juni 1942 Katharina Suk für den „gehobenen Dienst" angestellt worden. Als erste Akademikerin (Dr. phil.) im Museum begründete sie nach dem Krieg die bis heute wirkende Tradition der Leitung von Bibliothek und Archiv durch Frauen.[54]

Der 17-jährige Walter Herlinger (Israel Hadar) mit seinem Bruder und Freunden vor dem Technischen Museum, ihrem Lieblingsmuseum, das sie nicht mehr betreten durften, unmittelbar vor der erzwungenen Emigration nach Israel, Foto, Sommer 1939

Der Krieg machte auch vor den Museumsobjekten nicht halt – eine erste Bergungsaktion zum Schutz vor Bombenangriffen wurde im März 1941 durchgeführt. So wurden feuergefährliche Filme bei einer Filmfirma eingelagert, besonders wertvolle Objekte in Kisten verpackt und im Keller des Museums deponiert.[55]

Im August und September 1943 musste das Museum wegen einer Bergungsaktion zeitweilig schließen: 18.425 Objekte, 4170 Bücher sowie Handschriften und Archivstücke wurden geborgen.[56] Die Objekte – unter anderem die Messersammlung des Anton Petermandl, zwei Flugmodelle von Wilhelm Kreß und die Sammlung von Musikinstrumenten – wurden in 15 Kisten verpackt und auf Schloss Herrenhof bei Hirschwang am Semmering gebracht, das im Eigentum der Industriellenfamilie Schoeller stand. Im Safe der ehemaligen Länderbank in der Wollzeile verwahrte man die wertvollen Handschriften, u. a. 200 Mappen mit österreichischen Patentschriften.[57] Die Bibliothek kam in den Heizungsraum des Museums, und das Eisenbahnarchiv wurde nach Greifenstein verlagert.

Ab 11. November 1938 zeigte das Museum die Schau „Kulturleistungen der Ostmark auf bergbaulichem und hüttenmännischem Gebiet"[58], die mit ihren Originalobjekten aus dem 16. Jahrhundert teilweise an die Ausstellung „Österreichs Technik in Dokumenten der Zeit" 1930 in der Albertina erinnerte, und von Juni bis Dezember 1940 die von Eduard Stürzer und Josef Nagler kuratierte Ausstellung „Deutsche Kunststoffe – Deutsche Werkstoffe", die u. a. künstlichen Zahnersatz, Leichtmetalllegierungen wie Tragflächen oder auch hitzebeständiges Kochgeschirr aus Glas präsentierte.[59]

Den Höhepunkt bildete zweifellos die 25-Jahr-Feier des Museums am 6. Mai 1943. Die vom stellvertretenden Gauleiter Karl Scharizer eröffnete Ausstellung „Anfänge des Technischen Museums" zeigte erstmals einen Querschnitt aus dem Fabriksprodukten-Kabinett.[60] Im Gegensatz zur Eröffnung des Hauses 1918 fand die Jubiläumsfeier ein gewisses Echo in der Öffentlichkeit und in den Medien; u. a. hielt Schützenhofer am 25. Mai 1943 einen Radiovortrag.

In Zusammenarbeit mit dem NSBDT wurden im Jänner 1942 die Ausstellung „Behelfsmäßiges Bauen im Kriege"[61] und im November des gleichen Jahres die Schau „Wasserkraft und Landschaft" eröffnet, die zuvor an der „Reichsschule der deutschen Technik" auf der Plassenburg in Oberfranken zu sehen war.[62] Eine zu Ehren des 50. Geburtstages von Fritz Todt im September 1941 geplante Ausstellung über „Die Reichsautobahnen der Ostmark" wurde „auf höhere Weisung hin" von der Obersten Bauleitung Wien der Reichsautobahnen kurzfristig abgesagt.[63]

Die „Deutsche Arbeitsfront" nutzte das Technische Museum im Oktober 1943 für die „Sonderschau von Spezialerzeugnissen der Lehrwerkstätten und der Ergebnisse aus dem betrieblichen Vorschlagswesen".[64] Die für Herbst 1944 vorgesehene Ausstellung „Technische Spitzenleistungen von Lehrlingsarbeiten" fand aufgrund der Kriegsereignisse nicht mehr statt, wohl jedoch im Frühjahr die Schau „Erhaltung der Arbeitskraft", ausgerichtet vom Sozialamt der Deutschen Arbeitsfront in Wien, Abteilung Wirtschaftlichkeit und Arbeitsschutz.

Das Museum beteiligte sich ab 1938 mit bedeutenden Exponaten auch an externen Ausstellungen: Die Österreich-Abteilung bei der internationalen Bergbauausstellung in Freiberg in Sachsen wurde von Schützenhofer gestaltet, für die italienische Kolonialausstellung „Mostra Triennale delle Terre Italiane D'Oltremare" 1940 in Neapel stellte das Museum wertvolle Dokumente aus dem Negrelli-Nachlass zur Verfügung,[65] und 1941 beteiligte man sich mit Leihgaben an einer Bergbauausstellung in Mährisch Ostrau/Ostrava, an der Ausstellung „Groß-Deutschland und die See" des Deutschen Museums sowie an der Wiener Ausstellung „Seegeltung – Weltgeltung".

Das Museum versuchte nach Kriegsausbruch 1939 bei der Neugestaltung der Ausstellungsbereiche, z. B. in der Abteilung Handels- und Kriegsschifffahrt,[66] und durch die Auswahl des Vortrags- und Filmprogramms auch die Kriegstechnik zu berücksichtigen: Im November 1941 brachte man die Filme „Schießen und Treffen. Unsere Artillerie" und „Deutsche Panzer", im April 1942 „Schlachtschiffe in Fahrt, Torpedoboote und U-Boote am Feind".

Im Allgemeinen litt die Museumsarbeit jedoch ab 1940 durch die Einberufung von Mitarbeitern zur Wehrmacht. Immerhin konnten 1940 noch die Abteilungen „Fernsehen" und „Lichtelektrische Zellen", 1941 die Abteilungen „Kunststoffe", „Radiumerzeugung" und „Gußrohre" sowie 1942/43 „Die plastischen und textilen Kunst- und Werkstoffe" sowie „Der deutsche Naturstein und dessen Verwertung" neu aufgestellt bzw. ausgebaut werden.[67]

Sonderausstellung „Kulturleistungen der Ostmark auf bergbaulichem und hüttenmännischem Gebiet", im Hintergrund ein Bergbaubild aus Schwaz von 1560, Foto, Hilscher, Wien, 1938

NS-Raubgut vor und nach 1945

Von 1938 bis 1945 setzte das Technische Museum – abgesehen von neuen Objekten der Kriegstechnik und solchen, die im Zuge der Sonderausstellung zu den Ersatzstoffen 1940 ins Museum kamen – keine neuen Sammlungsschwerpunkte. Nach dem „Anschluss" im März 1938 häuften sich allerdings Widmungen von technischen Objekten, Büchern und Archivalien von jüdischen Besitzern. Eine aktive Rolle des Museums ist jedoch nicht belegbar. Zumeist wurden sie dem Museum von Menschen, die durch die nationalsozialistischen Verfolgungen in eine ausweglose Lage gerieten, selbst angeboten. So kontaktierte z. B. Siegfried Gerstel, ein Experte für landwirtschaftliche Maschinen, im August 1938 das Museum: „Da ich als Jude möglicherweise gezwungen sein werde, meine Heimat, trotzdem ich 75 Jahre lang hier wohne, zu verlassen, und oben genannte Bücher u.s.w. nicht mitnehmen kann, so erlaube ich mir die Anfrage, ob Sie geneigt sind, im Falle ich auswandern müsste, diese zu übernehmen, kostenlos."[68] Bis Herbst 1938 gelangten durch Gerstel und andere verfolgte Personen insgesamt 84 Bücher, ca. 500 Fotos und Glasdias sowie zehn Objekte ins Museum.

In einem Erlass vom 8. November 1938 wies das Ministerium für innere und kulturelle Angelegenheiten die Museen jedoch darauf hin, dass „es mit den rassischen Grundsätzen eines nationalsozialistischen Staates nicht vereinbar [sei], dass Körperschaften des öffentlichen Rechts oder sonstige öffentliche Einrichtungen Schenkungen oder letztwillige Zuwendungen von Juden annehmen".[69]

Tatsächlich lehnte das Museum in der Folge einige Schenkungen von Juden ab, u. a. ein historisches Hochrad von Emil Ehrenfest mit dem Vermerk „Jude! Ablegen! D.S.".[70] In anderen Fällen wurden Geschenke von bekannten jüdischen Familien auch nach dem November 1938 angenommen, so 1941 von Regine Ehrenfest-Egger. Nach der Deportation und Ermordung des Technikhistorikers Hugo Theodor Horwitz Ende 1941 erhielt das Museum Anfang 1942 dessen Nachlass, der aus 97 Büchern und Archivalien im Umfang von ca. 40 Mappen besteht.[71]

Insgesamt stammen rund sieben Prozent der zwischen 1938 und 1945 inventarisierten Objekte aus „bedenklicher" Provenienz von jüdischen Familien, von „Ariseuren" oder von Institutionen, wie z. B. dem Dorotheum, die für die Nationalsozialisten im großen Stil geraubtes Gut verwerteten. Aber auch nach 1945 kam durch weitere Schenkungen „arisiertes" Gut, wie z. B. 1952 ein Fiat 522 als Geschenk der Bundesgärten Schönbrunn, ins Museum: Das Auto hatte der jüdischen Gemischtwarenhändlerin Rosa Glückselig aus Wien-Hernals gehört und war 1938 von der SA beschlagnahmt worden. Mit Ausnahme des „Marcus-Wagens" und zweier Kutschen, die durch Rückstellungsverfahren in den 1950er- bzw. 1960er-Jahren restituiert wurden, sind erst im Zuge des Kunstrückstellungsgesetzes von 1998 Bestrebungen in Gang gesetzt worden, alle diese Objekte an die ursprünglichen Besitzer bzw. deren Erben zurückzustellen.[72]

„Siegfried Marcus war kein Deutscher [...], sondern Jude": Die Affäre um den „Marcus-Wagen" 1940

Der „Marcus-Wagen", bis heute eines der bedeutendsten Objekte des Museums, kam als Leihgabe des „Österreichischen Automobil Clubs" 1915 ins Museum. 1940 musste der Wagen aus politisch-ideologischen Gründen aus der Schausammlung entfernt werden. Bereits kurz nach dem „Anschluss" wurde auf Initiative des NSBTD und der Vertretung des vierten Wiener Gemeindebezirks das 1932 vor der Technischen Hochschule errichtete Denkmal für Siegfried Marcus wegen dessen jüdischer Herkunft ebenso beseitigt wie die Marcus-Gedenktafel im Haus der Genossenschaft der Maschinenbauer in der Gumpendorfer Straße.[73]

Siegfried Marcus galt in der österreichischen Öffentlichkeit in den 1930er-Jahren als Erfinder des Automobils. In die Aus-

Hugo Theodor Horwitz, Foto, um 1930

einandersetzung, ob nun Carl Benz 1885 oder Siegfried Marcus 1875, 1877 oder erst 1888/89 das Auto erfunden hätte, mischten sich nach der Machtübernahme der Nationalsozialisten in Deutschland 1933 antisemitische Töne. Der Kustos des Museums Kurzel-Runtscheiner beschäftigte sich intensiv mit Leben und Werk von Siegfried Marcus. In seiner 1928 erschienenen Abhandlung über Marcus, die das Museum als Sonderdruck verkaufte, feierte er ihn als Ersten, der ein „Benzinautomobile mit magnetelektrischer Zündung" gebaut habe.[74] Nach dem „Anschluss" kam es zunächst zu einer überraschenden Entwicklung: Das Nationalsozialistische Kraftfahrkorps (NSKK), das den „Österreichischen Automobil Club" übernahm und seinen Besitz liquidierte, überließ den „Marcus-Wagen" dem Museum als Geschenk. Doch schon bald wurde das auch international bekannte Ausstellungsobjekt zu einem Problemfall. Einerseits wollte und konnte das Museum nicht auf den „Marcus-Wagen" verzichten, da vor allem ausländische Technikinteressierte nur seinetwegen das Haus besuchten, andererseits musste es auf den politischen Druck reagieren. Als Kompromiss ersetzte die Direktion das Foto von Marcus und die Ausstellungstafel durch eine Beschriftung, „bei der oben die Leistung in großen Buchstaben und darunter der Name Marcus in kleinen Buchstaben angegeben" war, beließ den Wagen jedoch in der Schausammlung.[75] Den Verkauf der Marcus-Broschüre von Kurzel-Runtscheiner stellte man ein, und im Ende 1939 neu aufgelegten Museumsführer fehlte die Passage über den „Marcus-Wagen".

Auf Anfragen, die weiterhin von Wissenschaftern und Journalisten aus der Ostmark und dem „Altreich" zur Person Siegfried Marcus einlangten, pflegte Direktor Schützenhofer mit dem Satz: „bezüglich Siegfried Marcus erwähnen wir vor allem, dass er Jude war", zu antworten.[76] Internationale Anfragen wurden mit dem Vermerk „Beantwortung unterbleibt" schnellstens ad acta gelegt.[77]

Mit diesen Maßnahmen versuchte das Museum, möglichst wenig Aufmerksamkeit zu erregen. Dennoch sammelte man weiterhin Objekte zu Siegfried Marcus: Als Leihgaben kamen im September 1938 zehn Objekte aus seinem ehemaligen Besitz ins Museum.[78] 1940 lud man einen früheren Mechaniker aus Marcus' Werkstätte zu einem Gespräch ein, dessen Inhalt auch für Forschungszwecke protokolliert wurde.[79] Diese Doppelstrategie ging zunächst auf: Weder Wiener Parteikreise noch die Besucher schien der nach wie vor zur Schau gestellte „Marcus-Wagen" zu stören.

Erst als in der vom Reichsaußenministerium herausgebenen Monatsschrift „Berlin – Rom – Tokio" im Frühjahr 1940 ein Artikel mit dem Titel „Weltgeltung der deutschen Motorenindustrie" erschien, regte sich Widerstand. Darin wurde auf die Leistung des „aus Mecklenburg stammenden deutschen Marcus" hingewiesen, der „das erste Auto und damit die Anfänge einer riesigen Weltindustrie geschaffen" hätte.[80] Der Konzernvorstand von Daimler-Benz wollte diese Behauptung nicht akzeptieren und wandte sich in einem von den Vorständen Wilhelm Kissel und Jakob Werlin unterzeichneten Brief an den „Reichskommissar für die Wiedervereinigung Österreichs mit dem Dritten Reich" Josef Bürckel, um ihn auf „zwei schwerwiegende historische Unrichtigkeiten" hinzuweisen: „Erstens trifft es keineswegs zu, dass Marcus ‚die Anfänge einer riesigen Weltindustrie' geschaffen hätte", und: „Zweitens: Siegfried Marcus war kein Deutscher [...], sondern Jude." Um Letzteres zu beweisen, ließ Daimler-Benz in Marcus' Geburtsstadt Malchin in Mecklenburg „eingehende Nachforschungen anstellen". Der Daimler-Benz-Vorstand forderte Bürckel auf, „den ‚Marcus-Wagen' aus dem Wiener Gewerbe-Museum entfernen zu lassen", nicht ohne darauf hinzuweisen, dass seitens des Reichspropagandaministeriums „bereits die Anweisung an die gesamte deutsche Tages- und Fachpresse ergangen [sei], den Namen Marcus nicht mehr zu erwähnen".[81]

In einem weiteren Schreiben teilte Daimler-Benz dem Reichsstatthalter mit, dass man bereit sei, als Ersatz für den „Marcus-Wagen", „den ersten Benz-Wagen aus dem Jahr 1885 geschenkweise zur Verfügung zu stellen".[82]

Der im Sommer 1940 vollzogene Amtswechsel von Bürckel zu Baldur von Schirach verzögerte eine Entscheidung in Wien. Aber Daimler-Benz ließ nicht locker: Um die Sache zu beschleunigen, schickte man den Wiener Vertreter Hans Scharrer gemeinsam mit dem SS-Sturmbannführer Benedikt Karg ins Museum, um am 10. September 1940 mit Direktor Schützenhofer direkt zu verhandeln. In diesem Gespräch stimmte Schützenhofer zu, den repräsentativsten Platz in der Abteilung Kraftfahrzeugwesen in Hinkunft dem „Benz-Wagen" zu geben, jedoch wollte er den „Marcus-Wagen" an andere Stelle weiterhin in der Schausammlung präsentieren.[83]

Siegfried Marcus als Symbol für den jüdischen Erfindergeist, Vignette der Wiener antinazistischen „Harand-Bewegung" als Protest gegen die NS-Schau „Der ewige Jude", Druck, 1937/38

Das Museum in der NS-Zeit   281

Zeitungsartikel über die Aufstellung des Benz-Dreirads im Museum als Ersatz für den Marcus-Wagen, 16. November 1940

Ähnlich argumentierte auch der altösterreichische Beamte Ludwig Berg im „Generalreferat für Kunstförderung, Staatstheater, Museen und Volksbildung": In einer Aktennotiz vom 4. Oktober 1940 an den Kulturreferenten Walter Thomas stellte er zur Diskussion, „ob der Wagen aus dem Museum gänzlich entfernt oder an eine zweitrangige Stelle gerückt werden soll", und sprach sich für Letzteres aus: „Vom wissenschaftlichen Gesichtspunkt ist zu bemerken, dass die Erfindung des Marcus als Frühleistung eine allgemein anerkannte und in allen Fachkreisen bekannte Tatsache ist und der bisherige Verbleib des Marcuswagens im Technischen Museum keinen Ausnahmefall darstellt, da beispielsweise im Deutschen Museum in München auch noch die Juden Lieben (Lieben-Röhre) und Hertz (Hertzwellen) vertreten sind."[84] Am 8. Oktober entschied der neue Kulturreferent Baldur von Schirachs, den „Marcus-Wagen" ins Depot zu verfrachten, was noch am selben Tag erledigt wurde. In der Schausammlung verblieb nur ein kleines Modell.[85]

Am 16. November 1940 übergab der eigens nach Wien gereiste Daimler-Benz-Vorstand Werlin in einem Festakt dem Technischen Museum die von Lehrlingen des Konzerns hergestellte Replik des Benz-Dreirads von 1885.[86] Der Text der Ausstellungstafel, der auch einen kurzen Abriss der Automobilgeschichte enthielt, wurde von Daimler-Benz gleich mitgeliefert. Der „Marcus-Wagen" wurde dort unter der Rubrik „Vorläufer des Automobils" erwähnt.[87]

Im Juni 1945 kam der „Marcus-Wagen" mit der ursprünglichen Ausstellungstafel wieder auf den alten Platz. Aber auch das Benz-Dreirad blieb – zumindest bis Anfang der 1960er-Jahre – in der Schausammlung.[88] Ab 1946 wurde Siegfried Marcus wieder im Museumsführer erwähnt; seine beiden Fahrzeuge wurden „als Ahnherrn der Automobile in aller Welt" bezeichnet.[89] Die „Schenkung" des „Marcus-Wagens" im Juni 1938 durch den NS-Liquidator des „Österreichischen Automobil Clubs" hatte in den 1950er-Jahren noch ein Nachspiel. Dass diese Schenkung einer Entziehung durch eine NS-Institution

Original des „zweiten" Marcus-Wagens mit der Büste von Siegfried Marcus in der Abteilung „Straßenfahrzeuge" im Erdgeschoss, Foto, 1952

gleichkam, bemerkte der ÖAMTC als Rechtsnachfolger des „Österreichischen Automobil Clubs" erst im Jahr 1958. In einem langwierigen Rechtsstreit wurde dem ÖAMTC schließlich im Jahre 1962 der „Marcus-Wagen" in einem Vergleich zurückgestellt, wofür er sich verpflichtete, ihn als Dauerleihgabe dem Technischen Museum zur Verfügung zu stellen.[90]

Erst in den 1960er-Jahren konnten Gustav Goldbeck und Hans Seper nach technikgeschichtlichen Recherchen und nicht aufgrund „rassischer" Kriterien nachweisen, dass das Benz-Dreirad tatsächlich vor dem „Marcus-Wagen" gebaut worden war.[91]

Kriegsende und Neuanfang

Obwohl in den Jahren 1944 und 1945 ca. 130 Fliegerbomben in unmittelbarer Nähe einschlugen, wurde das Museum selbst nie direkt getroffen. Allerdings waren durch Luftdruckeinwirkung während des schwersten Angriffs am 19. Februar 1945 durch die US Air Force auf den nahen Güterbahnhof Penzing fast die gesamte Verglasung und ein Teil des Daches zerstört worden. Am 5. April 1945, als sowjetische Truppen Wien erreichten, rief Schützenhofer seine Mitarbeiter Eduard Stürzer und den Portier Seidl ins Museum, um am Abend alle Hitler-Bilder und NS-Devotionalien aus den Schauräumen zu beseitigen.[92]

Die Umgebung des Museums wurde in den folgenden Tagen Schauplatz von Kampfhandlungen. Arbeiter und Bewohner des Museums konnten aber ein Übergreifen der Kämpfe auf das Gebäude und dessen Plünderung verhindern. Um das Eindringen von Soldaten abzuwehren, ließ Schützenhofer kurzerhand eine Eingangstüre zumauern.[93] Nach dem Ende der Kampfhandlungen am Abend des 13. April 1945 wurde das Haus regelmäßig von sowjetischen Soldaten nach Waffen und versteckten deutschen Soldaten durchsucht. Die Sowjetsoldaten verlangten auch ein Verzeichnis der Waffen, Radioapparate und Sendeanlagen des Museums. Historische Waffen und Radios durften im Hause verbleiben. Geplündert wurden von den Russen nach Angaben Stürzers „eine Vitrine mit Feuerzeugen und eine mit Uhren".[94]

Den Mai 1945 verbrachte das Museumspersonal zunächst mit der Reinigung der Ausstellungsflächen und der im Haus verbliebenen Objekte von Schutt und Glassplittern. Die Fenster wurden innerhalb eines Monats mit Eternit und Pappe provisorisch verschlossen. Das Dach wurde mit 100 Quadratmetern Blechtafeln vom abgebrannten Zollamtsgebäude notdürftig repariert. Ende Mai fanden bereits wieder Führungen für die Besatzungsmächte statt.

Die Öffnung des Museum nach sechs Monaten Sperre am 14. Oktober 1945 als erstes Wiener Museum verkündete Schützenhofer in einem Radiovortrag. Nach einem Abriss der Museumsgeschichte stellte er auch die im Jahr darauf tatsächlich erfolgte Wiederaufstellung des 1943 erstmals gezeigten Fa-

briksprodukten-Kabinetts im ehemaligen Sitzungssaal im zweiten Obergeschoss vor dem Postmuseum in Aussicht.[95]

Die Bergung der 15 Kisten mit ausgelagerten Museumsobjekten aus Hirschwang gelang mithilfe russischer und französischer Besatzungssoldaten von Oktober 1945 bis August 1946. Bis Ende 1946 gelangten auch die in Wiener Banksafes sowie

Luftaufnahme der US Air Force: Bombardierung von Zielen in Österreich, Güterbahnhof Penzing, Wien, 19. Februar 1945

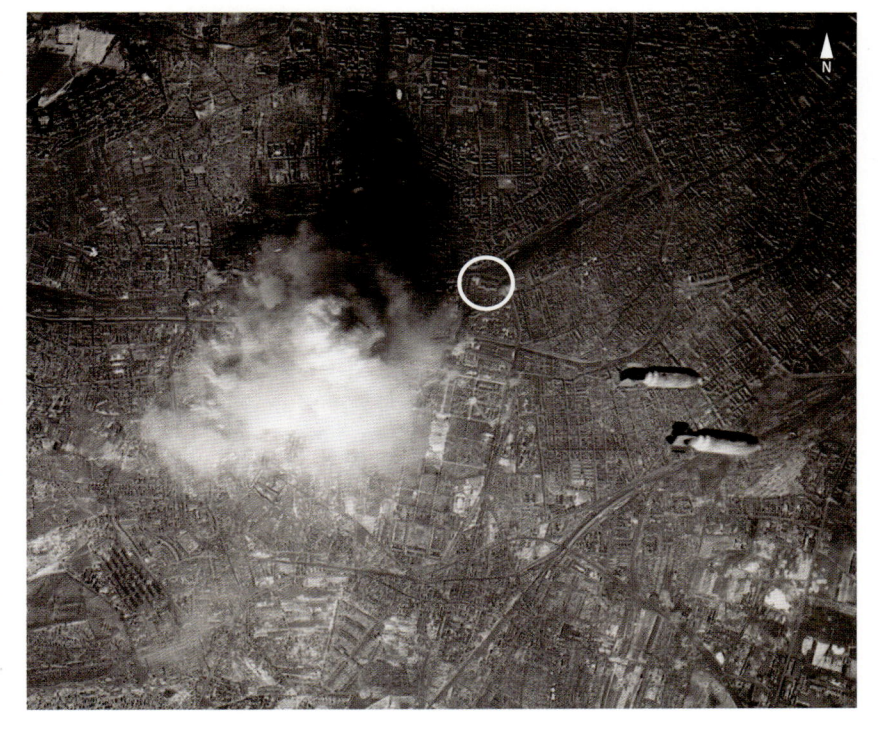

Rot-weiß-rote Armbinde mit russischer Aufschrift „Aufseher Technisches Museum", 1945

Das 1946 wiederaufgestellte Fabrikprodukten-Kabinett im 2. Obergeschoss, Foto, 1946

nischen Museums erfasst werden.¹⁰¹ Insgesamt galt etwa ein Drittel der Mitarbeiter als belastet; darunter waren nur Männer, keine der acht Frauen war in der NSDAP tätig gewesen.¹⁰²

„Illegal"	Parteianwärter 1938–1945	Parteimitglieder 1938–1945	Summe	Gesamtzahl der Mitarbeiter
3	6	2	11	34

Die drei „Illegalen" – unter ihnen auch der NS-Zellenleiter des Museums Josef Hofbauer – wurden suspendiert. Keiner kehrte später ans Museum zurück.¹⁰³ Die sechs Mitarbeiter, die in der NS-Zeit Parteimitglieder oder Anwärter geworden waren, durften als „Minderbelastete" am Haus bleiben. Die restlichen Mitarbeiter galten als unbelastet; auch Schützenhofer, dem es gelungen war, von 1930 bis zu seiner Pensionierung 1949 in der Position des Direktors alle politischen Systeme seiner Zeit – die Erste Republik, den austrofaschistischen Ständestaat, das Dritte Reich und die Zweite Republik – zu überstehen. Er war bis zum „Anschluss" Mitglied der Vaterländischen Front und des Deutschen Schulvereins, dann Mitglied des „Nationalsozialistischen Bundes Deutscher Technik", der „Nationalsozialistischen Volkswohlfahrt" und des „Reichsluftschutzbundes".¹⁰⁴ Im Gegensatz zu Erhard, der den „Anschluss" euphorisch begrüßte, hatte sich Schützenhofer nach 1938 jedoch auffallend zurückhaltend verhalten. Die Neuausrichtung des Museums vom „bodenständigen, lebendigen Kulturgut [...] für das Gesamtdeutschtum und für die deutsche Geltung im europäischen Südostraum"¹⁰⁵ hin zur Institution der Völkerverständigung hatte Schützenhofer bereits in einem Beitrag für eine UNESCO-Zeitschrift 1948 vollzogen: „Wenn das Wiener Technische Museum – leichte Bauschäden, wie Dachabdeckungen, Fensterglasbrüche u. dgl. nicht gerechnet – den zweiten Weltkrieg nahezu ungeschädigt durchstand, so hat es heute nicht nur seine legitimen Aufgaben zu erfüllen und damit am Wiederaufbau seines Landes mitzuwirken, sondern auch zweifellos die Verpflichtung, aber auch den Willen dazu, die schwergeschädigten Schwesterinstitute Europas im Rahmen der ihm gegebenen Möglichkeiten in ihren Wiederaufbaubestrebungen zu unterstützen und damit dem Gedanken der Völkerverbindung zu dienen."¹⁰⁶

in den Kellerräumen des Museums gelagerten Gegenstände der Schausammlung wieder an ihren ursprünglichen Platz,⁹⁶ womit „der frühere Zustand" wiederhergestellt war.⁹⁷ Von den 20.000 geborgenen Objekten fehlten nach Angaben von Schützenhofer nur zwei. Mit organisatorischer und finanzieller Hilfe der französischen Besatzung unter General Emile Béthouard, in deren Zone das Museum seit 1. September 1945 lag,⁹⁸ wurde die Einglasung des Hauses im Herbst 1946 abgeschlossen. Bis 1947/48 wurden auch die durch den Luftdruck gelockerten Fensterstöcke und die beschädigten Ziegeldächer repariert.⁹⁹ Seit Herbst 1947 bot das Museum auch wieder die traditionellen Sonntagsvorträge und ein Jahr später die beliebten Filmvorführungen am Samstagnachmittag an. Gezeigt wurden seit 1948 vor allem amerikanische und englische Kulturfilme.¹⁰⁰ Die Bibliothek stand ab Ende 1948 wieder zur Verfügung.

Bei Kriegsende konnten von den 34 Mitarbeiter des Museums nur fünf ihren Dienst antreten. Zehn fehlten, da sie als Wehrmachtsoldaten in Kriegsgefangenschaft geraten waren. Der Hilfsarbeiter Leopold Bruna war 1944 gefallen, und auch der Kustos Franz Sedlacek kehrte aus dem Krieg nicht mehr zurück. Als erste Maßnahme nach Kriegsende wurde die Verwaltung des Technischen Museums aufgrund des Behördenüberleitungsgesetzes vom „Staatsamt für Volksaufklärung, für Unterricht und Erziehung und Kultusangelegenheiten" im Juli 1945 an das „Staatsamt für öffentliche Bauten, Übergangswirtschaft und Wiederaufbau" übertragen.

Nach dem Verfassungsgesetz über das Verbot der NSDAP mussten alle unter das Gesetz fallenden Mitarbeiter des Tech-

Zu seiner Verabschiedung am 27. Jänner 1950 hielt sein Nachfolger Josef Nagler eine Rede vor der Belegschaft, die noch einmal die Wandlungsfähigkeit seines Vorgängers positiv bewertet: „Wir müssen, so leid es uns tut, wollen wir ehrlich sein, feststellen, daß die Zeit ihres Direktoriums für Sie nicht immer eine Zeit gewesen ist, die Ihnen viel Freude geboten hat, aber trotzdem haben Sie, sehr verehrter Herr Ministerialrat, jede Zeit gemeistert und sind jeder Situation gewachsen gewesen."¹⁰⁷ Nagler hatte nach seiner Tätigkeit in der deutschen Rüstungsindustrie nach 1945 seine Museumsarbeit als Physikkustos fortgesetzt. Er folgte 1950 auf Schützenhofer als dritter Direktor des Museums.

Als Wiedergutmachung wurde ab 27. Juni 1945 Kurzel-Runtscheiner wieder als Kustos eingestellt. Aufgrund seiner Heimwehr-Vergangenheit blieb er vor allem bei den Arbeitern des Museums unbeliebt. Daher teilte ihm Schützenhofer bereits 1945 mit, dass er nur für das Forschungsinstitut für Technikgeschichte wieder eingestellt worden sei und nicht für eine Dienstleistung im Technischen Museum in Betracht komme. Diese Regelung blieb auch ab 1. Jänner 1946 in Kraft, als er formal zum Vizedirektor ernannt wurde.¹⁰⁸ Kurzel-Runtscheiner publizierte über seine Pensionierung im Jahre 1949 hinaus zu den Themen Erfindungsgeschichte und Erfinderbiografien. Mit einer erweiterten Fassung seines 1929 veröffentlichten Beitrags zu den Fischer von Erlach'schen „Feuermaschinen" promovierte er 1951 in Wien zum Doktor der technischen Wissenschaften. Er starb nach kurzer, schwerer Krankheit Ende 1957.¹⁰⁹

Der 80-jährige Viktor Schützenhofer mit Therese Stampfl (links) und Katharina Suk (rechts), Foto, 1958

Gruppenaufnahme des Museumspersonals anlässlich der Pensionierung von Direktor Viktor Schützenhofer, Foto, 1949

Das Museum in der NS-Zeit   285

Das „Post- und Telegraphenmuseum" als Abteilung des Reichspostmuseums Berlin

Im Zuge der NS-Eroberungen fallen für die Sammlung zahlreiche Beutestücke ab.

Oliver Kühschelm

„Durch den Schmachfrieden von St. Germain waren der österreichischen Postverwaltung alle Möglichkeiten zu einem Ausbau des Postmuseums und zur Förderung der postgeschichtlichen Forschung genommen worden. Erst nach der Heimkehr des lebensunfähigen Österreich in das deutsche Mutterland und Übernahme des ‚Post- und Telegraphenmuseums' durch die Deutsche Reichspost war durch die Angliederung desselben als Abteilung des Reichspostmuseums die Grundlage für neuen Aufstieg gegeben."[1] Mit diesen Worten schloss ein von 1941 datierter Aufsatz des Titels „50 Jahre Reichspostmuseum Abteilung Wien". Verfasst vom Leiter der Einrichtung Erhard Riedel fungierte der Text als Information für die Presse, die das Jubiläum entsprechend würdigen sollte. Riedels geschichtlicher Abriss bettet die Geschicke der österreichischen Post und ihres Museums in eine große Erzählung vom dornenvollen Weg der „Heimkehr" ins Deutsche Reich ein. Die Metapher des Mutterlands verweist zugleich auf das Machtgefälle, das diesen Prozess der Eingliederung ins „Altreich" strukturierte und sich auch in Postverwaltung und -museum niederschlug. Die Rede vom „neuen Aufstieg" ist die dem Anlass gemäße Rhetorik, über ihre Basis in der institutionellen Entwicklung ist damit noch nichts gesagt.

Bis 1938 unterstand das „Post- und Telegraphenmuseum" der Generaldirektion der Post, die nach dem „Anschluss" in eine Abwicklungsstelle des Reichspostministeriums für das Land Österreich umgewandelt wurde. Ihr oblag es, das Postwesen an die im „Altreich" gegebenen Strukturen anzupassen – eine Aufgabe, die sie bis Ende 1938 weitgehend bewältigt hatte. Mit 1. Februar 1939 wurde die Stelle aufgelassen.[2]

Das „Post- und Telegraphenmuseum" wurde wie die einschlägigen Sammlungen in Nürnberg, Stuttgart und Dresden als Abteilung dem Reichspostmuseum Berlin eingegliedert, das wiederum direkt beim Reichspostministerium ressortierte.[3] Das Museum in der deutschen Hauptstadt war 1872 als weltweit erstes seiner Art eingerichtet worden und diente der späteren österreichischen Gründung als Vorbild. Die Wiener Sammlung hieß nun offiziell „Reichspostmuseum, Abteilung Wien". Für alle Erwerbungen und größeren Vorhaben musste die Zustimmung vom „Büro Museum" in Berlin eingeholt werden. Für den laufenden Geschäftsbetrieb, vor allem in personeller Hinsicht, war die Reichspostdirektion Wien zuständig. Ab 1. Juni 1939 gab es das Sachgebiet „I L", das postgeschichtliche Arbeiten und das Museum umfasste.[4]

Als Sachbearbeiter fungierte Postrat Dr. Erhard Riedel. Er leitete das Museum von Jänner 1939 bis April 1945.[5] Riedel, Jahrgang 1895, war Jurist, hatte aber während seines in Wien begonnenen und in Graz abgeschlossenen Studiums auch geschichtswissenschaftliche Lehrveranstaltungen besucht. 1927 trat er in die Dienste der Post und begann sich in der Folge mit Postgeschichte zu befassen.[6] Von 1932 an gehörte Riedel (mit einer Unterbrechung 1933/34) der nationalsozialistischen Betriebszelle in der Postdirektion an. Am 1. Mai 1938 wurde er in die NSDAP aufgenommen und als „alter Kämpfer" eingestuft.[7]

Dem von Riedel geleiteten Sachgebiet „I L" waren der Telegrafenrevident und promovierte Historiker Gustav Oelschläger[8], ebenfalls ein „Illegaler", sowie sieben weitere Personen zugeteilt.[9] Die Wiener Abteilung des Reichspostmuseums war und blieb ein überschaubarer Betrieb. Ein Bericht aus dem Jahr 1943 gibt den Personalstand des Postmuseums mit 13 Beschäftigten an: neben Riedel drei Bürobeamte, zwei Putzfrauen und sieben Saalaufseher. Riedel war nach dem Abgang Oelschlägers zum 1941 geschaffenen Generalpostkommissariat Ukraine die einzige bezahlte Kraft mit wissenschaftlicher Qualifikation.[10]

Die Entwicklung des Objektbestands ist aufgrund der unübersichtlichen Aktenlage schwer in Zahlen zu gießen und mit vorangegangenen Perioden zu vergleichen. Zwar existieren mehrere Inventare, doch sind die Angaben zum Erwerb lückenhaft, und zudem erfassen die vorhandenen Verzeichnisse auch bei Weitem nicht alle Objektkategorien. Eine recht gut dokumentierte Objektgruppe sind die Bilder. Rund 600 wurden vor 1919 erworben, allein bereits an die 300 während der ersten drei Jahre des Bestehens des Museums. In der Zwischenkriegszeit kamen nur wenige Bilder hinzu: Gerade einmal 16 Stück lassen sich eindeutig dieser Periode zuordnen. Vermutlich[11] oder durch Jahresangabe gesichert datieren 88 Bilder aus der NS-Zeit – eine deutliche, wenngleich nicht spektakuläre quantitative Zunahme. Die meisten stammten aus der Postverwaltung und in geringem Maß von aktiven oder ehemaligen Mitarbeitern bzw. aus deren familiärem Umfeld. Nur neun Objekte wurden über den Buch- und Kunsthandel angekauft.

In dieser Hinsicht zeigt sich eine ungebrochene Kontinuität zu den Verhältnissen bis 1938. Wohl aus Mangel an finanziellen Ressourcen und wegen der Verfügbarkeit von ausgedienten Objekten der Post- und Telegrafenverwaltung, die musealisiert wurden, spielte ein durch private Sammlungen gespeister Markt für die Erwerbungspolitik nur eine geringe Rolle. Die Abteilung Wien des Reichspostmuseums avancierte daher auch nicht zu einem der großen institutionellen Profiteure der Raubzüge gegen die jüdische Bevölkerung. Als Ausnahme wäre die Philatelie zu erwarten, ein Bereich, in dem das private Sammeln bereits große Tradition hatte. Doch sie bildete keinen Schwerpunkt des Museums, und Bemühungen um philatelistische Werte aus dem Besitz von Opfern des NS-Regimes sind jedenfalls nicht überliefert.

Die Eroberungen des Dritten Reichs brachten dem Museum hingegen das eine oder andere Beutestück ein. Nach der Besetzung Polens ordnete das Reichspostministerium an, Objekte aus dem polnischen Postdienst zu sammeln.[12] Dementsprechend gelangte auch die Abteilung Wien zu Briefkästen, Plombenzangen, Kappen, Postbeuteln, Siegeln, Stempeln und Büchern. Im Inventar finden sich dazu Vermerke wie „sichergestellt in Tarnow" und „eingesendet am 31. Oktober 1939 vom Feldpostamt in Polen".

Auch Richtung Süden orientierte sich das Begehren des Museums im Gefolge der deutschen Feldzüge. Im Juni 1941, wenige Monate nach der Besetzung Jugoslawiens, berichtete Riedel, dass man ihm im Rahmen eines Aufenthalts in Graz je eine Garnitur jugoslawischer Postgegenstände für die Sammlungen in Wien und Berlin zugesagt habe. Anfang August erhielt Riedel von der Reichspostdirektion Graz Stempel aus dem einst untersteirischen Postamt Pettau/Ptuj, und wenige Tage später folgten zwei Kisten mit zwei großen ovalen Emailschildern und drei Briefkästen der jugoslawischen Postverwaltung.[13]

Ebenfalls zur Kategorie der in eroberten Ländern geraubten Objekte zählt ein bemerkenswerter Bestand von ca. 1000 Briefen und Karten, die 1941 nach dem Überfall auf die Sowjetunion auf einem Postamt in der westlichen Ukraine liegen geblieben sein dürften. Gustav Oelschläger, seines Zeichens nun Telegrafenoberinspektor in Rowno, übermittelte die Korrespondenzstücke 1942 dem „lieben Riedel" und merkte an: „Ich bitte, die Briefe in ihrer Gesamtheit beisammen zu lassen und geschlossen aufzuheben, da sie alle aus Wolhynien und aus der Zeit um den 22. Juni 1942 [sic!] stammen. Diese Briefsammlung gibt dann ein Bild über die Stimmung im russischen Volk vor Beginn des Krieges." Oelschläger formulierte die Absicht, Quellen für ein wissenschaftliches Studium bereitzustellen – ein Vorhaben in Übereinstimmung mit den viele Disziplinen umfassenden Bemühungen, die nationalsozialistische Unterwerfungs- und Vernichtungspolitik durch Forschung zu unterstützen und zu reflektieren.[14] In diesem Kontext war die „Stimmung" von Menschen im Angesicht der Bedrohung durch die deutsche Kriegsmaschinerie ein plausibler Gegenstand wissenschaftlicher Neugier.

Ein Teil der Erwerbungen, die das Wiener Postmuseum der deutschen Expansionspolitik verdankte, dürfte unter dem Gesichtspunkt des Versuchs einer Wiederbelebung der einstigen imperialen Vorzugsstellung zu betrachten sein. Das k. k. Postmuseum hatte Exponate aus weiten Reichsgebieten abgeschöpft, die nach 1918 als „Neuausland" jenseits des musealen Zugriffs lagen. Das hatte sich nun geändert. Als Erstes kamen Objekte aus den Anfang Oktober 1938 an „Niederdonau" angeschlossenen „Sudetengebieten" in den Blick. So wurden dem Museum schon am 20. Oktober Siegel, Stempel, Bücher und Urkunden vom Postamt in Lundenburg/Břeclav an der ehemaligen Staatsgrenze zu Österreich geschickt.[15]

Mit der Zerschlagung der Tschechoslowakei konnte an die Revision unliebsamer Verluste geschritten werden, die der „Schmachfrieden von St.-Germain" dem „Post- und Telegraphenmuseum" eingebracht hatte. Im Dezember 1939 ersuchte die Reichspostdirektion Wien das Reichspostministerium, die Rückgabe von fünf Erblichkeitsprivilegien der Postämter Nikolsburg/Mikulov, Plan/Planá und Zwittau/Svitavy zu veranlassen. Diese Urkunden waren im Zuge des Prager Archivabkommens von 1920 der Tschechoslowakei übergeben worden. Nach einem langem Hin und Her der NS-Bürokratie wurden dem Museum schließlich im Mai 1941 vom Reichsprotektor in Böhmen und Mähren die erwünschten Dokumente übermittelt.[16]

Das Bemühen um Objekte aus dem früheren Herrschaftsbereich der Habsburgermonarchie stieß in der Berliner Zentrale auf Unterstützung, obschon zuweilen nur auf verhaltene, denn die Sammlung in Wien gehörte nicht zu den obersten Prioritäten des Reichspostmuseums, geschweige denn der Reichspost. Bezüglich des im März 1941 vorgetragenen Ansinnens einer Besichtigung des Postmuseums in Prag durch Riedel, um – „selbstverständlich im Geiste freundschaftlicher Beziehungen" – über die Abgabe von Objekten zu verhandeln, reagierte Berlin mit der Bemerkung: „An sich bestehen keine Bedenken. [...] zur Zeit ist dies jedoch untunlich und nicht dringend." Im Mai 1942 notierte man im „Büro Museum": „PR Riedel hat bei anderer Gelegenheit das Postmuseum Prag besichtigt."[17] Einen Monat später bemühte sich Riedel um Dienstinstruktionen der ehemaligen Militärpost in Bosnien, „da die Erforschung des Postwesens in Bosnien und der Herzegovina während der Jahre 1878 bis 1918 Aufgabe der Österreichischen Postgeschichte ist".[18] Das „Büro Museum" hielt fest: „In der Angelegenheit soll zunächst nichts unternommen werden."[19]

Der Abteilung Wien des Reichspostmuseums eröffneten sich also durch die Erweiterung des deutschen Machtbereichs Perspektiven einer räuberischen Ergänzung des Objektbestands – aus Sicht Riedels zweifellos ein „Aufstieg", wenngleich in dem einer nachrangigen Dienststelle entsprechenden Maß.

Ein Profilierungsversuch

Die Wiener postgeschichtliche Sammlung erreichte im Mai 1941 den Höhepunkt an öffentlicher Aufmerksamkeit in der NS-

Zeit. 1889 war durch Erlass des Handelsministers die Gründung des Postmuseums eingeleitet worden. Während für das 50-Jahr-Jubiläum 1939 keine Feiern überliefert sind, entschied Riedel, den 21. Mai 1941, an dem sich die Eröffnung der Schau in der Rotunde zum fünfzigsten Mal jährte, festlich zu begehen: „Gegen die Abhaltung einer schlichten Feier" bestünden keine Bedenken, ließ ihn Berlin wissen.[20] Am Jubiläumstag wurde die Ausstellung „Originalzeichnungen und Probedrucke österreichischer Briefmarken von 1850–1890" eröffnet. Die Schau war auch der einzige Versuch in der NS-Zeit, in der Öffentlichkeit Kontur zu gewinnen; das Postmuseum hatte es immer schwer, sich gegenüber dem Technischen Museum, in dessen Gebäude es untergebracht war, als unabhängige Sammlung zu profilieren. In den Wiener Zeitungen erschienen zahlreiche kleinere und einige größere Berichte über die „Briefmarkenschätze". „Posthornromantik hinter Glasvitrinen" versprach das „Kleine Volksblatt", und auch der „Völkische Beobachter" setzte auf Nostalgie im philatelistischen Gewand: „Die Ära Franz Josephs im Spiegel der Briefmarke" sollte Philatelisten wie „blutige Laien" begeistern.[21] Die Ausstellung dauerte einen Monat und lockte 6234 Besucher an. Riedel zeigte sich im Bericht ans Berliner „Büro Museum" mit dem „lebhaften Interesse der Volksgenossen" zufrieden.[22]

Das Institut für Geschichte des Postwesens an der Universität Wien

Für Riedel ergab sich 1943 neben dem Museum ein mit diesem sachlich und hinsichtlich der Forschungsmaterialien verknüpftes neues Betätigungsfeld: das Institut für Geschichte des Postwesens an der Universität Wien. Seine Gründung ging auf eine Initiative des Reichspostministeriums zurück, dem es auch unterstellt war. Man folgte dem Vorbild zweier vergleichbarer Einrichtungen an der Universität Frankfurt am Main und an der Technischen Hochschule Darmstadt.[23] Die beiden bereits 1941 ins Leben gerufenen Institute standen in enger Kooperation, und zumindest in Frankfurt wurde neben der Behandlung juristischer Fragen auch ein postgeschichtlicher Schwerpunkt gesetzt.[24]

Die Vorarbeiten in Wien begannen im Frühjahr 1942, Ende Mai 1943 bezog das Institut für Geschichte des Postwesens Räumlichkeiten im Palais Esterházy in der Wallnerstraße im 1. Wiener Gemeindebezirk, und im Juni 1943 erfolgte die Genehmigung der Satzung des Instituts durch Reichspostminister Karl Wilhelm Ohnesorge.[25] Als Direktor wurde der Historiker und Universitätsprofessor Wilhelm Bauer ausersehen, der bei dem neu geschaffenen zeitungswissenschaftlichen Institut nicht zum Zug gekommen war, obwohl er einschlägig gelehrt und publiziert hatte.[26] Vermutlich als Entschädigung erhielt er die Leitung des postgeschichtlichen Instituts, das freilich im Unterschied zu anderen Neugründungen an der philosophischen Fakultät, eben den Zeitungswissenschaften und dem Institut für Theaterwissenschaften, eine ephemere Erscheinung blieb.[27] Die Aufgaben des Instituts bestanden primär in der Abhaltung von Seminaren und Vorlesungen und der Anlage einer Fachbibliothek. Der wichtigste wissenschaftliche Mitarbeiter war Riedel, der ab dem Sommersemester 1943 alternierend an der Hochschule für Welthandel und der Universität Wien jeweils eine Vorlesung über „Deutsche Postgeschichte" hielt.[28] Für Riedel bedeutete das Institut eine beachtliche und prestigeträchtige Erweiterung seiner postwissenschaftlichen Möglichkeiten.

Den Grundstock der Institutsbibliothek bildeten Bestände des von Riedel geleiteten Reichspostmuseums, Abteilung Wien.[29] Im November 1943 wurden 40 Laufmeter Bücher in das Institut überführt.[30] Darüber hinaus hatte man aber auch andere Quellen, und bis Mai 1944 wurde der Bestand um über 600 Werke vergrößert. „Postrat Dr. Riedel entdeckte in Prag eine wertvolle Sammlung von Büchern, Schriften und Abbildungen, die für das Institut erworben wurde", hieß es in einem Sitzungsprotokoll des Institutsbeirats. Trotzdem hatte man die zur Verfügung stehenden finanziellen Mittel nicht ausgeschöpft, wie Ministerialdirektor Körner bei der Gelegenheit monierte.[31]

Es verwundert nicht, dass das vom Reichspostministerium offenbar erheblich geförderte Institut in der Nachkriegszeit als Konkurrenz des Museums betrachtet wurde, das große Teile des Archivs und der Bibliothek abgeben habe müssen.[32] 1945 war der Spuk aber zu Ende gegangen: Die Generaldirektion der Post schrieb im Juni der Universität: „Wir teilen Ihnen mit, dass die Österr. Post- und Telegraphenverwaltung an der Weiterführung des seinerzeit von der Deutschen Reichspost an der Universität Wien errichteten Institutes für Geschichte des Postwesens kein Interesse hat. Einer Auflassung dieses Institutes steht daher vom Standpunkt der Österr. Post- und Telegraphenverwaltung aus nichts im Wege."[33] Auch die Universität dachte nicht daran, das Institut weiterzuführen, allein an einer Überlassung von dessen Beständen (Archivalien, Bücher, Sammlung) an das Historische Seminar wurde Interesse geäußert. Die Post lehnte das jedoch ab.[34] Erhebt sich nur die Frage, wie viele dieser Objekte ans Museum retourniert wurden und was z. B. mit den im Protektorat erworbenen Büchern und Schriften geschah, die nicht zum Eigentum des Museums gehört hatten, sondern für das Institut angeschafft worden waren.

Nach 1945

Im April 1945 endete die Ära Riedel im Postmuseum. Im Zuge der Entnazifizierung wurde er aus dem Postdienst entlassen.[35] Anfang der 1950er-Jahre bemühte er sich um seine „Rehabilitierung" und die „Wiedererlangung des im Post- und Telegraphenmuseum vorgesehenen Dienstpostens". Er richtete im Juni 1953 an die Generaldirektion der Post eine diesbezügliche Eingabe und korrespondierte in dieser Sache auch mit Max Neugebauer, seines Zeichens Nationalratsabgeordneter der SPÖ. Dieser hatte ihm in einem Gespräch Ende 1952 geraten, zuerst die Nationalratswahlen im kommenden Februar abzuwarten. Im Oktober 1953 bat er Riedel zu sich ins Parlament, dämpfte jedoch vorab dessen Erwartungen: Erstens existiere kein entsprechender Dienstposten, und zweitens befinde Riedel sich bereits in vorgeschrittenem Alter.[36]

Heftig – und durchaus überzeugend – kritisierte Riedel 1953 in Erläuterungen zu einem Gesuch um Wiedereinstellung die schlechte Führung des Museums.[37] Dieses stand damals unter Leitung des Chemikers Dr. August Nitsche, dem Riedel „die zeitvergeudende, heute als veraltet anzusehende Aufstellung der Bibliothek" vorwarf. Nitsche dürfte sich außerdem, was postgeschichtliches Faktenwissen und Übersicht über das einschlägige historische Material betraf, nicht auf seinem Niveau befunden haben. Riedel beanstandete Fehlinformationen bei Führungen und in der Ausstellung „Die Post einst und jetzt" im Frühjahr 1953 in der Staatsdruckerei. Auch fungiere das Museum aufgrund der Kompetenzdefizite seiner Leitung nicht als Anlaufstelle für postgeschichtliche Fragen. Mit seiner Kritik unterstrich er einerseits die Notwendigkeit zu Veränderung und demonstrierte andererseits seinen Sachverstand, mit dem er seine ideologische Belastung wettmachen wollte.

Riedel hatte auch nach 1945 in Zeitschriften kleinere Texte über Postwesen und Briefmarken publiziert. 1957, ein Jahr vor seinem Tod, erschien seine „Österreichische Postgeschichte" als erstes Heft einer von der Gewerkschaft für Post- und Telegrafenbediensteten herausgegebenen Reihe. Die Arbeit an dieser rund 60 Seiten umfassenden Publikation hatte er schon während seiner Tätigkeit für das postgeschichtliche Institut begonnen. Sie endete bezeichnenderweise mit dem „Anschluss": „Im Jahre 1938 erfolgte durch den gewaltsamen Verlust der Eigenstaatlichkeit die Eingliederung des österreichischen Postwesens in die Deutsche Reichspost."[38] Mit dem Attribut „gewaltsam" nimmt Riedel eine schwache Distanzierung vor. Eingebettet ist sie in den konfliktvermeidenden Rahmen einer dem bürokratischen Schreiben immanenten Tendenz zur Anonymisierung; Täter werden nicht genannt. Die Kombination aus Geschichtswissenschaft und Bürokratie, die Riedel repräsentierte, hatte in der NS-Zeit auch Erwägungen zur „Zitierung jüdischer Schriftsteller in wissenschaftlichen Arbeiten" eingeschlossen. Als Ergebnis von Erkundungen bei der „Reichsschriftumskammer" in Wien brachte Riedel in Erfahrung: Von Juden gesammelte Fakten dürfen verwertet werden, jüdisches Gedankengut ist untersagt.[39]

Den Bemühungen Riedels um seine Wiedereinstellung im Post- und Telegraphenmuseum war kein Erfolg beschieden. Die dringend nötige Reorganisation führten Mitte der 1950er-Jahre neue Leute durch.

Das Österreichische Forschungsinstitut für Geschichte der Technik

1. Vgl. Blätter für Geschichte der Technik 1 (1932), S. 204–208, und allg. Hantschk, Forschungsinstitut (1989).
2. Mitteilungen des Österreichischen Normenausschusses für Industrie und Gewerbe 1 (1920), Nr. 1. Kienzle promovierte 1921 und wurde 1934 Nachfolger Georg Schlesingers an der Technischen Hochschule Berlin-Charlottenburg.
3. Ähnliche Ziele auf dem Gebiet der Betriebswirtschaft verfolgten die Periodika „Das System. Zeitschrift für Organisation und moderne Betriebsführung". Wien, 1 (1927) ff., und „Der Erfolg. Herbert N. Cassons deutsches Efficiency-Magazin." Berlin, Wien 1 (1927) ff.
4. Österreichisches Kuratorium für Wirtschaftlichkeit. Jahresberichte 1931 bis 1936. Vgl. Lackner, Helmut: Die Rationalisierung der industriellen Produktion, in: Arbeit/Mensch/Maschine. Der Weg in die Industriegesellschaft. Beiträge. Oberösterreichische Landesausstellung 1987. Linz 1987, S. 99–108.
5. 85 Jahre Exner-Medaille (2006).
6. Exner, Besitz an Arbeitsstätten (1923). Wohl mit Billigung Exners erschien im selben Jahr als Heft 2 der Mitteilungen des staatl. Technischen Versuchsamtes 12 (1923) eine als Handbuch bezeichnete Zusammenstellung technischer Versuchsanstalten und Forschungsinstitute Österreichs von H. Conrad.
7. Exner, Wiederaufbau (1928).
8. Exner, Beiträge (1873); Entwicklung (1888) und Weltausstellung Paris 1900. Katalog der österreichischen Abtheilung. Hg. von dem k. k. oesterreichischen General-Commissariate. Wien 1902, 11 Hefte in 4 Bänden.
9. TMW-Archiv, BPA-011339/1, Personenmappe „Ing. Dr. Wilhelm Exner 1840–1930".
10. Das deutsche Museum. Geschichte, Aufgaben, Ziele. München 1930². Erschienen auch als Sonderdruck: Exner, Ehrensaal (1930).
11. TMW-Archiv, BPA-009931/2, Aus der Geschichte des Österreichischen Vereines deutscher Ingenieure, Manuskript von Ludwig Erhard aus Anlass des 25-jährigen Vereinsjubiläums 1929 und BPA-009897, Aus der Geschichte des Österreichischen Vereines Deutscher Ingenieure (ÖVDI) 1904 bis 1937, undatiertes [1938] und unsigniertes masch. Manuskript [verm. Ludwig Erhard].
12. Errichtet in der Gründerzeit von der Wiener Lombard- und Escomptebank, damals vom Ehepaar Josef und Adeline Payrhuber betrieben. Vgl. Etzersdorfer, Irene: Arisiert. Eine Spurensuche im gesellschaftlichen Untergrund der Republik. Mit einem Vorwort von Peter Huemer. Wien 1995, S. 123–148.
13. Klima, Anton: Die Technik im Lichte der Karikatur. Eine analytische Studie. Wien 1913.
14. TMW-Archiv, BPA-009870, „Die Hauptversammlung des Vereines Deutscher Ingenieure 1930 in Wien", undat. masch. Manuskript.
15. Ebd., BPA-009931/2, Aus der Geschichte des Österreichischen Vereines deutscher Ingenieure, Manuskript von Ludwig Erhard aus Anlass des 25-jährigen Vereinsjubiläums 1929, S. 5.
16. Ebd., BPA-009652, Satzung des Österreichischen Vereines deutscher Ingenieure (ÖVDI), 1934.
17. Ebd., BPA-009931/2.
18. Österreichisches Kuratorium für Wirtschaftlichkeit. Jahresbericht 1933, S. 37. Zu Arnhold vgl. Fiedler, Martin: Carl Arnhold (1884–1970), in: Ingenieure im Ruhrgebiet. Hg. Von Wolfhard Weber (Rheinisch-Westfälische Wirtschaftsbiographen 17). Münster 1999, S. 318–343.
19. Erhard, Weg (1929) und Kultur und Technik. Ein Vortragskreis der Deutschen Studentenschaft der Technischen Hochschule in Wien. Wien 1932.
20. Erhard, Weg (1929).
21. TMW-Archiv, BPA-009897, Erhard an die Schriftleitung, 14.6.1935, und Schriftleitung an Erhard, 26.6.1935. Eine Durchsicht der Jahrgänge 1935 und 1936 brachte kein Ergebnis.
22. Ebd., BPA-009907, Manuskript „Die Maschinenstürmer", S. 8.
23. Bauer, Otto: Kapitalismus und Sozialismus nach dem Weltkrieg. Band 1: Rationalisierung – Fehlrationalisierung. Wien 1931.
24. TMW-Archiv, BPA-009897, Erhard an Hans Kölzow, 8.7.1938.
25. Ebd., HSS-000971, Bundespräsident Hainisch an Wilhelm Exner, 31.7.1923.
26. Albrecht, Helmuth: 60 Jahre Georg-Agricola-Gesellschaft zur Förderung der Geschichte der Naturwissenschaft und der Technik e. V. (1926 bis 1986). Düsseldorf 1986, S. 5–36.
27. Allg. Troitzsch, Exner (1990).
28. Exner, Geschichte (1928); ders., Bi der (1928), und ders., Pflege (1929).
29. Exner, Bilder (1928), S. 810.
30. Zeitschrift des Österreichischen Ingenieur- und Architekten-Vereines 81 (1929), Heft 49/50.
31. Ebd., Heft 3/4, S. 28.
32. TMW-Archiv, BPA-009888, Forschungsinstitut für Geschichte der Technik am Technischen Museum für Industrie und Gewerbe (Auszug aus einer Denkschrift vom 4. März 1929).
33. Wochenschrift des Niederösterreichischen Gewerbevereins XCI (1930), Nr. 14, S. 271; TMW-Archiv, BPA-009812, Tätigkeitsbericht des Komitees […] zur Vorbereitung und Förderung eines Forschungsinstituts […], September 1930, und gedruckte „Richtlinien für die Auffindung und Sicherung des Stoffes" als Beilage zum Fragebogen, Jänner 1931.
34. Karl Holey (1879–1955), 1908–1925 Beamter der „k. k. Zentralkommission für Erforschung und Erhaltung der Kunst- und historischen Denkmale", 1915–1932 Generalkonservator, zugleich seit 1915 Professor an der Technischen Hochschule. 1937–1955 Dombaumeister zu St. Stephan in Wien. Vgl. Engelhart, Michel: Dombaumeister Hofrat Prof. Dr. techn. Dr. h. c. Karl Holey – 75 Jahre, in: Zeitschrift des Österreichischen Ingenieur- und Architekten-Vereines 99 (1954), Heft 23/24, S. 260 f.; Brückler/Nimeth, Personenlexikon (2001), S. 113 f., und www.azw.at/www.architektenlexikon.at/de/238.htm (4.2.2008).
35. TMW-Archiv, BPA-009657, Verhandlungsschrift der 7. Sitzung des Kuratoriums […] des Technischen Museums am 16. Juni 1930, und BPA-009812, Mitglieder des Arbeitsausschusses […], undatiert.
36. VDI-Nachrichten 10 (1934), Nr. 39, S. 1.
37. Willeke, Stefan: Die Technokratiebewegung zwischen den Weltkriegen und der „Kulturfaktor Technik", in: Dietz, Burkhard u. a. (Hg.): Technische Intelligenz und „Kulturfaktor Technik". Kulturvorstellungen von Technikern und Ingenieuren zwischen Kaiserreich und früher Bundesrepublik Deutschland (Cottbuser Studien zur Geschichte von Technik, Arbeit und Umwelt 2). Münster u. a. 1996, S. 203–220.
38. Plitzner, Klaus: Der Weg nach Süden! Oder doch nach Norden? Von den Anfängen der Elektrizitätswirtschaft in Vorarlberg und die Gründung der „Vorarlberger Illwerke" bis ins Jahr 1930, in: Maier, Helmut (Hg.): Elektrizitätswirtschaft zwischen Umwelt, Technik und Politik. Aspekte aus 100 Jahren RWE-Geschichte 1898–1998 (Freiberger Forschungshefte D 204). Freiberg 1999, S. 89–127.
39. Kurzel-Runtscheiner, Erich: Oesterreich. Industrie, Technik und Ingenieurkunst, in: Zeitschrift des Vereines deutscher Ingenieure 74 (1930), Nr. 38, S. 1286–1294, hier S. 1293 f.
40. VDI-Nachrichten 10 (1930), Nr. 39, S. 1. Carl Bosch (1874–1940), Chemiker, mit Fritz Haber Entwickler der Ammoniaksynthese (Haber-Bosch-Verfahren), 1931 erhielt er gemeinsam mit Friedrich Bergius den Nobelpreis für Chemie.
41. Zeitschrift des Vereines deutscher Ingenieure 74 (1930), Nr. 28, S. 992.
42. Ebd., Nr. 35, S. 1223 f.; VDI-Nachrichten, 10 (1930), Nr. 38, S. 7, und Nr. 39, S. 1–3. Fachsitzungen fanden zu folgenden Themen statt: Holztechnik, Verbrennungsmotoren, Betriebstechnik, Ausbildungswesen und Geschichte der Technik.
43. TMW-Archiv, BPA-009897, ÖVDI – Österreichischer Verein deutscher Ingenieure. Nachtrag zum Tätigkeitsbericht 1929/30 […]. Wien 1931, S. 4.
44. Vgl. Knieschek, Ausstellungen (1998), S. 141–147. Zur Ausstellung erschien ein kleinformatiger Führer ohne Abbildungen. Vgl. Führer, Ausstellung (1930).
45. TMW-Archiv, BPA-009931/2, VDI-Teilnehmerkarte zur 69. Hauptversammlung, 12. März 1930. Vgl. Zeitschrift des Vereines deutscher Ingenieure 74 (1930), Nr. 35, S. 1223 f., und Nr. 45, S. 1529–1531; VDI-Nachrichten 10 (1930), Nr. 39, S. 2 f.; Beiträge zur Geschichte der Technik und Industrie 21 (1931/32), S. 149. Eine angedachte gemeinsame „Gesellschaft für Geschichte der Technik" kam nicht zustande. Die entsprechende Denkschrift von Exner und Enderes vom 28.11.1930 ist abgedruckt in Wolfhard, Weber; Engelskirchen, Lutz: Streit um die Technikgeschichte in Deutschland 1945–1975 (Cottbuser Studien zur Geschichte von Technik, Arbeit und Umwelt 15). Münster u. a. 2000, S. 370–375.
46. Srbik, Heinrich: Die Kulturverbundenheit der Technik, in: Blätter für Geschichte der Technik 1 (1932), S. 1–3.
47. Führer Ausstellung (1930), S. 16.
48. TMW-Archiv, BPA-00931, Erhard an Conrad Matschoß, 18.3.1930.
49. Führer Ausstellung (1930), S. 38.
50. Führer durch die Sonderabteilung „DDSG" der Ausstellung „Österreichs Technik in Dokumenten der Zeit". Wien 1930. Zitat im Vorwort S. 4.

51 Krynes, Franz: Ausstellung von Spitzenleistungen österreichischer Ingenieure und Architekten im 20. Jahrhundert [...], in: Zeitschrift des Österreichischen Ingenieur- und Architekten-Vereines 82 (1930), Heft 45/46, S. 391–394. Vgl. ebd., Heft 37/38, S. 328 f.
52 Knieschek, Ausstellungen (1998), S. 145.
53 Wiener Zentralfriedhof. Ehrengräber. Wien 2002, S. 49. Das Grab befindet sich in der Gruppe 14 C.
54 TMW-Archiv, BPA-009646/7, Verein zur Förderung des Technischen Museums an Bundesministerium für Handel und Verkehr, 6.6.1935.
55 Auszugsweise veröffentlicht in: Blätter für Geschichte der Technik 1 (1932), S. 210–214, und 3 (1936), S. 96–101.
56 Lackner, Helmut: Von der Geschichte der Technik zur Technikgeschichte. Die erste Hälfte des 20. Jahrhunderts, in: König, Wolfgang; Schneider, Helmuth (Hg.): Die technikhistorische Forschung in Deutschland von 1800 bis zur Gegenwart. Kassel 2007, S. 35–61, hier S. 41–48.
57 100 Jahre Schichau 1837–1937. Berlin 1937.
58 TMW-Archiv, BPA-009780/1, Adolf Bihl an Viktor Schützenhofer, 24.7.1941.
59 Bihl, Adolf: Conrad Matschoß†, in: Mitteilungen zur Geschichte der Medizin, der Naturwissenschaften und der Technik 40 (1941/42), Heft 3/4, S. 193–199.
60 Schrifttum zur Technikgeschichte. Hg. mit Mitteln der Fördergruppe für Technikgeschichte beim Verein deutscher Ingenieure im NSBDT. Bearbeitet von Adolf Bihl, Oskar Gromodka und Josef Stummvoll, Folge 1 (1942) bis 11 (1944). Von Bihl auch: Aus der Geschichte des deutschen technischen Hochschulwesens im alten Österreich, in: Technikgeschichte 30 (1941), S. 164–171. Stummvoll publizierte 1975/76 nochmals eine technikgeschichtliche Bibliografie: Technikgeschichte und Schrifttum (Technikgeschichte in Einzeldarstellungen 36). Düsseldorf 1975 und (Biblos-Schriften 80) Wien 1976.
61 TMW-Archiv, BPA-009812, Erhard an Exner, 6.12.1930.
62 Ebd., BPA-009786, Schützenhofer an das Forschungsinstitut, 18.10.1934.
63 Ebd., BPA-009832, Erhard an den Handelsminister, 26.1.1934.
64 Ebd., BPA-009786, Kurzel-Runtscheiner an Therese Stampfl, 9.8.1940.
65 Erhard, Forschungsinstitut (1939).
66 TMW-Archiv, BPA-009816. Nachdem der Verein Deutscher Eisenhüttenleute „Richtlinien für das Werksarchiv" herausgebracht hatte, veröffentlichte das Institut sein „Merkblatt", versehen mit einer auf das „glücklich vereinte Großdeutsche Reich" Bezug nehmenden Einleitung, in der Archivalischen Zeitschrift 45 (1939), S. 164–167, und in den Blättern für Technikgeschichte 8 (1942), S. 85–88.
67 Ebd., Bericht über die gründende Sitzung der Proponenten für die „Zentralstelle österreichischer Betriebsarchive" [...], 21.11.1947.
68 Lessing, H.-E.: Franz Maria Feldhaus. Kann man von Technikgeschichte leben?, in: Blum, P. (Hg.), Pioniere aus Technik und Wirtschaft in Heidelberg. Aachen 2000, S. 80–91; Popplow, Marcus: Franz Maria Feldhaus – Die Weltgeschichte der Technik auf Karteikarten, in: Heesen, Anke te (Hg.), cut and paste um 1900. Der Zeitungsausschnitt in den Wissenschaften (Kaleidoskopien, Heft 4), Berlin 2002, S. 100–114, und Krajewski, M.: Der Privatregistrator. Franz Maria Feldhaus und seine Geschichte der Technik, in: Spieker, S. (Hg.): Bürokratische Leidenschaften. Kultur- und Mediengeschichte im Archiv (copyrights 13), Berlin 2004, S. 295–318.
69 TMW-Archiv, BPA-009897.
70 Vorhanden sind u. a. Feldhaus, Franz Maria: Tage der Technik. Illustrierter technisch-historischer Abreiß-Kalender, München, Berlin 1 (1922) bis 9 (1930). Jg. 1–2 unter dem Titel „Tage der Kultur", Jg. 7 (1928), verfasst im Auftrag des Vereins „Geschichte der Technik e. V.", Jg. 9 (1930), herausgegeben von seinem Sohn Gilbert W. Feldhaus; seine 30 Tafeln zu den Rubriken „Technik" und „Wirtschaft", in: Lüdtke, Gerhard; Mackensen, Lutz (Hg.): Deutscher Kulturatlas. Berlin, Leipzig 1933, sowie die von 1914 bis 1927 zusammen mit seinem Förderer Carl Graf von Klinckowstroem herausgegebene Zeitschrift „Geschichtsblätter für Technik, Industrie und Gewerbe".
71 Emil Jung (1883–1963), geboren in Skutsch/Skute (Böhmen), Ingenieur, legte in Wien das sogenannte Pantechnische Archiv an.
72 TMW-Archiv, BPA-014325.
73 Ingenieur-Zeitschrift. Das Blatt der deutschen Techniker in der Tschechoslowakischen Republik 1 (1921), Heft 1/2.
74 Willeke, Stefan: Die Technokratiebewegung in Deutschland zwischen den Weltkriegen, in: Technikgeschichte 62 (1995), Heft 3, S. 221–246, und ders., siehe Anmerkung 37, S. 203–220.
75 Jung, Emil: Technokratie, in: Kraft und Stoff. Beilage zur Deutschen Allgemeinen Zeitung 65 (1926), Nr. 3, 17.1.1926.
76 Wochenschrift des Niederösterreichischen Gewerbe-Vereins 87 (1926), Nr. 8, S. 96. Vgl. Weitzel, F. A.: Technokratie in USA, in: Technik voran! Mitteilungen des Reichsbundes Deutscher Technik e. V. Bund Technischer Berufsstände 15 (1933), S. 5–10.
77 Jung, Emil: Von der „Union der Techniker" zur „Technokratischen Union". Ein verlorenes Vierteljahrhundert, in: Technik Voran! 14 (1932), S. 361 f., unter Verweis auf den am Wiener Polytechnischen Institut ausgebildeten Direktor einer Zuckerfabrik Gustav Lustig. Vgl. Lustig, Gustav: Die Union der Techniker. Ein Aufruf zur Organisation. Wien, Leipzig 1908. Vgl. auch: Technokratie keine amerikanische Erfindung, in: Technik voran! 15 (1933), S. 58–60.
78 Österreichisches Kuratorium für Wirtschaftlichkeit. Jahresbericht 1935, S. 25–27.
79 TMW-Archiv, Nachlass Jung, Programm des Vereins Pantechnisches Archiv, 1934.
80 Ebd., Emil Jung, Der atomenergethischen [!] exakten Weltordnung entgegen, 1.10.1961, Karte 23.
81 So gab es u. a. ausführliche Berichte über die Olympischen Spiele in Berlin 1936, den Reichsautobahnbau, den Luftschiffbau und Ordensburgen.
82 Hugo Theodor Horwitz (1882–1941), Sohn eines jüdischen Kaufmannsehepaars, studierte Maschinenbau an den Technischen Hochschulen Wien und Berlin-Charlottenburg und absolvierte 1912 bis 1914 bei Conrad Matschoß in Berlin ein Doktoratsstudium. Horwitz lebte seit 1915 als freischaffender Wissenschafter und „Schriftsteller" in Wien. 1920 bewarb er sich erfolglos im Deutschen Museum. Die Wohnung der Familie wurde 1939 arisiert. Hugo Theodor Horwitz und seine Frau Marianne wurden am 28. November 1941 nach Minsk deportiert und ermordet. Vgl. Troitzsch, Ulrich: H. Th. Horwitz – ein fast vergessener Theoretiker der Technikgeschichte, in: Technikgeschichte 50, 1983, Nr. 4, S. 337–358, und ders.: Zum Lebensweg des jüdischen Technik- und Kulturhistorikers Hugo Theodor Horwitz (1882–1941), in: Hugo Theodor Horwitz. Das Relais-Prinzip. Schriften zur Technikgeschichte. Hg. von Thomas Brandstetter und Ulrich Troitzsch. Wien 2008, S. 13–51.
83 Horwitz, Hugo Theodor: Forschungsgang und Unterrichtslehre der Geschichte der Technik (Methodologie der Technohistorie), in: Technik und Kultur 20, 1929, S. 214–220.
84 Ders.: Die Entwicklung der Drehbewegung, in: Beiträge zur Geschichte der Technik und Industrie 10, 1920, S. 179–195, und ders., Die Drehbewegung in ihrer Bedeutung für die Entwicklung der materiellen Kultur, in: Anthropos 28, 1933, S. 721–755, und 29, 1934, S. 99–125.
85 Ders.: Technisches Museum (1921/22).
86 Ders.: Geschichte der Technik, in: Deutsche Geschichtsblätter XVI (1915), 8. Heft, S. 195–207, hier S. 200.
87 Namentliche Erfassung der österreichischen Holocaust-Opfer: www.doew.at (25.7.2008). Vgl. Gottwaldt, Alfred; Schulle, Diana: Die „Judendeportationen" aus dem Deutschen Reich 1941–1945. Eine kommentierte Chronologie. Wiesbaden 2005, S. 91–97, hier S. 97.
88 Horwitz' Beitrag zur „Entwicklungsgeschichte der Technik", in: Technik voran! 14 (1932), S. 330–332, ist ein Hinweis darauf, dass er wahrscheinlich mit Emil Jung Kontakt hatte.
89 Füßl, Wilhelm; Ittner, Stefan (Hg.): Biographie und Technikgeschichte (Bios. Zeitschrift für Biographieforschung und Oral History. Sonderheft 1998). Opladen 1998, und Lindemann, Carmelitta; Gilson, Norbert: Biographie – Ein möglicher Zugang zur Technikgeschichte, in: Blätter für Technikgeschichte 57/58 (1995/96), S. 111–120.
90 Matschoß, Conrad: Geschichte der Dampfmaschine. Ihre kulturelle Bedeutung, technische Entwicklung und ihre großen Männer. Berlin 1901.
91 Matschoß, Conrad: Männer der Technik. Ein biographisches Handbuch. Berlin 1925. Reprint Düsseldorf 1985 (Klassiker der Technik). Gewidmet Oskar von Miller, der das Deutsche Museum „zu einem Denkmal der großen Männer der Technik werden ließ", denn „die Männer der Technik hat der Ruhm noch nie verwöhnt". Mit insgesamt 850 Biografien.
92 Ders.: Große Ingenieure. Lebensbeschreibungen aus der Geschichte der Technik. München 1937. Englische Übersetzung London 1939.
93 Exner, Lebensbilder (1927).
94 Bauer, Alexander: Anton Schrötter Ritter v. Kristelli. Wien 1917.
95 Granichstaedten-Czerva, Rudolf: Peter Mitterhofer. Erfinder der Schreibma-

96 Doppler, Elke u. a. (Hg.): Am Puls der Stadt: 2000 Jahre Karlsplatz. 348. Sonderausstellung des Wien Museums. Wien 2008, S. 385.
97 Tanzer, Karl: Österreichs Erfinder. Von Madersperger bis Auer v. Welsbach (Buecher der Heimat 4). Wien 1934, S. 7. Biographien von Joseph Madersperger, Joseph Ressel, Franz Uchatius, Peter Mitterhofer, Johann Kravogl, Josef Werndl, Siegfried Marcus, Wilhelm Kreß, Fritz Franz Maier, David Schwarz, Carl Auer von Welsbach. Von Tanzer auch: Vom Norischen Eisen zum steirischen Stahl (Deutsches Museum. Abhandlungen und Berichte 2.4), Berlin 1930.
98 Zatloukal, Viktor: Schöpfungen österreichischer Techniker (Österreichische Bücherei). Brixlegg o. J. [1937].
99 Kurzel-Runtscheiner, Erich: Österreichs Helden der Technik, in: Helden der Ostmark. Wien 1937, S. 324–347: Joseph Ressel, Carl von Ghega, Joseph Madersperger, Peter Mitterhofer, Johann Kravogl, Siegfried Marcus, Wilhelm Kreß, Franz Uchatius und Carl Auer von Welsbach.
100 Mayer, Franz Eduard: Pioniere der Technik. Erfinderschicksale aus der Ostmark (Kleinbuchreihe Südost 85). Wien 1944. Biografien von Joseph Madersperger, Peter Mitterhofer, Joseph Ressel, Franz von Uchatius, Josef Werndl, Wilhelm Kreß, Igo Etrich, Fritz Franz Maier, Carl Auer von Welsbach, Viktor Kaplan, Ernst Schneider, Ferdinand Porsche.
101 TMW-Archiv, BPA-013956/2, Österreichisches Forschungsinstitut für Geschichte der Technik. Tätigkeitsbericht 1935–1936, und BPA-013957/2, [...] Tätigkeitsbericht 1937; Erhard, Forschungsinstitut (1939), S. 395. Allg. vgl. Weitensfelder, Titanen (2003).
102 Ebd., BPA-009832, „Auer-Welsbach Denkmal" und Verhandlungsschrift der 7. Sitzung des Kuratoriums des Technischen Museums am 16. Juni 1930.
103 Ebd., BPA-009773/2.
104 Sedlacek, Franz: Auer von Welsbach, in: Blätter für Geschichte der Technik 2 (1934).
105 Zur Denkmalsaufstellung im öffentlichen Raum vgl. allg. Steinernes Bewusstsein I. Die öffentliche Repräsentation staatlicher und nationaler Identität Österreichs in seinen Denkmälern. Hg. von Stefan Riesenfellner. Wien, Köln, Weimar 1998.
106 Die 2,3 Meter hohe Bronzefigur auf einem fünf Meter hohen Kalksteinsockel mit dem Antlitz von Auer von Welsbach als Hochrelief zeigte einen Jüngling, der eine Fackel emporstreckt, Prometheus symbolisierend. Das Denkmal fiel im Zweiten Weltkrieg der Kriegsmetallsammlung zum Opfer und wurde 1954 verändert wiedererrichtet.
107 Reichspost, 8.11.1935. Vgl. Die Enthüllungsfeier des Auer-Welsbach-Denkmals, in: Blätter für Geschichte der Technik 3 (1936), S. 87–94.
108 Sedlacek, Franz: Die Dr. Carl Auer-Welsbach Gedächtnisausstellung im Technischen Museum für Industrie und Gewerbe in Wien, in: Blätter für Geschichte der Technik 3 (1936), S. 74–83. Vgl. Knieschek, Ausstellungen (1998), S. 236–240.
109 Ebd., BPA-009816, Richtlinien eines am Forschungsinstitut für Geschichte der Technik zu errichtenden Fonds [...].
110 TMW-Archiv, BPA-009766/1-2.
111 Lechner, Alfred: Viktor Kaplan, in: Blätter für Geschichte der Technik 3 (1936), S. 15–73.
112 Schott, Paul: August Musger, in: Blätter für Geschichte der Technik 4 (1938), S. 22–39.
113 TMW-Archiv, BPA-009908, Aufruf des Siegfried Marcus Denkmal-Komitees, 1928.
114 Eines der ersten Freilichtmuseen mit Vorbildwirkung gründete Artur Hazelius 1891 mit dem „Skansen" in Stockholm.
115 Linse, Ulrich: Die Entdeckung der technischen Denkmäler. Über die Anfänge der „Industriearchäologie" in Deutschland, in: Technikgeschichte 53 (1986), Nr. 3, S. 201–229, hier S. 202.
116 Beckmann, Uwe: Technische Kulturdenkmale als Objekte technischer Kultur bei deutschen Ingenieuren und Heimatschützern, in: Dietz, Burkhard u. a. (Hg.): Technische Intelligenz und „Kulturfaktor Technik". Kulturvorstellungen von Technikern und Ingenieuren zwischen Kaiserreich und früher Bundesrepublik Deutschland (Cottbuser Studien zur Geschichte von Technik, Arbeit und Umwelt 2). Münster u. a. 1996, S. 177–188.
117 Technische Kulturdenkmale. Im Auftrag der Agricola-Gesellschaft beim Deutschen Museum herausgegeben von Conrad Matschoß und Werner Lindner. München 1932. Faksimile-Ausgabe Düsseldorf 1984 (Klassiker der Technik). Matschoß fungierte seit der Gründung 1926 als Geschäftsführer der Agricola-Gesellschaft.
118 Holey, Schutz (1932) und Holey, Denkmäler (1938).
119 Holey, Karl: Heimatschutz und Baukunst, in: Mitteilungen der k. k. Zentral-Kommission für Erforschung und Erhaltung der Kunst- und historischen Denkmale IX (1910), S. 116–127, und ders.: Bauberatung, in: Die Südmark (1923), Heft 10, S. 426–433.
120 Zeitschrift des Österreichischen Ingenieur- und Architekten-Vereines 80 (1928), Heft 31/32, S. 290.
121 Bundesgesetzblatt Nr. 533, 25. September 1923.
122 TMW-Archiv, BPA-009812, Resümee der Verhandlung am 12. Februar 1930 im Bundesdenkmalamt betreffend den Schutz der technischen Denkmale.
123 Dopsch leitete an der Universität Wien von 1922 bis 1936 das erste Seminar für Wirtschafts- und Kulturgeschichte.
124 Loehr, August: Die Pflege der wirtschaftsgeschichtlichen und technischen Denkmale in Österreich, in: Österreichische Zeitschrift für Kunst und Denkmalpflege 2 (1948), S. 1–7. Vgl. Stadler, Gerhard A.: Das industrielle Erbe Niederösterreichs. Geschichte – Technik – Architektur. Wien, Köln, Weimar 2006, S. 25–27.
125 Zu Schuster vgl. Köstler, Hans Jörg: Wilhelm Schuster – Leben und Arbeit, in: Beiträge zur eisengeschichtlichen Forschung in Österreich (Leobener Grüne Hefte NF 6). Wien 1986, S. 183–199.
126 Die Österreichisch-Alpine Montangesellschaft 1881–1931. Wien 1931.
127 Schuster, Wilhelm: Die hüttentechnischen Denkmale der Ostmark, in: Stahl und Eisen 59 (1939), Heft 20, S. 589–591.
128 Inv.-Nr. 1533/1-6. Die Ausgrabung leiteten 1929 Wilhelm Schuster und der steirische Landesarchäologe Walter Schmid.
129 1956–2006. Fünfzig Jahre Verein Freunde des Radwerkes IV in Vordernberg. Festschrift. O. O. 2006.
130 Lackner, Helmut: Identität durch Technik. Der Beitrag der technischen Denkmäler, in: Plitzner, Klaus (Hg.): Technik, Politik, Identität. Funktionalisierung von Technik für die Ausbildung regionaler, sozialer und nationaler Selbstbilder in Österreich. Stuttgart 1995, S. 171–188, hier S. 179 f.
131 Der Sage nach besiegte der nordische Ritter Haymon den in diesem Haus wohnenden bäuerlichen Riesen Thyrsus im Zweikampf. Der blutende Riese flüchtete ins Gebirge. Der Überlieferung folgend rief er sterbend: „Spritz Bluet! Sei für Viech und Leut guet!". Diese Sage bildet den Hintergrund für die Gewinnung des als Arzneimittels bekannten „Ichthyols", des „Thyrsenbluts", aus bituminösen Steinschichten. Vgl. Sedlacek, Franz: Thyrsenblut, in: Blätter für Geschichte der Technik 1 (1932), S. 73–80. Ein farbiges Kunstblatt des Freskos ist den „Blättern für Geschichte der Technik" 3 (1936) beigelegt.
132 Die Jahrgänge 22 (1933) bis 30 (1941) erschienen mit dem Zusatz „Technikgeschichte". Mit diesem Titel erscheint diese wichtigste deutschsprachige Zeitschrift des Faches wieder seit 1965. Die von Carl Graf Klinkowstroem und Franz Maria Feldhaus 1914 begründeten „Geschichtsblätter für Technik, Industrie und Gewerbe" konnten sich bis 1927 am Markt halten.
133 Bis Heft 44/45 (1982/83) erschienen die „Blätter" in Kommission beim Springer-Verlag.
134 Schnabel, Franz: Ferdinand Redtenbacher, in: Blätter für Geschichte der Technik 4, 1938, S. 66–71.
135 Ders.: Deutsche Geschichte im neunzehnten Jahrhundert. Band 3: Erfahrungswissenschaft und Technik. Freiburg im Breisgau 1934.
136 Franz Kirnbauer (1900–1978), Bergbauingenieur, Montanhistoriker und konservativer Volkskundler des Berg- und Hüttenwesens, Begründer der Schriftenreihe „Leobener Grüne Hefte", hatte 1936 an der Montanistischen Hochschule Leoben über dieses Thema dissertiert. Zum Zeitpunkt des Erscheinens von Heft 7 (1940) befand sich Kirnbauer in Freiberg/Sachsen. Vgl. Franz Kirnbauer. Leben und Werk (Leobener Grüne Hefte 177). Leoben 1978.
137 Holey, Erhard (1942). Wiederabdruck in: Holey, Erhard (1963).
138 Matschoß, Conrad: Die neuere Entwicklung der Technikgeschichte, in: Forschungen und Fortschritte 16 (1940), Nr. 7/8, S. 73–75.

Ludwig Erhards „Biologie der Technik" und die technokratische Gesellschaft

1. Holey, Erhard (1963), S. 5.
2. Ebd., S. 5.
3. Erhard, Weg (1929), S. 9.
4. Ebd., S. 9.
5. Erhard, Ludwig: Die Maschinenabtheilung der II. Bayrischen Landes-Ausstellung, in: Offizielle Ausstellungs-Zeitung. Organ der Bayerischen Landesausstellung Nürnberg 1896. Hg. von Johannes Rée. Nürnberg 1896, S. 200.
6. Vgl. Erhard, Weg (1929), S. 12.
7. Erhard, Entwicklungsgeschichte (1932), S. 6.
8. Erhard, Weg (1929), S. 9.
9. Ebd., S. 4.
10. Vgl. ebd., S. 4 f., und Erhard, Entwicklungsgeschichte (1932), S. 8.
11. Erhard, Lebenssinn (1936), S. 1. Zu Kapp vgl. Huning, Alois: Ernst Kapp. Grundlinien einer Philosophie der Technik. Zur Entstehungsgeschichte der Cultur aus neuen Gesichtspunkten, in: Nachdenken über Technik. Die Klassiker der Technikphilosophie. Hg. von Hubig, Christoph u. a. Berlin 2000, S. 205–208.
12. Erhard, Weg (1929), S. 4 f.
13. Ebd., S. 6.
14. Ebd., S. 1 f.
15. Erhard, Entwicklungsgeschichte (1932), S. 9.
16. Erhard, Weg (1929), S. 13. Vgl. TMW-Archiv, BPA-009910/2, Entwicklungsgeschichte der Technik, S. 3 f.
17. Ebd., S. 3.
18. TMW-Archiv, BPA-009925/2, Über die aus dem Gewerbeförderungskredite angekauften und an gewerbliche Vereinigungen abgegebenen Arbeitsbehelfe nach dem Stande vom 31. Dezember 1906. Vgl. auch Erhard, Gewerbeförderung (1939), S. 113.
19. Zur Biografie Horwitz siehe: Troitzsch, Ulrich: Zum Lebensweg des jüdischen Technik- und Kulturhistorikers Hugo Theodor Horwitz (1882–1941), in: Brandstetter, Thomas; ders.: Hugo Theodor Horwitz: Das Relais-Prinzip. Schriften zur Technikgeschichte. Wien 2008, S. 13–51. Für Hinweise zu Horwitz danke ich Herrn Prof. Dr. Ulrich Troitzsch.
20. Brandstetter, Thomas: Elemente einer Philosophie der Technik nach Horwitz, in: ders.; Ulrich Troitzsch: Hugo Theodor Horwitz: Das Relais-Prinzip. Schriften zur Technikgeschichte. Wien 2008, S. 53–74, hier S. 55 f. und 59.
21. Ebd., S. 61 f. Ähnlich wie Erhard wandte sich übrigens auch Horwitz gegen die Kapp'sche These, dass technische Entwicklungen nur eine unbewusste Projektion der im biologischer Körper bereits angelegten Organe darstellen. Ebd., S. 62.
22. Erhard, Entwicklungsgeschichte (1932), S. 10.
23. Ebd., S. 12.
24. Erhard, Weg (1929), S. 6.
25. Exner, Aussteller (1866), S. 4.
26. Erhard, Wege (1929), S. 695–702.
27. Erhard, Entwicklungsgeschichte (1932), S. 12 f.
28. Ebd., S. 13.
29. Ders.: Weg (1929), S. 12.
30. Ebd., S. 13.
31. Vgl. dazu Willeke, Stefan: Die Technokratiebewegung in Deutschland zwischen den Weltkriegen, in: Technikgeschichte 62 (1995), S. 221–246.
32. Ebd., S. 229.
33. Kammerer, Otto: Die Technik der Lastenförderung einst und jetzt. Eine Studie über die Entwicklung der Hebemaschinen und ihren Einfluß auf Wirtschaftsleben und Kulturgeschichte. München, Berlin 1907, S. III.
34. TMW-Archiv, BPA-009868, Rede zum „70. Geburtstag Hofrat Dr. Erhard", gesprochen von Hofrat Prof. Dr. Karl Holey am 23. Oktober 1933.
35. Vgl. ebd., BPA-009888, Österreichisches Kuratorium für Wirtschaftlichkeit. Verhandlungsschrift der konstituierenden Sitzung des Arbeitsausschusses „Techno-Ökonomie", S. 5.
36. Ebd., BPA-009910/1, „Biologie und Technik", S. 3, als Anhang eines Briefes Erhards an den Österreichischen Verein deutscher Ingenieure vom 9.11.1932.
37. Österreichisches Kuratorium für Wirtschaftlichkeit. Jahresbericht 1932, S. 9–14.
38. TMW-Archiv, BPA-009883, Österreichisches Kuratorium für Wirtschaftlichkeit. Verhandlungsschrift der konstituierenden Sitzung des Arbeitsausschusses „Techno-Ökonomie".
39. Ebd., BPA-009804, Erhard, Ludwig: Entwicklung des Kampfes „Mensch und Maschine". Referat erstattet zum Abschnitt II/2 „Das soziale Problem" des Arbeitsprogramms des ÖKW-Ausschusses „Techno-Ökonomie", April 1934, S. 9 f. Vgl. auch Willeke, siehe Anmerkung 31, S. 228.
40. Ebd., BPA-009888, Österreichisches Kuratorium für Wirtschaftlichkeit. Verhandlungsschrift der konstituierenden Sitzung des Arbeitsausschusses „Techno-Ökonomie", S. 2.
41. Vgl. Sandgruber, Roman: Österreichische Geschichte. Ökonomie und Politik: Österreichische Wirtschaftsgeschichte vom Mittelalter bis zur Gegenwart. Wien 1995, S. 397.
42. TMW-Archiv, BPA-009804, siehe Anmerkung 39, S. 9.
43. Erhard, Lebenssinn (1936), S. 11.
44. Vgl. Willeke, siehe Anmerkung 31, S. 231.
45. Vgl. auch TMW-Archiv, BPA-009868, Rede zum „70. Geburtstag Hofrat Dr. Erhard", gesprochen von Hofrat Prof. Dr. Karl Holey am 23. Oktober 1933.
46. Ebd., BPA-009639, Vortragskreis „Kultur und Technik", 17. bis 23. November 1930, S. 3.
47. Stein, Erhard (2006), S. 193 f., und Burger, Maschinenzeit (1991), S. 52 f.
48. Erhard, Entwicklungsgeschichte (1932), S. 25, und Burger, Maschinenzeit (1991), S. 53.
49. Zu Erhards Verhältnis zum Nationalsozialismus vgl. auch Stein (2006), S. 182–185.
50. Erhard, Technik (1938), S. 2.
51. Ebd., S. 3.
52. Ebd., S. 3.
53. Ebd., S. 2.
54. Vgl. ebd., S. 3. Erhard zitiert an dieser Stelle Srbik, Heinrich von: Die Kulturverbundenheit der Technik, in: Blätter für Geschichte der Technik 1 (1932), sowie seine eigene Arbeit, Vom Lebenssinn der Technik, in: Blätter für Geschichte der Technik 3 (1936), sowie die Tätigkeitsberichte des Forschungsinstituts für Geschichte der Technik, in: Blätter für Geschichte der Technik 3 (1936) und 4 (1938).
55. TMW-Archiv, BPA-009931/2, Aus der Geschichte des Österreichischen Vereins deutscher Ingenieure, Manuskript von Ludwig Erhard aus Anlass des 25-jährigen Vereinsjubiläums 1929, S. 5.
56. Mikoletzky, Juliane: Der österreichische Techniker. Standespolitik und nationale Identität österreichischer Ingenieure, 1850–1950, in: Plitzner, Klaus (Hg.): Technik, Politik, Identität. Funktionalisierung von Technik für die Ausbildung regionaler, sozialer und nationaler Selbstbilder in Österreich. Stuttgart 1995, S. 111–123, hier S. 121 f.

Das Museum in der NS-Zeit

1. WStLA, Gauakt, Heinrich Goldemund.
2. TMW-Archiv, BPA-009646/3, Museumsverein Verhandlungsschriften.
3. Ebd., Direktion, PZ 1529/39, Direktion des TMW an Gauobmann der Deutschen Arbeitsfront Gau Wien, 14.9.1939.
4. Ebd., Direktionsakten, P. Z. 1529/1939.
5. Ebd., BPA-009786, Personalakt Kurzel-Runtscheiner sowie Österreichisches Forschungsinstitut für Techn kgeschichte, Allgemeine Korrespondenz, 1938 ff. Seine Stellungnahme zu den Vorwürfen blieb im Juli 1939 erfolglos: Er habe sich zwar im Februar 1934 beim Heimatschutz „im Kampf gegen den Marxismus" engagiert und das „Regime" im üblichen Maß unterstützt, sei aber nicht weiter aktiv gewesen. Die Jüdin Elisabeth Thorsch hatte er 1912 geheiratet, wurde aber 1928 von ihr geschieden. Nur wegen der drei gemeinsamen Kinder sei er weiter mit ihr in Kontakt geblieben. Vgl. Kurzel-Runtscheiner an das Amt des Reichsstatthalters, Abt. I, Wien, 11.7.1939.
6. TMW-Archiv, Personalakt Franz Kaminek. Vgl. auch ÖStA, AdR, Bundesministerium für Handel und Verkehr, Karton 3770, Zl. 96.867-10/1938.
7. Ebd., BPA-009662, Generaversammlung des Vereins TMW und BPA-009659, Vereinsleitung.
8. Ebd., BPA-009647/3, Korrespondenzmappe Verein TMW 1939.
9. Ebd., BPA-009646/5, Korrespondenz Verein TMW 1939.
10. Vgl. ebd., BPA-009829, Forschungsinstitut, Korrespondenz mit Amt für Technik Wien. Zum Technikdiskurs der Ingenieure im Zweiten Weltkrieg, vor allem innerhalb des Vereins deutscher Ingenieure, vgl. Kehrt, Christian: Zum Technikdiskurs im Zweiten Weltkrieg. Der Verein Deutscher Ingenieure 1939–1945, in: Militärgeschichtliche Zeitschrift 61 (2002), Heft 1, S. 49–71.
11. Siehe dazu Duffy, Eve: Im Spannungsfeld von Selbststeuerung und Fremdbestimmung 1925–1944, in: Füßl, Wilhelm; Trischler, Helmuth (Hg.): Geschichte des Deutschen Museums. Akteure, Artefakte, Ausstellungen. München u. a. 2003, S. 131–139.
12. Einen Artikel über diese Reise veröffentlichte Ludwig Erhard im Mai 1939 in der Badener Zeitung.
13. Ebd., BPA-009829, Forschungsinstitut, Amt für Technik.
14. Zu Saur siehe Saur, Karl-Otto, Jr.; Saur, Michael: Er stand in Hitlers Testament. Ein deutsches Familienerbe. Berlin 2007.
15. TMW-Archiv, BPA -00966´, Satzungsentwurf. Vgl. auch Burger, Maschinenzeit (1991), S. 56.
16. Ebd., BPA-009821, Forschungsinstitut-Bestandsbeitrag.
17. Ebd., BPA-0013959/2, Aktennotiz über die Besprechung am Granerhof, 23.6.1939.
18. Ebd., BPA-009829, Erhard an Otto Link, Amt für Technik Wien, 8.7.1938.
19. Ebd., BPA-009832, Forschungsinstitut, Korrespondenz und Verhandlungsschriften.
20. Ebd., Mitgliedskarte Förderverein Schützenhofer.
21. Ebd., Personalakt Stampfl, Brief Schützenhofer an den Reichsstatthalter in Wien, 30.5.1942.
22. Zu Plattner siehe ÖStA, AdR, Gauakt Friedrich Plattner.
23. Zur Biografie Kummerlöwes siehe: Nowak, Eugeniusz: Wissenschaftler in turbulenten Zeiten. Erinnerungen an Ornithologen, Naturschützer und andere Naturkundler. Schwerin 2005, S. 88–95.
24. Vgl. dazu ÖStA, AdR, Bundesministerium für Unterricht und Kunst, 15 B1, Kt. 159, Zl. 6188/-M/1941.
25. Burger, Maschinenzeit (1991), S. 57; TMW-Archiv, Direktionsakten, P. Z. 1550/1939. Vgl. Kummerlöwe, Neugestaltung (1939).
26. TMW-Archiv, Geheimakte 1938–1945, Mappe Rundläufe Dr. Kummerlöwe, Brief Kummerlöwe an Ministerium für innere und kulturelle Angelegenheiten, Wien, Sommer 1939.
27. 1942 schrieb Kummerlöwe in einem Brief an die Reichsstatthalterei, „dass weiterhin die politisch sehr gefährdete Stellung des Herrn Direktors Dipl. Ing. Schützenhofer entgegen allen Widerständen ausreichend gefestigt werden konnte, war gewiss ausdrücklich das Ergebnis meines vorurteilslosen Eingreifens". Vgl. ÖStA, AdR, Bundesministerium für Unterricht und Kunst, 15 B1, Kt. 159, Zl. 7851-M/1942.
28. Ebd. Zum Deutschen Museum siehe Duffy, siehe Anmerkung 11, S. 139.
29. TMW-Archiv, Personalakte Kaspar Szady, Franz Fiedler, Emma Lenz, Hans Lenz.
30. ÖStA, AVAFHKA, Bundesministerium für Handel und Verkehr, Kt. 3770, Zl. 100.893-10a/38.
31. Schützenhofer, Fabrikprodukten-Kabinett (1947), S. 16.
32. ÖStA, AdR, Bundesministerium für Unterricht und Kunst, 15 B1, Kt. 159, Zl. 6188/-M/1941.
33. Ebd., Zl. 118-C/1941.
34. TMW-Archiv, Direktionsakten, P. Z. 1432/1939.
35. ÖStA, AdR, Bundesministerium für Unterricht und Kunst, 15 B1, Kt. 159, Technisches Museum an Reichsstatthalter in Wien, 26.2.1941.
36. TMW-Archiv, BPA 13959/2, Technisches Museum an Kummerlöwe, 11.12.1939.
37. Schützenhofer, Museum (1939), S. 293.
38. TMW-Archiv, Personalakt Emil Descovich. Descovich hatte seit dem Ersten Weltkrieg vor allem zur Schifffahrt und Meeresforschung publiziert. In der Museumsbibliothek von ihm: Ums blaue Band. Stuttgart 1931; Technik der Tiefe. Stuttgart 1932. Horwitz hatte Descovichs Buch „Unsere Technik in Amerika" (Stuttgart 1927) rezensiert. Vgl. TMW-Archiv, Nachlass Horwitz, Mappe 5.
39. TMW-Archiv, Direktionsakten, P. Z. 597/1943.
40. Bernhard Wetzler (1839–1922) stammte aus einer jüdischen Kaufmannsfamilie aus Böhmen, baute seit den 1860er-Jahren in Wien einen Nahrungs- und Genussmittelkonzern auf, war Generalrat und Präsident der Anglo-Oesterreichischen Bank sowie Herrenhausmitglied von 1910 bis 1918. Wetzler unterstützte Exner beim Verein „Die Technik für die Kriegsinvaliden" und kaufte 1917 mit Karl von Škoda die Uhrensammlung Ebner-Eschenbach für die Stadt Wien.
41. Bei „S. M. v. Rothschild" handelt es sich um das von Salomon Mayer Rothschild (1774–1855) in Wien begründete Bankhaus, das seit 1911 Louis Nathaniel von Rothschild (1882–1955) leitete. Er wurde im März 1938 verhaftet, konnte aber nach neun Monaten emigrieren.
42. TMW-Archiv, Direktionsakten, P. Z. 1076/1941, Technisches Museum an Reichsstatthalter in Wien, 25.11.1941.
43. Ebd., Direktionsakten, P. Z. 1076/1941, Aktenvermerk Reichsstatthalter Wien, 8.12.1941.
44. ÖStA, AdR, Bundesministerium für Unterricht und Kunst, 15 B1, Kt. 159, Zl. 7115/-M/1941; Zl. 639/-M/1942.
45. TMW-Archiv, Direktionsakten, P. Z. 1135/1942, Brief Technisches Museum an Reichsstatthalter Wien, 17.1.1942.
46. Ebd., Aktenvermerk Reichsstatthalter Wien, 2.2.1942.
47. Ebd., Direktionsakten, P. Z. 101, Technisches Museum an Reichsstatthalter Wien, 25.4.1942.
48. Stürzer, Erinnerungen (1968), S. 98.
49. Vgl. die Besucherstatistik im Anhang.
50. ÖStA, AdR, Bundesministerium für Unterricht und Kunst, 15 B1, Kt. 159, Zl. 2687-b/43.
51. TMW-Archiv, Direktionsakten, P. Z. 666/1944.
52. Habacher, Nagler (1968), S. 126, und TMW-Archiv, BPA-011334/1, Personenmappe Nagler.
53. TMW-Archiv, Personalakt Emil Descovich und Wilhelm König.
54. Ebd., BPA-011389, Personalunterlagen zu Dr. Suk.
55. ÖStA, AdR, Bundesministerium für Unterricht und Kunst, 15 B1, Kt. 159, Technisches Museum an Reichsstatthalter in Wien, 4.3.1941.
56. TMW-Archiv, BPA-11334/2, Personenmappe Nagler.
57. ÖStA, AdR, Bundesministerium für Unterricht und Kunst, 15 B1, Kt. 159, Zl. 3690-II/3-1945.
58. Burger, Maschinenzeit (1991), S. 60.
59. Seper, Schützenhofer (1968), S. 119. Das Museum erhielt in diesem Jahr rund 50 Objekte aus Neoresit, Lignostone und Plexiglas. Vgl. Illustrierte Kronenzeitung, 27.6.1940 und allg. Kühn, Martin: Kunststoffe als neue Werkstoffe (Kriegsvorträge der Rheinischen Friedrichs-Wilhelms-Universität Bonn a. Rh. 23). Bonn 1940.
60. TMW-Archiv, Direktionsakten, P. Z. 27/1943.
61. Ebd., Direktionsakten, P. Z. 447/1941 und ÖStA, AdR, Bundesministerium für Unterricht und Kunst, 15 B1, Kt. 159, Techn. Museum an Reichsstatthalter in Wien, 30.12.1941.
62. ÖStA, AdR, Bundesministerium für Unterricht und Kunst, 15 B1, Kt. 159, Technisches Museum an Reichsstatthalter, 28.9.1942.
63. Ebd., Technisches Museum an Generalreferent für Kunstförderung, 9.8.1941.
64. Ebd., P. Z. 733, Technisches Museum an Reichsstatthalter, 8.9.1943.

65 TMW-Archiv, Direktionsakten, P. Z. 343/1940.
66 Ebd., PZ 447/1941.
67 Ebd., PZ 222/1943.
68 Ebd., Bibliothek, P. Z. 1888/1938, Unterstreichungen im Original.
69 Ebd., Direktion, Ministerium für innere und kulturelle Angelegenheiten, 8.11.1938.
70 Ebd., Gruppe 11, P. Z. 1669/1939.
71 2006 wurde der Nachlass an den in Kanada lebenden 86-jährigen Sohn Anselm Barnet zurückgestellt. Die Bibliothek konnte das Museum erwerben, den Nachlass seines Vaters – mit Ausnahme der Familiendokumente – hat Anselm Barnet dem Museum als Schenkung übergeben.
72 Im Jahr 2008 wurde der Fiat 522 an den in Argentinien lebenden 83-jährigen Sohn der ursprünglichen Besitzerin restituiert und in der Folge vom TMW erworben.
73 TMW-Archiv, P. Z. 1853/1938; Motor 1 (1946), S. 17. Das von Franz Seifert entworfene Denkmal im Resselpark wurde 1948 wieder aufgestellt.
74 Kurzel-Runtscheiner, Erich: Siegfried Marcus. Zur dreißigsten Wiederkehr seines Todestages, in: Zeitschrift des Österreichischen Ingenieur- und Architekten-Vereines 80 (1928), Heft 29/30, S. 262–264, und Heft 31/32, S. 285–287, hier: erweiterter Sonderabdruck. Wien o. J. , S. 14. Als 2., erweiterte Auflage 1956 vom Österreichischen Automobil-, Motorrad- und Touring-Club (ÖAMTC) herausgegeben. Zuerst Kurzel-Runtscheiner, Erich: Österreichs Anteil an der Entwicklung des Automobils, in: Zeitschrift des Österreichischen Ingenieur- und Architekten-Vereines 76 (1924), Heft 1/2, S. 11–15, und Heft 5/6, S. 45–49.
75 ÖStA, AdR, Bundesministerium für Unterricht und Kunst, 15 B1, Kt. 159, Zl. 2407-C/1940.
76 TMW-Archiv, P. Z. 1342/1940; Archiv PZ 631/1939.
77 Ebd., P. Z. 1818/1939.
78 Inv.-Nr. 15441–15450. Leihgaben von Ing. Victor Tischler. Vgl. TMW-Archiv, Gr. 11, 1338/1948; 1387/1948; 1456/1948; 56/1949; 519/1949; 519/1949; 24/1950; 180/1950.
79 TMW-Archiv, Gr. 11, P. Z. 1014/1940.
80 Berlin – Rom – Tokio, Heft 3/1940, S. 32–34.
81 ÖStA, AdR, Bundesministerium für Unterricht und Kunst, 15 B1, Kt. 159, ZL 2407-C/1940, Daimler Benz an Gauleiter Bürckel, 30.5.1940.
82 Ebd., Daimler Benz an Gauleiter Bürckel, 12.7.1940.
83 Ebd., Technisches Museum an Daimler-Benz, 16.9.1940.
84 Ebd., Zur Information …, gez. [Dr. Ludwig von] Berg, [Dr. Alfred] Eckmann, 4.10.1940.
85 TMW-Archiv, Direktionsakten, P. Z. 779/1946.
86 Inv.-Nr. 16756.
87 TMW-Archiv, Gr. 11, P. Z. 1204/1940.
88 Vgl. Technisches Museum Wien (1959), S. 172.
89 TMW-Archiv, BPA 13966/2, Direktion.
90 Zur Rückstellung vgl. ebd., Gr. 11, P. Z. 572/1958; 854/1958; 622/1961, 1476/1961; 882/1962 sowie 62/1963, 115/1963, 438/1963, 325/1963.
91 Der Wagen wird seit 1961 auf 1888/89 datiert. Vgl. Goldbeck, Gustav: Siegfried Marcus. Ein Erfinderleben (Beiträge zur Technikgeschichte). Düsseldorf 1961; Seper, Hans: Damals als die Pferde scheuten. Die Geschichte der österreichischen Kraftfahrt. Wien 1968, S. 289–317; ders.: Neue Ergebnisse der Marcus-Forschung. Masch. Manuskript mit Fotos in der Bibliothek des Museums, April 1967, und ders.: Siegfried Marcus und seine Verbrennungsmotoren, in: Blätter für Technikgeschichte 35 (1973), S. 61–113. Neuerdings Bürbaumer Ursula, Das erste Auto der Welt? Männer und Motoren in Österreich im 19. Jahrhundert. Wien 1998; Grössing, Helmuth (Hg.): Autos – Fahrer – Konstrukteure. Automobilismus im Aufbruch. Wien 2000; Hardenberg, Horst: Siegfried Marcus. Mythos und Wirklichkeit (Wissenschaftliche Schriftenreihe des DaimlerChrysler Konzernarchivs 3). Bielefeld 2000. Im Gegensatz dazu datiert Alfred Buberl mit Unterstützung der Siegfried-Marcus-Forschungsgesellschaft und des Österreichischen Ingenieur- und Architekten-Vereins den Wagen weiterhin in die 1870er-Jahre. Vgl. Buberl, Alfred: Die Automobile des Siegfried Marcus. Bad Sauerbrunn 1994, und ders.: Siegfried Marcus. Der Erfinder des Automobils. Stockerau 1999.
92 TMW-Archiv, BPA 13965/2, Aufzeichnungen von Eduard Stürzer.
93 Stürzer, Erinnerungen (1968), S. 111.
94 Ebd. Zum Topos „Der (Uhren) stehlende Russe" vgl. Dornik, Wolfram: Besatzungsalltag in Wien. Die Differenzierung von Erlebniswelten: Vergewaltigungen – Plünderungen – Erbsen – Straußwalzer, in: Die Rote Armee in Österreich. Sowjetische Besatzung 1945–1955. Beiträge (Veröffentlichungen des Ludwig-Boltzmann-Instituts für Kriegsfolgen-Forschung Graz – Wien – Klagenfurt. Sonderband 4). Graz, Wien, München 2005, S. 449–467, hier S. 466.
95 TMW-Archiv, Personalakt Kurzel-Runtscheiner, Radiovortrag Oktober 1945.
96 Archiv BDA, Hirschwang Karton 1, fol. 1–67.
97 TMW-Archiv, BPA-013968/2, Zusammenfassende Feststellung der vom April 1945 bis Ende 1948 erreichten Ziele des Wiederaufbaus (undatiert, wahrscheinlich Viktor Schützenhofer), S. 3.
98 Dornik, Besatzungsalltag, 2005, S. 449–467, hier S. 451–454.
99 Ebd., BPA 011334/5, Personenmappe Nagler, Direktionsakten, P. Z. 951/1947, Summarischer Bericht über die im Jahre 1947 durchgeführten Arbeiten sowie Summarischer Bericht über die im Jahre 1948 durchgeführten Arbeiten. Vgl. Stürzer, Erinnerungen (1968), S. 112.
100 TMW-Archiv, BPA-013968/2, Filmvorführungen im Technischen Museum (1948).
101 ÖStA, AdR, Bundesministerium für Unterricht und Kunst, 15 B1, Kt. 159, Zl. 2040-d/45, Verzeichnis der Beamten und Angestellten.
102 Ebd., Zl. 2632-II/45.
103 TMW-Archiv, Mappe Personal 1938–45.
104 Ebd., BPA-011330/3, Personenmappe Schützenhofer, Fragebogen 15.5.1942.
105 Schützenhofer, Museum (1939), S. 293.
106 Ebd. (1948), S. 308.
107 BPA-013970/2, Manuskript der Abschiedsrede für Viktor Schützenhofer von Josef Nagler, 29.1.1950.
108 TMW-Archiv, Personalakt Kurzel-Runtscheiner.
109 Ebd., BPA-011336/1-4. Vgl. den Nachruf in: Blätter für Technikgeschichte 19 (1957), S. 109 f.

Das „Post- und Telegraphenmuseum" als Abteilung des Reichspostmuseums Berlin

1. BA, R 4701, 18482.
2. Lotz, Wolfgang: Die Deutsche Reichspost 1933–1945. Eine politische Verwaltungsgeschichte. Bd. 1: 1933–1939. Berlin 1999, S. 266–268.
3. Baumunk, Bodo-Michael: „Übersicht über die Gestaltung des Verkehrswesens aller Zeiten und Völker". Die Geschichte des Reichspostmuseums und seiner Sammlungen (1872–1945), in: Randa-Campani, Sigrid (Hg.): Einfach würdiger Styl! Vom Reichspostmuseum zum Museum für Kommunikation Berlin. Berlin 2000, S. 124–175.
4. Österreichische Post AG, Generaldirektion, Hausblatt der Reichspostdirektion Wien, 1939, Nr. 50.
5. TMW-Archiv, Ordner Provenienzforschung TMW/PTM, Riedel an das Bundesministerium für Verkehr, Generaldirektion für die Post- und Telegraphenverwaltung, 24.6.1953.
6. Archiv Universität Wien, Personalakt Erhard Riedel, fol. 17, Darstellung von Riedels Lebenslauf durch Wilhelm Bauer, Leiter des Instituts für Geschichte des Postwesens, 22.5.1943.
7. ÖStA, AdR, Zivilakten der NS-Zeit, Gaupersonalamt, 147773, Erhard Riedel.
8. Ebd., 84267, Gustav Oelschläger.
9. Österreichische Post AG, Hausblatt der Reichspostdirektion Wien, 1939, Nr. 50.
10. BA, R 4701, 18482, Bericht über Diebstahl von Freimarken im Reichspostmuseum Abteilung Wien, Wien 1.2.1943.
11. Aufgrund einer Provenienzangabe, die auf eine aus der NS-Zeit stammende Organisationsbezeichnung zurückgreift, wie „Bibliothek der Reichspostdirektion Wien", ist nicht auszuschließen, dass es sich in solchen Fällen um eine nachträgliche Erfassung einer vor März 1938 erfolgten Erwerbung handelt.
12. Baumunk, siehe Anmerkung 3, S. 168.
13. TMW-Archiv, Ordner „Sammlungen aus dem Postmuseum", Riedel an Reichspostmuseum Berlin, 27.6.1941; Präsident der Reichspostdirektion Graz an Riedel, 2.8.1941; Faszikel „1938–1945", Reichspostdirektion Graz an Reichspostmuseum, Abteilung Wien, 8.8.1941.
14. Vgl. Haar, Ingo; Fahlbusch, Michael (Hg.): Handbuch der völkischen Wissenschaften. Personen – Institutionen – Forschungsprogramme – Stiftungen. München 2008, insbesondere die Beiträge „Generalplan Ost", S. 187–193, „Ostforschung", S. 452–463, „Südostdeutsche Forschungsgemeinschaft", S. 688–697.
15. TMW-Archiv, Faszikel 1938–1945: P. Z. 63/1938, Übermittlung von Siegel, Stempel, Bücher und Urkunden.
16. BA, R 4701, 18482, Präsident der Reichspostdirektion an das literarische Archiv des Reichspostministeriums, 20.12.1939; Reichsprotektor in Böhmen und Mähren an Reichspostmuseum, Abteilung Wien, 27.5.1941.
17. Ebd., Präsident der Reichspostdirektion Wien an Reichspostmuseum, 29.3.1941. Aktennotiz, 15.5.1942.
18. Ebd., Riedel an „Büro Museum", 23.6.1942.
19. Ebd, handschriftliche Notiz.
20. Ebd., Fleischer an Riedel, 11.2.1941.
21. Ebd., Zeitungsausschnitte; Das kleine Volksblatt, 20.5.1941, S. 8; Völkischer Beobachter, 18.5.1941, S. 9.
22. Ebd., Riedel an „Büro Museum", 26.6.1941.
23. ÖStA, AdR, Unterricht, Wissenschaft, Forschung und Kunst 1919–1998, Kurator der wissenschaftlichen Hochschulen in Wien 1940–1945, Wilhelm Bauer an Kurator der wissenschaftlichen Hochschulen in Wien, 23.4.1942.
24. Diese Informationen verdanke ich Andreas Göller vom Universitätsarchiv der Technischen Universität Darmstadt.
25. Archiv Universität Wien, Rektorat 337, fol. 13, Wilhelm Bauer an Rektor Pernkopf, 22.5.1943; fol. 25, Satzung des Instituts für Geschichte des Postwesens an der Universität Wien.
26. Duchkowitsch, Wolfgang: Zeitungswissenschaft „an der schönen heimatlichen Donaustadt". Aufbau, Errichtung und Funktion des Wiener Instituts für Zeitungswissenschaft, in: Heiß, Gernot u. a. (Hg.): Willfährige Wissenschaft. Die Universität Wien 1938–1945. Wien 1989, S. 155–178, hier S. 155–157.
27. Saurer, Edith: Institutsneugründungen 1938–1945, in: Heiß, Gernot u. a. (Hg.): Willfährige Wissenschaft. Die Universität Wien 1938–1945. Wien 1989, S. 303–328, hier S. 320.
28. Archiv Universität Wien, Personalakt Riedel, fol. 21, Dekan an Quästur, 8.10.1943.
29. TMW-Archiv, Mappe „PTM 1942", Riedel an Oberpostrat Hermann Schauer, 28.12.1943.
30. TMW-Archiv, Faszikel „1938–1945", Reichspostmuseum, Abteilung Wien, an Postamt Wien 89, 2.12.1943.
31. ÖStA, AdR, Unterricht, Wissenschaft, Forschung und Kunst 1919–1998, Kurator der wissenschaftlichen Hochschulen in Wien 1940–1945, Niederschrift über die Verhandlungen in der am 12. Mai 1944 im Institut stattgefundenen Sitzung des Beirates des Instituts für Geschichte des Postwesens an der Universität Wien.
32. Post- und Telegraphenmuseum (1959), S. 2; TMW-Archiv, Kartonschachtel mit Hängemappen, Mappe „Neuorganisation und Eröffnung", Entwurf für die Rede des Herrn Generaldirektors.
33. Archiv Universität Wien, Personalakt Riedel, Schreiben der Generaldirektion für die Post- und Telegraphenverwaltung an Universität, Wien, 9.6.1945.
34. Ebd., Personalakt Riedel, fol. 31, Bericht über das Institut für Geschichte des Postwesens an der Universität Wien; fol. 38, Staatsamt für Volksaufklärung an das Staatsamt für Industrie, Gewerbe, Handel und Verkehr, 20.8.1945; fol. 40, Generaldirektion für die Post- u. Telegraphenverwaltung an das Staatsamt für Volksaufklärung, 9.9.1945.
35. ÖStA, AdR, Zivilakten der NS-Zeit, Gaupersonalamt, 147773, Riedel.
36. TMW-Archiv, Korrespondenz aus dem Nachlass Riedel.
37. TMW-Archiv, Korrespondenz aus dem Nachlass Riedel, Beilage zum Schreiben Riedel an Generaldirektion für die Post- und Telegraphenverwaltung, 24.6.1953.
38. Riedel, Erhard: Österreichische Postgeschichte (Post- und Fernmeldewissenschaftliche Reihe 1). Wien 1957, S. 31.
39. TMW-Archiv, Mappe Dienstzettel, Zitierung jüdischer Schriftsteller in wissenschaftlichen Arbeiten, Wien, 25.1.1941.

Konsolidierung und Stagnation in der Zweiten Republik

Im Wiederaufbau erwies sich das Technische Museum Wien unter Josef Nagler mit der Tradierung österreichischer Erfindergenies als verlässlicher Partner der Politik. Das Vertrauen in den Fortschritt unterstützte es mit einer Serie von Ausstellungen zur Atomenergie und zur Raumfahrt. In der zweiten Hälfte der 1970er-Jahre reagierte das Museum mit Wanderausstellungen erstmals kritisch auf die möglichen Grenzen des Wachstums. Danach stagnierte der Betrieb. Das Gebäude zeigte bereits Risse, und eine Sanierung erschien unausweichlich.

Das Museum im Wiederaufbau: Die „langen fünfziger Jahre"

Erstmals erlebt das Museum einen Normalbetrieb mit Sonderausstellungen, Vorträgen und Veranstaltungen.

Helmut Lackner

Die Pensionierung Viktor Schützenhofers und die Ernennung des Physikers Josef Nagler[1] zum Direktor im Jahr 1950 bedeuteten für das Museum eine weitere Zäsur sowie den Beginn einer längeren Phase der Konsolidierung und schließlich der Stagnation. Naglers Direktionszeit von 1950 bis 1966 entspricht exakt jener Periode, die der deutsche Historiker Werner Abelshauser als die „langen fünfziger Jahre" charakterisiert hat.[2]

Die eineinhalb Jahrzehnte vom Ende der 1940er- bis Mitte der 1960er-Jahre standen im Zeichen des stark von der Marshallplan-Hilfe angekurbelten Wiederaufbaus nach dem Zweiten Weltkrieg. Die in diesem Zusammenhang 1948 in Österreich mit den Wirtschaftsplänen erstellten Zehnjahresprognosen wurden rasch von der dynamischen realen Entwicklung überholt. Soziale Marktwirtschaft, sozialpartnerschaftliche Konfliktregelung und die große Regierungskoalition garantierten eine lange Phase wirtschaftlicher und gesellschaftlicher Stabilität, die gegen Ende als Erstarrung empfunden und von der 68er-Generation in Frage gestellt wurde.

In diesen eineinhalb Jahrzehnten erreichte das in den 1920er-Jahren aus den USA in Europa angekommene fordistische Wirtschaftssystem nach der gewaltsamen Unterbrechung durch den Nationalsozialismus seinen Höhepunkt mit industrieller Massenproduktion, Massenkonsum und einer durchgreifenden Modernisierung der Gesellschaft.[3] Diese prägenden Faktoren sind mit den Begriffen Industrie- und Konsumgesellschaft am besten zu umschreiben. Die andere Seite der Medaille bezeichnete der Schweizer Historiker Ulrich Pfister als das „1950er Syndrom", mit dem er die in diesem Zeitraum feststellbare Trendwende im Energieverbrauch und daraus resultierende Umweltprobleme beschrieb.[4] Im Gegensatz zu der bis in den einzelnen Haushalt hinein spürbaren Verbesserung der materiellen Lebensbedingungen nahm die Gesellschaft die Folgen dieses Prozesses auf die Umwelt erst seit den 1970er-Jahren wahr.

Allerdings dominierte nach dem Zweiten Weltkrieg nicht mehr die Großindustrie mit Dampfmaschinen, auch wenn die verstaatlichte Industrie damals ihre besten Jahre hatte. Gegenüber der industriellen Entwicklung des 19. und frühen 20. Jahrhunderts basierte die Dynamik nun auf einer Verbreiterung des Wohlstands mit der Massenproduktion von Konsumgütern. Joachim Radkau hat daher die Frage nach einem „,Wirtschaftswunder' ohne technologische Innovation?" gestellt: „Technikhistorisch betrachtet, ist das erste Nachkriegsjahrzehnt in mehrfacher Hinsicht mehr eine Fortsetzung als ein Anfang, in mancher Beziehung ist es sogar ein Ende."[5] Auch wenn vom Zeitalter der Atomenergie und der Automation die Rede war, so blieb damals vieles davon noch Utopie. Sowohl für die technische Kultur als auch für den technischen Konsum sind eher die 1960er-Jahre als Epochenschwelle zu bezeichnen. Das trifft auch auf das zwar 1952 in der VÖEST in Linz im Großversuch gelungene Linz-Donawitz-Verfahren (LD-Verfahren) zur Massenstahlerzeugung zu, das sich jedoch erst im Lauf der beiden folgenden Jahrzehnte endgültig gegenüber dem lange konkurrenzlosen Siemens-Martin-Verfahren am Weltmarkt durchsetzen konnte.

Auf all diese Symptome der „langen fünfziger Jahre" reagierte das Museum zwar mit seinem Vortragsprogramm und mit einigen Sonderausstellungen seit den späten 1950er-Jahren, nicht jedoch im Museumsalltag mit den Schausammlungen und nur punktuell mit seiner Sammlungspolitik. Josef Nagler hatte sich nach seiner Verstrickung als Physiker in die NS-Rüstungsforschung zum gläubigen Menschen gewandelt, sich aus der Tagespolitik zurückgezogen und sich seit 1950 vornehmlich seinen naturwissenschaftlichen Hobbys und museumsinternen Aufgaben als Direktor gewidmet. 1951 erhielt er den päpstlicher Orden des Hl. Gregor des Großen.[6] Auf Naglers Initiative hin machte im Jahr darauf die Pummerin auf dem Weg von der Glockengießerei St. Florian zum Wiener Stephansdom kurz vor dem geschmückten Museum Station. Seiner Lebensphilosophie entsprach Ende der 1950er-Jahre auch eine „Abrüstung" des Museums durch die Abtretung der Objekte der ehemaligen Kriegsmarine-Ausstellung im Erdgeschoss an das Heeresgeschichtliche Museum und die Neuaufstellung des Fabriksprodukten-Kabinetts auf dieser Fläche.

Nagler initiierte viele Aktivitäten und spezielle Aktionen für Kinder und Jugendliche als die Museumsbesucher von morgen sowie für Menschen mit besonderen Bedürfnissen. Er begann in den 1950er-Jahren mit Blindenführungen und begründete den von den Besuchern sehr gut angenommenen „Tag des Kindes" am 24. Dezember. Seither besuchen bevorzugt Väter mit ihren Kindern oder Großeltern mit ihren Enkeln an diesem Tag bei freiem oder ermäßigtem Eintritt das Mu-

„Tag des Kindes" am 24. Dezember mit einer Modelleisenbahnanlage, Foto, um 1955

seum.⁷ Zu einer Besucherattraktion für Groß und Klein entwickelten sich auch öffentliche Oldtimer-Ausfahrten. Nach der damals aktuellen Datierung feierte das Museum 1950 „75 Jahre Marcus-Wagen" und präsentierte den fahrenden Wagen bei großem Publikumsinteresse vor dem Museum und im Rahmen eines großen Jugendfestes der „Stockholmer Zeitung" und der Stadt in Stockholm.⁸ 1956 fuhr der Marcus-Wagen nochmals – für Filmaufnahmen – im Freien. Zwei Jahre vorher hatte eine Ausfahrt mit sieben Oldtimern stattgefunden.

Für die Belegschaft organisierten Nagler und sein Nachfolger Rolf Niederhuemer zahlreiche Betriebsausflüge, in der Regel kombiniert mit Firmenbesichtigungen.

Im Fall einer konkreten Personalentscheidung scheiterte Nagler trotz seines sozialen Führungsstils an seiner religiös-konservativen Grundhaltung. Seit August 1958 arbeitete Hermann Nitsch nach der Ausbildung an der Graphischen Lehr- und Versuchsanstalt als Gebrauchsgrafiker im Museum. Der damals zwanzigjährige Künstler, Mitglied der ersten Generation der Wiener Aktionisten,⁹ hatte bereits zuvor die Idee des „Orgien Mysterien Theaters" entwickelt. Nach dem Erscheinen der ersten beiden von insgesamt vier Ausgaben der von Josef Dvorak, einem Mitbegründer des Wiener Aktionismus, herausgegebenen Zeitschrift „Blutorgel", an der auch Nitsch anfänglich mitarbeitete, kam es im Oktober 1962 zum Eklat.¹⁰ Nagler erachtete es „als seine Pflicht", das Ministerium auf die Unvereinbarkeit der Arbeiten von Nitsch, der sich „in seiner Freizeit mit Malerei" beschäftigte und „eine neue Kunstrichtung propagiert", hinzuweisen: „Die Bilder werden in der Weise hergestellt, daß rote Farbe am oberen Rand der Leinwand mit einem Pinsel aufgebracht wird und die Farbe, dem Gesetz der Schwerkraft folgend, ohne System herunterfließt. Wie der ho. Direktion bekannt ist, hat Herr Nitsch vom Bundesministerium für Unterricht einen Förderungsbeitrag erhalten." Nagler legte dem Schreiben die ersten beiden Ausgaben der „Blutorgel" bei, gab zu bedenken, dass die dort „niedergelegten Handlungen und Äußerungen dazu angetan sind, das Ansehen nicht nur des ho. Institutes zu beeinträchtigen", und schlug vor, dass gegen Nitsch „gemäß § 32 oder § 34 VBG [Vertragsbedienstetengesetz] 1948 vorgegangen werden soll".¹¹ In dieser für beide Seiten unhaltbaren Situation stellte der Künstler am 11. Jänner den Antrag auf eine einvernehmliche Auflösung des Dienstverhältnisses, dem das Museum zustimmte; das Dienstverhältnis endete somit nach viereinhalb Jahren im März 1963.¹² Noch im selben Monat fand die erste öffentliche Aktion „Einmauerung" von Hermann Nitsch und Otto Mühl statt.¹³ In einem Interview mit Danielle Spera beschrieb Nitsch in den frühen 1990er-Jahren aus der Erinnerung die Situation im Museum: „Ich habe

Ausfahrt des Marcus-Wagens vor dem Museum, Foto, Basch, Wien, 14. April 1950

Betriebsausflug der Museumsbelegschaft auf den Erzberg, Foto, 1966

Der 20-jährige Hermann Nitsch zum Zeitpunkt seiner Einstellung als Gebrauchsgrafiker im Museum, Foto, 1958

Kreuzwegstation, Hermann Nitsch, 200 x 300 cm, Dispersion und Schlämmkreide auf Jute, 1960

dort wirklich Narrenfreiheit gehabt. Ich bin sehr verachtet und gekränkt worden, aber ich habe immer tun und lassen können, was ich wollte."¹⁴

In der Museumsarbeit vermied Nagler ansonsten spektakuläre und konfliktträchtige Aktionen und bewegte sich mit der Fortsetzung der Tradierung des österreichischen Erfinderbildes (vorrangig an den Beispielen Viktor Kaplan und Nikola Tesla) – mit zahlreichen Sonderausstellungen, Objektneuannahmen sowie 1956/57 mit der Aufstockung des nordseitigen Anbaus („Linzerhalle") – mit kleinen Schritten auf sicherem Boden. Mit der bescheidenen baulichen Erweiterung entstand erstmals eine Fläche für Sonderausstellungen im ersten und für eine Neuaufstellung der Musiksammlung im zweiten Obergeschoss. Zu Beginn seiner Direktionszeit dachte Nagler kurzfristig daran, die drei bereits historischen Entwicklungsstufen der Technik von Erhard durch eine vierte, aktuelle zu erweitern. Es blieb jedoch bei zeichnerischen Entwürfen. Ebenso blieb ein 1961/62 dafür im Norden geplanter Ausbau der Seitenflügel unausgeführt.

Opus 1, Hermann Nitsch, 71 x 65 cm, Dispersion auf Hartfaserplatte, 1960

Das Museum im Wiederaufbau: Die „langen fünfziger Jahre"   303

Unter den Objektneuannahmen dieser Jahre finden sich einige für die Zeit charakteristische aktuelle Objekte. Vom Bundesministerium für Handel und Wiederaufbau erhielt das Museum 1952 für seine Hochbauabteilung das Modell des von Max Fellerer und Eugen Wöhrle entworfenen neuen Sitzungssaales des Parlaments,[15] des durch viele Fernsehübertragungen bekannten Schauplatzes des demokratischen Wiederaufbaus der Zweiten Republik. Für den wirtschaftlichen Wiederaufbau war die verstaatlichte Industrie von zentraler Bedeutung. Mit Unterstützung der Österreichischen Stickstoffwerke AG, des 1939 gegründeten größten Chemieunternehmens Österreichs, erhielt das Museum 1961 ein 45 m² großes Modell dieses industriellen Leitbetriebs;[16] mit der Erzeugung von Stickstoffdünger leistete dieser Betrieb einen wichtigen Beitrag zur Produktionssteigerung in der Landwirtschaft.

Der wachsenden Bedeutung der Informations- und Kommunikationstechnik auf elektronischer Basis wurde im Museum in den 1960er-Jahren mit der Ausstellung erster Großrechner entsprochen. Die Wiener Niederlassung von IBM schenkte dem Museum 1964 eine IBM 650, die erste seit 1953 verkaufte und kommerziell erfolgreiche universelle elektronische Datenverarbeitungsmaschine.[17] Seit 1958 existierte mit dem UNIVAC Solid State auf dem Markt der Großrechner ein Konkurrent. Unter Naglers Nachfolger Niederhuemer erhielt das Museum 1972 ein Exemplar dieses erfolgreichen Röhrenrechners für die Sammlung.[18]

In der zweiten Hälfte der 1950er-Jahre baute in Wien der Nachrichtentechniker Heinz Zemanek, Universitätsassistent am Institut für Niederfrequenztechnik der Technischen Hochschule, den ersten Transistorrechner Kontinentaleuropas, den er in Anspielung auf die frühen US-amerikanischen Rechner

Das Konzept der Entwicklungsreihen der Technik nach dem Zweiten Weltkrieg mit der Ergänzung durch eine vierte Entwicklungsstufe von Viktor Schützenhofer, vor 1949

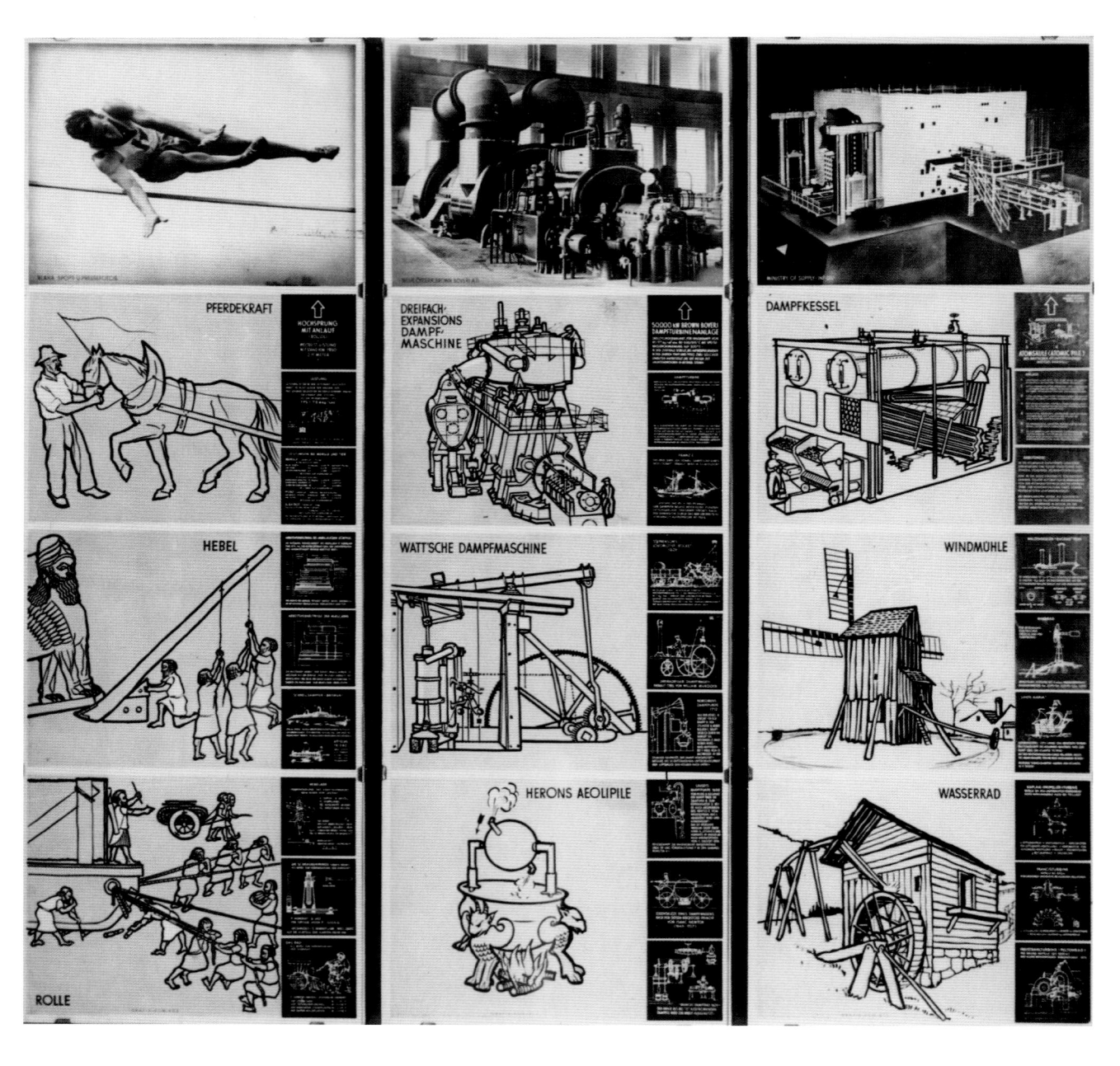

„Mailüfterl" nannte. Der Prototyp fand keine kommerziell erfolgreichen Nachfolger und blieb in der Fachwelt relativ unbekannt. Zemanek arbeitete ab 1961 für IBM, wo der Rechner 1966 ausgemustert wurde; 1973 wurde er dem Museum übergeben.[19]

Erst im Versuchsstadium befand sich in Österreich Mitte der 1950er-Jahre das Fernsehen. Seit 1951 betrieb die Österreichische Post- und Telegraphenverwaltung eine Fernsehversuchsanlage von Philips zur Einschulung von Mitarbeitern der Radio-Verkehrs-AG (RAVAG). Die Post übergab mit dem Start des kommerziellen Fernsehbetriebs diese archaische Anlage 1956 ihrem Museum, das sie in den folgenden Jahren einem staunenden Publikum vorführte.[20]

Wertvolle Zugänge verzeichnete auch die Sammlung Straßenverkehr. Herausragend der 1957 zunächst als Leihgabe und im Jahr darauf von der Daimler-Benz AG über Vermittlung des Mercedes-Rennleiters Alfred Neubauer als Geschenk übergebene Mercedes-Benz W 196 „Silberpfeil", eines von zwei Exemplaren dieses berühmten Formel-1-Rennwagens.[21] 1954 und 1955 wurde mit diesem Wagen Juan Manuel Fangio Weltmeister, und Sterling Moss gewann damit 1955 den Grand Prix von Großbritannien.

1962 konzipierte der Verkehrskustos des Museums Hans Seper eine Neuaufstellung der Straßenfahrzeuge. Anlässlich des 100. Geburtstags des Autokonstrukteurs Hans Ledwinka gestaltete er 1978 eine Sonderausstellung. Seper, von 1957 bis 1985 am Museum tätig und ab 1969 Vizedirektor, zählte zu den produktivsten Kustoden des Museums und publizierte auch zahlreiche Aufsätze und Bücher zur österreichischen Automobilgeschichte.[22]

Im September 1961 trat Nagler auf einer Tagung des Deutschen Museumsbundes als Experte für Museumsplanung auf. Er hatte bei Museumsprojekten in Kalkutta und Neu-Delhi, in Holland und beim geplanten „Technorama" in Winterthur als Berater fungiert und die unterschiedlichsten Erfahrungen gesammelt. Auch wenn sein Projekt nicht realisiert wurde, publizierte er das für das Technorama geplante Modell eines Idealentwurfs in der Form eines oktogonalen Zentralbaus mit einem Turm.[23]

Nagler war auch als Physiker weiter aktiv, meldete mehrere Patente an, konstruierte Prototypen und Modelle, allerdings immer im zivilen Bereich als Beitrag zum technischen Fortschritt. Der Museumsdirektor gab somit selbst ein Beispiel für einen österreichischen Erfinder, dem der große internationale Durchbruch versagt blieb. Größere Bekanntheit erlangte das 1953 nach seiner Idee im Museum gebaute „Gläserne Gehirn". In der Tradition des seit 1930 im Deutschen Hygiene Museum

Idealentwurf eines technischen Museums in Form eines oktogonalen Zentralbaus für das „Technorama" in Winterthur nach Josef Nagler, Foto, 1961

Josef Nagler (vorne rechts) beim Bau des „Gläsernen Gehirns", Foto, Charlotte Till, Wien, 1953

Josef Nagler im Interview mit Heinz Conrads zum Thema Farbfernsehen, Foto, 2. November 1963

Das Museum im Wiederaufbau: Die „langen fünfziger Jahre"

Gruppenaufnahme aus Anlass der Pensionierung von Therese Stampfl und Helene Endler im Festsaal; zwischen den beiden Damen Josef Nagler, ganz rechts sein Nachfolger Rudolf Niederhuemer, Foto, Kalina, Wien, 19. Dezember 1963

Dresden ausgestellten „Gläsernen Menschen"[24] hatte er bereits 1930/32 mit dem Wiener Neurologen Robert Exner und der Medizinerin Edith Klemperer ein erstes Modell gebaut, das die Jüdin Klemperer 1938 bei ihrer Emigration nach New York mitgenommen hatte.[25] Das zweite Modell mit elektrisch beleuchteten Nervenbahnen in 10-facher Vergrößerung kam 1959 für eine Ausstellung ins Naturhistorische Museum, wo es sich bis heute befindet.[26]

Eine nur kurzfristige Sensation war Naglers früher Beitrag zum Versuchsfarbfernsehen. Auch in diesem Fall gab es bereits in den 1930er-Jahren erste Experimente. 1955 erhielt er mit seinem Sohn Patente für ein „Verfahren und Einrichtung zur Erzeugung von Farbeindrücken bei Fernsehdarbietungen" in Österreich, Deutschland, Dänemark und in den USA.[27] Die Patentanmeldung verrät bereits, dass es sich nur um „subjektive Farbeindrücke", also eigentlich um eine optische Täuschung des Auges, handelte,[28] die technisch keine Zukunft hatte, Nagler 1963 aber zumindest einen Auftritt im Schwarz-Weiß-Fernsehen in Heinz Conrads' Sendung „Was sieht man Neues?" verschaffte. Ebenfalls übertriebene Hoffnungen weckte anfänglich die von Nagler zusammen mit Gustav Tauschek entwickelte „Lesende Maschine", eine Weiterentwicklung der von Tauschek 1930 dem Museum übergebenen Lochkarten-Buchhaltungsmaschine unter Anwendung einer Fotozelle. Zwar interessierte sich ein Vertreter von IBM für die 1934 anlässlich der Ausstellung „10 Jahre RAVAG" präsentierte Erfindung, doch blieb der kommerzielle Erfolg auch in diesem Fall aus.[29]

Nagler prägte in den eineinhalb Jahrzehnten seiner Direktionszeit das Museum nachhaltig. Erstmals seit der Eröffnung durchlebte es eine längere Phase der langsamen, aber kontinuierlichen Aufwärtsentwicklung. 1953 überschritten die Besucherzahlen erstmals seit den frühen 1920er-Jahren wieder die 100.000er-Marke, 1958 erreichten sie einen Spitzenwert von 140.000, der erst 1974 überschritten wurde. Die wichtigsten Aktivitäten Naglers fallen in die 1950er-Jahre. Mitte dieses Jahrzehnts brachte der Förderverein auch den ersten kleinformatigen, aber mit 274 Seiten umfangreichen und bebilderten Museumsführer heraus.[30] Die zweite Phase von Naglers Direktionszeit in den 1960er-Jahren ist bereits von Stagnation gekennzeichnet. Trotz vieler weiterer Sonderausstellungen kamen 1966 nur mehr 74.000 Besucher ins Museum.

Das Museum österreichischer Kultur

Für die mehr rückwärtsorientierte als an der Gegenwart und Zukunft ausgerichtete Einschätzung der Museumsarbeit der Nachkriegszeit spricht auch die Absenz des Museums unter Schützenhofer und Nagler an der Diskussion über die Gründung des „Museums österreichischer Kultur", eines Projekts im Umfeld der 950-Jahr-Aktivitäten 1946.[31] Im Juni dieses Jahres, nach einer zwangsweisen Unterbrechung seiner Arbeit ab 1938, trat der seit 1906 in der Münzen- und Medaillensammlung des Kunsthistorischen Museums, im späteren „Münzkabinett", beschäftigte August von Loehr[32] mit dieser Idee an die Öffentlichkeit. Loehr hatte nach dem Ersten Weltkrieg als Kunsthistoriker die Kriegsmetallsammlung bearbeitet, leitete seit 1925 ehrenamtlich das wirtschaftsgeschichtliche Referat des Bundesdenkmalamtes und gehörte seit 1930 auch dem Arbeitsausschuss des Forschungsinstituts für Technikgeschichte an, kannte also das Technische Museum gut.

Nach der „Krise der abendländischen Kultur" und der zersplitterten Museumslandschaft schwebte ihm 1946 ein „zusammenfassender Blick auf das gesamte Staats- und Kulturgebiet" vor. Als Hauptaufgabe definierte er „die Darstellung der sich entwickelnden österreichischen Kultur". Prägend seien die Donau, die Alpen, Salz und Eisen sowie die österreichische Architektur. Für viele Themen würde sich die „Zusammenstellung von Entwicklungsreihen", wie sie Ludwig Erhard für das Technische Museum entwickelt hatte, empfehlen. Zur Vermittlung komplexer Inhalte griff Loehr allerdings auf die Bildstatistik Otto Neuraths zurück.[33] Als erster Direktor des Kunsthistorischen Museums gelang ihm bis 1949 die Einrichtung des „Museums österreichischer Kultur" in sechs Räumen der Neuen Hofburg. Die gleichzeitig gegründete und von ihm geleitete Generaldirektion der kulturhistorischen Museen sollte neben den traditionellen kunst- und naturhistor schen Museen neue Wege beschreiten.34 Loehr konstatierte vor allem ein Defizit auf dem Gebiet der „Wirtschaft und Technik". Zwar habe Erhard im Technischen Museum „Außerordentliches" geleistet, doch gelte es vor allem „die wirtschaftlichen Beweggründe" zu vermitteln. Vorbildfunktion hatte für ihn das 1937 anlässlich der Pariser Weltausstellung von dem französischen Physiker und Nobelpreisträger Jean Perrin gegründete „Palais de la découverte" im Grand Palais, eine der frühen Wissenschaftspräsentationen mit interaktiven Objekten.35

Bis zur vorläufigen Schließung in den 1970er-Jahren zeigte das Museum österreichischer Kultur die territoriale Entwicklung Österreichs, die Türkenabwehr, Besiedlung und Entwicklung, Finanz-, Geld- und Münzwesen, die Landwirtschaft, Handel und Verkehr, Gewerbe und Industrie, Energie und Bergbau sowie Baudenkmäler.36 In Teilen könnte es somit als eine Konkurrenz des Technischen Museums gewertet werden, doch scheint es von diesem ignoriert worden zu sein. Einzelne im Museum österreichischer Kultur ausgestellte Modelle, wie jenes eines Floßofens in Kendlbruck oder der Linzer Wollzeugfabrik, hätten auch ins Technische Museum gepasst.

Unter Verweis auf die Kunst- und Wunderkammern sowie die späteren Landesmuseen schwebte Loehr so etwas wie ein Universalmuseum vor, ein Thema, das nach dem Scheitern seiner Idee gegenwärtig wieder im Kontext der Landesmuseen diskutiert wird. 1975 musste das Museum österreichischer Kultur die Flächen in der Hofburg räumen, und es kam erst 1989 für einige Jahre zu einer Neuauflage als Vereinsmuseum in Eisenstadt.37 Kurzfristig hofften die Initiatoren, damit den ersten Baustein für ein „Republik-Museum" geschaffen zu haben. Es ist jedoch bei der Idee geblieben, die allerdings bis heute in der österreichischen Museumsdiskussion eine Rolle spielt.

Wilhelm Exner hatte in den „Wiener Musealfragen" bereits 1892 eine Konzentration von Museen diskutiert. Er scheiterte damit ebenso wie alle nachfolgenden Anläufe – vom „Österreichischen Kulturmuseum" nach dem Ersten Weltkrieg über die Zusammenfassung der „wissenschaftlichen Staatsmuseen" unter Hans Kummerlöwe durch die Nationalsozialisten bis hin zur Generaldirektion der kulturhistorischen Museen unter August von Loehr nach dem Zweiten Weltkrieg.

Vorträge, Sonderausstellungen und Ausstellungsbeteiligungen

Mit seinem Vortragsprogramm und den Sonderausstellungen reagierte das Technische Museum in der Nachkriegszeit durchaus auf aktuelle Entwicklungen. Seit 1948 fanden im Festsaal mehrere Lichtbildervorträge über die Erfolge des österreichischen Wiederaufbaus, vor allem über den Kraftwerksbau entlang der Donau sowie über die Verwendung der heimischen Braunkohle, statt.38 Die Fertigstellung einer Erdgasleitung in die obersteirische Industrieregion 1959 und der Ausbau der Raffinerie Schwechat seit 1958/61 läuteten in der Energieversorgung einen grundlegenden Wechsel ein. 1962 zeigte das Museum erstmals eine Erdöl-Ausstellung. Erdöl stellte auch die chemische Industrie, vor allem die Kunststoffproduktion, auf eine neue Rohstoffbasis. Auch diesem aktuellen Thema widmete das Museum 1962 und 1967 Ausstellungen. Kunststoffe und die flächendeckende Versorgung mit immer mehr Konsumartikeln für den privaten Haushalt veränderten die Verpackungstechnik sowie die Verteilungsorganisation. Mit den Anfang der 1950er-Jahre eröffneten ersten Selbstbedienungsläden begann ein Wandel kollektiver Konsumgewohnheiten. Das Museum trug 1957 mit der Ausstellung „Moderne Verpackungsmaterialien", die einen aus „Einheitselementen" zusammengesetzten Verkaufsraum des Lebens- und Genussmittelhandels in „zweckmäßiger Anordnung" zeigte, aktiv zu diesem Wandel bei.39

Mit dem Marshallplan, an dem Österreich seit 1948 partizipierte, kam den USA – wie bereits in den 1920er-Jahren – in vieler Hinsicht die Rolle eines Vorbilds zu. Eine für den Wiederaufbau Österreichs entscheidende Elite erhielt damals die Möglichkeit, das Land im Rahmen geförderter Studienreisen ken-

Ankündigung des Lichtbildvortrags „Das Donaukraftwerk Jochenstein" von Herbert Böck, Gouache auf Papier, 1955

Besucherandrang wegen der Sonderausstellung „40 Jahre Rundfunk in Österreich", Foto, 1964

Luis Kuhn, Präsident der Photographischen Gesellschaft, bei der Eröffnung der Sonderausstellung „100 Jahre Photographische Gesellschaft in Wien" am 4. Mai 1961, Foto

Eröffnung der Sonderausstellung „Gütertransport und Spedition im Wandel der Jahrhunderte" am 11. Oktober 1961 im Festsaal, Foto

nenzulernen. Reiseberichte in gedruckter Form und in Vorträgen vermittelten in der Regel ein positives Bild vom Fortschritt, provozierten aber auch Kritik. Ab 1947 stellte das Museum seinen Festsaal für einschlägige Erfahrungsberichte zur Verfügung.[40]

Aus den USA kam nach 1945 auch die Idee der friedlichen Nutzung der Atomkraft als gesellschaftliches Leitbild, als „Zauberwort"[41] einer „spekulativen Phase".[42] Experten versprachen eine Lösung der Energieprobleme der Zukunft, ohne technische Lösungen anbieten zu können. Die Vision einer unbegrenzten Nutzung der im Uran gespeicherten Energie war von großer Attraktivität. Gleichzeitig drohten in der Phase des Kalten Kriegs weiterhin die Gefahr eines Atomkriegs und die lange verleugneten Gefahren durch Atombombentests.[43] Das Museum beteiligte sich an der widersprüchlichen Diskussion schon 1952 mit der Sonderausstellung „Atomkraft". Nagler hielt als Physiker auf Einladung der Luftschutzorganisation „Das Silberne Kreuz" 1957 den Vortrag „Atomforschung – Segen oder Fluch"; er warnte vor „gewissenlosen Staatenlenkern" und verlangte von den Naturwissenschaften, ihrer „große[n] ethische[n] Verpflichtung" nachzukommen, „der

308   Konsolidierung und Stagnation in der Zweiten Republik

Menschheit zu dienen und so einen dauernden Frieden der Welt als schönstes Geschenk der Erkenntnis der Naturwissenschaft zu sichern".[44] Wie viele andere verdrängte auch er den Einfluss der Politik auf die Forschung und konstruierte eine in der Realität nicht existente Unabhängigkeit zwischen Forschung und Anwendung.

Ihren vorläufigen Höhepunkt erreichte die Atomeuphorie im Gefolge der Teilnahme des nach Abschluss des Staatsvertrags souveränen Staats Österreich an der 1. Internationalen Konferenz über die friedliche Verwendung der Atomenergie in Genf im August 1955.[45] Nagler reiste als Vertreter des Bundesministeriums für Land- und Forstwirtschaft in die Schweiz. Das Marketing für die friedliche Nutzung der Atomenergie betrieben die 1946 gegründete überparteiliche Österreichische Liga für die Vereinten Nationen und das United States Information Service in Wien mit illustrierten Broschüren[46] sowie mit der von beiden Institutionen im März 1955 gemeinsam veranstalteten Ausstellung „Atomkraft im Dienste der Menschheit" im Wiener Künstlerhaus, an der sich auch das Museum beteiligte.[47]

Am 15. Mai 1956 erfolgte die Gründung der Österreichischen Studiengesellschaft für Atomenergie GmbH als Trägerverein des in Seibersdorf bei Wien geplanten Forschungszentrums und -reaktors. Neben Geld stellten die USA für den Forschungsreaktor „ASTRA" auch Uran zur Verfügung. Reaktor und Forschungszentrum gingen 1960 in Betrieb.[48]

Nagler versuchte in diesen Jahren, mit einer neuen Dauerausstellung im Museum einen Beitrag zur sachlichen Information der Öffentlichkeit zu leisten. Bis in die späten 1940er-Jahre war die Ausstellung zum Arbeiterschutz im zweiten Obergeschoss hoffnungslos veraltet. Nach ihrer Verlagerung ins Depot standen 700 m² für das aktuelle Thema Atomenergie zur Verfügung. Seit etwa Mitte der 1950er-Jahre informierte die Ausstellung „Atomarium" über die Grundlagen der Kernphysik und präsentierte mehrere Modellreaktoren. Das Herzstück bildete „BEPO", das große 1:5-Modell des englischen Versuchsreaktors von Harvell.[49]

Nach Jahren der Grundlagenforschung in Seibersdorf, u. a. zur Anwendung radioaktiver Strahlung in der Landwirtschaft, der das Museum 1962 eine Ausstellung widmete, fiel 1970 der Startschuss zum Bau des Atomkraftwerks in Zwentendorf. Damit sollten die Seibersdorfer Ingenieure eine neue Herausforderung und die an Seibersdorf beteiligte verstaatlichte Eisen- und Stahlindustrie eine Referenzanlage erhalten. Im November 1978 verhinderte eine Volksabstimmung die Inbetriebnahme von Zwentendorf.[50] Die Ausstellung „Atomarium" wurde nie fertiggestellt und musste 1989 aktuelleren Themen weichen.

Spätestens seit dem Start des ersten russischen Satelliten „Sputnik 1" im Oktober 1957 und dem Beginn der bemannten Raumfahrt 1961 beherrschte mit der Weltraumfahrt ein zweites für den Fortschritt durch Technik relevantes Thema die öffentliche Wahrnehmung. Noch bevor das Fernsehen über Raumfahrtmissionen live berichtete, leistete das Museum seit 1958 mit einer Reihe von Ausstellungen, die sich anfänglich immer auf das US-amerikanische Raumfahrtprogramm bezogen, einen gewichtigen Anteil an der Weltraumeuphorie. Der Vorstoß in den Weltraum veränderte das Bild vom Leben auf der Erde. Vor allem die ersten Fotos vom blauen Planeten und die ersten Mondaufnahmen verschoben die Perspektive. Ende 1964 präsentierte das Museum eine Auswahl von Weltraumfotografien und die 1:1-Nachbildung einer Mercury-Raumkapsel,[51] im Jahr darauf die ersten Nahaufnahmen der Mondoberfläche der Sonde Ranger VII und 1967 das Gemini-Projekt, wieder mit einer Raumkapsel. Die bemannten Flüge in der Erdumlaufbahn im Rahmen des Mercury- und Gemini-Programms schufen bis Ende 1966 die Voraussetzungen für das Apollo-Projekt. Den vorläufigen Höhepunkt bildete 1969

Ankündigung des Lichtbildvortrags „Landwirtschaftliche Eindrücke von einer Studienreise in die USA", Gouache auf Papier, 1954

Ankündigung des Lichtbildvortrags „Wird unser Wetter durch Atomexplosionen beeinflusst?", Gouache auf Papier, 1954

Die Ausstellung „Atomarium" mit dem Modell des Versuchsreaktors „BEPO", Foto, 1961

die erste Mondlandung der Besatzung von Apollo XI; zu diesem Anlass zeigte das Museum mit Unterstützung von Philips eine aktuelle Sonderausstellung mit dem Modell einer Mondlandefähre im Maßstab 1 : 3. Der bekannte Kommentator der TV-Liveübertragungen Herbert Pichler führte die Eröffnungsgäste durch die Ausstellung. Die Begeisterung kulminierte zwei Jahre später mit der Übergabe von Mondgestein der Apollo-XII-Mission an das Museum in Anwesenheit des Astronauten James Lovell.[52] Im Freigelände stand die originale Apollo-X-Raumkapsel von 1969.

Wie bereits in der Zwischenkriegszeit beteiligte sich das Museum auch nach dem Zweiten Weltkrieg mit Objekten an externen Ausstellungen. Mehr als zwei Jahrzehnte nach Paris 1937 fand 1958 wieder eine Weltausstellung statt. Die Atombombenabwürfe auf Hiroshima und Nagasaki am Ende des Zweiten Weltkriegs hatten einen tiefgreifenden Wandel in der Bewertung des technischen Fortschritts zur Folge. Das von der US-amerikanischen Regierung seit Mitte der 1950er-Jahre propagierte Projekt der friedlichen Nutzung der Atomenergie stand auch Pate für das Motto der Weltausstellung in Brüssel „Bilanz für eine menschlichere Welt" und das „Atomium" – die 165-milliardenfache Vergrößerung eines Eisenmoleküls –, das als Wahrzeichen über dem Ausstellungsgelände thronte.[53]

Im auffallenden Kontrast zu der Ende der 1950er-Jahre weit verbreiteten Wissenschafts-, Technik- und Atombegeisterung stand die österreichische Beteiligung an der Weltausstellung in Brüssel 1958, die als Antithese zur „Suprematie des Materiellen" und „Überwertung [!] des Ökonomischen" angelegt war: „Nicht durch ein gigantisches Wirtschaftspotential, nicht durch Atommeiler, Raketen und Überschallflugzeuge wird Österreich vor der Welt präsentiert, sondern vor allem durch seine kulturellen Leistungen […]", so der offizielle Ausstellungskatalog,[54] in dem wieder einmal der Mensch als Mittelpunkt und die Brückenfunktion Österreichs im Herzen Europas strapaziert wurde. Der von Karl Schwanzer entworfene Ausstellungspavillon nahm diese Metapher auf und schwebte wie ein Brückenträger auf Stahlstützen.

Diese Ausrichtung blieb in Industriekreisen nicht unwidersprochen. Der Österreichische Stahlbauverband sah sich genötigt, das „unvollständige" Bild durch die Herausgabe eines Sonderheftes der Verbandszeitschrift zum Thema „Stahl und Energie" zu korrigieren;[55] Herbert Trenkler verwies auf die Leistungen der österreichischen Eisen- und Stahlindustrie, vor allem auf das neue LD-Verfahren, Oskar Vas auf jene der Elektrizitätswirtschaft. Aber so „unvollständig", wie hier moniert, präsentierte sich Österreich gar nicht. Neben den Kunstschätzen, der Musik, Büchern, der Medizin und Österreich als Reiseland widmete man sich auch der „Entwicklung der Technik" (und der Industrie). Unter dem Pavillon aufgestellte große Monumente verwiesen auf den Rohstoffreichtum Österreichs am Beispiel von Holz, Erdöl – das inzwischen die Kohle als Ener-

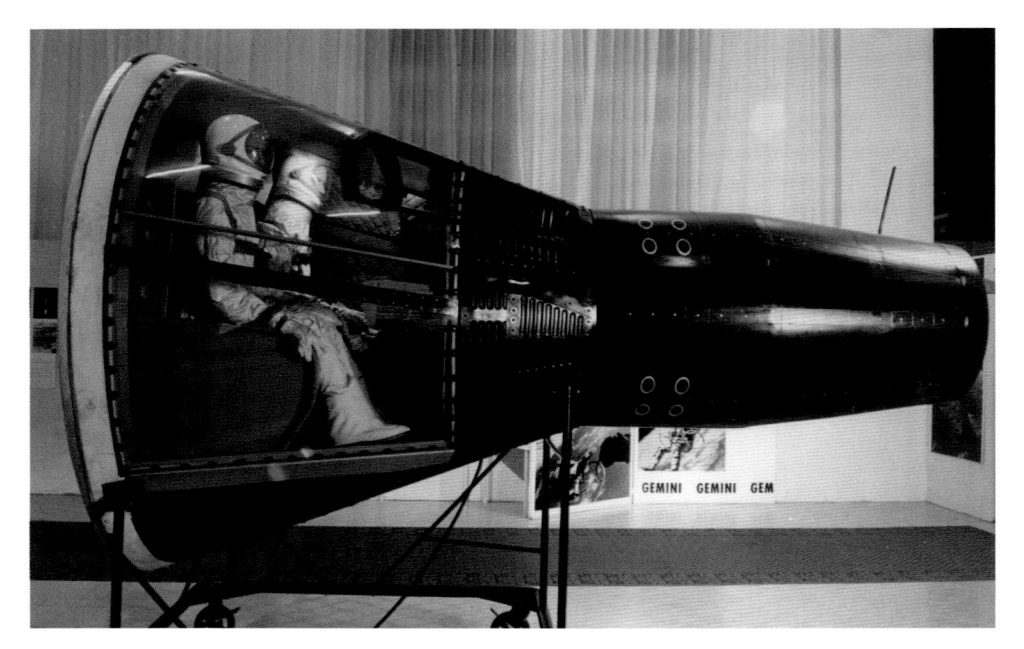

Sonderausstellung „Das USA-Gemini-Programm", Foto, 1967

gieträger abgelöst hatte – und Magnesit, die erste Kaplanturbine des Technischen Museums aus Velm sowie ein Kaplan-Laufrad für das 1962 in Betrieb gegangene Ennskraftwerk Losenstein auf die beinahe unbegrenzte Wasserkraft. Das Technische Museum lieferte für den „Raum der Technik" einen repräsentativen Querschnitt ausgewählter historischer Objekte und ihnen gegenübergestellt aktuelle Produkte als Belegstücke für den „technischen Pioniergeist" der Vergangenheit einerseits und den „Fleiß" einer „hochqualifizierten Arbeitskraft" in der Gegenwart andererseits: Siegfried Marcus und ein Puch-500-Motor, Joseph Ressel und eine neue Schiffsschraube, Peter Wilhelm Friedrich Voigtländer und August Musger und einige Eumig-Kameras, Joseph Madersperger und eine Nähmaschine von Rast & Gasser, Max Mauermann und nichtrostender Stahl von Böhler, den von Ludwig Hatschek um 1900 entwickelten Asbestzement „Eternit" und den 1936 von Rudolf Schmidt patentierten Torstahl. Obwohl seine langfristige Bedeutung für die weltweite Massenstahlerzeugung erst erahnt wurde, stand das im Jahr 1952 von der VÖEST in Linz zur Betriebsreife entwickelte LD- oder Sauerstoff-Aufblasverfahren im Mittelpunkt des Interesses.[56]

Mit dem Beitrag zur Brüsseler Weltausstellung verfolgte die Zweite Republik konsequent die Vereinnahmung der wissenschaftlich-technischen Leistungen der Monarchie.[57] Das Technische Museum hatte auf diesem Gebiet seit Ende des Zweiten Weltkriegs mit der Förderung der Geschichte der Erfinder und Erfindungen bereits Vorarbeiten geleistet.

Der Erfinder-Schwerpunkt

Schützenhofer hatte nach dem Tod von Erhard das Forschungsinstitut für Technikgeschichte übernommen, in das Museum integriert und 1947 als Schriftleiter die „Blätter für Technikgeschichte" mit einer von ihm verfassten Museumsgeschichte fortgesetzt.[58] Die ersten Hefte nach dem Krieg brachten vor allem biografische Beiträge zu Erfindern und Technikern, oft aus Anlass runder Jubiläen. Eine Ausnahme davon waren die in drei Teilen erschienene „Kulturgeschichte des technischen Zeichnens" von Alois Nedoluha, der die Geschichte des technischen Zeichnens vornehmlich nicht als Leistung einzelner Personen, sondern als „Teil unserer Kulturgeschichte, an der auch Österreich seinen Beitrag hat", interpretierte,[59] sowie Nedoluhas „Geschichte der Werkzeuge und Werkzeugmaschinen" in zwei Teilen.[60] Aus Anlass des 150-Jahr-Jubiläums der Technischen Hochschule Wien erschien 1965 in den „Blättern" der umfangreiche, allerdings stark biografisch ausgerichtete Beitrag zur „Entwicklung von Technik und Industrie in Österreich" von Richard H. Kastner.[61]

In der Leitung des Forschungsinstituts folgte 1959 auf die während des Zweiten Weltkriegs eingetretene Katharina Suk die Historikerin Maria Habacher und auf die seit der Institutsgründung aktive Therese Stampfl 1966 Ilse-Maria Striberny. Habacher betreute die „Industrie- und Firmengeschichte"[62] und übernahm nach der Pensionierung von Suk 1966[63] auch die Leitung von Bibliothek und Archiv. Mit der Anstellung der Physikerin Hannelore Stöckl im Jahr 1974 kam es erstmals zu einer Trennung der beiden Funktionen: Stöckl leitete die Bibliothek, Habacher das Archiv und das Forschungsinstitut. Archiv und Institut wurden erst zwei Jahre nach Habachers Pensionierung 1984 mit dem Historiker Christian Hantschk nachbesetzt. Seit damals existierte das Institut nur mehr auf dem Papier. Erst Peter Rebernik initiierte 1989 mit der Gründung des Vereins „Österreichisches Forschungsinstitut für Technikgeschichte" einen Neustart. Für den Inhalt der „Blätter für Technikgeschichte" ist seither ein Redaktionskomitee verantwortlich.

Mit den seit den 1930er-Jahren vom Forschungsinstitut gesammelten Nachlässen österreichischer Erfinder und Techniker sowie den Personenmappen tradierte das Archiv den biografischen Schwerpunkt weiter und fungierte zusammen mit der Bibliothek als Anlaufstelle für die Kustoden des Museums und externe Forscher. Mit finanzieller Unterstützung des Fördervereins erwarb das Museum 1965 das „Pantechnische Archiv" von Emil Jung, der wie Franz Maria Feldhaus in Berlin eine technikhistorische Datenbank auf Karteiblättern aufgebaut hatte.[64] Die Erschließung und Bewertung dieses umfangreichen Bestandes stehen noch aus.

Im Fall von Viktor Kaplan griff das Museum die in den 1930er-Jahren begonnenen Aktivitäten zur öffentlichen Verankerung seiner Person wieder auf. Anlässlich des 80. Geburtstages von Kaplan gelang es 1956, im Anschluss an die in Wien stattfindende fünfte Weltkraftkonferenz, wieder eine Stiftung zu gründen und im Museum im Beisein der Witwe Margarete Kaplan Kaplan-Stipendien an Studenten der Technischen Hochschule Wien zu verleihen.[65] Nach dem Ankauf der ersten, 1919 im Kraftwerk einer Textilfabrik in Velm bei Wien eingebauten Kaplan-Turbine von der Gemeinde und deren Aufstellung vor dem Haupteingang des Museums entstand für die weiteren jährlichen Stipendienverleihungen im Festsaal ein

Genius Loci. Im November 1960 fanden die feierliche Enthüllung der Turbine unter Anwesenheit von Handelsminister Fritz Bock und eine Feier in Velm statt, zu der die Museumsbediensteten mit drei Autobussen anreisten.[66] Die Turbine wurde später aus Witterungsgründen in die Mittelhalle gebracht. 1974 kam vor dem Haupteingang ein großes Kaplan-Laufrad des Tiroler Wasserkraftwerks Kirchbichl zur Aufstellung. Mit wenigen Ausnahmen – Velm 1961, das Donaukraftwerk Ybbs-Persenbeug 1962 und die Maschinenfabrik Voith in St. Pölten 1964 – blieb das Museum bis 1991 *der* Erinnerungsort für Kaplan. Im Bemühen, das Andenken an Kaplan als international erfolgreichen österreichischen Erfinder und damit als Vorbild für die Jugend am Leben zu erhalten, entwickelten die Beteiligten im Lauf der Jahrzehnte eine große Kreativität:[67] Man schuf eine Kaplan-Medaille, verlieh Ehrenbürgerschaften, bildete das Porträt Kaplans auf dem 1000-Schilling-Schein ab, pflanzte eine Kaplan-Eiche und stellte – wie bereits erwähnt – vor dem Museum eine Turbine auf.

Noch vor Kaplan begann im Museum die Erinnerungsarbeit für den 1856 in Smiljan geborenen Elektrotechniker und Erfinder Nikola Tesla, der u. a. in Graz studierte und 1884 in die USA auswanderte, wo er der Wechselstromtechnik zum Durchbruch verhalf. Bei Tesla fühlte sich Nagler als Physiker direkt angesprochen. Die Tesla-Ehrung begann Ende Juni 1952 mit der Aufstellung einer von der jugoslawischen Regierung geschenkten Bronzebüste, entworfen von dem in den USA lebenden Bildhauer Ivan Meštrović. An der Enthüllungsfeier, auf der eine US-amerikanische Militärkapelle spielte, nahm der jugoslawische Staatsminister Sava Kosanović, ein Neffe Teslas, teil.[68] Nach sieben Jahren im Freien übersiedelte die Büste in die Eingangshalle zwischen jene von Joseph Ressel und Carl von Ghega. Vorher war dort seit den späten 1940er-Jahren eine Büste von Heinrich Hertz als Hinweis auf den „Forschungstrieb" gestanden.[69] Ebenfalls 1952 erhielt der jugoslawische Staat den Tesla-Nachlass in 60 Kisten aus den USA und begründete damit das Tesla-Museum in Belgrad. Im September 1953 fanden im Technischen Museum anlässlich des zehnten Todestages der erste internationale „Nikola Tesla Kongreß für Wechselstrom- und Drehstromtechnik" und eine Ausstellung in der Eingangshalle statt. Stefan Jellinek, der Gründer des Elektropathologischen Museums, reiste aus Oxford an und hielt eines der Referate, die zum Teil bereits als Sonderheft der „Blätter für Technikgeschichte" gedruckt vorlagen.[70] Eine Exkursion führte die Kongressteilnehmer zum Tauernkraftwerk Kaprun und zu Elin nach Weiz.[71]

In kleineren Sonderausstellungen widmete sich das Museum 1956 der Gründung der optischen Mechanikerwerkstätte von Peter Wilhelm Friedrich Voigtländers Großvater vor 200 Jahren in Wien sowie 1958 aus Anlass des 100. Geburtstages nochmals dem Prototyp des österreichischen Mehrfacherfinders Carl Auer von Welsbach, die der Chemiekustos Rolf Niederhuemer gestaltete.[72] Eine Sonderausstellung zum 150-Jahr-Jubiläum des staatlichen Vermessungswesens in Österreich im Jahre 1956 nahm der Österreichische Verein für Vermessungswesen zum Anlass, den Pionier der Aerofotogrammetrie Theodor Scheimpflug, dessen Luftbildkamera sich seit 1928 in der Schausammlung befand, mit einer umfangreichen Festschrift zu ehren, die als Beilage der „Blätter für Technikgeschichte" erschien.[73]

Nachhaltiger wirkten entsprechende populäre Publikationen. Kurzel-Runtscheiner blieb auch nach der Pensionierung bis zu seinem Tod 1957 dem Erfinderthema treu und schrieb zahlreiche biografische Beiträge;[74] u. a. ist er mit einigen Artikeln in beiden Auflagen des von der Österreichischen Akademie der Wissenschaften herausgegebenen Sammelwerks über österreichische Naturforscher und Techniker vertreten.[75] Ebenso schrieb er viele Erfinderbiografien für die österreichi-

Josef Nagler (Mitte) u. a. mit Dr. Maria Habacher, Dr. Katharina Suk, Therese Stampfl und Ilse-Marie Striberny (von links nach rechts), Foto, um 1960

Lesesaal und Freihandaufstellung von Bibliothek und Archiv mit einem Porträt Wilhelm Exners, Foto, 1955

sche Zeitschrift „Universum. Natur und Technik", die dem deutschen Magazin „Hobby" entsprach; auch Therese Stampfl verfasste einmal einen Beitrag für dieses Periodikum, und zwar über Karl Wurmb, den Erbauer der österreichischen Alpenbahnen.[76] 1951 glaubten die Mitarbeiter des Technologischen Gewerbemuseums in der Tradition ihres Gründers Wilhelm Exner „in der heutigen schwierigen Phase des Existenzkampfes unseres Vaterlandes" mit der Publikation „Große Österreicher" ein „nützliches Gebot zu erfüllen"; das Werk präsentierte die gesamte Palette der bekannten „Männer der Wissenschaft, Wirtschaft und Technik", auffallend ist nur das Fehlen von Madersperger.[77]

Ebenfalls auf Exners Spuren wandelnd brachten seit den 1960er-Jahren die „Mitteilungen des Verbandes der Alt-Technologen am Technologischen Gewerbemuseum" eine 80-teilige Folge über österreichische Erfinder, Forscher und Ingenieure. Mit Unterstützung des am Museum gesammelten biografischen Materials widmete 1963 der Verband der österreichischen Banken der Jugend Österreichs das Bändchen „Triumphe der Technik" mit den „Pionierleistungen der österreichischen Erfinder", die ein Vorbild sein sollten.[78] Die Archivarin des Museums Maria Habacher verfasste für die patriotische „Österreich-Reihe" des Bergland Verlags im Jahr darauf einen besonders nachhaltig wirkenden Band über österreichische Erfinder; er vereinigt auf rund 120 Seiten 30 die österreichische Technikgeschichte prägende Biografien.[79] 35 Tiroler Pioniere der Technik, darunter Johann Kravogl, Joseph Madersperger und Peter Mitterhofer, versammelte 1968 Ernst Attlmayr im Anschluss an Rudolf Granichstaedten-Czervas Publikationen der 1920er-Jahre in einem Band.[80] Die vorläufig letzte einschlägige Veröffentlichung legte im Jahre 2000 Heinz Jankowsky vor.[81]

Die systematische Ausstellungs-, Sammlungs- und Publikationstätigkeit des Technischen Museums hatte über die Fachgrenzen hinaus eine wichtige Funktion für die Rolle der ökonomischen und technischen Leistungen des Landes bei der Etablierung eines neuen Österreich-Bewusstseins in der Zweiten Republik. Zahlreiche Österreich-Bücher beschwören seit Kriegsende die Eigenständigkeit des befreiten Landes, seine landschaftlichen Schönheiten, seine Geschichte, seine Baudenkmäler und seinen wirtschaftlichen Aufbauwillen. In diesem Zusammenhang waren die Verweise auf „Österreichs Erfindergeist und technische Pionierleistungen", so Schützenhofer bereits 1946[82], oder auf „Viennese [...] pioneers in technical progress", so Kurzel-Runtscheiner 1947,[83] wichtige Bausteine für das Entstehen eines neuen Österreich-Bewusstseins.

Das Technische Museum, so Direktor Schützenhofer 1946, biete den „Pionieren der Technik" den innen zustehenden Raum[84] und stellte bereitwillig sein reiches Material für einschlägige Publikationen zur Stärkung des patriotischen Heimatgefühls zur Verfügung. „Heimat bist du großer Söhne" heißt ein Kapitel in einem Buch „für Schule und Haus" – das 1955 auch „Erfinder und Techniker", u. a. Carl von Ghega, Joseph Ressel, Alois Negrelli, Siegfried Marcus, Ferdinand Porsche, Wilhelm Kreß, Igo Etrich, Joseph Madersperger, Peter Mitterhofer, Johann Kravogl und Viktor Kaplan, vorstellte[85] – oder „Entdecker und Erfinder" jenes in dem von dem Dichter Rudolf Henz 1958 herausgegebenen Österreich-Buch.[86]

Länger im Schatten der Forschung standen die österreichischen Unternehmer. Im Zuge des Wiederaufbaus und forciert von der universitären Wirtschaftsgeschichte ist in den 1960er-Jahren ein Neubeginn der Unternehmensgeschichte mit Sammelbiografien von Unternehmern und Industriellen des 19. Jahrhunderts zu beobachten.[87] Stärker gegenwartsbezogen waren entsprechende Publikationen auf Länderebene.[88]

Der Erfinderschwerpunkt und die patriotische Überhöhung des Museums fanden auch Eingang in die Literatur. In Alois Brandstetters Roman „Die Mühle" besucht der vom Erzähler seinem Neffen beschriebene Müllermeister, ein Onkel des Erzählers, anlässlich eines Wien-Aufenthalts als Kammerfunktionär das Technische Museum und spricht beim Direktor vor:

„Ihr Technisches Museum ist nicht eigentlich ein technisches Museum, sondern ein Raritäten- und Kuriositätenkabinett. Der Onkel sagte, er habe nichts gegen Kuriositäten, Raritäten und Abnormitäten, auch sie sollten archiviert und dokumentiert und ausgestellt werden, wie ja der Mensch ein absonderliches Wesen sei und seine Phantasie immer in diese Richtung tendiere, doch erwarte man von einem Museum, das sich ‚technisch' nenne, eher und vor allem die ökonomisch und menschheitsgeschichtlich relevanten Leistungen der angewandten Naturwissenschaften, so wie man von einem Zoologiebuch mehr erwarte als etwa nur Beschreibungen von Kälbern mit zwei Köpfen oder siamesischen Zwillingen im Tierreich. Ein Museum mit Mäusefallen und anderen Fangeinrichtungen könne er sich vorstellen, und er habe selbst schon einmal an ein solches Museum gedacht, er würde aber, wenn er ein solches Museum zu gründen die Möglichkeit und die Zeit hätte, dieses nicht ein ‚technisches' nennen, vielleicht würde er den Namen ‚Heimathaus' wählen, aber nicht ‚Technisches Museum'. Auch dieses Technische Museum, das der Herr Direktor hier leite, sei seiner, des Onkels, Ansicht nach eher ein Heimathaus, weil der patriotische Gesichtspunkt und der Aspekt des Nationalstolzes so vorherrschend seien. In einem Heimathaus habe freilich vieles Platz."[89]

Das Museum am Wendepunkt

Das Museum gerät in eine Krise: Die Besucherzahlen sind rückläufig, es fehlt an Initiativen, und das Gebäude zeigt deutliche Risse.

Helmut Lackner

Im Jahr der Pensionierung Josef Naglers endete mit dem Beginn der ÖVP-Alleinregierung unter Josef Klaus die lange Periode der großen Koalitionen der Nachkriegszeit. Mit der Neugliederung der Ministerien im Zuge der Regierungsumbildung wechselte das Technische Museum 1966 in die Zuständigkeit des Bundesministeriums für Bauten und Technik. Die nach vier Jahren folgende, bis 1983 dauernde SPÖ-Regierung unter Bruno Kreisky unterstellte das Museum 1974 dem Bundesministerium für Wissenschaft und Forschung. Auf das verbeamtete Direktorat von Rolf Niederhuemer, der als Chemiker 1955 in das Museum eingetreten war, hatte das keine direkten Auswirkungen. Eine längst überfällige, seit 1918 anachronistische Konstruktion endete allerdings 1980: Das Eisenbahn- und das Postmuseum wurden als eigenständige Institutionen aufgelöst und ins Technische Museum eingegliedert. Mit der Neubildung einer großen Koalition war ab 1995 das von der ÖVP beanspruchte Unterrichtsministerium für die Bundesmuseen zuständig.

Zu Beginn seiner Amtszeit als Museumsdirektor konnte Niederhuemer 1968 ein rundes Jubiläum feiern: Seit der Museumseröffnung im Mai 1918 waren fünfzig Jahre vergangen. In einer Phase wirtschaftlicher Prosperität und nach zwei Jahrzehnten musealer Aufbauarbeit nach dem Krieg sollte dieses Jubiläum festlich begangen werden. Der Auftakt fand Anfang Mai statt, unmittelbar vor den 68er-Unruhen in den europäischen Großstädten. In der nordseitigen Linzerhalle gab es eine Ausstellung über „50 Jahre Technisches Museum", die sich vor allem der Geschichte von der Gründung bis zur Eröffnung widmete. Unmittelbar danach nutzte das Museum diese Vorarbeiten für eine Neugestaltung der Dauerausstellung „Die Anfänge des Technischen Museums" mit dem Fabriksprodukten-Kabinett rechts von der Eingangshalle. Die Jubiläumsfeierlichkeiten umfassten u. a. eine Oldtimer-Ausfahrt,[1] einen Festakt am 3. Mai unter Anwesenheit des zuständigen Bundesministers Dr. Vinzenz Kotzina,[2] die Aufstellung eines Bronzeabgusses einer Büste Wilhelm Exners in der Eingangshalle[3] – der damit symbolisch den ursprünglichen Platz der Büsten von Joseph Ressel und Carl von Ghega besetzte –, einen Jubiläumssonntag bei freiem Eintritt und eine weitere Sonderausstellung zum Thema „100 Jahre Wiener Straßenbahn". Bei allen Aktivitäten unterstützte der Förderverein unter Federführung von Georg Mautner Markhof das Museum. Das betraf vor allem die Finanzierung einer Festschrift mit den Dankadressen der Behördenvertreter und einschlägiger europäischer Museen sowie Beiträgen zu den wichtigsten Industriebranchen.[4] Das Museum gab einen neuen, 80-seitigen Führer durch die Sammlungen heraus.[5]

Im Jahr 1930 hatte Josef Schützenhofer ein neues Inventarisierungssystem mit Karteikarten begonnen. Knapp vier Jahrzehnte später stellte Niederhuemer das System um und führte „Grundblätter" ein – gedruckte Karteikarten mit detaillierteren Objektinformationen. Zugleich begann Walter Haschke in der Inventarverwaltung zu arbeiten, die er bis zu seiner Pensionierung 2002 leitete.

Die zwei Jahrzehnte der Direktion Niederhuemer waren eine Phase aktiver Sammlungserweiterung. Ausgehend von unter 100 neuen Inventarnummern pro Jahr steigerte das Museum die Objektannahmen bis 1983 auf jährlich rund 700, einen Wert, der erst ab 1995 im Zuge der Neueinrichtung der Schausammlung überschritten wurde.

1968 erhielt das Museum die von Carl Friedrich Ferdinand Buckow ein Jahrhundert zuvor gebaute Orgel der Hofburgkapelle von den Wiener Sängerknaben als Geschenk,[6] 1983 die Objekte zur Rekonstruktion einer Klaviermacher- und einer Geigenbauwerkstätte. 1971 übergab der Eigentümer der Wurzmühle in Bad Großpertholz im Waldviertel (Niederösterreich) Franz Mörzinger dem Museum eine Originalrundsieb-Papiermaschine mit einem „Holländer" aus dem Jahre 1870.[7]

Mit einigem zeitlichen Abstand zu ihrer Markteinführung erwarb das Museum unter Niederhuemer zwei bedeutende Objekte der österreichischen Industrie- und Verkehrsgeschichte des 20. Jahrhunderts: Aus Privatbesitz kaufte es 1974 einen Steyr-Traktor, Typ 180, den ersten und erfolgreichsten in Österreich erzeugten Traktor; von 1947 bis 1953 liefen über 25.000 Stück vom Band.[8] Die aus dem Werndl-Konzern entstandene Steyr-Werke AG hatte nach dem Ersten Weltkrieg auf Automobilproduktion umgestellt und von 1936 bis 1940 mit dem von Karl Jenschke konstruierten „Steyr-Baby" ihr erfolgreichstes Automobil auf den Markt gebracht. 1976 ergänzte ein Steyr 55, die 1938 adaptierte Version mit stärkerem Motor, die Sammlung der Straßenfahrzeuge.[9] Von der Vereinigten Österreichischen Eisen- und Stahlwerke AG (VÖEST) in Linz erhielt

Wechsel in der Direktion: auf Josef Nagler (links) folgt Rolf Niederhuemer (rechts), Zweiter von links: Bautenminister Vinzenz Kotzina, Foto, 1967

das Museum 1973 das Modell der ersten, 1968 in Betrieb genommenen Brammen-Stranggussanlage im LD-Stahlwerk 2.[10] Ein einmaliger Fall blieb die Übernahme der warenkundlichen Sammlung der Hochschule für Welthandel in Wien 1985 mit über 15.000 Objekten, deren Inventarisierung erst in jüngster Vergangenheit erfolgte.[11]

Sonderausstellungen und Aktualisierungen der Schausammlung

Mit der Eroberung des Weltraums, allen voran mit der Mondlandung, und mit der friedlichen Nutzung der Atomenergie schienen in den 1960er-Jahren unbegrenztes Wachstum und grenzenloser Fortschritt möglich geworden. Die Ereignisse des Jahres 1968 markierten den Beginn eines langfristigen gesellschaftlichen Wandels, der sich auch in einer veränderten Wahrnehmung und Interpretation der zukünftigen technischen Entwicklung äußern sollte. Die 1972 vom Club of Rome veröffentlichte Studie „Grenzen des Wachstums"[12] und der im Jahr darauf folgende erste Ölpreisschock waren eine Zäsur. Die ersten Fotos des blauen Planeten Erde aus dem Weltraum und die begeisterten Beschreibungen der Astronauten von der über dem Mondhorizont vor dem tiefschwarzen Weltall aufgehenden Erde trugen ebenfalls zu einer Neubewertung der Auswirkungen menschlicher Aktivitäten auf die Umwelt bei. Der deutsche Wissenschaftsjournalist Heinz Haber hatte mit seinem Buch „Unser blauer Planet" bereits 1965 wesentlich zur Popularisierung dieses Bildes beigetragen.[13]

Offensichtlich entwickelte der Chemiker Niederhuemer für den kritischen Diskurs über Ressourcenausbeutung und Umweltzerstörung im Anschluss an den Strukturbruch 1973/75 ein besonderes Sensorium, denn das Museum reagierte unter seiner Leitung auf den Wandel seit 1976 mit einschlägigen Sonderausstellungen, zuerst mit „Technik und Umwelt – ein schwedisches Modell" und 1977 mit einer Ausstellung zur Sonnenenergie in Zusammenarbeit mit der Österreichischen Gesellschaft für Sonnenenergie und Weltraumforschung im Auftrag des Bundesministeriums für Wissenschaft und Forschung; diese Schau widmete sich vor allem der Technik von Solarzellen und Sonnenkollektoren sowie der Geschichte der Nutzung der Sonnenergie. Ein Jahr später lehnte die österreichische Bevölkerung per Volksabstimmung die Inbetriebnahme des Atomkraftwerks Zwentendorf ab.

Seinen Höhepunkt erreichte das museale Engagement im Jahr 1979 mit der Übernahme der von Frederic Vester konzipierten internationalen Wanderausstellung „Unsere Welt. Ein vernetztes System".[14] Angeregt durch das UNESCO-Programm „Man and the Biosphere" hatte im Vorfeld der deutsche Bundesinnenminister der von Vester 1970 gegründeten unabhängigen Studiengruppe für Biologie und Umwelt in München den Auftrag für die Systemstudie „Ballungsgebiete in der Krise" erteilt. Die Anregung für eine Wanderausstellung kam schließlich von dem 1963 gegründeten Gottlieb-Duttweiler-Institut für wirtschaftliche und soziale Studien in Rüschlikon/Zürich.[15]

Die Ausstellung basierte auf kybernetischem Denken und einem systemtheoretischen Ansatz, präsentierte dem Besucher das komplexe System Erde didaktisch aufbereitet in acht Themenkreisen mit 27 sogenannten Exponat-Stationen. Vor allem arbeitete sie überzeugend mit dem seit den Livefernsehberichten von den Mondlandungen bekannten Bild vom „Raumschiff Erde": „Wenn wir das nächste Mal von Wachstum hören, so sollten wir daran denken: Wir haben nur diesen einen Planeten. Und der wächst nicht mit."[16] Die Ausstellung hatte es „sich zur Aufgabe gestellt, die Steuerung von Systemen in der Natur und durch den Menschen und die Grundlagen vernetzter Vorgänge auf erlebbare Weise so nahezubringen, daß dies zu einer Erweiterung bzw. Änderung des Bewußtseins vieler Menschen beitragen kann."

Die im 1978 erschienenen Katalogbuch nachzulesenden Texte haben auch nach 30 Jahren vor dem Hintergrund der CO_2-Problematik, steigender Energiepreise, weiteren Wachstums der Weltbevölkerung und wirtschaftlicher Aufholprozesse

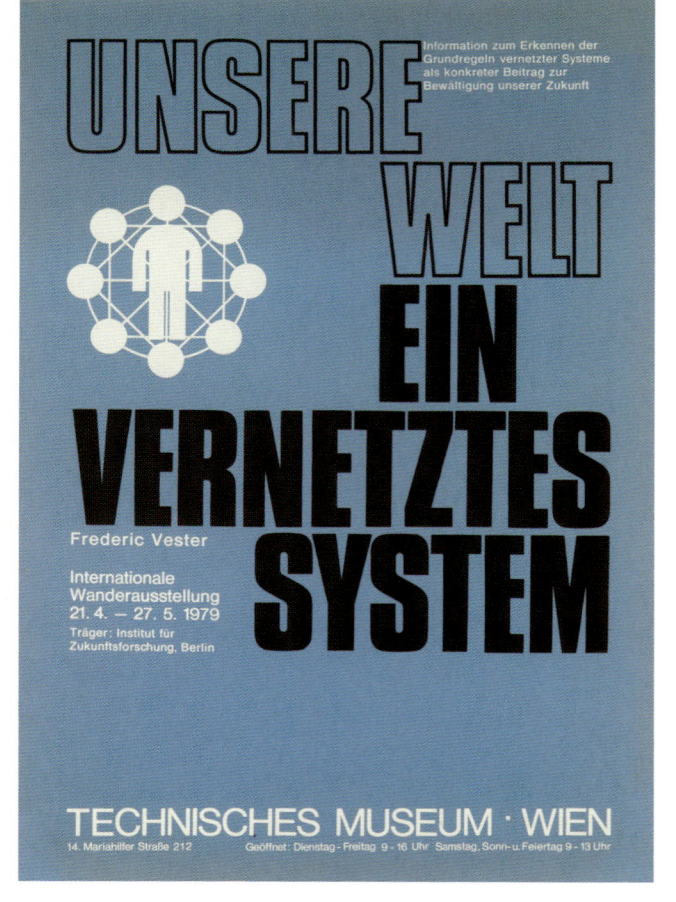

Wanderausstellung „Unsere Welt. Ein vernetztes System" von Frederic Vester, Druck, 1979

in China und Indien nichts an Aktualität eingebüßt: „Angesichts der immer undurchsichtigeren Gesamtsituation, der sich zuspitzenden Energie- und Rohstofflage, der steigenden Soziallasten, der zunehmenden Umweltprobleme, aber auch solcher der persönlichen Lebensführung, erscheint eine Öffnung des Bewußtseins in Richtung eines besseren Verständnisses von Systemzusammenhängen von eminenter Bedeutung."[17] Und ganz konkret: „Bereits seit geraumer Zeit wird von den Vernünftigen dieser Welt ein Umdenken gefordert. Etwa, daß wir mit unseren Rohstoffen sparsamer umgehen, den Konsum nicht in schwindelnde Höhen treiben, unsere Gewässer, Landschaften und Tiere schützen sollen."[18]

Zu dieser Reihe kritischer Ausstellungen in Sachen Umwelt zählt auch die 1985 vom Siemens-Museum in München übernommene Schau „Unser Wald" zur Thematik des Baumsterbens, die von der Forstlichen Bundesversuchsanstalt durch einen österreichischen Teil ergänzt wurde.

Niederhuemer kooperierte auch international und übernahm öfter Wanderausstellungen einschlägiger Museen, zum Beispiel des Palais de la découverte in Paris, von dem das Museum 1977 eine Wanderausstellung zum Thema Schall und 1983 zum Thema Elektrostatik zeigte. Aus dem Technischen Museum in Prag kamen 1969 eine Sonderausstellung zur Pferdeeisenbahn, 1973 eine zum Thema Reisen, 1980 zum böhmischen Eisenkunstguss und 1984 zur Geschichte der Filmtechnik, aus dem Technischen Museum in Brünn/Brno 1981 eine Schau über die tschechoslowakische Flugzeugindustrie.

Thematisch ein Schwerpunkt blieben weiterhin Sonderausstellungen zu österreichischen Erfindern: 1968 zu dem Optiker und Instrumentenbauer Simon Plößl, 1971 zu dem Erfinder der Schiffsschraube Joseph Ressel, 1978 zu dem Automobilkonstrukteur Hans Ledwinka sowie 1976 und 1984 zu Viktor Kaplan.

In der Schausammlung wurden in den beiden Jahrzehnten einige neue Abteilungen eingerichtet: Nachdem wichtige frühe Großrechner und das „Mailüfterl" in die Sammlung aufgenommen waren, gestaltete der Physikkustos Joseph Braunbeck 1974 im zweiten Obergeschoss anstelle der Ausstellung zur Wasserversorgung die neue Abteilung zum Thema Datenverarbeitung. Das Problem der Grenzen der Ausstellbarkeit dieses Themas löste Braunbeck durch den Bau einer großen historischen Wand nach dem Vorbild des IBM-Hauses in New York. Angeregt durch die vom Deutschen Museum 1974 übernommene Wanderausstellung „Technik macht Spaß – Technik im Spiel" entstand fünf Jahre später mit Unterstützung der seit 1966 am Markt vertretenen Firma Fischertechnik die erste permanente Ausstellung für Kinder: „Technik im Spiel". Konfrontiert mit dem neuen Typus des „Science Center" war für Niederhuemer diese Abteilung ein „Mittelweg" zwischen den klassischen Inhalten des Museums und dem seit der Eröffnung des „Exploratorium" in San Francisco (1969) sich rasch verbreitenden Trend von Ausstellungen mit ausschließlich Hands-on-Objekten.[19] Mit Beteiligung der Österreichischen Mineralölverwaltung konnte ebenfalls 1974 im ersten Obergeschoss die neue Abteilung „Erdöl und Erdgas" eröffnet werden. Auf das nach der Mondlandung große Interesse an der Weltraumfahrt reagierte das Museum Ende der 1970er-Jahre mit dem Aufbau einer neuen Dauerausstellung zur Luft- und Raumfahrt in der nordseitigen Linzerhalle.

Vergleichbar zu den Jahren Naglers zerfiel auch die Direktionszeit Niederhuemers in zwei ungleiche Hälften: eine erste aktive, von positiven äußeren Rahmenbedingungen begünstigte Hälfte in den späten 1960er- und frühen 1970er-Jahren und eine zweite, von Stagnation und Routine gekennzeichnete zweite Hälfte in den 1980er-Jahren.

Die ökonomischen Konjunkturzyklen spiegelten sich auch in den Phasen größerer und geringerer Museumsaktivität wider. Nach einem außergewöhnlichen ökonomischen Aufholprozess in den 1950er-Jahren folgten Jahre einer abgeschwächten Konjunktur, zwischen 1968 und 1974/75 Jahre überdurchschnittlichen Wachstums. Zwar verschoben anschließend austro-keynesianistische Interventionen der Kreisky-Regierung die Auswirkungen der gedämpften Konjunktur um

Der erste österreichische Transistorrechner „Mailüfterl" in der von Joseph Braunbeck 1974 gestalteten Abteilung „Datenverarbeitung", Foto, 1991

einige Jahre, doch in den 1980er-Jahren folgte eine Periode unterdurchschnittlicher Wachstumsraten. Latente Strukturprobleme der österreichischen Volkswirtschaft kulminierten Mitte der 1980er-Jahre in einer veritablen Strukturkrise, die innerhalb des verstaatlichten Sektors der Eisen- und Stahlindustrie am deutlichsten wahrnehmbar war.[20] Zusätzlich markierte der Verzicht auf den Bau des Donaukraftwerks Hainburg 1984 nach massiven Protesten vor Ort öffentlichkeitswirksam eine Trendwende in der Entwicklung der Zweiten Republik.[21]

Anfang der 1950er-Jahre begann auch jener noch andauernde Prozess, der die über Jahrhunderte relativ stabile Verteilung der Beschäftigten in den drei Wirtschaftssektoren radikal veränderte. Der sekundäre (Industrie- und Gewerbe-)Sektor schrumpfte langsam, der tertiäre (Dienstleistungs-)Sektor ersetzte im Wesentlichen den lange dominanten primären (Agrar-)Sektor.[22] Damit ging ein grundlegender Wandel der Gesellschaftsstruktur einher, der neben der technischen Entwicklung im 20. Jahrhundert Einfluss auf die Positionierung der Institution zur Jahrtausendwende hat. Hier kommt vor allem dem dynamischen Innovationsprozess innerhalb der Informations- und Kommunikationstechnik eine entscheidende Rolle zu.[23]

Das Technische Museum konnte während der Hochkonjunktur bis 1974 die Besucherzahlen auf rund 175.000 pro Jahr steigern und, mit einer Spitze von 191.000 Besuchern im Jahr 1981, mehrere Jahre auf diesem hohen Niveau halten. Die hohen Besucherzahlen motivierten das Museum im Jahr 1982, gemeinsam mit dem Residenz-Verlag erstmals einen großformatigen Bild-Text-Band herauszugeben: Das Buch bekam den Titel „Das Technische Museum in Wien. Die Welt der Erfinder und Konstrukteure";[24] mit dem Untertitel sprach man bewusst die patriotische Erfindertradition an. Bei der Beschreibung der Schausammlung arbeiteten alle damals im Museum beschäftigten Kustoden mit: der für den Straßenverkehr zuständige Hans Seper, der Architekt Reinhard Keimel (seit 1969), der Physiker Joseph Braunbeck (seit 1973) sowie die Maschinenbauingenieure Gerhard Maresch (seit 1971) und Hellmut Janetschek (seit 1975). Das Postmuseum leitete seit 1956 der Historiker Ernst Popp, das Eisenbahnmuseum seit 1980 der Maschinenbauingenieur Karl Heinz Knauer. Sie alle setzten mehr oder weniger die von Erich Kurzel-Runtscheiner begonnene und von Hans Seper weitergeführte Tradition der an Personen oder Artefakten orientierten deskriptiven Technikgeschichte in den Sonderausstellungen und Publikationen fort.[25]

Das Museum beteiligte sich wie in den 1930er-Jahren wieder an zahlreichen externen Ausstellungen – z. B. über „Kaiser Franz Joseph" und „Maria Theresia" – sowie an den großen Landesausstellungen in den 1970er- und 1980er-Jahren wie „Arbeit, Mensch, Maschine" 1987 in Steyr und an der Sonderausstellung des Historischen Museums der Stadt Wien „Bürgersinn und Aufbegehren" 1988, an denen auch Hellmut Janetschek, Gerhard Maresch und Rolf Niederhuemer mitarbeiteten.[26]

Abgesehen von Maria Habacher und Hannelore Stöckl handelte es sich bei den im Technischen Museum tätigen Wissenschaftern nur um Männer, und die zwischen 1969 und 1974 aufgenommenen Kustoden waren ausschließlich Techniker und Naturwissenschafter. Das kann vielleicht auch mit als Ursache der Krise des klassischen Technikmuseums in den 1980er-Jahren angesichts des sich international gewandelten Umfelds interpretiert werden, auf das die einschlägige Museumswelt einerseits mit Science Centers und außerschulischen Vermittlungsprogrammen sowie andererseits mit Arbeits- und Industriemuseen und der Berücksichtigung politi-

Museumsplakat, Druck, 1980

scher, sozialer und kulturgeschichtlicher Entstehungs- und Verwertungszusammenhänge der Technik reagierte.

Als Niederhuemer die Museumsleitung Ende 1986 an seinen interimistischen Nachfolger Gerhard Maresch übergab, verzeichnete man pro Jahr rund 150.000 Besucher.[27] Als Peter Rebernik ein Jahr darauf zum Direktor bestellt wurde, waren die Besucherzahlen weiter auf rund 140.000 gesunken: ein Zeichen für die Stagnation und krisenhafte Entwicklung nicht nur im Technischen Museum, sondern in den Wiener Bundesmuseen allgemein. Hannelore Burger bezeichnete die letzten Jahre der Ära Niederhuemer als Zeit der „Ermüdung" nach vielen Jahren der Erstarrung in der Routine des Museumsbetriebs.[28]

Nach siebzig Jahren zeigten auch die Schausammlung und das Gebäude deutliche Spuren der Abnutzung. Mit kosmetischen Maßnahmen wie Ausmalen und Neuaufstellungen, wie 1987 im Eisenbahnmuseum und 1990 in der Textilabteilung erfolgt, ließ sich der insgesamt längst veraltete und verstaubte Charakter nicht mehr kaschieren, zumal andere Abteilungen überhaupt geschlossen blieben. Nach der Pensionierung von Niederhuemer Ende 1986 schien eine Generalsanierung unausweichlich.

Gruppenaufnahme anlässlich der Pensionierung von Rolf Niederhuemer (sitzend, Zweiter von rechts), Foto, 1986

Das Technische Museum mit der im Jahr 1960 aufgestellten Kaplan-Turbine vor dem Eingang, Foto, 1967

Das Museum im Wiederaufbau: Die „langen fünfziger Jahre"

1 Braunbeck, Joseph: Josef Nagler †, in: Blätter für Technikgeschichte 50 (1988), S. 189–192. Der Band erschien 1990!
2 Abelshauser, Werner: Die langen fünfziger Jahre. Wirtschaft und Gesellschaft der Bundesrepublik Deutschland 1949–1966 (Historisches Seminar 5). Düsseldorf 1987. Vgl. auch Hanisch, Ernst: Der lange Schatten des Staates. Österreichische Gesellschaftsgeschichte im 20. Jahrhundert. Wien 1994, S. 426–455.
3 Hwaletz, Otto: Das österreichische Industrialisierungsmuster. Wachstum, Strukturen, Konjunkturen – 1830 bis 1997, in: Focus Austria. Vom Vielvölkerreich zum EU-Staat. Festschrift für Alfred Ableitinger zum 65. Geburtstag. Hg. von Siegfried Beer u. a. (Schriftenreihe des Instituts für Geschichte 15). Graz 2003, S. 561–583.
4 Pfister, Christian (Hg.): Das 1950er Syndrom. Der Weg in die Konsumgesellschaft. Bern u. a. 1996[2].
5 Radkau, Joachim: „Wirtschaftswunder" ohne technologische Innovation? Technische Modernität in den 50er Jahren, in: Modernisierung im Wiederaufbau. Die westdeutsche Gesellschaft der 50er Jahre. Hg. von Axel Schildt und Arnold Sywotek. Bonn 1998, S. 129–154, hier S. 137.
6 Nagler gab im Selbstverlag ein schmales Bändchen mit überwiegend religiösen Gedichten heraus, das im Missionshaus St. Gabriel in Maria Enzersdorf bei Mödling gedruckt wurde. Vgl. TMW-Archiv, BPA-011334/3.
7 Mit 11.300 Besuchern gab es am 24.12.1977, einem Sonntag, einen absoluten Rekord. Vgl. Blätter für Technikgeschichte 39/49 (1977/78), S. 144.
8 Blätter für Technikgeschichte 12 (1950), S. 91–94, und TMW-Archiv, Mappe Dr. Josef Nagler, Nagler an Bundesministerium für Handel und Wiederaufbau, 14.9.1950.
9 Nitsch, Hermann: mein verhältnis zu österreich, in: Kriechbaumer, Robert (Hg.): Österreichische Nationalgeschichte nach 1945. Die Spiegel der Erinnerung: Die Sicht von innen. Wien, Köln, Weimar 1998, S. 745–751. Vgl. Gorsen, Peter: Wiener Aktionismus, in: Geschichte der bildenden Kunst in Österreich. Band 6: 20. Jahrhundert. Hg. von Wieland Schmied. München, London, New York 2002, S. 161–171, und Hanisch, Ernst: Männlichkeiten. Eine andere Geschichte des 20. Jahrhunderts. Wien, Köln, Weimar 2005, S. 251–254.
10 Die Blutorgel. Eine Zeitschrift für Menschen und Tiere. Wiener Illustrierte politische Zweimonatsschrift 1–4 (1962/63). Die Galerie von Josef Dvorak eröffnete am 8. März 1963 mit einer Nitsch-Ausstellung.
11 TMW-Archiv, BPA-015076, Personalmappe Hermann Nitsch, Nagler an Bundesministerium für Handel und Wiederaufbau, 16.10.1962. Nagler bezog sich auf das Vertragsbedienstetengesetz, BGBl Nr. 86 vom 17. März 1947. § 32, Abschnitt f) nennt folgenden Kündigungsgrund: „[…] wenn sich erweist, daß das gegenwärtige oder frühere Verhalten des Vertragsbediensteten dem Ansehen oder den Interessen des Dienstes abträglich ist […]", und § 34, Abschnitt e) führt folgenden Grund für eine vorzeitige Auflösung des Dienstverhältnisses an: „[…] wenn der Vertragsbedienstete eine Nebenbeschäftigung betreibt, die dem Anstand widerstreitet […]."
12 TMW-Archiv, BPA-015076.
13 Jahraus, Oliver: Die Aktion des Wiener Aktionismus. Subversion der Kultur und Dispositionierung des Bewußtseins. München 2001.
14 Hermann Nitsch – eine biografische Skizze. Kunsthalle Krems. Krems 1994, S. 31.
15 Inv.-Nr. 16616.
16 TMW-Archiv, BPA-013981/2, Pressetext über die Übernahme des Modells. Als Geschenk erhielt das Museum 1962 einen der ersten originalen Elektrolyse-Schmelzöfen der Salzburger Aluminiumhütte Lend aus dem Jahr 1898, Inv.-Nr. 17316.
17 Inv.-Nr. 17605. Vgl. Matis, Herbert: Die Wundermaschine. Die unendliche Geschichte der Datenverarbeitung – von der Rechenuhr zum Internet. Frankfurt/Main, Wien 2002, S. 240–243. Zusammengestellt von BM Österreich fand 1973 im Museum eine Ausstellung zur Geschichte der Datenverarbeitung statt.
18 Inv.-Nr. 18354, Geschenk der Sperry Rand GmbH. Vgl. Matis, siehe Anmerkung 17, S. 226–231 und 242.
19 Inv.-Nr. 19110. Eine detaillierte Beschreibung des gesamten Projekts in Zemanek, Heinz: Arbeitsbericht 1 über die Planung und den Bau einer Transistorrechenmaschine: „Projekt Mailüfterl". Institut für Niederfrequenztechnik der Technischen Hochschule in Wien. Wien 1957. Ein Exemplar in der Bibliothek des Museums. Vgl. Matis, siehe Anmerkung 17, S. 251–253.
20 Inv.-Nr. 54444. Seit 2007 wieder in der Schausammlung zugänglich.
21 Inv.-Nr. 16798. Der Wagen wurde 1957 für die Zollformalitäten beim Transport aus Stuttgart mit 25.000 DM bewertet. Vgl. Anlagen zum Objekt in der Inventarverwaltung des Museums. 1953 schenkte die Gräf & Stift AG dem Museum den Wagen des Herzogs von Cumberland, Inv.-Nr. 16434, und 1959 die Niederösterreichische Elektrizitätswirtschafts AG einen Steyr 220, Inv.-Nr. 16936.
22 Seper, Hans: 100 Jahre Steyr-Daimler-Puch AG. Der Werdegang eines österreichischen Industrie-Unternehmens, in: Blätter für Technikgeschichte 26 (1964), S. 1–86; ders.: Damals als die Pferde scheuten. Die Geschichte der österreichischen Kraftfahrt. Wien 1968; ders.; Krackowizer, Helmut; Brusatti, Alois: Österreichische Kraftfahrzeuge von Anbeginn bis heute. Wels 1982; ders.: Österreichische Automobilgeschichte 1815 bis heute. Wien 1986 (2. Aufl. 1999 mit Martin Pfundner und Hans Peter Lenz); ders.: Die Brüder Gräf. Geschichte der Gräf & Stift-Automobile. Wels, München, Kreuzlingen 1991, und ders.: Von Austro-Fiat zur Österreichischen Automobilfabrik ÖAF-GRÄF & STIFT AG. Werdegang – Personen – Kraftfahrzeuge. Wels, München, Kreuzlingen 1994.
23 Nagler, Josef: Gedanken über die Gestaltung eines technischen Museums, in: Museumskunde 31 (1962), Heft 1, S. 14–20. Das „Technorama" wurde schließlich 1982 in einem Neubau eröffnet.
24 Vogel, Klaus (Hg.): Das Deutsche Hygiene-Museum Dresden 1911–1990. Dresden 2003, S. 77.
25 Neues Österreich, 6.2.1953.
26 Das Gehirn bei Tier und Mensch (Veröffentlichungen aus dem Naturhistorischen Museum NF 2). Wien 1959.
27 Österreichisches Patentamt, Patentschrift Nr. 185417, Deutsches Patentamt, Patentschrift Nr. 931533, Danks Patent Nr. 91670 und United States Patent Office 2,844,990, July 29, 1958.
28 „[…] besteht der Grundgedanke der Erfindung darin, die Möglichkeit der Erzeugung von subjektiven Farbeindrücken mit Hilfe von Hell-Dunkel-Kontrasten in der Weise zur Erzielung farbig wirkender Fernsehdarbietungen anzuwenden, daß jedes Bildelement, das farbig erscheinen soll, objektiv mit einer solchen rhythmischen Folge, insbesondere Auf- und Nebeneinanderfolge, von Hell-Dunkel-Kontrasten (Weiß-Schwarz-Kontrasten) übertragen wird, welche im menschlichen Auge subjektiv den für das betreffende Bildelement erwünschten Fechner-Behman'schen Farbeindruck hervorruft." Vgl. Österreichisches Patentamt, Patentschrift Nr. 185417, angemeldet am 11. November 1953, Beginn der Patentdauer 15. August 1955, S. 2, und hobby. Das Magazin der Technik, 1959, Nr. 6, S. 29–33.
29 Radiowelt, 1934, Nr. 45, S. 1175. Vgl. Nagler, Josef: In memoriam Gustav Tauschek. Zum 20. Todestag eines Wiener Erfinders, in: Blätter für Technikgeschichte 28 (1966), S. 1–14; Petzold, Hartmut: Moderne Rechenkünstler. Die Industrialisierung der Rechentechnik in Deutschland. München 1992, S. 127–138, und Helfert, Martin; Mazuran, Petra; Wintersteiger, Christoph: Gustav Tauschek und seine Maschinen mit einem Geleitwort von Heinz Zemanek (Schriftenreihe Geschichte der Naturwissenschaften und der Technik 10). Linz 2007.
30 Technisches Museum (1955). Enthält ein Verzeichnis der österreichischen Nobelpreisträger, eine umfangreiche Liste von Erfindern, einen Überblick über die Museumsgeschichte und eine Auswahl wichtiger Bücher der Bibliothek.
31 Spevak, Stefan: Das Jubiläum „950 Jahre Österreich". Eine Aktion zur Stärkung eines österreichischen Staats- und Kulturbewußtseins im Jahr 1946 (Veröffentlichungen des Instituts für Österreichische Geschichtsforschung 37). Wien, München 2003, S. 153 f.
32 Auer, Erwin M.: DDr. August O. Loehr (Veröffentlichungen des Verbandes Österreichischer Geschichtsvereine 24). Wien 1982, und Fellner, Fritz; Corradini, Doris A.: Österreichische Geschichtswissenschaft im 20. Jahrhundert. Ein biographisches-bibliographisches Lexikon. Wien, Köln, Weimar 2006, S. 259.
33 Loehr, Plan (1946). Das Gesamtkollegium der wissenschaftlichen Kustoden des Kunsthistorischen Museums, also auch Loehr, hatte bereits nach dem Ersten Weltkrieg in einem Organisationsprogramm ein „Österreichisches Kulturmuseum" vorgeschlagen. Vgl. Haupt, Herbert: Das Kunsthistorische Museum. Die Geschichte des Hauses am Ring. Hundert Jahre im Spiegel historischer Ereignisse. Wien 1991, S. 74.
34 Der Generaldirektion der kulturhistorischen Museen unterstanden das Völkerkundemuseum, das Heeresgeschichtliche Museum, die prähistorische Sammlung des Naturhistorischen Museums, das Volkskundemuseum sowie im Kunsthistorischen Museum die Wagenburg, das Monturdepot, die Waffensammlung, die Sammlung historischer Musikinstrumente, das Münzkabinett und selbstverständlich das Museum österreichischer Kultur.

35 Loehr, Museum (1949).
36 Führer durch das Museum österreichischer Kultur. Wien 1950.
37 Jahresbericht des Museums Österreichischer Kultur 1989. Eisenstadt 1990, und Mraz, Museum (1992).
38 Dagobert Frey, Probleme des Wiederaufbaues der Stadt Wien, 11.1.1948; Franz Suchanek, Die Bauerfolge 1951 auf den Energiebaustellen Österreichs, 27.4.1952; Herbert Böck, Das Donaukraftwerk Jochenstein, 20.11.1955; Immo Doderer, Die Verwendung der heimischen Braunkohle in Industrie und Haushalt, 24.1.1954.
39 TMW-Archiv, BPA-013977/3, Presseinformation zur Ausstellung. Vgl. Schaufenster und Werbung, Heft 2 (1957), S. 43–45.
40 Hella Kitscheit-Buchwieser, Neues aus dem Bauwesen in USA, 20.4.1947; Karl Pawelka, Landwirtschaftliche Eindrücke von einer Studienreise in die USA, 25.4.1954, und M. Ledinegg, Versuchs- und Forschungsanstalten in den USA, 16.1.1955.
41 Hanisch, siehe Anmerkung 2, S. 429.
42 Radkau, Joachim: Aufstieg und Krise der deutschen Atomwirtschaft 1945–1975. Verdrängte Alternativen und der Ursprung der nuklearen Kontroverse. Reinbek bei Hamburg 1983, S. 34–195.
43 Lichtbildervortrag von Hans Kominek, Wird unser Wetter durch Atomexplosionen beeinflusst?, 5.12.1954.
44 TMW-Archiv, BPA-011334, masch. Manuskript „Atomforschung – Segen oder Fluch".
45 Atoms for Peace. International Conference on the Peaceful Uses of Atomic Energy, Geneva, August 1955. Prepared by the U.S. Atomic Energy Commission for the United States of America. Genf 1955. Das Exemplar mit der Eintragung „Dr. Jos. Nagler" befindet sich in der Bibliothek des Museums.
46 Atom. Die Auswertung der Atomkraft für friedliche Zwecke. Hg. von der Österreichischen Liga für die Vereinten Nationen. Wien 1955; Welt und Atom. United States Information Service. Wien 1957; Atome am friedlichen Werk. United States Information Service. Wien 1963.
47 Atomkraft im Dienste der Menschheit. Österreichische Liga für die Vereinten Nationen. Wien 1954.
48 Lackner, Helmut: Von Seibersdorf bis Zwentendorf. Die „friedliche Nutzung der Atomenergie" als Leitbild der Energiepolitik in Österreich, in: Blätter für Technikgeschichte 62 (2000), S. 201–226.
49 Technisches Museum (1955), S. 256.
50 Lackner, siehe Anmerkung 48, S. 201–226.
51 Inv.-Nr. 17528. Geschenk der Amerikanischen Botschaft in Wien.
52 Inv.-Nr. 18027/1. Die dem Land Österreich von den USA zur Verfügung gestellten vier Mondgesteinsplitter in einer Kunststoffkapsel widmete 1970 Bundespräsident Franz Jonas als Vertreter der Republik Österreich dem Museum.
53 Kretschmer, Winfried: Geschichte der Weltausstellungen. Frankfurt/Main, New York 1999, S. 217–230.
54 Österreich. Weltausstellung Brüssel 1958. Brüssel 1958, Vorwort.
55 Stahl und Energie (Zeitschrift des Österreichischen Stahlbauverbandes. Sonderheft Weltausstellung Brüssel 1958). Wien 1958.
56 Vgl. Österreich. Weltausstellung, siehe Anmerkung 54, S. 13–22.
57 Vgl. Felber, Ulrike: Alpenländische Moderne und austriakischer Traditionalismus. Österreich auf den Weltausstellungen Paris 1937 und Brüssel 1958, in: Traditionen und Modernen. Historische und ästhetische Analysen der österreichischen Kultur. Hg. von Anne-Marie Corbin und Friedbert Aspetsberger (Schriftenreihe Literatur des Instituts für Österreichkunde 19). Innsbruck 2008, S. 123–128.
58 Schützenhofer, Fabriksprodukten-Kabinett (1947). Ab Heft 10 (1948) enthält die Zeitschrift neben Aufsätzen eine technikgeschichtliche Bücherschau von Erich Kurzel-Runtscheiner und Gedenktage zur österreichischen Technikgeschichte von Therese Stampfl, ab Heft 30 (1968) eine „Jahresübersicht". Seit Heft 13 (1951) wird zusätzlich zum Forschungsinstitut auch das Museum als Herausgeber ausgewiesen.
59 Nedoluha, Alois: Kulturgeschichte des technischen Zeichnens, in: Blätter für Technikgeschichte 19 (1957), Teil 1, S. 1–51; 20 (1958), Teil 2, S. 53–108, und 21 (1959), Teil 3, S. 109–183. Zitat, Teil 1, S. 3.
60 Nedoluha, Alois: Geschichte der Werkzeuge und Werkzeugmaschinen, in: Blätter für Technikgeschichte 22 (1960), Teil 1, S. 1–36, und 23 (1961), Teil 2: Werkzeuge und Werkzeugmaschinen vom Mittelalter bis um 1800, S. 37–125.
61 Kastner, Richard H., Die Entwicklung von Technik und Industrie in Österreich und die Technische Hochschule in Wien, in: Blätter für Technikgeschichte 27 (1965), S. 1–181.
62 TMW-Archiv, BPA-011390, Personalakt Dr. Maria Habacher.
63 Ebd., BPA-011389, Personalunterlagen Dr. Katharina Suk, Ministerium für Handel und Wiederaufbau an TMW, 2.7.1965.
64 Vgl. das Kapitel „Das Österreichische Forschungsinstitut für Geschichte der Technik", S. 248–263.
65 TMW-Archiv, BPA-011006. Vgl. Blätter für Technikgeschichte 18 (1956), S. 147–150.
66 Inv.-Nr. 16776. Vgl. TMW-Archiv, BPA-011014.
67 Vgl. Weitensfelder, Titanen (2002), S. 197–201.
68 Blätter für Technikgeschichte 14 (1952), S. 81–90. Die Ansprache von Josef Nagler zur Enthüllung der Büste liegt gedruckt vor: Dr. techn. h. c. Nikola Tesla 1856–1943. Wien 1952.
69 Ein Rundgang durch das Technische Museum für Industrie und Gewerbe in Wien. Wien 1948/49, S. 4, und TMW-Archiv, BPA-013970/2, Manuskript „Die Schausammlung [...] 1950". Obwohl kein Österreicher, fand er als Entdecker der „Rundfunkwellen" hier einen prominenten Platz.
70 Nikola-Tesla-Kongreß für Wechsel- und Drehstromtechnik. Technisches Museum für Industrie und Gewerbe 6. bis 13. September 1953 (Blätter für Technikgeschichte. Sonderheft). Wien 1953.
71 TMW-Archiv, BPA-009759, und Blätter für Technikgeschichte 15 (1953), S. 103–107.
72 Niederhuemer, Rolf: Sonderausstellung Carl Auer von Welsbach im Technischen Museum in Wien, in: Blätter für Technikgeschichte 20 (1958), S. 35–41. Die seit der Zwischenkriegszeit vorhandene Büste Auer von Welsbachs kam 1977 in der Eingangshalle zur Aufstellung.
73 Theodor Scheimpflug. Festschrift zum 150jährigen Bestand des staatlichen Vermessungswesens in Österreich (Blätter für Technikgeschichte 18). Wien 1956.
74 Erfindungen aus Österreich. Wien 1950; Pioniere der Elektrotechnik, in: Jahrbuch der Gesellschaft für Natur und Technik 1952, S. 46–66; Siegfried Marcus. Lebensbild eines österreichischen Erfinders. Wien 1956[2] (Kurzel-Runtscheiner datiert den zweiten Marcus-Wagen auf 1875/77, S. 37); Meister der Technik von der Antike bis zum Beginn des industriellen Zeitalters. Wien 1957.
75 Österreichische Naturforscher und Techniker. Wien 1951, und Österreichische Naturforscher, Ärzte und Techniker. Wien 1957. In der ersten Auflage auch zwei Beiträge von Viktor Schützenhofer.
76 Natur und Technik 4 (1950), Heft 9, S. 238–240.
77 Große Österreicher. Nobelpreisträger, Männer der Wissenschaft, Wirtschaft und Technik. Wien 1951. Zitate S. 3.
78 Triumphe der Technik. Pionierleistungen österreichischer Erfinder. Wien 1963.
79 Habacher, Maria: Österreichische Erfinder. Werke und Schicksal (Österreich-Reihe 226/228). Wien 1964.
80 Attlmayr, Ernst: Tiroler Pioniere der Technik. 35 Lebensbilder (Tiroler Wirtschaftsstudien 23). Innsbruck, München 1968.
81 Jankowsky, Heinz: Österreichs große Erfinder. Ihr Leben, ihre Arbeiten, ihre Schicksale. Graz, Wien, Köln 2000.
82 Schützenhofer, Viktor: Österreichs Erfindergeist und technische Pionierleistungen, in: Der Student 1 (1946), Nr. 5–7.
83 Kurzel-Runtscheiner, Erich: Viennese as pioneers in technical progress, in: Glimpses of Austria (1947), Number One, S. 37–39.
84 Schützenhofer, siehe Anmerkung 82.
85 Burkart, Stefan: Erfinder und Techniker, in: Mein Österreich. Mein Vaterland. Ein Buch für Schule und Haus. Graz, Wien, Köln 1955, S. 187–200.
86 Henz, Rudolf (Hg.): Österreich (Geistige Länderkunde. Kultur der Nationen). Nürnberg 1958, S. 176–188.
87 Mentschl, Josef; Otruba, Gustav: Österreichische Industrielle und Bankiers (Österreich-Reihe 279/281). Wien 1965, und Granichstaedten-Cerva [!], Rudolf; Mentschl, Josef; Otruba, Gustav: Altösterreichische Unternehmer (Österreich-Reihe 365/367). Wien 1969.
88 Seifert, E. C.: Köpfe der Wirtschaft. Biographien der Gegenwart. Chroniken österreichischer Betriebe. Linz 1953/54; Tremel, Ferdinand: Steirische Unternehmer des 19. und 20. Jahrhunderts (Zeitschrift des Historischen Vereines für Steiermark. Sonderband 9). Graz 1965, und Alexander, Helmut: Innovatives Tirol. Techniker. Erfinder. Unternehmer. Hg. von der Industriellenvereinigung Tirol. Innsbruck 2007.
89 Brandstetter, Alois: Die Mühle. Roman. Salzburg, Wien 1981 (ungekürzte Ausgabe München 1984), S. 184.

Das Museum am Wendepunkt

1 Aus dem Museumsbestand war der erst 1967 ins Haus gekommene Austro Daimler 6/25, Baujahr 1920, Inv.-Nr. 17727, beteiligt.
2 Habacher, Festakt (1968).
3 Die Bronzebüste fertigte der Bildhauer Viktor Hammer nach einem Gipsabguss des Originals im Technologischen Gewerbemuseum aus dem Jahr 1889 von Viktor Tilgner an.
4 Technisches Museum (1968).
5 Technisches Museum Rundgang (1968).
6 Inv.-Nr. 17772. Vgl. Die restaurierte Buckow-Orgel aus dem Jahre 1862. Wien 1979.
7 Inv.-Nr. 18215. Vgl. Kaindl, Kurt: Wurzmühle. Industriearchäologie aus dem oberen Waldviertel. Salzburg 1994.
8 Inv.-Nr. 19304, Baujahr 1951. Vgl. Plöchl, Willi: Österreichische Traktoren bis 1975. Band 2: Steyr – Warchalowski. Hahnstätten-Zollhaus 1998, S. 332–338.
9 Inv.-Nr. 20352. Vgl. Rauscher, Karl-Heinz: Das Steyr-Baby und seine Verwandten. Graz 2002, und Pfundner, Martin: Austro Daimler und Steyr. Rivalen bis zur Fusion. Die frühen Jahre des Ferdinand Porsche. Wien, Köln, Weimar 2007, S. 161–164 und 249.
10 Inv.-Nr. 18788. Vgl. Geschichte der VOEST. Rückblick auf die wechselhaften Jahre des größten österreichischen Industrieunternehmens. Linz 1991, S. 45 f.
11 Vgl. das Kapitel „Das Orientalische bzw. Handels-Museum und die warenkundliche Sammlung", S. 55–59.
12 Meadows, Dennis u. a.: Die Grenzen des Wachstums. Bericht des Club of Rome zur Lage der Menschheit. Stuttgart 1972.
13 Haber, Heinz: Unser blauer Planet. Die Entwicklungsgeschichte der Erde. Stuttgart 1965.
14 Vester, Frederic: Unsere Welt. Ein vernetztes System. Stuttgart 1978.
15 Das vom Migros-Gründer Gottlieb Duttweiler gegründete Institut gilt als ältester Thinktank der Schweiz.
16 Vester, siehe Anmerkung 14, S. 37.
17 Ebd., S. 11.
18 Ebd., S. 16.
19 Niederhuemer, Rolf: Geschichte und Bedeutung des Technischen Museums, in: Technisches Museum (1982), S. 12.
20 Aus interner Sicht vgl. Summer, Franz: Das VOEST Debakel. Wien 1987. Allg. Aiginger, Karl: Ursachen und Perspektiven der Stahlkrise, in: Wirtschaftspolitische Blätter 33 (1986), Heft 5, S. 493–515.
21 Hanisch, Ernst: Der lange Schatten des Staates. Österreichische Gesellschaftsgeschichte im 20. Jahrhundert. Wien 1994, S. 456–460 und 471–475.
22 Hwaletz, Otto: Das österreichische Industrialisierungsmuster. Wachstum, Strukturen, Konjunkturen – 1830 bis 1997, in: Focus Austria. Vom Vielvölkerreich zum EU-Staat. Festschrift für Alfred Ableitinger zum 65. Geburtstag. Hg. von Siegfried Beer u. a. (Schriftenreihe des Instituts für Geschichte 15). Graz 2003, S. 572–579.
23 Tálos, Emmerich: Die achtziger Jahre: Eine Phase der Veränderungen als Thema von Sozialwissenschaften und Zeitgeschichte, in: Diendorfer, Gertraud u. a. (Hg.): Zeitgeschichte im Wandel. 3. Österreichische Zeitgeschichtetag 1997. Innsbruck, Wien 1998, S. 54–60.
24 Technisches Museum (1982). Mit nahezu identischem Inhalt, aber in einem handlicheren Format beschreibt ein 1987 gedruckter Führer den Zustand der Schausammlung wenige Jahre vor der Schließung. Vgl. Technisches Museum Rundgang (1987).
25 Keimel, Reinhard: Die Flugzeuge im Technischen Museum Wien, in: Blätter für Technikgeschichte 36/37 (1974/75), S. 61–93 und 46/47 (1984/85), S. 7–38; ders.: Ob. Ing. Erich Meindl. Flugzeugbauer aus Österreich. Ein Beitrag zu 200 Jahre Luftfahrt in Österreich, in: ebd. 44/45 (1982/83), S. 7–169; ders.: Projekte und Patente aus dem Flugzeug- und Flugbootbau der Wiener Firma Lohner, in: ebd. 50 (1988), S. 57–142; ders.: Die Flugzeugkonstruktionen der Akademischen Segelfliegergruppe Graz, in: ebd. 55 (1993), S. 127–175; ders.: Österreichs Luftfahrzeuge. Geschichte der Luftfahrt von den Anfängen bis zum Ende 1918. Graz 1981; ders.: Flugzeuge. Wien 1983; ders.: Flugzeuge der österreichischen Firma Lohner 1909–1923 (Blätter für Technikgeschichte. Sonderheft). Wien 1990, und ders.: Luftfahrzeugbau in Österreich. Von den Anfängen bis zur Gegenwart. Enzyklopädie. Planegg 2003.
Braunbeck, Joseph: Der strahlende Doppeladler. Nukleares aus Österreich-Ungarn. Graz 1996, und ders.: Der andere Physiker. Das Leben des Felix Ehrenhaft. Graz 2003.
Maresch, Gerhard: Die Anfänge der Mechanisierung der Landwirtschaft in Österreich, in: Blätter für Technikgeschichte 46/47 (1984/85), S. 40–80.
Janetschek, Hellmut: Neuere Forschungsergebnisse über Maderspergers Nähmaschinen, in: Blätter für Technikgeschichte, 41/42/43 (1979/80/81), S. 53–66; ders.; Maresch, Gerhard: Technik und Technologie in der Ära Maria Theresias und Josephs II., in: Von der Glückseligkeit des Staates. Staat, Wirtschaft und Gesellschaft in Österreich im Zeitalter des aufgeklärten Absolutismus. Hg. von Herbert Matis. Berlin 1981, S. 453–483; ders.: Die Eisenstädter Dampfmaschine der Fürsten Esterházy. Die erste Wattsche Dampfmaschine in Österreich-Ungarn im Lichte des Esterházyschen Wirtschaftskomplexes, in: Burgenländische Heimatblätter 46 (1984), S. 29–41; ders.: Die Eisenbahn als Motor für die Eisen- und Maschinenindustrie in Österreich, in: Archiv der Geschichte der Naturwissenschaften 17/18 (1986), S. 807–861, und ders.: Werkzeugmaschinen in Österreich. Strukturen und Entwicklungen, in: Emanzipation des kontinentaleuropäischen Maschinenbaus vom britischen Vorbild. Hg. von Benad-Wagenhoff, Volker u. a. Darmstadt 1990, S. 43–61.
26 Niederhuemer, Rolf: Industrie und Technik, in: Niederösterreichische Landesausstellung. Das Zeitalter Kaiser Franz Josephs. 1. Teil: Von der Revolution zur Gründerzeit 1848–1880. Beiträge. Wien 1984, S. 403–413; Maresch, Gerhard: Industrie und Technik, in: Niederösterreichische Landesausstellung. Das Zeitalter Kaiser Franz Josephs. 2. Teil: 1880–1916 Glanz und Elend. Wien 1987, S. 72–82; Maria Theresia und ihre Zeit. Zur 200. Wiederkehr des Todestages. Ausstellung 13. Mai bis 26. Oktober 1980, Wien, Schloß Schönbrunn. Wien 1980, S. 490–503 (Textilindustrie, Bodenschätze und Verkehrswege, Buntmetallverarbeitung, Eisenwesen: Objektbeschreibungen von Hellmut Janetschek und Gerhard Maresch); Maresch, Gerhard: Energieträger und neue Technologien, in: Arbeit/Mensch/Maschine. Der Weg in die Industriegesellschaft. Museum Industrielle Arbeitswelt. Linz 1987, S. 31–44, und ders.: Techniker und Erfinder, in: Bürgersinn und Aufbegehren. Biedermeier und Vormärz in Wien 1815–1848. Wien 1988, S. 532–536.
27 Janetschek, Hellmut; Rebernik, Peter: Gerhard Maresch †, in: Blätter für Technikgeschichte 50 (1988), S. 193–195.
28 Burger, Maschinenzeit (1991), S. 94 f.

Umbruch und Aufbruch

In den 1980er-Jahren befanden sich die Wiener Museen in einer Krise. Nach öffentlicher Kritik startete mit der „Museumsmilliarde" eine Sanierung der einzelnen Häuser. Für das Technische Museum Wien waren die folgenden Jahre die entscheidendste Zäsur seit der Gründung.

Die Generalsanierung des Gebäudes, die damit verbundene Räumung der Schausammlung sowie die Neueinrichtung des Museums bedeuteten einen Bruch mit der bisherigen Entwicklung. Nach einer siebenjährigen Schließung eröffnete das Museum 1999 mit neuen Ausstellungen.

Bis zur Schließung 1992
Mit dem Quereinsteiger Peter Rebernik und der „Museumsmilliarde" erlebt das Technische Museum Wien einen Neustart.

Peter Donhauser

Die „Museumsmilliarde"[1]

„1984 begann die Lage der Bundesmuseen dramatisch zu werden. Die Unzufriedenheit mit den Museen begann sich öffentlich zu manifestieren."[2] Die von Erhard Busek u. a. diagnostizierte Krise gab Anlass zu Grundsatzdiskussionen. Die Wahrnehmung einer inhaltlichen Erstarrung unter beamteten Direktoren und der schlechte bauliche Zustand lieferten ausreichend Stoff.[3] Der gleichzeitige Aufbruch in der internationalen Museumsszene, den österreichische Urlauber im Ausland beobachten konnten, ließ den Zustand der Bundesmuseen in einem umso tristeren Licht erscheinen. Der Journalist, Schriftsteller und Wiener Stadtrat Jörg Mauthe eröffnete 1985 die öffentliche Diskussion mit einer Artikelserie über die Zustände im Kunsthistorischen Museum: „Dieser Zustand ist nämlich eine Katastrophe, ein Skandal, eine nationale Schande und gehört in den Bereich des Unfaßlichen."[4] Mauthe hatte sich ein Jahr zuvor in US-amerikanischen Museen umgesehen und war nicht nur von der Qualität der Ausstellungen, sondern auch von den Managementmethoden tief beeindruckt.[5] Er zitierte schließlich die „Kronen Zeitung" vom 16. September 1985, die bemerkte, dass „[…] im Technischen Museum nicht weniger blamable Zustände" herrschten.[6] 1986 bezeichnete der damalige Wiener Vizebürgermeister Erhard Busek das Technische Museum daher als „Museum eines Museums".[7] 1987 registrierten bereits ausländische Medien die Diskussion: „Wir verlieren den Anspruch, eine Kulturnation zu sein und sind auf dem Weg in die museale Steinzeit", war zu lesen; auch überlegte man, die Häuser demonstrativ zu schließen.[8] Der damalige Wirtschaftsminister Robert Graf (ÖVP) ergriff die Initiative und überzeugte Wissenschaftsminister Hans Tuppy (ÖVP), gemeinsam eine Sanierung in Angriff zu nehmen. Das Ergebnis war die sogenannte Museumsmilliarde, ein auf zwei Ministerratsbeschlüssen von 1987 und 1990 basierendes Bauinvestitionsprogramm für die Bundesmuseen.

Der erste Ministerratsvortrag vom 21. Juli 1987 durch Minister Graf sah ein Investitionsvolumen von 1,6 Milliarden Schilling[9] für „die Sanierung der Bundesmuseen und Schausammlungen" in den folgenden fünf Jahren vor.[10] Eine von Bundeskanzler Franz Vranitzky (SPÖ) eingerichtete Kommission schlug den Betrag und eine dreistufige Vorgangsweise vor. Im Technischen Museum sollte ab 1989 in der dritten Phase des Programms eine Generalsanierung starten. Man verstand darunter die Aufwendungen für das Gebäude und feste Einbauten, Sicherheits- und Brandschutzeinrichtungen. Für die Kostenschätzung war die Bundesbaudirektion federführend. Von einer Neukonzeption der Schausammlungen war in dieser Planung keine Rede, was später zu erheblichen Verständigungsschwierigkeiten zwischen Museumsdirektion und Verantwortlichen der Sektion IV („Museumssektion") im Ministerium führen sollte.

Im zweiten Ministerratsvortrag vom 18. Juli 1990 durch Wolfgang Schüssel (ÖVP), dem Nachfolger Robert Grafs als Wirtschaftsminister, wurde über eine erste Bilanz der Maßnahmen von 1987 berichtet: Die Besucherzahlen seien im ersten Jahr um stolze 8,5 Prozent gestiegen, im zweiten sogar um 35,8 Prozent. Zusätzlich wird erwähnt, dass die Erschließung der Sammlungsbestände der Museen an die Vermittlung erhöhte Anforderungen stellen würde. Ins Investitionsprogramm sollte auch der Tiergarten Schönbrunn aufgenommen werden. Für die Realisierung der noch ausständigen Aufgaben war ein zusätzlicher Betrag von zwei Milliarden Schilling geplant. Beide Beträge enthielten keine Finanzierungskosten.

Für das Technische Museum sah das Investitionsprogramm folgende Mittel vor:
1. Museumsmilliarde
   200 Millionen Schilling (Budgetkapitel 64 „Bauten und Technik")
   2 Millionen Schilling (Kapitel 14 „Wissenschaft")
2. Museumsmilliarde (mit der Widmung „Generalsanierung und Zubau")
   260 Millionen Schilling (Kapitel 64)
   40 Millionen Schilling (Kapitel 14)
   54 Millionen Schilling (Kapitel 14, nutzerspezifische Aufwendungen)

In Summe handelte es sich also um 502 Millionen Schilling, wozu noch 54 Millionen Schilling aus Kapitel 14 für Übersiedlungen und Wiedereinrichtung kamen. Wie mit den 54 Millionen, die bereits zu drei Vierteln nur für die Aussiedlung verbraucht werden sollten, das Museum wieder eingerichtet werden könnte, blieb offen. Auch waren zu diesem Zeitpunkt die Transportkosten noch unbekannt. Fragt man nach der zugrunde liegenden Kalkulation, so gibt der Rechnungshof Auskunft: „Diesem Betrag lag keine konkrete Kostenschätzung zugrunde. Der RH [Rechnungshof] hat lediglich einen Hinweis auf ein Gesamterfordernis von rd. 110 Mill S aufgrund einer Erhebung aus dem Jahr 1977 vorgefunden."[11] Wie die weitere Entwicklung zeigte, wurde fast der gesamte Betrag von 502 Millionen Schilling ausschließlich für die Generalsanierung des Gebäudes aufgewendet.

Die erste Phase der Wiedereinrichtung sollte zusätzlich noch einmal die Hälfte dieses Betrags kosten. Von der Finanzierbarkeit eines später beschriebenen Zubauprojekts konnte also keine Rede sein. Zur selben Zeit hatten andere europäische Länder (vor allem Großbritannien und die Niederlande) mit einer ausgefeilten Museumspolitik bereits vorbildliche Rahmenbedingungen für die Museumsentwicklung geschaffen.

Mit dem Beschluss des Investitionsprogramms ging eine Welle von Neubesetzungen von Museumsdirektionen einher, mit dem Ziel, auch personell einen Aufbruch zu signalisieren: „Keine Modernisierung gab es natürlich auch deshalb, weil die Museumsbeamten in den althergebrachten Einstellungen dachten und handelten."[12] Innerhalb weniger Jahre wurden fünf Direktionen neu besetzt: 1986 Peter Noever (Museum für angewandte Kunst: Generalsanierung und Neukonzeption der Schausammlung 1989–1993), 1987 Peter Rebernik (Technisches Museum); 1990 Lóránd Hegyi (Museum moderner Kunst), 1990 Wilfried Seipel (Kunsthistorisches Museum) und 1994 Bernd Lötsch (Naturhistorisches Museum).

Die Neuorientierung des Technischen Museums

Ein neuer Direktor

Peter Rebernik folgte am 1. Oktober 1987 auf Gerhard Maresch, der das Museum nach Rolf Niederhuemer neun Monate interimistisch geleitet hatte. Niederhuemer hatte nach knapp zwei Jahrzehnten „ein zwiespältiges und problematisches Erbe" hinterlassen.[13] So lag das Technische Museum zum Beispiel bei den Sachausgaben je Quadratmeter Gesamtausstellungsfläche[14] mit rund 470 Schilling im Vergleich zum Durchschnitt der Bundesmuseen mit 1858 Schilling an letzter Stelle; der Anteil der Spenden an den Gesamteinnahmen lag unter 0,1 Prozent; pro Besucher nahm das Museum nur halb so viel ein wie die anderen Bundesmuseen. Auch die Besucherdichte (jährliche Zahl/Gesamtfläche) lag mit kaum drei Personen weit hinter anderen Häusern zurück, die zum Teil über 200 Besucher/Gesamtfläche erreichten.[15] Es bestand also Handlungsbedarf. Zwei Jahre später berichtete die Presse über den neuen Direktor rückblickend: „Ein Mann küsst ein Museum wach." Kultur und Kunst hätten ins Museum Einzug gehalten, in ihm würde ein Philosoph stecken.[16]

Rebernik, ein „Quereinsteiger" im Museumswesen, besuchte zahlreiche Museen, in erster Linie im angelsächsischen Raum, um sich einen Überblick über die aktuelle Museumsgestaltung zu verschaffen. Er war vor allem von der aufblühenden Science-Center-Szene beeindruckt.[17] Da die pädagogische Arbeit mit den Besuchern und die später als „informelles Lernen" bezeichnete Methode ausschließlicher Zweck dieser Institutionen sind, findet sich das Schlagwort „Besucherorientierung" in den nachfolgenden Konzeptansätzen Reberniks als vorrangiges Ziel wieder.

Rebernik führte nach ersten Gesprächen mit der Belegschaft neue Organisationsstrukturen und Kommunikationsmittel ein (Hauszeitung „Nussknacker"), mit dem Ziel, eine Art „management by objective"[18] zu praktizieren. Der Unterschied zur vorigen Direktion konnte nicht größer sein. Die Mehrheit der Belegschaft reagierte irritiert und verständnislos, wenn nicht sogar ablehnend. Als Konsequenz wurden zahlreiche neue Mitarbeiter, meist auf Werkvertragsbasis, aufgenommen. Es verwundert nicht, dass dadurch eine nur schwer überbrückbare Kluft entstand, die noch Jahre später die Arbeit hemmte. Dies wurde bald auch von Außenstehenden wahrgenommen: „Weiters bestand vor allem zu Beginn der Tätigkeit der neu angestellten Gruppe der freien Mitarbeiter großes Mißtrauen von seiten der angestammten Bediensteten [...], da sich ein Teil der fix Beschäftigten bei der Vielzahl von neuen Aktivitäten, die von den freien Mitarbeitern ins Leben gerufen wurden, teilweise übergangen fühlten."[19]

Rebernik konnte sich nach seiner Karriere in der Privatwirtschaft mit den einengenden Bedingungen der Bundesverwaltung im Museum schwer abfinden, obwohl ihm die Verhältnisse als ehemaliger Assistent an der Technischen Hochschule in Wien bekannt gewesen sein müssen. Er versuchte daher, diese Grenzen durch Werkvertragsnehmer in personeller Hinsicht und vor allem durch Verbindungen zur Industrie (z. B. zu Siemens und zum Verband der Elektrizitätsunternehmen Österreichs VEÖ) in finanzieller Hinsicht zu sprengen.

Eine deutliche Verbesserung hinsichtlich einer flexibleren finanziellen Gebarung brachte erst die Novelle zum Forschungsorganisationsgesetz im Jahr 1989,[20] mit der den Bundesmuseen in § 31 Abs. 4 das Recht zur Vermietung von Räumen an Außenstehende und zusätzlich im neuen § 31a die später als „Teilrechtsfähigkeit" bezeichnete beschränkte Rechtsfähigkeit zugestanden wurden. Auf dieser Grundlage konnten die Museen weisungsfrei „Vermögen und Rechte erwerben und hievon [...] im eigenen Namen zur Erfüllung ihrer Zwecke Gebrauch machen". Dienstverträge in diesem Rahmen sollten privatrechtlich dem Angestelltengesetz, die Aktivitäten in diesem Rahmen jedoch der Aufsicht des Bundes und der Kontrolle durch den Rechnungshof unterliegen. Rebernıks Ziel war die Errichtung einer Betriebsgesellschaft zur Führung des Museums. Ein entsprechendes Managementkonzept wurde gemeinsam mit 15 Studenten der Wirtschaftsuniversität entwickelt und 1991 publiziert.[21]

Eine rückblickend eigenartig wirkende Idee führte zur „Eröffnung" des Museums am 6. Mai 1988, siebzig Jahre nach der formlosen Öffnung im Mai 1918, mit einem volksfestartigen Spektakel: Auf den Festakt im Museum folgten Vorführungen von Stuntmen, Löschdemonstrationen der Feuerwehr, die Vorführung der Bergung eines umgestürzten Autobusses und dergleichen mehr.

Ausstellungen und Aktivitäten mit Symbolcharakter

Ein Zeichen der versuchten Neuausrichtung des Museums war die Ausstellungstätigkeit bis zur Schließung des Hauses. Von den über 50 Ausstellungen verschiedenster Größe und inhaltlicher Ausrichtung sollen hier nur wenige Beispiele genannt werden:

- „Phantasie und Industrie" (24. Mai – 26. Oktober 1989). In einer eigens dafür von Architekt Boris Podrecca entworfenen Halle an der Ostseite des Museums stellten 38 Künstler ihre Arbeiten zu 38 Industrieprodukten aus. Die um 2,6 Millionen Schilling in Holzbauweise errichtete Halle war eine vorübergehende Lösung, blieb aber (unter gelegentlichem zähem Ringen mit Podrecca und den Behörden) bis zum endgültigen Abbruch im Jahr 2004 stehen. Besonderes Aufsehen erregten die künstlerischen Arbeiten im Außenbereich: die „Beerdigung" einer Telefonzelle durch Gertrude Moser-Wagner, genannt „Ort auf Anfrage" (zusammen mit der Schrack Telecom AG), und die „Baumzille" von Christian Ludwig Attersee (zusammen mit Pinical Schiffbau) auf einem kranartigen Gestell in einer Baumkrone hängend.[22]
- „Chancen mit Chips für Österreichs Jugend" (10. Oktober 1989 – Frühjahr 1990). Die von Siemens gesponserte Erlebnisausstellung zeigte Aspekte von Computerbau und -anwendung. Für diese Ausstellung musste die im Ostflügel des ersten Obergeschosses gelegene Chemieabteilung weichen. Nach der Schließung der Ausstellung wurden die Einbauten teilweise im ersten Hands-on-Bereich Österreichs verwendet.
- „Biedermeierglas" (11. September 1991 – 2. Februar 1992). Kuratiert von Waltraud Neuwirth vom Österreichischen Museum für angewandte Kunst handelte es sich um eine von mehreren klassischen Vitrinenpräsentationen bedeutender Sammlungsbestände.
- „Bitte berühren" (11.–23. Dezember 1990). Das Besondere an dieser Ausstellung, die den Weg vom Leichtmetall bis zum fertigen Endprodukt zeigte, war die Adaptierung für seh-, hör- und körperbehinderte Kinder, die von speziell geschulten Pädagogen betreut wurden.
- Einrichtung des kleinen Wechselausstellungsbereichs „Technik aktuell" im Vorbereich eines Stiegenhauses im ersten Obergeschoss. Hier zeigte der Forschungsförderungsfonds für die gewerbliche Wirtschaft ab 25. Oktober 1990 bis zur Schließung des Hauses in halbjährlichem Rhythmus vier Präsentationen von geförderten Projekten. Rebernik versprach damals eine Fortsetzung dieser Ausstellungstätigkeit nach der Wiedereröffnung.[23]

Rebernik versuchte auch, mit Aktivitäten abseits des technischen Kernbereichs das Museum für kulturelle Aktivitäten zu öffnen: Darunter fielen 1991 die Ausstellung zum Maler Franz Sedlacek, von 1921 bis in die späten 1930er-Jahre Kustos für Chemie im Museum, und eine Installation – die „Mozartmaschine" – mit Mozarts „Musikalischem Würfelspiel" anlässlich seines 200. Todestages.

Bedeutender für die zukünftige Entwicklung der Schausammlung, da einen Trend signalisierend, waren jedoch kleine, aber signifikante Eingriffe in seit Jahrzehnten im Wesentlichen unveränderten Schausammlungen: „Erdöl" (Dezember 1987), „Papier" (1988, Gestaltung: „Spur Wien"), „Chemiefasern" (Oktober 1990), „Salz" (November 1990, Gestaltung: Werner Hollunder), „Magnesit" (September 1991, Gestaltung: Huber und Luckner), „Stromkreis" (Ende 1991). Es handelte sich um von externen Partnern finanzierte, frei von Sachzwängen erstellte Kleinbereiche – aktuell würde man von „Interventionen" sprechen –, die das Erscheinungsbild des Museums veränderten und gleichsam tastende Versuche einer Aktualisierung der Schausammlung waren. Jedenfalls erfolgten damit weitere Eingriffe in die angeblich unveränderten Dauerausstellungen, die in Teilen bereits in den 1950er-Jahren „modernisiert" worden waren. Dies widerlegt die im Lauf

Der 1991 eingerichtete Ausstellungsteil „Stromkreis", Foto, 1991

der Diskussion über die Museumsneugestaltung oft erhobene Forderung, die Schausammlung als Dokument ihrer selbst, als „Museum eines Museums", zu erhalten. Je nach persönlicher Erinnerung bezogen sich diese Äußerungen entweder auf oberflächliche Eindrücke oder auf eine Fokussierung auf Einzelbereiche wie die Abteilung „Steine und Erden" oder die mehrfach angesprochene Kulisse der „Türmerstube von St. Stephan" bzw. allgemein die vielen historischen Ensembles. Ein Konzept von „Spur Wien" von 1988 für die großflächige Neugestaltung der Abteilung „Elektrizität" wurde nicht realisiert, u. a. nach massivem Widerstand innerhalb des Hauses,[24] da man nicht auf die hauseigenen Kuratoren zurückgriff und die Gestalter, entgegen der gewohnten Praxis und abweichend von der üblichen technologischen Systematik, Inhalte selbst generierten.

Die für die Entwicklung des Konzepts der künftigen Neueinrichtung nachhaltigste Aktivität war die Errichtung eines interaktiven Bereichs, der nach Beratung durch den Leiter der Unternehmenskommunikation von Siemens Alexander Novotny den Namen „X-Tech" („eXperiment und TECHnik") und ein eigenes Logo erhielt. Auf der für die Ausstellung „Chancen mit Chips" frei geräumten Fläche entstand unter Weiterverwendung bestehender Einbauten und Exponate ein nach dem Vorbild angelsächsischer Science Centers eingerichteter Hands-on-Bereich. Weitere Objekte stammten aus der 1986 im Wiener Künstlerhaus vom Verband der Elektrizitätsunternehmen Österreichs veranstalteten Ausstellung „Lichtjahre". Der neue Bereich ging im Oktober 1990 in Betrieb. In einer eigenen kleinen Werkstätte innerhalb des Ausstellungsbereichs sollten die Exponate selbst hergestellt werden. Ein Jahr später gab es mit neuen Exponaten eine zweite Eröffnung. Da es sich um die erste derartige Aktivität in Österreich handelte,[25] reagierte die angesprochene Zielgruppe (Jugendliche) zwar begeistert, aber – anders als in den angelsächsischen Museen, wo „Hands-on"-Objekte seit Jahren zum Museumsalltag gehörten – eher enthemmt. Die Tageszeitung „Kurier" brachte bereits vor der Wiedereröffnung einen Artikel über das „Exploratorium" mit dem Hinweis auf das Technische Museum.[26]

Zeitgleich vollzog Remo Besio im Technorama in Winterthur einen in der europäischen Museumsszene einzigartigen Schnitt: die Umwandlung einer Institution mit „Ausprägung nach stark museal und konventionellen technischen Museen [...] zugedeckt von verbalen Informationsmassen"[27] in ein Science Center. Dergleichen war im Technischen Museum Wien niemals geplant, wurde aber von Kritikern befürchtet, ohne die interne Planung gekannt, sich damit vorurteilslos auseinandergesetzt oder sie jemals ausreichend ernst genommen zu haben. Schlimmer noch: Gezielte Polemik sprach von einer geplanten „Disneywelt".[28]

Rebernik setzte 1991 auch im Außenbereich des Museums Zeichen. Bei den Bregenzer Festspielen wurde 1989 und 1990 Richard Wagners „Fliegender Holländer" aufgeführt; das Bühnenbild mit einem Leuchtturm[29] sollte anschließend entsorgt werden. Rebernik beschloss, diesen Turm an der Ostseite des Museums als Wahrzeichen aufzustellen. Mit erheblichem Aufwand wurde der zwanzig Tonnen schwere Stahlzylinder nach Wien transportiert, im Juli 1991 im Parkbereich an der Ostseite des Museums aufgestellt und am 28. September eröffnet.[30]

Überblick über die Ausstellung „X-Tech", Foto, Peter Donhauser, 1992

Der „Leuchtturm" der Bregenzer Festspiele neben dem provisorischen IMAX-Kino, Foto, 1996

Reberniks Nachfolger Thomas Werner konnte jedoch kein Verständnis für eine Theaterkulisse im Umfeld des Museums aufbringen und bot das Objekt im März 1997 zum Verkauf an;[31] seit dem Sommer dieses Jahres steht der Leuchtturm auf der Wiener Donauinsel.

Bereits 1988 dachte Rebernik an die Errichtung eines IMAX-Großbildkinos, damals noch im dem dem Museum gegenüberliegenden Auer-Welsbach-Park.[32] Als die Betreiber des IMAX-Kinos, das 1990 auf Initiative Wilfried Seipels anlässlich der Landesausstellung „Mensch und Kosmos" im Schlossmuseum Linz und bis zum 12. Juli 1992 in Pasching bei Linz aufgestellt wurde,[33] einen neuen Standort suchten, entschloss sich Rebernik, ihnen einen provisorischen Platz an der Ostseite des Museums anzubieten. Da für das Grundstück keine unbefristete Baugenehmigung zu erwarten war, wurde es als Zubau zur bestehenden, nach der Ausstellung „Phantasie und Industrie" ungenützten Halle deklariert und in dieser Form von der Behörde genehmigt[34] – nicht ohne massiven Protest Podreccas, der von einem peinlichen Attentat, Perfidie, Frechheit und einem Megaparasiten sprach[35] und vor allem Kollegen zu Interventionen veranlasste.[36] Kritiker bezeichneten diese Art der Einreichung als unzulässigen Trick,[37] was nichts bewirkte und lediglich das Gesprächsklima belastete. Die Benützungsgenehmigung wurde daher auch nicht für ständig, sondern nur für vier Jahre erteilt und dann mehrmals verlängert.

Dass derartige Großbildkinos von Museen in den USA längst als lukrativer Publikumsmagnet betrieben wurden, schien kaum jemand als Chance für das Technische Museum zu sehen, obwohl Vizekanzler Busek die Aktivität befürwortete.[38] Das Kino – das erste IMAX-Kino im deutschsprachigen Raum – wurde am 3. Dezember 1992 eröffnet und erfreute sich bald großer Beliebtheit. Zu Spitzenzeiten besuchten mehr als 500.000 Personen pro Jahr die Vorstellungen (z. B. die Filme „Everest" und „Ägypten"). Während der Sperre des Museums war es dadurch möglich, zumindest den Standort Mariahilfer Straße im Gedächtnis der Wiener zu erhalten. Das Kinoprovisorium wurde bis kurz vor der Eröffnung des neugebauten IMAX-Kinos an der Westseite des Museums am 7. Juni 2002 bespielt und ab 14. März 2002 noch zur Präsentation der Spielkonsole „Xbox" von Microsoft genützt. 2004 wurde es gemeinsam mit den Resten der Podrecca-Halle abgetragen, nachdem beide Bauten bereits als „Schandfleck Penzings" galten.[39] Da nicht winterfest, konnte die Halle während der Umbauphase nicht einmal als Depot genutzt werden.

In die Direktionszeit Reberniks fallen auch die ersten Versuche, die Inhalte der Schausammlung mit „Pfaden" – gelenkten Wegen durch die Schausammlung nach festgelegten Kriterien – zu erschließen. Mehrere Ideen ließen sich aus finanziellen Gründen nicht verwirklichen, lediglich ein Projekt wurde mit einem Sponsor realisiert.[40] In dieser Zeit fanden im Museum auch zwei relevante Tagungen statt: der dritte Österreichische Museumstag (1991) und die ICOHTEC-Tagung[41] im September desselben Jahres.

Im Science Museum of Virginia in Richmond (USA) sah Rebernik erstmals, dass Jugendliche, um ihnen die Inhalte der Institution lebendig und als Erlebnis näherzubringen, im Museum im Rahmen einer betreuten Aktion übernachten durften, um ihnen erlebnishaft die Inhalte der Institution näherzubringen. Rebernik startete am 2. März 1991 – erstmals in Europa – eine solche als „Camp-in" bezeichnete Aktivität im Technischen Museum Wien.[42] Camp-in-Aktionen gehören seit damals fix zum Programm des Museums.

„MUT" – Das erste Museumskonzept

Im Jänner 1990 legte Rebernik das „Museumskonzept Technisches Museum Wien ,MUT'" vor.[43] Er wollte damit Rahmenbedingungen für die zukünftigen Fachgebiete und Methoden des Museums definieren, die Mitarbeiter informieren und für Architekten Informationen im Hinblick auf die kommenden Bauarbeiten bereitstellen. Der Name des Museums sollte zukünftig „Technisches Museum Wien" (TMW) lauten – ohne die Nennung der Teilmuseen.[44] An der Diskussion über das Papier war eine Reihe von Persönlichkeiten beteiligt, darunter Walter Fremuth (Verbundgesellschaft und Präsident der „Gesellschaft der Freunde des TMW"), Wolfgang Kippes (Bundesministerium für wirtschaftliche Angelegenheiten), Johann Marte (Sektionschef im Bundesministerium für Wissenschaft und Forschung), Otto Mayr (Generaldirektor des Deutschen Museums München), Hans Tuppy (Bundesminister für Wissenschaft und Forschung bis 1989), Architekt Anton Schweighofer und Heinz Zemanek (beide von der „Gesellschaft der Freunde des TMW" und Professoren an der Technischen Universität Wien).

Die Ziele des neuen TMW sollten sich in erster Linie an den Bedürfnissen und Interessen der Besucher, vorzugsweise der Jugend, orientieren. Begeisterung und Verständnis seien zu wecken. Das Museum müsse soziale und ökologische Verantwortung vermitteln. Die Naturwissenschaften seien, da bisher nicht thematisiert, ins Konzept aufzunehmen. Die einzelnen Fachgebiete sollten unter Berücksichtigung der Wirtschaft, deren Geschichte, der sozialen, kulturellen, philosophischen, psychologischen Einflüsse und der Relevanz für Österreich dargestellt werden.[45]

Diese Prinzipien müssten auch für die Sammlungspolitik gelten, sodass nur Objekte „von technischer Bedeutung", die sich auch für die Schausammlung eigneten, angenommen werden sollten. „Überzählige Objekte können dann durch Tausch oder Verkauf veräußert werden." Letzteres erwies sich als unbedachte Äußerung, denn Bundeseigentum war und ist unverkäuflich. Kritiker nutzten dies als Angriffspunkt.

Die Vermittlungsmethoden sollten sich bei jedem Exponat an den neuesten Erkenntnissen orientieren, „Hands-on-Exhibits" einbeziehen und neu konzipierten Strategien folgen.

Rebernik definierte für die Schausammlung fünf Großbereiche: „Der Mensch und seine Lebensräume", „Mensch und Kommunikation", „Verkehr", „Rohstoffe – Energie – Produktion" und „Grundlagen".

Ein kurzer Abschnitt widmete sich den prekären finanziellen Verhältnissen: „Jede Forderung an ein zeitgemäßes, neues, modernes Museum scheitert an dieser katastrophalen und beschämenden Unterdotierung."[46] Es folgte eine ausführliche Beschreibung der erwarteten Besuchergruppen, wobei erstmals auch behinderte Menschen erwähnt wurden. Eine Besucherstatistik seit 1918 sollte die Notwendigkeit einer neuen Eingangslösung untermauern – immerhin war die Zahl von 128.320 im Jahr 1919 auf 252.302 im Jahr 1989 gestiegen. Daran schlossen sich Überlegungen zum Museumsbetrieb und zur Kooperation mit der Wirtschaft an.

Der zweite Teil des Konzepts ist der Schausammlung im Detail gewidmet. Ausgehend von den bereits erwähnten „Bereichen" wird hierarchisch in „Abteilungen", „Ausstellungen", „Gruppen" und „Exponate" unterteilt. Jede Ausstellung sollte Funktion, Design und Einflüsse der Exponate berücksichtigen. Rebernik nennt im Detail, was bei der Planung zu berücksichtigen sei: eine „Botschaft", ein schriftliches Konzept eines eigenen Teams, Gestaltung und Beleuchtung, ein Finanzierungsplan, eine Zielgruppendefinition, ein Marketing- und Betriebskonzept sowie ein Katalog. Die Schausammlung sei alle vier bis sechs Jahre komplett zu überarbeiten. Dieser Abschnitt schließt mit der Definition eines für die Verortung von Objekten und Themen unverzichtbaren Koordinatensystems und Plänen zur Neuaufteilung der Schausammlung mit ausführlicher Legende in Form eines Raumkonzepts. Das Konzept endet mit einem Organigramm und Vorstellungen zur Personal- und Verwaltungsstruktur.

Reberniks Museumskonzept orientierte sich, was die Verortung der einzelnen Abteilungen betraf, noch teilweise an der bestehenden Schausammlung. Vor allem der Bereich „Historische Post" im zweiten Obergeschoss und „Steine und Erden" im ersten Obergeschoss sollten an Ort und Stelle bleiben – Ausstellungsteile, um die später ein zähes Ringen einsetzte. Dasselbe galt auch für die Abteilungen „Textil" und „Chemische Industrie" (seit der Generalsanierung im Depot). Obwohl die Naturwissenschaften im Grundlagenpapier genannt wurden, finden sie sich nicht in den Plänen, wohl aber „Wohnen, Haushalt, Essen, Kunsthandwerk".

Die Publikation diente im Wesentlichen als Grundlage für die kommenden Schritte. Sowohl der in Aussicht genommene Zubau und die Besetzung von Planstellen als auch die Renovierung der bestehenden Schausammlung sollten danach gestaltet werden.

Der Architekturwettbewerb für die Museumserweiterung

„Das Wettbewerbsverfahren bietet dem Auslober die Möglichkeit, im Rahmen seiner jeweiligen Verantwortung in kultureller, sozialer oder wirtschaftlicher Hinsicht das geistige Potential einer Vielzahl qualifizierter Fachleute auszuschöpfen."[47] Mit dieser Erwartung und dem Raum- und Funktionsprogramm laut „MUT" startete ein einstufiger österreichweiter Wettbewerb zur Erweiterung des Museums. Geplant war „die Schaffung der räumlichen Voraussetzungen für Ausstellungen mit aktuellen Präsentationsformen und neuen Ausstellungsbereichen"[48] in Form eines Erweiterungsbaus. Dieser Zubau sollte folgende Ausstellungsbereiche umfassen: Sonderausstellungen und Veranstaltungen, Kommunikations- und Informationstechnik, Naturwissenschaften und Straßenfahrzeuge.

Ein Eisenbahnmuseum sollte durch Überbauung der Linzer Straße einen Gleisanschluss zur Österreichischen Bundesbahn erhalten. Die Büroflächen, die sich über das Haus verstreut größtenteils im Ausstellungsbereich befanden, sollten ebenfalls in den Zubau verlegt werden.

Die Erweiterung des Museums war in drei Phasen geplant, wobei stets ein wesentlicher Teil des Gesamtmuseums in Betrieb bleiben sollte:
1. Phase: Der Erweiterungsbau wird erstellt und besiedelt.
2. Phase: Nach dessen Inbetriebnahme wird das Hauptgebäude saniert.
3. Phase: Überbauung der Linzer Straße und Errichtung des Eisenbahnmuseums.

Der Wettbewerb wurde am 12. März 1990 von der Bundesbaudirektion, einer Dienststelle des Bundesministeriums für wirtschaftliche Angelegenheiten, ausgelobt. Bis 27. Juli 1990 sollten die Projekte, bis 8. August 1990 die dazugehörigen Modelle abgegeben werden. Als Berater bestellte das Ministerium Ernst Hiesmayr, emeritierter Professor für Architektur an der Technischen Universität Wien.

Das Preisgericht bestand aus Min.-Rat Karl Jaschke (Bundesministerium für wirtschaftliche Angelegenheiten), Baudirektor Thaddäus Kubec (Bundesbaudirektion), Sektionschef Johann Marte (Bundesministerium für Wissenschaft und Forschung), Peter Rebernik (TMW), Stadtrat Hannes Swoboda (Stadt Wien), Senatsrat Dieter Pal (Magistratsabteilung MA 19, Architektur und Stadtgestaltung), Rudolf Prohazka, Klaus Kada (Ingenieurkammer) und Günter Behnisch (einem von der Baudirektion nominierten deutschen Architekten, bekannt u. a. durch das Olympiastadion in München).

Der erste Preis war mit 260.000 Schilling dotiert. Die Beurteilungskriterien sollten sich an den Leitlinien des „MUT" orientieren: „Der Erweiterungsbau sollte eine interpretatorische Darstellung der Technik aus der Sicht der Gegenwart sein."[49] Die dadurch gewonnene zusätzliche Nutzfläche sollte rund 14.000 Quadratmeter betragen. Vorgaben der Wiener Stadtplanung (MA 46 und MA 28), der Verkehrsplanung, der Stadtgestaltung (MA 19) und der Grünraumplanung (MA 21, 22 und 42) waren zu berücksichtigen. Zusätzlich setzte der Denkmalschutz hinsichtlich der Anbindung zum Altgebäude und der Größenrelationen weitere Bedingungen.

Vom Entwurf wurden vorrangig neue Ausstellungs- und Büroflächen, ein behindertengerechter Haupteingang, ein getrennter Veranstaltungseingang, ein separater Betriebseingang, betriebsinterne Transportmöglichkeiten und Besucherparkplätze erwartet – Bereiche der Infrastruktur, die bis dato zum Teil noch immer nicht befriedigend gelöst sind.

Von den 61 eingereichten Projekten schied die Jury im ersten Beurteilungsdurchgang 17 einstimmig aus, nach zwei weiteren Verfahrensschritten blieben noch neun Projekte in der engeren Wahl. Die Auswahl erfolgte nach folgenden Kriterien: innerer Betrieb, Besucher, Raumqualität, Orientierung, äußere Raumbildung, Grünraum und städtebauliche Erschließung, ferner architektonische Qualität und Realisierbarkeit. Dieses letzte Kriterium führte in der Folge zum Scheitern des Vorhabens.

Schließlich wurde das Projekt Nr. 55 des Bewerbers „Atelier in der Schönbrunner Strasse" (Greining, Christen, Stepanek, Thetter und Wimmer) von der Jury einstimmig für den ersten Preis vorgeschlagen. Der zweite Preis ging an das Büro Wolfgang Pöschl, Innsbruck, der dritte an das Büro Wolfgang J. Stoll, Wien, ex aequo mit der Planungsgemeinschaft Boris Podrecca u. a. Die Preisgelder und der Ankauf der Modelle beliefen sich auf 860.000 Schilling.[50]

Das Siegerprojekt bestand im Wesentlichen aus einem großen, selbstständigen und repräsentativen Neubau aus Glas an der Westseite des Museums mit Anbindung an das Altgebäude. Ein sogenanntes Haus-im-Haus-Konzept sollte es ermöglichen, bestimmte Teilbereiche licht- und klimatechnisch

Architekturmodell des Siegerprojekts, Foto, Atelier in der Schönbrunner Strasse, 1990

unterschiedlich zu behandeln. So sollte ein „Baumhof" die Anlage bereichern und eine gewisse Kompensation für gefällte Bäume auf der Baustelle bieten. Ein exklusives Restaurant im Dachbereich der Anlage würde mit Blick auf Schönbrunn eine besondere Qualität bieten. Man versprach sich von dem Vorschlag eine besondere städtebauliche Note und ein interessantes Wechselspiel zwischen Innen und Außen. Über einige weniger geglückte Bereiche (Werkstätten und Bibliothek) wurde hinweggesehen und des innovativen Ansatzes wegen die Mängel bei den inneren Funktionen gering bewertet.[51] Dank der Glasarchitektur würden helle, attraktive Innenräume geschaffen. Die Sinnhaftigkeit im Hinblick auf lichtempfindliche Exponate oder Lichtinszenierungen blieb unhinterfragt.

Das Architektenteam erwartete sich von der Kombination energietechnischer Maßnahmen einen einwandfreien Betrieb: Die in sich geschlossenen, eigenständigen Innenräume könnten nach definierten Vorgaben separat klimatisiert werden, innerhalb der äußeren Glashülle dürften lediglich keine höheren Temperaturen wie im Außenbereich herrschen, um von den Besuchern akzeptiert zu werden. Man ging (ungeprüft) davon aus, dass eine wirtschaftliche und geeignete Lösung für das Raumklima gefunden werden könnte. Folgende Szenarien wurden entworfen:

— Winter: Kernstück des Entwurfs war eine Wärmepumpenanlage, die den Wiental-Grundwasserstrom nutzen sollte. Großflächige Niedertemperaturheizkörper seien ausreichend und würden als angenehm empfunden werden. Wärmerückgewinnung und ein großvolumiger Erdspeicher in der Gebäudemitte sollten das Ihre dazu beitragen, Isolierverglasung und Innenrollos den Wärmeverlust und Tauwasserbildung hintanhalten. Zusätzlich sei der Treibhauseffekt bei Sonneneinstrahlung im Winter nutzbar.

— Sommer: Voraussetzung für die Kühlung sei ein ausreichender Luftwechsel. Mit zahlreichen Öffnungen in der Glashülle wollte man die windreiche Lage nützen (die Frage der Verstaubung an einer verkehrsreichen Straße blieb unberücksichtigt). Durch Umkehrung der Wärmepumpenfunktion würde der Grundwasserstrom zur Kühlung herangezogen werden. Weitere Frischluft sollte über Luftbrunnen im tiefen Erdreich für Kühlung sorgen. Die Bäume im Inneren würden durch die Belaubung zusätzlich Schatten spenden. Um den Energieaufwand nicht über den im Winter notwendigen Aufwand ansteigen zu lassen, seien Beschattungsmaßnahmen mit fix montierten Lamellen notwendig. Das Dach könnte durch Sonnenkollektoren zusätzlich beschattet werden. Wie schlecht sich die klimatischen Verhältnisse in Glasbauten ohne erheblichen Einsatz von Haustechnik beherrschen lassen, zeigen die aktuellen Erfahrungen mit dem in der Folge realisierten Eingangsbau des Museums, den dieselbe Architektengruppe entwarf.

Minister Busek beurteilte 1990 die Verhältnisse noch optimistisch: „Was die Jury vorgelegt hat, ist die Voraussetzung dafür, daß [...] überhaupt einmal jener Platz geschaffen wird, der hier notwendig ist. [...] Ich hoffe nicht, daß irgendwelche Schwierigkeiten auftreten, weil [...] die Herstellung von zufriedenstellenden Verhältnissen für das Technische Museum von diesem Neubau wirklich existentiell abhängt."[52] Diese Aussage hat bis heute Gültigkeit. Dass die weitere Entwicklung jedoch anders verlief, lag nicht zuletzt an der Unmöglichkeit, das Siegerprojekt zu verwirklichen.

Das Projekt wurde jedenfalls auch in der Presse prominent präsentiert; als Eröffnungstermin wurde der 6. Mai 1995 angegeben.[53] Das Datum hatte mehrere Gründe: Das Jahr 1995 war für die EXPO Wien/Budapest in Aussicht genommen, sodass die Politik für dieses Jahr den Abschluss der Renovierungsarbeiten mithilfe der Museumsmilliarde erwartete.[54] Der 6. Mai war zudem 1918 der Eröffnungstag des Technischen Museums gewesen.

Nachdem die Pläne zur EXPO gescheitert waren, wurde der (vorsichtig als ambitioniert zu bezeichnende) Eröffnungstermin 1995 hinfällig. Mehr noch, plötzlich hieß es: Abschlanken! „Im September 1990 [...] waren sich die Minister Schüssel und Busek einig: 1995 muß das ‚Nationalarchiv technischer Denkmale' fertig sein."[55] Ein Jahr später war die Situation eine andere. Die 500 Millionen Schilling wollte Minister Busek vor allem für die Generalsanierung verwendet wissen. „[...] Das neue Haus der Technik, der sanierte Altbau soll ein Geschenk zur Millenniumsfeier [Österreichs] 1996 sein."[56]

Bei Bauvorhaben dieser Größenordnung, zumal wenn sie mit mehreren Unsicherheitsfaktoren behaftet sind, empfiehlt sich eine Machbarkeitsstudie. Die Bundesbaudirektion beauftragte am 8. Juli 1991 die Ingenieurgemeinschaft Wolfgang Oberndorfer/Wilhelm Reismann (und ein Team von Experten) mit dieser Arbeit. Aufgrund der Untersuchung von Baugrund, Tragkonstruktion, Innenausbau, Glaskonstruktion und technischer Infrastruktur wurden alle technisch und finanziell relevanten Parameter ermittelt und eine Schätzung der Bau- und Betriebskosten sowie der Sanierungskosten des Altbaus vorgenommen. Im Zuge der Untersuchungen mussten mehrere Varianten des Siegerprojekts berechnet werden, da sehr bald klar wurde, dass der vorgegebene finanzielle Rahmen von 500 bis 600 Millionen Schilling eklatant überschritten werden würde. Bis zum November 1991 wurden acht jeweils stufenweise kostenreduzierte Varianten für den Neubau und vier Varianten für die Sanierung des Altbaus entwickelt, die zwischen 577 und 300 Millionen für den Neubau und zwischen 331 und 277 Millionen für den Altbau lagen. Verschiedene Kombinationen bewegten sich schließlich zwischen 606 und 738 Millionen – ohne Honorare und Finanzierungskosten. Berücksichtigt man die Erfahrungen aus der späteren Generalsanierung, so wären durch Zusatzkosten von rund 40 Prozent der verbauten Summe Gesamtbeträge bis zu einer Milliarde Schilling zu erwarten gewesen.

Die Studie zeigte deutlich die zu erwartenden Probleme mit Klima, Außenreinigung und Betriebskosten auf. Zudem seien die Bäume im Inneren ohne Zusatzmaßnahmen nicht lebensfähig. Die ausgewählte Variante sei aber grundsätzlich technisch machbar. Jedoch: Der Bauherr habe die damit verbundenen Risiken (Bäume im geschlossenen Innenraum, Hitzebelastung durch ein rasch verschmutzendes Glasdach und einiges mehr) zu tragen, eine etappenweise Sanierung des Altbaus wäre teuer und zeitaufwändig. Hinsichtlich eines zukunftsweisenden Erweiterungsbaus sollte die Entscheidung nicht von der extremsten Variante der Kostenreduktion bestimmt werden.[57]

In einer Besprechung mit Wissenschaftsminister Busek im Mai 1992 erhielt die Sanierung des Altbaus mit „funktioneller Arrondierung" Priorität vor jeder Art von Zu- oder Anbau, was de facto einem Verzicht auf den Neubau gleichkam.[58] Die bis zu diesem Zeitpunkt geleistete hausinterne Planungsarbeit für die Einrichtung des Neubaus war damit hinfällig.

Betrachtet man die finanziellen Rahmenbedingungen der beiden Museumsmilliarden, die allen Beteiligten bekannt waren, stellt sich zwangsläufig die Frage, warum überhaupt ein Wettbewerb ohne Aussicht auf ausreichende Finanzierung veranstaltet wurde. Der Rechnungshof beanstandete diese Vorgangsweise auch in seinem Prüfbericht für das Jahr 1994: „Obwohl vorhersehbar war, daß die bereitgestellten Mittel [neben der Sanierung des Hauptgebäudes] nicht auch für einen Zubau ausreichen würden, wurde um rd. 2,1 Mill S[59] ein Architektenwettbewerb für den Zubau durchgeführt. Weitere Leistungen im Zusammenhang damit verursachten einen vermeidlichen Aufwand von rd. 4,6 Mill S."[60] Ferner kritisierte der Rechnungshof, „daß die Erstellung eines Raum- und Funktionsprogramms […] Dritten übertragen wurde". Die beiden involvierten Ministerien rechtfertigten sich folgendermaßen: „In Anbetracht der Qualität des Museumskonzeptes des seinerzeitigen Direktors hätte davon ausgegangen werden müssen, daß ein unter seiner Leitung erstelltes Raumprogramm nur verlorenen Aufwand gebracht hätte."[61] Demzufolge hatte man weder das Museumskonzept „MUT" zur Kenntnis genommen noch realisiert, dass es sich vor allem um ein Ausstellungskonzept handelte.

Aufgrund der Entscheidung für die Aufgabe des Zubauprojekts wurde gemeinsam vom Wissenschafts- und Bautenministerium festgelegt, die zur Verfügung stehenden Mittel für die Generalsanierung des Haupthauses und eine „funktionelle Arrondierung" aufzuwenden.[62] Darunter verstand man die Umgestaltung des Eingangsbereichs mit zwei Gruppenräumen und Infrastruktur, die Hebung der beiden Kuppeln über der Ost- und Westhalle mit Einbau von Galerien, den Anbau von Werkstätten an der Nordfassade sowie den Bau eines Archiv- und Bibliotheksspeichers im Kellergeschoss. Die Kosten für die entstandenen Verzögerungen bezifferte der Rechnungshof mit insgesamt 18 Millionen Schilling.[63]

Die Hebung der beiden Kuppeln und der Einbau von je zwei Galerien sollten insgesamt 2800 Quadratmeter zusätzliche Ausstellungsfläche bereitstellen. Die Idee, die bereits einmal 1970 erwogen wurde, musste erst in langwierigen Verhandlungen (vor allem mit dem Bundesdenkmalamt) konsensfähig gemacht werden. Es ging nicht nur um die Form und die Anbindung an das Altgebäude, sondern auch um das Material. Schlussendlich wurde 1993 zugunsten von Beton anstelle von Stahl entschieden.

Das „Museumsgrundkonzept"

Rebernik war sich durchaus bewusst, dass es sich bei der angestrebten Neukonzeption der Schausammlung der Komplexität und Größe wegen um eine außerordentliche Herausforderung handelte.[64] Dies nicht nur wegen der zu geringen personellen Ausstattung, sondern auch wegen der unterschiedlichen Zugänge und Museumserfahrung der mit der Konzeptentwicklung befassten Personen, vor allem was internationale Vergleiche und Museumstrends anging. Er versuchte daher, mit mehreren Maßnahmen eine gemeinsame Basis herzustellen:

— Im September 1991 initiierte er eine als „Museumsakademie" bezeichnete Vortragsserie mit international anerkannten Wissenschaftlern und Museumsfachleuten, darunter Herbert Pietschmann, einem interdisziplinär denkenden theoretischen Physiker, und Christian Reder, einem in vielfacher Weise kulturwissenschaftlich und -politisch aktiven Politikwissenschaftler.
— Er beauftragte die involvierten Abteilungen, Museen in Europa zu besichtigen. Dies wurde jedoch nur wenig in Anspruch genommen.

— Daher entschloss sich Rebernik zur Organisation einer Bildungsreise zu zwölf angelsächsischen Museen. Im April 1991 fand eine aus Mitteln der „Teilrechtsfähigkeit" finanzierte einwöchige Besichtigungstour mit 25 Mitarbeitern aus den Bereichen Wissenschaft, Verwaltung, Werkstätte, Aufsicht, Shop und Veranstaltungen nach Großbritannien, im November eine Reise mit 14 Mitarbeitern nach Paris statt. Für einige Mitreisende waren die Besuche tatsächlich eine Art Initialzündung, sich mit aktueller Museumsgestaltung auseinanderzusetzen und diese auch für die bevorstehende Konzeptentwicklung zu nutzen. Bei anderen löste diese Aktivität aufgrund fehlenden Verständnisses für die Planungsvoraussetzungen eines Museums der internationalen Spitzenklasse Unverständnis aus.

Die veränderten baulichen Voraussetzungen ab Mai 1992 forderten die Entwicklung eines neuen Grundkonzepts. War Reberniks erster Entwurf noch zum Teil der alten Schausammlungsaufteilung gefolgt, sollte das neue Konzept davon unabhängig sein: Es beruhte auf einer konzentriert im kleinen Kreis diskutierten Flächenzuordnung des Hauses, die den endgültigen Bruch mit den überkommenen Vorstellungen darstellte und nicht nur die Schausammlung, sondern die gesamte Organisation des Hauses betraf. Auch der wissenschaftliche Bereich sollte die Struktur der Schausammlung abbilden. Dazu gehörte auch die Zusammenfassung der bisher mehr als 30 Sammlungsgruppen zu fünf „Hauptabteilungen": „Grundlagen & Information", „Energie & Rohstoffgewinnung", „Produktion & Industrie", „Transport & Tiefbau", „Alltag & Wohnen".

Die entsprechenden Organisationseinheiten erhielten die gleichen Namen; jede Abteilung sollte im Endausbau vier Kuratoren und vier Assistenten umfassen. Dies floss auch in das Raum- und Funktionsprogramm ein, das Grundlage für die Planung des Bürotrakts im Zuge der Generalsanierung war. Beabsichtigt war, dass die mit den Ausstellungsbereichen verknüpften Abteilungen nicht nur die konzeptionelle Arbeit wahrnehmen sollten, sondern auch die Verantwortung für die Instandhaltung der Ausstellung und die pädagogische Betreuung der Vermittlungsprogramme zu übernehmen hätten. Dies wurde als Aufgabe der „Assistenten" definiert, für die das Kunstwort „Kustosassistent" geprägt wurde.[65] Die Einteilung in fünf Großbereiche trug natürlich den Keim einer Segregation in sich, die sich vor allem während der Schließphase störend auswirkte.

Eine ausführliche Präambel präsentierte die Grundsätze der Ausrichtung des „neuen" TMW: Es sollte ein „Museum der Zusammenhänge" werden, kein Science Center, kein „Museum eines Museums" und keine enzyklopädische Aneinanderreihung „technischer Meisterwerke". Intensive Besucherbetreuung, Demonstrationen, interaktive Exponate und viele in Bewegung befindliche Maschinen sollten eine große Methodenvielfalt zeigen. Das Museum habe auf den Paradigmenwechsel „weg vom technokratischen Zukunftsvertrauen" zu reagieren.[66]

Was unter „Zusammenhänge" zu verstehen wäre, wird taxativ aufgezählt: Historische, technisch-naturwissenschaftliche und soziokulturelle Bezüge sollten sich auch auf Wirtschafts-, Kultur-, Politik- und Alltagsgeschichte beziehen. Dem Ganzen wurde das folgende Mission Statement „nach dem in der Museumsordnung festgehaltenen Motto"[67] vorangestellt: „Österreichs Beitrag zu Technik und Naturwissenschaft in Vergangenheit und Gegenwart im internationalen Zusammenhang".

Neu und für alle Detailkonzepte bindend war die Festlegung auf eine der geschichtlichen Entwicklung folgende dreiteilige Organisation der Flächen (Nord-, Seiten- und Südflügel), wobei der größte Teil (im Süden) den aktuellen Entwicklungen vorbehalten sein sollte. Die jeweils in den Gebäudeecken liegenden, deutlich abgegrenzten Räume sollten sich technischen Umwälzungen wie der Einführung der Elektrizität in die Nachrichtenübermittlung und der Erfindung der drahtlosen Übertragung widmen.

Überlegungen zu technikgeschichtlichen, sammlungsstrategischen und museumspädagogischen Rahmenbedingungen für die weitere Konzeptentwicklung folgte ein ausführlicher Teil, in dem die fünf Museumsbereiche beschrieben wurden. Auf jeweils 30 bis 40 Seiten schilderten die jeweils zuständigen „Bereichsleiter", wie die ihnen zugewiesene Fläche bespielt werden sollte. Nach einer inhaltlichen Definition folgten eine Auflistung der dazu verwendeten Sammlungsgruppen, die Leitideen – die „Botschaften", die der ausgestellte Bereich vermitteln sollte – und eine Definition der Periodeneinteilung nach den Vorgaben der erwähnten Dreiteilung. Dem folgte eine Beschreibung dieser Perioden mit einer Unterteilung in einzelne Themen und ihrem Flächenbedarf. Die fünf Abschnitte endeten jeweils mit einem Plan der Ausstellungsfläche mit den eingetragenen Themen, einer ersten Objektliste und einer Desideratenliste.

Im Anhang wurden die Planungsschritte geschildert: In der folgenden Phase sollte bis zum Frühjahr 1993 ein Grobkonzept, bis zum Jahreswechsel 1993/94 ein Feinkonzept entstehen. Die anschließende Realisierungsphase sollte mit der Eröffnung des Hauses 1996 enden. Da die „funktionelle Arrondierung" noch nicht definiert war, wurden im Anhang auch die grundlegenden Anforderungen festgelegt: Erforderlich wären eine

400 Quadratmeter große Eingangshalle, Garderoben, ein Erste-Hilfe-Raum, eine Zutrittskontrolle, ein Shop und eine Einführungshalle. Ein Gruppenempfangsraum und zwei Gruppenräume sollten den Eingang von Schulklassen entlasten. Im Gebäude selbst seien neue Werkstätten, ein Restaurant, eine Cafeteria, ein Lesesaal für die Bibliothek und eine Videoüberwachung einzurichten, das Eisenbahnfreigelände sei zu überdachen. Der Anhang endete mit einem mit Zahlen belegten Vergleich internationaler Technikmuseen, einer Beschreibung ihrer wichtigsten Eigenschaften und den Ergebnissen einer Besucherbefragung zum Stellenwert des Technischen Museums Wien, die das Wiener Psychotechnische Institut kurz vor der Schließung durchgeführt hatte.

Eine Kostenschätzung war in dem Konzept nicht enthalten. Man ging jedoch nach internationalen Vergleichszahlen von einem – selbst für damalige Verhältnisse moderaten – Quadratmeterpreis von 10.000 Schilling aus, also von Einrichtungskosten in der Höhe von 200 Millionen Schilling.

Anzumerken ist, dass das neue Grundkonzept ohne Mitarbeit externer Fachleute unter lebhafter interner Diskussion entstand und letztendlich ein mühsam errungener Konsens erzielt wurde. Ende September 1992 lag das 250-seitige Konzept vervielfältigt vor. Rebernik wusste, dass ohne öffentliche Vorstellung und Diskussion des Konzepts niemand davon Notiz nehmen würde. Daher gab es mehrere Präsentationen vor unterschiedlichen Zielgruppen:

— Am 21. September 1992 anlässlich der CIMUSET-Konferenz[68] in Quebec vor internationalen Museumskollegen.
— In Österreich zuerst am 8. und 9. Oktober 1992 vor internationalen Museumskollegen (darunter die Direktoren Wilfried Seipel/Kunsthistorisches Museum Wien, Günther Gottmann/Deutsches Technikmuseum Berlin und Gerhard Kilger/Deutsche Arbeitsschutzausstellung Dortmund, ferner Jürgen Teichmann/Deutsches Museum München, Georg Kugler/Kunsthistorisches Museum Wien und Albrecht Strobl/Landesmuseum für Technik und Arbeit Mannheim). Trotz mehrfacher Einwände, dass manches noch ungenügend durchdacht sei, wurde das Konzept im Wesentlichen wohlwollend aufgenommen.
— Am 14. Oktober 1992 vor Vertretern der zuständigen Ministerien. Enttäuschend, ja geradezu entmutigend fiel die Reaktion der verantwortlichen Museumssektion aus: „Wünsche ans Christkind." Dies (ähnlich wie beim gescheiterten Zubauprojekt), weil im Umfang der „Museumsmilliarde" keine Mittel dafür vorgesehen waren: Erste Schätzungen aufgrund internationaler Vergleichszahlen ließen einen Finanzierungsaufwand von 200 bis 300 Millionen Schilling erwarten. Rebernik hielt seine Bestürzung über das ablehnende Verhalten der Vertreter des Bundesministeriums für Wissenschaft und Forschung und die daraus resultierende Irritation der Museumsmitarbeiter in einem Schreiben an die betreffenden Ministeriumsvertreter fest.[69] Gerhard Pfeisinger, Abt. II/2 („Wissenschaftliche Forschung") des Ministeriums, äußerte sich am 4. November 1992 in einer Stellungnahme an die Museumssektion vorsichtig kritisch, bemängelte vor allem das völlige Abgehen von einem „Traditionsauftrag" aus der Geschichte des Hauses und der Sammlungen und verwies auf den später erwähnten Forschungsauftrag an das Institut für Erziehungswissenschaften zu museumspädagogischen Grundlagen. Pfeisinger würdigte zwar die engagierte und ambitionierte Neuorientierung, schlug aber vor, darüber nachzudenken, was von der Aura des bestehenden Museums „hinüberzuretten" wäre, und riet daher, das Konzept nicht quasi „in barer Münze abzukaufen".
— Am 3. November 1992 vor „Freunden und Gönnern". Die Reaktionen entsprachen im Wesentlichen einem Schreiben der Bundeskammer der gewerblichen Wirtschaft, die bereits zuvor die Arbeit als detailliert, klar, ausgefeilt und professionell bezeichnet hatte.[70]
— Am 9. November 1992 vor „Kritikern". Die Vorstellung einer grundlegenden Umgestaltung des Hauses löste bei vielen, die in ihrer Kindheit das Haus kennen und lieben gelernt hatten, Entsetzen aus. Aufgrund des knappen Zeitrahmens und der Tatsache, dass weder ein Baubeginn festgelegt noch die Planung der „Arrondierung" abzusehen war, wurde dem gesamten Projekt in Bausch und Bogen wenig Glaubwürdigkeit beigemessen.

Offensichtlich war es nicht gelungen, für die Neugestaltung ausreichend Interesse zu wecken oder gar Hilfestellung zu erlangen. Die Reaktion der zuständigen Museumssektion nahm die zukünftige Problematik vorweg. Leider existieren in die-

Das Team, welches das Grundkonzept erarbeitet hat, im Festsaal, Foto, 1992

ser Angelegenheit nur Erinnerungen der Beteiligten, keine schriftlichen Unterlagen. Belegt wird die ablehnende Haltung jedoch durch die Fakten der weiteren Entwicklung. Das Konzept lieferte ausreichend Informationen, um sich ein Bild vom zukünftigen Museum zu machen: Es würde kein Science Center werden, und der vorhandene Objektbestand würde im Wesentlichen wieder zu sehen sein.

Besonders bedauerlich und für die spätere Zeit signifikant ist die Tatsache, dass die Existenz der bis heute sichtbaren Grundkonzeption beharrlich ignoriert und das Gesprächsklima durch fortgesetzte Kritik nachhaltig belastet wurde: Rebernik wurde zum Feindbild, das Grundkonzept zum Manifest der Zerstörung liebgewonnener Erinnerungen und die daran beteiligten Autoren zu deren Handlangern. Die durch gegenseitiges Misstrauen und Beharren auf dem eigenen Standpunkt entstandene Pattstellung führte zu einem die weitere Entwicklung lähmenden Umfeld, das ein dringend nötiges Lobbying für ein zeitgemäßes Museum verhinderte und Erhard Busek noch Jahre danach zu der Feststellung veranlasste, dass das Museum niemals eine Lobby gehabt habe.[71]

Vorangehende und begleitende Studien

Bereits 1980 war an einen Erweiterungsbau gedacht worden.[72] Schon damals sollte dieser auf der Westseite des Museums die Verkehrssammlung aufnehmen. Auch die Büros und die Schauräume sollten großflächig umgruppiert werden. Unter anderem war der gesamte Westflügel im ersten Stock für die Physik vorgesehen. Nur das Erdgeschoss sollte unverändert erhalten bleiben.

Der „Verein zur Förderung des Technischen Museums" beauftragte 1987 mit Unterstützung des Wissenschaftsministeriums Architekt Anton Schweighofer mit einem Forschungsauftrag „zur Raumnutzung und Erweiterung des Technischen Museums in Wien". Einer einleitenden historischen Betrachtung folgten eine kritische Auseinandersetzung mit den Gegebenheiten und eine Funktionsbeschreibung der Einzelflächen. Im Anschluss daran wurde eine Bewertung des Standorts an der Straßengabelung Mariahilfer Straße und Linzer Straße sowie der Verkehrslage im Hinblick auf die Nähe zum Schloss Schönbrunn vorgenommen. Schweighofer weist geradezu prophetisch auf die Zukunft hin: „Bei Errichtung eines Zentralbahnhofes und des damit zusammenhängenden Bedeutungsverlustes des Westbahnhofes würde derzeit die von Gleiskörpern beanspruchte Fläche frei. [...] Das Technische Museum und seine möglichen Erweiterungsbauten würden dann eine Schlüsselstellung innerhalb dieses Grünkeils einnehmen."[73] Der Erweiterungswunsch lag bei 33.000 bis 39.000 Quadratmetern. Schweighofer machte auch einige Vorschläge für Erweiterungsmöglichkeiten, u. a. den Abriss der „Linzerhalle" im Norden verbunden mit einem großen Anbau an dieser Stelle. Als weitere Optionen nannte er die Flächen im Westen und Osten des Hauses. Schweighofer entwickelte dazu ein entsprechendes Bauprogramm. Den Schluss der Überlegungen bildete eine Grobkostenschätzung der Sanierung des Hauptgebäudes mit rund 125 Millionen Schilling.

Karin Linemayr verfasste 1989 an der Wirtschaftsuniversität Wien eine Diplomarbeit über das Museum mit dem Thema „Historische Betriebsanalyse", die auch die Betriebsführung und das Betriebsklima unter Rebernik darstellt.[74]

Aus einem Projektseminar an der Wirtschaftsuniversität Wien unter Leitung von Rolf Eschenbach im Sommersemester 1990 entstand eine Publikation über Museumsmanagement am Beispiel des Technischen Museums.[75] Einer Istzustandsanalyse folgte eine Reihe von Vorschlägen für Maßnahmen, die eine erfolgreiche Betriebsführung ermöglichen sollten, wie Sponsoring, Besucherinformation, fremdsprachige Beschriftungen etc. Dies alles ist wohl heute selbstverständlich, war damals aber wenig beachtet. Neu jedoch war das Endziel: eine Betriebsgesellschaft mit dem Bund als Haupteigentümer und privaten Investoren (so weit ging nicht einmal die „Ausgliederung" der Bundesmuseen ab 1999).

Im Zuge der bereits erwähnten Studie von Oberndorfer/Reismann entstanden zwei weitere Diplomarbeiten.[76]

Die Neukonzeption des Museums sollte durch den Forschungsauftrag „Museum als Lebensort – Museum als Lernort" des Wissenschaftsministeriums vom Institut für Erziehungswissenschaften der Universität Wien begleitet werden. Einem anfangs offenen Gesprächsklima folgte eine Phase der Abschottung durch Reberniks Amtsnachfolger Werner,[77] die dazu führte, dass sich das Endergebnis zum Teil in einer Reihe theoretischer Erörterungen erschöpfte. Die im Juni 1998 fertiggestellte 350-seitige Studie beschäftigte sich im Wesentlichen mit Bildungsanspruch, Besucherorientierung und Fragen der Positionierung von Technikmuseen und enthielt eine kritische Beschreibung eines Teils der Museumskonzepte und der Evaluierung eines vom Museum eingerichteten Museumsbusses.

Allgemeinerer Art ist die Dissertation von Madeleine Mahovsky an der Wirtschaftsuniversität Wien.[78] Sie untersuchte u. a. bereits existierende empirische Studien zum Verhältnis zwischen Ausstellungsgestaltung und Besucherverhalten und kommt im Fall des TMW zum Schluss: „Es gab fast nichts."[79]

Eine existierende Befragung von 1989 war noch nicht ausgewertet, die Fragestellung schließe geradezu aus, zu aussagekräftigen Ergebnissen zu kommen. Der Informationsgehalt der Antworten könne nicht ernst genommen werden. Fazit: „Vom Marketingstandpunkt aus betrachtet, ist diese Tatsache ganz besonders bedenklich. Das TMW beabsichtigt nämlich ab September 1992 auf drei Jahre zu schließen. […] Das Management will sich am künftigen Besucher orientieren, ohne jedoch etwas über die aktuellen Besucher zu wissen. Kundenorientierung ohne Kundenkenntnis ist allerdings ein schwieriges Unterfangen."

Die Generalsanierung
Die Objekte ausgelagert, das Museum leer, die Belegschaft im Depot, die Ausstellungen an externen Orten.

Peter Donhauser

Seit Mitte April 1992 stand in Absprache mit dem Wissenschaftsministerium und der Bundesbaudirektion fest, dass die Generalsanierung des Museums in einem angemessenen Zeitraum nur in dem vollständig geräumten Gebäude durchführbar sein würde. Zu diesem Zeitpunkt war die endgültige Entscheidung gegen den Zubau noch nicht offen ausgesprochen. Die normative Kraft des Faktischen (mangelnde Geldmittel) erübrigte aber bald weitere Diskussionen. Den Zubauplänen für das Areal im Westen des Museums wurde allerdings erst 2007/08 mit dem Verkauf des dort bereits in erster Bauphase vorgezogenen IMAX-Gebäudekomplexes inklusive Tiefgarage endgültig die Grundlage entzogen. Das Ministerium erinnerte die Direktion vorsichtshalber: Für die Rückübersiedlung samt Wiedereinrichtung wurde mit Ministerratsbeschluss vom 18. Juli 1992 nur ein Betrag von 54 Millionen Schilling „unvorgreiflich der Budgethoheit des Nationalrates" reserviert.[1]

Im Sommer 1992 waren die Vorbereitungen zur Generalsanierung bereits voll im Gange. Rebernik hatte sich der Unterstützung des Zivilingenieurbüros Wolfgang Lindlbauer als „Bauanwalt" versichert und zwei Projekte ins Leben gerufen: „Augias" zur Räumung der Depots im Dachgeschoss und „Herkules" zur Erfassung der Schausammlung. Die Objekte im Dachbereich waren teilweise jahrzehntelang unter extrem schlechten Bedingungen gelagert gewesen. Das Augias-Team bestand aus mehreren Gruppen, die alles in Kartonboxen zu verpacken und deren Inhalt zumindest schlagwortartig in Listen einzutragen hatten, die anschließend in einer Datenbank erfasst wurden. Eine Inventarisierung durch die Kustoden war nicht vorgesehen und unter diesen Bedingungen auch nicht möglich.

Auch für das Projekt „Herkules" arbeiteten mehrere Teams, die Quadrant für Quadrant die Schausammlung auf Plänen und Listen erfassten. Frei stehende Objekte und Vitrinen wurden als Transporteinheiten in 3300 Datensätzen definiert und diese der Spedition übergeben. Parallel dazu entstanden von jedem Quadranten mehrere Fotos mit dem Ziel, gewisse Ausstellungseinheiten später in der alten Form wieder aufbauen bzw. die Objekte identifizieren zu können.

Während dieser Arbeiten wurde in Breitensee, 1140 Wien, für die Zeit der Generalsanierung ein Ausweichquartier in einer Bundesheerkaserne vorbereitet und Generalplaner sowie Speditionsleistung ausgeschrieben. Für den Transport erhielt die Firma Horst Auer mit dem Subunternehmer Pawel für die Verpackung den Zuschlag – mit rund 40 Millionen Schilling Budget und hinsichtlich der Komplexität der zu bewältigenden Aufgaben ein wohl einmaliger Speditionsauftrag. Generalplaner wurde das Wiener Büro der renommierten Schweizer Firma Suter&Suter, die architektonische Planung des Altbestandes übernahm das Büro Kurt Eckl. Die Genehmigung des Raum- und Funktionsprogramms und damit der „funktionellen Arrondierung" – die Voraussetzung für den Arbeitsbeginn – erfolgte Ende 1992 durch das Wirtschaftsministerium.[2]

Das Museum wurde am 1. September 1992 „wegen Generalsanierung" geschlossen. Dieses Datum war zwar mit den vorgesetzten Behörden abgesprochen, blieb aber nicht unwidersprochen,[3] da der in Aussicht genommene Zeitplan für den Baubeginn in der Folge nicht eingehalten werden konnte. Das Personal übersiedelte im November 1992 in provisorisch adaptierte Büros im Ausweichquartier in Breitensee.

Trotz der umfangreichen Vorarbeiten war es Rebernik nicht gelungen, die Skeptiker von der Sinnhaftigkeit der geplanten Maßnahmen zu überzeugen. Zudem gelangten laufend kritische und verzerrende Darstellungen an die Öffentlichkeit.

„Wissenschaftsminister Erhard Busek dürfte das Vertrauen in Peter Rebernik [...] nun gänzlich verloren haben", meldete die Presse. Dem Direktor sollte ein Betriebswirt an die Seite gestellt werden, ein Expertenbeirat das Konzept, das „dem Vernehmen nach größtenteils aus einer Auflistung zur Technikgeschichte besteht", überarbeiten.[4] Derart von Einschränkungen der Handlungsfreiheit bedroht und ohne Aussicht auf Finanzierung der neuen Schausammlung, entschloss sich Rebernik, sein Arbeitsverhältnis mitten in der Startphase der Generalsanierung zum Jahreswechsel 1992/1993 zu beenden. Dies erschien fatalerweise weniger kritisch, als es in Wirklichkeit war, da man davon ausging, dass die Generalsanierung ohnedies von der Baudirektion geleitet würde, und die Notwendigkeit einer Neuaufstellung der Schausammlung, die das eigentliche Ziel der Bemühungen war, zu dieser Zeit nicht zur Diskussion stand.

Bei der Hebung der Kuppeln wurden die Stützen mitgezogen, Foto, 1995

Die Generalsanierung

Kritik und Widerstand

Das Grundkonzept, die Pläne für die Eingangslösung und die Räumung des Museums blieben nicht unwidersprochen. Die Kritik wurde hauptsächlich von der „Gesellschaft der Freunde des Museums" getragen. Noch vor der Schließung hatte die „Gesellschaft" ihrem Zweck entsprechend das Museum mehrfach unterstützt, zum Beispiel bei der Organisation der Sonderausstellung „Phantasie und Industrie". In ihrem kritischen Engagement beriefen sich die maßgebenden Mitglieder des Leitungsausschusses der Gesellschaft darauf, Nachfolger des Gründervereins des Museums zu sein. Allerdings hatte sich dieser mit der Verstaatlichung im Jänner 1922 aufgelöst und als Förderverein neu gegründet. Dem wiederholt eingeforderten Recht auf Mitsprache im operativen Geschäft des Museums oder zumindest auf Information bei den Direktionsbesetzungen fehlte daher die rechtliche Basis. Abgesehen davon widersprach die permanente Infragestellung der Museumsarbeit den Vereinsstatuten.[5]

Die Hauptkritikpunkte betrafen
— die Schließung des Museums und die Räumung des Gebäudes als Grundlage für die Generalsanierung, da auch eine abschnittsweise Sanierung möglich sei; man könne eine komplette Erneuerung der Schausammlung vermeiden und diese stattdessen nur maßvoll überarbeiten, insgesamt nicht grundlegend verändern und vor allem das – damals kaum mehr vorhandene – Erhard'sche Konzept der Entwicklungsreihen belassen;
— die Nichtrealisierung des geplanten Zubaus auf der Westseite – die auch das Museumsmanagement bedauerte – und die architektonische Lösung zur „funktionellen Arrondierung" im Altbau, die als Fehlplanung erachtet wurde; die Gesamtorganisation des Projektes sei unkoordiniert[6] (das hatte auch der Rechnungshofbericht über das Jahr 1994 erwähnt).

Betonierarbeiten für den Ruetz-Maschinensatz, Foto, Peter Donhauser, 1995

Am hartnäckigsten verfolgten die Sprecher der Gesellschaft ihre Kritik an dem 1992 von dem wissenschaftlichen Team rund um Direktor Rebernik vorgelegten „Grundkonzept". Es war offenbar dem Museumsmanagement nicht zu kommunizieren gelungen, dass sich das Museum nach Jahrzehnten endlich am internationalen Standard zu orientieren beginnen wollte, was einen Paradigmenwechsel der bisherigen Wahrnehmung des Museums nach außen bedeutete, und dass das „Grundkonzept", der Bezeichnung entsprechend, nur die Rahmenbedingungen skizzierte. Den Beteiligten war selbstverständlich bewusst, dass ein detailliertes Einrichtungskonzept folgen musste.

Die Gesellschaft reagierte 1994 auf ihre Sicht der Dinge mit der Gründung eines „Koordinationskomitees", dessen Mitglieder den Kontakt zu Fachleuten in Industrie und Wissenschaft herstellen sollten, die – entsprechend dem Modell der Exner'schen Fachkonsulenten in der Gründungsphase – das Museum bei der inhaltlichen Arbeit unterstützen sollten. Der an sich konstruktive Vorschlag scheiterte an der Realität: Die „Fachleute" hätten sich erst auf einen zeitaufwändigen, aber notwendigen Diskurs einlassen müssen, um im Sinn der Konkretisierung des Grundkonzepts tätig zu werden.

Nachdem alle Versuche, den Prozess zu beeinflussen, fehlgeschlagen waren, entschloss sich ein Teil der Gesellschaft, durch Einschaltung der Öffentlichkeit die Aufmerksamkeit auf die angebliche Fehlentwicklung zu lenken und die Politik zu bewegen, im Sinn der vorgebrachten Kritik einzugreifen. Tatsächlich gelang es, in der Tagespresse Skandalmeldungen zu platzieren.[7] In dieser Phase waren die Museumsmitarbeiter mit teilweise unwahren Behauptungen konfrontiert, u. a. damit, dass Objekte mutwillig zerstört würden. Für die Beteiligten stellte sich die Realität jedoch anders dar: im Zuge der Räumung wurden zahlreiche Objekte nach Jahrzehnten erstmals gesichert und damit vor dem Verfall gerettet. Abgesehen davon wurden mehrere tausend Objekte der neuen Schausammlungen mit beträchtlichem Aufwand restauriert bzw. konserviert.

Im Wesentlichen wurde mit den Angriffen nichts erreicht. Im Gegenteil: Sowohl die Ministerialbürokratie als auch die politisch Verantwortlichen und selbst einzelne Mitglieder der Gesellschaft begannen zusehends enerviert zu reagieren, was schließlich dazu führte, dass das Museum seine Unterstützer in der Öffentlichkeit verlor.[8] Nach Eröffnung der Schausammlung im Jahr 1999 beruhigten sich die Gemüter, und das ehemals bestehende sachliche Gesprächsklima stellte sich wieder ein.

Das Interimsjahr 1993

Die Räumung des Hauses war in vollem Gange, die Planung für die Generalsanierung nicht. Die Diskussionen über Detailfragen wie den endgültigen Entwurf des freihändig vergebenen Eingangsbereichs, die Materialfrage der Galerien, denkmalschützerische Fragen, die Abklärung nutzerspezifischer Wünsche wie die Einbringung eines Maschinensatzes des Bahnstromkraftwerks Ruetz aus dem Jahre 1912 und vor allem die Ausschreibung des Bauträgers, die bereits während des Museumsbetriebs hätte geklärt werden müssen, zogen sich bis zum endgültigen Baubeginn am 1. Juli 1994 hin. Die Bauarbeiten sollten länger als erwartet fast drei Jahre dauern. Auch die Speditionsarbeiten dauerten länger als geplant, sie waren erst im November 1993 abgeschlossen. Bis auf drei Großmaschinen in der „Mittelhalle", die eingehaust wurden, und dem Bergwerk im Kellergeschoss war dann das Gebäude leer.

Dies bedeutet natürlich nicht, dass in der Zeit bis zur Bestellung eines neuen Direktors nichts geschah. Der Autor hatte als nominierter Vertreter des Direktors interimistisch den ministeriellen Auftrag, alles tatkräftig voranzutreiben, jedoch nichts zu präjudizieren. Rasch musste die endgültige Form der „funktionellen Arrondierung" geklärt werden. Schwierig war die Überzeugungsarbeit hinsichtlich der Klimabedingungen im Haus. Es gelang lediglich, für den geplanten Archiv- und Bücherspeicher eine Lösung zu erreichen. Bereits existierende und erprobte Verfahren zur Bauteilheizung wurden zugunsten einer konventionellen Haustechnik nicht in Betracht gezogen.[9] (Mit dem Ergebnis des zu trockenen Klimas im Winter muss das Museum seit der Wiedereröffnung leben.)

In diese Zeit fallen auch die ersten Versuche, die Behörden davon zu überzeugen, dass das Eisenbahngelände im Westen des Museums zumindest einzudecken sei. Die Reaktion (auch von Minister Busek) war zwar positiv, man wollte aber auf den neuen Direktor warten. Erst gegen Ende des Jahres stand die Gestaltung des Eingangsbereichs und der Galerieeinbauten im Museum fest.

Das leer stehende Haus wurde mehrfach gewinnbringend vermietet, u. a. für eine Fotoausstellung, Clubbings und die „Maecenas-Gala" des Österreichischen Rundfunks.

Museumsalltag im Ausweichquartier

Mit Ausschreibung vom 26. März 1993 wurde ein neuer Direktor für das Museum gesucht – mit der Auflage, das existierende Raum- und Funktionsprogramm in Zusammenarbeit mit einem Zivilingenieur umzusetzen, auf das bestehende Grundkonzept „Bedacht zu nehmen" und es weiterzuentwickeln.[10] Von den 45 Bewerbern präsentierte sich der Kunsthistoriker Thomas Werner offensichtlich am überzeugendsten: Er gab an, große internationale Erfahrung in England und Deutschland gesammelt und in zwanzig Jahren zwölf Museen errichtet zu haben.[11] Er sei an interdisziplinärer Arbeit interessiert und halte Häuser wie das Deutsche Museum München oder La Villette in Paris für verfehlt, da sie eine „Ode an das Technische" darstellen würden. Für die Darstellung des Verkehrswesens würde sich seiner Meinung nach das Gebäude kaum eignen, ein Neubau sei anzustreben. Von diesem Auftritt beeindruckt, reihte ihn die Aufnahmekommission als „Troubleshooter" an erster Stelle – ohne kritische Überprüfung und in der Hoffnung, in Hinkunft nicht mehr mit Problemen konfrontiert zu sein.

Werner trat am 3. Dezember 1993 seinen Dienst an. Da er – entgegen der Beauftragung – nicht daran dachte, das Konzept seiner Vorgänger umzusetzen,[12] kündigte er an, seine eigenen konzeptionellen Grundgedanken zu formulieren und hausintern abzustimmen. Das zehn Seiten starke Papier lag dann am 9. Mai 1994 vor.[13] Der Inhalt war in Form von Leitgedanken formuliert und sollte Richtlinien für die weitere Arbeit darstellen: Technikgeschichte als Teil der Kulturgeschichte, Zweckbestimmung eines Technikmuseums als aufklärerische Institution, Abkehr von der Darstellung von Technik als Sachsystem, Abkehr von der Einstellung auf isolierte Zielgruppen und Zurückdrängung der Ausstellungsarchitektur auf ihre dienende Funktion. Seine Kritik am ehemaligen „Grundkonzept" gipfelte in dem Vorwurf, es sei anspruchsvoll, aber zu wenig sammlungsorientiert, seine Vorstellungen seien bescheidener.[14]

Die von Werner veranschlagten Kosten hatten sich gegenüber 1992 um zehn Prozent erhöht: Er rechnete „bei minimaler Basisstruktur" mit einem Betrag von rund 220 Millionen Schilling. Aufgrund seiner Erfahrung prognostizierte er 18 Monate Aufstellungszeit, jedoch nur bei vorfabrizierten Ausstellungseinheiten, wofür allerdings der Platz fehlte. Die Eröffnung sei im Herbst 1998 möglich. Voraussetzung dafür sei die Akzeptanz dieser Bedingungen seitens aller Beteiligten.[15] Schon das Grundkonzept Reberniks hatte in der Ministerialbürokratie kein positives Echo hervorgerufen; mit dem Papier Werners, das nicht einmal konkrete Ausstellungsinhalte enthielt, konnte man erst recht nichts anfangen. Was erwartet wurde, nämlich eine detaillierte Aufstellung der Kosten für die Wiedereinrichtungung und vor allem für den Betrieb des Museums nach der Sanierung, fand sich in beiden Papieren nicht. Dass beide Seiten stets auf verschiedene Aspekte Wert legten, war wohl das grundlegende Problem der gesamten Entwicklung.

Werner formulierte seine technikkritische Haltung auch beim sechsten Österreichischen Museumstag in Salzburg in seinem Vortrag „Sinn und Unsinn von Wissenschafts- und Technikmuseen".[16] Darauf bedacht, den Anschein einer affirmativen Haltung bei der Formulierung eines „Sinns" zu vermeiden, wollte er natürlich bei einem Nachweis der Unsinnigkeit seine Existenzberechtigung in einem Technikmuseum nicht in Frage gestellt wissen. Eine Positionierung war für ihn aufgrund seiner Idealvorstellung von Bildung und Wissenschaft jedenfalls klar: Er lehnte Science Centers ab, die „[…] nicht durch Zufall in Staaten bzw. Gesellschaftssystemen mit niedrigen oder partiell ausgerichteten Bildungssystemen" zu finden seien. Sein Fazit: Einbettung der über Objekte kommunizierten Aussagen in einen gesamtgeschichtlichen Kontext. Dies trifft die Auseinandersetzung um die Konzeptentwicklung im Kern: Ausrichtung worauf? Wer hat das Mandat und/oder die Kompetenz, darüber zu entscheiden oder daran Kritik zu üben? Was wäre das wahre zentraleuropäische Bildungsideal?

Nachdem Werner von Beginn an keine sinnvolle Chance für eine repräsentative Verkehrsausstellung im Haupthaus sah, ließ er sich in Absprache mit Unterrichtsminister Busek dazu legitimieren, die Sammlung auszugliedern und auf die Suche nach einem geeigneten Standort zu gehen: „Werner will sich nun, da das Wissenschaftsministerium nicht in der Lage ist, eine Dependance zu finanzieren, auf die Suche nach Partnern begeben."[17] Bis zum Frühjahr 1995 geschah jedoch nichts. Werner prophezeite demzufolge einen drohenden „kläglichen Kompromiss".[18] Zu dieser Zeit gab es mehrere Optionen für neue Standorte,[19] die sich allesamt als unfinanzierbar erwiesen; bis 1998 waren dies die „Rinderhallen" in 1030 Wien, ein Neubau neben einem Industriekomplex in Aspern, 1220 Wien, die oberösterreichische Gemeinde Ampflwang, die steirische Gemeinde Knittelfeld und leer stehende Hallen in Wiener Neustadt. Besonders ungeeignet waren die aufgelassenen Industriekomplexe einer Schraubenfabrik in Gloggnitz und einer Zuckerfabrik in Siegendorf. Ein unbenütztes Bundesbahngelände im niederösterreichischen Strasshof ist bis heute Thema. Werner traf die Entscheidung, den Kompromiss einer Verkehrsabteilung im Museumsgebäude nicht einzugehen, dann selbst.

Sie war vom inhaltlichen Standpunkt her sinnvoll, hätte jedoch ohne konkrete Aussicht auf Realisierung zu dem Zeitpunkt nicht fallen dürfen, war damit präjudizierend und Ursache für jahrelange Vorwürfe. Nach über einem Jahrzehnt ist die Frage des Standorts für ein Verkehrsmuseum nach wie vor ungelöst.

Die im Erdgeschoss durch die Auslagerung der Eisenbahnabteilung frei gewordene Fläche bedurfte einer neuen inhaltlichen Zuordnung. Die Entscheidung fiel rasch: Die im „Museumsgrundkonzept" im Ostteil integrierten Themen zur Rohstoffgewinnung und -bearbeitung wurden herausgelöst und zu einem völlig neuen Themenkomplex „Schwerindustrie" zusammengefasst. Nachdem der Baufortschritt rasches Handeln erforderte, wurde im Oktober 1995 das erste Großobjekt für diese neue Ausstellung eingebracht: ein LD-Tiegel aus dem Jahre 1952 der VOEST in Linz, Zeugnis österreichischer Industriegeschichte und technische Basisinnovation der weltweiten Massenstahlerzeugung. Kritik von außen blieb nicht aus, prallte aber an Werners Kommunikationsstrategie ab.

Die Veränderung hatte natürlich für den Rest des Erdgeschosses Konsequenzen: Die Osthalle war nun zur Gänze dem Thema „Energie" gewidmet und erhielt mit dem Ruetz-Kraftwerk ebenfalls ein Großobjekt. Damit waren die wesentlichen Änderungen gegenüber dem „Museumsgrundkonzept" von 1992 festgelegt. Die Flächenzuordnungen im ersten und zweiten Obergeschoss blieben unverändert. Die neuen Galerien sollten im ersten Obergeschoss „Industrial Design" und „Techniken zur Visualisierung des Unsichtbaren" enthalten, im zweiten „Netzwerke" und „Technisierung der Natur". Das Bergwerk wurde um einen dem Braunkohlenabbau gewidmeten Teil erweitert.

Da anlässlich einer Besprechung am 23. Februar 1996 im Unterrichtsministerium, das mittlerweile für das Museum zuständig war, keine ausreichend konkreten Informationen über die Wiedereinrichtung vorgelegt worden waren, entschloss sich die vorgesetzte Dienststelle, auf Werner Druck auszuüben, und forderte bis Mitte April ein detailliertes Konzept. Gleichzeitig wurde eine durch den Minister einberufene Kommission[20] zur Bewertung angekündigt.[21] Daraufhin wurde in großer Eile alles zusammengestellt, was verfügbar war. Zivilingenieur Lindlbauer musste eine Kostenaufstellung erarbeiten, die für die Einrichtung der 22.000 Quadratmeter Schausammlungsflächen rund 243,5 Millionen Schilling ergab, für Allgemeinflächen und Außenanlagen rund 64,7 Millionen, für Restaurierung und Rückübersiedlung der Objekte nochmals 53 Millionen, zusammen also 361,2 Millionen Schilling, jedoch ohne Honorare für die Ausstellungsarchitekten und das Projektmanagement sowie Nebenkosten.

Am 24. Mai 1996 fand die erste Kommissionssitzung statt. Die Vorarbeiten hatten gezeigt, dass die finanziellen Randbedingungen nur die Eröffnung der ersten Hälfte der Schausammlung zulassen würden: Es war bisher zu wenig beachtet worden, dass auch die Neueinrichtung der Büros und der Werkstätten ebenfalls erhebliche Beträge erfordern würde. Der Rest der Ausstellungsflächen sei – so die Sprachregelung – als „work in progress" anzusehen.

Es konnte nicht verborgen bleiben, dass die von Werner gelieferten Unterlagen hastig zusammengestellt worden waren. Das Ministerium veranlasste daher eine Weiterführung der Kommissionstätigkeit im kleinen Kreis, was im Sommer 1996 zu einer gegenüber den bisherigen Überlegungen geringfügig veränderten Flächenzuordnung führte. Die Ausgliederung des Verkehrsbereichs wurde bestätigt. Das Ergebnis der Diskussion mündete in einer gedruckten Broschüre, die den eigentlichen Start für die Detailarbeit an den Ausstellungsteilen bedeutete.[22]

Ausstellungen ohne Museum

Die Schließung des Museums bedeutete keinesfalls ein Ende der Ausstellungstätigkeit. Auf unterschiedlichste Art wurde versucht, Teile der Sammlung der Öffentlichkeit zugänglich zu machen.[23]

— „Das k. k. National-Fabriksprodukten-Kabinett. Technik und Design des Biedermeier" war von Beginn an als Wanderausstellung konzipiert und sollte dem europäischen Publikum einen der bedeutendsten Sammlungsbestände vorführen. Die Ausstellung wurde anlässlich des Österreich-Schwerpunkts der Frankfurter Buchmesse 1995 am 21. September dieses Jahres im Museum für Kunsthandwerk in Frankfurt am Main eröffnet und wanderte anschließend nach Hamburg, Prag und Budapest, wo sie im Museum für angewandte Kunst am 1. September 1996 ihre letzte Station hatte.

— Von Jänner 1995 bis November 1997 fanden in der zentralen Halle der Lugner City, eines Wiener Einkaufszentrums, auf rund 200 Quadratmetern elf verschiedene Ausstellungen statt. Das Publikum entsprach dem Bevölkerungsprofil des 15. Wiener Gemeindebezirks mit hohem Migrantenanteil. Dem musste bei der Gestaltung und Texterung Rechnung getragen werden. An sich war die Idee eines "museum on the streets" schon Jahre vorher in den USA entstanden. Eine dieser Ausstellungen, sie wurde anlässlich des 100-Jahr-Jubiläums der Entdeckung der Röntgenstrahlen gezeigt, rief ein größeres Echo hervor, als dies in einem Einkaufszentrum zu erwarten gewesen wäre; sie war die einzige Ausstellung zu diesem Thema in Österreich und wurde daher auch innerhalb der Scientific Community wahrgenommen. Sie konnte als Wanderausstellung anschließend im Sozialmedizinischen Zentrum Ost in Wien, in der VOEST in Linz, im Naturhistorischen Museum Wien, im Salzburger Museum „Carolino Augusteum", in der Naturschau Dornbirn und 1997 im Naturmuseum Bozen gezeigt werden.

— Auf der Sponsorleistung eines großen Wiener Autohauses und der Wiener Taxi-Innung beruhte die Präsentation einer Ausstellung des Berliner Museums für Verkehr und Technik zum Thema „Taxi" vom 18. Oktober bis 25. November 1995 mit dem Titel „Fahr' ma Euer Gnaden". Sie erweckte nicht zuletzt deswegen Aufsehen, weil viele Wiener Taxis mit Reklame für diese Ausstellung beklebt waren.

— Die Ausstellung „Chaos – Die Grenzen des Vorhersagbaren" des Museon in Den Haag wurde vom 17. April bis zum 19. Juni 1996 mangels geeigneter Flächen im damals noch nicht zum „Museumsquartier" umgebauten „Messepalast Wien" gezeigt. Ein weiterer Grund für die Presse zu einem Seitenhieb: „Das Technische Museum liegt selbst im Endspurt des Sanierungs-Chaos und zeigt seine Sonderausstellung übers Chaos."[24]

— Eine permanente Installation wurde mit den Wiener Verkehrsbetrieben vereinbart: In der U-Bahn-Station „Schweglerstraße" der Linie U3 wurden ab August 1994 mehrere Objekte in einem Lüftungsschacht platziert, die Videoskulptur „Archäologie der Kommunikation" von Nam June Paik aufgestellt und kurz gefasste Erfinderbiografien auf die Wände gedruckt. In einer Vitrine zeigte das Museum in kürzeren Intervallen Objekte aus dem Depot.[25]

Die Ausstellung zum 100-Jahr-Jubiläum der Entdeckung der Röntgenstrahlung im Wiener Einkaufszentrum „Lugner-City", Foto, Peter Donhauser, 1995

Objektpräsentation im Luftschacht der U-Bahn-Station Schweglerstraße, Foto, 1994

Die Wiedereinrichtung und Eröffnung

Sieben Jahre nach der Schließung und acht Jahrzehnte nach der Grundsteinlegung öffnet das Museum wieder seine Tore.

Peter Donhauser

Kaum war 1996 die Generalsanierung abgeschlossen und im April 1997 das Gebäude vom Museum übernommen, provozierte das renovierte Haus bereits Kritik. Schuld an der „Sanierung mit Totalschaden" sei der Bauherr, der für einen Zubau nicht das Risiko tragen wollte. Konzeptlosigkeit und Unbedarftheit würden das Schlimmste erwarten lassen.[1] Es fanden sich jedoch auch objektive Darstellungen in der Presse. Viele der Vorwürfe, so hieß es, würden einer Überprüfung nicht standhalten, man müsse das Team im Haus in Ruhe arbeiten lassen.[2]

Im Frühjahr 1997 erfolgte die Ausschreibung der Ausstellungsgestaltung in einem zweistufigen offenen Verfahren. Als Nachweis ihrer Kompetenz für die Umsetzung mussten die Bewerber zu drei Themen Entwürfe vorlegen: zur Symbolisierung von „Kommunikation" und „Elektrizität" sowie zum „Foucault'schen Pendel". Weiters mussten Referenzprojekte angeführt und ein Anbot gelegt werden. Im Verlauf der Begutachtung trat jedoch eine unerwartete Wendung ein. Ein aussichtsreicher Bewerber (Gerkan & Heller) teilte Direktor Werner telefonisch mit, dass ihn ein Mitarbeiter des Museums kontaktiert und auf die angeblich unqualifizierte Leitung sowie chaotische Abläufe hingewiesen habe; er ziehe daraufhin sein Anbot zurück.[3] Das stellte eine ernsthafte Gefährdung der weiteren Vorgangsweise dar, denn unter Umständen hätte die Ausschreibung wiederholt werden müssen.

Werner strebte daraufhin gegen diesen Mitarbeiter ein Disziplinarverfahren an. Es kam jedoch nicht dazu, da während der Vorbereitung eine Aussage Werners bekannt wurde, die er längere Zeit zuvor anlässlich einer Besichtigung des Pathologisch-anatomischen Bundesmuseums gemacht hatte. Entsetzt über dessen schlechten baulichen Zustand – die Sanierung dieses Museums war in der „Museumsmilliarde" nicht vorgesehen gewesen – meinte er, der für das Museum zuständige Sektionsleiter „würde sich bestens eignen, als Beispiel für die Missbildung eines österreichischen Beamtenkörpers" dort ausgestellt zu werden.[4] Dem Bekanntwerden dieser Bemerkung folgte unmittelbar die Auflösung des Dienstverhältnisses von Werner mit 13. Juni 1997 und die Beauftragung des Autors mit der Übernahme der Direktionsgeschäfte.[5]

Aufgrund der fortgeschrittenen Zeit war eine Eröffnung des Museums in absehbarer Frist nur mit außerordentlicher Anstrengung möglich. Das personelle Defizit ließ sich durch die Vergabe von befristeten Dienstverträgen und Werkverträgen an Spezialisten für bestimmte Themenbereiche lösen. Das Büro Lindlbauer erhielt den Auftrag für das Projektmanagement. Zur Unterstützung der Direktion wurde Renate Goebl, eine seit Jahren in verschiedensten Funktionen tätige Kulturmanagerin, als Projektkoordinatorin aufgenommen.

Die erste Aufgabe des neuen Teams war die Finalisierung der Beauftragung der Ausstellungsarchitektur. Der Zuschlag erging nach langwierigen Diskussionen an den Billigstbieter, die ARGE Wolfgang Zehetner (Dombaumeister zu St. Stephan in Wien), Walter Michl (Referenzprojekt: Ars Electronica Center, Linz) und Walter Zschokke (Architekturtheoretiker und Autor, Referenzprojekt: steirische Landesausstellung „Holzzeit" 1995 in Murau); Mitglied dieser Arbeitsgemeinschaft war auch das Wiener Grafikbüro Walter Bohatsch.

Die Überprüfung des aktuellen Standes der Planungsunterlagen für die zukünftige Schausammlung zeigte einen zwischen den Abteilungen kaum vergleichbaren, jedenfalls nicht umsetzungsreifen Status. Bei einem Projekt dieser Größenordnung war es längst internationaler Standard, ein „Drehbuch" bzw. ein „Informationsprogramm" zu erstellen, in dem als Planungsgrundlage für jedes Thema das Vermittlungsziel, die dazu nötigen Objekte, Texte, Medien und weitere Hilfsmittel in vereinheitlichter Tabellenform angegeben sind. Da in der Direktionszeit Werners dergleichen nicht verlangt worden war, musste dieser Schritt rasch nachgeholt werden. Das Ergebnis war ein fertiges Einrichtungskonzept als Grundlage für die Architekten sowie die Medien- und Modellbauplaner.

Der Prozess startete im September 1997 mit einer Präsentation der bisher vorliegenden Unterlagen und endete im Jänner 1998 mit einer „Drehbuchklausur", in der die Verantwortlichen ihr detailliertes Einrichtungskonzept vorstellten. Dies war seit Sommer 1992 die erste Herausforderung, das eigene Konzept vor Kollegen offenzulegen und in einer Diskussion zu verteidigen. Ein Mitarbeiter, der die auf seine Fläche bezogenen Kosten im Vergleich zu den übrigen Planungen um das Doppelte überschritt, zog die Konsequenzen und verließ das Museum. Die dadurch notwendige kurzfristige Suche nach Ersatz verzögerte die Eröffnung des von ihm betreuten Bereichs „Energie" um einige Monate.

Die endgültige Formulierung der Zielvorgaben und eines neuen Mission Statement für das Museum erfolgte nach einer „Drehbuchklausur" im Jänner 1998:[6] „Das Technische Museum Wien zeigt die funktionalen, ökonomischen, politischen und kulturellen Dimensionen der Technik und thematisiert das Verhältnis von Mensch, Technik und Umwelt."

Die in dieser ersten Phase der Wiedereinrichtung bearbeiteten Ausstellungsteile waren: Natur und Erkenntnis im Sockelgeschoss, Schwerindustrie und Energie im Erdgeschoss, Musik im ersten Obergeschoss und eine vorläufige Präsentation von Verkehrsobjekten im Ostteil des zweiten Obergeschosses, die nach Fertigstellung des geplanten Zubaus an der Westseite des Museums dorthin übersiedeln sollte. (Nach dem

Scheitern aller Bauprojekte besteht dieses Provisorium bis heute.)

Ein spezielles Problem stellte die Widmung für die zentrale Halle, auch als „Mittelhalle" bezeichnet, dar. In den meisten Museen, die über eine derartige zentrale Halle verfügen, wird diese als „Hall of Fame" genutzt. Im Technischen Museum war der Raum vor der Schließung den Kraftmaschinen des 19. Jahrhunderts mit der Vertikaldampfmaschine von Vinzenz Prick im Mittelpunkt gewidmet gewesen. Wie sollte nun in einem neuen Konzept mit dieser Halle verfahren werden? Im „Grundkonzept" von 1992 gab es dafür keinen Ansatz. Im Konzeptpapier Werners fand sich die Idee, die Dominanz der „ehrfürchtige Andacht verleihenden" Großmaschinen des ausgehenden 19. Jahrhunderts durch Bäume zu konterkarieren und damit das „Skulpturhaft-Mythische zu brechen".

Im Zuge der neuen Konzeptdiskussion gelang mit der Gegenüberstellung beispielhafter Objekte aus der Zeit der Gründung und der „Neugründung" des Hauses, also des frühen und des späten 20. Jahrhunderts, ein symbolischer Vergleich von „Technikbildern": Stellvertretend dafür standen im hinteren (nördlichen) Hallenteil die Kraftmaschinen und im vorderen (südlichen) Teil Objekte der Computer- sowie Nachrichtentechnik.[7]

Ausdrückliches Ziel der „Drehbuchklausur" war auch die Festlegung eines differenzierten Medienkonzepts. Fachliche Primärinformation und vertiefende Zusatzinformation sollten mit verschiedenen Methoden für unterschiedliche Zielgruppen aufbereitet werden. Durch die Breite des Angebots und noch zu entwickelnder Spezialprogramme sollten alle Publikumssegmente – von Kleinkindern bis Senioren – abgedeckt werden und vielfältige Vorführangebote – Modelle, Originale und Ensembles – eine lebendige Vermittlung ermöglichen. Die Offenheit für Innovation würde das Museum auch für die Industrie und Forschung attraktiv erscheinen lassen.

Im Lauf des Jahres 1998 gelang es endlich, die Ministerialbürokratie davon zu überzeugen, dass abgesehen von der Auslagerung der Schienenfahrzeuge in das Eisenbahnmuseum Strasshof die Lösung des Problems der Verkehrsausstellung nur in einem Zubau an der Westseite des Museums bestehen könnte, nachdem sich Standorte in der Provinz als zu teuer und unpraktikabel erwiesen hatten. Die Entscheidung war auch davon beeinflusst, dass der Betreiber des IMAX-Kinos in dem 1991 errichteten Provisorium neben dem Museum einen endgültigen Standort an der Westseite des Museums plante; das Parkplatzproblem sollte durch die Errichtung einer Tiefgarage gelöst werden.

Wie bei der neuen Eingangshalle wurde für den ins Auge gefassten Neubau das „Atelier in der Schönbrunner Strasse" freihändig mit der Planung beauftragt. Es sollte ein repräsentativer Hallenbau nach den neuesten Konstruktionstechniken

Der neu errichte Aufgang in die Mittelhalle mit dem Kunstobjekt „Chaotischer Brunnen" von Bernard Gitton, Foto, Peter Donhauser, 1999

348 Umbruch und Aufbruch

Entwurf für die neue Verkehrshalle im Westen des Museums, Foto, Atelier in der Schönbrunner Strasse, 2000

mit dem IMAX-Kino als selbstständigem Bauteil werden. Im Herbst 1999 erfolgte der Abtransport der im Freigelände (dem zukünftigen Bauplatz) befindlichen Lokomotiven, in der Erwartung, sie wenige Jahre später in der neuen Halle wieder aufstellen zu können. Die Planung war 2000 abgeschlossen. Der Bau der Halle wurde jedoch nicht realisiert, weil abgesehen von der seitens der Museumssektion nur mündlich zugesagten Finanzierung auch die zukünftigen Betriebskosten als nicht hinreichend gedeckt erachtet wurden. Kino und Tiefgarage wurden daraufhin unabhängig vom Museum von der Bundesimmobiliengesellschaft errichtet und am 7. Juni 2002 eröffnet.

Aus der Fülle der im Zuge der Wiedereinrichtung erfolgten Maßnahmen seien hier einige beispielhaft angeführt.[8]

Restaurierung

Grundlage der restauratorischen Maßnahmen waren die Erfassung und Beurteilung von jedem der Tausenden Objekte. Das Spektrum reichte von der tonnenschweren Haswell'schen Schmiedepresse aus dem Jahr 1872 im Bereich „Schwerindustrie" bis hin zur Prozessionsorgel von 1590 in der Musikabteilung. Die Restauratoren organisierten auch die Objekttransporte, um eine Blockade der Rückübersiedlung durch den Einspruch eines Mitbieters bei der Speditionsausschreibung zu verhindern.

Die Restaurierungsarbeiten von Schlüsselobjekten hatten bereits 1994 begonnen. Besonders aufwändig war u. a. die Restauration eines devastierten, aber sammlungspolitisch bedeutenden Reproduktionsklaviers, an der die hausinternen Werkstätten und drei externe Restauratoren mitarbeiteten. Die in einem Symposion diskutierten Ergebnisse liegen als Publikation vor.[9] Die große Zahl zu restaurierender Objekte wurde durch die Beschäftigung von mehreren Fachplanern, teilweise für spezielle Materialien wie Holz oder Metall, bewältigt. Nachdem diese Arbeiten häufig im Hintergrund geschehen, ohne dass die Besucher davon erfahren, soll hier ausdrücklich auf die essenzielle Bedeutung dieser Tätigkeiten für die Museumsarbeit hingewiesen werden. Da im TMW bis Mitte der 1990er-Jahre kein akademisch ausgebildeter Restaurator angestellt gewesen war, gab es auch hinsichtlich aktueller Restauriermethoden und -ziele einen gewissen Nachholbedarf.

Medieneinsatz

Die verschiedenen Rezeptionsmechanismen von Besuchern erfordern unterschiedliche Vermittlungsmethoden: Originalobjekte, Texte, Medien und Experimente in einem ausgewogenen Verhältnis sollen dazu führen, die Aufmerksamkeit sehr unterschiedlicher Besucher über längere Zeit aufrechtzuerhalten. Dem galt es, Rechnung zu tragen.

Für die Textmedien wurde eine auch optisch klar unterscheidbare Einteilung für solche der ersten Rezeptionsebene (Bereichs-, Haupt- und Unterthementexte, Objektgruppen- und Objektbeschriftungen) sowie der zweiten Ebene (Blättertafeln, Hochklappbücher und Karteikästen) gewählt. Umfang und Komplexität des Inhalts erhöhen sich in der zweiten Textebene, die zu einer aktiven Auseinandersetzung mit den Inhalten auffordert. Abgesehen von den Objekttexten wurden auch die hierarchisch höheren Textebenen ins Englische übersetzt, da innerhalb kurzer Zeit Audioguides angeschafft werden sollten.

Als Multimediaeinrichtungen wurden Diaprojektionen, Filmstationen, kurze und längere interaktive Programme, eingebaut in unterschiedlichen Möbeln, sowie Hörstationen festgelegt. Alle Themenbereiche erhielten eine Eingangsstele, die in assoziativer Weise die zu erwartenden Inhalte in einem Filmclip andeutet. Planung und Produktion der Multimediaprodukte erfolgten durch die Firma Checkpoint Media von Virgil Widrich, jene der Filme durch Nike Glaser-Wieninger.

Die „Wellenmaschine" im Bereich „Phänomene und Experimente", Foto, Peter Donhauser, 1999

Das „Mini-TMW", der Bereich für 3- bis 6-jährige Kinder, Foto, Peter Donhauser, 1999

Interactives

„Interactives" bzw. Hands-on-Objekte sollten im Kontext mit historischen Objekten nicht als Selbstzweck dienen, sondern nur dort zum Einsatz kommen, wo sie zur optimalen Vermittlung bestimmter Inhalte beitragen können. An sich sind Interactives nichts Neues: Bereits kurz nach 1900 verfügte die Urania über Experimentiersäle für die Vermittlung naturwissenschaftlich-technischer Inhalte im Sinne der Volksbildung. Auch im Deutschen Museum München und im Technischen Museum in Wien gab es von Anfang an entsprechende Objekte, was jedoch in Wien im Lauf der Zeit in Vergessenheit geriet.

Ziel war und ist es jedenfalls, Interesse an naturwissenschaftlichen Fragestellungen zu wecken. Zu diesem Zweck entstanden für das Museum eigene Konstruktionen und Designs für die Experimentiereinrichtungen, die der Beanspruchung durch die Besucher widerstehen, einfach zu bedienen und zu verstehen sind und vor allem Jugendliche ansprechen. Solche Objekte lassen sich problemlos in eine „klassische" Schausammlung integrieren und stehen in einer Reihe mit didaktischen Maßnahmen wie Medien und Texten. Der Ansatz, Interactives in Ausstellungen mit historischen Artefakten zu kombinieren, stellte in der europäischen Museumslandschaft ein Novum dar und hat mittlerweile bei Museumskollegen und in der Öffentlichkeit großes Interesse und Zustimmung gefunden.

Kinder- und Jugendprogramm

Schon seit seiner Eröffnung wurde das Museum von vielen Familien und Jugendlichen besucht. Darauf reagierte man mit eigenen Angeboten, u. a. ab 1956 mit dem „Tag des Kindes" am 24. Dezember. Die neue, ausschließlich mit Interactives gestaltete Abteilung „Phänomene und Experimente" im Sockelgeschoss wendet sich in erster Linie an Jugendliche. Auch in andere Ausstellungsteile wurden solche Experimentiervorrichtungen integriert.

Auf eine Besucherschicht hatte das Museum früher nicht aktiv reagiert: auf Kinder im Vorschulalter. Viele ausländische

Museen nehmen sich seit einiger Zeit besonders dieser Zielgruppe an: Das Tropenmuseum in Amsterdam, das Nationalmuseum und das Eksperimentarium in Kopenhagen sowie das Science Museum in London sind auf diesem Gebiet vorbildlich. Es war daher im Sinn der angestrebten Vielfalt nur konsequent, auch im Technischen Museum Wien als erstem Bundesmuseum in Österreich einen solchen Kleinkinderbereich, das „mini TMW", einzurichten. Es wurde als letzter Teil der ersten Einrichtungsphase am 5. März 2000 eröffnet und erfreut sich seither großer Beliebtheit.[10]

Corporate Design

Vor der Generalsanierung waren lediglich zwei Logos entworfen worden. Unter der Direktion Rebernik wurden drei Umrisse von Verkehrsobjekten mit dem Schriftzug „TMW" kombiniert, was zu einem feingliedrigen Bild führte, das sich nicht beliebig verkleinern ließ. Unter Werner entstand ein neuer Logoentwurf mit den Buchstaben TMW in einem radförmigen Gebilde und dem Museumsnamen in unproportionierter Länge. Aus beiden Logos ließ sich kein universelles grafisches System entwickeln.

Im Zuge der architektonischen Planung der Schausammlungen entwickelte Walter Bohatsch daher ein Corporate Design, das von der Ausstellungsgrafik bis hin zur Visitenkarte ein in sich geschlossenes System bildete. Die Vorgabe bestand aus einem Katalog von Formaten, Bild- und Textpositionsregeln, einem System aus sieben Farben und einem typografischen Grundraster. Aus diesem wurden das Museumslogo, die Gestaltung von Briefpapier, Kuverts, Visitenkarten, Einladungskarten sowie allen Beschriftungen und Tafeln, die Grundlagen für Publikationsserien, vor allem die „Blätter für Technikgeschichte", das „TMW Forum" und die „Edition TMW", die Screenlayouts der Medienstationen und die Regeln zur Erstellung von Plakaten und Foldern entwickelt. Das auffällige Farbmuster sollte zu einem guten Wiedererkennungseffekt führen, selbst wenn es modifiziert wird.

Exakt zwei Jahre nach der Übernahme der Direktion durch den Autor konnten am 17. Juni 1999 der erste Abschnitt der Schausammlung und am 22. Oktober 1999 die Energieabteilung eröffnet werden.

Das absolvierte Arbeitspensum in diesen zwei Jahren war beachtlich gewesen: Es hatten 119 Projektbesprechungen stattgefunden und 350 Firmen mitgearbeitet, die 2600 Rechnungen gestellt hatten. 3028 Exponate hatten eingebracht, Beschriftungen, Bilder und Medien produziert und in den 11.200 Quadratmeter großen Ausstellungen montiert werden müssen; dafür hatten insgesamt rund 345 Laufmeter Ausstellungswände, 217 Vitrinen, 38 Stürze und Schaukästen, 111 Vitrinentische sowie 121 Sockel, punktgenau positioniert, zur Verfügung gestanden. 95 Medienstationen, 28 Stationen mit interaktiven Programmen, 17 Stationen mit abrufbaren Videos, acht Videoscreens in Stellwänden und drei LCD-Schirme bei Objekten mit Videos in Endlosschleife, fünf Kinos bzw. Medienkabinen mit Filmen zur Wahl, fünf Projektionen und sieben Spezialinstallationen wurden auf- bzw. eingebaut.[11]

Seit 1992 existierten erstmals wieder ein klares Ziel und eine realistische Chance auf die Fertigstellung. Die Motivation der Mitarbeiter war auch entsprechend hoch.

Die Endabrechnungen ergaben folgenden Kostenstand: rund 500 Millionen Schilling für die Generalsanierung inklusive Honorare und Finanzierungskosten, 250 Millionen für die Wiedereinrichtung, davon 166 Millionen für die Schausammlung, der Rest für Übersiedlung, Werkstätten- und Büroeinrichtung, Kompaktanlage und Klimatisierung des Archiv- und Bücherspeichers, für Lesesaal, Küche und Café.

So positiv sich das zwischenzeitlich vom Scheitern bedrohte Erneuerungsprojekt des Museums entwickelt hatte, so ungewiss stellte sich die Zukunft dar. Noch war nicht evaluiert, wie sich die Besucher im neuen Haus verhalten, wie sich die technischen Einbauten bewähren würden. Wohl waren für die zweite Phase der Einrichtung 140 Millionen Schilling zugesagt, doch kam nach Meinung des Autors die Ausgliederung aus der Bundesverwaltung im Jahr 2000, vor der endgültigen Fertigstellung, zu früh, denn die Erfahrungen aus der Vergangenheit hatten deutlich gezeigt, wie sich Brüche in der Entwicklung eines Hauses auswirken können.

Folgende Ausstellungsteile harrten Ende 1999 noch ihrer Umsetzung: Industrielle Produktion, Informations- und Kom-

Schausammlung „Phänomene und Experimente", Foto, 2002

munikationstechnik, Technik im Alltag, Mess- und Prüftechnik sowie „Sehen und Verstehen" – eine Ausstellung von Visualisierungstechniken – sowie die endgültige Verkehrsausstellung.

Um das Besucherinteresse nach dem ersten Ansturm zu erhalten, wurde versucht, für das darauf folgende Jahr Sonderausstellungen zu planen. Dazu gehörten „Behind the screen" des Museum of the Moving Image (New York) und „Science of Sport" des Science Museum (London). Der Startschuss für eine neue Rolle des Hauses im nationalen und internationalen Umfeld war gefallen, durch zahlreiche neue Ressourcen die Weiterentwicklung nach der Ausgliederung im Jahr 2000 in vielfältiger Weise möglich.

Schausammlung „Konzepte und Konsequenzen", Foto, 2002

Schausammlung „Verkehr", Foto, 2002

Schausammlung „Energie" mit dem Energieforum, Foto, 2002

Schausammlung „Musikinstrumente", Foto, 2002

Schausammlung
„Schwerindustrie"
mit dem LD-Tiegel,
Foto, 2002

Die Wiedereinrichtung und Eröffnung 355

Bis zur Schließung 1992

1. Im Gegensatz zu den bisherigen Beiträgen berichtet der Autor hier als Zeitzeuge, der selbst zweimal interimistisch als Museumsdirektor Entscheidungen mitgestaltete. Damit fließen auch nicht schriftlich dokumentierte Erfahrungen und Gespräche, vor allem mit Wissenschaftsminister a. D. Erhard Busek, in die Darstellungen ein.
2. Busek, Erhard: Museumszentrum Innenstadt, in: Wien morgen City, September 1990.
3. Der pensionierte Direktor des Kunsthistorischen Museums Hermann Fillitz wehrte sich noch 2006 gegen die Vorwürfe von Ministerin Elisabeth Gehrer, das Kunsthistorische Museum sei vor der Ära Seipel ein „trauriges und verrottetes Haus" gewesen. Vgl. Die Zeit, 9.2.2006, Nr. 7.
4. Mauthe, Jörg: Das „Kunsthistorische": Skandal und Katastrophe, in: Wiener Journal, September 1985, S. 3 f., und November 1985, S. 5.
5. Vgl. Wiener Journal, September 1984, S. 4 ff.
6. Mauthe, Jörg: Der Skandal ist offenkundig, in: Wiener Journal, Oktober 1985, S. 3.
7. Neues Volksblatt, 17.1.1986.
8. Rebellion in Wiener Museen, in: Süddeutsche Zeitung, 10.4.1987, und Kritik an Zuständen in Wiener Museen, in: Neue Zürcher Zeitung, 31.3.1987.
9. 1 Million Schilling entspricht ca. 72.673 €.
10. Parlamentsarchiv, Vortrag an den Ministerrat vom 21.7.1987.
11. Tätigkeitsbericht des Rechnungshofes über das Jahr 1994, S. 70. Genauere Zahlen lagen erst nach einer Machbarkeitsstudie von Oberndorfer/Reismann im Februar 1992 vor.
12. Busek, Erhard: Kultur geht uns alle an, in: Frau aktuell, Nr. 3, September 1990.
13. Burger, Maschinenzeit (1991), S. 96.
14. Alle Angaben beziehen sich auf die Gesamtausstellungsfläche aller Bundesmuseen von 56.691 m^2.
15. Die Zahlen stammen aus der Studie Abele, H.: Die Bundesmuseen in der österreichischen Wirtschaft. Wien 1989, Abschnitt C.
16. Ein Mann küsst ein Museum wach, in: a3eco, Dezember 1989.
17. Frank Oppenheimer hatte die in Zentraleuropa zu Beginn des 20. Jahrhunderts an der Urania entstandene Idee des Lernens naturwissenschaftlicher Inhalte durch Selbsttätigkeit aufgegriffen und 1969 mit der Eröffnung des „Exploratorium" im leer stehenden „Palace of Fine Arts" in San Francisco den Prototyp des „Science Center" geschaffen. Vgl. Hein, Hilde: Naturwissenschaft, Kunst und Wahrnehmung. Der neue Museumstyp aus San Francisco. Stuttgart 1993. Die Website nennt die speziellen Qualitäten der Organisation: „Insistence on excellence, a knack for finding new ways of looking at things, a lack of pretentiousness, and a respect for invention and play". Vgl. http://www.exploratorium.edu/about/frank.html (31.3.2008).
18. Der Begriff bedeutet einen Prozess in einer Organisation, bei dem Management und Bedienstete Zielen gemeinsam zustimmen und verstehen, was sie bedeuten. Erstmals publiziert in: Drucker, Peter F.: The Practice of Management. London 1954.
19. Linemayr, Betriebsanalyse (1989).
20. BGBl vom 31. Mai 1989, enthaltend das 246. Bundesgesetz vom 27. April 1989 „FOG-Novelle 1989".
21. Museumsmanagement. Ein Weg aus der Museumskrise dargestellt am Beispiel des Technischen Museums Wien. Wien 1991. Diese Publikation war ein Ergebnis eines Projektseminars der Wirtschaftsuniversität Wien unter Leitung von Rolf Eschenbach im Sommersemester 1990.
22. Eine detaillierte Beschreibung der Ausstellung findet sich im Katalog „Phantasie und Industrie". Wien 1989.
23. Herwig Spindler vom FFF mahnte das in einem Brief vom 11.1.1993 ein. Zu diesem Zeitpunkt war Rebernik jedoch nicht mehr im Amt. Wo nicht anders vermerkt, stammen die Informationen aus der Direktionskorrespondenz des Technischen Museums.
24. Stellungnahmen von Gerhard Maresch vom 24.2.1989 und Hellmut Janetschek vom 5.2.1990.
25. Die Abteilung war auch im Umfeld des europäischen Festlands verhältnismäßig neu. Nur das „Spektrum" in Berlin (1983) und das Technorama in Winterthur (ab 1990) begannen früher, diese Methode einzusetzen. Vgl. Lührs, Otto: Das Versuchsfeld des Museums für Verkehr und Technik. Berlin 1987.
26. Technisches Museum als „Spielplatz" für die Sinne, in: Kurier Wien, 21.7.1991.
27. Vgl. http://www.technorama.ch/Geschichte-Unternehmen.142.0.html (31.3.2008).
28. Perfekter Lustmord am Technischen Museum, in: Kurier, 1.9.1995.
29. Entwurf: Stefanos Lazaridis, London. Vgl. TMW Nachrichten 3 (1991), Heft 8.
30. Wien: Neues leuchtendes Wahrzeichen, in: Vorarlberger Nachrichten, 19.9.1991.
31. Leuchtturm-Nachbau (1:1) an Meistbieter abzugeben, in: Kurier, 26.3.1997.
32. Interner Aktenvermerk vom 5.7.1988.
33. Planung: Delta Project Consult, Wels. Die Planungsfirma zeichnete für alle weiteren baulichen Aktivitäten rund um das Wiener IMAX verantwortlich. Siehe auch www.delta-solutions.at (31.3.2008).
34. Bescheid zur Baubewilligung vom 21.9.1992, MA 35-ö.B./14-119/92.
35. Brief an das Technische Museum vom 24.9.1992.
36. Briefe der Ingenieur- und Architektenkammer an Stadträte, Bürgermeister und Minister vom Oktober 1992.
37. Riesen-Kino an Rathaus vorbeigeschwindelt, in: Kurier, 23.10.1992.
38. TMW-Archiv, Rebernik an die MA35, 18.7.1992, PZ 1557.
39. ORF2, Wien heute, 14.12.2003.
40. Prucha, Familienpfad (1991).
41. International Committee for the History of Technology.
42. TMW Nachrichten 3 (1991), Heft 5.
43. Rebernik, Museumskonzept (1990).
44. Eisenbahnmuseum und Postmuseum.
45. Rebernik, siehe Anmerkung 43, S. 14.
46. Ebd., S. 18.
47. Wettbewerbsordnung für Architekten (WOA), § 2.
48. Petz, Machbarkeitsstudie (1992). Die folgenden Ausführungen folgen im Wesentlichen dieser Diplomarbeit.
49. Ebd., S. 23.
50. Juryprotokoll Wettbewerb Technisches Museum Wien. Vgl. Wettbewerb (1990).
51. Petz, Machbarkeitsstudie (1992), S. 44 ff.
52. Nur noch hundert Tage ..., in: TMW Nachrichten 4 (1992), Heft 5.
53. Ein Glashaus für das Technische Museum, in: Die Presse, 29./30.9.1990.
54. Museen müssen bis zur EXPO im Glanz erstrahlen, in: Kurier, 24.7.1990, und Kulturinvestition wie beim Ringstraßenbau, in: Arbeiter-Zeitung, 24.7.1990.
55. Neubau des Technischen Museums „wackelt": Noch eine Folge der abgesagten EXPO 1995, in: Kurier Wien, 27.9.1991.
56. Ebd.
57. Die Angaben stützen sich auf Band A („Zusammenfassung") der Machbarkeitsstudie von Oberndorfer/Reismann. Wien, Februar 1992, und auf Peherstorfer, Machbarkeitsstudie (1992).
58. TMW-Archiv, Gesprächsnotiz Rebernik vom 29.5.1992, PZ 1229.
59. Der Betrag ergibt sich aus den Kosten für die Ausschreibung, die Honorare der Beurteilungskommission, die Preisgelder und den Ankauf der Modelle.
60. Der Betrag resultiert aus Umplanungsleistungen und aus Honoraren für eine Machbarkeitsstudie.
61. Tätigkeitsbericht des Rechnungshofes über das Jahr 1994, S. 73 ff.
62. TMW-Archiv, Genehmigung mit GZ 31.440/7-9/92 vom 6.10.1992.
63. Der Betrag ergibt sich aus 11,3 Millionen für die Instandhaltung des Museums während der verlorenen Planungszeit, 2,1 Millionen für den Wettbewerb, 2,2 Millionen für daraus resultierende Architektenleistungen und 2,4 Millionen Schilling für die Machbarkeitsstudie. Tätigkeitsbericht, siehe Anmerkung 61, S. 76.
64. Er war keineswegs von der Aufgabe „überfordert", wie in einer ministeriellen Replik auf die Rechnungshofkritik für das Jahr 1994 zu lesen war. Anzumerken ist jedoch, dass aufgrund des knappen Zeitrahmens für die Neuformulierung des Konzepts kein ausreichendes Augenmerk auf Lobbying und Öffentlichkeitsarbeit gelegt wurde. Dies machte es Kritikern leicht, die Existenz eines ausreichend ausgearbeiteten Grundkonzepts zu leugnen.
65. Die Bezeichnung war neu, wurde mehrfach missverstanden, war international nicht vergleichbar und daher auch nicht ins Englische zu übersetzen.
66. Rebernik, Museumsgrundkonzept (1992), S. 5 ff.
67. Ebd., S. 15.
68. International Committee of Museums of Science and Technology.
69. TMW-Archiv, TMW an Ministerium, 16.10.1992, PZ 2165.
70. Ebd., Bundeskammer der gewerblichen Wirtschaft an Direktion, 9.7.1992, PZ 1507.
71. Gespräch mit dem Autor am 8.12.2007.
72. Lindner, Technisches Museum (1980).

73 Schweighofer, Studie zur Raumnutzung (1987), S. 29.
74 Linemayr, Betriebsanalyse (1989).
75 Eschenbach, Museums-Management (1991).
76 Petz, Machbarkeitsstudie (1992), und Peherstorfer, Machbarkeitsstudie (1992).
77 Vgl. das Vorwort von Gertrude Brinek im publizierten Forschungsergebnis vom Juni 1998.
78 Mahovsky, Ausstellungsgestaltung (1992).
79 Ebd., S. 48 f.

Die Generalsanierung

1 BMWF GZ 22.728/28-III/2c/92. Der eigentümliche Passus den Nationalrat betreffend bedeutet die jederzeit mögliche Verringerung des Betrags per Budgetgesetz.
2 Ebd., GZ 690.310/35-V/8/92.
3 Bereits bei der Konzeptpräsentation vor „Kritikern" wurde der Verdacht geäußert, dass die Zeitplanung nicht halten würde.
4 Ein zweiter starker Mann, in: Kurier, 17.12.1992. In einem Brief vom 18.12.1992 an die Redaktion protestierte die Belegschaft gegen die oberflächliche Beurteilung der Situation, jedoch ohne Erfolg: Die Redakteurin habe nur die Meinung Buseks getreu wiedergegeben. Vgl. TMW-Archiv, Direktionskorrespondenz.
5 Laut § 2 der Statuten bezweckt der Verein die Förderung des Museums in fachlicher und finanzieller Hinsicht sowie die Förderung wissenschaftlicher Forschung und deren Subventionierung.
6 Dazu trug nicht unwesentlich der mehrfache Direktionswechsel bei. Auch die laufenden Umplanungen des Grundkonzepts (das Thomas Werner, der im Dezember 1993 die Leitung des Museums übernahm, auftragsgemäß hätte übernehmen müssen) und die Auslagerung der Eisenbahnabteilung waren nicht dazu geeignet, eine klare Linie glaubhaft zu machen.
7 „Sagenhafte Dummheit", „Museumsschwachsinn", „Disneywelt" und natürlich Konzeptlosigkeit wurden dem Museum vorgeworfen. Vgl. Perfekter Lustmord am Technischen Museum, in: Kurier, 1.9.1995; Dem Meuchelmord folgt ein Begräbnis, in: Kurier, 17.11.1995; Odyssee ohne Hafen, in: Auto Touring, November 1997, und Marcus hat's gut, in: Auto Touring, November 1995.
8 Vgl. dazu die bereits zitierte Äußerung Erhard Buseks.
9 Eine der Lösungen wurde 1982 von dem Restaurator Henning Großeschmidt am Bayerischen Nationalmuseum in München entwickelt und in mehreren Musterinstallationen erfolgreich angewendet, wovon sich der Autor selbst überzeugen konnte. Auch Wiener Restauratoren setzten sich dafür ein, stießen jedoch nur auf Unverständnis.
10 Ausschreibung u. a. im Amtsblatt der Wiener Zeitung, 26.3.1993.
11 Werner erwähnte dies nicht nur bei seinem Einstellungsgespräch, sondern auch der Presse gegenüber. Vgl. Ein Schauraum ist kein Depot, in: Die Presse, 10.3.1994.
12 Werner outete sich erst später in einem Zeitungsbericht. Kafkaeske Zustände?, in: Die Presse, 29.3.1996.
13 Werner, Thomas: Konzeptionelle Grundgedanken zur Neugestaltung der Schausammlungen, 9.5.1995.
14 Ein Schauraum ist kein Depot, in: Der Standard, 15.6.1994.
15 Werner, siehe Anmerkung 13, Zeitplanung und Schlussbemerkung.
16 Neues Museum, 1994, Nr. 3/4, S. 55.
17 Ein Schauraum ist kein Depot, in: Der Standard, 15.6.1994.
18 Kühner Ruf nach zweitem Haus im leeren Museum, in: Kurier, 16.2.1995.
19 Eine Auslobung seitens des Unterrichtsministeriums hatte ebenfalls zu keiner Entscheidung geführt. Vgl. den Rechnungshofbericht für das Jahr 1995.
20 Laut Bundesministeriengesetz kann der zuständige Minister nach § 8 im Bereich seines Ministeriums Kommissionen zur Vorbereitung und Vorberatung von in § 3 Z 2, 3 und 4 bezeichneten Geschäften einsetzen.
21 BMWF, GZ 22.728/4-IV/2c/96 vom 11.3.1996.
22 Technisches Museum Wien (1996).
23 Vgl. auch die Liste der Sonderausstellungen im Anhang.
24 Chaos im Wetter, im Herzen und im Messepalast, in: Die Presse, 17.4.1996.
25 Gelber Mini in oranger U-Bahn – Ein Kunstwerk, in: Die Presse, 19.8.1994.

Die Wiedereinrichtung und Eröffnung

1 Sanierung mit Totalschaden, in: Die Presse. Beilage „SPEKTRUM", 8.2.1997. Der Verfasser des Artikels erklärte auf eine telefonische Nachfrage des Autors, woher die Informationen bezüglich der Konzeptlosigkeit kämen, dass er sich auf Aussagen Dritter gestützt habe.
2 Menasse, E.: Aufstand der Liebhaber. Seit Jahren wird ums das Technische Museum gestritten: Aber kann von einer Museumskatastrophe wirklich die Rede sein?, in: Profil, Nr. 92, 30.6.1997.
3 Aktenvermerk Werners vom 2.6.1997.
4 Die Meldung ging durch die gesamte österreichische Presse, u. a.: Blauer Brief für Leiter des Technik-Museums, in: Die Presse, 14.6.1997, und Eklat im Technischen Museum, in: Der Standard, 14./15.6.1997.
5 BMWF, GZ 22.723/8-IV/2/97, ohne Befristung.
6 Technisches Museum (1998).
7 Der Wiener Zeithistoriker Siegfried Mattl kritisierte das Mittelhallen-Konzept der „Technikbilder" bereits nach der Eröffnung. Vgl. Mattl, Technisches Museum (2000), und dazu Lackner, Technisches Museum (2001). Das Konzept ist 2008 durch die Einbringung von Schienenfahrzeugen hinfällig geworden.
8 Der Band 61 (1999) der „Blätter für Technikgeschichte" ist zur Gänze der Wiedereinrichtung des Museums gewidmet.
9 Donhauser, Peter (Hg.): Restaurieren, Renovieren, Rekonstruieren. Wien 1997.
10 1974 hatte im Technischen Museum Wien bereits eine Wanderausstellung des Deutschen Museums zum Thema „Technik macht Spaß – Technik im Spiel", gestaltet von Fischer-Technik, stattgefunden; mit Unterstützung dieser Firma entstand im Museum 1979 eine Abteilung als Ergänzung der Werkerziehung an Schulen.
11 Die Daten stammen aus Goebl, Renate: Vom Konzept zur Eröffnung. Die Wiedereinrichtung des „Neuen TMW" im Rückblick aus der Sicht der Projektkoordinatorin. Unveröffentlichtes Typoskript, Wien 2000.

Das Museum am Beginn des 21. Jahrhunderts

Mit der 1999 eröffneten Schausammlung hatte sich das Technische Museum neu positioniert. Mit der Ausgliederung im folgenden Jahr erhielt es eine neue rechtliche und wirtschaftliche Basis als eigenständiges Unternehmen. Die Schausammlung wurde durch die Ausstellungen „medien.welten" und „Alltag – eine Gebrauchsanweisung" komplettiert. Zahlreiche Sonderausstellungen, museumspädagogische Aktivitäten und Marketingmaßnahmen trugen dazu bei, dass sich die Zahl der Museumsbesucher im Vergleich zu den Jahren vor der Schließung verdoppelte.

Die Ausgliederung

Seit 2000 agiert das ausgegliederte Technische Museum als wissenschaftliche Anstalt öffentlichen Rechts.

Gabriele Zuna-Kratky

Das Technische Museum neu, als modernes Haus, in dem neueste Entwicklungen präsentiert werden, in dem man Hand anlegen und experimentieren kann – das war jahrzehntelang und für Generationen von Besuchern nicht recht vorstellbar. Das Bild des Technischen Museums Wien in der Öffentlichkeit wurde von jenem Haus geprägt, das am Ende des Ersten Weltkriegs eröffnet wurde. Mit seinen ehrwürdigen Exponaten und dem behäbigen Ausstellungsstil wurde es zu einer „Marke", der auch heute noch manche nachtrauern. Es war indes bereits in den 1980er-Jahren nicht zu verkennen: Das Haus war alt geworden, zu alt, um noch ausreichend funktionell zu sein.

So wurde gegen Ende des 20. Jahrhunderts ein Aufbruch vollzogen: Der Bau wurde in umfassender, wenngleich manchmal umstrittener Weise generalsaniert. Die herausragenden Sammlungen wurden nach den Gesichtspunkten moderner Museumsarbeit in zeitgemäßer Weise ausgestellt. Ferner wurde – als dritte notwendige Maßnahme – das Technische Museum auf eine neue rechtliche und wirtschaftliche Basis gestellt. Ein modernes Museum muss selbstständig und flexibel agieren können und imstande sein, seine kulturellen Werte auch als wirtschaftliche Assets zu verwerten. Die allgemeine Entwicklung weltweit und die kulturpolitische Diskussion in Österreich waren die Voraussetzung dafür, dass das Technische Museum Wien – und mit ihm die anderen Bundesmuseen – um die Jahrtausendwende neue rechtliche Vorgaben erhielt, die zahlreiche Veränderungen der Museumspraxis zur Folge hatten.

Das Technische Museum Wien wurde „ausgegliedert", das heißt, es ist seit dem Jahr 2000 keine nachgeordnete Dienststelle des Bundes mehr, sondern ein selbstverantwortliches Unternehmen, das allerdings ganz spezifische museale Aufgaben zu erfüllen hat.

Diese „Privatisierung" der Museen hat zunächst das Verhältnis der Häuser zur Öffentlichkeit sehr verändert. Die Besucherzahlen sind gestiegen, und es wäre zu eindimensional, das nur als das Ergebnis einer undifferenzierten „Besuchermaximierung" zu sehen. Mit der Privatisierung ging auch ein allgemeiner Gesinnungswandel einher: Das Museum öffnet sich, lädt die Öffentlichkeit ein, sich ihre Sammlungen – die „Sammlung Österreich" – anzusehen, und verzichtet auf den erhobenen Zeigefinger. Dieser Neuansatz hat auch dazu geführt, dass in den Medien Museumsfragen ungleich intensiver besprochen werden als früher. Ausstellungen dürfen mit höherer Aufmerksamkeit rechnen. Zehn Jahre nach der Ausgliederung erscheint der Neustart des Technischen Museums als Erfolg: Das Museum wird von jener Öffentlichkeit, für die es bestimmt ist, auch angenommen.

Die Umstände dieser Veränderung und ihre weitreichenden Folgen erfordern eine genauere Betrachtung.

Was charakterisiert die neue Regelung, die aus dem Technischen Museum – und den Bundesmuseen allgemein sowie der Österreichischen Nationalbibliothek – „wissenschaftliche Anstalten öffentlichen Rechts" des Bundes gemacht hat?

Es ist – wie der Namenswechsel andeutet – eine Veränderung des rechtlichen Status, der grundsätzliche Bedeutung hat und von weitreichenden Auswirkungen ist: Die museale Einrichtung mit den Gebäuden und ihrer Infrastruktur und vor allem mit dem Personal wird vollrechtsfähig, das heißt zu einem Unternehmen besonderer Art.

Dieses Unternehmen Technisches Museum hat vom Bund als Morgengabe bei der „Ausgliederung" zweierlei mitbekommen:
– Die Sammlungen, wobei diese nicht dem Unternehmen gehören, sondern Bundeseigentum bleiben; das Museum hat sie zu bewahren, auszubauen und zugänglich zu machen. Da dies – trotz aller damit zu lukrierenden Mittel – eine teure Angelegenheit ist, erhält es
– laufende Finanzmittel, die „Basisabgeltung" oder den „Sockelbetrag", wie es das Museumsgesetz formuliert, der jährlich zur Verfügung gestellt wird.

Dieser „Sockelbetrag" für alle Museen ist per Gesetz festgelegt und beträgt 68,7 Millionen Euro, was einerseits den Vorteil mit sich bringt, dass die Museen wissen, was sie an Finanzmitteln in der nächsten Zeit vom Bund zu erwarten haben, andererseits jedoch die mehr vom Finanzminister als von den Museen geschätzte Konsequenz hat, dass der Wert dieses „Sockelbetrages" angesichts steigender Gehälter und Preise von Jahr zu Jahr geringer wird – ein mehr oder weniger sanfter Zwang, sich um externe Mittel zu bemühen, will man die eigenen Aktivitäten aufrechterhalten bzw. ausbauen. In diesem Zusammenhang stellt sich die Frage: Gibt es eine Grenze, ab der das Einfrieren der staatlichen Zuwendungen nicht mehr durch unternehmerische Aktivitäten der Häuser zu kompensieren ist?

Stellt man die „technischen" Aspekte der Privatisierungsreform der Museen in einen umfassenderen Kontext, ist unschwer zu erkennen, dass es sich um die größte Veränderung in diesem Bereich seit vielen Jahrzehnten handelt. Außerdem ist es die Umkehrung eines lange währenden Prozesses, der in die andere Richtung gelaufen ist. Viele Sammlungen von Kulturgütern waren ursprünglich keine staatlichen Einrichtungen. Viele von ihnen wurden jedoch im Zuge der historischen Ereignisse und Krisen vor allem in der ersten Hälfte des 20. Jahrhunderts „verstaatlicht". Entscheidend war dafür meistens, dass nur der Staat über jene Mittel verfügte, die eine weitere Kontinuität gewährleisteten. Das nach der Eröffnung im Jahr 1922 verstaatlichte Technische Museum ist dafür ein typisches Beispiel. Solche Verstaatlichungen betrafen nicht nur Kultureinrichtungen, denn sowohl nach dem Ersten als auch nach dem Zweiten Weltkrieg gerieten auch zahlreiche Wirtschaftsbetriebe unter staatliche Kontrolle.

Seither hat sich die Situation grundlegend geändert, und unter der Devise „weniger Staat, mehr privat" hat seit den 1990er-Jahren eine globale Entwicklung eingesetzt, den Staat im Sinne neoliberaler Anschauungen von Aufgaben zu „entlasten". Sicher war die Restrukturierung der österreichischen Bundesmuseen nicht allein von solchen Ideen getragen, und gewiss war eine Reform grundsätzlich notwendig, aber der Zeitpunkt ihrer Realisierung war nicht zufällig.

Mit der Schaffung von Museumsunternehmen und der Festsetzung eines Sockelbetrages bekennt sich der Staat zwar weiter zu seinem kulturpolitischen Auftrag, versucht ihn jedoch zu begrenzen, indem er die Museen auffordert, selbst auf dem Markt aktiv zu werden und wirtschaftliche Potenziale auszuschöpfen.

Das ist ein wesentlicher Ausgangspunkt der Neupositionierung des Technischen Museums: Es verfügt über wirtschaftliche Möglichkeiten, die es aufgrund der früheren gesetzlichen Bestimmungen nicht oder nur in eingeschränkter Weise realisieren konnte. Grundsätzlich musste damals jede Einnahme des Museums an den Fiskus abgeführt werden, und die Chance, solche Mittel über eine Budgeterhöhung indirekt zurückzubekommen, war gering. Dass damit der Anreiz, wirtschaftlich zu denken und zu operieren, gering war, liegt auf der Hand, und das wurde auch stets bedauert. In den späten 1980er-Jahren erhielten die Museen mit der „Teilrechtsfähigkeit" erstmals die Möglichkeit, durch Vermietungen Mittel zu erwirtschaften, über die sie selbst verfügen konnten. Die Vollrechtsfähigkeit war die logische Fortsetzung des damit begonnenen Prozesses.

Mit der neuen Möglichkeit bzw. dem neuen Auftrag, sich selbst um zusätzliche Mittel am Markt zu bemühen, wurde eine Dynamik in Gang gesetzt, die oft kritisiert wurde: Die Museen könnten zu einem Teil der Unterhaltungsindustrie werden – mit allen Vor- und Nachteilen. Wer heute mit musealen Inhalten am Markt auftritt, hat innerhalb gewisser wesensbedingter Grenzen, welche die Basisabgeltung abdeckt, durchaus die Chance, finanziell zu reüssieren. Das setzt freilich voraus, dass die Museen professionell nach den Regeln des Marktes agieren. Das Technische Museum hat diese Herausforderung angenommen, indem es Marketing- und Sponsoring-Abteilungen geschaffen hat, professionelle PR betreibt und attraktive Programme für Ausstellungen – freilich nicht immer nur für „Blockbuster-Ausstellungen" – konzipiert.

Dass jede Ausstellung wissenschaftlich fundiert erarbeitet wird und nach Möglichkeit vorwiegend Originalobjekte aus der Sammlung gezeigt werden, steht dazu nicht im Widerspruch.

Das Technische Museum und die anderen ausgegliederten Museen haben sich am Informations- und Unterhaltungsmarkt positioniert. Entsprechend den neuen Herausforderungen hat sich auch die Personalstruktur des Hauses verändert. Selbst der Berufsalltag von Mitarbeitern, die nicht unmittelbar mit Öffentlichkeitsarbeit und den Finanzen zu tun haben, ist im Wandel begriffen. Dabei darf nicht übersehen werden, dass wirtschaftliche Aspekte im Museumsbereich immer wesentlich waren, allerdings eher im Sinn von anfallenden Kosten und von Grenzen der inhaltlichen Aufgabenstellung: Mit den zur Verfügung gestellten Mitteln ließ sich eben nur so viel oder so wenig sammeln, ausstellen etc. Die „Vollrechtsfähigkeit" veränderte das Denken. Bei allen Planungen, vor allem bei Ausstellungskonzepten, wird überlegt, was das Projekt „einspielen" wird bzw. wie man zusätzliche Finanzmittel auftreiben kann, um sich bestimmte Inhalte leisten zu können. Das ist eine gravierende Umstellung, ein Perspektivenwechsel – reziprok jenem vielleicht, den die Wirtschaft selbst vornehmen musste (und teilweise auch noch vornehmen muss), um ökologische Gegebenheiten und Begrenzungen in die eigene Rechnung einzubeziehen.

Einige Jahre nach der Ausgliederung der Bundesmuseen lässt sich deutlich feststellen, dass die Besucherzahlen beträchtlich gestiegen sind und die Einnahmen durch Eintrittsgelder, Marketingmaßnahmen und Sponsoren einen wesentlichen Faktor in den Budgets darstellen. So gesehen schreiben wir hier eine Erfolgsgeschichte. Allerdings darf die Entwicklung der Museen – und von Kultureinrichtungen generell – nicht nur nach ihrem wirtschaftlichen Erfolg oder nach dem kurzfristigen Publikumserfolg allein beurteilt werden.

Der kulturpolitische und gesellschaftliche Stellenwert einer Kultureinrichtung ist nicht nur an Besucherzahlen oder dem Eigenfinanzierungsgrad ablesbar. So wird wohl kaum infrage gestellt werden, dass im Gesamtkontext der Gedächtnisverwaltung von Gesellschaft und Staat die Archive eine gleich wichtige Rolle wie Museen und Bibliotheken spielen. Dennoch wird niemand von Archiven ähnliche Besucherzahlen und Markterfolge verlangen wie von Museen.

Der spezifische Wert von Museen liegt in ihren Sammlungen, die allerdings in ihrer inhaltlichen Bedeutung nicht absolut sind, sondern sich über ihre gesellschaftlich-kulturelle

Funktion innerhalb eines sehr langen Beobachtungszeitraumes bemessen lassen. Es geht nicht um die gesammelten Objekte an sich, sondern um ihre Wahrnehmung in der Zeit, wobei hier nicht zu kurzfristig gedacht werden darf. Das Museum definiert sich über langfristige Benützung und nicht über schnelle wirtschaftliche Erfolge und punktuelle Besucherspitzen. Erfolgreiche Wirtschaftsunternehmen gibt es viele, einige wenige davon sind Museen.

Liegt nun in diesen marktwirtschaftlichen Vorgaben eine Gefahr für die inhaltliche Seite der Museumsarbeit? Besteht die Gefahr, dass beim Sammeln, bei der inhaltlichen Konzeption von Ausstellungen und der Art und Weise ihrer Umsetzung zu viele Zugeständnisse in Richtung Unterhaltungsindustrie gemacht werden? Sind die Museen gezwungen, zu sehr auf die eigene Vermarktung zu achten und auf ein vielleicht allzu breites Publikumsinteresse zu schielen? Sicher ist manchmal ein mühevoller Spagat zwischen Auftrag und Marktinteressen zu leisten. Mir scheint jedoch, dass die Gefahr nicht in den marktwirtschaftlichen Vorgaben an sich liegt. Auch die Wirtschaft ist schließlich nicht dadurch gefährdet, dass man ihr soziale und ökologische Rahmenbedingungen vorgibt. Der Erfolg hängt von der museumsinternen Balance zwischen den Anstrengungen zur Erfüllung des Auftrags und dem Bemühen um ausreichende Finanzmittel ab.

Wie wird dieses Verhältnis von inhaltlichen und wirtschaftlichen Aufgaben gesetzlich definiert? Darüber wird expressis verbis wenig gesagt. Das Bundesmuseen-Gesetz und die Museumsordnung des Technischen Museums listen vor allem die inhaltlichen Aufgaben auf – und diese Liste ist lang. Was hier angeführt wird, ist durchaus nicht neu: Die Aufgaben eines Museums sind seit Langem mit Sammeln, Bewahren, Erschließen, Präsentieren, Vermitteln zumindest allgemein festgelegt, wobei vor allem Präsentieren und Vermitteln immer wichtiger geworden sind und auch in immer wieder neuer Weise realisiert werden. Der Weg hat von den verschlafenen Museen der 1950er-Jahre – mit ihrem durchaus eigenen Charme – zu Zeitgeistanstalten geführt, vor deren Kassen die Besucher Schlange stehen und die in Konkurrenz mit Disneyland und Sportstätten um Aufmerksamkeit buhlen. Laut Bundesmuseen-Gesetz soll ein Museum „ein Ort der lebendigen und zeitgemäßen Auseinandersetzung mit dem ihm anvertrauten Sammelgut" sein; es soll seine Sammlungen in einer Weise vermitteln, dass gesellschaftliche und kulturelle Entwicklungen und Zusammenhänge entsprechend erläutert werden.

Unabhängig von dieser inhaltlichen Zielrichtung wird der Geschäftsführung des Museums aufgetragen, nach den Grundsätzen der Zweckmäßigkeit, Wirtschaftlichkeit und Sparsamkeit zu agieren, und zwar gestützt auf den neuen Status einer eigenen Rechtspersönlichkeit und in Eigenverantwortung. Nirgendwo wird gesagt, wie groß der Anteil der den inhaltlichen bzw. den geschäftlichen Verpflichtungen gewidmeten Anstrengungen sein soll. Sicher wird man interpretieren dürfen, dass der eigentliche Zweck der wissenschaftlichen Anstalt als Kulturinstitution in der Erfüllung ihrer inhaltlichen Zielvorgaben liegt, wobei die wirtschaftliche Anstrengung das Mittel zu ihrer Erreichung sein soll.

Es gehört zu den Stärken der Reform, hier nichts festzulegen, sondern das Museum seine eigene Linie finden zu lassen, um die eigenen Inhalte in finanzierbarer Weise zu vermitteln. Auf diese Weise können sich Museumsindividualitäten und persönliche Stärken von Museumsteams entsprechend entwickeln und die für das eigene Haus passende Lösung finden. Das ist allein schon deswegen notwendig, weil Basisabgeltung und Eigenfinanzierungsgrad ja nicht für jede Art von musealer Aufgabe gleich hoch sein können.

Wie ist also erfolgreiche Museumsarbeit im Zeitalter der „wissenschaftlichen Anstalten öffentlichen Rechts" zu beurteilen? Das ist eine Frage, die sich alle Beteiligten zu stellen haben – die Museumsleitung und ihre Teams, die Verantwortlichen in den Ministerien, die Kulturpolitik, aber auch die Medien und vor allem die Öffentlichkeit. Tatsächlich bindet das Bundesmuseen-Gesetz die Aufgabenstellung des Museums an einen „permanenten gesellschaftlichen Diskurs", der derzeit medial in einer Intensität geführt wird, die früher undenkbar gewesen wäre. Und es ist eine gewisse Wandlung in der Beurteilung festzustellen, die aber vielleicht auch nur dem Wunschdenken der Autorin entspricht.

In der Zeit unmittelbar nach der Ausgliederung herrschte in Bezug auf die Zukunftsaussichten Euphorie: Man freute sich schon auf die in der Öffentlichkeit und am Markt zu erzielenden Erfolge des „Museums neu". Ja, es ist schön, publikumswirksame Ausstellungen gestalten zu können, es ist befriedigend, das verstaubte Image abzuschütteln und einen Museumsshop zu betreiben, der konkurrenzfähig ist, es ist aufregend, immer wieder neue Zusatzmittel zu erschließen. Es war wohl ein bisschen so wie das Besitzergreifen eines neuen Territoriums: ein Museum, das Spaß macht, ein Museum, das Geld verdient, über das in den Medien berichtet wird und das ein erfolgreiches Unternehmen ist. Mittlerweile dürfte diese Phase zu Ende gehen und eine gewisse Nüchternheit zurückkehren. Die Zeit der „Goldausstellungen" war schön, aber Feste ohne Alltag nützen sich ab. Es gibt Anzeichen dafür, dass bei der Beurteilung von Museen andere Kriterien wieder größeres Gewicht erhalten.

Ich spreche vor allem von den Sammlungen und ihrer Bearbeitung; diesen Bereich kann man auch durchaus von einem wirtschaftlichen Standpunkt für wesentlich halten. Eines der Lieblingsworte unserer Zeit ist „Nachhaltigkeit"; ein sinnvolles Wort, solange es nicht – wie allerdings oft – als Leerformel verwendet wird. Zur Kennzeichnung erfolgreicher Museumsarbeit ist es aber hervorragend geeignet. Ein Museum, das die eigene Sammlung zwar ausstellt und vermarktet, aber nicht dafür sorgt, dass weitergesammelt wird, ist eben nicht nachhaltig tätig. Durch Nichtsammeln lässt sich kurzfristig viel Geld ersparen, aber sinnvoll ist das weder aus inhaltlicher noch aus wirtschaftlicher Sicht. Museumsarbeit beruht auf einem Generationenvertrag: Wir stellen in hohem Maß Dinge aus, die andere gesammelt und bewahrt haben. Es ist daher unsere Verpflichtung, hier weiterzumachen und quasi unsere Zeit künftigen Generationen „weiterzureichen". Nur in diesem Sinn nachhaltige Museen sind positiv zu bewerten. Das Museumsgesetz formuliert, dass die Museen „dazu bestimmt [sind], das ihnen anvertraute Sammlungsgut zu mehren [...]". Sie haben die Aufgabe, „das Kulturschaffen der Gegenwart, die aktuellen Entwicklungen der Technik und die Veränderungen der Natur zu registrieren und deren Zeugnisse gezielt zu sammeln und das Sammlungsgut im Sinne des spezifischen kulturpolitischen Auftrags jedes Hauses ständig zu ergänzen".

Selbstverständlich verpflichtet das Gesetz die Museen auch zur Bewahrung des Sammlungsgutes, was deswegen betont sei, weil dieser Aspekt – noch mehr als jener des Sammelns – geringere Berücksichtigung im öffentlichen Diskurs über Museen findet und dennoch integraler Bestandteil des Aufgabenspektrums ist. Hinzu kommt, dass Teile des Sammlungsgutes bereits in digitaler Form entstehen bzw. auch andere digitale Daten vorliegen und digitale Langzeitarchivierung eine zusätzliche aufwändige Aufgabe darstellt.

Wie Museen ihre Sammlungen aufbereiten, wie ihre Sonderausstellungen thematisch und gestalterisch durchgeführt, ihre Dauerausstellungen aufgestellt sind, bewegt die öffentliche Diskussion. Vor allem wird immer wieder die Frage gestellt, ob die Themenwahl bei Ausstellungen nicht aus Gründen der Ökonomie und Besuchermaximierung manchmal zu „populistisch" ausfalle. Die – komplexe und schwierige – Antwort auf diese Frage kann nur im bereits oben angesprochenen Spannungsdreieck zwischen den Museen, der öffentlichen Hand und der Öffentlichkeit erfolgen. Im Bundesmuseen-Gesetz finden sich dazu folgende Aussagen: Die Museen haben die Aufgabe, ihr Sammlungsgut „derart der Öffentlichkeit zu präsentieren, dass durch die Aufbereitung Verständnis für Entwicklungen und Zusammenhänge zwischen Gesellschafts-, Kunst-, Technik- und Wissenschaftsphänomenen geweckt wird". Sie sollen das österreichische Kulturleben bereichern. „Als umfassende Bildungseinrichtungen entwickeln sie zeitgemäße und innovative Formen der Vermittlung besonders für Kinder und Jugendliche."

Die große Veränderung im Museumsbereich war nicht immer einfach, und manche Umstände der Reform mögen der Nachbesserung bedürfen. Es wurde aber eine Entwicklung in Gang gebracht. Die Museen bewegen sich, und sie bewegen die Öffentlichkeit. Das ist wesentlich. Die Aufgabe der nächsten Zeit wird die weitere Optimierung sein. So stehen noch manche inhaltliche Präzisierungen aus. Die Museen sollen auf Basis von Gesamtkonzepten arbeiten, die von der Kulturpolitik und den Museen entwickelt und mitverantwortet werden. Dies ist vor allem wichtig, weil sich manchmal Eigeninteressen von Museen überschneiden. Für das Technische Museum Wien selbst gilt, dass die Privatisierung dieses traditionsbewusste und fachlich hervorragende Haus dynamisiert und sein wertvolles Sammlungsgut in großem Stil der Bevölkerung nahegebracht hat. Das Museum ist auf einem guten Weg. Am Ziel angelangt ist es nicht, weil museale Ziele immer über die Gegenwart hinausreichen.

Blick auf das Museumsgebäude von der Gloriette, im Vordergrund Schloss Schönbrunn, Foto, 2008

Die Österreichische Mediathek
Das audiovisuelle Kulturerbe – Geschichte und Gegenwart der nationalen Sammelstelle für Tonaufnahmen und Videos.

Rainer Hubert

Seit Jänner 2001 hat das Technische Museum eine neue Abteilung, die „Österreichische Mediathek": ein audiovisuelles Archiv, das für die Bewahrung von Ton- und Videoaufnahmen in Österreich verantwortlich ist. Die Mediathek sammelt Musikaufnahmen und Sprachdokumente in verschiedenster Form – von der Schallplatte bis zur MP3-Datei, von der U-matic-Videokassette bis zu DVD und Videostreams. In der Mediathek findet man klassische und Unterhaltungsmusik – sie ist das größte Archiv gespielter Musik in Österreich! Weiters gibt es Tonaufnahmen aus Politik und Kultur, Mitschnitte von Radio- und Fernsehsendungen, Musikproduktionen, Hörbücher und historische Tonaufnahmen.

Die Mediathek ist sowohl für die breite Öffentlichkeit als auch für die Fachwelt zugänglich. Sie sorgt durch eine sorgfältige Bewahrungspolitik dafür, dass ihre Schätze auch in Zukunft zur Verfügung stehen werden.[1]

Was hat das mit dem Technischen Museum zu tun? Audiovisuelle Medien bilden optische und/oder akustische Gegebenheiten unserer Welt apparativ ab. Mit ihnen ist „das Spiegelbild mitnehmbar" geworden.[2] Der starke Bezug zwischen audiovisuellen Medien und Technik ist durch die Digitalisierung und ihre Folgen noch enger geworden. Daher war es sinnvoll, die Aufgaben der Mediathek in den größeren Rahmen des Technischen Museums zu stellen.[3]

Aufnehmen und sammeln – Die Österreichische Phonothek 1960–1996

Die heutige Mediathek wurde 1960 als „Österreichische Phonothek" in Form einer dem Unterrichtsministerium nachgeordneten Stelle ins Leben gerufen, um „unsere Zeit akustisch zu dokumentieren".[4] Was man sich darunter vorstellte, wird aus den ersten Aufgaben deutlich, welche die neue Stelle erfüllte: Sie sammelte Schallplatten, die ebenso staatlich gesammelt werden sollten wie etwa in Österreich produzierte Bücher. Ein bis heute ungelöstes Problem war allerdings, dass es für audiovisuelle Medien keine gesetzliche Abgabepflicht gibt.

Neben dem Sammeln von damals am Markt erhältlichen Trägern wie den sogenannten Langspielplatten begann man allmählich auch mit dem Sammeln älterer Produkte – z. B. Schellackplatten – und vor allem mit dem Herstellen von Tonaufnahmen. In einer Zeit, in der noch wenige Veranstaltungen von den Veranstaltern selbst aufgenommen wurden, besuchte und dokumentierte die Mediathek regelmäßig Lesungen, Diskussionsveranstaltungen, politische Versammlungen, wissenschaftliche Symposien und Pressekonferenzen. Im Verlauf mehrerer Jahrzehnte ist so ein wichtiger Bestand einzigartiger Aufnahmen entstanden, darunter Lesungen von Elias Canetti, Franz Theodor Csokor, Peter Handke und Barbara Frischmuth, Aufnahmen politischer und gesellschaftspolitischer Ereignisse, zum Beispiel einer Diskussion von Studenten mit dem damaligen Unterrichtsminister im Jahr 1968, wissenschaftlicher Vorträge von Adorno, Mitscherlich, Jean Améry, Anna Freud und vielen anderen sowie zahlreicher Interviews. Weiters schnitt man seit den 1970er-Jahren die Plenarsitzungen des Nationalrates sowie Radio- und Fernsehsendungen mit, die der Öffentlichkeit zugänglich sein sollten. Seit den späten 1990er-Jahren gibt es von manchen Veranstalter auch Videoaufnahmen.

Erwähnt sei auch, dass die Phonothek eine Reihe von Schallplatten – vor allem mit authentischer Volksmusik – produzierte,[5] ein Projekt, das allerdings eingestellt werden musste, weil man es damals nicht für richtig hielt, dass staatliche Kultureinrichtungen sich unternehmerisch betätigen – ein Beispiel dafür, wie rasch sich das kulturpolitische Umfeld ändern kann.

Nach ungefähr zwanzig Jahren Aufbauarbeit wurden die immer größeren Bestände (derzeit weit über eine Million Tonaufnahmen) auch öffentlich zugänglich gemacht, zunächst in der Annagasse, Wien-Innere Stadt, später im Marchettischlössl in Wien-Mariahilf. Neben der Benutzung für Studium, Forschung, Journalismus und Ausstellungen finden die gesammelten Aufnahmen auch breiteres Interesse, wenn sie in entsprechender Form aufbereitet und leicht abzurufen sind.

Obwohl in den vierzig Jahren zwischen Gründung und Angliederung an das Technische Museum das Sammeln und be-

Tafel an der Eingangstür der Phonothek, ca. 1970

Die Österreichische Mediathek   367

Bescheidene Anfänge, Studioplatz, Foto, 1970er-Jahre

sonders das Herstellen von Tonaufnahmen im Vordergrund standen, wurde auch die nötige archivtechnische Infrastruktur – z. B. klimatisierte Archivräume – geschaffen und mit der Herausgabe von Katalogen begonnen.

Neuaufstellung – Von der Phonothek zur Mediathek

Eine Umbruchphase stellen die fünf Jahre vor der „Ausgliederung" 2001 dar. Ende 1996 ging Eckehard Bamberger, „Mann der ersten Stunde" der Phonothek, der die Stelle mehr als dreißig Jahre lang geleitet und geprägt hatte, in Pension. Fast gleichzeitig mit dem Abgang dieses sehr ideenreichen und experimentellen Pioniers erfolgte im Frühjahr 1997 eine wesentliche personelle und archivische Aufstockung der Phonothek: Das Bundesinstitut für den wissenschaftlichen Film (ÖWF) war aufgelöst worden, und sechs hochqualifizierte Mitarbeiter übersiedelten nun in die Phonothek, die bis dahin rund ein Dutzend Beschäftigte hatte. In den folgenden Jahren erreichte der Personalstand an die fünfundzwanzig Mitarbeiter, was eine Ausweitung der Tätigkeiten – z. B. die Produktion professioneller Videodokumentationen und in weiterer Folge die Digitalisierung des gesammelten Materials – ermöglichte. Der Kern des Archivs des ÖWF – wissenschaftliche Filme verschiedenster Thematik – gelangte ebenfalls an die Phonothek.

Bereits unter der dynamischen Leitung von Gabriele Zuna-Kratky ab Herbst 1997 wurde die Außenstelle Annagasse durch die günstiger gelegene Benutzungsabteilung im Marchettischlössl – in unmittelbarer Nähe des Archivhauses Webgasse 2a in Wien-Mariahilf – ersetzt (1998).

In diese Phase mit verstärkter Öffentlichkeitsarbeit fiel auch der Paradigmenwechsel bei den Kultureinrichtungen des Bundes: Es kam zu den sogenannten Ausgliederungen. Nach dem Kunsthistorischen Museum wurde als eines der ersten Bundesmuseen das Technische Museum Wien ausgegliedert, dessen Geschäftsführung Gabriele Zuna-Kratky im Jahr 2000 übernahm. Aufgrund der engen Kooperation mit dem Technischen

Museum Wien sowie der inhaltlichen Korrelation zwischen Phonothek und Museum wurde 2001 die Phonothek ebenfalls aus der Bundesverwaltung „ausgegliedert" und unter dem Namen „Österreichische Mediathek" als Abteilung in das Technische Museum Wien eingegliedert;[6] damit trug man auch dem Umstand Rechnung, dass das Schallarchiv mittlerweile längst ein Videoarchiv geworden war. Seit 2001 lautet nun der vollständige Name des Museums: Technisches Museum Wien mit Österreichischer Mediathek. An der inhaltlichen Orientierung und räumlichen Positionierung der Phonothek/Mediathek hat sich allerdings nichts geändert, wohl aber konnten neue Aufgabenfelder erschlossen werden.

Die digitale Mediathek seit 2001

Die Gegenwart der Mediathek ist von der digitalen Wende geprägt, einer Veränderung, die nicht nur technisch, sondern auch inhaltlich die Arbeit der Mediathek – und nicht nur ihre! – neu bestimmt. Um diese Wandlung zu verstehen, welche die Mediathek binnen weniger Jahre zu einer hoch technisierten Einrichtung gemacht hat, sind einige mediale und medienpolitische Voraussetzungen zu erläutern. Ähnlich wie Bibliotheken, Archive und Museen haben sich auch die audiovisuellen Archive national und international in Vereinigungen zusammengeschlossen, die fachlichen Austausch und Kooperation ermöglichen. Gerade die audiovisuelle Archivszene sah sich bis in die 1990er-Jahre mit einer besonderen Herausforderung – besser: Bedrohung – konfrontiert: dass ihre Bestände eine sehr kurze Lebensdauer hatten. Die Träger – oft komplexe und kurzlebige Kunststoffverbindungen – zerfallen, die Abspielgeräte werden unbrauchbar, die Formate werden immer rascher obsolet. Jeder Kopiervorgang ist nicht nur aufwändig, sondern bringt auch eine Qualitätsverschlechterung mit sich: den „Kopierverlust". Gegen Ende des 20. Jahrhunderts boten neue digitale Techniken Lösungswege an, die sich als freilich weit komplexer erwiesen, als sie vielleicht ursprünglich schienen.

Die Österreichische Mediathek hat sich mit dem Beginn der Rettung der audiovisuellen Bestände durch Digitalisierung vergleichsweise sehr früh an dieser internationalen Neupositionierung beteiligt. Dieses teilweise pionierhafte Vorgehen war nicht immer leicht, insgesamt aber für Stellung und Ansehen der Mediathek in der Fachwelt von großem Vorteil und für ihre öffentliche Zugänglichkeit sehr nützlich.

Digitalisierung[7]

Digitalisieren heißt im Kontext der Österreichischen Mediathek die professionelle Umwandlung von analogen Tonaufnahmen (Tonband, Schallplatte) in Dateien. Digitalisierung hat für audiovisuelle Archive eine doppelte Bedeutung. Sie stellt für die Nutzung eine Revolution dar. Digital vorliegendes Material ist in der Regel viel leichter benutzbar als im analogen Originalzustand.[8] Eine bestimmte Stelle auf einem Tonband zu suchen ist eine mühselige und zeitaufwändige Sache. In einer Tondatei ist das mithilfe der Signalkurve und vielleicht auch von Positionsmarkierungen eine Kleinigkeit. Seit 2002 kann man in der Mediathek, wenn es sich um ein bereits digitalisiertes Dokument handelt,[9] dieses im Katalog suchen und den gesuchten Ton/die gesuchte Stelle per Mausklick abspielen.

Für audiovisuelle Medien bedeutet die Digitalisierung auch eine Revolution für die Bewahrung. Auf lange Sicht sind die audiovisuellen Bestände nur durch die Überführung in einen digitalen Zustand zu retten, das heißt, man nimmt die audiovisuellen Informationen und lässt den ursprünglichen Träger zurück – eine Veränderung von beträchtlicher Tragweite.[10] Auf Basis von in den 1990er-Jahren entwickelten Konzepten ist die Mediathek seit 1999 mit großer Konsequenz den Weg zu einem primär digitalen audiovisuellen Archiv gegangen. Mittlerweile wird das digitale Archiv nicht mehr nur durch bereits digitalisierte analoge Bestände gespeist, sondern auch durch Medien, die bereits digital – z. B. als MP3-Dateien – „zur Welt gekommen" sind (Born-digital-Material).

Die Bedeutung des Digitalen für audiovisuelle Medien liegt auch darin, dass es sich um eine vom Prinzip her reproduzierbare Medienform handelt. Man braucht also keine direkte Konfrontation von Original und Betrachter an einem fixen Ort, wie

Hightech-Institut: Digitalisierung ab 2000, Foto, 2000

etwa bei Musealgut, um das Objekt optimal zur Wirkung zu bringen. Ein Original im traditionellen Sinn liegt nicht vor, und die Qualität der Reproduktion entscheidet und nicht, ob das Tondokument via Plattenspieler oder Computer oder über das Internet wiedergegeben wird. Nicht zuletzt deswegen bedient sich die Mediathek seit 2002 immer intensiver des Internets als Benutzungsraum ihrer Medien.

Virtuelles Museum[11]

Eine Reihe von thematischen Web-Ausstellungen, die zugleich „Dauerausstellungen" sind, wurden seither in den virtuellen Raum gestellt. Hiezu gehören die sehr umfassende Ausstellung zum Jubiläumsjahr 2005 unter www.staatsvertrag.at und die ab 2007 laufende Österreich-Chronik www.akustische-chronik.at, für die ein eigener Typus von interaktiv benutzbaren „Ausstellungsflächen" geschaffen wurde: Die audiovisuellen Dokumente – teilweise sowohl als Ausschnitt als auch in der vollen Länge – werden durch Kommentare in einen sinnvollen Kontext gestellt, durch Bilder ergänzt und mit thematisch ähnlichen Dokumenten verbunden. Bereits jetzt stellen die beiden genannten und weitere Ausstellungen[12] den bei weitem größten Bestand von Ton- und Videoaufnahmen zur österreichischen Zeitgeschichte im Internet dar: Derzeit gibt es rund 1500 Ton- und Videoclips – ein „tönendes Haus der Geschichte".

Ende 2008 wurden von der Mediathek mehrere tausend Stunden digitalisierte Hörfunkjournalsendungen aus den 1970er- und 1980er-Jahren ins Netz gestellt, was auch im internationalen Vergleich als sehr beachtlich zu bezeichnen ist. Diese in der Geschichtsforschung bisher wenig verwendete Quelle ist somit leicht zugänglich.

Die Benutzung eines Archivs wie der Mediathek bzw. seiner bereits digital vorliegenden Bestände könnte man bereits völlig ins Internet verlagern. Es gibt jedoch rechtliche Hindernisse: Man müsste für jede einzelne digitale Aufnahme die Rechte klären, was derzeit nicht möglich ist.

Digitales System[13]

Um Tondokumente (und in näherer Zukunft wohl auch Videodokumente) in der Mediathek und im Internet digital benutzbar zu machen, bedurfte es eines vollständigen Umbaus der Einrichtung. Ab 1999 wurde ein digitales System aufgebaut, ohne das sich die komplexen Abläufe digitaler Datenerzeugung, -bewahrung und -retrievals nicht bewältigen ließen. Allerdings erfordert ein solches System, dass man sich eines recht rigiden „Workflows" bedient, der Improvisation nur mehr bedingt zulässt. Elektronische Werkzeuge besorgen einen Großteil der Arbeit und verbinden die Module des Systems: das digitale Archiv (Massenspeicher), die Katalogdatenbank und interne Benutzeroberfläche, Digitalisierungsstationen, Schnittstellen zum Internet und Internetbenutzung. Wichtig ist, dass das Gesetz permanenter Veränderung sowohl für das Digitalisat – die als Dateien vorliegenden audiovisuellen Medien – als auch für die Bestandteile des Systems gilt: Der gesamte Inhalt des digitalen Archivs (derzeit rund 40 Terabyte, die aus Sicherheitsgründen dreifach gespeichert werden) wird ungefähr alle drei bis vier Jahre automatisch und verlustfrei auf neue Träger (und künftig in neue Dateiformate) migriert werden. Die Module des Systems – vor allem der Massenspeicher – haben ebenfalls eine verhältnismäßig kurze Lebensspanne und müssen immer wieder auf den neuesten technischen Stand gebracht werden. Mit dieser Problemstellung eines doppelt regenerativen Archivs werden künftig auch andere Einrichtungen – und nicht nur audiovisuelle Archive – konfrontiert sein.

Neue Aufgaben

Mit der Ausgliederung, den Vorgaben des Museumsgesetzes und wegen des über Jahre gleich bleibenden und daher de facto schrumpfenden Sockelbetrags war auch die Abteilung Mediathek gefordert, neue Wege der Finanzierung ihrer Aufgaben zu beschreiten.[14]

Da die quantitative Nutzung eines Archivs klarerweise deutlich unter jener von Museen und Bibliotheken liegt, scheidet diese als wesentliche Finanzquelle aus. Die Gebühren für die Verwendung von Medien der Mediathek für Produktionen, Ausstellungen, Radio und Film haben in den letzten Jahren zwar deutlich mehr als früher, aber keine wirklich relevanten Summen eingebracht. Angesichts dieser Situation wurden zwei neue Arbeitsfelder erschlossen, die mittlerweile ein zusätzliches Standbein der Abteilung darstellen.

Es ist gelungen, immer wieder Aufgaben der Mediathek im Rahmen von extern finanzierten wissenschaftlichen Projekten durchzuführen, u. a. die schon erwähnte Digitalisierung der Hörfunkjournale und der Parlamentsaufnahmen der Mediathek. Die Mediathek erfüllt damit auch einen Teil des Forschungsauftrages, den die ausgegliederten Bundesmuseen weiterhin haben.

Ein weiteres Feld konnte dadurch betreten werden, dass die zuvor skizzierten technischen Anlagen zur Digitalisierung und digitalen Langzeitarchivierung sowie das in der Mediathek aufgebaute Erfahrungspotenzial die Möglichkeit eröffnen, direkt für den Markt zu produzieren, das heißt Aufträge Dritter zu übernehmen, deren Audiobestände zu digitalisieren und/oder zu archivieren. Dies ist keineswegs nur eine ökonomisch bedingte Aufgabe. Da der Mediathek laut Museumsordnung eine generelle Verantwortung für das audiovisuelle Erbe in Österreich übertragen worden ist[15] – de facto ist die Rolle der Mediathek die eines audiovisuellen Nationalarchivs –, sind die erwähnten Services auch Teil der inhaltlichen Aufgabe. Denn in der Regel handelt es sich um die Bearbeitung wichtiger Bestände anderer Kultureinrichtungen, zum Beispiel der Österreichischen Nationalbibliothek, die Teil der audiovisuellen Überlieferung des Landes sind.

Das Sammlungsprofil

Die Aufgabe besteht darin, darauf zu achten, dass in Österreich Medien der verschiedenen Fach- und Themenbereiche ausreichend und adäquat vorhanden sind. Das geschieht in erster Linie durch die Sammlungen, welche die Mediathek selbst anlegt. Wenn allerdings in Spezialgebieten andere audiovisuelle Archive, z. B. das Phonogrammarchiv der Österreichischen Akademie der Wissenschaften, wesentliche Aufgaben übernehmen, ergänzt dies sehr wirksam die Bemühungen der Mediathek. Im Sinn einer optimalen Verwendung der Ressourcen in Österreich wird versucht, institutionelle Doppelgleisigkeiten zu vermeiden. Die Kooperation der Mediathek mit anderen Einrichtungen funktioniert seit vielen Jahrzehnten ausgezeichnet und hat in dem Verein „Medienarchive Austria", in dem die Mediathek derzeit Vorsitz und Generalsekretariat innehat, ihren Niederschlag gefunden.

Schwerpunkt der Sammeltätigkeit der Mediathek sind Medien mit Österreich-Bezug, vor allem solche, die eben nicht anderswo professionell gesammelt werden. Hier hat die Mediathek für eine möglichst breite Erhaltung der Bestände für die künftige öffentliche Benutzung zu sorgen.

Das Interesse der Bevölkerung der Gegenwart erfordert darüber hinaus, dass auf manchen Gebieten wie Musik und Literatur ein österreichübergreifendes Repertoire vorhanden ist oder Medien verfügbar sind, die es auch anderswo – aber vielleicht nicht leicht zugänglich – gibt, z. B. wichtige Radio- und Fernsehaufnahmen. Bei diesen Beständen steht vor allem die leichte Benutzung in der Gegenwart im Vordergrund. Eine Langzeitbewahrung erfolgt nur nach Maßgabe der Möglichkeiten. Die Verpflichtung, z. B. Rundfunkmaterial ad infinitum zu bewahren, kann die Mediathek aus offenkundigen finanziellen Gründen nicht übernehmen.

Woraus setzt sich das mittlerweile auf fast 400.000 Träger mit weit über einer Million Aufnahmen angewachsene Archiv der Mediathek zusammen? Zu den größten Beständen gehören die von der Mediathek selbst im Lauf der Jahrzehnte aufgebauten Sammlungen vervielfältigter Medien, also Zehntausende Schellackplatten, Langspielplatten, CDs, DVDs und Kaufvideos. Zu diesem Kernbestand gehören ferner die von Teams der Mediathek gemachten Ton- und Videoaufnahmen. Ein dritter zentraler Bereich sind Mitschnitte von Radio- und TV-Übertragungen sowie – seit jüngerer Zeit – aus dem Internet heruntergeladene audiovisuelle Inhalte.

Große Bedeutung haben auch Sammlungen, die übernommen wurden: Dazu zählen die wissenschaftlichen Filme des ÖWF, die „Sammlung Teuchtler" (rund 80.000 Schellackplatten), Sammlungen des Parlaments, des ORF, des Senders „Rot-Weiß-Rot", der Kreisky-Stiftung, des Vogelsang-Instituts und der Wienbibliothek sowie von Privaten wie der Schellack-Legende Günther Schifter, des Musikpioniers Anestis Logothetis und von Wissenschaftlern wie Leo Navratil und Norbert Leser.

Am Ende einer längeren Umbau- und Modernisierungsphase stehend, lässt sich summieren: Kurz vor dem fünfzigsten Bestandsjahr 2010 ist die Mediathek – vom Rückenwind einer immer mehr elektronisch-digital geprägten Gesellschaft unterstützt – im Rahmen des Technischen Museums gut aufgestellt. Die digitale Zukunft ist vorbereitet.

Abschluss der Wiedereinrichtung

Zehn Jahre nach der Generalsanierung wird die letzte Dauerausstellung mit bedeutenden Objekten der Eisenbahnsammlung eröffnet.

Wolfgang Pensold

medien.welten

„Verständnis für Entwicklungen und Zusammenhänge" – der Vermittlungsauftrag

Als Technisches Museum für Industrie und Gewerbe gegründet, fungierte das Technische Museum Wien lange Zeit als Forum ingenieurtechnisch-wirtschaftlicher Leistungsfähigkeit der österreichischen Reichshälfte der Habsburgermonarchie. Mit dem Leitspruch „Den Vorfahren zur Ehre, der Jugend zur Lehre" hat der Museumsgründer Wilhelm Exner dem Haus einen patriotischen Auftrag eingeschrieben, um damit den „erheblichen Anteil", den Österreich „an der Weiterentwicklung der Technik und Industrie" gehabt habe, nachzuweisen.[2] Diese patriotische Inspiration wurde in den 1920er- und 1930er-Jahren im Zeichen der Republik und des austrofaschistischen Ständestaats mit dem Ziel, die wirtschaftliche Überlebensfähigkeit des nunmehrigen Kleinstaats (Deutsch-) Österreich zu untermauern, wieder aufgegriffen. Nach den desaströsen Jahren im Dritten Reich, welche die österreichische Nationalidentität zu einem Gutteil ausgelöscht hatten, wiederholte sich in der Zweiten Republik die Geschichte insofern, als man abermals auf die Konzeption einer patriotischen Leistungsschau zurückgriff. Gegen den in Teilen der Bevölkerung nach wie vor verbreiteten Nationalsozialismus ankämpfend, versuchte man Österreichertum und österreichisches Innovationspotenzial in Geschichte und Gegenwart herauszustreichen. Man konzentrierte sich oft auf (alt)österreichische Konstrukteure und ihre Werke, aber auch auf nationale Großtaten wie das Rundfunknetzwerk. Bezeichnend dafür das ministerielle Geleitwort im Jubiläumsführer des (dem Technischen Museum einverleibten) Post- und Telegraphenmuseums aus dem Jahr 1959: „Wenn die österreichische Post- und Telegraphenverwaltung immer wieder aufs neue bemüht ist, dem stets wachsenden Nachrichtenverkehr unserer Heimat und der Welt mit den modernsten technischen Mitteln gerecht zu werden, so ist das Post- und Telegraphenmuseum mit zeitnahen Methoden ein getreuer Chronist dieses Bemühens der österreichischen Post geworden."[3]

Eine Relativierung des Ausgestellten an zeitgenössischen internationalen Standards war in dieser Inspiration nicht vorgesehen, ganz zu schweigen von einer technikkritischen Auseinandersetzung, die sich erst später, auf Basis der Erfahrungen des 20. Jahrhunderts – vor allem der beiden Weltkriege – etablierte.

Die gegenwärtigen gesetzlichen Grundlagen rücken demgegenüber einen öffentlichen Bildungsauftrag in den Vordergrund, der die Kontextualisierung der Exponate einschließt: „Die Bundesmuseen sind dazu bestimmt, das ihnen anvertraute Sammlungsgut […] derart der Öffentlichkeit zu präsentieren, dass durch die Aufbereitung Verständnis für Entwicklungen und Zusammenhänge zwischen Gesellschafts-, Kunst-, Technik-, Natur- und Wissenschaftsphänomenen geweckt wird."[4] Über die funktionstechnische Erläuterung von Objekten hinaus bedarf es also ihrer sozial- und kulturhistorischen Einbettung in innergesellschaftliche sowie internationale Entwicklungen, und es bedarf einer didaktisch adäquaten Präsentation.

Mit der Generalsanierung des Hauses und der darauf folgenden Neueinrichtung vollzog sich im Technischen Museum Wien ein dahingehender Modernisierungsschritt. Die Konzeption der 2003 eröffneten Dauerausstellung „medien.welten", die sich der Geschichte der modernen Mediengesellschaft widmet, begreift die auf österreichischem Boden erfolgten Entwicklungen nicht für sich, sondern in einen internationalen Bezugsrahmen eingebunden.[5] Diese Prämisse findet ihren Niederschlag in der thematischen Gliederung, der Auswahl der ausgestellten Objekte sowie in den Ausstellungstexten. Nicht den Mythos einer österreichischen Mediengeschichte galt es zu präsentieren, sondern die Geschichte des Mediensystems, das sich über Jahrhunderte hinweg im Zusammenspiel unterschiedlichster gesellschaftlicher Faktoren und in starken internationalen Wechselbeziehungen etablierte. Zur Illustration sei auf die Geschichte des Buchdrucks hierzulande verwiesen, die sich ohne Zweifel als über weite Strecken von den Entwicklungen in deutschen Druckzentren geprägt darstellt. Unbestritten bleibt freilich, dass Mediengeschichten wie diese nationalspezifische Verläufe genommen haben. Auch wenn die in verschiedenen Ländern betriebenen Druckerpressen einander technisch weitestgehend glichen, entwickelten sich im Gefolge von Reformation, Aufklärung oder Industrialisierung vollkommen unterschiedliche Buch- und Pressekulturen. Ausstellungstexte und Illustrationen der „medien.welten" versuchen, diesem Spannungsfeld zwischen nationaler und internationaler Perspektive gerecht zu werden.

Die „medien.welten", eine Geschichte der modernen Mediengesellschaft

Seit März 2003 steht den Besuchern des Museums die permanente Ausstellung „medien.welten" offen. Ihr Thema ist die Geschichte des modernen Mediensystems, wie es sich in den vergangenen Jahrhunderten etabliert hat. Die Ausstellungsfläche der „medien.welten" erstreckt sich über mehrere Räume: Unmittelbar nach dem Eingang gelangt man von einer ovalen Galerie zu drei außen angelagerten Ausstellungstrakten. Die zentrale Galerie gibt mithilfe einiger Schlüsselobjekte wie einem Morse-Telegrafen und einer Druckerpresse einen kursorischen Überblick über die Geschichte des modernen Mediensystems. Die eigentliche Ausstellung mit einer Vielzahl historischer Exponate befindet sich in den drei außen liegenden Trakten. Einer der beiden Seitentrakte zeigt im Zeichen des medientheoretischen Prinzips Speichern die historischen Genesen der Bild-, Ton- und Druckmedien sowie jener der Datenverarbeitung, der andere im Zeichen von Übermitteln die Genese der Post und der Telekommunikation. Im Stirntrakt laufen die Genesen der Speicher- und Übermittlungsmedien zusammen und verschmelzen am Ende in Form von PC und Internet miteinander.

In allen Trakten sind die Ausstellungsobjekte zu Themeninseln gruppiert, die sich wie Perlen an einer Schnur in historischer Abfolge aneinanderreihen. Ein plakatwandartiges Band, das die Wände entlang verläuft, trägt die Titel der Themeninseln – bei der Telekommunikationsgenese etwa von der Balkentelegrafie über die elektrische Telegrafie und Telefonie bis zum Funk. Das Band zeigt zudem historische Abbildungen aus der zugehörigen Lebens- und Arbeitswelt, die jeder Insel den sozialhistorischen Kontext geben. Unaufdringliche Pulte bieten illustrierte Texte zu den Objekten und zum Kontext – also zum Beispiel über die Bedeutung der Druckerpresse ebenso wie über die Rolle des Buchdrucks in Zeiten von Reformation oder Revolution.

Eine wesentliche Facette der Gesamtkonzeption bildet der Umstand, dass die einzelnen Mediengeschichten nicht unabhängig voneinander verlaufen, sondern sich im Lauf der Zeit vielmehr gegenseitig beeinflussen. Aus der Verbindung von Buchdruck und Fotografie resultierten beispielsweise fotografische Zeitungsillustrationen. Konvergenzprozesse, so die Botschaft, haben lange vor der Zeit von Personal Computer und Internet begonnen. PC und Internet, die am Ende der bisherigen Mediengeschichte stehen, haben diese Prozesse beschleunigt und ein neues digitales Medienzeitalter eingeleitet. Der Computer adaptiert sämtliche klassischen Medienformen: Text, Ton, Bild und Film. Das Internet bedient sich aller kabelgebundenen wie kabellosen Netze und hat sich zu einem weltumspannenden Netzwerk entwickelt. Darüber hinaus sind Computer und Internet zu einer apparativen Einheit zusammengewachsen. Dadurch wird auch die Unterscheidung von Übermittlungs- und Speichermedien obsolet. Übermitteln und Speichern sind nur noch zwei Seiten einer Medaille.

In sozialer Hinsicht schaffen Computer und Internet die Grundlage der westlichen Mediengesellschaft. Behördliche Bürokratie und kommerzielle Geschäfte werden zunehmend virtuell abgewickelt. Gleiches gilt für manche Arten von Jobs, die den eigenen PC zum Arbeitsplatz machen. Auch immer mehr Unterhaltungs- und Bildungsangebote werden via Internet aus fernen Datenbanken abgerufen. Weiters werden zahllose Waren im Netz angeboten, das sich auch als digitale Einkaufsstraße darbietet. Die moderne Mediengesellschaft charakterisiert sich vor allem durch den Zugang, den ihre Bürger zu den unermesslichen Datenmengen haben, die das weltweite Netz bereithält. Das Individuum ist zudem wie nie zuvor in der Lage, selbst Medien herzustellen – Texte, Töne, Bilder oder Filme – und via Internet auch in Umlauf zu bringen.

Die neuen Freiheiten haben jedoch eine Kehrseite. Aus der fortschreitenden Vernetzung resultieren Gefahren wie die der Überwachung. Schließlich hinterlässt das Individuum bei seinen Streifzügen durch die virtuellen Welten Spuren, die verfolgbar sind. In der schönen neuen Medienwelt lauert „Big Brother" – ein Überwachungsstaat, der sich um den Preis bürgerlicher Grundrechte vermeintliche Sicherheit erkauft. Angesichts dessen liegt der Anspruch der „medien.welten" nicht zuletzt darin, die Entstehung der modernen Mediengesellschaft zu zeigen, um die Besucher in die Lage zu versetzen, ihren von Medien geprägten Alltag besser zu verstehen und verantwortungsvoller mit diesen Medien umzugehen.

Diesem Ziel dienen Exponate, Texte und Illustrationen der physischen Ausstellung wie auch die virtuellen Ebenen der „medien.welten": Über Computerterminals zugänglich und

Themeninsel „Massenpresse" in der Schausammlung „medien.welten", Foto, 2008

multimedial illustriert bieten diese vertiefende Texte in einer Quantität und Qualität, welche die reale Ausstellung nicht bieten kann.

Die Aura des Originals und der Reiz der Multimedialität

Museen haben die Aufgabe, Artefakte zu sammeln, um sie zu bewahren, vor allem aber, um sie, entsprechend aufbereitet, öffentlich zugänglich zu machen.[6] Dieser Auftrag definiert sie unwiderruflich als physische Orte und prägt ihre Ausstellungskonzeption. Die Frage, ob die zunehmende Medialisierung eine Option bietet, auf physische Exponate zugunsten virtueller Objekte zu verzichten (was einer Aufgabe der Institution Museum gleichkäme), stellt sich im Normalfall also nicht. Das klassische Museum definiert sich zudem seit Jahrhunderten über die Authentizität und Aura seiner Exponate. Oftmals totgesagt und in ihrer Legitimität bestritten, kann sich die Aura des Originals im Zeitalter technischer medialer Reproduzierbarkeit neben zeitgemäßen Massenmedien behaupten. Bildmedien wie Foto, Film und Fernsehen haben zwar große Verbreitung gefunden, aber nicht vermocht, das physische Original zu ersetzen. Im Gegenteil, hat es doch den Anschein, dass sich gerade jene Kulturdenkmäler des größten Besucherzustroms erfreuen, die medial besonders oft reproduziert werden. Andererseits sind Foto, Film und Fernsehen heute neben dem gedruckten Text anerkannte Elemente im Vermittlungskanon der modernen Mediengesellschaft. Eine zusehends unüberschaubarer werdende Welt wird durch verschiedene Medienformate und -genres thematisiert, um unterschiedliche Rezipientengruppen zu erreichen, aber auch um verschiedene Gegenstandsfacetten zu erschließen. Derartiger didaktischer Multimedialität muss sich auch das Museum bedienen, wenn es mehr als nur eine auratische Schau sein will. Zur Verdeutlichung ein Beispiel: Es ist eine Sache, die Faszination der Filmgeschichte über historische Kameras und Projektoren, hölzerne Kinositzreihen von anno dazumal, vielleicht auch noch über originale Filmplakate und -programme zu vermitteln, jedoch eine ganz andere, zusätzlich historische Laufbildstreifen einzuspielen und somit die kulturhistorische Dimension des Filminhalts einzubeziehen. Wird der Filmstreifen in Form einer interaktiv angelegten Computeranimation aufbereitet, kann der Besucher überdies selbst Hand anlegen und durch langsames Beschleunigen der einzelnen Phasenbilder dem ureigenen Wesen des Films näherkommen – jenem zauberhaften Moment, in dem die statischen Einzelbilder zum Laufbild mutieren.

Beim Einsatz digitaler Medien geht es also nicht darum, einen Ersatz für die konventionelle Objektpräsentation zu finden, sondern um die Entwicklung ergänzender Medienformen, die mehr bzw. anderes vermitteln können.

Die Zeiten, in denen sich Museen weitestgehend über ihren Objektbestand definiert und sich auch so präsentiert haben, sind wohl vorüber. Technikmuseen können sich in ihren Ausstellungen nicht mehr damit begnügen, das Funktionieren einer Maschine auf bloßer apparativer Ebene zu erklären. Derart beschauliche Binnenperspektiven, aber auch damit zusammenhängende relativistische Makrosichten, die sich jeglicher kritischen Hinterfragung entziehen – etwa die von der Wertfreiheit von Technik oder jene von der Verabsolutierung des technischen Fortschritts – haben sich als didaktische Paradigmen überlebt. Technik ist als integraler Bestandteil der Gesellschaft sowohl im Hinblick auf historische als auch auf aktuelle Entwicklungen kritisch zu reflektieren.

Diese Prämisse lag den konzeptionellen Überlegungen für die „medien.welten" von Anfang an zugrunde – das technikhistorische Exponat stehe nicht für sich, werde vielmehr in einen gesamtgesellschaftlichen Kontext gesetzt, um es aus seiner sozialen Perspektive heraus verstehbar zu machen.[7] Diese Prämisse gilt für die virtuellen Dimensionen der „medien.welten" natürlich ebenso, zumal jene dort ansetzen, wo die physische Ausstellung an ihre Grenzen stößt. Sie erweitern und verdichten die angesprochenen Themen in zahlreichen Facetten, sie illustrieren Themen in multimedialer Weise, und sie bieten Computeranimationen, die den Besuchern interaktive Auseinandersetzung ermöglichen. Die virtuelle Ebene schafft also mehr und medial hochwertigeren Ausstellungsraum. In Form einer Virtual-Reality-Applikation der legendären Verschlüsselungsmaschine Enigma beispielsweise kann dem Besucher nicht nur die Maschinenoberfläche gezeigt, sondern auch ein Blick auf das geheimnisvolle elektromechanische Innenleben ermöglicht werden – auf die wichtigsten Bauteile und deren Funktionsweise und selbst auf Stromflüsse, die hier sichtbar werden. Die animierte Enigma kann zudem interaktiv genutzt werden. Stellt der Besucher per Touchscreen die drei Schlüsselwalzen auf die richtige Stellung ein, lassen sich die Chiffren eines Funkspruchs in Klartext umwandeln. Das virtuelle Ausstellungsobjekt erlaubt dem Besucher ein Maß an interaktiver Auseinandersetzung, die am Original kaum zugestanden werden könnte.

Der Einsatz des Computers im didaktischen Spektrum von Museen und Ausstellungen ist aber bekanntlich nicht unumstritten.[8] Im Gefolge der rasanten Computerentwicklung und geblendet vom grellen Schein seiner vermeintlichen Mög-

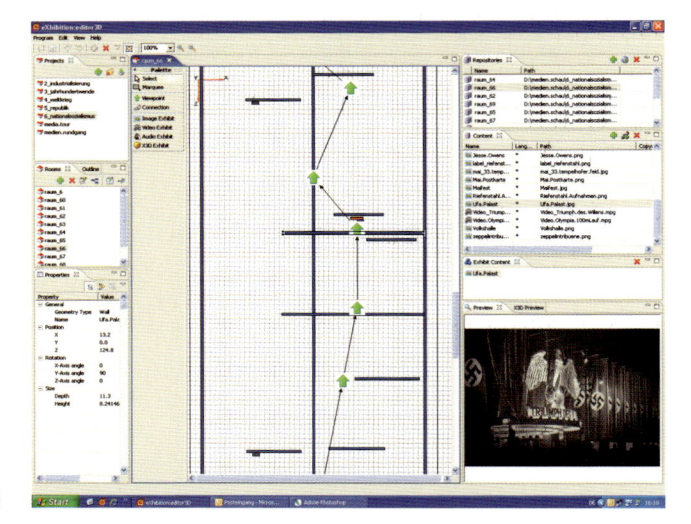

Screenshot aus dem Programm „eXhibition:editor3D", 2008

medien.album-Cover, 2008

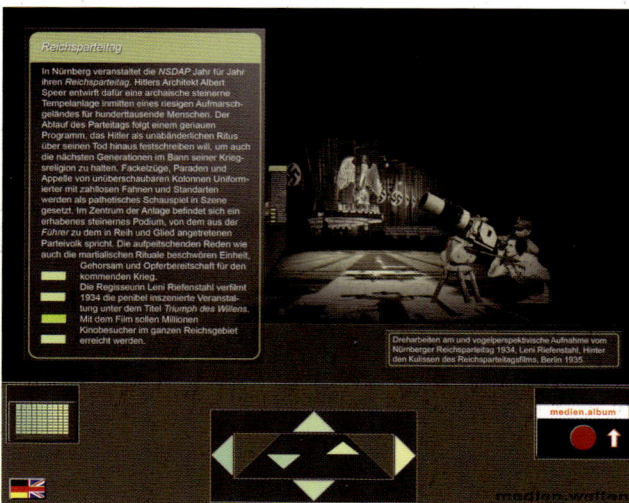

Screenshot aus der Rubrik „medien.schau", 2008

Medienmöbel in der Schausammlung „medien.welten", Foto, 2008

lichkeiten formieren sich – wie in früheren Fällen bei manch anderen ehemals neuen, heute längst etablierten Bildmedien auch – Bildgötzendiener und Bilderstürmer. Auf der einen Seite wird der Computer zum Universalmedium hochstilisiert, das alle Vermittlungsprobleme zu lösen vermöge; auf der anderen Seite wird er zum Vorboten einer didaktischen Apokalypse, an deren Ende nicht weniger als die Auflösung der physischen Welt und mit ihr die der Institution des klassischen Museums stünden. Beide Positionen gehen am Wesentlichen vorbei, wie die jüngere Mediengeschichte zeigt. Die Bildmedien, allen voran das gleichermaßen bejubelte wie bekämpfte Fernsehen, haben es über Jahrzehnte hindurch nicht geschafft, die Vermittlung von Bildungsinhalten zu monopolisieren und reale Orte zu medialisieren. Angesichts dieses Befunds ist davon auszugehen, dass auch der Computer die Welt nicht aus ihren physischen Angeln heben, wenngleich doch in ihrem Erscheinungsbild wesentlich verändern wird. Vor allem sind es die Eigenschaften Interaktivität und Multimedialität, die das Computermedium in die moderne Medienlandschaft einbringt und somit auch der Ausstellungsdidaktik bereitstellt – wohlgemerkt: als zusätzliche Elemente im didaktischen Gesamtspektrum, in dessen Zentrum nach wie vor physische Objekte stehen. „Das Museum der Zukunft präsentiert sich [...] interaktiv und multimedial – ohne dass es sich seiner Exponate entledigt."[9]

Die virtuellen Schauräume der „medien.welten"

Wie erwähnt, können die Besucher der „medien.welten" auch virtuelle Räume „durchwandern".[10] Die virtuellen „medien.welten" sind als Offline-Variante konzipiert, die sich in die physische Ausstellung thematisch einfügt und nicht als von außen zugängliche Ersatzausstellung gedacht ist. Zugänge existieren ausschließlich vor Ort. Die Dreidimensionalität der modellierten Schauräume suggeriert eine bruchlose Fortführung der Ausstellung. Die Entwicklung und Adaptierung der dafür nötigen 3-D-Software erfolgten in Zusammenarbeit mit der Grazer Forschungseinrichtung Joanneum Research. Es entstand ein vergleichsweise einfach zu handhabendes Programm, genannt „eXhibition:editor3D",[11] mit dem die Ausstellungsverantwortlichen ohne Hinzuziehung externer professioneller Unterstützung die virtuellen Räume selbst gestalten können.

Die virtuellen „medien.welten" können in bequemen Lounges inmitten der Ausstellung über Touchscreens besucht werden. Per Fingerdruck auf entsprechende Pfeil-Buttons lassen sie sich „durchwandern". Eine Rubrik „medien.rundgang" bietet einen Überblick über sämtliche Themeninseln der physischen Ausstellung mit allen dort befindlichen Ausstellungstexten. Mit einer einfachen Wertkarte, dem „medien.album", können Screenshots dieser Texte gespeichert werden. Es genügt, die Karte in das Lesefenster am Terminal zu legen; das System erstellt nun automatisch ein digitales Album, in dem der Karteninhaber per Speicherbutton die Inhalte seiner Wahl zum späteren Nachschlagen und Nachlesen sammelt.

In der Rubrik „medien.schau" findet sich eine umfassende multimedial illustrierte Mediengeschichte. Insgesamt hundert virtuelle Schauräume widmen sich zehn verschiedenen Medienthemen wie Karte, Zahl, Liste, Buch usw. in zehn Epochen – vom Absolutismus bis zur Globalisierung. Ähnlich wie in einem Setzkasten angeordnet, erlauben sie dem Besucher, sowohl horizontale als auch vertikale Raumwechsel zu vollziehen. Ausgehend von dem Gedanken, dass die einzelnen Mediengeschichten nicht isoliert voneinander verlaufen, sondern einander beeinflussen, bieten sich zweierlei Leserichtungen an: Jedes Thema kann in zehn Etappen von den Anfängen um 1500 bis zur Gegenwart durchwandert werden; oder man wandert durch die zehn Medienthemen in nur einer Epoche.

Jeder der hundert Räume bietet zunächst einen Text, der das jeweilige Thema umreißt, sowie drei weitere Texte zu speziellen Facetten besagten Themas. Die Texte werden mit kleinen Szenerien illustriert – mit Bildcollagen in zeitgenössischer Ikonografie, mitunter mit Ausschnitten aus historischen Film- oder Tondokumenten. Dem NS-Reichsparteitag widmet sich beispielsweise eine Fotocollage, die nationalsozialistische Masseninszenierung und Riefenstahl'sche Filmdramaturgie im Zeichen totalitärer Propaganda thematisiert. Die Collage mündet im Premierenkino in Berlin, in einem Ausschnitt aus dem Propagandafilm „Triumph des Willens" mit einer gleichermaßen gespenstisch wie bedrohlich wirkenden nächtlichen Rede Hitlers.

Auch Screenshots der „medien.schau" können im Album gespeichert werden. Gleiches gilt für die Elemente der Rubrik „medien.archiv", die an entsprechenden Computerterminals historische Tonaufnahmen, Fotografien und Filmausschnitte sowie Radio- und Fernsehbeiträge bietet. Nach dem Ausstellungsbesuch kann der Karteninhaber von zu Hause aus alle in seinem Album gesammelten Inhalte via Museumshomepage auf seinen privaten Computer downloaden. In diesem Sinn weisen die virtuellen „medien.welten" über den physischen Ort des Museums hinaus, doch sie tun dies im Sinn eines digitalen Ausstellungskatalogs, ohne ihre Anbindung an die Exponate und das Haus aufzugeben.

Die Möglichkeiten des Mediums Computer

Vom Computereinsatz im Museum zu sprechen heißt, von vielfältigen Phänomenen zu sprechen. Der Computer stellt zunächst ein Register dar, das große Datenmengen systematisch zu verwalten erlaubt. Dahingehend genießt er als Trägermedium elektronischer Objektdatenbanken mittlerweile auch in Museen unangefochtene Bedeutung. Die Möglichkeiten entsprechen der Software (vor allem Such- und Filterfunktionen) und erhöhen die Verfügbarkeit der inventarisierten Objekte beträchtlich.

Eine weitere wichtige Qualität des Computers liegt im Zugang zum weltweiten Internet. Ansätze, sich auf diese Weise als Museum eine globale Plattform zu schaffen, findet man bei Projekten wie dem der Dresdner Gemäldegalerie Alte Meister. Sie hat ihre Ausstellungsräume samt den dort ausgestellten 750 Gemälden digitalisiert und über die Online-Welt „Second Life" zugänglich gemacht.[12] Die virtuelle Ausstellung dient als eine Art Schaufenster der Gemäldegalerie, das Besucher aufmerksam machen und in die reale Ausstellung locken will.[13] Möglicherweise zielt das Projekt aber auch darauf ab, die voll bestückte virtuelle Galerie in Hinkunft als Filiale des Stammhauses zu betreiben, für virtuelle Besucher in aller Welt, die auch Eintrittsgelder zu entrichten haben.

Aber abgesehen davon, dass großen Museumsprojekten im Internet noch gravierende technische Probleme wie eingeschränkte Datenübermittlungsmengen entgegenstehen, wirft dieser konzeptionelle Ansatz auch grundlegende Fragen wie die der Selbstkonkurrenzierung oder der Verselbständigung auf – beides Fragen, die allerdings eher auf Marketing- als auf inhaltlicher Ebene zu klären sind.

Ungeachtet dessen beinhaltet das Dresdner Projekt auch ein Element, das auf die im engeren Sinn museumsdidaktischen Qualitäten des Computermediums verweist. Zwei Werke Canalettos etwa werden mithilfe animierter Röntgenaufnahmen in ihrem Entstehungsprozess freigelegt. Es würde sich anbieten, diese höchst interessante Gegenstandsfacette, die am physischen Original im Rahmen der Ausstellung kaum sichtbar zu machen ist, nicht bloß in miniaturisierter Form auf einer Webpage zu zeigen, sondern auch in der realen Galerie – als großformatige Projektion möglicherweise, die Besuchern Einblicke vermittelt, die jahrhundertelang selbst Spezialisten verwehrt waren. Im Übrigen wären damit inhaltlich neben der Maltechnik – zumindest in speziellen Fällen nachweisbarer Übermalungen – auch Themen wie Zensur angesprochen.

Als Basistechnologie für klassische Medien wie Text, Bild, Ton oder Film sowie für die neue Vermittlungsform der Animation eröffnet der Computer eine Vielzahl von neuen didaktischen Möglichkeiten. Das damit erschlossene weite Anwendungsfeld muss aber erst kultiviert werden, um die fruchtbringenden Anwendungen herauszufiltern. Obgleich stark von technischen Rahmenbedingungen geprägt, handelt es sich bei der Frage des Computereinsatzes um eine didaktische Frage, also nicht darum, was (medien)technisch machbar, sondern was didaktisch sinnvoll ist. Nicht jede Animation ist nötig, nicht jede Applikation zielführend, oft entfalten sich Botschaften in klassischen Medienformaten – im einfachsten Fall in Form eines kurzen gedruckten Textes – klarer als animiert am Bildschirm. Gerade weil das Computermedium ein überaus mächtiges Instrument darstellt, braucht es bisweilen Mut zur Reduzierung auf inhaltlich Notwendiges und die Bereitschaft, sich von seinem Schein nicht blenden zu lassen. Andernfalls droht effekthascherischer Installationismus mit dem Fluchtpunkt eines selbstgefälligen virtuellen Erlebnisparks, der vornehmlich Spektakel bieten will und dafür mitunter den Inhalt der Form opfert.

Für Museumsverantwortliche ist es jedenfalls unumgänglich, sich mit den didaktischen Qualitäten des Computermediums auseinanderzusetzen. Überinstitutionelle, ja internationale Diskurse können Wege in künftige virtuelle Museumsdimensionen weisen. In Projekten, die zumeist von großen Museen getragen werden, finden solche Diskurse bereits seit geraumer Zeit statt. Ausgehend von der „International Conference on Hypermedia and Interactivity in Museums" (ICHIM),[14] die sich die Förderung des Einsatzes interaktiver digitaler Medien in Museen zum Ziel gesetzt hat, ist ein umfassendes Projekt entstanden, das sich auf jährlichen Konferenzen dem Verhältnis zwischen digitalen Medien und kulturellem Erbe widmet. Im Projekt „Artefacts"[15] arbeiten Museen wie das Deutsche Museum in München, das Science Museum in London, die Smithsonian Institution in Washington D. C. und das Conservatoire des arts et métiers in Paris seit Jahren an methodisch innovativen Ansätzen der Objektforschung und diskutieren die daraus resultierenden Folgen für die museale Sammlungs- und Präsentationstätigkeit. Den Wissens- und Erfahrungsaustausch zwischen Museen fördern will auch „Museums and the Web"[16] – ein internationales Projekt, das im Rahmen regelmäßiger Konferenzen die Präsentation von Museen im Internet zum Thema hat. Als vergleichsweise kleiner Partner sind auch die „medien.welten" des Technischen Museums Wien bemüht, sich an solchen Projekten zu beteiligen, auf Basis der Erfahrungen mit den virtuellen „medien.welten" Impulse zu geben und neue Erkenntnisse zu gewinnen.[17]

Auch wenn noch viele Fragen offen sind – zum Computereinsatz gibt es keine Alternative. Während man in der Gründungszeit des Museums das damals neue Medium Film für didaktisch inspirierte Vorführungen im Festsaal adaptierte, steht ein Jahrhundert danach die Integration des Computermediums an. Das Medium Computer bahnt sich als das unbestrittene Leitmedium des 21. Jahrhunderts seinen Weg in alle Gesellschaftsbereiche – natürlich auch in die Museen.[18] Terminals und Bildschirme (bzw. Projektionen) samt der spezifischen Multimedia-Sprache werden sich im Ausstellungsrahmen neben den klassischen Elementen Text, Bild und Vitrine fest etablieren. Die bereits computersozialisierten Jugendlichen und Kinder werden ihre gewohnten medienkulturellen Ansprüche in Zukunft auch verstärkt an Museen stellen, und die Museen werden sich dem nicht entziehen können, ohne den Verlust dieser Besuchergruppen zu riskieren. Natürlich stellt der Einsatz des neuen Mediums bisweilen eine Gratwanderung dar: Man will den jungen Besuchern die ihnen gemäße mediale Form bieten und gleichzeitig ältere Besucher, die dem Einsatz von Computern erfahrungsgemäß oft distanzierter gegenüberstehen, nicht ausgrenzen. Genau darin aber, in der Entwicklung einer entsprechend unkomplizierten Menüführung in Verbindung mit einem klaren grafischen Design, das erst gar keine Hemmschwellen entstehen lässt, liegt eine der Herausforderungen, die es zu bewältigen gilt.

Peter Payer, Lisa Noggler-Gürtler

Alltag – eine Gebrauchsanweisung

„Das Alltägliche wiederholt sich und wird durch die Wiederholung zum Allgemeingültigen oder, richtiger, zur Struktur. Es erfaßt die Gesellschaft auf allen Ebenen, kennzeichnet allgemein übliche Lebensformen und Handlungsweisen."
Fernand Braudel

Für die Geschichtswissenschaft des 20. Jahrhunderts lassen sich zwei zentrale Verschiebungen feststellen: ein „linguistic turn", der erstmals die Sprache selbst in den Mittelpunkt der Analyse stellte, und ein „social turn", der weg von der bisher dominanten Ereignis- und Politikgeschichte und hin zur Mentalitäten- und Alltagsgeschichte führte.[19] Der Alltag als – um ein Wort von Jacques Le Goff abzuwandeln – „die Geschichte der Langsamkeit in der Geschichte"[20] rückte vor allem seit den 1980er-Jahren in das Blickfeld der historischen Wissenschaften.[21] Auch in der Technikgeschichte ging es nunmehr verstärkt darum, technischen Phänomenen im Alltagsleben nachzuspüren und sie vor dem Hintergrund des gesellschaftlichen Wandels zu interpretieren.[22]

Die Museen reagierten ebenfalls auf diesen Paradigmenwechsel: Waren es bislang vor allem volkskundliche Museen gewesen, die Alltagsgeschichte verhandelten und präsentierten,[23] so zogen nun auch Industriemuseen und technische Museen nach. Parallel dazu setzten Diskussionen über neue Sammlungskategorien und kulturwissenschaftliche Herangehensweisen im Sammeln und Ausstellen ein.

Im Technischen Museum Wien wurde Anfang der 1990er-Jahre der erste Schritt zur Etablierung der Alltagsgeschichte getan. Im Zuge der Neuformulierung des Museumskonzepts galt es, „neue Bereiche, die Bedeutung für einen großen Teil der Bevölkerung haben", zu integrieren, wie Technik in der Freizeit und im Sport, im Büro und am Arbeitsplatz, im Haushalt und somit generell im Alltag.[24] Der neue Sammlungsbereich „Alltag & Wohnen" sollte künftig auch in der Schausammlung vertreten sein und dort den Besuchern – ausgehend von der Urform des Wohnens – die verschiedenen Stadien der Technisierung des Alltags bis hin zu gegenwärtigen Formen des Wohnens und der Freizeitgestaltung näher bringen, unter Einbeziehung der vielfältigen Wechselbeziehungen zwischen Natur, Umwelt, Mensch und Technik.[25]

Der neue Sammlungsbereich wurde institutionell und personell verankert,[26] die geplante Präsentation in der Schausammlung zum Konzept „Technisierung der Lebensräume: Körper, Wohnraum, Stadt, Natur" weiterentwickelt.[27]

Ende der 1990er-Jahre, im Zuge der Neugruppierung der gesamten Sammlung des Technischen Museums, wurde der nunmehr in „Bau-, Alltags- und Umwelttechnik" umbenannte Sammlungsbereich endgültig in seiner heutigen Form implementiert.[28] Dieser bildet die Klammer für rund 15.000 Objekte unterschiedlichster Provenienz und zeitlicher Entstehung. Er umfasst die Bestände Bautechnik (mit Gruppen wie Hochbau, Wasserbau und Brückenbau sowie der Baumaterialiensammlung), Haustechnik (z. B. Klima- und Lichttechnik), Haushaltstechnik (mit den Schwerpunkten Ernährung und Hygiene), Freizeit-, Spiel- und Sporttechnik, Schutztechnik (Schwerpunkt Feuerwehr) und Umwelttechnik (als jüngsten Bereich seit 1999).

Im internationalen Vergleich nahm das Technische Museum Wien damit eine Vorreiterrolle ein, da es als bisher einziges großes technisches Museum den „Alltag" gleichberechtigt mit den traditionellen Sammlungsbereichen (Energie, Verkehr, Produktion etc.) verankerte.[29] Für das 100-jährige Haus war der damit vollzogene Paradigmenwechsel nicht zuletzt eindrucksvolles Zeugnis für die Kraft zur Anpassung an aktuelle Fragestellungen und Problemfelder.

Dies drückte sich auch in der Weiterentwicklung des Schausammlungskonzepts und der Realisierung der Dauerausstellung „Alltag – eine Gebrauchsanweisung" aus. Der ursprüngliche Mix aus alltags-, umwelt- und technikhistorischem Ansatz machte einem breiten kulturwissenschaftlichen Zugang Platz, in dem der Gebrauch von technischen Geräten und deren Bedeutung für den Alltag im Vordergrund stehen. Gleichzeitig werden zentrale, bislang wenig beachtete Praktiken musealer Arbeit thematisiert. So sind die gängigen musealen Erzählpraktiken und Hintergründe des Sammelns mitreflektiert, die klassischen Fortschritts- und Erfolgsgeschichten von Technik hinterfragt und die Repräsentationen von sozialen Gruppen und Geschlechtern im Museum dechiffriert.[30]

Die Handlungsebene bildet die Struktur für die Gliederung der Ausstellung und verweist damit herkömmliche thematische oder chronologische Ordnungen an nachgereihte Stelle. Die einzelnen Subbereiche sind mit Verben benannt, die Motive und Strategien menschlichen Handelns mit Technik ausdrücken. Entgegen üblicherweise präsentierten „statischen Genrebildchen"[31] werden Denkmuster und Handlungsstrukturen mit einem Schwerpunkt auf die letzten 120 Jahre he-

Blick vom Anatomiemodell zur Prothesenpräsentation, Foto, 2007

rausgearbeitet: im Umgang mit dem menschlichen Körper und der Umwelt, im Wohnbereich, im Haushalt und in der städtischen Umgebung. Technische Erklärungen, Bedingungen des Produktionszusammenhangs und die Funktionsweisen sind dieser „Gebrauchsstruktur" untergeordnet.[32]

Über „Empfangsräume – Depotsituationen", die auf das Kernstück der Museumsarbeit verweisen, nämlich das Arbeiten mit den Sammlungen, gelangt man in die einzelnen Ausstellungseinheiten. In begehbaren „Gedankenblasen" stehen – zusammengefasst unter dem Begriffspaar „wünschen/vorstellen" – Imaginationen und Befürchtungen in Sachen Technik im Vordergrund.

Im Bereich „messen/ordnen" wird die technische Generierung von Ordnungssystemen thematisiert, deren Grundlage die Vermessung und Systematisierung von Wissen, Körpern, Räumen, Bewegungen und Gebrauchsgegenständen bilden – von den anthropologischen Vermessungen im letzten Drittel des 19. Jahrhunderts über die Rationalisierungsdebatten zwischen den 1920er- und den 1970er-Jahren bis hin zur Körper- und Bewegungsvermessung, zur Arbeitsküche und zum rationalisierten Massenwohnungsbau und zur Stadtplanung.

Das Thema „ersetzen/hinzufügen" widmet sich dem technisch erweiterten menschlichen Körper. Die Prothesensammlung aus der Zeit des Ersten Weltkriegs und Beispiele neuester Prothetik präsentieren in diesem Ausstellungsteil die Geschichte der ersetzenden und erweiternden Körperprothetik, der Funktions- und „Schmuckprothese" und den Aspekt der „Körperverlängerungen", etwa mittels eines Nachtsichtgeräts.

Das Begriffspaar „beleuchten/sichtbar machen" verbindet die Geschichte der künstlichen Beleuchtung und die technische Entwicklung von Beleuchtungskörpern mit dem Aspekt der Lichtwahrnehmung und -aneignung. Analog dazu werden die Ausleuchtung und Durchleuchtung des menschlichen Körpers thematisiert (anatomische Sektion, Röntgen, Endoskopie, moderne bildgebende Verfahren).

In „versorgen/konsumieren" wird von der Versorgung mit Energie, Baustoffen und Nahrungsmitteln erzählt. Ausgehend von der Entwicklung von Gas- und Stromnetzen sind vorwiegend die häusliche Infrastruktur vom Stromzähler bis zur Steckdose sowie die Energieanwendung dargestellt. Dies umfasst die Technisierung von Kochen und Vorratshaltung, aber auch elektrotherapeutische Geräte samt Fragen des Umgangs mit Energie. In der „Baustoffküche" geht es um die Analogie von Nahrungsmittelzubereitung und Herstellung von Baustoffen.

Im Bereich „antreiben/bewegen" steht die Verlagerung der körperlichen Bewegungen in die Antriebstechnik von Geräten im Mittelpunkt. Anhand von Haushalts- und Heimwerkergeräten, Waschgeräten, Nähmaschinen, Rasierapparaten, multifunktionalen Geräten und der Entwicklung des Elektrokleinmotors sind die Veränderungen menschlicher Handhabungen von spezifischen bzw. Ganzkörperbewegungen über reduzierte, unspezifische Bewegungen (z. B. Knopfdruck, Fußtritt) sichtbar gemacht.

„schützen/überwachen" visualisiert drei essenzielle „Schutzdiskurse": Ausgehend von der wissenschaftlichen Erforschung von Staub und Krankheitserregern wird das Thema Hygiene und „Raumabschluss" in der Stadt und im Haushalt präsentiert. Um „Raumabschlüsse" und Disziplinierungen geht es auch in der Präsentation der Schlösser- und Schlüsselsammlung. Die historische Feuerwehrsammlung schließt den Bogen zum Bereich städtische Schutzeinrichtungen.

In „entsorgen/verbergen" werden technische Praktiken im Umgang mit Fäkalien in öffentlichen und privaten Aborten sowie mit Abwasser und Abfall im Lauf der Geschichte gezeigt. Es wird vermittelt, wie Hygienediskurs, Schamgrenzen und Ordnungsbedürfnisse, aber auch wirtschaftliche und technische Parameter den Umgang mit Fäkalien, Müll und Abwasser beeinflussen.

Jenseits der Frage nach dem Gebrauch von Technik manifestieren sich in der Ausstellung zentrale kulturelle und sozioökonomische Entwicklungslinien der Moderne: Rationalisierung und Automatisierung, Normierung und Standardisierung, Hygienisierung, Elektrifizierung, Modernisierung und Urbanisierung. Erzählt wird darüber hinaus von wechselnden Akteuren, von Machtdiskursen und Genderaspekten, von gesellschaftlichen und anthropologischen Utopien. Und nicht zuletzt geht es immer wieder um die Popularisierung von wissenschaftlicher Erkenntnis – verdeutlicht durch erzieherische Dichotomien wie „richtiges und falsches Handeln".

Im Oktober 2005 wurde „Alltag – eine Gebrauchsanweisung" als permanent zugängliche Ausstellung eröffnet, auf einer Gesamtfläche von 2300 Quadratmetern und bestückt mit 2500 Objekten. Sowohl die Besucher als auch die mediale Öffentlichkeit begrüßten die innovative Präsentation von Alltag im Museum. Man sprach von einer „aufwendig gestalteten Schau mit viel Liebe zum Detail",[33] lobte die Präsentation von „Technikgeschichte im großen Stil"[34] und erfreute sich an der „spannenden", „originellen" und „überraschenden" Ausstellungsdramaturgie.[35] Die stark interaktive, gleichermaßen reflexiv wie emotional angelegte Umsetzung scheint aufzugehen: „Der Spagat zwischen theoretischem Anspruch, sinnlicher Anschaulichkeit und didaktischer Lust ist geglückt."[36] Der Schau gelinge es, „detailreich durchdacht, die Geschichte des 20. Jahrhunderts mit all ihren Irrungen, Verbrechen, Verheißungen und Innovationen zu erzählen. An- und vor allem begreifbarer als viele etablierte Geschichtsbücher. Und sie stellt gleichzeitig klar, dass diese Erzählung eine lückenhafte bleiben muss."[37]

Die Diskussion über die zukünftige Sammlungspolitik[38] sowie die Intensivierung und mediale Aufarbeitung der Sammlung wird von der 2007 umbenannten Abteilung „Alltag und Umwelt"[39] weitergeführt. Zu den zentralen künftigen Aufgaben wird es gehören, die gerade im tendenziell zum Ausufern neigenden Bereich „Alltag" bestehenden Lücken und Unvollständigkeiten transparent zu machen, effiziente Sammelstrategien zu entwickeln und sich dabei von anderen Museen zu unterscheiden.

Ehemals modernste Entsorgungstechnik: Wiener Pavillonpissoir der Firma Beetz, um 1900, Foto, 2005

Klassische Alltagstechnik: die Bügeleisenpräsentation in der Schausammlung, Foto, 2007

Wolfgang Tobisch

LOK.erlebnis

„[…] und genau hundert Jahre nach der Grundsteinlegung des Technischen Museums wird am 20. Juni 2009 eine neu errichtete Ausstellungshalle für die Eisenbahnsammlung eröffnet werden." Mit diesen Worten endete die Rede zum offiziellen Auftakt des Projekts „zu(g)bau" am 24. September 2006, das unter dem Motto „Mit Volldampf in die nächsten 100 Jahre" stand. Rund ein Jahr später wurde vom gleichen Projektteam nach Abbruch des engagierten Vorhabens ein Alternativplan entwickelt, der im November 2008 realisiert werden konnte. Was passierte in diesen drei Jahren mit dem Zubauprojekt für die Eisenbahnsammlung? Welche Alternative wurde realisiert?

Das Projekt „zu(g)bau"

Ideen für Erweiterungsbauten an der Nord-, Ost- bzw. Westseite des Technischen Museums gab es bereits seit der Grundsteinlegung vor 100 Jahren.[40] In jüngerer Vergangenheit waren eine Halle für die Eisenbahn auf der Gleisharfe des Westbahnhofs unmittelbar hinter dem Museum ebenso Thema wie ein Zubau aus Glas mit einer Tiefgarage und einem IMAX-Kino. Alle Projekte scheiterten aber an der Finanzierbarkeit der Investition bzw. der zu erwartenden Betriebskosten.

Die Eröffnung des Museums nach der Generalsanierung im Jahr 1999 stellte auch für die Unterbringung der Eisenbahnsammlung einen Neubeginn dar. An eine Kooperation mit dem „1. Österreichischen Straßenbahn- und Eisenbahnklub" in Strasshof – kurz 1. ÖSEK – waren große Ausbaupläne und ambitionierte Ideen geknüpft. Im Jahr 2002 intensivierten sich unter Einbeziehung der Österreichischen Bundesbahnen (ÖBB) als Grundstückseigentümer die Gespräche hinsichtlich dieser Pläne. Drei Jahre später scheiterten jedoch die Verhandlungen nicht zuletzt an den unterschiedlichen Vorstellungen über die Aufgaben und den Betrieb eines Eisenbahnmuseums. Nach dem Abbruch der Gespräche über eine Beteiligung des Museums am Eisenbahnmuseum Heizhaus Strasshof fiel vonseiten des Technischen Museums folgende Entscheidung: „Statt der angedachten engen Kooperation bleibt zwar die Leihgebung von verschiedenen Schienenfahrzeugen an den Verein aufrecht, das Technische Museum wird sich aber in Zukunft in den Betrieb des ‚Eisenbahnmuseums Strasshof' nicht einschalten, und der Verein führt – wie bisher – das Museum in Eigenregie weiter."[41]

In Strasshof konnten jedoch nur wenige der über 100 Leihgaben im vorhandenen Heizhaus untergebracht werden. Daraufhin griff die Direktion des Technischen Museums im Sommer 2005 erneut die Idee auf, westlich des Museums auf dem Dach der bestehenden Tiefgarage eine Ausstellungshalle für die Verkehrssammlung zu errichten – allerdings reduziert auf die Unterbringung der Eisenbahnsammlung; zu Beginn lief dieses Projekt unter dem Arbeitstitel „Lokschuppen".

Was sollte aber mit den Objekten der Sammlung geschehen, die nicht im „Lokschuppen" gezeigt werden könnten? Die involvierten Bundesministerien, das Museum und die ÖBB beschlossen eine Aufteilung der Sammlung: Die betriebsfähigen Lokomotiven und andere Großobjekte übernahm per Vertrag mit dem Bundesministerium für Finanzen die ÖBB Holding AG. Beim Museum verblieben vor allem die ältesten, nicht mehr fahrbereiten Exponate.

Nach den ersten inhaltlichen und architektonischen Skizzen wurde am 5. September 2005 ein Proponentenkomitee mit Christian Konrad vom Österreichischen Raiffeisenverband an der Spitze gegründet. Im Herbst 2005 erfolgte die Mittelzusage des für die Museen zuständigen Unterrichtsministeriums. Damit waren zwei Drittel der Gesamtinvestition gesichert, der Rest sollte mit Eigenmitteln des Museums und Sponsorengeldern gedeckt werden.

Die anfängliche Idee, nur einen „Schuppen" zur Unterstellung von Lokomotiven zu errichten und nur einfache Reinigungsarbeiten an den Objekten vorzunehmen, wich einem innovativ angelegten Bauprojekt, einem kulturhistorisch ausgerichteten und themenzentrierten wissenschaftlichen Konzept und einer Strategie zur Restaurierung der bis zu 100 Tonnen schweren Großobjekte. Erstmals sollte in einem großen

Das Bauprojekt „zu(g)bau", Foto, www.OLN.at, 2007

europäischen Technikmuseum neben dem Personenverkehr auch dem Thema Güterverkehr breiter Raum gewidmet werden: Das Projekt „zu(g)bau", der Bau einer rund 6000 Quadratmeter großen Ausstellungshalle in Passivhausbauweise, die optimale klimatische Bedingungen für die Exponate und das Eisenbahnarchiv bieten sollte, war geboren.

Im Mittelpunkt der neuen Dauerausstellung „schienen.verkehr" (Arbeitstitel) sollten 26 Großobjekte stehen, und das wissenschaftliche Projektteam rückte das „spurgebundene" Verkehrssystem in das Zentrum der Überlegungen: „An oberster Stelle steht das menschliche Bedürfnis nach Mobilität, das Bedürfnis, Zeit und Raum möglichst ökonomisch – und zunehmend auch ökologisch – zu überwinden."[42]

Im Eingang zur Halle sollte zuerst das Thema „Verkehr vor der Eisenbahn" dargestellt werden. In der Folge sollten die Besucher entlang des Eisenbahnarchivs zum Thema „Stadt und Bahnhof" als Schnittstelle zum System Eisenbahn gelangen. Dann sollte sich der Weg zu den Themen „Personenverkehr" mit einem Bahnsteig und einem originalen Bahnübergang aus dem 19. Jahrhundert und „Güterverkehr" mit einer Reihe von Lokomotiven und Güterwaggons teilen. Die ausführliche Berücksichtigung des Transports von Massengütern und Waren des täglichen Bedarfs wäre eine innovative Erweiterung bisheriger internationaler Eisenbahnausstellungen gewesen.

Das größte geplante Exponat der Eisenbahnausstellung war die Schnelldampflokomotive 12.10 mit einem Dienstgewicht von rund 180 Tonnen – aber sie war nicht das größte Ausstellungsobjekt. Das war die Passivhaushalle, das Hauptobjekt der zweiten Ausstellung mit dem Titel „Energiefeld"[43], die den Themen „Klimawandel und erneuerbare Energieträger" und deren „Bedarf und Anwendungen" sowie „Erzeugung und Verteilung von Energie" gewidmet sein sollte. Dieses Konzept orientierte sich im Gegensatz zu herkömmlichen Präsentationen am Grundsatz „Vom Nutzer zur Quelle".

Die Konzeptentwicklung begleitete ein internationaler Beirat mit Experten des Deutschen Museums München, dem Verkehrshaus Luzern, den Technikmuseen Prag und Berlin sowie den Österreichischen Bundesbahnen, der in einem abschließenden Statement vom 13. März 2007 an die Geschäftsführung des Museums schrieb: „Die Fortschritte der Konzeption des TMW während der Bearbeitungszeit waren beeindruckend und unübersehbar. Das zuletzt formulierte Basiskonzept vom März 2007 legt die Grundlage für die Einrichtung einer gut funktionierenden Ausstellung, die sich an unterschiedliche Zielgruppen richtet. Das Konzept findet hohe Akzeptanz, ist räumlich gut strukturiert."

Lokomotiven und Waggons während der Restaurierung in einer Halle des ehemaligen Wiener Nordbahnhofs, Foto. Klaus Pichler, 2008

Der Cu 9424-Wagen bei der Rekonstruktion in einer Halle des ehemaligen Wiener Nordbahnhofs, Foto, Klaus Pichler 2008

Von Strasshof nach Wien-Nord

Im Mai 2006 wurde die Dampflokomotive EWA 21 „Ilse" auf dem Gelände des Eisenbahnmuseums in Strasshof auf einen Schwerlastwagen verladen und in die letzte erhaltene Langhalle des ehemaligen Wiener Nordbahnhofs gebracht, wo umgehend die Restaurierarbeiten am Objekt begannen, was nur mit Unterstützung der Österreichischen Bundesbahnen (ÖBB) und einer Gruppe von Eisenbahnern möglich war.

Die Restauratoren standen vor einer „nur" rund 15 Tonnen schweren, völlig verrosteten Lokomotive und überlegten, wie man diese in einen museal vertretbaren Zustand bringen könnte. Die Lok sollte nämlich in drei Monaten am Karlsplatz vor dem Wien Museum als Blickfang für die Ausstellung „Großer Bahnhof" aufgestellt werden. In dieser Situation boten Eisenbahner der benachbarten Werkstätte der ÖBB-Nostalgie ihre Hilfe an, und es entstand nach anfänglicher Skepsis zwischen Eisenbahnern und Restauratoren eine für beide Seiten erfolgreiche Zusammenarbeit.

An einem heißen Julitag begannen um 10 Uhr vormittags die Verschubarbeiten auf dem Gelände des Eisenbahnmuseums Strasshof zum Abtransport der Großobjekte, die einmal im Rahmen von „zu(g)bau" gezeigt werden sollten: Man stellte einen Zug mit Highlights der österreichischen Eisenbahngeschichte, wie der Dampflokomotive 180.01 und der Elektrolok 1060.001, zusammen, der dann nach Wien rollte. Insgesamt kamen 11 Lokomotiven, 4 Waggons und eine Schnellbahngarnitur nach Wien-Nord, wo sie in den nächsten zwei Jahren restauriert wurden.[44]

Schrittweise entstanden für jedes einzelne Großobjekt Maßnahmenkataloge, abgestimmt auf das Ausstellungskonzept und die Bauplanung der Halle. Am größten Restaurierungsprojekt seit der Wiedereröffnung 1999 arbeiteten zeitweise rund sechzig Restauratoren, Handwerker und Helfer mit. Im Herbst 2008 konnten die Arbeiten nach nur zwei Jahren abgeschlossen werden.

Plan B

„Die für den Zubau vorgesehenen Ausstellungsinhalte sind in das Konzept für das Hauptgebäude zu integrieren." – Dieser Satz stammt aus dem Museumsgrundkonzept für das neue TMW von Peter Rebernik aus dem Jahr 1992. Damals wurden die Überlegungen für einen Zubau wegen der zu hohen Kosten für die Generalsanierung fallen gelassen. Rund 15 Jahre später war diese Forderung wieder aktuell.

Nach Fertigstellung der Einreichplanung und des wissenschaftlichen Grundkonzepts sowie der Vergabe der letzten Restaurieraufträge und einer positiven Überprüfung des Budgets entschied das Bundesministerium für Unterricht, Kunst und Kultur unter Ministerin Dr. Claudia Schmied (SPÖ) Anfang Juli 2007, das Projekt „zu(g)bau" zu stoppen. Offizieller Grund dafür war die andere kulturpolitische Ausrichtung der neuen Regierung. Damit war zum wiederholten Mal eine vorgesehene bauliche Erweiterung gescheitert. Die wissenschaftlichen Inhalte des Projekts „zu(g)bau" waren allerdings im Gegensatz zum Museumskonzept 1992 in keiner Weise mehr in das voll eingerichtete Museum integrierbar.

Nach dem für alle Beteiligten schmerzhaften Ausstieg aus dem Projekt begann unter Zeitdruck – die Unterstellung der Exponate in der Langhalle Wien-Nord war nur befristet möglich, und das 100-Jahr-Jubiläum des Museums im Sommer 2009 nahte – die Entwicklung von Alternativen. Im September 2007 bestätigten die Direktion und das Kuratorium des Museums den „Plan B". Dieser Plan berücksichtigte ausgewählte bedeutende Objekte der Eisenbahnsammlung: die Dampflokomotiven „Ajax" (1841), „Steinbrück" (1848) und die „Schnittlok" 1.20 (1883, geschnitten 1926), die Elektrolokomotive 1060.001 (1912), den Wiener Stadtbahnwagen Cu 9424 (1898) und den bereits im Museum aufgestellten Hofsalonwagen von Kaiserin Elisabeth (1873). Ziel war es, in den bereits bestehenden Bereichen „Energie" und „Schwerindustrie" über die Eisenbahnobjekte inhaltliche Ergänzungen vorzunehmen und nicht einen eigenen Eisenbahnbereich zu schaffen, der die Ausstellung im Bereich „Verkehr" ersetzen könnte. Gemeinsam mit dem wissenschaftlichen Team des „zu(g)bau"-Projekts wurde mit Gestaltern ein Aufstellungskonzept entwickelt, das ab Sommer 2008 umgesetzt wurde.

Die älteste E-Lok der Sammlung, die 1060.001, steht in unmittelbarer Nähe zum Ruez-Kraftwerk im Schausammlungsbereich „Energie", das den Strom für die Mittenwaldbahn lieferte, auf der die Lokomotive bis in die 1950er-Jahre eingesetzt wurde. In einer Reihe mit ihr steht die k.k. St.B. 1.20, besser bekannt unter dem Namen „Schnittlok". Sie wurde nach nur 37 Jahren Betrieb im Jahr 1926 von Lehrlingen der ÖBB-Hauptwerkstätte Knittelfeld für das Technische Museum aufgeschnitten, um als Vorführmodell die Funktionsweise einer Dampfmaschine zu veranschaulichen.

Im Bereich „Schwerindustrie" wird die älteste Lokomotive der Sammlung gezeigt, die 1841 nach englischer Bauart konstruierte „Ajax". Sie wurde sowohl für den Personenverkehr als auch für den Gütertransport der Kaiser-Ferdinands-Nordbahn verwendet. Die älteste in Österreich gebaute Lokomotive, die „Steinbrück", fand neben der Prick'schen Dampfmaschine den prominentesten Platz in der Mittelhalle des Museums.

Neben den Lokomotiven wurden in der Aufstellung auch zwei Waggons berücksichtigt: der luxuriös ausgestattete Hofsalonwagen von Kaiserin Elisabeth und der Cu 9424, ein Dritte-Klasse-Wagen der Wiener Stadtbahn. Letzterer war in einem sehr schlechten Zustand und außerdem durch zahlreiche Umbauten und „Verschönerungsarbeiten" zusätzlich verändert. In einem umfangreichen Rekonstruktionsprojekt wurde er nach originalen Plänen neu aufgebaut, die noch vorhandenen originalen Teile wurden restauriert.

Da die schweren Objekte nur auf den nicht unterkellerten Flächen des Erdgeschosses aufgestellt werden konnten, war der Platz sehr begrenzt. Für die restlichen Exponate der Sammlung musste nun eine andere Unterkunft gesucht werden. Nach einer langen und intensiven Suche nach einer geeigneten Halle, die leider nicht in Wien gefunden werden konnte, entschloss sich die Museumsleitung gemeinsam mit dem Projektteam für mehrere Standorte, an denen nach Bewertung der konservatorischen Bedingungen die restlichen Lokomotiven und Wagen untergebracht und der Öffentlichkeit zugänglich gemacht werden konnten. So fanden die Dampflokomotiven 180.01, die „Gmunden" und die Gaisberglok im Ringschuppen des Südbahnmuseums Mürzzuschlag, die Schnelldampflokomotive 12.10, ein Kesselwagen aus dem späten 19. Jahrhundert, ein Postwaggon und die Dampflokomotive „Licaon" im Eisenbahnmuseum Strasshof und die rund 70 m lange betriebsfähige Schnellbahngarnitur der Reihe 4030, die Dampflokomotiven 92.2231, die 1045.014, die erste E-Lok mit Drehgestellantrieb, und der Personenwagen Cah im Eisenbahnmuseum Schwechat vorübergehend eine neue Heimat. Sehr empfindliche Exponate, wie der zum größten Teil aus Holz bestehende Gepäckswagen 52 wurde aus konservatorischen Gründen und der damit zusammenhängenden aufwändigeren restauratorischen Betreuung im museumseigenen Depot in Wien-Floridsdorf untergestellt. So fand man für die Unterbringung aller Objekte während der nächsten Jahre eine Lösung. Klar war allerdings, dass es sich um keine endgültige Lösung für die Eisenbahnsammlung des Technischen Museums Wien handeln kann.

Nach Abschluss der Restaurierungsarbeiten im Frühjahr 2008 begannen im Sommer die ersten Umbauarbeiten und Umstellungen von Objekten rund um die Mittelhalle im Museum. Die Eingangssituation, das Kino und die Fläche für Sonderausstellungen im Bereich Energie wurden umgestaltet. Im Bereich Schwerindustrie wurden Modelle neu zusammengestellt. Die 97.102, die Erzberg-Zahnradlokomotive, verlieh man an den Verein Erzbergbahn, womit sie an ihren ursprünglichen Einsatzort nach Vordernberg zurückkehrte. Einige Objekte aus der Mittelhalle wurden im Museum umgestellt bzw. ins Depot gebracht. Nach der Fertigstellung der Rekonstruktion des Stadtbahnwagens im Oktober 2008 begannen Anfang November 2008 die Transporte. Auf Schwerlastern wurden über 150 Tonnen von der Langhalle Wien-Nord zum Technischen Museum gebracht und in mehreren Nächten mithilfe von Luftkissen, Staplern, Hubwagen, Rollen, Rampen und zahlreichen helfenden Händen zentimetergenau auf den vorgesehenen Platz gestellt. Dort standen sie mehrere Tage lang verpackt und vor den neugierigen Blicken der Besucher versteckt, bis die Dampflokomotiven „Ajax" und „Steinbrück" aus den 1840er-Jahren, die älteste E-Lokomotive der Sammlung, die 1060.001 aus dem Jahre 1912, die „Schnittlok", eine 1926 für das Technische Museum Wien aufgeschnittene Dampflokomotive und somit eines der ersten Vorführmodelle, und der Luxuswaggon der Kaiserin Elisabeth – der Hofsalonwagen – sowie der rekonstruierte Dritte-Klasse-Wagen Cu 9424 der Wiener Stadtbahn beim Fest am 27. November 2008 feierlich enthüllt wurden. Diese Feier bildete zugleich den Auftakt für das 100-Jahr-Jubiläum des Technischen Museums Wien.[45]

Die neue Mittelhalle des Museums seit Dezember 2008, Foto, 2008

Die Österreichische Mediathek

1. Hubert, Rainer: Was ist und zu welchem Ende betreibt man ein AV-Archiv? Die Österreichische Phonothek als Nationalarchiv für audiovisuelle Medien, in: medien+zeit 2 (1998).
2. Benjamin, Walter: Das Kunstwerk im Zeitalter seiner technischen Reproduzierbarkeit. Frankfurt/Main 1963, S. 27.
3. BGBl., Jahrgang 2000, Teil I, 29. Dezember 2000, Artikel 76, Änderung des Bundesmuseen-Gesetzes. Die Aufgaben der Mediathek wurden anschließend durch eine Änderung der Museumsordnung des Technischen Museums erstmals umfassend definiert: BGBl., Jahrgang 2001, Teil II, 3. Jänner 2001, 3. Verordnung des Bundesministers für Bildung, Wissenschaft und Kultur.
4. Zur Frühgeschichte der Österreichischen Phonothek vgl. Bamberger, Eckehard: Die Österreichische Phonothek. Chronik der Jahre 1960 bis 1985, in: Die Österreichische Phonothek. 25 Jahre Tondokumentation. Wien 1985, S. 21–80.
5. Vgl. Schallplattenproduktion der Österreichischen Phonothek. Gesamtverzeichnis 1965 bis 1973, in: Die Österreichische Phonothek, siehe Anmerkung 4, S. 129–141.
6. Vgl. Anmerkung 3.
7. Hubert, Rainer: Digitalisierung – ein Königsweg? Wie die Österreichische Mediathek ihre AV-Medien digitalisiert, in: Weigel, Harald (Hg.): Wa(h)re Information. 29. Österreichischer Bibliothekartag Bregenz 2006. Graz, Feldkirch 2007.
8. Dies gilt aber zum Beispiel nicht für Compact Discs. Diese sind an sich schon digitale Medien, aber noch linear verwendbar und an den Träger gebunden. Werden Compact Discs „gegrabbt", also in normale Tondateien überführt, wird ihre Benutzung schwieriger, weil die Kombination von Compact Disc und Beiheft in dieser bequemen Form auf rein elektronischer Basis nicht herstellbar ist.
9. Mitte 2008 waren im Marchettischlössl rund 30.000 Aufnahmen digital verfügbar.
10. Eine frühe Darstellung der Problematik bietet Schüller, Dietrich: Audiovisuelle Archivierung an der Schwelle des digitalen Zeitalters, in: Das Audiovisuelle Archiv, Nr. 27/28 (1990), S. 17–34.
    Hubert, Rainer: Audiovisual Memory on the Web: Virtual Expositions of the Österreichische Mediathek, in: iasa journal, no. 28, Dec. 2006, S. 61–64; ders.: Keine bloße Geräuschkulisse. Wenn Töne das eigentliche Ausstellungsgut sind – im virtuellen Raum, in: neues museum. die österreichische museumszeitschrift 7 (2007), 1/2, S. 26–28.
11. Galerien zu Politik, Literatur, Musik, Wissenschaft, Ausstellungen zu Mozart, zu Günther Schifter, zum Thema „80 Jahre Radio", vgl. www.mediathek.at.
12. Hubert, Rainer: Ohne digitales System geht es nicht. Digitalisierung und Langzeitarchivierung von Tondokumenten in der Österreichischen Mediathek, in: biblos, Nr. 53 (2004), S. 55–66.
    Hubert, Rainer: How to Steer an Archive through Neoliberal Waters. Questions of Financial Sustainability Exemplified by the Österreichische Mediathek. In: iasa journal, Nr. 30 (2008), S. 28–32.
13. Bundesgesetzblatt für die Republik Österreich, Jahrgang 2001, Teil II, 3. Jänner 2001, 3. Verordnung des Bundesministers für Bildung, Wissenschaft und Kultur.

Abschluss der Wiedereinrichtung

1. Für das Team der medien.welten.
2. Siehe die Kapitel „Wilhelm Exner, Initiator und Motor der Museumsgründung" sowie „Die Schausammlung nach der Eröffnung".
3. Verkehrsminister Karl Waldbrunner, in: Post- und Telegraphenmuseum (1959), S. V.
4. BGBl., Jahrgang 2002, ausgegeben am 8. Jänner 2002, Teil I, Abschnitt 2: Bundesmuseen, § 2 (1), S. 59.
5. Pensold, Wolfgang: Jenseits von Hier und Jetzt ... Überlegungen zu einem Ausstellungskonzept für den Bereich „Information und Kommunikation", in: Blätter für Technikgeschichte 61 (1999), S. 121–133.
6. Vgl. Kräutler, Hadwig: Bitte mehr museologische Sprach-Integration; in: neues museum. die österreichische museumszeitschrift, Jänner 2006, 05/4, 06/1, S. 85.
7. Pensold, vgl. Anmerkung 5, S. 127.
8. Vgl. Nigg, Jennifer; Manhartseder, Sandra: Die Digitalisierungsfalle, in: Newsletter ICOM Österreich 6 (2005), Nr. 1, S. 4 ff.
9. Zuna-Kratky, Gabriele: An der Schwelle zum Museum der Zukunft, in: neues museum. die österreichische museumszeitschrift, Jänner 2006, 05/4, 06/1, S. 63.
10. Vgl. Moritsch, Otmar; Pensold, Wolfgang: Die virtuellen Dimensionen der medien.welten; in: Newsletter ICOM Österreich 6 (2005), Nr. 1, S. 10 ff., und dies.: Ein Streifzug durch die virtuellen medien.welten, in: neues museum. die österreichische museumszeitschrift, Jänner 2006, 05/4, 06/1, S. 64 f.
11. Vgl. www.exhibition3d.at
12. www.dresdengallery.com
13. Frankfurter Allgemeine Zeitung, 21. Mai 2008, Nr. 117, S. 46.
14. www.archimuse.com
15. Vgl. www.deutsches-museum.de/forschung/projekte/forschungsverbund-artefacts
16. Vgl. www.archimuse.com
17. Als Vertreter des Technischen Museums Wien und Mitglied von Programmkomitees diverser Konferenzen beteiligt sich der Leiter des Sammlungsbereichs „Information und Kommunikation" Otmar Moritsch an besagten Projekten mit Referaten auch inhaltlich immer wieder; er ist auch Mitglied des Editorial Board der Artefacts-Schriftenreihe.
18. Vgl. Krasny, Elke: Medien im Museum. Von Räumen und Interaktionen, in: Blätter für Technikgeschichte 61 (1999), S. 39–53.
19. Raulff, Ulrich (Hg.): Mentalitäten-Geschichte. Zur historischen Rekonstruktion geistiger Prozesse. Berlin 1989, S. 23.
20. Zitiert nach ebd., S. 23.
21. Vgl. dazu die wegweisenden Werke: Braudel, Fernand: Sozialgeschichte des 15.–18. Jahrhunderts. Der Alltag. München 1985 (franz. Erstausgabe 1967), Barthes, Roland: Mythen des Alltags. Frankfurt/Main 1964 (franz. Erstausgabe 1957); Lefèbvre, Henri: Kritik des Alltagslebens. Bd. 1–3. München 1974/75 (franz. Erstausgabe 1958 ff).
22. Vgl. dazu u. a. Ropohl, Günter: Technik und Alltagswelt. Zur Soziologie der Technikverwendung und der Einstellungen zur Technik, in: Lenk, Hans: Zur Sozialphilosophie der Technik. Frankfurt/Main 1982; Joerges, Bernward (Hg.): Technik im Alltag. Frankfurt/Main 1988; Kunze, Hansjörg: Technik im Alltag. Wien 1991; Strackenbrock, Birgit; Weiß, Joachim (Red.): Technik im Alltag. Brockhaus – Die Bibliothek. Mensch, Natur, Technik. Band 4. Leipzig, Mannheim 2000; Gerstl, Renate: Soziologische Betrachtungen zu Technik im Alltag. Wien 2002. Diplomarbeit, und Brück, Jürgen: Technik im Alltag. Bindlach 2006.
23. Vgl. dazu Fliedl, Gottfried: Die Dauer des Abschieds. Beispiele der Musealisierung von Alltag in österreichischen Museen. In: Korff, Gottfried; Roller, Hans-Ulrich (Hg.): Alltagskultur passé? Positionen und Perspektiven volkskundlicher Museumsarbeit. Tübingen 1993, S. 198–216.
24. Rebernik, Museumskonzept (1990), S. 31.
25. Vgl. dazu: Museumsbereich „Alltag & Wohnen", in: Rebernik, Museumsgrundkonzept (1992), S. 187–221.
26. Leitung: Anton Knoll; Mitarbeiter: Beatrix Hain, Michael Köstlinger, Roswitha Muttenthaler, Franz Rendl.
27. Technisches Museum Wien (1996), S. 64 f. Vgl. dazu auch Muttenthaler, Roswitha: Mensch – Technik – Umwelt: Technisierung von Lebensräumen, in: Technisches Museum Wien (1998), S. 28 f.

28   Leitung: Roswitha Muttenthaler, ab 2001 Lisa Noggler-Gürtler.
29   Im deutschen Sprachraum gibt es lediglich in Mannheim eine vergleichbare Einrichtung: Das „Landesmuseum für Technik und Arbeit" hat einen eigenen Sammlungsbereich für „Alltagskultur des 19.–21. Jahrhunderts".
30   Vgl. dazu Muttenthaler, Roswitha: Verfahren von Ein- und Ausschluss. Materielle Kultur und Museumspraktiken, in: Blätter für Technikgeschichte 61 (1999), S. 55–83; dies.: Gender dingfest machen. Haushalt sammeln im Technischen Museum Wien, in: Männersache(n) – Frauensache(n). Sammeln und Geschlecht. Eine Tagung des Landschaftsverbandes Rheinland, Dezernat für Kultur und Umwelt, Gleichstellungsamt. Tagungsdokumentation. Oberhausen 2006, S. 41–51.
31   Korff, Gottfried: Die Wonnen der Gewöhnung. Anmerkungen zu Positionen und Perspektiven der musealen Alltagsdokumentation, in: Korff, Museumsdinge (2002), S. 160.
32   Eine detaillierte Beschreibung der einzelnen Ausstellungsbereiche findet sich in: Technisches Museum (2005), S. 98–117. Zur wissenschaftlichen Kontextualisierung vgl. Blätter für Technikgeschichte 66/67 (2004/05); Wernsing, Susanne: Zwischen Mensch und Material. Technisches Handeln als Ausdruck des „Immateriellen" in der Ausstellung „Alltag – Eine Gebrauchsanweisung"; Gillmann, Ursula: „Alltag – Eine Gebrauchsanweisung". Versuchsanordnungen bei der Gestaltung. Beide in: Beier-de Haan, Rosemarie; Jungblut, Marie-Paule (Hg.): Das Ausstellen und das Immaterielle. Beiträge der 1. Museologischen Studientage. Neumünster, Luxemburg 2006. München 2007.
33   Tomasovksy, Daniela: Hineinschauen in den Mutterbauch, in: Die Presse, 12.10.2005.
34   Pollak, Karin: Alltagsgeschichten, in: Der Standard, 14.10.2005.
35   Wurmdobler, Christopher: Selbstverständlich technisch, in: Der Falter, 14.10.2005.
36   Krasny, Elke: Unzerbrechlich und waschaktiv – Der Alltag hat immer Saison, in: Architektur aktuell, 1.11.2005.
37   Weber, Thomas: Alltag – eine Empfehlung, in: City, 11.11.2005.
38   Vgl. dazu die Tagung „Alltag sammeln", veranstaltet vom Technischen Museum Wien gemeinsam mit der Museumsakademie Joanneum Graz, März 2006.
39   Leitung: Peter Payer; Mitarbeiter: Roswitha Muttenthaler, Franz Rendl, Christian Stadelmann.
40   Vgl. den Abschnitt „Umbruch und Aufbruch".
41   Schreiben des Technischen Museums Wien an die ÖBB Immobilienmanagement GmbH, 3.6.2005.
42   Lackner, Helmut u. a.: eisenbahnausstellung zu(g)bau – Basiskonzept, März 2007.
43   Seebauer, Laurenz; Breuss, Lisi: Energiefeld zu(g)bau – Basiskonzept, März 2007.
44   Zu den Restaurierarbeiten des Projekts „zu(g)bau" vgl. Dorfner, Ursula; Ljubic, Valentina; Tobisch, Wolfgang; Zuna-Kratky, Gabriele (Hg.): Lok Motive. Wien 2008.
45   Im November 2008 waren über drei Jahre vergangen, in denen sich viele Menschen mit dem Projekt „zu(g)bau" und dessen Folgen beschäftigt hatten. Als Projektleiter möchte ich allen meinen Kollegen, allen Mitarbeitern, allen Helfern, Unterstützern und Freunden, die ich durch dieses Projekt kennengelernt habe, herzlich für ihren Einsatz und ihre Bereitschaft zur Zusammenarbeit mit dem Technischen Museum Wien danken.

Zur aktuellen Museumsarbeit

Was sind die zukünftigen Museumsaufgaben? Wie kann das Technische Museum aktuelle Technik sammeln? Wie verliert es nicht den Anschluss an die technische Entwicklung? Inwieweit dürfen Objekte restauriert werden? Sollen Gebrauchsspuren sichtbar bleiben? Was macht das Museum lebendig? Ersetzen virtuelle Medien die personale Vermittlung? Gibt es neue Zielgruppen? Was kann eine Sonderausstellung leisten? Was charakterisiert eine gute Ausstellung? Wie kann der Besucher aktiv in das Museum eingebunden werden? Welche Spielräume bietet das Museum zur Mitgestaltung?

Helmut Lackner

Sammeln
Bewahren
Ausstellen
Vermitteln
Vermarkten

Die Sammlung ist das Rückgrat und die Basis des Museums und begründet wesentlich seine Existenz.[1] Ohne Sammlung kein Museum. Aber die Sammlung allein macht noch kein Museum. Was zeichnet also eine museale Sammlung aus? Wie kommen Objekte in das Museum, und was passiert mit ihnen? Und warum kommen Objekte nicht ins Museum?

Sammeln ist ein weiter und schwer zu definierender Begriff. In der Philosophie differenziert man zwischen dem ökonomischen Sammeln zum Überleben mit anschließender Vernichtung und dem ästhetisch-bewahrenden Sammeln.[2] Das ökonomische Sammeln ist auf Verbrauch, Nutzung und Vernichtung hin angelegt und muss daher permanent betrieben werden. Nahrungsmittel etwa müssen ständig neu „gesammelt" und dem Körper zugeführt werden.

Im Gegensatz dazu steht das ästhetische, auf Erhalt und Bewahrung hin angelegte Sammeln: ein Zusammentragen um der Anschauung willen. Das Ziel ist nicht eine willkürlich sich ergebende Ansammlung, sondern eine mit Absicht zusammengetragene Sammlung.[3] Sammeln ist daher kein unproblematischer oder unschuldiger Vorgang, sondern immer das Resultat aktiver Entscheidungen. Der Sammler muss einen Begriff von der Sache haben und im Prozess des Sammelns entscheiden, ob die gesammelten Dinge unter diesen Begriff fallen.[4] Im Museum entscheidet der Kustos in seiner Rolle als Sammler über die Auswahl jener Objekte, die ein Museum im öffentlichen Auftrag für spätere Generationen vor der Vernichtung bewahrt. Sammlungen mit diesem Anspruch sind das Ergebnis eines bewussten Auswahlprozesses und folgen einem definierten Interesse, einer Strategie.[5] Tun sie das nicht (mehr), ufert die Sammlung aus, und der Sammler kann von ihr „erdrückt" werden. Das erleben viele Privatsammler am eigenen Leib. Sammlungen dieser Kategorie haben zwar einen subjektiven Wert, einen gemeinsamen Grundzug, „aber es gibt schlechterdings keinen Sättigungspunkt".[6] Davor ist auch die Institution Museum nicht gefeit.

Mit den Kunst- und Wunderkammern beginnt in der frühen Neuzeit eine neue Epoche des strukturierten Sammelns. Ein Sammeln mit dem „Wunsch nach Weltaneignung",[7] das im eigenen Mikrokosmos ein System schafft, eine Ordnung in Listen und Katalogen hervorbringt und schließlich auch eine Theorie des Sammelns bildet. „Es waren diese Ordnungskriterien, die schließlich die Objekte und Zufälle zu einer Sammlung werden ließen."[8] Dadurch entstanden aus diffusen Anhäufungen Sammlungen zur späteren Wissensgenerierung[9] – aber noch keine musealen Sammlungen.

Die Institution Museum entwickelt sich im 18. Jahrhundert. Was zeichnet die in der Folge erfolgreiche Institution Museum gegenüber ihren Vorläufern aus? Welchen Stellenwert hat und in welchem Kontext steht die Sammlung im Museum?

Museale Sammlungen sind öffentlich, die Bevölkerung partizipiert an ihnen, und sie sind auf Dauer angelegt. Als Erhalter fungiert in der Regel der Staat, das Land oder die Kommune, ihr Entstehen ist aber oft privater Initiative zu verdanken. Seit dem 19. Jahrhundert sind die Aufgaben des Museums mit dem Sammeln, Bewahren, Erforschen, Ausstellen und Vermitteln grundsätzlich definiert.[10] Im 20. Jahrhundert kommt das Vermarkten der Institution Museum hinzu.

Alle Aufgaben führen immer auf die Sammlung zurück. Sie bildet das Fundament, auf dem das Haus „Museum" errichtet wird, und die Objekte sind die Bausteine des Museums für seine Ausstellungen.[11] Der Staat verpflichtet sich zur Bewahrung der Objekte, zu ihrer wissenschaftlichen Erschließung durch angestelltes Personal, zur Präsentation der Sammlung in Dauer- und Sonderausstellungen und zum Dialog mit der Bevölkerung. Erst dieses Spektrum der klassischen Aufgaben unterscheidet das Museum von sonstigen (An-)Sammlungen, von Ausstellungen, von kommerziellen Zwecken dienenden Verkaufsschauen usw.

Was charakterisiert nun museale Objekte? Für die öffentliche, auf Dauer angelegte museale Sammlung werden die Objekte dem Kreislauf des Marktes entzogen. Sie verlieren dadurch zwar ihren ursprünglichen Nutz- und Tauschwert, erlangen aber in diesem Wandlungsprozess eine neue Wichtigkeit, die ihren materiellen Marktwert vervielfachen kann. Die Nützlichkeit verwandelt sich in Bedeutung.[12] Durch den bewussten Auswahlprozess und die Musealisierung erhalten die Objekte eine Bedeutung, sie sind Zeichen, Indikatoren für etwas, nach Krzysztof Pomian „Semiophoren".[13] Das Museum ist also eine Einrichtung für den institutionalisierten Umgang mit zeichenhaften Dingen.[14]

Solche Theorien der Musealisierung von Dingen haben für alle öffentlichen Sammlungsinstitutionen Geltung. Eine spezielle Funktion erfüllen in diesem Zusammenhang die Bibliotheken und Archive des Staates und der Länder. Die Österreichische Nationalbibliothek und die Landesbibliotheken sowie das Österreichische Staatsarchiv und die Landesarchive beruhen im Kern auf einer gesetzlichen Grundlage der Ablieferung von Pflichtexemplaren bzw. von Aktenmaterial der Behörden. Das „freie" Sammeln tritt demgegenüber in den Hintergrund. Grundsätzlich öffentlich zugänglich, bleiben sie vorwiegend einem Fachpublikum vorbehalten. Das gilt – mit Ausnahme der Pflichtexemplare – grundsätzlich auch für die Präsenzbibliothek und das Archiv des Museums, die sich vor allem als ergänzende Wissensspeicher zu den Sammlungen verstehen und deren Erschließung unterstützen.

Einen anderen Sonderstatus haben die Kunstmuseen. Die von ihnen gesammelten und ausgestellten Objekte entsprechen in Reinform dem ästhetischen Sammeln, da sie „einzig und allein zum lustvollen Anschauen hervorgebracht" werden.[15] Das heißt, das Spektrum der in die Kunstsammlung gelangenden Objekte ist ein eng abgestecktes, von der Kunstwissenschaft und Kunstproduktion definiertes Sample.

In kulturgeschichtlichen Museen, zu denen auch die technischen zu rechnen sind, ist das Spektrum der zu sammelnden Objekte weitaus offener. In einem kulturgeschichtlichen Museum geht es um die Sammlung und Bewahrung der materiellen Kultur der Gesellschaft für ein kulturelles Verständnis des Menschen.[16] Dafür werden die Objekte dem Kreislauf

Herstellung – Nutzung – Vernichtung entzogen: „Die technisch ausgerichteten Museen nehmen alle menschlichen Produktionen auf, die auf uns gekommen sind", die also nicht durch den Gebrauch zerstört wurden.[17] Das verweist bereits auf eine erste Einschränkung der Möglichkeiten des Sammelns. Sind die Objekte aber einmal in die Sammlung aufgenommen und inventarisiert, gilt das Verbot, sie zu zerstören, denn es ist unmöglich, im Voraus zu beurteilen, „woran man sich später einmal wird erinnern müssen".[18]

Dieses Problem des kulturgeschichtlichen Sammelns hat u. a. Hermann Lübbe mit der Kompensationstheorie beschrieben: „Durch die progressive Musealisierung kompensieren wir die belastenden Erfahrungen eines änderungstempobedingten kulturellen Vertrautheitsschwunds."[19] Und Lübbe weiter: „Es ist trivial, aber fundamental: Das Museum ist zunächst einmal eine Rettungsanstalt kultureller Reste aus Zerstörungsprozessen, denen irreversibel ausgesetzt ist, was als im aktuellen Reproduktionsprozeß funktionslos durch die kulturelle Evolution ausselektiert worden ist."[20] Und – das ist für die technischen Museen von besonderer Bedeutung – „mit der Menge der Neuerungen wächst die Menge der Relikte, und mit der Menge der Relikte wächst die Menge und Größe der Institutionen, die nötig sind, diese Relikte zu sammeln, zu konservieren und auszustellen, das heißt der Museen."[21] Oder in den Worten von Gottfried Korff: „Je moderner die moderne Welt, desto unvermeidlicher wird das Museum."[22] Das Problem spitzt sich noch zu, wenn das Museum, z. B. für Sonderausstellungen, auch Konsumgüter aus dem aktuellen Angebot erwirbt.

Museen mit langer Tradition und großen Sammlungen sind aber auch mit dem sensiblen Thema „Deaccessioning", mit dem „Ent-Sammeln" oder „Ausscheiden", konfrontiert.[23] Die „Ethischen Richtlinien für Museen" des International Council of Museums (ICOM) definieren für den Ausnahmefall der Aussonderung strenge Regeln.[24] Das Technische Museum ist damit im Rahmen der seit 2003 laufenden Depotinventur befasst, deren Ziel die elektronische Erfassung des gesamten Objektbestandes seit der Gründung ist. Ausgeschieden und entsorgt werden nach einem genau definierten Prozedere ausschließlich nicht identifizier- und zuordenbare Objektteile ohne Inventarnummer.

Ein anderes Problem in diesem Zusammenhang ist der Umgang mit Objekten, die durch toxische Stoffe wie Quecksilber und Asbest belastet sind. Hier gilt es vor allem in Kooperation mit befugten Unternehmen, die gesetzlichen vorgeschriebenen Auflagen bei der Sanierung und Entsorgung zu erfüllen und die Mitarbeiter vor Gefahren zu schützen.

Das Technische Museum ist ein Museum der materiellen Kultur. Seine Sammlung enthält in erster Linie Werkzeuge und Maschinen sowie Modelle und – weitaus seltener – Objekte der Warenwelt. Erstere dominieren für das gesamte 20. Jahrhundert auch in den Dauerausstellungen. „Dementsprechend wird hier der Akzent auf die Materialität der Artefakte gelegt", und das Museum verleiht damit der Technik eine Schlüsselrolle im Zivilisationsprozess.[25] Im Technischen Museum Wien wurde diese Fokussierung auf die Ingenieurtechnik und Materialität mit in der Regel beeindruckend großen und schweren Objekten erst nach der Wiedereröffnung 1999 mit den Schausammlungsbereichen „medien.welten" und „Alltag – eine Gebrauchsanweisung" korrigiert. Vor allem die Einrichtung der Dauerausstellung „Alltag" erweiterte die Sammlungspolitik konsequent und dauerhaft in Richtung Konsumgüter.

Die Sammlung ist nicht nur auf Dauer angelegt, sie ist eine kontinuierliche Aufgabe, „die für die Zukunft des Bestandes erfolgt", und das Museum sammelt vorrangig originale Objekte.[26] Das alles stellt das Technische Museum vor besondere Anforderungen. Wie geht es damit um? Welche Objekte sammelt es, und wie verwaltet es seinen Bestand? Bereits bei der Gründung übernahm das Museum einen riesigen Rucksack bestehender, bis in die Mitte des 18. Jahrhunderts zurückreichender Sammlungen – vom physikalischen Kabinett der Habsburger und dem Fabriksprodukten-Kabinett bis hin zum Eisenbahn- und Postmuseum. Als nationales technisches Museum übernahm es alle älteren Sammlungen beinahe vollständig. Noch heute kommen ganze Sammlungen ins Museum: vor wenigen Jahren etwa das Elektropathologische Museum und die Vermessungskundliche Sammlung der Bundesanstalt für Eich- und Vermessungswesen.

In einer zweiten Phase erweiterte sich der Bestand des Technischen Museums während der Gründungsjahre nach einer internationalen Sammelaktion, durch die Tausende aktuelle Objekte der Zeit um 1900 ins Museum gelangten. Die dritte Phase der Objektakquisition seit der Eröffnung dauert noch immer an.

Vor allem durch die Übernahme vieler Vorgängersammlungen verfügt das Technische Museum heute über einen im internationalen Vergleich außergewöhnlich reichen historischen Objektbestand. Trotz 21.000 Quadratmeter Schausammlungsfläche befinden sich mehr als 90 Prozent der Objekte in den Depots mit insgesamt 17.000 Quadratmetern.

Dieser große „Speicher des Gedächtnisses" entstand ursprünglich aus privater Initiative und individuellem Engagement. In weiterer Folge fehlten sowohl ein definiertes Sammelspektrum als auch Vorgaben und Regeln für die Objektakquisition. Beide sind jedoch unverzichtbare Rahmenbedingungen einer verschriftlichten Sammlungspolitik und Grundlagen aktiven Sammelns.[27]

Ein unabdingbarer Bestandteil der Sammlungspolitik ist die Organisation nach Sammlungsbereichen und -gruppen, die das Feld der vom Museum gesammelten Objekte beschreibt und den Rahmen vorgibt. Sammlungsstrukturen, gegliedert nach Gruppen, gibt es im Technischen Museum seit der Gründung; sie sind einem permanenten Wandel unterworfen. Derzeit gibt es sechs Bereiche:

- technisch-naturwissenschaftliche Grundlagen (physikalisch-chemische Grundlagen, Biotechnologie, Medizintechnik, Messwesen, Geodäsie, mathematische Instrumente, Musikinstrumente),
- Information und Kommunikation (Kommunikations-, Audio-

und Videotechnik, Schreib-, Druck- und Kopiertechnik, Fotografie und Film, Datenverarbeitung, Postwesen),
- Energie und Bergbau (Montanwesen, Maschinenbau, Automatisierungstechnik und Robotik, Elektrotechnik),
- Produktionstechnik (Land- und Forstwirtschaft, Holzbearbeitung, Metallbearbeitung, Textilien und Bekleidung, Nahrungs- und Genussmittel, Papier, Glas und Keramik, chemische Produktionstechnik, Kunststoffe,
- Verkehr (Straßenfahrzeuge, Schifffahrt, Eisenbahn, Luftfahrt, Raumfahrt),
- Alltag und Umwelt (Bautechnik, Haustechnik, Haushaltstechnik, Freizeit, Spiel und Sport, Feuerschutz, Umwelttechnik).

Auch wenn das Sammeln keinem enzyklopädischen Anspruch folgt, also nicht auf Vollständigkeit hin gesammelt wird, steckt dieses Spektrum doch ein weites inhaltliches Feld ab. Dazu kommt, dass es geografisch keine Einschränkungen gibt; es wird weltweit gesammelt, mit der Einschränkung, dass österreichischen Belegstücken der Vorzug gegeben wird. Allerdings nicht im Verkehrsbereich, der sich bei der Sammlung von Originalobjekten von Anfang an auf Österreich konzentriert hat.

Viele der historischen Sammlungen gelten als abgeschlossen, z. B. das Fabriksprodukten-Kabinett und die Maschinen-Modellsammlungen. Sie werden nicht mehr erweitert. Das gilt auch für die Kriegs- und Rüstungstechnik, die seit den 1950er-Jahren an das Heeresgeschichtliche Museum abgegeben wurde. Andere Gruppen werden nur mehr sehr reduziert ergänzt, etwa die Landwirtschaftstechnik, die Schifffahrt oder der Feuerschutz. Aber wie sammelt man permanent aktuelle Technik? Wie verliert man nicht den Anschluss an die technische Entwicklung, wie wird das Museum nicht selbst historisch? Die Fragen betreffen die zunehmende Immaterialität potenzieller Objekte (Software) ebenso wie die kurzlebigen und in Massen produzierten Konsumgüter, aber auch die Diskussion über das traditionelle Sammeln von erfolgreicher Fortschrittstechnik versus Sammeln von gescheiterten Innovationen.

Die Fragen stellen sich in unterschiedlicher Art: So wird im Bereich Biotechnologie noch nicht konkret gesammelt, Objekte der sich dynamisch entwickelnden Datenverarbeitung und Kommunikationstechnik hingegen führen derzeit die Liste der Neuannahmen an; die Gruppen Automatisierungstechnik und Robotik sowie Umwelttechnik sind Beispiele für die komplexe Investitionsgüterindustrie, deren Objekte man in Zukunft kaum mehr im Original wird sammeln können.

Lässt sich die Auswahl der gesammelten Objekte bei Ankäufen noch relativ gut über das Budget steuern, so ist der Entscheidungsprozess bei den in der Mehrheit als Geschenk angebotenen Objekten im Allgemeinen die größere Herausforderung. Hier liefert die Sammlungspolitik den Rahmen für Entscheidungen. In jedem einzelnen Fall sind u. a. die Bedeutung für die bestehende Sammlung, der Erhaltungszustand und die verfügbare Information zum Objekt in Relation zu den Kosten der Objektannahme (Transport, Konservierung, Lagerung, wissenschaftliche Bearbeitung) zu bewerten.

In Zukunft soll im Technischen Museum der Neuzugang pro Jahr bei nicht mehr als rund 1000 Objekten liegen. Das Museum verfolgt seit Beginn der Depotinventur die Strategie, seine Neuannahmen zu reduzieren und gleichzeitig die Erfassung der historischen Depotbestände voranzutreiben. Rahmenbedingungen wie das Ankaufsbudget, die verfügbaren Depotflächen und die Personalressourcen der Inventar- und Depotverwaltung setzen die Grenzen.

Nicht die Quantität, sondern die Qualität der Sammlung bleibt oberstes Ziel. Die Sammlung wird dann ihrem Anspruch als Fundament der Museumsarbeit gerecht, wenn die Objekte für die Zwecke der Schausammlung, der Sonderausstellung und des Leihverkehrs vollständig inventarisiert, wissenschaftlich bearbeitet, für die nächsten Generationen konserviert und in Depots gelagert sind, die internationalen Standards entsprechen. Das bleibt für jedes Museum, wie das Sammeln selbst, eine permanente Aufgabe und ist eine zusätzliche, ökonomische, an begrenzten Ressourcen orientierte Einschränkung der Sammlungserweiterung.

Sammeln
Bewahren

Valentina Ljubic, Bettina Sánchez Romero

Ausstellen
Vermitteln
Vermarkten

Für die erstmals Mitte der 1990er-Jahre mit einer akademischen Restauratorin[1] besetzte Abteilung Restaurierung des Technischen Museums stellte die Neugestaltung der Schausammlungen eine große Herausforderung dar. Da der Großteil der Sammlungen sich über Jahrzehnte am Dachboden sowie in den Kellerdepots in einem konservatorischen „Dornröschenschlaf" befunden hatte, waren viele Objekte bemerkenswert unberührt, aber gerade deshalb unverfälschte Dokumente mit hohem Informationswert.

Die neuen Ausstellungen sollten durch interaktive Exponate, Modelle und Objekte ergänzt werden, die bisher entweder in den Depots gelagert waren oder angekauft wurden. Bisher gezeigte Objekte kamen zum Teil ins Depot. Es begann ein langer Prozess der Auseinandersetzung mit grundsätzlichen Fragen der Qualität der Restaurierungen im Spannungsfeld zwischen dem Erhalt des authentischen, überlieferten und dem Wunsch nach einem optisch ansprechenden Erscheinungsbild sowie nach dem Sinn der Wiederherstellung der Funktion. Die komplexe Organisation der einzelnen Restaurierungsprojekte lag in den Händen von internationalen Fachplanern, die eng mit der Restaurierungsabteilung des Museums und mit den für das wissenschaftliche Konzept Verantwortlichen zusammenarbeiteten. Daraus ergab sich eine Linie, welche die neue Qualität des Technischen Museums Wien mitbestimmte.

Frage der Originalität und des Wertes

„Die Wechselbeziehungen zwischen Technik und Kunst können unter sehr unterschiedlichen Aspekten betrachtet werden. Jedes Kunstwerk braucht, um überhaupt zu existieren, eine Technik des gegenständlichen Entstehens."[2]

In der Objektrestaurierung unterscheidet man nicht zwischen der Restaurierung von Kunstgegenständen und technischem Kulturgut. Im musealen Bereich bestehen jedoch unterschiedliche Vorstellungen der Betrachtung und Präsentation dieser zwei Objektgruppen. Bei beiden stellt sich die Frage nach dem Wert des Objekts und wie es zu diesem Wert gekommen ist.

Ein technisches Museum bewahrt Dokumente menschlicher Fertigkeiten und Kenntnisse auf. Es ist ein Ort – auch wenn das in der Bezeichnung nicht beinhaltet ist –, wo Technik und Kunst aufeinandertreffen. Naturwissenschaftliche Gesetze und technische Erfindungen müssen „in Form" gebracht werden. Durch eine mit handwerklicher Fertigkeit ausgeführte Gestaltung kann ein technisches Objekt eine höhere Qualität bzw. einen künstlerischen Wert erhalten. So entsteht eine weitere Kategorie der Bewertung.

Da die Objekte die Substanz eines Museums sind, ist für den Restaurator die Sache klar: Alles, was dem Museum überantwortet wird, ist mit der gleichen Aufmerksamkeit zu behandeln. Die konservatorischen Maßnahmen mögen denkbar unterschiedlich sein, beim ethischen Ansatz der konservatorischen Behandlung darf jedoch zwischen einer elektrischen Zahnbürste und einem Mercedes „Silberpfeil" kein Unterschied gemacht werden. Peter Rebernik schrieb 1992, dass Museumsobjekte immer „undiskriminiert dem Denkmalschutz" unterliegen müssen.[3]

„Einen Wert hat ein Gegenstand nur, wenn er entweder nützlich ist oder wenn er mit einer anderen Bedeutung versehen ist."[4] Gebrauchsobjekte sind oft Massenprodukte, die durch die mehrfache Ausführung, aber auch durch den Gebrauch, der Spuren hinterlässt, an Wert verlieren. Wenige Gegenstände werden aus diesem Prozess herausgenommen, indem sie als museale Objekte auserwählt werden. Eine Entscheidung, die vom privaten Sammler oder den Kustoden eines Museums getroffen wird.[5]

Im Gegensatz zu Kunstobjekten, die wegen ihrer Aura „schön" restauriert werden und fast unantastbar und zeitlos bleiben sollen – ausgenommen Objekte, die vom Künstler für die Alterung und/oder den Zerfall bestimmt sind –, leben Gebrauchsobjekte durch ihre Geschichte und Alterungsmerkmale.

Zielsetzung der konservatorischen Arbeit ist, die historisch gewachsene Oberfläche mit allen ihren Gebrauchsspuren, Umbauten und Veränderungen vor der „Museumszeit" zu erhalten und zu konservieren. Eine fachgerechte Behandlung von Objekten im Hinblick auf deren Konservierung und Restaurierung sowie die Präsentationsform spiegeln das Interesse des Museums wider und stellen für die verantwortlichen Restauratoren eine besondere Herausforderung dar. Viel Verständnis für technische Objekte und deren Materialvielfalt ist erforderlich. Jedes Objekt, auch wenn es sich um ein Massenprodukt handelt, soll vom Restaurator – und später vom Besucher – als einzigartig und unverwechselbar wahrgenommen werden. Viele Entscheidungen bezüglich der Präsentationsart, aber auch restauratorische Eingriffe müssen in Absprache mit den Kuratoren getroffen werden. Historiker, Technikwissenschaftler und Kunsthistoriker sind für die Restauratoren wichtige Partner, wenn es um die Geschichte und die Funktionsweise der Objekte geht.

Ein Beispiel dafür ist der im Rahmen des Projekts „zu(g)bau"[6] restaurierte Personenwagen Cu 9424. Dieser zweiachsige Dritte-Klasse-Wagen der Wiener Stadtbahn wurde 1898 von der Firma Ringhoffer in Prag-Smíchov hergestellt. Der Wagenpark der Wiener Stadtbahn umfasste damals 864 Waggons, von denen heute nur noch wenige in einem „Ruinenzustand" erhalten sind. Das Museum entschied, einen der verbliebenen Waggons vor dem weiteren Zerfall zu retten und ihn als Gegenstück zum luxuriös ausgestatteten Hofsalonwagen von Kaiserin Elisabeth zu präsentieren. Die ersten Probleme traten bei der Erstellung des Restaurierkonzepts auf. Der Waggon war während und nach seinen Dienstjahren mehrmals umgebaut, die Lackbeschichtung mehrmals erneuert worden. Von der Originalsubstanz war nur noch wenig vorhanden. Da man dem Museumspublikum einen unverfälschten Personenwagen III. Klasse[7] zeigen wollte, wurde in Absprache mit der Sammlungsleitung sowie zuständigen wissenschaftlichen Mitarbeitern und Restauratoren ein Konzept für die Konservierung des Originalbestands sowie für die Rekonstruktion von

Teilen erarbeitet. Konservatorische Maßnahmen wurden sehr zurückhaltend, ohne Kittungen, Ergänzungen oder Retuschen durchgeführt, damit man die Gebrauchs- und Alterungsspuren sehen konnte. Die Rekonstruktion erfolgte nach Originalplänen, und man legte viel Wert auf alte Handwerkstechniken und auf die Materialwahl. Bei der Rekonstruktion der unterschiedlichen Oberflächenschichten galt es, den Originalzustand anzustreben und nicht eine gealterte Oberfläche zu imitieren. Die Differenz zwischen Alt und Neu sollte klar erkennbar sein. Ergänzungen und Rekonstruktionen erfolgen im Technischen Museum sehr selten. Der Personenwagen Cu 9424 zählt zu den Ausnahmen und präsentiert einen möglichen Weg in der Restaurierung und Konservierung von technischem Kulturgut.

Entscheidungen über Maßnahmen in dieser Größenordnung müssen das Interesse des Hauses vertreten, suchen jedoch den Konsens mit einer international vertretenen Restaurierethik.

Präventive Konservierung

Noch vor etwa 15 Jahren war präventive Konservierung nur für einige wenige Museumsmitarbeiter ein Begriff. Mittlerweile, als Ergebnis mehrerer ICCROM[8]-Projekte,[9] wird präventive Konservierung weltweit verstärkt als wichtige Strategie für die Erhaltung von Kunst- und Kulturgütern in Museen, Sammlungen, Bibliotheken und Archiven bewertet und eingesetzt. Präventive Konservierung zielt darauf ab, den Verfall von kulturellem Erbe zu verlangsamen und Schäden vorzubeugen und ist somit langfristig auch ökonomisch sinnvoll.

Präventive Konservierung bindet notwendigerweise alle Museumsmitarbeiter ein und ist als interdisziplinäre Teamarbeit zu verstehen. Die Aufgaben der beteiligten Personen müssen genau definiert und koordiniert werden. Erforderlich ist auch, dass allen Mitarbeitern die Bedeutung präventiver Konservierung bewusst gemacht wird. Abgesehen davon müssen die Mitarbeiter die im Museum ausgestellten Objekte auch wertschätzen. Tätigkeiten, die in direktem Zusammenhang mit den Objekten stehen, dürfen nicht zu „Routinearbeiten" werden. Vor allem Haustechniker und -handwerker tragen eine große Verantwortung und können sich im Lauf der Zeit in ihren jeweiligen Arbeitsbereichen zu Spezialisten entwickeln. Sehr oft fungiert der Restaurator als Bindeglied zwischen den an unterschiedlichen Projekten beteiligten Personen. Er berät etwa den Elektriker bei der Wahl der Leuchtkörper oder entscheidet zusammen mit dem Architekten, welche Baumaterialien ausstellungstauglich sind. Er ist auch mit der Messung von Temperatur und relativer Luftfeuchtigkeit, dem Entfernen von Staub, der Licht- und Schadstoffkontrolle, dem Schädlingsmonitoring, der Ausstellungspräsentation der Objekte, dem Erstellen von langfristigen Lagerbedingungen im Depot und mit dem Thema Sicherheit befasst.

Auch dem Technischen Museum ist es ein Anliegen, verstärkt in Präventivmaßnahmen zu investieren. Die Restaurierung wichtiger Schlüsselobjekte ist zu einem großen Teil bewältigt, umso dringender rückt die Optimierung der durch das Gebäude vorgegebenen Bedingungen in den Blickpunkt. Die Schwierigkeit bei der Bewältigung präventivkonservatorischer Maßnahmen besteht darin, dass die Struktur des Museums nicht auf Präventionspläne ausgelegt ist. Das Museumsgebäude zählt zu den frühen Stahlbetonbauten Österreichs und steht unter Denkmalschutz. Mit seinen vielen Fenstern und offenen Flächen ist es ein Vorläufer all jener modernen Museen aus Glas und Beton, die zwar durch ihre Tageslichtstimmungen und Transparenz beeindrucken, Klimatechniker jedoch vor fast unlösbare Probleme stellen.

Im Technischen Museum führten die bei der Generalsanierung durchgeführte Kuppelhebung, der Anbau der gläsernen Eingangshalle sowie die Kabelverlegungen innerhalb der Belüftungsschächte zu einer weiteren Verschlechterung des Raumklimas. In den Sommermonaten kommt es zu überhöhten Temperaturen, die für Besucher, Mitarbeiter und Objekte eine starke Belastung darstellen. Mit gezieltem Lüften kann der Überhitzung teilweise entgegengewirkt werden. Durch die offenen Fenster gelangt jedoch viel Staub ins Gebäude, der mit hohem Personalaufwand laufend entfernt werden muss.

Um genaue Daten über die Klimasituation zu erhalten, wurde 2007 ein Messsystem[10] installiert, das Temperatur und relative Luftfeuchtigkeit in unmittelbarer Nähe der Exponate erfasst. Darüber hinaus wird derzeit untersucht, wie die un-

Bukett aus Textilblumen (Detail), Erste Hälfte 20. Jahrhundert, Foto, Christian Weitgasser, 2008

Döbereiner Feuerzeug (Detail), J. G. Schlater, Wien, 1837, Foto, 2007

Übernahmezustand der Dampflok EWA 21 „Ilse", Lokomotivfabrik Krauss & Comp., München, 1882, Foto, Valentina Ljubic, 2006

Haut eines Kalbskopfes für die Leimherstellung (Detail), Erste Hälfte 20. Jahrhundert, Foto, Christian Weitgasser, 2008

Der 1898 gebaute Personenwagen Cu 9424 (Detail), Foto, Valentina Ljubic, 2006

befriedigende Klimasituation verbessert werden kann. Mit dem 2008 gestarteten Projekt „Licht- und Klimaoptimierung" möchte man eine Verringerung des Wärmeeintrags durch interne Lasten in Form einer energieeffizienten Beleuchtung und eine Hebung der Luftqualität erreichen.

Etwa 90 bis 95 Prozent aller Sammlungsobjekte des Technischen Museums befinden sich in zwei Außendepots, die aus dem frühen 20. Jahrhundert stammen. Im Zuge der Depotinventur werden alle Objekte inventarisiert, gereinigt, konserviert und in für die museale Dauerlagerung geeignete Materialien verpackt. Der Zustand der einzelnen Objekte wird beschrieben und fotografiert in einer Datenbank abgebildet. Auch in den Depots wird in Zukunft ein Schwerpunkt auf der Optimierung der Raum- und Klimaverhältnisse liegen, denn „[…] die Zukunft von Museumsdepots dürfte in wartungsarmen, revidierbaren, gut ausgenutzten und im gesamten Lebenszyklus kostengünstigen Bauten liegen, die bei angemessenem Aufwand die Erhaltung einer möglichst großen Anzahl von Objekten über möglichst lange Zeit ermöglichen."[11]

Sammeln

Bewahren

Bernadette Decristoforo
Ausstellen

Vermitteln

Vermarkten

„Ausstellen heißt, Harmonie trüben.
Ausstellen heißt, den Besucher in seiner intellektuellen Behaglichkeit zu stören.
Ausstellen heißt, Gefühle hervorzurufen, Wut und das Verlangen, noch mehr zu wissen.
Ausstellen heißt, einen spezifischen Diskurs über ein Museum zu führen, bestehend aus Gegenständen, Texten und Darstellungen.
Ausstellen heißt, Gegenstände in den Dienst einer theoretischen Betrachtung, eines Diskurses oder einer Geschichte zu stellen und nicht umgekehrt.
Ausstellen heißt, das Wesentliche durch kritische Distanz nahezulegen, gefärbt von Humor, Ironie und Spott.
Ausstellen heißt, gegen angenommene Ideen und Stereotypen zu kämpfen.
Ausstellen heißt, gemeinsam eine Erfahrung intensiv zu leben."[1]

Im Technischen Museum Wien werden jährlich zwei Sonderausstellungen konzipiert, die 4 bis 6 Monate lang auf einer Fläche von 600 bis 2000 Quadratmetern zu sehen sind.[2] Diese Sonderausstellungen sind eine wichtige Ergänzung zu den Dauerausstellungen des Museums. Eine Aufgabe der Sonderausstellungen ist es, den Besuchern Teile der Sammlungsbestände thematisch aufbereitet zugänglich zu machen, die nicht in den Dauerausstellungen gezeigt werden können – immerhin befinden sich rund 90 Prozent der Objekte im Depot. Mit einer Sonderausstellung kann sich das Museum aktuellen Fragestellungen widmen, sich Thesen von mehreren Blickwinkeln her annähern und diese in unterschiedlichen museografischen Ausstellungsmodi umsetzen.

Eine Ausstellung ist ein Ort der Visualisierung. Sie ist ein sozialer Raum, ein Ort der Begegnung mit ritualisiertem Verhalten.[3] Sonderausstellungen geben dem Museum die Möglichkeit, spezifische Fragestellungen aufzugreifen und wissenschaftliche Herangehensweisen an technisch-historische Themen mit zeitgemäßen Vermittlungsformen zu kombinieren sowie Netzwerkaktivitäten mit Partnern zu zeigen. Technikgeschichte kann interdisziplinär als Sozial- und Kulturgeschichte erzählt, aktuelle Themen können aufgegriffen werden. „Dieser Grad an Freiheit von Sonderausstellungen im Vergleich zu Dauerausstellungen sollte inhaltlich und gestalterisch genützt werden."[4] In den letzten Jahren hat man sich vor allem in kulturhistorischen Museen mit „Inszenierungen" und „Szenografien" auseinandergesetzt.[5] Diese Ansätze geben den Museen neue Impulse, komplexe Themenstellungen für heterogene Zielgruppen aufzubereiten. In einer Sonderausstellung wird eine Geschichte mit Objekten, Bildern, Medien, interaktiven Elementen und Texten erzählt und mit anderen Bereichen verknüpft – in einen ästhetisch „inszenierten" Kontext eingebettet.[6]

„Das Kriterium einer Ausstellung sollte nicht wahr oder falsch sein, sondern langweilig oder aufregend."[7] Museen sind herausgefordert, gute und anspruchsvolle Ausstellungen zu konzipieren, die nicht langweilen, sondern auch aufregende Elemente bieten, die Besucher unterhalten, „zerstreuen"[8] und vielfältige Erfahrungsmöglichkeiten bieten. Was charakterisiert nun eine aufregende und qualitativ gute Ausstellung?

Diese Frage lässt sich nicht generell beantworten, da jede Ausstellung unterschiedlichen Ansprüchen gerecht werden muss. Wesentlich sind in jedem Fall eine interessante Themenwahl und vielseitige Fragestellungen, eine gelungene Auswahl von Objekten und eine kurzweilige Aufbereitung der Inhalte für die vorab definierten Zielgruppen; auch gegliederte Räume, eine klare Ablesbarkeit von Zusammenhängen, gut verständlich aufbereitete Texte, anschauliche Diagramme, Grafiken und Fotografien sowie eine kontextualisierte mediale Aufbereitung in bewegten Bildern sind erforderlich.[9]

Erzählen und versinnbildlichen

„Inhalt und Form bei Ausstellungen sollten ineinander übergehen. Die Leidenschaft der Autor/inn/en sollte spürbar sein."[10] Martin Schärer zufolge ist eine Ausstellungssituation durch vier Elemente bestimmt, die eng miteinander verschränkt sind: Ideen und Informationen stellen die Botschaften dar, der Vermittler (Kurator) agiert als Sender, die Ausstellungselemente (Exponate, Inszenierungsmittel und Raumelemente) geben der Ausstellung ein Gesicht, und der Besucher (Empfänger) empfängt und entschlüsselt diese Botschaften.[11] Eine Ausstellung funktioniert somit nur, wenn alle Elemente zusammenspielen und der Besucher die Botschaften der Ausstellung mithilfe der Ausstellungselemente verstehen und empfangen kann.

Dauerausstellungen haben den Anspruch, Themen möglichst umfassend und für einen längeren Zeitraum darzustellen. Sonderausstellungen widmen sich spezifischen, komplexen Fragestellungen; sie nähern sich dem Thema von mehreren Seiten oder zeigen auch nur einen Aspekt, vermitteln historische Thesen, bleiben in der Gegenwart oder geben einen Ausblick in die Zukunft.

Komplexe Themen in gute Ausstellungen zu transformieren ist eine Herausforderung für Kuratoren, Gestalter und Vermittler. Ausstellungen haben die Chance, mit Tricks und Überraschungen, aber auch mit Humor Thesen und Themen zu präsentieren, die für das Verständnis von Geschichte und Gegenwart relevant sind.[12]

Im Technischen Museum Wien stellen historische Sonderausstellungen („Welt ausstellen", 2004; „Massenware Luxusgut", 2004; „Spurwechsel", 2006) die unterschiedlichen Sammlungsbestände in den Vordergrund. Aktuelle, gesellschaftlich relevante Themen und Fragestellungen werden ebenfalls aufgegriffen, um jetziges Wissen, Diskussionsgrundlagen und Entscheidungshilfen zu vermitteln („klimafreundlich mobil", 2008; Ausstellung zum Thema „Hightechmedizin", Herbst 2009); auch aktuelle Ereignisse und Jubiläen werden zum Anlass für Sonderausstellungen („Österreich baut auf", 2005, zum Jubiläum 50 Jahre Staatsvertrag; „herz:rasen", 2008, anlässlich der EURO 2008). Das Technische Museum weiß auch auf populäre Themen zu setzen. Der Sammlungsbereich Verkehr etwa lässt sich gut in rein objektbezogenen Ausstellungen („Schräglage", 2004; „Chromjuwelen", 2007) vermitteln, mit denen eine breite und heterogene Besucherschicht angesprochen wird; bei diesen Ausstellungen steht vor allem die Aura der gezeigten Objekte im Vordergrund. Aktuelle wissenschaftliche und technische Entwicklungen („Das Geheimnis der Wolkenmenschen-Inka", 2006; „Abenteuer Forschung", 2007) laden ein, sich mit der Welt der Forschung auseinanderzusetzen.

„Interaktivität in Ausstellungen ist nicht unbedingt körperlich, sondern kommt auch zustande, wenn man gedanklich etwas bewegt."[13] Im Technischen Museum gibt es einen sehr offenen Zugang zum Experimentieren. Das Selbst-Erfahren – den Dingen auf den Grund gehen und diese nachvollziehen – stellt bei den Sonderausstellungen einen integralen Bestandteil dar. Mit interaktiven Elementen kann man den Besucher in die Ausstellung einbeziehen, er kann damit Prozesse und Zusammenhänge selbst erleben. Hands-on-Exponate sollten eine mehrdimensionale Struktur aufweisen, die körperliche und/oder gedankliche Erfahrungen von Prozessen möglich macht. So wird der Besucher mit dem Treffen von Entscheidungen zu einem Teil der Ausstellung.

Auch durch Vermittlungsprogramme werden Ausstellungen interaktiv. In der „Verkehrten Stadt", einer Erlebniszone für Kinder der Ausstellung „Spurwechsel", konnten sich die jungen Museumsbesucher in einem eigens konzipierten Straßenverkehr bewegen. Die Ausstellungen „klimafreundlich mobil" und „herz:rasen" setzten auf das Erfahren von physikalischen Grundlagen mittels interaktiven Objekten sowie auf ein erlebnisreiches Workshop-Programm. Eine enge Zusammenarbeit von Museumspädagogen und Konzeptionisten ist hier wichtig.

Audiovisuelle Medien konstruieren den Ausstellungskontext im Wesentlichen mit und werden vor allem in kulturhistorischen Museen eingesetzt. Entscheidend ist der Einsatz von zeitgenössischen und alltäglichen Medienformaten. Laufbilder sind dann in einer Ausstellung sinnvoll, wenn sie als kleine Erzählungen persönliche Vorstellungen zum Ausdruck bringen oder als technisch und filmhistorisch sorgfältig eingesetzte Filmdokumente fungieren. Sie ermöglichen eine vielschichtige Wahrnehmung und können die Ausstellungsbesucher emotional involvieren. Ein gelungenes Mediendispositiv ist mit der Gesamtinszenierung und dem Raum verknüpft und darf nicht von Inhalt und Gestaltung losgelöst gesehen werden.[14] Die Ausstellung „Spurwechsel" etwa zeigte die Verknüpfung von Objekt und Medium: In abgestellten Autos wurden verschiedene thematisch passende Filmsequenzen gezeigt, die der Besucher nur in der Rolle des Fahrers/Beifahrers ansehen konnte.

Wann gilt nun eine Ausstellung als besucherorientiert? „Eine gute Ausstellung muss auf inhaltlicher Ebene Interesse wecken, in ihrer Aufbereitung Faszination entwickeln – und das im Rahmen des Bildungsauftrags, den das Technische Museum zu erfüllen hat."[15] Sie ist also dann besucherfreundlich, wenn sie Menschen bewegt. Die Themenauswahl, die inhaltliche Aufbereitung, aber auch die Umsetzung spielen eine wichtige Rolle. Christian Rapp, Kurator der Ausstellung „Spurwechsel", über den Weg, sich von der Besucherseite anzunähern: „Wo kann ich die Besucher bei ihren Gewohnheiten und Kenntnissen abholen? Wo kann ich ihre Erfahrungen als Zeitgenossen, als Zeitzeugen, als Kinder etc. aufgreifen? Wie kann ich ihnen meine ‚Geschichte' so erzählen, dass sie auf ihren Erfahrungen aufbaut? Während der Arbeit an der Ausstellung heißt das, sich ständig zu fragen: Was würde sie neugierig machen? Was würde sie zum Staunen bringen? Laufend stelle ich mir die Ausstellung aus der Perspektive von Besuchern vor und versuche, mir diesen Blick zu erhalten, indem ich möglichen Besuchern möglichst viel über das Projekt erzähle."[16]

Das Technische Museum Wien arbeitet seit seiner Gründung stets mit vielen Firmen zusammen. Mitunter sind Unternehmen auch als fachliche Berater in die Konzeption von Ausstellungen bzw. Rahmenprogramme eingebunden. Bei Sonderausstellungen werden vor allem gemeinsam Inhalte entwickelt und Expertisen zusammengeführt. So konnte der Kinderbereich „Verkehrte Stadt" nur mit dem Know-how und aktuellen Objekten (Ampel-, Markierungs- und Verkehrsleitsysteme) in gemeinsamer Entwicklung mit Partnern aus dem Bereich Verkehrsleitsysteme und Verkehrssicherheit (z. B. Swarco, 3M, Kuratorium für Verkehrssicherheit) realisiert werden.

Gestalten und wahrnehmen

„Überraschung, Erlebnisdichte, Eindrücklichkeit und Originalität beleben den Alltag!"[17] Eine Ausstellung ist ein Ort der sinnlichen Wahrnehmung – ein abgestimmtes Zusammenspiel von Exponaten, Texten, Medien, Gestaltung und Grafik.[18] Ein wichtiges Kriterium einer guten Ausstellung ist die passende Atmosphäre und Aura, die eine Ausstellung ausstrahlt. Gibt die Raumgestaltung ein anregendes Gefühl, lädt dies den Besucher zum Verweilen, Gustieren und Schmökern ein. Die Gestaltung darf keinesfalls losgelöst von den Inhalten gesehen werden. Um eine gute Zusammenarbeit von Architekten und Kuratoren zu gewährleisten und eine gelungene Transformation von Fragestellungen in eine Ausstellung sicherzustellen, ist die Einbindung von Gestaltern schon zu Beginn der Arbeiten an einer Ausstellung wichtig.[19] Der Gestalter, der (meist) die Sicht von außen und wenig Vorwissen mitbringt, wird oft zum ersten Prüfstein eines Ausstellungskonzepts.

Seit einigen Jahren geht die Entwicklung von Ausstellungen in Richtung Erweiterung von ästhetischer Geschichts- und räumlicher Erlebnisvermittlung, und es gibt mittlerweile eine ganze Bandbreite museografischer Ansätze sowie eine Tendenz zur Verschränkung der Gestaltungsformen.[20] Das geht bis hin zur Umsetzung von abstrakten Inhalten, die sinnlich erfahrbar werden, und zu Ausstellungen ganz ohne Exponate.[21]

Das Technische Museum stellt sich den Anspruch, an unterschiedliche Themenstellungen gestalterisch auf differenzierte Art und Weise heranzugehen. Eine objektbezogene historische Themenstellung stellt andere Herausforderungen an die Architektur als eine Ausstellung mit einer zukunftsgerichteten Fragestellung. Eine Ausstellung, die auch Kinder ansprechen soll, braucht spielerische Elemente und ein angenehmes Raumgefühl.

Staunen und erleben

„Unter Staunen verstehe ich die Macht des ausgestellten Objekts, den Betrachter aus seiner Bahn zu werfen, ihm ein markantes Gefühl von Einzigartigkeit zu vermitteln, eine Ergriffenheit an ihm zu provozieren."[22] Die heterogenen Zielgruppen des Technischen Museums sind für die inhaltliche Aufbereitung von Themenstellungen eine besondere Herausforderung. Ausstellungen erlebbar zu machen und in diesen selbst aktiv zu werden ist eine in der Museumstheorie sehr oft geforderte Haltung.[23] Jeder Besucher nimmt die intendierten Botschaften unterschiedlich auf. Am Anfang steht in erster Linie die Begegnung im Vordergrund, aus der sich das „Staunen" ergibt. Erst danach entstehen die Informationsaufnahme und intellektuelles Verstehen. Friedrich Waidacher spricht von „verstehendem Erleben".[24]

Der Ausstellungsbesuch wird von Heiner Treinen auch als „kulturelles Windowshopping" definiert, wenn Besucher möglichst viel in kurzer Zeit erfahren möchten.[25] Eine Herausforderung ist es nun, den Besucher zum Verweilen zu verführen. Das kann man mit einem einzigartigen Objekt oder Bild, einer überraschenden Gestaltungsweise oder mit einem tollen interaktiven Element schaffen.

Was kann und sollte nun ein Museum zusätzlich zu einer Sonderausstellung an programmatischen Fixpunkten anbieten?[26] Ein auf die Ausstellungsthematik abgestimmtes Rahmenprogramm ist für die Besucher ein spannendes Supplement. Zur Ausstellung „Geschmacksachen" (2008/2009) etwa wird ein umfassendes Vermittlungs- und Workshopprogramm angeboten. Ein Geschmackslabor ist ein Vorführ- und Workshopbereich, der mit einer Küche ausgestattet ist. Hier kann man auf sehr praktische Art dem Geschmack auf den Grund gehen: Die Besucher können selbst Hand anlegen und gemeinsam mit geschulten Vermittlern experimentieren und die Ergebnisse verkosten.

Und in Zukunft?

Das Arbeiten mit den historischen Sammlungen des Technischen Museums sowie soziokulturelle Fragestellungen nehmen in der Zukunftsstrategie der Sonderausstellungen einen wichtigen Stellenwert ein. Eine wesentliche Rolle sollen auch Ansätze spielen, die den Besucher im täglichen Leben abholen und ihm anwendbares Wissen vermitteln sowie gesellschaftliche Positionen und zeitgenössische Zusammenhänge darstellen.

Im Herstellungsprozess soll eine Sonderausstellung verstärkt als Gesamtkunstwerk gesehen werden, in das sich alle Beteiligten (Kuratoren, Architekten, Grafiker, Medienkonzipienten, Vermittler, Partner) spartenübergreifend einbringen können. Auch die Kompetenz, interaktive und auf heterogene Zielgruppen abzielende Ausstellungen zu entwickeln, wird das Technische Museum forcieren.

„Nicht gelehrter sollen die Besucher die Ausstellung verlassen, sondern gewitzter. Die Aufgabe der echten, wirksamen Darstellung ist geradezu, das Wissen aus den Schranken des Fachs zu lösen und praktisch zu machen."[27]

Die Ausstellung „Massenware Luxusgut", Foto, Margherita Spiluttini, 2004

Die Ausstellung „Klimafreundlich mobil – Ideen für den Verkehr der Zukunft", Foto, 2008

Sammeln

Bewahren

Ausstellen

Beatrix Hain
Vermitteln

Vermarkten

„Das TMW hat in einen Diskurs mit allen Alters- und Bildungsgruppen unserer Gesellschaft zu treten. Ziel ist die Förderung des Wissens über die Rolle der Naturwissenschaften und Technik als integraler Bestandteil unserer Zivilisation, die Förderung eines verantwortungsbewussten Umgehens mit Technik und eine sachliche Information für Jugendliche und Kinder. So ist die Zusammenarbeit mit außerschulischen Jugendbetreuungseinrichtungen, mit Schulen aller Bildungsstufen, mit Volksbildungsanstalten, Volkshochschulen und Einrichtungen der Erwachsenenbildung eine besondere Verpflichtung für das TMW."[1]

Wer facht den inhaltlichen Diskurs an? Ist es das historische Artefakt selbst? Aufgenommen vom wissenschaftlichen Kurator und inventarisiert wandert es zunächst ins Depot, bis es dann in der Schausammlung oder in Sonderausstellungen präsentiert wird. Der Besucher betrachtet das musealisierte Objekt wegen seiner Schönheit, seiner Einzigartigkeit oder der Wiedererkennung. Es „bildet" den Besucher über seinen sachlichen und informativen Gehalt. Doch was „verlebendigt" dieses Artefakt – wer spricht? Der Kulturvermittler kann den inhaltlichen Diskurs fördern – als Mittler zwischen Objekt und Besucher. Er ist der Brückenbauer zwischen dem wissenschaftlichen Kurator und dem als „Laien" bezeichneten Besucher.

Vor knapp 25 Jahren betraten die ersten Kulturvermittler des Pädagogischen Dienstes der Bundesmuseen und in späterer Folge des Museumspädagogischen Dienstes die Bühne der Museumshallen. 1991 wurde die Kulturvermittlung, damals noch unter dem Begriff der Museumspädagogik, zur ministeriellen Chefsache erklärt. Paritätisch teilten sich das Wissenschafts- und das Unterrichtsministerium die Etablierung von Vermittlungsabteilungen in den nachgeordneten Bundesmuseen. Dies deckte sich mit den Ansprüchen der Bundesmuseen, auch des Technischen Museums, den Bildungsauftrag künftig autonom zu erfüllen.

Die Vermittlung naturwissenschaftlicher und technischer Inhalte erwies sich als große Herausforderung. Die Mehrzahl der Museumspädagogen kam aus Lehrberufen oder fachwissenschaftlichen Bereichen. Eine Ausbildung bzw. Weiterbildung zum Kulturvermittler erfolgte in unterschiedlichen Institutionen; man besuchte zum Beispiel den Fakultätslehrgang der Geisteswissenschaftlichen Fakultät der Universität Wien, den Hochschullehrgang Museumspädagogik oder Kurzlehrgänge der Reinwardt Academie in Leiden. Die Kulturvermittler schlossen sich zu freien Gruppen oder Vereinen zusammen und arbeiten seither in den unterschiedlichsten Museen als Freiberufler.

Im Technischen Museum begann die institutionalisierte museumspädagogische Arbeit 1990 mit der Entwicklung und Erprobung erster Aktionen und Programme. Unterstützt von engagierten Kollegen erweiterte sich der Kreis der Mitarbeiter bald um externe Museumspädagogen.

Die vom damaligen Direktor Peter Rebernik aus den USA importierte Idee des damaligen des Camp-in (Kinder übernachten im Museum) fand unter dem Schlagwort „Edutainment" sowohl bei den Medien als auch bei den Schulen großen Anklang und wurde am österreichischen Museumstag 1991 vorgestellt. Seit 2000 bietet das Museum – bei steigender Nachfrage – wieder Camp-ins an.

Zwischen 1990 und der Schließung des Museums im Herbst 1992 kam es zu einer engen Kooperation zwischen dem ORF-Kinderprogramm und der „Ich und Du Galerie" im Museum. Darin wurden mehrere TV-Sendungen aufgezeichnet, an denen die Museumspädagogik mit ihren Vermittlungsprogrammen teilnahm. Den Raum dafür und für die Gruppenarbeit gestalteten Schüler mit Eisenbahnmotiven. Das Museum beteiligte sich auch an vielen anderen Kindersendungen des ORF.

Seit der Wiedereröffnung 1999 verfügt das TMW über zwei gesondert benutzbare Gruppenräume, die mit Medientechnik für das Arbeiten mit unterschiedlichen Zielgruppen, für Kindergeburtstage und für Projektarbeiten ausgestattet sind. Die Abteilung Museumspädagogik mit vier Angestellten leistet die Programmentwicklung und organisiert mit freien Dienstnehmern den gesamten Besucherbetrieb.

In der Anfangszeit des Museums stand die Idee der Volksbildung, die sich vornehmlich an interessierte Erwachsene richtete, im Vordergrund der Vermittlung von Technik. Auch die sogenannten Kustodenführungen am Wochenende sprachen primär ein interessiertes Fachpublikum an. Erst seit den späten 1960er- und den 1970er-Jahren begann ein langsamer Umdenkprozess im Windschatten eines politischen Wandels mit einer Demokratisierung der Gesellschaft und der Akzeptanz der Industriekultur. Schwellenangst und Bildungsbarrieren wurden abgebaut. Der Besucher ist nicht mehr passiver Konsument eines Bildungsangebots, sondern er ist gefordert, den Vermittlungsprozess aktiv mitzugestalten. Der Ort der „Geschichtsbewahrung" wurde zu einem Ort der „Geschichtsaneignung".[2]

Um den unterschiedlichen Erwartungshaltungen der Besucher gerecht zu werden, muss das Museum „lebendig" bleiben. Die Museumspädagogik kann durch die personale Vermittlung auf die unterschiedlichen Besucherinteressen reagieren.

Ein wesentlicher Anspruch der Vermittlungsarbeit ist das Wecken von Neugierde und Interesse für technikhistorische und kulturhistorische Zusammenhänge, um dadurch „[…] die kulturelle und die technische Form moderner Gesellschaften in ein reflexives Verhältnis zu sich selbst zu setzen".[3] Der Vermittler ist permanent gefordert, die weitverbreitete Vorstellung einer allmächtigen Technik, also das undifferenzierte Technikvertrauen, zu hinterfragen.

Dem Besucher ist für das Erfassen kognitiv geprägter Ausstellungsinhalte Raum und Zeit zu geben, damit er sich affektiv mit den oft als komplex beschriebenen naturwissenschaftlich-technischen Themen auseinandersetzen kann. Aufgrund der unterschiedlichen Voraussetzungen und Erwartungen der Besucher kann das Museum sowohl eine Konfrontation mit den Artefakten der Kindheit als auch Lernort oder „Freizeittempel" sein. Immer ist entscheidend, wie der Besucher mit den Objekten in Kommunikation tritt. Die Kommunikationsmethoden müssen stets aufs Neue überdacht werden. Die Wahl der Methoden ändert sich mit dem gesellschaftlichen Wandel und berücksichtigt Aspekte des Forschens, Experimentierens, Entdeckens und Darstellens.

Heute kann der Besucher des Technischen Museums aus einer Vielfalt von Vermittlungsangeboten wählen.

Ein neues Vermittlungsangebot ist der Audio- bzw. Multimedia-Guide, der erstmals 2009 zum Einsatz kommen wird. Je nach Gestaltung des Guides kann der Besucher weitgehendst selbstbestimmt sich durch das Museum führen lassen. Neben Erstinformationen über Objekte können auf mehreren Informationsebenen Filme und Bilder sowie vertiefende Inhalte abgerufen werden.

Ist das Technische Museum ein ausgelagerter Lernort für konsumorientierte Kids und ihre gestressten Lehrer oder Eltern? Im Museum versteht man unter Lernen nicht das schulische Lernen, das auch Erziehen, Ausbilden und Disziplinieren in sich birgt, sondern ein Lernen im Sinn des sich empathischen Annäherns, Vorbereitens und Vertiefens auf Basis von Freiwilligkeit.

Schulen waren und sind auch heute noch eine der wichtigsten Zielgruppen der museumspädagogischen Arbeit. Das Netzwerk Schule/Museum/Behörden hat diese Form von zielgruppenorientierter Arbeit erleichtert. Ministerielle Erlässe zum Besuch von Sonderausstellungen, Österreichs Jugend lernt die Bundeshauptstadt kennen, Kooperationen mit dem Stadtschulrat, Lehrerfortbildungen und Lehrerführungen seien hier erwähnt. Den wichtigsten Partner – die Schulen – bindet das Technische Museum über das Marketingkonzept „Museum x Schule" ein.

Für den Museumspädagogen ist es immer wieder eine Herausforderung, gruppenspezifische Programme zu entwickeln, auf die Bedürfnisse der Besucher einzugehen, deren Zugänge zur Technik in Gesprächen zu hinterfragen und neue Interessen zu wecken.

Das Museum ist in der Wissensgesellschaft auch ein Ort für lebenslanges Lernen.

Der auf die Zielgruppe der Senioren gerichtete Fokus mündete 2007 in das museumsgeragogische Projekt „klarsicht07", das als Abschlussarbeit des Lehrgangs „Geragogik" der Akademieverbünde Kirchlicher Pädagogischer Hochschulen an den Bereich Museumspädagogik herangetragen wurde. Es wandte sich an Erwachsene in der zweiten Lebenshälfte, die ihre Lebens-, Lern- und Berufserfahrung für eine ehrenamtliche Beratertätigkeit nutzen wollten. Als Seniorexperten in Sachen Museumsbesuch vertieften sie ihre im Museum gesammelten Eindrücke, Ideen und Vorschläge in gemeinsamen Gesprächsrunden. Sie erhielten Führungen durch die Ausstellungsbereiche und Einblicke in den Arbeitsalltag des Technischen Museums. Das so Wahrgenommene soll als weitere Basis für die Arbeit mit Senioren dienen.

Man kann Zielgruppen als in sich homogene Gruppen erfassen, die sich durch gemeinsame Parameter wie Alter, Verwandtschaft, Bildungshintergrund bestimmen lassen. Doch wie sieht es mit heterogenen Gruppen aus? Das Museum wagte einen „intergenerationellen Austausch" – ein Projekt, das Volksschüler und Senioren zusammenführte. Es gab den Rahmen für das gemeinsame Thema „Energie" ab, und der Erfahrungsaustausch erfolgte über die Objekte. Die Moderation lag bei den Museumspädagogen, die Kompetenz für die Senioren wurde bei den Geragogen eingeholt. Beide Gruppen profitierten voneinander; auf beiden Seiten wurde mehr Sozialkompetenz entwickelt, und es wurde Technik durch gelebte Geschichte erfahrbar gemacht.

Menschen mit besonderen Bedürfnissen bietet das Museum einen barrierefreien Zugang. Gezielte Führungsangebote gibt es für blinde Menschen. Als Versuch wurde für die Sonderausstellung „Chromjuwelen. Autos mit Geschichte" ein Multimedia-Guide für Gehörlose entwickelt. Dafür wurden mit Gehörlosen technische Begriffe in Gebärdensprache neu definiert und in das Gebärdenlexikon aufgenommen.

Für Kinder ab zwei Jahren gibt es im Technischen Museum einen eigenen Bereich: das „mini", wo Kleinkinder spielerisch und lustvoll an die Technik herangeführt werden. „Charakte-

Intergenerationelles Lernen, Foto, 2008

„Klarsicht 07", Projekt Geragogik, Foto, 2007

ristisch für das Spiel ist Zweckfreiheit, Ziele müssen nicht von vornherein definiert werden. Durch die Spielenden selbst werden quasi-funktionelle Bezüge zu Wirklichkeitsphänomenen hergestellt."[4] Im „mini-nano" dockt der Bereich an die Ausstellung „Abenteuer Forschung" an; hier sind in unregelmäßigen Abständen auch kleine Wechselausstellungen zur Grundlagenforschung zu sehen.

Dass Guidesysteme Besucher durch Sonderausstellungen oder die gesamte Schausammlung führen, ist heute State of the Art. Auch der virtuelle Museumsbesuch ist bereits möglich: Man kann zu Hause sitzen und sich Objekte in 3-D-Animationen ansehen, Wissen abrufen oder in „Second Life" als „Avatar" (virtuelle Figur) Museen und deren Inhalte verändern oder anderen Funktionen zuführen. Ersetzt das den Museumsbesuch oder die persönliche Vermittlung? Das „Auratische" des historischen Artefakts kann nur an dem dafür geschaffenen Ort, dem Museum, erlebt werden. Einem Ort, der einem steten Wandel unterliegt und der im Fall des Technischen Museums Wien auch ein Ort des Erlebens ist. Zielgruppenorientierte Vermittlungsprogramme, Sonderausstellungen mit Rahmenprogrammen, Edutainment für die Familien und Hands-on-Objekte machen das Museum zu einem Ort der Auseinandersetzung mit vergangener und zukünftiger Technik, in deren Mittelpunkt der Vermittler steht. Dieses Spannungsfeld ermöglicht dem Besucher auch, über das im Museum Erlebte zu reflektieren und seinen bisherigen Umgang mit Technik zu hinterfragen.

Töchtertag, Foto, 2008

Thema „Bionik" im Mini-nano, Foto, 2008

Sammeln
Bewahren
Ausstellen
Vermitteln

Christine Lixl, Hermann Tragner
Vermarkten

Das Vermarkten ist für das Technische Museum Wien eine relativ neue Aufgabenstellung. Zwar es gab schon zur Zeit seiner Gründung Elemente von Öffentlichkeitsarbeit: Man musste die Finanzierung für das neue Museum sichern und Firmen dafür interessieren sowie das neue Museum bekannt machen. Ein Beirat mit hochrangigen Persönlichkeiten wurde gegründet, um das Museum in relevanten Öffentlichkeiten zu verankern. (Plakat-)Werbung lässt sich bis in die Zeit der Eröffnung des Museums zurückverfolgen, und man sorgte erfolgreich dafür, dass in den Medien über das Museum berichtet wurde.

Als systematische Aufgabe, als strategische Positionierung und Bearbeitung von Märkten ist Marketing jedoch eine neue Disziplin und Schwerpunktsetzung. In diesem Verständnis wird Marketing zunächst einmal als das Denken in Märkten und die Ausrichtung der eigenen Organisation auf Märkte hin definiert. „Das Unternehmen – in dieser Abstraktionsebene sind auch Museen ‚Unternehmen' – besteht nicht aus sich selbst heraus, sondern immer in den Beziehungen zu den anderen, mit denen es in Austauschbeziehungen treten will"[1] oder muss. Mit Marketing kommen also zum einen das eigene Selbstverständnis und die Positionierung in den Blick, zum anderen werden die vielfältigen Beziehungen „zur Welt da draußen" Gegenstand der Betrachtung und systematischen Bearbeitung.

Was kennzeichnet nun die Rahmenbedingungen und damit die Herausforderungen eines (technischen) Museums zu Beginn des 21. Jahrhunderts aus der Sicht des Marketings? Und welche Handlungsfelder ergeben sich daraus für das Marketing?

Wird generell für Kulturbetriebe von einem Rückgang bzw. einer Stagnation der öffentlichen Kulturzuwendungen ausgegangen,[2] so stellt sich die Situation für das Technische Museum Wien wie folgt dar:

Mit der Überleitung in die Vollrechtsfähigkeit ab 1. Jänner 2000 (auch als „Ausgliederung" bezeichnet) haben sich die rechtlichen und finanziellen Rahmenbedingungen grundlegend geändert. Zum einen hat das Museum nun eine größere finanzielle und programmatische Autonomie, was u. a. eine langfristige Planung ermöglicht; zum anderen muss aufgrund der Deckelung der Basisabgeltung, die zudem nicht indexangepasst ist, von einem realen Rückgang der verfügbaren Mittel ausgegangen werden. Die Eigeneinnahmen des Technischen Museums, die in erster Linie aus Eintritts- und Sponsoringgeldern bestehen, gewinnen damit an Bedeutung.[3] Der Staat bleibt zwar als „Erhalter" durch die Basissubvention und durch die Kontrolle über das Kuratorium präsent, zieht sich jedoch aus der operativen Verantwortung zurück. Über die „Museumsordnung" definiert der Staat den Auftrag des Erhalters, der auch einen „demokratischen" Anspruch umfasst: Das Museum hat in einen Diskurs mit allen Alters- und Bildungsgruppen unserer Gesellschaft zu treten,[4] Kultur soll „niederschwellig" für alle Bürger erreichbar sein.

Welche neuen gesellschaftlichen Funktionen kommen – abgesehen von der klassischen Konzentration auf Sammeln, Bewahren, Forschen und Präsentieren – damit ins Spiel? Die aktuellen Diskussionen über die gesellschaftliche Rolle der Museen rücken allesamt das Vermitteln, rücken das Museum als Ort des Lernens und Erlebens stärker ins Zentrum:[5] Es genügt nicht mehr, zu sammeln, zu bewahren, zu forschen und zu präsentieren, sondern es geht vermehrt um Partizipation und Durchlässigkeit. Wird Museum als ein Ort des Lernens mit dem Anspruch der Teilhabe durch möglichst viele gedacht, muss man auch neue Zielgruppen an das Museum heranführen und Kooperationen eingehen, um die Zugänglichkeit zu erhöhen.

Die Besucher und Rezipienten im Blick zu haben heißt auch, sie zu kennen und mit dem generell konstatierten hohen Anspruchsniveau des Publikums und den veränderten Besuchererwartungen an ein Museum konfrontiert zu sein. Was den Kampf um die Zeit- und Ressourcenbudgets ihrer Bezugsgruppen angeht, konkurrieren die Museen nicht nur miteinander, sondern sehen sich auch den Angeboten einer Vielzahl von unterschiedlichen Bildungs- und Freizeiteinrichtungen gegenüber.[6] Hinzu kommt ein sich rasch veränderndes Konsum-, Informations- und Freizeitverhalten dieser Bezugsgruppen. Deshalb werden für Museen die strategische Öffnung und Bearbeitung von Märkten immer wichtiger.

Eine besondere Schlüsselrolle kommt sicherlich der verstärkten und vor allem auch flexibleren Gestaltung von Beziehungen zu den unterschiedlichen Zielgruppen zu. Mehr denn je ist es dazu notwendig, die Erwartungen und das Verhalten der Bezugsgruppen regelmäßig zu analysieren und in die Planungsprozesse und den Marketing-Mix[7] zu integrieren. Besonders zu berücksichtigen sind diese Erwartungen in den Anspracheestrategien für unterschiedliche Dialoggruppen und in differenzierten Preisstrategien für unterschiedliche Zielmärkte.[8]

Die wohl größte Herausforderung liegt jedoch darin, auch in der Dienstleistungs- bzw. Produktgestaltung auf das Verhalten und die Erwartungen der Besucher zu reagieren. Wie gut gelingt es dem Museum in der Besonderheit seiner Dienstleistung – der Immaterialität des Produktes –, für den Nutzer Spielräume zur Mitgestaltung einzuplanen? Nutzerorientierung in einer neuen Dimension bedeutet, die Aufgaben des Museums nicht nach dem Prinzip „Wir sind der Absender – du bist der Rezipient" (und damit implizit: „Wir wissen, was für dich gut ist!") zu erfüllen, sondern Formate zu schaffen, die zur Auseinandersetzung mit den Museumsaufgaben und -inhalten einladen, in denen diese Aufgaben (z. B. Sammeln, Interpretieren der Objekte etc.) mitgestaltet werden können. Damit haben Museen als Orte, an denen individuell und in Gruppen mit physischen Objekten und mittels solcher gearbeitet werden kann, als gestaltete Räume, die Lernen und Erleben ermöglichen und fördern können, eine charakteristische Funktion, auch in einer Zeit, in der das Internet die Wissensproduktion und -rezeption radikal verändert und vervielfacht hat.

Damit zur nächsten wichtigen Frage in Bezug auf den Erfolg von Museen: Wie gut wird es dem Museum in Zukunft gelingen, seinen Aktionsradius zu erweitern und seine Produkte – bzw. abgewandelte oder erweiterte Formate dieser – über die örtlichen Grenzen des Museums hinaus zur Verfügung zu stellen?

Bisher erfolgte dies vor allem über Printmedien, beispielsweise über Ausstellungskataloge. Dem Einsatz von „neuen Medien" – vor allem dem des Internets – wird zukünftig eine enorme Bedeutung zukommen. Wenn Museen die spezifischen Möglichkeiten dieser Medien mit Geschick erfolgreich auf die Aufgaben der Museumsarbeit umzulegen und dadurch einen zusätzlichen Nutzen zu schaffen vermögen, bietet sich die Chance, in einen stärkeren Austausch mit den unterschiedlichen Bezugsgruppen zu treten und schneller auf deren Erwartungen zu reagieren.[9]

Viele der bisher ausgeführten Herausforderungen gelten für Museen generell. Spezifisch für ein technisches Museum sind die Sammlungs- und Themenfelder und die damit einhergehenden Implikationen. Technik ist als Teil der Alltagskultur zu sehen, jeder ist täglich davon betroffen, zumindest als Anwender und Nutzer. Dazu kommen die relativ große Ausbildungsnähe verschiedener Inhalte eines technischen Museums von naturwissenschaftlichen Grundlagen bis hin zu verschiedenen technischen und kulturwissenschaftlichen Themen und die vom Museum angestrebte, auch interaktive Aufbereitung der Inhalte. Diese Faktoren haben Auswirkungen auf die Zielgruppenstruktur: Technische Museen haben meist ein Publikum mit einem großen Anteil von Kindern und Jugendlichen, sowohl im Familien- als auch im Klassenverband.[10]

Die Thematik des Technischen Museums bedingt eine große Nähe zu Industrie und Wirtschaft: von den Vorgängersammlungen, die teilweise als Firmensammlungen entstanden beziehungsweise als Leistungsschauen von Industrie und Gewerbe der jeweiligen Zeit konzipiert waren, über die Gründungsgeschichte, an der führende Industrielle maßgeblich beteiligt waren, bis hin zu aktuellen Objektspenden von Unternehmen. Aktuell zu bleiben ist ein Anspruch, der in die Gründungszeit zurückreicht. Gegenwärtige Technologien zu vermitteln und manchmal auch einen Blick in die Zukunft zu werfen wäre ohne die Zusammenarbeit mit Unternehmen nicht möglich.

Außerdem trägt das Technische Museum dazu bei, Hemmschwellen zur Technik abzubauen und seine Besucher für technische und naturwissenschaftliche Berufe zu interessieren sowie für Forschung und Innovation zu sensibilisieren.

Durch die Forschungsaffinität, durch das Naheverhältnis zu Industrie und Wirtschaft und durch den hohen Anteil an jungen Besuchern hat das Technische Museum auf dem Gebiet des Sponsorings einen spezifischen Vorteil: Wie eingangs ausgeführt, gehen die Mittel, die das Technische Museum als Subvention erhält, real zurück. Das Museum konkurriert mit anderen Kultureinrichtungen und Non-Profit-Organisationen um öffentliche Zuwendungen sowie um alternative Geldquellen. Bei der Akquisition von Sponsoren kommen die genannten Vorteile insofern zum Tragen, als die Affinität zwischen Museumsinhalten und Produkten der Hersteller und damit die inhaltliche Dimension oft der ausschlaggebende Grund für eine Zusammenarbeit sind. Die Erläuterung komplexer Zusammenhänge in einer Ausstellung und die Möglichkeit, an den Kommunikationsmaßnahmen rund um eine Ausstellung zu partizipieren und zum Beispiel über geeignete Rahmenprogramme stärker mit interessanten Zielgruppen in Kontakt zu kommen, machen für das jeweilige Unternehmen den Wert seines Sponsorings aus. Das Museum kann im Rahmen eines Sponsorings natürlich auch als interessanter Veranstaltungsort genutzt werden.

Die Vielfalt der Inhalte und Sammlungsgebiete stellt das Technische Museum auch vor große Herausforderungen in Sachen Kommunikation und Markenbildung. Zu beobachten ist bisher die Tendenz, in erster Linie über wechselnde Angebote (vor allem über Sonderausstellungen) zu kommunizieren. Die Schwierigkeit besteht darin, das Museum auch als Marke zu positionieren, ein klares Image zu vermitteln und zu transportieren, wofür das Museum steht. Die Besucher sollen schon im Vorhinein wissen, was sie erwartet – sowohl über die verschiedenen Ausstellungsthemen als auch unabhängig davon.[11] Um die verschiedenen Dialoggruppen an das Museum zu binden, ist eine klare Markenbildung langfristig ein wichtiger Erfolgsfaktor.

Damit sind wir wieder beim Vermarkten, beim Museumsmarketing im engeren Sinn angelangt. Es geht um einen Dialog in beide Richtungen – vom Museum weg und zum Museum hin. Operativ gedacht heißt vermarkten:
- analysieren (und Ziele setzen),
- planen (der konkreten Maßnahmen im Marketing-Mix),
- durchführen,
- kontrollieren.

In seiner Herangehensweise legt das Technische Museum einen Schwerpunkt auf die Analyse. Die Weichen im Vermarkten werden weniger in der Umsetzung gestellt, sondern vielmehr in der Aufbereitung der Ausgangslage, in der Erarbeitung und Weiterentwicklung der Positionierung und dann in der Definition der darauf aufbauenden Ziele, Strategien und Maßnahmen. Das Museum in diesem Sinn zu vermarkten ist eine Managementaufgabe, die nicht zur Gänze an eine Abteilung delegierbar ist. Es ist eine übergreifende Aufgabe, in der die Marketingabteilung neben verschiedenen operativen Aufgaben den Part übernimmt, systematisch den Blick nach außen und nach innen zu richten: Sie bereitet Besucherdaten und wirtschaftliche Kennzahlen auf, stellt die (manchmal unbequeme) Frage „Wo stehen wir?", beobachtet die Konkurrenz und ist bestrebt, das Museum in verschiedenen Netzwerken zu positionieren und die Erwartungen unterschiedlicher Dialoggruppen einzubringen.

Marketing ist also nicht mit Werbung gleichzusetzen, und Marketing heißt noch weniger, sich kurzfristig an „der Quote" zu orientieren. Marketing heißt, daran mitzuwirken, wie das Museum sich positioniert und welche Angebote es plant, und diese dann bestmöglich nach außen zu tragen und zu überprüfen, ob dies gelungen ist. Es geht um einen begründeten, zielgerichteten Mitteleinsatz im Hinblick auf die eigene Positionierung und Mission, um das optimale Erreichen der gesteckten Ziele und die langfristige Sicherung von Ressourcen.

aha.

Dieser bestimmte Moment, in dem alles einen Sinn ergibt. Wenn die Neugier geweckt und der Verstand beflügelt wird, im Technischen Museum Wien. In den letzten 100 Jahren wurden hier ca. 30 Millionen solcher Augenblicke verlebt – mit allen Sinnen.

Seit 100 Jahren ein aha-Erlebnis.
100 Tage Jubiläumsprogramm von 13.03. bis 21.06.2009
Spannende Rückblicke, einzigartige Einblicke, revolutionäre Ausblicke. www.technischesmuseum.at

100 Jahre technisches museum wien

Werbekampagne zum 100-Jahr-Jubiläum, Druck, Agentur Wien Nord, 2009

Sammeln

1. Standards für Museen. Hg. vom Deutschen Museumsbund und von ICOM Deutschland. Kassel, Berlin 2006, S. 15. Vgl. www.museumsbund.de/cms/fileadmin/geschaefts/dokumente/varia/Standards_fuer_museen_2006.pdf.
2. Sommer, Manfred: Sammeln. Ein philosophischer Versuch. Frankfurt/Main 1999, S. 8.
3. Ebd., S. 83.
4. Ebd., S. 193.
5. Gerchow, Jan: Museen, in: Aufriss der Historischen Wissenschaften. Hg. von Michael Maurer. Bd. 6: Institutionen. Stuttgart 2002, S. 316–395, hier S. 317.
6. Muensterberger, Werner: Sammeln. Eine unbändige Leidenschaft. Psychologische Perspektiven. Berlin 1995, S. 20 und 205.
7. Hinske, Norbert: Kleine Philosophie des Sammelns, in: Sammeln – Kulturtat oder Marotte? (Trierer Beiträge. Aus Forschung und Lehre an der Universität Trier XIV). Trier 1984, S. 41–47, hier S. 47.
8. Heesen, Anke te: Sammeln als Wissen. Das Sammeln und seine wissenschaftsgeschichtliche Bedeutung. Göttingen 2002, S. 14.
9. Ebd., S. 7.
10. Vgl. die Museumsdefinitionen des Deutschen Museumsbunds und von ICOM: www.museumsbund.de/cms/index.php?id=135&L=0&STIL=0 und http://icom.museum/statutes.html (21. 1. 2009). Das Bundesmuseen-Gesetz der Republik Österreich definiert die Aufgaben im § 2 mit „sammeln, konservieren, wissenschaftlich aufarbeiten und dokumentieren und einer breiten Öffentlichkeit zugänglich machen". Bundesgesetzblatt für die Republik Österreich, Jahrgang 2002, ausgegeben am 8. Jänner 2002, Teil I.
11. Korff, Gottfried: Vom Verlangen, Bedeutungen zu sehen, in: Borsdorf, Ulrich u. a. (Hg.): Die Aneignung der Vergangenheit. Musealisierung und Geschichte. Bielefeld 2004, S. 81–103, hier S. 83.
12. Beinke, Lothar: Sammeln und Sammler. Tönning 2005, S. 42.
13. Pomian, Krzysztof: Der Ursprung des Museums. Vom Sammeln. Berlin 1988.
14. Korff, siehe Anmerkung 11, S. 84.
15. Sommer, siehe Anmerkung 2, S. 83.
16. Heesen, siehe Anmerkung 8.
17. Pomian, siehe Anmerkung 13, S. 96.
18. Nora, Pierre: Zwischen Geschichte und Gedächtnis. Berlin 1990, S. 23.
19. Lübbe, Hermann: Die Aufdringlichkeit der Geschichte. Herausforderungen der Moderne vom Historismus bis zum Nationalsozialismus. Graz, Wien, Köln 1989, S. 13–29, hier S. 29.
20. Ebd., S. 25.
21. Ders., Zeit-Verhältnisse. Zur Kulturphilosophie des Fortschritts (Herkunft und Zukunft I). Graz, Wien, Köln 1983, S. 12. Vgl. ders., Zeit-Verhältnisse. Über die veränderte Gegenwart von Zukunft und Vergangenheit, in: Im Netz der Zeit. Menschliches Zeiterleben interdisziplinär. Hg. von Rudolf Wendorff. Stuttgart 1989, S. 140–149, und in: Wolfgang Zacharias (Hg.): Zeitphänomen Musealisierung. Das Verschwinden der Gegenwart und die Konstruktion der Erinnerung. Essen 1990, S. 40–49.
22. Korff, siehe Anmerkung 11, S. 95.
23. Heisig, Dirk (Hg.): Ent-Sammeln. Neue Wege in der Sammlungspolitik von Museen. Aurich 2007.
24. http://www.icom-oesterreich.at/kodex.pdf (11.8.2008).
25. Pomian, siehe Anmerkung 13, S. 96 f.
26. Standards für Museen, siehe Anmerkung 1, S. 15.
27. Eine verschriftlichte Sammlungsstrategie, auch Sammlungspolitik oder Sammlungsrichtlinie genannt, liegt bisher u. a. vom Wien Museum und vom Landesmuseum Joanneum vor. Vgl. Kos, Wolfgang: Aktiv sammeln! (Aber wie?). Die Sammlungsstrategie des Wien Museums, in: neues museum. Die österreichische museumszeitschrift, Februar 2008, S. 14–19, und Muchitsch, Wolfgang: Sammlungsrichtlinien am Landesmuseum Joanneum? Ein aktuelles Beispiel aus der Museumspraxis, in: Stocker, Karl; Muchitsch, Wolfgang (Hg.): Sammeln (Museum zum Quadrat 18). Wien 2006, S. 29–37. Allgemein dazu: Overdick, Thomas: Sammeln mit Konzept. Ein Leitfaden zur Erstellung von Sammlungskonzepten (Schriften des Freilichtmuseums am Kiekeberg 56). Ehestorf 2007.

Bewahren

1. Zita Breu leitete die Abteilung Restaurierung von 1996 bis 2005.
2. Stender, Christoph in: Kunst und Technik – Technik und Kunst, www.christoph-stender.de/texte/kunst-technik.html (Mai 2008).
3. Rebernik, Museumsgrundkonzept (1992), S. 20.
4. Götz, Kornelius in: VDR-Beiträge zur Erhaltung von Kunst- und Kulturgut. Hg. vom Verband der Restauratoren e. V. (VDR), 2005, S. 9.
5. Ebd., S. 8.
6. Vgl. den Beitrag von Wolfgang Tobisch.
7. Ab 1956 wurden in Österreich keine Waggons III. Klasse mehr hergestellt.
8. International Centre for the Study of the Preservation and Restoration of Cultural Property – Internationale Studienzentrale für die Erhaltung und Restaurierung von Kulturgut.
9. „Teamwork for Preventive Conservation", 1994, sowie „Preventive Conservation Strategy Project", 1997 und 2000.
10. Vernetzte Sensoren der Firma Krah & Grote Messtechnik.
11. Lerber, Karin; Huber, Joachim: Unbezahlbare Depots für Kulturgut?, in: Museum aktuell, Juli 2008, S. 9.

Ausstellen

1. Jacques Hainard et Marc-Olivier Gonseth, Musée d'ethnographie Neuchâtel. http://www.men.ch/expositions.asp/1-0-21286-99-5-4-1/ (Juli 2008).
2. Herzlichen Dank an Nike Glaser-Wieninger (... schöne Söhne), Johann Moser (BWM Architekten), Christian Rapp (Kurator der Ausstellung „Spurwechsel") und Otmar Moritsch (Bereichsleiter „medien.welten", TMW).
3. Vgl. Schärer, Martin: Die Ausstellung – Theorie und Exempel. München 2003, S. 97–113.
4. Johann Moser, BWM, Gestalter der Ausstellung „Spurwechsel – Wien lernt Auto fahren", 2006.
5. Vgl. Drescher, Bettina (Habsburg-Lothringen): Im Westen nichts Neues? Themenpark und Sieben Hügel. Präsentationsästhetiken im Vergleich. Landesmuseum Joanneum Museumsakademie, Graz 2001; Schärer, siehe Anmerkung 3; Schwarz, Ulrike; Teufel, Philipp (Hg.): Museografie und Ausstellungsgestaltung. Ludwigsburg 2001; Korff, Gottfried, Die Popularisierung des Musealen und die Musealisierung des Populären, in: Fliedl, Gottfried (Hg.): Museum als soziales Gedächtnis? Klagenfurt 1988, S. 9–23; Kilger, Gerhard; Müller-Kuhlmann, Wolfgang (Hg.): Szenografie in Ausstellungen und Museen III, Raumerfahrung oder Erlebnispark, Raum-Zeit/Zeit-Raum. Essen 2008, und Mikunda, Christian: Der verbotene Ort oder Die inszenierte Verführung – Unwiderstehliches Marketing durch strategische Dramaturgie. Frankfurt/Main 2005.
6. Vgl. Beier-de Haan, Rosmarie: Erinnerte Geschichte – Inszenierte Geschichte. Ausstellungen und Museen in der zweiten Moderne. Frankfurt/Main 2005, S. 180.
7. Mattl, Siegfried: Ausstellungen als Lektüre, in: Fliedl, Gottfried u. a.: Erzählen, Erinnern, Veranschaulichen (Museum zum Quadrat 3). Wien 1992, S. 50.
8. Den Begriff „zerstreuen" verwendet der Soziologe Heiner Treinen. Sich zerstreuen ist „[...] die Suche nach Daueranregung mit gratifiziertem Gehalt", in: Treinen, Heiner: Motivation zum Museumsbesuch. Museumstypen und Besucherprofil, in: Faulenbach, Bernd; Jelich, Franz-Joseph (Hg.): Besucherinteressen und Besucherverhalten in historischen Museen und Ausstellungen. Dokumentation einer Tagung. Recklinghausen 1991, S. 37–48, hier S. 44.
9. Vgl. Schwarz/Teufel, siehe Anmerkung 5.
10. Christian Rapp, Kurator der Ausstellung „Spurwechsel – Wien lernt Auto fahren", 2006.
11. Vgl. Schärer, siehe Anmerkung 3, S. 99.
12. Vgl. Korff, siehe Anmerkung 5, S. 9–23.
13. Otmar Moritsch, Bereichsleiter „medien.welten" und Kurator im Technischen Museum Wien. Juli 2008.
14. Gespräch mit Nike-Glaser Wieninger, verantwortlich für die Medienkonzeption zahlreicher Ausstellungen des Technischen Museums Wien. Vgl. zur Rolle von Medien in Museen auch Prenzel, Manfred (Hg.): Lernen im Museum. Die Rolle von Medien (Mitteilungen und Berichte aus dem Institut für Museumsforschung). Berlin 2006.
15. Otmar Moritsch, Bereichsleiter „medien.welten" und Kurator im Technischen Museum Wien. Juli 2008.
16. Christian Rapp, Kurator der Ausstellung „Spurwechsel – Wien lernt Auto fahren", 2006.
17. Johann Moser, BWM, Gestalter der Ausstellung „Spurwechsel – Wien lernt Auto fahren", 2006.
18. Vgl. Schwarz/Teufel, siehe Anmerkung 5.
19. Zur Zusammenarbeit von Experten aus Wissenschaft, Gestaltung und Didaktik in einer theoretischen Diskussion vgl. Kirchhoff, Heike; Schmidt, Martin (Hg.): Das magische Dreieck. Bielefeld 2007.
20. Schwarz/Teufel, siehe Anmerkung 5.

21 Ursula Gillmann über die Gestaltungsprinzipien des Museums der Gestaltung in Basel, in: Muttenthaler, Roswitha u. a.: Museum im Kopf (Museum zum Quadrat 7). Wien 1997, S. 69 ff.
22 Stephen Greenblatt, US-amerikanischer Literaturwissenschaftler über das „Staunen", Museumsakademie Joanneum. http://museumsakademie-joanneum.at/museologie/glossar/staunen. (Juli 2008).
23 Schärer, siehe Anmerkung 3.
24 Waidacher, Friedrich: Handbuch der allgemeinen Museologie. Wien 1993.
25 Treinen, Heiner: Was sucht der Besucher im Museum?, in: Fliedl, Gottfried: Museum als soziales Gedächtnis (Kritische Beiträge zur Museumswissenschaft und Museumspädagogik). Klagenfurt 1988, S. 33.
26 Vgl. dazu Bröckers, Hannah: Der Museumsbesuch als Event: Museen in der Erlebnisgesellschaft (Mitteilungen und Berichte aus dem Institut für Museumsforschung). Berlin 2007.
27 Benjamin, Walter; Bekränzter Eingang, in: Gesammelte Schriften. Band 11. Frankfurt/Main 1980, S. 557–561, hier S. 559.

Vermitteln

1 Bundesgesetzblatt für die Republik Österreich. 507. Verordnung: Museumsordnung für das Technische Museum Wien, Wien, 28. Dezember 1999, Teil II.
2 Zu den Anfängen der Museumspädagogik in Österreich vgl. Fliedl, Gottfried (Hg.): Museum als soziales Gedächtnis. Kritische Beiträge zu Museumswissenschaft und Museumspädagogik (Klagenfurter Beiträge zur bildungswissenschaftlichen Forschung). Klagenfurt 1988.
3 Schaukal-Kappus, Helga: Für eine Semantik der Konstruktivität. Dissertation an der Grund- und Integrativwissenschaftlichen Fakultät der Universität Wien. Wien 1999, S. 10.
4 Rachl, Helga: Museumspädagogik zwischen Museologie und Kulturmanagement. Diplomarbeit an der Geisteswissenschaftlichen Fakultät der Karl-Franzens-Universität Graz. Graz 2006, S. 76.

Vermarkten

1 Wersig, Gernot: Neues Denken in Produkten und Klienten Museumsmarketing im In- und Ausland. Manuskript einer Präsentation auf dem 13. Bundestreffen der wissenschaftlichen Volontärinnen und Volontäre an Museen, Gedenkstätten und in der Denkmalpflege, Dresden, 15.3.2003, S. 2. Vgl. Webpaper unter http://userpage.fu-berlin.de/~pwersig/588.html (30.7.2008).
2 Vgl. Klein, Armin: Der exzellente Kulturbetrieb. Wiesbaden 2007, S. 207 ff., über „Die Krise der öffentlichen Kulturfinanzierung" bezogen auf Deutschland. Zur Situation in Österreich siehe auch die Berichte auf der Homepage des Instituts für Kulturmanagement und Kulturwissenschaft (IKM), u. a.
http://www.mdw.ac.at/I124/html/Docs/Kulturfinanzierungsbericht2006.pdf (30.7.2008) sowie
http://www.statistik.at/web_de/statistiken/bildung_und_kultur/kultur/kulturfinanzierung/index.html (30.7.2008).
3 Damit sind zwei wichtige Handlungsfelder benannt: das Botschaftenmarketing mit dem Ziel, die Angebote gut zu vermarkten und Besucher zu gewinnen, und das Ressourcenmarketing mit der Vermarktung des Museums im Hinblick auf potenzielle Geldgeber, um Ressourcen zu sichern und zu lukrieren.
4 Bundesgesetzblatt für die Republik Österreich. 507. Verordnung: Museumsordnung für das Technische Museum Wien, Wien, 28. Dezember 1999, S. 338.
5 Siehe dazu allgemein http://icom.museum/ethics.html (28.7.2008); für Österreich: http://www.bmukk.gv.at/kultur/museen.xml (30.7.2008); für Großbritannien: Understanding the Future: Priorities for England's Museums, Department for Culture, Media and Sport, London, Oct. 2006. Vgl.
http://www.culture.gov.uk/images/consultations/cons_uf_prioritiesforenglandsmuseums.pdf (30.7.2008).
6 Bröckers, Hannah: Der Museumsbesuch als Event: Museen in der Erlebnisgesellschaft. Mitteilungen und Berichte aus dem Institut für Museumsforschung. Berlin 2007, S. 14–19.
7 Unter „Marketing-Mix" werden die einzelnen Instrumente im Marketing verstanden, die folgende Dimensionen umfassen: Produktpolitik, Preis- und Konditionenpolitik, Distributionspolitik, Kommunikationspolitik und Servicepolitik. Die Gestaltung des Marketing-Mix ist im Hinblick auf die definierten Ziele und Zielgruppen vorzunehmen, laufend zu überprüfen und entsprechend zu adaptieren. Siehe dazu: Klein, Armin: Kultur-Marketing. Das Marketingkonzept für Kulturbetriebe. München 2001, S. 307 ff., sowie Reimann, Michaela; Rockweiler, Susanne: Handbuch Kulturmarketing. Strukturierte Planung – Erfolgreiche Umsetzung. Innovationen und Trends aus der Kulturszene. Berlin 2005, S. 83 ff.
8 Als Beispiel für zielgruppenspezifische Ansprachestrategien sei hier die lange Vorlaufzeit genannt, die touristische Multiplikatoren für ihre Planung und Vermarktung von Angeboten benötigen und die entsprechend frühzeitig vom Museum über geeignete Angebote informiert werden müssen.
Beispiel einer differenzierten Preisstrategie im TMW: das Schulmitgliedschaftsprojekt „Museum x Schule" für die besonders preissensible, aber sehr wichtige Zielgruppe Schüler im Klassenverband. Der jährliche Mitgliedsbetrag beträgt für alle Schüler der Mitgliedsschule nur 1 Euro pro Schüler. Mit diesem Projekt will man Schulklassen dazu anregen, Wiederholungsbesuche zu unternehmen und auch Angebote der Kulturvermittlung in Anspruch zu nehmen.
9 Die Art und Weise des genannten Nutzens wird für unterschiedliche Zielgruppen auch sehr unterschiedliche Formen annehmen: Für Wissenschaftler und Mitarbeiter anderer Museen kann dies beispielsweise bedeuten, Online-Zugriff auf Datenbanken (Sammlungsbestände, Archivbestände) zu erhalten, für jugendliche Besucher kann die Möglichkeit interessant sein, einen Erlebnisbericht über ihren Museumsbesuch mit Empfehlungen auf der Webpage des Museums bereitzustellen. Insgesamt könnte man einen stärkeren Austausch zwischen den Besuchern ermöglichen. Auch der Anteil der Besucher an der Entstehung der Dienstleistungen des Museums könnte stärker präsent und forciert werden.
10 Rund 30 Prozent der Besucher des TMW sind Schüler im Klassenverband, weitere 30 Prozent sind Familien.
11 Vgl. auch die Ergebnisse eines Brand-Audits im Powerhouse Museum, Sydney: Scott, Carol: Branding: Positioning Museums in the 21st Century, in: International Journal of Arts Management, 2 (2000), Nr. 3, S. 35–39, sowie allgemein zur Markenbildung: Klein, Armin (Hg.): Starke Marken im Kulturbetrieb. Baden-Baden 2007.

Anhang

Statuten des Vereins „Technisches Museum für Industrie und Gewerbe", 13. April 1909[1]

TECHNISCHES MUSEUM FÜR INDUSTRIE UND GEWERBE IN WIEN

STATUTEN DES MUSEUMSVEREINES

[1] TMW-Archiv, BPA-009648, Statuten des Technischen Museums für Industrie und Gewerbe in Wien. Genehmigt mit Allerhöchster Entschließung vom 13. April 1909. Erlaß des k. k. Handelsministeriums vom 25. April 1909, 2.10.165, der k. k. n. ö. Statthalterei vom 4. Juni 1909, Z. 2695-V.

STATUTEN

DES TECHNISCHEN MUSEUMS FÜR INDUSTRIE UND GEWERBE IN WIEN.

(Genehmigt mit Allerhöchster Entschließung vom 13. April 1909. Erlaß des k. k. Handelsministeriums vom 25. April 1909, Z. 10.165, n. ö. Statthalterei vom 4. Juni 1909, Z. 2695—V. Abänderung genehmigt mit dem Erlasse des k. k. Handelsministeriums vom 17. Oktober 1917, Z. 19.535—IV und der n. ö. Statthalterei vom 13. November 1917, Z. IV—2679/1.)

ZWECK UND AUFGABE DES MUSEUMS.

§ 1.

Das „Technische Museum für Industrie und Gewerbe" hat die technische Entwicklung von Industrie und Gewerbe anschaulich darzustellen. Dieser Zweck wird durch die Sammlung und Schaustellung von Objekten, Zeichnungen, Illustrationen und Beschreibungen sowie durch die Erwerbung von technisch-historischen Publikationen erreicht. In dem Museum sollen einerseits die Hauptepochen in der Entwicklung von Industrie und Gewerbe im 19. Jahrhundert in einer auch für Laien verständlichen Weise dargestellt werden, anderseits sollen daselbst die neuesten und bewährten Errungenschaften auf den darzustellenden Gebieten Aufnahme finden und anschaulich vorgeführt werden.

Die Vorführung von Arbeitsprozessen und deren Behelfen aus früheren Zeitperioden soll nur insoweit stattfinden, als dies zum Verständnisse der Vorgeschichte eines bestimmten Produktionszweiges zweckdienlich erscheint.

Die Bildung der Musealsammlungen erfolgt teils durch Erwerbung von einzelnen Objekten, teils durch Einbeziehung von Sammlungen, und zwar durch Schenkung, leihweise Überlassung, Tausch oder Kauf, bei unentgeltlichen Zuwendungen unter Ersichtlichmachung des Widmenden. Objekte und Sammlungen österreichischer Herkunft sind in erster Reihe zu berücksichtigen, solche ausländischer Provenienz aber dann einzubeziehen, wenn ihnen eine entwicklungsgeschichtliche Bedeutung für die industrielle oder gewerbliche Produktion in Österreich zukommt. Obwohl auch die Erwerbung einzelner Objekte aus früheren Zeitperioden

von Wert sein kann, soll doch das Zustandebringen v o l l s t ä n d i g e r
O b j e k t r e i h e n angestrebt werden, die ganze Arbeitsverfahren vom
Rohstoffe bis zum Endprodukte einer oder mehrerer technischer Epochen
oder aber die zusammenhängende Entwicklung bestimmter Arbeitsprozesse darstellen.

Von solchen Maschinen und Apparaten, die wichtige Glieder im Entwicklungsgange der Technik bilden, aber nicht im Originale erhältlich sind, sollen womöglich N a c h b i l d u n g e n beschafft werden.

Das Technische Museum für Industrie und Gewerbe in Wien soll die Leistungen der österreichischen Technik darstellen, eine große Lehranstalt für das ganze Volk sein, den technischen Fortschritt fördern und ein bleibendes Denkmal der Regierungszeit des Kaisers Franz Josef I. bilden.

§ 2.

Dem Zweck des Museums dienen vor allem:

1. Sammlungen und Schaustellungen von Maschinen, Apparaten und Instrumenten im Original oder in Nachbildungen, welche anschaulich geordnet und erläutert im Museum zur öffentlichen Besichtigung aufgestellt sind.

2. Eine dem Charakter des Museums entsprechende Spezialbibliothek für Fachstudien, eine Sammlung technischer Zeichnungen (Mappensaal) in Verbindung mit einem Zeichenzimmer.

3. Wissenschaftliche Arbeiten, Veröffentlichungen und Vorträge sowie die Veranstaltung von Fachausstellungen.

4. Sonstige Veranstaltungen, die dem Zwecke des Museums zu dienen geeignet sind.

ORGANISATION.

§ 3.

Das Museum ist ein unter dem Schutze und der Oberaufsicht der Staatsverwaltung stehender Verein mit dem Sitze in Wien. Die Organe des Vereines sind die Generalversammlung der Mitglieder, das Kuratorium und das Direktorium.

MITGLIEDER.

§ 4.

Der Verein besteht aus wirklichen Mitgliedern, Förderern, Gründern, Stiftern und Ehrenmitgliedern.

Wirkliche Mitglieder sind:

1. jene physischen Personen und Einzelfirmen, die einen Jahresbeitrag von mindestens zehn (10) Kronen oder einen einmaligen Beitrag von mindestens zweihundert (200) Kronen entrichten, und

2. jene Vereine, Körperschaften, Verbände und Gesellschaftsfirmen (juristische oder Kollektivpersonen), die einen Jahresbeitrag von mindestens fünfzig (50) Kronen oder einen einmaligen Beitrag von mindestens tausend (1000) Kronen entrichten.

Die wirklichen Mitglieder sind berechtigt, an der Generalversammlung mit beschließender Stimme teilzunehmen, die Verwaltungsberichte kostenlos zu beziehen sowie nach Maßgabe der vom Direktorium beschlossenen Besuchs- und Büchereiordnungen die Einrichtungen des Museums ohne Entgelt zu benützen.

Förderer sind:

1. jene physischen Personen und Einzelfirmen, die einen Jahresbeitrag von mindestens einhundert (100) Kronen oder einen einmaligen Beitrag von mindestens zweitausend (2000) Kronen entrichten, und

2. jene Vereine, Körperschaften, Verbände und Gesellschaftsfirmen (juristische oder Kollektivpersonen), die einen Jahresbeitrag von mindestens fünfhundert (500) Kronen oder einen einmaligen Beitrag von mindestens zehntausend (10.000) Kronen entrichten.

Die Förderer genießen alle Rechte der wirklichen Mitglieder.

Gründer sind jene, die mindestens einen Betrag von fünfzigtausend (50.000) Kronen widmen. Die Gründer genießen alle Rechte der wirklichen Mitglieder; ihre Namen werden auf Votivtafeln im Musealgebäude verzeichnet.

Stifter sind jene, die einen Mindestbetrag von hunderttausend (100.000) Kronen stiften. Die Stifter genießen alle Rechte der wirklichen Mitglieder und gehören dem Kuratorium an; ihre Büsten werden im Ehrensaal des Museums aufgestellt.

Ehrenmitglieder sind jene Personen, die vom Kuratorium wegen ihrer Verdienste um den Verein hierzu ernannt werden.

Als wirkliche Mitglieder, Förderer, Gründer oder Stifter sind auch alle diejenigen anzusehen, welche die entsprechenden Beiträge vor der Konstituierung des Vereines für Zwecke des Museums gewidmet haben.

EINNAHMEN UND AUSGABEN.

§ 5.

Die Einnahmen des Vereines bestehen:

1. Aus den Widmungen und Beiträgen der Stifter, Gründer, Förderer und ordentlichen Mitglieder.

2. Aus Zuschüssen und Widmungen des Staates, der Länder, von Körperschaften, Städten, Vereinen, Gesellschaften oder Einzelpersonen, Legaten u. s. w.

3. Aus den Zinsen und Erträgnissen des Vereinsvermögens.

4. Aus den Eintrittsgeldern für den Besuch der Sammlungen, der Vorträge, aus dem Erlöse für Publikationen des Vereines u. s. w.

Über die Jahreseinnahmen und Ausgaben wird jährlich ein Voranschlag aufgestellt. Das Rechnungsjahr fällt mit dem Kalenderjahr zusammen.

VORSTAND.

§ 6.

Der Vorstand des Vereines ist das Kuratorium. Die Mitglieder des Kuratoriums führen den Titel Kurator. Vor allem gehören dem Kuratorium die Stifter auf Lebenszeit an. Von der Staatsverwaltung werden 16 Kuratoren, von der Gemeinde Wien 12, vom Bund der Industriellen, vom Industriellenklub, vom Zentralverband der Industriellen Österreichs, vom Niederösterreichischen Gewerbeverein, vom Elektrotechnischen Verein in Wien, von der niederösterreichischen Handels- und Gewerbekammer in Wien und vom Österreichischen Ingenieur- und Architekten-Verein in Wien je zwei Kuratoren ernannt. Die Universitäten in Wien, Graz und Innsbruck, die deutsche und die böhmische Universität in Prag, die Universitäten in Krakau, Lemberg und Czernowitz, die Technischen Hochschulen in Wien und Graz, die deutschen und die böhmischen Technischen Hochschulen in Prag und Brünn und die Technische Hochschule in Lemberg sowie die Hochschule für Bodenkultur in Wien und die Montanistischen Hochschulen in Leoben und Příbram entsenden in das Kuratorium je ein Mitglied, das an den Universitäten vom akademischen Senate, an den übrigen Hochschulen vom gesamten Professorenkollegium aus der Zahl ihrer ordentlichen oder außerordentlichen Professoren gewählt wird. Das Deutsche Museum in München entsendet ein Mitglied in das Kuratorium. Der Staatsverwaltung steht es frei, weiteren zehn Korporationen das Recht einzuräumen, je eines ihrer Mitglieder zur Ernennung durch die Staatsverwaltung in Vorschlag zu bringen. Die Generalversammlung kann eine der Zahl der ernannten Mitglieder gleiche Zahl von Mitgliedern des Kuratoriums wählen.

Die Funktionsdauer der ernannten und gewählten Mitglieder des Kuratoriums beträgt 5 Jahre.

Korporationen, welche einen Stifterbeitrag geleistet haben, sind, soferne sie nicht ohnehin in dem Kuratorium vertreten sind, berechtigt, einen ständigen Vertreter in das Kuratorium zu entsenden.

An der Spitze des Museums steht der Präsident des Kuratoriums, welcher vom Kaiser ernannt wird. Aus der Mitte des Kuratoriums sind drei Vizepräsidenten von der Staatsverwaltung zu ernennen.

Für ein ernanntes Mitglied, das während seiner Funktionsdauer austritt oder stirbt, ist von der ernennenden Stelle eine andere Persönlichkeit zu berufen. An Stelle eines ausscheidenden Mitgliedes haben die gewählten Mitglieder eine andere Persönlichkeit zu kooptieren, welche von der nächsten Generalversammlung zu bestätigen oder durch eine Neuwahl zu ersetzen sein wird.

Dem Präsidenten und in dessen Verhinderung dem ersten Vizepräsidenten und, falls auch dieser verhindert sein sollte, dem zweiten Vizepräsidenten obliegt die repräsentative Vertretung des Vereines nach außen. Er beruft die Sitzungen des Kuratoriums und nach eingeholter Beschlußfassung des Kuratoriums die Generalversammlung ein.

Das Kuratorium hat den jährlichen vom Direktorium vorgelegten Voranschlag zu prüfen und zu genehmigen, Ehrenmitglieder zu ernennen, ebenso über Anträge des Direktoriums bezüglich aller im Voranschlag nicht vorhergesehenen Maßregeln zu entscheiden.

Das Kuratorium setzt die Geschäftsordnung für sich und das Direktorium fest. In der Geschäftsordnung des Kuratoriums kann auch die Bestellung von Unterausschüssen des Kuratoriums vorgesehen werden, die in bestimmten Angelegenheiten oder in dringenden Fällen namens desselben Beschlüsse zu fassen haben.

Zur Beschlußfähigkeit des Kuratoriums ist die Anwesenheit von zwanzig Mitgliedern erforderlich. Die Beschlüsse des Kuratoriums werden mit absoluter Stimmenmehrheit der Anwesenden gefaßt.

DAS DIREKTORIUM.

§ 7.

Das Direktorium ist das Exekutivorgan des Vereines. Es besteht aus einem vom Handelsminister ernannten Vorsitzenden und aus vier Direktionsräten, von welchen zwei vom Handelsminister ernannt, einer von der Gemeinde Wien bestellt und einer vom Kuratorium gewählt wird. Die Funktionsdauer der Mitglieder des Direktoriums beträgt fünf Jahre.

Das Direktorium hat die laufende Verwaltung im Rahmen der Beschlüsse des Kuratoriums zu führen und die mit dieser Verwaltung zusammenhängende rechtsgeschäftliche Vertretung nach außen zu besorgen. Rechtsverbindliche Urkunden sowie sonstige Ausfertigungen und Bekanntmachungen müssen von zwei Mitgliedern des Direktoriums gefertigt sein.

Das Direktorium hat den Voranschlag für jedes Jahr dem Kuratorium zur Prüfung und Genehmigung vorzulegen. Für außerhalb des Voranschlages fallende außerordentliche Ankäufe oder sonstige Maßnahmen hat es die Genehmigung des Kuratoriums einzuholen. Es stellt die Beamten und Diener nach eingeholter Zustimmung des Kuratoriums an. Im übrigen wird der Wirkungskreis des Direktoriums durch die Geschäftsordnung näher geregelt.

§ 8.

Das Amt sowohl der Mitglieder des Kuratoriums als auch der Mitglieder des Direktoriums ist ebenso wie das Amt des Präsidenten des Kuratoriums und des Vorsitzenden des Direktoriums ein unbesoldetes Ehrenamt.

MUSEUMSDIREKTION UND VEREINSSEKRETARIAT.

§ 9.

Zur Durchführung des Museumsbetriebes und der musealtechnischen Arbeiten wird eine Museumsdirektion, zur Besorgung der Verwaltungstätigkeit des Vereines ein Vereinssekretariat bestellt.

FACHKONSULENTEN.

§ 10.

Dem Direktorium steht ein Kollegium von Fachkonsulenten zur Seite, welches das Direktorium bestellt.

GENERALVERSAMMLUNG DER MITGLIEDER.

§ 11.

Das Kuratorium beruft die Generalversammlung nach Bedarf, mindestens aber einmal im Frühjahr ein. Die Generalversammlung ist mittels einmaliger Einschaltung in der „Wiener Zeitung" vierzehn Tage vor dem Tage der Abhaltung kundzumachen.

Jedes wirkliche Mitglied und die den wirklichen Mitgliedern gleichgestellten Förderer, Gründer, Stifter und Ehrenmitglieder haben das Recht auf je eine Stimme in der Generalversammlung. Das Stimmrecht wird von physischen Personen persönlich, von juristischen oder Kollektivpersonen durch je einen ihrer nach deren Statuten oder nach dem Gesetze berechtigten Vertreter ausgeübt.

Die Generalversammlung ist ohne Rücksicht auf die Zahl der Anwesenden beschlußfähig und faßt ihre Beschlüsse mit Stimmenmehrheit.

WIRKUNGSKREIS DER GENERALVERSAMMLUNG.
§ 12.

Der Generalversammlung obliegt:

a) die Genehmigung des Jahresberichtes und Rechnungsabschlusses und die Erteilung des Absolutoriums;

b) die Wahl der Mitglieder des Kuratoriums (§ 6);

c) die Wahl von Mitgliedern des Revisionskomitees (§ 13);

d) die Wahl des Präsidenten, des Vizepräsidenten, der fünf Mitglieder und fünf Ersatzmänner des ständigen Schiedsgerichtes (§ 14);

e) die Beschlußfassung über Änderung der Statuten;

f) die Beschlußfassung über die Auflösung des Vereines.

Die Beschlußfassung auf Änderung der Statuten oder Auflösung des Vereines kann nur auf Antrag des Kuratoriums in Beratung gezogen werden und bedarf ebenso wie der Beschluß auf Auflösung des Vereines der Genehmigung der Staatsverwaltung.

REVISIONSKOMITEE.
§ 13.

Das Revisionskomitee ist ein Vertrauensorgan der Generalversammlung. Es besteht aus drei von der Generalversammlung gewählten Personen und hat die Aufgabe, die Rechnungsabschlüsse zu prüfen und hierüber der Generalversammlung zu berichten.

Die Funktionsdauer der Mitglieder des Revisionskomitees läuft von einer ordentlichen Generalversammlung bis zur nächsten ordentlichen Generalversammlung. Die Mitglieder des Revisionskomitees sind wieder wählbar.

SCHIEDSGERICHT.

§ 14.

Das Schiedsgericht besteht aus einem Präsidenten, einem Vizepräsidenten und fünf Mitgliedern, für die fünf Ersatzmänner bestellt werden. Es wird vom Kuratorium über dessen Beschluß oder auf Antrag eines Mitgliedes des Vereines einberufen und hat über Streitigkeiten in inneren Vereinsangelegenheiten nach freiem Ermessen, ohne an ein bestimmtes Verfahren gebunden zu sein und ohne Gestattung eines Rechtszuges zu entscheiden. Die Beschlüsse des Schiedsgerichtes werden mit absoluter Stimmenmehrheit gefaßt.

AUFLÖSUNG DES VEREINES.

§ 15.

Bei Auflösung des Vereines fällt das gesamte Vereinsvermögen dem Staate zu, der es zu gleichen oder ähnlichen Zwecken in Wien zu verwenden haben wird.

ÜBERGANGSBESTIMMUNG.

§ 16.

Bis zur Abhaltung der konstituierenden Generalversammlung wird der Verein durch die Proponenten, und zwar die Herren: Dr. Siegmund Brosche, Dr. Wilhelm Exner, Georg Günther, Arthur Krupp, Hugo von Noot, Karl Schlenk, Paul Ritter von Schoeller, Dr. Franz Spaeth und Heinrich Vetter rechtswirksam vertreten.

Im Selbstverlage. — Druck: Christoph Reisser's Söhne, Wien V.

Führende Organe und Personen des Vereins nach der konstituierenden Generalversammlung am 1. Dezember 1912

Präsidium des Kuratoriums

Präsident
Arthur Krupp, Industrieller

Vizepräsidenten
Siegmund Brosche, Sektionschef im Handelsministerium
Heinrich Hierhammer, Vizebürgermeister von Wien
Paul von Schoeller, Präsident der Handels- und Gewerbekammer Wien

Direktorium

Vorsitzender
Wilhelm Exner

Direktionsräte
Georg Günther, Österreichische Berg- und Hüttenwerks-Gesellschaft
Hugo von Noot, Herrenhausmitglied, Großindustrieller
Heinrich Goldemund, Stadtbaudirektor (von der Gemeinde Wien bestellt)
Carl Heinrich Schlenk, Normal-Eichungskommission (vom Kuratorium gewählt)

Vorsitzende des Fachkonsulenten-Kollegiums im Jahr 1914

I. Bodenkultur
Bernhard von Ehrenfels, Landtagsabgeordneter

II. Bergbau und Hüttenwesen
Emil von Homann, k. k. Sektionschef

III. Eisen- und Metallindustrie
Friedrich Kick, k. k. Hofrat , o. ö. Professor i. R.

IV. Maschinenbau
Leo Baudiss, k. k. Hofrat, o. ö. Professor

V. Elektrotechnik
Karl von Hohenegg, k. k. Hofrat, o. ö. Professor

VI. Verkehrswesen
Karl Gölsdorf, k. k. Sektionschef

VII. Grundwissenschaften der Technik
Richard Pribram, k. k. Hofrat, o. ö. Professor i. R.

VIII. Chemische Industrie
Heinrich Miller zu Aichholz, Großindustrieller

IX. Nahrungs- und Genussmittelindustrie
Franz Dafert, k. k. Hofrat

X. Graphische Industrie
Josef Maria Eder, k. k. Hofrat, Direktor

XI. Industrie der Faserstoffe
Alois Neumann, Herrenhausmitglied und Handelskammerpräsident

XII. Bekleidungsindustrie
Peter Habig, k. k. Kommerzialrat

XIII. Industrie der Steine und Erden
Walter Heckmann, Direktor

XIV. Bauwesen
Heinrich Goldemund, Stadtbaudirektor

XV. Gesundheitstechnik
Ferdinand Illing, k. k. Ministerialrat i. R.

XVI. Arbeiterschutz
Viktor Würth, k. k. Hofrat, Zentralgewerbeinspektor

XVII. Feuerwehr- und Rettungswesen
Reginald Czermack, kaiserl. Rat, k. k. Kommerzialrat

Verstaatlichung
Vortrag des Staatssekretärs für Handel und Gewerbe, Industrie und Bauten Johann Zerdik im Kabinettsrat am 18. Juni 1920[2]

„Staatssekretär Ing. Z e r d i k erinnert daran, daß die Staatsregierung in der letzten Zeit wiederholt genötigt war, sich mit Ansuchen des technischen Museums für Industrie und Gewerbe in Wien um Gewährung von Subventionen zu befassen, damit diesem Institute angesichts seiner mißlichen finanziellen Lage der Fortbetrieb ermöglicht werde. So habe dem Museum für die Zeit vom 1. Juli 1919 bis Ende Juni 1920 eine staatliche Subvention im Betrage von 473.124 K.- sowie nachträglichen Regulierung der persönlichen Bezüge der Angestellten des Museums für die Zeit vom 1. Mai 1919 bis 30. Juni 1920 eine weitere ausserordentliche Zuwendung im Betrage von 67 397 K., sonach im ganzen eine einmalige Subvention von 540.921 K.- bewilligt werden müssen.

Seither sei das Direktorium des Technischen Museums namentlich mit Rücksicht auf die erhöhten finanziellen Ansprüche seiner Angestellten und die Steigerung der Auslagen für den Sachaufwand wiederholt um die Bewilligung weiterer Subventionen an die Staatsverwaltung herangetreten.

Ferner habe das Direktorium die staatliche Hilfe wegen der Uebernahme einer Schuld von 1,600.000 K.- an die Grossbanken angerufen und dabei auf die besondere Dringlichkeit der Regelung hingewiesen, da die Banken sich bereit erklärt haben, die Hälfte dieser Schuld für den Fall abzuschreiben, als die andere Hälfte bar zurückgezahlt wird.

Es steht ausser Zweifel, daß der Verein ‚Technisches Museum für Industrie und Gewerbe' auch den weiteren finanziellen Ansprüchen, die an ihn mit Rücksicht auf die Steigerung der Personalkosten und der durch die außergewöhnliche Teuerung bedingten Betriebsauslagen des Museums herantreten werden, nicht werde entsprechen können, zumal mit einer wenn auch nur vorübergehenden ausreichenden Unterstützung aus industriellen Kreisen bei der jetzigen Lage unserer Industrie nicht zu rechnen sei.

Diese äußerst schwierigen Verhältnisse, die den Fortbestand des Technischen Museums geradezu gefährden, haben nunmehr das Kuratorium des Museums veranlasst, an die Staatsverwaltung mit dem Ersuchen heranzutreten, im Vereine mit der Gemeinde Wien das Museum durch eine Sanierungsaktion vor dem sonst unvermeidlichen völligen Zusammenbruche zu retten.

Die mißliche finanzielle Lage des Technischen Museums mache seine Sanierung ohne unmittelbares Eingreifen der öffentlichen Faktoren, die an dem Fortbestande des Museums interessiert sind, unmöglich. Insbesondere könne sich der Staat, da das Technische Museum höchst bedeutungsvolle Aufgaben im Interesse der Allgemeinheit erfülle und die Entwicklung der industriellen und gewerblichen Tätigkeit in nachhaltiger Weise fördere, der Pflicht diesem Institute die zu seiner Rettung erforderliche Unterstützung auch weiterhin angedeihen zu lassen, schlechthin nicht entziehen.

Als zweckmäßigster Weg der Sanierung des Technischen Museums erscheine dessen Verstaatlichung. Diese Maßnahme sei geradezu eine Notwendigkeit, wenn die große Schöpfung nicht ernstlich gefährdet und die namhaften Opfer, die der Staat schon bisher für das Museum gemacht hat, nicht verloren sein sollen.

Die Verstaatlichung werde für den Staat gegenüber dem bisherigen Zustand kaum eine dauernde finanzielle Mehrbelastung mit sich bringen, sie biete vielmehr dem Staate die einzige Möglichkeit, auf eine ökonomische und sparsame Gestion des Museums Einfluß zu nehmen.

Auf Grund der mit dem Staatsamt für Finanzen gepflogenen Vorverhandlungen sei das Staatsamt für Handel und Gewerbe, Industrie und Bauten an den Bürgermeister der Stadt Wien mit den entsprechenden Vorschlägen für die Beteiligung der Gemeinde an der Sanierungsaktion herangetreten. Daraufhin habe die Gemeinde in der Sitzung des Gemeinderates vom 8. Juni l. J. folgenden Beschluß gefaßt:

‚Die Gemeinde Wien ist bereit, sich an der zur Sanierung des Technischen Museums eingeleiteten Aktion zu beteiligen und eine fortlaufende Jahressubvention von 350.000 K.- unter der Voraussetzung zu leisten, daß die Staatsverwaltung den Betrieb des Museums übernimmt und für dessen Aufrechterhaltung dauernd sorgt. Die Gewährung dieser Jahressubvention von 350.000 K.- wird an die Bedingung geknüpft, daß der Gemeinde Wien eine ihrer Beitragsleistung entsprechende Vertretung im neuen Vorstand des Museums zugesichert wird und daß den Schulen und Arbeitervereinen der Besuch des Museums sowie die Teilnahme an den Vorträgen und Führungen auch weiterhin kostenlos gestattet werde. Gleichzeitig hat der Gemeinderat zugestimmt, daß das Grundstück, das von der Gemeinde seinerzeit unentgeltlich für den Bau des Museums gewidmet wurde, unter Aufrechterhaltung dieser Widmung und der grundbücherlichen Bestimmungen hinsichtlich der Belastung und Veräußerung in das Eigentum des Staates übertragen werde.'

Nach einem von der Museumsdirektion entworfenen Voranschlag betrage das Gesamterfordernis für das Jahr 1920/21 1,796.920 K.- Diesem Erfordernis stehe eine Bedeckung von 248.000 K.- gegenüber. Es ergebe sich somit ein Abgang von 1,548.920 K.-, sodaß der vom Staate zu leistende Aufwand rund 1,200.000 K.- betragen werde.

Im Falle der Verstaatlichung hätte der Verein ‚Technisches Museum für Industrie und Gewerbe in Wien' das Musealgebäude, die Sammlungen und sein sonstiges Vermögen in das Eigentum des Staates zu übertragen und die Staatsverwaltung den Betrieb des Museums und dessen Angestellte zu übernehmen sowie für die Aufrechterhaltung des Betriebes dauernd Sorge zu tragen.

Der Verein ‚Technisches Museum für Industrie und Gewerbe in Wien' würde sich in einen Verein zur Förderung des Museums nach dem Vorbilde der Gesellschaft des Technologischen Gewerbemuseums umwandeln.

Zur Verwaltung des verstaatlichten Technischen Museums wäre ein Kuratorium zu schaffen, in das neben Vertretern der Staatsverwaltung auch Vertreter der Gemeinde Wien, des neuen Vereines zur Förderung des Museums und gegebenenfalls anderer öffentlicher Körperschaften zu berufen wären.

Redner erbitte sohin einen Beschluß des Kabinettsrates, welcher der Verstaatlichung des Technischen Museums für Industrie und Gewerbe in Wien g r u n d s ä t z l i c h zustimmt und den sprechenden Staatssekretär ermächtigt, im Einvernehmen mit dem Staatsamte für Finanzen die erforderlichen Verhandlungen wegen der Verstaatlichung des Museums durchzuführen, darüber endgültige Vereinbarungen abzuschließen und die entsprechenden budgetären Maßnahmen zu treffen.

Der Kabinettsrat beschließt in diesem Sinne."

---

2   ÖSTA, AdR, Kabinettsratsprotokoll vom 18. Juni 1920, Nr. 193, fol. 9–13.

Biografien

Wilhelm Exner (1840–1931)

Exner entstammte einem materiell bescheidenen, aber gebildeten Eisenbahner-Elternhaus. Nach der Realschule absolvierte er das Polytechnische Institut in Wien und wurde 1862 Mitglied des Niederösterreichischen Gewerbevereins, der zeitlebens seine geistige Heimat bleiben sollte. Der Verein ermöglichte ihm die erste Reise nach London mit dem erstmaligen Besuch einer Weltausstellung. Seit damals besuchte Exner alle Weltausstellungen in Europa und stand der österreichischen Beteiligung in Paris 1900 als Generalkommissär vor. Anlässlich dieser Reisen besichtigte er auch mehrfach das Conservatoire des arts et métiers in Paris und das South Kensington Museum in London, die ihm beide zum Vorbild wurden.

Beruflich begann Exner 1862 als Oberrealschullehrer in Elbogen/Loket, wechselte aber nach Problemen mit der katholischen Schulaufsicht an die Landesoberrealschule nach Krems an der Donau und von dort 1869 als Professor für Mechanik, forstliche Maschinen- und Gerätekunde sowie forstliche Baukunde an die „k. k. Forstakademie" in Mariabrunn bei Wien. Mariabrunn blieb jedoch ein kurzes Intermezzo, denn mit der Integration der höheren forstwirtschaftlichen Ausbildung in die 1872 gegründete Hochschule für Bodenkultur übernahm Exner 1875/76 hier die Professur für mechanische Technologie des Holzes und forstliches Ingenieurwesen und ab 1887 zusätzlich für Bau- und Maschineningenieurwesen. Ein Vierteljahrhundert blieb Exner der Hochschule für Bodenkultur verbunden und publizierte mehrere Fachbücher. Das Lehramt legte er im Vorfeld seines Engagements bei der Pariser Weltausstellung 1900 bereits 1897 zurück. Dreimal – 1881/82, 1893/94 und 1896/97 – wählten ihn seine Kollegen zum Rektor. In seiner dritten Amtszeit konnte er 1896 den Neubau der Hochschule eröffnen.

Politisch fand der aus kleinen Verhältnissen stammende Exner seine Heimat im linken Flügel des Deutschliberalismus, der seinen Höhepunkt bereits überschritten hatte, als er sich von 1882 bis 1897 als Abgeordneter in den Reichsrat wählen ließ. Nach seiner Arbeit für die Pariser Weltausstellung 1900 im öffentlichen Auftrag erreichte ihn 1904 die Berufung ins Herrenhaus durch den Kaiser.

Spätestens mit der Wiener Weltausstellung 1873 begann Exners Beschäftigung mit der Geschichte der Technik und Industrie, mit der Sammlung historischer Objekte sowie mit der Konzeption von Ausstellungen und Museen. Die „Additionelle Ausstellung" in Wien 1873 blieb ein erster Versuch ohne bleibende Wirkung. In Anlehnung an die älteren Kunstgewerbemuseen verfolgte Exner in den folgenden Jahren die Gründung einer vergleichbaren Gewerbeförderungsinstitution. 1879 eröffnete das „k. k. Technologische Gewerbe-Museum". Bis 1884 hatte es mit den Holz-, Chemie-, Metall- und Elektrotechnik-Sektionen den Vollausbau erreicht.

Spezielle Aufmerksamkeit widmete Exner der Unfallverhütung und dem technischen Versuchswesen. Schon 1872 hatte er sich als Gründungsmitglied der Dampfkessel-Untersuchungs- und Versicherungsgesellschaft engagiert. Als 70-jähriges Herrenhausmitglied erreichte er 1910 mit dem Gesetz „betreffend das technische Untersuchungs-, Erprobungs- und Materialprüfungswesen", der „Lex Exner", einen späten Erfolg. Bis zu seinem Tod 1931 blieb die Funktion eines Präsidenten des 1912 eingerichteten Technischen Versuchsamtes seine wichtigste Position.

Einen anderen Schwerpunkt bildete seit 1892 die vom Handelsministerium eingeleitete und vom Museum betreute Aktion zur Förderung des Kleingewerbes. Der seit 1900 in einem eigenen Gebäude untergebrachte „Technische Dienst zur Förderung des Kleingewerbes" wurde 1908 als „k. k. Gewerbeförderungs-Amt" verstaatlicht.

In den späten 1880er-Jahren, im Anschluss an die Pariser Weltausstellung 1889, intensivierte Exner sein museales Engagement. Das von ihm im Rahmen des Gewerbemuseums gegründete „k. k. Museum der Geschichte der österreichischen Arbeit" sollte nur der Anfang sein, doch scheiterte er damals mit seiner Idee einer Zusammenfassung der dezentralen Institutionen des Eisenbahn-, Post- und Gewerbe-hygienischen Museums. Erst die Kenntnis von der 1903 erfolgten Gründung des Deutschen Museums in München entfachte auch die von Exner wesentlich angestoßene Diskussion zur Gründung eines zentralen Technischen Museums in Wien. Auch wenn sich schließlich viele zur Gründung 1907/08 zusammenfanden und der Staat, die Gemeinde Wien sowie viele Industrielle das notwendige Kapital aufbrachten, blieb Exner bis zu seinem Tod die treibende Kraft des 1918 eröffneten und 1922 verstaatlichten Museums. Er hatte das inhaltliche und architektonische Konzept grundsätzlich entwickelt und den ersten Museumsdirektor Ludwig Erhard von Nürnberg nach Wien und ans Museum geholt.

Zusätzlich förderte Exner während des Ersten Weltkriegs als Präsident des Vereins „Die Technik für die Kriegsinvaliden" die Konstruktion und den Bau von Prothesen. Auch nach dem Krieg und bereits im hohen Alter blieb er in der Republik weiter aktiv, u. a. 1920 als Gründungspräsident des Österreichischen Normenausschusses und 1928 als Herausgeber der offiziellen Publikation „10 Jahre Wiederaufbau". In den späten 1920er-Jahren schrieb er noch einige technikgeschichtliche Aufsätze und stellte, u. a. mit der Jahresversammlung des Vereins deutscher Ingenieure in Wien im Jahr 1930, die Weichen für die Gründung des Forschungsinstituts für Technikgeschichte. Wilhelm Exner starb 1931 im einundneunzigsten Lebensjahr.

Direktoren des Technischen Museums

Ludwig Erhard (1863–1940)
Direktor (1910) 1912–1930

Erhard studierte an der mechanisch-technischen Abteilung der Technischen Hochschule München, Fachbereich Maschinenbau. Anschließend absolvierte er 1886 ein technisches Praktikum in der Lokomotivfabrik Maffei in Hirschau bei München, wechselte 1887 zum Polytechnischen Zentralverein nach Würzburg und trat im Jahr darauf ins Nürnberger Gewerbemuseum ein. Zu seinen Aufgaben zählten die Leitung der mechanisch-technischen Abteilung, die Organisation von Ausstellungen, die Neueinrichtung der Maschinenhalle sowie die Mitwirkung bei der Gewerbeförderung und bei Ausstellungen. 1893 wirkte er z. B. als Bayrischer Kommissär und Juror auf der Weltausstellung in Chicago, wo er auch seine Frau kennenlernte.

1898 holte Wilhelm Exner den ihm durch Besuche bekannten Erhard in den Gewerbeförderungsdienst nach Wien. Hier durchlief dieser eine Beamtenlaufbahn vom Baurat (1899) zum Oberbaurat (1904) und Hofrat (1918). Zu seinen Arbeitsschwerpunkten gehörten das frühe Automobilwesen sowie die Spiritusverwertung und das Gärungsgewerbe.

1910 berief der Arbeitsausschuss des Technischen Museums Erhard von der Gewerbeförderung ins aufzubauende Museum, nachdem dieser bereits 1907 ein „Ideal-Schema" für die museale Präsentation der Technik vorgelegt hatte. Der Museumsverein ernannte ihn 1912 zum Direktor, eine Position, die der Handelsminister nach der Verstaatlichung am 9. Jänner 1922 bestätigte. Zu seinen Aufgaben gehörten neben der Leitung des laufenden Betriebs die praktische Umsetzung der auf Exners Ideen beruhenden Einrichtung der Schausammlungen des am 6. Mai 1918 eröffneten Museums und deren Komplettierung im zweiten Obergeschoss in den 1920er-Jahren.

1930 ließ er sich aus gesundheitlichen Gründen (Augenleiden) pensionieren, blieb aber weiterhin als Technikhistoriker aktiv. Im Gefolge der Jahresversammlung des Vereins deutscher Ingenieure 1930 in Wien gelang die Gründung des am Museum angesiedelten Forschungsinstituts für Technikgeschichte, das er bis zu seinem Tod 1940 ehrenamtlich leitete. Das Institut sammelte vor allem biografisches Material zu Erfindern und Ingenieuren und gab seit 1932 die „Blätter für Geschichte der Technik" heraus. Erhard hatte sich zuvor beim Österreichischen Verein deutscher Ingenieure engagiert, den Anschluss Österreichs an Deutschland befürwortet und sich in seinen Publikationen nach 1938 zum Nationalsozialismus bekannt.

Viktor Schützenhofer (1878–1961)
Direktor 1930–1949

Schützenhofer studierte Maschinenbau an der Technischen Hochschule Wien. Danach trat er 1902 in den Dienst der k. k. österreichischen Staatsbahnen und wurde 1907 von Karl Gölsdorf in das Eisenbahnministerium geholt und dort vor allem mit dem Bau und der Kontrolle der Fahrbetriebsmittel beschäftigt. Als Beamter konnte sich Schützenhofer große Auslandserfahrungen erwerben: 1904 Berichterstatter der Weltausstellung in St. Louis, 1910 Kommissär der Verkehrsweltausstellung in Buenos Aires, 1918 Studienreisen nach Schweden und 1923 für drei Monate in die USA. 1924 wurde er aus Einsparungsgründen mit 46 Jahren aus dem Staatsdienst entlassen, blieb jedoch weiterhin beruflich in der Privatindustrie tätig. 1930 kehrte Schützenhofer als Direktor des Museums bis zu seiner endgültigen Pensionierung 1950 in den Staatsdienst zurück. Nach dem vorläufigen Abschluss der Einrichtung begann er mit einer neuen Systematik der Inventarisierung auf Karteikarten, mit der Präsentation von Sonderausstellungen, führte nach dem Tod Erhards das Forschungsinstitut und die „Blätter für Technikgeschichte" weiter, publizierte zur Geschichte des Museums und arbeitete für biografische Lexika sowie die Röll'sche „Enzyklopädie des Eisenbahnwesens". Schützenhofer leitete das Museum während wirtschaftlich und politisch schwieriger Zeiten. Er selbst war seit 1933 Mitglied der Vaterländischen Front und seit 1938 Mitglied mehrerer NS-Organisationen, zum Beispiel des „Nationalsozialistischen Bundes Deutscher

Technik". Nach Kriegsende bemühte er sich um eine friedliche Koexistenz mit den russischen und seit September 1945 mit den französischen Besatzungstruppen. Das Museum, das bei den Luftangriffen auf Wien keine größeren Schäden erlitten hatte, konnte so bereits im Oktober 1945 wieder eröffnet werden.

Josef Nagler (1901–1990)
Direktor 1950–1966

Nagler studierte Mathematik und Physik an der Universität Wien. Nach kurzer Tätigkeit in der Privatindustrie folgte er 1927 Otto Bryk als Physiker und Bibliothekar im Museum nach. Er verwirklichte sich mehr als Erfinder, der einige Patente anmeldete, denn als Technikhistoriker. Im Museum begann er mit der Objektforschung. Nagler untersuchte und rekonstruierte u. a. das Uhrwerk des Philipp Imsser und den Schreibautomaten von Knaus. Im Dritten Reich leistete er als Experte für Raketen- und Sprengstofftechnik seinen Beitrag für die Rüstungsindustrie. Bereits Direktor, baute er 1953 ein überlebensgroßes gläsernes Gehirnmodell in der Tradition des „Gläsernen Menschen" im Deutschen Hygiene-Museum Dresden. Unter Nagler erfolgte die Aufstockung des nördlichen Anbaus, die Erneuerung der elektrischen Anlagen, die Aktualisierung mehrerer Dauerausstellungen (1962 Straßenfahrzeuge, Fabriksprodukten-Kabinett) und der unvollendet gebliebene Aufbau der Ausstellung „Atomarium". Mithilfe des Fördervereins erfolgte der Ankauf der umfangreichen technikhistorischen Kartothek von Emil Jung, der wie Franz Maria Feldhaus in Berlin eine technikhistorische Datenbank auf Karteiblättern aufgebaut hatte. Er setzte die Reihe der Sonderausstellungen fort, organisierte 1953 einen internationalen Tesla-Kongress und reaktivierte 1956 die Kaplan-Feiern. In diesem Zusammenhang erfolgte 1960 die Aufstellung einer Kaplan-Turbine vor dem Museum.

Rolf Niederhuemer (* 1921)
Direktor 1967–1986

Niederhuemer studierte von 1939 bis 1949, unterbrochen von Wehrdienst und Kriegsgefangenschaft, technische Chemie an der Technischen Hochschule Wien. Nach Ablegung der 2. Staatsprüfung und der Meisterprüfung für das Mechanikerhandwerk arbeitete er seit 1949 als wissenschaftliche Hilfskraft und seit 1953 als Assistent am Institut für anorganische und analytische Chemie an der Hochschule. Er trat 1955 ins Technische Museum ein und leitete seit 1962 die Abteilung Chemie. Im März 1967 folgte er dem pensionierten Josef Nagler als Direktor nach.

Unmittelbar nach seinem Amtsantritt regte Niederhuemer eine Umstellung der Inventarisierung unter Verwendung neuer detaillierter Karteikarten an. Ebenfalls am Beginn seines Direktorats feierte das Museum 1968 das 50-Jahr-Jubiläum mit einer Ausstellung, der Neupräsentation des Fabriksprodukten-Kabinetts sowie der Aufstellung der Exner-Büste im Foyer. In der zweiten Hälfte der 1970er-Jahre zeigte Niederhuemer die ersten Sonderausstellungen zur Umweltproblematik und zur Sonnenenergie. Mit den neuen Dauerausstellungen „Datenverarbeitung" sowie „Luft- und Raumfahrt" reagierte das Museum auf die damals aktuellen Themen. Die Museumsarbeit blieb weiterhin vom ingenieurwissenschaftlichen Ansatz der mehrheitlich männlichen Kustoden dominiert. In den 1980er-Jahren sind deutliche Anzeichen einer Stagnation der Museumsaktivitäten auszumachen.

Gerhard Maresch (1939–1989)
Interimistischer Leiter von Jänner bis September 1987

Gerhard Maresch war der Sohn von Franz Maresch, dem Assistenten von Stefan Jellinek im Elektropathologischen Museum und Mitarbeiter der Zentralstelle für Unfallverhütung. Maresch studierte an der Technischen Hochschule Wien Maschinenbau, arbeitete von 1968 bis 1970 bei Siemens und trat 1971 in das Technische Museum ein. Er leitete das Sammlungsinventar, betreute mehrere Sammlungsgruppen, kuratierte Sonderausstellungen und wirkte an vielen Landesausstellungen mit. Peter Rebernik ernannte ihn zum Leiter der neuen Abteilung Wissenschaft und Sammlung und zu seinem Stellvertreter.

Peter Rebernik (* 1947)
Direktor 1987–1992

Rebernik studierte an der Technischen Universität Wien Elektrotechnik und war von 1975 bis 1980 Assistent am dortigen Institut für Grundlagen und Theorie der Elektrotechnik. Anschließend arbeitete er bis 1984 für Philips Niederlande und Philips Österreich. Nach drei Jahren Tätigkeit als Geschäftsführer einer Vermarktungsfirma für Personal Computer wurde er 1987 im Zusammenhang mit der ersten beschlossenen „Museumsmilliarde" als „Quereinsteiger" zum Direktor ernannt, der die Weichen für eine Neupositionierung des Museums und die folgende Generalsanierung und Wiedereinrichtung stellte. Nach seinem vorzeitigen Ausscheiden Ende 1992 gründete er die Agentur „Pharos International" und war Initiator und Organisator der österreichischen „Science Week", einer öffentlichen Veranstaltung zur Popularisierung der wissenschaftlichen Forschung.

Peter Donhauser (* 1948)
Interimistischer Leiter von Jänner bis Dezember 1993
und von Juni 1997 bis Dezember 1999

Donhauser studierte Mathematik, Physik und Chemie an der Universität Wien, absolvierte ein Orgel- und Instrumentenbaupraktikum sowie eine Organistenausbildung und unterrichtete seit 1972 als Professor an einem Wiener Gymnasium, 1987 bis 1990 an der Pädagogischen Akademie in Wien-Strebersdorf und zehn Jahre hindurch Informatik bei Sommerkursen an pädagogischen Instituten. Ab 1990 war er im Museum für den Aufbau einer Hands-on-Abteilung und ab 1992 für den Sammlungsbereich Informations- und Kommunikationstechnik und für die Musiksammlung sowie die Sammlungsleitung verantwortlich. Nach zweimaliger Übernahme der interimistischen Museumsleitung und der Wiedereröffnung der neu gestalteten Schausammlungen ist er seit 2000 Bereichsleiter für technisch-naturwissenschaftliche Grundlagen.

Thomas Werner (* 1944)
Direktor 1994–1997

Werner studierte Kunstgeschichte, klassische Archäologie, Philologie und Anglistik, war von 1973 bis 1979 Redakteur beim Propyläen Verlag in Berlin, anschließend Direktor der Museen der Stadt Coventry, leitete von 1980 bis 1985 als stellvertretender Direktor das Altonaer Museum – Norddeutsches Landesmuseum in Hamburg und war von 1986 bis 1993 Direktor des Postmuseums in Frankfurt am Main. Mit 1. Jänner 1994 wurde er zum Direktor des Technischen Museums Wien bestellt. Unter seiner Leitung wurde die Rückübersiedlung in das generalsanierte Museumsgebäude durchgeführt und mit der Wiedereinrichtung der Schausammlungen begonnen. Nach seinem Ausscheiden wurde er zum Direktor des Kurpfälzischen Museums der Stadt Heidelberg bestellt.

Gabriele Zuna-Kratky (* 1957)
Direktorin seit 2000

Gabriele Zuna-Kratky studierte Soziologie und Erziehungswissenschaften mit Schwerpunkt Museumspädagogik an der Universität Wien. Nach ihrer Lehrtätigkeit an einem Polytechnischen Lehrgang war sie ab 1988 im Bundesministerium für Unterricht, Kunst und Sport in der Abteilung Schulfernsehen (Schulfunk und Medienerziehung) tätig und ab 1993 als Referatsleiterin im Medienservice für die Medienproduktion zuständig. Ab Oktober 1997 war sie als Direktorin der Österreichischen Phonothek, heute Österreichische Mediathek, für die Sammlung und Langzeitarchivierung von audiovisuellen Medien mit Schwerpunkt Österreich zuständig. Mit 1. Jänner 2000 wurde sie zur Direktorin des ausgegliederten Technischen Museums Wien bestellt.

Als erste große Herausforderung in dieser neuen Position organisierte sie die Überführung des Technischen Museums Wien in eine Anstalt öffentlichen Rechts. Angesichts der neuen wirtschaftlichen Herausforderungen und des vielfältigen Kultur- und Freizeitmarkts konnte das Museum langfristige Kooperationen mit der Wirtschaft abschließen.

Unter der Leitung Zuna-Kratkys erfolgte die Komplettierung der Wiedereinrichtung des Museums mit den Abteilungen „medien.welten" und „Alltag – eine Gebrauchsanweisung". Zwei bis drei Sonderausstellungen pro Jahr sowie eine Vielzahl an Aktionstagen und zielgruppenspezifische Programme ergänzen das Angebot des Museums und haben eine Verdoppelung der Besucherzahlen ermöglicht.

Direktoren (und Kustoden) des Eisenbahnmuseums

1884–1890 Victor von Röll

Anton Orleth

1890–1897 Alfred von Buschmann

Franz Hölzlhuber

1897–1910 Ignaz Konta (Kohn)

Jacob Brauchbar
Gustav Gumpesberger
Wilhelm Loncz
Leopold Stockert

1910–1915 Leopold von Stockert

Ferdinand Zopfy
Rudolf Braun
Josef Sokoll

1915 Ferdinand Gerstner

Rudolf Fischer

1925–1947 Karl Feiler

Rudolf Fischer
Hermann Filipek
Karl Klein

1947–1951 Melanie Marsch

René Desbalmes (ab 1948)

1951–1954 Hermann Holzer

René Desbalmes

1954–1965 Erwin Payer-Thurn

René Desbalmes

1965–1979 Maximilian Schober

René Desbalmes

Direktoren des Postmuseums

1891–1911 Josef von An der Lan zu Hochbrunn

1912–1916 Josef von Posch

1918–1920 Josef Ferdinand Hiebl

1920–1936 Emanuel Czezik-Müller

1936–1938 Gustav Paziska

1939–1945 Erhard Riedel

1945–1949 Pichler

1949–1951 Molnar

1951–1956 August Nitsche

1956–1970 Gerhard Lücker

1970–1979 Ernst Popp

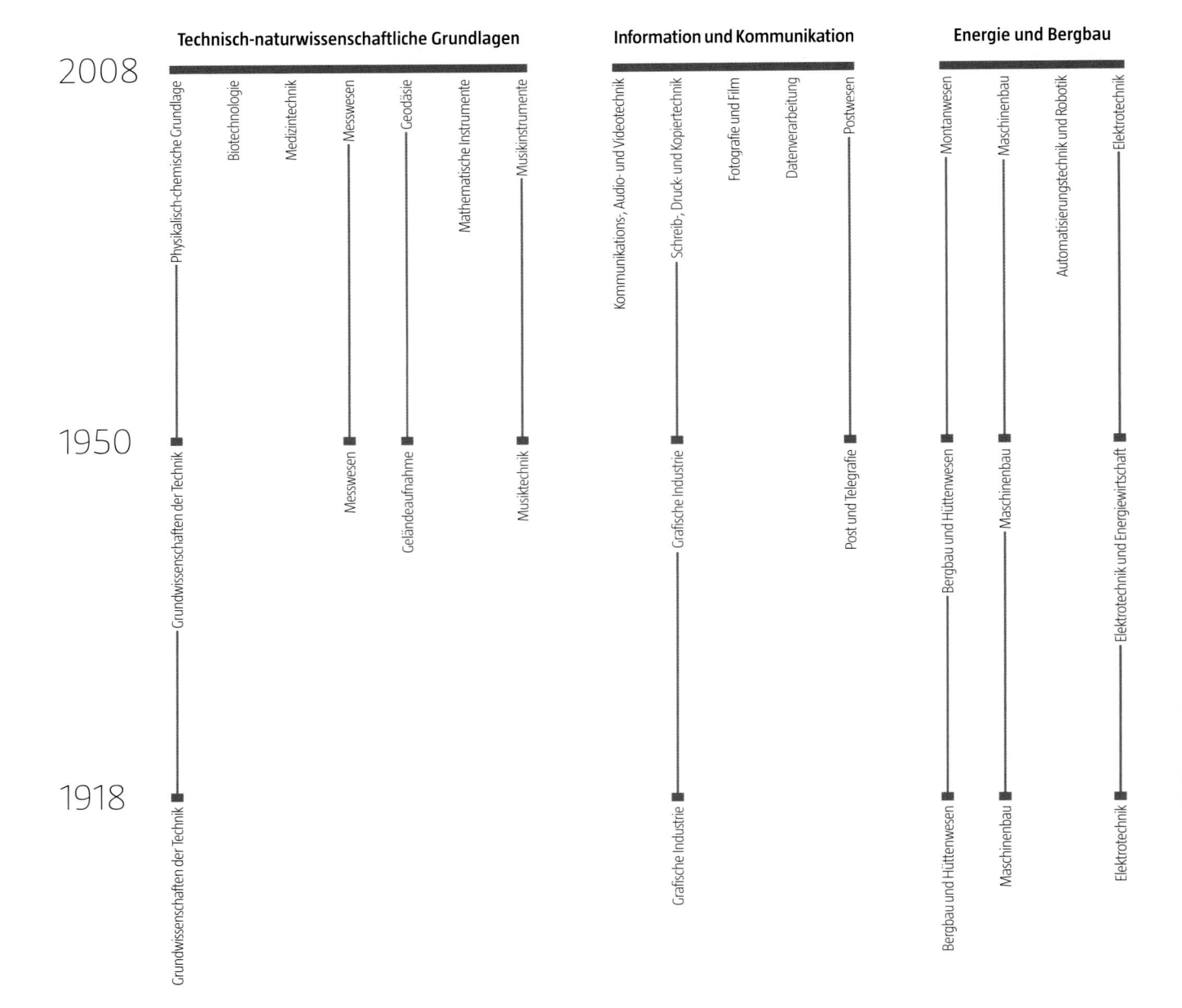

Die Entwicklung der Sammlungsgruppen 1918–1950–2008

2008

Technisch-naturwissenschaftliche Grundlagen
- Physikalisch-chemische Grundlage
- Biotechnologie
- Medizintechnik
- Messwesen
- Geodäsie
- Mathematische Instrumente
- Musikinstrumente

Information und Kommunikation
- Kommunikations-, Audio- und Videotechnik
- Schreib-, Druck- und Kopiertechnik
- Fotografie und Film
- Datenverarbeitung
- Postwesen

Energie und Bergbau
- Montanwesen
- Maschinenbau
- Automatisierungstechnik und Robotik
- Elektrotechnik

1950
- Grundwissenschaften der Technik
- Messwesen
- Geländeaufnahme
- Musiktechnik
- Grafische Industrie
- Post und Telegrafie
- Bergbau und Hüttenwesen
- Maschinenbau
- Elektrotechnik und Energiewirtschaft

1918
- Grundwissenschaften der Technik
- Grafische Industrie
- Bergbau und Hüttenwesen
- Maschinenbau
- Elektrotechnik

Produktionstechnik

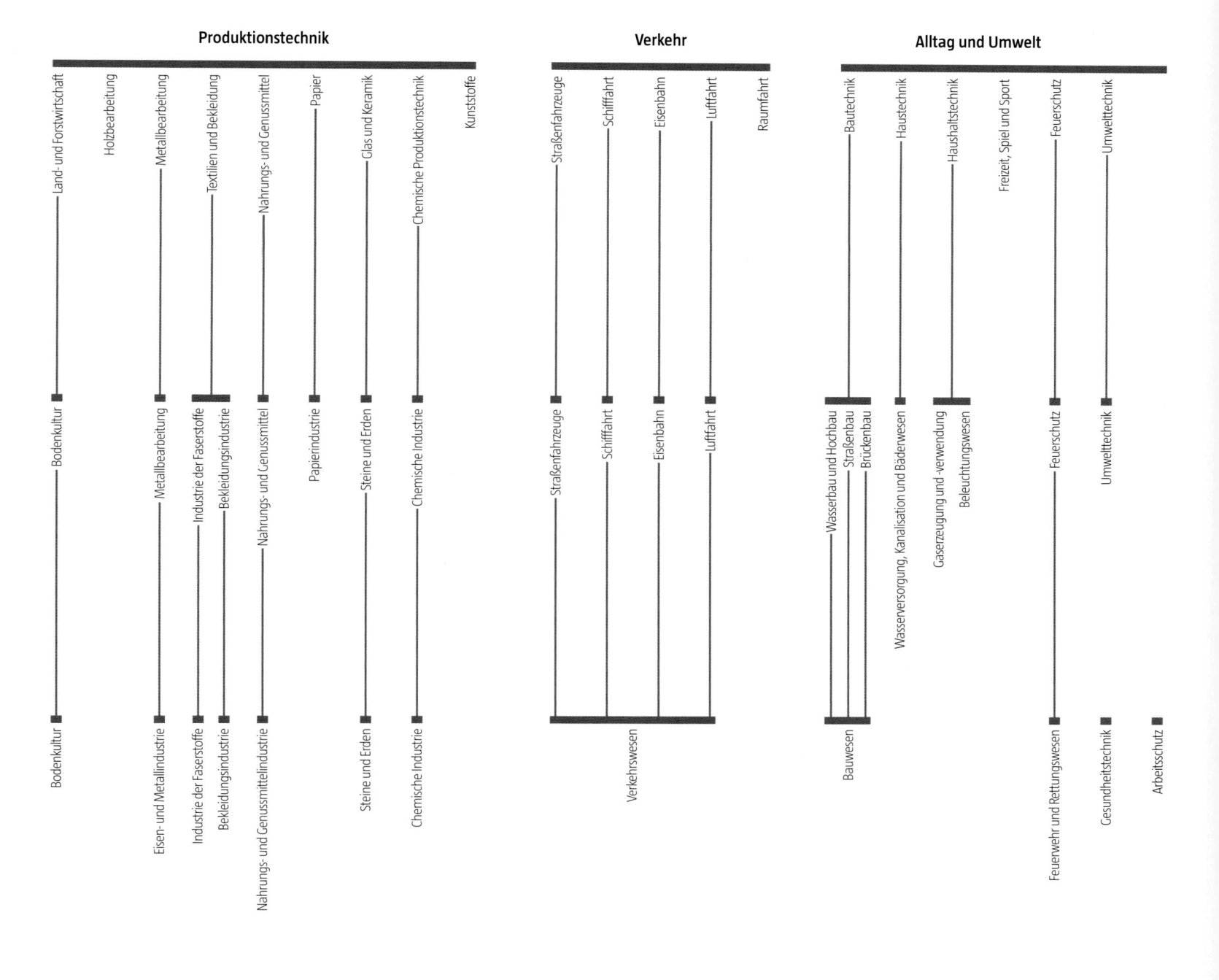

- Bodenkultur — Land- und Forstwirtschaft
- Holzbearbeitung
- Eisen- und Metallindustrie — Metallbearbeitung
- Industrie der Faserstoffe — Textilien und Bekleidung
- Bekleidungsindustrie
- Nahrungs- und Genussmittelindustrie — Nahrungs- und Genussmittel
- Papierindustrie — Papier
- Steine und Erden — Glas und Keramik
- Chemische Industrie — Chemische Produktionstechnik
- Kunststoffe

Verkehr

- Straßenfahrzeuge
- Schifffahrt
- Eisenbahn
- Luftfahrt
- Raumfahrt

Verkehrswesen

Alltag und Umwelt

- Bautechnik
- Haustechnik
- Haushaltstechnik
- Freizeit, Spiel und Sport
- Feuerschutz
- Umwelttechnik

- Bauwesen: Wasserbau und Hochbau, Straßenbau, Brückenbau
- Wasserversorgung, Kanalisation und Bäderwesen
- Gaserzeugung und -verwendung, Beleuchtungswesen
- Feuerwehr und Rettungswesen
- Gesundheitstechnik
- Arbeitsschutz

Sonderausstellungen

1929
Die österreichischen Wasserkräfte
Die österreichische Kohle

1930
Österreichs Technik in Dokumenten der Zeit (in der Albertina)

1932
Das technische Spielzeug

1934
Statik und Dynamik – aus der Technik in fünf Staaten. Handzeichnungen der österreichischen Graphikerin Lili Réthi

1935
Luftverkehr in Österreich
Dr. Carl Auer-Welsbach Gedächtnisausstellung

1936
Ludwig Michalek

1938
Bergbau der Ostmark. Kulturleistungen der Ostmark auf bergbaulichem und hüttenmännischem Gebiet

1940
Deutsche Kunststoffe – Deutsche Werkstoffe

1941
Originalzeichnungen und Probedrucke österreichischer Briefmarken von 1850 bis 1890.
50 Jahre Postmuseum

1942
Behelfsmäßiges Bauen im Kriege
Wasserkraft und Landschaft

1943
Anfänge des Technischen Museums. Ausschnitt aus dem Fabriksprodukten-Kabinett
Sonderschau von Spezialerzeugnissen der Lehrwerkstätten und der Ergebnisse aus dem betrieblichen Vorschlagswesen

1944
Erhaltung der Arbeitskraft

1947/48
Schutzmarken – Firmenzeichen – Warenzeichen

1950
75 Jahre Benzinautomobil von Siegfried Marcus

1951
Edison
Transport – sicher und wirtschaftlich

1952
Maschinenschutz
Atomkraft

1953
Berg- und Seilbahnen Österreichs
Nikola Tesla
50 Jahre Wiener Verkehrsbetriebe 1903–1953
Arbeit, gesund und sicher
50 Jahre Motorflug

1954
My Hobby – meine Lieblingsbeschäftigung

1956
150 Jahre staatliches Vermessungswesen in Österreich
Die gute Industrieform
100 Jahre Ludwig Hatschek
200 Jahre Voigtländer
Röntgen-Sonderschau

1957
Neue Baustoffe
Moderne Verpackungsmaterialien und ihre Verwendung
Holz immer modern

1958
Die Katastralvermessung und die Wiener Stadterweiterung vom Jahre 1858
Amerikanische Satelliten im Geophysikalischen Jahr
Ziele formen Menschen. 200 Jahre Berufsbildende Schulen in Österreich
Carl Auer von Welsbach-Gedächtnisausstellung
550 Jahre jung sein. Ausstellung der Wiener Tischlerinnung
Jenaer Glas

1959
70 Jahre Post- und Telegraphenmuseum Wien 1889–1959
Constructa-Ausstellung

1960
O.N.E.R.A.-Raketenausstellung
Weniger Lärm – gesünder – produktiver
Pierre und Marie Curie
Die Anfänge des Technischen Museums

1961
Radioisotope in der landwirtschaftlichen Forschung
100 Jahre Photographische Gesellschaft in Wien
Gütertransport und Spedition im Wandel der Jahrhunderte
Erdöl in Oberösterreich
Jenaer Glas II und andere technische Erzeugnisse
Entwicklung der österreichischen Gasversorgung seit 125 Jahren

1962
Jubiläumsausstellung 25 Jahre Firma Sztatecsny
Erdöl in Österreich
Kunststofflehrschau der Chemischen Industrie

1964
125 Jahre Photographie
40 Jahre Rundfunk in Österreich
Weltraumphotographie
Satelliten-Ausstellung

1965
Weltraumfahrt
Archäologie und Luftbild
Der Fotograf Alfred Eisenstaedt – Zeuge seiner Zeit
Mondaufnahmen der Ranger VII und Satellitenprogramm

1966
Exploration in Space

1967
Styropor-Lehrschau
Das USA-Gemini-Programm

1968
Die Anfänge des Technischen Museums. 50 Jahre Technisches Museum für Industrie und Gewerbe in Wien
100 Jahre Wiener Tramway
Kupfer – Metall der Jahrtausende
Simon Plössl – ein Jahrhundert Optik aus Österreich

1969
Pferdeeisenbahn Budweis–Linz
Der Raumflug zum Mond

1970
Ausstellung über die Entwicklungsarbeit des Leobner Hochschulprofessors Dipl.-Ing. Dr. Kurt Seidl zur verlustarmen Steuerung der Drehzahl von Wechselstrommotoren

1971
Josef Ressel – sein Leben und Werk. Wanderausstellung (Wien, Laibach, Prag, Linz, München, Triest)
Raumflug zum Mond. Apollo X und Mondgestein

1972
50 Jahre Norma, 50 Jahre elektrisches Messwesen in Österreich

1973
Menschen in der Wiener City. Photoschau der Österreichischen Gesellschaft für Photographie
Geschichte der Datenverarbeitung. Zusammengestellt von IBM Österreich
Wie einst gereist wurde (Wanderausstellung des Technischen Nationalmuseums in Prag)

1974
Österreichische Stickerei in Kunsthandwerk und Industrie
Technik macht Spaß – Technik im Spiel (Wanderausstellung des Deutschen Museums)

1975
Ferdinand Porsche 1875–1975. Gedenkausstellung
Von der Elle zum Atommaß. Messen: gestern, heute, morgen. 100 Jahre Meterkonvention
Österreich im Bild

1976
Technik und Umwelt – ein schwedisches Modell.
Theater – Illusion und Wirklichkeit. Entwicklung der Bühnentechnik
Foto – Historama. Beiträge zur Geschichte der Fotografie
Viktor Kaplan 1876–1934

1977
Lichteffekte in Malerei und Skulptur
Bel, Dezibel, Phon. Schallwellen in Musik und Technik (Wanderausstellung des Palais de la Découverte in Paris und des Technischen Nationalmuseums in Prag)
Sonnenenergie

1978
Hans Ledwinka. Ein österreichischer Autopionier
Vom Saumpfad zur Autobahn. 5000 Jahre Verkehrsgeschichte der Alpen (Wanderausstellung der Bayerischen Staatsbibliothek in München)

1979
Österreichische Erfindungen und ihre Weltgeltung. 80 Jahre Österreichisches Patentamt
Unsere Welt – ein vernetztes System. Eine internationale Wanderausstellung von Frederic Vester
100 Jahre elektrische Glühlampe

1980
Schule kreativ. Zum 70jährigen Schuljubiläum der Bundeslehranstalt für Bekleidungsgewerbe Wien 16
Böhmischer Eisenkunstguss
Werkzeuge aus der Biedermeierzeit. Die Werkzeug-Sammlung Altmütter
Fernsehen – Rundfunk – Amateurfunk. 25 Jahre freies Österreich

1981
Tschechoslowakische Flugzeugindustrie – gestern und heute (Wanderausstellung des Technischen Museums Brünn/Brno)
100 Jahre Telephonie in Österreich
Holographie in der UdSSR

1982
500 Jahre Drucktechnik in Österreich 1482–1982
150 Jahre Pferdeeisenbahn Linz–Budweis. Erste Eisenbahn des europäischen Kontinents.
75 Jahre Postbus in Österreich

1983
Elektrostatik im Experiment (Wanderausstellung des Palais de la Découverte in Paris)
100 Jahre Polarforschung
60 Jahre Österreichische Luftverkehrs AG – 25 Jahre Austrian Airlines
100 Jahre Elektrotechnik. Zum 100. Jahrestag der Gründung des Österreichischen Verbandes für Elektrotechnik
100 Jahre elektrische Bahn Mödling–Hinterbrühl

1984
Verkehrsmittel, einst und heute
Geschichte der Filmtechnik (Wanderausstellung des Technischen Nationalmuseums in Prag)
Wasserkraft – Viktor Kaplan 1876–1934

1985
Unser Wald
Lebende Werkstätten
Erdgas in der Sowjetunion. Energiequelle und Rohstoff

1986
Auto-Biographie – Das erste Jahrhundert Automobilgeschichte. Eine Ausstellung der Daimler-Benz AG
Foto-Nostalgie. Die Fotohistorische Privatsammlung Ing. H. A. Steinauer

1987
Innovation & Forschung. 20 Jahre Forschungsförderungsfonds für die gewerbliche Wirtschaft
Innovatives Österreich
Brunel Awards
Entwicklung aus der österreichischen Automobilgeschichte und eine Auswahl aus den Archiven der Firmen Steyr-Daimler-Puch AG, ÖAF Gräf & Stift AG

1988
80 Jahre Wolfgang Denzel
Technik sammeln – Technik schauen
Papier – Kunst – Papier. Werke von Studierenden der Hochschule für angewandte Kunst in Wien
Ergonomie
30 Jahre Design. Design-Ausstellung 1988

1989
Cité Villette und Horizonte der Mathematik. La Villette zu Gast im TMW
Phantasie und Industrie
100 Jahre Post- und Telegraphenmuseum
Technische Impressionen. Aquarelle von Nicoletta Dermota
20 Jahre Mondlandung
Otto von Lilienthal und seine Flugzeugkonstruktionen
Rückblende – 150 Jahre Photographie in Österreich
Die Welt des David Hamilton
Chancen mit Chips für Österreichs Jugend
Gezähmte Gefahr. 100 Jahre Sicherheitstechnik
Kraftwerke an der Donau. Donaukraftwerk Freudenau – Standorte 1989
Bitte berühren. Vom Leichtmetall zum Endprodukt

1990
Fahrrad = Weg / Zeit
Lohner – Land- und Seeflugzeuge 1909–1923
150 Jahre Wilhelm Exner
Radio – zeitgefäß
Faszination Porsche. Österreichische Ingenieurkunst 1900–1990
Blick hinter den Vorhang – Straßenfahrzeuge aus dem Depot des TMW
Modellflug. Ausstellung von Modellflugzeugen
LEGO Modellausstellung und „Spielparadies"

1991
Die Mozartmaschine
Franz Sedlacek 1891–1945. Vorläufer des Phantastischen Realismus.
Biedermeierglas. K. k. National-Fabriksprodukten-Kabinett
Austromir. Eine Informationsschau aus Anlaß des 1. Österreichers im Weltraum
Designlandschaft Waldviertel
Herzschrittmacher

1992
Forschung und Technologie aus Finnland
Vision 2000 – Mobilität morgen
BETONenswert
Leuchttürme. Leuchtfeuer und Schiffahrt aus aller Welt

1995
Ausstellungen in der „Lugner City": TMW-Highlights, Fahrrad – einst und jetzt, Radio, Reisen einst, Elektroindustrie, Röntgen – Ein Querschnitt zum 100-Jahr-Jubiläum
Fahr' ma, Euer Gnaden! Die Geschichte des Taxis (in Zusammenarbeit mit dem Museum für Verkehr und Technik Berlin)
Das k. k. National-Fabriksprodukten-Kabinett. Technik und Design des Biedermeier (Wanderausstellung in Frankfurt am Main, Hamburg, Prag)

1996
Ausstellungen in der „Lugner City": Der Wald als Rohstoffquelle, Bauen ohne Mörtel, Fräulein, bitte zum Diktat
Chaos. Grenzer des Vorhersehbaren (Wanderausstellung des Museons Den Haag im Wiener Museumsquartier)

1997
Ausstellungen in der „Lugner City": Der Wilde mit seiner Maschin, Sternstunden

1999
Arbeitende Luft / air at work. 40 Jahre Festo GmbH

2000
The journey from: Technic to: Techno. Werner Dornik
JSB 2000 – Johann Sebastian Bach – 250 Jahre nach seinem Tode
behind the screen. Die Entstehung eines Films – von Illusionen zu Spezialeffekten
Elements and Emotions: „Die 4 Elemente" unter dem Motto „Wasser, Feuer, Erde, Luft". Landschaftsfotos und Menschenbilder von Julia Lorber und Katja Seidel
Spiel – Karte – Bild. Spielkarten aus dem Biedermeier
Ute Rakob. Metamorphosen. Vom Objekt zum Bild
Faszination Sport – Science of Sport

2001
Bauen: Brücke – Hochhaus – Tunnel
Auf Österreichs Straßen. Historische Kraftfahrzeuge aus den Jahren 1910–1940
$E = mc^2$. Wenn Energie zu Materie wird – eine Ausstellung des CERN im TMW
Schaubühne Lebensräume: Von der Ketchupflasche zum Blumenübertopf
Mercedes – Benz. The Story of Passion. In 100 Jahren vom Mädchennamen zum Mythos
Erfinder. Patente. Österreich. Erfindungen von A bis Z
Fischamend – eine Wiege der österreichischen Luftfahrt
Sieger-Typen. Rennmotorräder 1920–1940

2002
Schaubühne Lebensräume: Wunschmaschine Staubsauger
Margherita Spiluttini: Nach der Natur. Konstruktionen der Landschaft. Fotografien
Bewegte Kindheit. Tretautomobile für kleine Leute (in Zusammenarbeit mit dem Deutschen Technikmuseum Berlin)
fahr!rad. Von der Draisine zur Hightech-Maschine
Schaubühne Lebensräume: Vom Nutzen des Unscheinbaren – die Heizspirale

2003
in aller munde. Die Geschichte der Harmonikainstrumente
MIB – Mensch in Bewegung
100 Jahre Telefonzelle – vom ersten Telephonautomaten zur MultimediaStation
Die Schärfung des Blicks. Joseph Petzval: Das Licht, die Stadt und die Fotografie
Holz – Naturstoff mit Vergangenheit und Zukunft. Vom Wissen zum Produkt

2004
Die Brennstoffzelle – Die kalte Verbrennung
Massenware Luxusgut. Technik und Design zwischen Biedermeier und Wiener Weltausstellung 1804 bis 1873
Hammerwerk und Flaschenzug. Die mechanischen Modelle des Jurij Vega (Wanderausstellung des Technischen Museums Laibach/Ljubljana)
Faszination Semmeringbahn (Schloss Reichenau an der Rax)
Welt Ausstellen. Schauplatz Wien 1873
Schräglage. Motorräder 1945 bis 2005

2005
Österreich baut auf. Wieder-Aufbau & Marshall-Plan
Aufgesperrt. Die Hanns Schell Collection zu Gast im Technischen Museum Wien
blau. Die Erfindung der Donau
schreiben wie gedruckt. Peter Mitterhofers Schreibmaschinen 1864–1869 (Wanderausstellung in Wien, Dresden, Meran)

2006
Frisch Gepresstes. Frühes Pressglas 1830–1860
Airworld. Vom Reisen in der Luft. Eine Ausstellung des Vitra Design Museum
Atome für den Frieden. 50 Jahre zivile Nutzung der Kernkraft
Das Geheimnis der Wolkenmenschen – Inka. Eine wissenschaftliche Annäherung
Schirmbilder. Computergrafiken von Wladimir Narbutt-Lieven (1918–2004)
Spurwechsel. Wien lernt Auto fahren (in Kooperation mit dem Wien Museum)
Maria Moser. Triebwerke. Bilder in der Schwerindustrie

2007
Lichtstärke. 30 Forschungsprojekte zur Zukunft des Lichts (Wanderausstellung)
Apothekengefäße 1675 bis 1825
Messer und Bestecke aus der Sammlung Anton Petermandl
Spiel mit Technik (Wanderausstellung des Deutschen Technikmuseums Berlin)
Men in Blech. Spielzeugroboter und Spacetoys. Die Sammlung Andreas Karl zu Gast
Ölrausch. Frühe Erdölindustrie in Galizien
Chromjuwelen. Autos mit Geschichte
P(r)ost Neujahr! Präsentation der Postbüchel-Sammlung der Bibliothek
Abenteuer Forschung. Wie Grundlagenforschung unser Leben verändert (Kooperation mit dem Fonds zur Förderung der wissenschaftlichen Forschung)

2008
Von Atlasband bis Zwirnspitze. Präsentation von Textil-Mustertafeln aus dem Fabriksprodukten-Kabinett
herz:rasen. Die Fußballausstellung (im Wiener Künstlerhaus)
klimafreundlich mobil. Ideen für den Verkehr der Zukunft (mit Unterstützung des Lebensministeriums)
Abenteuer Forschung. 50 Jahre Herzschrittmacher
Geschmackssache. Was Essen zum Genuss macht

Besucher 1918–2008

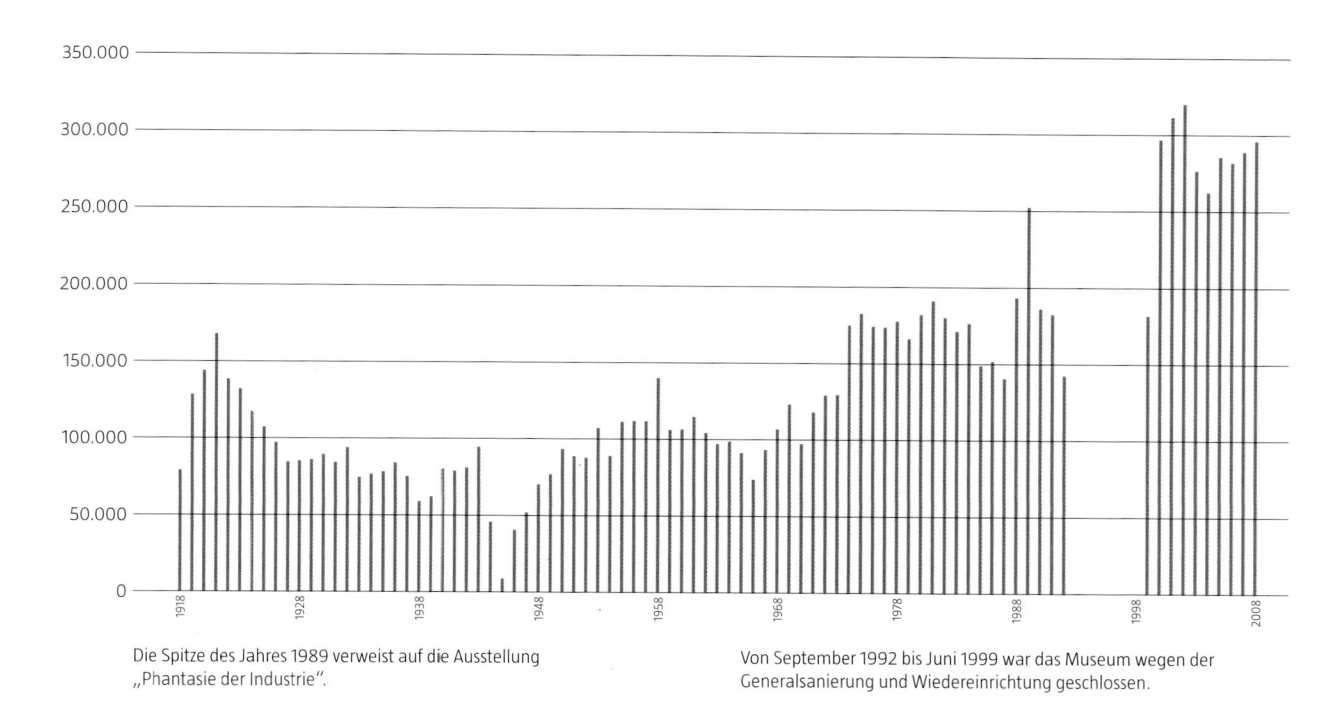

Die Spitze des Jahres 1989 verweist auf die Ausstellung „Phantasie der Industrie".

Von September 1992 bis Juni 1999 war das Museum wegen der Generalsanierung und Wiedereinrichtung geschlossen.

Objektannahmen 1913–2008

Anzahl der inventarisierten Objekte ohne Subnummern. Die Zahl der tatsächlich erworbenen Objekte entspricht einem Vielfachen, da füher oft für ganze Sammlungen oder Objektreihen eine Inventarnummer vergeben wurde.

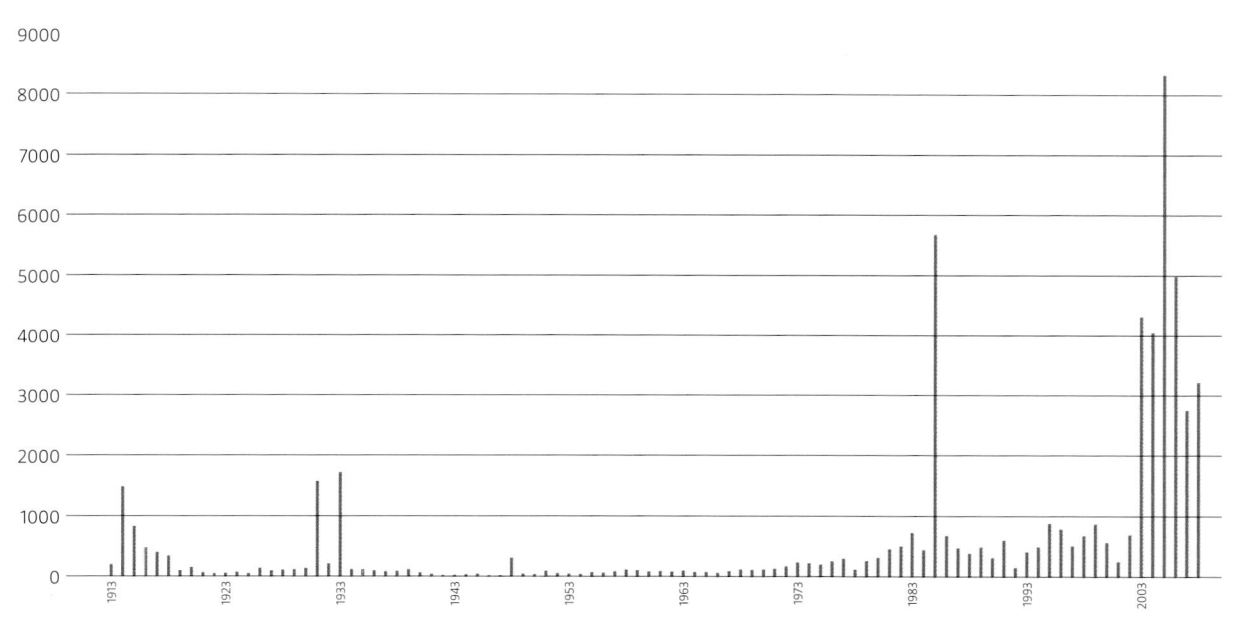

1931 Über 1000 Objekte der Graphischen Lehr- und Versuchsanstalt in Wien

1933 Über 1000 Objekte des ehem. Fabriksprodukten-Kabinetts der Technischen Hochschule Wien

1948 555 Landwirtschaftsmodelle der Technischen Hochschule Wien (Inventarisierung noch nicht abgeschlossen)

1985 Warenkundliche Sammlung der Hochschule für Welthandel in Wien mit über 5000 Objekten (Inventarisierung noch nicht abgeschlossen)

2003–2006 Sammlungs- und Objektübernahmen im Zuge der Einrichtung der Schausammlungsbereiche „medien.welten" und „Alltag – Eine Gebrauchsanweisung"

Anhang   433

Quellen- und Literaturverzeichnis

Quellen

Archiv BDA Archiv des Bundesdenkmalamtes Wien
Hirschwang

Archiv TU Wien Universitätsarchiv der Technischen Universität Wien
Privilegiensammlung

Archiv Universität Wien Universitätsarchiv der Universität Wien
1013/1781, 1784/1937/38, 217/1941, 79/1963/1964
Personalakt Erhard Riedel

BA Deutsches Bundesarchiv
R 4701 Reichspostministerium

DM München Deutsches Museum München, Archiv
Allgemeine Korrespondenz E 1904–1945

ÖStA, AdR Österreichisches Staatsarchiv, Archiv der Republik
04 und 05/1, Bundesministerium für Handel und Gewerbe, Industrie und Bauten (ab 1923: Bundesministerium für Handel und Verkehr) 1919–1938, Sign. 589
06, Vermögensanmeldung
Bundesministerium für Unterricht und Kunst 15 B1
Postmuseum: Generaldirektion für die Post- und Telegraphenverwaltung, Allg. Reihe
Kabinettsratsprotokoll vom 18. Juni 1920, Nr. 193
Zivilakten der NS-Zeit, Gaupersonalamt des Reichsgaues Wien
Unterricht, Wissenschaft, Forschung und Kunst 1919–1998,
Kurator der wissenschaftlichen Hochschulen in Wien 1940–1945

ÖStA, AVAFHKA Österreichisches Staatsarchiv, Allgemeines Verwaltungsarchiv – Finanz- und Hofkammerarchiv
Studienhofkommission 6 G3a
Ministerium des Inneren, I/10, II. Wiener Stadterweiterungsfonds – Allg., Karton 315–322
K. K. Handelsministerium, Bestand Postmuseum
Kommerz
Innerösterreichische Miszellen
Verkehr

ÖStA, HHStA Österreichisches Staatsarchiv, Haus-, Hof- und Staatsarchiv
Oberstkämmereramt
Obersthofmarschallamt, Franz Ferdinand, Karton 491–506
Generaldirektion der Privat- und Familienfonde, Sonderreihe,
Karton 111 f und 112

Parlamentsarchiv
Vortrag an den Ministerrat vom 21.7.1987

TMW-Archiv Technisches Museum Wien, Archiv
Architektenwettbewerb
Chronik
Forschungsinstitut für Technikgeschichte
Frühakten
Nachlässe
Österreichischer Verein deutscher Ingenieure
Personenmappen
Personalakten
Verwaltungsakten

TMW-Postarchiv, Technisches Museum Wien, Postarchiv

TMW-Eisenbahnarchiv, Technisches Museum Wien, Eisenbahnarchiv

WStLA Wiener Stadt- und Landesarchiv
Gauakten

Literatur

Achleitner, Architektur (1995) Achleitner, Friedrich: Österreichische Architektur im 20. Jahrhundert. Ein Führer in vier Bänden. Band III/2 Wien: 13.–18. Bezirk. Salzburg, Wien 1995.

Altmütter, Beschreibung (1825) Altmütter, Georg: Beschreibung der Werkzeug-Sammlung des k.k. polytechnischen Institutes, nebst einem vollständigen Verzeichnisse der in derselben enthaltenen Stücke. Wien 1825. (Dritter, sorgfältig durchgesehener [unveränderter] Abdruck 1847). Der zweite Abdruck ist nicht nachweisbar.

Andruchowitz, Fortschritt (1999) Andruchowitz, Ingo: Technischer Fortschritt und wirtschaftliche Freiheit. Wilhelm Franz Exner 1840–1931. Eine österreichische Karriere. Wien 1999.

Athäneum (1873) Das Athäneum. Ein Gewerbe-Museum und Fortbildungs-Institut in Wien. Gestiftet von Wilhelm Freiherrn von Schwarz-Senborn. Wien 1873. Erste Mittheilung.

Ausstellung Kriegmetallsammlung (1915/16) Ausstellung der patriotischen Kriegmetallsammlung. Verzeichnis historisch und künstlerisch hervorragender Spenden. Wien 1915/16.

Becker, Raritäten-Kabinett (1996) Becker, Christoph: Vom Raritäten-Kabinett zur Sammlung als Institution. Sammeln und Ordnen im Zeitalter der Aufklärung. Egelsbach, Frankfurt/Main, St. Peter Port 1996.

Beetlestone/Johnson/ Quin/White, Science Center (1998) Beetlestone, John G; Johnson, Colin H.; Quin, Melanie; White, Harry: The Science Center Movement: contexts, practice, next challenges, in: Public Understanding of Science 7 (1998), S. 5–26.

Benad-Wagenhoff/Ruby, Technische Museum (2002) Benad-Wagenhoff, Volker; Ruby, Jürgen: Das neue Technische Museum Wien – Anspruch und Wirklichkeit, in: Technikgeschichte 69 (2002), Nr. 3, S. 237–240.

Bockhorn, Gründung (1985) Bockhorn, Olaf: Die Gründung der Modellensammlung der k.k. Landwirtschafts-Gesellschaft in Wien im Jahre 1812, in: Beiträge zur Volkskunde Österreichs und des angrenzenden deutschen Sprachraums. Festschrift zum 75. Geburtstag von Helmut Prasch. Spittal/Drau 1985, S. 152–161.

Bolenz, Museen (2001) Bolenz, Eckhard: Museen für die Industriegesellschaft. Zur Umdeutung von Technik und Industrie in Kultur, in: Wissenschaftsgeschichte heute. Festschrift für Peter Lundgreen. Hg. von Jürgen Büschenfeld u. a. Bielefeld 2001, S. 77–95.

Brachelli/Migerka, Entwicklung (1873) Brachelli, H. F.; Migerka, F.: Oesterreich's commercielle und industrielle Entwicklung in den letzten Jahrzehnten. Wien 1873.

Brandstetter, Mühle (1984) Brandstetter, Alois: Die Mühle. München 1984.

Bredekamp, Antikensehnsucht (2002) Bredekamp, Horst: Antikensehnsucht und Maschinenglauben. Die Geschichte der Kunstkammer und die Zukunft der Kunstgeschichte. Berlin 2002 (2. Auflage der überarbeiteten Neuauflage 2000; zuerst 1993).

Brosche, Gründungsgeschichte (1932) Brosche, Sigmund: Gründungsgeschichte des Technischen Museums für Industrie und Gewerbe in Wien, in: Blätter für Geschichte der Technik 1 (1932), S. 199–204.

Brückler/Nimeth, Personenlexikon (2001) Brückler, Theodor; Nimeth, Ulrike: Personenlexikon zur Österreichischen Denkmalpflege (1850–1990). Wien 2001.

Brüggerhoff, Rolle und Strukturen (2006) Brüggerhoff, Stefan: Rolle und Strukturen der Industriemuseen in der Gegenwart unter besonderer Berücksichtigung des Deutschen Bergbau-Museums Bochum, in: Montan- und Industriegeschichte. Dokumentation und Forschung, Industriearchäologie und Museum. Festschrift für Rainer Slotta zum 60. Geburtstag. Hg. von Brüggerhoff, Stefan u. a. Paderborn u. a. 2006, S. 553–562.

Burger, Maschinenzeit (1991) Burger, Hannelore: Maschinenzeit Zeitmaschine. Technisches Museum Wien 1918–1988. Wien 1991.

Csáky/Stachel, Speicher (2000) Csáky, Moritz; Stachel, Peter (Hg.): Speicher des Gedächtnisses. Bibliotheken, Museen, Archive. Teil 1: Absage an und Wiederherstellung von Vergangenheit. Kompensation von Geschichtsverlust. Teil 2: Die Erfindung des Ursprungs. Die Systematisierung der Zeit. Wien 2000.

DaCosta Kaufmann, Treasury (1994) DaCosta Kaufmann, Thomas: From Treasury to Museum: The Collection of the Austrian Habsburgs, in: The Cultures of Collecting. Edited by John Elsner and Roger Cardinal. London 1994, S. 137–154.

Danilov, Museums (1976) Danilov, Victor K.: European Science and Technology Museums, in: Museum News 54 (1976), July/August.

Danilov, Centers (1982) Danilov, Victor K.: Science and Technology Centers. Cambridge, MA und London 1982.

Darstellung Verfassung Polytechnisches Institut (1819) Darstellung der Verfassung des kaiserl. königl. Polytechnischen Instituts, in: Jahrbücher des kaiserlich königlichen polytechnischen Institutes in Wien 1 (1819), S. 1–34.

Dauskardt, Technikhistorische Museen (1993) Dauskardt, Michael: Technikhistorische Museen – Herausforderung und Chancen, in: Museumskunde 58 (1993), S. 25–36.

Desbalmes, Führer (1973) Desbalmes, René: Österreichisches Eisenbahnmuseum. Illustrierter Führer durch die Sammlungen. Wien 1973 (2. Auflage 1975, 3. Auflage 1978).

Dobrowolny, Stelzer, Flug (1929) Dobrowolny, Otto; Stelzer, Ernst: Der menschliche Flug. Eine gemeinverständliche Darstellung mit einer Führung durch die Abteilung „Luftfahrt" des Technischen Museums Wien (Führer für Lehrwanderungen und Schülerreisen). Wien 1929.

Donhauser, Vorwort (1999) Donhauser, Peter: Vorwort, in: Blätter für Technikgeschichte 61 (1999), S. 11–31.

Donhauser, Technisches Museum (2000) Donhauser, Peter: Das neue Technische Museum Wien. Sieben Jahre geschlossen, jetzt endlich wieder zugänglich, in: Museum aktuell, April 2000, S. 2225 f.

Drechsler, Kunst (1996) Drechsler, Maximiliane: Zwischen Kunst und Kommerz. Zur Geschichte des Ausstellungswesens zwischen 1775 und 1905. München, Berlin 1996.

Durant, Museums (1992) Durant, John (Hg.): Museums and the Public Understanding of Science. London 1992.

Egglmaier, Naturgeschichte (1988) Egglmaier, Herbert H.: Naturgeschichte Wissenschaft und Lehrfach. Ein Beitrag zur Geschichte des naturhistorischen Unterrichts in Österreich (Publikationen aus dem Archiv der Universität Graz 22). Graz 1988.

Engelskirchen, Zukunft (2002) Engelskirchen, Lutz (Hg.): Welche Zukunft haben Museen der Arbeit? Tagung zur Darstellung von Geschichte der Arbeit im Museum, 7. und 8. Juni 2001. Essen 2002.

Entwicklung Gewerbe und Industrie (1888) Entwicklung von Industrie und Gewerbe in Österreich in den Jahren 1848–1888. Hg. von der Commission der Jubiläums-Gewerbe-Ausstellung Wien 1888. Wien 1888.

Erhard, Gewerbeförderungsdienst (1907) Erhard, Ludwig: Der Gewerbeförderungsdienst des k. k. Handelsministeriums, in: Annalen des Gewerbeförderungsdienstes des k. k. Handelsministeriums 1 (1907), S. 129–188.

Erhard, Tektonik (1909) Erhard, Ludwig: Tektonik, Werkkunst und Wirtschaft, in: Rundschau für Technik und Wirtschaft II (1909), Nr. 9, S. 174–178.

Erhard, Tektonik (1911) Erhard, Ludwig: Die neuzeitige Tektonik, in: Zeitschrift des österreichischen Ingenieur- und Architekten-Vereines 63 (1911), Nr. 49, S. 769–775.

Erhard, Volksbildungsstätte (1921) Erhard, Ludwig: Das Technische Museum als Volksbildungsstätte, in: Technik und Kultur 1 (1921), Nr. 1, S. 2 f.

Erhard, Technisches Museum (1928) Erhard, Ludwig: Technisches Museum für Industrie und Gewerbe, in: Árpád, Keitner (Hg.), Menschen und Menschenwerke. Wien 1928, Bd. 3, S. 481–490.

Erhard, Weg (1929) Erhard, Ludwig: Der Weg des Geistes in der Technik (Deutsches Museum. Abhandlungen und Berichte 1.4). Berlin 1929.

Erhard, Wege (1929) Erhard, Ludwig: Wege der technischen Entwicklung, in: Der getreue Eckart. Monatsschrift für das deutsche Haus 6 (1929), Bd. 2, S. 695–702.

Erhard, Forschungsinstitut (1929) Erhard, Ludwig: Forschungsinstitut für Geschichte der Technik, in: Zeitschrift des Österreichischen Ingenieur- und Architekten-Vereines 81 (1929), Heft 49/50.

Erhard, Entwicklungsgeschichte (1932) Erhard, Ludwig: Zur Entwicklungsgeschichte der Technik, in: Blätter für Geschichte der Technik 1 (1932), S. 3–25.

Erhard, Lebenssinn (1936) Erhard, Ludwig: Vom Lebenssinn der Technik, in: Blätter für Geschichte der Technik 3 (1936), S. 1–14.

Erhard, Deutsche Technik (1938) Erhard, Ludwig: Deutsche Technik im nationalsozialistischen Staate, in: Blätter für Geschichte der Technik 4 (1938), S. 1–3.

Erhard, Technik (1938) Erhard, Ludwig: Österreichs deutsche Technik, in: Deutsche Technik. Technopolitische Zeitschrift des Hauptamtes für Technik in München 6 (1938), Mai, S. 250.

Erhard, Gewerbeförderung (1939) Erhard, Ludwig: Entwicklung der technisch-wirtschaftlichen Gewerbeförderung, in: Technikgeschichte 28 (1939), S. 108–118.

Erhard, Forschungsinstitut (1939) Erhard, Ludwig: Das Forschungsinstitut für Technikgeschichte in Wien, in: Mitteilungen aus dem Haus der Deutschen Technik (1939), Folge 11, S. 393–396.

Erhard, Technikgeschichte (1940) Erhard, Ludwig: Zur Technikgeschichte des Reichsprotektorates, in: Deutsche Technik. Technopolitische Zeitschrift des Hauptamtes für Technik in München 8 (1940), Juni, S. 211–214.

Erhard, Aufbau (1941) Erhard, Ludwig: Der Aufbau des Technischen Museums in Wien, in: Beiträge zur Geschichte der Technik und Industrie 30 (1941), S. 149–156.

Erhard, Begriffsbestimmung (1942) Erhard, Ludwig: Zur Begriffsbestimmung der Volkstechnik, in: Blätter für Technikgeschichte 8 (1942), S. 28–41.

Eschenbach, Museums-Management (1991) Eschenbach, Rolf (Hg): Museums-Management. Ein Weg aus der Museumskrise. Dargestellt am Beispiel des Technischen Museums Wien (Praxisfälle der betriebswirtschaftlichen Unternehmensführung 11). Wien 1991.

Exner, Polytechnische Institut (1861) Exner, Wilhelm: Das k.k. Polytechnische Institut in Wien, seine Gründung, seine Entwicklung und sein jetziger Zustand. Wien 1861.

Exner, Aussteller (1866/1873) Exner, Wilhelm: Der Aussteller und die Ausstellungen. Weimar 1866 (2., vervollständigte Ausgabe 1873).

Exner, Beiträge (1873) Exner, Wilhelm (Red.): Beiträge zur Geschichte der Gewerbe und Erfindungen Oesterreichs. Von der Mitte des XVIII. Jahrhunderts bis zur Gegenwart. Erste Reihe: Rohproduction und Industrie. Zweite Reihe: Ingenieur-Wesen, wissenschaftliche und musikalische Instrumente, Unterricht. Wien 1873.

Exner, Antheil (1874) Exner, Wilhelm: Der Antheil Oesterreichs an den technischen Fortschritten der letzten hundert Jahre. Wien 1874.

Exner, System (1874/75) Exner, Wilhelm: Ein System der vergleichenden mechanischen Technologie, in: Dinglers polytechnisches Journal 214 (1874), S. 410–418 und 215 (1875), S. 171–183, 272–278 und 368–376.

Exner, Beckmann (1878) Exner, Wilhelm: Johann Beckmann. Begründer der technologischen Wissenschaft. Vortrag gehalten im k. k. österr. Museum für Kunst und Industrie. Wien 1878. Reprint der Originalausgabe von 1878 mit einem Anhang von Prof. Dr. phil. Ulrich Troitzsch (1989).

Exner, Errichtung (1879) Exner, Wilhelm: Ist die Errichtung eines Technologischen Gewerbe-Museums und zwar zunächst einer Section für die Holz-Industrie nothwendig? Wien 1879.

Exner, Museal-Fragen (1892) Exner, Wilhelm: Wiener Museal-Fragen. Ein Beitrag zur Hebung der wirthschaftlichen Kraft Wiens. Wien 1892.

Exner, Gewerbe-Museum (1904) Exner, Wilhelm: Das k. k. Technologische Gewerbe-Museum in Wien im ersten Vierteljahrhundert seines Bestandes 1879 bis 1904. Wien 1904.

Exner, Museum (1906) Exner, Wilhelm: Das Museum von Meisterwerken der Naturwissenschaft und Technik in München und die daraus sich für Österreich ergebenden Folgerungen, in: Wochenschrift des Niederösterreichischen Gewerbe-Vereins LXVII (1906), Nr. 3, S. 24–28.

Exner, Technisches Museum (1907) Exner, Wilhelm: Technisches Museum für Industrie und Gewerbe in Wien, in: Österreichische Rundschau XII (1907), Heft 3, S. 157–160.

Exner, Technisches Museum (1908) Exner, Wilhelm: Das Technische Museum für Industrie und Gewerbe in Wien. Wien 1908.

Exner, Gemeinschaftsarbeit (1910) Exner, Wilhelm: Internationale Gemeinschaftsarbeit auf technischen Gebieten (Deutsches Museum. Vorträge und Berichte 6). München 1910.

Exner, Denkmals-Politik (1921) Exner, Wilhelm: Denkmals-Politik vom Standpunkt der angewandten Naturwissenschaften und der Technik (Deutsches Museum. Vorträge und Berichte 18). München 1921.

Exner, Besitz an Arbeitsstätten (1923) Exner, Wilhelm: Unser Besitz an Arbeitsstätten der Wissenschaften und Technik (Tagblatt-Bibliothek 10/11). Wien 1923.

Exner, Lebensbilder (1927) Exner Wilhelm, Lebensbilder führender österreichischer Polytechniker. Wien 1927.

Exner, Wiederaufbau (1928) Exner, Wilhelm (Hg.): 10 Jahre Wiederaufbau. Die staatliche, kulturelle und wirtschaftliche Entwicklung der Republik Österreich 1918–1928. Wien 1928.

Exner, Geschichte (1928) Exner, Wilhelm: Geschichte der Technik und Industrie, in: Wochenschrift des Niederösterreichischen Gewerbevereins LXXXIX (1928), Nr. 48, S. 759–763.

Exner, Bilder (1928) Exner, Wilhelm: Bilder aus der Geschichte der Technik, in: Wochenschrift des Niederösterreichischen Gewerbevereins LXXXIX (1928), Nr. 51, S. 810–814.

Exner, Pflege (1929) Exner, Wilhelm: Zur Pflege der Geschichte der Technik, in: Wochenschrift des Niederösterreichischen Gewerbevereins XC (1929), Nr. 21, S. 323–326.

Exner, Wort (1929) Exner, Wilhelm: Vom Wort zur Tat! Ein Glückwunsch für den jubilierenden Gewerbeverein, in: Niederösterreichischer Gewerbeverein. Festbeiträge aus Anlaß der neunzigjährigen Bestandsfeier 1839–1929. Wien 1929, S. 13–16.

Exner, Erlebnisse (1929) Exner, Wilhelm: Erlebnisse. Wien 1929.

Exner, Ehrensaal (1930) Exner, Wilhelm: Der Ehrensaal des Deutschen Museums (Deutsches Museum. Abhandlungen und Berichte 2/2). Berlin 1930.

Exploratorium (1996) Exploratorium. San Francisco's Museum of Science, Art and Human Perception. San Francisco 1996.

Famelo/Carding, Here and Now (1997) Famelo, Graham; Carding, Janet: Here and Now. contemporary science and technology in museums and science centres. London 1997.

Feichtinger/Winkler, Industrie und Technik (1922) Feichtinger, Alfred; Winkler, Alois: Industrie und Technik bei uns, in: Weyrich, Edgar (Hg.): Rudolfsheim und Fünfhaus. Ein Heimatbuch. 2. Teil. Wien 1922.

Feiler, Eisenbahngeschichte (1937) Feiler, Karl: Österreichs Eisenbahngeschichte im Spiegelbilde des historischen Eisenbahnmuseums, in: Verkehrswirtschaftliche Rundschau 5 (1937), 1. Heft, S. 1–3.

Felber, Jubiläumsbilder (2006) Felber, Ulrike: Jubiläumsbilder. Drei Ausstellungen zum Staatsvertragsgedenken 2005, in: Österreichische Zeitschrift für Geschichtswissenschaften 17 (2006), Heft 1, S. 65–90.

Felber/Krasny, Museumsfrage (2004) Felber, Ulrike; Krasny, Elke: Die Museumsfrage, in: Welt Ausstellen. Schauplatz Wien 1873. Eine Ausstellung des Technischen Museums Wien. Wien 2004, S. 73–81.

Feldkamp, Weg (2002) Feldkamp, Jörg (Hg.): Wohin führt der Weg der Technikhistorischen Museen? (Industriearchäologie. Studien zur Erforschung, Dokumentation und Bewahrung von Quellen zur Industriekultur 2). Chemnitz 2002.

Ferguson, Technical Museums (1965) Ferguson, Eugene S.: Technical Museums and International Exhibitions, in: Technology and Culture 4 (1965), S. 30–46.

Ferriot, Le Musée (1998) Ferriot, Dominique u. a.: Le Musée des Arts et Métiers. Paris 1998.

Finn, Museums (1964) Finn, Bernard S.: The New Technical Museums, in: Museums News 43 (1964), S. 22–26.

Finn, Science Museum (1965) Finn, Bernard S.: The Science Museum Today, in: Technology and Culture 4 (1965), S. 74–82.

Fitzinger, Geschichte (1856 und 1868) Fitzinger, Leop. Jos.: Geschichte des kaiser. kön. Hof-Naturalien-Cabinetes zu Wien, in: Sitzungsberichte der kaiserlichen Akademie der Wissenschaften. Mathematisch-naturwissenschaftliche Classe 21 (1856), Heft I/II, S. 433–479 und LVII (1868), I. Abth., Heft I–V, S. 1013–1090.

Fliedl, Erfindung (1996) Fliedl, Gottfried (Hg.): Die Erfindung des Museums. Anfänge der bürgerlichen Museumsidee in der Französischen Revolution (Museum zum Quadrat 6). Wien 1996.

Foucault, Ordnung (1974) Foucault, Michel: Die Ordnung der Dinge. Eine Archäologie der Humanwissenschaften. Frankfurt/Main 1974.

Freymann, Bergbau (2003) Freymann, Klaus: Bergbau auf der Kohleninsel. Zur Entstehung des Anschauungsbergwerks, in: Füßl, Wilhelm; Trischler, Helmuth (Hg.), Geschichte des Deutschen Museums. Akteure, Artefakte, Ausstellungen, München 2003, S. 289–322.

Frodl-Kraft, Erbe (1997) Frodl-Kraft, Eva: Gefährdetes Erbe. Österreichs Denkmalschutz und Denkmalpflege 1918–1945 im Prisma der Zeitgeschichte (Studien zu Denkmalschutz und Denkmalpflege XVI). Wien, Köln, Weimar 1997.

Führer Ausstellung (1930) Führer durch die Ausstellung Österreichs Technik in Dokumenten der Zeit. September – Oktober 1930. Wien 1930.

Führer Post-Museum (1891) Führer durch das k. k. Post-Museum. Wien 1891 (2. Auflage 1894, 3. Auflage 1907).

Fünfzig Jahre Gewerbeverein (1890) Fünfzig Jahre gewerblicher Bestrebungen. Festschrift zur Feier des fünfzigjährigen Jubiläums des Niederösterreichischen Gewerbevereins. Wien 1890.

Füßl, Miller (2005) Füßl, Wilhelm: Oskar von Miller 1855–1934. Eine Biographie. München 2005.

Füßl/Trischler, Geschichte (2003) Füßl, Wilhelm; Trischler, Helmuth (Hg.): Geschichte des Deutschen Museums. Akteure, Artefakte, Ausstellungen, München 2003.

Geppert, Ausstellungsmüde (2000) Geppert, Alexander C. T.: Ausstellungsmüde: Deutsche Großausstellungsprojekte und ihr Scheitern, 1880–1930, in: Wolkenkuckucksheim. Internationale Zeitschrift für Theorie und Wissenschaft der Architektur 5 (2000), Heft 1, 15 Seiten.

Geppert, Welttheater (2002) Geppert, Alexander C. T.: Welttheater: Die Geschichte des europäischen Ausstellungswesens im 19. und 20. Jahrhundert. Ein Forschungsbericht, in: Neue Politische Literatur 2002, S. 10–61.

Gerchow, Museen (2002) Gerchow, Jan: Museen, in: Aufriss der Historischen Wissenschaften. Hg. von Michael Maurer. Bd. 6: Institutionen. Stuttgart 2002, S. 316–399.

Gessner, Industrialisierung (1982) Gessner, Dieter: Industrialisierung, staatliche Gewerbepolitik und die Anfänge und Entwicklung des industriellen Ausstellungswesens in Deutschland – Anmerkungen über den Wandel des Verhältnisses von Wirtschaft und Staat als Träger des industriellen Ausstellungswesens im 19. Jahrhundert, in: Kunstpolitik und Kunstförderung im Kaiserreich. Kunst im Wandel der Sozial- und Wirtschaftsgeschichte (Kunst, Kultur und Politik im Deutschen Kaiserreich 2). Hg. von Ekkehard Mai u. a. Berlin 1982, S. 131–148.

Graf/Möbius, Geschichte (2006) Graf, Bernhard; Möbius, Hanno (Hg.): Zur Geschichte der Museen im 19. Jahrhundert 1789–1918 (Berliner Schriften zur Museumskunde 22). Berlin 2006.

Griesmayr, Handelsmuseum (1968) Griesmayr, Franz Seraph: Das österreichische Handelsmuseum in Wien 1874–1918. Eine Darstellung zur Förderung von Österreichs Handel und handelspolitischem Einfluß zwischen 1874 und 1918. Wien 1968, phil. Diss.

Großbölting, Ordnung (2004) Großbölting, Thomas: Die Ordnung der Wirtschaft. Kulturelle Repräsentation in den deutschen Industrie- und Gewerbeausstellungen des 19. Jahrhunderts, in: Berghoff, Hartmut; Vogel, Jakob (Hg.): Wirtschaftsgeschichte als Kulturgeschichte. Dimensionen eines Perspektivenwechsels. Frankfurt/Main, New York 2004, S. 377–403.

Großbölting, Repräsentationen (2008) Großbölting, Thomas: „Im Reich der Arbeit". Die Repräsentation gesellschaftlicher Ordnung in den deutschen Industrie- und Gewerbeausstellungen 1790–1914 (Ordnungssysteme. Studien zur Ideengeschichte der Neuzeit 21). München 2008.

Grote, Macrocosmos (1994) Grote, Andreas (Hg.): Macrocosmos in Microcosmo. Die Welt in der Stube. Zur Geschichte des Sammelns 1480 bis 1800 (Berliner Schriften zur Museumskunde 10). Opladen 1994.

Gruber, Museum (1908) Gruber, Josef: Das technische Museum für das Königreich Böhmen. Prag 1908.

Günther, Lebenserinnerungen (1936) Günther, Georg: Lebenserinnerungen. Wien 1936.

Habacher, Instrumentenmacher (1960) Habacher, Maria: Mathematische Instrumentenmacher, Mechaniker, Optiker und Uhrmacher im Dienste des Kaiserhofes in Wien (1630–1759), in: Blätter für Technikgeschichte 22 (1960), S. 5–80.

Habacher, Technisches Museum (1968) Habacher, Maria: Das Technische Museum für Industrie und Gewerbe in Wien. Von seiner Gründung bis zur Verstaatlichung. 1907–1922, in: Blätter für Technikgeschichte 30 (1968), S. 1–71.

Habacher, Nagler (1968) Habacher, Maria: Hofrat Dr. phil. Josef Nagler. Direktor des Technischen Museums für Industrie und Gewerbe in Wien 1950–1966, in: Blätter für Technikgeschichte 30 (1968), S. 123–132.

Habacher, Festakt (1968) Habacher, Maria: Der Festakt zur Jubiläumsfeier des Technischen Museums für Industrie und Gewerbe in Wien am 3. Mai 1968, in: Blätter für Technikgeschichte 30 (1968), S. 133–152.

Habacher, Fabriksproduktenkabinett (1971) Habacher, Maria: Das k.k. Fabriksproduktenkabinett in Wien (1806–1815), in: Technikgeschichte 38 (1971), S. 39–47.

Habacher, Fabriksprodukten-Kabinett (1994) Habacher, Maria: Das k.k. Fabriksprodukten-Kabinett in Wien (1806–1815). Zur Frühzeit technologisch-gewerblicher Sammlungen, in: Jahrbuch des Vereines für Geschichte der Stadt Wien 50 (1994), S. 105–171.

Habsburg, Kunstkammern (1997) Habsburg, Géza von: Fürstliche Kunstkammern in Europa. Stuttgart, Berlin, Köln 1997.

Handels-Museum (1900) Das k. k. österreichische Handels-Museum 1875–1900. Hg. vom Curatorium. Wien 1900.

Handelsmuseum (1919) Das Handelsmuseum in Wien. Darstellung seiner Gründung und Entwicklung 1874–1919. Zusammengestellt von der Direktion des Handelsmuseums. Wien 1919.

Hantschk, Prechtl (1988) Hantschk, Christian: Johann Joseph Prechtl und das Wiener Polytechnische Institut (Perspektiven der Wissenschaftsgeschichte 3). Wien, Köln, Graz 1988.

Hantschk, Forschungsinstitut (1989) Hantschk, Christian: Das Forschungsinstitut für Technikgeschichte am Technischen Museum Wien, in: Österreich in Geschichte und Literatur 33 (1989), Heft 5, S. 291–306.

Hartmann, Museen (1914) Hartmann, Konrad: Die sozialtechnischen Museen im In- und Auslande, in: Verhandlungen des Vereins zur Beförderung des Gewerbefleißes 93 (1914), Heft 1, 65–85.

Hartung, Museen (2007) Hartung, Olaf: Museen des Industrialismus. Formen bürgerlicher Geschichtskultur am Beispiel des Bayerischen Verkehrsmuseums und des Deutschen Bergbaumuseums (Beiträge zur Geschichtskultur 32). Köln, Weimar, Wien 2007.

Hashagen/Blumtritt/Trischler, Circa 1903 (2003) Hashagen, Ulf; Blumtritt, Oskar; Trischler, Helmuth (Hg.), Circa 1903. Artefakte in der Gründungszeit des Deutschen Museums (Abhandlungen und Berichte NF 19). München 2003.

Healy, Exhibiting (2000) Healy, Maureen: Exhibiting a War in Progress: Entertainment and Propaganda in Vienna, 1914–1918, in: Austrian History Yearbook 31 (2000), S. 57–85.

Hein, Naturwissenschaft (1993) Hein, Hilde: Naturwissenschaft, Kunst und Wahrnehmung. Der neue Museumstyp aus San Francisco. Stuttgart 1993.

Hilz, Museum (2000) Hilz, Helmut: Museum mit frischem Gesicht. Geschichte und Neugestaltung des Wiener Technikmuseums, in: Kultur & Technik 24 (2000), Heft 3, S. 52–57.

Hietzing (1932) Hietzing. Ein Heimatbuch des 13. Wiener Gemeindebezirkes. Band 2: Aus Geschichte und Gegenwart. Wien, Leipzig 1932.

Hirsching, Nachrichten (1786/92) Hirsching, Friedrich Karl Gottlieb (Hg.): Nachrichten von sehenswürdigen Gemälde- und Kupferstichsammlungen, Münz-Gemmen-Kunst und Naturalienkabinetten, Sammlungen von Modellen, Maschinen, physikalischen und mathematischen Instrumenten, anatomischen Präparaten und botanischen Gärten in Teutschland nach alphabetischer Ordnung der Städte. Erlangen 1786–1792, 6 Bände.

Hochreiter, Musentempel (1994) Hochreiter, Walter: Vom Musentempel zum Lernort. Zur Sozialgeschichte deutscher Museen 1880–1914. Darmstadt 1994.

Hofer, Strom (2005) Hofer, Hans-Georg: Dem Strom auf der Spur. Stefan Jellinek und die Elektropathologie. In: Blätter für Technikgeschichte, 66/67 (2004/2005), S. 165–198.

Holey, Schutz (1932) Holey, Karl: Der Schutz der technischen Denkmale in Österreich, in: Blätter für Geschichte der Technik 1 (1932), S. 25–33.

Holey, Denkmäler (1938) Holey, Karl: Die technischen Denkmäler in Österreich und ihre Verbundenheit mit Volk und Boden, in: Blätter für Geschichte der Technik 5 (1938), S. 4–15.

Holey, Erhard (1942) Holey, Karl: Ludwig Erhard, in: Blätter für Technikgeschichte 8 (1942), S. 3–27.

Holey, Erhard (1963) Holey, Karl: Ludwig Erhard. Gedenken zum 100. Geburtstag, in: Blätter für Technikgeschichte 25 (1963), S. 3–30.

Hölzl, Geschichte (1982) Hölzl, Josef, Geschichte der Warenkunde in Österreich (Schriftenreihe des Institutes für Technologie und Warenwirtschaftslehre der Wirtschaftsuniversität Wien 5). Wien 1982.

Horwitz, Technische Museum (1921/22) Horwitz, Hugo Theodor: Das Technische Museum in Wien. Die Sammlungen, in: Geschichtsblätter für Technik und Industrie 8 (1921), S. 1–10 und 9 (1922), S. 1–12.

Hutchins, Poised (2000) Hutchins, Louis P.: Poised for the New Millennium. The Technical Museums of Prague, Vienna, and Berlin, in: Technology and Culture 41 (2000), Nr. 3, S. 530–536.

85 Jahre Exner-Medaille (2006) 85 Jahre Wilhelm-Exner-Medaille. Hg. vom Österreichischen Gewerbeverein. Wien 2006.

Janetschek, Wirkung (1992) Janetschek, Hellmut: Johann Beckmanns Wirkung in Österreich und die „Wiener Technologische Schule", in: Müller, Hans-Peter; Troitzsch, Ulrich (Hg.), Technologie zwischen Fortschritt und Tradition. Frankfurt/Main 1992, S. 227–234.

Janetschek, Collection (1995) Janetschek, Hellmut: From the Imperial-Royal Collection of Manufactured Products to the Museum of Technology and Industry in Vienna, in: History of Technology 17 (1995), S. 191–213.

Janetschek/Maresch, Technik (1981) Janetschek, Hellmut; Maresch, Gerhard: Technik und Technologie in der Ära Maria Theresias und Josephs II, in: Von der Glückseligkeit des Staates. Staat, Wirtschaft und Gesellschaft in Österreich im Zeitalter des aufgeklärten Absolutismus. Hg. von Herbert Matis. Berlin 1981, S. 453–483.

Johler/Nikitsch/Tschofen, „Schönes Österreich" (1994) Johler, Reinhard; Nikitsch, Herbert; Tschofen, Bernhard: „Schönes Österreich". Heimatschutz zwischen Ästhetik und Ideologie. Eine Projektvorstellung, in: Österreichische Zeitschrift für Volkskunde 97 (1994), S. 479–485.

John/Mazzoni, Industrie- und Technikmuseen (2005) John, Hartmut; Mazzoni, Ira (Hg.): Industrie- und Technikmuseen im Wandel. Perspektiven und Standortbestimmungen. Bielefeld 2005.

Karmarsch, Beschreibung (1823) Karmarsch, Karl: Kurze Beschreibung des National-Fabriksprodukten-Kabinettes am k. k. polytechnischen Institute, in: Jahrbücher des kaiserlich königlichen polytechnischen Institutes in Wien 4 (1823), S. 1–197.

Karabaic, Industriedenkmal (2006) Karabaic, Milena: Das Industriedenkmal als Museum. Struktur, konzept und Perspektive am Beispiel des Rheinischen Industriemuseums, in: Montan- und Industriegeschichte. Dokumentation und Forschung, Industriearchäologie und Museum. Festschrift für Rainer Slotta zum 60. Geburtstag. Hg. von Brüggerhoff, Stefan u. a. Paderborn u. a. 2006, S. 563–586.

Kastner, Entwicklung (1965) Kastner, Richard H.: Die Entwicklung von Technik und Industrie in Österreich und die Technische Hochschule in Wien, in: Blätter für Technikgeschichte 27 (1965), S. 1–186.

Katalog Dillinger (1886) Katalog der Sammlung von Schlüsseln und Schlössern im Besitze des Herrn Andreas Dillinger. Wien 1885 (2. Auflage 1886).

Katalog Eisenbahnen (1902) Beschreibender Katalog des k. k. historischen Museums der österreichischen Eisenbahnen. Verfasst im Auftrage des k. k. Eisenbahnministeriums. Wien 1902. I. Nachtrag 1906, II. (provisorischer) Nachtrag 1907, III. (provisorischer) Nachtrag 1908, IV. (provisorischer) Katalog 1909, II. Nachtrag 1910.

Katalog Petermandl (1882–1898) Katalog der Anton Petermandl'schen Messer-Sammlung der k. k. Fachschule und Versuchs-Anstalt in Stadt Steyr von der Entstehung der Sammlung bis zu deren Uebergabe an das hohe Aerar mit Ende des Jahres 1882. Steyr 1882. ... mit Ende des Jahres 1882 bis inclusive 1889. Steyr 1889. ... im Schuljahre 1890/91. Jährliche Kataloge der Erwerbungen bis ... im Schuljahre 1897/98. Steyr 1898.

Katalog, Staatsbahnen (1893) Katalog des Historischen Museums der k. k. österreichischen Staatsbahnen in Wien. Wien 1893.

Kernbauer, Unterricht (1993) Kernbauer, Alois: Beckmann und der „technologische" Unterricht an den Universitäten der Habsburgermonarchie. Der „technologische" Unterricht im Kanon der Allgemeinbildung der Philosophischen Fakultäten, abseits der Polytechnika und Fachlehranstalten, in: Johann Beckmann-Journal. Mitteilungen der Johann Beckmann-Gesellschaft e. V. 7 (1993), Heft 1/2, S. 39–55.

Kernbauer, Beckmann (2002) Kernbauer, Alois (Hg.): Beckmanns Allgemeine Technologie. Herrn Hofrath Beckmanns Vorlesungen über die Technologie. Vorgetragen zwischen den Jahren 1783 bis 1793 (Publikationen aus dem Archiv der Universität Graz 38). Graz 2002.

Kick, Führer (1900) Kick, Friedrich: Führer durch das k.k. technologische Cabinett an der k.k. technischen Hochschule in Wien. Wien 1900.

Kick, Kabinett (1904) Kick, Friedrich: Das K .k. Technologische Kabinett, eine Sehenswürdigkeit Wiens (Separat-Abdruck aus der „Neuen Freien Presse" vom 22. März 1904). Wien 1904.

Killian, Exner (1999) Killian, Herbert: Exner Wilhelm Franz, in: Österreichisches Forstbiographisches Lexikon. Leben und Werke forstlicher Persönlichkeiten aus vier Jahrhunderten (1571–1990). Wien 1999. Band 6, S. 125–170.

Klemm, Geschichte (1973) Klemm, Friedrich: Geschichte der naturwissenschaftlichen und technischen Museen (Deutsches Museum. Abhandlungen und Berichte 41.2). München 1973.

Knieschek, Ausstellungen (1998) Knieschek, Christian: Historische Ausstellungen in Wien 1918–1938 (Europäische Hochschulschriften. Reihe III: Geschichte und ihre Hilfswissenschaften 810). Frankfurt/Main u. a.1998

König, Deutsches Museum (1913) König, Friedrich: Über das Deutsche Museum in München. Mit spezieller Berücksichtigung der musealtechnischen Eigenheiten desselben. Wien 1913.

Korff, Geschichte (1995) Korff, Gottfried: Läßt sich Geschichte musealisieren?, in: Museumskunde 60 (1995), S. 18–22.

Korff, Faszination (2000) Korff, Gottfried: Zur Faszinationskraft der Dinge. Eine museumshistorische Reflexion in Bildern, in: Volkskultur und Moderne. Europäische Ethnologie zur Jahrtausendwende. Festschrift für Konrad Köstlin zum 60. Geburtstag am 8. Mai 2000 (Veröffentlichungen des Instituts für Europäische Ethnologie der Universität Wien 21). Wien 2000, S. 341–354.

Korff, Museumsdinge (2002) Korff, Gottfried: Museumsdinge deponieren – exponieren. Hg. von Martina Eberspächer u. a. Köln, Weimar, Wien 2002.

Kristan, Ideenkonkurrenz (1994) Kristan, Markus: Die Ideenkonkurrenz für das Technische Museum für Industrie und Gewerbe in Wien 1909, in: Architekturjournal. Wettbewerbe 18 (1994), Heft 129/130, S. 166–170 und Heft 131/132, S. 185–189.

Krulla, Erkenntnismuseum (1911) Krulla, Rudolf: Das Erkenntnismuseum. Berndorf, Wien 1911.

Kummerlöwe, Neugestaltung (1939) Kummerlöwe, Hans: Zur Neugestaltung der Wiener wissenschaftlichen Staatsmuseen, in: Annalen des Naturhistorischen Museums in Wien 50 (1939), S. XXIV–XXXIX.

Kurzel-Runtscheiner, Ambraser Sammlung (1933) Kurzel-Runtscheiner, Erich: Von der Ambraser Sammlung bis zum Technischen Museum für Industrie und Gewerbe in Wien, in: Technikgeschichte. Beiträge zur Geschichte der Technik und Industrie 22 (1933), S. 142–145.

Lackner, Geschichte (1987) Lackner, Helmut: Geschichte und derzeitiger Stand der Technikgeschichtsschreibung in Österreich, in: Technikgeschichte 54 (1987), S. 301–308.

Lackner, Geschichte (1995) Lackner, Helmut: Die „vermorschte" Geschichte. Österreichische Museumstradition am Beispiel des Technischen Museums Wien, in: Böhler, Ingrid; Steininger, Rolf (Hg.): Österreichischer Zeitgeschichtetag 1993. Innsbruck, Wien 1995, S. 253–258.

Lackner, Ausstellungen (1996) Lackner, Helmut: Was wurde aus den Ausstellungen und Museen des Arbeitsschutzes und der Gewerbehygiene?, in: 110 Jahre Arbeitssicherheit in Kärnten. Sonderausstellung im Landwirtschaftsmuseum Schloß Ehrental, Klagenfurt, 10. Juli bis 30. August 1996. Klagenfurt 1996, S. 13–18.

Lackner, Technikmuseum (2001) Lackner, Helmut: Technikmuseum oder Science-Center – Das neue Technische Museum Wien, in: Marc-Denis Weitze (Hg.): Public Understanding of Science im deutschsprachigen Raum: Die Rolle der Museen (Public Understanding of Science: Theorie und Praxis 1). München 2001, S. 159–167.

Lackner, Technisches Museum (2001) Lackner, Helmut: Das neu eröffnete Technische Museum Wien – Anmerkung zur Rezension von Siegfried Mattl, in: Österreichische Zeitschrift für Geschichtswissenschaften 12 (2001), Heft 3, S. 97–100.

Lackner, Darstellung (2002) Lackner, Helmut: Die Darstellung der Geschichte von Arbeit und Industrie in der neuen Dauerausstellung „Schwerindustrie" des Technischen Museums Wien, in: Engelskirchen, Lutz (Hg.): Welche Zukunft haben Museen der Arbeit? Tagung zur Darstellung von Geschichte der Arbeit im Museum, 7. und 8. Juni 2001. Essen 2002, S. 32–47 und S. 116–118.

Lackner, „Schwerindustrie" (2003) Lackner, Helmut: Die „Schwerindustrie" im Technischen Museum Wien, in: industrie-kultur. Denkmalpflege, Landschaft, Sozial-, Umwelt- und Technikgeschichte 1 (2003), S. 18 f.

Lackner, Voraussetzungen (2003) Lackner, Helmut: Voraussetzungen und Ergebnisse der Neueinrichtung des Technischen Museums Wien. Die Museumslandschaft im Spannungsfeld zwischen Technikmuseum und Science Center, in: Stocker, Karl; Müller, Heimo (Hg.): Design bestimmt das Bewusstsein. Ausstellungen und Museen im Spannungsfeld von Inhalt und Ästhetik (Museum zum Quadrat 16). Wien 2003, S. 53–76.

Lackner/Luxbacher, Entwicklung (1992) Lackner, Helmut: Luxbacher, Günther: Zur Entwicklung der Technikgeschichte in Deutschland und Österreich, in: Österreichische Zeitschrift für Geschichtswissenschaften 3 (1992), Heft 3, S. 279–292.

Lackner/Luxbacher/Hannesschläger, Technikgeschichte (1996) Lackner, Helmut; Luxbacher, Günther; Hannesschläger, Christian: Technikgeschichte in Österreich. Wien, München 1996.

Lang, Heimatmuseen (1929) Lang, Karl: Österreichische Heimatmuseen. Wien, Leipzig 1929.

Lautscham, Krupp (2005) Lautscham, Dietmar: Arthur, der österreichische Krupp. Berndorf 2005.

Leinweber, Schönheit (1912) Leinweber, Bruno: Von der technischen Schönheit und dem technischen Stil. Werkbundgedanken eines Ingenieurs. Dem entstehenden Technischen Museum für Industrie und Gewerbe in Wien und dem projektierten österreichischen Werkbund als Wiegengabe gewidmet. Leipzig, Wien 1912.

Leisching, Volksmuseum (1907) Leisching, Julius: Ein Wiener Volksmuseum und seine architektonischen Aufgaben, in: Zeitschrift des österreichischen Ingenieur- und Architekten-Vereines LIX (1907), Nr. 43, S. 741–746 und Nr. 44, S. 760–765.

Leisching, Technische Museum (1922) Leisching, Julius: Das Technische Museum für Industrie und Gewerbe in Wien, in: Museumskunde. Zeitschrift für Verwaltung und Technik öffentlicher und privater Sammlungen XVI (1922), S. 17–26.

Lindner, Technische Museum (1980) Lindner, Gerhard: Das Technische Museum in Wien. Umbau und Erweiterung. Wien 1980, Diplomarbeit an der Technischen Universität Wien.

Lindqvist, Museums (2000) Lindqvist, Svante (Hg.): Museums of Modern Science. Canton, MA 2000.

Linemayr, Betriebsanalyse (1989) Linemayr, Karin: Historische Betriebsanalyse des Technischen Museums für Industrie und Gewerbe in Wien. Wien 1989, Diplomarbeit an der Wirtschaftsuniversität.

Loehr, Plan (1946) Loehr, August: Der Plan eines Museum österreichischer Kultur, in: Anzeiger der Akademie der Wissenschaften in Wien. Philosophisch-historische Klasse 13 (1946), S. 139–151.

Loehr, Museum (1949) Loehr, August: Das Museum österreichischer Kultur, in: Anzeiger der Akademie der Wissenschaften in Wien. Philosophisch-historische Klasse 18 (1949), S. 427–436.

Loehr, Geschichte (1957) Loehr, August: Geschichte und Aufgaben der österreichischen Museen (Veröffentlichungen des Verbandes österreichischer Geschichtsvereine 12). Wien 1957.

Lübbe, Zeit-Verhältnisse (1983) Lübbe, Hermann: Zeit-Verhältnisse. Zur Kulturphilosophie des Fortschritts (Herkunft und Zukunft 1). Graz, Wien, Köln 1983, S. 9–18.

Lübbe, Aufdringlichkeit (1989) Lübbe, Hermann: Die Aufdringlichkeit der Geschichte. Herausforderungen der Moderne vom Historismus bis zum Nationalsozialismus. Graz, Wien, Köln 1989, S. 13–29.

Lübbe, Zeit-Verhältnisse (1989) Lübbe, Hermann: Zeit-Verhältnisse. Über die veränderte Gegenwart von Zukunft und Vergangenheit, in: Im Netz der Zeit. Menschliches Zeiterleben interdisziplinär. Hg. von Rudolf Wendorff. Stuttgart 1989, S. 140–149.

Lücker, 70 Jahre (1959) Lücker, Gerhard: 70 Jahre Post- und Telegraphenmuseum, in: Blätter für Technikgeschichte 21 (1959), S. 1–14.

Luxbacher, Warenkunde (1993) Luxbacher, Günther: Warenkunde als Sammelwissenschaft zwischen bürgerlicher Produktkultur und technischer Rohstofflehre: die Warenkundliche Sammlung des Wiener Handelsmuseums, in: Johann Beckmann-Journal. Mitteilungen der Johann Beckmann-Gesellschaft e. V. 7 (1993), Heft 1/2, S. 5–74.

Luxbacher, Mobilisierung (2001) Luxbacher, Günther: Die technologische Mobilisierung der Botanik. Konzept und Wirkung der Technischen Rohstofflehre und Warenkunde im 19. Jahrhundert, in: Technikgeschichte 68 (2001), Nr. 4, S. 307–333.

Mahovsky, Ausstellungsgestaltung (1992) Mahovsky, Madelein, Der Einfluss der Ausstellungsgestaltung von technisch-naturwissenschaftlichen Museen auf das Besucherverhalten. Eine empirische Untersuchung des Technischen Museums Wien, des Exploratoriums in San Francisco und der Cité des sciences et de l'industrie in Paris. Wien 1992, Diss. an der Wirtschaftsuniversität.

Mais, Sammlungen (1955) Mais, Adolf (Hg.): Naturhistorische und technische Sammlungen in Österreich (Mitteilungsblatt der Museen Österreichs. Ergänzungsheft 5). Wien 1955.

Maresch, Werkzeuge (1979/80/81) Maresch, Gerhard: Werkzeuge aus der Biedermeierzeit. Die Werkzeug-Sammlung Altmütter, in: Blätter für Technikgeschichte 41/42/43 (1979/80/81), S. 4–52.

Maresch, Anfänge (1986) Maresch, Gerhard: Die Anfänge der Mechanisierung der Landwirtschaft in Österreich. Dargestellt anhand der Sammlung von Modellen landwirtschaftlicher Geräte und Maschinen des Technischen Museums Wien, in: Blätter für Technikgeschichte 46/47 (1984/85), S. 39–80.

Maresch/Janetschek, Werkzeuge (1980) Maresch, Gerhard; Janetschek, Hellmut: Werkzeuge aus der Biedermeierzeit. Die Werkzeug-Sammlung Altmütter. Wien 1980.

Maria Theresia (1980) Maria Theresia und ihre Zeit. Zur 200. Wiederkehr des Todestages. Ausstellung 13. Mai bis 26. Oktober 1980 Wien, Schloß Schönbrunn. Wien 1980.

Marquard, Zeitalter (1986) Marquard, Odo: Zeitalter der Weltfremdheit. Beitrag zur Analyse der Gegenwart, in: ders.: Apologie des Zufälligen. Stuttgart 1986, S. 93.

Matschoß, Deutsches Museum (1907) Matschoß, Konrad: Das Deutsche Museum in München (Industrieller Klub 99). Wien 1907.

Matschoß, Deutsches Museum (1925) Matschoß, Conrad: Das Deutsche Museum. Geschichte/Aufgaben/Ziele. Berlin, München 1925.

Mattl, Technisches Museum (2000) Mattl, Siegfried: Das neueröffnete Technische Museum Wien, in: Österreichische Zeitschrift für Geschichtswissenschaften 11 (2000), S. 139–143.

Maurice, Mayr, Welt (1980) Maurice, Klaus; Mayr, Otto (Hg.): Die Welt als Uhr. Deutsche Uhren und Automaten 1550–1650. München, Berlin 1980.

Mauriès, Kuriositätenkabinett (2002) Mauriès, Patrick: Das Kuriositätenkabinett. Köln 2002.

Mayr, Wiederaufbau (2003) Mayr, Otto: Wiederaufbau. Das Deutsche Museum 1945–1970 (Abhandlungen und Berichte ND 18). München 2003.

Michel, Erziehungsaufgaben (1947) Michel, Hermann: Erziehungsaufgaben der österreichischen Museen, in: Österreichische Rundschau 1947, Heft 11, S. 372–374.

Migerka, Bedeutung (1857) Migerka, Franz: Ueber die Bedeutung der Industrie-Ausstellungen. Wien 1857.

Mikoletzky, Kaiser Franz I. (1961) Mikoletzky, Hanns Leo: Kaiser Franz I. Stephan und der Ursprung des habsburgisch-lothringischen Familienvermögens (Österreich Archiv). Wien 1961.

Mikoletzky, Entwicklung (1997) Mikoletzky, Juliane: Geschichtliche Entwicklung, in: K. k. Polytechnisches Institut. Technische Hochschule. Technische Universität Wien (Veröffentlichungen des Universitätsarchivs der Technischen Universität Wien 3). Wien 1997, S. 3–66.

Miller, Technische Museen (1929) Miller, Oskar von: Technische Museen als Stätten der Volksbelehrung (Deutsches Museum. Abhandlungen und Berichte 1). München 1929.

Miller, Erinnerungen (1929) Miller, Oskar von: Erinnerungen an meine Tätigkeit im alten Österreich, in: Niederösterreichischer Gewerbeverein. Festbeiträge aus Anlaß der neunzigjährigen Bestandsfeier 1839–1929. Wien 1929, S. 61–63.

Molella, Museum (1991) Molella, Arthur P.: The Museum That Might Have Been: The Smithsonian's National Museum of Engineering and Industry, in: Technology and Culture 32 (1991), S. 237–263.

Mraz, Museum (1992) Mraz, Gerda: Das Museum österreichischer Kultur, in: Fliedl, Gottfried u. a. (Hg.): Museumsraum Museumszeit. Zur Geschichte des österreichischen Museums- und Ausstellungswesens. Wien 1992, S. 195–200.

Mraz, Maria Theresia (1979) Mraz, Gerda und Gottfried: Maria Theresia. Ihr Leben und ihre Zeit in Bildern und Dokumenten. München 1979.

Mundt, Kunstgewerbemuseen (1974) Mundt, Barbara: Die deutschen Kunstgewerbemuseen im 19. Jahrhundert (Studien zur Kunst des neunzehnten Jahrhunderts 22). München 1974.

Museen Österreichs (1935) Die Museen Österreichs. Verzeichnis aller österreichischen Museen. Hg. von der Österreichischen Landeskommission für geistige Zusammenarbeit. Wien 1935.

Nagler, Gedanken (1960) Nagler, Josef: Gedanken zur technischen Geschichtsforschung, in: Blätter für Technikgeschichte 22 (1960), S. 1–4.

National-Encyklopädie (1835–1837) Oesterreichische National-Encyklopädie oder alphabetische Darlegung der wissenswürdigsten Eigenthümlichkeiten des österreichischen Kaiserthumes ... Wien 1835–1837, Bde. 1–6.

Noever, Kunst (2000) Noever, Peter (Hg.), Kunst und Industrie. Die Anfänge des Museums für angewandte Kunst in Wien. Wien 2000.

Nora, Geschichte (1990) Nora, Pierre: Zwischen Geschichte und Gedächtnis. Aus dem Französischen von Wolfgang Kaiser. Berlin 1990.

Osietzki, Gründungsgeschichte (1985) Osietzki, Maria: Die Gründungsgeschichte des Deutschen Museums von Meisterwerken der Naturwissenschaften und Technik in München 1903–1906, in: Technikgeschichte 52 (1985), Nr. 1, S. 49–75.

Osietzki, Technikbegeisterung (1993) Osietzki, Maria: Technikbegeisterung und Emanzipationsstreben. Oskar von Miller und sein Museum für Volk und Eliten, in: Dresdner Beiträge zur Geschichte der Technikwissenschaften 21 (1993), S. 81–89.

Parent, Industrie-Denkmal (1990) Parent, Thomas: Das Industrie-Denkmal als Museum der Arbeit, in: Achim Preiß u. a. (Hg.): Das Museum. München 1990, S. 245–260.

Paul, Räume (2005) Paul, Stefan: Kommunizierende Räume. Das Museum, in: Geppert, Alexander C. T.; Jenssen, Uffa; Weinhold, Jörg (Hg.): Ortsgespräche. Raum und Kommunikation im 19. und 20. Jahrhundert (Zeit I Sinn I Kultur). Bielefeld 2005, S. 341–357.

Peherstorfer, Machbarkeitsstudie (1992) Peherstorfer, K.: Machbarkeitsstudie für die Erweiterung des TMW-Bauökonomie und Kostenschätzung. Wien 1992, Diplomarbeit an der Technischen Universität Wien.

Petrasch, Bergwerk (1959) Petrasch, Hubert: Das Bergwerk in der Mariahilfer Straße, in: Österreichischer Berg- und Hüttenkalender 1959, S. 46–50.

Petz, Machbarkeitsstudie (1992) Petz, Johannes: Machbarkeitsstudie Erweiterung Technisches Museum Wien. Klima- und Energiekonzept. Wien 1992, Diplomarbeit an der Technischen Universität Wien.

Pittioni, Landesmuseum (1947) Pittioni, Richard: Landesmuseum. Heimatmuseum. Aufgaben und Wege der österreichischen Heimatmuseen. Wien 1947.

Plaschka, 1908 (1994) Plaschka, Richard G.: 1908 – Jahr zwischen Tradition und Aufbegehren, in: Die Achter-Jahre in der Österreichischen Geschichte des 20. Jahrhunderts. Hg. von Karl Gutkas (Schriften des Institutes für Österreichkunde). Wien 1994, S. 5–27.

Plessen, Nation (1992) Plessen, Marie-Louise (Hg.): Die Nation und ihre Museen. Frankfurt/Main, New York 1992.

Plitzner, History (1993) Plitzner, Klaus: History of Technology in Austria, in: SHOT-Newsletter 59 (1993), S. 4–6.

Pointner, Unfallverhütung (1989) Pointner, Josef: Unfallverhütung und Sicherheit. Durchbruch und Erfüllung einer humanen Forderung. Wien 1989.

Pomian, Ursprung (1998) Pomian, Krysztof: Der Ursprung des Museums. Vom Sammeln. Berlin 1998.

Poser, Gewerbe-hygienische Museum (1994) Poser, Stefan: Das Gewerbe-hygienische Museum Wien. Zur Geschichte und Bedeutung einer frühen Sammlung für Arbeitssicherheit und Unfallschutz, in: Blätter für Technikgeschichte 56 (1994), S. 111–159.

Poser, Gewerbe-hygienische Museum (1996) Poser, Stefan, Das Gewerbe-hygienische Museum Wien – Zur Geschichte und Bedeutung einer Teilsammlung des Technischen Museums, in: 110 Jahre Arbeitssicherheit in Kärnten. Sonderausstellung im Landwirtschaftsmuseum Schloß Ehrental, Klagenfurt, 10. Juli bis 30. August 1996. Klagenfurt 1996, S. 9–12.

Poser, Museum (1998) Poser, Stefan: Museum der Gefahren. Die gesellschaftliche Bedeutung der Sicherheitstechnik (Cottbuser Studien zur Geschichte von Technik, Arbeit und Umwelt 3). Münster u. a. 1998.

Post- und Telegraphenmuseum (1959) Post- und Telegraphenmuseum. Jubiläumsführer 1889–1959. Wien 1959.

Prechtl, Geschichte (1819/1839) Prechtl, Joseph: Geschichte des kaiserl. königl. Polytechnischen Instituts, in: Jahrbücher des kaiserlich königlichen polytechnischen Institutes in Wien 1 (1819), S. 34–72, 2 (1820), S. I–XXV, 10 (1827), S. VII–XVII und 20 (1839), S. V–XVIII.

Pridmore, Museum (1997) Pridmore, Jay: Museum of Science and Industry, Chicago. Chicago 1997.

Prucha, Familienpfad (1991) Prucha, Ingrid: Familienpfad. Edition TMW. Wien 1991

Pudor, Aus der Geschichte (1916) Pudor, Heinrich: Aus der Geschichte der technischen Museen, in: Gewerbliche Rundschau. Zeitschrift des Steiermärkischen Gewerbeförderungs-Institutes IX (1916), Heft 1/2, S. 1–3.

Pudor, Geschichte (1916) Pudor, Heinrich: Zur Geschichte der technischen Museen, in: Museumskunde. Zeitschrift für Verwaltung und Technik öffentlicher und privater Sammlungen, XII (1916), 175–198 und Vierteljahrsschrift für Sozial- und Wirtschaftsgeschichte XIV (1918), S. 356–375.

Raffler, Museologie (2005) Raffler, Marlies: Historische Museologie, in: Waidacher, Friedrich: Museologie – knapp gefasst. Wien, Köln, Weimar 2005, S. 272–315.

Raffler, Museen (2006) Raffler, Marlies: Museen als „Bedarfsnischen" nationaler Repräsentation im 19. Jahrhundert, in: Bericht über den 24. Österreichischen Historikertag in Innsbruck (Veröffentlichungen des Verbandes Österreichischer Historiker und Geschichtsvereine 33). Innsbruck 2006, S. 435–444.

Raffler, Museum (2007) Raffler, Marlies: Museum. Spiegel der Nation? Zugänge zur historischen Museologie am Beispiel der Genese von Landes- und Nationalmuseen in der Habsburgermonarchie. Wien, Köln, Weimar 2007.

Rebernik, Museumskonzept (1990) Rebernik, Peter: Museumskonzept Technisches Museum Wien »MUT«. Wien 1990.

Rebernik, Museumsgrundkonzept (1992) Rebernik, Peter & Team: Museumsgrundkonzept. Wien 1992.

Renisch, Exner (1999) Renisch, Franz: Wilhelm Franz Exner 1840–1931. Wien 1999.

Richards, Museum (1925) Richards, Charles R.: The Industrial Museum. New York 1925.

Riedl-Dorn, Haus der Wunder (1998) Riedl-Dorn, Christa: Das Haus der Wunder. Zur Geschichte des Naturhistorischen Museums in Wien. Mit einem Beitrag von Bernd Lötsch. Wien 1998.

Roscher, Industrieausstellungen (1856) Roscher, Wilhelm: Die Industrieausstellungen, ihre Geschichte und ihr Einfluss auf die Culturentwicklung, in: Die Gegenwart. Eine encyklopädische Darstellung der neuesten Zeitgeschichte 12 (1856), S. 470–534.

Rundgang (1933) Ein Rundgang durch das Technische Museum für Industrie und Gewerbe in Wien 1933.

Salzinger, Exner (1991) Salzinger, Gerlinde: Wilhelm Franz Exner und die Gründung des Technologischen Gewerbemuseums. Wien 1991, Diplomarbeit an der Universität Wien.

Sammlungen gewerbe-hygienisches Museum (1898) Die Sammlungen des gewerbe-hygienischen Museums in Wien. Einrichtungen zum Schutze der Arbeiter in gewerblichen Betrieben. Wien 1898.

Schäfer, Geschichte (2001) Schäfer, Hermann: Geschichte und Öffentlichkeit – Anmerkungen zur Ausstellungs- und Museumsarbeit, in: Archiv und Wirtschaft 34 (2001), Heft 4, S. 169–179.

Scharfe, Aufhellung (1992) Scharfe, Martin: Aufhellung und Eintrübung. Zu einem Paradigmen- und Funktionswandel im Museum 1970–1990, in: Rekonstruktion von Wirklichkeit im Museum (Mitteilungen aus dem Roemer-Hildesheim, NF 3). Hg. von Susanne Abel. Hildesheim 1992, S. 53–65.

Scharfe, Groteske (1996) Scharfe, Martin: Technische Groteske und technisches Museum, in: Österreichische Zeitschrift für Volkskunde 99 (1996), S. 1–17.

Scharfe, Schlangenhaut (1997) Scharfe, Martin: Schlangenhaut am Wege. Über einige Gründe unseres Vergnügens an musealen Objekten, in: Österreichische Zeitschrift für Volkskunde 100 (1997), S. 301–327.

Scharfe, Menschenwerk (2002) Scharfe, Martin: Menschenwerk. Erkundungen über Kultur. Köln, Weimar, Wien 2002.

Scheicher, Kunst- und Wunderkammern (1979) Scheicher, Elisabeth: Die Kunst- und Wunderkammern der Habsburger. Hg. von Christian Brandstätter. Wien, München, Zürich, Innsbruck 1979.

Schönburg-Hartenstein, Nagel (1987) Schönburg-Hartenstein, Johanna: Josef Anton Nagel – ein Direktor des physikalischen Kabinetts (Österreichische Akademie der Wissenschaften. Philosophisch-historische Klasse Sitzungsberichte 482. Veröffentlichungen der Kommission für Geschichte der Mathematik, Naturwissenschaften und Medizin 45). Wien 1987.

Schramm/Schwarte/Lazardzig, Kunstkammer (2003) Schramm, Helmar; Schwarte, Ludger; Lazardzig, Jan (Hg.): Kunstkammer – Laboratorium – Bühne. Schauplätze des Wissens im 17. Jahrhundert (Theatrum Scientiarum 1). Berlin, New York 2003.

Schroeder-Gudehus, Société (1992) Schroeder-Gudehus, Brigitte (Hg.): La Société industrielle et ses musées. Demande sociale et choix politiques 1890–1990. Paris 1992.

Schützenhofer, Museum (1939) Schützenhofer, Viktor: Das Technische Museum in Wien, in: Mitteilungen aus dem Haus der Deutschen Technik (1939), Folge 9, S. 291–293.

Schützenhofer, Erfindergeist (1946) Schützenhofer, Viktor: Österreichs Erfindergeist und technische Pionierleistungen, in: Österreich 950 Jahre. Hg. Hugo Steiner. Korneuburg 1946, S. 23 f.

Schützenhofer, Fabriksprodukten-Kabinett (1947) Schützenhofer, Viktor: Vom k. k. Fabriksprodukten-Kabinett zum Wiener Technischen Museum von heute, in: Blätter für Technikgeschichte 9 (1947), S. 1–33.

Schützenhofer, Museum (1948) Schützenhofer, Viktor: Das Wiener Technische Museum für Industrie und Gewerbe, in: UNESCO. Monatsschrift für Erziehung, Wissenschaft und Kultur der Österreichischen Liga für die Vereinten Nationen 1 (1948), Heft 7, S. 306–308.

Schweighofer, Studie (1987) Schweighofer, Anton: Studie zur Raumnutzung und Erweiterung des Technischen Museums in Wien. Wien 1987.

Seidelmann, Eisenbahnmuseum (1967) Seidelmann, Otto: Das Österreichische Eisenbahnmuseum – Aufgabe und Verpflichtung, in: ÖBB Nachrichtenblatt der Generaldirektion der Österreichischen Bundesbahnen 1967, 13. Stück, S. 383–391.

Seidelmann, Eisenbahnmuseum (1969) Seidelmann, Otto: Das Österreichische Eisenbahnmuseum im Wandel der Zeiten, in: Verkehrsannalen. Mitteilungen der Österreichischen Verkehrswissenschaftlichen Gesellschaft 3 (1969), S. 255–275.

Seper, Schützenhofer (1968) Seper, Hans: Min.-Rat Dipl.-Ing. Viktor Schützenhofer. Direktor des Technischen Museums für Industrie und Gewerbe in Wien, März 1930 bis Dezember 1949, in: Blätter für Technikgeschichte 30 (1968), S. 115–121.

Serries, Visionen (2007) Serries, Dorothee: Visionen in Vitrinen. Konzepte bundesdeutscher Technikmuseen der 1950 bis 1980er Jahre. Berlin 2007.

Sommer, Metamorphosen (2001) Sommer, Monika: Zwischen flüssig und fest. Metamorphosen eines steirischen Gedächtnisortes, in: Das Gewebe der Kultur. Kulturwissenschaftliche Analysen zur Geschichte und Identität Österreichs in der Moderne. Hg. von Johannes Feichtinger und Peter Stachel. Innsbruck, Wien, München 2001.

Stein, TechnikERleben (2006) Stein, Regina: TechnikERleben – Biographie und Technikgeschichte im Technischen Museum Wien, in: neues museum. Die österreichische Museumszeitschrift 06/3, S. 10–15.

Stein, Erhard (2006) Stein, Regina: Ludwig Erhard – Zwischen Technikgeschichte und Politik. Zu Biografie und Nachlass des ersten Direktors des Technischen Museums Wien. In: Blätter für Technikgeschichte 68 (2006), S. 181–202.

Stelzer, Technisches Museum (1925) Stelzer, Ernst: Das Technische Museum für Industrie und Gewerbe, in: Wiener Museen (Deutsches Vaterland 7, März–Juni). Wien 1925, S. 53–58.

Stelzer, Kohle (1930) Stelzer, Ernst: Die Kohle im Technischen Museum, in: Die österreichische Kohle. Mit einer Zusammenfassung aller Bergbaue Österreichs. Wien 1930, S. I–V.

Stockert, Museum (1915) Stockert, Leopold Ritter von: K. k. Historisches Museum der Österreichischen Eisenbahnen, in: Museumskunde. Zeitschrift für Verwaltung und Technik öffentlicher und privater Sammlungen XI (1915), S. 183–188.

Sturm, Konservierte Welt (1991) Sturm, Eva: Konservierte Welt. Museum und Musealisierung. Berlin 1991.

Stürzer, Erinnerungen (1968) Stürzer, Eduard: Erinnerungen an meine 45jährige Tätigkeit am Wiener Technischen Museum für Industrie und Gewerbe, in: Blätter für Technikgeschichte 30 (1968), S. 89–113.

Technik und Kultur (1920/21) Technik und Kultur. Monatsschrift des Technischen Museums für Industrie u. Gewerbe u. der freien Vereinigung für techn. Volksbildung in Wien 1 (1921) – 2 (1922).

Technisches Nationalmuseum Prag (1997) Technisches Nationalmuseum in Prag. Geschichte, Gegenwart, Sammlungen. Prag 1997.

Technisches Museum (1908) Das Technische Museum für Industrie und Gewerbe in Wien, in: Mitteilungen des kaiserl. königl. Technologischen Gewerbe-Museums in Wien NF XVIII (1908), S. 93–97.

Technisches Museum (1909) Das Technische Museum für Industrie und Gewerbe in Wien, in: Mitteilungen des kaiserl. königl. Technologischen Gewerbe-Museums in Wien NF XIX (1909), S. 52–55.

Technisches Museum (1923) Das Technische Museum für Industrie und Gewerbe in Wien, in: Elektrotechnik und Maschinenbau. Zeitschrift des Elektrotechnischen Vereines in Wien 41 (1923), Heft 27, S. 389–393.

Technisches Museum (1955) Technisches Museum für Industrie und Gewerbe. Wien 1955 (2. Auflage 1959).

Technisches Museum (1961) Technisches Museum für Industrie und Gewerbe, in: 100 Jahre im Dienste der Wirtschaft. Eine Festschrift. Hg. vom Bundesministerium für Handel und Wiederaufbau. Wien 1961, Bd. 2, S. 489–491.

Technisches Museum (1968) Technisches Museum Wien 1918–1968. Festschrift 50 Jahre Technisches Museum für Industrie und Gewerbe in Wien. Wien 1968.

Technisches Museum Rundgang (1968) Technisches Museum für Industrie und Gewerbe in Wien. Rundgang durch die Sammlungen. Wien 1968.

Technisches Museum (1982) Das Technische Museum in Wien. Die Welt der Erfinder und Konstrukteure. Salzburg, Wien 1982.

Technisches Museum Rundgang (1987) Technisches Museum. Rundgang durch die Sammlungen. Wien 1987.

Technisches Museum Wien (1996) Technisches Museum Wien. Projekt. Weg. Ziel. Wien 1996.

Technische Museum (1998) Das Technische Museum. Ein Museum entsteht neu. Wien 1998.

Technisches Museum (2002/2005) TMW – Technisches Museum Wien (Prestel Museumsführer). München 2002 (2. Aufl. 2005).

Teleky, Schicksal (1913) Teleky, Ludwig: Das Schicksal des gewerbehygienischen Museums, in: Wiener klinische Wochenschrift 26 (1913), Heft 14, S. 542.

Trischler, Forschungsmuseum (2006) Trischler, Helmuth: Das Forschungsmuseum – Ein Essay über die Position und Bedeutung forschungsorientierter Museen in der Wissenschaftsgesellschaft, in: Montan- und Industriegeschichte. Dokumentation und Forschung, Industriearchäologie und Museum. Festschrift für Rainer Slotta zum 60. Geburtstag. Hg. von Brüggerhoff, Stefan u. a. Paderborn u. a. 2006, S. 587–604.

Trischler, Technikmuseum (2006) Trischler, Helmuth: Das Technikmuseum im langen 19. Jahrhundert: Genese, Sammlungsstruktur und Problemlagen der Wissenskommunikation, in: Graf, Bernhard; Möbius, Hanno (Hg.): Zur Geschichte der Museen im 19. Jahrhundert 1789–1918 (Berliner Schriften zur Museumskunde 22). Berlin 2006, S. 81–92.

Troitzsch, Exner (1990) Troitzsch, Ulrich: Wilhelm Franz Exner (1840–1931) und sein Verhältnis zu Technologie und Technikgeschichte, in: Johann Beckmann-Journal. Mitteilungen der Johann Beckmann-Gesellschaft e. V. 4 (1990), Heft 2, S. 5–22.

Tschofen, „Heimatschutz und Bauberatung" (1995) Tschofen, Bernhard: „Heimatschutz und Bauberatung". Museales Zeugnis einer Österreich-Konstruktion im Technischen Museum Wien (1914–1916), in: Schönes Österreich. Heimatschutz zwischen Ästhetik und Ideologie (Kataloge des Österreichischen Museums für Volkskunde 65). Wien 1995, S. 43–57 und 70–77.

Tschofen, „Heimatschutz und Bauberatung" (1996) Tschofen, Bernhard: „Heimatschutz und Bauberatung". Ein museales Zeugnis Österreich-Ideologie im Technischen Museum Wien (1914–1916), in: Politik der Präsentationen. Museum und Ausstellung in Österreich 1918–1945. Hg. von Herbert Posch u. a. Wien 1996, S. 319–330.

Ullreich, Gewerbemuseum (1980) Ullreich, Josef: Das Technologische Gewerbemuseum in Wien (1879–1979), in: Österreich in Geschichte und Literatur 24 (1980), Heft 2, S. 81–87.

Ullreich, Exner (1989) Ullreich, Elisabeth: Wilhelm Exner und die Weltausstellungen. Wien 1989, Diplomarbeit an der Universität Wien.

Vaessen, Fundament (2000) Vaessen, Jan: Fundament oder Fassade? Thesen zum gegenwärtigen Museumsboom, in: Carstensen, Jan; Kleinmanns, Joachim (Hg.): Freilichtmuseum und Sachkultur. Festschrift für Stefan Baumeier zum 60. Geburtstag. Münster u. a. 2000, S. 297–303.

Vaupel, Trocadéro (2003) Vaupel, Elisabeth: Unter dem Trocadéro. Das Pariser Weltausstellungsbergwerk als Vorbild für das Deutsche Museum, in: Kultur & Technik 02/2003, S. 20–25.

Versuchsanstalt (1875) Eine technische Versuchsanstalt und ein technisches Museum, in: Der Metallarbeiter I (1875), Nr. 4, S. 32 f.

Verzeichnis Feuerwehr-Museum (1907) Verzeichnis der im Feuerwehr-Museum ausgestellten Gegenstände und Bilder. Wien 1907.

Vocelka/Heller, Lebenswelt (1997) Vocelka, Karl; Heller, Lynn: Die Lebenswelt der Habsburger. Kultur- und Mentalitätsgeschichte einer Familie. Graz, Wien, Köln 1997.

Vorbereitungen (1891) Vorbereitungen zur Begründung eines Museums der Geschichte der österreichischen Arbeit, in: Mittheilungen des k. k. Technologischen Gewerbe-Museums in Wien 1 (1891), Heft 1-2, S. 1–13.

Wagner, Museumsgründungen (1977) Wagner, Walter, Die frühen Museumsgründungen in der Donaumonarchie, in: Deneke, Bernward; Kahsnitz, Rainer (Hg.): Das kunst- und kulturgeschichtliche Museum im 19. Jahrhundert. München 1977, S. 19–28.

Weber, Gründung (1991) Weber, Wolfhard: Die Gründung technischer Museen in Deutschland im 20. Jahrhundert, in: Museumskunde 56 (1991), Heft 2, S. 82–93.

Weber, Ausstellungen (2006) Weber, Wolfhard: Technisch industrielle Ausstellungen und Museen im 19. Jahrhundert, in: Graf, Bernhard; Möbius, Hanno (Hg.): Zur Geschichte der Museen im 19. Jahrhundert 1789–1918 (Berliner Schriften zur Museumskunde 22). Berlin 2006, S. 165–171.

Weihe, Museen (1926) Weihe, Carl, Von technischen und anderen Museen, in: Technik und Kultur. Zeitschrift des Verbandes Deutscher Diplom-Ingenieure 17 (1926), S. 134–136.

Weihsmann, Wien (2005) Weihsmann, Helmut: In Wien erbaut. Lexikon der Wiener Architekten/Architektinnen des 20. Jahrhunderts. Wien 2005.

Weitensfelder, Erfinder-Geschichten (2001) Weitensfelder, Hubert: „Der Propeller ist ein Oestreicher". Patriotische Erfinder-Geschichten, in: Erfinder. Patente. Österreich. Technisches Museum Wien. Wien 2001, S. 17–29.

Weitensfelder, Prothesen (2001) Weitensfelder, Hubert: Prothesen sammeln, in: Steinbrenner, Christoph (Hg.): Unternehmen Capricorn. Eine Expedition durch Museen. Wien 2001, S. 57–61.

Weitensfelder, Titanen (2003) Weitensfelder, Hubert: Heimliche Titanen? Österreichische Erfinder und ihr Nachleben, in: Pichler, Rupert (Hg.): Innovationsmuster in der österreichischen Wirtschaftsgeschichte. Wirtschaftliche Entwicklung, Unternehmen, Politik und Innovationsverhalten im 19. und 20. Jahrhundert. Innsbruck u. a. 2003, S. 186–201.

Weitze, Public Understanding (2001) Weitze, Marc-Denis (Hg.): Public Understanding of Science im deutschsprachigen Raum: Die Rolle der Museen (Public Understanding of Science: Theorie und Praxis 1). München 2001.

Weitze, Science Center (2002) Weitze, Marc-Denis (Hg.): Science Center – Besser als ihr Ruf, in: Feldkamp, Jörg (Hg.): Wohin führt der Weg der Technikhistorischen Museen? (Industriearchäologie. Studien zur Erforschung, Dokumentation und Bewahrung von Quellen zur Industriekultur 2). Chemnitz 2002, S. 33–38.

Werner/Lackner, National-Fabrikprodukten-Kabinett (1995) Werner, Thomas (Hg.); Lackner, Helmut (Bearb.): Das k.k. National-Fabrikprodukten-Kabinett. Technik und Design des Biedermeier. München, New York 1995.

Wettbewerb (1990) Wettbewerb: Erweiterung Technisches Museum Wien, in: Architekturjournal. Wettbewerbe 14 (1990), Heft 98/99, S. 127–142.

Wirtz, Geschichte (1989) Wirtz, Rainer: Gehört Geschichte ins Museum? Zum Verhältnis von Geschichtswissenschaft zu gegenwärtigen Versuchen musealer Präsentation, in: Zeitschrift für Volkskunde 85 (1989), S. 67–84.

Wunderkammer (1995) Wunderkammer des Abendlandes. Museum und Sammlung im Spiegel der Zeit. Bonn 1995.

Wurzbach, Lexikon (1856–1891) Wurzbach, Constant von: Biographisches Lexikon des Kaiserthums Oesterreich. Wien 1856–1891, 60 Bände.

Zedinger, Hochzeit (1994) Zedinger, Renate: Hochzeit im Brennpunkt der Mächte. Franz Stephan von Lothringen und Erzherzogin Maria Theresia (Schriftenreihe der Österreichischen Gesellschaft zur Erforschung des 18. Jahrhunderts 3). Wien, Köln, Weimar 1994.

Zedinger, Lothringens Erbe (2000) Zedinger, Renate (Hg.): Lothringens Erbe. Franz Stephan von Lothringen (1708–1765) und sein Wirken in Wirtschaft, Wissenschaft und Kunst der Habsburgermonarchie. Ausstellung Schallaburg 29. April – 29. Oktober 2000 (Katalog des Niederösterreichischen Landesmuseums NF 429). St. Pölten 2000.

Zesch, Baugeschichte (1968/1970) Zesch, Erwin: Baugeschichte des Technischen Museums für Industrie und Gewerbe in Wien, in: Blätter für Technikgeschichte 30 (1968), S. 73–88 und Penzinger Museumsblätter 25 (1970), S. 89–102.

Zitterhofer, Kulturstätte (1918) Zitterhofer, Karl Josef: Eine österreichische Kulturstätte. Zur Eröffnung des technischen Museums für Industrie und Gewerbe in Wien, in: Volk und Heer. Zweimal monatlich erscheinende illustrierte Zeitschrift 2 (1918), Heft Nr. 16, S. 6–13.

Zweckbronner, Museum (1989) Zweckbronner, Gerhard: Technikhistorisches Museum und Wissenschaft, in: Museumskunde 54 (1989), Heft 3, S. 141–148.

Bildnachweis

Umschlag
Fotostudio Prader, Wien

S. 103
Kastner, Richard H.: Glanz und Glorie. Die Wiener Hofburg unter Kaiser Franz Joseph. Wien 2004, S. 13.

S. 108
60 Jahre Industrieller Klub. 1875–1935. Wien 1935.

S. 120
Rée, Johannes (Hg.): Offizielle Ausstellungs-Zeitung. Organ der Bayerischen Landesausstellung Nürnberg. Nürnberg 1896, S. 200.

S. 124
Die Pariser Weltausstellung vom Jahre 1867. Wien 1868, Anhang, Plan Général.

S. 132
Durand, Jean-Nicolas-Louis: Précis des leçons d'architecture données à l'Ecole Royale polytechnique. Paris 1805, Planche 16.

S. 137
Wiener Bauindustrie Zeitung XXVIII (1911), Nr. 41, S. 320.

S. 139, 249
Österreichische Nationalbibliothek, Bildarchiv Austria, Sign. 568.980-D Taf. 92 und Pf 4.438:C 4.

S. 154, 155
A. Hartleben's Volks-Atlas enthaltend 72 Karten in einhundert Kartenseiten. Wien, Pest, Leipzig o. J. [um 1900], S. 19 f.

S. 186
Jugoviz, A.: Illustrierter Führer auf der Bahnlinie „Eisenerz – Vordernberg". Wien 1894.

S. 189
Engineering (Supplement), 5.1.1883.

S. 190 oben, 193
Privatbesitz Wolfgang Stritzinger, Wien

S. 190 unten links
Stadtmuseum Eisenerz

S. 199 unten, 330 links, 342, 345 links, 346, 348, 350
Privatbesitz Peter Donhauser, Wien

S. 205
Volk und Herr, 1. Juni 1918, Titelseite.

S. 229 rechts
Schröder, Klaus: Neue Sachlichkeit. Österreich 1918 – 1938. Wien 1995, S. 275.

S. 232 unten
Mitteilungen der Österreichischen Zentralstelle für Unfallverhütung. Heft 4 (1932), Jänner, Beilage.

S. 241
Museum of Science and Industry, 1 (1937), No. 4, S. 2.

S. 272, 278
Privatbesitz Israel Hadar, Israel

S. 275
Kleine Volkszeitung, 16.6.1939.

S. 281
Privatbesitz Christian Klösch, Wien

S. 282 oben
Völkischer Beobachter, 16.11.1940.

S. 283 oben
US National Archives and Records Administration (NARA), Washington D. C., Still pictures. RG 342-FH-3A, U. S. Air Force Photo Collection, World War II. Boxes 23 and 24.

S. 286
Wikipedia, public domain: Adolf-Hitler-Briefmarke, Deutsches Reich, 1941.

S. 30 oben, 133, 134, 229 links
Wien Museum, Inv.-Nr. 56344, Inv.-Nr. 57149, Inv.-Nr. 96009/9 oben, Inv.-Nr. 96009/5 unten und Inv.-Nr. 78967.

S. 303 oben
Sammlung Dr. Oetker, Berlin

S. 303 unten
Sammlung Diethardt, Graz

S. 31
Österreichisches Staatsarchiv, Allgemeines Verwaltungsarchiv – Finanz- und Hofkammerarchiv, Handschrift Nr. 375, fol. 55v.

S. 326, 333, 349
Atelier in der Schönbrunner Strasse

S. 330 rechts, 341
Austria Presse Agentur (APA)

S. 345
Die Presse, 19.8.1994.

S. 382
www.OLN.at

S. 383
Privatbesitz Klaus Pichler, Wien

S. 39 rechts
Verhandlungen des niederösterreichischen Gewerb-Vereins, Heft 4 (1841), Tafel III.

S. 396 links, 397 unten links
Privatbesitz Christian Weitgasser, Wien

S. 397 links oben und rechts
Privatbesitz Valentina Ljubic, Wien

S. 40 unten links
Verhandlungen des niederösterreichischen Gewerb-Vereins, Heft 5 (1841), Tafel V.

S. 409
Agentur Wien Nord, Wien

S. 401 links
Privatbesitz Margherita Spiluttini, Wien

S. 41 rechts
Beschreibung der Erfindungen und Verbesserungen [...]. Wien 1845. Bd. 3, Tab. X.

S. 42 rechts
Wertheim, Franz von: Werkzeugkunde zum Gebrauche für technische Lehranstalten, Eisenbahnen, Schiffbau und Industrie, Gewerbe [...]. Wien 1869, Tafel VIII.

S. 43 rechts Mitte
Geißler, J. G.: Der Uhrmacher oder Lehrbegriff der Uhrmacherkunst [...]. Leipzig 1793. Erster Theil, Tafel VI.

S. 47 unten Mitte
Archiv der Technischen Universität Wien

S. 50
Exner, Wilhelm: Der Aussteller und die Ausstellungen. Wien 1873. Zweiter Theil, S. 34, Fig. 6.

S. 58 unten links und Mitte
Watson, Forbes J.: Collections of specimens of the Textile Manufactures of India (Second Series). London 1873/74. Cholee Clothes, Nos. 813 to 863.

S. 76 unten rechts
Die Sammlungen des Gewerbe-hygienischen Museums in Wien. Wien 1898, S. 213.

S. 84, 85 und 86
Führer durch das k. k. Postmuseum Wien. Wien 1907.

Alle anderen Abbildungen Peter Sedlaczek, Technisches Museum Wien.

Falls das Technische Museum Wien trotz intensiver Recherche nicht alle Inhaber von Urheberrechten ausfindig machen konnte, ist es bei Benachrichtigung gerne bereit, begründete Rechtsansprüche im üblichen Rahmen abzugelten.

Ortsregister

Aicha vorm Walde (Deutschland) 119
Alexandria (Ägypten) 14, 17
Alt-Ofen/Óbuda (Ungarn) 69
Altona (Deutschland) 90
Ampflwang (Oberösterreich) 344
Amsterdam (Niederlande) 47, 243, 351
Antwerpen (Belgien) 57, 187
Aspang am Wechsel (Niederösterreich) 59
Aspern (Wien) 344
Aßling/Jesenice (Slowenien) 156
Athen (Griechenland) 14
Augsburg (Deutschland) 91, 92, 212, 229, 256, 273
Aussig/Ústí nad Labem (Tschechische Republik) 95
Bad Aussee (Steiermark) 151, 172, 214, 262
Bad Ischl (Oberösterreich) 151
Basel (Schweiz) 95, 216, 229
Belgrad/Beograd (Serbien) 312
Berlin (Deutschland) 10, 13–16, 18, 23, 73, 78, 86, 87, 90, 93, 131, 166, 167, 203, 208, 229, 238, 243, 249, 251, 256, 258, 263, 273, 281, 286–289, 292, 297, 311, 337, 356, 377, 383, 426, 432
Berlin-Charlottenburg (Deutschland) 96, 127, 196, 213, 214, 291, 292
Berndorf (Niederösterreich) 74, 97, 103, 105, 178
Blansko/Blanz (Tschechische Republik) 68
Bochum (Deutschland) 160, 169
Bombay/Mumbai (Indien) 176
Bozen (Italien) 203, 345
Breitenschützing (Oberösterreich) 205
Bruck an der Mur (Steiermark) 157
Brünn/Brno (Tschechische Republik) 72, 73, 88, 114, 157, 208, 317, 431
Budapest (Ungarn) 37, 97, 156, 254, 334, 345
Budweis/České Budějovice (Tschechische Republik) 54, 77, 151, 203, 219, 431
Chicago (USA) 10, 51, 119, 131, 169, 221, 240, 241, 243, 244, 252, 425
Coventry (Großbritannien) 426
Czernowitz/Tscherniwzi (Ukraine) 85, 86
Danzig/Gdánsk (Polen) 153
Den Haag (Niederlande) 345, 432
Deutschlandsberg (Steiermark) 157
Donawitz (Steiermark) 189, 192, 217, 301
Dornbirn (Vorarlberg) 345
Dortmund (Deutschland) 73, 337
Dresden (Deutschland) 60, 73, 92, 97, 173, 182, 215, 275, 287, 306, 426, 432
Ebensee (Oberösterreich) 151
Eferding (Oberösterreich) 81, 203
Eisenerz (Steiermark) 11, 157, 186, 187, 191, 192, 217, 261, 262
Eisenstadt (Burgenland) 31, 307
Elbogen/Loket (Böhmen) 51, 52, 425
Fichtenbach (Niederösterreich) 170
Florenz (Italien) 28, 91
Frankfurt am Main (Deutschland) 23, 52, 119, 289, 345, 426, 432
Freiwaldau/Gozdnica (Polen) 212
Gänserndorf (Niederösterreich) 49
Genf (Schweiz) 167, 309
Glasgow (Großbritannien) 131
Gloggnitz (Niederösterreich) 344
Gmunden (Oberösterreich) 262
Göppingen (Deutschland) 160
Göttingen (Deutschland) 26, 44, 49, 90
Graz (Steiermark) 10, 19, 24, 34, 77, 81, 90, 160, 213, 218, 261, 287, 288, 312
Greifenstein (Niederösterreich) 279
Hainburg (Niederösterreich) 318
Hall (Tirol) 151
Halle (Deutschland) 26
Hallein (Salzburg) 151
Hallstatt (Oberösterreich) 151
Hamburg (Deutschland) 230, 273, 278, 345, 426, 432
Hannover (Deutschland) 35, 42, 52, 92
Hasten (Deutschland) 160
Heidelberg (Deutschland) 216, 426
Hieflau (Steiermark) 187
Hinterbrühl (Niederösterreich) 81, 431

Hiroshima (Japan) 310
Hirschau (Deutschland) 119, 425
Hirschwang (Niederösterreich) 279, 283
Hirt (Kärnten) 262
Hohenelbe/Vrchlabí (Tschechische Republik) 95
Hohenheim (Deutschland) 47
Holics (Ungarn) 27
Innsbruck (Tirol) 26, 84, 86, 91, 96, 151, 156, 159, 203, 243, 333
Kapfenberg (Steiermark) 157, 166, 169, 190, 199, 217
Karlsbad/Karlovy Varny (Tschechische Republik) 61
Karlsruhe (Deutschland) 44, 60, 263
Karwin/Karvina (Tschechische Republik) 167
Kendlbruck (Salzburg) 307
Keszthely (Ungarn) 47
Kiel (Deutschland) 159, 215, 278
Kladno (Tschechische Republik) 166
Klagenfurt (Kärnten) 11, 77, 218
Klein-Schwechat (Niederösterreich) 156, 197, 212, 218
Knittelfeld (Steiermark) 344, 384
Köflach (Steiermark) 157
Köln (Deutschland) 167, 273
Köln-Nippes (Deutschland) 185, 195
Konstantinopel/Istanbul (Republik Türkei) 55, 167
Kopenhagen (Dänemark) 90, 351
Krems an der Donau (Niederösterreich) 42, 51, 52, 262, 425
Laibach/Ljubljana (Slowenien) 79, 431, 432
Lana (Italien) 69
Laxenburg (Niederösterreich) 32, 46, 214
Leipzig (Deutschland) 81, 90, 234
Leithen (Tirol) 262
Lemberg/Lwiw (Ukraine) 88
Leoben (Steiermark) 44, 52, 186, 192, 217
Linz (Oberösterreich) 54, 77, 81, 151, 176, 192, 203, 206, 212, 219, 229, 243, 244, 273, 301, 311, 315, 331, 344, 347, 431
Lölling (Kärnten) 181, 262
London (Großbritannien) 10, 23, 31, 50, 53–55, 60, 71, 72, 77, 79, 91, 96, 128, 196, 240, 252, 351, 352, 378, 425
Lundenburg/Břeclav (Tschechische Republik) 288
Luzern (Schweiz) 169, 383
Maffersdorf/Vratislavice nad Nisou (Tschechische Republik) 201
Mailand (Italien) 81
Malchin (Deutschland) 281
Mannheim (Deutschland) 337, 387
Mariabrunn (Wien) 51, 52, 60, 95, 96, 425
Minsk (Weißrussland) 258, 267, 292
Mödling (Niederösterreich) 81, 203, 321, 431
Mühlau (Tirol) 156
Mülhausen/Mulhouse (Frankreich) 232
München (Deutschland) 10, 11, 14, 23, 44, 52, 66, 71, 102, 103, 106–108, 111, 114, 119, 127, 128, 131, 152, 153, 167, 169, 195, 196, 206, 210, 212, 213, 221, 228, 240, 244, 250, 252, 265, 273–275, 282, 316, 317, 331, 333, 337, 343, 350, 357, 378, 383, 425, 431
Murau (Steiermark) 347
Mürzzuschlag (Steiermark) 199, 261, 385
Nagasaki (Japan) 310
Neapel (Italien) 279
New York (USA) 240, 244, 306, 317, 352
Niklasdorf (Steiermark) 189
Nikolsburg/Mikulov (Tschechische Republik) 288
Oberaltstadt/Horní Staré Město (Tschechische Republik) 59
Ostrau/Ostrava (Tschechische Republik) 214, 279
Oxford (Großbritannien) 173, 215, 312
Paris (Frankreich) 10, 13, 23, 32, 47, 50–52, 54, 60, 61, 64, 68, 69, 71, 72, 77, 79, 80, 91, 94, 104, 124, 128, 131, 153, 167, 196, 198, 218, 239, 240, 244, 252, 310, 317, 322, 336, 342, 378, 425, 431
Passau (Deutschland) 119
Pettau/Ptuj (Slowenien) 288
Philadelphia (USA) 51, 64, 72, 96
Plan/Planá (Tschechische Republik) 288
Podersdorf (Burgenland) 262
Potsdam (Deutschland) 182
Prag (Tschechische Republik) 24, 26, 32, 72, 81, 88, 91, 97, 104, 105, 114, 151, 158, 169, 209, 212, 213, 229, 243, 250, 288, 289, 317, 345, 383, 431, 432

Prag-Karolinenthal (Tschechische Republik) 158, 209, 212
Prag-Smíchov (Tschechische Republik) 212, 395
Pressburg/Bratislava (Slowakei) 277
Quebec (Kanada) 337
Reichenberg/Liberec (Tschechische Republik) 120, 257
Remscheid (Deutschland) 160
Retz (Niederösterreich) 262
Richmond (USA) 331
Rom (Italien) 14
Rostock (Deutschland) 51
Rottenmann (Steiermark) 186
Ruetz (Tirol) 343, 344
Rüschlikon/Zürich (Schweiz) 316
Salzburg (Salzburg) 11, 70, 81, 171, 176, 178, 179, 239, 261, 344
San Francisco (USA) 317, 356
Sarajewo/Sarajevo (Bosnien und Herzegowina) 181
Sassin/Saslinske Straze (Ungarn) 27
Schottwien (Niederösterreich) 170
Schwechat (Niederösterreich) 187, 307, 385
Seibersdorf (Niederösterreich) 309
Selzthal (Steiermark) 217
Siegendorf (Burgenland) 344
Smiljan (Kroatien) 312
St. Florian (Oberösterreich) 301
St-Germain (Frankreich) 271, 287, 288
St. Louis (USA) 51, 81, 104, 111, 195, 230, 425
St. Michael (Steiermark) 217
St. Petersburg (Russland) 214
St. Pölten (Niederösterreich) 157, 212, 218, 312
St. Valentin (Niederösterreich) 79
Steyr (Oberösterreich) 176, 186, 187, 208, 243, 318
Stockerau (Niederösterreich) 50
Stockholm (Schweden) 11, 90, 238, 293, 302
Strasshof (Niederösterreich) 344, 348, 382–385
Stuttgart (Deutschland) 47, 287, 321, 356
Teplitz/Teplice (Tschechische Republik) 95
Toledo (USA) 119
Treibach (Kärnten) 261
Triest (Italien) 41, 91, 113, 195, 213, 219, 431
Trofaiach (Steiermark) 186
Troppau/Opava (Tschechische Republik) 95
Turrach (Steiermark) 212
Velm (Niederösterreich) 311, 312
Vordernberg (Steiermark) 44, 186, 188, 189, 192, 262, 385
Vösendorf (Niederösterreich) 32, 46
Waizenkirchen (Oberösterreich) 203
Washington D. C. (USA) 54, 378
Weiz (Steiermark) 312
Wien-Aspang (Wien) 258
Wien-Dornbach (Wien) 234
Wien-Favoriten (Wien) 166
Wien-Floridsdorf (Wien) 158, 212, 385
Wien-Gaudenzdorf (Wien) 218
Wien-Grinzing (Wien) 167
Wien-Hernals (Wien) 96, 280
Wien-Mariahilf (Wien) 367, 368
Wien-Nord (Wien) 383–385
Wien-Simmering (Wien) 96, 153, 172
Wien-Strebersdorf 426
Wiener Neustadt (Niederösterreich) 98, 218, 219, 344, 235
Winterthur (Schweiz) 212, 305, 330, 356
Witkowitz/Vítkovice (Tschechische Republik) 209, 212
Wolfsegg (Oberösterreich) 169, 205
Würzburg (Deutschland) 91, 119, 425
Yokohama (Japan) 176
Zeltweg (Steiermark) 169
Zdislawitz/Zdislavice (Tschechische Republik) 159
Zürich (Schweiz) 215, 316
Zwentendorf (Niederösterreich) 309, 316
Zwittau/Svitavy (Tschechische Republik) 288

Personen- und Firmenregister

Abelshauser, Werner 301
Ackermann, Joseph Carl 52, 60
Adorno, Theodor W. 367
AEG-Union Elektrizitätsgesellschaft 52, 113, 135
Akkumulatoren Fabriks AG 69
Aktiengesellschaft Dynamit Nobel 160
Aktiengesellschaft der Innerberger Hauptgewerkschaft 152, 187, 190, 217
Alfa Separator 212
D'Alembert, Jean Baptist le Rond 25,
Allgemeine Elektrizitätsgesellschaft 152
Allgemeine Österreichische Baugesellschaft 113, 203
Altmütter, Georg 34, 35, 38, 41, 42, 151, 258, 431
Amon, C. 171, 214
An der Lan zu Hochbrunn, Josef von 66, 70, 71, 85, 88, 427
André, Otto 116, 224
Anglo-österreichische Bank 116, 159, 164
Arlt, Ilse 233
D'Armand, A. 244
Arnhold, Karl 251
Arntz, Gerd 238
Arzberger, Johann 44, 49
Assinger, Ludwig 239
Atelier in der Schönbrunner Strasse 333, 348, 349
Attersee, Christian Ludwig 329
Attlmayr, Ernst 313
Atzwanger 159
Auer, Horst 341
Auer von Welsbach, Carl 93, 198, 200, 239, 243, 249, 256, 260, 261, 263, 293, 312, 321, 331, 430
Auersperg, Fürst Karl 180
Autoplan-Werke 218

Badische Anilin- und Sodafabrik 95
Bacquehem, Olivier Marquis de 83
Baillou, Jean de 28
Bamberger, Eckehard 308
Banhans, Anton von 60, 67
Barolin, Johannes C. 105
Barth, Friedrich 119
Bastreri, Oreste 277
Baudiss, Leo 423
Bauer, Adele 212
Bauer, Alexander 55, 60, 259
Bauer, Leopold 112, 137, 138, 143
Bauer, Otto 251
Bauer, Richard 79
Bauer, Wilhelm 289
Baumann, Ludwig 133, 209
Bayerische Stickstoffwerke-Aktiengesellschaft 160
Beckmann, Johann 25, 26, 42, 44, 49, 52, 90, 252
Behnisch, Günter 333
Behrens, Peter 135, 139
Benz, Carl 281
Berg, Ludwig 282
Berger, Franz 209
Berndorfer Metallwarenfabrik Arthur Krupp 108, 109, 116, 153, 162, 216
Besio, Remo 330
Béthouard, Emile 284
Bienert-Schmerlings, Richard Graf 112
Bihl, Adolf 256
Birk, Alfred 250
Birkenstock, Johann Melchior von 26
Bischoff, Friedrich von 80
Bittner, August 182
Bleiberger Bergwerks Union 97
Blümelhuber, Michael 176
Blumenbach, Wencel Carl Wolfgang 38
Bloch, Ferdinand 212
Bock, Fritz 312
Böck, Herbert 322
Bohatsch, Walter 347, 351
Böhler, Otto 251
Böhler & Co. AG, Gebr. 116, 157, 162, 169, 199, 209
Bontoux, Eugène 188
Bollinger, Samuel 42, 44, 45

Bormann, Justus 242
Bosch, Carl 249, 254, 291
Boschan, Arthur von 209
Brachelli, Hugo Franz 55, 72
Bramah, Joseph 200
Bramhofer, Mathias 43, 92
Brandstetter, Alois 116, 313
Brauchbar, Jacob 427
Braun, Antonius 27, 28
Braun, Rudolf 427
Braunbeck, Joseph 317, 318
Brechler, Otto 255
Breitner, Joseph 113
Bretschneider, Paul 250, 251
Brinek, Getrude 357
Brosche, Siegmund 108, 109, 151, 209, 423
Brötzl, Emil 215
Bruna, Leopold 284
Brüxer Kohlen-Bergbau-Gesellschaft 209
Bryk, Otto 228, 230, 426
Buckow, Carl Friedrich Ferdinand 316
Burg, Adam von 44, 49, 51, 258
Burg, Anton 46, 49
Burg, Anton jun. 45, 93
Burg & Sohn, A. Ackerbau Maschinen-Fabrikanten 47
Burger, Hannelore 319
Bürckel, Josef 281
Buschmann, Alfred von 78, 427
Busek, Erhard 11, 327, 331, 334, 335, 338, 341, 343, 344, 356, 357
Busse, Kurt 269

Canetti, Elias 367
Checkpoint Media 350
Chlumetzky, Johann von 61
Collmann, Alfred 256
Conrads, Heinz 305, 306
Crimp, Douglas 13
Csánk, Maria Klara Elisabeth 51
Czech, Hermann 138
Czedik, Alois von 77, 78
Czeija, Niessl & Co. 89
Czermack, Reginald 170, 423
Czernin, Johann Rudolf Graf 38
Czerweny von Arland, Franz 157
Czerweny von Arland, Robert 157
Czerweny von Arland, Viktor 157
Czezik-Müller, Emanuel 235, 427
Csokor, Franz Theodor 367

Dachauer, Wilhelm 261
Dafert, Franz 423
Daimler-Benz AG 281, 282, 305, 431
Danilowatz, Josef 175, 215
Darwin, Charles 127
Denk, August 109
Desbalmes, René 427
Descovich, Emil 227, 278, 295
Diderot, Denis 25
Dillinger, Andreas 64, 65, 95, 116, 151, 176, 199
Dix, Otto 238
Doderer, Immo 322
Doerfel, Andreas 209
Dollfuß, Engelbert 251
Donau Chemie AG 218
Dopsch, Alphons 262, 293
Dörr, Carl 234
Dreher, Anton 68, 197, 218
Dreher, Anton jun. 156, 209
Dubsky, Viktor Graf 159
Duisberg, Carl 208
Dulnig, Johann 188, 189, 192
Dyck, Walther von 208
Durand, Jean-Nicolas-Louis 132, 133, 142, 211
Dürer, Albrecht 255
Durig, Arnold 242
Duttweiler, Gottlieb 316, 323
Dvorak, Josef 302, 321

Eberle, Abbé Simon von 29
Ebner-Eschenbach, Marie von 159, 295
Eckl, Kurt 341
Eder, Josef Maria 51, 77, 209, 218, 249, 423
Effenberger, Eduard 88
Egger, Bela 69
Ehrenfels, Bernhard von 423
Ehrenfest, Emil 280
Ehrenfest-Egger, Artur 167
Ehrenfest-Egger, Regine 280
Eibiswalder Eisen- und Stahlgewerkschaft 217
Eickhoff, Gebr. Maschinenfabrik und Eisengießerei GmbH 160, 169
Eitelberger, Rudolf von 51, 54, 60
Elektro Act.-Ges., vorm. Kolben & Co. 212
Elektrostahl Gesellschaft 160
Elisabeth, Kaiserin 82, 151, 204, 206, 384, 385, 395
Ems, Rudolf von 255
Enderes, Bruno 230, 254, 255, 291
Endstorfer, Anton 261
Engerth, Wilhelm von 219, 244, 258
Erhard, Alexander 119
Erhard, Ludwig 10, 53, 60, 63, 106, 111, 115, 117, 119–123, 124, 127, 162, 171, 178, 195, 240, 249–253, 259, 263, 265–271, 273, 274, 276, 295, 306, 425
Erste k. k. priv. Donau-Dampfschiffahrts-Gesellschaft 69, 255
Erxleben, Johann Christian Polycarp 26, 90
Eschenbach, Rolf 338, 356
Esterházy, Fürst Nikolaus II. 31
Etrich, Igo 59, 198, 218, 293, 313
Exner, Robert 306
Exner, Wilhelm 10, 23, 24, 26, 29, 38, 49–55, 60, 61, 63, 64, 66, 67, 70, 71, 77, 78, 83, 103–112, 115, 116, 119, 121–123, 126, 131, 139, 167, 171, 209, 210, 227, 230, 232, 235, 249, 253, 256, 258, 307, 313, 315, 373, 423, 425, 431

Fabiani, Max 105, 112, 116
Falke, Jacob 55
Fangio, Juan Manuel 305
Fauland, Ferdinand 181
Feichtinger, Alfred 242
Feilchenfeld, Max 209
Feiler, Karl 203, 427
Feldhaus, Franz Maria 218, 225, 243, 252, 257, 258, 293, 311, 426
Feldscharek, E. 167
Fellerer, Max 304
Fellner, Ferdinand 164
Fellner, Manuela 10, 218
Fellner von Feldegg, Ferdinand 138
Felten & Guilleaume AG 231, 243
Ferdinand I., Kaiser 24
Ferdinand II., Erzherzog von Tirol 24
Ferdinand, Erzherzog von Österreich 37
Ferdinand II., Kaiser 37, 187
Ferstel, Heinrich von 139, 211
Ferstel, Max von 112, 133
Fialla, Leopold 274
Fichtner, Johann 68, 96
Fiedler, František 120
Fiedler, Franz 276
Filipek, Hermann 427
Fillipek, Franz 79
Fillitz, Hermann 356
Fischer, Rudolf 427
Fischer von Erlach, Joseph Emanuel 91, 232, 253, 254, 285
Fischertechnik 317
Fleissner, Hans 157, 212
Förster, Emil von 105, 108, 111, 121, 123, 127, 131, 132, 139, 196, 211
Förster, Ludwig Christian Friedrich 211
Forstliche Bundesversuchsanstalt 317
Foucault, Michel 25
Frank, Josef 138
Franklin, Benjamin 265
Franz, Georg Joseph Gottfried 28
Franz, Joseph 29

Franz II. (I.), Kaiser 24, 29, 32, 35, 37, 46
Franz Ferdinand, Erzherzog 139, 144, 180–183, 211, 216
Franz Joseph I., Kaiser 10, 23, 78, 82, 87, 103, 112, 113, 143, 229, 239, 289, 318
Franz Stephan von Lothringen 25, 27, 28
Frass, Wilhelm 260, 261
Freissler, Anton 97, 113
Fremuth, Walter 331
Freud, Anna 367
Frey, Dagobert 322
Frey, Karl August von 68
Friedau, Franz von 188, 189, 217
Friedländer, Eugen 209
Friedländer-Fuld 180
Friedrich II., Kaiser 186
Frischmuth, Barbara 367
Fröhlich, Lothar 238
Füßl, Wilhelm 11, 127, 210

Galizische Karpathen Petroleum-Actien-Gesellschaft 160
Ganz, Ábraham 156
Ganz & Co. 97
Gasser, Johann 68
Gasser, Leopold 69, 70
Gebhard, Ludwig 108
Gehrer, Elisabeth 356
Geramb, Viktor 251
Gerkan & Heller 347
Germania-Werft 159
Gerstel, Siegfried 280
Gerstner, Ferdinand 427
Gerstner, Franz Anton von 203
Gerstner, Franz Joseph von 26, 32, 93
Gesellschaft für elektrische Energie 212
Ghega, Carl von 55, 81, 93, 197, 205, 205, 261, 293, 312, 313, 315
Giannoni, Karl 171, 172, 214, 251
Ginzkey, Ignaz 201, 219
Glaser-Wieninger, Nike 350, 410
Globočnik 151
Glöckel, Otto 225
Glückselig, Rosa 280
Goebbels, Joseph 278
Goebl, Renate 347
Goldbeck, Gustav 283
Goldemund, Heinrich 227, 273–275, 423
Gollner, Heinrich 51
Gölsdorf, Karl 79, 106, 204, 205, 262, 423, 425
Gottmann, Günther 337
Graf, Conrad 69
Graf, Robert 327
Gräf & Stift AG 321, 431
Gramme, Zénobe Theophile 216
Granichstaedten-Czerva, Rudolf 259, 313
Graphische Lehr- und Versuchsanstalt 197, 201, 209, 302, 433
Grasser, Carl 70
Grazer Eisenwarenfabrik 217
Grazer Waggon- und Maschinenfabrik, vorm. J. Weitzer 212
Greenblatt, Stephen 411
Grengg, Hermann 214
Gridl, Ignaz 113, 219
Grill, Evelyn 23
Gromodka, Oskar 256
Gropius, Walter 135
Großeschmidt, Henning 357
Gruder, Julius 158
Gumpesberger, Gustav 427
Günter, Wenzel 98
Günther, Georg 107–109, 114, 116, 167, 209, 227, 228, 274, 423
Gutmann, Max von 109

Haas, Fritz 214
Habacher, Maria 311–313, 318
Haber, Fritz 249, 291
Haber, Heinz 316
Habig, Peter 201, 423
Haeckl, Anton 243
Haerdtl, Oswald 240
Hainisch, Michael 251
Hallwich, Hermann 209
Hammer, Viktor 323
Hämmerle, F. M. 97

Handke, Peter 367
Hantschk, Christian 311
Harder, Abbé Aloys 46, 47
Harpke, Anton 55
Hartig, Ernst 60, 266
Haschke, Walter 315
Haswell, John 198, 204, 218, 219
Haßler, Friedrich 256
Hatschek, Berthold 265
Hatschek, Ludwig 259, 311, 430
Hauffe, Leopold von 60
Heckmann, Walter 423
Hegele, Max 105, 112, 133
Hegyi, Lóránd 328
Hejda, Wilhelm 113
Helbig, Fritz 92
Helmholtz, Hermann Ludwig Ferdinand von 61, 199
Hendrych, Viktor 232
Hennig, Georg 68
Hermann, Benedikt Franz Johann 26, 90
Henz, Rudolf 313
Herschel, Wilhelm 29, 91, 200
Hersly, Alfred 242
Hertz, Heinrich 282, 312
Hess, Rudolf 273
Heu, Josef 215
Hiebl, Josef Ferdinand 427
Hierhammer, Heinrich 423
Hiesmayr, Ernst 333
Hinteregger, A. 218
Hirt, Aloys 13, 19
Hitler, Adolf 203, 271, 273, 276, 283, 377
Hochenegg, Carl 175
Hochenegg, Julius von 166, 213
Hoechst, Farbwerke 95
Hof-Ackerwerkzeug- und Maschinen-Fabrik 46
Hofbauer, Josef 276, 284
Hofherr & Schrantz, Clayton & Shuttleworth 198
Hofmann, August Wilhelm von 61
Holey, Karl 108, 119, 120, 253, 255, 261–263, 265, 269, 291, 294
Hollitscher, W. 242
Holzer, Hermann 427
Hölzl, Josef 59
Hölzlhuber, Franz 79, 427
Homann, Emil von 423
Hornbostel, Christian Georg 41
Hornbostel & Comp. 36, 68, 92, 201
Horwitz, Hugo Theodor 218, 232, 234, 258, 267, 280, 292, 294, 295
Hübsch, Heinrich 131
Hue, Otto 192
Humboldt, Alexander von 13, 14, 19
Hupfeld, Ludwig AG 233, 234
Hüttenberger Eisenwerksgesellschaft 217
Hutter & Schrantz 58, 213

Ilgner, Carl 212
Illing, Ferdinand 423
Illing, Werner 238
Imsser, Philipp 23–25, 70, 200, 230, 426
Irrfeld, Adolf von 105
Innerberger Hauptgewerkschaft 152, 187, 190, 217

Jaksch, Hans 202
Jammy, G. 218
Janetschek, Hellmut 318, 356
Jankowsky, Heinz 313
Jaschke, Karl 333
Jellinek, Ernst Heinrich 173
Jellinek, Stefan 95, 164, 172–175, 215, 232, 233, 312, 426
Jenny, Samuel 55
Jenschke, Karl 315
Johann, Erzherzog 46, 188
Joas, Leopold 119, 253, 255
Jonas, Franz 322
Jones, Turner und Evans 77
Jordan, Peter 26, 32, 46
Jung, Emil 225, 257, 258, 292, 311, 426
Junkers, Hugo 249
Justi, Johann Heinrich Gottlieb von 25, 26, 90

Kada, Klaus 333
Kaempffert, Waldemar 240, 241, 244
Kafka, Franz 72
Kaftan 159
Kaminek, Franz 273
Kammerer, Otto 127, 211, 269
Kaplan, Margarete 311
Kaplan, Viktor 157, 237, 260, 261, 263, 293, 303, 311–313, 317, 426, 431
Kapp, Ernst 265, 294
Karg, Benedikt 281
Karl I., Kaiser 181
Karl VI., Kaiser 28
Karl Ludwig, Erzherzog 61, 82
Karmarsch, Karl 35, 42, 52, 93, 244, 258
Karminski, Friedrich 57
Kasimir, Luigi 107, 195
Kastner, Richard H. 11, 311
Kathrein, Heinrich 96, 115
Kaunitz, Wenzel Anton Graf 26
Kautsky 218
Keeß, Stephan von 37, 38, 252
Keimel, Reinhard 318
Keller, Alfred 112
Kernreuter, Alois 170
Kerpely, Anton von 209
Kestranek, Wilhelm 209
Kick, Friedrich 38, 71, 423
Kielmannsegge, Joseph von 32, 33
Kienzle, Otto 249, 291
Kilger, Gerhard 337
Kippes, Wolfgang 331
Kirnbauer, Franz 263, 293
Kissel, Wilhelm 281
Klaus, Josef 315
Klinckowstroem, Carl von 218, 292
Klein, Karl 427
Klemperer, Edith 306
Klenze, Leo von 14
Klima, Anton 111, 250
Klimt, Gustav 212
Knauer, Karl Heinz 318
Knaus, Friedrich 28, 29, 70, 91, 201, 230, 240, 426
Knaus, Ludwig 28
Knoller, Richard 213
Koch, Julius 105, 209
Koch, Peter Modellwerke GmbH 185, 190, 191, 195, 218
Kohn, Jacob & Josef Fabrik für Möbel aus gebogenem Holz 97
Kolisko, Alexander 172
Kollwitz, Käthe 238
Kolzow, Hans 251
König, Friedrich 185, 195
König, Wilhelm 278
Königshofer Zementfabriks AG 219
Konta, Ignaz 78, 80, 81, 427
Korff, Gottfried 392
Korte, C. & Co. 113
Kosanović, Sava 312
Köstler, Hugo 79
Köttgen, Carl 254
Kotzina, Vinzenz 315
Kraft, Max 72
Krämer, Karl 277, 278
Kramer, Theodor von 119, 210
Krainische Industriegesellschaft 156
Krause, Ernst 161
Krausz, Rudolf 133
Kravogl, Johann 51, 68, 69, 96, 199, 259, 293, 313
Kreisky, Bruno 315, 317
Kremenezky, Johann Glühlampenfabrik 64
Kreß, Wilhelm 279, 293, 313
Krulla, Rudolf 105
Krupp, Alfred 212
Krupp, Arthur 50, 74, 103, 108–110, 112, 114–116, 153, 162, 171, 178–183, 209, 215, 216, 226, 227, 423
Krupp, Friedrich AG 152, 153, 159
Krupp von Bohlen und Halbach, Bertha 216
Krupp von Bohlen und Halbach, Gustav 106, 111, 116, 208, 216
Kubec, Thaddäus 333
Kugler, Georg 337
Kugler, Johann Georg 119

Personen- und Firmenregister 445

Kummerlöwe, Hans 275–277, 307
Kurz, Rietschel & Henneberg 113
Kurzel-Runtscheiner, Erich 229, 230, 239, 243, 252, 254–257, 259, 273, 278, 281, 285, 295, 312, 313, 318, 322

Lamarck, Jean-Baptiste de 127
Lamprecht, Georg Friedrich von 26
Lamprecht, Karl 110, 111, 226, 258
Lang, Fritz 238
Langen & Wolf 68, 96, 153, 212, 216
Langenreiter, Johann Dietrich 31
Lauboeck, Georg 120
Larisch, Rudolf von 115, 153
Laurin & Klement 218
Laussedat, Aime 61
Lavoisier, Antoine Laurent 66, 123, 200
Lechner, Alfred 263
Le Corbusier 139
Ledwinka, Hans 305, 317, 431
Lehman Verlag 152
Leinweber, Bruno 115, 120, 129, 157, 168
Leisching, Julius 105, 206
Leitenberger, Friedrich von 68
Lenk, Franziska 119
Lenoir, Etienne 68, 96
Le Goff, Jacques 379
Le Play, Pierre Guillaume Fréderic 110, 196
Leser, Norbert 371
Leupold, Jacob 25, 90, 91, 96
Lewy, E. 72, 76, 95
Liechtenstein, Fürst Johann von 170
Liebig, Justus von 123, 153, 200
Linde, Carl von 156, 208, 249
Lindlbauer, Wolfgang 341, 344, 347
Lindner, Werner 261
Link, Otto 274
Linné, Carl von 25, 90
List, Franz 251
Littrow, Hermann 79
Lobmeyr, J. & J. 179, 202
Loehr, August von 80, 81, 162, 203, 215, 253, 262, 306, 307, 321
Loewenfeld, Hans 109
Logothetis, Anestis 371
Lohner, Ludwig 170, 209
Lohner, Jacob & Co. Hof-Wagen- und Automobil-Fabrik 69, 218
Loncz, Wilhelm 427
Loos, Adolf 10, 112, 135, 139, 143
Loos, Viktor 112, 135
Lorenzi, Friedrich 219
Lötsch, Bernd 323
Lovell, James 310
Löwy, Josef 77
Lübbe, Hermann 392
Lücker, Gerhard 427
Ludwig, Erzherzog 34
Ludwig I., bayrischer König 14
Lueger, Karl 110, 112
Lux, Joseph August 137

MacDonalds, Sharon 17
Madersperger, Joseph 39, 40, 201, 202, 243, 259, 293, 311, 313
Maffei, Lokomotivfabrik 119, 212, 425
Mahr, Otto 256
Maier, Fritz Franz 293
Makart, Hans 69, 219
Malling, Hans Rasmus Johann Hansen 69
Marconi, Guglielmo 244, 249
Marcy, Abbé Jean Francois 28, 29
Maresch, Franz 172, 233, 243
Maresch, Gerhard 318, 319, 328, 356, 426
Maria Theresia, Kaiserin 24, 25, 27, 29, 46, 65, 87, 90, 106, 200, 213, 318
Marinoni, Johann Jacob 91
Marsano's Sohn J. B. 218
Marsch, Melanie 427
Marte, Johann 331, 333
Martin, Anton 55
Marschall, Godfried 112
Maschinen-Actiengesellschaft, vorm. Breitfeld, Daněk & Co. 158, 209, 212
Maschinenfabrik Andritz 217

Maschinenfabrik Augsburg-Nürnberg AG 212, 229, 273
Maschinenfabrik J. M. Voith 157, 212, 218, 312
Maschinen- und Waggonbau AG Wien-Simmering 67, 96, 153
Maschinen- und Waggonfabrik AG, vorm. H. D. Schmid 97
Matschoß, Conrad 109, 208, 209, 218, 252, 254–256, 258, 261–263, 292
Mauermann, Max 199, 311
Mauthe, Jörg 327
Mautner, Isidor 70
Mautner Markhof, Georg 315
Maximilian I., Kaiser 188
Mayer, Franz Eduard 259
Mayer, L. A. 218
Mayr, Otto 331
Meinl, Julius AG 218
Meißner, Paul Traugott 93
Melan, Josef 231
Meštrović, Ivan 312
Michalek, Alexander 67, 96
Michalek, Ludwig 238, 239, 430
Michl, Walter 347
Migerka, Catharina 96
Migerka, Franz 50, 51, 55, 66, 71–74, 76, 77, 96, 97, 104, 209, 232
Miller, Oskar von 52, 71, 103, 106, 107, 127, 167, 208, 225, 228, 242, 249, 250, 252, 254, 261, 292
Miller zu Aichholz, Heinrich 423
Mitscherlich, Alexander 367
Mitterberger Kupfer AG 116
Mitterhofer, Peter 40, 92, 201, 218, 259, 293, 313, 423
Molnar 427
Moritsch, Otmar 386, 410
Mörzinger, Franz 315
Moser, Johannes 410
Moser, Maria 423
Moser-Wagner, Gertrude 329
Moss, Sterling 305
Mozart, Wolfgang Amadeus 329, 386, 431
Mühl, Otto 302
Munding, Alois 41, 69, 198
Müller, Fritz 218
Müller, Leo 41, 69
Musger, August 261, 311
Musil, Robert 37

Nagel, Joseph Anton 29, 30
Nagler, Josef 11, 230, 239, 278, 279, 284, 285, 301–306, 308, 309, 312, 315, 317, 321, 322, 426
Natterer, Johann 51, 93
Nedoluha, Alois 311
Negrelli, Alois 55, 80, 202, 256, 279, 313
Neu, Heinrich 108
Neubauer, Alfred 305
Neuberg-Mariazeller Gewerkschaft 217
Neugebauer, Max 290
Neumann, Alois 423
Neumayer, Josef 114
Neurath, Otto 71, 225, 306
Neureiter, Ferdinand 209
Neuwirth, Josef 71
Neuwirth, Waltraud 329
Navratil, Leo 371
Niederhuemer, Rolf 302, 304, 306, 312, 315–319, 328, 426
Niederösterreichische Elektrizitätswirtschafts AG 243, 321
Niederösterreichische Escompte-Gesellschaft 209
Nitsch, Hermann 11, 302, 303, 320
Nitsche, August 290, 427
Noever, Peter 328
Nölscher, Karl 179–183
Noot, Hugo von 109, 161, 209, 423
Nora, Pierre 23
Novotny, Alexander 330

Oberndorfer, Wolfgang 334, 338, 356
O'Donell von Tyrconell, Josef Graf 33
Oelschläger, Gustav 287, 288
Ohmann, Friedrich 135
Oerley, Robert 112, 253
Oppenheimer, Frank 356
Orleth, Anton 427
Österreichisch-Alpine Montangesellschaft 97, 152, 156, 157, 169, 185, 217, 262

Österreichische Berg- und Hüttenwerksgesellschaft 167, 209, 214
Österrreichische Daimler Motoren AG 218
Österreichische Siemens-Schuckert-Werke AG 169, 209
Österreichische Stickstoffwerke AG 304
Österreichische Waffenfabriks-Gesellschaft 116
Ostwald, Wilhelm 61, 249, 254
Ottheinrich, Fürst von Pfalz-Neuburg 24

Paik, Nam June 345
Pal, Dieter 333
Patera, Joseph 42
Pathékok-Kinoapparate Verkaufsges.m.b.H. 200
Pauker, Josef & Sohn 212
Pawel, Karl Verpackung & Logistik 341
Payer-Thurn, Erwin 427
Payrhuber, Adeline 291
Payrhuber, Josef 291
Paziska, Gustav 427
Perrin, Jean 307
Petermandl, Anton 116, 176, 215, 279, 432
Petravič, J. von & Co. 113
Petrides, K. 218
Petzval, Joseph 40, 41, 93, 201, 218, 432
Pfaff, Carl 94, 242
Pfeisinger, Gerhard 337
Pfister, Ulrich 301
Philipp, Carl 259
Pichler 427
Pichler, Herbert 310
Pietschmann, Herbert 335
Pilz, Barbara 218
Pischof, Alfred von 198
Plansee Werke 199
Platon 15, 16
Plattner, Friedrich 275, 277
Plößl, Simon 93, 106, 200, 317
Poda von Neuhaus, Nicolaus 90
Podrecca, Boris 329, 331, 333
Poelzig, Hans 135
Pojatzi & Comp. 157
Poldihütte 166, 213
Pollak von Rudin, Alfred 67
Pomian, Krzysztof 391
Popp, Ernst 318, 427
Porr, A. Betonbau Unternehmen GmbH. 113
Porsche, Ferdinand 218, 260, 293, 313, 431
Posch, Josef von 87, 427
Pöschl, Wolfgang 333
Pracht, Conrad 91
Prager Eisenindustrie Gesellschaft 209
Prag-Rudnitzer Korbwarenfabrik 209
Prechtl, Johann Joseph 32–34, 38, 44, 91, 258
Pribram, Richard 116, 423
Prick, Vinzenz 197, 212, 348
Prohazka, Rudolf 333

Quincy, Antoine Chrysostôme Quatremère de 13

Raay & Zonen, Johannes van 243
Rabitsch, Gerhard 175
Radinger, Johann 256
Radio-Verkehrs-AG (RAVAG) 234–236, 255, 305
Radkau, Joachim 301
Rainer, Erzherzog 61, 112
Rambousek, Josef 72
Rank, Georg 79
Rapp, Christian 11, 400, 410
Rast & Gasser 213, 311
Ratzer, Eduard 214
Rebernik, Peter 311, 319, 328–333, 335–338, 341–343, 351, 356, 384, 395, 403, 426
Reder, Christian 335
Redlich, Oswald 84
Redtenbacher, Ferdinand 44, 93, 244, 256, 258, 263
Regenhart & Reymann 202, 212
Reichenbach, Georg Friedrich von 44, 45, 92
Reisch, Richard 226
Reismann, Wilhelm 334, 338, 356
Rella und Neffe 231
Ressel, Joseph 41, 55, 93, 197, 205, 206, 261, 293, 311–313, 315, 317, 431

446 Personen- und Firmenregister

Réthi, Lili 238, 430
Reuleaux, Franz 93, 96, 258
Reusch, Paul 252
Reuter, Jakob 258
Rice, Calvin W. 240
Richards, Charles R. 206, 240, 244
Richtera, Leopold 235
Riedel, Erhard 287–289, 290, 427
Riedler, Alois 196, 256
Riemerschmid, Richard 251
Ringhoffer, Maschinenfabrik 97, 151, 156, 212, 395
Rittinger, Peter 55
Röll, Victor von 66, 71, 78, 151, 427
Rollé, Johann Friedrich Heinrich 67, 96
Rollé & Schwilgué 44, 67
Roretz, Albrecht von 176, 215
Roscher, Wilhelm 50
Rosenwald, Julius 240, 241
Rössler, Mauriz von 57
Rosthorn, Josef von 77, 97
Rothang 218
Rothschild, Louis Nathaniel von 295
Rothschild, Salomon Mayer von 295
Rothschild, S. M. von, Bankhaus 11, 200, 209, 277, 295
Rottanara 218
Roubal, Franz 215
Rudolf II., Kaiser 24
Rudorff, Ernst 171, 214

Salzach Kohlenwerks AG 169
St. Egydy- und Kindberger Eisen- und Stahlindustrie Gesellschaft 217
Sarg, Karl 68
Sauer, Karl-Otto 169
Scala, Arthur von 55, 57
Schäfer, Johann Christian 47, 93
Schärer, Martin 399
Scharizer, Karl 279
Scharrer, Hans 281
Schatz, Otto Rudolf 238
Schega, Antonius 91
Scheichenberger, Wilhelm 213
Scheimpflug, Theodor 234, 312
Schichau, Ferdinand 153, 212, 256
Schicht, Georg AG 201, 218
Schifter, Günther 371, 386
Schiller, Bernhard 242
Schimmelbauer, Schutzbrillen- und Staubmaskenfabrik 97
Schinkel, Karl Friedrich 13, 19
Schirach, Baldur von 281, 282
Schleiermacher, Friedrich 13
Schlenk, Carl Heinrich 108, 109, 423
Schlesinger, Georg 166, 213, 291
Schlumberger, Otto 67
Schmid, Heinrich Daniel 44, 96
Schmidt, Rudolf 213, 311
Schnabel, Franz 263
Schneider, Ernst 293
Schneider, Hans 10, 112, 133, 139–144, 196, 211
Schober, Maximilian 427
Schoeller, Gustav von 68
Schoeller, Paul von 105, 109, 114, 423
Schoeller & Co. 209
Schoeller & Bleckmann 199, 255
Schönerer, Mathias von 203
Schorn, Ludwig 14
Schreiber, Karl von 34
Schrötter von Kristelli, Anton 93, 259
Schrötter von Kristell, Leopold 55
Schuler Werkzeugmaschinenfabrik und Eisengießerei 4, 160
Schultze-Naumburg, Paul 172, 214
Schüssel, Wolfgang 337, 334
Schuster, Friedrich 209, 255
Schuster, Wilhelm 262, 293
Schützenhofer, Viktor 11, 207, 229, 230, 237–239, 253, 255, 256, 259, 263, 273, 275–279, 281, 283–285, 295, 301, 304–306, 311, 313, 315, 425
Schwaiger, Gustav 235
Schwanzer, Karl 310
Schwarz, David 293
Schwarz-Senborn, Wilhelm von 38, 54, 55, 64, 94
Schwegel, Josef von 54, 55

Schweighofer, Anton 331, 338
Schweigl, Eugen 209
Schwerdtner, Johann 70, 96, 116, 199
Schwilgué, Johann Baptist 96
Sears, Richard 240
Sears Roebuck & Co 240
Sedlacek, Franz 228–230, 243, 251, 256, 261, 263, 278, 284, 329, 431
Sedlacek, Julius 243
Seidl, Gabriel von 131
Seidl, Karl 224
Seiffert, Ernst 42
Seipel, Wilfried 328, 331, 337, 356
Seitz, Karl 254
Semm, Josef 215
Semper, Gottfried 119, 128, 143
Senefelder, Alois 153
Seper, Hans 283, 305, 318
Siemens Österreich 328–330, 426
Siemens & Halske 61, 64, 97, 156, 212
Siméons, Karl 59
Simony, Leopold 133, 209
Sinclair, Upton 238
Sitte, Camillo 71, 104
Škoda, Karl von 159, 209, 295
Škoda-Werke 152, 212
Sokoll, Josef 427
Sokrates 16
Sombart, Werner 110, 226
Sommerfeld, Wilhelm 52
Sonnenfels, Joseph von 26, 90
Spengler, Oswald 251
Spera, Danielle 302
Spindler, Herwig 356
Spitzmüller, Alexander 209
Spitzy, Hans 166, 167, 213
Srbik, Heinrich von 253, 255, 262, 263, 270, 294
Stabilimento Tecnico Triestino 209, 213
Stampfer, Simon 55
Stampfl, Therese 256, 257, 262, 273, 285, 306, 311–313, 322
Stapf, Joseph 26, 91
Stegmann, Karl 95, 119, 210
Steirische Eisenindustrie-Gesellschaft 217
Stella, Eduard 215
Stelzer, Ernst 116, 195, 224, 225, 227, 228, 230, 237, 239, 242, 244, 276
Stelzhammer, Abbé Christoph 30
Stephan, Heinrich von 84
Steyr Werke AG 255, 315
Stockert, Leopold von 82, 427
Stockert, Ludwig von 95
Stockinger, Fritz 203
Stöckl, Hannelore 311, 318
Stögermayer, Josef jun. 219
Stoll, Wolfgang J. 333
Storek, Ignaz 157, 212
Streeruwitz, Ernst von 241, 257, 269, 270
Streicher, Nanette 69
Striberny, Ilse-Maria 311, 312
Strnischtie, Friedrich 86
Strobl, Albrecht 337
Stummer, Joseph von 77
Stummvoll, Josef 256, 292
Stürzer, Eduard 115, 197, 227, 233, 234, 261, 279, 283
Stutterheim, Alfred von 218
Stütz, Abbé Andreas 30, 32, 90
Suchanek, Franz 322
Suk, Katharina 278, 285, 311, 312
Sulzer, Gebr. 168, 212
Suter&Suter 341
Süvern, Johann Wilhelm 13, 19
Sybold, Joseph Fortunat 190
Swoboda, Hannes 333
Szábel, Albert von 69

Taaffe, Edmund Graf 61, 72
Tandler, Julius 167, 213
Tanzer, Karl 259
Tauschek, Gustav 306
Taylor, Frederick Winslow 226
Teichmann, Jürgen 337
Teleky, Ludwig 72, 96

Tesla, Nikola 303, 312, 430
Theiss, Siegfried 202
Thirring, Hans 244
Thomas, Walter 282
Thonet, Jakob 209
Thonet, Joseph 61
Thonet, Michael 93
Thorsch, Elisabeth 273, 295
Tieck, Ludwig 13
Tilgner, Viktor 53, 322
Todt, Fritz 274, 275, 279
Trauzl & Comp., Commandit-Gesellschaft für Tiefbohrtechnik und Motorenbau 160, 255
Treinen, Heiner 401, 410
Tresca, Henri Édouard 61
Trenkler, Herbert 310
Trevithick, Richard 31, 91
Tropsch, Rudolf 112, 135, 136, 138, 143, 149
Tunner, Peter 44, 55, 93, 214
Tuppy, Hans 327, 331

Uchatius, Franz 293
Uehlein, Karl 110

Valckenborch, Lukas van 255, 257
Vas, Oskar 310
Vayringe, Philippe 28, 91
Veit, Erich 195, 218
Veit, Hans 195, 218
Vereinigte Styria-Fahrrad- und Dürkopp-Werke Aktiengesellschaft 160
Vester, Frederic 316, 431
Vetter, Adolf 128, 129, 210
Vetter, Heinrich 109
VÖEST, Vereinigte Österreichische Eisen- und Stahlwerke AG 169, 301, 311, 315, 344
VOEST-ALPINE AG 192, 345
Vogelsinger & Pastrée 47
Voigt, Bernhard Friedrich 50
Voigtländer, Johann Christoph 91
Voigtländer, Peter Wilhelm Friedrich 55, 311, 312
Voigtländer & Sohn 41, 51, 430
Volke, Moritz 66
Völkel, Gebr. 218, 219
Völkel, Otto 195, 218
Völkel, Reinhold 195, 218
Vordernberg-Köflacher Montanindustriegesellschaft 217
Vordernberger „Radmeister-Communität" 188
Vries, Hugo de 266

Waagner, R. Ph.-L. & J. Biró & A. Kunz AG 113
Wacik, Franz 175, 215
Wagenmann und Böttger 41
Wagner, Otto 10, 105, 112, 133–135, 137, 139, 143, 149
Wagner-Rieger, Renate 131
Waidacher, Friedrich 401
Walcher, Joseph 26, 44, 49, 90, 93
Walcher von Molthein, Alfred 162
Waltenhofen, Adalbert von 69
Watson, David 31, 91
Watson, J. Forbes 55, 58
Wedding, Hermann 61
Weihe, Carl 242
Weiss, Johann Baptist 42
Weiss & Sohn Werkzeugfabrik 61, 63
Wendschuch, Carl 97
Werlin, Jakob 281, 282
Werner, Thomas 331, 343, 357, 426
Wertheim, Franz von 42
Wesemann, Alfred 195, 201, 219
Westböhmische Bergbau Aktien-Verein 209
Wetzler, Bernhard 116, 159, 164, 200, 277, 295
Weyr, Rudolf 219
Wicke, Fa. 218
Widmannstätten, Aloys von 32–34, 37, 91
Wiebeking, Carl Friedrich von 44, 92
Wielemans von Monteforte, Alexander 133
Wiener Molkerei, Reg. Genossenschaft m. b. H. 157, 158, 212
Wienerberger Ziegelfabriks- und Baugesellschaft 113, 219
Wiesner, Julius 55, 59, 63, 94, 95
Wilczek, Hans Graf 170, 200
Wilde, Oscar 238

Wildfeuer, Rudolf 120
Winter, Max 192
Widrich, Virgil 350
Witte, Irene 256
Wittek, Heinrich von 82
Wittgenstein, Karl 50, 103, 108, 171, 189, 209
Witkowitzer Bergbau und Eisenhütten Gewerkschaft 158, 209
Wöhler, Friedrich 23
Wöhrle, Eugen 304
Wolfsegg-Traunthaler Kohlenwerks AG 169
Wrbna, Rudolf Graf 33, 34
Würth, Viktor 423
Wurm, Franz Xaver 51
Wurmb, Karl 218, 313

Zatloukal, Josef 259
Zehetner, Wolfgang 347
Zemanek, Heinz 304, 305, 331
Zenneck, Jonathan 244
Zerdik, Johann 225, 242, 424
Zipernowsky, Károly 156
Zipperling, Hugo 96
Zita, Heinrich 276
Zitterhoffer, Karl Josef 205, 206, 219
Zola, Émile 238
Zopfy, Ferdinand 427
Zschokke, Walter 347
Zuckerkandl, Berta 137, 138
Zuna-Kratky, Gabriele 9, 360, 368, 426

Register Museen und Sammlungen

Antikensammlung, München 14
Apothekengefäße-Sammlung, Wien 178, 181–183
Apothekenmuseum, Basel 216
Apothekenmuseum, Heidelberg 216
Bagdad-Museum, Bagdad 278
Bayerisches Gewerbemuseum, Nürnberg 60, 64, 119
Bayerisches Nationalmuseum, München 133, 357
Cabinet des Machines, Nancy 28
Carolino Augusteum, Salzburg 345
Conservatoire des arts es Métiers, Paris 10, 23, 32, 50, 60, 61, 66, 71, 128, 378, 425
Deutsche Arbeitsschutzausstellung, Dortmund 73, 337
Deutsches Bergbau-Museum, Bochum 169
Deutsches Hygiene-Museum, Dresden 73, 215, 426
Deutsches Landwirtschaftsmuseum, Blankenhain 93
Deutsches Museum, München 10, 23, 66, 71, 91, 102, 103, 106–111, 116, 127, 128, 131, 152, 153, 167, 195, 197, 200, 204, 206, 208, 210, 212, 213, 225, 228, 240, 241, 250, 252, 261, 273–275, 279, 282, 292, 317, 331, 337, 343, 350, 357, 378, 383, 425, 431
Deutsches Postmuseum, Frankfurt am Main 23
Deutsches Technikmuseum, Berlin 337, 432
Eisenbahnmuseum, Strasshof 348, 382–385
Eisenbahnmuseum, Wien 54, 71, 77–80, 82, 151, 153, 195, 198, 203, 205, 231, 318, 319, 332, 427
Eksperimentarium, Kopenhagen 351
Elektropathologische Sammlung von Stefan Jellinek, Wien 164, 172, 173, 312, 392, 426
Freilichtmuseum Skansen, Stockholm 167, 293
Gemäldegalerie Alte Meister, Dresden 377
Germanisches Nationalmuseum, Nürnberg 80, 216
Gesellschafts- und Wirtschaftsmuseum, Wien 71, 225
Handelsmuseum, Brüssel 57
Handelsmuseum, Wien 55, 57, 59, 71, 94
Heeresgeschichtliches Museum 71, 197, 212, 213, 219, 301, 320, 393
Historisches Museum der Stadt Wien 71, 105, 208
Hygiene-Museum, Berlin 73
India Museum, London 55
k. k. Gewerbe-hygienisches Museum, Wien 66, 71–77, 97, 151, 231, 232, 425
k. k. historisches Museum der österreichischen Eisenbahnen, Wien 77, 81, 82, 151
k. k. Industriekabinett 30, 37
k. k. Museum der Geschichte der österreichischen Arbeit, Wien 24, 29, 38, 44, 53, 66–68, 70, 71, 76, 78, 83, 90, 92, 94, 151, 219, 231, 234, 425
k. k. National-Fabrikprodukten-Kabinett, Wien 20, 32, 34, 35, 37–39, 41, 42, 49, 71, 76, 92, 151, 197, 234, 279, 283, 301, 315, 392, 393, 426, 431–433
k. k. Naturalienkabinett, Wien 30, 27–29, 32, 34, 90
k. k. Österreichisches Handelsmuseum, Wien 57
k. k. Österreichisches Museum für Kunst und Industrie, Wien 60, 54, 55, 64, 65
k. k. Physikalisch-astronomisches Cabinet, Wien 30
k. k. Physikalisches Kabinett, Wien 10, 27–29, 31, 32, 34, 195, 392
k. k. Physikalisches Kunst und Naturcabinet, Wien 29
k. k. Postmuseum, Wien 83, 84, 88, 89, 234, 288
k. k. Vereinigtes technologisches Kabinett, Wien 38
Königliches Museum, Berlin 13, 16
Kriegsmetallsammlung, Wien 161, 162, 223, 293, 306
Kunsthistorisches Museum, Wien 24, 27, 71, 91, 162, 255, 257, 276, 306, 321, 327, 328, 337, 356, 368
Kunstkammer Schloss Ambras, Innsbruck 24
Kunstkammer, Wien 27
La Villette, Paris 343, 431
Landesmuseum für Technik und Arbeit, Mannheim 337, 387
Landesmuseum Joanneum, Graz 19, 410
Louvre, Paris 13, 17, 18
Maschinenmodellsammlung des Polytechnischen Institutes, Wien 29, 40–42, 44, 46, 151, 393
Messersammlung von Anton Petermandl, Wien 176, 199, 279
Modellsammlung der Jesuitenuniversität, Wien 25
Modellsammlung der k. k. Landwirtschafts-Gesellschaft, Wien 46, 151
Moulagenmuseum, Zürich 215
Münzkabinett, Wien 27, 29, 306, 321
Musée Central des Arts, Paris 17
Musée des arts es des Métiers, Paris 18, 240
Musée des monuments français, Paris 13
Museion, Alexandria 14, 15, 17
Museion, Athen 14
Museon, Den Haag 345, 432
Muséum d'Histoire Naturelle, Paris 17, 18
Museum der Geschichte der englischen Arbeit, London 71
Museum der Stadt Coventry 426
Museum für angewandte Kunst, Wien 328, 329, 345
Museum für Verkehr und Technik, Berlin 23, 345, 432
Museum moderner Kunst, Wien 328
Museum of moving Image, New York 352
Museum of science and industry, Chicago 10, 169, 221, 240, 241
Museum österreichischer Kultur, Wien 306, 307, 321
Nationalmuseum, Kopenhagen 351
Naturhistorisches Museum, Wien 27, 71, 275, 276, 306, 321, 328, 345
Naturmuseum, Bozen 345
Naturschau, Dornbirn 345
Orientalisches Museum, Wien 54, 55
Österreichisches Museum für Feuerwehr- und Rettungswesen, Wien 170, 233
Österreichisches Museum für Kunst und Industrie, Wien 38, 52, 57, 71, 105
Österreichisches Museum für Volkskunde, Wien 172
Patentmuseum, London 71
Post- und Telegraphenmuseum, Wien 10, 234–236, 286–289, 297, 373, 430, 431
Postmuseum, Frankfurt am Main 23
Postmuseum, Wien 66, 71, 87, 88, 111, 151, 221, 223, 226, 231, 234–237, 283, 287–290, 315, 318, 356, 392, 426, 427, 430
Prothesensammlung, Wien 164, 167, 380
Reichspostmuseum, Berlin 10, 23, 84, 86, 87, 286–289, 297
Salzmuseum, Bad Aussee 262
Schlüssel- und Schlössersammlung von Andreas Dillinger, Wien 65, 151, 199
Science Museum of Virginia, Richmond 331
Science Museum, London 10, 23, 240, 331, 351, 352, 378
Slowakisches Museum, Bratislava 277
Smithsonian Institution, Washington D. C. 378
South Kensington Museum, London 60, 128, 425
Staatliches Museum für Tierkunde, Dresden 275
Staatliches Museum für Völkerkunde, Dresden 275
Südbahnmuseum, Mürzzuschlag 385
Technisches Museum, Brünn 317
Technisches Museum, Prag 169, 317
Technologisches Gewerbemuseum, Wien 52, 53, 55, 60, 61, 63–65, 67, 69, 71, 78, 86, 94, 103–106, 108, 111, 120, 128, 166, 249, 313, 323, 424, 426
Tropenmuseum, Amsterdam 351
Uhrenmuseum, Wien 159
Ungarisches Nationalmuseum, Budapest 37
Verkehrs- und Baumuseum, Berlin 23
Verkehrshaus Luzern 169, 383
Vermessungskundliche Sammlung, Wien 392
Völkerkundemuseum, Wien 275, 276, 321
Warenkundliche Sammlung, Wien 55, 57, 59, 94, 95, 323, 433
Weinbaumuseum, Krems an der Donau 262
Werkzeugsammlung des Polytechnischen Institutes, Wien 34, 41, 42, 46, 151, 431
Wien Museum 71, 219, 383, 410